本书为国家社会科学基金一般项目"二战后东南亚区域合作起源与演变研究（1945-1967）"（项目编号15BSS040）的最终成果，并得到江苏省世界史优势学科支持

南京大学周边区域研究丛书　郑先武◎主编

开放的区域建构

东南亚区域合作起源与演变
（1945-1967）

郑先武　著

中国社会科学出版社

图书在版编目(CIP)数据

开放的区域建构：东南亚区域合作起源与演变：1945－1967／郑先武著. —北京：中国社会科学出版社，2023.2

(南京大学周边区域研究丛书／郑先武主编)

ISBN 978－7－5227－1192－8

Ⅰ.①开… Ⅱ.①郑… Ⅲ.①国际合作—国际关系史—研究—东南亚—1945－1967 Ⅳ.①D833.09

中国版本图书馆 CIP 数据核字(2022)第 247108 号

出 版 人	赵剑英
责任编辑	周晓慧
责任校对	刘　念
责任印制	戴　宽

出　　版	中国社会科学出版社
社　　址	北京鼓楼西大街甲 158 号
邮　　编	100720
网　　址	http://www.csspw.cn
发 行 部	010－84083685
门 市 部	010－84029450
经　　销	新华书店及其他书店

印刷装订	北京君升印刷有限公司
版　　次	2023 年 2 月第 1 版
印　　次	2023 年 2 月第 1 次印刷

开　　本	710×1000　1/16
印　　张	57
插　　页	2
字　　数	948 千字
定　　价	289.00 元

凡购买中国社会科学出版社图书，如有质量问题请与本社营销中心联系调换
电话：010－84083683
版权所有　侵权必究

目 录

导言 …………………………………………………………………… (1)

第一章 战后东南亚区域合作的历史背景 ………………………… (40)
  第一节 西方大国战时政策协调与东南亚区域管控 ………… (41)
    一 西方大国战时政策国际协调的区域维度 ………………… (42)
    二 西方大国战时东南亚政策调整与区域安排 ……………… (60)
  第二节 民族主义的蓬勃发展与东南亚国家的新生 ………… (77)
    一 泰国、菲律宾和缅甸走向自主或独立 …………………… (79)
    二 马来亚和印度尼西亚走上自治、独立或统一 …………… (96)
    三 越南、柬埔寨和老挝谋求独立或统一 …………………… (107)
  第三节 东南亚区域变革进程中区域统一性的形成 ………… (119)
    一 东南亚区域概念和国际规范的统一性 …………………… (120)
    二 东南亚国家政体和社会规范的统一性 …………………… (140)
    三 东南亚区域多样性和国家需求的统一性 ………………… (174)

第二章 战后东南亚区域合作的初步兴起（1945—1950） ……… (201)
  第一节 英国的区域协调与东南亚区域合作最初动议 ……… (202)
    一 英国的区域规划与东南亚特别委员会的设立 …………… (203)
    二 东南亚食品问题的协调与英国区域动议的转向 ………… (218)
  第二节 "泛亚洲主义"发展与东南亚区域合作的
         实质性起步 ……………………………………………… (234)
    一 "泛亚洲主义"发展与亚洲关系会议的召开 …………… (234)

二　亚远经委会的创立与区域合作的制度化 …………………（271）
　第三节　"太平洋主义"生长与东南亚区域合作重新出发………（301）
　　一　"太平洋主义"的生长与"澳新马区域"防务计划 ……（302）
　　二　"太平洋条约"动议与碧瑶会议的召开…………………（316）
　　三　科伦坡会议的召开和"科伦坡计划"的出台 ……………（342）

第三章　战后东南亚区域合作的局部成长（1951—1960）………（376）
　第一节　"科伦坡国家"集团创建与万隆会议召开…………………（377）
　　一　"科伦坡国家"集团创建与印支问题的协商 ……………（377）
　　二　万隆会议的召开及其区域动议的现实影响 ………………（405）
　　三　万隆会议对东南亚区域合作规范的贡献 …………………（423）
　第二节　"科伦坡计划"的实施和东南亚条约组织的运行…………（438）
　　一　"科伦坡计划"的启动与东南亚区域发展的促进 ………（439）
　　二　"科伦坡计划"强制度化的失败和规范的连续性 ………（455）
　　三　东南亚集体防务动议与东南亚条约组织成立 ……………（472）
　　四　东南亚条约组织的机制安排及其核心特征 ………………（499）
　　五　东南亚条约组织的现实困境及其功能化趋向 ……………（525）
　第三节　亚远经委会务实合作与"湄公河计划"启动………………（565）
　　一　亚远经委会深度"亚洲化"与务实合作的强化 …………（565）
　　二　湄委会的创建与"湄公河计划"的启动 …………………（580）

第四章　战后东南亚区域合作的分化重组（1961—1967）………（601）
　第一节　区域合作"亚洲方式"创建和"湄公精神"孕育…………（602）
　　一　亚远经委会的区域动议与"亚洲方式"的初创 …………（602）
　　二　"湄公河计划"区域行动与"湄公精神"的孕育 ………（623）
　第二节　东南亚本地区域合作启动与东盟的诞生……………………（659）
　　一　第二次亚非会议夭折和"泛亚洲"联合停滞 ……………（659）
　　二　东南亚联盟创建与东南亚本地区域合作启动 ……………（678）
　　三　东南亚联盟受挫和马菲印尼联盟协商外交形成 …………（698）
　　四　马菲印尼协商、东南亚联盟重启与东盟成立 ……………（728）
　第三节　东南亚条约组织衰落和跨区域合作重组……………………（766）

一　老挝危机、越南战争与东南亚条约组织衰退 …………(767)
二　亚洲开发银行、亚太理事会与跨区域合作重组 …………(785)

余论　东南亚早期区域合作的历史遗产 ……………………(815)

参考文献 ………………………………………………………(829)

导　言

　　二战后兴起的作为一种国际体系的区域建构是内外力量驱动的双重进程，其根本动力来自区域内外部国家所引领的区域主义及其区域合作实践，呈现出明显的"开放区域主义"（open regionalism）特征。[①] 东南亚作为一种整体的地缘政治经济单元和由新的主权国家构成的区域国际体系，其建构进程肇始于二战所引发的全球和区域大变革，并在西方主导的二战后世界秩序框架内进行，因而表现出更明显的开放性特征。从起源与演变进程来看，基于二战后东南亚区域深刻的社会变革并在兴起的东南亚区域主义及东南亚区域合作（regionalism/regional cooperation in Southeast Asia）实践的推动下，东南亚区域的开放性建构经历了从外部主导到内部主导的重大变化，其标志性事件就是 1967 年 8 月东南亚国家联盟（简称"东盟"，The Association of Southeast Asian Nations，ASEAN）的成立。[②]

　　近年来，随着东盟领导的东南亚及东亚区域主义的迅速发展，学界对东南亚区域合作的研究不断升温，并取得了诸多重要成果。但从总体上看，这一研究有一个明显的倾向性，即聚焦于东盟及东盟成立以后的东南亚区域合作，而对东盟成立之前的东南亚区域合作实践则出现明显忽略乃至重大遗漏。这主要从经验和规范两个方面表现出来。从经验上看，已有研究过分强调来自东南亚区域和国家层次的内生动力，即聚焦

[①] Nicholas Tarling, *Regionalism in Southeast Asia: To Foster the Political Will*, New York: Routledge, 2006, p. 32; Etel Solingen and Joshua Malnight, "Globalization, Domestic Politics, and Regionalism," in Tanja A. Börzel and Thomas Risse, eds., *The Oxford Handbook of Comparative Regionalism*, Oxford: Oxford University Press, 2016, p. 74.

[②] Amitav Acharya, *The Making of Southeast Asia: International Relations of a Region*, Singapore: ISEAS Publishing, 2012, p. 4.

于东盟及东南亚国家倡导和推动的,其成员仅限于东南亚国家的东南亚本地区域合作(Southeast Asian regional cooperation),明显忽略了东盟成立前东南亚域外国家倡导和推动或东南亚国家倡导、推动和参加的,其成员不限于东南亚国家的跨区域合作(trans-regional cooperation)及其东南亚本地区域合作发展的外生动力以及内外结合的动力。在这种"东盟中心"或"东南亚中心"叙事方式的主导下,东盟就成了东南亚区域合作或区域主义的真正起源、形成标志和实际代名词。① 著名东南亚史研究专家诺曼·欧文(Norman G. Owen)明确指出,东南亚区域研究"实际上将东南亚等同于东盟"②。著名东南亚研究专家尼古拉斯·塔林(Nicholas Tarling)由此喟叹道:"许多著作和论文聚焦于东盟,但它们很少采用历史的视角。"③ 马克·弗雷(Marc Frey)等人将21世纪初所见证的对东南亚在全球事务中重要性的广泛青睐与对该区域变化动力和历史的相当肤浅的理解并称为两个颇具讽刺意味的相互联系的现象。④ 著名东南亚区域主义研究专家阿米塔夫·阿查亚(Amitav Acharya)直言:"东南亚国际关系的大量研究是非历史的或事件驱动的,并非基于长期趋势的细致评估"⑤,而那种"过于内向"的研究传统"无法为(东南亚)区域与

---

① 其代表性作品有:曹云华《东南亚的区域合作》,华南理工大学出版社1995年版;韦红《冷战时期东南亚地区主义的特征》,载《世界历史》2004年第5期,第17—23页;赵银亮《聚焦东南亚:制度变迁与对外政策》,江西人民出版社2008年版;Eero Palmujoki, *Regionalism and Globalism in Southeast Asia*, Houndmills: Palgrave, 2001; Estrella D. Solidum, *The Politics of ASEAN: An Introduction to Southeast Asian Regionalism*, Singapore: Eastern Universities Press, 2003; Amitav Acharya, *The Making of Southeast Asia: International Relations of a Region*, Singapore: ISEAS Publishing, 2012; Donald E. Weatherbee, *International Relations in Southeast Asia: The Struggle for Autonomy*, Third edition, Lanham: Rowman & Littlefield, 2015.

② Norman G. Owen, "Economic and Social Change," in Nicholas Tarling, ed., *The Cambridge History of Southeast Asia: The Nineteenth and Twentieth Centuries*, Vol. 2, Cambridge: Cambridge University Press, 1992, p. 374.

③ Nicholas Tarling, *Regionalism in Southeast Asia: To Foster the Political Will*, New York: Routledge, 2006, xii.

④ Marc Frey, Ronald W. Pruessen, and Tan Tai Yong, "Introduction," in Marc Frey, Ronald Pruessen, and Tan Tai Yong, eds., *The Transformation of Southeast Asia: International Perspectives on Decolonization*, Armonk: M. E. Sharpe, 2003, vii.

⑤ Amitav Acharya, *The Making of Southeast Asia: International Relations of a Region*, Singapore: ISEAS Publishing, 2012, p. 32.

世界变化中的日趋复杂的关系提供强有力的立场"。他强调，东南亚区域研究"需要在更广泛的全球背景下定位区域动力，并相应地进行更多的区域性（区域整体而不是部分）和比较研究，以与世界其他部分发生的类似事件一起审视本区域的政治经济一体化和区域建构进程"①。

从规范上看，已有研究聚焦于源自东盟及东南亚国家层次区域合作实践经验"东盟方式"（The ASEAN Way）及"东盟规范"（The ASEAN Norms），明显忽略了前东盟时期东南亚国家与其他亚洲国家乃至亚洲域外国家在区域和跨区域合作实践中所积累的共同的"亚洲方式"（The Asian Way）及"亚洲经验"。在这一规范阐释方式的主导下，"东盟方式"及"东盟规范"就成了东盟及东南亚本地区域合作的独有特性，进而将凝聚亚洲区域合作共有规范的"亚洲方式"或"亚太方式"（The Asia-Pacific Way）视作"东盟方式"及"东盟规范"的"亚洲化"，或者"亚洲方式"就是亚洲区域合作的"东盟化"，乃至将"亚洲方式"和"东盟方式"等同起来。② 有学者甚至认为，"东盟方式"的构成规范几乎没有明显的"亚洲特性"。③ 有学者虽然认为"东盟方式"体现了具有亚洲特性和气质的制

---

① Amitav Acharya, "Remaking Southeast Asian Studies: Doubt, Desire and the Promise of Comparisons," *Pacific Affairs*, Vol. 87, No. 3, 2014, p. 464.

② 其代表性作品有：曹云华主编《东南亚国家联盟：结构、运作与对外关系》，中国经济出版社 2010 年版，第 47—152 页；梁志明、李谋、吴杰伟《多元、交汇、共生：东南亚文明之路》，人民出版社 2011 年版，第 180—185 页；张蕴岭《如何认识和理解东盟：包容性原则与东盟成功的经验》，载《当代亚太》2015 年第 1 期，第 4—20 页；Amitav Acharya, "Multilateralism: Is There an Asia-Pacific Way?" *Analysis*, Vol. 8. No. 2, 1997, pp. 5–18; Amitav Acharya, "Ideas, Identity, and Institution-Building: From the 'ASEAN Way' to the 'Asia-Pacific Way'?" *The Pacific Review*, Vol. 10, No. 3, 1997, pp. 319–346; Mel Gurtor, *Pacific Asia? Prospects for Security and Cooperation in East Asia*, Lanham: Rowman & Little Field Publishers, 2002, pp. 59–84; Hiro Katsumata, "Reconstruction of Diplomatic Norms in Southeast Asia: The Case for Strict Adherence to the 'ASEAN Way'," *Contemporary Southeast Asia*, Vol. 25, No. 1, 2003, pp. 104–118; Fu-Kuo Liu, "East Asian Regionalism: Theoretical Perspectives," in Fu-Kuo Liu and Philippe Régnier, eds., *Regionalism in East Asia: Paradigm Shifting?* London: Routledge Curzon, 2003, pp. 3–26; Alice D. Ba, (Re) *Negotiating East and Southeast Asia: Region, Regionalism, and the Association of Southeast Asian Nations*, Stanford: Stanford University Press, 2009, pp. 193–222; Timo Kivimki, "East Asian Relative Peace and the ASEAN Way," *International Relations of the Asia Pacific*, Vol. 11, No. 1, 2011, pp. 57–85; Karolina Klecha-Tylec, *The Theoretical and Practical Dimensions of Regionalism in East Asia*, New York: Palgrave Macmillan, 2017, pp. 18, 107.

③ Alex J. Bellamy, *Security Communities and Their Neighbours: Regional Fortresses or Global Integrators?* New York: Palgrave Macmillan, 2004, p. 94.

度设计，其内核是亚洲文明中的宽容与包容精神，即尊重多样性、照顾差别性和进程渐进性，但并没有解释"东盟方式""亚洲特性"的具体内涵和实践来源，更没有将之与区域合作"亚洲方式"联系起来。①

其实，"东南亚"（Southeast Asia）作为专门术语是在二战期间才被广泛使用，并作为一个地理或政治概念而真正存在的。② 作为一种区域意识及其实践进程，二战后方才真正出现的东南亚区域主义及其框架内的实质性区域合作实践均非限于东南亚区域内部；相反，它起源于主要由东南亚域外国家尤其是大国倡导的跨区域主义（trans-regionalism）及其框架内的合作进程，其中最重要的是"泛亚洲主义"（Pan-Asianism）及其框架内的跨区域合作及它所初创的独特的区域合作"亚洲方式"。基于此，"东南亚本地区域主义"（又称"东南亚主义"）（Southeast Asian regionalism/Southeast Asianism）孕育并逐步发展起来。也就是说，无论从经验上还是从规范上看，东南亚区域合作均脱胎于二战后兴起的跨区域主义及其合作框架。正如东盟早期研究学者罗杰·欧文（Roger Irvine）所言："东盟当然不是东南亚国家所参与的首个区域合作事业。其区域合作的早期努力可以溯及二战后许多亚洲国家保障它们独立开始的时期……这些合作的努力虽相当短暂，但它们为东南亚后来将区域合作形态制度化的努力奠定了知识基础。"③ 休·汤普森（Sue Thompson）在研究二战后东南亚区域主义演进问题时指出，东南亚区域联合的早期尝试并不仅仅由该区域的成员组成，而是一部分动议涉及美国等外部大国参加的区域组织，如东南亚条约组织（The Southeast Asia Treaty Organisation, SEATO）、"科伦坡计划"（The Colombo Plan）和联合国亚洲及远东经济委员会（简称"亚远经委会"）（The Economic Commission for Asia and the Far East, ECAFE）；另一部分动议源自亚洲国家聚焦于"泛亚洲主义"观

---

① 张蕴岭：《东盟50年：在行进中探索和进步》，载《世界经济与政治》2017年第7期，第21—23页。

② Alice D. Ba and Mark Beeson, "The Continuing Evolution of Southeast Asia," in Alice D. Ba and Mark Beeson, eds., *Contemporary Southeast Asia: The Politics of Change, Contestation and Adaptation*, Third edition, London: Palgrave, 2018, p. 7.

③ Roger Irvine, "The Formative Years of ASEAN: 1967-1975," in Alison Broinowski, ed., *Understanding ASEAN*, New York: St. Martin's Press, 1982, pp. 8-9.

念的区域合作。① 诺曼·欧文在梳理"东南亚"概念史时亦指出:"作为术语和区域研究的'区域','东南亚'与冷战知识和政治结构密不可分。它表明'东南亚'在西方比在东南亚自身存在更真实、在美国比在印度尼西亚意义更明显。"他强调:"'东南亚'因源自西方的制度连续性和该区域自身平稳发展及走上内部一体化而得以持续。"②

阿查亚认为,尽管"东盟方式"和"东盟规范"显示着东南亚区域主义的特质,但"如果抛开1947年(亚洲关系会议)到1955年(亚非会议)之间所举行的更广泛的亚洲会议,便难以理解这种'进程驱动'的区域主义的根源"③。在他看来,东南亚区域主义的兴起是1955年亚非会议(即万隆会议)(The Bandung Conference)的一个重要遗产,而在万隆会议上各国领导人非正式的、人际的和共识驱动的互动特性是代表东盟形成时期非强制、非法律互动风格的"东盟方式"的"先兆预示"④。唐纳德·韦瑟比(Donald E. Weatherbee)在梳理东盟的演进史时指出:"在东盟的历史上,万隆原则一直是东盟声明和宣言的试金石,为东盟成员国的国际行为提供了规范的指导。"⑤ 马修·戴维斯(Mathew Davies)在解释东南亚区域主义的起源时认为,东南亚条约组织和万隆会议均为创建东盟提供了经验和规范基础,尤其是万隆会议确立的"万隆原则"(Bandung Principles)对东盟区域主义方法具有非常明晰的启示意义。他强调,1967年东盟的成立"并不是第一次开启东南亚区域主义的历史。从第二次世界大战结束到1976年,可以被认为是东南亚含义和制度形式确立的过程。因此,1967年只是沿着区域主义道路前行的一站。"⑥ 亚太

---

① Sue Thompson, *The United States and Southeast Asian Regionalism: Collective Security and Economic Development*, 1945-75, New York: Routledge, 2019, p. 2.

② Norman G. Owen, "Introduction: In Search of Southeast Asian History," in Norman G. Owen, ed., *Routledge Handbook of Southeast Asian History*, New York: Routledge, 2014, pp. 2-3.

③ Amitav Acharya, *Whose Ideas Matter? Agency and Power in Asian Regionalism*, Ithaca: Cornell University Press, 2009, p. 40.

④ Amitav Acharya, "Studying the Bandung Conference from a Global IR Perspective," *Australian Journal of International Affairs*, Vol. 70, No. 4, 2016, pp. 349-350.

⑤ Donald E. Weatherbee, *ASEAN's Half Century: A Political History of the Association of Southeast Asian Nations*, Lanham: Rowman & Littlefield, 2019, p. 217.

⑥ Mathew Davies, *Ritual and Region: The Invention of ASEAN*, Cambridge: Cambridge University Press, 2018, pp. 16-20.

问题研究专家迈克尔·哈斯（Michael Haas）明确指出，"东盟方式"或"东南亚方式"（Southeast Asian Way）是对二战后初期亚远经委会等区域机制创立的"亚洲方式"所蕴含的核心原则的重塑，亦即"东盟方式"的核心特性保持了"亚洲方式"的核心原则。[①]

然而，尽管国内外学界很早就对东盟成立前东南亚区域合作进行了研究，但其成果多散见于对亚洲及东南亚区域主义或区域国际关系及西方大国对亚洲或东南亚政策的相关研究之中，尚没有关于这一时期东南亚区域合作起源与演进及其对东南亚区域主义发展实际影响的整体分析。鉴于此，本书在梳理目前学界已有相关研究成果的基础上，将国际史和国际关系学结合起来，重新整合出一种基于经验和规范综合分析的东盟成立前时期东南亚区域合作起源与演变的"总体研究框架"，重点分析其动力机制和规范建构，以有助于进一步认识和理解二战后东南亚区域主义的起源乃至更宽泛的亚洲或亚太区域合作的早期发展。

一　学术史梳理

从学术史角度来看，东盟成立前东南亚区域合作相关研究起源于国外，始自20世纪40年代末50年代初，大致经历了起步（自此始至20世纪70年代）、专门化（20世纪80年代至90年代）和纵深化（2000年以来）三个发展阶段。在第一个阶段，学者们主要是从外交史角度将之置于美国、英国、澳大利亚等东南亚域外大国的东南亚政策，或泰国、菲律宾、印度等东南亚及亚洲国家对外政策框架内进行研究；关注的焦点是这些域外大国倡导和推动的，或东南亚国家与域外大国共同倡导和推动的跨区域多边合作（trans-regional multilateral cooperation），主要是英国东南亚特别委员会（简称"东南亚特委会"）（The Special Commission in South-East Asia）、"太平洋条约"（The Pacific Pact）动议及碧瑶会议（The Baguio Conference）、东南亚条约组织、"科伦坡计划"、首届亚非会

[①] Michael Haas, *Asian and Pacific Regional Cooperation: Turning Zones of Conflict into Arenas of Peace*, New York: Palgrave Macmillan, 2013, pp. 28–35; Michael Haas, *The Asian Way to Peace: A Story of Regional Cooperation*, New York: Praeger, 1989, pp. 2–21.

议（The Asia-Africa Conference）（即万隆会议）等。① 重要的是，这一阶段出现少量关于东南亚区域主义或亚洲区域经济合作现实进展的总体分析②及关于亚洲关系会议（The Asian Relations Conference）、亚远经委会、万隆会议、东南亚条约组织、"科伦坡计划"、下湄公河流域协调调查委员会（The Committee for Coordination of Investigations of the Lower Mekong

---

① 其代表性作品有：A. S. B. Olver, "The Special Commission in South-East Asia," *Pacific Affairs*, Vol. 21, No. 3, 1948, pp. 285 – 291; Charles O. Lerche, "The United States, Great Britain, and SEATO: A Case Study in the Fait Accompli," *The Journal of Politics*, Vol. 18, No. 3, 1956, pp. 459 – 478; Russell H. Fifield, *The Diplomacy of Southeast Asia 1945 – 1958*, New York: Harper, 1958; W. Macmahon Bal, "A Political Re-Examination of SEATO," *International Organization*, Vol. 12, No. 1, 1958, pp. 17 – 2; Russell H. Fifield, *Southeast Asia in United States Policy*, New York: Praeger, 1963; Lalita P. Singh, "Thai Foreign Policy: The Current Phase," *Asian Survey*, Vol. 3, No. 11, 1963, pp. 535 – 543; Donald E. Nuechterlein, "Thailand and SEATO: A Ten-Year Appraisal," *Asian Survey*, Vol. 4, No. 12, 1964, pp. 1174 – 118; Jean-Luc Vellut, "Asian Policy of the Philippines, 1935 – 1963," Ph. D. Dissertation, The Australian National University, 1964; Milton W. Meyer, *A Diplomatic History of the Philippine Republic*, Hawaii: University of Hawaii Press, 1965; David A. Wilson, "China, Thailand and the Spirit of Bandung (Part I)," *The China Quarterly*, Vol. 30, No. 7, 1967, pp. 149 – 169; David A. Wilson, "China, Thailand and the Spirit of Bandung (Part II)," *The China Quarterly*, No. 31, 1967, pp. 96 – 127; Ronald C. Nairn, "SEATO: A Critique," *Pacific Affairs*, Vol. 41, No. 1, 1968, pp. 5 – 18; Sir Percy Spender, *Exercises in Diplomacy: The ANZUS Treaty and the Colombo Plan*, Sydney: Sydney University Press, 1969; Paul E. Eckel, "SEATO: An Ailing Alliance," *World Affairs*, Vol. 134, No. 2, 1971, pp. 97 – 114; Russell H. Fifield, *Americans in Southeast Asia: The Roots of Commitment*, New York, Crowell, 1973; David Kimche, *The Afro-Asian Movement: Ideology and Foreign Policy of the Third World*, Jerusalem: Israel Universities Press, 1973; Lau Teik Soon, ed., *New Directions in the International Relations of Southeast Asia: The Great Powers and Southeast Asia*, Singapore: Singapore University Press, 1973; Evelyn Colbert, *Southeast Asia in International Politics 1941 – 1956*, London: Cornell University Press, 1977.

② 其代表性作品有：Milton W. Meyer, "Regional Cooperation in Southeast Asia," *Columbia Journal of International Affairs*, Vol. 3, No. 2, 1949, pp. 68 – 77; William Henderson, "The Development of Regionalism in Southeast Asia," *International Organization*, Vol. 9, No. 4, 1955, pp. 463 – 476; William Henderson, "Regionalism in Southeast Asia," *Journal of International Affairs*, Vol. 10, No. 1, 1956, pp. 69 – 76; R. J. Wood, "Economic Co-operation in Asia," *The Australian Quarterly*, Vol. 31, No. 2, 1959, pp. 16 – 22; Bernard K. Gordon, "Economic Impediments to Regionalism in Southeast Asia," *Asian Survey*, Vol. 3, No. 5, 1963, pp. 235 – 244; Bernard K. Gordon, "Problems of Regional Co-operation in Southeast Asia," *World Politics*, Vol. 16, No. 2, 1964, pp. 222 – 253; Lalita P. Singh, *The Politics of Economic Cooperation in Asia: A Study of Asian International Organizations*, Columbia: University of Missouri Press, 1966; Lalita P. Singh, "International System and Economic Cooperation in Asia," *The Indian Journal of Political Science*, Vol. 35, No. 1, 1974, pp. 1 – 12; [日] 丸山静雄：《东南亚与日本》，石宇译，上海人民出版社1974年版。

Basin-Mekong Committee，简称"湄委会")及"湄公河计划"（The Mekong Project）、亚太理事会（The Asia and Pacific Council，ASPAC）、亚洲开发银行（The Asian Development Bank，ADB）、东南亚联盟（The Association of Southeast Asia，ASA）等区域会议或区域机制的专题研究①，其中

---

① 其代表性作品有：J. A. McCallum, "The Asian Relations Conference," *The Australian Quarterly*, Vol. 19, No. 2, 1947, pp. 13 – 17; Victor Purcell, "The Economic Commission for Asia and the Far East," *International Affairs*, Vol. 24, No. 2, 1948, pp. 181 – 195; Mohammad Hassan, "Economic Commission for Asia and the Far East," *Pakistan Horizon*, Vol. 2, No. 3, 1949, pp. 152 – 155; Nazir Ahmad, "The Sydney and Baguio Conferences," *Pakistan Horizon*, Vol. 3, No. 3, 1950, pp. 124 – 138; John R. E. Carr-Gregg, "The Colombo Plan: A Commonwealth Programme for Southeast Asia," *International Conciliation*, Vol. 29, No. 467, 1951, pp. 1 – 55; H. F. Angus, "Political Aims and Effects: Colombo Plan," *Political Studies*, Vol. 3, 1955, pp. 325 – 344; Antonin Basch, "The Colombo Plan: A Case of Regional Economic Cooperation," *International Organization*, Vol. 9, No. 1, 1955, pp. 1 – 18; V. Venakata Rao, "The Asian-African Conference," *The Indian Journal of Political Science*, Vol. 16, No. 4, 1955, pp. 312 – 324; George McTurnan Kahin, *The Asian-African Conference: Bandung, Indonesia, April 1955*, Ithaca: Cornell University Press, 1956; Saunders Redding, "The Meaning of Bandung," *The American Scholar*, Vol. 25, No. 4, 1956, pp. 411 – 420; Ralph Braibanti, "The Southeast Asia Collective Defense Treaty," *Pacific Affairs*, Vol. 30, No. 4, 1957, pp. 321 – 341; Mary Knatchbull Keynes, "The Bandung Conference," *International Relations*, Vol. 1, No. 8, 1957, pp. 362 – 376; A. Rashid Ibrahim, "ECAFE and Economic Cooperation in Asia," *The Pakistan Development Review*, Vol. 1, No. 3, 1961, pp. 1 – 28; George Modelski, ed., *SEATO: Six Studies*, Canberra: The Australian National University, 1962; David Wightman, "Efforts for Economic Co-operation in Asia and the Far East: The Experience of ECAFE," *The World Today*, Vol. 18, No. 1, 1962, pp. 30 – 42; David Wightman, *Toward Economic Cooperation in Asia: The United Nations Economic Commission for Asia and the Far East*, New Haven: Yale University Press, 1963; Somporn Sangchai, *The Mekong Committee: A New Genus of International Organization*, Ph. D. Dissertation, Indiana University, 1967; P. E. Stonham, "The Asian Development Bank and Economic Co-operation in South-East Asia," *The Australian Quarterly*, Vol. 39, No. 1, 1967, pp. 77 – 84; David Jenkins, "The Lower Mekong Scheme," *Asian Survey*, Vol. 8, No. 6, 1968; Shin Joe Kang, "ASPAC: An Asian Solution," *Intereconomics*, Vol. 3, No. 7, 1968, pp. 207 – 211; Virginia Morsey Wheeler, "Co-Operation for Development in the Lower Mekong Basin," *The American Journal of International Law*, Vol. 64, No. 3, 1970; Vincent K. Pollard, "ASA and ASEAN 1961 – 1967: Southeast Asian Regionalism," *Asian Survey*, Vol. 10, No. 3, 1970, pp. 244 – 255; P. K. Menon, "Some Legal Aspects of the Committee for Coordination of Investigations of the Lower Mekong Basin," *Netherlands International Law Review*, Vol. 18, No. 2, 1971; P. K. Menon, "Financing the Lower Mekong River Basin Development," *Pacific Affairs*, Vol. 44, No. 4, 1971 – 1972, pp. 566 – 579; P. K. Menon, "The Lower Mekong River Basin—Some Proposals for the Establishment of a Development Authority," *International Lawyer*, Vol. 6, No. 4, 1972; Franklin P. Huddle, *The Mekong Project: Opportunities and Problems of Regionalism*, Washington: U. S. Government Printing Office, 1972; Le Thi Tuyet, *Regional Cooperation in Southeast Asia: The Mekong Project*, Ph. D. Dissertation, The City University of New York, 1973; Michael Haas, "Asian Development Bank," *International Organization*, Vol. 28, No. 2, 1974, pp. 281 – 296; Suphakit Mayanondha, *The Lower Mekong Basin Development Project: Opportunities and Problems of Regionalism in Southeast Asia*, Master Thesis, Creighton University, 1977; P. C. Pradhan, "Norodom Sihanouk and the Bandung Conference," *Proceedings of the Indian History Congress*, Vol. 40, 1979, pp. 1043 – 1048.

不乏亲历相关重大事件的政府官员或国际及区域机构专家的专题性研究报告。① 这些研究成果因太接近当时的区域合作实践，主要利用当时的公开材料且多是关于政策和事件本身的叙述，因而只是初步的研究。但这些成果为研究提供了很好的早期参考文献。

在第二个阶段，研究领域出现了更系统和深入的专题论著，并开始将有关区域机制纳入东南亚区域政治、安全和区域合作或亚洲/亚太政治或区域合作乃至更大的亚非合作框架内进行研究。有三个重要的新进展：一是开始探讨与东南亚国家所倡导和推动的东南亚次区域合作（sub-regional cooperation），即东南亚本地区域合作，如湄委会、东南亚联盟、马菲印尼联盟（Maphilindo）及东盟的创建等；② 二是开始在宽泛的亚非或

---

① 代表性作品有：C. Hart Schaaf, "The United Nations Economic Commission for Asia and the Far East," *International Organization*, Vol. 7, No. 4, 1953, pp. 463 – 481; C. Hart Schaaf and Russell H. Fifield, *The Lower Mekong: Challenge to Cooperation in Southeast Asia*, Princeton: Van Nostrand, 1963; Gilbert F. White, "Mekong River Plan," *Scientific American*, Vol. 208, No. 4, 1963, pp. 49 – 59; Roeslan Abdulgani, *Bandung Spirit: Moving on the Tide of History*, Bandung: Badan Penerbit Prapantja, 1964; W. R. Derrick Sewell and Gilbert F. White, "The Lower Mekong: An Experiment in International River Development," *International Conciliation*, No. 558, 1966, pp. 1 – 63; Victor J. Croizat, *The Mekong River Development Project: Some Geographical Historical and Political Considerations*, Paper P – 3616, Santa Monica, California: Rand Corporation, June 1967; W. R. Derrick Sewell, "The Mekong Scheme: Guideline for a Solution to Strife in Southeast Asia," *Asian Survey*, Vol. 8, No. 6, 1968, pp. 448 – 455; Eugene R. Black, *Alternative in Southeast Asia*, London: Pall Mall Press, 1969; A. Appadorai, "The Asian Relations Conference in Perspective," *International Studies*, Vol. 18, No. 3, 1979, pp. 275 – 285.

② 其代表性作品有：Arnfinn Jorgensen-Dahl, *Regional Organization and Order in South-East Asia*, London: Macmillan University Press, 1982; Michael Leifer, *ASEAN and the Security of Southeast Asia*, London and New York: Routledge, 1989; Michael Antolik, *ASEAN and the Diplomacy of Accommmodation*, New York: M. E. Sharpe, 1990; Syed S. Kirmani, "Water, Peace and Conflict Management: The Experience of the Indus and Mekong River Basins," *Water International*, Vol. 15, No. 4, 1990; C. M. Turnbull, "Regionalism and Nationalism," in Nicholas Tarling, ed., *The Cambridge History of Southeast Asia: The Nineteenth and Twentieth Centuries*, Vol. 2, Cambridge: Cambridge University Press, 1992, pp. 585 – 642; Jeffrey W. Jacobs, "International River Basin Development and Climatic Change: The Lower Mekong of Southeast Asia," Ph. D. Dissertation, University of Colorado at Boulder, 1992; Jeffrey W. Jacobs, "Toward Sustainability in Lower Mekong River Basin Development," *Water International*, Vol. 19, No. 1, 1994; Jeffrey W. Jacobs, "Mekong Committee History and Lessons for River Basin Development," *The Geographical Journal*, Vol. 161, No. 2, 1995, pp. 135 – 148; Estrella D. Solidum, "Regional Co-operation and ASEAN: The Philippine Experience," *Asian Journal of Political Science*, Vol. 5, No. 1, 1997, pp. 52 – 67; Kusuma Snitwongse, "Thailand and ASEAN: Thirty Years On," *Asian Journal of Political Science*, Vol. 5, No. 1, 1997, pp. 87 – 101; Karen Bakker, "The Politics of Hydropower: Developing the Mekong," *Political Geography*, Vol. 18, No. 2, 1999, pp. 209 – 232.

亚洲合作框架内深度探讨与东南亚相关的跨区域多边合作,主要是亚洲关系会议、万隆会议和第二次亚非会议等;① 三是开始利用美国、英国、澳大利亚等国最新解密档案对那些跨区域多边合作尤其是美、英、澳等域外大国的政策和作用进行深入的历史研究,涉及英国东南亚特别委员会、"太平洋条约"动议、"澳新马区域"防务计划(Australian, New Zealand and Malayan Area, ANZAM)、东南亚条约组织、《英马防务协定》(The Anglo-Malayan Defence Agreement, AMDA)、"科伦坡计划"、"湄公河计划"等多个机制②,并开始出现对上述特定区域合作机制较长时段的

---

① 其代表性作品有: Roeslan Abdulgani, *The Bandung Connection: The Asia-Africa Conference in Bandung in 1955*, translated by Molly Bondan, Singapore: Gunung Agung, 1981; Albert W. Stargardt, "The Emergence of the Asian System of Powers," *Modern Asian Studies*, Vol. 23, No. 3, 1989, pp. 561 – 595; Michael Haas, *The Asian Way to Peace: A Story of Regional Cooperation*, New York: Praeger, 1989; Neil John Funston, "Thai Foreign Policy from Sarit to Seni: Adaptation during the Second Indochina War," Ph. D. Dissertation, The Australian National University, 1989; Shankar Sharan, *Fifty Years after the Asian Relations Conference*, New Delhi: Tibetan Parliamentary and Policy Research Centre, 1997.

② 其代表性作品有: Chin Kin Wah, *The Defence of Malaysia and Singapore: The Transformation of a Security System 1957 – 1971*, Cambridge: Cambridge University Press, 1983; Walt W. Rostow, *The United States and the Regional Organization of Asia and the Pacific, 1965 – 1985*, Austin: University of Texas Press, 1986; Nicholas Tarling, "The United Kingdom and the Origins of the Colombo Plan," *Journal of Commonwealth & Comparative Politics*, Vol. 24, No. 1, 1986, pp. 3 – 34; Chintamani Mahapatra, *American Role in the Origin and Growth of ASEAN*, New Delhi: ABC Publishing House, 1990; Nicholas Tarling, " 'Ah-Ah': Britain and the Bandung Conference of 1955," *Journal of Southeast Asian Studies*, Vol. 23, No. 1, 1992, pp. 74 – 111; Peter Edwards, *Crises and Commitments: The Politics and Diplomacy of Australia's Involvement in Southeast Asian Conflicts 1948 – 1965*, North Sydney: NSW Allen & Unwin, 1992; David Lowe, "Percy Spender and the Colombo Plan, 1950," *Australian Journal of Politics and History*, Vol. 40, No. 2, 1994, pp. 162 – 176; Tilman Remme, *Britain and Regional Cooperation in South-East Asia 1945 – 1949*, New York: Routledge, 1995; W. David McIntyre, *Background to the Anzus Pact: Policy-Making, Strategy and Diplomacy*, Christchurch: Canterbury University Press, 1995; Hiroyuki Umetsu, *From ANZUS to SEATO: A Study of Australian Foreign Policy 1950 – 54*, Sydney: The University of Sydney, June, 1996; Ademola Adeleke, "Ties without Strings? The Colombo Plan and the Geopolitics of International Aid, 1950 – 1980," Ph. D. Dissertation, 1996; Nicholas Tarling, *Britain, Southeast Asia and the Onset of the Cold War 1945 – 1950*, Cambridge: Cambridge University Press, 1998; Jeffrey W. Jacobs, "The United States and the Mekong Project," *Water Policy*, Vol. 1, No. 6, 1998, pp. 587 – 603; Nguyen Thi Dieu, *The Mekong River and the Struggle for Indochina: Water, War and Peace*, London: Praeger, 1999.

专题研究。① 这一阶段的相关研究成果用翔实的文献资料或将东南亚区域作为一个整体，或针对特定的合作机制进行专门研究，具有较高的学术参考价值。

在第三个阶段，国外相关研究进入纵深化，开始在发展进程上将东盟成立前后的东南亚相关区域合作联结成一个整体。这主要表现在下述方面：一是从区域国际史或国际关系学视角，将 1945 年至 1967 年的东南亚区域合作置于二战后东南亚区域国际关系或东南亚区域主义或东盟演进史的整体框架内，探讨二战后东南亚本地区域合作的起源与演变；② 二是从国际关系学视角，将区域国际史与国际关系理论尤其是区域主义理论结合起来，将 1945 年至 1967 年的东南亚区域合作置于整体的东南亚或亚洲/亚太区域主义的框架内，探讨二战后东南亚本地区域合作的发展动

---

① 其代表性作品有：Leszek Buszynski, "SEATO: Why It Survived until 1977 and Why It Was Abolished," *Journal of Southeast Asian Studies*, Vol. 12, No. 2, 1981, pp. 287 – 296; Leszek Buszynski, *SEATO: The Failure of An Alliance Strategy*, Singapore: Singapore University Press, 1984; Takashi Kawai, "Aspects of Mekong Basin Planning," *Journal of Irrigation Engineering and Rural Planning*, No. 5, 1984, pp. 14 – 32; H. G. Halbertsma, "Legal Aspects of the Mekong River System," *Netherlands International Law Review*, Vol. 34, No. 1, 1987, pp. 25 – 53; David W. Mabon, "Elusive Agreements: The Pacific Pact Proposals of 1949 – 1951," *Pacific Historical Review*, Vol. 57, No. 2, 1988, pp. 147 – 177; Pachoom Chomchai, "The United States, the Mekong Committee and Thailand: A Study of American Multilateral and Bilateral Assistance to North-East Thailand since the 1950s," Asian Studies Monographs No. 051, Institute of Asian Studies, Chulalongkorn University, 1994; Mikiyasu Nakayama, "Aspects behind Differences in Two Agreements Adopted by Riparian Countries of the Lower Mekong River Basin," *Journal of Comparative Policy Analysis: Research and Practice*, Vol. 1, No. 3, 1999, pp. 293 – 308.

② 其代表性作品有：Monsak Jangariyawong, "Thailand in Southeast Asia: A Study of Foreign Policy 1945 – 1991," Ph. D. Dissertation, Monash University, 2003; Nicholas Tarling, *Regionalism in Southeast Asia: To Foster the Political Will*, New York: Routledge, 2006; Donald E. Weatherbee, *International Relations in Southeast Asia: The Struggle for Autonomy*, Lanham: Rowman & Littlefield Publishers, 2006/2009/2015; Alice D. Ba, *(Re) Negotiating East and Southeast Asia: Region, Regionalism, and the Association of Southeast Asian Nations*, Stanford: Stanford University Press, 2009; Nicholas Tarling, *Southeast Asia and the Great Powers*, New York: Routledge, 2010; Nicholas Tarling, *Southeast Asian Regionalism: New Zealand Perspectives*, Singapore: Institute of Southeast Asian Studies, 2011; Sue Thompson, "The Evolution of Southeast Asian Regionalism: Security, Economic Development, and Foreign Power Support for Regional Initiatives, 1947 – 77," *Journal of ASEAN Studies*, Vol. 5, No. 1, 2017, pp. 1 – 22; Donald E. Weatherbee, *ASEAN's Half Century: A Political History of the Association of Southeast Asian Nations*, Lanham: Rowman & Littlefield, 2019.

力以及区域认同和规范建构上的延续性;[①] 三是从冷战国际史、外交史、非殖民化或国际发展援助或国际关系理论视角,探讨 1945 年至 1967 年美、英、澳等域外大国所支配的东南亚跨区域多边合作的经验教训及其对东南亚国家和东南亚区域秩序的影响;[②] 四是从外交史、国际史或国际

[①] 其代表性作品有: Amitav Acharya, *The Quest for Identity: International Relations of Southeast Asia*, Oxford: Oxford University Press, 2001; Amitav Acharya, *Asia Rising: Who Is Leading?* Singapore: World Scientific Publishing, 2008; Amitav Acharya, *Whose Ideas Matter? Agency and Power in Asian Regionalism*, Ithaca: Cornell University Press, 2009; Leong Yew, ed., *Alterities in Asia: Reflections on Identity and Regionalism*, New York: Routledge, 2011; Amitav Acharya, *The Making of Southeast Asia: International Relations of a Region*, Singapore: ISEAS Publishing, 2012; Michael Haas, *Asian and Pacific Regional Cooperation: Turning Zones of Conflict into Arenas of Peace*, New York: Palgrave Macmillan, 2013; Baogang He, *Contested Ideas of Regionalism in Asia*, New York: Routledge, 2017; Mathew Davies, *Ritual and Region: The Invention of ASEAN*, Cambridge: Cambridge University Press, 2018.

[②] 其代表性作品有: Karl Hack, *Defence and Decolonisation in Southeast Asia: Britain, Malaya and Singapore 1941–1968*, Surrey: Curzon Press, 2001; Matthew Jones, *Conflict and Confrontation in South East Asia, 1961–1965: Britain, the United States and the Creation of Malaysia*, Cambridge University Press, 2002; Marc Frey, Ronald Pruessen, and Tan Tai Yong, eds., *The Transformation of Southeast Asia: International Perspectives on Decolonization*, Armonk: M. E. Sharpe, 2003; Galia Press-Barnathan, *Organizing the World: The United States and Regional Cooperation in Asia and Europe*, New York: Routledge, 2003; Daniel Oakman, *Facing Asia: A History of the Colombo Plan*, Canberra: Pandanus Book, 2004; Ademola Adeleke, "Playing Fairy Godfather to the Commonwealth: The United States and the Colombo Plan," *Commonwealth and Comparative Politics*, Vol. 42, No. 3, 2004, pp. 393–411; Damien Marc Fenton, "SEATO and the Defence of Southeast Asia 1955–1965," Ph. D. Dissertation, UNSW@ADFA, 2006; Ademola Adeleke, "'Cocksparrow Diplomacy': Percy Spender, The Colombo Plan and Commonwealth Relations," *Australian Journal of Politics and History*, Vol. 54, No. 2, 2008, pp. 173–184; Peter Lowe, *Contending with Nationalism and Communism: British Policy towards Southeast Asia 1945–1965*, New York: Palgrave Macmillan, 2009; T. O. Smith, "Lord Killearn and British Diplomacy Regarding French Indo-Chinese Rice Supplies, 1946–1948," *History*, Vol. 96, No. 324, 2011, pp. 477–489; Julie Suares, "Engaging with Asia: The Chifley Government and the New Delhi Conferences of 1947 and 1949," *Australian Journal of Politics & History*, Vol. 57, No. 4, 2011, pp. 496–510; Sue Thompson, "The Western Powers and the Development of Regional Cooperation in Southeast Asia: The International Dimension, 1945–67," *Global Change, Peace and Security*, Vol. 23, No. 1, 2011, pp. 75–88; Rakesh Batabyal, "Imperial Embers and the Invocation to Cold War: Colombo Conference 1950," *Proceedings of the Indian History Congress*, Vol. 74, 2013, pp. 758–772; Sue Thompson, *British Military Withdrawal and the Rise of Regional Cooperation in South-East Asia 1964–73*, Houndmills: Palgrave Macmillan, 2015; Shigeru Akita, Gerold Krozewski, and Shoichi Watanabe, eds., *The Transformation of the International Order of Asia: Decolonization, the Cold War, and the Colombo Plan*, New York: Routledge, 2015; Andrea Benvenuti, *Cold War and Decolonisation: Australia's Policy towards Britain's End of Empire in Southeast Asia*, Singapore: National University of Singapore Press, 2017; Sue Thompson, *The United States and Southeast Asian Regionalism: Collective Security and Economic Development, 1945–75*, New York: Routledge, 2019; Dan Halvorson, *Commonwealth Responsibility and Cold War Solidarity: Australia in Asia, 1944–74*, Acton: ANU Press, 2019; Ji-Young Lee, "Contested American Hegemony and Regional Order in Postwar Asia: The Case of Southeast Asia Treaty Organization," *International Relations of the Asia-Pacific*, Vol. 19, 2019, pp. 237–267.

关系学视角，对这一时期印度、印度尼西亚等亚洲国家所倡导和推动的东南亚跨区域多边合作及其规范和政治影响进行深入的专题研究，主要是亚洲关系会议、"科伦坡国家"集团（The Colombo Powers）和万隆会议等；[1]五是从国际区域治理视角，将东南亚早期区域合作的特定机制作为其整体演进的起源，探讨其实践进程和规范建构的开拓性和延续性，主要是湄公河委员会及湄公河计划水资源安全治理。[2]

---

[1] 其代表性作品有：Matthew Jones, "A 'Segregated' Asia? Race, the Bandung Conference, and Pan-Asianist Fears in American Thought and Policy, 1954 – 1955," *Diplomatic History*, Vol. 29, No. 5, 2005, pp. 841 – 868; Jamie Mackie, *Bandung 1955: Non-alignment and Afro-Asian Solidarity*, Singapore: Editions Didier Millet, 2005; Kweku Ampiah, *The Political and Moral Imperatives of the Bandung Conference of 1955: The Reactions of the US, UK and Japan*, Folkestone: Global Oriental, 2007; Shu Guang Zhang, "Constructing 'Peaceful Coexistence': China's Diplomacy toward the Geneva and Bandung Conferences, 1954 – 55," *Cold War History*, Vol. 7, No. 4, 2007, pp. 509 – 528; See Seng Tan and Amitav Acharya, eds., *Bandung Revisited: The Legacy of the 1955 Asian-African Conference for International Order*, Singapore: NUS Press, 2008; Itty Abraham, "From Bandung to NAM: Non-alignment and Indian Foreign Policy, 1947 – 1965," *Commonwealth & Comparative Politics*, Vol. 46, No. 2, 2008, pp. 195 – 219; Antonia Finnane and Derek McDougall, eds., *Bandung 1955: Little Histories*, Caulfield: Monash University Press, 2010; Christopher J. Lee, *Making a World after Empire: The Bandung Moment and Its Political Afterlives*, Athens: Ohio University Press, 2010; Sinderpal Singh, "From Delhi to Bandung: Nehru, 'Indianness' and 'Pan-Asian-ness'," *South Asia: Journal of South Asian Studies*, Vol. 34, No. 1, 2011, pp. 51 – 64; Amitav Acharya, "Who Are the Norm Makers? The Asian-African Conference in Bandung and the Evolution of Norms," *Global Governance*, Vol. 20, No. 3, 2014, pp. 405 – 417; Naoko Shimazu, "Diplomacy as Theatre: Staging the Bandung Conference of 1955," *Modern Asian Studies*, Vol. 48, No. 1, 2014, pp. 225 – 252; Nataša Mišković, Harald Fischer-Tiné and Nada Boškovska, eds., *The Non-Aligned Movement and the Cold War: Delhi, Bandung, Belgrade*, New York: Routledge, 2014; Andrew Phillips, "Beyond Bandung: The 1955 Asian-African Conference and Its Legacies for International Order," *Australian Journal of International Affairs*, Vol. 70, No. 4, 2016, pp. 329 – 342; Amitav Acharya, "Studying the Bandung Conference from a Global IR Perspective," *Australian Journal of International Affairs*, Vol. 70, No. 4, 2016, pp. 342 – 357; Heloise Weber and Poppy Winanti, "The 'Bandung Spirit' and Solidarist Internationalism," *Australian Journal of International Affairs*, Vol. 70, No. 4, 2016, pp. 391 – 406; Vineet Thakur, "An Asian Drama: The Asian Relations Conference, 1947," *The International History Review*, Vol. 41 No. 3, 2019, pp. 673 – 695; Cindy Ewing, "The Colombo Powers: Crafting Diplomacy in the Third World and Launching Afro-Asia at Bandung," *Cold War History*, Vol. 19, No. 1, 2019, pp. 1 – 19.

[2] 其代表性作品有：Hiroshi Hori, *The Mekong: Environment and Development*, New York: United Nations University Press, 2000; Greg Browder and Leonard Ortolano, "The Evolution of an International Water Resources Management Regime in the Mekong River Basin," *Natural Resources Journal*, Vol. 40, No. 3, 2000, pp. 499 – 531; Abigail Makim, "Resources for Security and Stability? The Politics of Regional Cooperation on the Mekong 1957 – 2001," *Journal of Environment and Development*, Vol. 11,

截至目前，国外相关研究的学术史演进显示出这一研究有三个明显的发展趋势：（1）从学科视角看，从单一的外交史、国际史或国际关系学等向多学科、跨学科研究发展。最重要的是开始出现区域国际史与区域国际关系理论相结合的综合研究。（2）从分析层次来看，从侧重于东南亚内外国家的单一层次向国际体系、区域和国家等多个层次结合发展。（3）从研究方法来看，从以静态性的总体或个案研究和描述性分析为主，向这些方法与动态的纵横比较分析和规范性分析等多种方法并存乃至综合运用发展。从总体情况来看，国外相关研究亦有许多方面仍有待深入和突破。这主要表现在以下几个方面。

1. 在研究视角上，多数学者主要采用西方国际关系理论，有着浓重的西方价值观色彩。在研究中，他们时常采用西方国际关系理论的国际体系观，将东南亚国家视作"统一的民族国家"，忽略了正值非殖民化进程和国家建设时期的东南亚国家的多样性、特殊性和实际需求的差异性。一个明显的表现是，在国际关系理论和学科讨论中，东南亚时常占据着模糊的位置乃至完全缺席。[1]这种普遍化导向的世界政治理论过分强调结构相似性（structural similarities）而低估文化差异性（cultural differences）；它时常高估宏观过程而低估局部的微观过程；它强调文化中性，因而缺乏语境敏感性（context sensitivity）；它所假定的相似性基于高层次的抽象性，以至于对区域组织的观念和规范差异性（normative differences）反应迟钝。[2]东南亚区域国别史研究专家米尔顿·奥斯本（Milton Osborne）坦言，19世纪的多数时间和20

No. 1, 2002, pp. 5 – 52; Satoru Akiba, "Evolution and Demise of the Tennessee Valley Authority Style Regional Development Scheme in the Lower Mekong River Basin, 1951 to the 1990s: The First Asian Initiative to Pursue an Opportunity for Economic Integration," *Waseda Business & Economic Studies*, Vol. 46, 2010, pp. 77 – 98; Tuyet L. Cosslett and Patrick D. Cosslett, *Water Resources and Food Security in the Vietnam Mekong Delta*, New York: Springer, 2014; Tuyet L. Cosslett and Patrick D. Cosslett, *Sustainable Development of Rice and Water Resources in Mainland Southeast Asia and Mekong River Basin*, New York: Springer, 2018.

[1] Alice D. Ba and Mark Beeson, "The Continuing Evolution of Southeast Asia," in Alice D. Ba and Mark Beeson, eds., *Contemporary Southeast Asia: The Politics of Change, Contestation and Adaptation*, Third edition, London: Palgrave, 2018, p. 8.

[2] Jürgen Rüland, *The Indonesian Way: ASEAN, Europeanization, and Foreign Policy Debates in a New Democracy*, Stanford: Stanford University Press, 2018, p. 4.

世纪的上半叶，东南亚区域的发展步伐大多受到外来力量的影响，有时候甚至完全受到外来力量的控制，但随着殖民统治时代的结束，东南亚人在大多数情况下能够做出自己的决定，并决定他们应该在多大程度上依赖自己的价值观以及如何从历史中汲取教训。① 梅特瑞·昂敦（Maitrii Aung-Thwin）在探究二战后东南亚民族主义与共同体身份建构时指出，那些冷战意识形态和西方价值取向的全球政治外部视角忽略了地方观点和更深刻的历史趋向。②

实际上，这一时期东南亚新兴国家有着与西方话语中的民族国家不同的特征，因而对区域合作需求有共性亦有个性。这也是这一时期东南亚区域合作多种形式并存的重要原因。这一国际体系观还导致相关研究对东南亚区域合作进程中特有的各种区域意识及其相互联系关注不够，如"泛亚洲主义""太平洋主义"（Pacificism）和"东南亚主义"等。这三大区域意识一直并行发展并在共同观念上推动着这一时期东南亚区域合作进程的演变。"英国学派"代表人物、历史学家亚当·沃森（Adam Watson）曾告诫说，对国家间体系的历史研究需要从对各自的特性和自身优点的比较出发，审视国家间关系的不同模式，并从将各种政治实体联系起来的制度、假定和行为准则方面，重点考察国家间体系的不同组织形式和不同的优先性。③ 这正如阿查亚所强调的："真正的普遍性存在于承认各个国家、各个社会和各个区域的基本的多样性，并在它们之间寻找共同地带。"④ 爱丽丝·巴（Alice D. Ba）和马必胜（Mark Beeson）在论及当代东南亚研究时指出，"东南亚的多样性可以挑战绝大多数政治分析初始的最基本的出发点，即国家和区域作为创建的政治结构和实体"，时至今日，"这种多样性亦可以为思考东南亚的政治组织、社会—文化背景和内部及区域层次的制度提供重要的共同条件和共

---

① Milton Osborne, *Southeast Asia: An Introductory History*, 12th edition, Sydney: Allen & Unwin, 2016, p. 266.

② Maitrii Aung-Thwin, "Nationalism and Post-Colonial Identity in Southeast Asia," in Norman G. Owen, ed., *Routledge Handbook of Southeast Asian History*, New York: Routledge, 2014, p. 79.

③ Adam Watson, *The Evolution of International Society: A Comparative Historical Analysis*, London: Routledge, 1992, p. 1.

④ Amitav Acharya, *Constructing Global Order: Agency and Change in World Politics*, Cambridge: Cambridge University Press, 2018, p. 2.

同的出发点"①。为此，他们呼吁，当前的东南亚研究应"有意识地努力解释持续被忽略的东南亚历史和发展中的独特性"②。

2. 在研究视野上，相关研究成果仍呈分散状态，宏观的总体研究和微观的专题研究偏多且时常分开进行。宏观研究常把这一时期的东南亚区域合作置于东南亚乃至更大的亚洲/亚太区域国际关系或区域主义框架内，虽有整体感，但过于简略；微观研究侧重于某种特定区域合作机制或相关重大事件的专题研究，虽内容翔实，但缺乏整体感，且常把东南亚区域边缘化。这正如沃森在论及国家间体系外交史研究的局限性时所言，这些研究虽然大量利用外交档案和其他资料提供了一种主要关于特定欧洲案例的连续性叙事和详尽分析，但由于其关于国际事件的许多历史记录仍聚焦于叙事和个别国家与人物的政策动机，因而难以清楚地解释作为整体的国家间体系的运行。况且，此种历史研究并未明确界定管理国家间体系的历史经验尤其是欧洲之外的历史经验的范围和性质及其与当今我们所处时代的相关性。③"科伦坡计划"研究专家丹尼尔·欧克曼（Daniel Oakman）在分析"科伦坡计划"经济技术援助的经济政治作用时指出，关于该计划的大部分研究聚焦于澳大利亚等国与该计划的经济、文化及发展合作，很少关注其产生和实施的特定政治、文化和战略背景。④ 因此，有必要从整体的角度将宏观和微观结合起来，对这一时期的东南亚区域合作实践进行独立的中观层面的研究。国际史研究专家周桂银特别强调国际关系史研究将微观的案例研究和宏观的整体研究相结合的重要意义。他指出，这不仅需要通过史料钩沉和一个个具体事件还原或重现历史，而且需要通过关注漫长的历史进程和宽广的地理空间

---

① Alice D. Ba and Mark Beeson, "Looking Ahead," in Alice D. Ba and Mark Beeson, eds., *Contemporary Southeast Asia: The Politics of Change, Contestation and Adaptation*, Third edition, London: Palgrave, 2018, p. 280.

② Alice D. Ba and Mark Beeson, "The Continuing Evolution of Southeast Asia," in Alice D. Ba and Mark Beeson, eds., *Contemporary Southeast Asia: The Politics of Change, Contestation and Adaptation*, Third edition, London: Palgrave, 2018, p. 9.

③ Adam Watson, *The Evolution of International Society: A Comparative Historical Analysis*, London: Routledge, 1992, p. 7.

④ Daniel Oakman, "The Politics of Foreign Aid: Counter-Subversion and the Colombo Plan, 1950 – 1970," *Pacifica Review*, Vol. 13, No. 3, 2001, p. 256.

发现规律、探究机理、归纳理论和创建范式。①

3. 在研究层次上,虽然出现多个层次结合的分析,但学者们关注较多的还是东南亚外部的国际体系或内部的区域或国家某一特定的层次。在研究中,更多的学者时常在冷战国际史和非殖民化国际背景下研究这一时期的东南亚区域合作,强调这些合作所受的外部影响;另一些学者则更加强调东南亚区域和国家等内部层次对东南亚区域合作的影响。实际上,在东南亚区域合作中,外部层次和内部层次是相互影响、相互建构的。比如,东南亚区域合作最早确实是源自外部力量的推动,但这些区域合作只有适应东南亚内部多数国家的需求才能生存并持续发展。拉克什·巴塔伯雅尔(Rakesh Batabyal)在分析1950年召开的科伦坡会议的历史背景时就指出其用美苏冷战的宏大叙事掩盖了英国、印度、澳大利亚等国及地方社会叙事的偏颇,强调对二战后初期东南亚历史的研究应将这两种叙事结合起来。② 梅尔·里克莱夫斯(Merle C. Ricklefs)和马修·弗利(Matthew Foley)在研究冷战及全球大国与东南亚国家政策及区域发展的关系时指出,全球性冷战及大国并不能够完全支配东南亚地方的现实,即使最强大的美国影响东南亚的努力亦受到限制,而东南亚国家及其他地方行为体有更多的自主权,利用冷战特殊的国际背景谋求适应自己的政治、经济或战略需求的议程。因此,冷战时期东南亚的区域政治现实是互动的地方理论、地方行为体和地方议程与全球大国及其有关议程的混合体,两者的联结和互动催生了东南亚区域特定情势的特定政治动力。③ 另外,在研究层次上,国外已有的研究没有从概念上对这一时期东南亚相关区域合作进行区分;对于外部层次和内部层次之间的互动机制亦没有做出系统分析。

---

① 周桂银:《国际关系史研究的深度和广度》,载《吉林大学社会科学学报》2019年第4期,第125—126页。

② Rakesh Batabyal, "Imperial Embers and the Invocation to Cold War: Colombo Conference 1950," *Proceedings of the Indian History Congress*, Vol. 74, 2013, p. 758.

③ 参见 Merle C. Ricklefs, "The Cold War in Hindsight: Local Realities and the Limits of Global Power," in Malcom H. Murfet, ed., *Cold War Southeast Asia*, Singapore: Marshall Cavendish Editions, 2012, pp. 322 – 343; Matthew Foley, *The Cold War and National Assertion in Southeast Asia Britain, the United States and Burma*, 1948 – 62, London: Routledge, 2010, pp. 1 – 5.

4. 在研究领域上，关注某一特定的领域和侧面，如政治、经济援助、安全、认同建构和规范扩散等，仍缺乏将这些领域和侧面结合起来的综合研究。尤其是一些西方学者对这一时期东南亚区域合作研究与对东南亚的历史研究一样，有一个明显的倾向性，即议题选择上的"欧洲中心"——聚焦于殖民管理、集体霸权、防务安全和经济援助等西方大国主导的区域议题，以至于时常忽略那些与主流西方叙事和范式不相容或不被西方大国认真对待的议题。[1] 比如，东南亚内部政治经济和社会文化惯例对区域国际关系和区域事务的影响就没有受到应有的重视。[2] 实际上，这一时期东南亚区域合作涉及多个领域和多个侧面，每个领域和侧面都在其中发挥着独特的作用。因此，涉及多个领域和侧面的综合研究更能反映这一时期东南亚区域合作的全貌。

5. 在文献资料的运用上，国际史视角和国际关系学视角时常表现出不同的倾向性。前者注重一手文献资料，并越来越重视东南亚域外大国解密档案的运用；后者倾向于利用官方公开文件和相关二手文献。随着多学科和跨学科方法的运用和相关研究向纵深发展，要求综合运用各种文献尤其是多国解密档案，以突显区域合作的多边本质。

与国外研究相比，国内相关研究起步较晚，在20世纪90年代中后期方才出现。这一研究最初分别在区域国际史、大国外交史，尤其是东盟研究或美国、中国对外政策研究框架内展开。前一种情况是站在东南亚角度将之作为东盟产生的背景来研究；后一种情况是站在东南亚域外大国对外政策角度做出的探究，探讨东南亚相关多边合作在大国外交中的地位、意义和影响，并没有将这些多边合作与东南亚区域合作联系起来。这两个侧面的研究将东南亚区域外部和内部截然分开，且总体上属

---

[1] Alice D. Ba and Mark Beeson, "The Continuing Evolution of Southeast Asia," in Alice D. Ba and Mark Beeson, eds., *Contemporary Southeast Asia: The Politics of Change, Contestation and Adaptation*, Third edition, London: Palgrave, 2018, p. 8.

[2] Alan Chong, "Culture as a Perspective on Southeast Asian Politics and International Relations," in Alice D. Ba and Mark Beeson, eds., *Contemporary Southeast Asia: The Politics of Change, Contestation and Adaptation*, Third edition, London: Palgrave, 2018, pp. 111 – 130.

于历史范畴的描述性分析。① 这一时期亦有关于某一特定区域机制或区域会议的少量专题研究，但没有与东南亚区域及区域合作联系起来。② 进入21世纪，随着亚洲冷战史和东盟研究的不断升温，相关研究大量出现。这些研究主要有四个侧面。有两个侧面与20世纪90年代一样，将其作为东盟产生的背景或东南亚区域史和大国对东南亚外交史的一部分来研究。③ 第三个侧面是从国际关系学科出发，结合区域主义理论或国际关

---

① 其代表性作品有：赵晨《东南亚国家联盟：成立发展同主要大国的关系》，中国物资出版社1994年版；贺圣达、王文良等《战后东南亚历史发展（1945—1994）》，云南大学出版社1995年版；曹云华《东南亚的区域合作》，华南理工大学出版社1996年版；王士录、王国平《从东盟到大东盟：东盟30年发展研究》，世界知识出版社1998年版；蔡佳禾《双重的遏制：艾森豪威尔政府的东亚政策》，南京大学出版社1999年版。

② 其代表性作品有：高华《第三世界仍需万隆精神》，载《当代亚太》1995年第2期，第44—46页；李少军《万隆精神的历史启示》，载《世界经济与政治》1995年第5期，第52—54页；夏仲成《亚洲雄风：团结合作的亚非会议》，世界知识出版社1998年版；姚椿龄《美国与东南亚条约组织的建立》，载《美国研究》1995年第3期，第110—126页；陶文钊《亚非会议的成功与美国遏制政策的失败》，载《社会科学研究》1999年第3期，第120—127页。

③ 其代表性作品有：梁志明、张锡镇等主编《东盟发展进程研究：东盟四十年回顾与展望》，香港：社会科学出版社2008年版；梁英明、梁志明等《东南亚近现代史》，昆仑出版社2005年版；刘雄《艾森豪威尔政府的亚洲政策研究》，岳麓书社2009年版；梁志明《东南亚史》，人民出版社2010年；白雪峰《冷战后美国在东南亚的外交：霸权秩序的建构》，厦门大学出版社2011年版；崔丕《美国亚洲太平洋集体安全保障体系的形成与英国（1950—1954年）》，载《冷战国际史研究》（第1辑），世界知识出版社2004年版，第1—27页；陆庭恩《论万隆会议及其影响》，载《西亚非洲》2005年第3期，第10—14页；熊华源《从万隆会议看周恩来和平外交思想的传播与影响》，载《当代中国外交史》2005年第6期，第78—86页；刘莲芬《1955年亚非会议与中泰关系的有限缓和》，载《当代中国史研究》2008年第5期，第60—67页；汪诗明《1951年〈澳新美同盟条约〉研究》，世界知识出版社2008年版；刘兴宏《亚洲开发银行成立的核心动力因素分析》，载《国际论坛》2010年第3期，第61—65页；刘兴宏《日本重返东南亚的多边途径探析：以亚洲开发银行为例》，载《东南亚研究》2010年第5期，第44—49页；李潜虞《试论美国对第二次亚非会议的政策》，载《美国研究》2014年第5期，第79—96页；余建华《万隆会议、中国亚非外交与万隆精神的当代弘扬》，载《国际关系研究》2015年第2期；何志鹏《大国之路的外交抉择：万隆会议与求同存异外交理念发展探究》，载《史学集刊》2015年第6期，第97—108页；张洁《"万隆精神"：中印尼关系"常坐标"》，载《世界知识》2015年第8期，第27—29页；李潜虞《从万隆到阿尔及尔（1955—1965）：中国与六次亚非国际会议》，世界知识出版社2016年版；陈长伟、牛大勇《中国开创亚非外交新局面的成功范例：万隆会议再探讨》，载《中国高校社会科学》2018年第4期，第82—91页；朱寿清《冷战与联盟：1947—1962年的美泰关系》，中国社会科学出版社2019年版；谢迪斌《万隆会议与新中国形象的国际塑造》，载《中共党史研究》2019年第9期，第40—51页；李潜虞《美国对亚非会议政策再探讨：基于东亚冷战的视角》，载《美国研究》2020年第2期，第70—85页；孙建党《美国20世纪非殖民化政策研究：以东南亚为个案》，中国社会科学出版社2020年版；于镭、隋心《澳美新同盟的缘起、建构和稳固》，中国社会科学出版社2020年版。

系史，将之作为东盟或东南亚区域合作的起源进行研究，揭示其与东盟主导的东南亚区域合作乃至整个东亚区域合作历史经验、制度和规范沿革上的内在联系。①第四个侧面是一些相关的专题研究开始从国际史或外交史角度，探究特定的东南亚跨区域多边合作或次区域合作或特定国家的外交政策与东南亚区域发展或区域合作进程的内在联系，肯定这些多边合作对东南亚区域或国家发展的积极作用。②

---

① 其代表性作品有：郑先武《安全、合作与共同体：东南亚安全区域主义理论与实践》，南京大学出版社 2009 年版；张云《国际政治中"弱者"的逻辑：东盟与亚太地区大国关系》：社会科学文献出版社 2010 年版；高艳杰《曲折的区域化进程：东盟成立的历史轨迹与缘起》，载《东南亚纵横》2010 年第 10 期，第 54—58 页；曹云华主编《东南亚国家联盟：结构、运作与对外关系》，中国经济出版社 2011 年版；王子昌《东盟外交共同体：主体及表现》，时事出版社 2011 年版；江帆《东盟安全共同体变迁的规律研究》，中国社会科学出版社 2013 年版；李东屹《治理视角之下的东亚区域化：以东盟为案例的分析》，中国政法大学出版社 2014 年版；郑先武《区域间主义治理模式》，社会科学文献出版社 2014 年版；李优坤《小国大外交：东盟外交策略及启示研究》，世界图书出版广东有限公司 2015 年版；张蕴岭《东盟 50 年：在行进中探索和进步》，载《世界经济与政治》2017 年第 7 期，第 21—37 页；郑先武：《东盟安全共同体建设与东南亚多边防务外交转型》，载《南洋问题研究》2018 年第 3 期，第 31—51 页；崔庭赫、郑先武《大湄公河次区域合作与东亚发展区域主义》，载《国际政治研究》2021 年第 2 期，第 66—51 页；崔庭赫、郑先武《发展—安全互动演进的区域逻辑：以湄公河下游区域为例》，载《国际安全研究》2021 年第 2 期，第 119—156 页。

② 其代表性作品有：梁志明《东南亚区域主义的兴起与东盟意识的增强》，载《当代亚太》2001 年第 3 期，第 13—20 页；韦红《20 世纪 60 年代初东南亚地区主义发展受挫的原因再思考》，载《华中师范大学学报》（哲学社会科学版）2004 年第 1 期，第 84—87 页；王士录《万隆精神与东盟的崛起：万隆会议召开 50 周年纪念》，载《东南亚》2005 年第 5 期，第 7—12 页；孙建党《科伦坡计划及其对战后东南亚的经济发展援助》，载《东南亚研究》2006 年第 2 期，第 20—25 页；杨文娟《英国东南亚特派员与粮食供应》，载《东南亚研究》2010 年第 2 期，第 56—61 页；刘兴宏《日本重返东南亚的多边途径探析：以亚洲开发银行为例》，载《东南亚研究》2010 年第 5 期，第 44—50 页；张秋生、蒋启良《略论澳大利亚在〈科伦坡计划〉中对东南亚的援助》，载《东南亚纵横》2010 年第 12 期，第 61—67 页；孙建党《美国与东南亚经济关系研究（1945—1973）》，经济管理出版社 2011 年版；孙建党《科伦坡计划与加拿大对南亚和东南亚的发展援助》，载《历史教学》2011 年第 12 期，第 64—70 页；屠酥《美国与湄公河开发计划探研》，《武汉大学学报》（人文社会科学版）2013 年第 2 期；孙建党《冷战前期美国对东南亚的援助政策变化——以湄公河大坝建设为视角》，《南洋问题研究》2016 年第 1 期；张德明《从科伦坡计划到东盟：美国战后亚洲经济组织之政策的历史考察》，载《史学集刊》2012 年第 5 期，第 97—109 页；姚昱《20 世纪 50 年代美国东南亚区域经济合作政策的演变》，载《东南亚研究》2013 年第 4 期，第 50—55 页；郭又新、姚昱《冷战与发展的矛盾：20 世纪 50 年代美国对东南亚条约组织的经济政策》，载《东南亚研究》2013 年第 2 期，第 62—67 页；喻常森《冷战时期美国对东南亚区域合作的政策选择：从东约（SEATO）到东盟（ASEAN）》，载《东南亚研究》2014 年第 5 期，第 51—58 页；刘雄《老挝危机与东南亚条约组织的衰落》，载《世界历史》

总体来看，目前，国内相关研究在发展趋势上与国外基本同步，国外研究中出现的那些倾向性或不足在这里亦有不同程度地体现。不过，由于起步较晚，国内相关研究的某些不足表现得更加突出。一是在学科视角和文献运用上，历史学与国际关系学分离现象非常突出。专题性研究集中在国际史、外交史方面，日益重视一手文献尤其是大国最新解密档案的运用；区域史和区域国际关系研究缺乏精到的文献分析和运用。二是在分析层次上，东南亚外部层次和内部层次时常脱节，占主流的研究仍侧重于东南亚区域本身；那些专题性研究则明显忽略了东南亚区域的主体地位。三是在研究领域上，深度的研究时常将军事、安全和经济各个领域分开进行；对不少东南亚相关区域合作仍然没有深度的研究。如亚洲关系会议、联合国亚洲及远东经济委员会以及东南亚条约组织与东南亚区域或国家的关系等。四是在研究观点上，仍局限于将相关区域合作作为东盟创立的背景，不仅忽略了这些区域合作在东南亚区域合作起源和发展中的独立性和重要性，而且没有就其与东盟领导的东南亚区域合作在认同建构及机制和规范上的延续性提出系统的观点。这也是国内学界普遍认为东南亚区域主义源自东南亚区域内部，并将"东盟方式"和"东盟规范"视作东盟独创的根本原因。

鉴于国外、国内相关研究的上述发展趋势和动态，本书将适应发展趋势和现实要求，在已有研究成果的基础上努力弥补不足，并谋求在有待深入和突破的研究领域取得新的进展，以推动相关研究迈上一个

2015年第5期，第58—75页；郑先武《万隆会议与东南亚区域主义发展》，载《世界经济与政治》2015年第9期，第31—58页；郑先武《亚远经委会区域合作实践与"亚洲方式"初创》，载《世界经济与政治》2016年第12期，第38—67页；郑先武《东南亚早期区域合作：历史演进与规范建构》，载《中国社会科学》2017年第6期，第187—204页；郑先武、封顺《湄公河计划的区域合作实践与"湄公精神"》，载《东南亚研究》2018年第6期，第1—27页；苏太华《20世纪60年代菲律宾外交政策的调整：内容、限度与动因——基于地区主义视域》，载《南海学刊》2019年第1期，第75—85页；高嘉懿《区域集体安全的尝试：中印关系与印度支那和平问题研究（1954—1962）》，载《中共党史研究》2019年第1期，第73—87页；郭延军《澜湄水资源合作：从多元参与到多层治理》，世界知识出版社2020年版；屠酥《湄公河水资源60年合作与治理》，社会科学文献出版社2021年版；王震《泰国区域主义及其主导中南半岛次区域合作的尝试》，载《东南亚研究》2022年第3期，第52—70页；尹蒙蒙《"回归亚洲"：冷战时期菲律宾外交政策的演变》，载《东南亚研究》2022年第2期，第22—47页；刘凯娟、郑先武《外交话语与澜湄合作规范建设》，载《太平洋学报》2022年第7期，第39—52页。

新的台阶。

二 总体分析框架

本书的研究对象是1945—1967年东盟成立前时期东南亚区域合作及其起源和演变进程，其主要目标是"重构"这一时期东南亚区域合作的演进史。为此，本书将紧紧围绕与东南亚区域合作紧密相关的重大区域国际会议和区域国际机制的变迁，阐明这一时期东南亚区域合作产生、发展和演变的动力，其制度框架、基本内容和实施情况及区域合作对东南亚国家和区域合作进程的重大历史作用和规范意义。这些重大区域国际会议和区域国际机制主要包括：1946年设立的英国东南亚特委会区域会议；1947年和1949年召开的两次亚洲关系会议；1947年启动的联合国亚洲及远东经济委员会；1948年启动的"澳新马区域"防务计划；1949—1950年广泛讨论的"太平洋条约"动议；1950年召开的碧瑶会议；1950年推出的科伦坡计划；1955年启动的东南亚条约组织；1955年召开的万隆会议；1957年启动的湄公河委员会及湄公河计划；1957年签署的《英国—马来亚对外防务与互助协定》（1963年更名为《英国—马来西亚防务协定》，简称《英马防务协定》）；1961年成立的东南亚联盟；1963年启动的马菲印尼联盟；1966年创建的亚太理事会和亚洲开发银行；1967年创建的东盟等。为便于对这一研究对象进行深度研究，本书将这一时期东南亚区域合作所涉及的核心内容细分为历史阶段、区域意识、合作类型、影响维度、动力层次、活动领域和实际意义七个不同侧面，并对之进行国际史和国际关系学科视角结合的综合研究，由此形成本书的总体分析框架。

（一）"三个历史阶段""三种区域意识"和"两种合作类型"研究

"三个历史阶段"是将这一时期东南亚区域合作置于二战结束前后西方大国联合管控东南亚区域、东南亚民族独立和国家新生及两者紧密互动所形成的历史大背景下，从时间上将其演变进程分为1945—1950年初步兴起阶段、1951—1960年局部成长阶段和1961—1967年分化重组阶段。"三种区域意识"从观念上将主导这一时期东南亚区域合作的共同意识分成"泛亚洲主义""太平洋主义"和"东南亚主义"。"两种合作类型"是从地域和成员上将这一时期重大的东南亚区域合作实践分为跨区域多边合作（特指跨区域合作）和区域多边合作（特指东南亚本地区域合作或次区域合作），由此构成这一时期东南亚区域合作两种基本历史形态。这是站在东南亚区域角度划分的。跨区域多边合作指成员包括但不限于东南亚国家的、宏观上的区域合作；区域多边合作指成员仅限于东南亚国家的、微观上的区域合作。前者主要有英国东南亚特委会区域会议、亚洲关系会议、联合国亚洲及远东经济委员会、碧瑶会议、"科伦坡计划"、万隆会议、东南亚条约组织、"湄公河计划"和《英马防务协定》等；后者包括湄委会、东南亚联盟、马菲印尼联盟和东盟等。那些跨区域多边合作虽然成员有所不同，但就其所指向的核心区域和国家而言，均将东南亚区域作为核心区域乃至唯一区域，将东南亚国家作为关键国家。比如，这一时期联合国亚洲及远东经济委员会、东南亚条约组织和亚洲开发银行三个十分有影响力的正式区域组织，前两个的总部常设于泰国曼谷，后一个设在菲律宾马尼拉，而最重要的国际会议——首届亚非会议在印度尼西亚万隆召开。因此，跨区域多边合作作为二战后东南亚区域合作的重要组成部分，与东南亚区域和国家以及东南亚本地区域合作的发展有直接和紧密的相关性。

　　从整体上看，"泛亚洲主义""太平洋主义"和"东南亚主义"这三个侧面紧密地联系在一起，呈现出强弱之分，形成一种演进的过程。在第一个阶段，"泛亚洲主义"影响最大，"太平洋主义"次之，"东南亚主义"最弱，并主要在"泛亚洲主义"框架内酝酿和成长。这三种区域意识共同构成了二战后东南亚区域合作在观念上的起源。在这种背景下，东南亚区域合作实践局限于跨区域多边合作，而亚洲关系会议影响最大，亚远经委会次之，"科伦坡计划"初步酝酿。在第二个阶段，"泛亚洲主义"在东南亚区域的影响逐步下降；"太平洋主义"与西方大国和亲西方势力合流，其在东南亚区域的影响力明显上升；"东南亚主义"被两种意识所覆盖。这导致东南亚区域合作实践依然局限于跨区域多边合作，且呈现出不同的发展趋势。"泛亚洲主义"下的区域合作实践至万隆会议到达顶峰后开始明显削弱；"太平洋主义"则催生了"科伦坡计划"、东南亚条约组织和《英马防务协定》等新的更具影响力的区域国际机制。在第三个阶段，"泛亚洲主义"逐步退出历史舞台，致使相关跨区域合作陷入停顿，如第二次亚非会议夭折；"太平洋主义"的影响虽犹存，但亚洲主导力量开始向东北亚区域转移，并逐步形成新的"亚太主义"，进而推动一些新的跨区域合作机制的创建（如亚太理事会和亚洲开发银行）和一些旧的跨区域合作实践或衰退（如东南亚条约组织），或转型（《英马防务协定》改名）；而"东南亚主义"逐步形成一种独立的区域意识，并催生了东南亚联盟、马菲印尼联盟等东南亚区域多边合作进程直至东盟的创立。

（二）"两个影响维度""三个动力层次"和"三个活动领域"研究

"两个影响维度"是从主导性力量及其对东南亚区域合作进程的影响，分为外部和内部两种不同的维度；"三个动力层次"和"三个活动领域"是将这一时期东南亚区域合作演变的动力来源分为全球、区域、国家三个层次和政治、经济和安全三个领域。在实际中，这些不同维度、不同层次和不同领域内部及其之间相互联系、相互作用，构成这一时期东南亚区域合作演进的多维度、多层次和多领域的综合性动力源。这要求将东南亚区域独立置于更广泛的全球背景之中，并相应地进行更多的区域整体而非部分的区域比较研究，与世界上其他地区的进程一起审视其政治和经济一体化进程以及区域认同建设。[1]

从"两个影响维度"来看，在第一个阶段，东南亚区域合作的主导性力量主要来自外部，即东南亚域外大国是跨区域合作实践的主要倡导者和核心推动者，如亚洲关系会议主要由印度倡导和推动；亚远经委会主要由中国和印度倡导，美国和英国等西方大国起着重要作用；东南亚国家只是以有限参与者或被动受援者的身份加入其中。在第二个阶段，外部力量主导的状况虽然没有发生根本性变化，英国、美国、澳大利亚等国在新启动的"科伦坡计划"、东南亚条约组织等合作机制中仍处于支配地位；但印度尼西亚作为东南亚的新兴大国开始在一些跨区域合作中扮演"共同领导"者的角色，如在印度尼西亚和印度等国共同倡导和召开的万隆会议上。印度尼西亚不但主办了万隆会议，其他东南亚国家亦积极参与其中，从而出现一定程度的内外部力量的结合。在第三个阶段，

---

[1] Amitav Acharya, "Remaking Southeast Asian Studies: Doubt, Desire and the Promise of Comparisons," *Pacific Affairs*, Vol. 87, No. 3, 2014, p. 464.

在印度尼西亚和马来西亚等国的倡导和推动下,东南亚区域多边合作正式启动。这一阶段,外部力量虽然出现一定程度的分化,但依然在东南亚区域合作发展进程中起着至关重要的作用。这主要表现在英国的影响明显下降,美国的影响明显上升,进而推动"科伦坡计划""湄公河计划"等跨区域合作进入"黄金时期",乃至对东盟等东南亚区域多边机制的启动亦提供了"谨慎的支持和指导";[①] 而日本、韩国日益突显为新的驱动力量,并在亚洲开发银行和亚太理事会等新的跨区域多边合作机制中扮演关键角色。这从整体上显示出东南亚区域合作是内外力量共同作用的结果。正如尼古拉斯·塔林所言:"区域主义既有内部逻辑,也有外部逻辑。"[②]

从"三个动力层次"和"三个活动领域"来看,东南亚区域合作的起源与演变明显基于全球、区域、国家三个重要层次和政治、经济、安全三个重要领域之间的互动及其变化。在第一个阶段,全球层次正处于风起云涌的非殖民化进程和冷战初启时期;在东南亚区域层次,所有东南亚国家正致力于在民族主义下谋求国家独立和民族自主;在国家层次上政治独立和经济发展是东南亚各国共同的诉求,并以此为基础推进各自新的国家建设进程。层次和领域互动对接,催生了主要涉及政治和经济领域的早期东南亚跨区域合作。前者更多地反映东南亚国家获取国家独立和民族自主的政治诉求;后者更多地满足了经济发展的东南亚国家的共同诉求。在第二个阶段,在全球层次上冷战渐趋白热化、不结盟运动逐渐兴起;两者又明显扩散至东南亚区域层次;在国家层次上东南亚已独立或正谋求独立的国家的政治、经济和安全需求明显地交织在一起。这催生了涉及政治、经济和安全的多个领域的跨区域多边合作。在第三个阶段,在全球层次上冷战相对缓和,亚非运动遭受挫折,英美大国间分歧加大,部分东南亚国家与域外国家矛盾激化;在东南亚区域层次上非殖民化进程渐趋完成,但印支地区陷入热战;在国家层次上东南亚各

[①] Chintamani Mahapatra, *American Role in the Origin and Growth of ASEAN*, New Delhi: ABC Publishing, 1990, pp. 74–76.

[②] Nicholas Tarling, *Regionalism in Southeast Asia: To Foster the Political Will*, New York: Routledge, 2006, p. 92.

国间争端和国内问题明显增多。在此背景下，第二次亚非会议夭折、英国在军事上从东南亚回撤、东南亚条约组织运行不畅。这导致东南亚国家在政治和安全上无外部援助。由此，以区域自助和政治与安全为主要诉求的东南亚区域多边合作正式启动。但东南亚国家之间的矛盾，尤其是印度尼西亚和马来西亚之间的"对抗"、马来西亚与菲律宾之间的沙巴争端使这一进程陷入停顿。直至1966年印度尼西亚与马来西亚结束"对抗"、马来西亚与菲律宾关系改善后，东南亚国家才开启创建东盟的进程。至此，在东南亚次区域乃至整个亚洲区域合作中，"推动合作的最有力的力量来自东南亚国家"[1]。

（三）"两种分析视角"和"两种实际意义"相结合的综合研究

"两种分析视角"即历史学和国际关系学；"两种实际意义"即历史意义和规范意义。本书努力将这两者结合起来，即从国际关系史学科视角出发，注重基于重要历史文献的经验分析，努力探究这一时期东南亚区域合作的实际内涵、历史意义及其演变的历史进程；同时，辅以国际关系学多层次、多领域的体系分析及区域认同和规范扩散等理论，努力探究基于历史经验的东南亚区域合作的规范意义。这两种分析视角的结合将便利于东南亚区域合作史研究与国际关系学科方法更紧密和互惠的联系。[2]

基于此，一方面，本书将这一时期东南亚区域合作起源与演变视作一个融连续性和变革性于一体的历史进程，并试图得出一个初步结论：二战后东南亚区域合作源自东南亚域外国家（主要是大国和新兴中等大国）主导的跨区域多边合作，逐步发展到东南亚国家主导的区域多边合作和跨区域多边合作并行的态势，并揭示其发展进程所表现出的东南亚国家由有限参与或被动接受到主动参与乃至与外部国家共同领导，最终到东南亚国家自主领导的历史演变，由此，东南亚次区域合作实现了从外部依赖到区域自主的根本性转变。在这一演变进程中，东南亚区域合

---

[1] W. W. Rostow, *The United States and the Regional Organization of Asia and the Pacific 1965 – 1985*, Austin: University of Texas Press, 1986, p. 30.

[2] Amitav Acharya, "Remaking Southeast Asian Studies: Doubt, Desire and the Promise of Comparisons," *Pacific Affairs*, Vol. 87, No. 3, 2014, p. 464.

作不同实践的兴衰更替和持续发展,既显示出国际体系、区域、国家等多层次和政治、经济、安全等多领域的互动及其变化,亦表明了东南亚区域合作内部和外部维度相结合、跨区域多边与区域多边互动和包容的"开放的区域主义"特征。

另一方面,本书从历史意义和规范意义两个层面探讨这一时期东南亚区域合作对东南亚国家和东南亚区域合作进程的实际影响。在研究中,这两个层面的研究分别侧重于东南亚区域合作的即期影响和远期影响。从历史意义上,本书认为,这一时期的东南亚区域合作在一定程度上满足了东南亚参与国在政治、经济和安全上的即期需求。这也是东南亚区域合作得以产生和发展的根本动力。从政治上看,如1949年的第二届亚洲关系会议向联合国安理会提交了支持印度尼西亚反对荷兰殖民者的决议;万隆会议支持印度尼西亚在西伊里安归属问题上的立场,推动了相关问题的解决。在安全上,东南亚条约组织和《英马防务协定》分别对泰国、菲律宾及马来西亚、新加坡等国和沙巴、沙捞越等区域起到了一定的安全保护作用。最具影响的还是在经济方面。亚远经委会、"科伦坡计划"持续对东南亚国家经济发展提供必需的经济和技术援助;前者还专门启动了"湄公河计划",并指导湄委会持续推动这一计划的贯彻实施。这也是这两个区域经济合作机制在这一时期得以持续运行并不断发展的重要内部原因。

在规范意义上,本书认为,这一时期东南亚跨区域和区域多边合作分别从外部和内部推动了东南亚区域认同的建构和强化。比如,东南亚条约组织是首个以"东南亚"命名的区域组织,从而增强了东南亚在国际舞台上的区域意识;而亚洲关系会议和亚非会议在泛亚洲主义的框架内培育和增强了区域自主意识和集体认同。那些跨区域多边合作的规范建设和扩散意义亦很明显。本研究初步表明,这一时期与东南亚合作相关的所有国际会议和国际组织都采用了协商一致的共识性决策程序,即使西方大国支配的作为正式区域组织的东南亚条约组织和亚远经委会亦不例外,从而形成了不同于西方法律化政治实践的"亚洲方式";亚洲关系会议和亚非会议等均将不干预、主权平等、和平相处和非正式等核心规范作为指导原则,尤其是首届亚非会议所确立的"万隆会议十项原则"

(又称"和平共处十项原则")① 成为国际关系的基本行为准则。而"湄公河计划"在适用区域合作"亚洲方式"规范框架基础上,形成以湄委会为中心的制度架构和全体一致、共识性决策、共同参与等规范原则,以及水资源利用与开发的一系列共同规范和有约束力的法律文件,并孕育了以共同需求、共同愿景、互惠行动等共同的目标意识和超越政治分歧的求同存异、求同化异的团结意识或合作精神为核心内涵的区域合作"湄公精神"。这些规范原则及"湄公精神"构成区域合作"亚洲方式"的组成部分。区域合作"亚洲方式"和这些行为准则成为此后东盟框架内运行的"东盟方式"和"东盟规范"的重要的区域渊源。②

三 研究思路、方法和价值

本书是按照"事实是什么—起源与演变的动力和趋势如何—对东南亚国家和区域合作进程有什么样的影响"的逻辑思路来展开研究的。

首先,关于"事实是什么",本书从两个方面来研究。一是研究主要由东南亚域外国家倡导和推动的跨区域多边合作;二是研究由东南亚国家所倡导和推动的区域多边合作。为此,本书不局限于参考和使用公开的多边文件和各国的外交文件及其他可靠的二手研究成果,而是更注重挖掘多国解密外交档案,以此为基础形成关于这一时期东南亚区域合作实践权威的历史叙事。

其次,在清楚上述两个方面历史事实的基础上,结合当时国际、区域和国家多个层次及政治、经济和安全多个领域,探讨这一时期东南亚区域合作的起源与演变的动力和趋势。为此,本书将国际史与国际关系学尤其是区域主义理论结合起来进行综合研究,力求从学理上构建一种关于这一时期东南亚区域合作演进的规范分析框架。

最后,结合东南亚区域合作的两个方面和具体的国际会议、国际

---

① 参见周恩来《倡导在国际上建立和平共处互相监督制度》(1956年10月19日),载中华人民共和国外交部、中共中央文献研究室编《周恩来外交文选》,中央文献出版社1990年版,第179页和第28页注释147。

② 参见郑先武、封顺《湄公河计划的区域合作实践与"湄公精神"》,载《东南亚研究》2018年第6期,第26页。

条约、国际组织及其他国际机制的运行或实施情况以及东南亚区域的多样性和域内国家政治、经济和安全等领域的实际需求，对这一时期东南亚区域合作对东南亚国家和区域合作进程的影响进行研究，阐明东南亚区域合作的历史意义（即期影响）和规范遗产（远期影响），揭示东南亚区域不同类型和机制兴与衰、存与废的内在规律。为此，本书将进行宏观和微观两个层面的研究。在宏观上，探讨各种区域合作机制如何基于国际体系变化和相关国家的具体需求进行相应的制度安排、议题设置和内容设计，揭示总体东南亚区域合作对东南亚区域合作进程认同建构和规范塑造的影响；在微观上，探讨东南亚国家的国内局势和对外政策如何体现和影响其对这些区域合作机制的政治、经济安全上的具体需求，揭示东南亚区域合作对东南亚国家的实际影响以及东南亚国家尤其是其实际需求在相关区域合作产生和演变中的决定性作用。

基于上述研究思路，本书主要采用基于历史经验的国际关系规范研究方法，亦可称之为国际关系规范研究的历史路径（the historical path to normative research）。[1] 在国际关系学框架内，国际规范研究通常涉及三个侧面：一是价值导向的规范研究，其核心是在国际公平、正义、人权等，强调个体的行为标准和人类共同体的共性，具有强烈的世界主义价值诉求；[2] 二是实践导向的规范研究，其核心是国际实践进程中正式或非正式合作机制框架内规范的创建、演进、特性及其影响等，强调集体共有的行为标准，具有强烈的制度主义或社会建构主义理论偏好；[3] 三是学科

---

[1] 参见郑先武《国际区域治理规范研究的"历史路径"》，载《史学集刊》2019 年第 3 期，第 19—24 页。

[2] 参见 Chris Brown, *International Relations Theory: New Normative Approaches*, New York: Columbia University Press, 1992; Molly Cochran, *Normative Theory in International Relations: A Pragmatic Approach*, Cambridge: Cambridge University Press, 1999；张旺《世界主义的价值诉求：国际关系规范理论的视角》，载《教学与研究》2006 年第 12 期，第 60—65 页。

[3] 参见 Daniel C. Thomas, "Explaining EU Foreign Policy: Normative Institutionalism and Alternative Approaches," in Daniel C. Thomas, ed., *Making EU Foreign Policy: National Preferences, European Norms and Common Policies*, New York: Palgrave Macmillan, 2011, pp. 10 – 25; Martha Finnemore, "Norms, Culture and World Politics: Insights from Sociology's Institutionalism," *International Organization*, Vol. 50, No. 2, 1996, pp. 325 – 347；高尚涛《规范的含义与作用分析》，载《国际政治研究》2006 年第 4 期，第 144—157 页。

导向的规范研究,其核心是国际关系学科的基本理论、方法及关键主题界定、学术规范等,具有强烈的知识普遍主义色彩。① 本书所涉国际关系规范研究属于第二个侧面。在研究中,这三个侧面有一个明显的共同点:都是对人的行为标准的研究,回答的主要是基于普遍性的"应该怎么样"的问题,带有明显的演绎成分。就研究的路径和目标而言,国际关系规范研究与纯粹的历史经验研究有明显不同。后者注重事实及其过程的描述,回答的主要是基于特殊性的"是什么"的问题,带有明显的归纳成分。这也使得国际关系研究有了通常所说的解释性理解(interpretative understanding)的"规范方法"和经验性描述(empirical description)的"历史方法"两种不同的分野。②

实际上,鉴于国际关系的实践性和复杂性,其规范研究方法和历史研究方法并非不可通约,而是时常融通使用的。在这里,历史方法融入历史编纂学并与叙事性实践和分析性理论相结合,遵循反映特定历史情势的"事物规则"和蕴含语言道德逻辑的"话语规则",使历史学科成为

---

① 参见苏长和《中国国际关系学:问题与研究方向》,载《世界经济与政治》2000年第1期,第72—75页;李小华《中国国际关系研究规范化的期待:评阎学通等著〈国际关系研究实用方法〉》,载《世界经济与政治》2002年第1期,第77—80页。

② 在实际的研究中,这两种方法亦时常被分别称作"规范分析"或"规范理论"和"经验分析""经验理论"或"描述方法"。参见 Martha Finnemore and Kathryn Sikkink, "International Norm Dynamics and Political Change," *International Organization*, Vol. 52, No. 4, 1998, pp. 888 – 891; Jack Snyder, " 'Is' and 'Ought': Evaluating Empirical Aspects of Normative Research," in Colin Elman and Miriam Fendius Elman, eds., *Progress in International Relations Theory: Appraising the Field*, Cambridge: The MIT Press, 2003, pp. 349 – 350; Mary Kaldor, "Global Civil Society," in David Held and Anthony McGrew, eds., *The Global Transformations Reader: An Introduction to the Globalization Debate*, Second Edition, Cambridge: Polity Press, 2003, p. 559; Christian Reus-Smit and Duncan Snidal, "Between Utopia and Reality: The Practical Discourses of International Relations," in Christian Reus-Smit and Duncan Snidal, eds., *The Oxford Handbook of International Relations*, Oxford: Oxford University Press, 2010, pp. 1 – 10; Paul R. Viotti and Mark V. Kauppi, *International Relations Theory*, Fifth Edition, New York: Longman, 2012, p. 391; Andrew Hurrell and Terry Macdonald, "Ethics and Norms in International Relations," in Walter Carlsnaes, Thomas Risse and Beth A. Simmons, eds., *Handbook of International Relations*, London: SAGE Publications, 2013, pp. 57 – 60;[加]罗伯特·杰克逊、[丹]乔格·索伦森:《国际关系学理论与方法》,吴勇、宋德星译,天津人民出版社2008年版,第332—337页。

构建理论和理解问题的真实性知识。① 在具体的研究中，这种"融通"通常有两种路径：一是规范导向的经验分析，即政治学研究路径。这种路径以规范分析为主，以实证性经验描述为辅，常用二手材料，演绎色彩明显，强调普遍性，常牺牲特殊性；② 其基本做法和核心目标是将规范政治理论和国际关系经验研究紧密结合起来，通过关于规范的经验研究文献恰当地展示"应该是什么"，如何成为"是什么"，亦即用特定的事实或因果论证支持普遍的规范主张。③ 这种研究路径在分析规范创建或演进的背景和条件时常常选择特定的历史经验作为实证的支撑，亦即将历史叙事嵌入普遍化，以阐明或测试普遍的理论假定，由此赋予"所有形式的历史研究都具有重要的规范和实践维度"④。需要强调的是，这一研究路径的主流学者及其核心观点带有欧美背景，并认为其具有适用于所有国家的普遍性。⑤ 这一研究路径在国际关系规范研究方法和历史研究方法的融通中占据着主导地位。

二是经验导向的规范分析，即国际史研究路径。这一路径可被称为国际关系规范研究的历史路径。该路径以经验描述为主，规范分析为辅，注重一手材料的运用，归纳特色明显，亦有一定的演绎成分。

---

① 参见 [德] 马尔库斯·弗尔克尔《历史方法》，载 [德] 斯特凡·约尔丹主编《历史科学基本概念辞典》，孟钟捷译，北京大学出版社 2012 年版，第 183—185 页。

② 参见 Ann Florini, "The Evolution of International Norms," *International Studies Quarterly*, Vol. 40, No. 3, 1996, pp. 363 – 389; Peter J. Katzenstein, ed., *The Culture of National Security: Norms and Identity in World Politics*, New York: Columbia University Press, 1996; Martha Finnemore and Kathryn Sikkink, "International Norm Dynamics and Political Change," *International Organization*, Vol. 52, No. 4, 1998, pp. 887 – 917; 阎学通《国际领导与国际规范的演化》，载《国际政治科学》2011 年第 1 期，第 1—28 页。

③ 参见 Martha Finnemore and Kathryn Sikkink, "International Norm Dynamics and Political Change," *International Organization*, Vol. 52, No. 4, 1998, p. 916; Jack Snyder, "'Is' and 'Ought': Evaluating Empirical Aspects of Normative Research," in Colin Elman and Miriam Fendius Elman, eds., *Progress in International Relations Theory: Appraising the Field*, Cambridge: The MIT Press, 2003, pp. 349 – 377.

④ 参见 Andrew Bennett and Colin Elman, "Historical Methods," in Christian Reus-Smit and Duncan Snidal, eds., *The Oxford Handbook of International Relations*, Oxford: Oxford University Press, 2010, pp. 518 – 533.

⑤ Amitav Acharya, *Constructing Global Order: Agency and Change in World Politics*, Cambridge: Cambridge University Press, 2018, p. 1.

在研究中，它从国际史视角出发，注重对多国官方文件和解密档案的历史文献分析，辅以国际关系学多层次、多领域的体系分析以及集体认同和规范扩散等理论，探究基于历史经验的国际合作规范的创建背景、基本内涵、历史演进、实际影响及其特殊性等。这一研究路径倾向于将普遍化嵌入历史叙事，并聚焦于特定历史背景下各种特定事件的因果性和建构性关系分析，以解释其规范和实践循环的历史模式、历史断裂和本质差异、根本性变革及持久的结构性力量的影响。① 在国际关系研究中，规范研究和历史研究的这一融通路径虽处于弱势地位，却率先突破追求普遍化的"欧美背景"，开始基于发展中国家的历史经验，探究彰显特殊性的国际规范创建及其演进，对亚洲区域合作实践进程中具有浓厚地方或区域色彩的"亚洲方式"和"东盟方式"乃至更具体的"万隆规范"和"湄公精神"等区域规范的历史研究便是其重要成果。② 这些研究成果为独特的国际区域规范研究历史路径的探索提供了重要的智识基础。

在实际研究中，本书遵循国际关系规范研究的国际史路径，并将之概括为"国际区域合作规范研究的历史路径"。这一研究路径可以假定为是由三个依次递升的梯级组成的金字塔形架构。第一个梯级是历史主义（Historicism）的世界观。该世界观奉行进程主义或演进主义（evolutionism）观念，要求使用变化的而非静态的观点看待区域世界，关注

---

① Andrew Bennett and Colin Elman, "Historical Methods," in Christian Reus-Smit and Duncan Snidal, eds., *The Oxford Handbook of International Relations*, Oxford: Oxford University Press, 2010, pp. 520, 527, 532.

② 参见 Michael Haas, *The Asian Way to Peace: A Story of Regional Cooperation*, New York: Praeger, 1989; See Seng Tan and Amitav Acharya, eds., *Bandung Revisited: The Legacy of the 1955 Asian-African Conference for International Order*, Singapore: NUS Press, 2008; Amitav Acharya, *Whose Ideas Matter? Agency and Power in Asian Regionalism*, Ithaca: Cornell University Press, 2009; Amitav Acharya, "Who Are the Norm Makers? The Asian-African Conference in Bandung and the Evolution of Norms," *Global Governance*, Vol. 20, No. 3, 2014, pp. 405–417; Amitav Acharya, *Constructing Global Order: Agency and Change in World Politics*, Cambridge: Cambridge University Press, 2018; 郑先武《万隆会议与东南亚区域主义发展》，载《世界经济与政治》2015年第9期，第31—58页；郑先武《亚远经委会区域合作实践与"亚洲方式"初创》，载《世界经济与政治》2016年第12期，第38—67页；郑先武《东南亚早期区域合作：历史演进与规范建构》，载《中国社会科学》2017年第6期，第187—204页；郑先武、封顺《湄公河计划的区域合作实践与"湄公精神"》，载《东南亚研究》2018年第6期，第1—27页。

其产生、成长乃至衰退的变化进程；而这种变化既是进步的，即朝着社会进步、文明进化和经济发展的方向发展，又是连续性和变革性的统一。这意味着历史的连续性与同一时代的历史变迁是紧密联系在一起的，既涉及一系列历史事件及其变化的内在联系，又包括历史变迁中某种事物的持久存在，而其中的历史变革被诠释为人类持续不断自我完善的进步过程。[①] 正如奥斯本在论及东南亚历史的连续性和变革性的相对重要性时所强调的，有时候一个方面似乎比另一个方面更重要，有时候这两者似乎都对事件的发展发挥着作用，所以，对过去和现在的评估需要同时关注其连续性和变革性，而不是将它们视为必然相互排斥的。否则，我们就可能无法认识到，即使当下发生的事件也可能与遥远的过去有着重要的联系。[②] 这要求在研究中既要关注其"长时段"（long duration）结构的恒稳性，又要关注其演进中质变时刻或不连续时刻的"断裂结构"（cleavage structure）。在这里，"长时段"指的是那些必然发生的变化过程中一种长时期的特殊时间结构，对之进行历时性历史进程的追寻，有助于阐明具有特定历史顺序的重大事件及周期变化的确切因果关系及重大结果，进而突显影响广泛的行为方式、社会变迁和话语模式的长期变化及其所造成的惯性力量；"断裂结构"指的是历史发展和制度变迁之中发生重大转折的"关键节点"（Critical Junctures），对之具体内涵、主要环节及其特定的社会背景和历史条件进行历史分析，有助于从中发现制度变迁的差异性和发展道路的多样化，以及对下一阶段发展具有决定性影响的政治遗产，包括制度或规范遗产。[③] 事实上，历史主义作为一种理解性的思想形式，成为涉及法则基础或为未来提出符合

[①] 参见［德］托马斯·普吕弗《延续性/变迁》，载［德］斯特凡·约尔丹主编《历史科学基本概念辞典》，孟钟捷译，北京大学出版社2012年版，第160—162页。

[②] Milton Osborne, *Southeast Asia: An Introductory History*, 12th edition, Sydney: Allen & Unwin, 2016, p. 268.

[③] 参见［德］卢茨·拉斐尔《长时段》，载［德］斯特凡·约尔丹主编《历史科学基本概念辞典》，孟钟捷译，北京大学出版社2012年版，第174—175页；［美］保罗·皮尔逊、瑟达·斯考克波尔《当代政治科学中的历史制度主义》，载何俊志、任军锋等编译《新制度主义政治学译文精选》，天津人民出版社2007年版，第180—189页；何俊志《结构、历史与行为：历史制度主义对政治科学的重构》，复旦大学出版社2004年版，第256—297页。

法则假定的社会科学理论。① 历史主义世界观构成国际区域合作规范研究历史路径的宏观基础。

第二个梯级是区域规范演进的基本框架。这一框架主要包括规范起源或生成、规范演进或扩散进程、规范的基本形态、规范的作用机制和规范演进的背景条件等。② 基于历史主义的世界观,国际区域合作规范研究应重点关注两个核心命题,即区域规范的形成与演进和区域规范的历史形态及其经验和制度环境。两者分别主要涉及特定区域合作实践进程中的规范扩散和制度变迁。一般而言,区域规范扩散有两种基本渠道,即规范地方化(norm localization)和规范从属化(norm subsidiarity)。前者主要是对外部的或普遍的国际规范进行积极的建构,使之明显适应于本区域的地方观念、认同和惯例的规范传播进程。实际上,这是区域国家以特定区域行为体的身份参与全球和跨区域多边进程的规范建构,并将此进程中所形成的特定规范区域化(地方化)和特殊化,故又称之为"规范内渗"。这一渠道主要经由区域国家与其所在区域内外部行为体介入的区域、次区域、跨境区域及跨区域等互动层次而实现。后者主要是通过合法化共同的全球规范来管理本区域行为体与域外行为体的关系,以保护其自主行为免受强大的行为体忽视、侵犯或支配的进程。这意味着区域国家作为关键的区域行为体不仅仅是规范接受者,也可以是规范拒绝者和制定者,并通过全球或跨区域合作机制将本区域所坚持的区域或地方共有规范的外部扩散而进一步国际化、普遍化的进程,故又称之为"规范外溢"。这一渠道主要经由区域国家或区域国家与其所在区域行为体在上述互动层次或者全球层次与全球性制度互动进程而实现。在实际中,区域规范扩散并非单向进程,而是"规范内渗"和"规范外溢"

---

① 参见[德]斯特凡·约尔丹《历史主义》,载[德]斯特凡·约尔丹主编《历史科学基本概念辞典》,孟钟捷译,北京大学出版社2012年版,第144—146页。

② 参见 Ann Florini, "The Evolution of International Norms," *International Studies Quarterly*, Vol. 40, No. 3, 1996, pp. 363 – 389; Martha Finnemore and Kathryn Sikkink, "International Norm Dynamics and Political Change," *International Organization*, Vol. 52, No. 4, 1998, pp. 887 – 917; Andrew Hurrell and Terry Macdonald, "Ethics and Norms in International Relations," in Walter Carlsnaes, Thomas Risse and Beth A. Simmons, eds., *Handbook of International Relations*, London: SAGE Publications, 2013, pp. 57 – 80.

的双向扩散进程，由此形成特定的区域规范框架。[1] 这意味着"不同的文化实体势必适应和参考一套全球传播的观念和惯例"，但"在它们的核心身份中，这些社会仍然保持着它们在更早的文化结晶（cultural crystallization）时期所获得的特征形式"[2]。这正如何包钢（Baogang He）在谈及亚洲区域规范构建时所言："亚洲区域主义规范并非脱胎于亚洲特定的背景。亚洲规范框架是基于各种内部和外部规范及其框架并将之吸纳、本地化和合并。"他强调："亚洲规范通常由全球、国际和亚洲部分混合组成。"[3]

在特定的区域合作实践进程中，规范的创建与扩散均需要某种国际组织平台，包括政府间组织、非政府组织及各类会议机制等，乃至搭建这样的组织平台就是为了创建或扩散某种规范。[4] 所以，区域规范在不同的国际组织及其规则体系中实现制度化时会表现出不同的历史形态，主要包括法律规范和社会规范。前者是正式的、法律的、理性化、普遍化的规则，后者是非正式的、特定集团拥有的社会文化惯例。[5] 实际上，两者时常融入同一的区域规范框架里。这构成国际区域合作规范研究历史路径的中观基础。

第三个梯级是规范演进的历史叙事。这是国际区域合作规范研究历史路径的微观基础。这要求在历史主义世界观指导下，依据国际区域合

---

[1] 参见 Amitav Acharya, "How Ideas Spread: Whose Norms Matter? Norms Localization and Institutional Change in Asian Regionalism," *International Organization*, Vol. 58, No. 2, 2004, pp. 239 – 274; Amitav Acharya, "Norm Subsidiarity and Regional Orders: Sovereignty, Regionalism, and Rule-Making in the Third World," *International Studies Quarterly*, Vol. 55, No. 1, 2011, pp. 95 – 123; Amitav Acharya, *Constructing Global Order: Agency and Change in World Politics*, Cambridge: Cambridge University Press, 2018, pp. 42 – 57; 郑先武《区域间主义治理模式》，社会科学文献出版社2014年版，第91—96页。

[2] Björn Wittrock, "Modernity: One, None, or Many? European Origins and Modernity as a Global Condition," *Daedalus*, Vol. 129, No. 1, 2000, p. 55.

[3] Baogang He, *Contested Ideas of Regionalism in Asia*, New York: Routledge, 2017, p. 96.

[4] 参见 Martha Finnemore and Kathryn Sikkink, "International Norm Dynamics and Political Change," *International Organization*, Vol. 52, No. 4, 1998, pp. 899 – 901.

[5] 参见 Amitav Acharya, *Constructing a Security Community in Southeast Asia: ASEAN and the Problem of Regional Order*, Third Edition, New York: Routledge, 2014, pp. 22 – 25;［美］彼得·卡赞斯坦《文化规范与国家安全：战后日本警察与自卫队》，李小华译，新华出版社2002年版，第44—54页。

作规范演进的基本渠道,选择特定历史时期实践进程中典型的区域合作机制,包括正式的区域组织和非正式的会议机制等,并适用特定的历史分析方法构建特定国际区域合作规范演进的历史叙事。本书主要采用两种历史分析方法。一是文献分析法,包括文献资料收集、整理和分析。它要求以大量查阅、收集和整理官方多边文件及其他公开的官方文件和各国档案文献资料为重点,辅之以综合运用相关著作、论文及其他权威的二手资料,并对之进行科学分析和消化,组织为系统的史料。以此为基础,准确评估特定国际区域治理实践进程中规范的特性、内容及其影响,以对区域治理的具体机制和总体发展做出定性分析和价值判断。

二是总体史方法。这意味着研究不以完美无缺为导向,而是希望通过一种力求全面的反思性结构进程分析来破译历史现象的多维性,以展示不同层次、不同领域以及时间、结构发展趋势与事件组合起来的社会整体。这是历史主义世界观的基本要求,注重历史想象的整体性,力求在整体的视野中更好地认识历史的整体。[①] 美国文化人类学家克里福德·格尔茨(Clifford Geertz)解释说,这种历史方法将历史变迁看作相对稳定地延续的社会和文化过程,它很少以急剧断裂的面目出现,而是展现为一个缓慢又有一定模式的变迁;在这种变迁中,若将过程之全部历程视作一个整体,即可辨识出诸发展阶段。阶段方法将一丛事件依次分布在一个时段中,在其中早晚会产生基本区别;发展方法将各种组织形式和文化模式依次分布在一个时段中,在其中基本区别既是前提又是结果。他强调,这种变迁、过程的观点并不着力于对人们的所作所为加以编年式的琐碎钩沉,而是强调累积活动的形态性或结构性模式,它既有概念的精确性,又有经验的可靠性,由此形成一种基于有效描述社会文化进程恰当模式的、洞察历史的纲要式勾勒框架。[②]

三是比较分析法。国际区域规范演进的历史分析既要关注其普遍性

[①] 参见[德]彼得·舍特勒尔《总体史》,载[德]斯特凡·约尔丹主编《历史科学基本概念辞典》,孟钟捷译,北京大学出版社2012年版,第117—119页;[德]马尔库斯·弗尔克尔《历史方法》,载[德]斯特凡·约尔丹主编《历史科学基本概念辞典》,孟钟捷译,第185页。

[②] [美]克利福德·格尔茨:《尼加拉:十九世纪巴厘剧场国家》,赵丙祥译,商务印书馆2018年版,第5—6页。

或相似性，又要关注其特殊性或差异性，还要重点关注其演进中的不变和变化，因而比较分析方法就成为必需的分析方法。也就是说，这里的比较分析采用阿查亚对比较的广义界定，不仅包括对相似性和差异性的解释，还包括使用另一个案例来理解和解释一个案例自身问题的类比分析和思想、制度如何从一个地方传播到另一个地方的扩散进程。由此，将东南亚区域合作研究置于更广泛的全球和区域社会、经济和政治动态的比较背景之中。① 这在很大程度上既可以避免区域研究中因过分集中于抽象的概念而造成对世界各个地域不同经验之间联系的"肤浅的或是猜测的"认识，又可以避免因只专注于某一特定的地域研究而忽略了世界不同地域之间事物发展的相互联系。用彼得·卡赞斯坦（Peter J. Katzenstein）的话说："如果将区域比较研究与对全球权力和进程的分析结合起来，就会提供一种十分有意义的方式，使人们理解世界是怎样运作的。"②

具体而言，本书是对1945—1967年东南亚区域合作的总体研究，因而对典型案例的比较分析更能准确辨析不同合作类型及其重要机制间的不同点和相同点，从而有助于更深刻地揭示东南亚区域合作的本质特征及其演变进程中的连续性和变革性。在研究中，本书注重对纵向和横向两种比较方法的综合运用。纵向比较分析，即依据时间顺序对不同历史阶段区域合作机制的特定类型及其典型案例进行深度研究，探讨其内涵、特征、作用及演变进程；横向比较分析，即对区域合作机制的不同类型及其典型案例之间的联系进行深度研究，探讨其关系特征，尤其是它们的普遍性或相似性和各自的特殊性或彼此的差异性，以揭示这些区域合作机制的兴衰、存废的演变趋势及其重要的历史和规范意义，并以此为基础形成一种融历时性与共时性、普遍性（相似性）与特殊性（差异性）为一体、依据准则构建新叙事结构的比较型"总体史"。这种历史比较分析至少有三个共同特征，即它拥有一种元叙事，通常将该区域作为一个

---

① Amitav Acharya, "Remaking Southeast Asian Studies: Doubt, Desire and the Promise of Comparisons," *Pacific Affairs*, Vol. 87, No. 3, 2014, p. 465.
② ［美］彼得·卡赞斯坦：《地区构成的世界：美国帝权中的亚洲和欧洲》，秦亚青、魏玲译，北京大学出版社2007年版，第1—2页。

具有自身系统属性的实体；它的目的是理论的发展或概念的形成；它从本体论的角度关注宏观结构。这样，历史比较分析不但成为理论思考的一种有效的检验和支撑，而且可以作为一种调节规范与历史的理想话语策略。[①] 这正如拉德克利夫—布朗（A. R. Radcliffe-Brown）所言："比较方法的成功运用，不仅有赖于供我们处理的事实材料的数量和质量，而且有赖于主导我们调查的概念和假设。"他强调："比较方法是归纳推理的一种工具，将它应用于人类社会，将有助于我们发现属于所有人类社会的普遍的、基本的特点，包括它的过去、现在和未来。"[②]

基于上述总体分析框架、研究思路、研究方法和基本框架，本书具有重要的学术价值和使用价值。其学术价值主要体现在三个方面：一是采用多维视角，在学科上将国际史、外交史和国际关系学结合起来；在层次上将国际体系、区域和国家结合起来；在领域上将政治、安全和经济结合起来，既强调基于多国解密档案和公开文件等权威文献的"历史叙事"和历史演进，又强调区域各种合作类型、地区意识、活动层次和领域之间的内在联系及其所具有的认同建构和规范扩散作用，在整合已有分散研究成果的基础上构建1945—1967年东南亚区域合作的整体发展架构，进一步强化前东盟时期东南亚区域主义的"薄弱环节"，从而在起源和演变进程上有助于对二战后东南亚区域主义发展具有更全面的认识和了解。二是从观念上区分了这一时期推动东南亚区域合作的三种区域意识，即"泛亚洲主义"或"亚非主义"、"太平洋主义"或"亚太主义"和"东南亚主义"；从地缘和成员上区分了这一时期东南亚区域合作的两种基本类型，即跨区域多边合作（又称跨区域合作）和区域多边合

---

① 参见 Erik Martinez Kuhonta, "Southeast Asia and Comparative-Historical Analysis: Region, Theory and Ontology on a Wide Canvas," *Pacific Affairs*, Vol. 87, No. 3, 2014, p. 488；［美］本尼迪克森·安德森《椰壳碗外的人生》，徐德林译，上海人民出版社2018年版，第127—145页；［德］哈特姆特·克尔布勒《历史比较》，载［德］斯特凡·约尔丹主编《历史科学基本概念辞典》，孟钟捷译，北京大学出版社2012年版，第117—119页；［美］西达·斯考切波《国家与社会革命：对法国、俄国和中国的比较分析》，何俊志、王学东译，上海世纪出版集团2007年版，第36—41页；何俊志《结构、历史与行为：历史制度主义对政治科学的重构》，复旦大学出版社2004年版，第157—163页。

② ［英］A. R. 拉德克利夫—布朗：《前言》，载［英］M. 福蒂斯、E. E. 埃文思—普里查德编《非洲的政治制度》，刘真译，商务印书馆2018年版，第3—5页。

作（即东南亚本地区域合作），将进一步强化东南亚区域合作研究中对共同观念力量重要作用的认识和内外部结合的分析视角。这对更系统、全面地研究东南亚乃至亚洲/亚太区域主义具有重要的学术参考价值。三是突显了东南亚国家的实际需求和脆弱性、多样性的本质，并以此为基础探讨这一时期东南亚区域合作起源与演变的内在动力，揭示这一时期东南亚区域合作不同类型兴衰、存废和并行发展的内在规律及其实践进程的包容性和开放性特征，为理解开放区域主义条件下发展中国家的区域多边合作和跨区域多边合作的互动关系提供重要的学术参考。

本书的使用价值主要体现在两个方面：一是本书可以从历史经验和区域理论上为东南亚及亚洲区域国际关系和区域合作或区域治理等相关课程的教学与研究及相关部门的政策研究和决策提供知识和学术基础；二是本书对我国进一步发展与东盟的伙伴关系、实施"一带一路"倡议和落实新的亚洲安全观等区域合作或区域治理新动议具有历史性和规范性的启示意义。本书不但为我国建设性参与这些新的区域合作实践提供重要的历史经验，而且其所揭示的东南亚区域合作中安全与发展的互动关系、"东盟方式"和"东盟规范"与"亚洲方式"和"亚洲价值观"之间的天然联系和互构共生关系等，可以为这些实践进程提供规范性思考。

第一章

战后东南亚区域合作的历史背景

帕特内克·摩根（Patrick M. Morgan）曾指出："如果人们希望加强国际政治的研究，就不能仅仅从地理意义上界定区域。"① 迈克尔·班克斯（Michael Banks）则强调："区域就是政客和民众希望它们成为的样子。"② 东南亚作为一个国际区域亦如此。第二次世界大战结束前后，在东南亚，民族主义开始勃兴和西方殖民主义渐趋回归，彼此间既有激烈的竞争和冲突，又有适度的协调和合作，它们在交织互动中成为主导东南亚国际关系的两股重要的力量。这一切又发生在全球范围内民族主义运动蓬勃发展及欧洲主导的旧世界秩序向美国主导的新世界秩序转变时期，两种力量的互动势必受到西方大国关系及其所主导的国际体系变化的深刻影响。直至冷战影响的逐步扩散和渗透，战前被国际孤立的东南亚成为"全球冲突的独特的区域场所"③。这样，东南亚区域在内外部力量的推动下启动重建和重组的变革进程。事实上，这是对二战期间饱受日本占领所破坏和西方殖民帝国坍塌后的东南亚区域国际秩序的一种重塑，而民族主义和殖民主义分别作为内外部主导力量成为这一进程的最初源流。与此相伴而生的非殖民化进程和在原殖民地疆域内创建民族认同感问题成为影响二战后初期东南亚区域主义和国际关系的两个重

---

① David A. Lake and Patrick M. Morgan, eds., *Regional Orders: Building Security in a New World*, University Park, PA: The Pennsylvania State University Press, 1997, p. 20.

② Michael Banks, "Systems Analysis and the Study of Regions," *International Studies Quarterly*, Vol. 13, No. 4, 1969, p. 338.

③ Albert Lau, "Introduction: Southeast Asia and the Cold War," in Albert Lau, ed., *Southeast Asia and the Cold War*, London: Routledge, 2012, pp. 3 – 5.

要因素。将两者结合起来可以为审视这一时期作为整体的东南亚区域提供概括性的总体框架。① 随之,东南亚作为一个新的"想象的区域"(imaginary region)被迅速推入具有重要地缘意义的国际舞台,以全球国际体系和亚洲区域体系的"区域次体系"(regional sub-system)开始被重构②,直至成为跨越多样性的族群、宗教、语言、经济和文化边界而在政治上被建构的国家集团——"东南亚"③。奥斯本认为,第二次世界大战是跨越19世纪至20世纪历史的"巨大分水岭"的终结,战争时期的一系列事件及其带来的东南亚人立场和视野的变化引发了东南亚区域的转型。④

第一节 西方大国战时政策协调与东南亚区域管控

二战结束前后,伴随着战争所带来的东西方世界经济、文化、政治关系和精神态度的变化,东南亚进入"历史上极其重要的时期",亦即东南亚本地民族自决和独立及西方主导的"帝国的衰退"时期。⑤ 由于本地

---

① 参见 A. J. Stockwell, "Southeast Asia in War and Peace: The End of European Colonial Empires," in Nicholas Tarling, ed., *The Cambridge History of Southeast Asia: The Nineteenth and Twentieth Centuries*, Vol. 2, Cambridge: Cambridge University Press, 1992, pp. 329 – 383; C. M. Turnbull, "Regionalism and Nationalism," in Nicholas Tarling, ed., *The Cambridge History of Southeast Asia: The Nineteenth and Twentieth Centuries*, Vol. 2, Cambridge: Cambridge University Press, 1992, pp. 585 – 576; Amitav Acharya, *The Making of Southeast Asia: International Relations of a Region*, Singapore: ISEAS Publishing, 2012, pp. 82 – 144.

② 参见 Jim Glassman, "On the Borders of Southeast Asia: Cold War Geography and the Construction of the Other," *Political Geography*, Vol. 24, No. 7, 2005, pp. 784 – 807; Donald K. Emmerson, "'Southeast Asia': What's in a Name?" *Journal of Southeast Asian Studies*, Vol. 15, No. 1, 1984, pp. 1 – 21; Amitav Acharya, *The Making of Southeast Asia: International Relations of a Region*, Singapore: ISEAS Publishing, 2012, pp. 82 – 93.

③ Aries A. Arugay and Aim Sinpeng, "Varieties of Authoritarianism and the Limits of Democracy in Southeast Asia," in Alice D. Ba and Mark Beeson, eds., *Contemporary Southeast Asia: The Politics of Change, Contestation and Adaptation*, Third edition, London: Palgrave, 2018, p. 91.

④ Milton Osborne, *Southeast Asia: An Introductory History*, 12th edition, Sydney: Allen & Unwin, 2016, p. 177.

⑤ Jan O. M. Broek, "Diversity and Unity in Southeast Asia," *Geographical Review*, Vol. 34, No. 2, 1944, pp. 175 – 177.

民族主义运动尚处于兴起和发展阶段,作为东南亚整体的区域权力结构的支配权依然掌控在英国、美国、法国等西方大国手中。这些西方大国一方面试图通过回归殖民主义重建殖民帝国的霸权,另一方面不得不最大限度地适应民族主义的蓬勃发展而推行程度不同的非殖民化政策。加之这一时期,西方大国面临战场上击败共同的敌人以及战时的物资保障和战后的秩序重建及经济恢复等共同的区域问题,这些问题单靠一个大国无法解决,而正值独立和新建中的东南亚国家与政治实体也无力解决。西方大国基于保持自身统治和扩大影响力的需要,势必应承担起相应的责任。由此,西方大国作为"主动的支配者"、东南亚及其他区域的现存殖民领地作为"被动的从属者",开始调整其对东南亚的殖民政策,并图谋建立一种具有帝国或殖民地联合管控性质的、处理军事或安全及政治经济等"问题导向"的"区域协调"(regional coordination),亦被称为"帝国的区域主义"(Imperial regionalism)[①],成为这一时期东南亚区域重构的支配性外部力量。

一 西方大国战时政策国际协调的区域维度

第二次世界大战爆发后,出于应对民族主义运动的发展和自身政治经济的动荡及战争的需要,英国、美国、法国等西方殖民大国在强化殖民帝国内部彼此间联系的同时,日益重视其殖民政策的国际协调。鉴于西方大国殖民地及民族解放运动的区域聚集,这种政策的国际协调具有明显的区域性特征,其核心地理指向是亚洲和非洲等区域。其标志性事件就是1941年8月14日美国总统富兰克林·罗斯福(Franklin D. Roosevelt)和英国首相温斯顿·丘吉尔(Winston S. Churchill)共同签署的《大西洋宪章》(The Atlantic Charter)。该宪章确立了美英两国政策上的若干共同原则,主要包括:两国不寻求任何领土的或其他方面的扩张;两国不希望看见发生任何与有关人民自由表达的意志不相符合的领土变更;两国尊重所有民族选择他们愿意生活于其下的政府形式之权利;希望看到曾经被武力剥夺其主权及自治权的民族,重新获得主权与自治

---

① Amitav Acharya, "Asia Is Not One," *The Journal of Asian Studies*, Vol. 69, No. 4, 2010, pp. 1002 – 1004.

等。1941年9月，在伦敦召开的盟国间会议通过决议接受了《大西洋宪章》的基本原则。① 1942年1月，26国在华盛顿签订的《联合国家宣言》（The Declaration by United Nations，又称《26国宣言》）申明赞同《大西洋宪章》的宗旨和原则。② 《大西洋宪章》不仅为未来的联合国组织及世界秩序建构奠定了规范基础，亦为蓬勃兴起的民族主义诉求提供了明确的原则指导。③ 美国历史学家弗雷德里克·罗格瓦尔（Fredrik Logevall）在论及《大西洋宪章》的影响时指出："不仅仅是印度支那，来自全球各地的殖民地民族主义领袖都将宪章解读成是对民族解放做出的明确承诺。"④

基于此，美国政府开始谋划殖民议题的国际管理，以推动殖民地从自治走向最终独立，太平洋区域成为其重点关注。1942年6月，罗斯福与来访美国的苏联外长莫洛托夫（V. M. Molotov）讨论了太平洋区域日占区及其

---

① "Declaration of Principles, Known as the Atlantic Charter," Issued by the Prime Minister of the United Kingdom and the President of the United States of America, 14 August 1941, in League of Nations, *Treaty Series—Treaties and International Engagements Registered with the Secretariat of the League of Nations*, Vol. 204, No. 4817, 1941 – 1943, pp. 384 – 386, United Nations Treaty Series Online, https: // treaties. un. org/doc/Publication/UNTS/LON/Volume% 20204/v204. pdf; United States Department of State, *Foreign Relations of the United States Diplomatic Papers*, 1941, Vol. 1: *General, The Soviet Union*, Washington, D. C. : United States Government Printing Office, 1958, pp. 367 – 369.

② "Declaration by United Nations: A Joint Declaration by the United States of America, The United Kingdom of Great Britain and Northern Ireland, The Union of Soviet Socialist Republics, China, Australia, Belgium, Canada, Costa Rica, Cuba, Czecho-Slovakia, Dominican Republic, El Salvador, Greece, Guatemala, Haiti, Honduras, India, Luxemburg, Netherlands, New Zealand, Nicaragua, Norway, Panama, Poland, South Africa, Yugoslavia," Washington, 1 January 1942, in League of Nations, *Treaty Series—Treaties and International Engagements Registered with the Secretariat of the League of Nations*, Vol. 204, No. 4817, 1941 – 1943, pp. 382 – 384, United Nations Treaty Series Online, https: // treaties. un. org/doc/Publication/UNTS/LON/Volume% 20204/v204. pdf; United States Department of State, *Foreign Relations of the United States Diplomatic Papers*, 1942, Vol. 1: *General, the British Commonweath, the Far East*, Washington, D. C. : United States Government Printing Office, 1960, pp. 1 – 38.

③ Paul Kratoska, "Dimensions of Decolonization," in Marc Frey, Ronald Pruessen and Tan Tai Yong, eds. , *The Transformation of Southeast Asia: International Perspectives on Decolonization*, Armonk: M. E. Sharpe, 2003, pp. 7 – 9；杨永锋：《英美大战略及两国关系研究（1940—1949）》，科学出版社2018年版，第49—51页。

④ ［美］弗雷德里克·罗格瓦尔：《战争的余烬：法兰西帝国的灭亡及美国对越南的干预》，詹涓译，社会科学文献出版社2017年版，第62—63页。

他殖民地的国际化问题。莫洛托夫表示，苏联将尽力与美国合作。① 此时，罗斯福提出了国际托管的方案，亦即由国际组织针对那些尚未做好独立准备的殖民地建立国际托管（international trusteeship），最终实现其独立地位。其核心原则是，殖民地不是统治它的强国的专属，而是构建一种"神圣的信托"，国际社会对其负有特定的监管责任，即其执行机制在很大程度上体现出国际问责制。② 1942年7月，美国国务院发布一份《非自治人民国际托管》（International Trusteeship for Non-Self-Governing Peoples）建议草案，督促殖民大国准予部分殖民地获得完全自治的权力，避免直接的国际殖民管理，并建议将所有殖民地均置于国际托管下，其最终的权威和责任赋予由殖民大国的区域代表组成的国际监管机构。③ 在美国看来，具有国际监管职能的托管体系作为贯彻自治的"非殖民化代理工具"，可以增强世界的福利，为所有民族提供平等的经济机会，并有助于普遍的国际安全。基于此，美国政府开始酝酿国际托管的区域动议。1942年2—5月，美国国务院在规划美国战后对殖民地区的总体政策时，部分官员在殖民问题突显的亚洲地区曾筹划公布一个"太平洋宪章"，以便将《大西洋宪章》中的民族自决等普遍性原则拓展到亚洲地区。1942年8月，美国国务院又提出创建"东南亚托管安排"的计划，其成员除了美国、苏联、中国、澳大利亚和新西兰外，还包括在该地区拥有殖民利益的所有大国。按照这份计划，只在印度支那实行直接统治，英国和荷兰可以恢复其在殖民地的权威，但要接受区域性"东南亚托管理事会"（Southeast Asian trusteeship council）的总体监督，由该理事会承担保证自治进展的总体责任。虽然这些动议没有变成现实，却成为1943年3月美国政府颁布《民族独立宣言》（Declaration on National Independence）的缘起。④

---

① 参见 Roger Louis, *Imperialism at Bay 1941 – 1945: The United States and the Decolonization of the British Empire*, Oxford: The Clarendon Press, 1977, pp. 121 – 158.

② [美] 弗雷德里克·罗格瓦尔:《战争的余烬：法兰西帝国的灭亡及美国对越南的干预》，詹涓译，社会科学文献出版社2017年版，第66—67页。

③ Roger Louis, *Imperialism at Bay 1941 – 1945: The United States and the Decolonization of the British Empire*, Oxford: The Clarendon Press, 1977, pp. 187 – 197, 183 – 184.

④ Roger Louis, *Imperialism at Bay 1941 – 1945: The United States and the Decolonization of the British Empire*, Oxford: The Clarendon Press, 1977, pp. 177 – 178; Gary R. Hess, *The United States' Emergence as a Southeast Asian Power*, 1940 – 1950, New York: Columbia University, 1987, pp. 63, 65 – 67.

这迫使西方殖民大国对其殖民政策做出调整，而英国的态度至关重要。在《大西洋宪章》签署后，丘吉尔曾声称："在大西洋会议上，我们所考虑的主要是恢复现在处于纳粹枷锁之下的欧洲各国的主权、自治和国家生活以及指导可能必须对领土边界做出任何改变的原则。因此，这是一个与效忠于英国王室的地区和人民的逐步演变的自治制度完全不同的问题。"但美国副国务卿萨姆纳·威尔斯（Sumner Welles）回应称："必须保证《大西洋宪章》的原则适用于整个世界，包括所有大洋和大洲。"美国副总统亨利·华莱士（Henry A. Wallace）则强调："书写和平的人必须考虑整个世界，没有特权民族。"而后，在美国政府及战争局势的压力下，英国政府开始逐步调整政策。[1] 1942年2月，新加坡的陷落及英军在马来亚的惨败使英国认识到，其原有的通过"托管"将东南亚多元社会联合起来的"文化混合"的"钢混架构"（iron framework）是脆弱的，需要通过新的措施将东南亚过于分散的领土和种族统一起来，其长期政策是将分散的社区和种族联合成国家，并创建种族之间及英国与那些领土之间的"伙伴关系"。同时，这种失败加剧了美国对英国的批评。1942年6月，英国外交部远东部负责人阿什利·克拉克（Ashley Clarke）访问了美国，美国多位政要对英国的远东政策进行了批评。受此压力，克拉克向英国当局建议制订新的切实可行的计划，顺应美国战后安排及其远东政策的立场。英国政府也认识到美国是英国恢复对远东殖民统治尤其是对马来亚统治必须借助的力量。[2] 这样，当年7月，英国殖民部提出《未来远东政策照会》，表示承认《大西洋宪章》的经济和其他宣言；承认联合国家（尤其是美国、中国和荷兰）在远东战后秩序、重建和平维护中的关切；承认英国对英国本土及其保护领土的权利和义务，包括马来亚、海峡殖民地（Staits Settlemengts）和马来亚诸邦

---

[1] Frederick V. Field, "The Mont Tremblant Conference," *Far Eastern Survey*, Vol. 12, No. 1, 1943, p. 5.

[2] Karl Hack, *Defence and Decolonisation in Southeast Asia: Britain, Malaya and Singapore 1941–1968*, Surrey: Curzon Press, 2001, p. 44；庞卫东：《新加坡与马来（西）亚的合并与分离研究（1945—1965）》，社会科学文献出版社2017年版，第69页。

（Malay States）等。① 实际上，英国政府公开表示将谋求基于平等伙伴关系和共同的经济和社会利益重塑帝国体系，并依照《大西洋宪章》的原则创建特定的区域理事会，保障其框架内殖民地的安全，为它们的最后自治做好准备。这一新的殖民政策被称为"建设性帝国主义"（constructive imperialism）。② 作为对美国政府殖民议题国际化和区域化动议的回应，英国政府提出区域合作的建议。1942年9月，英国政府殖民部公布一份《远东政策》（The Far Eastern Policy）文件，提出创建"太平洋区域理事会"（Pacific Regional Council），由来自太平洋的大国及各领地的代表组成。该理事会将负责实施一系列地方政府需遵行的特定原则，但各领地主权仍属于相关国家，而不是某个国际机构。该区域理事会还包括一个拥有殖民地管理经验及该区域管理实践的专家团体。③

1942年10月，英国殖民大臣索尔兹伯里·克兰伯恩（Salisbury Cranborne）建议采用区域理事会模式作为殖民地问题彻底国际化的一种替代办法，具体做法是在远东、非洲、加勒比等主要殖民地区设立协商性的区域委员会（Regional Commission），由来自这些特定地区领土上利益攸关的所有民族的代表组成。比如在远东，其成员可以包括英国、美国、

---

① "'Note on the Future in the Far East': Memorandum by Mr. G. E. Gent and D. M. MacDougall," CO 825/35/4, f 227, July 1942, in A. J. Stockwell, ed., *British Documents on the End of Empire*, Series B, Vol. 3: *Malaya*, Part I, *The Malayan Union Experiment* 1942 – 1948, London: HMSO, 1995, pp. 13 – 14.

② 参见 Keith Jeffery, "The Second World War," in Judith M. Brown and William R. Louis, eds., *The Oxford History of the British Empire*, Vol. 4, *The Twentieth Century*, Oxford: The Oxford University Press, 1999, p. 325; Roger Louis, *Imperialism at Bay* 1941 – 1945: *The United States and the Decolonization of the British Empire*, Oxford: The Clarendon Press, 1977, pp. 129 – 130; A. N. Porter and A. J. Stockwell, *British Imperial Policy and Decolonization*, 1938 – 64, Vol. 1, 1938 – 51, New York: St. Martin's Press, 1987, pp. 27 – 28.

③ "Far Eastern Policy: Extract from the Minutes of a Meeting by G. E. Gent," 11 September 1942, CO 825/35/55104/1942, in A. N. Porter and A. J. Stockwell, *British Imperial Policy and Decolonization*, 1938 – 64, Vol. 1, 1938 – 51, New York: St. Martin's Press, 1987, Document 16, p. 134; "［Post-war Settlement in the Far East］: Minute by Mr. G. E. J. Gent of a Meeting of Ministers on 10 Sept to Discuss the Joint CO-FO Memorandum," CO 825/35/4, No. 53, 10 September 1942, in A. J. Stockwell, ed., *British Documents on the End of Empire*, Series B, Vol. 3: *Malaya*, Part I, *The Malayan Union Experiment* 1942 – 1948, London: HMSO, 1995, p. 27.

荷兰、澳大利亚、新西兰、法国，乃至俄国；在非洲，其成员可以包括英国、南非联邦、法国、比利时、葡萄牙；在加勒比，其成员可以包括英国、美国、法国等。他强调，这些区域委员会不从属于任何国际组织，其主要职能是保障国际上达成的特定原则在授权领地的实施。在英国看来，区域合作应成为取代国际问责制托管的一种宏大的替代性战略。与此同时，美国对外咨询委员会亦提出成立类似的区域理事会的建议。美国希望创建通过特定方式对一个世界组织或国际管理机构负责的区域政治理事会。1942年12月，新任英国殖民大臣奥利弗·斯坦利（Oliver Stanley）明确将区域合作作为推进殖民地管理的实质性政策和国际托管的一种替代性重要政策选择，而建立区域委员会仍然是政策核心。值得特别关注的是，这一动议认为东南亚在许多方面是特别的案例，从而开始将东南亚视作适合于区域委员会的重要区域。其主要依据包括：东南亚几乎完全被日本占领；该区域的共同防务比其他殖民地更加紧迫；它是美国拥有殖民地管理实际经验的区域等。这些建议得到12月5日召开的英国内阁会议的支持，并写入会后发布的内阁文件。① 至此，尽管美英两国对区域委员会的职能仍存在争议，但包括东南亚在内的区域创建国际协作的区域机构动议正式浮出水面。

在战争后期，美英对殖民帝国的未来持续存在争论。1943年3月，美国向英国递交其制定的《民族独立宣言》草案，要求包括英国在内的所有殖民大国准备给予其殖民领地自治和最终独立；而作为第一步，战后所有殖民大国均应接受国际托管和国际监督；同时应通过一系列区域理事会进行协商和协作，这些区域委员会由在该区域有重大利益并为殖民地和其他民族负责的各国代表组成。② 实际上，美国更希望建立一个普

---

① Roger Louis, *Imperialism at Bay 1941–1945: The United States and the Decolonization of the British Empire*, Oxford: The Clarendon Press, 1977, pp. 187–197, 210–214.

② Roger Louis, *Imperialism at Bay 1941–1945: The United States and the Decolonization of the British Empire*, Oxford: The Clarendon Press, 1977, p. 231. 美国提出的《民族独立宣言》草案全称为《联合国家关于民族独立的宣言的美国草案》（U. S. Draft of a Declaration by the United Nations on National Independence），全文详见"U. S. Draft of a Declaration by the United Nations on National Independence," 9 March 1943, in United States Department of State, *Foreign Relations of the United States Diplomatic Papers, 1943: Conferences at Washington and Quebec*, Washington, D. C.: United States Government Printing Office, 1970, pp. 717–720.

遍性国际组织对殖民地实施托管制度。1943年4月，美国又公布了一份《关于国际托管的备忘录》（Memorandum on International Trusteeship）的文件，提出创建国际组织管理机构作为国际托管最高权威部门，并在各个区域成立单独的"区域监督理事会"（regional supervisory council），在国际组织管理机构的授权下与各个区域的领地行政当局协商对本区域的国际托管进行监督和管理。该文件还对各个区域监督理事及其成员和监管领地做出了安排。主要有："北太平洋区域监督理事会"，成员为中国、苏联和美国，负责朝鲜、台湾、澎湖列岛和南库页岛等地区的领土安排；"南太平洋区域监督理事会"，成员为澳大利亚、新西兰、中国大陆、英国、荷兰、菲律宾、美国和法国，负责新几内亚、西萨摩亚、瑙鲁等太平洋群岛的领地安排，以及"北部和东部非洲区域监督理事会"和"西部非洲区域监督理事会"等。[1] 对此，1943年5月，英国政府发布照会表示，给予殖民地完全独立和实施国际监督存在着实质性的困难，但愿意与美国和其他有关大国讨论建立区域理事会或委员会的问题。[2]

随后，英国政府开始谋划建立特定区域的特定委员会的可能性，希望这些委员会不仅包括与特定区域殖民地有关的国家，还包括在该区域拥有重大战略或经济利益的其他国家；每个国家都对其自身的殖民地行使管理责任，这些区域委员会将提供有效协商和协作的常设机构，以便各国共同处理旨在促进殖民地福祉的重大事务。英国政府还希望这些区域委员会的机制设计能够给予该区域殖民地人民联合工作的机会，亦即为他们提供处理各自所面临的现实问题的国际合作的可能性。在英国看来，这些区域委员会没有行政管理权力，仅限于履行处理总体的经济、

---

[1] "Memorandum on International Trusteeship," 4 April 1943, in United States Department of State, *Foreign Relations of the United States Diplomatic Papers*, 1943: *Conferences at Washington and Quebec*, Washington, D. C.: United States Government Printing Office, 1970, pp. 720 – 728.

[2] "Note by Lord Hailey on 'Draft Declaration by the United Nations on National Independence' by H. C. Hull," 5 May 1943, 40 323/1858 / 9057B, in A. N. Porter and A. J. Stockwell, *British Imperial Policy and Decolonization*, 1938 – 64, Vol. 1, 1938 – 51, New York: St. Martin's Press, 1987, Document 20, pp. 154 – 155.

社会福利和健康事务的协商功能。① 1943 年 10 月中旬,克拉克在伦敦与来访的美国国务院远东事务顾问斯坦利·霍恩贝克(Stanley K. Hornbeck)就远东及太平洋区域组织交换了意见。霍恩贝克提出了他的区域组织设想,希望这样的组织既包括所有大国,又涵盖整个太平洋盆地,而不仅仅是东南亚及可能的西太平洋地区,因而比英国殖民部的计划更加宏大。② 1943 年 8 月和 10 月,美国先后在盟国第一次魁北克会议上与英国、在莫斯科外长会议上与苏联代表讨论了《联合国家关于民族独立的宣言草案》。10 月底,在美、英、苏三国召开的莫斯科会议第 11 次会议上,三国代表讨论后将《联合国家关于民族独立的宣言草案》列为会议文件之一。③

国际上对殖民议题的区域管理亦做出一系列积极反应。早在 1942 年 3 月,中国立法院院长孙科就通过美国《华盛顿邮报》等新闻媒体公开吁请罗斯福和丘吉尔发布一个"太平洋宪章"宣言,保证联合国家承认印度、法属印度支那、朝鲜和菲律宾的独立,并表示坚信《大西洋宪章》适用于世界所有地方。同年 8 月,中国行政院资深官员蒋廷黻在接受媒体采访时称,盟国公布一个关于太平洋问题的特殊的"太平洋宪章"是很有价值的,但这样的宪章必须与《大西洋宪章》的原则保持一致,尤其是应公开承认朝鲜、菲律宾、印度、缅甸和中国等太平洋国家的需求。④ 1942 年 9 月,澳大利亚自治政府外交部长赫伯特·伊瓦特(Herbert V. Evatt)表示,《大西洋宪章》适用于太平洋、亚洲和欧洲所有人民。

---

① Tilman Remme, *Britain and Regional Cooperation in South-East Asia* 1945 – 1949, New York: Routledge, 1995, pp. 15 – 16; Roger Louis, *Imperialism at Bay* 1941 – 1945: *The United States and the Decolonization of the British Empire*, Oxford: The Clarendon Press, 1977, pp. 256 – 258.

② Roger Louis, *Imperialism at Bay* 1941 – 1945: *The United States and the Decolonization of the British Empire*, Oxford: The Clarendon Press, 1977, p. 278, note 11.

③ United States Department of State, *Foreign Relations of the United States Diplomatic Papers*, 1943, Vol. 1: *General*, Washington, D. C.: United States Government Printing Office, 1963, Moscow Conference Document No. 44, pp. 747 – 749; United States Department of State, *Foreign Relations of the United States Diplomatic Papers*, 1945, Vol. 1: *General, The United Nations*, Washington, D. C.: United States Government Printing Office, 1967, p. 15, note 28.

④ United States Department of State, *Foreign Relations of the United States Diplomatic Papers*, 1942: *China*, Washington, D. C.: United States Government Printing Office, 1956, pp. 730 – 731, 738 – 739.

他相信，基于托管主义的未来太平洋政策将可以惠及所有太平洋强国。为此，他提出创建名为"殖民委员会"的国际组织负责监督殖民地的管理，该委员会由所有殖民地及其母国参加。他强调，战后太平洋秩序不能只为一个大国或大国集团的个体利益着想，而是要惠及所有地方的人民。①

1942年12月，加拿大太平洋关系研究所（The Institute of Pacific Relations）在魁北克蒙特朗布朗（Mont Tremblant）举行了一次非官方国际圆桌会议，重点讨论太平洋地区的战争与和平问题。来自美国、英国等西方大国及其远东和太平洋地区殖民地的150名代表参加了会议。中国也派代表参加了会议。此次会议围绕《大西洋宪章》的意义和战后国际安全体系两个主题展开。所有与会者均承认《大西洋宪章》的重大意义并达成一种共识：负责任的大国应该以合适的方式从技术和心理上为殖民地独立做好准备。这种观念激发了一种总体上的热情，即战后殖民地的有效管理需要合作，而这种合作最好经由特定主权大国主导的区域理事会来完成，并在更大的国际组织框架内通过这些大国之间的协调行动来运作。该区域理事会的主要职能包括：收集、研究和出版关于各领域政治、经济和社会进展的资料信息并出版定期报告；依据《大西洋宪章》的有关条款，实地监视和调查来自任何土著团体的申诉；就自治机构以及改善公共卫生、营养、土地所有权、工作条件、区域间移徙和教育等问题的总体政策方针的进展情况提出建议。为履行这些职能，该机构将保持一个常设秘书处和技术人员。鉴于东南亚是全世界十分重要的原材料生产地之一，长期以来一直是外部掠夺性利益的牺牲品，应是对《大西洋宪章》承诺的诚实性的关键考验。这次会议的代表们专门讨论了在东南亚建立一个由殖民大国、本地人民和独立国家的代表组成的区域机构的可能性。该机构应有三个主要职能，包括创造区域安全的条件，即建立和维持和平条件的任务；提供争端发生时予以解决的资源，这意味着一种调解和仲裁制度；被授权使用武力、行使警察权力。在会上，还有代表建议，东南亚国家应该合并或融合成一个新的政治单位，由以下

---

① Roger Louis, *Imperialism at Bay 1941 – 1945*: *The United States and the Decolonization of the British Empire*, Oxford: The Clarendon Press, 1977, pp. 291 – 292.

所有或几个国家和地区组成：马来亚、英属北婆罗洲、沙捞越、印度支那、泰国、荷属东印度、缅甸和菲律宾。有人认为，这样的东南亚区域性组织可以作为一个统一或联邦制的马来西亚的"领跑者"，它包括马来亚、菲律宾和东印度群岛。① 同月，南非自治政府总理简·斯穆茨（Jan C. Smuts）对这次会议的倡议率先做出回应。他呼吁殖民议题的国际协作，并建议创建由美国参加的区域理事会。该理事会将是殖民地间的一种区域集团体系，其母国对殖民地管理承担排他性责任，区域理事会或区域委员会对总的或共同的政策拥有最终控制权，其代表既包括母国又包括对该区域有安全或经济利益关切的其他国家。②

随后，澳大利亚和新西兰率先将殖民议题政策规划的区域观念纳入其双边进程。早在1941年12月，澳大利亚外交部便成立战后规划处，开始研究战后南太平洋区域的秩序规划问题。1943年，该规划处官员威廉·福赛思（William Forsyth）利用对南太平洋各岛屿广泛的情报积累完成了一系列研究报告，其中一份报告论证了一个聚焦于经济合作、社会福利与医疗教育的区域组织"南部海洋区域委员会"（South Seas Regional Commission）的可行性。③ 当年10月，作为对美英区域委员会动议的回应，澳大利亚外交部长伊瓦特明确指出，这种区域委员会的基本职能就是监督殖民大国在殖民议题上的国际协作。澳大利亚希望在西太平洋建立两个区域委员会：一个面向印度尼西亚或东南亚，另一个面向群岛集团，其具体职责包括专业人员交流、经济与社会问题研究、出版定期报告和对所有殖民地进行监察等。实际上，澳大利亚图谋以该区域"第一殖民大国"的身份深度介入东南亚和太平洋区域事务的控制，并在战后

---

① 参见 Frederick V. Field, "The Mont Tremblant Conference," *Far Eastern Survey*, Vol. 12, No. 1, 1943, pp. 3 – 8; George H. C. Hart, "The Netherlands Indies and Her Neighbors," *Pacific Affairs*, Vol. 16, No. 1, 1943, pp. 26 – 32; Raymond Kennedy, "Notes and Comment: Dutch Charter for the Indies," *Pacific Affairs*, Vol. 16, No. 2, 1943, pp. 216 – 223.

② Roger Louis, *Imperialism at Bay 1941 – 1945: The United States and the Decolonization of the British Empire*, Oxford: The Clarendon Press, 1977, pp. 209 – 210.

③ 这里的"南部海洋"，又简称"南海"，其地理范围大致为今天的南太平洋区域。直到20世纪70年代，英国、澳大利亚和新西兰等西方国家仍使用"南海"指代南太平洋区域。参见陈晓晨《南太平洋地区主义：历史变迁的逻辑》，社会科学文献出版社2020年版，第87—89页。

该区域殖民问题的解决中占据实际的领导地位。[1] 为此，澳大利亚在与新西兰协调立场后，以福赛思关于"南部海洋区域委员会"的设想为蓝本，于1944年1月签订了被称为《澳新协定》（The Australian-New Zealand Agreement）的双边协定。该协定表示了两国支持太平洋区域所有政府之间开展区域协作的原则，建议创建一个拥有咨询权的区域组织"南部海洋区域委员会"，由澳大利亚、新西兰、英国、美国和法国的代表组成，它既能够对本地人民参与管理及促进自治最终目标实现的措施改进提出建议性安排，又可以就生产、金融、通信和市场化等经济发展及医疗卫生和教育服务的协调提出建议性安排，以保障关于社会、经济和政治发展的共同政策有助于本地人民自身的福利及其改善。在该协定中，两国宣布《大西洋宪章》原则及托管观念适用于太平洋及其他地方的所有殖民地，并支持美国的国际托管立场。《澳新协定》还包括一项在普遍性世界安全体系框架内在西南及南太平洋区域建立"防务区"（regional zone of defence）计划。该"防务区"以澳大利亚和新西兰为基础，经由澳大利亚北部和西北部诸岛延伸至西萨摩亚和库克群岛。该协定声称，澳大利亚、新西兰和在该区域拥有领土的各政府应该管理该区域一切内部事务，而两国对西南及南部太平洋诸地域的监督管理或合作监督管理负有完全的责任，并要求在战后世界的国际规划中拥有更大的发言权。例如，在战后领土解决问题上，如果没有澳大利亚和新西兰的同意，太平洋上任何岛屿的主权都不能改变或做出其他调整。这表明两国不但反对任何外来干涉，而且主张战后防务计划应该是协作的，而不是单边的或仅仅由大国决定。[2] 该协定一方面表明在战后和平与安全安排中，尤其是涉及澳、新两国战略利益时，两国主张不应忽视中小国的利益，并尊重它们

---

[1] Roger Louis, *Imperialism at Bay 1941 – 1945: The United States and the Decolonization of the British Empire*, Oxford: The Clarendon Press, 1977, pp. 289 – 298.

[2] 参见 Tilman Remme, *Britain and Regional Cooperation in South-East Asia 1945 – 1949*, New York: Routledge, 1995, pp. 16 – 17; Roger Louis, *Imperialism at Bay 1941 – 1945: The United States and the Decolonization of the British Empire*, Oxford: The Clarendon Press, 1977, pp. 300 – 305. 关于《澳新协定》的具体条文详见 "Australian-New Zealand Agreement 1944," Canberra, 21 January 1944, in Australian Department of Foreign Affairs and Trade, *Documents on Australian Foreign Policy 1937 – 1949*, Vol. 7, 1944, Document 26, https://www.dfat.gov.au/about-us/publications/historical-documents/Pages/volume-07/26-australian-new-zealand-agreement-1944.

的主权和权益；另一方面表明在南太平洋及西南太平洋防务安排上，两国希望区域安全机制应与世界安全机制整合起来。① 鉴于此，时任澳大利亚自治政府总理约翰·卡廷（John Curtin）称《澳新协定》为"永久协同与合作的太平洋宪章"。国际上亦称之为澳大利亚和新西兰在外交事务上的"独立宣言"和基于"澳新一致"的"门罗主义"。英国官方称，该协定在很大程度上反映了澳、新作为小国希望与大国平等地参与所有重要的国际决定。②

澳大利亚和新西兰的举措促使英国政府更细致地规划其区域动议。1944年4月，经过英国殖民部（The Colonial Office）的运筹，英国政府发布的战时内阁文件《殖民地的区域机构》（Regional Bodies in Colonial Areas）公布了有可能建立区域委员会的区域，包括加勒比、非洲、东南亚和西南太平洋。该文件重申，这些区域委员会纯粹是协商性质的，不拥有行政权力。由于东南亚拥有比加勒比区域更丰富的战略资源及更多的人口，建立东南亚区域委员会受到格外关注。英国希望通过建立东南亚委员会将战前帝国秩序永久化。③ 1944年12月，英国殖民部国际关系部发布《殖民政策的国际侧面》（International Aspects of Colonial Policy）对其区域委员会动议进行进一步细化。该文件明确提出用区域委员会概念取代美国的国际托管和国际监督计划，并建议基于附属于新的世界组织（即联合国）的区域委员会和主要处理社会议题的功能性机构所展开的国际合作，建立新的国际殖民体系。该文件将适合建立区域委员会的区域予以细分，包括加勒比、南太平洋、东南亚、西非、中非和东部及南部非洲。英国殖民部再次强调，这些区域委员会是没有行政或监督权的协商机构，殖民地自治和最终独立问题仍由各殖民大国自己决定。这份文件明确将东南亚置于英国利益攸关的重要区域。在英国政府看来，

---

① 汪诗明：《1951年〈澳新美同盟条约〉研究》，世界知识出版社2008年版，第87—88页。

② United States Department of State, *Foreign Relations of the United States Diplomatic Papers*, 1944, Vol. 3: *The British Commonwealth and Europe*, Washington, D. C.: United States Government Printing Office, 1965, pp. 176, 179, 183.

③ Roger Louis, *Imperialism at Bay 1941 – 1945: The United States and the Decolonization of the British Empire*, Oxford: The Clarendon Press, 1977, pp. 309 – 316.

与其他殖民区域不同的是，东南亚既有殖民领地，又有独立的或兴起中的本地国家；东南亚又不像南太平洋区域那些弱小和原始的共同体，它是由独立国家或有希望在可预见的将来取得独立的国家组成的。因此，东南亚领地的代表希望在区域委员会中拥有比南太平洋区域委员会更多的发言权。另外，英国殖民部将东南亚视作非常有可能发生外部干涉的区域，因为它比其他区域拥有如橡胶、锡之类的更多的财富和较大体量的约1.2亿人口，使得美国、澳大利亚、中国、印度乃至俄国在该区域拥有重要的战略或经济利益。然而，战前东南亚唯一制度化形式的合作是由国际联盟（The League of Nations）推动的流行病信息交换和有关鸦片吸食的特定形式的政治协调。除此之外，东南亚有一个《锡和橡胶国际管理协定》（International Regulations Agreement on Tin and Rubber），为该区域的政府和主要生产商提供协商和协调的机会。该文件声称，东南亚虽然在区域组织规划上实际上并没有取得明显的进展，但它终究是适合建立区域委员会的区域。按照这份文件的建议，东南亚委员会的成员可以包括英国及其属地马来亚、新加坡、北婆罗洲和香港地区，荷兰及其属地东印度（印度尼西亚），葡萄牙及其属地帝汶，法国及其属地印度支那，美国及其属地菲律宾，作为独立国家的泰国及作为外部利益相关者的澳大利亚、中国和印度。根据英国殖民部国际关系部起草的《远东殖民地区域组织建议》（Regional Organisation Proposals for Far Eastern Colonies）内部备忘录的规定，东南亚委员会的职权范围限于研究改进锡、橡胶和农业生产及移民出入控制、渔业开发和本地珍奇动物群养护等。[1] 鉴于此，英国殖民大臣斯坦利表示，英国的区域组织观点与《澳新协定》是一致的，而其建立区域委员会的努力是殖民领域的最重要的进展，并相信这一举措是对殖民地国际管理需要的有效回应，必将具有真正的实际价值。[2]

基于这些进展，1945年1月中旬，英国殖民大臣斯坦利访问华盛顿，与美国政府就通过建立殖民地区域咨询委员会协商的原则交换了意见。

---

[1] 参见 Tilman Remme, *Britain and Regional Cooperation in South-East Asia 1945 – 1949*, New York: Routledge, 1995, pp. 17 – 19.

[2] Roger Louis, *Imperialism at Bay 1941 – 1945: The United States and the Decolonization of the British Empire*, Oxford: The Clarendon Press, 1977, p. 345.

美国政府表示，在有助于在特定区域建立国际托管机制的情况下，愿意接受在殖民地建立区域咨询委员会的协商原则。在同一时间，美国国务院根据第一次魁北克会议和莫斯科外长会议及其他外交渠道的讨论结果，并按照美、英、苏、中四国 1944 年 10 月在华盛顿附近的敦巴顿橡树园举行的创建新国际组织会议上达成的《关于建立普遍国际组织的建议》［Proposals for the Establishment of a General International Organization，又称《敦巴顿橡树园建议》，(The Dumbarton Proposals)］予以修订，形成《关于附属地管理的宣言草案》《领土托管计划草案》和《关于附属地区域咨询委员会计划草案》三个文件。最后一个文件同意在太平洋和非洲设立独立于国际托管机制的区域咨询委员会。但美英双方未能就这种区域咨询委员会与新的普遍性国际组织的关系达成一致。①

值得特别注意的是，西方大国殖民议题国际管理的区域委员会动议引发了创建不限于殖民管理的更宽泛议题的区域委员会动议。早在 1943 年 2 月，丘吉尔与罗斯福在商谈新的国际组织时就提出《战后安全的初步想法》(Morning Thoughts on Postwar Security)，倡议设立"区域理事会"(Regional Council)。他主张在欧洲、东方（亚洲、太平洋）和西半球三个区域各设一个"区域理事会"，即"欧洲理事会""太平洋理事会"和"西半球理事会"；在"区域理事会"之上设立一个小规模的"世界理事会"，专门负责协调各区域组织工作，由美、英、苏、中四国及"区域理事会"轮流选举的其他国家组成，四国同时参加与其有直接联系的"区域理事会"。1943 年 3 月，丘吉尔在一次广播讲话中宣称，他支持战后建立一个代表联合国家而后代表所有国家的"世界机构"，并在该机构下设欧洲委员会和亚洲委员会。② 当月，英国对外办公室专门准备了一份关于区域组织的备忘录，并与参谋长联席会议共同对区域防务和

---

① United States Department of State, *Foreign Relations of the United States Diplomatic Papers*, 1945, Vol. 1: *General*, *The United Nations*, Washington, D. C. : United States Government Printing Office, 1967, pp. 20 – 23.

② 参见 Evan Luard, *A History of the United Nations*, Volume 1: *The Years of Western Domination*, 1945 – 1955, London: The Macmillan Press, 1982, pp. 20 – 21；王绳祖主编《国际关系史（1939—1945）》（第 6 卷），世界知识出版社 1995 年版，第 487 页；杨永锋《英美大战略及两国关系研究（1940—1949）》，科学出版社 2018 年版，第 108—109 页。

世界安全做出了规划。① 1943年5月，丘吉尔访美期间在英国驻美使馆会见华莱士和威尔斯等美国政府高级官员时，提出构建战后世界秩序的设想，倡议设立一个由美、英、苏、中四大国与其他大国共同组成的"最高世界理事会"（Supreme World Council），对世界和平承担真正的责任；该理事会下辖欧洲、美洲西半球和太平洋三个"区域理事会"，作为"最高世界理事会"的实际依托，即所谓"三脚凳"结构的核心区域原则。丘吉尔还建议，"最高世界理事会"的成员应成为他们有直接利益或希望参加的"区域理事会"的成员，比如美国除在"美洲区域理事会"和"太平洋区域理事会"有代表外，还可以在"欧洲区域理事会"有代表；但"最高世界理事会"保留最后的话语权，"区域理事会"不能解决的问题自动提交"最高世界理事会"②。这种区域主义观念的基本逻辑是，世界太大而难以组织为一个单元，因而需要分成多个区域进行管理。这与殖民管理的区域主义观念有所不同。③ 其实，丘吉尔想借此维持英国在欧洲及太平洋区域的传统优势。

1943年10月，美、英、苏、中四国在莫斯科外长会议上签署《关于普遍安全的宣言》（The Declaration of Four Nations on General Security），决定建立一个普遍国际组织后，四国就设立隶属于这一新国际组织的区域组织或区域安排逐步达成共识。1944年7月，美国和英国相继提出的《关于普遍国际组织的暂定建议》（The Tentative Proposals for a General International Organization）均载明设立区域组织或区域安排的动议。美国在该暂定建议中指出，在与普遍国际组织总体特性保持一致的情况下，可以存在区域组织或其他区域安排或区域政策；这些区域组织或区域安排既可以依照自身的倡议发挥作用，也可以参照普遍国际组织适合于区域的普遍安全与和平的有关条款行事，但普遍国际组织应知晓区域组织或区域安排等所从事的安全与和平事务相关行动。该暂定建议强调，在维

---

① Roger Louis, *Imperialism at Bay 1941–1945: The United States and the Decolonization of the British Empire*, Oxford: The Clarendon Press, 1977, p. 310.

② Winston S. Churchill, *The Second World War*, Vol. 4, *The Hinge of Fate*, New York: RosettaBooks, 2002, pp. 976–979.

③ Roger Louis, *Imperialism at Bay 1941–1945: The United States and the Decolonization of the British Empire*, Oxford: The Clarendon Press, 1977, p. 310, note 4.

持和平与安全的方法上,普遍国际组织应鼓励依照该组织程序调整并适合于冲突解决的地方或区域程序的运用。① 英国建议中关于区域组织的动议更加具体。一方面,该暂定建议在"永久性组织适用范围和特性"备忘录中表示,应创建与世界范围内的国际组织不发生冲突并有助于其目标实现的区域组织,它可以为经济合作而设立,以促进殖民地的福祉等;另一方面,该暂定建议在"战后安全组织的军事侧面"备忘录中指出,应将区域作为重要考察对象,认为从军事角度上看,世界组织应基于各个区域而建构,并建议将世界性国际安全体系分成几个拥有自己军队和军事顾问团的固定的区域组织,受"最高世界理事会"的控制,从而保障世界理事会在所有世界区域得到充分的代表,构成世界理事会代表性的基础。在英国看来,这种区域组织作为世界理事会的组成部分,可以推动小国参与国际安全合作,为地方或区域合作提供便利,既可以减轻美、英、苏、中"四大国"的军事负担,又可以增强区域组织所在区域成员国政治和军事行动的反应速度和有效性。②

1944 年 8 月 21 日至 10 月 7 日,美、英、苏、中四国代表在敦巴顿橡树园举行会议,落实莫斯科外长会议签署的《关于普遍安全的宣言》,并对美、英提出的《关于普遍国际组织的暂定建议》进行了讨论。会上,中国代表正式提交《关于普遍国际组织的暂定建议》,专门就建立区域组织表达自己的观点。中国的建议指出,同一地理区域的成员国可以自愿成立促进合作与和平关系的区域组织,其目的是对普遍国际组织做出补充,而不应在任何情况下违背普遍国际组织的条款;该区域组织应受普遍国际组织的控制,向普遍国际组织大会提交年度工作报告;区域组织处理的应是有区域特性的国际事务,但相关成员国如对该组织所采取的行动不满均可向普遍国际组织理事会或大会提请对此案的重新审议;区

---

① "United States Tentative Proposals for a General International Organization," 18 July 1944, in United States Department of State, *Foreign Relations of the United States Diplomatic Papers*, 1944, Vol. 1: *General*, Washington, D. C.: United States Government Printing Office, 1966, pp. 653 – 654.

② "Tentative Proposals by United Kingdom for a General International Organization," 22 July 1944, in United States Department of State, *Foreign Relations of the United States Diplomatic Papers*, 1944, Vol. 1: *General*, Washington, D. C.: United States Government Printing Office, 1966, pp. 672 – 675, 688 – 689.

域组织无权决定与侵略和制裁相关的问题；区域组织的结构和制度应由相关国家按照区域条件创建，并征得普遍国际组织的同意。① 在会上，苏联代表亦表示支持设立专门区域安排（regional arrangements）的动议，但强调区域安排或区域机构（regional agencies）在没有普遍国际组织安全理事会授权的情况下不得采取强制行动。英国代表强调区域集团有助于由普遍国际组织安理会决定实施的军事行动，但不支持区域集团拥有政治功能。此时，四国代表总的观点是淡化区域安排的重要性。最终，他们主要依据美国的建议做了妥协，并将命名为"区域安排"的内容列入《关于建立普遍国际组织的建议》第八章"维护国际和平与安全安排"的第三部分。② 这些建议成为敦巴顿橡树园会议确定在美国旧金山召开的联合国成立大会讨论的基础。

1945年4月25日至6月26日，联合国成立大会在美国旧金山举行。会议决定成立的第三委员会下设第四小组委员会（又称"区域次委员会"）（Subcommittee III/4）专门讨论"区域安排"等区域问题，最终对四国提出的《关于建立普遍国际组织的建议》中的"区域安排"条款稍做修改，将之列入会议通过的《联合国宪章》（The Charter of the United Nations）第八章中，共三个条款。这些条款既承认区域安排或区域机构隶属于联合国安理会，规定未经安理会授权不得采用区域安排或区域机构进行任何强制行动，又强调联合国会员国在将地方争端提交安理会之前，应依照该区域安排或通过区域机构力求和平解决争端，并规定安理会可通过区域安排或区域机构谋求地方争端的和平解决，不论其是由相关国家还是由安理会提交的，均应鼓励其发展。这在某种意义上可以理解为对联合国安理会权力和对大国否决权的一定限制。① 《联合国宪章》

---

① "Tentative Chinese Proposals for a General International Organization," Washington, 23 August 1944, in United States Department of State, *Foreign Relations of the United States Diplomatic Papers*, 1944, Vol. 1: *General*, Washington, D. C.: United States Government Printing Office, 1966, p. 727.

② United States Department of State, *Foreign Relations of the United States Diplomatic Papers*, 1944, Vol. 1: General, Washington, D. C.: United States Government Printing Office, 1966, pp. 778, 790, 805, 912. 敦巴顿会议签署的《关于建立普遍国际组织的建议》中"区域安排"的具体条文详见"Proposals for the Establishment of a General International Organization," Washington, 7 October 1944, in United States Department of State, *Foreign Relations of the United States Diplomatic Papers*, 1944, Vol. 1: *General*, Washington, D. C.: United States Government Printing Office, 1966, p. 898.

关于"区域安排"国际法地位的确立，既结束了美、英、苏等国在创建新的国际组织进程中对聚焦于安全防务议题的区域组织的讨论，又终结了这些国家关于创建专事殖民议题管理的区域理事会或区域委员会动议的国际协调。这是各方尤其是美英两国相互妥协的结果。从美国的角度来看，它致力于创建普遍国际组织并将《大西洋宪章》的原则及国际托管制度纳入《联合国宪章》的目标已经实现。此时，美国虽不鼓励区域主义，但愿意接受维持国际和平与安全的"区域安排"成为联合国普遍安全体系的补充。从英国角度来看，《联合国宪章》确立的国际托管制度虽将促进各殖民地及其人民走向自治或独立的逐步发展作为托管的目标，但仅将现有委任统治的领土、从敌国割离的领土及负责管理的国家自愿置于该制度之下的领土等作为托管的领土类型。而这种领土类型的界定正是丘吉尔与罗斯福和斯大林在 1945 年 2 月召开的雅尔塔会议上商定的"托管格式"（trusteeship formula）。这意味着托管体系无须强制性适用于所有特定殖民地，只对上述"托管领土"具有约束性监督权力。这是美国原有立场的明显倒退。因此，英国乐见不涉及殖民议题的"区域安排"载入《联合国宪章》。实际上，各方的妥协显示了和平解决争端的区域和全球办法的兼容性，并提供了一个可行的办法，使两种制度能够在相互协调中发挥作用。[2]

---

[1] 王绳祖主编：《国际关系史（1939—1945）》（第 6 卷），世界知识出版社 1995 年版，第 517 页。旧金山会议关于"区域安排"等区域问题的讨论参见 United States Department of State, *Foreign Relations of the United States Diplomatic Papers*, 1945, Vol. 1: *General, The United Nations*, Washington, D. C.: United States Government Printing Office, 1967, pp. 567 – 568, 591 – 597, 604 – 650, 657 – 660, 662 – 686, 691 – 725, 730 – 739, 813 – 821, 865 – 868. "区域安排"的具体条文详见《联合国宪章》(1945 年 6 月 26 日订于旧金山)，载世界知识出版社编《国际条约集（1945—1947）》，世界知识出版社 1959 年版，第 47—48 页。

[2] 参见 Huntington Gilchrist, "Colonial Questions at the San Francisco Conference," *The American Political Science Review*, Vol. 39, No. 5, 1945, pp. 982 – 992; Francis O. Wilcox, "Regionalism and the United Nations," *International Organization*, Vol. 19, No. 3, 1965, pp. 790 – 792; Evelyn Colbert, *Southeast Asia in International Politics*, 1941 – 1956, Ithaca: Cornell University Press, 1977, pp. 48 – 50; 王绳祖主编《国际关系史（1939—1945）》（第 6 卷），第 513—514 页。雅尔塔会议"托管格式"的具体内容详见 "Protocol of the Proceedings of the Crimea Conference," Yalta, 11 February 1945, in United States Department of State, *Foreign Relations of the United States Diplomatic Papers*, 1945: *Conferences at Malta and Yalta*, Washington, D. C.: United States Government Printing Office, 1955, p. 977. 在旧金山会议上美国关于"托管制度"建议的具体内容详见 "Draft United States

在旧金山会议结束时，美国代表团副主席、国会参议员阿瑟·范登堡（Arthur H. Vandenberg）说："我们已经找到了一个合理而实用的方案，可以让区域组织与这个全球制度有效地配合……我认为，我们通过在其全面监督下利用这些区域紧密联系的动力资源，极大地强化该世界组织。因此，我们不会损害世界和平与安全的全球团结；相反，我们把这些区域核心纽带联结到全球链条上。"[1]耶鲁大学学者大卫·纳尔逊·罗（David Nelson Rowe）就此解释说，考虑到没有任何一个大国能够提出在其特殊庇护下在远东和太平洋建立区域集团的正当理由，关于远东和太平洋的决定主要基于地方和区域的考虑是极不现实的。历史的教训表明，虽然大国的远东政策根源于当地问题，但一直与它们在其他地方的切身利益密切相关。因此，远东国家的外交政策必须一如既往地与其他地方权力中心做出的决定联系在一起。从美国的角度来看，各大国就联合国组织性质和职能达成的协议，最起码的保证是使美国谋求国家安全的工作能够有合理的成功机会。[2]

二 西方大国战时东南亚政策调整与区域安排

对东南亚而言，西方大国战时国际协调的区域动议意义重大。一个最重要的表现是，西方大国开始将东南亚作为一个新的区域整体从国家和区域两个层面调整和规划战后东南亚的政策，并启动了东南亚区域管控机制安排及其框架内的协调行动。

从国家层面来看，美国和英国两个大国调整了政策规划和部门间协同的政府机构，增设了专门的东南亚事务管理部门，以适应东南亚重要性日益上升的现实需要。二战前，美国有关东南亚事务由国务院欧洲事务

Proposals for Trusteeship," San Francisco, 26 April 1945, in United States Department of State, *Foreign Relations of the United States Diplomatic Papers*, 1945, Vol. 1: *General, The United Nations*, Washington, D. C. : United States Government Printing Office, 1967, pp. 559 – 460. "国际托管制度"的具体条文详见《联合国宪章》（1945 年 6 月 26 日订于旧金山），载世界知识出版社编《国际条约集（1945—1947）》，第 52—54 页。

[1] Norman J. Padelford, "Regional Organization and the United Nations," *International Organization*, Vol. 8, No. 2, 1954, p. 216.

[2] David Nelson Rowe, "Collective Security in the Pacific: An American View," *Pacific Affairs*, Vol. 18, No. 1, 1945, pp. 20 – 21.

部（Division of European Affairs）和远东事务部（Division of Far Eastern Affairs）负责。前者主要负责欧洲国家在东南亚殖民地的有关事务，后者主要负责泰国及菲律宾的有关事务。1941年12月，美国国务院成立负责战后总体政策制定的政策咨询委员会及其分支机构政策问题分委员会和领土问题分委员会，具体负责处理殖民地问题。1943年7月，美国国务院进行机构改组，中止了咨询委员会及其分支机构，用政策委员会和战后规划委员会两个行动导向的高层委员会取而代之。前者主要协助国务卿谋划解决当前重大问题的对策，后者主要协助国务卿制定和完善战后政策并做出安排。1944年春，美国国务院成立西南太平洋事务部（Division of Southwest Pacific Affairs），次年改名为东南亚事务部（Division of Southeast Affairs）。新机构总体上负责与泰国的外交问题和与菲律宾的有关事务，并与欧洲事务部平行管理与欧洲殖民地有关的问题。从此，在美国国务院，东南亚事务管理在机制上从附属走上独立。此时，在美国国务院看来，东南亚战时发生的巨大政治变化已经使之成为与非洲和中东等殖民地区不同的"独特区域"[①]。

二战前，无论从英帝国安全还是从英国全球贸易方面，英国都低估了东南亚的重要性。事实上，英国与东南亚的贸易和投资在二战前已相当可观。东南亚是橡胶、锡、大米、糖、烟草、茶叶和棕榈油等商品的主要产地。该区域占英国战前贸易总出口的9.5%和总进口的6.5%。二战前，英国在东南亚（包括菲律宾）的投资总额达7.75亿美元，是美国同时期对东南亚投资总额的近三倍。尤其是马来亚地区作为世界上重要的橡胶出口地之一，在英国与东南亚贸易中占有十分重要的地位。即便如此，英国仍将东南亚视作"不重要的、鲜为人知的区域"[②]。正是太平洋战争的爆发尤其是1942年2月新加坡的陷落突显了东南亚政治、经济和战略上的重要性。此后，英国不但失去了其在东南亚的绝大部分属地，

---

① 参见 Gary R. Hess, *The United States' Emergence as a Southeast Asian Power*, 1940 – 1950, New York: Columbia University, 1987, pp. 61 – 64, 94 – 95; United States Department of State, *Foreign Relations of the United States Diplomatic Papers*, 1944, Vol. 1: *General*, Washington, D. C.: United States Government Printing Office, 1966, pp. 1525 – 1526.

② Tilman Remme, *Britain and Regional Cooperation in South-East Asia 1945 – 1949*, New York: Routledge, 1995, pp. 11 – 12.

而且与该地区的所有西方贸易均被迫中断。这既增加了英国战时物资匮乏，亦大大削减了其外汇收入。而此时，英国在管理机构方面主要由殖民部负责东南亚属地的相关事务，没有东南亚不同国家间经济或政治事务方面的联络机构；外交部和殖民地之间以及军事服务与民事服务之间，均没有协调英国在该地区利益和政策的机构。鉴于此，在战争后期，英国政府复兴了一度衰落的部门间远东委员会（The Far Eastern Committee），并开始强化其外交部所属远东事务部（The Far Eastern Department）的职能。1945 年 7 月，英国外交部将远东部分成三个分部，分别处理与日本及太平洋地区、中国、东南亚有关事务。随后，英国外交部专设新的东南亚部（The South-East Asia Department），负责泰国、印度支那、印度尼西亚和尼泊尔等的相关事务，以便在利用和传播新兴和独特的东南亚区域观念中发挥更积极的作用。①

在国际、国内及东南亚殖民地民族主义运动等多重压力下，美国、英国与荷兰、法国等欧洲殖民大国开始调整各自对其东南亚属地的政策。美国政府早在 1934 年 3 月就颁布了《泰丁斯—麦克杜菲法案》（The Tydings-McDuffie Act，又称《菲律宾独立法案》），承诺菲律宾将于 1946 年独立。1942 年 2 月，罗斯福总统再次承诺，美国将依照《泰丁斯—麦克杜菲法案》的规定准许菲律宾实现独立。② 1943 年 11 月，美国参议院议员米勒德·泰丁斯（Millard E. Tydings）提交第 93 号共同决议，要求授权美国总统在菲律宾解放后即宣布菲律宾独立。1944 年 6 月，该决议在美国国会通过并由罗斯福总统签署成为法律。③ 美国的政策为战争结束后

---

① A. S. B. Olver, "The Special Commission in South-East Asia," *Pacific Affairs*, Vol. 21, No. 3, 1948, pp. 285 – 286; Philip Charrier, "ASEAN's Inheritance: The Regionalism of Southeast Asia, 1941 – 61," *The Pacific Review*, Vol. 14, No. 3, 2001, p. 325; Tilman Remme, *Britain and Regional Cooperation in South-East Asia 1945 – 1949*, New York: Routledge, 1995, pp. 12, 21.

② United States Department of State, *Foreign Relations of the United States Diplomatic Papers*, 1942, Vol. 1: *General, the British Commonwealth, the Far East*, Washington, D. C.: United States Government Printing Office, 1960, pp. 895, 897.

③ United States Department of State, *Foreign Relations of the United States Diplomatic Papers*, 1943, Vol. 3: *The British Commonwealth, Eastern Europe, the Far East*, Washington, D. C.: United States Government Printing Office, 1963, pp. 1107 – 1108; Gary R. Hess, *The United States' Emergence as a Southeast Asian Power*, 1940 – 1950, New York: Columbia University, 1987, pp. 223 – 225.

菲律宾迅速实现国家独立提供了非常有利的外部条件，标志着西方大国在东南亚属地的非殖民化进程正式启动。时任美国国务卿科德尔·赫尔（Cordell Hull）将美国对菲律宾的非殖民化方式称为"菲律宾模式"①。

英国、荷兰和法国的政策比较保守且目标近似。它们迫于国际上尤其是美国的压力，一边宣称战后给予其属地最终自治权，一边借口其属地政治经济能力的脆弱性，试图通过新的联邦或联盟计划恢复战前殖民统治。赫尔称之为不同于美国政策的"欧洲的东南亚方法"②。从本质上讲，这是一种"重建帝国"的"殖民主义复辟"。③ 在这方面，在欧洲战败后流亡的荷兰和法国政府更加积极。早在1942年6月日本发动太平洋战争后，荷兰殖民大臣冯·穆克（H. J. van Mook）在与英国殖民大臣克兰伯恩会谈时就表示，在日本占领下，不仅欧洲与其殖民地的命运已经密不可分，而且更多地要依赖美国。他希望太平洋战争结束后西方殖民大国举行一次和平会议，对该地区做出安排。他建议荷兰政府宣布将来给予荷属东印度和荷兰自身同等的地位。④ 6个月后，即1942年12月，荷兰王国女王威廉明娜（Beatrix Wilhelmina Armgard）发表广播声明，阐述了荷兰战后殖民新政策，称荷兰王国将以"完全伙伴关系的稳固基础"进行重建，承诺将荷兰王国改组为一个"联邦"（Commonwealth），其成员包括荷兰本土、荷属东印度即印度尼西亚（Netherlands East Indies）、苏里南（Surinam）和库拉索岛（Curacao）；该"联邦"各组成部分按照内部事务上自力更生、行动自由但需共同援助等原则参与其中。她强调，这种主权和协调的结合能够赋予荷兰王国及其组成各方对内对外完全履行责任的强大力量。这是企图借"自治"和"平等"之名行"重建殖民

---

① Gary R. Hess, *The United States' Emergence as a Southeast Asian Power*, 1940 – 1950, New York: Columbia University, 1987, p. 126.

② Gary R. Hess, *The United States' Emergence as a Southeast Asian Power*, 1940 – 1950, New York: Columbia University, 1987, p. 108.

③ A. J. Stockwell, "Southeast Asia in War and Peace: The End of European Colonial Empires," in Nicholas Tarling, ed., *The Cambridge History of Southeast Asia: The Nineteenth and Twentieth Centuries*, Vol. 2, Cambridge: Cambridge University Press, 1992, pp. 341 – 342.

④ Roger Louis, *Imperialism at Bay* 1941 – 1945: *The United States and the Decolonization of the British Empire*, Oxford: The Clarendon Press, 1977, p. 29.

现状"之实。威廉明娜女王宣布的这一政策成为荷兰战后东南亚殖民政策的基石。①

紧随其后，1943年12月，夏尔·戴高乐（Charles De Gaulle）领导的法兰西民族解放委员会（The French Committee of National Liberation，简称"自由法国"）代表法国流亡政府就其印度支那政策发表首个声明，称法国将给予法属印度支那在法兰西共同体中新的政治地位，与其他各国在一个联邦组织框架内获准拥有所有的公共地位和国家功能，并享有自由的权利，包括生活的自由特性，而不会丧失印度支那文明与传统的原有标志，印度支那人也将能够在政府机构中承担所有职位。② 1944年1月30日，戴高乐宣称："对我们来说，战争的结果必须是在第一时间恢复法兰西帝国的领土完整。"二战胜利后，法国的首要目标是"在那些法国地位受到严重挑战的海外殖民地，恢复法国的全部权威"③。1944年7月，戴高乐在华盛顿与罗斯福会晤谈及美国支持的民族自决时表示，法国将乐于讨论属地获得更多自治权的殖民关系形式，但不会放弃法兰西殖民帝国的任何一部分。④ 此时，戴高乐已组建法国临时政府。

1945年3月24日，日本当局解除印度支那法国维希政权的武装并扶植越南、柬埔寨和老挝宣布脱离法国"独立"，此时，戴高乐代表法国临时政府领导就印度支那问题发表一份宣言，承诺战后建立"印度支那联邦"（The Indochinese Federation），由东京（Tonkin）、安南（Annan）、交趾支那（Cochin-China）、柬埔寨和老挝五部分组成，

---

① Jan O. M. Broek, "Indonesia and Netherlands," *Pacific Affairs*, Vol. 16, No. 3, 1943, pp. 329 - 338; Roger Louis, *Imperialism at Bay 1941 - 1945: The United States and the Decolonization of the British Empire*, Oxford: The Clarendon Press, 1977, pp. 29 - 30; United States Department of State, *Foreign Relations of the United States Diplomatic Papers*, 1945, Vol. 6: *The British Commonweath, the Far East*, Washington, D. C.: United States Government Printing Office, 1969, p. 1161.

② Gaston Rueff, "Postwar Problems of French Indo-China: Social and Political Aspects," *Pacific Affairs*, Vol. 18, No. 3, 1945, p. 229; Evelyn Colbert, *Southeast Asia in International Politics, 1941 - 1956*, Ithaca: Cornell University Press, 1977, p. 39.

③ 谷名飞：《1946—1949年法国印支政策中的"保大方案"》，载《世界历史》2020年第5期，第111—112页。

④ ［美］弗雷德里克·罗格瓦尔：《战争的余烬：法兰西帝国的灭亡及美国对越南的干预》，詹涓译，社会科学文献出版社2017年版，第75页。

附属于包括法国在内的新的"法兰西联盟"（又译"法兰西联邦"，The French Union）；"印度支那联邦"由一个联邦政府统领，其内阁成员既有印度支那人，也有印度支那的法国人；法国保留对"印度支那联邦"对外事务和防务的控制权；印度支那人将有资格获得一种新型的法兰西帝国公民身份，享有新的政治与选举权、就业权及出版、信仰和结社的自由。这个被法国人称作法国殖民政策"一个决定性转折点"的宣言，意欲将越南继续分为三个地区，通过"分而治之"遏制越南真正获取独立。① 随后，虽然戴高乐在来自各界的批评下更改了"法兰西联盟"的结构，转而同意印度支那与摩洛哥、突尼斯等更"发达"的属地一样，以"联系国"（Associated States）方式加入"法兰西联盟"并实行内部自治，但仍无法掩盖其声明中所显露的"强烈的帝国主义情结"②。戴高乐的这一谋划仿照英联邦的体系，旨在维持法国与原殖民地的特殊经济、政治与军事联系。而如何实现这一目标成为二战后法国政府的执念及历任印度支那高级专员的主要使命。③

与荷兰和法国相比，英国并未急于出台对其东南亚属地的战后政策安排，而是如前所述在包括太平洋或东南亚在内的区域委员会的框架内，依照"平等伙伴关系"和"最终自治"的原则恢复殖民秩序。④ 英属缅甸总督雷吉诺德·多尔曼—史密斯（Reginald Dorman-Smith）面对

---

① 参见 C. A. Julien, "From the French Empire to the French Union," *International Affairs*, Vol. 26, No. 4, 1950, pp. 487–502; Paul Kratoska, "Dimensions of Decolonization," in Marc Frey, Ronald Pruessen and Tan Tai Yong, eds., *The Transformation of Southeast Asia: International Perspectives on Decolonization*, Armonk: M. E. Sharpe, 2003, pp. 18–19；[美]弗雷德里克·罗格瓦尔《战争的余烬：法兰西帝国的灭亡及美国对越南的干预》，詹涓译，社会科学文献出版社2017年版，第98—100页。

② A. J. Stockwell, "Southeast Asia in War and Peace: The End of European Colonial Empires," in Nicholas Tarling, ed., *The Cambridge History of Southeast Asia: The Nineteenth and Twentieth Centuries*, Vol. 2, Cambridge: Cambridge University Press, 1992, p. 346.

③ 谷名飞：《1946—1949年法国印支政策中的"保大方案"》，载《世界历史》2020年第5期，第112页。

④ Paul Kratoska, "Dimensions of Decolonization," in Marc Frey, Ronald Pruessen and Tan Tai Yong, eds., *The Transformation of Southeast Asia: International Perspectives on Decolonization*, Armonk: M. E. Sharpe, 2003, p. 11.

日益增强的缅甸民族主义力量,开始谋求英国对缅甸的自由政策,以便利于英军回归和重建英国统治。1943年8—11月,多尔曼—史密斯到伦敦游说,以征得英国政府殖民部的支持。殖民部办公室发布尽早承诺缅甸自治的声明,并为战后英国管理设置了5—7年的最大宽限期。1944年11月,新成立的英联邦缅甸政策委员会发表《缅甸蓝图》(The "Blue Print" for Burma)的报告,主张战后英国在缅甸实施为期6年的直接统治,其间统治权力属于英属缅甸总督;在直接统治结束后,起草缅甸宪法,建立缅甸自治政府;缅甸和东部的少数民族地区暂不加入缅甸自治领土,直至它们表明意愿。该蓝图奠定了英国保守党对缅甸战后政策要点。但这些动议均遭到英国首相丘吉尔的否决。丘吉尔并不急于公布英国对缅甸政策。直到1945年5月17日,在英军重返缅甸之际,英国保守党政府方才发布保守的《缅甸白皮书》(The White Paper on Burma),表示缅甸自治进程因战争而耽搁,战后经济社会恢复势必优先于政治制度的复兴;甚至宣称缅甸战前管理制度的重建至少需要英属缅甸总督三年的直接统治方才能够实现。该白皮书载明初步的缅甸自治条款,但没有设定有约束力的移交日期,乃至试图签订条约来保障英国政府在缅甸延续存在的义务。该白皮书规定的"英国政府的最终目标"是,缅甸人民的代表共同起草一部适合缅甸的宪法,同时,与英国政府达成协议,在缅甸本部建立英联邦内的完全自治,英国继续对缅甸负责。该白皮书的主旨是,将缅甸在英联邦内的完全自治作为长期目标,而在短期内将对缅甸实行英国总督直接统治。《缅甸白皮书》决定了战后缅甸恢复初期的政策。[①]

在英属马来亚(British Malaya),那里的民族主义力量较弱,英国压力较小,新政策的制定更显迟疑。1943年7月,英国战时内阁决定成立马来亚计划小组,由殖民部、外交部和战争部官员组成,共同讨论战后马来亚政策。但直到1944年5月,英国战时内阁才在该小组讨论的基础

[①] 参见 John F. Cady, *A History of Modern Burma*, Ithaca: Cornell University Press, 1958, pp. 482 – 484; Gary R. Hess, *The United States' Emergence as a Southeast Asian Power*, 1940 – 1950, New York: Columbia University, 1987, pp. 263 – 264;贺圣达:《缅甸史》,云南人民出版社2015年版,第390—391页;姜帆:《英帝国的崩溃与缅甸模式:二战后英国对缅甸的非殖民化决策考察》,中国社会科学出版社2020年版,第44—45页。

上，最终制定了《东南亚深层规划指示草案》的第一份政策报告。这份报告由来自自治领部、印度部、殖民部、战争部的国务大臣及总检察长和负责外交事务的议会副国务大臣组成的联合委员会制定，由《关于马来亚政策草案》和《关于婆罗洲政策草案》两部分组成，分别对马来亚和包括北婆罗洲（North Borneo）、纳闽岛（Labuan）、沙捞越（Sarawak）和文莱的婆罗洲（Borneo）等殖民地的未来做出了初步安排。该报告指出，英国在马来亚和婆罗洲恢复战前的宪法和行政制度将不利于提高效率和安全，也不利于英国在殖民领土上促进自治的公开目标。为此，首先要求包括马来半岛相对较小地区的领土更紧密地统一；其次要求自治应该不仅仅是改进马来亚和婆罗洲统治者专制制度，还应使马来亚和婆罗洲所有共同体的人民越来越多地参与政府之中，必须特别承认马来族的政治、经济和社会权益。基于此，第一份文件对战后马来亚做出如下安排：实施新的宪政安排，英国国王获取对马来诸邦的管辖权，并将通过枢密令形式给予该国未来的中央和地方政府；考虑到马来亚的独特性，新的宪政安排至少在初期阶段应规定对新加坡港口及岛屿的特殊待遇；马来半岛的其余部分，包括英国在槟榔屿[又称"槟城"（Penang）]和马六甲（Melaka）的殖民地，应该组成一个"马来亚联盟"（The Malayan Union）；应为该联盟制定一部宪法，规定一个代表各邦国和海峡殖民地的统一的权力机构，受英国国王法定权力的管辖；该联盟设立一个拥有行政和立法机构的总督作为政府首脑，其所在地将设在吉隆坡或其附近；任命一名设在新加坡的"大总督"（Governor-General），以确保马来亚联盟和新加坡政府的政策协调和指导，该总督拥有对马来亚和婆罗洲地方当局的控制权；新加坡和马来亚联盟之间所有必要的行政事务的合作，将通过具体的共同协商和联合行动的特别协定得到保证。第二份文件对婆罗洲做出了具体安排，主要包括英国政府直接承担北婆罗洲的行政责任；纳闽岛与北婆罗洲合并；将文莱和沙捞越的完全管辖权割让给英国国王等。虑及婆罗洲的领土仍不够广大，它们之间的种族或其他亲缘关系较少，故在早期阶段它们之间非常缺乏形成更紧密联盟的基础。该文件建议，婆罗洲领土的共同政策和行政管理行动一开始由设在新加坡的"大总督"的指导来保证，英国政策对之的持续关切是举荐任命"大总督"和促进更紧密的联盟。①

这份计划不但赋予"马来亚联盟"作为中央政府的极大权力,还给予马来亚所有人公民权,其核心是战后英国应先对马来亚实施直接统治,以巩固英国的行政体制、促进马来亚的经济复兴和安全稳定,最终将马来亚、新加坡和婆罗洲合并为一个由"区域大总督"统领的、具有中央立法权的"马来亚联盟",并创建一种"马来亚联盟公民权"(Malayan Union Citizenship)。该"公民权"不只限于马来亚人,而是"对出生于该国并真心视马来亚为家园的任何种族的人们开放",以此"打破现有的种族和狭隘的地方壁垒"。英国的政策规划者相信,这是在马来亚创建一个多族群的、自治的国族的第一步。② 不过,英国政府因担心引发马来亚地方势力的反对,并没有及时公开这份计划。所以,直到战争结束,英国政府都没有公布其对马来亚属地的战后政策安排。

然而,在美国的支持下,英国管控东南亚的区域动议率先取得了突破性进展,即创建盟军东南亚战区司令部[简称"盟军东南亚司令部"或"东南亚战区"(The South-East Asia Command, SEAC)]。该机构根据东南亚局势发展和区域管控的现实需要而设立,是西方大国管理东南亚事务的首个区域机构,亦是西方大国战时国际协调在东南亚所取得的重大成果。东南亚司令部创建的决定是在 1943 年 8 月召开的盟国第一次魁

---

① "Draft Directives for Further Planning in South-east Asia: War Cabinet Paper," 18 May 1944, CAB 66/S0, in A. N. Porter and A. J. Stockwell, *British Imperial Policy and Decolonization*, 1938 – 64, Vol. 1, 1938 – 51, New York: St. Martin's Press, 1987, Document 26, pp. 195 – 201; "'Policy in Regard to Malaya and Borneo': War Cabinet Memorandum by Mr Attlee. Appendices: I 'Draft Directive on Policy in Malaya' and II 'Draft Directive on Policy-Borneo," CAB 66/50, WP (44) 258, 18 May 1944, in A. J. Stockwell, ed., *British Documents on the End of Empire*, Series B, Vol. 3: *Malaya*, Part I, *The Malayan Union Experiment* 1942 – 1948, London: HMSO, 1995, pp. 76 – 80.

② 参见 "'Policy in Regard to Malaya and Borneo': Cabinet Memorandum by Mr Hall," CAB 129/1, CP (45) 133, 29 August 1945, in A. J. Stockwell, ed., *British Documents on the End of Empire*, Series B, Vol. 3: *Malaya*, Part I, *The Malayan Union Experiment* 1942 – 1948, London: HMSO, 1995, pp. 116 – 120; A. J. Stockwell, "Southeast Asia in War and Peace: The End of European Colonial Empires," in Nicholas Tarling, ed., *The Cambridge History of Southeast Asia: The Nineteenth and Twentieth Centuries*, Vol. 2, Cambridge: Cambridge University Press, 1992, pp. 344 – 145; A. J. Stockwell, "Imperialism and Nationalism in South-East Asia," in Judith M. Brown and Wm. Roger Louis, eds., *The Oxford History of the British Empire*, Vol. 4: *The Twentieth Century*, Oxford: Oxford University Press, 1999, pp. 477 – 478; 钱乘旦主编《英帝国史》(第 8 卷), 江苏人民出版社 2019 年版, 第 102 页。

北克会议上做出的。会上，英军参谋部为适应东南亚军事行动和缅甸—中国航线快速发展的需要提出设立东南亚司令部的建议，并经盟军参谋长联席会议同意后提交罗斯福总统和丘吉尔首相会商通过。盟军参谋长联席会议决定对印度战区高层司令部进行重组，成立负责具体军事行动的东南亚司令部，将之与印度司令部分开。该司令部的司令官和工作人员由英、美联合组成，总司令和副总司令分别由英国人和美国人担任；总司令既是东南亚战区内海陆空军队的最高军事指挥官，也是协调该战区三军服务及联合部队行政规划的最高管理者，具有军事指挥和行政管理双重职责；该战区管理范围包括缅甸、锡兰（今斯里兰卡）、泰国[①]、马来半岛和苏门答腊。盟国第一次魁北克会议不仅确定了东南亚司令部的管辖范围，还明确界定其东部、西部和北部边界。此次会议建议的东南亚司令部的东部边界是，从缅甸边界起至印度支那和泰国边境交汇处，向南沿泰国和马来亚东部边界延伸至新加坡；由新加坡南至苏门答腊岛北岸；再沿苏门答腊东海岸，由巽他海峡（Sunda Strait）沿海岸线向东，至苏门答腊海岸东经104度的点位；然后向南至南纬8度，向东南至澳大利亚翁斯洛（Onslow）；再由东南至东经110度，沿该子午线向南到达苏门答腊海岸。此次会议建议的北部边界是，从缅甸边境起，至印度支那和泰国交界，沿缅甸东部和北部边境向北和向西交汇处至印度和缅甸交界，然后沿着边界至海域；再沿着印度和波斯海岸到子午线、东经60度。此次会议建议的西部边界是，沿子午线、东经60度向南至信天翁岛（Albatross Island），再由东南至罗德里格斯岛（Rodriguez Island）（不含）。东南亚战区首任总司令和副总司令分别是英国的路易斯·蒙巴顿（Louis Mountbatten）将军和美国的约瑟夫·史迪威（Joseph W. Stilwell）将军。[②]

[①] 1939年6月，暹罗（Siam）改为泰国。1945年9月，泰国恢复为暹罗，但仅仅在外语中使用。1949年5月，暹罗再次改为泰国，沿用至今。鉴于这种变动，为方便起见，除非特殊情况，本文不使用暹罗国名。关于泰国国名的这些变动可参见 Chris Baker and Pasuk Phongpaichit, *A History of Thailand*, Third Edition, Cambridge: Cambridge University Press, 2014, pp. 131, 138.

[②] United States Department of State, *Foreign Relations of the United States Diplomatic Papers*, 1943: *Conferences at Washington and Quebec*, Washington, D. C.: United States Government Printing Office, 1970, pp. 920 – 921, 968 – 971, 1000 – 1003, 1128 – 1130.

1944年1月,盟军东南亚司令部正式运行,其驻地最初设在印度新德里,当年2月获准在锡兰康提(Kandy)设立总部。5月,该司令部在康提的总部正式启用,但其在新德里仍保留一个后方指挥所。盟军东南亚司令部最初的工作主要是为战区培训军事和政治情报人员,并为军事行动小组创建了培训营地和培训学校。其最有效的工作是实施向泰国的军事渗透计划,并为印度尼西亚培训了一批军事代理人。该司令部还在缅甸、马来亚和苏门答腊沿海地区组织实施了一些小型的军事侦察计划。① 在太平洋战争结束前后,东南亚司令部的组织系统不仅承担着军事角色,还扮演着政治角色,尤其是在英、美、法、荷有关东南亚事务共同立场的形成中发挥了重要的协调作用。英国外交部为便利东南亚司令部与民事部门的政治协调,还任命埃斯勒·邓宁(Esler Denin)担任首席政治顾问,被派驻东南亚司令部。该首席政治顾问是隶属于东南亚司令部的高级官员,但在行动上不受其控制,可以直接与英国外交部用密码进行通信联系,并直接报告有关事宜。② 这样,"东南亚"作为一个现代意义上的专业术语,虽然由缅甸研究专家约翰·弗尼瓦尔(John Furnivall)于1941年在其著作《东南亚的福利与进步》(*The Welfare and Progress in Southeast Asia*)中首次使用③,但作为具有积极意涵的整体区域概念,它首次出现于盟军成立的东南亚司令部。从此,美国、英国等与东南亚政治经济紧密联系的西方大国出于自身的军事和政治需要,不但通过设立盟军东南亚司令部首次赋予"东南亚"以特定的名称和地理边界,而且使盟军东南亚司令部在二战后期及二战后初期盟国对东南亚区域管理中承担了特定的军事和政治职能。④ 由此,盟军东南亚司令部的组织机构设立和运行被认为"开创了东南亚区域合作

---

① "Review of Activities in the OSS Theater from the Fall of 1942 to 10/26/44," Central Intelligence Agency, n. d. U. S. Declassified Documents Online, https: //link. gale. com/apps/doc/CK2349202784/USDD? u = nju&sid = USDD&xid = 6a8b8732&pg = 1.

② Nicholas Tarling, "'Some Rather Nebulous Capacity': Lord Killearn's Appointment in Southeast Asia," *Modern Asian Studies*, Vol. 20, No. 3, 1986, pp. 554 – 556.

③ [美]本尼迪克森·安德森:《椰壳碗外的人生》,徐德林译,上海人民出版社2018年版,第43页。

④ Nicholas Tarling, *Regionalism in Southeast Asia: To Foster the Political Will*, New York: Routledge, 2006, p. 63.

的先例"①。

在军事上,东南亚司令部的协调作用主要体现在其汇聚抗击日军的军事力量上。一方面,东南亚司令部吸纳并重整法国和荷兰的抗日力量加入盟军联合行动。1943年11月,在荷兰流亡政府的请求下,蒙巴顿与荷兰远东部队高官在新德里总部会晤后决定创建一个荷兰参谋分部,即荷兰驻东南亚司令部军事使团,主要在东印度地区开展情报和秘密活动,并谋划军事行动。1944年10月,在法国临时政府请求下,东南亚司令部在新驻地康提成立了法国驻东南亚司令部军事使团,拥有与荷兰军事使团同样的地位,主要从事与印度支那相关的情报和秘密活动及远东政治战的规划。一个月后,法国军事使团进驻康提。此后,越来越多的法国临时政府官员被派到东南亚战区。法国还在加尔各答组建了法国驻印度特遣分队,作为盟军第136特种部队的法国分支。1945年1月,法国决定派出两个陆军师参加太平洋战场对日作战。② 另一方面,东南亚司令部吸纳缅甸、马来亚等地民族主义抗日力量与盟军协同作战。在缅甸,从1944年初开始,东南亚盟军组建的马来亚敌后特别情报部队——第136特种部队与当地民族主义抗日武装取得联系并一直保持合作关系。从1945年3月开始,蒙巴顿领导的盟军与缅甸民族主义领袖昂山(Aung San)等人领导的反法西斯人民自由联盟(The Anti-Fascist People's Freedom League, AFPFL)和缅甸国民军(The Burma National Army, BNA)合作反击日军。1945年5月3日,缅甸仰光解放。反法西斯人民自由联盟和缅甸国民军在其中扮演了重要的支持者角色。随后,他们与盟军一起展开全面反攻,摧毁了日本在缅甸的统治。在《缅甸白皮书》发布前夕,盟军第十四集团军司令威廉·斯利姆(William J. Slim)与昂山进行了会晤。6月15日,在蒙巴顿的支持下,缅甸

---

① A. S. B. Olver, "The Special Commission in South-East Asia," *Pacific Affairs*, Vol. 21, No. 3, 1948, p. 286.

② 参见 Gary R. Hess, *The United States' Emergence as a Southeast Asian Power*, 1940–1950, New York: Columbia University, 1987, pp. 87–88, 127–128, 157; Evelyn Colbert, *Southeast Asia in International Politics*, 1941–1956, Ithaca: Cornell University Press, 1977, p. 38; United States Department of State, *Foreign Relations of the United States Diplomatic Papers*, 1944, Vol. 3: *The British Commonwealth and Europe*, Washington, D. C.: United States Government Printing Office, 1965, pp. 778–779, 781–784.

国民军受邀与盟军一起在仰光举行了胜利大游行。随后，缅甸国民军与盟军继续和日军作战。盟军称这支军队为"缅甸爱国军"（The Patriot Burmese Forces, PBF），并按军衔发放补助金。这是反法西斯人民自由联盟地位增强的重要标志。① 战争后期，马来亚境内有组织的武装力量——马来亚人民抗日军（The Malayan People's Anti-Japanese Army, MPAJA）单独与日军作战，同时亦与盟军特种部队联合作战。这支军队由马来亚共产党领导。1943年12月，马来亚共产党领导人莱特（Lai Tek）与盟军第136特种部队代表在马来亚美罗（Bidor）签署"美罗协议"，盟军承诺，为其提供一切抗日所需的支持，包括武器、资金、药品和无线电通信等在内。马来亚人民抗日军接受盟军的指挥调度。从1945年2月起，马来亚人民抗日军得到盟军大批空投武器。随后，这支军队在马来亚广大地区反击日军，解放了许多乡村地区，为盟军取得反击日军全面胜利做出了重要贡献。在日本投降后，马来亚人民抗日军领导人还得到蒙巴顿代表盟军颁发的战功勋章。②

在政治上，东南亚司令部的协调角色主要体现在其在英、美关于东南亚战时和战后安排争议中所起的作用方面。如前所述，美国政府一直主张对欧洲大国东南亚属地实行国际托管而使其逐步走上自治或独立，并希望用非殖民化的"菲律宾模式"取代保守的"欧洲方法"，尤其反对法国重新占领印度支那。这些政策与欧洲大国重建殖民帝国的计划存在明显的分歧。在东南亚战区启动后，其军事行动的相对重要性使之成为英、美在东南亚区域政治分歧的聚焦点。其中最为重要的是，英、法、荷都想利用军事上的协同行动尤其是美国提供的资源扩大自身的军事优

---

① 参见 Nicholas Tarling, "Lord Mountbatten and the Return of Civil Government to Burma," *The Journal of Imperial and Commonwealth History*, Vol. 11, No. 2, 1983, pp. 198 - 199; John F. Cady, *A History of Modern Burma*, Ithaca: Cornell University Press, 1958, pp. 499 - 504; Gary R. Hess, *The United States' Emergence as a Southeast Asian Power*, 1940 - 1950, New York: Columbia University, 1987, pp. 264 - 265;［缅］波巴信《缅甸史》，陈炎译，商务印书馆1965年版，第182—183页。

② 参见［马］陈中和《多元族群社会的族群政治：马来民族主义和马来西亚的建国》，中国社会科学出版社2021年版，第91—93页;［英］芭芭拉·沃森·安达亚、伦纳德·安达娅《马来西亚史》，黄秋迪译，中国大百科全书出版社2010年版，第307—313页;梁英明《东南亚史》，人民出版社2010年版，第206—209页。

势和在东南亚的影响力,以致东南亚战区成为它们实施"赢回和控制东南亚"共同战略的新舞台。① 这也是法国临时政府和荷兰流亡政府积极谋求加入东南亚战区军事行动的根本原因。这最终形成英、法、荷三国在东南亚战区框架内的军事和政治合作。

美国受制于战时军事和政治现实,希望找到一个能够包容欧洲大国在东南亚利益的可行的妥协方案。这样,1943年12月至1944年7月,美国政府重拾创建区域委员会的动议,亦即欧洲大国承诺其属地获得自治地位,由一个区域委员会协商机制,按照总体的"殖民宪章"监督这些殖民地有序向自治过渡。美国政府意欲与英国等欧洲大国达成对东南亚未来的确定性责任,以维护美欧联合并便利于军事行动。1944年9月,美国国务卿赫尔提出一个备忘录,全面阐明美国政府对东南亚的总体规划,建议与所有欧洲殖民大国达成一个"协调性宣言",内容包括共同确定独立或完全自治的具体日期;采取具体步骤改进土著自治的能力;保证经济自主性和给予其他国家或民族平等的经济待遇等。该"协调性宣言"将随附美国重申其准予菲律宾独立的决定,共同承诺恢复泰国的独立,并保证建立一个区域委员会,就东南亚区域的社会、经济问题进行协商;本区域所有国家均受邀拥有其成员资格,包括美、英、法、荷四个西方大国,澳大利亚、新西兰、中国和印度四个国家,以及菲律宾和泰国两个东南亚国家,缅甸、印度支那、荷属东印度和马来亚等未来有潜力的成员等。②

英、法、荷三国非但不接受美国政府的倡议,反而利用东南亚战区加紧扩大政治影响力,以便为战后重建殖民帝国增加更多的筹码。一个重大的行动就是,英国督促美国承认东南亚战区与中国战区的边界调整计划。1944年11月,经过多次协商,蒙巴顿与蒋介石达成口头谅解,允许东南亚战区的盟军自由攻击日本驻扎在泰国和印度支那

---

① United States Department of State, *Foreign Relations of the United States Diplomatic Papers*, 1944, Vol. 3: *The British Commonwealth and Europe*, Washington, D. C.: United States Government Printing Office, 1965, p. 779.

② 参见 Gary R. Hess, *The United States' Emergence as a Southeast Asian Power*, 1940 – 1950, New York: Columbia University, 1987, pp. 83 – 89, 101 – 102, 107 – 108.

的军队，并择机最终解决这两个战区的边界问题。① 此时，美国驻中国战区和东南亚战区的高层官员已经觉察到英国与法、荷共谋重建其东南亚优势的政治动机。1944 年 12 月，新任盟军中国战区参谋长及驻中国美军总司令阿尔伯特·魏德迈（Albert C. Wedemeyer）访问了东南亚战区司令部，而后在转给罗斯福的信中指出，英、法、荷建立紧密和协调关系的首要目的是，在该地区它们恢复其战前有利的政治经济地位，而英国在其中扮演着支配性角色。不久前，美国驻中国大使帕特里克·赫尔利（Patrick J. Hurley）在给罗斯福的信中将康提的东南亚战区司令部称作"三皇委员会"，并指出英国计划像它们安排对西欧的控制那样，将三个"大帝国"的殖民统治拓展到远东地区。对此，罗斯福的答复是，美国对印度支那的政策要等到与盟国在参谋长联席会议协商后才能明确表达。②

实际上，鉴于欧洲、东亚及东南亚军事和政治局势所发生的巨大变化，罗斯福对东南亚的政策考量从 1944 年底已开始改变，而 1945 年 2 月召开的雅尔塔会议是一个重要的转折点。在丘吉尔的持续影响之下，罗斯福不但放弃了在东南亚推行国际托管和创建区域委员会的计划，而且决定与英、法、荷等欧洲殖民大国妥协，接受了法国对印度支那最高统治地位的恢复。直至 1945 年 4 月，哈里·杜鲁门（Harry S. Truman）接任美国总统后，这一趋势愈演愈烈。随即，杜鲁门与丘吉尔共同接受了蒙巴顿与中国战区达成的安排，授权东南亚司令部在印度支那的行动。杜鲁门在欧洲和东亚有足够多的事情要处理，他满足于让英国去处理菲律宾以外的东南亚事务。最终，美国政府接受了英、法、荷的印度支那

---

① United States Department of State, *Foreign Relations of the United States Diplomatic Papers*, 1944, Vol. 3: *The British Commonwealth and Europe*, Washington, D. C.: United States Government Printing Office, 1965, p. 783.

② Gary R. Hess, *The United States' Emergence as a Southeast Asian Power*, 1940 – 1950, New York: Columbia University, 1987, pp. 129 – 130, 113; United States Department of State, *Foreign Relations of the United States Diplomatic Papers*, 1944, Vol. 3: *The British Commonwealth and Europe*, Washington, D. C.: United States Government Printing Office, 1965, pp. 781 – 783; United States Department of State, *Foreign Relations of the United States Diplomatic Papers*, 1945: *Conferences at Malta and Yalta*, Washington, D. C.: United States Government Printing Office, 1955, pp. 915 – 917.

政策，四国的政策在美国的容纳中走向一致。这意味着美国对其早期政策的"巨大改变"或"重大偏离"。此时，随着欧洲战事走上终结和欧洲力量的快速恢复，以及罗斯福一度看重的中国蒋介石政府的日益脆弱，美国政府更需要团结包括法国在内的欧洲力量，在远东对付当下的敌人日本、在欧洲制衡潜在的对手苏联，以此适应英国、法国、荷兰和美国的经济与战略需要。①

美国东南亚政策发生重大转向的标志是同意蒙巴顿等人及盟军联合参谋部的动议，同时调整东南亚战区与西南太平洋和中国战区的边界。在1945年7月召开的波茨坦会议（The Potsdam Conference）上，为加强对日作战中控制与指挥方面的战略性协调及减轻美国的军队和资源负担，以便集中力量完成对日本的最后一击，盟国商谈后决定扩大东南亚战区，亦即将之负责的地理范围的东部边界延伸到包括婆罗洲、爪哇和苏拉威西（Sulawesi，旧称西里伯斯）以及北纬16度线以南的印度支那（此线以北的印度支那地区仍属于中国战区），并规定自1945年8月15日起，英国海外领地和荷兰的军事力量如在该区域行动，将由东南亚战区司令部指挥。波茨坦会议还接受盟军联合参谋部的建议，同意法国向太平洋地区派出两个陆军师参与盟国军事行动。② 波茨坦会议在决定拓展东南亚司令部的边界时建议，其边界应扩展如下：从中缅边境与中印边境的交界处开始，沿印度支那与中国的边界延伸至海岸；然后沿着印度支那海岸向北延伸至北纬15度；然后从1939年菲律宾与婆罗洲的边界线，沿巴拉巴克海峡（Balabac Strait）至北纬5度；然后向东延伸至

---

① 参见 Gary R. Hess, *The United States' Emergence as a Southeast Asian Power*, 1940-1950, New York: Columbia University, 1987, pp. 140-153; Peter Lowe, *Contending with Nationalism and Communism: British Policy towards Southeast Asia*, 1945-65, New York: Palgrave Macmillan, 2009, p. 29;［美］梅尔文·P. 莱弗勒：《权力优势：国家安全、杜鲁门政府与冷战》，孙建中译，商务印书馆2019年版，第124—125页。

② United States Department of State, *Foreign Relations of the United States Diplomatic Papers*, 1945, Vol. 1: *The Conference of Berlin (The Potsdam Conference)*, Washington, D. C.: United States Government Printing Office, 1960, pp. 921-923; United States Department of State, *Foreign Relations of the United States Diplomatic Papers*, 1945, Vol. 2: *The Conference of Berlin (The Potsdam Conference)*, Washington, D. C.: United States Government Printing Office, 1960, pp. 1313-1321, 1469-1471;［美］梅尔文·P. 莱弗勒：《权力优势：国家安全、杜鲁门政府与冷战》，孙建中译，商务印书馆2019年版，第125—127页。

北纬5度、东经128度；然后向西南至南纬2度、东经123度；东南至南纬8度、东经125度；然后向西南至南纬18度、东经110度。最终，这次会议确定的东南亚司令部东部边界为，从印度支那海岸北纬16度开始，再到北纬7度40分、东经116度，菲律宾共和国与英属北婆罗洲之间的边界相交；然后沿菲律宾1939年的边界线至北纬5度、东经127度，再由西南至南纬2度、东经123度；再由东南至南纬8度、东经125度；然后由东南至南纬18度、东经110度。① 至此，东南亚战区司令部管辖地理范围已涵盖除菲律宾、葡属帝汶（即东帝汶）和北纬16度线以北印度支那以外今日东南亚绝大部分地区。东南亚首次有了相对明晰的地理边界。

波茨坦会议扩大东南亚战区的决定具有深远的政治影响。这显示出英国扩大其在东南亚作用的明确意愿。此时，英国不仅渴望修复其在东南亚受到损害的声誉并恢复其对战前属地的主权，而且非常关注美国"反殖民倾向"对英帝国生存可能造成的威胁。正如美国驻太平洋地区的官员所言，东南亚战区确实担当着"拯救英国的亚洲属地"② 的职责。这使得蒙巴顿与中国战区关于边界的长期争论以有利于法国的方式得到解决，也为英国与法、荷合作重新控制其在东南亚的殖民地打开方便之门。从此，美国不但奉行"欧洲优先"政策，其亚洲战略的重心放在包括日本、菲律宾、泰国等在内的东亚（指今东北亚）及西太平洋地区，并与英、法、荷等欧洲殖民大国共同承担对东南亚的责任，亦即在东南亚事务中扮演一个"有限的角色"。在美国政府看来，美国有足够的力量掌控欧洲和东亚，因而在东南亚不再有干涉的意愿，亦无意赋予其此种行事权力，而是愿意将菲律宾和泰国之外的东南亚留给英国管理。通过这些决定，美国既避免了直接卷入殖民主义者与民族主义者的斗争，又含蓄地承认了西方殖民大国恢复旧秩序的努力，从而维持了美国和西方在东

---

① United States Department of State, *Foreign Relations of the United States Diplomatic Papers*, 1945, Vol. 1: *The Conference of Berlin (The Potsdam Conference)*, Washington, D. C.: United States Government Printing Office, 1960, pp. 922 – 923, 1470 – 1471.

② Robert J. McMahon, *Colonialism and Cold War: The United States and the Struggle for Indonesian Independence*, 1945 – 49, Ithaca: Cornell University Press, 1981, pp. 78 – 80.

南亚的国家利益和政治经济影响力。①

这样，随着1945年8月15日日本宣布投降，盟军东南亚战区作为东南亚唯一的官方区域机构，不但名正言顺地承担其军事管理职能，而且成为非常时期政治经济秩序的"维护者"。英国因在其中的支配性地位而成为短暂的东南亚"区域警察"②。美、英的这些行为已经不只是将东南亚视作一种地理概念，而是开始赋予其政治含义，因为联合监督该区域殖民地的独立是其主要目标。③ 此时，盟军东南亚战区面临的首要任务是，负责受降和遣返战区内约74万名日军、妥善安置日本当局关押的约12.5万名盟国战俘或敌侨，并恢复和维持拥有1.28亿饥饿或反叛的人口、横跨6000公里广大区域的法律和秩序。④ 最核心的问题是在战时兴起、战后迅速呈燎原之势的遍布东南亚区域的民族独立运动。就此，从1945年9月初开始，伴随着盟军在马来亚、印度支那和东印度等地区登陆及英、法、荷等殖民势力全面回归，殖民主义和民族主义两种势力在东南亚展开了一场空前的较量，从而开启了声势浩大的东南亚民族独立和国家新生的非殖民化进程。

第二节　民族主义的蓬勃发展与东南亚国家的新生

东南亚民族主义于第一次世界大战之后开始兴起，在第二次世界大

---

① 参见 Russell H. Fifield, *American in Southeast Asia: The Roots of Commitment*, New York: Crowell, 1973, pp. 70 – 71; Gary R. Hess, *The United States' Emergence as a Southeast Asian Power, 1940 – 1950*, New York: Columbia University, 1987, pp. 157, 162 – 163; Evelyn Colbert, *Southeast Asia in International Politics, 1941 – 1956*, Ithaca: Cornell University Press, 1977, p. 53; Peter Lowe, *Contending with Nationalism and Communism: British Policy towards Southeast Asia, 1945 – 65*, New York: Palgrave Macmillan, 2009, p. 29; [美] 弗雷德里克·罗格瓦尔《战争的余烬：法兰西帝国的灭亡及美国对越南的干预》，詹涓译，社会科学文献出版社2017年版，第112—117页。

② Peter Lowe, *Contending with Nationalism and Communism: British Policy towards Southeast Asia*, 1945 – 65, New York: Palgrave Macmillan, 2009, p. 3.

③ Nicholas Tarling, *Regionalism in Southeast Asia: To Foster the Political Will*, New York: Routledge, 2006, p. 66.

④ Tilman Remme, *Britain and Regional Cooperation in South-East Asia 1945 – 1949*, New York: Routledge, 1995, p. 28.

战后期随着太平洋战争的蔓延和西方殖民帝国的崩溃而持续发展,直至1945年8月日本突然宣布投降,它所留下的权力真空赋予其独特的机遇而迅速转变为规模空前的民族独立运动。与此同时,西方殖民者谋图回归并迅速展开重建殖民帝国的计划和行动,东南亚民族主义与西方殖民大国关系的性质在很大程度上决定其发展进程和走上新的独立国家的不同道路。

总的来说,按照冲突、斗争和合作三种不同性质,这种关系可分为四种不同类型,即斗争—妥协/冲突型、冲突—斗争—合作型、斗争—合作型和合作型。斗争—妥协/冲突型主要表现在本地民族主义运动与原宗主国殖民主义恢复殖民大国的计划存在明显的分歧和矛盾,民族主义在与殖民主义的政治或军事斗争中发生内部分裂,并分别走上通过与殖民主义的妥协或暴力革命乃至国内—国际战争等冲突方式谋求国家独立和统一的道路,这一类型的代表主要有越南、柬埔寨和老挝三国;冲突—斗争—合作型主要表现在本地民族主义与原宗主国恢复殖民帝国的计划存在重大的分歧和矛盾,但得到其他西方大国和国际社会一定程度的支持,民族主义与殖民主义经历了艰苦的斗争和激烈的冲突,最终在外部的支持下通过和谈方式实现了国家的独立和统一,这一类型的代表主要是印度尼西亚;斗争—合作型主要表现在本地民族主义运动与原宗主国殖民主义在斗争中通过一系列妥协确立了新的主权国家疆界和联邦国家政体,最终以和平方式实现了国家的独立和统一,这一类型的代表主要是缅甸和马来亚;合作型主要表现在本地民族主义运动主动与其他西方殖民大国或原宗主国殖民主义进行协调和合作,以快速和稳定的方式实现国家的独立或重建后的新生,这一类型的代表主要是泰国和菲律宾。前两种类型和后两种类型分别类似于著名东南亚研究专家安东尼·瑞德(Anthony Reid)所界定的东南亚现代民族国家建构的革命模式和联合模式。[1]

---

[1] Anthony Reid, *Imperial Alchemy: Nationalism and Political Identity in Southeast Asia*, Cambridge: Cambridge University Press, 2010, pp. 2 – 3.

一　泰国、菲律宾和缅甸走向自主或独立

泰国虽是二战期间名义上唯一保持独立地位的东南亚国家，但实际上受日本的控制。时任泰国总理銮披汶·颂堪（Luang Phibun-Songkhram）鼓动"泛泰"运动（"Pan-Thai" Movement），推行激进的民族主义，谋求建立"大泰帝国"（Great Thai Empire），并在军事和外交上追随日本。[1] 早在1940年6月，泰国就在日本东京与日本签订了《日泰国关于继续友好关系及相互尊重彼此领土完整的条约》，双方同意相互维持友好的接触以便对可能发生的任何有关共同利益的问题交换情报和彼此协商，并保证任何一方在遭受第三国攻击时另一方不得支援或协助该第三国来反对受攻击的一方。该条约于1940年12月生效。[2] 一个月后，即1941年1月，泰国军队利用日本侵占印度支那的有利时机越境强行占领法属印度支那柬埔寨的部分领土。1941年5月，在日本调停及军事施压下，法国维希政府与泰国在日本东京签订了由日本提供条约草案的《法国和泰国和平条约》（The Franco-Thai Peace Treaty）及《法国和日本关于保证和政治谅解的议定书》和《日本和泰国关于保证和政治谅解的议定书》，由日本保证这些条约的执行。1942年7月，日本、法国和泰国三方签订了《关于划定法属印度支那和泰国间边界的议定书》。根据这些条约，泰国侵占了1904年和1907年划归法属印度支那的湄公河西岸老挝的两个省琅勃拉邦（Luang Prabang）、占巴塞（Champassak）和柬埔寨的三个省马德望（Battambang）、暹粒（Si-

---

[1] 参见 Paul Kratoska, "Nationalism and Modernist Reform," in Nicholas Tarling, ed., *The Cambridge History of Southeast Asia*: *The Nineteenth and Twentieth Centuries*, Vol. 2, Cambridge: Cambridge University Press, 1992, pp. 298 – 300; Chris Baker and Pasuk Phongpaichit, *A History of Thailand*, Third Edition, Cambridge: Cambridge University Press, 2014, pp. 130 – 131; E. Bruce Reynolds, "Phibun Songkhram and Thai Nationalism in the Fascist Era," *European Journal of East Asian Studies*, Vol. 3, No. 1, 2004, pp. 99 – 134.

[2] 《日泰国关于继续友好关系及相互尊重彼此领土完整的条约》（1940年6月12日订于东京），载世界知识出版社编《国际条约集（1934—1944）》，世界知识出版社1961年版，第256页。

emreab）和诗梳风（Sisophon）。①

在太平洋战争爆发后，日本军队进驻泰国。泰国政府与日本签订《日本和泰国同盟条约》，缔结为军事同盟，确定两国任何一方与第三方发生武装冲突时均应作为其盟国立即站在另一方的一边，并用其一切政治、经济和军事方法提供援助。② 1942 年 1 月，泰国根据这一条约向英国和美国宣战，并允许日军从泰国向英军发动进攻。当年 5 月和 6 月，泰国在日本的支持下出兵占领了 1904 年划归英属缅甸的湄公河西岸的掸邦（Shan States）和英属马来亚的部分领土。1943 年 8 月，日本政府通过条约正式确定泰国占有了 1909 年划归英属马来亚的吉打（Kedah）、玻璃市（Perlis）、吉兰丹（Kelantan）等四个州和丁加奴（Terengganu）及英属缅甸的景栋（Keng Tung）和孟播（Mong Pan）两个掸邦。这样，在日本支持下，泰国政府部分实现了其建立"大泰帝国"的梦想。③ 与此同时，由泰国驻美大使社尼·巴莫（Seni Pramoj）发起建立的"自由泰运动"（The Free Thai/Seri Thai Movement）获得迅速发展，并得到美国、中国等

---

① 参见 United States Department of State, *Foreign Relations of the United States Diplomatic Papers*, 1941, Vol. 4: *The Far East*, Washington, D. C.: United States Government Printing Office, 1956, pp. 45 – 46; United States Department of State, *Foreign Relations of the United States Diplomatic Papers*, 1945, Vol. 6: *The British Commonweath, the Far East*, Washington, D. C.: United States Government Printing Office, 1969, pp. 1277, 1292 – 1293; Chris Baker and Pasuk Phongpaichit, *A History of Thailand*, Third Edition, Cambridge: Cambridge University Press, 2014, pp. 58 – 60, 134 – 136;［泰］姆·耳·马尼奇·琼赛：《泰国与柬埔寨史》，厦门大学外文系翻译小组译，福建人民出版社1976 年版，第 337—340 页；世界知识出版社编：《国际条约集（1934—1944）》，世界知识出版社1961 年版，第 314 页编者注。有关条约具体条文参见《法国和泰国和平条约》（1941 年 5 月 9 日订于东京）、《法国和日本关于保证和政治谅解的议定书》（1941 年 5 月 9 日订于东京）和《日本和泰国关于保证和政治谅解的议定书》（1941 年 5 月 9 日订于东京），载世界知识出版社编《国际条约集（1934—1944）》，第 314—325 页。

② 《日本和泰国同盟条约》（1941 年 12 月 21 日订于曼谷），载世界知识出版社编《国际条约集（1934—1944）》，第 340—341 页。

③ 参见 United States Department of State, *Foreign Relations of the United States Diplomatic Papers*, 1942, Vol. 1: *General, the British Commonweath, the Far East*, Washington, D. C.: United States Government Printing Office, 1960, pp. 915 – 921; United States Department of State, *Foreign Relations of the United States Diplomatic Papers*, 1945, Vol. 6: *The British Commonweath, the Far East*, Washington, D. C.: United States Government Printing Office, 1969, p. 1241, note 6; Chris Baker and Pasuk Phongpaichit, *A History of Thailand*, Third Edition, Cambridge: Cambridge University Press, 2014, pp. 58 – 63, 130 – 136.

盟国政府及泰国、柬埔寨、越南、老挝等地抗日力量的支持。① 1943 年 2 月和 3 月，中国政府和美国政府经协商后回应泰国军人和公民所作的声明称，中国及其盟国将根据《大西洋宪章》和《联合国家宣言》的原则，无论在领土上还是其他方面，都不会扩张，强调中国在泰国没有领土野心，也无意削弱泰国的主权和独立，而泰国应该承认只有通过中国及其盟友的胜利，泰国的领土和自由才能得到恢复。美国政府声明，中国政府的声明不仅是中国的政策宣言，也是联合国家的政策宣言，并表示美国政府承认泰国驻美国大使社尼·巴莫。② 1943 年 8 月，美国政府表示，美国承认泰国是一个正处于日本军事占领之下的独立国家，但不承认目前的泰国政府，而是继续承认泰国驻华盛顿大使，并同情地看待他所领导的"自由泰运动"③。1943 年 11 月，在第一次开罗会议上，罗斯福和蒋介石专门讨论了泰国未来地位问题，并达成同意恢复泰国的独立地位的共同谅解。④

中美两国的这一立场无疑是对泰国保持独立地位的重要支持。1944 年初，"自由泰运动"人员开始潜入泰国境内组织抗日活动。摄政王比里·帕侬荣（Pridi Bahanomyong，简称"摄政王"）亦在国内组织地下抗日组织，并对"自由泰运动"秘密提供帮助，被美国认为是"泰民族的泰国"（Thailand of the Thai nation）的引领者之一。⑤ 当年 7 月，摄政王推翻亲日本的銮披汶政府，组成宽·阿派旺

---

① Gary R. Hess, *The United States' Emergence as a Southeast Asian Power*, 1940 – 1950, New York: Columbia University, 1987, p. 113.

② United States Department of State, *Foreign Relations of the United States Diplomatic Papers*, 1943: *China*, Washington, D. C.: United States Government Printing Office, 1957, pp. 23 – 24, 36 – 37.

③ United States Department of State, *Foreign Relations of the United States Diplomatic Papers*, 1943, Vol. 3: *The British Commonwealth, Eastern Europe, the Far East*, Washington, D. C.: United States Government Printing Office, 1963, pp. 1118 – 1119.

④ United States Department of State, *Foreign Relations of the United States Diplomatic Papers*, 1943: *The Conferences at Cairo and Tehran*, Washington, D. C.: United States Government Printing Office, 1961, p. 325.

⑤ United States Department of State, *Foreign Relations of the United States Diplomatic Papers*, 1943, Vol. 3: *The British Commonwealth, Eastern Europe, the Far East*, Washington, D. C.: United States Government Printing Office, 1963, pp. 1118 – 1119.

(Khuang Aphaiwong)任总理的泰国新政府。随后，在摄政王主导下，泰国新政府谋求盟国支持在境外成立"自由泰"流亡政府，以摆脱日本控制和统一领导泰国境内外的抗日活动。1945年1月，摄政王派代表到中国重庆与中国政府高层会谈，希望在印度或其他西方盟国建立"自由泰"临时政府或类似的委员会。同时，摄政王提议由社尼·巴莫在美国华盛顿领导成立一个"自由泰"流亡政府。但除了中国政府表示支持外，摄政王的提议并未得到英国和美国的明确支持。此时，英国和美国对泰国政策出现重大分歧：两国虽都希望看到泰国战后恢复为一个自由和独立的主权国家，但英国已向泰国宣战，明确将泰国认定为敌国，亦不承认泰国战时占有的领土的合法性，而美国并未向泰国宣战，认为泰国政府向英、美宣战是受日本胁迫的，因而并不认为泰国是敌国，而是将之认定为敌占国。[1]

鉴于此，1945年2月中下旬，摄政王先后派出使团到美国华盛顿和锡兰康提，分别与美国国务院和盟军东南亚战区司令部高级官员会谈，再次提出在泰国境外建立"自由泰"流亡政府，并谋求美、英等盟国政府的支持。使团传达了摄政王的意见，主要包括：此前泰国对英、美的宣战是非法的，不代表泰国人的观点，并希望泰国向日本和其他轴心国宣战；1941年12月，前总理銮披汶签订的所有条约和协定无效，承诺无条件归还在日本支持下获取的缅甸和马来亚的领土，并请求战后设立英美仲裁委员会，审议泰国在印度支那的领土诉求；联合泰国人民一致支持盟国在泰国境内的抗日军事活动；在泰国境外建立"自由泰"临时政府，以满足泰国内部国家实际领导人的即期诉求，待盟军进入泰国后尽快终止摄政，在泰国本土任命新的临时政府。尽管美国政府同意与英国政府商议在泰国境外建立一个"自由泰解放委员会"，作为对泰国抗日运动初步承认的标志，但英国政府最终没有同意，只是表示待时机成熟时由摄政王提出在解放后的泰国领土上组建临时政府。英国依然将泰国视

---

[1] United States Department of State, *Foreign Relations of the United States Diplomatic Papers*, 1945, Vol.6: *The British Commonweath, the Far East*, Washington, D. C.: United States Government Printing Office, 1969, pp. 1240 – 1247.

作敌国。①

直至1945年6月下旬，在美国国务院及其远东事务部和东南亚事务部的运筹下，美英两国政府方才形成"六点"谅解备忘录，主要包括：两国政府赞成泰国恢复自由、独立的主权国家地位；两国政府同意泰国必须归还从缅甸、马来亚和印度支那获得的领土；两国政府对泰国无任何领土野心；两国政府相信摄政王团结泰国人民与盟国合作将日本逐出泰国并帮助最后击败日本的心愿的真诚性；两国政府一致同意在当前条件下承认泰国流亡政府是不明智的；两国政府承诺为确保共同理解将继续讨论泰国有关战后安排，包括国际安全、军事和商业安排以及泰国—印度支那边界和泰国政府未来地位等事务。② 这为泰国战后处理与西方大国的关系奠定了原则基础。在日本宣布投降的第二天，即1945年8月16日，摄政王随即以泰国政府和国王名义发表和平宣言，宣布当年泰国对英、美宣战无效，废除前銮披汶政府与日本签署的协定及所有有损于盟国的法令，赔偿对盟国造成的损失，承诺泰国及其武装部队服务于盟国。同时，摄政王授权泰国在华盛顿的驻美大使社尼·巴莫与盟国政府就具体事宜进行正式的谈判，并按英国要求派代表前往康提盟军东南亚战区司令部洽谈泰国与盟国战后军事安排。8月18日，美国政府率先发布对泰国战后政策，宣布支持恢复泰国的自由、独立和主权，并表示支持泰国政府和泰国人民依据平等和非歧视原则与各联合成员国达成谅解，并就达成有关国际协定自主做出决定。③

1945年9月17日，在摄政王的授意下，社尼·巴莫回国就任泰国政府总理，正式组建新的自由泰政府（The Thai Liberation Government）。1945年12月底，在美国的支持下，自由泰政府与英国政府谈判后达成和

---

① United States Department of State, *Foreign Relations of the United States Diplomatic Papers*, 1945, Vol. 6: *The British Commonweath, the Far East*, Washington, D. C.: United States Government Printing Office, 1969, pp. 1251 – 1264.

② United States Department of State, *Foreign Relations of the United States Diplomatic Papers*, 1945, Vol. 6: *The British Commonweath, the Far East*, Washington, D. C.: United States Government Printing Office, 1969, pp. 1272 – 1275.

③ United States Department of State, *Foreign Relations of the United States Diplomatic Papers*, 1945, Vol. 6: *The British Commonweath, the Far East*, Washington, D. C.: United States Government Printing Office, 1969, pp. 1280 – 1283.

平协议，并于 1946 年 1 月 1 日在新加坡正式签署《关于结束战争状态的协定》(The Agreement for the Termination of the State of War)，决定立即结束双方的战争状态，恢复战前存在的亲密友谊关系。4 月 3 日，自由泰政府与英国和澳大利亚签订了正式的和平协议。同一天，自由泰政府与英国和澳大利亚分别交换了照会，宣布与英国和澳大利亚正式结束战争状态。① 随后，在美、英和联合国组织的调解下，泰国与法国关于泰国与印度支那边界问题经过谈判亦得以解决。1946 年 11 月 17 日，自由泰政府与法国在华盛顿签订了终止双方争端的解决协议和议定书，宣布废止 1941 年 5 月 9 日的《法国和泰国和平条约》，泰国根据该条约所占有的印度支那领土移交给法国军事当局，两国外交关系即行恢复，法国同意泰国加入联合国。12 月 9 日，在美英两国观察员的监督下，泰国与法国代表完成了泰国占有的马德望、暹粒和上丁（Stung Treng）等领土的移交。② 自此，泰国族群民族主义获取了国际上广泛承认的"保守的、精英至上的官方民族主义"地位，并以此作为占统治地位的国家意识形态实

---

① 参见 United States Department of State, *Foreign Relations of the United States Diplomatic Papers*, 1945, Vol. 6: *The British Commonweath, the Far East*, Washington, D. C.: United States Government Printing Office, 1969, pp. 1413 – 1415; United States Department of State, *Foreign Relations of the United States Diplomatic Papers*, 1946, Vol. 8: *The Far East*, Washington, D. C.: United States Government Printing Office, 1971, pp. 961 – 965; Alec Peterson, "Britain and Siam: The Latest Phase," *Pacific Affairs*, Vol. 19, No. 4, 1946, pp. 364 – 372; Russell H. Fifield, *The Diplomacy of Southeast Asia 1945 – 1958*, New York: Harper, 1958, pp. 236 – 239; [美] 戴维·K. 怀亚特《泰国史》，郭继光译，东方出版中心 2009 年版，第 250—251 页; 段立生《泰国通史》，上海社会科学院出版社 2014 年版，第 235—244 页。泰国与英国《关于结束战争状态的协定》全称为《大不列颠及北爱尔兰联合王国、印度与暹罗关于结束战争状态的协定》，具体条文参见 "Agreement between the United Kingdom of Great Britain and Northern Ireland, India and Siam for the Termination of the State of War," Singapore, 1 January 1946, in United Nations, *Treaty Series—Treaties and International Agreements Registered or Filed and Recorded with the Secretariat of the United Nations*, Vol. 99, No. 1375, 1951, pp. 131 – 147, United Nations Treaty Series Online, https://treaties.un.org/doc/Publication/UNTS/Volume%2099/v99.pdf.

② United States Department of State, *Foreign Relations of the United States Diplomatic Papers*, 1946, Vol. 8: *The Far East*, Washington, D. C.: United States Government Printing Office, 1971, pp. 1102 – 1106; [泰] 姆·耳·马尼奇·琼赛：《泰国与柬埔寨史》，厦门大学外文系翻译小组译，福建人民出版社 1976 年版，第 343—348 页; 泰国与法国相关协定及议定书的具体条文参见《法暹协定的条款和附件》(1946 年 11 月 17 日订于华盛顿)，载世界知识出版社编《国际条约集 (1934—1944)》，世界知识出版社 1961 年版，第 319—322 页。

现了战后的国家新生。①

菲律宾是二战后东南亚第一个得到宗主国承认而独立的殖民地国家，其走上独立的道路较为顺畅。这一独立进程是由日本占领菲律宾后辗转澳大利亚于 1942 年 5 月流亡美国的菲律宾联邦政府（The Commonwealth Government of Philippines）领导的。该政府是依照美国政府 1934 年 3 月颁布的《泰丁斯—麦克杜菲法案》成立的美国统治下的自治政府。这一法案除承诺菲律宾将于 1946 年获准独立外，还授权美国总统就菲律宾"中立化"进行公开谈判。② 在美国，该流亡政府加入了美国反法西斯阵营。1941 年 12 月 28 日，罗斯福总统已"向菲律宾人民庄严保证，他们的自由将得到恢复，他们的独立将得到实现和保护。美国人力和物力的全部资源将用于支持这一承诺"③。1942 年 6 月，在美国政府的支持下，菲律宾流亡自治政府被美国接纳为遵行《联合国家宣言》的平等同伴，并成为太平洋战争理事会的成员，与美国、英国、中国、荷兰、加拿大、澳大利亚和新西兰等国一起谋划对法西斯作战战略。这被认为是国家独立取得国际承认最初的重要步骤。④

但美国的立场亦扼杀了菲律宾"中立化"的动议。1942 年 1 月，日本在军事征服菲律宾的同时，企图通过承诺菲律宾独立诱使其放弃抵抗，并为此策动菲律宾亲日势力成立"菲律宾临时国家委员会"。当年 2 月，

---

① Paul Kratoska, "Nationalism and Modernist Reform," in Nicholas Tarling, ed., *The Cambridge History of Southeast Asia: The Nineteenth and Twentieth Centuries*, Vol. 2, Cambridge: Cambridge University Press, 1992, pp. 299 – 300.

② 参见 United States Department of State, *Foreign Relations of the United States Diplomatic Papers*, 1942, Vol. 1: *General, the British Commonwealth, the Far East*, Washington, D. C.: United States Government Printing Office, 1960, p. 895; "The Philippine Independence Act (Tydings-McDuffie Law), Section 11," March 24, 1934, https://www.philippine-history.org/tydings-mcduffie-law.htm.

③ "Message of His Excellency Sergio Osmeña President of the Philippines to the Congress on the State of the Nation," State of the Nation Address, 9 June 1945, Official Gazette of the Republic of the Philippines, https://www.officialgazette.gov.ph/1945/06/09/sergio-osmena-state-of-the-nation-address-june-9-1945/.

④ 参见 United States Department of State, *Foreign Relations of the United States Diplomatic Papers*, 1942, Vol. 1: *General, the British Commonwealth, the Far East*, Washington, D. C.: United States Government Printing Office, 1960, pp. 905 – 908; Milton W. Meyer, *A Diplomatic History of the Philippine Republic*, Hawaii: University of Hawaii Press, 1965, p. 24; Gary R. Hess, *The United States' Emergence as a Southeast Asian Power*, 1940 – 1950, New York: Columbia University, 1987, p. 221.

菲律宾自治政府总统曼努埃尔·奎松（Manuel L. Quezon）给美国总统罗斯福写信阐明菲律宾政府的建议，主要包括：立即准予菲律宾完全和绝对的独立；菲律宾即刻中立化，美国和日本所有占领军在合理时间内与菲律宾政府达成共同协议后撤出；美国和日本均不在菲律宾保留军事基地；菲律宾军队立即解散，仅保留适度规模的警察部队；准予菲律宾贸易自由，菲律宾对外贸易关系完全由其与相关国家决定等。罗斯福回信未置可否，只是表达了美国与 26 国政府共同努力打败日本侵略和轴心国的决心，并承诺美国将坚定地保卫菲律宾直至其依照《泰丁斯—麦克杜菲法案》的规定实现独立。[1] 日本占领菲律宾后于 1943 年 10 月正式扶植成立"菲律宾共和国"傀儡政权。之后，美国加大对菲律宾流亡政府的支持力度，并公开宣布其为菲律宾唯一合法政府。1944 年 6 月，美国国会通过的第 93 号共同决议除了规定有关菲律宾独立的条款外，还授权美国总统与菲律宾自治政府谈判《泰丁斯—麦克杜菲法案》未具体规定的承认美国驻菲律宾军事基地等事宜，但从法律上否决了菲律宾"中立化"的可能性。这些条款事先征得菲律宾自治政府总统曼努埃尔·奎松和副总统塞尔吉奥·奥斯敏纳（Sergio Osmena）的同意。[2] 美国国会第 93 号共同决议为美国与菲律宾关系确立了新的法律基础。

1945 年 2 月，美军在占领马尼拉重返菲律宾后即宣布恢复菲律宾自治地位。随后，菲律宾自治政府在谋取美国的政治、经济和军事支持的同时继续争取国家的独立。从 4 月开始，新任总统塞尔吉奥·奥斯敏纳便谋求美国政府尽快履行给予菲律宾独立的承诺。为此，他两次与美国总统杜鲁门面对面商谈，促使他于 5 月 6 日发表公开声明再次做出承诺，

---

[1] United States Department of State, *Foreign Relations of the United States Diplomatic Papers*, 1942, Vol. 1: *General, the British Commonweath, the Far East*, Washington, D. C.: United States Government Printing Office, 1960, pp. 895 – 900.

[2] United States Department of State, *Foreign Relations of the United States Diplomatic Papers*, 1943, Vol. 3: *The British Commonwealth, Eastern Europe, the Far East*, Washington, D. C.: United States Government Printing Office, 1963, pp. 1105 – 1108; United States Department of State, *Foreign Relations of the United States Diplomatic Papers*, 1945, Vol. 6: *The British Commonwealth, the Far East*, Washington, D. C.: United States Government Printing Office, 1969, pp. 1203 – 1204; Gary R. Hess, *The United States' Emergence as a Southeast Asian Power*, 1940 – 1950, New York: Columbia University, 1987, pp. 223 – 225.

美国政府将依照美国国会第 93 号共同决议所阐明的政策尽快落实菲律宾的独立，并承诺美国将帮助菲律宾解决战后恢复问题，提供保障菲律宾经济自由和独立的"公平机会"，以维护国会第 93 号共同决议所创建的"美菲特殊关系"[1]。但美国政府并不想提前给予菲律宾独立，而是致力于通过实施菲律宾战后恢复计划重建"美菲特殊关系"。而这也是菲律宾自治政府的重大现实需求。此时，从战争的破坏中恢复是菲律宾的头等大事。这不仅需要美国提供大量资金和贸易优惠，还需要美国提供维持经济政治稳定的安全保证。为此，菲律宾自治政府成立了专事战后恢复的菲律宾技术委员会。据该委员会 1945 年 3 月发布的报告估算，菲律宾战争损害的恢复成本需要 11.87 亿美元。[2] 为便利战后恢复，菲律宾迫切需要延续美国战前的特惠贸易政策，而不是依照《泰丁斯—麦克杜菲法案》所规定的菲律宾独立之时终结这一政策。[3] 而奥斯敏纳总统强调美国在菲律宾军事基地的共同防务功能，认为这实际上是美国与菲律宾的安全互保措施。[4]

美菲安全关系率先取得新进展。5 月 14 日，奥斯敏纳与杜鲁门在华盛顿再次会晤后发表关于美国在菲律宾军事基地系统总原则初步声明，同意双方政府间开展全面而紧密的军事合作，制订针对菲律宾地区的双方政府间紧密的一体化军事计划，以保证两国充分的共同保护；同意美国军队从陆海空自由进入菲律宾并可在其港口及美军基地之间活动；允许美国军队及海军舰艇随意出入菲律宾领土，包括领水；而美国和菲律宾以外的任何国家未经美菲政府事先协议不得在菲律宾建立或使用任何军事基地。声明中双方还确定了美国有权在菲律宾的吕宋岛（Luzon）、巴拉望岛（Palawan）、民都洛岛（Mindoro）、棉兰老岛（Mindanao）、苏

---

[1] United States Department of State, *Foreign Relations of the United States Diplomatic Papers*, 1945, Vol. 6: *The British Commonwealth, the Far East*, Washington, D. C.: United States Government Printing Office, 1969, pp. 1199 – 1200.

[2] Milton W. Meyer, *A Diplomatic History of the Philippine Republic*, Hawaii: University of Hawaii Press, 1965, p. 5.

[3] Gary R. Hess, *The United States' Emergence as a Southeast Asian Power*, 1940 – 1950, New York: Columbia University, 1987, pp. 240 – 241.

[4] Milton W. Meyer, *A Diplomatic History of the Philippine Republic*, Hawaii: University of Hawaii Press, 1965, p. 16.

禄群岛（Sulu Archipelago）、莱特—萨马岛（Leyte-Samar）、班乃—内格罗斯岛（Banay-Negros）和宿务岛（Cebu）八个地区保留和新建24个军事基地的具体地址。① 7月28日，菲律宾议会首次会议通过履行美国国会第93号共同决议的"第四号共同决议"，授权菲律宾总统与美国总统就建立军事基地事宜进行谈判。这一决议取代了美国国会第93号共同决议被置于菲律宾自治政府战后政策目标中的优先位置。② 截至1946年6月，美国在菲律宾已保有71个基地。③

在经济和贸易方面，美国国会经过一段时间讨论后于1946年4月通过《菲律宾贸易法案》[（The Philippine Trade Act），又称《贝尔贸易法案》（Bell Trade Act）]以及《菲律宾恢复法案》[（The Philippine Rehabilitation Act），又称《泰丁斯恢复法案》（Tydings Rehabilitation Act）]，作为美国对战后菲律宾恢复计划的核心举措。《菲律宾贸易法案》为菲律宾独立后美菲贸易政策设置了长达28年的特惠期，即前8年实行自由贸易、后20年关税每年提高5%，但椰子油、雪茄烟、碎烟草和珍珠纽扣四种商品例外，亦即它们的免税配额截至1954年7月4日是固定的，在1954年7月5日开始的20年间，免税配额每年平均下降5%。该法案还规定，美国人在菲律宾自然资源和公共事业的开发与利用中与菲律宾人享有同等权利，而菲律宾货币比索与美元挂钩，即比价由美国政府决定。1946年6月，菲律宾议会同意《菲律宾贸易法案》中除美国人在菲律宾自然资源开发利用中与菲律宾人享有同等权利外的所有条款。该法案为菲律宾战后经济恢复创建了立法基础。④ 《菲律宾恢复法案》同意美国政府提

---

① United States Department of State, *Foreign Relations of the United States Diplomatic Papers*, 1945, Vol. 6: *The British Commonwealth, the Far East*, Washington, D. C. : United States Government Printing Office, 1969, pp. 1208 – 1209.

② Milton W. Meyer, *A Diplomatic History of the Philippine Republic*, Hawaii: University of Hawaii Press, 1965, pp. 16 – 17.

③ Gary R. Hess, *The United States' Emergence as a Southeast Asian Power, 1940 – 1950*, New York: Columbia University, 1987, p. 245.

④ United States Department of State, *Foreign Relations of the United States Diplomatic Papers*, 1946, Vol. 8: *The Far East*, Washington, D. C. : United States Government Printing Office, 1971, pp. 861 – 866, 873 – 875, 885 – 886; Gary R. Hess, *The United States' Emergence as a Southeast Asian Power, 1940 – 1950*, New York: Columbia University, 1987, pp. 241 – 244; Milton W. Meyer, *A Diplomatic History of the Philippine Republic*, Hawaii: University of Hawaii Press, 1965, pp. 10 – 12.

供 6.2 亿美元补偿菲律宾的战争损害，相当于菲律宾自治政府估算的战争实际损失成本的 1/2。① 美菲经济与军事关系的纽带亦进一步深化。1946年 6 月，杜鲁门总统签署《菲律宾军事援助法案》（The Philippine Military Assistance Act），同意美国政府向菲律宾提供军事和海军人员培训及军事设备转让和供应，并决定向菲律宾军队即刻专项提供价值 1 亿美元的武器和装备。美国的这一军事援助计划得到菲律宾政府领导人的强烈支持。② 美国的贸易及援助法案在经济上承认菲律宾独立的同时将之与自己紧紧地绑在一起。

在这一背景下，1946 年 4 月，菲律宾举行了二战后第一次总统大选，曼努埃尔·罗哈斯（Manuel Roxas）在美国的支持下获胜，并于 5 月就任菲律宾自治政府总统。7 月 4 日，菲律宾共和国正式成立并如期宣布菲律宾独立。罗哈斯担任首任总统。③ 当天，菲律宾与美国在马尼拉签署《美菲一般关系条约》（The Treaty of General Relations between the United States of America and the Republic of the Philippines）。根据该条约的规定，美国正式承认菲律宾共和国成为分立的自我管理的独立国家，并同意交还和放弃美国对菲律宾岛领土和人民所行使的现存的一切占有权、监督权、司法权、控制权或主权，但保留双方由协议决定的彼此相互保护所必需的、美国在菲律宾军事基地及其附属物使用权。④ 同一天，菲律宾与美国还签署了以 1946 年《菲律宾贸易法案》为基础的关于是否贸易及相关事

---

① Gary R. Hess, *The United States' Emergence as a Southeast Asian Power*, 1940 – 1950, New York: Columbia University, 1987, p. 243; M. Cuaderno, "The Bell Trade Act and the Philippine Economy," *Pacific Affairs*, Vol. 25, No. 4, 1952, p. 328, note 10; Milton W. Meyer, *A Diplomatic History of the Philippine Republic*, Hawaii: University of Hawaii Press, 1965, pp. 6 – 9.

② Gary R. Hess, *The United States' Emergence as a Southeast Asian Power*, 1940 – 1950, New York: Columbia University, 1987, p. 245; Milton W. Meyer, *A Diplomatic History of the Philippine Republic*, Hawaii: University of Hawaii Press, 1965, p. 17.

③ 参见梁英明《东南亚史》，人民出版社 2010 年版，第 199—200 页；Kathleen Nadeau, *The History of the Philippines*, Westport: Greenwood Press, 2008, pp. 67 – 69.

④ 《美菲一般关系条约》全称为《美利坚合众国与菲律宾共和国间一般关系条约》，具体条文详见 "The Treaty of General Relations between the United States of America and the Republic of the Philippines," Manila, 4 July 1946, in United Nations, *Treaty Series—Treaties and International Agreements Registered or Filed and Recorded with the Secretariat of the United Nations*, Vol. 7, No. 88, 1947, pp. 3 – 8, United Nations Treaty Series Online, https：//treaties. un. org/doc/Publication/UNTS/Volume%207/v7. pdf.

项的协定，经10月22日双方换文同意修改后由杜鲁门总统和罗哈斯总统分别于1946年12月18日和1947年1月1日公布后生效。①《美菲一般关系条约》于1946年8月9日和10月22日经菲律宾和美国立法部门相继批准后正式生效。罗哈斯总统强调，该条约是两国政府和人民之间友好和平等关系的"基本宪章"。菲律宾共和国副总统埃尔皮迪奥·季里诺（Elpidio Quirino）将该条约称作菲律宾与美国发展平行利益关系的"法律框架"，将开启菲律宾和世界各国人民缔结与菲、美已建立起来的同等类型关系。美国国务院远东事务办公室负责人约翰·文森特（John C. Vincent）亦宣称，双方关系的基础是合作而不再是不平等的家长主义或依附。② 随即，菲律宾新政府决定创建对外事务部，并推出由四根支柱组成的对外政策原则，包括对联合国负责、承续与美国的联系、保持与所有邻国的友好关系、忠于世界和平等。③ 从此，菲律宾以独立国家身份登上国际舞台。

需要指出的是，随着菲律宾实现独立，作为一种"殖民帝国"框架内"领土民族主义"的国家建构，其领土边界亦被美、英等西方大国"框定"下来。这主要体现在菲律宾的北婆罗洲领土要求未能如愿上。日本投降后，北婆罗洲归英国军政府管理。1946年7月，菲律宾共和国成立后公开要求行使对北婆罗洲的主权，但英国政府借口美国总统杜鲁门声明菲律宾独立所援引的1930年英法条约确定的菲律宾与北婆罗洲的边界加以拒绝。实际上，1945年7月召开的盟国波茨坦会议扩大东南亚战区的决定所确定的其与西南太平洋战区的边界再次对此予以确认。按照此次会议的规定，东南亚战区的东部边界为北纬7度40分和东经116度交叉处菲律宾自治共和国与英属北婆罗洲的分界线。在英国看来，该条约规定北婆罗洲为英属殖民地，美国并未拥有其主权，菲律宾独立后更

---

① United States Department of State, *Foreign Relations of the United States Diplomatic Papers*, 1946, Vol. 8: *The Far East*, Washington, D. C.: United States Government Printing Office, 1971, pp. 897.

② Milton W. Meyer, *A Diplomatic History of the Philippine Republic*, Hawaii: University of Hawaii Press, 1965, pp. 32 – 34.

③ Richard T. Jose, "The Philippines' Search for Security in the First Years of the Cold War, 1946 – 51," in Albert Lau, ed., *Southeast Asia and the Cold War*, New York: Routledge, 2012, pp. 29 – 31.

无从继承这一权利。菲律宾政府虽与英国政府进行了多次谈判,终究未能就北婆罗洲主权归属达成共同协议。1946 年 7 月 16 日,北婆罗洲成为英国直属殖民地。因此,菲律宾独立后未能从法理上获得对北婆罗洲的领土主权。①

与泰国、菲律宾民族主义在美国支持下由外到内平稳完成国家新生有所不同,缅甸民族主义主导力量是内生的,一开始就面临着英国再殖民化的强大压力。它们在与英国殖民势力不断的斗争中逐步达致妥协和合作,斗争甚为激烈。二战期间,缅甸的民族主义者开始利用战争的机会谋求国家的独立,其有组织的军事活动始于 1941 年 12 月缅甸民族主义组织德钦党〔(Thakin Party),又称"全缅协会"(All Burma Association)〕领导创立的缅甸独立军(The Burma Independence Army,BIA)。它最初虽然与占领缅甸的日军结盟,但赢得缅甸社会各界的广泛欢迎和支持。1942 年 7 月,这支军队遭日军解散,被缩编为一支小型的缅甸国防军(The Burma Defence Army,BDA),并与德钦党一起参加了日本扶植的由巴莫(Ba Maw)担任总理的缅甸临时政府。德钦党领导人昂山和丹东(Than Tun)分别担任国防部长和农业部长。1943 年 8 月,日本名义上同意缅甸独立,但它实际上仍对其实施军事控制。1944 年 9 月,昂山和丹东出于对巴莫政策的不满而共同组建了新的反法西斯人民自由联盟,并将缅甸国防军改组为缅甸国民军。这是缅甸民族主义解放运动的里程碑。随后,反法西斯人民自由联盟很快发展为德钦党领导的反对日本统治和开展独立斗争的民族主义联合阵线,在缅甸本土政治中开始占据支配地位。②

尽管反法西斯人民自由联盟在军事上一度与盟军联合作战,并在仰光解放中发挥了重要作用,但该联盟并不接受英国战后的缅甸政策。

---

① Nicholas Tarling, *Britain, South-East Asia and the Onset of the Cold War*, 1945 – 50, Cambridge: Cambridge University Press, 1998, pp. 108, 179 – 180, 254 – 261. 关于波茨坦会议对东南亚战区与西南太平洋战区东部边界的讨论及确定,详见 United States Department of State, *Foreign Relations of the United States Diplomatic Papers*, 1945, Vol. 2: *The Conference of Berlin (The Potsdam Conference)*, Washington, D. C.: United States Government Printing Office, 1960, pp. 1318, 1470 – 1471.

② 参见 John F. Cady, *A History of Modern Burma*, Ithaca: Cornell University Press, 1958, pp. 440 – 481; Gary R. Hess, *The United States' Emergence as a Southeast Asian Power*, 1940 – 1950, New York: Columbia University, 1987, p. 262;贺圣达《缅甸史》,云南人民出版社 2015 年版,第 368—374、380—381 页。

1945年5月25日，反法西斯人民自由联盟发表声明拒绝英国政府的《缅甸白皮书》，指出只有独立才能满足缅甸人民的愿望。昂山强调："我们要恢复缅甸人民的缅甸，而不是英国人的缅甸。"[1] 该联盟主张通过和平方式争取缅甸独立。日本宣布投降后，8月16—18日，反法西斯人民自由联盟迅速在仰光召开最高委员会会议，并通过决议要求根据《大西洋宪章》的精神，让缅甸人民行使民族自决权；召集制宪会议制定自己的宪法，并立即组建过渡政府。8月19日，反法西斯人民自由联盟在仰光的尼杜迎（Naythuyein）剧院举行声势浩大的群众会议，大会参加者多达五六千人。会上，该联盟将上述决议以"世界和平与自由缅甸"为题公之于众，赢得普遍赞同，史称《尼杜迎宣言》。该宣言公开表达对白皮书的抗议，呼吁立即建立能充分代表缅甸国内民主舆论的民族临时政府，在经济、财政、国防、国内安全和对外政策等方面拥有全部权力，并提出要结束英国的军事统治，建立包括各族成员在内的新的缅甸军队，继续加强民族团结。[2] 就此，缅甸民族独立开启实质性的行动进程。

这一进程从蒙巴顿与昂山等人的会谈开始。1945年9月上旬，昂山和丹东等人受蒙巴顿邀请至东南亚战区盟军司令部驻地康提进行会谈。会后，双方签订协议规定，英国建立一支缅甸正规军，把一部分爱国武装力量编入其中。会后，昂山又领导组建了新的人民志愿组织（The People's Volunteer Organization，PVO），隶属于反法西斯人民自由联盟。10月中旬，英国宣布，解除自1944年1月起对缅甸实施的军事管制，并成立由多尔曼—史密斯主导的临时中央行政委员会，即缅甸临时政府。反法西斯人民自由联盟因未获得多数职位而拒绝参加。11月18日，反法西斯人民自由联盟在仰光召开群众大会，抗议多尔曼—史密斯的行政委员会，要求立即举行普选，并重新组建缅甸临时政府。1946年1月17—23日，反法西斯人民自由联盟在仰光举行首次缅甸全国代表大会。昂山担任大会主席。大会通过决议，宣布缅甸要实现完全的独立，而不是取得

---

[1] 贺圣达：《缅甸史》，云南人民出版社2015年版，第391页；John F. Cady, *A History of Modern Burma*, Ithaca: Cornell University Press, 1958, p.510.

[2] 贺圣达：《缅甸史》，第392—393页；姜帆：《英帝国的崩溃与缅甸模式：二战后英国对缅甸的非殖民化决策考察》，中国社会科学出版社2020年版，第49页。

自治地位，并要求在普选的基础上召开制宪会议。大会决议宣称，缅甸人民要求的是民族自决，并将通过一个经成年人普选产生的制宪会议决定他们的命运；这个制宪会议应是独立自主的而非英帝国主义庇护下选出的。大会还号召缅甸人民为解散现行英属缅甸政府而奋斗。①

在这一压力下，1946年9月，新任缅甸总督休伯特·兰斯（Hubert Rance）与反法西斯人民自由联盟谈判，同意建立一个由他领导的具有广泛代表性的新的总督行政委员会，由昂山担任副主席，兼任防务和对外事务参赞。11月10日，反法西斯人民自由联盟强烈要求英国政府同意：1947年4月举行制宪会议选举；边疆人民代表参加该制宪会议；1947年1月31日前宣布同意缅甸从即日起的一年内实现完全独立等。② 此时，原来对缅甸局势并不关心的美国政府开始严肃考虑其与缅甸长期的政治经济关系，因而密切关注缅甸的长远政治稳定。美国政府担心缅甸独立进程的拖延会挫败温和的反法西斯人民自由联盟、增强发展中的激进的共产主义力量，进而削弱西方商业和经济影响。因此，美国国务院向英国施加压力。1946年11月8日至12月17日，美国副国务卿迪安·艾奇逊（Dean G. Acheson）曾三次发电报指示美国驻伦敦大使督促英国政府尽快推进这一进程，以确保缅甸政权的和平移交。这迫使英国首相克莱门特·艾德礼（Clement R. Attlee）于1946年12月20日在议会公开发表讲话，决定邀请缅甸领导人到伦敦商谈英国对缅甸的宪政承诺履行等问题。1947年1月2日，英国缅甸办公室宣布，缅甸总督行政委员会接受英国政府邀请，并将于1月13日派出昂山率领的缅甸代表团赴伦敦会谈。③

---

① 参见 Nicholas Tarling, "Lord Mountbatten and the Return of Civil Government to Burma," *The Journal of Imperial and Commonwealth History*, Vol. 11, No. 2, 1983, pp. 213 – 215; John F. Cady, *A History of Modern Burma*, Ithaca: Cornell University Press, 1958, pp. 522 – 526; 贺圣达《缅甸史》，云南人民出版社2015年版，第393页；姜帆《英帝国的崩溃与缅甸模式：二战后英国对缅甸的非殖民化决策考察》，中国社会科学出版社2020年版，第58、64页。

② 参见 John F. Cady, *A History of Modern Burma*, Ithaca: Cornell University Press, 1958, pp. 538 – 539.

③ 参见 United States Department of State, *Foreign Relations of the United States Diplomatic Papers*, 1946, Vol. 8: *The Far East*, Washington, D. C.: United States Government Printing Office, 1971, pp. 6 – 13; Gary R. Hess, *The United States' Emergence as a Southeast Asian Power*, 1940 – 1950, New York: Columbia University, 1987, pp. 265 – 266; John F. Cady, *A History of Modern Burma*, Ithaca: Cornell University Press, 1958, pp. 539 – 541.

1947年1月13日,昂山率领的缅甸代表团与艾德礼首相的伦敦会谈如期举行。会后,双方签署《伦敦协定》(The London Agreement),又称《昂山—艾德礼协定》(The Aung San-Attlee Agreement)。在该协定中,英国政府做出一些让步,同意缅甸临时政府享有自治地位,可以行使全部行政职权,而盟军撤出后缅甸军队将交给缅甸政府控制。该协定同意,缅甸可以举行制宪会议(The constituent Assembly)选举,将之作为临时国民议会,为缅甸在英联邦内部或脱离英联邦而独立做准备,而制宪会议制定的宪法需得到英国议会批准。该协定还就边疆地区人民的棘手问题达成一致目标,表示在征得边疆地区人民自由同意的基础上,共同努力实现这些地区与缅甸临时政府管辖区的早期统一。这就在形式上承认了统一的缅甸有完全独立的权利。2月5日,缅甸总督行政委员会和反法西斯人民自由联盟批准了《伦敦协定》。反法西斯人民自由联盟将这一协定作为快速实现缅甸独立的一种工具。① 随后,缅甸的独立进程明显加快。缅甸临时政府与边疆地区人民联系这一最紧急的议题率先得到了安排。2月7—12日,昂山等反法西斯人民自由联盟领导人与掸邦(Shan States)、克钦族(Kachin)、钦族(Chin)代表及英国政府负责自治事务的官员,在掸邦彬龙举行会议,即彬龙会议(The Panglong Conference),并达成著名的《彬龙协议》(The Panglong Agreement)。该协议指出,与临时政府的即时合作将促进所有人民的政治自由,这种合作将由总督任命的山区人民联合最高委员会推进。该协议还承诺,所有公民均享有民主权利,并向边疆地区(The Frontier Areas)提供持续的过渡性金融援助和地方自治权利。②

4月9日,缅甸举行制宪会议选举,反法西斯人民自由联盟以绝对多数票获胜。反法西斯人民自由联盟副主席吴努(U Nu)当选为制宪会议

---

① 参见 John F. Cady, *A History of Modern Burma*, Ithaca: Cornell University Press, 1958, pp. 541 – 543; United States Department of State, *Foreign Relations of the United States Diplomatic Papers*, 1947, Vol. 6: *The Far East*, Washington, D. C.: United States Government Printing Office, 1972, pp. 13 – 14.

② John F. Cady, *A History of Modern Burma*, Ithaca: Cornell University Press, 1958, pp. 543 – 544; Nicholas Tarling, *Britain, South-East Asia and the Onset of the Cold War*, 1945 – 50, Cambridge: Cambridge University Press, 1998, p. 197.

主席。5月18—23日，反法西斯人民自由联盟在仰光举行了全体代表会议，通过"十二点"决议，宣布缅甸及其人民完全独立，决定缅甸独立的主权共和国将是包括缅甸各地区的联邦。这一决议由昂山递交给于6月16日举行的缅甸制宪会议，并获得一致通过。缅甸制宪会议郑重宣布，缅甸将完全脱离英帝国，成为独立的主权共和国。缅甸制宪会议还决定，派出吴努领导的缅甸代表团到伦敦与英国政府商谈向缅甸移交权力，并以非官方和友好的方式对英缅关系做出了初步安排。6月26日，反法西斯人民自由联盟发表声明，重申这一决议并督促英国当局尽快按照向印度临时政府移交权力的方式完成向缅甸权力的移交。[①] 此后，虽然发生昂山被刺事件，但缅甸独立进程仍快速推进着。1947年7月20日，昂山遇难第二天，兰斯宣布组建以吴努为副主席的新的行政委员会。7月24日，英国政府与吴努交换意见后，在伦敦和仰光同时发布吴努代表团与英国政府7月2日达成的并经昂山同意的协议，主要内容包括：英国政府保证尽早移交权力，与缅甸代表一起制定涵盖国籍、防务、金融等问题的过渡措施，并在1947年9月前完成缅甸宪法制定和制宪会议讨论；英国政府保证在下一次议会召开前启动缅甸独立的立法，而缅甸自身可以选择其政府形式；即日起正式成立缅甸临时政府。据此，缅甸临时政府于同一天宣告成立，由吴努担任内阁总理。[②]

1947年8—10月，吴努再次赴伦敦与英国政府商谈权力移交和未来英缅关系等事宜。其间，美国率先承认缅甸临时政府，并于9月19日设立美国驻缅甸使馆，双方建立外交关系，互换了外交代表。缅甸制宪会议完成了《缅甸联邦宪法》（The Constitution of the Union of Burma）的制定，并于9月24日正式颁布。该宪法宣布，缅甸是一个拥有主权和独立的共和国，称为缅甸联邦（The Union of Burma），其全部领土包

[①] 参见 United States Department of State, *Foreign Relations of the United States Diplomatic Papers*, 1947, Vol. 6: *The Far East*, Washington, D. C.: United States Government Printing Office, 1972, pp. 21 – 22, 33 – 36; John F. Cady, *A History of Modern Burma*, Ithaca: Cornell University Press, 1958, pp. 556 – 557; 贺圣达《缅甸史》，云南人民出版社2015年版，第399—400页。

[②] United States Department of State, *Foreign Relations of the United States Diplomatic Papers*, 1947, Vol. 6: *The Far East*, Washington, D. C.: United States Government Printing Office, 1972, pp. 21 – 22, 36 – 39.

括缅甸本部（The Burma Proper）和掸邦、克钦邦、克伦尼邦（Karenni）等直属邦及钦族、克伦族等特区。随后，缅甸临时政府与英国政府经过多次协商，吴努和艾德礼于10月17日签订了《英缅条约》（The Anglo-Burma Treaty），又称《吴努—艾德礼条约》（The U Nu-Attlee Treaty）。根据这一条约，英国政府正式承认缅甸联邦共和国为英联邦外的完全独立的主权国家，并确定两国政府将来以完全自由、平等和独立为条件，巩固和永续现有的真挚友谊和良好谅解。随即，英国议会通过《缅甸独立法案》（The Burma Independence Act），批准了《英缅条约》。该法案确定，缅甸作为一个不在英国管辖范围内且无权获得英国保护的国家而独立。12月10日，该法案生效。《英缅条约》随之生效。1948年1月4日，缅甸独立和政权移交仪式在仰光隆重举行，缅甸联邦宣告正式成立。这标志着英国殖民统治在缅甸的终结。[①] 英缅双方通过和平谈判最终实现缅甸脱离英联邦而独立，形成英国非殖民化历程中独树一帜的"缅甸模式"[②]。

二 马来亚和印度尼西亚走上自治、独立或统一

与缅甸一样，马来亚民族主义主导力量也是内生的，一开始也面临着英国再殖民化的强大压力，并在与英国殖民势力的不断斗争中逐步达

[①] 参见 United States Department of State, *Foreign Relations of the United States Diplomatic Papers*, 1947, Vol. 6: *The Far East*, Washington, D. C.: United States Government Printing Office, 1972, pp. 43 – 47; John F. Cady, *A History of Modern Burma*, Ithaca: Cornell University Press, 1958, pp. 567 – 572; Nicholas Tarling, *Britain, South-East Asia and the Onset of the Cold War*, 1945 – 50, Cambridge: Cambridge University Press, 1998, pp. 207 – 209; Matthew Foley, *The Cold War and National Assertion in Southeast Asia Britain, the United States and Burma*, 1948 – 62, London: Routledge, 2010, pp. 9 – 10; 贺圣达《缅甸史》，云南人民出版社2015年版，第400—405页。《英缅条约》全称为《大不列颠及北爱尔兰联合王国与缅甸临时政府关于承认缅甸独立及有关事项的条约》。具体条文详见"The United Kingdom of Great Britain and Northern Ireland and Burma Treaty Regarding the Recognition of Burmese Independence and Related Matters (with exchange of notes and annex)," London, 17 October 1947, in United Nations, *Treaty Series—Treaties and International Agreements Registered or Filed and Recorded with the Secretariat of the United Nations*, Vol. 70, No. 904, 1950, pp. 184 – 213, United Nations Treaty Series Online, https://treaties.un.org/doc/Publication/UNTS/Volume%2070/v70.pdf.

[②] 姜帆：《英帝国的崩溃与缅甸模式：二战后英国对缅甸的非殖民化决策考察》，中国社会科学出版社2020年版，第228页。

致妥协和合作。但与缅甸相比，在二战结束前后，马来亚民族主义力量既分散又脆弱。二战末期，马来亚有两支有影响力的民族主义力量。一支是1945年7月成立的印度尼西亚及马来半岛人民联盟（The Kesatuan Rakyat Indonesia Semenanjung，KRIS）。该组织得到日本的支持，鼓吹建立包括马来亚和印度尼西亚在内的"大马来西亚"或"大印度尼西亚"，既希望摆脱殖民统治而获得独立，又企图和印度尼西亚联合起来。另一支就是马来亚共产党及其领导的马来亚人民抗日军。但这两种力量均未得到以马来亚各邦苏丹（Sultan）为首的更具影响力的保守马来人的支持。日本投降后，前者自行解散。鉴于马来亚共产党在对日作战中的突出贡献，新上台的英国工党政府将其认可为合法政党。马来亚共产党表示，支持英国重回马来亚建立秩序①，8月25日，马来亚共产党中央公开发布宣言提出"八大目标"，包括支持苏联、中国、英国和美国的联合国家及新的世界安全组织；建立由马来亚各邦所有种族和抗日军队选举产生的马来亚民主政府；废除马来亚的法西斯主义和日本的政治结构；强制实施言论、出版和结社自由，并给予抗日军队合法地位等。②而后，马来国民党（Malay Natioanlist Party，MNP）和马来亚民主联盟（The Malayan Democratic Union，MDU）等新的马来亚民族主义力量发展起来。马来国民党是二战后成立的首个马来民族主义政党，由一部分原印度尼西亚及马来半岛人民联盟成员与其他激进的马来民族主义者联合成立，又称马来青年民族党（The Partai Kebangsaan Meayu Muda，PKMM）。它呼吁自治、政治权利和社会改革，强调马来人的团结统一与种族和谐，谋求建立一个废除王权和独立自主的马来亚民族国家——马来亚共和国。该党采用已经宣布独立的印度尼西亚共和国国旗作为旗帜，主张马来亚与印度尼西亚合并为一个大印度尼西亚共和国。马来亚民主联盟是1945年12

---

① 参见［英］芭芭拉·沃森·安达亚、伦纳德·安达娅《马来西亚史》，黄秋迪译，中国大百科全书出版社2010年版，第308页；［马］陈中和《多元族群社会的族群政治：马来民族主义和马来西亚的建国》，中国社会科学出版社2021年版，第98页。
② "［Publicity for British Policy and the Aims of the Malayan Communist Party］: Inward Telegrams Nos 433 and 434 from M E Dening to FO," WO 203/5642, 3 September 1945, in A. J. Stockwell, ed., *British Documents on the End of Empire*, Series B, Vol. 3: *Malaya*, Part I, *The Malayan Union Experiment* 1942–1948, London: HMSO, 1995, pp. 123–124.

月在新加坡成立的左翼民族主义团体，它希望通过实现共同的政治目标培育马来人的国家意识和所有族群对马来亚的忠诚感。[1] 但战后初期马来亚民族主义力量比较分散，并没有形成主导性的组织团体。这为英国殖民势力的回归创造了有利条件。

1945年9月3日，英国军队重新占领马来亚，成立英国军事管制政府。当日，英国内阁会议最终同意战时制定的对马来亚新政策，确认了创建一个具有中央立法机构的马来亚联盟的政策，并决定与马来统治者谈判签订新的条约。[2] 10月10日，英国政府公布了马来亚联盟计划，承诺让所有马来亚部分族群都可取得公民身份，在未来实施公平选举，让马来亚各民族联合成立一个议会民主国家。据此，马来亚人民抗日军于12月1日同意交出武器，进行战后复员。10月11日至12月21日，英国当局以威胁利诱手段陆续与马来亚各邦统治者签订《马来亚联盟协议》，规定将所有权力和管辖权交予英国政府。依据该协议，各邦马来苏丹失去了参与或主持邦议会的权力，更失去了对马来人和伊斯兰事务的否决权；各邦的法案将不再以苏丹名义发布，他们作为名义上各邦主权者的地位完全让渡给英国政府。这意味着马来亚各邦被进一步整合为英国直接统治的殖民地。[3] 在这种情况下，英国政府于1946年1月22日同时颁布了《马来亚联盟和新加坡白皮书》（The White Paper on Malayan Union and Singapore）和《马来亚联盟和新加坡：关于未来宪法的政策声明》，决定正式实施战时制订的马来亚联盟计划，成立一个有中央政府的马来亚联盟，各邦苏丹仍保留其地位，但统治权力移至英国

---

[1] 参见［英］芭芭拉·沃森·安达亚、伦纳德·安达娅《马来西亚史》，黄秋迪译，中国大百科全书出版社2010年版，第312—313页；［马］陈中和《多元族群社会的族群政治：马来民族主义和马来西亚的建国》，中国社会科学出版社2021年版，第107—109页；梁英明《东南亚史》，人民出版社2010年版，第206—209页。

[2] "'Malaya and Borneo': Cabinet Conclusions Authorizing the MacMichael Mission," CAB 128/1, CM 27 (45) 3, 3 Sempter 1945, in A. J. Stockwell, ed., *British Documents on the End of Empire*, Series B, Vol. 3: *Malaya*, Part I, *The Malayan Union Experiment 1942-1948*, London: HMSO, 1995, pp. 122-123.

[3] ［马］陈中和：《多元族群社会的族群政治：马来民族主义和马来西亚的建国》，中国社会科学出版社2021年版，第98、109—110页。

殖民当局。①

但马来亚联盟计划引发了马来亚民族主义有组织的强烈抗议。从 1945 年 12 月起，以马来贵族为基础的马来人组织在各邦首府发起声势浩大的示威游行。马来各邦统治者在压力下亦一致公开收回他们所签署的《马来亚联盟协议》文件的效力。1946 年 3 月 1—4 日，来自 41 个不同源流的马来人团体的约 200 名代表在吉隆坡召开泛马来亚马来人大会（The Pan-Malayan Malay Congress），要求英国取消马来亚联盟计划。此次大会同意组成一个整合英属马来亚所有马来团体的组织，以代表马来人与英国当局洽商。3 月 31 日，泛马来亚马来人大会召开紧急会议并通过决议号召马来亚人抵制马来亚联盟。但英国还是于 1946 年 4 月 1 日单方面宣布成立马来亚联盟，其版图包括战前的马来联邦（The Federated Malay States，包括雪兰莪、森美兰、霹雳和彭亨四邦，首府吉隆坡）、马来属邦（The Unfederated Malay States，包括吉兰丹、吉打、玻璃市、登嘉楼和柔佛五邦）、槟榔屿和马六甲；新加坡成为英国直属殖民地。随后，沙捞越和北婆罗洲亦成为英国直属殖民地。5 月 11—13 日，泛马来亚马来人大会决定成立马来亚民族统一机构（The United Malays National Organisation，UMNO，简称"巫统"），该组织是马来亚人第一次团结在统一的政治运动中，得到马来社会的广泛支持。这促使马来亚民族主义的抗议活动日趋高涨，最终迫使英国放弃马来亚联盟计划，而与马来亚各邦苏丹和马来亚民族统一机构重新谈判，并达成建立马来亚联合邦的协议。各邦苏丹的权力、自身的特性及马来人享有的特权均得到维护。②

---

① "'Malaya: Future Constitution': Cabinet Conclusions on the Draft White Paper," CAB 128/5, CM (46) 3, 10 January 1946, in A. J. Stockwell, ed., *British Documents on the End of Empire*, Series B, Vol. 3: *Malaya*, Part I, *The Malayan Union Experiment* 1942 – 1948, London: HMSO, 1995, pp. 193 – 194.

② 参见 A. J. Stockwell, ed., *British Documents on the End of Empire*, Series B, Vol. 3: *Malaya*, Part I, *The Malayan Union Experiment* 1942 – 1948, London: HMSO, 1995, lii-lxiii; Victor Purcell, "A Malayan Union: The Proposed New Constitution," *Pacific Affairs*, Vol. 19, No. 1, 1946, pp. 20 – 40; Nicholas Tarling, *Britain, South-East Asia and the Onset of the Cold War*, 1945 – 50, Cambridge: Cambridge University Press, 1998, pp. 105 – 108, 209 – 211; 张祖兴《英国对马来亚政策的演变（1942—1957）》，中国社会科学出版社 2012 年版，第 75—100 页；[马] 陈中和《多元族群社会的族群政治：马来民族主义和马来西亚的建国》，中国社会科学出版社 2021 年版，第 112—120 页。

1948年2月1日，马来亚联合邦（The Federation of Malaya）正式宣布成立。马来亚联合邦的成立被英国殖民部称作"英国民族大家庭团结的十分重要的体现"①。实际上，这是保守的马来亚人获得的一种胜利。尤其是得到英国和马来皇室支持的巫统成为马来人乃至马来亚的代表性政党。马来亚民族主义实现联合自主的努力依然持续着。

与马来亚相比，印度尼西亚民族主义与殖民主义的关系更加复杂，其实现国家独立的道路既是前述两种类型的混合，又具有明显的自身特性。在二战期间，苏加诺（Bung Sukarno）和穆罕默德·哈达（Mohammad Hatta）等人领导的印度尼西亚民族主义运动已经成长起来，并得到日本占领当局的支持。1944年3月，他们成立了爪哇奉公会（Jawa Hokokai），作为推进民族主义运动的组织。1945年3月，在战事不利的形势下，日本当局为换取印度尼西亚人的支持，承诺允许印度尼西亚独立，并为此成立印度尼西亚独立筹备调查委员会，其成员包括苏加诺和哈达等民族主义运动领袖。该委员会的主要任务是全面考虑印度尼西亚政治和行政管理机构等方面的问题。苏加诺等领导的民族主义集团利用这一机构为印度尼西亚独立做好思想、体制和组织等方面的准备工作。5月28日，印度尼西亚独立筹备调查委员会举行第一次会议，拒绝国际上将印度尼西亚列为托管领土的意见，要求实现印度尼西亚独立。7月，该委员会第二次会议通过宪法草案，确立了印度尼西亚独立后的宪政安排。8月初，日本当局又宣布成立印度尼西亚独立筹备委员会（The Committee for Preparatory Work for Indonesian Independence），取代印度尼西亚独立筹备调查委员会，由苏加诺和哈达分别担任主席和副主席。日本当局同意印度尼西亚获得独立，但领土范围将仅限于原荷属东印度地区，未支持苏加诺和哈达等人提出的建立将英属马来亚和北婆罗洲包括在内的"大印度尼西亚共

---

① "［Inauguration of the Federation of Malaya］: Letter from H T Bourdillon to Sir E Gent," CO 537/3671, No. 29, 18 Febuary 1948, in A. J. Stockwell, ed., *British Documents on the End of Empire*, Series B, Vol. 3: *Malaya*, Part I, *The Malayan Union Experiment* 1942 – 1948, London: HMSO, 1995, p. 376.

和国"的要求。①

日本投降后,由于早已蓄势,加之英国领导的盟军未能及时到达,印度尼西亚民族独立运动迅猛发展。8月17日,苏加诺和哈达在巴达维亚(即雅加达)共同签署独立宣言,宣布成立印度尼西亚共和国(The Republic of Indonesia)。其版图仅仅包括原荷属东印度的领土,由苏门答腊、加里曼丹(不含北婆罗洲、沙捞越和文莱)、西爪哇、中爪哇、东爪哇、苏拉维西、马鲁古(含西伊里安)和努沙登加拉八个省组成。随即,印度尼西亚独立筹备委员会举行会议,选举苏加诺和哈达分别担任共和国首任总统和副总统。印度尼西亚共和国相继成立了共和国国会印度尼西亚中央国家委员会(The Central Indonesian National Committee,KNIP)和共和国武装部队印度尼西亚人民安全军(The People's Security Army),初步建立起国家的组织机构。但随着9月29日英军在爪哇登陆,新成立的印度尼西亚共和国面临巨大的挑战。到1946年1月,在英军的帮助下,荷兰不仅在爪哇和苏门答腊地区的万隆、泗水和茂物等大城市重新恢复了荷属东印度民事政府(The Netherlands Indies Civil Administration),还在包括巴厘在内的外围岛屿(Outer Islands)建立了自治政府,囊括了以望加锡为中心的大部分印度尼西亚东部地区。② 印度尼西亚的独立及其与荷兰当局的冲突已成为一种区域性的国际问题。

其间,印度尼西亚各地自发的民族主义武装组织进行了激烈的抵抗。而以苏加诺和哈达为首的温和派开始谋求以和平手段解决双方的冲

---

① 参见[澳]史蒂文·德拉克雷《印度尼西亚史》,郭子林译,商务印书馆2009年版,第69—76页;梁敏和《印度尼西亚史纲》,世界图书出版广东有限公司2019年版,第158—162页;梁英明《东南亚史》,人民出版社2010年版,第189—190页。

② 参见 United States Department of State, *Foreign Relations of the United States Diplomatic Papers*, 1945, Vol. 6: *The British Commonweath, the Far East*, Washington, D. C.: United States Government Printing Office, 1969, pp. 1158 – 1163; Robert J. McMahon, *Colonialism and Cold War: The United States and the Struggle for Indonesian Independence*, 1945 – 49, Ithaca: Cornell University Press, 1981, pp. 84 – 86; Adrian Vickers, *A History of Modern Indonesia*, Second edition, Cambridge: Cambridge University Press, 2013, pp. 101 – 103; Tim Hannigan, *A Brief History of Indonesia: Sultans, Spices, and Tsunamis—The Incredible Story of Southeast Asia's Largest Nation*, Tokyo: Tuttle Publishing, 2015, pp. 194 – 196;[澳]史蒂文·德拉克雷《印度尼西亚史》,郭子林译,第76—79页;梁敏和《印度尼西亚史纲》,第162—163页;梁英明《东南亚史》,第190—192页。

突。这主要体现在两个方面：第一，积极发展与他国及国际组织的关系，力争获得它们对印度尼西亚独立国家身份的承认以及民族解放事业的支持；第二，同荷兰谈判，力图通过和平途径解决争端。① 苏哈托和哈达一开始就试图通过投射"和平克制的外在立场"谋求国际承认。1945年11月，哈达代表印度尼西亚共和国发表"政治宣言"声明，印度尼西亚共和国有诚挚的意愿保护外国的投资和资产，并尊重荷兰东印度政府的债务。哈达邀请"各国人民——最重要的是英国、美国、澳大利亚和菲律宾人民"参与开发和利用印度尼西亚"巨大的潜在财富"。印度尼西亚共和国政府也愿意基于民族自决原则与荷兰进行谈判。其中，最重要的是获得英国和美国两个关键大国的支持。印度尼西亚共和国政府总理苏丹·萨赫里尔（Soetan Sjahrir）曾指出："印度尼西亚地理上位于英美资本主义和帝国主义的势力范围。相应地，印度尼西亚的命运最终依赖于英美资本主义和帝国的命运。"② 基于这一立场，印度尼西亚共和国很快就得到英国和美国的政治支持。英国因不愿陷入这场内部冲突，希望尽量减少武力使用的风险，便说服荷兰政府与印度尼西亚共和国领导人谈判解决问题。1945年12月，英国外交大臣贝文向荷兰建议召开由英国主持的荷兰和印度尼西亚共和国代表参加的"三方会谈"。美国政府发表声明予以支持，并希望荷属东印度同时满足印度尼西亚人民的天然诉求与荷兰的合法权益，按照《联合国宪章》的原则和理念各方应尽早启动对话，通过合乎现实的与合作的路径谋求和平的解决办法。美国赞成政治解决是唯一务实的方法，并请求英国出面促成这一解决方法。③

在英国政府的推动下，1946年2月12日，在英国政府特使克拉克·克尔（Clark Kerr）主持下召开了荷兰和印度尼西亚共和国代表参加的首

---

① 赵长峰：《印尼独立战争时期的"外交"手段（1945—1949年）》，载《云梦学刊》2020年第6期，第11页。

② Michael Leifer, *Indonesia's Foreign Policy*, London: George Allen & Unwin, 1983, pp. 7–8.

③ 参见 United States Department of State, *Foreign Relations of the United States Diplomatic Papers*, 1945, Vol. 6: *The British Commonweath, the Far East*, Washington, D. C.: United States Government Printing Office, 1969, pp. 1181–1183; Nicholas Tarling, *Britain, South-East Asia and the Onset of the Cold War*, 1945–50, Cambridge: Cambridge University Press, 1998, pp. 87–97.

次"三方会谈"。荷兰代表建议在一个规定的期限内荷兰与印度尼西亚建立伙伴关系,印度尼西亚可以拥有自己的军队并在联合国拥有自己的代表。印度尼西亚成立联邦,作为荷兰王国的伙伴之一,由荷兰任命的大总督管理。但谈判进展缓慢。直到3月25日艾德礼首相宣布将从印度尼西亚撤军后,荷兰迫于压力与印度尼西亚共和国启动实质性谈判。4月12日,荷兰和印度尼西亚共和国代表在荷兰海尔德兰国家森林公园举行了双边会谈。会后,荷兰政府表示愿意与印度尼西亚共和国达成一个初步协议。29日,荷兰政府拟订了一个议定书草案,依照1942年12月荷兰女王声明,设想印度尼西亚成为一个自由的联邦国家,与苏里南、库拉索岛一起成为荷兰王国的组成部分;荷兰政府承认印度尼西亚共和国事实上拥有爪哇的绝大部分,并考虑其对苏门答腊的要求;苏门答腊与印度尼西亚的其他部分一样,可以在自由联邦中拥有自己的地位;印度尼西亚共和国将协同建设新的国家。6月19日,这一议定书被递交给印度尼西亚共和国领导人。6月23日,双方举行了非正式会谈。但印度尼西亚共和国没有接受该议定书。[①]

1946年6月底,在英国东南亚特别专员基勒恩勋爵(Lord Killearn)介入后,双方的谈判进程明显加快。10月7日,基勒恩主持的首次"三方会谈"在巴达维亚举行。荷属东印度大总督冯·穆克和萨赫里尔等高层官员参加了会谈。会谈决定成立由基勒恩担任主席的全会停战委员会,并决定自10月13日起,双方在保持各自立场和停火的基础上实现共同停火。11月15日,经过一个多月的艰苦谈判,荷属东印度当局与印度尼西亚共和国政府正式签订《林牙椰蒂协定》(The Linggajati Agreement),又称《荷兰—印度尼西亚协定》(The Netherlands-Indonesian Agreement)或《井里汶协定》(The Cheribon Agreement)。该协定规定,荷兰承认印度尼西亚共和国对爪哇、苏门答腊和马都拉的实际权力;建立采取联邦制政府的"印度尼西亚合众国"(The United States of Indonesia),婆罗洲、东

[①] 参见 Nicholas Tarling, *Britain, South-East Asia and the Onset of the Cold War*, 1945 – 50, Cambridge: Cambridge University Press, 1998, pp. 100 – 105, 160 – 162; United States Department of State, *Foreign Relations of the United States Diplomatic Papers*, 1946, Vol. 8: *The Far East*, Washington, D. C.: United States Government Printing Office, 1971, pp. 807 – 832.

印度尼西亚与印度尼西亚共和国在其中拥有同等的司法地位；双方合作在1949年1月之前成立由荷兰王国和"印度尼西亚合众国"主权平等伙伴组成的"荷兰—印度尼西亚联盟"（The Dutch-Indonesian Union），以荷兰国王为最高元首。①

1947年3月，印度尼西亚共和国和荷兰政府正式批准《林牙椰蒂协定》。该协定作为双方妥协的成果被普遍认为是一次外交突破。尽管双方仍存在分歧，但《林牙椰蒂协定》的首要意义在于荷兰事实上承认了印度尼西亚共和国。随后，印度尼西亚争取完全自由和彻底独立、反对荷兰殖民主义的斗争仍在继续。在这场斗争中，印度尼西亚共和国的领导人继续积极而广泛地开展外交活动，努力吸引国际社会的关注和有影响力的大国的支持。② 随后不久，英国军队全部撤出，终止了对印度尼西亚地区的军事承诺。美国、英国、澳大利亚、印度、中国和一些阿拉伯国家相继承认该协定所确定的印度尼西亚共和国的主权，从而加强了印度尼西亚共和国的国际合法性。但《林牙椰蒂协定》并未得到有效履行。印度尼西亚共和国担心成立名义上由荷兰控制的新的联邦国家会使之成为"傀儡国家"，而1947年5月27日荷兰提出立即组建临时联邦政府并建立一支联合警察部队在过渡期维持法律秩序的建议加深了这一担忧。他们认为，这一要求实际上剥夺了印度尼西亚共和国的外交权力，因而加以拒绝。7月20日，荷兰突然中止与印度尼西亚共和国的所有谈判，转而采取战争手段解决问题。③

1947年7月和1948年12月，荷兰向印度尼西亚共和国先后实施

---

① 参见 United States Department of State, *Foreign Relations of the United States Diplomatic Papers*, 1946, Vol. 8: *The Far East*, Washington, D. C.: United States Government Printing Office, 1971, pp. 833 – 860; W. H. van Helsdingen, "The Netherlands-Indonesian Agreement," *Pacific Affairs*, Vol. 20, No. 2, 1947, pp. 184 – 187; Nicholas Tarling, *Britain, South-East Asia and the Onset of the Cold War*, 1945 –50, Cambridge: Cambridge University Press, 1998, pp. 170 – 171.

② [俄] 叶菲莫娃:《斯大林和印度尼西亚——1945—1953年苏联对印度尼西亚的政策：不为人知的一页》, 吕雪峰译, 世界知识出版社2016年版, 第27页。

③ 参见 Robert J. McMahon, *Colonialism and Cold War: The United States and the Struggle for Indonesian Independence*, 1945 –49, Ithaca: Cornell University Press, 1981, pp. 88 – 167; Gary R. Hess, *The United States' Emergence as a Southeast Asian Power*, 1940 –1950, New York: Columbia University, 1987, pp. 184 –189; Nicholas Tarling, *Britain, South-East Asia and the Onset of the Cold War*, 1945 –50, Cambridge: Cambridge University Press, 1998, pp. 100 –173.

了两次有限军事打击的"警务行动"（Dutch Police Action），占领了印度尼西亚共和国在爪哇的大部分重要城镇和西苏门答腊（West Sumatra）的主要港口及其他农业和石油资源丰富的地区，并在第二次警务行动（The Second Dutch Police Action）中占领了印度尼西亚共和国临时首府日惹市（Yogyakarta），逮捕了苏加诺和哈达等政府要人。这引发亚洲国家、西方大国和联合国的广泛关注。在荷兰第一次警务行动发生后，在印度和澳大利亚的建议下，联合国安理会开始介入印度尼西亚问题，并于1947年8月决定成立由美国、澳大利亚和比利时代表组成的联合国安理会斡旋委员会（The Good Offices Committee, GOC），要求双方停止军事敌对行动并通过谈判解决问题。① 印度尼西亚问题被提交到联合国是印度尼西亚共和国的重大政治胜利，因为这标志着其与荷兰争端的性质已发生变化。印度尼西亚共和国的国际地位和声望也因此大大提高。②

1949年1月28日，根据联合国斡旋委员会和第二届亚洲关系会议的建议，联合国安理会通过关于印度尼西亚问题的决议，主要内容包括：敦促荷兰政府和印度尼西亚共和国政府保证立即停止一切军事行动，并在全部有关区域合作恢复和平、维持法律和秩序；敦促荷兰政府立即无条件释放其于1948年12月17日以后在印度尼西亚共和国境内所逮捕的所有政治犯，并便利于印度尼西亚共和国政府官员立即返至日惹履行其职权，保证其充分行使适当职权，包括在日惹特区；建议荷兰政府和印度尼西亚政府根据《林牙椰蒂协定》的原则尽早成立独立、自由的"印度尼西亚合众国"，并商谈成立一个临时联邦政府，在移交主权前的过渡时期履行印度尼西亚的内政权力，其成立日期不迟于1949年3月15日；荷兰政府应尽早将印度尼西亚主权

---

① 参见 United States Department of State, *Foreign Relations of the United States Diplomatic Papers*, 1947, Vol. 6: *The Far East*, Washington, D. C.: United States Government Printing Office, 1972, pp. 989 – 1101; Nicholas Tarling, *Britain, South-East Asia and the Onset of the Cold War, 1945 – 50*, Cambridge: Cambridge University Press, 1998, pp. 211 – 236, 280 – 295; Adrian Vickers, *A History of Modern Indonesia*, Second edition, Cambridge: Cambridge University Press, 2013, pp. 103 – 116.

② 赵长峰：《印尼独立战争时期的"外交"手段（1945—1949年）》，载《云梦学刊》2020年第6期，第13页。

移交至印度尼西亚合众国,无论如何都不能迟于 1950 年 7 月 1 日,等等。该决议还决定,将联合国安理会斡旋委员会改为联合国印度尼西亚委员会 (The United Nations Commission for Indonesia, UNCI),以安理会驻印度尼西亚代表的身份行事,主要是协助荷兰政府和印度尼西亚共和国政府执行该决议,并协助双方从事商谈、维持法律和秩序。① 这一决议案被认为是联合国安理会"迄今为止通过的关于印度尼西亚乃至所有殖民地的最雄心勃勃的决议",标志着对《联合国宪章》"禁止联合国干预本质上属于国内管辖范围的事务"条款的"重大突破",成功地保障了实质性协议的达成,成为印度尼西亚走向完全独立的一个"重大转折点"②。

在国际舆论及美、英等西方大国的压力下,荷兰逐步做出让步并与印度尼西亚共和国直接谈判。1949 年 5 月和 7 月,在联合国印度尼西亚委员会的协调下,双方同意停战,荷兰同意从日惹撤军并释放苏加诺和哈达等人;印度尼西亚共和国同意独立后成为印度尼西亚联邦共和国 (The Federal Republic of Indonesia)。8 月 23 日,在荷兰建议下,双方代表在海牙举行圆桌会议 (The Hague Round Table Conference) 并于 11 月 2 日签署《海牙圆桌会议协定》(The Hague Round Table Agreement)。根据这一协定,印度尼西亚共和国与已有的 15 个邦共同组成印度尼西亚联邦共和国;荷兰最迟于 1949 年 12 月 30 日将印度尼西亚主权完整地、无条件地移交给印度尼西亚联邦共和国,并承认该共和国为独立的主权国家;荷兰与印度尼西亚联邦共和国在自由意志、平等和完全独立的基础上实现彼此间的友好合作,并创立以荷兰国王为最高元首的荷兰—印度尼西亚联盟,使这一合作得以有效实施;西伊里安(又称西新几内亚)(West Irian/West New Guinea)仍维持原状,在自主权移交一年内由双方谈判确定归属。该协定被认为是

---

① 《安理会 1949 年 1 月 28 日第 406 次会议所通过关于印度尼西亚问题之决议案》,联合国安理会正式记录,第四年,1949 年 2 月补编,文件 S/1234,1949 年 1 月 28 日,纽约,联合国网站,https://documents-dds-ny.un.org/doc/UNDOC/GEN/NG9/037/40/pdf/NG903740.pdf? OpenElement.

② Evan Luard, *A History of the United Nations*, Volume 1: *The Years of Western Domination*, 1945 – 1955, London: The Macmillan Press, 1982, pp. 148 – 151.

印度尼西亚人的一场相当完美的胜利。①

1949年12月27日,荷兰和印度尼西亚在阿姆斯特丹签署了《主权移交和承认法案》(The Act of Transfer of Sovereignty and Recognition)。同一天,双方分别在阿姆斯特丹和雅加达举行了主权移交仪式,印度尼西亚成为真正的独立主权国家。1950年8月17日,在印度尼西亚各界力量的支持下,苏加诺宣布废除联邦制,并成立统一的印度尼西亚共和国,取代原来的印度尼西亚联邦共和国,将15个联邦区合并到统一的共和国中。自此,印度尼西亚真正实现了除西伊里安以外所有印度尼西亚领土的统一。②

三 越南、柬埔寨和老挝谋求独立或统一

与上述各国相比,越南、柬埔寨和老挝印度支那三国走上民族解放和国家独立的进程十分独特。这三国虽然亦是在殖民帝国原有疆界内构

---

① 参见 United States Department of State, *Foreign Relations of the United States Diplomatic Papers*, 1949, Vol. 7: *The Far East and Australasia* (in two parts, Part 1, Washington, D. C.: United States Government Printing Office, 1975, pp. 282 – 562; Robert J. McMahon, *Colonialism and Cold War: The United States and the Struggle for Indonesian Independence*, 1945 – 49, Ithaca: Cornell University Press, 1981, pp. 168 – 303; Nicholas Tarling, *Britain, South-East Asia and the Onset of the Cold War*, 1945 – 50, Cambridge: Cambridge University Press, 1998, pp. 357 – 373; Milton Osborne, *Southeast Asia: An Introductory History*, 12th edition, Sydney: Allen & Unwin, 2016, pp. 183 – 188; 梁英明:《东南亚史》,人民出版社2010年版,第195—197页。《海牙圆桌会议协定》全称为《荷兰王国政府和印度尼西亚共和国政府圆桌会议协定》。该协定是一整套协定的总称,包括:总决议、各项协定草案、换文、议定书和主权移交和承认法案。具体条文详见 "The Round-Table Conference Agreement between the Government of the Kingdom of the Netherlands and the Government of the Republic of Indonesia: Covering Resolution, with the Attached Agreements and Exchanges of Letters Accepted at the Second Plenary Meeting of the Round-Table Conference, at the Hague, on 2 November 1949; Protocol, Signed at Amsterdam, on 27 December 1949; and Act of Transfer of Sovereignty and Recognition, Signed at Amsterdam, on 27 December 1949," in United Nations, *Treaty Series—Treaties and International Agreements Registered or Filed and Recorded with the Secretariat of the United Nations*, Vol. 69, No. 894, 1950, pp. 200 – 397, United Nations Treaty Series Online, https://treaties.un.org/doc/Publication/UNTS/Volume%2069/v69.pdf.

② 参见 Adrian Vickers, *A History of Modern Indonesia*, Second edition, Cambridge: Cambridge University Press, 2013, pp. 118 – 119; 梁敏和:《印度尼西亚史纲》,世界图书出版广东有限公司2019年版,第200页。

建新的"民族国家",但一开始不仅仅按不同的族群认同划分为不同的国家认同,而且从意识形态上形成割裂原有族群认同和跨越新国家认同的不同的主导性政治力量。早在1941年5月中旬,胡志明(Ho Chi Minh)领导的印度支那共产党(The Indochinese Communist Party, ICP)就成立了越南独立联盟(The Vietnam Independence League),简称"越盟"(Viet Minh),又称"印度支那独立联盟"(The Indochina Independence League),作为印度支那各种政治集团松散联盟和吸引所有人士参与独立事业的工具。当年6月6日,越盟发布《越盟领导独立斗争宣言》(The Proclamation of the Viet Minh-led Independence Struggle)宣称:"救亡图存是全体人民的共同事业。每个越南人都必须参加。"[1] 其斗争纲领是,联合各个阶层的民众、各种革命党派、各种爱国团体,争取越南独立,建立越南民主共和国。为此,越南的任何党派、团体,包括生活在越南的少数民族,不论阶级、宗教、政见,只要赞同越盟的斗争纲领,都可以加入其中。因此,越盟吸引了来自越南社会各个阶层的民族主义力量,影响力迅速扩大。[2] 到1945年初,越盟在印度支那尤其是越南的民族主义运动中占据了支配地位。

1945年3月9日,日本当局突然解除印度支那法国维希政权的武装,并扶植印度支那有影响力的三个王朝的君主,即安南(Annan)的保大(Bao Dai)、柬埔寨王国(The Kingdom of Cambodia)的诺罗敦·西哈努克(Norodom Sihanouk)和琅勃拉邦王国(The Kingdom of Luang Prabang)的西萨旺·冯(Sisavang Vong)宣布越南、柬埔寨和老挝脱离法国而"独立"。保大于3月11日发布的"独立宣言"以越南的名义宣称:"越南政府公开宣布,从今天起,废除与法国的保护国条约,国家恢复其独立的权利。"据此,日本当局同意将有限的主权给予印度支那国家。随后,保大成立了新政府,由陈重金(Tran

---

[1] "Proclamation of the Viet Minh-led Independence Struggle, 6 June 1941," in Michael H. Hunt, ed., *A Vietnam War Reader: A Documentary History from American and Vietnamese Perspectives*, Chapel Hill: The University of North Carolina Press, 2010, p. 12.

[2] 阳阳:《战后南越社会运动研究》,世界图书出版集团2015年版,第80页。

Trong Kim）担任内阁总理。① 这既在客观上推动了越盟领导的民族解放运动的迅速发展，又使印度支那政治形势更加复杂化。陈重金政府试图推动实现"领土统一的越南"。为此，1945 年 6 月 4 日，新政府不但使用"越南"名号，还用北圻（Bac Bo）、中圻（Trung Bo）和南圻（Nam Bo）的名字分别取代了东京、安南和交趾支那。这样，陈重金政府实现了东京和交趾支那的"再次统一"，使"越南"成为一个国家名字。这是近一个世纪以来的第一次。与此同时，越盟在越南北部的高平（Cao Bang）、北件（Bac Can）、凉山（Lang Son）、太原（Thai Nguyên）等地迅速发展起来，并在柬埔寨和老挝建立了分支组织。②

日本投降后，印度支那共产党和越盟迅速领导开展"八月革命"（The August Revolution）并取得重大胜利。8 月 30 日，在越盟的施压下，保大在顺化（Hue）举行公开仪式，宣布退位并向越盟代表团移交国玺、升起越盟旗帜。9 月 2 日，胡志明以"新越南临时政府"的名义"代表全越南人民"在河内（Hanoi）公开发表《独立宣言》（The Declaration of independence），宣告与法国断绝一切殖民性质的关系，取消法国与越南签署的一切条约，废除法国在越南享有的一切特权，并宣布正式成立越南民主共和国（The Democratic Republic of Vietnam, DRV）。1946 年 3 月 2 日，越南民主共和国在河内举行了首次国民大会（The National Assembly），并成立了国民大会常务委员会（The Permanent Committee of the Assembly）、民族抵抗委员会（The National Resistance Committee）和新的联合抵抗政府（The Government of Union and Resistance）等组织机构。1946 年 5 月，为更好地团结越南各方力量，越盟领导在河内成立了越南全国联合战线（The National Popular Front of Vietnam/The Lien Viet Front，简称

---

① Bruce M. Lockhart, "Monarchy and Decolonization in Indochina," in Marc Frey, Ronald Pruessen and Tan Tai Yong, eds., *The Transformation of Southeast Asia: International Perspectives on Decolonization*, Armonk: M. E. Sharpe, 2003, pp. 52 – 54; Arthur J. Dommen, *The Indochinese Experience of the French and the Americans: Nationalism and Communism in Cambodia, Laos, and Vietnam*, Bloomington: Indiana University Press, 2001, pp. 78 – 84.

② Arthur J. Dommen, *The Indochinese Experience of the French and the Americans: Nationalism and Communism in Cambodia, Laos, and Vietnam*, Bloomington: Indiana University Press, 2001, pp. 85 – 89, 92 – 97.

"越联"），其成员包括越盟及其所有的前线组织、越南革命联盟（The Vietnam Revolutionary League）、持不同政见派系、越南民主党（The Vietnam Democratic Party）、越南国民党（The Vietnamese Nationalist Party）、工会组织、天主教与佛教协会等，进一步扩大了民族统一战线。[①]

与此同时，柬埔寨和老挝出现了新的民族主义力量。在柬埔寨，柬埔寨王国政府总理山玉成（Son Ngoc Thanh）在越南民主共和国宣布成立时便予以承认，并与越盟建立了密切联系，谋求柬埔寨人与越南人"真诚而友好的合作"，甚至在柬埔寨推行"泛印度支那民族主义"（Pan-Indochina Nationalism）。在老挝，琅勃拉邦王国政府总理佩查拉（Phetsarath）亲王开始领导推动老挝的统一。他不支持西萨旺·冯国王维持老挝作为法国保护国地位，又反对本地越南住民联合越盟共同实施"泛印度支那解放计划"。1945 年 9 月 15 日，佩查拉亲王发表声明宣称，琅勃拉邦王国与甘蒙（Khammouane）、沙湾拿吉（Savannakhet）、巴塞（Bassac）（又称"占巴塞"）和沙拉湾（Saravane）四个南部省份统一起来，建立新的老挝王国（The Lao Kingdom），以万象（Vientiane）为首都，并宣布召开人民代表大会（Congress of People's Representatives）决定所有的政治、经济和社会问题。10 月 12 日，佩查拉亲王在万象成立"自由老挝"（The Free Lao/Lao Issara）临时革命政府，宣布支持老挝脱离法国而独立。其核心支持者是来自万象、沙湾拿吉和巴色（Pakse）等与越盟有紧密联系的越南人社区。"自由老挝"政府还与越盟签订了军事合作协议。双方联系的关键人物是佩查拉亲王的同父异母弟弟苏发努·冯（Souphanou Vong）亲王。苏发努·冯亲王领导建立了一支"老挝解放与国防军"（Lao Army of Liberation and Defense），并担任"自由老挝"政府的外交部长。"自由老挝"政权控制了北部琅勃拉邦和万象及南部的他曲

[①] 参见 Gary R. Hess, *The United States' Emergence as a Southeast Asian Power*, 1940–1950, New York: Columbia University, 1987, pp. 167–169; Evelyn Colbert, *Southeast Asia in International Politics*, 1941–1956, Ithaca: Cornell University Press, 1977, pp. 57–62; Arthur J. Dommen, *The Indochinese Experience of the French and the Americans: Nationalism and Communism in Cambodia, Laos, and Vietnam*, Bloomington: Indiana University Press, 2001, pp. 97–137, 145–153. 胡志明宣布的《独立宣言》具体条文详见 "Declaration of Independence, 2 September 1945," in Michael H. Hunt, ed., *A Vietnam War Reader: A Documentary History from American and Vietnamese Perspectives*, Chapel Hill: The University of North Carolina Press, 2010, pp. 12–13.

(Thakhek)和沙拉湾等城镇。11月底,国王西萨旺·冯被废黜。①

然而,随着法国殖民主义及其军队在英国的协助下重返印度支那,印度支那民族独立运动遭遇重大挫折。1945年9月21日,法国军队在西贡(Saigon)登陆,迅速占领了交趾支那,并以此为基地图谋使用武力重新建立其殖民统治。印度支那共产党和越盟在南部的影响遭到明显削弱。10月12日,法军进驻柬埔寨王国首府金边(Phnom Penh),逮捕了政府总理山玉成。西哈努克国王与法国代表谈判,谋求妥协。10月28日,西哈努克宣布取消此前宣布的结束法国保护国地位的声明。1945年11月,法国军队与"自由老挝"和"老挝解放与国防军"发生了一系列小规模冲突后占领了老挝南部。到1945年末,法国已经完全控制了北纬16度线以南的地区。② 1946年1月,柬埔寨与法国代表以1945年3月戴高乐政府的声明为基础签订了初步协议,规定:柬埔寨加入法兰西联盟和印度支那联邦(即印度支那共和国);柬埔寨自主管理所有内部事务;所有涉及柬埔寨的联邦事务由柬埔寨和联邦政府联合管理,由联盟任命法国人担任的柬埔寨高级专员管理,这些事务主要包括需要国家间协议或联邦财政支持的联邦金融、通信、公路、铁路、航道、邮电和大型公共事业等。③ 实际上,柬埔寨部分恢复了法国的殖民统治。在老挝,1946年3—5月,法国军队相继占领了沙湾拿吉、他

---

① 参见 Arthur J. Dommen, *The Indochinese Experience of the French and the Americans: Nationalism and Communism in Cambodia, Laos, and Vietnam*, Bloomington: Indiana University Press, 2001, pp. 137 – 145; Bruce M. Lockhart, "Monarchy and Decolonization in Indochina," in Marc Frey, Ronald Pruessen and Tan Tai Yong, eds., *The Transformation of Southeast Asia: International Perspectives on Decolonization*, Armonk: M. E. Sharpe, 2003, pp. 59 – 60; Grant Evans, *A Short History of Laos: The Land in Between*, Crows Nest: Allen & Unwin, 2008, pp. 83 – 84.

② 参见 David Chandler, *A History of Cambodia*, Fourth edition, Boulder: Westview Press, 2008, pp. 209 – 219; Bruce M. Lockhart, "Monarchy and Decolonization in Indochina," in Marc Frey, Ronald Pruessen and Tan Tai Yong, eds., *The Transformation of Southeast Asia: International Perspectives on Decolonization*, Armonk: M. E. Sharpe, 2003, p. 60; Evelyn Colbert, *Southeast Asia in International Politics, 1941 – 1956*, Ithaca: Cornell University Press, 1977, pp. 60 – 61; Arthur J. Dommen, *The Indochinese Experience of the French and the Americans: Nationalism and Communism in Cambodia, Laos, and Vietnam*, Bloomington: Indiana University Press, 2001, pp. 137 – 143.

③ United States Department of State, *Foreign Relations of the United States Diplomatic Papers*, 1946, Vol. 8: *The Far East*, Washington, D. C.: United States Government Printing Office, 1971, pp. 20 – 21.

曲、万象及琅勃拉邦地区。"自由老挝"退居老挝与泰国边界开展游击战。琅勃拉邦国王西萨旺·冯恢复王位,并于8月与法国代表签订了与柬埔寨—法国协议内容类似的初步协议。由此,柬埔寨和老挝恢复了法兰西联邦内的王朝统治。①

在越南,整个时局亦越来越对新生的越南民主共和国不利。最重要的变化是,1946年2月28日,法国与中国政府达成协议,中国决定于3月31日前撤回日本投降后派入北纬16度线以北地区受降的中国军队,并同意法国军队进驻越南北部地区。该协定为法国重新控制整个印度支那创造了有利条件。3月1日,法国迅速从越南南部向中国军队占领的海防港(Hai Phong)调兵。其间,胡志明努力谋求国际支持。他曾分别给美国、中国、苏联和英国领导人致函,请求四大国干预和阻止印度支那战争,以促成公正的解决办法,并希望将印度支那问题提交联合国,以谋求联合国干涉,支持越南完全独立。他呼吁美国采取必要措施维护因法国再次征服印度支那而危及的世界和平,甚至请求美国依照菲律宾的例子支持越南独立。但这一努力并未奏效。面对这一国际孤立境地,胡志明开始谋求与法国妥协。其实,1946年1月,胡志明已经开始与法国谈判。3月6日,他与法国殖民当局东京和北安南高级专员让·圣德尼(Jean Sainteny)谈判后在河内达成初步协定(the preliminary convention),即《法越初步协定》。该协定规定,法国承认越南民主共和国为印度支那联邦和法兰西联盟内部的"自由国家",并将拥有自己的政府、国会、军队和财政;双方承诺将举行公民投票确定东京、安南和交趾支那的统一问题;双方同意分别采取必要的措施,立即停止敌对行动,各自保持军队于原有阵地,并创造必要的有利氛围,以便就有关问题进行后续的谈判,包括越南与外国的关系、印度支那未来的地位、法国在越南的经济

---

① 参见 United States Department of State, *Foreign Relations of the United States Diplomatic Papers*, 1946, Vol. 8: *The Far East*, Washington, D. C.: United States Government Printing Office, 1971, p. 57; Bruce M. Lockhart, "Monarchy and Decolonization in Indochina," in Marc Frey, Ronald Pruessen and Tan Tai Yong, eds., *The Transformation of Southeast Asia: International Perspectives on Decolonization*, Armonk: M. E. Sharpe, 2003, pp. 60 – 61; Arthur J. Dommen, *The Indochinese Experience of the French and the Americans: Nationalism and Communism in Cambodia, Laos, and Vietnam*, Bloomington: Indiana University Press, 2001, pp. 143 – 145; Grant Evans, *A Short History of Laos: The Land in Between*, Crows Nest: Allen & Unwin, 2008, pp. 88 – 89.

和文化利益等。① 这对在此之前没有得到法国高级官员正式认可的越南民主共和国政府来说是一个巨大的进步。

法国并未履行协定，而是派军队迅速进驻河内及越南北部其他地区。1946年6月1日，法国宣布成立交趾支那自治共和国临时政府。但越南民主共和国和法国仍然在继续谈判。9月14日，胡志明与法国政府在巴黎签署《法越共同宣言》和《法越临时协定》，并于9月19日公布。《法越共同宣言》强调1946年3月6日的初步协定依然有效；《法越临时协定》规定双方停止一切敌对和暴力行为，从速恢复在交趾支那和安南南部的公共秩序，并规定越南和印度支那联邦其他各地组成关税同盟、采用法郎区内通用的唯一的印度支那货币，在该联邦和法兰西联盟内开展各类交通和通信领域的协作。为保证协定的执行，双方还决定设立一个由双方代表组成的混合委员会，处理上述有关事宜及越南的对外关系。② 但法国对这些协议同样未予履行，而是继续向越南各地增兵，扩大在东京和安南的占领区域。11月底，法军占领了海防。12月19日，法军开始进攻河内。1947年2月17日，越南民主共和国政府及军队撤出河内，转至北部山区开展游击战争。双方冲突迅速扩散到东京和安南地区。其间，越南民主共和国仍然谋求国际支持。1947年1月，越南、老挝和柬埔寨独立运动的地方代表通过美国驻泰国使馆请求美国和联合国进行干预。9月，胡志明请求联合国秘书长吁请联合国安理会终结这场战争，并启动和平谈判，其基础是保障

---

① 参见 United States Department of State, *Foreign Relations of the United States Diplomatic Papers*, 1946, Vol. 8: *The Far East*, Washington, D. C.: United States Government Printing Office, 1971, pp. 27 – 35; Gary R. Hess, *The United States' Emergence as a Southeast Asian Power*, 1940 – 1950, New York: Columbia University, 1987, pp. 195 – 196; [美] 弗雷德里克·罗格瓦尔《战争的余烬：法兰西帝国的灭亡及美国对越南的干预》，詹涓译，社会科学文献出版社2017年版，第173—179页。《法越初步协定》（1946年3月6日订于河内），载世界知识出版社编《国际条约集（1945—1947）》，世界知识出版社1959年版，第213—214页。

② United States Department of State, *Foreign Relations of the United States Diplomatic Papers*, 1946, Vol. 8. *The Far East*, Washington, D. C.: United States Government Printing Office, 1971, pp. 59 – 60. 《法越共同宣言》全称为《法兰西共和国政府和越南民主共和国政府共同宣言》（1946年9月14日订于巴黎），载世界知识出版社编《国际条约集（1945—1947）》，世界知识出版社1959年版，第269—270页；《法越临时协定》（1946年9月14日订于巴黎），载世界知识出版社编《国际条约集（1945—1947）》，第270—273页。

越南独立和领土完整、尊重法国的文化和经济利益及法国撤军等。10月，胡志明向尼赫鲁提出了同样的请求。但这些请求均未得到回应。1947年底，除原有的交趾支那外，法国军队已经控制了包括河内在内的安南地区的大部分城镇、红河河谷工业区和沿江堡垒。法军虽然投入十几万重兵，但并未在越南北部取得决定性胜利。到1948年初，双方战争进入僵持状态。①

随后，法国转向与保大合作，重点扶植越南南部政权，希望借此恢复二战前法国与安南的合作模式，以实现戴高乐提出的建立"法兰西联盟"和"印度支那联邦"的计划，被称为"保大方案"（Solution Bao Dai）。② 1948年5月21日，越南临时中央政府（The Central Government Vietnamienne）在自贡成立。1948年6月5日，法国殖民当局与保大在越南下龙湾签订《下龙湾协定》（The Bay of Along Agreement，旧译《亚龙湾协定》），法国承认越南独立，由越南自由地完成其独立；越南宣布以法国"联系国"（The Associated State）的身份加入法兰西联盟。③ 10月29日，胡志明发表声明称"越南民主共和国是代表越南的唯一政府，法国与越南政府以外人士签订的任何协议都无效"。胡志明还表示，如果法国政府愿意回到1946年《法越初步协定》及《法越临时协定》的框架内，他愿意在对等原则基础上与法国签订和平协议。但此时法国政府已经排除与胡志明谈判的可能性，让保大尽快回归，实现"印度支那联邦"计划成为唯一选择。法国政府决定正式与保大就落实《下龙湾协定》相

---

① 参见 United States Department of State, *Foreign Relations of the United States Diplomatic Papers*, 1946, Vol. 8: *The Far East*, Washington, D. C.: United States Government Printing Office, 1971, p. 64; United States Department of State, *Foreign Relations of the United States Diplomatic Papers*, 1947, Vol. 6: *The Far East*, Washington, D. C.: United States Government Printing Office, 1971, pp. 56 – 57; Gary R. Hess, *The United States' Emergence as a Southeast Asian Power*, 1940 – 1950, New York: Columbia University, 1987, pp. 201 – 204, 313 – 314; Evelyn Colbert, *Southeast Asia in International Politics*, 1941 – 1956, Ithaca: Cornell University Press, 1977, p. 70.

② 谷名飞：《1946—1949年法国印支政策中的"保大方案"》，载《世界历史》2020年第5期，第110—111页。

③ United States Department of State, *Foreign Relations of the United States Diplomatic Papers*, 1948, Vol. 6: *The Far East and Australasia*, Washington, D. C.: United States Government Printing Office, 1974, pp. 22 – 24. 《下龙湾协定》（1948年6月5日订于亚龙湾），载世界知识出版社编《国际条约集（1948—1949）》，世界知识出版社1959年版，第568页。

关问题举行会谈。①

1949年3月8日，法国与保大在巴黎通过换文的方式订立《法越协定》，又称《爱丽舍协定》（The Elysee Agreement），重申法国同意越南的统一与独立；规定由东京（北越）、安南（中越）和交趾（南越）的领土合并组成"越南国"（The State of Vietnam）②，越南政府拥有行使内部主权所含有的全部职责和权利；越南在法兰西联盟总统同意下接纳和任命外交代表，拥有法国指导下的国防军；越南完全自主地管理其财政，与印度支那其他国家组成关税同盟和货币同盟，通用唯一流通的印度支那货币庇阿斯特（Piastre）并加入法郎区等。1949年5月21日，法国议会以351赞成、209票反对通过法案规定，根据1948年签订的《下龙湾协定》的有关规定，交趾支那成为法兰西联盟成员越南国的一部分，不再具有法国"海外领地"的地位。1949年7月，保大在越南南部的大叻市（Da Lat）宣布自己为"越南国"的"国家元首"③。这已经制造了事实上的越南分裂。

老挝和柬埔寨的民族主义运动亦出现新的裂痕。在老挝，"自由老挝"发生分裂。1949年1月，"自由老挝"领导人凯山·丰威汉（Kaysone Phomvihane）模仿越盟组建了新的抵抗部队——拉萨翁游击队（Latsavong detachment），与越盟合作展开反法斗争。1949年2月，苏发努·冯亲王脱离"自由老挝"，创建了新的"老挝人民进步组织"（The Lao People's Progressive Organization），并于当年6月成立自任主席的"老挝解

---

① 谷名飞：《1946—1949年法国印支政策中的"保大方案"》，载《世界历史》2020年第5期，第118页。

② 除非特定情况，"越南国"及其此后的继承者"越南共和国"均简称"南越"，又称"西贡政权"；"越南民主共和国"简称"北越"。

③ 参见United States Department of State, *Foreign Relations of the United States Diplomatic Papers*, 1949, Vol. 7: *The Far East and Australasia* (in two parts), Part 1, Washington, D. C.: United States Government Printing Office, 1975, pp. 9 – 10; Evelyn Colbert, *Southeast Asia in International Politics*, 1941 – 1956, Ithaca: Cornell University Press, 1977, pp. 199 – 200; Arthur J. Dommen, *The Indochinese Experience of the French and the Americans: Nationalism and Communism in Cambodia, Laos, and Vietnam*, Bloomington: Indiana University Press, 2001, pp. 187 – 190; 谷名飞：《1946—1949年法国印支政策中的"保大方案"》，载《世界历史》2020年第5期，第121页。《法越协定》具体条文详见《法国总统和保大关于"法越协定"的换文》（1949年3月8日订于巴黎），载世界知识出版社编《国际条约集（1948—1949）》，世界知识出版社1959年版，第568—588页。

放委员会"（The Lao Liberation Committee）。1949年10月，"自由老挝"解散。此后，越盟实际上从军事上控制了老挝北部和东部地区的抵抗力量。① 而老挝和柬埔寨的王朝势力继续与法国妥协。1947年11月，西萨旺·冯以老挝王国国王的名义致函法国总统，称老挝已颁布宪法载明老挝王国以自由和完全平等的成员国资格属于法兰西联盟，拥有保持内部行政的自由，其防务和外交事务归法兰西联盟共有。1948年1月，法国总统复函予以确认。1949年7月和11月，老挝和柬埔寨又相继与法国签订了内容类似于《爱丽舍协定》的条约，获得了与越南同样的地位。如柬埔寨与法国签订的条约规定：法国承认柬埔寨王国为独立国家；柬埔寨王国重申其以成员国资格加入法兰西联盟；柬埔寨王国政府充分行使其从国内主权所产生的职能和特权；柬埔寨将与其他印度支那国家组成货币同盟，印度支那庇阿斯特为唯一通用货币并加入法郎区；柬埔寨将与其他印度支那国家组成关税同盟，内部取消一切关税壁垒，对外适用同等税率；柬埔寨将拥有一支国家军队，在对外防务中接受法兰西联邦武装力量的援助；柬埔寨有资格在法国外交代表的指导下谈判和签订有关自身特别利益的国际协定等。由此，老挝、柬埔寨和南越一样，成为法国控制的同一框架内的"联系国"②。

此时，缘起欧洲的冷战阴云已经笼罩东南亚，而印度支那地区作为"亚洲冷战"的前沿，进一步被全球性意识形态的竞争和对抗撕裂为国际化的更具冲突性的对立阵营。一方面，越南国、柬埔寨王国和老挝王国的"联系国"地位得到西方阵营的广泛承认。1950年1月初，美国和英

---

① 参见 Arthur J. Dommen, *The Indochinese Experience of the French and the Americans: Nationalism and Communism in Cambodia, Laos, and Vietnam*, Bloomington: Indiana University Press, 2001, pp. 182 – 183；游览：《冷战背景下越寮"特殊"关系的发展和演变（1959—1965）》，载《冷战国际史研究》（第24辑），世界知识出版社2017年版，第75—76页。

② 参见 Evelyn Colbert, *Southeast Asia in International Politics*, 1941 – 1956, Ithaca: Cornell University Press, 1977, pp. 200 – 201；[美] 弗雷德里克·罗格瓦尔《战争的余烬：法兰西帝国的灭亡及美国对越南的干预》，詹涓译，社会科学文献出版社2017年版，第279—280页。有关法律具体条文详见《法兰西共和国总统樊尚·阿里奥尔与老挝国王西萨旺·冯于老挝在法兰西联邦内的地位之换文》（1947年11月25日和1948年1月14日），载世界知识出版社编《国际条约集（1948—1949）》，世界知识出版社1959年版，第1—3页；《法国和柬埔寨条约》（1949年11月8日订于巴黎），载世界知识出版社编《国际条约集（1948—1949）》，第513—517页。

国率先承认三国为法兰西联邦内部的"联系国"。2月,美国和英国宣布从外交上承认越南国、柬埔寨王国和老挝王国政府。① 随之,比利时、希腊、意大利、卢森堡、荷兰、西班牙、梵蒂冈、巴西、阿根廷、玻利维亚、智利、委内瑞拉、哥伦比亚、哥斯达黎加、洪都拉斯、古巴、南非、约旦、韩国、泰国、澳大利亚和新西兰等国亦予以承认。1950年5月,美国政府批准对印度支那总计2330万美元的援助计划,并于9月向越南派驻军事援助顾问团(The Military Assistance Advisory Group,MAAG),驻扎西贡,专门监督军事援助的分配使用。② 当年10月,法国广泛征召和训练越南国、柬埔寨和老挝的人员加入其领导的法国远征军(French Expeditionary Corps)。1950年12月,美国与法国和印度支那三个"联系国"在西贡达成《关于印度支那共同防务援助协定》,同意美国向印度支那参与国和法兰西联邦军队提供军事援助,并保证只能在印度支那共同防务体系内有效使用。1951年11月,美国正式实施对印度支那的军事援助计划,向法国及其三个"联系国"军队提供武器、军火、战舰和战斗机等军事设备,开始为印度支那地区提供实质性经济和军事援助,公开支持法国在印度支那的战争。③

另一方面,越南民主共和国在新中国的援助下影响力迅速扩大,并得到广泛的国际承认。1950年1月和2月,中华人民共和国和苏联先

---

① 参见 United States Department of State, *Foreign Relations of the United States*, *Diplomatic Papers* 1950, Vol. 6: *East Asia and the Pacific*, Washington, D. C.: United States Government Printing Office, 1976, pp. 690 – 691, 720 – 722.

② 参见 Evelyn Colbert, *Southeast Asia in International Politics*, 1941 – 1956, Ithaca: Cornell University Press, 1977, p. 209;[美] 弗雷德里克·罗格瓦尔《战争的余烬:法兰西帝国的灭亡及美国对越南的干预》,詹涓译,社会科学文献出版社2017年版,第304—310页。

③ 参见 United States Department of State, *Foreign Relations of the United States Diplomatic Papers*, 1950, Vol. 6: *East Asia and the Pacific*, Washington, D. C.: United States Government Printing Office, 1976, p. 954;Arthur J. Dommen, *The Indochinese Experience of the French and the Americans: Nationalism and Communism in Cambodia, Laos, and Vietnam*, Bloomington: Indiana University Press, 2001, p. 213;Hugues Tertrais, "France and the Associated States of Indochina, 1945 – 1955," in Marc Frey, Ronald Pruessen and Tan Tai Yong, eds., *The Transformation of Southeast Asia: International Perspectives on Decolonization*, Armonk: M. E. Sharpe, 2003, pp. 77 – 78.《关于印度支那共同防务援助协定》具体条文参见《美利坚合众国和柬埔寨、法国、老挝及南越关于印度支那共同防御援助协定》(1950年12月23日订于西贡),载世界知识出版社编《国际条约集(1950—1952)》,世界知识出版社1959年版,第734—739页。

后承认越南民主共和国。朝鲜及东欧的社会主义国家随之予以承认。在老挝，苏发努·冯亲王和凯山·丰威汉等原"自由老挝"领导人组建了新的组织——"老挝自由阵线"（Neo Lao Issara），又称"新自由老挝"，通常称之为巴特寮（Pathet Lao），作为"自由老挝"的继承者。柬埔寨民族主义者亦成立新的组织——"高棉自由阵线"（The Khmer Issarak），又称"自由高棉"。其武装力量在柬埔寨边界和泰国控制的马德望和暹粒的部分地区活动，并得到泰国政府提供的经济援助支持。1950年2月和3月，越南民主共和国代表与"新自由老挝"和"自由高棉"代表两次举行会谈，决定创建基于相互平等和互惠援助的正式联盟，将三国人民联合起来反击法国和美国等共同敌人。当年4月，在山玉成的领导下，首届高棉人抵抗力量在柬埔寨西南部举行。大会宣布成立"联合自由阵线"（The Unified Issarak Front），由印度支那共产党的柬埔寨成员控制。[①]

1951年2月11—19日，印度支那共产党在越盟控制区的宣光（Tuyen Quang）召开第二次代表大会。为避免外界指责越南控制老挝和柬埔寨进而影响三个民族的团结抗法斗争，大会决定将印度支那共产党改名为越南劳动党（The Vietnam Workers' Party，VWP），并在老挝和柬埔寨分别建党，结束了越南、老挝、柬埔寨三地共产党领导的民族主义力量在名义上同属一党的局面。但越南劳动党保留指导老挝、柬埔寨革命运动的职责。此次大会回顾三国组成的"一个战区"，呼吁"如果条件允许，越南、柬埔寨和老挝的三个革命政党将能够联合起来组成一个越南—高棉—老挝联盟党"。此次大会还决定越盟与越联进行合并。其理由包括：一是向世界清楚地表明，越南民族坚决地站在民主集团一边，为世界和平而有效地战斗；二是指导人民，加强党内团结，指导抗

[①] 参见 Arthur J. Dommen, *The Indochinese Experience of the French and the Americans: Nationalism and Communism in Cambodia, Laos, and Vietnam*, Bloomington: Indiana University Press, 2001, p. 183; Evelyn Colbert, *Southeast Asia in International Politics*, 1941–1956, Ithaca: Cornell University Press, 1977, pp. 211–212; Nicholas Tarling, *Britain and the Neutralisation of Laos*, Singapore: NUS Press, 2011, p. 26; Grant Evans, *A Short History of Laos: The Land in Between*, Crows Nest: Allen & Unwin, 2008, pp. 104–105; David Chandler, *A History of Cambodia*, Fourth edition, Boulder: Westview Press, 2008, p. 221.

法斗争取得最终胜利,为社会主义奠定基础;三是为党的巩固和坚决消除薄弱环节提供机会。3月3日,越盟与越联正式合并,由胡志明担任领导人。从3月中旬起,越南劳动党干部被派往老挝境内建立越南劳动党老挝和柬埔寨支部,引导巴特寮的党建工作。6月30日,高棉人民革命党(The Khmer People's Revolutionary Party,KPRP)成立,其党章就是越南劳动党党章的简本。同时,派往老挝境内的越盟武装部队改称为越南志愿部队。到1951年年底,仅在老挝境内邻近越南的地区,越南志愿部队就达到9000余人。[1] 自此,印度支那三国的民族独立进程进入全新的阶段。

至此,经过一系列的妥协与合作、斗争与抵制、冲突与战争,在领土民族主义或官方民族主义的主导下,在原有殖民帝国边界内,泰国、菲律宾、缅甸、印度尼西亚在重建或独立中获得了国家新生,马来亚、越南、柬埔寨、老挝获得了一定程度的自治或自主地位,并持续谋求国家的真正独立。在民族独立和国家重建的变革进程中,东南亚的政治地图以"民族国家"为单元得以重绘。从此,东南亚的政治和权力中心开始从西方殖民帝国分散至本地的"民族国家",东南亚随之启动新的区域重构进程。

第三节 东南亚区域变革进程中区域统一性的形成

在二战前后全球变革的大背景下,在各种内外部力量的推动下,东南亚经历了深刻的区域变革,并催生了基于多样性或差异性的区域统一性或相似性的形成。这种"多样性中的统一性"(unity in diversity)的"两面一体"构成了二战后初期作为整体的东南亚区域开放性

---

[1] 参见 Arthur J. Dommen, *The Indochinese Experience of the French and the Americans: Nationalism and Communism in Cambodia, Laos, and Vietnam*, Bloomington: Indiana University Press, 2001, pp. 153-204;游览《冷战背景下越寮"特殊"关系的发展和演变(1959—1965)》,载《冷战国际史研究》(第24辑),世界知识出版社2017年版,第77—78页。

建构进程的基本特性。① 这也是东南亚区域合作酝酿和起步的历史与现实基础。

一 东南亚区域概念和国际规范的统一性

阿查亚曾指出,区域并不是给定的,而主要是该区域的领导人和民众通过共同的区域观念"有意识的社会建构"的结果。② 卡赞斯坦明确将国际关系中的区域理解为一种行为相互依存和政治实践的模式。在他看来,由于区域反映了国家权力和国家目标,其相互依存和政治实践是全球化与国际化进程的融合。前者是由世界体系进程所导致的,区域深嵌其中,它使国家与国家之间的关系发生了变化;后者是由国家体系进程所导致的,其进程穿越了已有的较为开放的国家边界。全球化与国际化进程中多种多样的关系将区域与区域内外的政治实体联系在一起。③ 威廉·汤普森(William R. Thompson)曾列出了区域概念应该具有的四个要素,即至少有两个以上的行为体、行为体具有地理邻近性、行为体有一定程度上的互动联系、行为体内部及外部将其视为一个区域。④ 卡赞斯坦认为,区域的概念既具有物质性意义,也具有象征性或理念性意义。他强调,区域的形成首先是一种物质结构,具有影响行为的作用,它塑造和反映了变化中的政治实践活动;区域还具有明显的政治意义,它反映了整个区域的政治、经济和文化进程,这些进程创造了区域层次内部人与人、地方与地方的新型关系。⑤ 由

---

① 参见 Milton Osborne, *Southeast Asia: An Introductory History*, 12th edition, Sydney: Allen & Unwin, 2016, pp. 5 – 17, 265 – 277; Amitav Acharya, *The Making of Southeast Asia: International Relations of a Region*, Singapore: ISEAS Publishing, 2012, pp. 5 – 10; Amitav Acharya, "Imagined Proximities: The Making and Unmaking of Southeast Asia as a Region," *Southeast Asian Journal of Social Science*, Vol. 27, No. 1, 1999, pp. 57 – 58; Ananda Rajah, "Southeast Asia: Comparatist Errors and the Construction of a Region," *Southeast Asian Journal of Social Science*, Vol. 27, No. 1, 1999, pp. 41 – 50.

② Amitav Acharya, *The Making of Southeast Asia: International Relations of a Region*, Singapore: ISEAS Publishing, 2012, p. 23.

③ 参见[美]彼得·卡赞斯坦《地区构成的世界:美国帝权中的亚洲和欧洲》,秦亚青、魏玲译,北京大学出版社2007年版,第2—14页。

④ William R. Thompson, "The Regional Subsystem: A Conceptual Explication and a Propositional Inventory," *International Studies Quarterly*, Vol. 17, No. 1, 1973, p. 101.

⑤ 参见[美]彼得·卡赞斯坦《地区构成的世界:美国帝权中的亚洲和欧洲》,秦亚青、魏玲译,第2、11—12页。

此，T. V. 保罗（T. V. Paul）将区域定义为彼此邻近的一组国家，它们在空间、文化和观念上以独特的方式相互联系在一起。① 比约恩·赫特纳（Björn Hettne）解释说，除非一个特定区域的各国需要它，否则区域化不会出现。在他看来，这种区域化可以或多或少地经由政治体制、经济政策或安全的自发的或无意识的趋同而产生，并时常由影响这一变化进程的"触发性政治事件"所决定，而这些政治事件又与该区域的政策创建者或区域大国等主要行为体相联系。②

学者们将这种全球视野中具有广泛、包容、开放和互动等特点并由区域实践所塑造的新的区域概念称为"区域世界"（regional worlds）。③ 进一步讲，这是基于一种"过程"地理，聚焦于由各种行动、互动和运动所形成的多种大规模的社会组织，这种过程在地理上和历史上都是宏大的，并且纵横交错于传统的区域边界。从这个角度来看，"过程"地理允许将"区域世界"重新定义为并非固定的、历史稳定的、地理上有边界的文明的集合，而是呈现出散居身份、跨区域互动和大规模资源流动的横贯地图。这种过程创造了它们的区域，这些区域有非常不同的边界，包括但不限于地理空间。这样，多个区域相互重叠、相互矛盾，形成了复杂的、不断流动的权力、互动和想象之网。④ 阿查亚解释说，从"区域世界"的角度来看，区域不是固定的地理或文化实体，而是社会和政治身份的动态建构；区域既不是完全独立的实体，也不是全球动态的纯粹延伸。他强调，"区域世界"的视角反映的不仅仅是区域内部的驱动力，

---

① T. V. Paul, "Regional Transformation in International Relations," in T. V. Paul, ed., *International Relations Theory and Regional Transformation*, Cambridge: Cambridge University Press, 2012, p. 4.

② Björn Hettne, "The New Regionalism: A Prologue," in Björn Hettne, András Inotai and Osvaldo Sunkel, eds., *Globalism and the New Regionalism*, Basingstoke: Macmillan, 1999, p. xxiii.

③ Amitav Acharya, *The End of American World Order*, Cambridge: Polity Press, 2014, p. 80; "Area Studies, Regional Worlds: A White Paper for the Ford Foundation," The Globalization Project, University of Chicago, p. 23, http://regionalworlds.uchicago.edu/areastudiesregworlds.pdf; Sita Ranchod-Nilsson, "Regional Worlds: Transforming Pedagogy in Area Studies and International Studies," Regional Worlds Program, University of Chicago, 2000, p. 8, http://regionalworlds.uchicago.edu/transformingpedagogy.pdf.

④ Sita Ranchod-Nilsson, "Regional Worlds: Transforming Pedagogy in Area Studies and International Studies," Regional Worlds Program, University of Chicago, 2000, p. 8, http://regionalworlds.uchicago.edu/transformingpedagogy.pdf.

区域也不仅仅是自我组织其经济、政治和文化的互动和身份,还对全球秩序做出贡献,亦即区域不只是某个地域,还是生产其他世界景象的场所,需要成为我们感知其他世界的一部分。①

对东南亚区域建构而言,它作为一种"人的构造"(human constructs)的"想象的(区域)共同体"(imagined [regional] community)或"想象的邻近性"(imagined proximities),既有来自外部行为体尤其是西方大国等力量推动的外生建构,又有突显统一性的本土力量推动的内生建构。它在二战后东南亚区域变革进程中的统一性既有外延上的,又有内涵上的。前者主要体现为其物质或自然属性上的地理邻近性(geographic proximity),它是界定一个区域的核心变量和基本标准;后者主要体现为其政治—经济和社会—文化或人文属性上的区域共同性或相似性,它是界定一个区域身份特征的基本标准。两者赋予东南亚区域建构的双重性,亦即东南亚区域建构既是一种基于独特地理时空的物质建构,又是一种基于主体间持续互动的经验实践。②

具体而言,地理邻近性是作为一个物质属性的区域,在此意义上,东南亚经常被分为大陆东南亚和海洋东南亚。东南亚大陆在历史上是围绕南北流向的大河三角洲、山谷、平原形成的文明、帝国和国家中心:从西向东依次是缅甸的伊洛瓦底江和萨尔温江,泰国的湄南河、湄公河和越南的红河。从历史上看,东南亚的海上政治模式从沿海贸易点网络演变而来,这些贸易点从前1000年末开始与印度和中国进行商业交流。东南亚大陆和海上的大部分地区都与中国有朝贡关系;印度商人与缅甸和泰国海岸以及马来半岛和印度尼西亚岛屿的港口保持联

---

① Amitav Acharya, *The End of American World Order*, Cambridge: Polity Press, 2014, p. 80.
② 参见 Anthony Reid and Ananda Rajah, "Introduction: Reconceptualizing Southeast Asia," *Southeast Asian Journal of Social Science*, Vol. 27, No. 1, 1999, pp. 1 – 6; Ananda Rajah, "Southeast Asia: Comparatist Errors and the Construction of a Region," *Southeast Asian Journal of Social Science*, Vol. 27, No. 1, 1999, pp. 41 – 53; Amitav Acharya, "Imagined Proximities: The Making and Unmaking of Southeast Asia as a Region," *Southeast Asian Journal of Social Science*, Vol. 27, No. 1, 1999, pp. 55 – 76; T. V. Paul, "Regional Transformation in International Relations," in T. V. Paul, ed., *International Relations Theory and Regional Transformation*, Cambridge: Cambridge University Press, 2012, p. 4; Luk van Langenhove, *Building Regions: The Regionalization of World Order*, Burlington: Ashgate, 2011, pp. 63, 66.

系。从 15 世纪到 17 世纪，与欧洲的贸易尤其是香料贸易使许多东南亚国家成为主要的区域经济生活、政治权力和文化创造力中心，包括大城府（Ayutthaya）、马六甲、帕塔尼（Patani）、文莱、亚齐（Aceh）和望加锡（Makassar）等地。从东南亚固有的地理统一性来看，它与亚洲其他地区有三个不同之处。首先，东南亚纵跨赤道，完全位于潮湿的热带地区，在气候上比印度次大陆更潮湿，比中国更暖和。东南亚保持着恒温的水域，适合航行，而水域沿岸渔业和森林资源丰富，适合人类居住和从事海上贸易。其次，东南亚远离亚洲内陆广阔的人类居住区，位于海上十字路口，历史上受到了印度和中国的影响，后来又受到了欧洲的影响。与全球其他潮湿热带的地区相比，东南亚有着丰富的降雨、火山活动和复杂的河流与三角洲系统，这使得更加肥沃的土地可以支持高密度人口的生存。最后，与印度和中国相比，东南亚的地理和地质十分复杂。东南亚是一个被海洋和海湾深深交织在一起的区域，在地形上又被错综复杂和崎岖不平的地形所分割。海洋东南亚拥有南海边缘的共同自然特征。根据控制性这一政治视角，该次区域的国家是由水相连或分开的。湄公河是东南亚大陆的核心动脉，赋予它自然的统一性。湄公河流域是重叠的雄心勃勃的发展规划框架的焦点，这些框架将其视为开展经济活动的引擎。在湄公河三角洲以北，越南被一系列的丘陵和山脉与大陆邻国隔绝，但它们共有关键的战略特性。总之，作为一个独特的可识别的自然地理区域，东南亚是位于印度和巴基斯坦东部和中国南部一系列半岛和岛屿的统称，以此将其与邻近的文明区分开。①

然而，直到二战爆发前夕，在大多数情况下，无论是在东南亚工作的外国人还是东南亚国家的土著人，都没有将该区域看成一个整体。彼

---

① 参见 Donald E. Weatherbee, *International Relations in Southeast Asia: The Struggle for Autonomy*, Third edition, Lanham: Rowman & Littlefield Publishers, 2015, pp. 9–11; Amitav Acharya, *The Making of Southeast Asia: International Relations of a Region*, Singapore: ISEAS Publishing, 2012, pp. 8–9; Anthony Reid, *Southeast Asia in the Age of Commerce, 1450–1680: The Lands below the Winds*, Vol. 1, New Haven: Yale University Press, 1988, pp. 1–3; Ananda Rajah, "Southeast Asia: Comparatist Errors and the Construction of a Region," *Southeast Asian Journal of Social Science*, Vol. 27, No. 1, 1999, pp. 42–45; Tim Huxley, "Southeast Asia in the Study of International Relations: The Rise and Decline of a Region," *The Pacific Review*, Vol. 9, No. 2, 1996, pp. 201–202.

时，东南亚作为一个地理概念，既没有统一的名字，也没有明确的边界。最初，印度人和西方人将东南亚称作"黄金半岛"（Suvarnadvipa/Golden Khersonese/Golden Peninsular），即"黄金地"（Land of Gold），指代"印度以东"东南亚的马来半岛及其附近地区。他们关注这里出产的黄金和香料，该地区成为闻名遐迩的香料之都。① 英语中有人用"远印度"（Further/Farther India）来描述东南亚的部分地区，隐含"印度的东延"或"恒河彼岸的印度"之意，包括阿萨姆（Assam）、曼尼普尔（Munnipore/Manipur）、缅甸、暹罗、柬埔寨和交趾支那，或者总体上指中国与孟加拉湾之间、中国西藏山区以南的所有地区；有人称之为"亚洲季风区"（Asia of the Monsoons），不仅包括东南亚，还包括锡兰、印度等大部分地区和中国的南部地区；也有人称之为"远东热带区"（Far Eastern Tropics），意指"远东核心区的热带附属"②。与"季风区"称谓类似，印度人、波斯人、阿拉伯人和马来人将该地区称为"风下之地"（the lands below the winds），又译为"季风吹拂下的土地"，因为季风驱动贸易船队跨越印度洋，抵达东南亚。这一称谓强调海上航线是抵达东南亚的必经之地。它也表明了东南亚与作为"风上之地"（above the Winds）的南亚和西亚有着明晰的地理认知差异。由于印度次大陆南部在地理多样性等方面与东南亚较为相似，东南亚的大部分海上贸易是与恒河河谷以南的地区相互展开的，该地区也被纳入东南亚区域。③ 中国人、日本人等亚洲人习惯上称之为"南洋"（Nanyang/Nan-yo），英语译为"南海"

---

① Kenneth R. Hall, "Economic History of Early Southeast Asia," in Nicholas Tarling, ed., *The Cambridge History of Southeast Asia: From Early Times to c. 1800*, Vol. 1, Cambridge: Cambridge University Press, 1992, p. 183; Barbara Watson Andaya and Leonard Y. Andaya, *A History of Early Modern Southeast Asia, 1400–1830*, Cambridge: Cambridge University Press, 2015, p. 14.

② Russell H. Fifield, "Southeast Asia as a Regional Concept," *Asian Journal of Social Science*, Vol. 11, No. 1, 1983, pp. 1–2; Milton Osborne, *Southeast Asia: An Introductory History*, 12th edition, Sydney: Allen & Unwin, 2016, p. 4; Amitav Acharya, *The Making of Southeast Asia: International Relations of a Region*, Singapore: ISEAS Publishing, 2012, p. 9.

③ Anthony Reid, *Southeast Asia in the Age of Commerce, 1450–1680: The Lands below the Winds*, Vol. 1, New Haven: Yale University Press, 1988, p. 6; Anthony Reid, *A History of Southeast Asia: Critical Crossroads*, Chichester: Wiley Blackwell, 2015, p. 29. 中文译名见［澳］安东尼·瑞德《东南亚的贸易时代（1450—1680）：季风吹拂下的土地》（第1卷），吴小安、孙来臣译，商务印书馆2010年版。

(Southern Seas)。在不同时期，这一模糊的地理术语意指中国的东南亚沿海地区、菲律宾、印度尼西亚群岛和马来半岛等地区，但并不意指陆路通达的缅甸和老挝，也包括很大一部分西太平洋地区。日本学者石泽良昭（Ishizawa Yoshiaki）解释说，东南亚地理上的这种模糊性，主要是因为其自身对外部世界只展示了部分性，整个区域很少整合起来向外界发出信息；东南亚很少给其他地区带来巨大影响，也很少向外部世界发出东南亚在此的独自文化信号和在东南亚发生的世界历史性重大事件等。[1]

实际上，东南亚区域建构的同一进程所产生的变迁既有变革性，又有连续性。前者主要反映了社会结构形式的显著变化与转型，如小单元合并成大单元或大单元分裂为小单元；后者主要是与现存秩序形式的延续相一致的变迁，是结构性延续进程中的组成部分。实际上，两者是互补的，并拥有一条融合性的共同主线，即它们均强调东南亚如何作为一个区域被视为一种建构。[2] 从变革性角度来看，东南亚区域建构的地理邻近性最初是从话语上界定其作为地理区域应有的名称和边界，亦即它主要是通过话语和机制建构的。这种话语既有社会—文化的，也有军事—政治的。[3] 瑞德强调，在当今这个全球化和多元化的时代，名字已经成为每一代人保持身份认同的主要手段，因此，动态的命名是理解"想象的共同体"和"想象的边界"的关键。[4]

东南亚概念在社会—文化上的最初命名和话语建构主要基于西方知识界对这一地区社会和文化的研究或叙事需要，他们在其出版的论著中率先使用了东南亚这一特定的名称，从而给这一概念的产生和传播提供

---

[1] Nicholas Tarling, *Regionalism in Southeast Asia: To Foster the Political Will*, New York: Routledge, 2006, p. 50；[美] 本尼迪克森·安德森：《椰壳碗外的人生》，徐德林译，上海人民出版社2018年版，第43页；[日] 石泽良昭：《东南亚：多文明世界的发现》，北京日报出版社2020年版，第306页。

[2] [英] 埃蒙德·R. 利奇：《缅甸高地诸政治体系：对克钦社会结构的一项研究》，杨春宇、周歆红译，商务印书馆2012年版，第24—26页；Anthony Reid and Ananda Rajah, "Introduction: Reconceptualizing Southeast Asia," *Southeast Asian Journal of Social Science*, Vol. 27, No. 1, 1999, p. 5.

[3] Luk van Langenhove, *Building Regions: The Regionalization of World Order*, Burlington: Ashgate, 2011, pp. 22, 65.

[4] Anthony Reid, *Imperial Alchemy: Nationalism and Political Identity in Southeast Asia*, Cambridge: Cambridge University Press, 2010, pp. 34–35.

了知识支撑，尽管他们并没有明确界定其地理边界。据瑞德考证，东南亚一词最早是在德语和法语学术论著中出现的。1923年和1930年，奥地利人类学家罗伯特·海涅—格尔德恩（Robert Heine-Geldern）在建筑史研究中已使用德文"东南亚"（Südostasien）术语。1934年，越南民族学家阮文轩（Nguyen Van Huyen）在巴黎东方语言学院任教时出版其法文著作《东南亚高跷住宅研究导论》，其中使用了"东南亚"（L'Asie du Sud-Est）这一术语，探讨该区域物质文化中房屋建造模式的共同主题，从建筑风格上将东南亚社会与欧洲分开。瑞德强调，这是东南亚区域本土学者首次在学术著作中使用"东南亚"一词。1935年，德国地理学家卡尔·佩尔泽（Karl J. Pelzer）用德文发表《东南亚的工人迁徙》一文，讨论东南亚劳动力迁移问题。1945年，他出版首部英文著作《亚洲热带的拓荒者住民：东南亚土地利用与农业殖民研究》。之后，佩尔泽移居美国，成为耶鲁大学东南亚项目（Southeast Asia Program）的领军人物。[①] 显然，如李吉（J. D. Legge）所言："人们对东南亚的明确认识是一种现代的、外部的认识。"即使个别东南亚本地学者的研究，也是接受西方教育、具有现代国际传统的产物。他强调，此时的"东南亚人虽然明白自身的地方、种族和文化身份"，但"没有意识到一种东南亚身份"[②]。

另据著名东南亚研究专家本尼迪克森·安德森（Benedikson Anderson）考证，"东南亚"作为一个现代意义上的专业术语，由缅甸研究专家约翰·弗尼瓦尔（John S. Furnivall）1941年在其著作《东南亚的福利与进步》（Welfare and Progress in Southeast Asia）中首次使用。[③] 弗尼瓦尔曾任英属缅甸经济事务官员，退休后在仰光大学任教多年，专注于缅甸和印度尼西亚经济史和经济政策研究，尤其是熟知缅甸的农业和社会体系。他最初称东南亚这块地方为"热带远东"（Tropical Far East），指代

---

① Anthony Reid, "A Saucer Model of Southeast Asian Identity," *Southeast Asian Journal of Social Science*, Vol. 27, No. 1, 1999, pp. 10 – 11, 22.

② J. D. Legge, "The Writing of Southeast Asian History," in Nicholas Tarling, ed., *The Cambridge History of Southeast Asia: From Early Times to c. 1800*, Vol. 1, Cambridge: Cambridge University Press, 1992, pp. 1, 10.

③ ［美］本尼迪克森·安德森：《椰壳碗外的人生》，徐德林译，上海人民出版社2018年版，第43页。

从缅甸延伸到暹罗（泰国）和法属印度支那再到菲律宾、从北部的中国台湾延伸到南部的荷属东印度的广阔地区。1943 年，他出版专著《东南亚的教育进步》（*Educational Progress in South-East Asia*），专题研究东南亚的教育问题。[1] 当年，泰国学者肯尼斯·兰登（Kenneth P. Landon）撰文《东南亚的民族主义》（Nationalism in Southeast Asia），探讨东南亚的缅甸、泰国、印度支那和马来亚等地民族主义的相似性及其与国际政治的关系。兰登早年主要从事东南亚国家的移民问题，并与美国太平洋关系研究所和芝加哥大学远东国际关系研究学者保持着密切的合作关系。他在 1941 年出版的专著《泰国的华人》"前言"中已经使用"东南亚"（Southeast Asia）这一术语。1947 年，他在其出版的专著《东南亚：十字路口的宗教》（*Southeast Asia: Crossroads of Religions*）中再次使用该术语研究东南亚的宗教问题。[2] 同样是在 1943 年，印度历史学家兼外交官 K. M. 帕尼卡（K. M. Panikkar）出版专著《东南亚的未来》（*The Future of South-East Asia*），展望了战后的东南亚必将由独立国家组成，这是关于新兴区域国际关系的第一批重要著作之一。帕尼卡提议在东南亚区域权威的基础上，印度和印度尼西亚以及澳大利亚、英国合作建立一个"集体安全"体系。蒂姆·赫胥黎（Tim Huxley）认为，帕尼卡应是首位在国际关系研究中使用英文"东南亚"术语的学者。[3]

著名东南亚外交史研究专家拉塞尔·法菲尔德（Russell H. Fifield）认为，20 世纪 40 年代初，海涅—格尔德恩在美国东南亚研究方面做出了开创性工作。1941 年春，海涅—格尔德恩就东南亚研究向美国学术协会

---

[1] 参见 J. S. Furnivall, *Colonial Policy and Practice: A Comparative Study of Burma and Netherlands India*, Cambridge: The Cambridge University Press, 1948, pp. ix-xii, 557; J. S. Furnivall, "Political Education in the Tropical Far East," *The Political Quarterly*, Vol. 17, No. 2, 1946, pp. 123 – 33; J. S. Furnivall, "The Political Economy of the Tropical Far East," *Journal of the Royal Central Asian Society*, Vol. 29, Nos. 3 – 4, 1942, pp. 195 – 210.

[2] Anthony Reid, "A Saucer Model of Southeast Asian Identity," *Southeast Asian Journal of Social Science*, Vol. 27, No. 1, 1999, pp. 15, 21; Kenneth P. Landon, *The Chinese in Thailand*, New York: Secretariat, Institute of Pacific Relations, 1941, vi; Kenneth Perry Landon, "Nationalism in Southeastern Asia," *The Far Eastern Quarterly*, Vol. 2, No. 2, 1943, pp. 139 – 152.

[3] Tim Huxley, "Southeast Asia in the Study of International Relations: The Rise and Decline of a Region," *The Pacific Review*, Vol. 9, No. 2, 1996, pp. 203 – 204.

理事会提交了一份备忘录。1942年5月22日,美国东印度研究所请他到美国各大学和学院对有关东南亚的课程进行调查。1942年6月和7月,他共收到992份询问的359份答复。随后,他在题为"美国高校东南亚研究述评"的调查报告中指出:"在东南亚一词之下,我们包括了整个远印度(缅甸、暹罗、法属印度支那、马来亚),马来群岛(荷属东印度群岛、英属婆罗洲)和菲律宾。"他的研究成果于1943年8月发表,为美国东南亚研究和教学提供了开创性记述。在之前的1942年11月,海涅—格尔德恩在《远东季刊》上发表了一篇关于东南亚的文章。该文后来经修改被纳入康奈尔大学东南亚项目,并以"东南亚国家和王权观念"(Conception of State and Kingship in South-East Asia)为题发表。康奈尔大学的东南亚研究机构成为美国首个专门研究东南亚的新学术组织。由此,海涅—格尔德恩作为东南亚研究的主要奠基人"帮助贴上了东南亚的标签"。[①] 与此同时,美国学者维克多·珀塞尔(Victor Purcell)在东南亚概念下研究马来半岛"跨国共同体"的互动问题。珀塞尔曾在英属马来亚、盟军东南亚司令部和联合国亚远经委会等处任职。他于1948年和1949年先后出版《马来亚的华人》和《东南亚的华人》两本著作,专题研究了东南亚的华人与马来人围绕马来亚/新加坡地区交通枢纽的互动所引发的内聚性。珀塞尔与康奈尔大学东南亚项目保持着重要联系,成为东南亚研究"博学的先驱们"[②]。

在关于东南亚历史的早期研究中,法国东方学家乔治·赛代斯(George Coedès)做出了开创性贡献。赛代斯历任曼谷暹罗国家图书馆馆长和河内法国远东学院院长等职。他在东南亚度过30余年,专门从事东南亚历史研究。1944年,他在河内出版专著《远东印度化国家古代史》,阐明了东南亚印度观点与印度本身的相似性和差异性。该书于1948年和

[①] Russell H. Fifield, "Southeast Asian Studies: Origins, Development, Future," *Journal of Southeast Asian Studies*, Vol. 7, No. 2, 1976, p. 152; Donald K. Emmerson, "Southeast Asia: What's in a Name?" *Journal of Southeast Asian Studies*, Vol. 15, No. 1, 1984, p. 6; Robert Heine-Geldern, "Conceptions of State and Kingship in Southeast Asia," *The Far Eastern Quarterly*, Vol. 2, No. 1, 1942, pp. 15 – 30.

[②] Anthony Reid, "A Saucer Model of Southeast Asian Identity," *Southeast Asian Journal of Social Science*, Vol. 27, No. 1, 1999, pp. 9, 11, 21 – 22.

1964 年两度再版后,书名被改为《印度支那和印度尼西亚的印度化国家》,而后的英文版将书名改为《东南亚的印度化国家》。该书从区域文化角度使用"外印度"(Farther India)称呼东南亚这一地理区域,其范围涵盖菲律宾以外的印度尼西亚或岛屿东南亚和印度支那半岛或恒河以远的印度,其中包括马来半岛和缅甸,但不包括只是作为印度和孟加拉延伸部分的阿萨姆,以及其历史发展不受印度影响的越南北部地区。① 赛代斯所言"外印度"虽实为印度文化影响范围的"大印度"(Greater India),但他首次将东南亚早期历史作为一个整体呈现出来,对思考和研究都有极大的启发。② 与此同时,美国亚洲关系协会主持、洛克菲勒基金会和柯立芝基金会资助了一个东南亚研究项目。1944 年 4 月,基于该项目收集整理的资料,简·布洛克(Jan O. M. Broek)撰文《东南亚多样性和统一性》,首次从经济地理和文化角度对东南亚区域多样性和统一性进行了整体的专题研究。布洛克将东南亚界定为"中国、印度和澳大利亚之间的土地",并展示了六张"东南亚地图"阐述了东南亚的自然地理、人口、语言和宗教的分布情况,其地理范围包括缅甸、泰国、法属印度支那、马来亚及西起苏门答腊岛、东至班达海外围的"南部群岛"和北起台湾岛南、穿越菲律宾群岛、南到苏拉维西群岛及哈马黑拉岛的"北部群岛"弧线内的广大地区,包括菲律宾群岛、婆罗洲、苏门答腊岛、爪哇岛、巴厘岛、松巴岛、帝汶岛、苏拉威西岛、马鲁古群岛和西新几内亚等。③

1945 年 5 月,欧洲战事结束后,荷兰的阿姆斯特丹大学设立了南亚东南亚社会与当代史教职和南亚东南亚研究团队。比利时的布鲁塞尔自由大学也设立了东南亚及远东研究中心。1946 年,英国伦敦大学创建的

---

① [法] G. 赛代斯:《东南亚的印度化国家》,蔡华、杨保筠译,商务印书馆 2008 年版,"译者前言"第 1—2 页。关于"外印度"(东南亚)地理范围的原文详见 George Cœdès, *The Indianized States of Southeast Asia*, Edited by Walter F. Vella, Translated by Susan Brown Cowing, Canberra: Australian National University Press, 1975, ivi.

② D. G. E. Hall, "The Integrity of Southeast Asian History," *Journal of Southeast Asian Studies*, Vol. 4, No. 2, 1973, pp. 161 – 162; D. G. E. Hall, *A History of South-East Asia*, Fourth Edition, London: The Macmillan Press, 1981, p. xxviii.

③ 参见 Jan O. M. Broek, "Diversity and Unity in Southeast Asia," *Geographical Review*, Vol. 34, No. 2, 1944, pp. 175 – 189.

东方与非洲研究院设立了首个东南亚研究项目。1947年，在卡内基基金会的资助下，美国耶鲁大学建立了首个东南亚研究综合项目。四年后，在洛克菲勒基金会的资助下，美国康奈尔大学启动了东南亚项目。该项目成为东南亚研究领域最具影响力的项目。1949年，伦敦大学东方与非洲研究院设立了首个东南亚史教职和新的东南亚与群岛系，由曾在缅甸仰光大学任教多年的丹尼尔·霍尔（D. G. E. Hall）担任这一教职和该系的执行主任。而后，霍尔吸纳了赛代斯等人的研究成果，出版了世界首部东南亚历史研究名著——《东南亚史》。从此，东南亚作为一个区域整体的合适性越来越被人们所接受。这些学术先驱的知识贡献在很大程度上培育和强化了东南亚概念和区域意识。[1] 这些学者跨越大陆东南亚和海岛东南亚的自然区隔，进而将东南亚作为一个由印度和中国切割的整体来看待。这是欧美学术界第一次正式建制性地、明确定义地使用了东南亚这个概念。[2] 奥斯本解释说，过去人们一直认为东南亚区域受外部尤其是印度和中国文化价值观的塑造，现在学者同样关注本土文化传统的力量和重要性，并开始强调缅甸人、柬埔寨人、印度尼西亚人以及其他国家的人在多大程度上适应了那些外来思想，以适应他们自己的需要和价值观。由此，东南亚国家被视为独立文化单元的基本权利得到普遍确立。[3]

东南亚概念在政治—军事上的最初命名和话语建构主要基于美国、英国等与东南亚政治经济紧密联系的西方大国出于自身的军事和政治需要而赋予东南亚这一特定名称和边界。一个具有共识性的观点是，作为

---

[1] 参见 Russell H. Fifield, "Southeast Asian Studies: Origins, Development, Future," *Journal of Southeast Asian Studies*, Vol. 7, No. 2, 1976, pp. 154 – 155; Anthony Reid, "A Saucer Model of Southeast Asian Identity," *Southeast Asian Journal of Social Science*, Vol. 27, No. 1, 1999, pp. 9 – 16, 21; Amitav Acharya, "Imagined Proximities: The Making and Unmaking of Southeast Asia as a Region," *Southeast Asian Journal of Social Science*, Vol. 27, No. 1, 1999, p. 63; J. D. Legge, "The Writing of Southeast Asian History," in Nicholas Tarling, ed., *The Cambridge History of Southeast Asia: From Early Times to c. 1800*, Vol. 1, Cambridge: Cambridge University Press, 1992, pp. 1 – 2; D. G. E. Hall, *A History of South-East Asia*, Fourth Edition, London: The Macmillan Press, 1981.

[2] 包茂红：《国际东南亚研究的演变：以东南亚史研究为中心》，载《陕西师范大学学报》（哲学社会科学版）2021年第2期，第97页。

[3] Milton Osborne, *Southeast Asia: An Introductory History*, 12th edition, Sydney: Allen & Unwin, 2016, p. 6.

第一章　战后东南亚区域合作的历史背景　/　131

具有积极身份的整体区域概念，东南亚首次出现于盟军成立的东南亚司令部。① 如前所述，盟军成立的东南亚司令部不但在二战后期及二战后初期盟国对东南亚的区域管理中承担了军事和政治职能，而且首次界定并拓展了东南亚的地理边界。另外，这一时期，美国国务院和英国外交部相继设立了东南亚部，在对外政策领域承认东南亚为"一个独特的区域"。美国官方使用自己的东南亚（Southeast Asia）术语加以表达，而不再沿用英国官方的东南亚（South-East Asia）称呼；英国政府于1946年3月设立东南亚特委会，正式启动其"东南亚区域合作"动议。这些都有利于强化东南亚的名称和属性。东南亚概念随之快速形成并被合法化。② 这正如霍尔在其出版的《东南亚史》开篇所言，东南亚作为一个在第二次世界大战期间被广泛使用的术语，用来描述由中南半岛构成的东部亚洲大陆的领土和包括印度尼西亚及菲律宾在内的众多群岛。③ 这样，地理和政治在国际层次的结合使东南亚成为"世界上深具战略意义的区域之一"④。而东南亚司令部的创建、东南亚研究的进展以及非殖民化进程和东南亚区域概念被该区域政治精英所接受和拓展，被认为是东南亚作为一个区域实体演进和强化的重要的早期步骤。⑤ 这些重大政治和战略认识的变化不可避免地对学术研究产生了根本性影响。此后，欧美和亚洲国家大量的东南亚研究计划和东南亚研究中心应运而生。东南亚的地理规模亦被诸多区域研究专家和政策决策者所普遍接受，以至于东南亚不再

---

① Nicholas Tarling, *Regionalism in Southeast Asia: To Foster the Political Will*, New York: Routledge, 2006, p. 63.

② 参见 Russell H. Fifield, "Southeast Asia as a Regional Concept," *Asian Journal of Social Science*, Vol. 11, No. 1, 1983, pp. 3 – 5; Donald K. Emmerson, "Southeast Asia: What's in a Name?" *Journal of Southeast Asian Studies*, Vol. 15, No. 1, 1984, pp. 7 – 8; Amitav Acharya, "Imagined Proximities: The Making and Unmaking of Southeast Asia as a Region," *Southeast Asian Journal of Social Science*, Vol. 27, No. 1, 1999, p. 63.

③ D. G. E. Hall, *A History of South-East Asia*, Fourth Edition, London: The Macmillan Press, 1981, p. 3.

④ Russell H. Fifield, *The Diplomacy of Southeast Asia 1945 – 1958*, New York: Harper, 1958, p. 2.

⑤ 参见 Russell H. Fifield, "Southeast Asian Studies: Origins, Development, Future," *Journal of Southeast Asian Studies*, Vol. 7, No. 2, 1976, pp. 151 – 161; Amitav Acharya, *The Making of Southeast Asia: International Relations of a Region*, Singapore: ISEAS Publishing, 2012, pp. 12 – 13.

被视为南部亚洲或东部亚洲的一部分。这成为东南亚区域概念发展的一个关键因素。[①]

二战后东南亚区域变革进程中的统一性或趋同性,不仅仅体现了来自学界和政府等外部行为体所建构的东南亚概念的地理边界及其社会—文化和军事—政治属性,更体现出伴随着东南亚民族独立和国家自主而初步形成的统一的现代民族国家体系。这场实现民族独立和国家新生的优势性推动力量综合了西方和东南亚自身的价值观,既有旧秩序的延续,又有新秩序的构建。在实际中,他们声称被作为殖民地统治的人口和领土拥有其独立的生存权利,追求维护一组特定民族在特定区域内生活的国家目标,并形成一个共同特征,即在原有西方殖民帝国的疆界内依照源自西方普遍性的"主权平等"原则创建或重建新的"民族国家"。这俨然成为20世纪中叶东南亚政治的"独特的合法性模式"[②]。这种民族国家构建的进程产生于通常以殖民大国强行联合起来并进行管理的领土为基础的多族群的异质人群,亦即其领土单元和统一的政治权威及中央官僚行政机构主要延续并源自于原殖民政权,而那些具有不同民族特性的异质人群缺乏需要保护的共同而独特的文化认同,其主要目标是接管外国人的政治机构,并运用其行政单元作为新规划的现代民族国家的根基,故通常被称为"领土民族主义"(territorial nationalism)或"没有民族的民族主义"(nationalisms without nations),如菲律宾、印度尼西亚、印度支那、缅甸等。[③]

"领土民族主义"实际上是一种以族群为基础的"多族群的或帝国

---

① Amitav Acharya, "Imagined Proximities: The Making and Unmaking of Southeast Asia as a Region," *Southeast Asian Journal of Social Science*, Vol. 27, No. 1, 1999, p. 64; Donald K. Emmerson, " 'Southeast Asia': What's in a Name?" *Journal of Southeast Asian Studies*, Vol. 15, No. 1, 1984, pp. 8 – 9; 包茂红:《国际东南亚研究的演变:以东南亚史研究为中心》,载《陕西师范大学学报》(哲学社会科学版) 2021年第2期,第97页。

② 参见 Milton Osborne, *Southeast Asia: An Introductory History*, 12th edition, Sydney: Allen & Unwin, 2016, pp. 133 – 134; Nicholas Tarling, *Nationalism in Southeast Asia: "If the People Are with Us,"* New York: Routledge Curzon, 2004, pp. 86 – 142; Anthony Reid, *Imperial Alchemy: Nationalism and Political Identity in Southeast Asia*, Cambridge: Cambridge University Press, 2010, pp. 1 – 3.

③ 参见 Paul Kratoska, "Nationalism and Modernist Reform," in Nicholas Tarling, ed., *The Cambridge History of Southeast Asia: The Nineteenth and Twentieth Centuries*, Vol. 2, Cambridge: Cambridge University Press, 1992, pp. 255 – 290.

的"（multi-ethnic or imperial）"国家民族主义"（state nationalism）或"官方民族主义"（official nationalism）。① 东南亚民族建构进程中还有一支被称作"族群民族主义"（ethnic nationalism）的重要力量，其主要在具有语言、制度、习俗和宗教等共同的独特文化以及集体名字、共同祖先神话、共同历史传统、明显团结意识并与神圣的祖地相联系的人群中展开。这种民族主义运动中最有影响的一部分亦将"领土民族主义"作为指导思想，在"帝国"领土范围内活动并得到合法性承认，从而赋予"领土民族主义"一种族群特色，如马来亚的马来人、缅甸的缅族人、柬埔寨的高棉人、越南的越南人、暹罗（泰国）的泰人等；而其领土内的其他族群则被界定为少数族群（ethnic minorities），如缅甸的克伦族人、掸族人、泰国的北大年人，菲律宾的摩洛族人，马来亚的华人等。这些处于弱势地位的少数族群因规模太小或缺乏足够的资源，以至于无法凭自身力量建立一个政治实体；一些族群民族主义只能谋求在一个更大的政治实体中确保自身的群体地位。② 另外，在当代东南亚殖民化、非殖民化和后殖民化多重历史背景下，东南亚民族主义运动中"国家民族主义""族群民族主义"具有明显的反殖民主义和反帝国主义色彩，形成一种具有明显区域特征的"反帝民族主义"（anti-imperial nationalism）。在现实中，他们一边谋求撤销将土著居民置于社会分层底部的种族等级和权力结构，一边试图保持合作的精英阶层、外来移民和西方人更高的社会地位，以至于他们与原殖民帝国保持着密不可分的联系。③

东南亚民族国家建设进程中的上述历史经历赋予这一新生的民族国

---

① 参见 Anthony Reid, *Imperial Alchemy: Nationalism and Political Identity in Southeast Asia*, Cambridge: Cambridge University Press, 2010, pp. 5 – 6; Benedict Anderson, *Imagined Communities: Reflections on the Origin and Spread of Nationalism*, Revised Edition, London: Verso, 1991, pp. 83 – 111.

② 参见 Anthony D. Smith, *The Ethnic Origins of Nations*, Oxford: Blackwell Publishing, 1986, pp. 22 – 31; Anthony D. Smith, *National Identity*, London: Penguin Books, 1991, pp. 20 – 21, 81 – 83; Anthony Reid, *Imperial Alchemy: Nationalism and Political Identity in Southeast Asia*, Cambridge: Cambridge University Press, 2010, pp. 5 – 8; Paul Kratoska, "Nationalism and Modernist Reform," in Nicholas Tarling, ed., *The Cambridge History of Southeast Asia: The Nineteenth and Twentieth Centuries*, Vol. 2, Cambridge: Cambridge University Press, 1992, pp. 256 – 257, 291 – 319.

③ Maitrii Aung-Thwin, "Nationalism and Post-Colonial Identity in Southeast Asia," in Norman G. Owen, ed., *Routledge Handbook of Southeast Asian History*, New York: Routledge, 2014, pp. 76 – 79.

家体系两种显著的共同特性：一是在边界上，这些国家基本上固定在原殖民帝国的疆界内，即使出现一些边界纠纷亦主要由原宗主国与当事国及其他相关大国协商裁决。如菲律宾与印度尼西亚和马来亚的疆界、泰国与缅甸、马来亚和印度支那三国的疆界、印度尼西亚与菲律宾和马来亚的疆界等。这使得东南亚新的民族国家的建构事实上局限于原殖民帝国疆界之内，所有试图以历史、文化和意识形态的名义改变这一疆界的努力均以失败而告终，包括"泛（大）泰""泛（大）印度尼西亚""泛（大）马来亚"等"泛（大）民族主义"[1]。印度尼西亚研究专家廖建裕（Leo Suryadinata）认为，这种源自"殖民国家"（colonial states），而后基于殖民边界发展而来的"东南亚国家"，事实上并非西方语境中的"民族—国家"（nation-states），而是一种具有明显本地特征的"国家—民族"（state-nations）。[2] 这使得国际边界成为东南亚国家"独立后时期争议最小的问题"。除了菲律宾对北婆罗洲（今沙巴）的主权主张和多国对南海地区南沙群岛的主权主张之外，东南亚国家间鲜有严重的领土争端。这也在客观上造就了东南亚国家间边界的持续稳定性。[3]

二是在国际规范上，这些国家的独立进程和独立之后都自觉地接纳源自西方的国际法框架，主要是《联合国宪章》所确定的国际规则体系和规范框架。二战后，不管是新生的泰国还是谋求独立和获得独立的其他国家，它们最初都积极谋求联合国组织的支持和联合国成员国资格。尤其是首批获得国家新生和独立地位的泰国、菲律宾、缅甸和印度尼西亚率先加入联合国，主动融入西方主导的二战后世界秩序。

菲律宾在美国的支持下，在独立前其自治政府的国际合法性便得到了承认。早在1944年7月，受美国与英国、苏联和中国商洽后邀请，菲律宾自治政府代表参加了在美国新罕布什尔布雷顿森林举行的联合国

---

[1] 参见 Anthony Reid, *Imperial Alchemy: Nationalism and Political Identity in Southeast Asia*, Cambridge: Cambridge University Press, 2010, pp. 1 – 3.

[2] Leo Suryadinata, *The Making of Southeast Asian Nations: State, Ethnicity, Indigenism and Citizenship*, Singapore: World Scientific, 2015, p. 23.

[3] C. M. Turnbull, "Regionalism and Nationalism," in Nicholas Tarling, ed., *The Cambridge History of Southeast Asia: The Nineteenth and Twentieth Centuries*, Vol. 2, Cambridge: Cambridge University Press, 1992, p. 591.

家货币金融会议（又称"布雷顿森林会议"，The Bretton Woods Conference），与其他43个国家的政府代表共同签署了《布雷顿森林协定》（The Bretton Woods Agreement），并获准与其他主权国家一起成为依此协定成立的国际货币基金组织（The International Monetary Fund, IMF）和国际复兴开发银行［又称"世界银行"（The World Bank, WB）］的成员。1945年4—6月，在美国政府的邀请下，菲律宾自治政府代表参加了在美国旧金山举行的关于国际组织的联合国大会，与其他49个国家的政府代表共同签署了《联合国宪章》和《国际法院规约》（The Statute of the International Court of Justice）。[①] 会上，作为亚洲战后预期将获得独立的第一个殖民地自治政府，菲律宾代表团就殖民地人民的政治权利、小国的安全问题、安理会的投票程序等重要议题提出了自己的建议，与亚洲其他国家政府代表分享了殖民地实践经验。1945年8月，菲律宾国会通过决议批准了《联合国宪章》，完成了授权政府批准条约的首次宪政实践。当年10月，《联合国宪章》生效，菲律宾以非主权国家身份成为联合国创始会员国。同月，菲律宾国会通过决议第二次授权政府决定正式加入国际货币基金组织和世界银行。11月，菲律宾代表还参加了在英国伦敦举行的领导联合国经济社会理事会（UNESCO）成立大会。[②] 到1948年1月，菲律宾业已加入联合国教科文组织（The United Nations Educational, Scientific and Cultural Organization, UNESCO）、联合国粮农组织（The Food and Agriculture Organization of the United Nations, FAO）、国际民航组织（The International Civil Aviation Organization, ICO）、国际劳工组织（The International Labour Organization, ILO）、非自治领土委员会（The Committee on Non-Self-Governing Territories）、人

[①] 参见 United States Department of State, *Foreign Relations of the United States Diplomatic Papers*, 1944, Vol. 2: *General, Economic and Social Matters*, Washington, D. C.: United States Government Printing Office, 1967, pp. 106 – 135; United States Department of State, *Foreign Relations of the United States Diplomatic Papers*, 1945, Vol. 1: *General, The United Nations*, Washington, D. C.: United States Government Printing Office, 1967, pp. 1, 154.

[②] United States Department of State, *Foreign Relations of the United States Diplomatic Papers*, 1945, Vol. 6: *The British Commonwealth, the Far East*, Washington, D. C.: United States Government Printing Office, 1969, p. 1194; Milton W. Meyer, *A Diplomatic History of the Philippine Republic*, Hawaii: University of Hawaii Press, 1965, pp. 24 – 26.

权委员会（The Commission on Human Rights）、信息及新闻自由次委员会（The Sub-commission on Freedom of Information and the Press）以及谈判中的国际贸易组织（The International Trade Organization）和新近成立的朝鲜委员会、巴勒斯坦委员会等国际组织。① 至此，菲律宾追随美国成为其主导的二战后世界秩序的重要成员。

泰国在1946年1月1日与英国签订的《关于结束战争状态的协定》中已同意，为保障马来亚、缅甸、印度、印度支那及印度洋、西南太平洋地区的安全，通过联合国组织或联合国安理会支持的所有与泰国和上述国际和地区相关的国际安全安排展开全面的国际合作。② 随后，泰国便申请加入联合国。1946年12月15日，第一届联合国大会第67次全体会议通过决议，同意接受泰国的申请和联合国安理会的建议，准许泰国成为联合国成员国。③ 缅甸根据《英缅条约》于1948年1月4日宣布正式独立后也申请加入联合国。4月19日，联合国大会特别会议第131次全体会议通过决议，同意接受缅甸的申请和联合国安理会的建议，准许缅甸成为联合国成员国。④

印度尼西亚在争取独立的过程中一直得到联合国的支持，相信联合国在其独立事业和国际争端解决中的重要作用，故将参与联合国等国际组织和国际主义原则作为其对外政策的重要工具。印度尼西亚与荷兰于1949年11月2日签署的《海牙圆桌会议协定》规定，荷兰应支持印度尼

---

① "Message of His Excellency Manuel A. Roxas President of the Philippines to the Congress on the State of the Nation," State of the Nation Address, 26 January 1948, Official Gazette of the Republic of the Philippines, https://www.officialgazette.gov.ph/1948/01/26/manuel-roxas-the-nation-on-the-road-to-prosperity-third-state-of-the-nation-address-january-26-1948/.

② 参见"Agreement between the United Kingdom of Great Britain and Northern Ireland, India and Siam for the Termination of the State of War," Singapore, 1 January 1946, in United Nations, Treaty Series—Treaties and International Agreements Registered or Filed and Recorded with the Secretariat of the United Nations, Vol. 99, No. 1375, 1951, pp. 131-147, United Nations Treaty Series Online, https://treaties.un.org/doc/Publication/UNTS/Volume%2099/v99.pdf.

③ United Nations, "Admission of Siam to Membership in the United Nations," General Assembly, Document A/RES/101（I）, 15 December 1946, https://documents-dds-ny.un.org/doc/RESOLUTION/GEN/NR0/033/52/PDF/NR003352.pdf?OpenElement.

④《准许缅甸联邦加入联合国事》，联合国大会，文件A/RES/188（S-2），1948年4月19日，联合国网站，https://www.un.org/chinese/ga/spec/2/ar188.pdf。

西亚联邦共和国成为联合国成员国。① 对此,印度尼西亚驻联合国观察员帕拉尔(L. N. Palar)表示,印度尼西亚问题的解决是联合国所取得的重要成就,这显示出联合国的权力来自"人民争取和平的联合决定",而这种决定可以克服更大的障碍并赋予联合国机构解决许多世界问题的能力。随后,印度尼西亚将参与国际组织的条款写入其制定的临时宪法。② 这样,印度尼西亚在荷兰主权移交后便申请加入联合国,并发布宣言宣布愿意接受《联合国宪章》所规定的义务。1950年9月28日,第三届联合国大会第289次全体会议通过决议,同意接受印度尼西亚的申请和联合国安理会的建议,准许印度尼西亚加入联合国。印度尼西亚遂成为联合国的第60个成员国。③ 10月24日,印度尼西亚外交部发表声明,将联合国诞生的这一天称作"世界历史中最重要的日子",并表示印度尼西亚获取国际集团成员资格的数量展示出其对世界政治、经济和文化活动的广泛参与。这些集团包括国际劳工组织、联合国教科文组织、世界卫生组织(World Health Organization, WHO)、联合国粮农组织、国际电信联盟(The International Telecommunication Union, ITU)、国际民航组织、万国邮政联盟(The Universal Postal Union, UPU)、国际小麦理事会(The International Wheat Council, IWC)以及锡研究集团、橡胶研究集团和糖业理事会等。苏加诺强调,印度尼西亚作为"联合国忠实的成员",其对外政策立场和国际地位可以成为世界和平与紧张关系的"一个稳定化因素"④。

---

① "The Round-Table Conference Agreement between the Government of the Kingdom of the Netherlands and the Government of the Republic of Indonesia: Covering Resolution, with the Attached Agreements and Exchanges of Letters Accepted at the Second Plenary Meeting of the Round-Table Conference, at the Hague, on 2 November 1949," in United Nations, *Treaty Series—Treaties and International Agreements Registered or Filed and Recorded with the Secretariat of the United Nations*, Vol. 69, No. 894, 1950, p. 273, United Nations Treaty Series Online, https://treaties.un.org/doc/Publication/UNTS/Volume%2069/v69.pdf.

② Dunning Idle IV, "Indonesia's Independent and Active Foreign Policy," Ph. D. Dissertation, Yale University, 1956, p. 301.

③ United Nations, "Admission of the Republic of Indonesia to Membership in the United Nations," General Assembly, Document A/RES/491 (V), 28 September 1950, https://documents-dds-ny.un.org/doc/RESOLUTION/GEN/NR0/060/89/PDF/NR006089.pdf?OpenElement.

④ Dunning Idle IV, "Indonesia's Independent and Active Foreign Policy," Ph. D. Dissertation, Yale University, 1956, pp. 305, 308.

东南亚这些国家加入联合国并接受《联合国宪章》基本原则及其作为成员国应尽的义务,既使得它们从此成为国际范围内得到广泛承认的"法理上的国家",又为那些普遍的国际规范经由它们的对外政策和区域合作而"地方化"提供了有利条件。《联合国宪章》基本原则成为东南亚民族独立和国家自主性诉求及参与国际事务所依据的基本准则。菲律宾作为东南亚国家唯一的联合国创始会员国,在联合国创建及其运行初期对殖民地人民和小国表示同情和支持。比如,最初各国讨论《联合国宪章》的措辞时,大国试图将非自治民族仅仅看作希望实现自治的表达纳入宪章,而罗慕洛率领的菲律宾代表团则要求使用独立而非自治的词语,遭到英国、法国和苏联的反对,但美国放弃对这一诉求的否决,最终菲律宾的建议被采纳。1945年12月,菲律宾参议院通过了一项决议,"表达菲律宾人民对印度尼西亚人民争取自由和独立的同情"。1950年3月,罗慕洛以联合国大会主席的名义给美国国务卿迪安·艾奇逊(Dean Acheson)写信,谴责美国承认越南保大政府的决定,他将保大称作"法国殖民主义的傀儡",并表示美国支持保大就是赞同"已证实的殖民帝国主义罪恶"[1]。其实,早在1948年1月,菲律宾总统罗哈斯在菲律宾国会发表国情咨文时就曾宣称:"我们最大的安全在于联合国组织维护世界和平的计划和努力的成功。我们正在积极地与这些计划合作。我们在该组织的代表为他自己和我们国家赢得了作为和平和被压迫人民的自由捍卫者的世界承认。"[2] 菲律宾政府认为,在动荡的年代,小国的安全是恶化的,而"非独立民族获得自由和独立的权利"是其基本原则之一,并期待"殖民主义不可避免地消亡"。在现实中,菲律宾重视联合国,认为联合国是"过去常常没有发言权的小国"的一个机构,并在这个世界组织中明确表达对东南亚国家反殖民的支持立场。[3]

---

[1] Lisandro E. Claudio, *Liberalism and the Postcolony: Thinking the State in the 20th-Century Philippines*, Singapore: NUS Press, 2017, pp. 91 – 93; Jean-Luc Vellut, "Asian Policy of the Philippines, 1935 – 1963," Ph. D Dissertation, The Australian National University, 1964, p. 39.

[2] "Message of His Excellency Manuel A. Roxas President of the Philippines to the Congress on the State of the Nation," State of the Nation Address, 26 January 1948, Official Gazette of the Republic of the Philippines, https://www.officialgazette.gov.ph/1948/01/26/manuel-roxas-the-nation-on-the-road-to-prosperity-third-state-of-the-nation-address-january-26-1948/.

[3] Russell H. Fifield, "Philippine Foreign Policy," *Far Eastern Survey*, Vol. 20, No. 4, 1951, pp. 34, 37.

1950年5月，罗慕洛在访问印度尼西亚时，不但承诺支持印度尼西亚申请联合国成员资格，还鼓励印度尼西亚"在维护东南亚的自由与和平中发挥关键作用"①。因此，菲律宾被美国政府称作"亚洲的殖民地人民"的"领导性代言人"；罗慕洛被称为"杰出的泛亚洲主义者"②，是"在东南亚和在世界上均享有声望的领导人"。这使得菲律宾在外交事务领域可以"充分表明它在世界小国中发挥领导作用的诉求"③。

泰国比里政府对其东南亚邻国的民族独立运动事业持积极立场。泰国外交部长巴尼莫松（Arthakiti Banomyong）于1949年9月20日首次参加联合国大会一般辩论时，阐述了泰国的总体对外政策。他说："暹罗人民称自己为'泰人'或自由人民；但作为真正的和平爱好者，不仅他们珍视自己享有的自由，而且他们希望看到其他人民也享有自由……所以，他们真诚地支持（联合国）宪章所体现的人民自决原则。"④ 泰国还在其修改后的1949年宪法中申明，泰国将保持国家独立并与其他各国合作促进世界和平；泰国愿意基于互惠原则与外国培育友好关系，并合作维持世界和平与国际正义。缅甸于1947年9月颁布的《缅甸联邦宪法》申明，缅甸联邦将"对国家间基于国际主义和道德的和平与友好合作理念做出贡献"，放弃将"战争作为国家政策工具"，并"接受普遍承认的国际法原则作为与外部国家关系的行为准则"⑤。缅甸总理吴努于1950年7月在谈及缅甸为何加入联合国时强调，缅甸加入联合国"并非因为我们热衷于获取金融或其他援助，而是因为我们需要联合国的保护，以免于我们的独立受到任何国家的威胁"。1950年9月，吴努在国会讲话中表示，缅甸政府政策的首要考虑是保护本国免于侵略，但缅甸无力自主建

---

① Dunning Idle IV, "Indonesia's Independent and Active Foreign Policy," Ph. D. Dissertation, Yale University, 1956, pp. 123 – 124.

② Lisandro E. Claudio, *Liberalism and the Postcolony: Thinking the State in the 20th-Century Philippines*, Singapore: NUS Press, 2017, p. 93.

③ Russell H. Fifield, "Philippine Foreign Policy," *Far Eastern Survey*, Vol. 20, No. 4, 1951, p. 38.

④ Monsak Jangariyawong, "Thailand in Southeast Asia: A Study of Foreign Policy 1945 – 1991," Ph. D Dissertation, Monash University, 2003, pp. 24 – 25.

⑤ Russell H. Fifield, *The Diplomacy of Southeast Asia* 1945 – 1958, New York: Harper, 1958, pp. 167, 232.

设充分的军备,就需要在受到侵袭时得到全球组织的支持。他说:"从有利的观点来看,我们认为当大组织在任何时间任何地点应对侵略者时,我们对联合国尽绵薄之力是一种相互责任。"①

在印度尼西亚加入联合国后,担任印度尼西亚常驻联合国代表的帕拉尔表示,感谢联合国在荷兰与印度尼西亚代表的讨论中增添了"和解与理性的精神",从而有助于印度尼西亚共和国的建立。② 1951年10月24日,苏加诺在联合国日纪念会上的演讲中明确表示:"我们是抱着一定的目的参加联合国的,相信联合国会员国对于世界和我们自己是有帮助的。"在他看来,联合国不仅会帮助印度尼西亚完成"国家建设和复兴的巨大任务",而且将有助于建立"一个和平的、充满着兄弟友谊和繁荣的世界",亦即"一个公平正义的世界"③。印度尼西亚还明确表示支持联合国采取措施和平解决朝鲜问题,并支持世界范围内的反殖民运动。④

二 东南亚国家政体和社会规范的统一性

二战后初期的东南亚区域变革既催生了整体的"东南亚"概念和统一的国家体系法律规范的外部建构,又推动了东南亚国家政体、政府行为模式和社会规范内生的区域统一性的形成。这主要体现在两个方面。一是从国内政体上看,这些国家多仿效西方政治理念和宪政安排,初步建立起一种新的民族国家建设所必需的"多元政治"体系。宪政安排是非殖民化时期东南亚新生的现代民族国家建设的一个动态而复杂的进程。其核心是制定一部新的宪法对国家政治体制做出法律安排,以便新生的独立国家从有限大众代表的殖民属地或保护国地位向完全独立的主权国家转型,并使议会治理体系能够充分发挥作用。这一治理体系的内容主要包括议会民主、两院制立法机构、内阁体系、权力分享原则、司法独

---

① Russell H. Fifield, *The Diplomacy of Southeast Asia 1945-1958*, New York: Harper, 1958, pp.177, 220.

② Dunning Idle IV, "Indonesia's Independent and Active Foreign Policy," Ph. D. Dissertation, Yale University, 1956, p.301.

③ [印尼]苏加诺:《向正义与和平前进》(1951年10月24日在联合国日纪念会上的演讲),载世界知识社编《苏加诺演讲集》,世界知识社1956年版,第74页。

④ Michael Leifer, *Indonesia's Foreign Policy*, London: George Allen & Unwin, 1983, p.28.

立和自由选举等理念。新的宪法亦可以成为通过稳定和平进程管理新生的国家政治生活的一种工具。由此，中止和修改宪法规定成为"民族主义政治的关键"①。二战后，新生的东南亚民族国家的创建终结或明显削弱了原有的王朝统治，并适用成文宪法，在不同程度上接纳了西方政治理念和宪政安排，效仿西方议会民主制度，走上了政治和经济现代化的发展道路②，从而实现了"名义上的民主治理"③。

菲律宾一走上自治和独立，便在美国的支持下建立起政党制、总统制和两院制等"美国化""多元政治"结构，从根本上废除了西班牙政教合一的殖民统治体制。这集中体现在1935年颁布的《菲律宾宪法》中。根据该宪法，菲律宾在结构上模仿了"美国模式"，实施行政、立法和司法"三权分立"的政治体系，但与之不同的是采用一院制的立法机构。该宪法弃绝将战争作为政策的工具。该宪法还部分参照美国的宪法，规定了促进社会正义的权利法案。1946年4月成立的菲律宾自治政府便是在美国监督下通过选举产生的，罗哈斯领导的自由党成为执政党。在这一进程中，菲律宾人参加殖民政府、争取民族独立、参与竞选、争取选民支持、掌握政权，都是通过政党组织进行的，以两党制为核心的政党政治成为菲律宾政治发展中"最常见和深入人心的一项内容"④。在菲律宾独立后，根据《美菲一般关系条约》，美国承认菲律宾共和国人民根据

---

① Joseph M. Fernando, "Constitutionalism and the Politics of Constitution-making in Malaya, 1956 – 1957," in H. Kumarasingham, ed., *Constitution-making in Asia: Decolonisation and State-building in the Aftermath of the British Empire*, New York: Routledge, 2016, p. 137; Nicholas Tarling, *Nationalism in Southeast Asia: "If the People Are with Us,"* New York: Routledge Curzon, 2004, pp. 166 – 167.

② 梁志明、李谋、吴杰伟：《多元、交汇、共生：东南亚文明之路》，人民出版社2011年版，第157—158页。

③ Paul Kratoska, "Southeast Asia from the Japanese Occupation to Independence," in Norman G. Owen, ed., *Routledge Handbook of Southeast Asian History*, New York: Routledge, 2014, p. 73.

④ 参见 Nicholas Tarling, *Nationalism in Southeast Asia: "If the People Are with Us"*, New York: Routledge Curzon, 2004, pp. 169 – 170; Eva-Lotta E. Hedman and John T. Sidel, *Philippine Politics and Society in the Twentieth Century: Colonial Legacies, Post-colonial Trajectories*, London: Routledge, 2000, pp. 16 – 17; Yong Mun Cheon, "The Political Structures of the Independent States," in Nicholas Tarling, ed., *The Cambridge History of Southeast Asia: The Nineteenth and Twentieth Centuries*, Vol. 2, Cambridge: Cambridge University Press, 1992, pp. 418 – 420；潘一宁等《国际因素与当代东南亚国家政治发展》，中国社会科学出版社2004年版，第54—56页；张锡镇《当代东南亚政治》，广西人民出版社1994年版，第67—68页。

其宪法所建立的政府对该国的权威和管控。[1]

泰国在二战结束后成立的自由泰政府实行君主立宪制,并于1946年1月举行了大选。当年5月,自由泰政府制定新的宪法,由两院制国会长老院(上议院)和人民代表会议(下议院)联合组成国会;所有议员经选举产生。新宪法还扩大了公民权利,并开放党禁,允许成立政党,人民团体和政党活动受到法律保护。泰国共产党取得合法地位。1947年,成立泰国工人联合会。两年后,其成员发展到6万人。泰国进入了政党政治新时代,至少在表面上维持了宪政民主体制。[2]

缅甸在独立前准备拟定宪法时就由昂山阐明了基本立场,即必须研究美国、英国和苏联所采用的政府形式,并将所有这些形式综合起来,从而建立一个"最适合缅甸人的新型民主政府"。随后,由临时政府制定通过的缅甸历史上的首部宪法——《缅甸联邦宪法》实际上是"英美的自由、法律、正义、国际合作民主理念和更现代的社会主义教义的混合体,包括经济领域的国家社会主义、免费初级教育、限制土地持有等"。该宪法在前言中以"主权人民"(the sovereign people)的名义宣布,在正义、自由和平等的永恒原则的基础上维持社会秩序,保证和保障所有公民在社会、经济和政治方面的公正,思想、表达、信仰、崇拜、职业、结社和行动的自由以及地位、机会和法律面前的平等。[3] 该宪法参考和吸收了欧美大国的宪法规定和提法,对缅甸国家和政府政治体制做出了具体安排。该宪法参考美国的宪法实践,采用基于大众主权原则的成文宪法,规定缅甸采用联邦制,并建立一个独立的、能够决定立法法规的人

---

[1] "The Treaty of General Relations between the United States of America and the Republic of the Philippines," Manila, 4 July 1946, in United Nations, *Treaty Series—Treaties and International Agreements Registered or Filed and Recorded with the Secretariat of the United Nations*, Vol. 7, No. 88, 1947, p. 4, United Nations Treaty Series Online, https://treaties.un.org/doc/Publication/UNTS/Volume%207/v7.pdf.

[2] 参见段立生《泰国通史》,上海社会科学院出版社2014年版,第241—245页;[美]戴维·K. 怀亚特《泰国史》,郭继光译,东方出版中心2009年版,第259—263页;Chris Baker and Pasuk Phongpaichit, *A History of Thailand*, Third Edition, Cambridge: Cambridge University Press, 2014, p. 141.

[3] Nicholas Tarling, *Nationalism in Southeast Asia: "If the People Are with Us"*, New York: Routledge Curzon, 2004, p. 175.

民主权司法系统，载有确立一项基本权利的声明；参考法国宪法的实践，设立名义上的国家元首，由两院选举产生；参考英国宪法的实践，规定了宪法的法律原则和司法程序；参考苏联宪法的实践，规定设立民族院（The Chamber of Nationalities）。该宪法规定，缅甸两院由下议院（人民院）和上议院（民族院）组成，缅甸联邦的行政权属于以总理为首的内阁组成的联邦政府，它对人民院负责。鉴于缅甸是一个多民族国家，该宪法非常重视保护多民族国家的统一和少数民族的权利，规定缅甸联邦的全部领土包括本部和四个少数民族自治邦及一个直属于联邦政府的少数民族特别区，即掸邦、克耶邦、克伦邦、克钦邦和钦族特别区。该宪法禁止民族歧视，规定少数民族聚居的各邦和特别行政区享有内政自治权。据此，缅甸独立后建立了议会民主制度和多党政治制度，开启了国内政治的"多党民主制"时期。①

印度尼西亚共和国在宣布独立后重新审议了印度尼西亚独立筹备调查委员会通过的西方草案。该宪法草案规定：独立后的印度尼西亚实行单一制，而非联邦制；总统由人民代表大会（The People's Congress）选举产生；内阁由总统任命，对总统负责。1945年8月29日，苏加诺解散了印度尼西亚独立筹备委员会，由印度尼西亚中央国家委员会取而代之。按照宪法草案过渡条款的规定，政府的常设代表机构、人民代表大会、代表会议和国务会议在选举成立前，由中央国家委员会协助总统行使职权。该宪法草案效仿荷兰的"整体主义"（integralism）政治理念，而不是法国和美国的实践，强调国家是一个有机的整体。② 据此，印度尼西亚共和国开始推行总统制内阁和多党政治，而后改为议会（总理）制内阁。尤其是在萨赫里尔担任总理期间，主张实行西式民主，建立多党制。1945年11月，印度尼西亚共和国政府发布通告，决定给予印度尼西亚人

---

① 参见 John F. Cady, *A History of Modern Burma*, Ithaca: Cornell University Press, 1958, pp. 559–565；贺圣达：《缅甸史》，云南人民出版社2015年版，第402—403页；祝湘辉、张添《缅甸政治转型研究》，中国社会科学出版社2019年版，第33页；廖亚辉、张添《当代缅甸族际关系与民族国家构建研究》，中国社会科学出版社2021年版，第88页。

② 参见 Nicholas Tarling, *Nationalism in Southeast Asia*: "*If the People Are with Us*", New York: Routledge Curzon, 2004, pp. 179–180；梁敏和《印度尼西亚史纲》，世界图书出版广东有限公司2019年版，第161—162、172页。

民成立政党的机会。截至1946年1月，已成立马斯友美党（Masjumi Party）、印度尼西亚共产党、印度尼西亚工人党、平民党、印度尼西亚社会党、印度尼西亚基督教党、社会人民党、印度尼西亚共和国天主教党、印度尼西亚马尔哈恩人民联盟、印度尼西亚民族党十个主要政党。1950年8月，印度尼西亚共和国成立后，颁布统一的印度尼西亚临时宪法，将议会民主制和多党政治用法律固定下来。在这一制度框架中，经过多党竞争，由议会中的多数党组成内阁，内阁向一院制的立法机构负责；总统虽有权解散议会，但必须在30天内选举产生新的议会，总统的一切行政命令及作为武装部队总司令的命令必须获得内阁部长的许可。印度尼西亚共和国沿用多数政治家支持的议会（总理）制内阁，继续推行西方模式的多党民主制。西式议会民主制度成为印度尼西亚的基本政治制度。①

马来亚在1946年1月英国推出的马来亚联盟计划中已获准实施新的宪政安排，并按照出生地原则，不分族群或信仰，广泛实施公民权方案，将公民权授予符合资格要求的人士，非马来人与马来人享有同等的政治权利。1947年12月，英国政府、马来各邦苏丹和巫统联合制定的马来亚联合邦新宪法草案确定成立马来亚联合邦行政会议和立法议会，其成员主要由马来亚苏丹组成。行政会议协助高级专员处理各州政府事务，维护马来亚人的特殊地位和其他族群的合法利益；立法议会控制所有重大事项尤其是财政，马来亚人在其中占据主导地位；马来苏丹继续拥有对宗教事务和马来风俗习惯相关事务的主权权利。新宪法扩大了马来苏丹的权力，规定马来亚各州设有州议会和行政会议，由马来苏丹担任主席，负责各州立法和行政事务。马来亚联合邦新宪法草案得到巫统和马来苏丹的全力支持。1948年2月，马来亚联合邦成立，实施新的宪政安排。马来亚联合邦的成立联合了马来上层人物，可以确保马来人的特权，并在一定程度上强化了"马来亚意识"。因此，马来族群对新宪政安排甚为

---

① 参见 Adrian Vickers, *A History of Modern Indonesia*, Second edition, Cambridge：Cambridge University Press, 2013, pp.125–126；梁敏和《印度尼西亚史纲》，世界图书出版广东有限公司2019年版，第172—180、200、204页；张锡镇《当代东南亚政治》，广西人民出版社1994年版，第180—181页。

满意，视之为"马来人的胜利"。从此，非马来人的地位持续被削弱，不再有能力挑战"马来人政治主权"地位。① 马来亚在走向自治过程中亦出现多党政治局面。马来亚联合邦成立时，马来亚境内已合法存在巫统、马来亚国民党、马来亚印度国大党（The Malayan India Congress）、马来亚民主联盟、马来亚共产党等主要政党；1949 年 2 月和 1951 年 8 月、11 月，又有马来亚华人公会（The Malayan Chinese Association，简称"马华公会"）和马来亚独立党（The Independence of Malaya Party，IMP）、泛马来亚伊斯兰党（The Pan-Malayan Islamic Party，PMIP）等新的政党发展起来，奠定了马来亚直至独立后的马来西亚政党政治的基本格局。1951 年 12 月，英国殖民当局决定开放地方民主选举，并在槟榔屿首府乔治市举行了马来亚历史上首次市议会民主选举，九个席位被巫统等多个政党分享。从此，马来亚联合邦自治进程明显提速。②

越南、柬埔寨和老挝在争取独立的初期亦部分接受或借鉴了西方国家政治理念和宪政安排。越南在日本占领时期宣布独立后成立的保大政权已被认为是"越南第一个具有现代组织模式的君主立宪国家"③。而越南民主共和国发表的《独立宣言》以美国《独立宣言》为蓝本起草而成。美国《独立宣言》的样本应胡志明请求，由美国情报部门提供。在越南共和国宣布独立之前的 1945 年 8 月 15 日，越盟发布宣言称："印度支那人民首要渴望的是印度支那的独立"，他们"正期盼民主的美国的帮助保障这种独立"，并"愿意将他们与处于待定时期的菲律宾人放在同等地位"。越南民主共和国发布的《独立宣言》申明："我们确信，盟国在德

---

① 参见张祖兴《英国对马来亚政策的演变（1942—1957）》，中国社会科学出版社 2012 年版，第 98—106 页；庞卫东《新加坡与马来（西）亚的合并与分离研究（1945—1965）》，社会科学文献出版社 2017 年版，第 77—82 页；[英] 芭芭拉·沃森·安达亚、伦纳德·安达娅《马来西亚史》，黄秋迪译，中国大百科全书出版社 2010 年版，第 315—318 页；[马] 陈中和《多元族群社会的族群政治：马来民族主义和马来西亚的建国》，中国社会科学出版社 2021 年版，第 109—130 页。

② 参见 "'Malaya': Cabinet Memorandum by Mr Lyttelton. Appendices I-XV," CAB 129/48, 21 December 1951, in A. J. Stockwell, ed., *British Documents on the End of Empire*, Series B, Vol. 3: *Malaya*, Part II, *The Communist Insurrection* 1948-1953, London: HMSO, 1995, pp. 321-322；[马] 陈中和《多元族群社会的族群政治：马来民族主义和马来西亚的建国》，中国社会科学出版社 2021 年版，第 127—140 页。

③ 阳阳：《战后南越社会运动研究》，世界图书出版集团 2015 年版，第 79 页。

黑兰和旧金山已经承认自决和民族平等原则,将不会拒绝越南的独立。"该宣言依照美国《独立宣言》的话语重申:"人人生而平等,造物主赋予他们某些不可剥夺的权利,其中包括生存权、自由权和追求幸福的权利",并强调"这些是不言而喻的真理"①。

1946年1月6日,越南民主共和国在全国范围内举行了普选,推选出国民大会代表。越盟、越南革命联盟和越南国民党多个党派的领导人作为候选人参加选举。据报道,越南95%的合格国民参加了选举。选举结果显示,在河内,在187880名注册选民中有176765人投了票,投票率高达94%,胡志明获得98.4%的全国最高选票。尽管在战争、饥荒和极度贫困的情况下,没有任何经验,这次全国选举仍然被证明是越南民主共和国迄今为止经历的最公平的选举。胡志明随即宣布将在河内召开国民大会。越盟《机关报》将国民议会的召开称作"新的民主革命"②。3月2日,首次国民大会推选胡志明担任越南民主共和国政府主席,成立了宪法特别委员会负责起草宪法,并组成了包括各党派和非党派人士参加的联合政府。此次大会还成立高级协商委员会,由保大担任主席和最高顾问。3月6日,在胡志明与圣德尼达成的《法越初步协定》中,法国承认越南民主共和国为"自由国家"③。1946年11月,第二次国民大会通过了越南第一部宪法,被称为"1946年越南宪法"。这部宪法依照法国政治设计,更接近于法国法律,确立了一院制立法机构人民议会和由总统与内阁组成的部长会议,从而为越南革命政权提供了与世界上其他民族国家相同的身份,包括国界、明确界定的公民权、现代议会和选举制

---

① Gary R. Hess, *The United States' Emergence as a Southeast Asian Power*, 1940 – 1950, New York: Columbia University, 1987, pp. 172 – 174; "Proclamation of the Viet Minh-led Independence Struggle, 6 June 1941," in Michael H. Hunt, ed., *A Vietnam War Reader: A Documentary History from American and Vietnamese Perspectives*, Chapel Hill: The University of North Carolina Press, 2010, p. 13.

② David G. Marr, *Vietnam: State, War, and Revolution*, 1945 – 1946, Berkeley and Los Angeles: University of California Press, 2013, pp. 52 – 53, 57.

③ 参见 Arthur J. Dommen, *The Indochinese Experience of the French and the Americans: Nationalism and Communism in Cambodia, Laos, and Vietnam*, Bloomington: Indiana University Press, 2001, pp. 147 – 149;梁英明《东南亚史》,人民出版社2010年版,第184页;《法越初步协定》(1946年3月6日订于河内),载世界知识出版社编《国际条约集(1945—1947)》,世界知识出版社1959年版,第214页。

度以及由权利和义务界定的国家和公民社会的关系等,宣称"我们人民在这个时代的责任是保护所有的领土,实现充分的自由,以民主为基础建设国家"。这部成文宪法成为越南民族国家建构的合法化工具。这次会议也被称为是迄今为止由越南官方机构举行的范围最广泛、内容最丰富的公开审议。① 这一时期,越南民主共和国还推行了多党政治,不但吸纳各党派加入联合政府,而且领导越盟与越南革命联盟、越南民主党、越南国民党、天主教与佛教协会等党派和社会团体共同组建越南全国联合战线,在独立和民主的旗帜下,各种族、宗教和阶级的越南人都被邀请加入。②

柬埔寨和老挝在二战后谋取独立的过程中确定放弃战前的绝对君主制,实行君主立宪制。于1946年1月与法国达成的初步协定同意,柬埔寨将与老挝、交趾支那、东京和安南一起制定新的宪法,并与它们一样获得"更自由的待遇";可以选举产生柬埔寨国民议会,并成立对国民议会负责的总理内阁等。③ 随后,柬埔寨便启动为多党政治体系制定宪法的进程,并为此颁布一套前所未有的法令来保障言论自由、集会自由和建立政党。1946年4月,柬埔寨人有史以来第一次被允许组建政党,西索瓦·尤特维翁亲王(Sisowath Yuthevong)领导的民主党、诺罗敦·诺伦德(Norodom Norindeth)亲王领导的自由党和诺罗敦·蒙塔纳亲王(Norodom Montana)的民主进步党三个政党迅速成长起来。这三个政党都得到法国的支持,并都声称效忠于君主政体。其中,民主党影响最大。该党与法国关系更为密切,希望实施其推崇的法国民主模式,号召通过协商尽快实现柬埔寨独立。民主党人坚持法国社会党的许多政策。他们大体上支持一个现代化和民主的柬埔寨,作为一个独立的国家和法兰西联盟内的君主立宪制国家。具体来说,这意味着普选、两院制议会和法国

---

① 参见 David G. Marr, *Vietnam: State, War, and Revolution*, 1945 – 1946, Berkeley and Los Angeles: University of California Press, 2013, pp. 99 – 106; Nicholas Tarling, *Nationalism in Southeast Asia: "If the People Are with Us"*, New York: Routledge Curzon, 2004, p. 192.

② Arthur J. Dommen, *The Indochinese Experience of the French and the Americans: Nationalism and Communism in Cambodia, Laos, and Vietnam*, Bloomington: Indiana University Press, 2001, p. 183.

③ United States Department of State, *Foreign Relations of the United States Diplomatic Papers*, 1946, Vol. 8: *The Far East*, Washington, D. C.: United States Government Printing Office, 1971, pp. 20 – 21.

政府权力的逐步移交。民主党人认为,通过和平与宪法手段是有可能赢得独立的。民主党的竞选口号是"陛下敦促你投票支持民主",而不要表现出对君主政体的质疑。该党努力利用佛教寺院、学校和政府部门之间的口碑传播网络,组织起了地方和省级分支机构。在柬埔寨历史上,一个政治组织第一次接触普通民众,并试图将他们纳入其行列。1946年9月,各政党在成立后不久,举行了协商大会,以组成一个小组,就国家宪法问题向国王提出建议,有超过60%的新获得选举权的选民参加了投票,民主党赢得了67个席位中的50个。这一结果显示了民主党在柬埔寨当权者中的巨大声望。1947年5月,柬埔寨协商会议通过了一部宪法(即1947年宪法),并得到国王的批准。该宪法模仿法国第四共和国的宪法,将权力真正移交给民主党拥有多数席位的国民议会。该宪法还规定了法治、保障基本权利和自由等内容,并限制了君主权力。因此,"它虽不是一份革命性的文件,但仍然是对绝对君主制和独裁殖民统治的重大背离"[1]。

1946年8月,老挝与法国达成的初步协定规定,老挝将成立自己的政府、行政机构和议会,并将举行议会成员选举,届时将对宪法进行讨论和投票等。[2] 当年12月,老挝首次选举产生了由44名代表组成的制宪会议。1947年3月,制宪会议召开了首次会议,在法国的监督下制定了老挝首部宪法。当年8月,老挝举行新的选举,成立了由33名议员组成的第一届国民议会,并组建了首个皇家老挝政府(The Royal Lao Government,RLG),苏万纳拉亲王(Souvannarath)被任命为首相。1948年2月,为了确保琅勃拉邦君主的统治地位,皇家老挝政府与占巴塞的文翁亲王(Boun Oum)达成一项秘密议定书,宣布放弃对该公国的宗主权,换取皇家老挝政府的总检察长一职。一个新的政党——老挝民族联盟

---

[1] 参见 John A. Tully, *A Short History of Cambodia: From Empire to Survival*, Crows Nest: Allen & Unwin, 2005, pp. 113 – 115; David Chandler, *A History of Cambodia*, Fourth edition, Boulder: Westview Press, 2008, pp. 213 – 215; Arthur J. Dommen, *The Indochinese Experience of the French and the Americans: Nationalism and Communism in Cambodia, Laos, and Vietnam*, Bloomington: Indiana University Press, 2001, pp. 161 – 162.

[2] United States Department of State, *Foreign Relations of the United States Diplomatic Papers, 1946*, Vol. 8: *The Far East*, Washington, D. C.: United States Government Printing Office, 1971, p. 57.

(The Lao National Union)迅速形成,由彭·苏发那旺(Bong Souvannavong)和寇·佛拉旺(Kou Voravong)领导。1949年7月,老挝与法国签订协定,获取更大的自治权。9月,老挝新宪法颁布实施并对此予以确认。与柬埔寨一样,老挝建立起多党议会体系和君主立宪制。"自由老挝"逃亡的领导人索发那·富马亲王(Souvanna Phouma)、卡代·敦·萨索里特(Katay Don Sasorith)和披耶·坎冒(Phanya Khammao)等回到万象,重新融入老挝社会。老挝人怀着对现代化国家的期盼进入充满乐观的国家建设新时期。当时主管老挝手工业和工业的潘·纳奥赛万(Panh Ngaosyvathn)后来回忆说:"我们很乐观。一切都在我们面前。这个国家是和平的,我们觉得我们可以创造一个新的世界。"①

二是从领导力量和行为模式来看,这些国家形成民族主义领导人或传统社会上层所主导的精英型政府和注重采用协商方式弥合分歧、化解冲突的行为惯例。东南亚国家在走上新的民族国家建设进程中,由民族主义领导人和传统社会上层构成的政治精英迅速成长起来。他们既有来自新国家的新阶层、作为革命领袖或技术官僚的新的领导人,又被称为功勋精英(the elite of merit),如缅甸的昂山和吴努,印度尼西亚的苏加诺、哈达和萨赫里尔,越南的胡志明、范文同、长征(Truong Chinh)和武元甲(Vo Nguyen Giap)等;又有来自原有王朝或邦国上层的传统领导人,又被称为传统精英,如泰国的比里·帕侬荣和社尼·巴莫,菲律宾的奥斯敏纳和罗哈斯,柬埔寨的西哈努克、尤特维翁、诺伦德,老挝的苏万纳拉、文翁、苏发努·冯、富马,马来亚的东姑·阿卜杜勒·拉赫曼(Tunku Abdul Rahman)、拿督翁·嘉化(Dato Onn Jaafar)等。他们的出身背景虽有差异,但拥有一些相同的特性。他们之间存在着一种统一性的观点,并在很大程度上超越了他们所确信的种族、语言和文化的多样性。这主要体现在他们既普遍受到西方教育,注意学习和吸纳西方

---

① 参见 Grant Evans, *A Short History of Laos: The Land in Between*, Crows Nest: Allen & Unwin, 2008, pp. 90-94; Arthur J. Dommen, *The Indochinese Experience of the French and the Americans: Nationalism and Communism in Cambodia, Laos, and Vietnam*, Bloomington: Indiana University Press, 2001, p. 162; Bruce M. Lockhart, "Monarchy and Decolonization in Indochina," in Marc Frey, Ronald Pruessen and Tan Tai Yong, eds., *The Transformation of Southeast Asia: International Perspectives on Decolonization*, Armonk: M. E. Sharpe, 2003, p. 61.

思想，又深受本国或本民族文化和传统的深刻影响，以至于他们经常综合西方和东南亚自身的新旧价值观，追求特定民族在特定区域继续生活的国家目标，包括独立生存权和平等权、国家认同意识和实现现代化共同愿望等。这些价值观一部分来自西方，另一部分来自本地的传统。比如，苏加诺的演讲会混合使用欧洲和当地印度尼西亚词语，将本地的皮影剧人物形象与国际事务的描述结合起来，旨在让印度尼西亚人民感觉到他们既是新世界的国际化的参与者，又是一个一个深深植根于自己传统的民族人物。①

在现实中，这些政治领导人在模仿和吸纳西方的法律规范和国内宪政安排的同时，又以自己的方式塑造着这些法律规范，并决定着各自国家政府的本质，进而推动精英型政府的形成。一个重要的体现就是领导人个人或家族因素及其所代表的主导性民族或族群在政府政治中占据着特殊地位，乃至被纳入正式的国家法律框架之内，形成一个支配性的统治阶层。

在缅甸，昂山的政治选择倾向是强政府和一党制，希望像德国和意大利那样只有一个国家、一个政府和一个党。这种选择彰显出精英主义和一元制精神。② 1947 年的《缅甸联邦宪法》亦体现出这种精神。该宪法赋予总统和总理非常大的权力。按照该宪法的规定，总统在出现因战争或内乱而导致联邦安全受到威胁或严重的经济危机发生时，可以宣布国家进入"紧急状态"，国会即取得特定邦"邦立法表"中的立法权。该宪法还规定，缅甸联邦的行政权授予以总统为首的内阁，由总理提名组成政府，而各少数民族邦应由总理与邦议会协商，提请总统任命。亦即各邦主席由总理任命，因而他们需对总理负责，致使缅甸联邦制实际上成为一种带有单一制特征的联邦制。另外，该宪法规定的少数民族邦中却没有缅族邦，缅族的政治地位等同于中央；人民院和民族院两级议会权力不平等；各民族邦在民族院中的议席数量不相等，民族邦的自治权

---

① 参见 Milton Osborne, *Southeast Asia: An Introductory History*, 12th edition, Sydney: Allen & Unwin, 2016, pp. 133 - 137, 277 - 280; Adrian Vickers, *A History of Modern Indonesia*, Second edition, Cambridge: Cambridge University Press, 2013, pp. 118 - 119; Henderson, William, "The Development of Regionalism in Southeast Asia," *International Organization*, Vol. 9, No. 4, 1955, p. 464.

② 祝湘辉、张添：《缅甸政治转型研究》，中国社会科学出版社 2019 年版，第 32 页。

极为有限。因此，从缅甸联邦宪法来看，缅甸联邦只是理论上的，实际上仍然是中央集权制。也可以说是一种独特的中央集权联邦制。这部联邦宪法实际上是"披着联邦的外衣，但核心依然是单一制特征"[1]。

在菲律宾，家庭是社会中最强大的单位，它要求个人最深切的忠诚，并以它自己的一套要求为所有社会活动增色。尽管受到西方文化的影响，但亲属体系仍然是菲律宾社会、政治和经济生活的根本，而家族在菲律宾政治结构中占据着关键位置，尤其是政治领导人往往出自有影响的家族，以至于这些领导人和官员们就像支配一切的族长那样行使权力。在菲律宾，国家领导人的特权地位得到宪法的保障。依照1935年《菲律宾宪法》，总统比他的美国同行具有更具体的宪法权威来实施管理；总统控制所有的行政部门，对地方政府实行全面监督；总统是陆、海、空三军总司令，拥有在国家紧急状况下中止人身保护法令的权利；宪法还赋予总统否决立法的权力，可以召集国会特别会议，审议重要立法事项。宪法赋予菲律宾总统比美国总统更具优势的权力地位，如在出现叛乱、攻击和颠覆等紧急事件时可以暂停宪法的施行。奎松将其解释为对美国哲学的颠覆，亦即国家的利益，而不是个人的利益，必须占上风。这导致大家族或亲属关系构成了政府与民众之间关系的基础，从而在领导人与其追随者之间形成一种"庇护—扈从"（patron-client）的垂直关系。这也导致一种由精英主导的政治体系的形成，而政府经常因关系或精英的个人干预而被操纵。另外，受以家族为基础的精英政治的深刻影响，两党之间的意识形态议题淡薄，政党附属机构松散，地方政治围绕显赫的家族展开，菲律宾政治中形成一种具有稳定性和同一性的两党体系。[2] 菲律

---

[1] 祝湘辉：《山区少数民族与现代缅甸联邦的建立》，广东世界图书出版公司2013年版，第172—175页；[缅]伍庆祥：《缅甸宪法与现代民族国家建构》，载《东南亚研究》2022年第3期，第47—48页；Nicholas Tarling, *Nationalism in Southeast Asia*: "*If the People Are with Us*", New York: Routledge Curzon, 2004, p. 176.

[2] 参见 Yong Mun Cheon, "The Political Structures of the Independent States," in Nicholas Tarling, ed., *The Cambridge History of Southeast Asia*: *The Nineteenth and Twentieth Centuries*, Vol. 2, Cambridge: Cambridge University Press, 1992, pp. 418 – 420; Robyn J. Abell, "Philippine Policy towards Regional Cooperation in Southeast Asia, 1961 – 1969," Ph. D. Dissertation, Australian National University, 1972, pp. 16 – 18, 25 – 31; Nicholas Tarling, *Nationalism in Southeast Asia*: "*If the People Are with Us*", New York: Routledge Curzon, 2004, p. 169.

宾总统这种由宪法赋予的"制度性支配权"称作"制度性霸权"。这种权力与家族政治、精英政治和两党体系相结合，形成"菲律宾式强人政治"的历史制度根源。①

在印度尼西亚，在印度尼西亚共和国宣布成立伊始，其领导权就掌握在受到西方教育的社会精英手中。随着印度尼西亚独立进程向纵深发展，印度尼西亚共和国在经历了内阁总理制和总统内阁制政治体制轮换和短暂的联邦制后，至1950年8月印度尼西亚临时宪法的颁布正式确立了总统制政体，并用中央集权主义替代联邦制。领导印度尼西亚民族革命和独立运动的、由苏加诺代表的新的阶级成为印度尼西亚共和国领导层的主体。②

在越南，越南民主共和国宣布独立后实行集体领导，非常注重政党建设，还通过越盟结成越南共产党（劳动党）与非共产党人的统一战线；政府的工作主要由政党的各种委员会承担，它们作为越南政治结构的主要组成部分，成为保证新生政权有效运行的政治基础。根据"1946年越南宪法"建立的人民议会常设委员会与这种政治制度联结在一起，为精英领导政党和政府提供了法律保证；国民大会实际上成为附属于精英的政策决策过程的协商机构。③

在柬埔寨、老挝和马来亚，传统的社会精英及其领导的政府或政党构成其政治结构的关键部分。如前所述，在柬埔寨和老挝，新的政府领导人和有影响的政党领导人均来自王室，他们领导的政党力量及其协作决定了政府和国内政治的走向，而君主立宪制保障了国王及王室的特殊

---

① 参见 Leia Castaneda Anastacio, *The Foundation of the Modern Philippine State: Imperial Rule and the American Constitutional Tradition*, 1898 – 1935, Cambridge: Cambridge University Press, 2016. pp. 259 – 266.

② 参见 Nicholas Tarling, *Nationalism in Southeast Asia: "If the People Are with Us"*, New York: Routledge Curzon, 2004, pp. 179 – 180; Adrian Vickers, *A History of Modern Indonesia*, Second edition, Cambridge: Cambridge University Press, 2013, pp. 118 – 120; 梁敏和《印度尼西亚史纲》, 世界图书出版广东有限公司2019年版, 第200—202页。

③ 参见 Yong Mun Cheon, "The Political Structures of the Independent States," in Nicholas Tarling, ed., *The Cambridge History of Southeast Asia: The Nineteenth and Twentieth Centuries*, Vol. 2, Cambridge: Cambridge University Press, 1992, pp. 389 – 391; Nicholas Tarling, *Nationalism in Southeast Asia: "If the People Are with Us"*, New York: Routledge Curzon, 2004, pp. 191 – 192.

地位。在柬埔寨，王朝力量还利用宪法的模糊性声称所有的权力来自国王。这样，在柬埔寨走向独立的过程中，国王的力量最终成功地遏制住殖民势力和政党势力，确立了战后初期其在柬埔寨政治中的支配地位。①

在老挝，王室大家族或老族精英是国内政治运行的关键。这些特权集团占据着政府机构的关键职位，以至于形成以家族为中心的政治结构。这些大人物与他们不稳定的追随者形成类似于菲律宾家族政治中那样的庇护者与扈从者的关系，从而形成老挝现代政治体系的典型形态。各领导人之间的亲属关系亦延伸到武装部队。这也是老挝政治文化中一个持久和重要的特性。②

在马来亚，二战后迅速兴起并取得领导地位的政党组织巫统作为一种政治结构，是马来人的政党，其领导人来自原马来统治者及其他高层官员，与马来各邦王室关系密切。马来亚联合邦成立后，各邦相继订立自己的邦宪法，规定所有拥有世袭统治者的州均实行君主立宪制，原有马来统治者担任最高行政首长。这进一步突显了马来人统治主权的意义。而后在马来亚政治中拥有一定影响力的马华公会，其领导人出自马来亚联合邦议会华人议员以及以中华商会为基础的华人商界领袖，并得到殖民当局的支持。马华公会的首任会长陈祯禄（Tan Cheng Lock）曾担任海峡殖民地立法议会议员和行政局议员，是当时海峡殖民地唯一的华人行政官，被英国殖民当局视为海峡华人社群的领袖。马来亚政党主导了马来亚建国的整个进程。③

受到上述国际国内政治生态的影响，为实现国家自主和民族独立的共同目标，处于领导地位的精英们非常倚重使用协商方式弥合分歧和化解冲突。这种协商方式被广泛运用于东南亚国家内部及他们与原宗主国

---

① 参见 Nicholas Tarling, *Nationalism in Southeast Asia: "If the People Are with Us"*, New York: Routledge Curzon, 2004, pp. 189 – 190; David Chandler, *A History of Cambodia*, Fourth edition, Boulder: Westview Press, 2008, pp. 212 – 227.

② 参见 Grant Evans, *A Short History of Laos: The Land in Between*, Crows Nest: Allen & Unwin, 2008, pp. 105 – 107; Yong Mun Cheon, "The Political Structures of the Independent States," in Nicholas Tarling, ed., *The Cambridge History of Southeast Asia: The Nineteenth and Twentieth Centuries*, Vol. 2, Cambridge: Cambridge University Press, 1992, pp. 402 – 403.

③ 参见［马］陈中和《多元族群社会的族群政治：马来民族主义和马来西亚的建国》，中国社会科学出版社 2021 年版，第 113—122、132—135 页。

及其他利益攸关的西方大国之间等多个层面。这在东南亚国家争取民族独立和国家自主及推进国家建设的进程中有着不同程度的体现。这里，主要从规范原则和行为惯例及典型实践方面做进一步阐述。从协商的原则或理念来看，印度尼西亚最为具体化和明晰化。在独立之前，苏加诺和他的多名顾问便确立了印度尼西亚现代国家建构的"五项原则"（The Five Principles），又称"潘查希拉"（Pancasila），包括民族主义或民族统一、国际主义或人道主义、共识（consensus）或民主、社会繁荣或社会正义、构建一个忠于"全能神"（God Almighty）的自由的印度尼西亚，作为印度尼西亚所有族群共有的"五种要素"，以此团结各派政治力量。1945 年 6 月，各方经过协商达成妥协，制定了著名的《雅加达宪章》（The Jakarta Charter），其中心内容就是苏加诺提出的"五项原则"。8 月，印度尼西亚独立筹备委员会将该宪章载入宪法草案的前言部分，将第一条改为信仰"神道"（Divine Omnipotence），作为印度尼西亚建国意识形态的基础。1950 年 8 月制定的印度尼西亚临时宪法将"五项原则"表述为神道、人道主义、民族主义、民主和社会正义。[①] 苏加诺和哈达均反对泛伊斯兰在新的印度尼西亚的支配性，将"五项原则"作为整个印度尼西亚包容文化和宗教多样性的工具，以鼓励宗教的包容性，将不同的宗教信仰调和在一起。基于此，除原教旨主义者以外，大多数穆斯林对《雅加达宪章》感到满意。苏加诺—哈达联合体由此形成，为驱动革命走向其目标提供了一种机制。而印度尼西亚军队作为一种政治结构，为不同民众的联合提供了一致的工具，成为印度

[①] 参见 Adrian Vickers, *A History of Modern Indonesia*, Second edition, Cambridge: Cambridge University Press, 2013, pp. 121 - 122; Leo Suryadinata, *The Making of Southeast Asian Nations: State, Ethnicity, Indigenism and Citizenship*, Singapore: World Scientific, 2015, p. 143; [澳] 史蒂文·德拉克雷《印度尼西亚史》，郭子林译，商务印书馆 2009 年版，第 74—76 页；梁敏和《印度尼西亚史纲》，世界图书出版广东有限公司 2019 年版，第 180—181 页。苏加诺 1945 年 6 月 1 日在印度尼西亚独立筹备调查委员会会议上的演讲中提出"五项原则"：印度尼西亚是民族主义、国际主义或人道、协商或民主、社会繁荣和在信仰神道的基础上建立独立的印度尼西亚。苏加诺 1951 年 10 月 24 日在联合国日纪念会上的演讲中将这"建国五项原则"重新表述为神道、民族主义、人道主义、民主和社会正义。详见 [印尼] 苏加诺《建国五原则的诞生》（1945 年 6 月 1 日在印度尼西亚"独立筹备调查会"会议上的演讲），载世界知识社编《苏加诺演讲集》，世界知识社 1956 年版，第 19 页；[印尼] 苏加诺《向正义与和平前进》（1951 年 10 月 24 日在联合国日纪念会上的演讲），载世界知识社编《苏加诺演讲集》，第 74 页。

尼西亚共和国的希望和权威。①

"五项原则"中的第一条原则承认存在一种"神道"的隐秘力量,但不意味着印度尼西亚是一个神权国家,而是作为信仰"神道"的必然结果,承认某些基本道德价值的存在,它指导人类的行动走向真理、正义、善良和诚实的道路。②苏加诺最早在提出这一原则时强调:"信仰神!不只是印度尼西亚人民要有信仰,而且,每个印度尼西亚人应该信仰各种神道。"他强调:"印度尼西亚国家将是给每个人以信教自由的国家。全体人民必须以具有教养的方式来信教,不含宗教歧视,而使印度尼西亚国家成为应该信仰神道的国家!"他解释说,"有教养的方式""就是相互尊重的方式",亦即"在互相尊重的条件下信仰神道"③。实际上,"信仰神道"的原则意味着印度尼西亚奉行"宗教多元主义",以之作为一种均衡的工具,既保证印度尼西亚所有族群的宗教信仰自由,又否定了许多人将伊斯兰教作为国家基础的主张,将作为宗教的伊斯兰和作为政治力量的伊斯兰分开,并以宪法保障印度尼西亚成为一个世俗国家。④

第二条原则"人道主义或国际主义"强调强化和平与国际团结的理念。印度尼西亚宪法规定,政府将为印度尼西亚共和国融入国际组织而工作,并努力以和平方式解决与其他国家的分歧,愿意请求和接受国际仲裁或国际法院的管辖权。国际主义也意味着印度尼西亚准备与西方国家合作,并十分理解共存和不干涉政策,亦即与其他意识形态不同的国

---

① 参见 Sally Percival Wood, "Constructing an Alternative Regional Identity: *Panchsheel* and India-China Diplomacy at the Asian-African Conference 1955," in Leong Yew, ed., *Alterities in Asia: Reflections on Identity and Regionalism*, New York: Routledge, 2011, p. 54; Yong Mun Cheon, "The Political Structures of the Independent States," in Nicholas Tarling, ed., *The Cambridge History of Southeast Asia: The Nineteenth and Twentieth Centuries*, Vol. 2, Cambridge: Cambridge University Press, 1992, pp. 407–408.

② Mohammad Hatta, "Indonesia's Foreign Policy," *Foreign Affairs*, Vol. 31, No. 3, 1953, pp. 450–451.

③ [印尼]苏加诺:《建国五原则的诞生》(1945年6月1日在印度尼西亚"独立筹备调查会"会议上的演讲),载世界知识社编《苏加诺演讲集》,世界知识社1956年版,第19页。

④ 参见 Adrian Vickers, *A History of Modern Indonesia*, Second edition, Cambridge: Cambridge University Press, 2013, pp. 122–123; Leo Suryadinata, *The Making of Southeast Asian Nations: State, Ethnicity, Indigenism and Citizenship*, Singapore: World Scientific, 2015, pp. 143–144;[澳]史蒂文·德拉克雷《印度尼西亚史》,郭子林译,商务印书馆2009年版,第74—75页。

家和平相处、互不干涉他国内政。① 关于人道主义与国际主义的关系，苏加诺后来解释说："我们的信念是普遍的兄弟情谊，在这个世界建立一个国家间大家庭。人道必是真正的国际主义的根基，国际主义需要在国家交往中以宽容为前提。"②

第三条原则"民族主义"的最早表达就是苏加诺所称的在"从苏门答腊岛一端到伊里安一端的印度尼西亚统一的领土上建立一个民族国家"，亦即"完整的印度尼西亚"就是"真主所划定的、介入两个大洋和大陆之间的统一体"。因此，"统一的印度尼西亚民族主义"是"成为民族国家的基础"。关于民族主义与国际主义的关系，苏加诺强调，这里的"国际主义"并非意指"不承认民族主义"的"世界主义"（cosmopoliitanism）。他说："国际主义如果不在民族主义的土地上生根，那它就不能繁荣成长。民族主义如果不在国际主义的花园里生长，那它也不能繁荣成长。"③

第四条原则中的"民主或共识"即后来所言"协商和共识"（consultation and consensus）。苏加诺在最早提出这一原则时称之为"协商、代表制和会议制"。他强调："用协商方法，也就是人民代表议会采取讨论或协商的方式，来改进一切事务，包括维护宗教的问题。"④ 关于"民主"，苏加诺称，他们的"民主主义，不是西方的民主主义，而是政治经济的民主主义"，亦即"有社会正义的民主政治"。他认为"民主即共同构建真理"。苏加诺还声称，"共识"是一个固有的印度尼西亚民族特性，而通过选举达成共识是其主要策略。他相信："在人民代表机构中，穆斯林和基督教徒可以如其所愿地工作。"⑤

---

① Mohammad Hatta, "Indonesia's Foreign Policy," *Foreign Affairs*, Vol. 31, No. 3, 1953, pp. 451-452; Mohammad Hatta, "Indonesia between the Power Blocs," *Foreign Affairs*, Vol. 36, No. 3, 1958, p. 481.

② Dunning Idle IV, "Indonesia's Independent and Active Foreign Policy," Ph. D. Dissertation, Yale University, 1956, p. 307.

③ ［印尼］苏加诺:《建国五原则的诞生》（1945年6月1日在印度尼西亚"独立筹备调查会"会议上的演讲），载世界知识社编《苏加诺演讲集》，世界知识社1956年版，第12—15页。

④ ［印尼］苏加诺:《建国五原则的诞生》（1945年6月1日在印度尼西亚"独立筹备调查会"会议上的演讲），载世界知识社编《苏加诺演讲集》，第20页。

⑤ Adrian Vickers, *A History of Modern Indonesia*, Second edition, Cambridge: Cambridge University Press, 2013, pp. 126-127.

第五条原则"社会正义"在印度尼西亚宪法中就是在由正义治理的社会和完全主权及"自由的印度尼西亚宪政国家"中享受繁荣、和平与自由；而实现"和平"与"自由的印度尼西亚"的理念，部分取决于印度尼西亚与外部世界的关系。而"社会繁荣"的理念既意味着没有国际合作，繁荣就不可能完全实现，也意味着印度尼西亚经过努力可以实现自身的繁荣。"社会繁荣"还蕴含着建立在理想的村庄生活模式之上的"互相帮助"是重要的民族认知。这也是印度尼西亚通过发展，实现自身与西方人平等的长远革命目标的奠基石。[1] 苏加诺表示，"社会正义的原则"意味着"不只是政治的平等，而且要在经济上也必须实行平等，这就是说，要尽量保持共同繁荣"。苏加诺解释说，如果将"五项原则"合成"一项原则"，那就是"互助合作"，亦即"我们建议的印度尼西亚国家，必须是'互助合作'的国家"。这里的"互助合作"意味着"一种事业，一种善行，一项工作"，意味着"为了大家的利益"和"大家的幸福""在一道拼命，一起流汗，互相帮助，进行斗争"。苏加诺特别强调，"五项原则"是"永恒独立的印度尼西亚的原则"[2]。就此，"五项原则"成为印度尼西亚与原宗主国和其他西方大国之间及内部各党派与各种政治力量在协商中达成妥协的规范基础。这些原则也成为印度尼西亚实现民族和解与国家统一的立国之本。

从实践来看，马来亚和缅甸在走向自主和独立过程中的协商更加典型。在马来亚联合邦启动后，其内部协商主要在分别代表马来人和华人利益的巫统和马华公会之间展开。就人口而言，两者占据绝对的优势地位，且数量基本相当。据英国殖民当局统计，截至1951年12月，马来亚人口总数为507万，其中马来人250万、华人200万、印度人50万，其

---

[1] 参见 Adrian Vickers, *A History of Modern Indonesia*, Second edition, Cambridge: Cambridge University Press, 2013, pp. 137–138; Mohammad Hatta, "Indonesia between the Power Blocs," *Foreign Affairs*, Vol. 36, No. 3, 1958, p. 481; Russell H. Fifield, *The Diplomacy of Southeast Asia, 1945–1958*, New York: Harper, 1958, p. 109; 张锡镇《当代东南亚政治》，广西人民出版社1994年版，第390—391页。

[2] [印尼]苏加诺：《建国五原则的诞生》（1945年6月1日在印度尼西亚"独立筹备调查会"会议上的演讲），载世界知识社编《苏加诺演讲集》，世界知识社1956年版，第18—21页。

他人7万，欧洲人只有1万。① 实际上，无论是巫统还是马华公会都是在与英国殖民当局和马来及非马来族群基于保守和妥协的协商过程中发展为各自族群的领导力量的，两者又分别代表马来人和华人利益的最具影响力的政治和经济力量，既无法相互排斥，又无法相互替代。另外，1949年4月，英国议会承诺未来将给予马来亚独立时，要求马来亚的独立建国应以其境内各主要族群的合作为前提。② 这使得巫统和马华公会必须在相互妥协中协调与合作，方能一致向英国殖民当局争取独立，从而形成通过某种共识而聚集起来的持久的联盟模式（Alliance formula）。在特定的"共识"环境中，公共问题不是在公开场合辩论，而是通过私下妥协来解决。从本质上说，这种"共识"是基于回避原则（avoidance principle）而运作的，即避免公开的、当众的辩论。这样，不和谐与冲突的环境可以暂时得到缓和。这种具有民族性而无意识形态性的私下妥协的联盟模式被用来达成非正式的"交易"，进而形成各主要族群商定政治和经济的权力分享方式。通过这一方式马来人确保了政治上的最高权力，而华人则既保留了固有的经济权力，又通过扩大的公民权获取了有限的政治权力。③

巫统与马华公会之间的政党联盟既加快了马来亚政治的发展进程，又加快了马来亚的族群融合进程。1951年12月，英国当局允许马来亚各政党参与市议会州级议会选举。1952年2月，巫统与马华公会在吉隆坡市议会选举中采取联合竞选策略，出人意料地赢得12个席位中的9个席位。随后，巫统和马华公会以相同的竞选策略在其他地方议会选举中展

---

① "'The Situation in Malya: Cabinet Memorandum by Mr Lyttelton. Annexes I – III," CAB 129/48, C（51）26, 20 November 1951, in A. J. Stockwell, ed., *British Documents on the End of Empire*, Series B, Vol. 3: *Malaya*, Part II, *The Communist Insurrection* 1948 – 1953, London: HMSO, 1995, p. 320.

② 参见"'The Situation in Malya: Cabinet Memorandum by Mr Lyttelton. Annexes I – III," CAB 129/48, C（51）26, 20 November 1951, in A. J. Stockwell, ed., *British Documents on the End of Empire*, Series B, Vol. 3: *Malaya*, Part II, *The Communist Insurrection* 1948 – 1953, London: HMSO, 1995, pp. 320 – 322；[马] 陈中和《多元族群社会的族群政治：马来民族主义和马来西亚的建国》，中国社会科学出版社2021年版，第127—143页。

③ 参见 Yong Mun Cheon, "The Political Structures of the Independent States," in Nicholas Tarling, ed., *The Cambridge History of Southeast Asia: The Nineteenth and Twentieth Centuries*, Vol. 2, Cambridge: Cambridge University Press, 1992, pp. 409 – 412.

开合作，最终以压倒性的胜利赢得74.4%的市政议席和70%的地方议席。两者的联盟成为席卷马来亚的政治势力。巫统与马华公会的联盟开创了马来亚族群政党合作的先例，为马来亚以后更大规模的族群政党联盟的建立与发展提供了借鉴。① 自此，一种基于族群政党联盟，各族群均有回报，各族群具有自主性和否决权，对争议问题有目的地去政治化，在分裂、冲突的族群问题上妥协、权力分享和共识性决策等规范维度的多族群社会管理的"共识性民主"（又称"协商民主"或"协和式体制"）（consociational democracy）雏形开始出现，而后形成以精英领导的族群政党组成的联合政府的行政架构和跨族群合作方式，决定了日后马来亚、马来西亚政府的组成形式，一直维系至今。②

在缅甸，昂山等领导人一直试图创立一种基于"共识"的政治结构，将"共识"视作缅甸作为一个国家存在的至关重要的因素，其前提是造就一种公民意识形态或民族文化，为"共识性"政治秩序提供所需的合法性，亦即不同的政治结构共存于一种高于一切的"共识性"框架之内，以实现缅甸本部与山区或边疆区域（简称"边区"）少数民族之间的和解，共建一个独立和统一的多民族缅甸联邦。③ 1945年11月，昂山便为反法西斯人民自由联盟确定了处理缅甸本部与山区少数民族关系的基本路线和方针，即缅族与山区少数民族共同团结、争取独立。基于此，1946年1月，该联盟在仰光召开的首次全国代表大会，就有克伦族、掸族、钦族、克钦族、孟族等多个少数民族政党和代表参加。这迫使英国

---

① 参见［马］陈中和《多元族群社会的族群政治：马来民族主义和马来西亚的建国》，中国社会科学出版社2021年版，第143页；李江《族群政党合作与马来西亚的政治发展》，中国社会科学出版社2020年版，第48—49页；张祖兴《英国对马来亚政策的演变（1942—1957）》，中国社会科学出版社2012年版，第155页。

② 参见 Leo Suryadinata, *The Making of Southeast Asian Nations: State, Ethnicity, Indigenism and Citizenship*, Singapore: World Scientific, 2015, pp. 8–9; Lloyd D. Musolf and J. Fred Springer, "Legislatures and Divided Societies: The Malaysian Parliament and Multi-Ethnicity," *Legislative Studies Quarterly*, Vol. 2, No. 2, 1977, pp. 113–136; Pierre du Toit, "Consociational Democracy and Bargaining Power," *Comparative Politics*, Vol. 19, No. 4, 1987, pp. 419–430；［马］陈中和《多元族群社会的族群政治：马来民族主义和马来西亚的建国》，中国社会科学出版社2021年版，第143页。

③ 参见 Yong Mun Cheon, "The Political Structures of the Independent States," in Nicholas Tarling, ed., *The Cambridge History of Southeast Asia: The Nineteenth and Twentieth Centuries*, Vol. 2, Cambridge: Cambridge University Press, 1992, p. 408.

政府改变原来设立边区联邦的计划,推行一个缅甸原则,同意缅甸本部和边区为一个统一的缅甸国家的不同组成部分。当年11—12月,昂山访问了克钦邦、掸邦、钦族人和克伦人居住的地区,劝说他们加入独立的缅甸,获得了克钦人和钦族人的支持。就此,反法西斯人民自由联盟确立了与英国政府谈判的方案,即争取缅甸本部与少数民族地区同时独立,争取建立统一的缅甸联邦。这些主张被纳入而后签订的《昂山—艾德礼协定》。[①] 该协定既解决了缅甸独立问题,又指明了解决边区少数民族问题的途径,显示了昂山等领导人采取以协商、共识为原则的和平路线的实际价值和现实可操作性,为制宪会议的召开并通过进一步的协商达成共识性方案提供了重要基础和依据。

1947年2月9—12日召开的彬龙会议的核心议题就是协商解决缅甸多民族国家统一建国问题。克钦族、钦族、掸族、克耶族和克伦族等少数民族的代表参加了会议。在会议召开当天,钦族、克钦族和掸族经协商后决定组成边区人民联合最高委员会,代表整个边区少数民族与昂山进行谈判,并一致同意与缅甸本部进行有条件联合,即先与缅甸本部共同争取独立,而后在取得与缅甸本部相同的各种权利并得到保证享有分离权后再考虑与缅甸本部联合。经过讨论后,昂山同意不干涉少数民族内部事务,少数民族在制宪会议上自己决定是否享有分离权,是否参加行政委员会等。最终,《彬龙协议》顺利达成,显示了昂山的人格魅力和各领导人熟练的谈判技巧。不久,该协议相继得到行政委员会、缅甸总督和英国政府的批准。《彬龙协议》最重要的成果是,边区人民联合最高委员会的成立、边区少数民族参加行政委员会和所有公民享有民主权利和政治自由。这既突显了边区少数民族的整体性和基本权利,又从制度上确立了行政委员会的合法性,为缅甸联邦和缅甸多民族国家的形成奠定了基础。[②]《彬龙协议》的达成亦再次显示了缅甸人与边区少数民族协

---

① 参见 John F. Cady, *A History of Modern Burma*, Ithaca: Cornell University Press, 1958, pp. 539 – 542;贺圣达《缅甸史》,云南人民出版社2015年版,第398—399页;祝湘辉《山区少数民族与现代缅甸联邦的建立》,广东世界图书出版公司2013年版,第71—74、106—116页。

② 参见 John F. Cady, *A History of Modern Burma*, Ithaca: Cornell University Press, 1958, pp. 543 – 544;贺圣达《缅甸史》,第398页;祝湘辉《山区少数民族与现代缅甸联邦的建立》,第122—133页。

商一致的重大价值。若开族与孟族原本就与缅族联合争取独立；在彬龙会议后，掸族、钦族、克钦族等与缅族达成了统一建国的共识；仅有克伦族对加入缅甸有所抵触，但未与缅族发生直接的冲突；缅甸共产党虽被排除在联盟之外，但依然是合法政党。由此，在《彬龙协议》达成及其履行过程中所凝聚的"统一建国"和"自由抉择"的"共识"被称为"彬龙精神"（Panglong Spirit）。①

1947年6月16日，制宪会议顺利召开。昂山提出宪法制定应遵循的最基本原则和指导思想，主要包括确立具有独立主权的缅甸联邦；联邦由宪法规定的各邦组成，各邦享有宪法规定的自治权；保证缅甸各族人民的社会、政治和司法等方面的平等权，并享有思想、言论、信仰、宗教、迁徙和集会等自由权利；切实保障少数民族的权益；维护缅甸联邦的团结和领土领海的主权；在国际舞台上维护世界和平，发展与各国的良好关系等，被称为"七项原则"。制宪会议成立了掸族、克钦族、钦族和克伦族代表参加的宪法起草委员会，以昂山提出的"七项原则"为基础正式起草宪法。这一进程并未因昂山等重要领导人的遇害而停顿。9月25日，宪法起草委员会在经过充分讨论和协商后最终通过《缅甸联邦宪法》，为多民族缅甸联邦的成立和运行确立了最高的法律框架。在这一进程中，昂山等领导人努力协调与边区少数民族的关系，与少数民族达成妥协，团结各种可以团结的力量，争取达成一致，并以联邦的名义，积极引导少数民族组成一个整体，促进民族团结，形成民族认同和国家意识，催生出缅甸新型多民族国家雏形，为缅甸留下一份宝贵的历史遗产。②

需要强调的是，东南亚国家精英型政府的形成和协商一致惯例的运用根植于其传统社会中所特有的政治和社会文化。这正如亚洲史研究专家杜赞奇（Prasenjit Duara）所言，在二战后东亚新的民族国家兴起时期，"民族主义和种族主义并非认同的唯一来源"，而"融入文明化新观念之

---

① ［缅］伍庆祥：《缅甸宪法与现代民族国家建构》，载《东南亚研究》2022年第3期，第38—39、43—44页。

② 参见祝湘辉《山区少数民族与现代缅甸联邦的建立》，广东世界图书出版公司2013年版，第134—166、172—201、222页。

中的旧的精神和宗教理念持续成为道德权威的更有力的来源"①。这使得东南亚的区域建构在变革进程中呈现出具有明显连续性的统一性或相似性。其中最有影响的是，前殖民时期出现在陆上东南亚和海上东南亚内部及其之间时空重叠的、文化与政治的互动模式——曼陀罗（mandalas）体系，即松散领土化的等级政体（loosely territorialized and hierarchical polities）。② 克罗格·雷诺兹（Craig J. Reynolds）认为，曼陀罗体系代表了"本土的、以文化为导向"的国家模式。③

具体而言，按照 O. W. 沃尔特斯（O. W. Wolters）的界定，曼陀罗体系由重叠的国王圈（circles of kings）组成，国王被认定为神圣和普遍的权威，可以对其盟友和封臣宣称个人霸权，而其他统治者在理论上是他忠实和顺从的盟友和封臣。在曼陀罗体系中，国家地位不是由它的领土规模而是由一系列社会可确认的、可动员的忠诚来定义的。事实上，曼陀罗体系显示出一种在大致确定的地域内特殊且常不稳定的政治状况。在这里没有固定的边界，区域内更小的中心倾向于向四面八方寻找安全。在这里，统治者并非一个专制君主，而是容易接近的调解人，他能够维持和平并动员完全不同的集团；他时常通过组织宫廷盛会将忠诚的部属吸引进来，让他们感受到自己是统治者信赖的随从，以培育自己的亲属和侍从网。这使得派系、个人、委托关系和互惠互利成为政治中的基本要素。这样，曼陀罗体系虽呈现出分等级结构，但非正式的人际关系及对问题高度务实的反应依然存在，借助个人关系网，官僚程序被尽可能避免，而商谈占据着重要地位，因为在由亲缘纽带链接的社会中，协商确是公共生活的一个突出特征。④

从整体上看，曼陀罗体系有三个典型的特征，即中心是界定体系的基础，具有特殊性、变化性和多元性；双重或多重朝贡普遍存在；体系

---

① Prasenjit Duara, "The Discourse of Civilization and Pan-Asianism," *Journal of World History*, Vol. 12, No. 1, 2001, pp. 99 – 100.

② Amitav Acharya, *The Making of Southeast Asia: International Relations of a Region*, Singapore: ISEAS Publishing, 2012, p. 8.

③ Craig J. Reynolds, "A New Look at Old Southeast Asia," *Journal of Asian Studies*, Vol. 54, No. 2, 1995, pp. 426 – 427.

④ ［英］O. W. 沃尔特斯：《东南亚视野下的历史、文化与区域：区域内部关系中的历史范式》，王杨红译，载《南洋资料译丛》2011年第1期，第52—54页。

内部不同圈层之间可以流动和转换。① 克罗格·洛卡德（Craig A. Lockard）将曼陀罗定义为一个由中央宫廷（central court）以同心圆的形式产生权力和影响力的波动的区域。在这里，中央宫廷试图通过外交和军事力量的结合控制边远地区的经济和人力资源，并取得了不同程度的成功。② 在曼陀罗体系中，国王对其盟友和封臣的权威很少是直接和绝对的。因此，每个曼陀罗本身都由同心圆组成，反映出中心与外围的关系；首都和国王直接控制的区域构成其中央，它的周围环绕着由国王任命的王子或总督统治的省份圈；省份圈又被由朝贡国组成的第三圈所包围；那些在外圈的国家或多或少还是独立王国，在承认中央集权统治的同时，它们逃脱了中央集权的直接政治控制。③ 人类学家和历史学家的研究表明，曼陀罗体系有助于在人口分散、政治多中心和社会以小范围次区域身份为特征的区域建立一种共同的区域内权力模式，为东南亚各部分联通提供一种有效的途径，进而促进东南亚内部的同质性。更为重要的是，通过曼陀罗体系内部及其之间的互动，各种外来的和本土的文化陈述糅合在一起，形成基于"共同的文化价值观"的"东南亚属性"，从而为东南亚民族国家发展和东南亚区域概念化铺平了道路。④ 这也展现出东南亚政治发展的一个关键特征——"本土化"（localization），即选择和修改外来概念，使之与本土社会相适应。⑤

从规范角度来看，这种"东南亚属性"中比较突显的是"象征性权力"（symbolic power）和"协商性秩序"（consultative order）。按照著名社会学家皮埃尔·布迪厄（Pierre Bourdieu）的界定，"象征性权力"

---

① 吕振纲：《曼陀罗体系：古代东南亚的地区秩序研究》，载《太平洋学报》2017 年第 8 期，第 38 页。

② Craig A. Lockard, "Integrating Southeast Asia into the Framework of World History: The Period before 1500," *The History Teacher*, Vol. 29, No. 1, 1995, p. 17.

③ 参见 Stanley J. Tambiah, *Culture, Thought, and Social Action: An Anthropological Perspective*, Cambridge, MA: Harvard University Press, 1985, pp. 260 – 261; Stanley J. Tambiah, "The Galactic Polity in Southeast Asia," *HAU: Journal of Ethnographic Theory*, Vol. 3, No. 3, 2013, pp. 509 – 510.

④ 参见 Tony Day, *Fluid Iron: State Formation in Southeast Asia*, Honolulu: University of Hawaii Press, 2002, pp. 9 – 10; Amitav Acharya, *The Making of Southeast Asia: International Relations of a Region*, Singapore: ISEAS Publishing, 2012, pp. 63 – 64.

⑤ Barbara Watson Andaya and Leonard Y. Andaya, *A History of Early Modern Southeast Asia*, 1400 – 1830, Cambridge: Cambridge University Press, 2015, p. 53.

是一种通过话语构成而给定的权力，它可以使人们看到并相信这种权力的存在，生成确认或改变世界的愿景，进而为这个世界采取行动。他强调，"象征性权力"是一种只有被承认才能够行使的权力。这意味着"象征性权力"经由权力行使者与服从者之间的一种特定关系来定义。也就是说，"象征性权力"存在于信念生产和再生产的场域结构（structure of fields）之中，正是对话语及说出这种话语的人的合法性的信念创造了语言和口号的力量，并赋予其一种能够维持或颠覆社会秩序的权力。由此，由于动员的特定效果，它能够成为一种与通过物质或经济所获得的同等的权力。[1] 简而言之，"象征性权力"源自对特定权威的合法性承认，承认该权威的合法性便赋予其占有者一种额外的"增值"权力，以至于这种权力超出了其最初所依赖的权力的具体形式和数量，如政治、军事、经济和意识形态权力等。[2] 因此，"象征性权力"可以被定义为使社会世界的规范性解释合法化，并据此对这个世界采取行动的能力，而这种解释的合法性和该行为的社会效力取决于对该行为解释规范的认可。[3]

实际上，"象征性权力"的合法运行需要特定的社会背景、社会资源、社会习性和社会实践。在布迪厄看来，这里的社会背景就是包括个体、集团或机构在内的社会行动者（social agents）以紧密的客观方式（如共同财产）和主观方式（如感知和鉴赏方案）双重建构的社会空间（social space），又称社会场域，亦即一种拥有共同感和最低限度共识的社会世界；社会资源就是行动者在特定的社会空间中、在稀缺资源分配中占有的各种资本，包括经济资本、文化资本、社会资本和符号资本（symbolic capital）；行为者拥有这些资本的总体数量决定其在社会空间中的总体地位，并成为定义他们在特定社会场域中获取具体收益机会的实际和潜在权力以及他们之间的权力关系由社会承认或法律保障的可持续

---

[1] Pierre Bourdieu, *Language and Symbolic Power*, Edited and Introduced by John B. Thompson, Cambridge: Polity Press, 1991, p. 170.

[2] 参见 Mara Loveman, "The Modern State and the Primitive Accumulation of Symbolic Power," *American Journal of Sociology*, Vol. 110, No. 6, 2005, pp. 1655 – 1656.

[3] Anne Quéma, *Power and Legitimacy: Law, Culture, and Literature*, Toronto: University of Toronto Press, 2015, p. 23.

存在的社会地位中制度化的工具。[1] 布迪厄将习性（habitus，又称惯习）定义为社会行动者的一种特质，它是由感知、鉴赏和行动构成的持久的和可转换的系统模式（systems of schemata），其中包含一种不断受到经验影响的开放的性情系统（open system of dispositions）；该性情既显示出一种组织行为的结构，又表明一种存在的方式和习性的状态，尤其是一种倾向、意愿、偏好或趋向等。在现实中，社会习性与社会场域既是调节性（conditioning）关系，即场域形塑着习性，习性成为场域固有的必然属性体现，又是认知建构（cognitive construction）关系，即习性有助于将场域建构成一种充满意义的世界，一个被赋予感知和价值的世界。这表明，习性既是社会与个体的连接，也是由一系列结构所塑造的，其中包括行为者所共享的社会阶级、性别意识、伦理观、职业、国家意识和宗教信仰等。就此而言，习性、资本与场域共同构成一种社会实践，亦即实践就是社会行动者的习性（性情）与其在社会场域中的地位（资本）之间的关系在社会舞台（场域）上即时运行的结果。[2] 这里主要是通过语言表达的"象征性权力"关系状态，如声望、名誉和荣耀等，赋予行动者扎根于特定社会场域结构中真正的自主性，从而使他们获取改变或创建世界的权力，亦即他们拥有了维持或改变联合或一体化和分离或去一体化等在社会世界中起作用的客观性原则权力。[3]

正是"象征性权力"的运行及其所依赖的社会背景和行为者的社会习性推动着作为社会实践和共同文化的"协商性秩序"的形成。可以说，"象征性权力"就是定义涵盖"协商性秩序"发生的互动情势的权力。[4]

---

[1] 参见 Pierre Bourdieu, "Social Space and Symbolic Power," *Sociological Theory*, Vol. 7, No. 1, 1989, pp. 16 – 23; Pierre Bourdieu, *Language and Symbolic Power*, Edited and Introduced by John B. Thompson, Cambridge: Polity Press, 1991, pp. 229 – 231.

[2] 参见 Pierre Bourdieu and Loïc J. D. Wacquant, *An Invitation to Reflexive Sociology*, Cambridge: Polity Press, 1992, pp. 126 – 128, 134; Pierre Bourdieu, *Outline of a Theory of Practice*, Translated by Richard Nice, Cambridge: Cambridge University Press, 1977, pp. 72, 85 – 86, 214, note 1; Michael Grenfell, ed., *Pierre Bourdieu: Key Concepts*, Stocksfield: Acumen Publishing, 2008, pp. 49 – 53.

[3] 参见 Pierre Bourdieu, "Social Space and Symbolic Power," *Sociological Theory*, Vol. 7, No. 1, 1989, pp. 20 – 23.

[4] 参见 Tim Hallett, "Symbolic Power and Organizational Culture," *Sociological Theory*, Vol. 21, No. 2, 2003, pp. 128 – 149.

而公共仪式是这种"象征性权力"发挥作用的主要方式。这也是仪式化作为一种社会实践的独特性所特有的权力策略，亦即社会行动者掌握了实际的仪式控制权就掌握了秩序化和重新秩序化世界及评估、一致化和差异化的工具。① 美国人类学家大卫·科泽（David I. Kertzer）认为，仪式就是一种体现社会规范的重复性象征行为，它遵循高度结构化和标准化的程序，这些程序和时空都具有特殊的象征意义，因而是引导情绪、形成认知和组织社会群体的重要手段；仪式还具有戏剧性，为人们提供参与到戏剧之中的一种方式，并以此界定自己的角色、唤起情感反应。在他看来，共同的仪式不仅有助于分布广泛的人们产生对更大的组织的认同感，而且让公众理解各种人群的行为，这些人群属于相同的组织或政治群体。对于缺乏正式的政治规范的社会而言，仪式是划定边界和协调社会中不同的地方群体行动的重要方法。因此，在缺乏共识的人群中，仪式的运用有助于构建一种特殊的认同和政治团结一致。② 兰德尔·科林斯（Randall Collins）指出，通过一套程式化的行动进行的正式化的互动仪式有四种主要结果，即群体团结、个体情感能量、社会关系符号和道德标准等。③ 安东尼·史密斯（Anthony D. Smith）在研究族群—象征联结在民族形成中的重要作用时指出，民族可以被看作具有自我定义的共同体，其成员培育形成共同的象征、神话、记忆和传统，居住并依附于历史的领土或祖地，创造和传播独特的公共文化，遵守共同的习俗和法律。这意味着民族的形成和创造至少有一部分是基于族群形成的象征过程，如命名、边界、起源神话和象征培养等。其中，由一系列反复举行的公共仪式和庆典等象征行为或象征过程所代表的公共文化对该共同体集体成员产生着重大影响，并将其与其他共同体分开，这标志着大众政治和文化统一的民

---

① 参见 Catherine Bell, "The Ritual Body and The Dynamics of Ritual Power," *Journal of Ritual Studies*, Vol. 4, No. 2, 1990, pp. 305 – 310; Catherine Bell, *Ritual Theory, Ritual Practice*, Oxford: Oxford University Press, 1992, pp. 104 – 117.
② 参见［美］大卫·科泽《仪式、政治与权力》，王海洲译，江苏人民出版社 2021 年版，第 13—29、33—34 页。
③ ［美］兰德尔·科林斯：《互动仪式链》，林聚任等译，商务印书馆 2021 年版，第 76—77 页。

族共同体的形成。①

在曼陀罗体系中，由各种公共仪式所展示的"象征性权力"和"协商性秩序"是不同圈层之间及其内部互动的一种重要类型。著名汉学家白鲁恂（Lucian W. Pye）研究指出，在亚洲政府统治实践的历史上，一个值得注意的主题是，几乎所有的亚洲文化都将权力视为某种形式的仪式。也就是说，他们很早就形成了这样一种观念，即正确的仪式展现能产生最高类型的力量。在这里，那些被允许参加规定仪式的人均被认定为该共同体中最有权势的人。在东南亚，人们可以在考古遗址中发现仪式行为和政府统治之间紧密的象征性联系。那些"印度教化国家"（Hinduized states）由"神王"（god-kings）统治，他们精心设计的仪式，用神圣的器具来实施，大体上确保了其政府结构在各个方面与统治宇宙的力量设计相匹配。作为"神王"，他们通过此种仪式成为"宇宙秩序"（cosmic order）的一部分。由此，那种构想出的"仪式化权力"（ritualized power）作为一种共同的实践惯例，与由超凡力量支配的"宇宙秩序"联系在一起，从而成为一种合法化的统治工具。②

这里的"神王"是指东南亚历史文化中将国王视为神灵的"神王合一崇拜"，又称"神王合一信仰"。这是通过国王与神灵合体的"神王崇拜"，突显王权与宗教权威的共生关系，以创建优先于各个地方信仰的国家信仰。③ 实现这种崇拜的最为典型的仪式是"提婆罗阇"（Devarāja），即梵语"众神之王"，意即"有权力控制所有祖先灵魂的首要祖先"。其核心是通过婆罗门大祭司将印度教湿婆神（Siva）转化为象征国王神圣人格的"林伽"（Linga）崇拜的礼拜仪式。实际上，这是将国王"神格化"

---

① 参见［英］安东尼·D.史密斯《族群——象征主义和民族主义：一种文化方法》，林林译，中央编译出版社2021年版，第59—71页。

② 参见 Lucian W. Pye, *Asian Power and Politics: The Cultural Dimensions of Authority*, London: Belknap Press, 1985, pp.39–54.

③ 参见张红云《东南亚神王文化研究》，中国社会科学出版社2017年版，第2—4、33—39页；［日］石泽良昭《东南亚：多文明世界的发现》，瞿亮等译，北京日报出版社2020年版，第109—124页。

为神灵或将神灵"人格化"为国王,确立国王为"宇宙之主宰",即"宇宙之王"(universal monarch),以至于国王的个人形象不仅是该王国的象征中心,也是整个宇宙的象征中心,最终将对神灵的崇拜变成对国王的崇拜。在古典东南亚时期,"提婆罗阇"仪式作为一种普遍的实践,它将祖先崇拜与印度教、佛教信仰结合起来,成为一项具有规范意义的"运行原则"①。在白鲁恂看来,这种"仪式化权力"产生的首个持续性后果是,无论仪式是否被认为对维持道德秩序或宇宙秩序有效,人们都相信存在着超越个体直接支配的巨大力量控制着统治者和整个社会的命运,以至于每个人都应该合作,支持仪式,因为该共同体作为一个整体,并不仅仅关乎精英,在"宇宙秩序"中大家都有利害关系。因此,仪式政治成为共识的表达方式。在所有东南亚文化中都有明确的规则,可以让人做出共识性而非控制性决策。这一后果也鼓励了家长式权威的发展以及庇护—扈从关系权力属性的形成。②沃尔特斯认为,正是全世界都应该绝对崇拜的具有象征性意义的宗教符号使东南亚各国的统治者能够拥有一套共同的信仰规范和价值体系。这也是能够证明东南亚区域一致性的一个实例。③奥斯本持有同样的观点。他说:"在东南亚大陆的各个皇室宫廷所使用的仪式的相似性被认可是共同遗产或传统的标志。"④阿纳达·拉贾(Ananda Rajah)强调,那种对神灵的普遍崇拜等"共同主线"为帮助我们理解东南亚区域的秩序提供了一个"最重要的统

---

① 参见 I. W. Mabbett, "Devarāja," *Journal of Southeast Asian History*, Vol. 10, No. 2, 1969, pp. 202 – 223; George Cœdès, *The Indianized States of Southeast Asia*, Edited by Walter F. Vella, Translated by Susan Brown Cowing, Canberra: Australian National University Press, 1975; pp. 39 – 42; Nidhi Aeusrivongse, "The Devarāja Cult and Khmer Kingship at Angkor," in Kenneth R. Hall and John K. Whitmore, eds., *Explorations in Early Southeast Asian History: The Origins of Southeast Asian Statecraft*, Ann Arbor: University of Michigan Press, 1976, pp. 107 – 138; D. G. E. Hall, *A History of South-East Asia*, Fourth Edition, London: The Macmillan Press, 1981, pp. 113 – 119; David Chandler, *A History of Cambodia*, Fourth edition, Boulder: Westview Press, 2008, pp. 39 – 42.

② 参见 Lucian W. Pye, *Asian Power and Politics: The Cultural Dimensions of Authority*, London: Belknap Press, 1985, pp. 43 – 51.

③ [英] O. W. 沃尔特斯:《东南亚视野下的历史、文化与区域:区域内部关系中的历史范式》,王杨红译,载《南洋资料译丛》2011 年第 1 期,第 57—59 页。

④ Milton Osborne, *Southeast Asia: An Introductory History*, 12th edition, Sydney: Allen & Unwin, 2016, p. 5.

一性主题"①。

关于东南亚"神王"崇拜的仪式政治与"协商性秩序"关系的典型例子是著名人类学家克利福德·格尔茨（Clifford Geertz）所言的19世纪巴厘"剧场国家"（Theatre State），又称"尼加拉"（Narada）。从最宽泛的意义上看，"尼加拉"作为塑造印度尼西亚文明的重要制度之一，它是指由传统城镇及其孕育的高等文化和集中在城镇里的超凡政治权威体系组成的世界，如宫殿、首都、国家、王国等；与其对应的是被称作"德萨"（Desa）的世界，如乡村、地区、属地等，它在群岛各地有多种组织形式，如村落、农户、佃户等；由两者构成的"两极"之间是在印度式宇宙观的总体情境中发展起来的一种独特的古典政体形式。② 格尔茨解释说，巴厘政治存在着两种对立力量之间的张力，即国家仪式的向心力和国家结构的离心力。第一种是文化因素，自上而下，由中心而向外；第二种是权力因素，自下而上，从边缘到内部。这导致巴厘政治出现两种明显"对立"的特征：既有"尼加拉"作为"城镇"所代表的国王统治的国家中心的统一性，又有"德萨"作为"村落"所代表的地方政府高度自治的内在分散性；两者迥然相异又紧密地交织在一起，它们同步成长、相互塑造，纽带就是国家的演剧制度与村落的地方治理制度之间复杂而微妙的调适过程。在实际中，巴厘国家及其所支持的政治生活的表达本质上指向场面和仪式，亦即巴厘文化的普遍迷恋之公开的戏剧化表现。因此，巴厘作为"剧场国家"，它通过戏剧化艺术创立作为国家权力中心和文明标准的"典范中心"（exemplary center），以此获取政治统治的合法性地位。在这里，仪式不是形式而是实质；权力为盛典服务，而不是盛典为权力服务；国家是实施群众仪式的手段，其"典范中心"地位便是权力之根基，治国之道乃是演剧艺术。在这里，仪式生活是一种修辞形式，也是一种奉献，一种华丽的、炫耀精神力量的宣示。其中一

---

① Ananda Rajah, "Southeast Asia: Comparatist Errors and the Construction of a Region," *Southeast Asian Journal of Social Science*, Vol. 27, No. 1, 1999, p. 42; Robbins Burling, *Hill Farms and Padi Fields: Life in Mainland Southeast Asia*, Englewood Cliffs: Prentice-Hall, 1965, p. 4.

② ［美］克利福德·格尔茨：《尼加拉：十九世纪巴厘剧场国家》，赵丙祥译，商务印书馆2018年版，第3—4页；Clifford Geertz, *Negara: The Theatre State in Nineteenth-Century Bali*, Princeton: Princeton University Press, 1980, pp. 3–4.

个反复出现的论证是世俗地位的宇宙论根基，而等级制度是整个宇宙的管理法则。① 也就是说，国家是借由剧场化的陈述而制造出的一种秩序化的意象，这种意象对旁观者和国家内部及其自身都是一种典范，以此维持社会秩序。由此，这种戏剧塑造经验的能力成为维系政体统一的强大力量。格尔茨将这种立足于"社会行动之重复性表演"的国家统治称作"象征性行动路径"②。

在格尔茨看来，"尼加拉"体系中高度自治的"德萨"（村落）地方政体扮演着十分重要的角色。具体而言，地方政体有庄社（又称苏巴，hamlet/banjar）、水社（又称班家，irrigation society/subak）和庙会（又称婆麻善，temple congregation/pemaksan）三种独立的机构，它们分别承担社区生活公共事务、水利灌溉设施和公众仪式组织等管理任务，共同构成一种"多元集体主义"（pluralistic collectivism）的"复合政治秩序"。在这里，重要的问题通常通过庄社或水社召开联合会议，由全体成员公开讨论并达成一致决定予以解决，由此形成一种根据不可变更的既定惯例相互调整的过程，巴厘人称之为"如坤"（rukun），意指"创造一致""协调意愿""建立和平"和"达成统一"等。这实际上是在一群近邻依照水利等各领域的习惯做法和合法化仪式调解彼此间的纠纷、消除生态的混乱，以缔造、维持秩序和良好关系及相互帮助，从而形成一种总体的协调性框架。格尔茨强调，正是由于这种地方政体内部的协调机制十分发达和富有有效，其区域协调（regional coordination）才能借由仪式系统的施动作用来完成。这也使得该地方体系内部所产生的大部分政治紧张状态能够由地方机构间私下的临时安排予以化解，而无须升级到更高

---

① 参见［美］克利福德·格尔茨《文化的解释》，韩莉译，译林出版社 2014 年版，第 391—399 页；［美］克利福德·格尔茨《尼加拉：十九世纪巴厘剧场国家》，赵丙祥译，商务印书馆 2018 年版，第 12—17、41—42、92、108—117 页；Clifford Geertz, *The Interpretation of Cultures*, New York: Basic Books, 1973, pp. 331 – 337; Clifford Geertz, *Negara: The Theatre State in Nineteenth-Century Bali*, Princeton: Princeton University Press, 1980, pp. 13 – 19, 45 – 46, 102, 120 – 129.

② 参见［美］克利福德·格尔茨《地方知识：阐释人类学论文集》，杨德睿译，商务印书馆 2019 年版，第 34—37 页；Clifford Geertz, *Local Knowledge: Further Essays in Interpretive Anthropology*, The Third Edition, New York: Basic Books, 2000, pp. 27 – 30.

的也是更容易失控的层次上。① 因此，地方政府成为"尼加拉"体系中"最有效的政府"②。

东南亚传统社会中这种特有的政治和社会文化特性与西方国家主导的国际规则和规范体系分别构成二战后东南亚国家建设与东南亚区域建构所适用的内部和外部观念体系和规范框架的"先行认知"（cognitive priors）的两个重要来源。两者分别体现为非正式的社会—文化规范和正式的理性—法律规范，并共同成为东南亚国家对外政策及国际和区域合作等最初的国际行为和国际实践的重要工具和规范基础。③ 阿查亚认为，二战后东南亚区域建构及区域主义和区域合作的努力"发端于关于统一性的需求和渴望的规范论断，尽管存在诸多结构性差异和分歧"，而正是东南亚区域内外国家对其历史和当下的共有属性和经验的运用启动了将他们自身想象为一个集体实体或区域组成部分的区域建构计划及区域主义意识。他强调，东南亚早期历史中的仪式和家族结构的相似性、"曼陀罗"和"尼加拉"等国际关系区域形态以及二战期间及二战后初期出现的东南亚地缘政治观念等，均与后来东南亚区域国际关系紧密相关，并为人们思考东南亚民族主义与区域主义的关系和国际秩序对区域内部关系的影响及区域组织的演进提供必需的"舞台背景"④。

托尼·达伊（Tony Day）认为，"曼陀罗"和"尼加拉"等东南亚国家的传统类型及其持续的文化特性，对审视作为国家统治工具的当代东南亚文化提供了"方法论基础"。比如，东南亚传统国家形成的特有的家族或亲属网络和世袭制或庇护关系等的相似性，成为当代印度尼西亚、马来西亚、菲律宾和泰国等东南亚国家政治中家族特色和精英统治的历史根源。因此，重新回顾和思考东南亚国家形成历史中的文化相似性，为理解由一系列文化互动所创建的作为一种空间的东南亚区域以及东盟

---

① 参见［美］克利福德·格尔茨《尼加拉：十九世纪巴厘剧场国家》，赵丙祥译，商务印书馆2018年版，第43—45、74—78、151—152页；Clifford Geertz, *Negara: The Theatre State in Nineteenth-Century Bali*, Princeton: Princeton University Press, 1980, pp. 47–49, 82–86, 185–186.

② Clifford Geertz, *The Interpretation of Cultures*, New York: Basic Books, 1973, p. 335.

③ 参见 Amitav Acharya, *Whose Ideas Matter? Agency and Power in Asian Regionalism*, Ithaca: Cornell University Press, 2009, pp. 21–26.

④ 参见 Amitav Acharya, *The Making of Southeast Asia: International Relations of a Region*, Singapore: ISEAS Publishing, 2012, pp. 25–26, 59–93.

国家谋求区域认同、国际安全和经济福利提供了可资利用的知识。尤其是"象征性权力"和"巴厘国家仪式"实践可以用于理解印度尼西亚苏加诺时期的政治观念及其行动。① 安德森认为,无论从历史还是文化角度上看,由仪式所展示的作为一种权力信念的"领导魅力"(charisma)先于理性—法律统治,并成为"巴厘国家"中一项恒久和惯常的组织化原则。此种"爪哇人的权力观"作为一种传统的文化模式成为苏加诺及其继任者执政观念中存留的一种重要遗产。② 杰根·鲁兰德(Jürgen Rüland)的研究表明,印度尼西亚苏哈托时期发展起来的对外政策、军事战略的"同心圆"观念就来源于其当代地缘政治思想与古代"曼陀罗"体系政治观念的结合。该战略将印度尼西亚国内政治作为"内圈"、将印度尼西亚的东南亚邻国和澳大利亚作为"第二圈"、将全球的其他地方作为"第三圈"。这一理念亦使印度尼西亚将东盟作为其对外政策的基石。这一"先行认知"为随后的印度尼西亚外交政策决策者关于东盟政策的话语分析和观念变革提供了参考点。而印度尼西亚对外交决策的"先行认知"以及包括印度尼西亚在内的东盟成员国政府所共享的传统观念、规范和世界观便是东南亚区域合作"东盟方式"规范框架的重要来源。③

郝时亚(Alexander Horstmann)在研究泰国南部的多元宗教仪式时指出,传统信仰和仪式文化与现代性相和、与标准化的国家仪式以及跨国仪式和全球化仪式共存于一种关系之中。在这种关系中,仪式被视作一种有改变力量的和有效的传统,它可以对社会秩序进行协调,并再度生成规范性秩序。从这个角度上讲,传统与现代性保持一致,亦即人们可以用精神信仰迎合并面对商业化、合理化、正常化以及文化裂变的力量,由此为现代性"赋灵"。④ 佐藤汤川(Taku Yukawa)将"东盟方式"称

---

① 参见 Tony Day, *Fluid Iron: State Formation in Southeast Asia*, Honolulu: University of Hawaii Press, 2002, pp. 6 – 13, 38 – 42, 292 – 293.

② 参见 Benedict Anderson, *Language and Power: Exploring Political Cultures in Indonesia*, Ithaca: Cornell University Press, 1990, pp. 72 – 77.

③ Jürgen Rüland, *The Indonesian Way: ASEAN, Europeanization, and Foreign Policy Debates in a New Democracy*, Stanford: Stanford University Press, 2018, pp. 11, 36.

④ 参见[德]郝时亚《共生共存:泰国南部多元存在的变迁》,载[德]李峻石、郝时亚主编《再造异同:人类学视域下的整合模式》,吴秀杰译,社会科学文献出版社2020年版,第206—210页。

作"一种符号",认为保守的东盟国家使用"东盟方式"的修辞通过不断重复的互动使"以东盟方式做事""东盟认同""东盟精神"和"东盟思维"等口号在该区域外交决策圈中流行起来,以应对挑战东盟不干涉和协商决策等规范原则的力量。① 戴维斯将"东盟符号"与共享意义的正式仪式结合起来,认为东盟实现"仪式化区域主义"(ritualised regionalism)的方法与格尔茨所描述的"巴厘社会"的仪式政治存在明显的相似之处。与巴厘"剧场国家"一样,在东盟,仪式展示是实现政治权力的目标而不是工具。他认为,东盟的精英们总是借助"共同的传统",引用过去的文件来为现在的活动做辩护,并赋予它们象征意义。② 在苏里杜姆看来,作为东南亚区域合作核心规范的"协商"和"共识"是一种集体行动,即印度尼西亚人和马来亚人所说的"互助合作"(gotong-royong)或菲律宾人所说的"分工协作"(bayaniban)。这深深根植于这三国乃至泰国人民的传统文化里,常常出现于需要集体完成的收获、种植或房屋建造等日常生活之中——他们以兄弟关系前来帮助,只求更好地完成必须做的事务,并不期望物质所得,以此形成马来文化中的血亲关系、近亲关系和兄弟关系等亲缘关系理念及特定事务中彼此给予很大帮助的互助精神。③

著名美国政治学家和人类学家詹姆斯·斯科特(James C. Scott)解释说,在东南亚传统社会中,以互助合作为基础的互惠原则是一条普遍的道德原则,它渗透于农民生活乃至整个社会生活之中。而这种关系下的道德风气又常常通过礼仪上亲属关系的典礼活动或其他象征性纽带予以强化。在爪哇,互助合作的形式就是有组织互惠的著名事例,而互助合作时常通过邻里会餐的仪式得到加强;在泰国乡村,互惠被看作支持家庭内部和家庭之间社会行为的基本道德原则;在菲律宾,个人联盟模式主要基于此种互惠观念,即所有人接受的服务,不论是否出于请求,都

---

① 参见 Taku Yukawa, "The ASEAN Way as a Symbol: An Analysis of Discourses on the ASEAN Norms," *The Pacific Review*, Vol. 31, No. 3, 2018, pp. 298 – 414.

② 参见 Mathew Davies, *Ritual and Region: The Invention of ASEAN*, Cambridge: Cambridge University Press, 2018, pp. 9 – 15.

③ Estrella D. Solidum, *The Politics of ASEAN: An Introduction to Southeast Asian Regionalism*, Singapore: Eastern Universities Press, 2003, pp. 97 – 98.

要给予回报。① 实际上，互惠原则作为一种普遍的行为规范，它根植于两个相互关联的最低要求，即人们应该帮助那些帮助过他们的人和人们不应该伤害那些帮助过他们的人。② 这种互惠原则适用于平等和不平等的主体间关系，常常以"庇护—扈从"的契约形式出现，以至于这种强调相互权力和义务的互惠道德观念成为精英与其扈从者之间关系有力的社会纽带，并构成菲律宾、马来亚、印度尼西亚和泰国等东南亚国家的政党政治或地方政治的一个重要特征。③

就此，独特的符号表达能力和同源的亲缘关系体系（cognatic kinship systems）成为东南亚人民在生态环境适应中形成的基本文化共性。这也是东南亚在文化上被视为一个人的区域建构的一条基本假定。④ 约翰·伽马斯（John H. D. Gamas）认为，东盟一体化进程中高层次互动所揭示的"权力作为仪式"的"仪式主义"（ritualism）是支持古代东南亚政治文化"宇宙秩序的世俗化版本"。其现实表现是，东盟在无争议事项上的决策很容易达成共识性协议，而高度敏感的问题则无法通过"修辞仪式"得到解决。但仪式使东盟在容忍优柔寡断的同时表现出自身的团结，从而成为区域主义得以延续的工具。⑤

三　东南亚区域多样性和国家需求的统一性

二战后初期东南亚区域变革进程中所形成的统一性或相似性及其所蕴含的连续性中的统一性或相似性是一种"多样性中的统一性"，亦即在总体

---

① 参见 James C. Scott, *The Moral Economy of the Peasant: Rebellion and Subsistence in Southeast Asia*, New Haven: Yale University Press, 1976, pp. 167 – 168.

② Alvin W. Gouldner, "The Norm of Reciprocity: A Preliminary Statement," *American Sociological Review*, Vol. 25, No. 2, 1960, p. 171.

③ 参见 James C. Scott, *The Moral Economy of the Peasant: Rebellion and Subsistence in Southeast Asia*, New Haven: Yale University Press, 1976, pp. 168 – 170.

④ Ananda Rajah, "Southeast Asia: Comparatist Errors and the Construction of a Region," *Southeast Asian Journal of Social Science*, Vol. 27, No. 1, 1999, pp. 45 – 46.

⑤ 参见 John Harvey Divino Gamas, "The Tragedy of the Southeast Asian Commons: Ritualism in ASEAN's Response to the South China Sea Maritime Dispute," *European Journal of East Asian Studies*, Vol. 13, No. 1, 2014, pp. 33 – 49.

相似性的背后仍有复杂的可变性和差异性。① 这种"多样性中的统一性"又被译为"多元一体"或"殊途同归"。这也是印度尼西亚的立国格言。从印度尼西亚的角度上看，这不仅"反映了印度尼西亚民族本身内部的团结"，也"反映了印度尼西亚民族对普天之下各民族之间应有关系的见解"。苏加诺强调，印度尼西亚人民以"殊途同归"和"建国五原则"来适应自然发展的规律，以维护和捍卫印度尼西亚的团结和统一。② 这种"多样性中的统一性"类似于德国民族学家李峻石（Günther Schlee）提出的"经由差异达成整合"（integration through difference），即以差异性为一体化的方式，立足于差异性实现社会团结和一体化，从而构建起基于多样性的社会秩序。③ 英国人类学家埃德蒙·利奇（Edmund R. Leach）在研究缅甸高地的政治体系时指出，具有文化差异的族群可以通过一套表达社会关系的象征性仪式活动，展示同一种庞大而有序的社会结构体系，同时保持和延续文化差异性。④ 李峻石就此得出结论，在这里，保持分支之差异性正是整个总体的构成原则。他认为，在一个跨族群的体系中，经由族群间的差异性，存在着一种规范的功能，并由此建立起一种互动的沟通体系。这就是他所说的"差异导致一体化"⑤。据此，奥斯本将东南亚称作"一个有着显著统一性和巨大多样性的极其多样化的区域"⑥。

---

① Ananda Rajah, "Southeast Asia: Comparatist Errors and the Construction of a Region," *Southeast Asian Journal of Social Science*, Vol. 27, No. 1, 1999, p. 46.

② "Speech by President Soekarno at the Opening of the Asian-African Conference, April 18, 1955," in George McTurnan Kahin, *The Asian-African Conference: Bandung, Indonesia, April 1955*, Ithaca: Cornell University Press, 1956, p. 49;［印尼］苏加诺:《让新的亚洲和新的非洲诞生吧》（1955年4月18日在亚非会议开幕式上的演讲），载世界知识社编《苏加诺演讲集》，世界知识社1956年版，第225—226页;［印尼］苏加诺:《按照自然规律行动吧》（1954年8月17日在印度尼西亚共和国独立九周年庆祝大会上的演讲），载世界知识社编《苏加诺演讲集》，第212页。

③ 参见［德］李峻石《导论:论差异性与共同性作为社会整合的方式》，载［德］李峻石、郝时亚主编《再造异同:人类学视域下的整合模式》，吴秀杰译，社会科学文献出版社2020年版，第1—18页。

④ 参见［英］埃蒙德·R.利奇《缅甸高地诸政治体系:对克钦社会结构的一项研究》，杨春宇、周歆红译，商务印书馆2012年版，第36—39页。

⑤ 参见［德］李峻石《何故为敌:族群与宗教冲突论纲》，吴秀杰译，社会科学文献出版社2017年版，第16—21页。

⑥ Milton Osborne, *Southeast Asia: An Introductory History*, 12th edition, Sydney: Allen & Unwin, 2016, p. 16.

美国人类学家罗宾斯·布尔林（Robbins Burling）解释说："东南亚每个现代国家都有一个平原民族的核心，在每个地区形成一个相对同质和密集的人口。这些民族都说一种占主导地位的语言，其特点是信奉世界上伟大的宗教之一，并以密集的'湿稻'农业为生。"而"正是这些特性在东南亚多样性的背后烙上了统一性的印记"，他称之为"统一性和多样性悖论"[①]。

具体而言，东南亚区域的多样性既有历史连续的，又有现实新生的，包括地理的、政治—经济的和族群—宗教的多样性等。东南亚的地理多样性，明显分为大陆东南亚和海洋东南亚两大部分；在每一部分又均有山地/高地和平原/低地两类相反的地形，呈现出明显的地理"二元性"。人类对自然环境的适应导致东南亚国家明显区分为内地/高地山民和海岸/河流低地两类不同的社会或文明形态。这些社会形态内部的人们有着更多的共同性或相似性，而他们与外部的人们有着较多的多样性或差异性，最重要的是政治—经济和族群—宗教的多样性。那些河谷和平原地区较早建立起广泛的水稻耕作，一些滨海地区则发展为贸易通道，并成为较多人口密集居住的地区。这些地方形成东南亚最早的一批经济和政治中心，亦即曼陀罗体系中的各个"中心"。这些地区相对较高的"中心化"政治经济体系，更多地渗透着印度教、佛教、伊斯兰或中国文化传统等大的宗教或文化形态；而印度教和佛教更多地为宫廷上层所接纳，伊斯兰教信仰主要分布在沿海地区的贸易中心的商业阶层，如北苏门答腊、东爪哇、越南南部、婆罗洲北部和南部沿海、马来半岛两岸港口和菲律宾马尼拉等地区。那些高地或内陆地区较早建立起狩猎和采集、粗放和密集农林业等混合经济体系，并成为人口密度和政治经济"中心化"程度相对较低的地区。这些地方尤其是大陆东南亚的一些相对封闭的高山地区，较少受到大的外来文化和宗教的渗透，可以最大限度地保留本地文化和原始宗教。如缅甸、中南半岛、婆罗洲、吕宋、棉兰老、苏拉威西和马古鲁群岛等地的山地地区。这些山地地区

[①] Robbins Burling, *Hill Farms and Padi Fields*: *Life in Mainland Southeast Asia*, Englewood Cliffs: Prentice-Hall, 1965, pp. 1 – 4.

也很难找出系统完备的宗教和信仰体系。① 在一些地方出现多种宗教"和谐共存"的"糅杂文化"。如泰国南部的宋卡湖流域就存在佛教和伊斯兰教融合的多元宗教动态体系。在这里，佛教和伊斯兰教有着共同的宇宙观和价值观及公共仪式，如"双教仪式"和叫魂仪式"玛诺拉歌舞"（Manora Rongkru）。"玛诺拉"在传统上还被用于解决家庭和社区争端，并被当作一种展示名望和魅力的祈求兴旺的仪式，反映了泰国南方民众族群和宗教多样性以及对祖灵崇拜信仰的坚守。②

从语言学角度来看，东南亚形成了多样性语系和族群，主要包括南岛语系（Austronesian languages）、南亚语系（Austroasiatic languages）、汉藏语系（Sino-Tibetan languages）及相关族群语言。南岛语系主要存在于大陆东南亚南部和海岛东南亚，主要包括今日马来西亚和印度尼西亚的马来人，印度尼西亚的爪哇人、巽他人、马都拉人、帝汶人等，菲律宾的伊洛克人、比萨扬人、他加禄人等，柬埔寨、越南和泰国南部部分人群等。南亚语系主要存在于大陆东南亚北部和中部，主要包括今日越南人（越族人）、柬埔寨人（高棉人）和缅甸的孟族人等。汉藏语系主要分布在大陆东南亚北部、西北部和中部，主要包括今日泰国的泰人、老挝人（寮人）和缅甸的缅族人、若开族人、掸族人、克伦族人、克钦族人等。在东南亚，还有与本地族群混

---

① 参见 Ananda Rajah, "Southeast Asia: Comparatist Errors and the Construction of a Region," *Southeast Asian Journal of Social Science*, Vol. 27, No. 1, 1999, pp. 42 – 48; Robbins Burling, *Hill Farms and Padi Fields: Life in Mainland Southeast Asia*, Englewood Cliffs: Prentice-Hall, 1965, pp. 1 – 11; Peter Bellwood, "Southeast Asia before History," in Nicholas Tarling, ed., *The Cambridge History of Southeast Asia: From Early Times to c. 1800*, Vol. 1, Cambridge: Cambridge University Press, 1992, pp. 56 – 57; Kenneth R. Hall, "Economic History of Early Southeast Asia," in Nicholas Tarling, ed., *The Cambridge History of Southeast Asia: From Early Times to c. 1800*, Vol. 1, Cambridge: Cambridge University Press, 1992, pp. 185 – 190; Anthony Reid, *Southeast Asia in the Age of Commerce, 1450 – 1680: Expansion and Crisis*, Vol. 2, New Haven: Yale University Press, 1993, pp. 132 – 140.

② 参见［德］郝时亚《共生共存：泰国南部多元存在的变迁》，载［德］李峻石、郝时亚主编《再造异同：人类学视域下的整合模式》，吴秀杰译，社会科学文献出版社2020年版，第204—237页。

居的大量中国人和印度人。① 从地缘文化角度上看，东南亚地处亚洲和澳洲两个大陆及太平洋和印度洋两个大洋之间，属于东部亚洲（东亚）、南部亚洲（南亚）和西南太平洋的"次区域"，明显受到亚洲和澳洲两个大陆不同文化的影响，尤其是其北部、西部和东部分别更多地受到中国、印度和澳大利亚文化的影响，因而在人类学和生物学上常被视为富有混合性的"亚澳文化"区域。② 这使得东南亚具有一种"过渡区"的特性，既成为太平洋和印度洋之间的"门户屏障"，又成为澳大利亚和太平洋之间的"踏脚石"③。

但东南亚独特的环境产生了许多物质文化和社会结构的共同特性，并通过限制外来文化模式对该区域的同化而保持其政治和文化多样性。其中，最重要的是，部分高地山民、诸多小岛上的船民（又称"海上吉普赛人"，sea-gypsies）和东部一些小岛上的住民，如缅甸高地的克伦族人、克钦族人和钦族人，越南南部临近柬埔寨边境高地的蒙塔格纳德人（Montagnard），海岛地区的乌鲁人（Ulu）、巴拉望人（Palaung）、托拉查人（Toraja）、伊富高人（Ifugao）、卡达山人（Kadazan）或杜松人（Dusun）、达雅克人（Dayak）或巴塔克人（Batak）等，拥有较低的族群认同意识，拒绝融入那些"中心"国家或社会，并保持着相对流动的生产方式和多样性的宗教与土地持有及婚姻习惯。瑞德将这些人群称作"无国家集团或社会"（stateless groups/society），并认为此种富有特色的"国家规避"（state-averse）是越南和伊洛瓦底江流域以外东南亚的一个历史特征。在他看来，东

---

① 参见 Peter Bellwood, "Southeast Asia before History," in Nicholas Tarling, ed., *The Cambridge History of Southeast Asia*: *From Early Times to c.* 1800, Vol. 1, Cambridge: Cambridge University Press, 1992, pp. 106 – 115; M. C. Ricklefs, Bruce Lockhart, et al., *A New History of Southeast Asia*, Houndmills: Palgrave Macmillan, 2010, pp. 1 – 17; 梁志明、李谋、吴杰伟：《多元、交汇、共生：东南亚文明之路》，人民出版社2011年版，第39—40页。

② Amitav Acharya, "Imagined Proximities: The Making and Unmaking of Southeast Asia as a Region," *Southeast Asian Journal of Social Science*, Vol. 27, No. 1, 1999, p. 57; 梁志明、李谋、吴杰伟《多元、交汇、共生：东南亚文明之路》，人民出版社2011年版，第172页。

③ Jan O. M. Broek, "Diversity and Unity in Southeast Asia," *Geographical Review*, Vol. 34, No. 2, 1944, p. 195.

南亚在文化上既非印度的亦非中国的，而是有着巨大的种族群体、语言、宗教、政治制度和国家的多样性以及与其他领域的诸多联系。东南亚的多样性和对外界影响的开放性是其最突出的特征，而东南亚内部的多样性亦是东南亚成为一个区域的基础。①

西方殖民者的入侵和统治推动了东南亚区域统一性和多样性的双重强化。东南亚区域统一性的强化主要是从法律规范和集体认同上确立"外来帝国"（alien imperial states）的边界及其内部"土著民族"（indigenous nations）的身份，形成一种舶来的"国家民族主义"和本土的"族群民族主义"混合体的"有界主权空间"（bounded sovereign space），亦即现代东南亚国家和民族/族群的"殖民建构"（colonial constructions）。其具体做法是，在各殖民帝国统治范围内创造共同的法律、金融、官僚和教育机制，并通过基于人口普查的户籍制和依据出生或居住地、语言、宗教信仰和服饰风格等"自我认同"（self-identifications）的核心标志确立"土著人"（indigenous races）身份。②一方面，在东南亚，各殖民帝国通过一系列内部和外部的战争、谈判、缔约或仲裁，既划定了英属马来亚、荷属东印度、英属缅甸、法属印度支那、西属或美属菲律宾和葡属东帝汶之间的帝国疆界，又确定了英属缅甸与印度和中国、法属印度支那与中国、荷属东印度的东部边界（即东经141度），并保留了独立国家暹罗（泰国）作为一个"缓冲区"，东南亚的政治地图由此被重绘，并被纳入西方主导的世界体系之中。此种疆界的创建被认为在19世纪东南亚历史叙事中占据首要的地位。因为"主权空间"的革命性概念在原则上遵循同一种法律，即各殖民帝国在其边界之内享有理论上的绝对主权，最终，除极少数的例外，殖民帝国创建的边界成为现代东南亚国家的疆界。这也

---

① 参见 Anthony Reid, *Imperial Alchemy: Nationalism and Political Identity in Southeast Asia*, Cambridge: Cambridge University Press, 2010, pp. 45 – 48; Anthony Reid, *A History of Southeast Asia: Critical Crossroads*, Chichester: Wiley Blackwell, 2015, pp. 26 – 27; Anthony Reid, *Charting the Shape of Early Modern Southeast Asia*, Chiang Mai: Silkworm Books, 2000, pp. 3 – 5.

② 参见 Anthony Reid, *Imperial Alchemy: Nationalism and Political Identity in Southeast Asia*, Cambridge: Cambridge University Press, 2010, pp. 30 – 37.

是西方殖民者介入东南亚的"重要特征之一"①。塔林强调:"帝国阶段的最显著遗产是殖民疆界或边界的建立。"②

另一方面,各殖民帝国通过扩大族群核心、保护脆弱君主、促进多族群联盟和无国家集团族群化等互动类型推动东南亚"民族国家"的殖民建构。在这一过程中,每个殖民帝国都承认那些"自我认同"的核心标志并将其作为民族(族群)划分可操控的基本依据。具体而言,扩大族群核心,主要反映在缅甸、越南和暹罗(泰国)等地,它们分别以缅族人、越南人和泰人等占优势地位的大的族群为中心创建新的主权边界;保护脆弱君主,主要体现在马来亚、高棉(柬埔寨)和老挝方面,它们通过维护现有地位不稳定的君主及其统治的邦国或王朝创建新的主权边界;促进多族群联盟,主要出现在菲律宾和印度尼西亚以海上贸易为主的多族群社会,它们组建松散的多族群联盟,在客观上推动了多元文化构成的混合命名的新的民族身份的塑造,如菲律宾人和印度尼西亚人等;无国家集团族群化,就是将那些分布在高地和小岛的众多土著人群"自我认同"为特定的族群共同体,并将他们纳入前三种互动类型创建的"没有空地"的"民族国家"的绝对疆界之内,从而赋予其"国家性"或"民族性"(nationality)。例如,将钦族人、克钦族人、克伦族人等"外围共同体"(缅甸边疆区,Frontier Burma)的少数族群与处于"缅甸本部"(缅甸执政区,Ministerial Burma)的缅族人共同构建为具有"缅甸性"(Burmese-ness/Myanmar-ness)的现代"缅甸人"(Burmese/Myanmarese)新身份。再如,将马来人及其他海岛土著人(统称"马来人")、泰米尔人及其他印度人(统称"印度人")和华人三种民族类型共同构建为现代"马来西亚"集体身份等。英国殖民者为强调英属马来亚的民族身份,在其制定的户籍中使用"马来西亚人"术语,特指"马来半岛和

---

① 参见 Anthony Reid, *A History of Southeast Asia*: *Critical Crossroads*, Chichester: Wiley Blackwell, 2015, pp. 213 – 214, 240 – 258; Nicholas Tarling, "The Establishment of the Colonial Regimes," in Nicholas Tarling, ed., *The Cambridge History of Southeast Asia*: *The Nineteenth and Twentieth Centuries*, Vol. 2, Cambridge: Cambridge University Press, 1992, pp. 5 – 76; Milton Osborne, *Southeast Asia*: *An Introductory History*, 12th edition, Sydney: Allen & Unwin, 2016, pp. 83 – 109.

② Nicholas Tarling, *Nationalism in Southeast Asia*: "*If the People Are with Us*", New York: Routledge Curzon, 2004, p. 60.

海岛上的所有土著人",并将"马来人"仅限于意指"属于英属马来亚的原住民之外（excluding Aboriginals）的那些马来西亚人（Malaysians）"。从此,一种基于"马来民族"（Malay race/ Bangsa Melayu）的"马来性"（Malay-ness）的新"马来身份"（Malay identity）意识开始出现,并得到马来亚民族主义者的承认。这样,上述国家和民族的殖民建构,基于新的民族身份的"想象的共同体"（民族）和绝对主权划分的"想象的边界"（国界）,并用一个特定的"民族国家"的命名作为标志,从而催生了东南亚现代国家的新形态,其中包括一些兼具民族性和国家性的从未有过的新的集体身份,如马来亚/马来西亚、东印度/印度尼西亚和菲律宾等。这种国家和民族（族群）融为一体的"新主权空间""欧洲化民族国家"的殖民建构改变了20世纪包括东南亚在内的整个亚洲,并成为二战后东南亚国家（民族）独立和国家建设对内对外合法性的根本性基础。[①]

与东南亚区域统一性的强化相比,西方殖民统治造成的东南亚多样性的强化更加显著。这种强化的多样性既有政治—经济上的,又有社会—文化上的。政治—经济上的主要体现是,各殖民帝国通过直接或间接统治方式和现代通信与邮政系统与他们在东南亚的殖民地建立起紧密的垂直联系,并用清晰的线性疆界将东南亚区域分割成各个独立的政治和行政单元,从而在很大程度上隔断了东南亚区域内部的水平联系。各殖民帝国不同的统治方式所带来的变革深度和性质呈现出明显的差异性。从总体上看,它们实施直接统治（direct rule）的地方,主要凭借武力征服或领土割让来达到接管目的,并不同程度地用新的政治制度取代旧的政治制度,如英属缅甸、法属交趾支那、海峡殖民地、西属或美属菲律宾及荷属东印度部分地区;它们实施间接统治（indirect rule）的地方,主要是通过谈判签约或与当地统治者和机构达成某种形式的融合

[①] 参见 Anthony Reid, *Imperial Alchemy: Nationalism and Political Identity in Southeast Asia*, Cambridge: Cambridge University Press, 2010, pp. 34 – 48, 100 – 103; Anthony Milner, *The Malays*, Chichester: Wiley Blackwell, 2008, pp. 1 – 17; Rachel M. Safman, "Minorities and State-building in Mainland Southeast Asia," in N. Ganesan and Kyaw Yin Hlaing, eds., *Myanmar: State, Society and Ethnicity*, Singapore: ISEAS Publishing, 2007, pp. 30 – 59; Anthony Reid, *A History of Southeast Asia: Critical Crossroads*, Chichester: Wiley Blackwell, 2015, pp. 256 – 260.

来实现殖民统治,殖民者的控制至少在名义上是通过当地组织实施的,双方保持着一定的协作关系,如马来亚诸邦、荷属东印度大部分地区及法属柬埔寨和老挝等地区。实际上,直接统治和间接统治两种方式并非泾渭分明,如法国在东京和安南与其在交趾支那的统治有很多近似性。就东南亚区域而言,这种垂直联系所造成的一个明显的后果是,各相对独立的政治单元内部与其宗主国的联系更为紧密、制度上更为接近的"中心区域"的政治经济地位更加突显,进而加剧其内部新的资本主义政治经济秩序与传统的政治经济秩序的"开放的二元模式"(open dualistic model)及"中心区域"和"外围区域"的政治经济发展不均衡。[①]这就造成了各殖民地及整个东南亚区域对西方殖民者不对称的相互依赖乃至结构性外部依附。

这种不对称相互依赖在经济上表现得更加突出,主要是一批种植业、采矿业和贸易中心成长起来。主要有:缅甸伊洛瓦底江三角洲、交趾支那湄公河三角洲、暹罗(泰国)湄南河三角洲等地的水稻业;马来亚的锡矿业、马来亚和苏门答腊的橡胶业;爪哇和吕宋的蔗糖业及马尼拉麻种植业;苏门答腊、沙捞越和文莱的石油开采,以及新加坡、巴达维亚(雅加达)、马尼拉、仰光、西贡、吉隆坡、泗水和万隆等贸易中心。种植业、采矿业和贸易中心的发展推动了东南亚向资本主义经济的转型,并将之与全球商业体系联系在一起。一些种植业和工矿业产品在殖民地内部乃至世界上均占据十分重要的地位。例如,1904年,马尼拉麻出口量已占菲律宾出口总额的2/3;1895年,马来亚的锡产量已占据世界总量的55%。[②] 实际上,这些经济中心主要由西方殖民者控制并保持与宗主

---

① 参见 Carl A. Trock, "Political Structures in the Nineteenth and Early Twentieth Centuries," in Nicholas Tarling, ed., *The Cambridge History of Southeast Asia: The Nineteenth and Twentieth Centuries*, Vol. 2, Cambridge: Cambridge University Press, 1992, pp. 79 – 108; Anne E. Booth, *Colonial Legacies: Economic and Social Development in East and Southeast Asia*, Honolulu: University of Hawaii Press, 2007, pp. 1 – 12.

② 参见 Robert E. Elson, "International Commerce, the State and Society: Economic and Social Change," in Nicholas Tarling, ed., *The Cambridge History of Southeast Asia: The Nineteenth and Twentieth Centuries*, Vol. 2, Cambridge: Cambridge University Press, 1992, pp. 131 – 174; Milton Osborne, *Southeast Asia: An Introductory History*, 12th edition, Sydney: Allen & Unwin, 2016, pp. 93 – 111.

国更紧密的垂直型经济联系，表现出显著的出口导向外向型商业资本主义特性。据统计，20世纪30年代末，英属马来亚对英国及其殖民地/自治领、英属缅甸对英国及其殖民地/自治领、美属菲律宾对美国、法属印度支那对法国、荷属东印度对荷兰的进口和出口贸易额分别占其总额的36.1%和31.6%、72.1%和67%、68.3%和82%、55.4%和32.3%、18.7%和14.4%。[1] 这种不对称相互依赖造成了各殖民地及整个东南亚区域对西方殖民者长期的结构性外部依赖乃至依附，形成一种畸形的殖民经济。

西方殖民统治造成的东南亚社会—文化多样性的强化主要体现在语言、种族（民族/族群）和宗教构成的进一步多样化上。基于殖民统治及其教育和语言政策的需要，欧洲语言成为政治、商业领域广泛使用的语言。在缅甸、菲律宾和马来亚民族混居地区，英语成为通用语言；法语和荷兰语亦在法属印度支那和荷属东印度统治阶级和精英阶层中广泛使用；西班牙语直到二战前在菲律宾持续存在着。这些欧洲语言的广泛使用使东南亚的新兴国家更加依赖于其宗主国，进而进一步割裂了与其他殖民地实体的联系。另外，罗马化的马来语/印度尼西亚语、越南语和他加禄语分别在英属和荷属的马来亚世界、法属印度支那及缅甸部分地区、菲律宾中部和南部地区的当地人中广泛使用，并成为知识分子和民族主义者强有力的工具。与此同时，基督教在东南亚广泛传播，尤其是菲律宾很快就被纳入西班牙—基督教世界。基督教影响的扩大催生了东南亚部分地区原有宗教与基督教的混合体或共存状态。典型的例子是，在越南南部，出现高台教（Cao Dai）与和好教（Hoa Hao）等本地宗教与基督教、佛教、道教、儒教元素及其他秘密社团的意识形态和仪式结合而形成的独立的"共同体"，它们谋求建立自己的军事和政治结构，并控制自己的领土；在苏门答腊的巴塔克地区（Batak），出现将基督教和伊斯兰教元素融入其中的一种新的巴塔克宗教；在苏门答腊的米南加保（Minangkabau）地区，出现允许伊斯兰教和传统的米南加保风俗共存的信仰

---

[1] Anne E. Booth, *Colonial Legacies: Economic and Social Development in East and Southeast Asia*, Honolulu: University of Hawaii Press, 2007, p.91.

体系。①

西方殖民统治造成的东南亚政治—经济和社会—文化多样性的强化与东南亚传统社会普遍存在的多样性惯例形成互动的叠加效应，反过来进一步强化了东南亚区域多样性，以至于形成一种"复合社会"（Plural Societies）的典型特征。② 按照弗尼瓦尔的解释，这种演进的"多元社会"作为"东西方交往的显著结果"，其"最引人注目的想象"就是"民族的混合"，亦即欧洲人、华人、印度人和土著人混居在一起，但相互并不融合，而是各有自己的宗教、文化、语言、思想和行为方式，并存在着某种形式的社会等级制度和经济上的二元社会结构。在这个"复合社会"中，该"共同体的不同部分在同一个政治单元内肩并肩但分别地生活"。他强调，"复合社会"已成为东南亚"社会结构中显著的共同特性"及其"外向的可见的标志"③。基于此，管理乃至消除"复合社会"中共同的多种族/民族/族群和多宗教特性中固有的差异/分歧乃至冲突成分，已成为东南亚现代国家/民族建设所面临的一个长期问题。④ 这亦是二战后初期东南亚新生国家在实现国家/民族独立和自主进程中谋求"多样性中的统一性"的题中应有之义。

然而，二战后初期，东南亚独立或谋求独立的国家在延续和重构区域统一性的同时，原有多样性背后的差异与分歧又引发了一系列现实问题。其中，最突出的就是对外部大国的依赖和内部的政治纷争乃至冲突。它们对外部大国的依赖既有殖民统治的历史遗产，如政治—经济的严重

---

① 参见 Carl A. Trock, "Political Structures in the Nineteenth and Early Twentieth Centuries," in Nicholas Tarling, ed., *The Cambridge History of Southeast Asia: The Nineteenth and Twentieth Centuries*, Vol. 2, Cambridge: Cambridge University Press, 1992, pp. 85 – 86, 115 – 118; Anthony Reid, *A History of Southeast Asia: Critical Crossroads*, Chichester: Wiley Blackwell, 2015, pp. 230, 238 – 239, 255.

② 参见 Carl A. Trock, "Political Structures in the Nineteenth and Early Twentieth Centuries," in Nicholas Tarling, ed., *The Cambridge History of Southeast Asia: The Nineteenth and Twentieth Centuries*, Vol. 2, Cambridge: Cambridge University Press, 1992, pp. 108 – 109.

③ 参见 J. S. Furnivall, *Colonial Policy and Practice: A Comparative Study of Burma and Netherlands India*, Cambridge: The Cambridge University Press, 1948, pp. 303 – 305; J. S. Furnivall, "The Political Economy of the Tropical Far East," *Journal of the Royal Central Asian Society*, Vol. 29, Nos. 3 – 4, 1942, pp. 198 – 206.

④ 参见 Leo Suryadinata, *The Making of Southeast Asian Nations: State, Ethnicity, Indigenism and Citizenship*, Singapore: World Scientific, 2015, pp. 1 – 14.

不对称相互依赖，又有战争的破坏及新的区域变革所引发的新问题，如物质资源匮乏、经济发展停滞和经济秩序混乱等。据联合国经社理事会亚洲及远东工作组1947年3月发布的报告，从战争造成的总体损失来看，在印度支那三国的全部损失中，资本设备约占43%、消费品和服务约占47%。马来亚在日本占领期间，有5%—10%的橡胶树被砍伐；日本人拆除了总共1068英里的铁路轨道中的254英里，用于建设曼谷—毛淡棉铁路（Bangkok-Moulmein railway）；盟军轰炸对新加坡和槟榔屿港口设施造成了巨大破坏，并几乎摧毁了吉隆坡的中央铁路设施。在菲律宾的全部损失中，建筑物和公共工程占40%、工业和商业财产占20%、农业占11%。另据估算，1946年，以不变价格计算，菲律宾的国民收入只有战前的2/3。在北婆罗洲，所有主要城镇都严重受损，亚庇城（Jesselton）（今哥打基纳巴卢）约70%的建筑物被摧毁；山达根（Sandakari）几乎被完全摧毁。在文莱，日本人在撤退时摧毁了主要的城镇中心，烧毁了油田。在战争前，缅甸每年度出口大米和米制品325万—350万吨，但在1945—1946年，由于战争的影响，只能出口100万吨；战前共有1251.8万英亩的稻田，其中600万英亩战后已无法耕种。在荷属东印度，日本实施"焦土"政策，石油、锡、航运和港口等许多重要行业遭到故意摧毁；森林和橡胶、茶、咖啡、椰子等作物被无情砍伐；一些铁路线被拆除。在泰国，国家的运输系统和一些工厂受到盟军轰炸的重大损毁，战后人口的食物消耗估计为战前的95%。[①]

这份报告还显示了东南亚区域具体的经济社会部门所遭受的巨大战争损失。在食品和农业部门，1945—1946年，缅甸、印度支那和泰国等东南亚水稻富余地区，水稻种植面积约为战前平均面积的2/3，该年度可供出口的水稻供应量预计不超过190万吨，而战前年均为600万吨。缅甸作为世界上最大的大米出口国，战前大米出口约占世界贸易的40%；在正常年份，其出口大米和大米产品为325万—350万吨；而1947年1—6月，预计大米出口不超过80万吨。泰国作为东南亚第二大大米出口国，

---

① United Nation, "Report of the Working Group for Asia and the Far East," ECOSOC, Document E/307/Rev.1, 4 March 1947, pp. 8 – 14, https：//documents-dds-ny.un.org/doc/UNDOC/GEN/NL1/492/70/pdf/NL149270.pdf? OpenElement.

1939—1940 年，大米总产量为 456.05 万吨，其中出口 189.22 万吨；而 1947 年 1—6 月，预计出口仅为 37.5 万吨。印度支那作为世界上第三大大米出口地，1939 年出口 169.2 万吨，但 1947 年出口仅为 25 万—50 万吨。印度支那还是第二大橡胶出口地，1939 年，该地橡胶出口为 6.5 万吨，而 1947 年产量估计在 1.5 万—2 万吨。在马来半岛，1946 年底，捕鱼量只有战前的 50%—60%。在菲律宾，1945—1946 年，农作物的减产导致水稻和玉米产量分别为正常年份产量的 70% 和 55%（1935—1939 年，该地水稻和玉米年均产量分别为 157.6 万吨和 47.9 万吨）；1946 年，马尼拉麻产量约为 6 万吨，不到 1936—1940 年平均产量的 1/3。在荷属东印度，橡胶、茶、咖啡和棕榈油损失分别为 152.21 万英亩中的 17.7 英亩、34.03 万英亩中的 10.13 万英亩、12.36 万英亩中的 5.44 万英亩和 26.19 万英亩中的 3.95 万英亩。在工矿业部门，在印度支那，东京地区战前无烟煤的月产量为 21.8 万吨，其中 2/3 的产出用于出口，但到 1946 年中期，无烟煤产量降至每月 3 万吨，仅能满足国内需求；海防的水泥厂战前的产量约为 30 万吨，其中 50% 以上出口到邻近地区，而战争结束时只维持小部分生产。在荷属东印度，战争结束时，原有的 5000 家工厂减少到 550 家；在爪哇的 112 家制糖厂中，继续生产的不超过 13 家；爪哇和苏门答腊的茶厂在战争结束时都没有投入生产；一些制糖厂和茶厂被改为生产供日军使用的战争物资；许多橡胶厂停产，机器被当作废料使用。在马来亚，1946 年前 9 个月锡产量只有 0.54 万吨，而 1941 年前 9 个月产量为 6.24 万吨。在缅甸，所有容量在 1000 千瓦以上的发电厂以及大约 1/2 的较小的发电厂被毁坏，而水泥和制糖业完全被摧毁。在菲律宾，椰子油产量只有战前产量的 1/10；1945—1946 年，糖产量为 13 万吨，而战前的 1936—1940 年平均产量为 100 万吨。① 另有资料显示，在战争结束时，缅甸失去了所有的炼油厂、90% 的船只和 85% 的机车，有 70% 的公路和大部分码头遭到严重破坏；菲律宾的马尼拉是工业和现代服务业比

---

① United Nation, "Report of the Working Group for Asia and the Far East," ECOSOC, Document E/307/Rev. 1, 4 March 1947, pp. 23 - 40, https：//documents-dds-ny. un. org/doc/UNDOC/GEN/NL1/492/70/pdf/NL149270. pdf？OpenElement.

较集中的城市，战争使这座城市 80% 的设施遭到毁坏。① 一直到 1950 年，印度尼西亚、菲律宾、泰国、缅甸等国的经济发展水平都没有超出二战爆发前。据统计，1938 年，印度尼西亚、菲律宾、泰国、缅甸四国的人均国内生产总值分别为 1120 美元、1440 美元、826 美元和 740 美元，而 1950 年这一数字分别为 803 美元、1070 美元、817 美元和 396 美元；只有马来亚的人均国内生产总值从 1938 年的 1361 美元上升到 1950 年的 1559 美元。②

在这种情况下，绝大多数东南亚独立或谋求独立的国家将经济重建和政治独立联系在一起。但受自身能力所限，这些国家在经济重建方面急需域外大国尤其是关系密切的西方大国的支持。这反过来加深了它们对域外大国的依赖，进而削弱了它们对外政策的自主性。这里，主要阐述维持独立的泰国和率先宣布或取得独立的菲律宾、缅甸、印度尼西亚的情况。

泰国战后经济重建的外部支持主要来自美国。二战后，美国已超越英国在泰国曾经享有的特殊地位，成为影响泰国国际经济和政治状况的"主要的和新的因素"③。1947 年 2 月，美国与泰国签订了双边航空运输协议，规定了两国在各自航空发展阶段所期望的航权。截至 1950 年 10 月，美国民用航空局已经收到了泛亚航空公司和太平洋海外航空有限公司两家泰国公司提供跨太平洋服务的申请。1950 年 7 月，美国与泰国在曼谷签署了资助教育交流项目的富布赖特协议，以推动双方学生和技术专家的交流。1950 年 9 月，美国与泰国缔结了经济技术合作协定。美国通过提供技术援助帮助泰国奠定有色金属矿开采的基础，为泰国部分地质调查提供援助，并以投资政策和税收惯例的形式刺激美国对泰国矿产资源的私人投资。在美国的推动下，联合国粮农组织、国际大米委员会

---

① Norman G. Owen, "Economic and Social Change," in Nicholas Tarling, ed., *The Cambridge History of Southeast Asia: The Nineteenth and Twentieth Centuries*, Vol. 2, Cambridge: Cambridge University Press, 1992, p. 467.

② The Maddison Project, *Maddison Database* 2010, Groningen Growth and Development Centre, University of Groningen, Last modified: 25 November 2021, https://www.rug.nl/ggdc/historicaldevelopment/maddison/releases/maddison-database-2010.

③ [美]戴维·K. 怀亚特：《泰国史》，郭继光译，东方出版中心 2009 年版，第 265 页。

联合国组织在曼谷设立区域办事处。美国还积极推动泰国全面参与美国主导的有关贸易和货币惯例的国际安排，并鼓励泰国代表积极参加在世界其他区域组织召开的会议。泰国政府对此予以积极回应。总的来说，泰国在联合国各组织的争议问题上都遵循美国的立场。①

菲律宾战后经济重建的外部支持亦主要来自美国。美国根据1946年《菲律宾恢复法案》成立一家经济重建金融公司（The Reconstruction Finance Corporation），专门负责对菲律宾经济恢复的金融支持。截至1947年1月，美国向菲律宾提供了4亿美元的私人补偿；为修复公共财产，美国提供1.31亿美元资金支持一个4年计划，并将价值1亿美元的财产移交给菲律宾政府；美国还提供1.5亿美元优惠贷款，支持菲律宾经济重建和发展。② 1947年3月，美国重建金融公司决定，向菲律宾提供2500万美元5年期低息优惠贷款，以满足菲律宾作为一个独立国家的地位在调整适应期间的直接财政需要。③ 在对外贸易方面，1949年，菲律宾超过80%的进口来自美国、70%的出口输往美国。④ 截至1950年2月，菲律宾受益于美国政府超过15亿美元的援助，包括价值超过3亿美元的民用援助物资、军事装备和剩余财产的转让，以及超过12亿美元的现金支出，包括战争损害赔偿、退伍军人工资和福利、工资支付、信贷和退税等。⑤ 另据菲律宾官方统计，截至1950年底，在美国政府根据《菲律宾

---

① "Policy Statement Prepared in the Department of State," Washington, 15 October 1950, in United States Department of State, *Foreign Relations of the United States Diplomatic Papers*, 1950, Vol. 6: *East Asia and the Pacific*, Document 858, https：//history.state.gov/historicaldocuments/frus1950v06/d858.

② United Nation, "Report of the Working Group for Asia and the Far East," ECOSOC, Document E/307/Rev.1, 4 March 1947, p.12, https：//documents-dds-ny.un.org/doc/UNDOC/GEN/NL1/492/70/pdf/NL149270.pdf? OpenElement.

③ "The Acting Secretary of State to the Embassy in the Philippines," Washington, 5 March 1947, in United States Department of State, *Foreign Relations of the United States Diplomatic Papers*, 1947, Vol. 6: *The Far East*, Document 893, https：//history.state.gov/historicaldocuments/frus1947v06/d893.

④ Russell H. Fifield, *The Diplomacy of Southeast Asia* 1945–1958, New York: Harper, 1958, p.65.

⑤ "Memorandum from the Secretary of State to the President," Washington, 2 February 1950, in United States Department of State, *Foreign Relations of the United States Diplomatic Papers*, 1950, Vol. 6: *East Asia and the Pacific*, Document 802, https：//history.state.gov/historicaldocuments/frus1950v06/d802.

恢复法案》拨款和自身筹款的支持下，菲律宾高速公路系统共增加了1012.7公里，新建桥梁4座，重建桥梁321座；新建6个总面积达2.3万公顷的灌溉系统，在建7个总面积达2.02万公顷的重大灌溉工程，并维持了14个灌溉系统的运行，其灌溉系统已覆盖8.36万公顷土地。[1] 这一时期，根据《菲律宾贸易法案》，菲律宾与美国保持着极其紧密的经济关系，使得菲律宾经济政策框架在很大程度上根据美国的利益来保障，从而事实上剥夺了菲律宾政府实施独立的外汇或贸易政策的可能性，乃至阻止或至少严重阻碍了菲律宾的工业化进程。[2]

缅甸战后经济重建的外部支持主要来自英国及其他英联邦国家和美国。缅甸独立后虽退出英联邦，但仍是英镑区的成员国。大米是缅甸的经济支柱，但大米出口由英国政府独家代理，并通过英格兰的银行账户以英镑结算。缅甸的石油、采矿、电力等重要部门仍为英国资本所掌控。面对国内经济困难，缅甸主动向英国提出援助请求。[3] 实际上，这一时期，缅甸政府在希望同英美和苏联保持相同的友好关系的同时，仍强调英国人与缅甸人"最靠近"，而缅甸与英国的关系"绝对坦率"[4]。1949年5月，在英国的倡议下，英联邦大使委员会在仰光成立，以研究缅甸政府的请求。随后，英国、印度、巴基斯坦、锡兰和澳大利亚共同决定，向缅甸提供600万英镑的英联邦贷款，用于对本国货币的支持。其中，英国出资375万英镑。美国亦不断深化与缅甸的经济和文化关系。截至1950年6月，美国与缅甸签署了航空运输协议、教育交流的富布赖特协议、官方出版物交换协议和剩余财产清算协议等。为帮助促进缅甸经济重建进程，美国与缅甸达成一

---

[1] "Message of His Excellency Elpidio Quirino President of the Philippines to the Congress on the State of the Nation," State of the Nation Address, 22 January 1951, Official Gazette of the Republic of the Philippines, https://www.officialgazette.gov.ph/1951/01/22/elpidio-quirino-third-state-of-the-nation-address-january-22-1951/.

[2] 参见 Frank Golay, "Economic Consequences of the Philippine Trade Act," *Pacific Affairs*, Vol. 28, No. 1, 1955, pp. 53 – 70.

[3] 范宏伟、邹一峥:《缅甸中立外交政策传统的形成与原因》, 载《厦门大学学报》（哲学社会科学版）2018年第6期，第109页。

[4] Chi-shad Liang, *Burma's Foreign Relations: Neutralism in Theory and Practice*, New York: Prarger Westport, 1990, p. 61.

项经济和技术援助协议草案,决定实施一项经济和技术援助计划,预计该方案第一年可向缅甸提供大约1200万美元的经济援助。美国国务院还建议向缅甸提供大约40万美元的援助资金,用于大幅度扩大信息和交流计划。根据富布赖特协议的条款,在缅甸建立了一个美国教育基金会,为前往美国学习的缅甸学生支付洲际旅行费用,并向在缅甸的美国人医院工作的缅甸护士提供奖学金。①

在印度尼西亚,在荷兰主权移交后不久,哈达便与美国新任印度尼西亚特命全权大使贺拉斯·科克伦(Horace M. Cochran)商洽美国的援助问题。1950年1月,哈达表示,愿意向美国请求5亿美元的信用贷款,用于印度尼西亚的经济复兴计划。次月,美国进出口银行宣布,同意向印度尼西亚提供1亿美元的贷款,以资助印度尼西亚在美国购买资本货物,用于印度尼西亚的经济重建。② 1951年1月,美国进出口银行与印度尼西亚正式签署总额为5224.55万美元的贷款协议,用于印度尼西亚重要部门重建和发展进口所需的生产设备和材料。这些贷款已经从1950年美国进出口银行为印度共和国划拨的1亿美元专款中拨出。其中2000万美元用于购买汽车设备,主要是卡车,也包括公共汽车、吉普车、救护车、摩托车和一些客车。这些设备是恢复印度尼西亚机动车运输设施所急需的;1710万美元用于购买铁路设备,主要包括柴油电力机车、货车和铺轨设备。这些都被用来帮助印度尼西亚铁路系统恢复运送必要的货物和乘客;670万美元用于采购挖泥船、钢材、水泥和重建港口设施所需的其他材料。使用挖泥船恢复定期疏浚,这对于维护大多数印度尼西亚港口通道十分必要。印度尼西亚政府与美国进出口银行共同表示,双方将继

---

① "Policy Statement Prepared in the Department of State," Washington, 16 June 1950, in United States Department of State, *Foreign Relations of the United States Diplomatic Papers*, 1950, Vol. 6: *East Asia and the Pacific*, Document 115, https://history.state.gov/historicaldocuments/frus1950v06/d115.

② "The Ambassador-Designate in Indonesia (Cochran) to the Secretary of State," Djakarta, 29 January 1950, in United States Department of State, *Foreign Relations of the United States Diplomatic Papers*, 1950, Vol. 6: *East Asia and the Pacific*, Document 613, https://history.state.gov/historicaldocuments/frus1950v06/d613; "Editorial Note," in United States Department of State, *Foreign Relations of the United States Diplomatic Papers*, 1950, Vol. 6: *East Asia and the Pacific*, Document 616, https://history.state.gov/historicaldocuments/frus1950v06/d616.

续进行有效合作，促进印度尼西亚的经济发展。①

与经济领域相比，在安全领域，这些东南亚国家对外部大国尤其是美国和英国等西方大国的依赖更加严重。这种对安全的外部依赖又因这些国家普遍存在的国内政治局势动荡乃至出现国内冲突及全球冷战所引发的国内政治与国际政治的紧密互动联系而深化。在泰国，1947年11月出现二战后首次军事政变，重新执政的銮披汶·颂堪建立了军人政权。而后，他在位的三年间，泰国又发生了三次军事政变。尽管政变均被挫败，但加剧了国内政治分裂。其间，泰国东北部和南部地区出现民族分离主义，尤其是南部分离主义更严重且出现明显的跨境性。二战后，泰国南部马来亚穆斯林聚居的北大年（Pattani）、也拉（Yala）、陶公（又译"那拉提瓦"，Narathiwat）和沙敦（Satun）四府因不满于泰国政府的政策而要求获得自主权。起初，它们要求英国殖民当局将之并入马来联邦，但遭到拒绝。1947年8月，它们转而请求泰国政府根据1941年《大西洋宪章》给予其行政、教育、财政、宗教、语言和司法等自主权，如泰南四府由穆斯林选举的人来管理、马来亚语与泰语一起成为官方语言，实行伊斯兰法律，建立伊斯兰法庭和自己的议会来监督管理所有伊斯兰事务等。为谋求在泰国的更强地位，它们成立了南部暹罗（南泰）代表委员会。銮披汶政府予以抵制并宣布马来和伊斯兰法律为非法。1948年4月，泰南四府发生大规模武装暴动，并与马来亚境内的部分反叛势力联系起来。临近的马来亚境内部分马来人也希望泰南四府与泰国分离，并加入新成立的马来亚联合邦。泰国政府对泰南暴乱进行了武力镇压，并与英殖民当局合作在泰马边境"骚乱区"开展警务联合行动，如在宋卡（Singora）设立联合情报中心和边疆规划单元等。② 1948年11月，泰国政府向美国政府提出为驻扎在泰马边境的5个营的泰国军队租借武器装备

---

① "The Secretary of State to the Embassy in Indonesia," Washington, 16 January 1951, in United States Department of State, *Foreign Relations of the United States Diplomatic Papers*, 1951, Vol. 6: *East Asia and the Pacific* (*in two parts*), Part 1, Document 321, https://history.state.gov/historicaldocuments/frus1951v06p1/d321.

② 参见 Russell H. Fifield, *The Diplomacy of Southeast Asia* 1945 – 1958, New York: Harper, 1958, pp. 257 – 260；［美］戴维·K. 怀亚特《泰国史》，郭继光译，东方出版中心2009年版，第257—262页；庞海红《泰国民族国家的形成及其民族整合进程》，民族出版社2012年版，第210—213页；张锡镇《当代东南亚政治》，广西人民出版社1994年版，第124—125页。

的请求。1950年1月，泰国政府向美国国防部发出武器援助请求的照会，以满足泰国武装部队的需求。①

在这种形势下，泰国与美国的军事关系迅速升温。1950年10月，泰国与美国签署一项军事援助协议，美国决定向泰国提供军事援助，1950财政年度援助金额为1000万美元的，1951年积极考虑提供进一步军事援助的必要性。为有效实施对泰国的军事援助，美国决定派遣一个技术性军事使团，指导泰国军方采用美国的做法。泰国国防部也一直在研究美国军种的组织和管理方式，以便按照美国的做法制定泰国陆军、海军和空军的重组计划。英国亦支持銮披汶政府，并与美国合作，加强泰国的经济和军事地位。② 11月，美国军事顾问团进驻泰国北部战略要地清迈市。这标志着泰美关系的"转折点"③。从此，泰国全面转向亲美的对外政策，并成为美国实施东南亚安全政策的一个"关键国家"④。

在菲律宾，其政权虽然相对稳定，但面临着更严重的内部反叛压力。这种压力又强化了对美国固有的深度安全依赖。1947年3月，菲律宾与美国签署了《菲美军事基地协定》（The Agreement between the Republic of the Philippines and the United States of America Concerning Military Bases）和《菲美军事援助协定》（The Agreement between the Government of the United States of America and the Government of the Republic of the Philippines on Military Assistance to the Philippines）。根据《菲美军事基地协定》的规定，基于双方共同防务合作，美国可以在菲律宾驻军

---

① "Memorandum by the Acting Assistant Secretary of State for Far Eastern Affairs (Merchant) to the Secretary of State and the Under Secretary of State (Webb)," Washington, 3 February 1950, in United States Department of State, *Foreign Relations of the United States Diplomatic Papers*, 1950, Vol. 6: *East Asia and the Pacific*, Document 4, https://history.state.gov/historicaldocuments/frus1950v06/d4.

② "Policy Statement Prepared in the Department of State," Washington, 15 October 1950, in United States Department of State, *Foreign Relations of the United States Diplomatic Papers*, 1950, Vol. 6: *East Asia and the Pacific*, Document 858, https://history.state.gov/historicaldocuments/frus1950v06/d858.

③ Kullada Kesboonchoo Mead, "The Cold War and Thai Democratization," in Albert Lau, ed., *Southeast Asia and the Cold War*, London: Routledge, 2012, p. 217.

④ Russell H. Fifield, *The Diplomacy of Southeast Asia 1945 – 1958*, New York: Harper, 1958, pp. 269 – 270.

并保留军事基地及其相关权益。该协定还规定,没有双方准许,任何第三国都不能拥有上述权益。根据《菲美军事援助协定》的规定,美国应对菲律宾提供军事援助,包括武器、舰船、飞机、弹药、装备和供给品及训练和发展武装部队,保证菲律宾履行各项国际协定,包括对联合国所承担的义务,及维持菲律宾的和平与安全。根据该协定,在菲律宾设立一个由海陆空部队组成的美国军事顾问团,负责向菲律宾提供军事援助的技术和专业咨询及援助等。[1] 根据这两个协定,美国实际上掌控了菲律宾应对外部威胁的武装部队。这种依赖关系使菲律宾并不拥有独立的国防组织。直到1948年1月,菲律宾仅仅维持一支不超过1.7万人的小型军事力量,包括陆军、空军和海军巡逻队;还维持着一支警察部队,人数约为1.2万人。针对这种情况,罗哈斯称,菲律宾"永远不能指望建立一个理论上坚不可摧的防御体系",而菲律宾同美国仍然建立在"最亲善和友好基础上的关系"可以充分证明美国政府对菲律宾福利的持续兴趣。[2] 季里诺于1948年4月出任总统后承继罗哈斯"无条件与美国一致"的对外政策,将美国放在菲律宾对外关系的首要优先位置,并将美国称为"菲律宾最好的朋友"[3]。季里诺将《菲美军事

---

[1] 《菲美军事基地协定》和《菲美军事援助协定》具体条文详见 "The Agreement between the Republic of the Philippines and the United States of America Concerning Military Bases," Manila, 14 March 1947, in United Nations, *Treaty Series—Treaties and International Agreements Registered or Filed and Recorded with the Secretariat of the United Nations*, Vol. 43, No. 673, 1949, pp. 271 - 311, United Nations Treaty Series Online, https://treaties.un.org/doc/Publication/UNTS/Volume%2043/v43.pdf; "The Agreement between the Government of the United States of America and the Government of the Republic of the Philippines on Military Assistance to the Philippines," Manila, 21 March 1947, in United Nations, *Treaty Series—Treaties and International Agreements Registered or Filed and Recorded with the Secretariat of the United Nations*, Vol. 45, No. 691, 1949 - 1950, pp. 47 - 61, United Nations Treaty Series Online, https://treaties.un.org/doc/Publication/UNTS/Volume%2045/v45.pdf.

[2] "Message of His Excellency Manuel A. Roxas President of the Philippines to the Congress on the State of the Nation," State of the Nation Address, 26 January 1948, Official Gazette of the Republic of the Philippines, https://www.officialgazette.gov.ph/1948/01/26/manuel-roxas-the-nation-on-the-road-to-prosperity-third-state-of-the-nation-address-january-26-1948/.

[3] 参见 Milton W. Meyer, *A Diplomatic History of the Philippine Republic*, Hawaii: University of Hawaii Press, 1965, pp. 41 - 48, 113; Ricardo T. Jose, "The Philippines during the Cold War: Searching for Security Guarantees and Appropriate Foreign Policies, 1946 - 1986," in Malcom H. Murfett, ed., *Cold War Southeast Asia*, Singapore: Marshall Cavendish Editions, 2012, pp. 55 - 59.

基地协定》和《菲美军事援助协定》及其附属协定称作菲律宾与美国"在防务、安全与保护等方面的特殊安排"①。

更重要的是，菲律宾南部胡克领导的反政府武装本身就对菲律宾的国内和平与安全构成了强有力的威胁。1948年1月，罗哈斯在菲律宾国会发表的国情咨文中称，菲律宾90%的领土已实现"完全的和平与秩序"，但在吕宋中部和南部一些地区"仍有成群的土匪和共产党领导的反抗政府的团体在游荡"，虽然他们的活动已经局限在边缘地带。② 这些反政府团体主要就是胡克领导的武装力量，被称为胡克游击队（Huks/Hukbalahaps）。它原是一支抗日武装，曾与美军协同作战，二战结束后因不满于菲律宾政府的国内政策而走上武装反抗道路，并得到吕宋等地中下层阶级的广泛支持。1948年4月，胡克游击队进行了改组，并接受菲律宾共产党的领导，革命力量迅速发展。菲律宾政府宣布其为非法，并在美国的军事援助下对之进行持续的强力镇压。③ 据美国官方统计，仅1950年4月到次年9月，就有3589名胡克武装人员被打死，其中包括许多高级战地指挥官，有1792人被俘和4673人投降。但胡克武装力量仍然保持一定的战斗力，仍对菲律宾政府造成严重威胁，主要包括破坏重要设施；继续宣传工作和招募新兵；通过宣传和袭击小城镇以及伏击巡逻队和个人来骚扰政府军；增加间谍活动；通过破坏和袭击矿山、卡车、货运和其他类似企业以及绑架这些企业的官员来阻碍经济发展等。这进一步增加了菲律宾政府对美国的军事依赖，尤其是需要通过军事援助提供所缺乏的军事物资，包括机动车辆、信号设备、医疗设备、弹药和辅助物品等重要设备。④

---

① 杨静林：《冲突与和解：冷战时期中国与菲律宾关系研究》，纽约：易文出版社2020年版，第49页。

② "Message of His Excellency Manuel A. Roxas President of the Philippines to the Congress on the State of the Nation," State of the Nation Address, 26 January 1948, Official Gazette of the Republic of the Philippines, https://www.officialgazette.gov.ph/1948/01/26/manuel-roxas-the-nation-on-the-road-to-prosperity-third-state-of-the-nation-address-january-26-1948/.

③ 参见 Russell H. Fifield, *The Diplomacy of Southeast Asia 1945-1958*, New York: Harper, 1958, pp. 227-228, 238-239；张锡镇《当代东南亚政治》，广西人民出版社1994年版，第201—202页。

④ "The Ambassador in the Philippines (Cowen) to the Secretary of State," Manila, 25 October 1951, in United States Department of State, *Foreign Relations of the United States Diplomatic Papers*, 1951, Vol. 6: *East Asia and the Pacific* (*in two parts*), Part 2, Document 55, https://history.state.gov/historicaldocuments/frus1951v06p2/d55.

在缅甸，在获得独立前缅甸已与英国达成一项双边防务协定，并以附件形式作为《英缅条约》的组成部分。根据这项协定，英国同意在向缅甸政府移交权力后尽速从缅甸撤军，但鉴于双方军队所保持的亲密关系，英国海空军享有就地告知进入缅甸领海和领空的权利；英国同意向缅甸提供军事援助，并在征得缅甸同意后向缅甸派驻一个海陆空代表团，以便在英国机构中给予缅甸军事人员训练的便利；但此类代表团不能从英联邦之外任何国家接受。[1] 实际上，英国以与缅甸保持原有的"亲密关系"为名获得了在缅甸的军事特权。独立后缅甸国内政局的剧烈动荡给英国等外部势力介入提供了机会。掸族、克钦族和克伦族各首领虽然都已同意加入缅甸联邦，但部落紧张局势并没有得到有效缓解。克伦族人的反对尤为强烈，他们要求自治乃至成为独立国家。为此，他们成立克伦民族联盟（The Karen National Union），并建立克伦民族防务组织（The Karen National Defense Organization），开展武装反叛，给缅甸政府造成严重威胁。孟族人也写信给各国政府，提出从缅甸联邦独立的请求。1947年11月，反法西斯人民自由联盟和缅甸共产党之间的谈判破裂，前者指责后者鼓动学生罢工和实施大米抢劫并反对与英国的协议。1948年3月，吴努政府宣布缅甸共产党为非法。缅甸共产党转入地下从事反政府武装斗争。不久，反法西斯人民自由联盟再次发生分裂。该联盟领导下的人民志愿组织（The Peoples Volunteer Organization，PVO）加入缅甸共产党武装斗争的行列。[2]

本来，吴努政府依靠社会党人的支持，其党在议会中占有绝大多数席位，但自1949年4月以来，社会党最高领导层拒绝担任部长职务，因

---

[1] "The United Kingdom of Great Britain and Northern Ireland and Burma Treaty Regarding the Recognition of Burmese Independence and Related Matters (with exchange of notes and annex)," London, 17 October 1947, in United Nations, *Treaty Series—Treaties and International Agreements Registered or Filed and Recorded with the Secretariat of the United Nations*, Vol. 70, No. 904, 1950, pp. 203 – 209, United Nations Treaty Series Online, https：//treaties. un. org/doc/Publication/UNTS/Volume% 2070/v70. pdf.

[2] 参见 United States Department of State, *Foreign Relations of the United States Diplomatic Papers*, 1947, Vol. 6：*The Far East*, Washington, D. C. ：United States Government Printing Office, 1972, pp. 46 – 47；John F. Cady, *A History of Modern Burma*, Ithaca：Cornell University Press, 1958, pp. 572 – 595；张锡镇《当代东南亚政治》，广西人民出版社1994年版，第107—108页。

为他们认为，为政府未能重振国家的繁荣而承担个人责任在政治上是不明智的。钦族、克钦族和掸族等其他少数族群对克伦族人的同情也削弱了这些群体对政府的忠诚。由于缅甸的好士兵都是克伦族人、钦族人和克钦族人，这种局势带来的危险大大增加。在这种情况下，缅甸政府向英国和美国等大国求助。吴努等缅甸领导人公开表示，他们认识到缅甸需要外国资本和技术援助来确保经济发展，需要外国军事援助来恢复国内秩序。① 1950 年 3 月，吴努发表讲话称："我们公开宣布的外交政策——不与任何集团结盟——并不排除我们在与经济发展有关的事务上与西方民主国家尽可能密切合作……我们将努力获得西方的各种援助，即美国和英国……如果来自友好国家的援助到来，反叛乱的动力可以加强，和平与稳定可以迅速恢复。"② 英国、印度和巴基斯坦等英联邦国家虽然提供了一些军事装备，但未能向缅甸提供有效的军事援助。而美国出于遏制共产主义的政治需要，对此做出更积极的反应。1950 年 5 月，美国总统杜鲁门批准拨款 350 万美元，作为根据 1949 年《共同防务援助法》第 303 条款向缅甸提供军事援助的资金，以提供英国及其他英联邦国家无法提供的军事物品。美国国防部还向缅甸海军提供 10 艘海岸警卫队快艇。这些物品对推进缅甸政府打击国内叛乱分子、重建国内法律和秩序或保卫边境的行动至关重要。③

在印度尼西亚，由于其国家统一进程仍在继续，国内政治与国际政治紧密互动，各种重要的内外部势力均介入其中，国内政治动荡局面格外复杂。在印度尼西亚共和国内部，从 1945 年 8 月苏加诺宣布共和国成立到 1950 年 8 月统一的共和国正式成立，5 年间更换了 5 次内阁，即 1945 年 9 月至 1945 年 11 月的苏加诺内阁、1945 年 11 月至 1947 年 6 月的萨赫里尔内阁、1947 年 7 月至 1948 年 1 月的沙里佛丁内阁、

---

① "Policy Statement Prepared in the Department of State," Washington, 16 June 1950, in United States Department of State, *Foreign Relations of the United States Diplomatic Papers*, 1950, Vol. 6: *East Asia and the Pacific*, Document 115, https://history.state.gov/historicaldocuments/frus1950v06/d115.

② Chi-shad Liang, *Burma's Foreign Relations: Neutralism in Theory and Practice*, New York: Prarger Westport, 1990, p. 62.

③ "Policy Statement Prepared in the Department of State," Washington, 16 June 1950, in United States Department of State, *Foreign Relations of the United States Diplomatic Papers*, 1950, Vol. 6: *East Asia and the Pacific*, Document 115, https://history.state.gov/historicaldocuments/frus1950v06/d115.

1948年1月至1949年9月的哈达内阁和1949年12月至1950年8月的哈达内阁。其间，印度尼西亚共和国内部出现激烈的政治斗争，乃至酿成重大暴力事件。最重要的是，印度尼西亚共和国成立之初承认的印度尼西亚共产党与共和国政府发生分裂并开展武装反叛。印度尼西亚共产党曾与苏加诺结成民族统一阵线，后因反对《林牙椰蒂协定》和《伦维尔协定》而与中央政府分裂。1948年9月，印度尼西亚共产党公开反对哈达内阁，并宣布成立印度尼西亚共产党领导的"国民阵线政府"。该党领导的武装力量占据东爪哇的茉莉芬等地，宣布成立"茉莉芬地方民族阵线委员会"，遂与政府军队发生大规模武装冲突。最终，印度尼西亚共产党武装被政府镇压，史称"茉莉芬事件"（Madiun Rebellion）。另外，在印度尼西亚还出现多起地方武装叛乱，其中最有影响的是"印度尼西亚伊斯兰国"叛乱。1948年5月，马斯友美党右翼领导人卡托苏维约（S. W. Kartosuwirjo）占据西爪哇的加鲁特地区，宣布成立"印度尼西亚伊斯兰国"（Darul Islam），自封"国家元首"，不承认共和国政府，并对"异教徒"实行"圣战"，策动恐怖活动，进行武装叛乱，史称"伊斯兰国叛乱"（Darul Islam Rebellion）。他们在遭到政府镇压后，仍继续在西爪哇的农村地区进行游击战，并得到部分马斯友美党领导人的同情。①

印度尼西亚国内政局的此种剧烈动荡大大增加其内外部的脆弱性，进而加深其安全的外部依赖性。而印度尼西亚政府对印度尼西亚共产党的强力镇压使其获取美国的军事援助变得顺理成章。美国政府认识到，随着印度尼西亚共和国"成功地平息了克里姆林宫指导的全面的共产党叛乱"，其"民族主义运动，无论是联邦主义者还是共和主义者，目前都是非共产主义性质的"，因此，不但"保持印度尼西亚在反共阵营中的重要性越来越大"，而且"印度尼西亚当前反共领导层的继续掌权将对亚洲其他地区的领导层产生极其深远的影响"。美国国务院和国防部一致认

---

① 参见梁敏和《印度尼西亚史纲》，世界图书出版广东有限公司2019年版，第172—200页；[澳]史蒂文·德拉克雷《印度尼西亚史》，郭子林译，商务印书馆2009年版，第87—88页；[澳]梅·加·李克莱弗斯《印度尼西亚史》，周南京译，商务印书馆1993年版，第309—313页。

为:"为了提供军事装备来维护印尼国内安全,抵御共产党的入侵,印度尼西亚这个新国家需要一项军事援助计划。"① 就此,美国政府在向印度尼西亚提供经济援助的同时,开始提供警务支持和军事援助。1950 年 1 月,美国政府决定,根据 1949 年《共同防务援助法》第 303 条的授权,向印度尼西亚提供军事援助,初始资金数额约为 500 万美元。这笔资金将用于为 2 万名警察提供必要的警务装备。这被认为是印度尼西亚共和国维持法律和秩序不可缺少的最低要求。这些装备加上印度尼西亚共和国自己的资源以及荷兰政府提供的资源,将为印度尼西亚提供大约 10 万人的警务或军事装备。②

实际上,这一时期,与缅甸一样,印度尼西亚虽然谋求独立或中立的对外政策,并努力避免陷入美苏两个大国集团任何一方的势力范围,但实际上越来越靠近美国。③ 萨赫里尔曾坦言:

> 相对于英国在远东的旧世纪,美国人认为他们作为改革者和创新者无处不在(当然亦包括在印度尼西亚)。显然,如果英国自身不能适应此种通过资本主义发展的法则所支配的美国政治,它最终将被美国支配的优势性力量所压倒……基于这一事实,对我们而言,与美国这个太平洋巨人的政治野心协调一致,便有可能为我们自己赢得新的地位。④

1950 年 2 月,苏加诺在与科克伦的一次会谈中甚至将美国比作母亲,

---

① "Memorandum by the Secretary of State to President Truman," Washington, 9 January 1950, in United States Department of State, *Foreign Relations of the United States Diplomatic Papers*, 1950, Vol. 6: *East Asia and the Pacific*, Document 608, https://history.state.gov/historicaldocuments/frus1950v06/d608.

② "Memorandum by the Secretary of State to President Truman," Washington, 9 January 1950, in United States Department of State, *Foreign Relations of the United States Diplomatic Papers*, 1950, Vol. 6: *East Asia and the Pacific*, Document 608, https://history.state.gov/historicaldocuments/frus1950v06/d608.

③ Robert J. McMahon, *Colonialism and Cold War: The United States and the Struggle for Indonesian Independence*, 1945–49, Ithaca: Cornell University Press, 1981, p. 217.

④ Michael Leifer, *Indonesia's Foreign Policy*, London: George Allen & Unwin, 1983, p. 8.

把亚洲新的年轻国家比作成年的儿子。他说:"他们用爱和理解看着自己的母亲,但不希望她干涉自己生活的运作。"① 此种既渴求独立自主又对外深深依赖的双重性亦是当时东南亚新生国家普遍的真实写照。

正是战争的破坏及新的区域变革所引发的这些现实问题为二战后初期东南亚区域主义及区域合作的兴起提供了共同需求的内在驱动力。东南亚新生国家和正谋求独立的民族,既需要摆脱西方殖民者和新的霸权主义及其所造就的结构性政治经济和安全桎梏而获得真正的独立自主,又需要通过国家制度建设、经济社会发展和协调援助来消解内部分歧与冲突,以维护国家领土完整和创造国家或政府稳定的条件。② 但受自身实力和能力所限,加之对外部的严重依赖,它们无法完全依靠本国或本民族自身的力量解决这些复杂问题。韦瑟比指出,二战后东南亚新生的国家所面临的政治独立、国家建设和经济发展等"相似的任务"定义着"作为地缘政治的东南亚概念",并促使这些国家对外政策的制定者开始思考"作为一个国家集团的国际区域"③。阿查亚解释说,这种"民族主义的共同意识、国家建设的共同任务和实现现代化的努力软化了多样性",并成为二战后"东南亚区域塑造和重塑"的一种"决定性特征"。在这种情况下,东南亚民族主义者和各国政府开始承认"区域主义是一种无可避免的趋势",并将区域主义和区域认同视作"促进民族和国家利益的一条重要路径",区域主义随之成为二战后"东南亚区域建构的首要施动者"④。而二战后东南亚区域变革进程中外生的区域概念与国际规范、内生的政体共性与社会规范以及融入其中的传统社会所特有的这种社会

---

① "Memorandum of Conversation, by the Ambassador at Large (Jessup)," Djakarta, 3 February 1950, in United States Department of State, *Foreign Relations of the United States Diplomatic Papers*, 1950, Vol. 6: *East Asia and the Pacific*, Document 614, https://history.state.gov/historicaldocuments/frus1950v06/d614.

② Nicholas Tarling, *Nationalism in Southeast Asia: "If the People Are with Us"*, New York: Routledge Curzon, 2004, p. 164.

③ Donald E. Weatherbee, *International Relations in Southeast Asia: The Struggle for Autonomy*, Third edition, Lanham: Rowman & Littlefield, 2015, pp. 7-9.

④ Amitav Acharya, *The Making of Southeast Asia: International Relations of a Region*, Singapore: ISEAS Publishing, 2012, pp. 82, 106; Amitav Acharya, "Imagined Proximities: The Making and Unmaking of Southeast Asia as a Region," *Southeast Asian Journal of Social Science*, Vol. 27, No. 1, 1999, p. 55.

文化为东南亚区域主义及区域合作的产生与发展奠定了稳固的物质和规范基础。简言之，基于"多样性中的统一性"的"开放的区域建构"决定着二战后东南亚区域合作演进的基本轨迹、核心特性和发展方向。

在这一大的历史背景下，东南亚的新生国家和正走上独立的国家，一方面出于政治经济独立和自主的现实需要，积极谋求将民族主义与区域主义结合起来，以克服外部大国尤其是前宗主国的支配；另一方面因自身政治、经济和安全的脆弱性及对外部大国的依赖性，不得不在与这些外部大国的竞争乃至斗争中，有限地参与它们搭建的跨区域框架，以最大限度地获取外部安全保证和经济技术援助，实现自身政治稳定和经济社会发展的需要。东南亚国家的这些内在需求与外部大国维持和扩大在东南亚区域的影响力乃至重构战后东南亚区域秩序的外部需要结合起来，成为二战后初期东南亚区域合作酝酿和起步的根本动力。由此，在西方大国和周边"新兴大国"的"领导"下，"大国管理"的区域动议开始酝酿、"泛亚洲主义"迅速兴起、"太平洋主义"隐约闪现，各种跨区域和区域合作计划初步兴起，东南亚区域合作在动荡的环境中和多样性的基础上，经由全球和跨区域机制平台缓慢起步。

第 二 章

战后东南亚区域合作的初步兴起（1945—1950）

东南亚区域合作是由二战后期开始不断增强的全球、区域、国家和地方多个层次的动力所引发的东南亚政治变革和区域重塑进程的自然结果。它是在日益开放的国际和区域体系背景下发生的，与外来的殖民主义和内生的民族主义相伴而行。作为一种实践进程，东南亚区域合作最初酝酿于西方大国主导的"核心—边缘"国际体系下"霸权的区域主义"（hegemonic regionalism），起步于非殖民化进程中强烈的"泛亚洲主义"和微弱的"太平洋主义"两种区域意识下的跨区域合作实践。不同的是，"泛亚洲主义"下的跨区域合作实践的内生动力更强，亚洲国家和政治实体在其中扮演着领导角色；"太平洋主义"下跨区域合作实践的外生动力更强，西方大国在其中处于支配性地位。从1945年到1950年这一时期，东南亚国家和民族正值争取独立的新的民族—国家建设启动之时，无论作为积极的倡导者，还是作为建设性的参与者，或者作为被动的接受者，它们在东南亚区域合作重大动议的酝酿和实质性的实践中扮演的都是"跟随者"角色。但随着东南亚民族独立和国家自主进程向纵深发展，东南亚国家和其他政治实体在东南亚区域合作中的参与度和重要性不断提升，并日益成为这一实践进程中的重要受益者。这种互动的"泛区域形态"（region wide pattern）不仅使东南亚区域合作从无到有、从弱到强地持续推进着，而且成为"想象的东南亚区域概念"进一步拓展的实践基础，并推动"区域的霸权建构"或"霸权的区域主义"逐步走向"自主的区域建构"或"自主的区域主义"（autonomous regionalism）。① 这一时期，虽然没有仅限于东南亚域内行为体的排他性区域合作机制，但"东南亚主义"观念得以孕育，并显示出东南亚国家及政治实体与其他国家及政治实体通过区域合作促进彼此利益的意愿和行动。可以说，这些主要由东南亚域外行为体倡导和推动的跨区域合作为二战后"东南亚主义"的生成和发展提供了重要的国际背景。②

第一节　英国的区域协调与东南亚区域合作最初动议

二战后初期，鉴于英国在东南亚战区所拥有的特殊责任和优势地位，尤其是在东南亚所拥有的巨大的殖民利益，而最有实力的美国又选择有限介入的政策，因此，英国就在北回归线以南的远东尤其是东南亚区域盟国与当地国家及政治实体间关系及难题的处理中扮演了持续的"领导"角色。在英国看来，它履行此种责任既是在该区域恢复大英帝国声望和荣誉的需要，也是赢得当地住民的支持和保障锡、橡胶等货物供给及英镑信用地位的需要。此时，其首要目标是，在东南亚重建安全与稳定，为战后恢复和经济复苏创建必需的条件。为此，英国重启战时多次讨论的国际协调和协同的区域方法，而政策协调、经济合作乃至缔结安全条约等区域动议被认为是实现东南亚区域稳定的关键举措，其结果自然就是东南亚国家及政治实体联合起来，最终形成一个"区域集团"（regional bloc）。这构成20世纪40年代末至50年代初英国东南亚区域总体规划的

---

① Amitav Acharya, *The Making of Southeast Asia: International Relations of a Region*, Singapore: ISEAS Publishing, 2012, pp. 33 – 38; Amitav Acharya, "Regional Military-Security Cooperation in the Third World: A Conceptual Analysis of the Association of Southeast Asian Nations," *Journal of Peace Research*, Vol. 29, No. 1, 1991, pp. 7 – 21.

② William Henderson, "Regionalism in Southeast Asia," *Journal of International Affairs*, Vol. 10, No. 1, 1955, pp. 72 – 73; Sue Thompson, "The Western Powers and the Development of Regional Cooperation in Southeast Asia: The International Dimension, 1945 – 67," *Global Change, Peace and Security*, Vol. 23, No. 1, 2011, p. 76.

重要部分。①

一 英国的区域规划与东南亚特别委员会的设立

战后初期,英国对东南亚的区域规划包括两个层面:一是从整体区域出发谋划西方殖民国之间及其与东南亚独立国家和其他政治力量之间的持续合作,主要处理战后经济恢复和重建问题以及非殖民化进程所引发的国际问题;二是从次区域上规划英属马来亚各个领地之间的政治统一,推动建立马来亚联盟或马来亚联邦,主要是处理其内部殖民主义与民族主义力量因非殖民化而引发的问题。后一种规划被称作"大设计"(The Grand Design)。② 这里所谈及的是第一个层面的区域规划。英国这个层面的区域规划与二战期间的"区域委员会"动议既有连续性,亦有明显的不同。战时主要是由殖民部规划并鼓动落实,其核心议题局限于殖民管理上。而这次区域规划主要由外交部负责,其议题主要是但不限于殖民议题,其成员主要是但不限于西方殖民大国,在实践中带有明显的区域危机跨区域协调和联合管理的区域合作色彩。英国人首次将这种新的区域方法称作"东南亚区域合作"(Regional Cooperation in Southeast Asia)。③

英国新的区域合作导向的区域规划的现实动因是,东南亚面临因战争的严重消耗和破坏而引发的食品和资源短缺等经济问题和因民族主义的蓬勃发展及其与殖民主义冲突而引发的政治问题,而东南亚司令部作为东南亚唯一的、以军事管理为主要功能的官方区域机构,已难以处理

---

① 参见 Nicholas Tarling, *Britain, South-East Asia and the Onset of the Cold War*, 1945-50, Cambridge: Cambridge University Press, 1998, pp. 54-55; Nicholas Tarling, "'Some Rather Nebulous Capacity': Lord Killearn's Appointment in Southeast Asia," *Modern Asian Studies*, Vol. 20, No. 3, 1986, p. 559; Tan Tai Yong, "The 'Grand Design': British Policy, Local Politics, and the Making of Malaysia, 1955-1961," in Marc Frey, Ronald Pruessen and Tan Tai Yong, eds., *The Transformation of Southeast Asia: International Perspectives on Decolonization*, Armonk: M. E. Sharpe, 2003, p. 146.

② Marc Frey, Ronald Pruessen and Tan Tai Yong, "Introduction," in Marc Frey, Ronald Pruessen and Tan Tai Yong, eds., *The Transformation of Southeast Asia: International Perspectives on Decolonization*, Armonk: M. E. Sharpe, 2003, xii.

③ Tilman Remme, *Britain and Regional Cooperation in South-East Asia* 1945-1949, New York: Routledge, 1995, p. 11.

这些日益复杂和严重的经济与政治问题。这种严峻的政治经济形势为英国提供了恢复战争中严重受损的大国声望，并延续在东南亚区域霸权的绝好机会。1945年5月，欧洲战事结束和缅甸收复之后，英国外交部便开始规划与殖民部战时的区域动议不同的区域合作方案。1945年6月底，东南亚司令部首席政治顾问邓宁率先就英国东南亚区域政策提出新的建议。他在伦敦与外交部官员协商后建议加强东南亚民事部门的地位。为此，他提出两种可供选择的行动路线。第一种选择是在东南亚司令部以外设立新的政治顾问，与该司令部及其工作人员保持紧密联系，其职责是就政治、经济及金融问题向蒙巴顿提出建议，并被授权向英国政府直接负责。第二种选择是任命一个东南亚国务大臣（Minister of State for South East Asia），作为向内阁直接报告的中心权威，其任务就是协调有关英属地的意见和需要，并与其他非英属地建立联络关系，作为走上其领导的更广泛的政治组织的第一步，而后取代东南亚司令部政治顾问的功能。他建议支持第二种选择。在日本投降前后，面对严重的经济问题，邓宁建议在东南亚创建一种从事地方民事管理的"协调机构"（coordinating agency），以便于打破不同部门间的障碍，更好地处理粮食短缺、通货膨胀和商品限价等重大的经济问题。① 邓宁的建议得到英国外交部的同意。10月初，英国外交部远东部新任负责人斯顿代尔·本耐特（Sterndale Bennett）将邓宁的建议提交给英国内阁。他提出任命一个东南亚国务大臣或常驻公使（Minister Resident），负责远东外交和殖民政策的部门间协调，作为对远东委员会的补充。他相信，英国外交部需要一个更具综合性的机构来处理经济恢复、赈灾、救济和人

---

① 参见 "'Political Co-ordination in South-East Asia': Memorandum by M E Dening," CO 273/677/3, No. 5, 26 June 1945, in A. J. Stockwell, ed., *British Documents on the End of Empire*, Series B, Vol. 3: *Malaya*, Part I, *The Malayan Union Experiment 1942–1948*, London: HMSO, 1995, pp. 103–106; "Letter from Mr. Dening (Kandy) to Mr. Sterndale Bennett (Received 8 August)," No. 1691 [F 5022/47/23], 2 August, 1945, in United Kingdom Foreign and Commonwealth Office, *Documents on British Policy Overseas*, Ser. 1, Vol. 1: *The Conference at Potsdam July-August 1945*, Chapter 6, 1945, Document 599, https://search.proquest.com/dbpo/docview/1923014768/abstract/FD8CB17D00FE4009PQ/550? accountid =41288; Tilman Remme, *Britain and Regional Cooperation in South-East Asia 1945–1949*, New York: Routledge, 1995, pp. 22–23, 32–33.

口流动等紧急问题。①

本耐特的建议和邓宁基本一致。一方面，本耐特支持以东南亚司令部为基础进一步深化东南亚区域合作观念。在他看来，东南亚司令部的存在确实为在区域基础上开展工作提供了机会，并可能在其短期的军事任务结束后为某种区域合作组织的构建奠定基础。另一方面，他特别强调，东南亚司令部并未准备好处理该地区日益增多的政治和经济问题，因而需要可以弥补各地不同程度割裂的更好的协调机制。当下，需要同时适用于英国属地和印度尼西亚、印度支那和泰国的区域合作计划。这些建议得到外交部的支持。1945年10月18日，艾德礼首相召开内阁部长特别会议，专门讨论关于创建东南亚区域组织的各种计划。因担心任命英国驻东南亚常驻公使会遭到蒙巴顿的否定并对印度总督和缅甸总督带来困扰，此次会议决定任命一个对外交大臣直接负责的大使级官员，就该区域经济和政治事务中的"首要紧急事件"进行协调，主要处理东南亚非英国属地问题，并与印度总督和缅甸总督及其他英国属地总督商谈后实现相当程度的协调。在此次会议上，部长们普遍接受在东南亚设立专事经济和供应事务的协调性经济组织，但这样的组织是否应受到该大使级高官的监督，则留待各部门讨论后再行确定。②

此后，外交部持续游说通过新职位的任命来推动某种形式的区域合作。本耐特将复兴东南亚区域合作的建议提交给英国殖民部、战争部（The War Office）、空军部（The Air Ministry）、印度部（The India Office）、缅甸部（The Burma Office）和自治领部（The Dominions Office）等内阁部门，最后汇总为任命英国驻东南亚常驻公使或建立以

---

① 参见 "'Political Orgnisation in the South-East Asia': Memorandum by J C Sterndale Bennett," PREM 8/189, 9 October 1945, in A. J. Stockwell, ed., *British Documents on the End of Empire*, Series B, Vol. 3: *Malaya*, Part I, *The Malayan Union Experiment* 1942 – 1948, London: HMSO, 1995, pp. 169 – 170; Tilman Remme, *Britain and Regional Cooperation in South-East Asia* 1945 – 1949, New York: Routledge, 1995, pp. 23 – 24.

② 参见 "'Political Orgnisation in the South-East Asia': Memorandum by J C Sterndale Bennett," PREM 8/189, 9 October 1945, in A. J. Stockwell, ed., *British Documents on the End of Empire*, Series B, Vol. 3: *Malaya*, Part I, *The Malayan Union Experiment* 1942 – 1948, London: HMSO, 1995, p. 170, note 3; Tilman Remme, *Britain and Regional Cooperation in South-East Asia* 1945 – 1949, New York: Routledge, 1995, pp. 34 – 35.

东南亚司令部为基础的延续性区域组织的建议。外交部还起草了新职位的指导原则供各部门传阅。1945年11月,英国政府召开高层部门间会议,重新评估新职位的任命问题。这次会议决定,外交部任命的新职位名称为特别专员(The Special Commissioner),其总部设在新加坡。这一职位自身既不涉及东南亚英国属地的内部问题,也不减损印度总督、缅甸总督及东南亚司令部的权威。其决议决定,对特别专员任命延续的期限留待进一步讨论确定,但此次会议仍旧未能就新职位的经济责任达成一致。1945年12月,内阁办公室主持召开了一次高层会议,再次讨论是否有必要设立一个处理具有区域特性的经济问题的机构。此次会议同意,最好的办法是由特别专员提供报告,亦即由特别专员评估经济事务的区域合作问题。[①] 这标志着英国政府战后区域合作动议从规划向创建正式区域制度迈出了实质性步伐。

但英国政府部门内部在区域合作问题上出现明显分歧,并形成三个不同的阵营。第一个阵营是传统主义者,主要来自供给部(The Ministry of Supply),认为在东南亚无须任何形式的区域合作。他们认为,殖民地与宗主国的战前贸易形式应该恢复,不应支持区域间贸易。在他们看来,殖民地的经济发展和福利是第二位的。这一阵营处于少数地位。第二个阵营的人员主要来自殖民部。他们原则上同意经济协同对东南亚繁荣和社会福利的重要性,但反对近期实施区域经济合作计划,怀疑此时建立区域机构会导致美国等国家对东南亚殖民地的外部干预。他们既担心由英国提出的区域动议会受到法、荷的猜忌,又担心将英属地的有限资源用于相邻外国领土(如泰国)会加剧自身的食品和日用品短缺。他们更担心美国、澳大利亚、新西兰加入以及中国、印度支持的区域主义会削弱英、法、荷等殖民大国的地位。同样重要的是,他们反对将区域合作与外交部的新职位任命联系在一起。殖民部一直在规划任命马来亚大总督(Governor-General of Malaya),希望以此平衡外交部所推动的特别专员任命

---

① 参见 Nicholas Tarling, *Britain, South-East Asia and the Onset of the Cold War*, 1945–50, Cambridge: Cambridge University Press, 1998, pp. 53–58; Tilman Remme, *Britain and Regional Cooperation in South-East Asia* 1945–1949, New York: Routledge, 1995, pp. 35–38; Nicholas Tarling, "'Some Rather Nebulous Capacity': Lord Killearn's Appointment in Southeast Asia," *Modern Asian Studies*, Vol. 20, No. 3, 1986, pp. 571–574.

的影响。他们害怕外交部特别专员的经济责任会干扰大总督职权的履行。第三个阵营是区域合作的积极支持者,人员主要来自外交部和生产部(The Ministry of Production)。生产部热衷于通过国际组织控制商品价格,并促进区域间更大规模的贸易。外交部希望将新的职位与设立新的经济机构联系起来,以便为外交部提供介入区域经济合作的机会。他们还希望外交部的新职位可以成为创建一个国际区域委员会的基础。外交部重点关注的是区域合作为英国扩大在该区域的影响所提供的政治机遇。它相信区域合作作为一种长期政策,可以保障英国在东南亚维持支配性权力。[1]

最终是日益严峻的食品问题终结了英国政府部门的这场争论,并加速了东南亚特别专员新职位的启任。1946年1月底,英国政府获悉,世界谷物生产被高估,预计下一年度小麦将短缺500万吨;而小麦短缺又造成无可替代的大米供应在全球范围内的严重不足:预估1946年全球大米需要超过600万吨,而实际可用于分配的仅有300万吨,全球大米供应减少50%。[2] 在东南亚,预估310万吨的大米供应实际上只有70万吨,低于预期的每年380万吨的世界需求。印度支那、缅甸和泰国等大米主产区主要用于经济自给,大米对外出口急剧下降。受影响最大的印度支那地区大米出口正从战前的130万吨下降至战后的仅10万吨。马来亚、印度尼西亚等大米进口区食品问题由此变得日益严重。英国在东南亚的所有属地都面临食品供应短缺。据估算,缅甸、马来亚、香港和北婆罗洲等地至少需要15.6万吨大米和小麦,但可用于分配的只有13.6万吨。东南亚正面临严重的粮荒,成为世界主要饥馑区。[3] 为此,联合国大会通过《世界谷粮缺乏案》,敦促各国政府和国际粮食及农业机构采取紧急措施,保障粮食生产、储备、供应和消费等。[1] 英国外交大臣欧内斯特·贝文(Ernest Bevin)在英国议会外交事务辩论中指出,

---

[1] 参见 Nicholas Tarling, *Britain, South-East Asia and the Onset of the Cold War*, 1945 – 50, Cambridge: Cambridge University Press, 1998, pp. 58 – 60; Tilman Remme, *Britain and Regional Cooperation in South-East Asia* 1945 – 1949, New York: Routledge, 1995, pp. 35 – 36, 41 – 42.

[2] T. O. Smith, "Lord Killearn and British Diplomacy Regarding French Indo-Chinese Rice Supplies, 1946 – 1948," *History*, Vol. 96, No. 324, 2011, p. 478.

[3] Tilman Remme, *Britain and Regional Cooperation in South-East Asia* 1945 – 1949, New York: Routledge, 1995, pp. 43 – 44; T. O. Smith, *Britain and the Origins of the Vietnam War: UK Policy in Indo-China*, 1943 – 50, New York: Palgrave Macmillan, 2007, p. 89.

当前在远东英国需要面对的"首要的和最大的问题是食品问题",但外交部、殖民部和印度部等各自为政,确实没有应对作为整体的远东事务的万全之策,因此,处理当前的食品问题必须有"一流的组织"②。

在这种情况下,东南亚问题从与欧洲问题相比的次要位置升至英国政府议程中的头等大事。1月31日,英国内阁会议结束后,建议艾德礼首相任命新的东南亚特别专员(The Special Commissioner in South-East Asia,简称特别专员),负责协调当地的食品供应。英国驻埃及大使基勒恩勋爵(Lord Killearn)被选定担任这一职位。2月3日,贝文向基勒恩宣布了这一任命,期限两年。贝文强调,这一职位作为东南亚特别专员应关注的核心问题是东南亚严重的食品形势和该地区各总督与其他行为体之间的协调。2月11日,英国内阁正式同意由基勒恩勋爵担任东南亚特别专员,并在伦敦设立东南亚食品供应委员会,主要任务是扩大东南亚食品和大米供应,并就东南亚食品和相关经济问题协调东南亚特别专员和食品部、供应部或贸易部等各部门的行动。2月13日,英国内阁办公室就这一任命致电蒙巴顿。同时,英国政府任命了一位马来亚大总督,由马尔科姆·麦克唐纳(Malcolm MacDonald)出任,主要负责马来亚和英属婆罗洲领土的总体监督和政策协调。3月16日,基勒恩抵达新加坡正式履职。对英国外交部而言,东南亚特别专员的任命,既成功地提供了一个对东南亚承担经济责任的新职位,又开启了区域协调的第一步,维持了区域合作动议的连续性和行动化。③

---

① 《世界谷粮缺乏案》,联合国大会,文件 A/RES/6 (I),1946 年 2 月 14 日,联合国网站,https://www.un.org/zh/documents/view_doc.asp?symbol=A/RES/27 (I)。

② "Working of the Special Commission in South-East Asia: Lord Killearn to Mr. Bevin," F 5076/286/61, No. 31, Singapore, 27 March 1948, in Paul Preston and Michael Partridge, eds., *British Documents on Foreign Affairs*, Part IV, *From 1946 through 50*, Series E, *Asia*, 1948, Vol. 6, University Publications of America, 2000, p. 330.

③ 参见"[Appointment of Special Commissioner in SE Asia]: Outward Telegram No 656 from the Cabinet Office to Admiral Mountbatten," CAB 21/1954, 12 February 1946, in A. J. Stockwell, ed., *British Documents on the End of Empire*, Series B, Vol. 3: *Malaya*, Part I, *The Malayan Union Experiment 1942 – 1948*, London: HMSO, 1995, pp. 195 – 197; "'South-East Asia: Work of the Special Commission During 1946': Despatch No 119 from Lord Killearn to Mr Bevin," CAB 21/1955, F 6151/6151/61 (Enclosure), 12 April 1947, in A. J. Stockwell, ed., *British Documents on the End of Empire*, Series B, Vol. 3: *Malaya*, Part I, *The Malayan Union Experiment* 1942 – 1948, London: HMSO, 1995,

作为一个区域协调人,东南亚特别专员不仅是具有明确职权范围的行政职位,而且是具有一套制度安排的正式组织。其职权范围主要涉及外交事务、经济问题和食品管理等。在外交事务方面,按照外交部规定的特别专员的职权范围,该职位对外交大臣负责,其基本职责是就东南亚区域出现的影响对外事务诸问题向英国政府提出建议,该区域被界定为包括缅甸、锡兰、马来亚、婆罗洲、法属印度支那、暹罗(泰国)、荷属东印度和香港等地;该职位亦对东南亚战区司令部对外事务相关问题尤其是产生于该司令部辖区内外国领土的非军事事务问题给予指导,并与印度总督、马来亚大总督和缅甸、锡兰、香港等地的总督以及英国驻泰国大使、澳大利亚和新西兰政府、英国驻各自治领的高级专员保持密切联系,进行彼此间信息交流;特别专员还要指导英国驻东南亚区域除泰国外的外交官员的活动,并与东南亚司令部管辖内的外国领土民事管理恢复后的对外管理人员保持联络。在经济问题方面,东南亚特别专员受指派与马来亚大总督和东南亚战区盟军最高司令及其他相关权威机构就相关问题进行协商并提出建议,主要涉及东南亚现有机制是否需要处理的该区域所面临的经济问题和军事机构向民事政府转移控制权后是否做出安排等。但这些建议是否被接受则由英国外交部决定。食品管理是东南亚特别专员的特殊任务,主要是为应对东南亚食品形势,受命为保障东南亚食品危机的减缓谋求可能的应对措施和采取紧急行动。为此,特别专员应与印度政府和各个自治领保持紧密联系,并与该地区的法国和荷兰权力机构就有关食品事务开展合作;他还要努力保障与其他对外权力机构就适用减缓食品危机的措施保持一致,并与各相关权力机构一起评估食品形势,就应采取的可行措施与对行动的监督等提出相应的建议等。[①]

---

p. 307; Tilman Remme, *Britain and Regional Cooperation in South-East Asia* 1945 – 1949, New York: Routledge, 1995, pp. 44 – 45; Nicholas Tarling, "'Some Rather Nebulous Capacity': Lord Killearn's Appointment in Southeast Asia," *Modern Asian Studies*, Vol. 20, No. 3, 1986, pp. 580 – 582.

[①] 参见 "'Survey of Co-ordination within the Territories of South-East Asia': Inward Savingram No 12 from Lord Killearn to FO," CAB 21/1954, 17 June 1946, in A. J. Stockwell, ed., *British Documents on the End of Empire*, Series B, Vol. 3: *Malaya*, Part I, *The Malayan Union Experiment* 1942 – 1948, London: HMSO, 1995, pp. 249 – 250; A. S. B. Olver, "The Special Commission in South-East Asia," *Pacific Affairs*, Vol. 21, No. 3, 1948, p. 286, note 2.

东南亚特别专员这种鲜明的跨部门、跨地域和跨领域的专业协调属性赋予其在实践中显示出国家、区域和国际多个层次及其互动的三重制度特性。从国家层次上看，特别专员拥有其担任负责人的英国外交部下辖的专门机构——英国东南亚特别委员会（简称"东南亚特委会"）。在人员构成上，除了特别专员外，该机构还包括副特别专员和政治顾问、经济顾问、食品顾问等各类专家。到1947年4月，东南亚特委会组织系统已拥有约500名工作人员，包括各类技术专家和经验丰富的管理人员。在部门构成上，特别委员会专设经济部，作为管理机构，负责执行相关共同协议和行动方案，并担负提高东南亚食品生产的长期任务；特别专员还要在政府部门间关系中支持设在伦敦的食品供应委员会，做好与设在新加坡的特别委员会之间的协调工作；东南亚特委会的煤炭事务专家还与设在伦敦的煤炭委员会保持协调关系。在区域层次上，特别专员首要的工作就是负责组织、召开高层次的东南亚区域食品会议。1946年3月和4月举行了两次会议，有来自英国属地的所有总督和东南亚战区盟军最高司令参加。当年5月，还举行了一次关于马来亚食品的特别会议，就马来亚的食品生产增长和食品消费控制提出了务实的建议并在马来亚联盟和新加坡得到贯彻执行。这一会议最初有来自英国东南亚属地的专家代表参加，后来发展为英国属地和其他国家的代表均可参加。从1948年开始，东南亚区域食品会议形成每月召开一次的更大规模的联络官会议（The Liaison Officers' Meetings），其成员不仅包括来自缅甸、锡兰、马来亚联合邦、香港、印度、北婆罗洲、沙捞越、新加坡、荷属东印度、法属印度支那、泰国以及澳大利亚和新西兰的正式代表，还包括代表中国、美国和菲律宾的非官方观察员。这一会议最初的规划是就如何增加食品生产和控制食品消费展开协调，后发展为讨论该区域所面临的与食品相关的各种问题。这样，东南亚特委会主持召开的关于食品问题的国际联络官会议作为其推动区域经济合作的"最重要的机构"，很快成为处理东南亚区域食品紧急问题的"最重要的工具"[①]。值得注意的是，为保证参会

---

① 参见 "'South-East Asia: Work of the Special Commission during 1946': Despatch No 119 from Lord Killearn to Mr Bevin," CAB 21/1955, F 6151/6151/61 (Enclosure), 12 April 1947, in A. J. Stockwell, ed., *British Documents on the End of Empire*, Series B, Vol. 3: *Malaya*, Part I, *The Malayan Union Experiment 1942 – 1948*, London: HMSO, 1995, pp. 308 – 310; Tilman Remme, *Britain and Regional Cooperation in South-East Asia 1945 – 1949*, New York: Routledge, 1995, pp. 46 – 48; William Henderson, "The Development of Regionalism in Southeast Asia," *International Organization*, Vol. 9, No. 4, 1955, p. 466.

代表之间充分的协调一致，基勒恩主持召开的这些区域会议采用不需投票的全体一致原则做出决定，形成一种"组织化区域合作"中"没有否决"和"不带民族偏见的充分的区域协商体系"。这种"惊人的事实"或归因于这些会议的私人特性和严格地将政治议题排除在会议讨论之外。而这种"会议风格"与同期的亚远经委会开展区域合作的"工作方法"产生强烈的共鸣。① 这些"风格"和"方法"恰恰就是亚远经委会区域合作实践初创的区域规范"亚洲方式"的核心内涵。②

从国际层次上看，东南亚特委会与设在华盛顿的负责战后食品分配的盟国联合食品局（The Combined Food Board）保持合作。1946年10月，该委员会改名为国际紧急食品理事会（The International Emergency Food Council，IEFC），随后在新加坡设立分委会，以保障双方的协调，由来自中国、法属印度支那、印度、荷属东印度、菲律宾、英国、美国、缅甸、马来亚和锡兰的使团组成，由东南亚特委会的联络官会议主席主持，由东南亚特委会的成员担任执行秘书，并使用其组织资源独立运作。该分委会负责支持或修改由东南亚特委会召开的区域会议所决定的航运项目；国际紧急食品理事会分配给东南亚的大米供应由特别专员主持的联络官会议协商进行公开分配。1946年10月22日，该分委会举行了首次会议。此次会议在联络官会议召开后举行，采取共同同意的原则对联络官会议的方案进行评估，以便同意或做出必要的修改。为落实联络官会议和国际紧急食品理事会分委会同意的大米船运计划，东南亚特委会依照英国内阁的指示设立了东南亚货物运输委员会（The South-East Asia Freight Movement Committee），以保障该区域船运的最经济使用和各种类型货物的优先性。一年后，东南亚特委会还与新成立的亚远经委会建立了正式的联系。英国是亚远经委会的创始会员国，考虑

---

① 参见 United Nation, "ECAFE Annual Report to the Economic Social Council (16 June –6 December 1947)," ECOSOC, E/606, 6 December 1947, pp. 58 – 62, https://documents-dds-ny.un.org/doc/UNDOC/GEN/B06/000/1x/pdf/B060001.pdf? Open Element; Tilman Remme, *Britain and Regional Cooperation in South-East Asia* 1945 – 1949, New York：Routledge, 1995, pp. 110 – 111; A. S. B. Olver, "The Special Commission in South-East Asia," *Pacific Affairs*, Vol. 21, No. 3, 1948, p. 288.

② 参见郑先武《亚远经委会区域合作实践与"亚洲方式"初创》，载《世界经济与政治》2016年第12期，第38—67页。

到该组织因联合国背景而具有更广泛的国际政府间组织的合法性,在1947年7月召开的首届亚远经委会会议上,英国代表提议其与东南亚特委会建立正式关系,但因亚洲国家、苏联和美国不支持而未果。1947年12月,亚远经委会执行秘书长罗卡内森(P. S. Lokanathan)访问新加坡,与基勒恩进行了会谈。罗卡内森同意两组织建立正式关系。这样,当月在菲律宾碧瑶(Baguio)召开的第二届亚远经委会年度会议上,该组织接受罗卡内森的建议,通过《亚远经委会与东南亚特别专员的经济组织间关系的决议》,同意与东南亚特委会建立"满意的工作关系"。此次会议还同意两个组织交换联络官,并通知彼此召开的会议信息。这样,英国实现了将东南亚特别专员组织正式承认为国际机构的目标,从而为这两个组织实施"理性的合作计划"奠定基础。这亦赋予东南亚特委会国际政府间组织的特殊功能,因而被称为东南亚的"准国际组织"(quasi-international organisation)。[①]

在区域合作实践中,基勒恩及其主持的东南亚特委会不仅致力于处理东南亚的大米危机,使解决食品问题有了一个"富有特色的有力而满意的开始",又试图谋划增加东南亚食品生产及解决相关经济问题的长期任务,包括参与国的营养状况,其他进口食品、食用油、消费品的分配,肥料与煤炭、剩余商品与设备交换,运输的分配和控制以及害虫防控等。为此,除了月度区域食品会议及联络官会议外,基勒恩还在新加坡主持召开了一系列处理特定议题的区域会议,包括营养会议(The Nutrition Conference)、渔业会议(The Fisheries Conference)、社会福利会议(The Social Welfare Conference)和统计会议(The Statistical Conference)等。与联络官会议一样,这些区域会议由来自英属地和其他国家的或者其领地

---

① 参见 "'South-East Asia: Work of the Special Commission during 1946': Despatch No 119 from Lord Killearn to Mr Bevin," CAB 21/1955, F 6151/6151/61 (Enclosure), 12 April 1947, in A. J. Stockwell, ed., *British Documents on the End of Empire*, Series B, Vol. 3: *Malaya*, Part I, *The Malayan Union Experiment* 1942 – 1948, London: HMSO, 1995, pp. 310 – 312; United Nation, "ECAFE Annual Report to the Economic Social Council (16 June-6 December 1947)," ECOSOC, E/606, 6 December 1947, p. 45, https://documents-dds-ny.un.org/doc/UNDOC/GEN/B06/000/1x/pdf/B060001.pdf? Open Element; A. S. B. Olver, "The Special Commission in South-East Asia," *Pacific Affairs*, Vol. 21, No. 3, 1948, pp. 286 – 288; Tilman Remme, *Britain and Regional Cooperation in South-East Asia* 1945 – 1949, New York: Routledge, 1995, pp. 46 – 47, 107 – 108, 111 – 113.

的代表参加。1946年5月召开的东南亚营养会议,有来自澳大利亚、缅甸、英属婆罗洲、锡兰、香港、印度、法属印度支那、马来亚联盟、新加坡和盟军陆战队的代表参加。这是首次由东南亚各类专家共同参加的会议,促进了他们之间观点和经验的非常有价值的交流。此次会议还专门讨论了从科学角度改善和补充当地居民饮食的方法和途径,并为在大米供应中断的情况下接受替代性食品做好准备。其主要建议包括:东南亚领土上各政府应及时向特委会报告其领土内的营养状况;所有各方应研究饥馑情况,并有权及时采取合适的措施;在紧急情况下,应将配给制拓展到所有基本食品上。1947年1月召开的东南亚渔业会议,除了参加营养会议的代表外,还有来自中国、泰国、荷属东印度的代表参加,此次会议就改进渔网、渔具和渔船的供应和使用新方法,改善渔业社区和合作社的条件,提供廉价的冰以及在东南亚设立一个常设国际渔业理事会提出了建议。此次会议结束后,联合国粮食及农业组织（The Food and Agricultural Organization, FAQ）向东南亚特委会借调了一名渔业干事,为设立一个常设渔业理事会做好准备。1947年8月召开的东南亚社会福利会议,除了参加渔业会议的代表外,还有来自新西兰、美国以及联合国经济及社会理事会（The Economic and Social Council of the United Nation, ECOSOC）社会事务部、联合国粮食及农业组织、亚远经委会、世界卫生组织（The World Health Organization）等联合国机构的代表参加。此次会议通过决议,建议在新加坡设立联合国主持下的东南亚社会福利局。1947年4月,世界卫生组织接管了东南亚特委会的卫生情报部,该部专门收集和传播远东区域海空港口有关重大传染病发病率的资料。在1948年1月召开的东南亚统计会议上,东南亚特委会的经济情报部向与会各方发放其编撰的《经济月报》（*The Monthly Economic Bulletin*）,其中除了联络官会议报告及特别说明和文章外,还载有关于大米运送和价格变动等事项的大量统计资料。此次统计会议审议了这份材料的使用和改进以及生活费指数的编制等事项。实际上,绝大部分短期问题均被特委会以食品月度会议的决定为基础所制定的必要措施予以解决,包括航运的安排及设备、肥料、燃料和灭虫材料等。①

实际上,基勒恩的区域协调并不限于食品及经济社会领域,他利用东南亚特委会的制度平台和英国外交部等官方机构的支持及其与政治、军事高层的个人联系谋求更大的区域合作动议,包括防务和政治合作等。1946 年 6 月,他利用召开东南亚食品会议的时机与到会的英国代表讨论,而后与蒙巴顿拟订了一份题为"东南亚领土内协调纵览"的报告送交英国内阁。这一报告强调,东南亚将持续成为英联邦至关重要的政治、战略和经济堡垒,而当前局势急需英国领导的区域动议。该报告指出,泰国、法国和荷兰在东南亚都有领土利益,澳大利亚、新西兰和印度是东南亚利益攸关的邻居,中国、美国密切关注该地区,苏联将来在该区域也可能会变得积极起来,而东南亚正面临着许多潜在的威胁,包括任何特定地区法律和秩序的崩溃、荷属东印度日益严重的混乱和各种民族主义运动的困扰等,这些都会危及英国在该区域的整体利益。基勒恩强调,解决这些区域性难题需要一种协调方法,而东南亚特委会的联络官会议便可以为更广泛的区域合作提供非常有价值的技术平台。他建议,通过东南亚特委会、东南亚司令部和新任命的马来亚大总督"三方协调",由此形成一个防务委员会,凝聚或扩散东南亚作为一个整体的协调动议,进一步推动荷兰、法国、泰国和美国等国与英国一起实施新的"总体协调"。他还利用到中国、泰国、印度支那、菲律宾、澳大利亚、新西兰和印度尼西亚以及东南亚英国属地访问的机会,与各国政府和地方殖民当局讨论政治议题和区域经济问题,并力推东南亚区域

---

① 参见 "Lord Killearn to Mr. Bevin," F 12907/3/61, No. 32, Singapore, 24 August 1946, in Paul Preston and Michael Partridge, eds., *British Documents on Foreign Affairs*, Part IV, *From 1946 through 50*, Series E, *Asia*, 1946, Vol. 2, University Publications of America, 2000, p. 205; "'South-East Asia: Work of the Special Commission during 1946': Despatch No 119 from Lord Killearn to Mr Bevin," CAB 21/1955, F 6151/6151/61 (Enclosure), 12 April 1947, in A. J. Stockwell, ed., *British Documents on the End of Empire*, Series B, Vol. 3: *Malaya*, Part I, *The Malayan Union Experiment 1942–1948*, London: HMSO, 1995, pp. 310–313; "Working of the Special Commission in South-East Asia: Lord Killearn to Mr. Bevin," F 5076/286/61, No. 31, Singapore, 27 March 1948, in Paul Preston and Michael Partridge, eds., *British Documents on Foreign Affairs*, Part IV, *From 1946 through 50*, Series E, *Asia*, 1948, Vol. 6, University Publications of America, 2000, pp. 325–328; A. S. B. Olver, "The Special Commission in South-East Asia," *Pacific Affairs*, Vol. 21, No. 3, 1948, pp. 288–289.

合作观念。①

基勒恩在东南亚政治议题领域最有价值的协调是，在印度尼西亚独立问题上促成荷兰与印度尼西亚共和国之间的"建设性协议"——《林牙椰蒂协定》。如前所述，在印度尼西亚共和国宣布独立之初，鉴于英国在战后东南亚的特殊地位和影响力，荷兰当局和印度尼西亚共和国均向英国政府求助。在英国政府的推动下，双方虽然很快启动了谈判，但由于分歧太大而进展缓慢。1946年6月下旬，基勒恩作为"调停人"开始介入荷兰当局和印度尼西亚共和国的谈判进程，并于8月中旬得到英国外交部的授权利用其在新加坡的特委会组织系统促进和谈，双方的谈判方才出现重大转折。基勒恩不像其前任那样通过武力打压或恐吓推动谈判，而是奉行不干涉他国内部事务的基本原则，督促荷兰面对印度尼西亚的民族主义，通过与印度尼西亚共和国的直接谈判达成和平解决办法，尽早恢复荷属东印度的公共秩序和稳定，并期许在东南亚建设一个"和平和有序、进步的区域"。为促进和谈，基勒恩先后访问印度尼西亚共和国驻地巴达维亚（雅加达）及其控制的日惹市等重要城市，与印度尼西亚共和国领导人萨赫里尔进行会谈，在征得他的同意后在包括苏门答腊和爪哇在内的地区实施停火。同时，基勒恩向荷兰政府发出邀请，敦促其派出谈判代表前来与印度尼西亚领导人进行会谈。荷兰接受了邀请。8月26日和30日，基勒恩在巴达维亚先后与穆克和萨赫里尔进行了会谈。9月20日，与印度尼西亚共和国的军事代表进行了会谈。9月29日，基勒恩与萨赫里尔再次进行会谈。这才有了10月7日基勒恩主持的"三方会谈"全体委员会和停战委员会的启动，从而迈出了双方走向达成政治

---

① 参见 "'Survey of Co-ordination within the Territories of South-East Asia': Inward Savingram No 12 from Lord Killearn to FO," CAB 21/1954, 17 June 1946, in A. J. Stockwell, ed., *British Documents on the End of Empire*, Series B, Vol. 3: *Malaya*, Part I, *The Malayan Union Experiment 1942 - 1948*, London: HMSO, 1995, pp. 246 - 248; "Lord Killearn to Mr. Bevin," F 12907/3/61, No. 32, Singapore, 24 August 1946, in Paul Preston and Michael Partridge, eds., *British Documents on Foreign Affairs*, Part IV, *From 1946 through 50*, Series E, *Asia*, 1946, Vol. 2, University Publications of America, 2000, pp. 209 - 212; Nicholas Tarling, "'Some Rather Nebulous Capacity': Lord Killearn's Appointment in Southeast Asia," *Modern Asian Studies*, Vol. 20, No. 3, 1986, pp. 582 - 586; Tilman Remme, *Britain and Regional Cooperation in South-East Asia 1945 - 1949*, New York: Routledge, 1995, pp. 50 - 51.

协定的重要一步。在和谈期间,基勒恩还亲自拜会了印度尼西亚共和国总统苏加诺和副总统哈达,得到苏加诺对谈判的积极支持。10 月 12 日,荷兰和印度尼西亚签订了停战协定。这样,基勒恩利用其个人影响维持了协商的惯例而不是强制达成协议的谈判风格,确保双方所需要的谈判在开放的轨道上持续前行,最终于 11 月 15 日达成《林牙椰蒂协定》草案。① 在协定达成后,萨赫里尔称之为"印度尼西亚走向完全独立的一步"。印度尼西亚共和国信息服务部公开宣称:"该协定草案是印度尼西亚获得完全独立的第一阶段。"② 不可否认,《林牙椰蒂协定》在印度尼西亚走向独立的进程中占据着重要的历史地位。

基勒恩及东南亚特委会启动的区域协调和区域愿景对英国外交部的后续区域动议产生了极其重要的影响。一个直接的后续动议是,在基勒恩主持的首次东南亚食品会议结束后的当月,战后首次英联邦总理会议(The Commonwealth Prime Ministers' Meeting)在伦敦召开。与会的英国、澳大利亚、新西兰各政府首相(总理)及外长讨论了在东南亚及西南太平洋地区创建区域委员会及开展区域经济、社会和防务合作等多种动议。贝文在评估英联邦总体的对外政策时指出,最近建立起来的东南亚特委会是一个"有巨大潜力的组织"。他认为,东南亚特委会在东南亚区域"当前最重要的领域"的协调努力有利于"各方的共同利益"。他将东南亚特委会总部所在地新加坡称为"协调的核心",希望这将成为英国、澳大利亚、新西兰和印度能够"增强整个区域发展的重点",可以将"英联

---

① 参见 "Lord Killearn to Mr. Bevin," F 15749/3/61, No. 53, Singapore, 15 October 1946, in Paul Preston and Michael Partridge, eds., *British Documents on Foreign Affairs*, Part IV, *From 1946 through 50*, Series E, *Asia*, 1946, Vol. 2, University Publications of America, 2000, pp. 444 – 445; "'South-East Asia: Work of the Special Commission during 1946': Despatch No 119 from Lord Killearn to Mr Bevin," CAB 21/1955, F 6151/6151/61 (Enclosure), 12 April 1947, in A. J. Stockwell, ed., *British Documents on the End of Empire*, Series B, Vol. 3: *Malaya*, Part I, *The Malayan Union Experiment 1942 – 1948*, London: HMSO, 1995, pp. 314 – 315; Nicholas Tarling, *Britain, South-East Asia and the Onset of the Cold War*, 1945 – 50, Cambridge: Cambridge University Press, 1998, pp. 162 – 170, 191; Gary R. Hess, *The United States' Emergence as a Southeast Asian Power*, 1940 – 1950, New York: Columbia University, 1987, p. 192.

② United States Department of State, *Foreign Relations of the United States Diplomatic Papers*, 1946, Vol. 8: *The Far East*, Washington, D. C.: United States Government Printing Office, 1971, p. 857.

邦和帝国与世界各部分联系起来"。他期待在新加坡有一个新的区域组织,为实现特定的务实目标"提供一个会议场所",并能够为"英帝国的各个部分提供一种有约束力的纽带"。贝文还特别指出,东南亚特委会以"温和的方式"启动,其组织框架可以"利用东南亚战区在整个区域所取得的实践经验"。鉴于此,他建议,利用英联邦总理会议提供的机会"全面讨论发展新的组织的可能性"[1]。

实际上,基勒恩主持的东南亚特委会组织已被英国政府视作保持英国在东南亚领导权及其影响的"有用基础",成为将英国的影响辐射至整个东南亚的"一个焦点",并刺激该地区的英国属地当局"从国际而不是纯粹的地方角度来看待事物"[2]。塔林就此评论说:"尽管英国的区域计划或许可能被描述为'霸权的',但它更合适被视为东南亚从帝国世界向国家世界转变的一种工具"[3]。可以说,东南亚特委会作为英国对东南亚区域规划重大的落实行动,开创了英国官方支持的"迄今最具体的东南亚区域合作形式"[4],其创建的经济组织所推动的经济社会领域制度化合作与亚远经委会的区域合作实践一起成为该领域"涵盖整个东南亚区域的首批实例"[5]。伊芙琳·科尔伯特(Evelyn Colbert)认为,英国设立的、由基勒恩主持的东南亚特委会"最初作为英联邦事业",却成为东南亚区域"外部支持的经济合作的最早形态"[6]。由此,邓宁作为此区域动议的最早提出者和核心推动者被誉为战后英国东南亚区域政策"总设计师"

---

[1] "Minutes of Meeting of Prime Ministers," PMM (46) 1st Meeting, London, 23 April 1946, in Australian Department of Foreign Affairs and Trade, *Documents on Australian Foreign Policy*, Vol. 9, 1946, Document 206, https://www.dfat.gov.au/about-us/publications/historical-documents/Pages/volume-09/206-minutes-of-meeting-of-prime-ministers.

[2] Nicholas Tarling, "'Some Rather Nebulous Capacity': Lord Killearn's Appointment in Southeast Asia," *Modern Asian Studies*, Vol. 20, No. 3, 1986, p. 595; Nicholas Tarling, *Britain, South-East Asia and the Onset of the Cold War, 1945–50*, Cambridge: Cambridge University Press, 1998, p. 190.

[3] Nicholas Tarling, *Regionalism in Southeast Asia: To Foster the Political Will*, New York: Routledge, 2006, p. 68.

[4] Milton W. Meyer, "Regional Cooperation in Southeast Asia," *Columbia Journal of International Affairs*, Vol. 3, No. 2, 1949, p. 74.

[5] William Henderson, "Regionalism in Southeast Asia," *Journal of International Affairs*, Vol. 10, No. 1, 1956, p. 74.

[6] Evelyn Colbert, *Southeast Asia in International Politics, 1941–1956*, Ithaca: Cornell University Press, 1977, p. 111.

(chief architect)。① 接下来将重点阐述基勒恩及东南亚特委会在应对东南亚食品危机这一最重要的实例中所扮演的区域协调角色,并剖析其特定的历史影响及其局限性。

二 东南亚食品问题的协调与英国区域动议的转向

如前所述,基勒恩履职后的首要使命就是协调东南亚各方力量有效应对日趋严重的东南亚区域食品问题,其中尤以大米危机为甚。从当时的情况来看,该问题在区域层次上的根源主要是战争的巨大破坏和战后动荡的国内政局及频繁的国内、国际冲突,这些致使缅甸、泰国、印度支那三个大米主产区产量锐减,大米供应严重不足。1946年初,东南亚大米危机已危及区域和全球粮食安全,缓解并遏制其进一步蔓延对化解区域乃至全球食品问题至关重要。②

那么,如何缓解这场危机呢？东南亚特委会的首要措施就是召开东南亚区域食品会议,并动员在东南亚拥有殖民地等重要利益的西方大国和东南亚国家与地方殖民当局参加,借此详察当地实情、协调各方立场,尽力调剂大米供应,并谋求从源头上解决问题。在1946年3月召开的首次食品会议上,基勒恩从英国官员那里了解到,缅甸、泰国和法属印度支那三个大米主产区的大米供应只能满足1945年第一季度80%的分配需要。③ 与会的东南亚战区司令部驻印度支那代表柯克伍德中校(Lieutenant-Colonel Kirkwood)告知,印度支那北部的饥馑形势仍在持续,预计四、五月为危险月份,而南方的大米直到6月都不可能被运到北部。另外,因战争破坏和缺乏管理权威,印度支那地区粮食运输渠道严重不畅,法国殖民当局对运输援助的需求增加到12艘拖船和350辆汽车。④ 而此时,法国驻印度支那高级专员蒂埃里·达尚留(Thierry d'Argenlieu)主导

---

① Tilman Remme, *Britain and Regional Cooperation in South-East Asia* 1945 – 1949, New York: Routledge, 1995, p. 22.

② T. O. Smith, "Lord Killearn and British Diplomacy Regarding French Indo-Chinese Rice Supplies, 1946 – 1948," *History*, Vol. 96, No. 324, 2011, pp. 477 – 478.

③ T. O. Smith, "Lord Killearn and British Diplomacy Regarding French Indo-Chinese Rice Supplies, 1946 – 1948," *History*, Vol. 96, No. 324, 2011, p. 481.

④ T. O. Smith, *Britain and the Origins of the Vietnam War: UK Policy in Indo-China*, 1943 – 50, New York: Palgrave Macmillan, 2007, pp. 89 – 90.

法属印度支那地区的大米供应,力主印度支那地区大米自产自销自给,并不愿接受任何形式的区域合作。①

在1946年4月15日召开的东南亚食品会议上,基勒恩与蒙巴顿、英属地总督、英国驻西贡总领事和英国驻泰国大使馆的代表就英国对外政策和其他事务进行了一次非正式会谈,共同讨论了东南亚食品问题的紧急性和重要性。大家认为,当下英国需要与荷兰、法国、泰国乃至美国一起开展总体的协作。但这次会议依然没有得到法属印度支那当局对减缓国际食品短缺的承诺,他们依旧从地方而不是从区域和全球角度看待大米供应问题。他们还讨论和细化了从盟军东南亚司令部转交的民间供应和经济事务的协调任务。这次会议决定设立一些次委员会,主要是缅甸和锡兰总督主持的次委员会,分别负责检查食品生产量的提高和食品消费量的减少与控制。这次会议还同意在当年5月召开营养会议,并启动由来自所有利益相关方的英国属地代表参加的定期月度联络官会议。②但东南亚特委会的协调工作仍不顺利。基勒恩从两次东南亚食品会议中得出一个结论:在当前形势下,只有泰国有实际能力满足缓解大米危机的紧急需要。泰国是东南亚三个大米主产区中最大的国家,但其政府面临的政治困境对大米采购造成严重威胁。基勒恩相信,在政治经济领域,与泰国保持"真诚合作精神"和助力"有秩序和繁荣的泰国",是构建东南亚良好秩序和稳定的"最有价值的资产"③。这样,与泰国政府的协调

---

① Geoffrey C. Gunn, *Rice Wars in Colonial Vietnam: The Great Famine and the Viet Minh Road to Power*, Lanham: Rowman & Littlefield, 2014, pp. 243 – 244; T. O. Smith, "Lord Killearn and British Diplomacy Regarding French Indo-Chinese Rice Supplies, 1946 – 1948," *History*, Vol. 96, No. 324, 2011, p. 480.

② "Lord Killearn to Mr. Bevin," F 12907/3/61, No. 32, Singapore, 24 August 1946, in Paul Preston and Michael Partridge, eds., *British Documents on Foreign Affairs*, Part IV, From 1946 through 50, Series E, *Asia*, 1946, Vol. 2, University Publications of America, 2000, p. 204; T. O. Smith, *Britain and the Origins of the Vietnam War: UK Policy in Indo-China*, 1943 – 50, New York: Palgrave Macmillan, 2007, p. 90; T. O. Smith, "Lord Killearn and British Diplomacy Regarding French Indo-Chinese Rice Supplies, 1946 – 1948," *History*, Vol. 96, No. 324, 2011, p. 481.

③ 参见T. O. Smith, "Lord Killearn and British Diplomacy Regarding French Indo-Chinese Rice Supplies, 1946 – 1948," *History*, Vol. 96, No. 324, 2011, p. 480; Nicholas Tarling, *Britain, South-East Asia and the Onset of the Cold War*, 1945 – 50, Cambridge: Cambridge University Press, 1998, p. 180.

就成为基勒恩履行其特别专员使命的关键。

对英国而言，在与泰国的关系中，亟待解决的是 1946 年 1 月两国签订的《关于结束战争状态的协定》专项规定中"商业与经济合作"条款履行的谈判问题。根据该专项条款第十三条的规定，泰国政府保证在不迟于 1947 年 9 月 1 日的某个日期之前，禁止大米、锡、橡胶、柚木等出口，并在国内控制这些商品的贸易和刺激其生产，除非依照设在华盛顿的联合食品局或其继承机构的建议，如果是大米，则依照为此目的设立的特别机构的指示；第十四条规定，泰国政府保证在曼谷并在保留泰国国内需要的供应量的情况下，尽快向英国指明的某一组织免费提供目前国内囤积的剩余大米，最多不超过 150 万吨，或者如果经双方同意亦可提供相等数量的稻米或糙米，并同意根据本条款提供的大米实际数量由上述机构确定；第十五条规定，泰国政府同意在不迟于 1947 年 9 月 1 日的某个日期之前，向第十三条和第十四条所提及的大米组织提供泰国国内所剩余的全部大米，这些剩余大米除根据第十四条保证免费提供的以外，应按第十三条和第十四条所提及的特别机构所指明的方式提供，其价格应考虑亚洲其他大米出口地大米的控制价格，并在征得该机构的同意后加以确定。[1]

然而，该协定中"商业与经济合作"的条款引起泰国各界的广泛反对。人们普遍认为，英国的要求超出了泰国自身的承受力，是一种"帝国主义的压迫行为"[2]。加之 1946 年 3 月泰国政府更迭，其国内的经济问题与日益激化的政治问题纠缠在一起。英国与泰国关于大米供应的谈判陷入僵局。而正是日趋严重的东南亚大米危机迫使英国做出让步。起初，英国提议放弃《关于结束战争状态的协定》关于"商业与经济合作"规定中的大米条款，按每吨 15 英镑的价格购买大米，而泰国则需要在 12 个月内供应 120 万吨大米。而后，经过双方的持续协商，英国愿意按每吨

---

[1] "Agreement between the United Kingdom of Great Britain and Northern Ireland, India and Siam for the Termination of the State of War," Singapore, 1 January 1946, in United Nations, *Treaty Series—Treaties and International Agreements Registered or Filed and Recorded with the Secretariat of the United Nations*, Vol. 99, No. 1375, 1951, p. 140, United Nations Treaty Series Online, https://treaties.un.org/doc/Publication/UNTS/Volume%2099/v99.pdf.

[2] Nicholas Tarling, *Britain, South-East Asia and the Onset of the Cold War*, 1945–50, Cambridge: Cambridge University Press, 1998, pp. 108–109.

13英镑10先令的价格（包括枪械）支付给泰国政府，大米实际售价是每吨12英镑14先令，按1英镑等于40泰币的汇率折算。但泰国政府认为在当前经济条件下，如此高的兑换汇率是强加给消费者的，为减少损失提议设立一个溢价机制，即出口的前四周附加费为每吨3英镑，接下来两周的附加费为每吨1英镑，在此后的时间里按基础价严格执行，无附加费。英国外交部不赞成泰国政府的提议，但又担心泰国会因国内通货膨胀和商人投机行为而高估泰币价值，继而导致英国无法买到大米。设在伦敦的英国食品委员会倾向于接受泰方的条件。① 现在，需要基勒恩的协调来打破这一僵局。

1946年4月29日，第二次东南亚食品会议结束后不久，基勒恩便飞抵曼谷，与英国驻泰国大使杰弗里·汤普森（Geoffrey H. Thompson）一起先后拜见了泰国政府新任总理比里·帕侬荣及外交部长迪雷克·贾亚纳马（Direck Jayanama）。双方就泰国大米供应问题进行了会谈。比里·帕侬荣以避免国内批评者认为侵犯泰国的主权为由，希望英国政府就购买大米的汇率做出保证。最终，双方协商后就汇率达成一致，确定采购大米的英镑价格是固定的，前提是协议期间的汇率不低于1英镑兑换40泰币。英国外交部对这一进展感到非常满意。5月1日，汤普森和贾亚纳马代表两国政府签署了关于泰国大米出口协议并交换了照会，协议即日生效。新协议废除了《关于结束战争状态的协定》第十四条关于免费供应150万吨大米一项，规定从即日起12个月内按联合食品委员会或其继承机构的建议安排不少于120万吨大米出口，按每吨13英镑14先令的出厂价交割。具体安排为：1946年5月底以前，英国政府在曼谷以上述出厂价交割，另交每吨3英镑附加费；5月底到6月15日以前在曼谷以上述出厂价交割，另交每吨1英镑附加费。在新协议签署次日，比里·帕侬荣发表声明公布了这一结果，强调履行这一协议的重要性，并表示将大力打击囤积居奇者和投机者。泰国各界普遍认为这是泰国对英国所取得的"一项重

---

① United States Department of State, *Foreign Relations of the United States Diplomatic Papers*, 1946, Vol. 8: *The Far East*, Washington, D.C.: United States Government Printing Office, 1971, pp. 966 – 968; Nicholas Tarling, *Britain, South-East Asia and the Onset of the Cold War*, 1945 – 50, Cambridge: Cambridge University Press, 1998, p. 181; 杨文娟：《英国东南亚特派员与粮食供应》，载《东南亚研究》2010年第2期，第57—58页。

大胜利"①。

为保证泰国大米后续的有效供应,1946年5月6日,英国与美国、泰国协商后在曼谷签署了关于泰国大米生产和出口的《英美泰三方协定》(The Tripartite Anglo-United States-Siamese Agreement),并交换了三方照会。该协定规定,各方将采取各种可能的措施促进和维持泰国大米及世界上当前供应短缺的其他出口商品的最大经济产量,推动这些商品剩余量在平等基础上的出口,为此成立联合泰国大米委员会(The Combined Thai Rice Commission, CTRC),与泰国政府共同推动大米的最大经济产量、协助安排泰国国内需求所结余大米的出口。② 随后,英国和美国联合邀请泰国加入盟国粮食局大米委员会。截至1946年12月底,泰国、印度、中国相继同意泰国正式成为联合国大米委员会的成员。同时,美、英、泰三国经过连续几

---

① United States Department of State, *Foreign Relations of the United States Diplomatic Papers*, 1946, Vol. 8: *The Far East*, Washington, D. C.: United States Government Printing Office, 1971, pp. 968 - 969; Nicholas Tarling, *Britain, South-East Asia and the Onset of the Cold War, 1945 - 50*, Cambridge: Cambridge University Press, 1998, pp. 181 - 182;杨文娟:《英国东南亚特派员与粮食供应》,载《东南亚研究》2010年第2期,第59页。英国和泰国交换照会中关于泰国大米出口规定的具体内容详见 "Exchange of Notes Constituting an Agreement between the United Kingdom of Great Britain and Northern Ireland and Siam for the Export of Rice by the Government of Siam," Bangkok, 1 May 1946, in United Nations, *Treaty Series—Treaties and International Agreements Registered or Filed and Recorded with the Secretariat of the United Nations*, Vol. 99, No. 1377, 1951, pp. 169 - 173, United Nations Treaty Series Online, https://treaties.un.org/doc/Publication/UNTS/Volume%2099/v99.pdf; "Exchange of Notes Constituting an Agreement between the United Kingdom of Great Britain and Northern Ireland and Siam for Payment by the United Kingdom Government of a Premium on Quantities of Rice Delivered by the Government sf Siam," Bangkok, 1 May 1946, in United Nations, *Treaty Series—Treaties and International Agreements Registered or Filed and Recorded with the Secretariat of the United Nations*, Vol. 99, No. 1378, 1951, pp. 176 - 179, United Nations Treaty Series Online, https://treaties.un.org/doc/Publication/UNTS/Volume%2099/v99.pdf.

② "Agreement between the Governments of the United Kingdom of Great Britain and Northern Ireland, The United States of America and Siam Relating to Siamese Rice and Certain other Export Commodities in Short World Supply," Bangkok, 6 May 1946, in United Nations, *Treaty Series—Treaties and International Agreements Registered or Filed and Recorded with the Secretariat of the United Nations*, Vol. 99, No. 1379, 1951, pp. 186 - 191; "Exchange of Notes Constituting an Agreement'between the United Kingdom of Great Britain and Northern Ireland, The United States of America and Siam Relating to the Production and Export of Siamese Rice," Bangkok, 6 May 1946, in United Nations, *Treaty Series—Treaties and International Agreements Registered or Filed and Recorded with the Secretariat of the United Nations*, Vol. 157, No. 2049, 1953, pp. 85 - 86, United Nations Treaty Series Online, https://treaties.un.org/doc/Publication/UNTS/Volume%20157/v157.pdf.

个月的协商达成关于泰国大米供应新安排的谅解备忘录,决定对5月的英、泰协议和英、美、泰三方协议进行修改。新安排的原则性修改主要包括:1947年5月底完成当前120万吨的大米目标数量,之后削减为60万吨的目标数量;应保证1947年1月1日至8月31日期间有效的大米出口;违约惩罚条件从1947年9月1日起生效,但仅用于60万吨的新目标数量;三方协议有效期延长至1947年8月31日;设立一个新的基础价,即从原来的每吨12英镑14先令提升至每吨20英镑,1947年1月1日生效;如用英镑或美元结算,买方向泰国政府支付每吨4英镑的出口税等。总体来看,新的安排既缓解了泰国政府对原协议中大米出口数量规定过高而难以履约的担忧,又使调整后的新价格更接近于泰国国内价格的实际水平。这样,泰国政府在公开发布的宣言中表示,它将全面履行向紧缺地区供应大米的承诺,希望有关各方与泰国政府通力合作,尽可能在当前不利条件下提高泰国的大米生产量,以保证泰国政府完成约定的大米出口目标。[①] 至此,泰国大米供应的官方安排在英、美、泰三方协调中最终形成。

值得注意的是,正是为保证大米生产和供应的曼谷之行使基勒恩介入一场政治纠纷——泰国与法属印度支那关于泰国—柬埔寨边界领土争端。基勒恩在拜见泰国总理比里·帕侬荣的时候获悉,泰国派到西贡与法国殖民当局关于边界问题谈判的使团无果而返,比里·帕侬荣深感挫败。他透露,他曾就解决这一争端提出三点建议,即提交联合国、全民投票和泰国购买有争议的省份。但这些建议被法国当局全部拒绝。基勒恩虽同情泰国政府的遭遇,但还是重申了英国政府恢复战前边界的立场。英国政府认为,这纯粹是法国和泰国两国的事务,基勒恩和其他区域代表无须介入。[②] 但基勒恩很快遭受了法、泰两国边界争端的困扰。5月24—26日,法国军队多次跨过湄公河进入泰国一侧,并与泰国军队发生小规模冲突,两国领土争

---

① United States Department of State, *Foreign Relations of the United States Diplomatic Papers*, 1946, Vol. 8: *The Far East*, Washington, D. C.: United States Government Printing Office, 1971, pp. 969 – 970, 975 – 978; Nicholas Tarling, *Britain, South-East Asia and the Onset of the Cold War*, 1945 – 50, Cambridge: Cambridge University Press, 1998, pp. 182 – 183.

② T. O. Smith, *Britain and the Origins of the Vietnam War: UK Policy in Indo-China*, 1943 – 50, New York: Palgrave Macmillan, 2007, p. 85; United States Department of State, *Foreign Relations of the United States Diplomatic Papers*, 1946, Vol. 8: *The Far East*, Washington, D. C.: United States Government Printing Office, 1971, pp. 987 – 994.

端急遽升级。泰国政府向美、英、苏、中及联合国报告了法国的侵略行为，并请求美、英向冲突地区派出观察员。8月9日，泰国军队与法国军队在吴哥窟（Angkor Wat）附近发生激烈交火。基勒恩认识到，如果这场发生在东南亚三个大米主产区中两个地区之间的边界冲突持续扩大，势必进一步恶化本来就十分严重的大米危机。于是，他利用8月12日在新加坡召开月度食品会议之机，就法、泰两国边界争端问题与参会的法国代表协商，提醒这次冲突的区域影响。他指出，处于争端中心的三个省份正好是法属印度支那重要的大米生产地区，因而两国的边界冲突对泰国的大米出口和法国的财政状况均会造成损害。随后，在美国和联合国的斡旋下，法、泰两国代表在华盛顿启动实质性谈判，并最终于11月17日签署了和平解决领土争端的协议。①

正是在基勒恩介入法泰领土争端期间，东南亚特委会将大米危机协调的重点转移至法属印度支那地区。在1946年8月举行的东南亚食品会议上，基勒恩向法属印度支那代表表达了将经济协同从食品扩大到营养及公共健康的愿望，希望继续推进区域协同和协调。达尚留将基勒恩的建议递交给法国政府。9月4—6日，基勒恩专访西贡，与达尚留讨论了食品、重建、信息及防务等方面更紧密的协同。达尚留要求归还在马来亚和香港冻结的印度支那战争信用和2000吨煤炭、1200吨面粉。作为回报，他承诺双方在外交事务、和平时期共用民用航线、安全防务及信息共享和其他公共事务上采取务实措施，加强更紧密的合作，并承诺供应8000吨大米，以表示对国际合作的支持。达尚留还同意派法国代表参加月度食品联络官会议。双方虽然在政治上存在分歧，但区域主义仍然是一个共同的目标。基勒恩在返回新加坡后即确认向印度支那提供2000吨煤炭和1200吨面粉的贷款。同月，东南亚特委会在科伦坡设立食品联络官会议分委会，所有国家的代表

---

① 参见 T. O. Smith, "Lord Killearn and British Diplomacy Regarding French Indo-Chinese Rice Supplies, 1946 – 1948," *History*, Vol. 96, No. 324, 2011, pp. 482 – 484; T. O. Smith, *Britain and the Origins of the Vietnam War: UK Policy in Indo-China, 1943 – 50*, New York: Palgrave Macmillan, 2007, pp. 85 – 88; T. O. Smith, "Britain and Cambodia, September 1945 – November 1946: A Reappraisal," *Diplomacy and Statecraft*, Vol. 17, No. 1, 2006, pp. 73 – 91; United States Department of State, *Foreign Relations of the United States Diplomatic Papers*, 1946, Vol. 8: *The Far East*, Washington, D. C.: United States Government Printing Office, 1971, pp. 1002 – 1010.

均参加,以进一步推进缅甸等地大米的海上运输。11月12日,在新加坡召开的东南亚食品会议上,法国代表承诺1946年从印度支那出口20万吨大米供国际分配,其中10万吨将在1947年的前七周完成,分给中国和法国属地各3万吨、香港和马来亚各1.5万吨、英属印度和盟军最高司令部各1万吨。同月,英国驻西贡总领事梅克尔里达(E. W. Meiklreid)在金边与达尚留会面。达尚留称赞与英国当局在英属印度、香港和新加坡等的大米供应和国际航运方面持续保持的协同与协调。这显示了双方在区域层次规划和运行方面合作的优势。①

在东南亚特委会的组织和协调及泰国等国的积极配合和支持下,尽管受到各地内部冲突和政局动荡及大国间矛盾的影响,到1948年上半年,东南亚的大米供应形势有了明显改观,不但有助于缓解蔓延至整个东南亚及其周边区域的食品危机,而且对缓解全球大米短缺起到了非常积极的作用。据统计,1945年末和1946年末,缅甸、泰国和法属印度支那三个东南亚大米主产区的大米出口总量一年间增长了465.01%;1947年,三地的大米出口总量相比1946年又增长了25.56%;1948年,三地的大米出口总量相比1947年再增长73.99%(见表2-1)。东南亚特委会年度报告显示,仅1948年上半年,缅甸和泰国的大米出口分别为399309吨和193115吨;同一时期,缅甸和泰国宣布的大米盈余总量分别为825000吨和250000吨。② 另据1937年3月举行的国际紧急粮食理事会大米委员会会议的分配方案,1947年1—6月,全球大米需求总量为167.5万吨,而东南亚区域被安排

---

① 参见"Lord Killearn to Mr. Bevin," F 13076/3/61, No. 2016, Singapore, 8 September 1946, in Paul Preston and Michael Partridge, eds., *British Documents on Foreign Affairs*, Part IV, From 1946 through 50, Series E, *Asia*, 1946, Vol. 2, University Publications of America, 2000, pp. 214 – 226; T. O. Smith, *Britain and the Origins of the Vietnam War: UK Policy in Indo-China*, 1943 – 50, New York: Palgrave Macmillan, 2007, pp. 92 – 93; Geoffrey C. Gunn, *Rice Wars in Colonial Vietnam: The Great Famine and the Viet Minh Road to Power*, Lanham: Rowman & Littlefield, 2014, p. 245; T. O. Smith, "Lord Killearn and British Diplomacy Regarding French Indo-Chinese Rice Supplies, 1946 – 1948," *History*, Vol. 96, No. 324, 2011, p. 487; Nicholas Tarling, *Britain, South-East Asia and the Onset of the Cold War*, 1945 – 50, Cambridge: Cambridge University Press, 1998, p. 134.

② "South-East Asia: Quarterly Report of the Special Commissioner, January-March 1948: Mr. Serivener to Mr. Bevin," F 6811/286/61, No. 51, Singapore, 30 April 1948, in Paul Preston and Michael Partridge, eds., *British Documents on Foreign Affairs*, Part IV, From 1946 through 50, Series E, *Asia*, 1948, Vol. 6, University Publications of America, 2000, p. 331.

负责供应 130 万吨。这意味着东南亚的大米供应占全球大米总需求的 77.61%。其中，缅甸、法属印度支那和泰国分别负责供应 80 万吨、12.5 万吨和 37.5 万吨，分别占全球大米总需求的 47.76%、7.46% 和 22.39%。[①] 1948 年 3 月，基勒恩向英国外交部提交的一份总结报告乐观地估计，根据 1947 年的实绩，1948 年东南亚的大米供应前景将有非常大的改善，仅缅甸和泰国承诺的大米出口就将占 1948 年上半年全世界可出口总额的 77%。[②] 这反映出具有自我维持能力的区域努力的重大意义和大米主产区增加大米出口的现实潜力。

表 2-1　1945—1948 年缅甸、法属印度支那和泰国大米出口情况

	缅甸		法属印度支那		泰国		出口总量
	出口量（吨）	份额（%）	出口量（吨）	份额（%）	出口量（吨）	份额（%）	
1945	100302	58.1	7095	4.1	65353	37.8	172750
1946	431409	44.2	98352	10.1	446300	45.7	976061
1947	798104	65.1	43369	3.6	384071	31.3	1225544
1948	1202779	56.4	139083	6.5	790408	37.1	2132270

资料来源：T. O. Smith, "Lord Killearn and British Diplomacy Regarding French Indo-Chinese Rice Supplies, 1946-1948," *History*, Vol. 96, No. 324, 2011, p. 486.

总体来看，东南亚大米工业及出口的区域协调行动不但缓解了东南亚各地、中国、香港地区、日本、印度和朝鲜等亚洲区域食品短缺状况，促进了该区域的战后恢复，而且对联合国通过其主持的大米分配管理由食品问题所引发的国际人道主义危机至关重要。基于此，1948 年 4 月，基勒恩在提交给英国外交部的东南亚特委会的工作报告中称，在经济方

[①] United Nation, "Report of the Working Group for Asia and the Far East," ECOSOC, Document E/307/Rev. 1, 4 March 1947, pp. 26-27, https://documents-dds-ny.un.org/doc/UNDOC/GEN/NL1/492/70/pdf/NL149270.pdf?OpenElement.

[②] "South-East Asia: Quarterly Report of the Special Commissioner, October-December 1947: Lord Killearn to Mr. Bevin," F 4787/286/61, No. 27, Singapore, 22 March 1948, in Paul Preston and Michael Partridge, eds., *British Documents on Foreign Affairs*, Part IV, *From 1946 through 50*, Series E, *Asia*, 1948, Vol. 6, University Publications of America, 2000, p. 313.

第二章　战后东南亚区域合作的初步兴起(1945—1950)　/　227

面,特委会的成绩可以用一句话加以概括,那就是饥馑得到遏制,而关于食品生产和分配的各种措施起了"最重要的作用"。英国外交部同意这一结论。① 澳大利亚学者 T. O. 史密斯（T. O. Smith）认为,东南亚确实在防止 1946 年至 1948 年世界范围内的饥馑中发挥了"主导作用",而基勒恩领导的东南亚特委会的组织与协调无疑是东南亚获此成绩的"关键因素"②。钦塔玛尼·马哈帕特拉（Chintamani Mahapatra）评论说,英国任命的东南亚特别专员既为整个马来亚地区处理战后重建问题谋求路径和方法,又进一步推动了亚洲区域主义观念,尤其是东南亚特委会因为该地区大米及其他必需品的便利流通所做出的合作努力,被称作特定领域"外部支持的亚洲地区最早的经济合作形态"③。中国学者杨文娟认为,东南亚特委会的日常工作主要围绕东南亚粮食危机而进行,但英国政府的这一委派不能简单地看作一种应急措施,从中可以透视出英国战后远东政策"从权力政治向经济外交的战略转变"④。1949 年 10 月,英国外交部在评估其对东南亚和远东政策时称,英国政府 1946 年在新加坡设立的特别专员组织成为"区域合作的先锋"⑤。

然而,东南亚特委会的区域协调和区域动议未能持续下去,随着基勒恩特别专员两年任期的结束,其组织机构的独立运行终结。1947 年 5 月,艾德礼接受英国外交部和殖民部的联合建议决定于 1948 年 3 月基勒恩任期结束后,将其职能与麦克唐纳办公室功能合并。在 1948 年 4 月召开的英国内阁会议上,英国外交部和殖民部达成一致并得到英国首相的同意,东南亚特委会与英国驻马来亚及新加坡大总督办公室合并,东南亚特别专员改

---

① Tilman Remme, *Britain and Regional Cooperation in South-East Asia 1945 – 1949*, New York: Routledge, 1995, p. 49.

② T. O. Smith, "Lord Killearn and British Diplomacy Regarding French Indo-Chinese Rice Supplies, 1946 – 1948," *History*, Vol. 96, No. 324, 2011, pp. 488 – 48.

③ Chintamani Mahapatra, *American Role in the Origin and Growth of ASEAN*, New Delhi: ABC Publishing House, 1990, p. 12.

④ 杨文娟:《英国东南亚特派员与粮食供应》,载《东南亚研究》2010 年第 2 期,第 60—61 页。

⑤ "'United Kingdom in South-East Asia and the Far East': Memorandum Prepared for Cabinet by the Permanent Under-Secretary of State's Committee in the Foreign Office," CO 967/84, No. 69, October 1949, in A. J. Stockwell, ed., *British Documents on the End of Empire*, Series B, Vol. 3: *Malaya*, Part II, *The Communist Insurrection* 1948 – 1953, London: HMSO, 1995, p. 169.

名为东南亚总专员（The Commissioner-General in South-East Asia），两个职位由麦克唐纳一人担任，兼具殖民管理和外交事务双重职责；东南亚特委会经济部改名为东南亚总专员经济部（The Economic Department of the Commissioner-General's Organisation），驻地仍在新加坡。此后，尽管东南亚总专员的组织在名义上承继了东南亚特委会的工作，但麦克唐纳的区域协调行动再也没有达到基勒恩东南亚规划那样的显著程度。关于食品问题的联络官会议亦随着东南亚食品形势的改善而走向衰落。1949 年 11 月，在联合国粮农组织解散国际大米分配体系后不久，东南亚总专员经济部召开了最后一次联络官会议。① 在之前的 1947 年 6 月，第三届亚远经委会会议通过决议，决定由其秘书处接收东南亚特委会经济部不特定的统计工作。② 东南亚特委会及其区域动议就此终结。英国将东南亚特委会转化为真正的东南亚区域组织或区域委员会的愿望亦宣告失败。

东南亚特委会及其区域动议的终结是多种因素叠加影响的结果：既有英国及该组织的内部因素，主要包括该组织的功能局限、英国财政困难和英国东南亚政策的再调整等；又有英国及该组织的外部因素。内部因素主要有东南亚区域和国际环境的重大变化等。东南亚特委会的活动主要是在经济领域，尤其是处理食品危机及相关的社会乃至政治问题，但伴随着 1948 年上半年东南亚及全球范围内食品危机的缓和，这一带有应急性质的职能机构逐渐失去作用，而将这一功能扩展为常设性机制既受到英国财政不济的限制，又受到功能与之重叠、更具国际合法性的亚远经委会排他性竞争的冲击。早在 1947 年 4 月英国政府召开的一次部门间会议便讨论了东南亚特委会与大总督办公室的合并问题。在此次会议

---

① "[Special Commissioner in South-East Asia]: Treasury Note of an Inter-departmental Meeting with FO and CO," CO 537/2203, No. 7, 24 April 1947, in A. J. Stockwell, ed., *British Documents on the End of Empire*, Series B, Vol. 3: *Malaya*, Part I, *The Malayan Union Experiment* 1942 – 1948, London: HMSO, 1995, pp. 319 – 320; Tilman Remme, *Britain and Regional Cooperation in South-East Asia* 1945 – 1949, New York: Routledge, 1995, pp. 113 – 115; Nicholas Tarling, "'Some Rather Nebulous Capacity': Lord Killearn's Appointment in Southeast Asia," *Modern Asian Studies*, Vol. 20, No. 3, 1986, pp. 593 – 594.

② United Nation, "Report of the Third Session of the Economic Commission for Asia and the Far East," ECOSOC Official Records, E/839 – E/CN. 11/101, 1 – 12 June 1948, p. 25, https://documents-dds-ny.un.org/doc/UNDOC/GEN/B06/000/2x/pdf/B060002.pdf? OpenElement.

第二章　战后东南亚区域合作的初步兴起(1945—1950)　/　229

上，财政部官员指出，合并是大幅削减政府在新加坡的机构开支的"唯一办法"。此时，英国正面临严重的财政赤字。1947年1月，英国已削减了4000万英镑的国防预算，以尽快实现削减5%的国防总开支目标。而东南亚特委会的开支不断增多。从1946年2月到1947年6月，该组织实际总开支为42.43万英镑，超过预先估计金额的两倍多；1947—1948财政年度，仅工资和津贴预算开支就有12.1万英镑，财政部希望削减到7万英镑。[①] 恰在此时，随着亚远经委会影响的不断扩大，英国政府部门内部建议由亚远经委会接管东南亚特委会的经济功能，作为英国区域政策的聚焦点。在首届亚远经委会会议上，英国外交部驻联合国经济社会理事会（United Nations Economic and Social Council, ECOSOC，简称"经社理事会"）代表斯滕特（J. P. Stent）就提出，英国应放弃东南亚特委会的国际功能，并与亚远经委会合并，由该委员会接管其社会等相关职能。[②]

从区域和国际层面上看，一方面，东南亚特委会的政策招致东南亚域内外国家的质疑。毕竟，该特委会领导的区域合作是以英国的组织作为制度平台的，其区域主义由英国自身政策所驱动，尤其是大米危机应对中区域协调的根本目标是通过维持其殖民地的稳定确保英国在东南亚的优势地位；其地理范围虽指向整个东南亚区域，但主要服务于其马来亚属地的战后重建，具有强烈的"英国中心"下"泛东南亚"跨区域色彩。因此，不管是西方大国还是东南亚独立国家或正在走向独立的民族主义力量，均对英国超越其东南亚属地的区域动议持怀疑态度。这正如基勒恩所言，东南亚特委会在最初建立之时，相邻的外国领地普遍认为其是"英国国家政策几乎不加掩饰的代理人"[③]。1948年6月，在第三届亚远经委会会议上，当执行秘书长罗卡内森提交一份英国代表帮助起草的"东南亚特委会工作概览"，并建议继续保持这两个组织的工作关系时，苏联代表就表示反对，其理由是，该特委会是"纯粹的国家机构"，

---

① Tilman Remme, *Britain and Regional Cooperation in South-East Asia 1945 – 1949*, New York: Routledge, 1995, pp. 108 – 109.

② Tilman Remme, *Britain and Regional Cooperation in South-East Asia 1945 – 1949*, New York: Routledge, 1995, pp. 111 – 112.

③ Nicholas Tarling, *Britain, South-East Asia and the Onset of the Cold War*, 1945 – 50, Cambridge: Cambridge University Press, 1998, pp. 45 – 46, 192.

作为"纯粹的英国组织持续主宰该地区的航运业"①。邓宁也承认,东南亚特委会的组织是"英国影响辐射整个东南亚聚焦点和势必产生诸多'对外'问题的东南亚防务组织中的关键联结"②。这使得英国的区域协调只能在限定的背景下开展。

另一方面,英国的殖民政策和区域动议遭遇巨大的挑战。二战结束以来,随着民族主义运动的蓬勃发展,英国一直奉行图谋调和民族主义与帝国主义关系的对外政策,并将之作为其区域主义动议的前提条件。但自1947年下半年以来,东南亚区域形势的变化使这一本来就问题重重的政策变得更加难以奏效。1947年8月和1948年1月,印度和缅甸相继独立,不但使英国殖民统治大伤元气,而且大大鼓励了东南亚尤其是其属地马来亚及与其相邻的印度尼西亚等地区的民族主义运动。在这一压力下,英国既需要用全新的方法处理与印度、缅甸等独立国家的关系,又被迫谋求比法国和荷兰两个殖民大国更自由的政策,以更好地应对包括其属地在内的东南亚民族主义。而后一种政策恰恰与试图通过武力恢复其在东南亚属地殖民统治的法国和荷兰的激进的帝国主义政策产生分歧。这种分歧与英国在欧洲和两国刚刚建立起来的西欧联盟形成冲突。一个最直接的影响是对东南亚特委会的区域协调形成压力。尤其是基勒恩在调解荷兰当局与印度尼西亚共和国的冲突中被指责为推行"过分的亲印度尼西亚政策"③。但东南亚民族主义的压力使英国政府谋求避免"面向欧洲的东南亚政策",具体办法就是将其对欧洲政策与对法国的印

---

① United Nation, "Report of the Third Session of the Economic Commission for Asia and the Far East," ECOSOC Official Records, E/839 – E/CN.11/101, 1 – 12 June 1948, p. 16, https://documents-dds-ny.un.org/doc/UNDOC/GEN/B06/000/2x/pdf/B060002.pdf? Open Element; Tilman Remme, *Britain and Regional Cooperation in South-East Asia 1945 – 1949*, New York: Routledge, 1995, pp. 114 – 115.

② "'Special Commissioner in South-East Asia': Memorandum by M E Dening on the Future of the Office," CO 537/2203, No. 2, 23 April 1947, in A. J. Stockwell, ed., *British Documents on the End of Empire*, Series B, Vol. 3: *Malaya*, Part I, *The Malayan Union Experiment 1942 – 1948*, London: HMSO, 1995, p. 318.

③ 参见 Nicholas Tarling, *Britain, South-East Asia and the Onset of the Cold War*, 1945 – 50, Cambridge: Cambridge University Press, 1998, pp. 66 – 67; Tilman Remme, *Britain and Regional Cooperation in South-East Asia 1945 – 1949*, New York: Routledge, 1995, pp. 167 – 268; Nicholas Tarling, "'Some Rather Nebulous Capacity': Lord Killearn's Appointment in Southeast Asia," *Modern Asian Studies*, Vol. 20, No. 3, 1986, pp. 596 – 597.

度支那政策和荷兰的对印度尼西亚政策分开，不与法国和荷兰在东南亚保持紧密的合作。尤其是在印度尼西亚独立问题上，英国的政策与荷兰的政策渐行渐远，直至1947年7月在荷兰发动"第一次警务行动"后，英国决定对印度尼西亚地区实施武器禁运。这一行动彻底击碎了英国外交部试图推行的包括法国和荷兰在内的"共同的欧亚合作"的设想。这正如蒂尔曼·雷姆（Tilman Remme）所言："英国不可能逃避这样一种现实：只要印度尼西亚和印度支那仍然是区域关注的中心，英国主导的任何形式的东南亚区域体系都将暗淡无光。"①

与此同时，英国现有的东南亚区域合作动议受到联合国和其他国家竞争性区域动议的挤压。联合国的区域动议主要来自亚远经委会；其他国家的区域动议主要来自印度、澳大利亚等英联邦国家。如前所述，英国外交部早在1946年4月就试图借助英联邦总理会议创建新的区域组织，但没有得到其他英联邦国家的积极响应。1947年2月和1947年3月，主要由澳大利亚和印度分别倡导的南太平洋委员会（The South Pacific Commission）和亚洲关系会议相继启动，英国非常担心这两国成为其区域领导的竞争者。尤其是印度在独立后成为东南亚乃至整个亚洲民族主义和反殖民主义、反帝国主义的代言人，对法国的印度支那政策和荷兰的印度尼西亚政策均持有强烈的反对立场，对越南人民和印度尼西亚人民的民族独立运动表示坚定的支持。印度政府总理贾瓦哈拉尔·尼赫鲁（Jawaharlal Nehru）在首届亚洲关系会议上倡导创建以印度为永久秘书处驻地的亚洲关系组织（The Asian Relations Organization）。他对荷兰1947年7月实施的警务行动感到非常愤慨，希望借此良机鼓动亚洲小国联合起来与殖民势力做斗争。澳大利亚拒绝了英国提出的以基勒恩的组织为基础创建东南亚区域委员会的建议。印度则拒绝参与包括法国和荷兰在内的东南亚区域合作动议。② 泰国等亚洲国家对此亦予以支持。1947年7月，法国向泰国提出创建"泛东南亚联盟"（Pan-Southeast Asia Union），

---

① Tilman Remme, *Britain and Regional Cooperation in South-East Asia* 1945 – 1949, New York: Routledge, 1995, pp. 85 – 91.

② 参见 Tilman Remme, *Britain and Regional Cooperation in South-East Asia* 1945 – 1949, New York: Routledge, 1995, pp. 60 – 61, 94 – 101.

又称"东南亚国家经济和文化协商委员会"(Consultative Committee for Economic and Cultural Relations of Southeast Asia Nations),由法国、泰国及其邻国组成。泰国政府在开始时表示同意,但这一计划被国内反对派谴责为要成为法国的附庸,而后提出将独立的柬埔寨和老挝包括在内的附加条件。法国未予接受,该计划流产。[1] 所有这些都对英国造成压力。英国甚至担心:"如果尼赫鲁推进区域动议持续发展,德里而不是伦敦或新加坡将会成为任何东南亚区域成果的聚焦点。"[2]

面对这些内外部的压力,东南亚特委会及其继承者东南亚总专员既无法继续推进其当下的区域协调,也难以以此为基础实现更大的区域动议。但英国并未就此放弃自己的区域动议。此时,随着英国退出印度和缅甸以及欧洲冷战逐步蔓延至亚洲,英国政府认识到,东南亚不仅是"东西方关系的焦点",而且作为一个整体的区域成为"英国利益和影响的中枢",因而发展与印度、缅甸和锡兰的关系又与英国在东南亚的利益紧密地联系在一起;但发展与这些国家紧密的关系,既无法经由容易引发不信任和猜忌的殖民权威来实施,也不能通过展示英国的武力来实现,而是应该通过类似东南亚特委会这样的组织来维持。从此,英国的区域合作动议开始出现历史性转向,这种"转向"既继承历史和当下,又面向现实和未来。前者主要体现在依然保持着"问题导向"或"议题驱动",聚焦于传统西方大国和亚洲新兴国家容易达成共同利益的经济发展和社会文化领域。这也是东南亚特委会成功的经验。印度、缅甸和锡兰最近的政治发展强化和补充了主要由东南亚特委会所实践和支持的那些方法。诸如,将开展食品、健康和福利等领域的有价值的合作,作为化解主要由经济不满所培育的社会动荡的工具;将召开特别会议尤其是月度联络官会议,作为促进政治和谐与合作的工具等。这些方法由此成为"保持英国在东南亚领导权和影响力的有用的基础"[3]。正如邓宁所言,东

---

[1] Milton W. Meyer, "Regional Cooperation in Southeast Asia," *Columbia Journal of International Affairs*, Vol. 3, No. 2, 1949, p. 70.

[2] Tilman Remme, *Britain and Regional Cooperation in South-East Asia 1945 – 1949*, New York: Routledge, 1995, p. 93.

[3] 参见 Nicholas Tarling, *Britain, South-East Asia and the Onset of the Cold War*, 1945 – 50, Cambridge: Cambridge University Press, 1998, pp. 188 – 189, 192 – 193.

南亚特委会所践行的协商和协调的原则可拓展到其他合作领域。他认为,新的区域动议既必须聚焦于东南亚,又能够将印度次大陆与东南亚联系在一起,但仅限于特定殖民议题或者试图将之与外交相结合的东南亚大总督或总专员难以担当此任。①

鉴于此,英国推出"修正的区域合作计划":在议题和规范上,能够承继东南亚特委会的区域合作实践;在成员和地理范围上,能够重视与东南亚民族主义力量的合作,与印度次大陆独立后的国家保持紧密的联系,形成一种将印度、缅甸和锡兰包括在内的"地理范围扩大的区域体系"。这样,既脱胎于英帝国体系,又明显不同于殖民管理,依照类似于东南亚特委会的协商惯例运行的英联邦会议为"重拾区域合作动议提供了最好的机会",亦即"利用英联邦的观念作为英国区域合作的基础"。英国称之为有别于特定类型殖民合作的"东南亚的新联邦方法"(the new Commonwealth approach to South-East Asia)。这也是英国所倡导的东南亚区域合作面向未来的转折点,既标志着英国的"区域政策开启了新的阶段",又预示着"真正的东南亚区域合作的开始"②。从此,印度、缅甸、菲律宾、泰国及澳大利亚、新西兰等亚洲及太平洋新兴国家作为新的建设性国际角色走上东南亚区域合作的舞台。随之,东南亚区域合作动议再次回到国际议程上,并引发了东南亚区域合作实践的根本性转向。这既意味着带有一定程度殖民管理成分的"霸权的区域主义"的终结,又意味着孕育于开放的国际和区域环境中的东南亚区域合作的跨区域色彩变得更加明显。从这一意义上讲,东南亚特委会及其区域合作实践作为英国领导的东南亚区域合作的最初动议,其在东南亚乃至整个亚洲区域合作的起源与演变进程中具有承上启下的独特历史地位。

---

① Nicholas Tarling, "'Some Rather Nebulous Capacity': Lord Killearn's Appointment in Southeast Asia," *Modern Asian Studies*, Vol. 20, No. 3, 1986, pp. 587 – 588, 594 – 595.

② 参见 Tilman Remme, *Britain and Regional Cooperation in South-East Asia* 1945 – 1949, New York: Routledge, 1995, pp. 84 – 85, 139 – 141; Nicholas Tarling, *Britain, South-East Asia and the Onset of the Cold War*, 1945 – 50, Cambridge: Cambridge University Press, 1998, p. 332.

第二节 "泛亚洲主义"发展与东南亚区域合作的实质性起步

二战结束后,"泛亚洲主义"开启了以东南亚为核心地理指向的跨区域合作实践进程。在这一大的进程中有着既相互独立又紧密联系的"一强一弱"两个进程。"强进程"主要是内生的,其核心的领导者来自亚洲内部民族主义的新生力量,主要是印度、缅甸、泰国等独立的或处在独立进程中的国家;其所涉及的核心议题主要是政治及与之相关的社会和文化议题;其核心的合作机制主要是亚洲关系会议这样的非常设的跨区域国际会议,相对松散;其发展带有一定的临时性、不连续性和对外排他性等特征。"弱进程"主要是内生外生结合的,域内和域外行为体分别在政治和经济上起着实际的领导作用;其核心的域内行为体是中国、印度、菲律宾和泰国等原有的和新生的亚洲国家,核心的域外行为体是与东南亚利益攸关的英国、法国等传统西方大国和美国、苏联等新兴的西方大国;其核心的议题是经济及与之相关的社会和政治议题,但政治议题是衍生的,处于附属地位;其核心的合作机制是亚远经委会这样的正式国际组织框架内的常设区域组织,相对固定;其发展带有明显的制度化和包容性,且呈现出明显的由弱到强的连续发展态势。

一 "泛亚洲主义"发展与亚洲关系会议的召开

"泛亚洲主义"作为一种亚洲意识,通常是指二战前后亚洲民族国家兴起时期以"一个亚洲"为基础形成的一系列的基本观念或"文明化话语"(Discourse of Civilization),主要包括地理(亚洲、东亚、东方)、文化统一(印度文明、中华文明及宗教的影响)、历史联系(以中国为中心的体系、朝贡关系和贸易网络)、种族血缘(黄色人种、有色人种)、亚洲文明价值观及精神品格的统一性(儒教、正义和仁慈,对西方的物质主义和理性主义)、共同命运(反对西方帝国主义和殖民统治的斗争）等。① 它作为亚洲最早广为流行的区域意识，起初主要在日本、中国和朝鲜等传统的东亚国家流行，且主要是政治导向的，亦带有一定的强制乃至支配及种族化色彩。② 在太平洋战争中后期，随着亚洲尤其是南亚东南亚民族解放运动的兴起，"泛亚洲主义"开始寻东在南亚及其周边地区产生重大影响，并作为该地区最早的区域主义意识与民族主义相结合，成为它们在反殖民主义和反帝国主义中获取民族独立和国家自主的一种思想武器。在这里，"泛亚洲主义"一开始亦主要是政治导向的，后逐步拓展到经济、社会和安全领域，展现出综合的议题导向，且被注入区域自主、区域联合及非武力、不干预等新的核心内涵。东南亚本地最早的区域主义及区域合作构想和实践便是在其中孕育、生根、开花的，形成一种"民族主义者的区域主义愿景"③。在这里，"泛亚洲主义"包含着一套共同的价值观，如尊重个人关系、合作、平衡、和谐与无争议的共识建设等，标志着一种新的"泛亚洲意识"（sense of Pan-Asianess）的兴起。这种有别于旧式的霸权或军事区域主义的"规范性区域主义"（normative regionalism）在指引方向、提供远景、制定组织原则和创建区域共同体等方面发挥了建设性作用。④

实际上，"泛亚洲主义"作为一种政治话语，其主要目标是通过突显亚洲人的观念、感情或立场，促进亚洲内部的团结和合作，以避免欧洲和美国的支配、压制和影响，其核心诉求是支持亚洲民族自决，强调"解决亚

---

① 参见 Sven Saaler and Christopher W. A. Szpilman, "The Emergence of Pan-Asianism as an Ideal of Asian Identity and Solidarity, 1850 – 2008," in Sven Saaler and Christopher W. A. Szpilman, eds., *Pan-Asianism: A Documentary History*, v. 2, 1920 – Present, Lanham: Rowman & Littlefield, 2011, p. 29; Prasenjit Duara, "The Discourse of Civilization and Pan-Asianism," *Journal of World History*, Vol. 12, No. 1, 2001, p. 108.

② 参见 Amitav Acharya, *The Making of Southeast Asia: International Relations of a Region*, Singapore: ISEAS Publishing, 2012, p. 83; Nicholas Tarling, *Nations and States in Southeast Asia*, Cambridge: Cambridge University Press, 1998, pp. 82 – 83; Vineet Thakur, "An Asian Drama: The Asian Relations Conference, 1947," *The International History Review*, Vol. 41, No. 3, 2019, p. 677.

③ 参见 Amitav Acharya, *The Making of Southeast Asia: International Relations of a Region*, Singapore: ISEAS Publishing, 2012, pp. 105 – 107.

④ 参见 Baogang He, "Normative Regionalism in East Asia," in Martina Timmermann, ed., *Institutionalizing Northeast Asia: Regional Steps towards Global Governance*, Tokyo: United Nations University Press, 2008, pp. 63 – 66.

洲自身问题的亚洲方法"①。这种"泛亚洲主义"区域意识下的政治诉求成为南亚东南亚民族主义运动领导人追求民族解放的一种工具。尼赫鲁是"泛亚洲"区域意识下区域合作构想的最早提出者。尼赫鲁早在 1939 年就设想创建一个"亚洲联邦"（Asian Federation），其成员包括中国、印度、缅甸、锡兰、阿富汗及其他国家。在战争后期，尼赫鲁预计，独立后印度将成为一个强有力的国家，并将与其邻邦组成一个自由的联邦，在世界事务中发挥重要作用。他认为，太平洋将来会取代大西洋而成为世界的"神经中枢"，而印度虽非直接的太平洋国家却无可避免地将在那里扮演重要角色。他设想在印度洋地区，从东南亚一直到中亚，可以组成一个区域集团组织，包括印度、两边靠着印度洋的那些国家，如伊朗、伊拉克、阿富汗、锡兰、缅甸、马来亚、泰国和爪哇等。② 1945 年 9 月，尼赫鲁再次表达了这一设想。他指出："在未来的世界中较小的国家将不得不联合成三四个大联邦，否则大国就会将小国吸纳为卫星国。"他说："在不久的将来成立亚洲联邦是可能的。"同一年，锡兰自治政府总理班达拉内克（S. W. R. D. Bandaranaike）呼吁建立一个"自由、平等的亚洲国家联盟"③。另外，在尼赫鲁的亚洲愿景中，某种形式的"亚洲联邦"是通向更大的"世界联邦"的重要步骤。该联邦包括新西兰、澳大利亚、埃及等东部非洲部分国家和苏联一些共和国等。这就赋予其"泛亚洲主义"一定的国际主义和普遍主义色彩。④

昂山和胡志明是"泛亚洲主义"的积极支持者。他们一开始就希望利

---

① 参见 Eun-jeung Lee, "Koo Jong-suh: 'Pan-Asianism. Primary of East Asia', 1995," in Sven Saaler and Christopher W. A. Szpilman, eds., *Pan-Asianism: A Documentary History*, v. 2, 1920 – Present, Lanham: Rowman & Littlefield, 2011, p. 344; Hatsuse Ryūbei, "Pan-Asianism in International Relations: Prewar, Postwar, and Present," in Sven Saaler and J. Victor Koschmann, eds., *Pan-Asianism in Modern Japanese History: Colonialism, Regionalism and Borders*, London: Routledge, 2007, p. 226.

② Amitav Acharya, *Whose Ideas Matter? Agency and Power in Asian Regionalism*, Ithaca: Cornell University Press, 2009, p. 33;［印度］贾瓦哈拉尔·尼赫鲁：《印度的发现》，向哲濬、朱彬元等译，上海人民出版社 2016 年版，第 493—494 页。

③ Amitav Acharya, *Whose Ideas Matter? Agency and Power in Asian Regionalism*, Ithaca: Cornell University Press, 2009, p. 33; Godfrey H. Jansen, *Afro-Asia and Non-Alignment*, London: Faber, 1966, p. 52.

④ Vineet Thakur, "An Asian Drama: The Asian Relations Conference, 1947," *The International History Review*, Vol. 41, No. 3, 2019, p. 677.

用"泛亚洲"框架内的区域合作推进本民族的独立事业。1945年1月,昂山在《缅甸的防务》一文中指出,作为一个独立的实体,缅甸的防务需要强大,且需要至少一个或多个邻国施以援手,包括缅甸本国、印度支那、泰国、马来亚、菲律宾、东印度(即印度尼西亚)和印度东部等。他认为,在拥有更大的亚洲一体化概念之前,亚洲可以形成一个处理当下共同现实问题的临时性联合安排。昂山一直主张更广泛的亚洲团结以及东南亚的次区域团结。他强调,缅甸作为东亚的一个单元,当然应该受益于整个东亚的共同贡献,同时也必须把自己的贡献分享给其他国家。[①] 1946年1月,昂山在反法西斯人民自由联盟讲话中表示,希望有一个类似"印度支那合众国"(The United States of Indo-China)那样的区域集团,其成员包括法属印度支那、泰国、马来亚、印度尼西亚和缅甸。[②] 1946年7月,昂山在万象的一次演讲中表示,缅甸"期待不久的将来有一个亚洲联邦。为了我们的共同利益和印度、缅甸乃至整个亚洲的自由,我们期待当下的相互理解和联合行动,无论何时何地,只要有可能。"1947年1月,昂山明确提出将东南亚联合起来组成一个实体,然后与印度、中国这两个实体共建一个更大的亚洲联合体——"亚洲联邦"(Asian Commonwealth),最终可能是亚洲其他部分的加入而联合形成的一个更大的联盟。[③]

胡志明领导的越南民主共和国一开始就将反殖民的亚洲团结作为一项重要的外交政策。在战争期间,越盟就曾请求中国政府召开"泛亚洲会议",由来自每一个受压迫的亚洲国家的代表组成,以"决定亚洲人将如何联合起来对抗法西斯日本及其走狗"。越南民主共和国领导层宣布其对"世界弱小国家"的外交政策是基于友谊、平等和相互帮助,确保国家独立。越南人明显关注着邻国,尤其是印度尼西亚、缅甸、马来亚、泰国、老挝和柬埔寨发生的事件。1945年9月,胡志明提出创建一个

[①] Amitav Acharya, *The Making of Southeast Asia: International Relations of a Region*, Singapore: ISEAS Publishing, 2012, p. 112.

[②] Anthony Reid, "A Saucer Model of Southeast Asian Identity," *Southeast Asian Journal of Social Science*, Vol. 27, No. 1, 1999, pp. 17–18.

[③] Amitav Acharya, *The Making of Southeast Asia: International Relations of a Region*, Singapore: ISEAS Publishing, 2012, pp. 112–113; Nicholas Tarling, *Regionalism in Southeast Asia: To Foster the Political Will*, New York: Routledge, 2006, p. 71; Amitav Acharya, "Asia Is Not One," *The Journal of Asian Studies*, Vol. 69, No. 4, 2010, pp. 1005, 1008.

"泛亚洲共同体"（Pan-Asiatic Community）的愿望，其成员包括越南、柬埔寨、老挝、泰国、马来亚、"大缅甸"（包括孟加拉）、印度、印度尼西亚、菲律宾等所有东南亚南亚国家。他认为，这些国家将促进"为共同利益而制订的政治和经济计划"，并与美国、英国和法国和平共处。① 在与法国的战争爆发后，胡志明开始谋求与东南亚其他民族主义力量一起，利用区域合作抵抗欧洲殖民者的回归。为此，1946年11月，他给印度尼西亚共和国政府总理萨赫里尔写信，希望两国联合推进争取自由的共同斗争。信中，他请求印度尼西亚领导人与越南共同呼吁"印度、缅甸、马来亚和亚洲所有受压迫的人民加入我们的共同战线"。他还提出了"越南和印度尼西亚共同宣言的拟议文本"。他说，由于大国阻止法国和荷兰用武力重建殖民统治的失败，"我们必须依靠自己，只有自己才能赢得自由"。考虑到英、法两国对越南南部的重新占领，胡志明敦促印度尼西亚人与他们一起吁请印度、缅甸和马来亚建立一个筹备委员会，旨在创建"南部亚洲自由人民联邦"（Federation of Free Peoples of Southern Asia）。根据这项提议，该联邦将代表反对殖民主义的"共同战线"，并将在建设亚洲的"共同未来"中发挥作用。② 胡志明的"泛亚洲共同体"观念虽然得到泰国、马来亚和菲律宾左翼的同情，但印度尼西亚领导人反应冷淡。他们担心这会使荷兰利用其对共产主义的恐惧拖延给予印度尼西亚独立。这亦反映出东南亚民族主义领导人之间运用区域合作战略的差异性。尽管这些"泛亚洲"区域意识比较模糊和零碎，但东南亚的民族主义领导人认为，在更大的"泛亚洲"框架内的区域合作在政治上更加有用。正是在这种情况下，他们把尼赫鲁领导下的印度在泛亚洲框架下促进非殖民化和区域合作的努力视为一个很好的机会。③ 这为尼赫鲁倡议召开亚洲关系会议提供了舆论和思想基础。

---

① Christopher E. Goscha, *Thailand and the Southeast Asian Networks of the Vietnamese Revolution, 1885–1954*, London: Routledge, 1999, pp. 243–244.

② Christopher E. Goscha, *Thailand and the Southeast Asian Networks of the Vietnamese Revolution, 1885–1954*, London: Routledge, 1999, pp. 244–245.

③ 参见 Amitav Acharya, *The Making of Southeast Asia: International Relations of a Region*, Singapore: ISEAS Publishing, 2012, pp. 108, 112–113; Amitav Acharya, "Asia Is Not One," *The Journal of Asian Studies*, Vol. 69, No. 4, 2010, pp. 1006–1007; Anthony Reid, "A Saucer Model of Southeast Asian Identity," *Southeast Asian Journal of Social Science*, Vol. 27, No. 1, 1999, pp. 17–18.

第二章 战后东南亚区域合作的初步兴起(1945—1950) / 239

亚洲关系会议是"泛亚洲主义"区域意识下最大规模的区域合作实践。尼赫鲁是亚洲关系会议的"发起人、缔造者和主持者",昂山、吴努、胡志明等东南亚国家领导人在其中亦起了重要作用。印度举办"亚洲关系会议"的想法源自1945年6月参加联合国成立的旧金山会议的代表。参加这次会议的代表会后向尼赫鲁提交了一份关于举行"亚洲关系会议"的计划。1945年12月,尼赫鲁正式提出召开这一会议的动议。他在接受媒体采访时公开倡议召开"亚洲会议",以促进亚洲人民对亚洲问题的认识和彼此间的进一步合作。1946年3月,尼赫鲁在出访东南亚期间与昂山等人会晤,共同讨论了举行"亚洲会议"的前景。菲律宾官方支持尼赫鲁用区域主义推进民族解放事业的倡议。时任菲律宾驻联合国代表卡洛斯·罗慕洛(Carlos P. Romulo)赞同在新德里召开"亚洲会议",认为这是鼓励亚洲反殖民斗争的一种方式。1946年5月,尼赫鲁给昂山写信,表示这样的会议将会为创建"某种类型的亚洲组织"打下基础。6月,胡志明赴法国谈判途中在仰光与缅甸官员就尼赫鲁促进亚洲更大的团结的倡议进行了会谈。当月,他在法国公开宣布,越南民主共和国支持尼赫鲁关于召开泛亚洲会议的倡议。7月,尼赫鲁为在德里举行"亚洲会议"发出多封募集资金的信函,并得到印度尼西亚、缅甸、锡兰和叙利亚等国满意的回复。[①] 当月,越盟控制的越南《独立报》报道,这种"泛亚洲联盟"的力量来自于所有亚洲国家特别是弱小国家的团结;它将为亚洲每一个被压迫国家争取自由,并在亚洲形成共同繁荣的景象;"泛亚洲联盟"将是公正的,符合人类走向自由和幸福的发展趋势。1947年1月,越南民主共和国与"自由高棉"和"自由老挝"的代表在曼谷举行会议,讨论成立"东南亚联邦"(Southeast Asian Federation)。该联

[①] 参见 A. Appadorai, "The Asian Relations Conference in Perspective," *International Studies*, Vol. 18, No. 3, 1979, p. 275; Amitav Acharya, *The Making of Southeast Asia: International Relations of a Region*, Singapor ISEAS Publishing, 2012, p. 108; Albert W. Stargardt, "The Emergence of the Asian System of Powers," *Modern Asian Studies*, Vol. 23, No. 3, 1989, p. 562; Christopher E. Goscha, *Thailand and the Southeast Asian Networks of the Vietnamese Revolution, 1885 – 1954*, London: Routledge, 1999, p. 26; Carolien Stolte, "'The Asiatic Hour': New Perspective on the Asian Relations Conference, New Delhi, 1947," in Nataša Mišković, Harald Fischer-Tiné and Nada Boškovska, eds., *The Non-Aligned Movement and the Cold War: Delhi, Bandung, Belgrade*, New York: Routledge, 2014, pp. 59 – 60.

邦将由泰国、缅甸、马来亚、印度尼西亚、越南、老挝和柬埔寨组成，不包括菲律宾。这是越南民主共和国外交政策向尼赫鲁"泛亚洲"理念的一个显著转变。① 尼赫鲁在后来的亚洲关系会议开幕致辞中解释这一动议的情况时说："我们在印度召开了这次会议，但召开这样一次会议的想法在许多人的脑海中和在亚洲许多国家中同时出现。当时有一种广泛的愿望和认识，那就是我们亚洲各国人民聚在一起、团结一致、共同前进的时代已经到来。这不仅是一种模糊的愿望，也是许多事件促使我们所有人沿着这些方向思考。"②

其实，尼赫鲁的会议动议反映出即将获得独立的印度谋求区域大国的地位并在东南亚建立重大的政治和经济影响力的强烈愿望。他在1945年底完成的《印度的发现》一书中就表示，印度"以它所处的地位，是不能在世界上扮演二等角色的"，而是"要做一个有声有色的大国"。他相信，在连接东南亚和中亚的印度洋区域，印度"将要发展成为经济和政治活动的中心"③。1946年3月，尼赫鲁再次表示，世界的中心舞台正从欧洲移向亚洲，而印度位于东西之间，此种地缘战略位置使之在东西方国际关系中起着一个非常重要的作用，成为东西方不同思想和力量的汇合点。④ 1946年9月，在印度临时政府正式成立时，尼赫鲁就明确阐述了其对外政策的基石，即奉行不结盟和中立原则。他宣布："我们建议，在可能的情况下，尽量避免集团间相互结盟的强权政治，这种政治在过去曾导致世界大战，并可能再次导致更大规模的灾难。"随后，尼赫鲁在一次新闻发布会上再次表示："在外交事务方面，印度将奉行独立政策，远离集团间相互勾结的强权政治。"⑤ 其外交政策的一个目标是，让印度

---

① Christopher E. Goscha, *Thailand and the Southeast Asian Networks of the Vietnamese Revolution, 1885–1954*, London: Routledge, 1999, pp. 246–247.

② A. Appadorai, "The Asian Relations Conference in Perspective," *International Studies*, Vol. 18, No. 3, 1979, p. 275.

③ ［印度］贾瓦哈拉尔·尼赫鲁：《印度的发现》，向哲濬、朱彬元等译，上海人民出版社2016年版，第40、493—494页。

④ 王琛：《美国外交政策与南亚均势（1947—1963）》，香港：香港社会科学出版社有限公司2005年版，第58页。

⑤ Nicholas Tarling, *Neutrality in Southeast Asia: Concepts and Contexts*, New York: Routledge, 2016, pp. 58–59.

成为亚洲独立运动的支持者,并在亚洲承担起一种"道义上的领导角色"(moral leadership)。在他看来,亚洲人民比其他地区的人民离印度更近、关系更亲,而印度地理位置优越,是联系西亚、南亚和东南亚的支点。随着印度与亚洲人民关系重新开始,未来必然会看到印度和东南亚为一方与阿富汗、伊朗和阿拉伯世界为另一方建立更紧密的联盟的局面。因此,为了促进亚洲国家之间的密切联系,印度必须做出自己的贡献。在这种情况下,印度非官方团体——印度世界事务理事会(The Indian Council of World Affairs)建议,这样的会议主要是为专家层次讨论亚洲各国的共同问题提供一个机会。该理事会最初提议把这次会议称为亚洲间关系会议,后改名为亚洲关系会议并被接受。这样,印度临时政府成立当月便宣布召开亚洲关系会议。英国外交部将之称作"印度临时政府外交事务中扩张倾向的一个信号"[1]。因此,亚洲关系会议既是尼赫鲁以印度为中心的"泛亚洲主义"思想的一次实践[2],又是他借助亚洲民族独立运动实现其大国梦的"第一个行动"[3]。

在尼赫鲁的授意下,主办者为此次会议确定了两个目标,即理解亚洲的政治、经济和社会问题;促进亚洲人民之间的合作。尼赫鲁同意会议在专家一级举行,由印度世界理事会这样的非官方和非政治机构承办,并希望这次会议在评估亚洲在战后世界中的地位、讨论亚洲各国共同面临的问题及研究促进亚洲各国密切交往的途径和方法上取得丰硕成果。此次会议邀请对象包括所有亚洲国家及澳大利亚、新西兰、英国、美国、苏联等非亚洲国家文化机构和个人学者。为保障合适的受邀请代表到会,主办方派遣特使到一些国家实地了解情况,说服它们派遣代表团,并确定可以邀请、派遣代表的组织的位置,以便邀请函和电报可以顺利到达。主办方经过慎重考虑确定了八个议题供本次会议讨论,包括争取自由的民族运动、种族问题、亚洲内部的移民问题、从殖民地到民族经济的转型、农业重建与工

---

[1] Tilman Remme, *Britain and Regional Cooperation in South-East Asia* 1945 – 1949, New York: Routledge, 1995, pp. 94 – 96.

[2] 于向东、徐成志:《第一次印度支那战争期间印度的调停外交》,载《东南亚研究》2021年第3期,第60页。

[3] 王琛:《美国外交政策与南亚均势(1947—1963)》,香港:香港社会科学出版社有限公司2005年版,第58—59页。

业发展、劳工与社会服务、文化问题、妇女地位与妇女运动等。①

1947年3月23日至4月12日,首届亚洲关系会议在印度新德里举行。来自亚洲的阿富汗、亚美尼亚、阿塞拜疆、不丹、缅甸、柬埔寨、老挝、锡兰、中国、格鲁吉亚、印度、印度尼西亚、波斯(今伊朗)、哈萨克斯坦、吉尔吉斯斯坦、南朝鲜、马来亚、蒙古、尼泊尔、巴勒斯坦、菲律宾、土耳其、塔吉克斯坦、土库曼斯坦、乌兹别克斯坦、越南、泰国、阿拉伯联盟、中国西藏及非亚洲国家埃及、澳大利亚、英国、美国、苏联等29个国家和地区及联合国组织的243名代表出席会议,其中包括来自印度尼西亚、缅甸、柬埔寨、老挝、马来亚、菲律宾、越南、暹罗等东南亚国家的83名代表。还有来自阿富汗喀布尔大学和耶路撒冷希伯来大学等大学、雅加达的印度尼西亚全国学生联盟等学生组织、德黑兰的印度—伊朗文化协会等文化机构、埃及女性主义联盟等妇女组织、班加罗尔的印度科学研究所和阿什卡巴德的科学院等科学机构、纽约的太平洋关系研究所和伦敦的皇家国际事务研究所等研究机构以及不丹、缅甸、埃及、锡兰等国政府的代表。印度尼西亚共和国总理萨赫里尔亲率五名内阁成员参加会议。这次会议是由非官方的印度世界历史会召集的,但由于尼赫鲁担任大会主席,显示了会议的政治性和至少半官方特性。②

这次亚洲关系会议就八个议题分成五个圆桌小组进行讨论。代表们可以自由地参加圆桌小组的讨论,而不是局限在他们被分配的小组中。会议讨论了设立一个永久性区域组织的问题,以及两个区域组织解决方案。一项方案要求每三年在一个亚洲国家举行一次常设机构会议,其目

---

① A. Appadorai, "The Asian Relations Conference in Perspective," *International Studies*, Vol. 18, No. 3, 1979, pp. 276 – 279; J. A. McCallum, "The Asian Relations Conference," *The Australian Quarterly*, Vol. 19, No. 2, 1947, pp. 13 – 15; Gerald Packer, "The Asian Relations Conference: The Group Discussion," *Australian Outlook*, Vol. 1, No. 2, 1947, pp. 3 – 7.

② 参见 A. Appadorai, "The Asian Relations Conference in Perspective," *International Studies*, Vol. 18, No. 3, 1979, p. 278; Shankar Sharan, *Fifty Years after the Asian Relations Conference*, New Delhi: Tibetan Parliamentary and Policy Research Centre, 1997, pp. 3 – 14; Amitav Acharya, *Whose Ideas Matter? Agency and Power in Asian Regionalism*, Ithaca: Cornell University Press, 2009, pp. 35, 39 – 40; Milton W. Meyer, "Regional Cooperation in Southeast Asia," *Columbia Journal of International Affairs*, Vol. 3, No. 2, 1949, p. 72.

的是促进亚洲思想家和公共工作人员之间的思想交流和个人联系。另一项方案是设立一个"新的中心组织"。亚洲关系会议全体大会根据会议指导委员会一致同意的动议通过一个决议，决定设立一个由非政府国家单元构成的常设组织——亚洲关系组织，总部设在新德里。该决议声称，亚洲关系会议代表们坚信，世界和平要真正持久，就必须同亚洲各国人民的自由和福祉联系起来，并一致认为，要保持和加强在这次会议上建立的联系，就必须有效组织和积极推进后续工作的发展。为此，此次会议决定建立亚洲关系组织，其目标为：促进对亚洲问题及其亚洲和世界关系的研究和理解；促进亚洲各国人民之间以及他们与世界其他地方人民之间的友好关系与合作；促进亚洲各国人民的进步和福祉。该组织还要处理和平与安全问题，并由亚洲理事会管理，亚洲理事会由每个参与国家单位的两名代表组成。亚洲理事会将每年举行两次会议，其决议将由多数表决而非协商一致产生。为实现这些目标，此次会议成立了一个由代表各亚洲国家的大约30名成员组成的临时总理事会；临时总理事会被授权选举一名主席和两名总秘书，其中一位总秘书应来自举行首次会议的国家，另一位总秘书应来自决定举行下次会议的国家。尼赫鲁当选为会议主席。会议确定，第二次亚洲关系会议于1949年在中国杭州举行；一名总秘书来自印度，另一名总秘书来自中国。会议决定，有关国家应成立隶属于本组织的国家机构，并通过其在该组织总理事会的成员开展工作。会议还决定成立一个临时工作机构——亚洲研究所，以推动亚洲研究和亚洲人民之间的理解。[1]

由于中国国内政治局势的剧变，第二届亚洲关系会议未能如期在中国召开。但在尼赫鲁的再次召集、吴努等人的支持下，第二届亚洲关系会议于1949年1月20—23日在新德里举行。与首届亚洲关系会议不同，本届会议作为一次真正的官方会议，既是亚洲国家召开的首次政府层次的会议，也是亚洲各国政府召开的首次处理亚洲国际问题的会议，主要

---

[1] 参见 Amitav Acharya, *Whose Ideas Matter? Agency and Power in Asian Regionalism*, Ithaca: Cornell University Press, 2009, pp. 75 – 76; A. Appadorai, "The Asian Relations Conference in Perspective," *International Studies*, Vol. 18, No. 3, 1979, pp. 279, 282 – 283; Milton W. Meyer, "Regional Cooperation in Southeast Asia," *Columbia Journal of International Affairs*, Vol. 3, No. 2, 1949, p. 72; Russell H. Fifield, *The Diplomacy of Southeast Asia*, 1945 – 1958, New York: Harper, 1958, p. 455.

讨论印度尼西亚的独立问题。来自阿富汗、缅甸、锡兰、埃及、埃塞俄比亚、印度、印度尼西亚、伊拉克、波斯、黎巴嫩、巴基斯坦、菲律宾、沙特阿拉伯、叙利亚、也门、澳大利亚16国的190名正式代表和来自中国、泰国、尼泊尔、新西兰4国的45名观察员参加了会议,其中包括印度尼西亚、缅甸、菲律宾、泰国等东南亚国家的52名代表和15名观察员。[①] 此次会议严厉批评了西方国家的亚洲政策。尼赫鲁不仅呼吁印度尼西亚独立,而且要求消除一切形式的殖民主义。在会议期间,尼赫鲁呼吁与会各方,亚洲国家应该效法欧洲和美洲正在兴起的区域主义趋势,开始考虑更持久的安排,以便为实现共同目标进行有效的相互协商和共同努力。就此,他提出启动新的亚洲合作动议,即建立一个"泛亚洲集团"(Pan-Asian Grouping)。与会代表们讨论了建立一个永久性亚洲区域组织的可能性。不少与会代表希望成立一个严格在联合国框架内运行的区域组织。会议通过了关于印度尼西亚问题的决议及两个附属决议。[②]

会议结束不久,印度组织了一次私人会议,讨论了构建正式区域组织的具体步骤。参加第二届亚洲关系会议的成员中除了缅甸、菲律宾和澳大利亚以外均派出代表参加了这次私人会议。会上,印度倡议各国政府收集和交换重要的共同信息,并就有关事务协调实施共同政策,例如,在联合国,采取措施改善文化关系。会议决定,一旦官方收到对这些建议的正式答复,应在新德里举行一次会议,以确认拟议的国际组织的计划,该组织将与定期在德里举行的大使会议相联系;并强调如果某些国家不准备参加本组织,就不应阻止其余国家执行这些建议。印度随后将会议记录的副本送交澳大利亚,提出要创建两个区域集团,一个是中东集团,一个是东南亚集团。印度试图担当这两个区域集团的领导者。[③] 但

[①] David Kimche, *The Afro-Asian Movement: Ideology and Foreign Policy of the Third World*, New York: Halsted Press, 1973, pp. 33 – 34; Amitav Acharya, *Whose Ideas Matter? Agency and Power in Asian Regionalism*, Ithaca: Cornell University Press, 2009, pp. 39 – 40.

[②] Amitav Acharya, *Whose Ideas Matter? Agency and Power in Asian Regionalism*, Ithaca: Cornell University Press, 2009, p. 76; Amitav Acharya, *The Making of Southeast Asia: International Relations of a Region*, Singapore: ISEAS Publishing, 2012, p. 109; Albert W. Stargardt, "The Emergence of the Asian System of Powers," *Modern Asian Studies*, Vol. 23, No. 3, 1989, pp. 566 – 567.

[③] Tilman Remme, *Britain and Regional Cooperation in South-East Asia 1945 – 1949*, New York: Routledge, 1995, pp. 160 – 161.

由于各国分歧太大，亚洲关系会议建立正式区域组织的动议最终并未付诸现实。

对东南亚而言，作为该区域已独立或正寻求独立的国家所参加的"战后时期亚洲国家的首次会议"[①]和"战后泛亚洲情感制度化的首次努力"[②]，亚洲关系会议具有一定的历史意义。这种意义既有当时实际的，又有规范持续的。其当下的实际意义主要体现在两个方面。一方面是区域自主意识的全面兴起和广泛传播。从内容上看，这种"区域自主"既有"区域问题区域解决"的议题导向，又有区域身份的"集体想象"。从地理上看，这种"区域自主意识"既有范围更广的"大区域"——"泛亚洲"，又有特定指向的"次区域"——"东南亚"。在首届亚洲关系会议上虽不乏激烈的争论并反映出东南亚国家与锡兰及中国和印度两个大国之间的利益冲突，但充斥着民族主义和泛亚洲的情感[③]，并带着强烈的反对欧洲、爱好自由和中立的"基调"[④]。缅甸代表团团长吴觉敏（Kyaw Myint）大法官相信："我毫不怀疑，这次会议将以亚洲统一性这一新的共识以及亚洲所有国家患难与共的及其必要性来指导其面临的任务……我祈祷，一个全亚洲团结和统一大厦的基石已经真正奠定。"[⑤] 从会议受邀代表来看，亚洲关系会议的"区域自主"诉求虽在核心议题上具有明显的排他性，但在地理依据上是适度开放的。这表现在此次会议围绕"如何终结亚洲在政治和经济上的外部支配"这个"最重要的议题"展开，既以东南亚南亚区域为核心地理指向，又邀请了整个亚洲及周边区域其他国家的代表参加。这样，澳大利亚、新西兰、埃及、埃塞俄比亚及亚美尼亚、格鲁吉亚、阿塞拜疆、哈萨克斯坦、吉尔吉斯斯坦、乌兹

[①] Amitav Acharya, "Asia Is Not One," *The Journal of Asian Studies*, Vol. 69, No. 4, 2010, p. 1007.

[②] David Kimche, *The Afro-Asian Movement: Ideology and Foreign Policy of the Third World*, New York: Halsted Press, 1973, p. 32.

[③] J. A. McCallum, "The Asian Relations Conference," *The Australian Quarterly*, Vol. 19, No. 2, 1947, pp. 15 – 17.

[④] Amitav Acharya, *The Making of Southeast Asia: International Relations of a Region*, Singapore: ISEAS Publishing, 2012, p. 109.

[⑤] A. Appadorai, "The Asian Relations Conference in Perspective," *International Studies*, Vol. 18, No. 3, 1979, pp. 283 – 284.

别克斯坦等苏联加盟共和国均被视作"亚洲区域"的一部分，而被受邀参会。这使得亚洲关系会议的区域动议具有更多的"基于后殖民政治而非地理依据的部分排他性"①。这也是"泛亚洲主义"框架内跨区域合作实践的题中应有之义。因此，这次亚洲关系会议被看作亚洲就共同关切的问题首次聚集起来，并展示了亚洲渴望"在国际事务中扮演更强大的角色"②的意愿。

在这次会议关于"从殖民地到民族经济转型"的专题讨论中，代表们认识到为克服殖民经济留下的弊病，发展民族经济就不应忽略国际经济合作的重要性。代表们强调，各国实施民族经济政策应总体上包括合作组织的发展，尤其是在农业、小型工业和内部贸易领域。代表们还强调，各国在按照自己的计划自主发展民族经济的同时，实施协调和合作行动会有助于克服它们所遭遇的困难。这些协调和合作行动主要包括：交换有关外国借款条款和条件的资料；应努力在特定区域发展合作和理解，以便规划互利的发展方案；应在特定区域采取协调步骤，执行国际组织提出的设想或政策；亚洲国家之间应进行思想交流，以便在提交给国际组织之前制定协调一致的经济政策，等等。在此次会议关于"农业重建与工业发展"的专题讨论中，代表们普遍认为，虽然各国的行动必须是促成农业重建的主要因素，但亚洲国家之间有很大的合作空间来解决它们相互之间的农业重建问题。代表们认为，可以采取这种行动的领域包括：交流有关研究、栽培方法、害虫防治、储藏、合作运动、防止侵蚀计划和其他农业实验方面的信息和经验；从亚洲出口的原材料和初级产品的价格以及改善价格的可能性进行相互磋商；亚洲各国政府之间就其国家农业规划方案定期交换资料，以期了解这些规划方案能在多大程度上保持相互联系，以及在实施这些规划方案方面可以提供哪些相互协助；亚洲国家应采取共同的意见，以便做出特别努力，增加亚洲粮食

---

① Dan Halvorson, *Commonwealth Responsibility and Cold War Solidarity: Australia in Asia, 1944 - 74*, Acton: ANU Press, 2019, pp. 37 - 38; Julie Suares, "Engaging with Asia: The Chifley Government and the New Delhi Conferences of 1947 and 1949," *Australian Journal of Politics & History*, Vol. 57, No. 4, 2011, pp. 498 - 499.

② Lisandro E. Claudio, *Liberalism and the Postcolony: Thinking the State in the 20th-Century Philippines*, Singapore: NUS Press, 2017, p. 92.

的生产和利用，不仅包括基本谷物，而且包括鱼类、动物产品、水果、蔬菜等其他食品；就提高亚洲家庭和农村工业效率的方法和途径交换信息并进行共同协商；就采取哪些步骤可以使农村地区的生活条件在保健、卫生、教育和文化设施方面比目前更有吸引力而交换信息并进行共同协商。在讨论中，有代表建议东南亚国家应率先开展东亚农业合作，成立东南亚稻米理事会（Rice Board for South-East Asia），以增加东南亚稻米产量、改善东南亚稻米分布及稳定东南亚稻米价格。该专题讨论报告称，他们在讨论中感觉到有"一种新的期待、希望和奋斗精神正在亚洲的空气中弥漫；我们所需要的是建设性的沟通渠道。在实现这一目标的过程中，亚洲间有相当大的合作空间，可以与世界目标保持一致，并充分利用联合国组织现有的专门机构。亚洲各国就发展规划和共同关心的问题交流信息和经验、相互磋商，采取共同行动，可以在实现农业重建和工业发展目标的路径上更加容易"①。

在这次会议上，代表们认识到文化差异已成为政治分歧的主导性来源。为此，他们讨论了将亚洲与西方政治区分开来的亚洲文化、亚洲艺术、亚洲教育及相关主题。在他们看来，"亚洲文化"与引发"现代自杀性冲突"西方物质主义精神明显不同。"亚洲文化"将政治与道德联系起来，将民族主义的观念置于人类兄弟情谊的观念之下，并对其他人群的文化、宗教和态度保持着一种积极的欣赏姿态。这样，他们将亚洲想象为一个文化空间，与西方文化中的物质主义截然分开。代表们就亚洲文化合作提出自己的建议。有代表建议，每个亚洲国家都要创建"全亚洲人亚洲研究机构"和"全亚洲图书馆"，以推动亚洲的所有教授和学生的交流和图书期刊的互换。缅甸、泰国、菲律宾和不丹的代表提供了关于本国文化的数据文件。还有代表提出创建一种新的亚洲共同语言，以表达固有的"亚洲价值观"，其中最重要的是人性的关爱。他们认为，语言的统一是克服民众间分割的一种强大的力量。代表们建议，应建立亚洲区域制度架构，重新书写亚洲的文化历史。尼赫鲁设立"亚洲研究所"的建议得到会议代表的认可，并列出一个任务清单，主要包括翻译经典

---

① "The Asian Relations Conference Rapporteurs' Reports, II," *Australian Outlook*, Vol.1, No.3, 1947, pp.51, 55–56, 58.

著作，保护历史遗迹，加强各国间文化交流，对亚洲国家进行比较研究，促进亚洲间知识交流等。[1] 会上，关于"文化问题"专题讨论小组提出一些合作建议，主要包括图书馆和博物馆之间的合作；翻译经典著作和其他重要著作；制作符合共同兴趣的纪录片和教育片；在各大学和拟议创建的亚洲研究机构进行亚洲文化的比较研究；考虑大学学位和文凭的同等性并相互承认；编纂有关国家教育文化情况的小册子和备忘录；设立外国学生奖学金及减免学费；举办亚洲学生学术会议；成立亚洲体育教育协会；设立亚洲广播电台等。[2] 基于此，伊泰·亚伯拉罕（Itty Abraham）称，亚洲关系会议的重要意义在于"该事件本身和地点的创新"。他说："讨论中没有西方的声音，亚洲作为自我认同的共同体，基于认同的种族逻辑和所面临的共同问题而聚集在一起。代表们一致认为，西方殖民体制所代表的特定惯例尤其是殖民主义和种族主义，作为国际乃至国内关系特征应该永久终结了。"由此，"亚洲关系会议成为亚洲政治领导人阐明他们所见证的亚洲新独立国家所面临的政治困境的首个特别时刻"[3]。正如尼赫鲁在开幕式致辞中所言："我们站在一个时期的终点和一个历史新时期的起点。""这次会议作为持续的亚洲思想和精神的更强烈欲望的一种表达，其本身就具有重大意义。"[4]

在当时，"泛亚洲"区域意识的动议既体现在会议期间各与会代表对"亚洲关系组织"和"泛亚洲集团"等组织制度的讨论上，又体现在独立国家或正走向独立的国家领导人会后对未来区域身份或制度形态的持续

---

[1] 参见 Vineet Thakur, "An Asian Drama: The Asian Relations Conference, 1947," *The International History Review*, Vol. 41, No. 3, 2019, pp. 684–685; Carolien Stolte, "'The Asiatic Hour': New Perspective on the Asian Relations Conference, New Delhi, 1947," in Nataša Mišković, Harald Fischer-Tiné and Nada Boškovska, eds., *The Non-Aligned Movement and the Cold War: Delhi, Bandung, Belgrade*, New York: Routledge, 2014, pp. 65–66.

[2] "The Asian Relations Conference Rapporteurs' Reports, I," *Australian Outlook*, Vol. 1, No. 2, 1947, pp. 57–58.

[3] Itty Abraham, "Bandung and State Formation in Post-colonial Asia," in See Seng Tan and Amitav Acharya, eds., *Bandung Revisited: The Legacy of the 1955 Asian-African Conference for International Order*, Singapore: NUS Press, 2008, p. 58.

[4] Albert W. Stargardt, "The Emergence of the Asian System of Powers," *Modern Asian Studies*, Vol. 23, No. 3, 1989, p. 564; Russell H. Fifield, *The Diplomacy of Southeast Asia*, 1945–1958, New York: Harper, 1958, pp. 449–450.

而广泛的新构想、新倡议。正是在对这些动议的讨论中,东南亚独立国家和正在走向独立的国家开始滋生出"东南亚"区域意识和集体身份的想象乃至实际行动。他们开始认真思考如何协调民族主义、区域主义和国际主义的关系,并相信鉴于东南亚国家的弱小,如果没有集体的努力就不能实现自主,而东南亚区域主义是支持其民族主义事业的一个有用途径。① 一个重要的体现是,在这次会议上,越南民主共和国的独立诉求并未得到支持。尽管胡志明对印度抱有很大希望,但尼赫鲁决意"不干涉"印度支那问题。为表示中立,他同时邀请了越南民主共和国和法国控制下的印度支那联邦政权参会。会上,越南民主共和国代表梅世周(Mai The Chau)向与会各国代表寻求同情与支持,指出"民主国家"并未向越南提供足够的帮助,甚至还向侵略者提供武器弹药。梅世周还向尼赫鲁提出三个请求:承认越南民主共和国;利用在联合国的影响力解决印度支那问题;采取实际行动阻止法国增援。对此,尼赫鲁采取"道义上支持、行动上不干涉"的政策,明确表示印度同情越南争取自由的斗争,但印度支那三国的政府应由三国人民决定。他委婉地拒绝了越南的请求。越南代表为此极为失望。尼赫鲁的这一行为是对其"泛亚洲主义"思想的冲击,导致与会各国疑虑重重。②

在首届亚洲关系会议召开前夜,《曼谷邮报》发表《走向统一》的社论,呼吁泰国领导人提议东南亚国家代表将东南亚国家联合起来,组成一个"某种类型的东南亚区域组织"。该社论称,已注意到东南亚人形成"一个联邦"的"自然情绪",因而既不要怀疑试图支配印度和缅甸这样的邻里巨人,也不要担心因谋求建立另一种"共荣圈"而受到谴责。这篇社论表示,相信新德里会议将为东南亚区域化提供动力。③ 据印度尼西亚会议代表阿布哈尼法(Abu Hanifa)的回忆,在首届亚洲关系会议上,

---

① 参见 Amitav Acharya, *The Making of Southeast Asia: International Relations of a Region*, Singapore: ISEAS Publishing, 2012, pp. 110–114.
② 于向东、徐成志:《第一次印度支那战争期间印度的调停外交》,载《东南亚研究》2021 年第 3 期,第 60—61 页。
③ Christopher E. Goscha, *Thailand and the Southeast Asian Networks of the Vietnamese Revolution*, 1885–1954, London: Routledge, 1999, p. 251; Anthony Reid, "A Saucer Model of Southeast Asian Identity," *Southeast Asian Journal of Social Science*, Vol. 27, No. 1, 1999, p. 18.

东南亚代表们认为，印度和中国这两个较大的国家不可能支持他们的民族主义事业，他们就提出了建立一个完全由东南亚国家组成的"东南亚集团"（South-East Asian grouping）的想法。会上，来自缅甸、泰国、越南、菲律宾、印度尼西亚和马来亚的代表团首次开始从文化和经济事务上争论、讨论和谋划一个紧密合作的"东南亚联盟"（Southeast Asian Association），乃至随后进行更紧密团结的政治合作。一些代表甚至梦想建立"一个大东南亚联邦"（a Greater Southeast Asia, a federation）。他强调，在东盟的理念真正"起飞"之前，"东南亚集团"概念已经在1947年的新德里会议上生根。① 实际上，这是一种排除印度和中国的东南亚国家的区域联盟。阿查亚认为，这在某种程度上成为"走向东盟的进阶石"②。因此，瑞德认为，亚洲关系会议虽"代表着东南亚区域主义的一个短暂机会"，但这次会议所聚焦的"泛亚洲形式"的"反帝联合"和"反殖民团结"已经成为"走上'东南亚'认同的第一步"③。

首届亚洲关系会议上新的"东南亚"区域意识和集体身份的想象在东南亚及其周边地区引发了持续的回声。此次会议结束后，应昂山的邀请，一些东南亚国家代表在仰光停留，讨论成立一个东南亚组织，并开始做出相关的努力，以加速东南亚区域国家间外交关系的正常化。④ 昂山表示，支持由缅甸、泰国、印度支那、印度尼西亚和马来亚组成"东南亚联盟"（Southeast Asian Union），以便形成经济上的团结。他在与参加亚洲关系会议的泰国代表的谈话中强调："我们共同的利益和我们过去的经历要求我们联合起来。"⑤ 1947年4月，他在一次广播讲话中表示，他

---

① Christopher E. Goscha, *Thailand and the Southeast Asian Networks of the Vietnamese Revolution, 1885–1954*, London: Routledge, 1999, p. 255; Amitav Acharya, *The Making of Southeast Asia: International Relations of a Region*, Singapore: ISEAS Publishing, 2011, p. 110; Amitav Acharya, "Asia Is Not One," *The Journal of Asian Studies*, Vol. 69, No. 4, 2010, p. 1008.

② Amitav Acharya, "The Idea of Asia," *Asia Policy*, No. 9, 2010, p. 36.

③ Anthony Reid, "A Saucer Model of Southeast Asian Identity," *Southeast Asian Journal of Social Science*, Vol. 27, No. 1, 1999, pp. 17–18.

④ Christopher E. Goscha, *Thailand and the Southeast Asian Networks of the Vietnamese Revolution, 1885–1954*, London: Routledge, 1999, p. 255.

⑤ United States Department of State, *Foreign Relations of the United States Diplomatic Papers, 1947*, Vol. 6: *The Far East*, Washington, D. C.: United States Government Printing Office, 1972, p. 22.

支持亚洲再一体化的事业。他说："我们能够（也将）承担一些亚洲特有的任务，例如亚洲文化的再一体化和重新定位，以便于重新发现我们亚洲的命运，从而为丰富世界文化和文明化做出更大贡献。"昂山是区域和国际相互依赖的信仰者。他认为，任何国家，无论大小，都无法逃避各国之间日益普遍的相互依存的事实。因此，一个自由而独立的缅甸愿意与其他国家就共同福利和安全等问题达成协议。他希望将民族主义、区域主义和国际主义调和起来，并相信民族主义能够支持区域和国际合作。他说："我认识到纯粹民族主义的优点和局限性，我热爱它的优点，我也不允许自己被它的局限性所蒙蔽，尽管我知道任何一个国家的绝大多数人都不容易克服这些局限性。"[1] 然而，遗憾的是，昂山突遭暗杀，他的这些东南亚区域动议未能实施。缅甸独立后继续酝酿新的区域联合计划。1948年4月，吴努在访问印度期间，与尼赫鲁商谈了缅甸政府草拟的创建一个"南部亚洲联合国"（United Nations of South Asia）的计划，但尼赫鲁和印度外交部在研究后认为，这一计划会削弱联合国的权威，因而未予同意。此时，印度并不希望创建或领导一个"南部亚洲集团"。实际上，尼赫鲁担心吴努的区域联合计划会影响印度自身的发展和区域领导地位。[2]

泰国作为二战后率先获得新生的国家亦积极支持东南亚的联合。泰国政府总理比里·帕侬荣将通过与邻国一起公开追求反对帝国主义的共同事业作为泰国赢得与它们友好关系的宝贵机会，并希望借此赢得它们认可泰国在东南亚新兴国家中"天然领导者"的地位，因为泰国有很长的独立历史和相对稳定的政治以及过去与西方大国成功的相处经验。他一直设想建立一个"东南亚联邦"（South-East Asia Federation），由自由老挝、柬埔寨、缅甸、泰国等国组成，并希望泰国成为这一"亚洲战略区域内独立国家的领导者"[3]。泰国特别关注临近的印度支那民族主义事

---

[1] Amitav Acharya, *The Making of Southeast Asia: International Relations of a Region*, Singapore: ISEAS Publishing, 2012, p. 110.

[2] United States Department of State, *Foreign Relations of the United States Diplomatic Papers*, 1948, Vol. 5: *The Near East, South Asia, and Africa*, Part 1, Washington, D. C.: United States Government Printing Office, 1975, p. 504.

[3] Monsak Jangariyawong, "Thailand in Southeast Asia: A Study of Foreign Policy 1945 – 1991," Ph. D Dissertation, Monash University, 2003, p. 23; Nicholas Tarling, *The Fall of Imperial Britain in South-East Asia*, New York: Oxford University Press, 1993, p. 66.

业，尽管没有公开支持越南民主共和国，但允许它在曼谷设立新闻机构越新社（The Vietnam News Sevice）和外交办公室。正是在泰国控制的领土上，越南革命者首次与柬埔寨和老挝抵抗运动形成了战后反殖民者联结成的复杂的东南亚革命网络。① 1947年1月，越盟与自由柬埔寨、自由老挝代表在曼谷聚会并签署了一项共同文件，要求获得民族独立，并呼吁联合国立即干预印度支那局势。在这项共同文件中，三方还支持最终创建一个"东南亚国家联邦"，其成员将包括印度支那三国、泰国、缅甸、马来亚和印度尼西亚。② 在首届亚洲关系会议上，泰国外长巴尼莫松邀请与会的印度尼西亚共和国总理萨赫里尔访问泰国。这位总理随后对泰国的访问为泰国事实上承认印度尼西亚共和国铺平了道路。1947年6月，比里就东南亚联邦动议与法国代表进行首次讨论。他反对法国殖民当局提出的联盟，认为这样的联盟应该是主权国家，即泰国和独立的老挝与自由柬埔寨之间的联盟。比里还公开了他对东南亚合作更多的看法。他建议，"东南亚联盟"最初应该包括一个自由的暹罗（泰国）、老挝、柬埔寨和一个可能与法国联系在一起的"法兰西联盟中的越南"；如果该计划获得成功，缅甸、马来亚、菲律宾和印度尼西亚将被邀请加入。在他看来，促进东南亚区域合作有助于减少该区域国家的"孤立"。他解释说，这些国家的物质资源丰富，如果能形成一个联邦，每个国家的经济发展机会都会更大。在讨论中，法国人建议，双方可以考虑由泰国、老挝和柬埔寨组建一个以曼谷为中心的联邦，以促进经济营销、交流、湄公河灌溉项目以及贷款等其他项目，该联邦随后可能会扩大到其他国家。但比里与法国殖民当局的讨论因分歧太大而没有产生结果。③

泰国政府的立场在其国内引起了积极的反应。1947年7月，泰国立宪党官方机构称，东南亚是由小国组成的，这些小国意识到无法自救，

---

① Monsak Jangariyawong, "Thailand in Southeast Asia: A Study of Foreign Policy 1945 – 1991," Ph. D Dissertation, Monash University, 2003, pp. 27 – 31; Christopher E. Goscha, *Thailand and the Southeast Asian Networks of the Vietnamese Revolution*, 1885 – 1954, London: Routledge, 1999, p. 164.

② United States Department of State, *Foreign Relations of the United States Diplomatic Papers*, 1947, Vol. 6: *The Far East*, Washington, D. C.: United States Government Printing Office, 1972, pp. 56 – 57.

③ Monsak Jangariyawong, "Thailand in Southeast Asia: A Study of Foreign Policy 1945 – 1991," Ph. D Dissertation, Monash University, 2003, pp. 27, 33 – 36.

第二章　战后东南亚区域合作的初步兴起(1945—1950) / 253

自然会寻求以某种方式相互合作；而泰国位于该集团的中心，是迄今为止唯一的独立国家，自然将被视为一个"兄长"国家。[①] 泰国政府对东南亚联合支持的立场亦在东南亚国家尤其是印度支那民族主义者中间引发了更大的回响。1947年7月，越新社在其曼谷办公室主持召开了一次由越南、老挝、柬埔寨和印度尼西亚独立运动代表参加的重要会议，呼吁泰国领导创建一个排他性的东南亚组织。老挝的苏发努·冯亲王在会议发言中称："暹罗是东南亚的中心，它绝不能保持自私的孤立，而其邻国期待它的领导。"越南发言人陈文教（Tran Van Giau）也呼吁泰国发挥领导作用，强调"亚洲问题需要亚洲解决方案"。他说："泛东南亚联盟是东南亚的私有财产。让我们保持这样。暹罗的领导人一定要支持这个联盟。"越南代表团指责法国从亚洲关系会议和缅甸民族主义领导人昂山那里窃取了"联盟观念"，然后试图把它作为其"分而治之"战略的工具。1947年8月，一个由支持者组成的委员会在曼谷宣布成立，并宣称正制定一个新的东南亚组织章程。该组织有六个主要目标，包括促进东南亚各国人民之间的了解；维护东南亚人民的自由和自决；促进对人权的尊重；促进普遍和平；促进有关东南亚的研究及资讯交流；建立东南亚联邦。[②]

在泰国政府的支持下，1947年9月，一批知识分子在曼谷宣布成立东南亚联盟（The South-East Asian League），有来自越南、老挝、柬埔寨、泰国、缅甸、印度尼西亚、马来亚和菲律宾的代表参加。这是一个非官方的临时组织，希望在得到东南亚各国政府的承认后成为一个官方机构。该联盟特别支持越盟的反法斗争。苏发努·冯亲王就是该联盟的积极分子，后成为"自由老挝"的领导人之一。东南亚联盟发布宣言，宣称其目标是促进文化交流和经济协同；申明《联合国宪章》和《大西洋宪章》的原则；批判东南亚的外国主宰和征服，断言殖民主义的日子已经过去；声称东南亚人民之间越来越强烈地希望共同努力，在共同利益方面求得

[①] Christopher E. Goscha, *Thailand and the Southeast Asian Networks of the Vietnamese Revolution*, 1885 – 1954, London: Routledge, 1999, p. 256.

[②] Monsak Jangariyawong, "Thailand in Southeast Asia: A Study of Foreign Policy 1945 – 1991," Ph. D Dissertation, Monash University, 2003, pp. 36 – 37.

区域发展，正如亚洲关系会议和已故的昂山所表达的那样。该联盟还打出"东南亚的联合"的标语，希望实现东南亚各国人民之间的团结，促成一个"东南亚联邦"。该联盟宣称的目标虽未实现，但仍然展示了东南亚联合的区域意识。[1] 因此，尽管东南亚联盟是非正式的组织且存在时间很短，但被认为是"东南亚国家发起的首个区域性组织"[2] "代表着东南亚区域主义在随后数年不被完全遗忘的一个短暂机会"[3]。就外交政策而言，东南亚联盟的成立标志着泰国政府向公开反对殖民主义的立场迈出了重要一步。比里认为，东南亚联盟更像是成员国之间提供相互援助和反对欧洲殖民主义的"友好协议"（entente cordiale）。这亦如该联盟发布的宣言所称，东南亚联盟象征着"东南亚国家之间日益增长的感情，它们共同努力走向一个共同利益的区域发展"[4]。

亚洲关系会议当下的实际意义体现在对反殖民主义和民族独立运动集体支持的作用上。在东南亚区域层面，最重要的是第二届亚洲关系会议对印度尼西亚独立的支持。这次会议就是为声援印度尼西亚独立而召开的特别会议，故又称为印度尼西亚问题会议。尼赫鲁担任会议主席。这次会议承接了印度对印度尼西亚的国家政策，是对1948年12月荷兰对印度尼西亚共和国实施的"第二次警务行动"的集体反应。首届亚洲关系会议召开以后，印度开始同情和支持印度尼西亚的民族主义事业。1947年7月24日，尼赫鲁发表声明称："修女的一种精神将不会容忍（如第一次荷兰警务行动）此等事件。无论如何，任何欧洲国家都不可以在任何事务上在亚洲针对亚洲人民动用军队。一旦这类事件确实发生，

---

[1] Tilman Remme, *Britain and Regional Cooperation in South-East Asia 1945 – 1949*, New York: Routledge, 1995, pp. 95 – 96; Amitav Acharya, *The Making of Southeast Asia: International Relations of a Region*, Singapore: ISEAS Publishing, 2012, pp. 113 – 114; Milton W. Meyer, "Regional Cooperation in Southeast Asia," *Columbia Journal of International Affairs*, Vol. 3, No. 2, 1949, p. 71.

[2] Asadakorn Eksaengsri, "Foreign Policy-Making in Thailand: ASEAN Policy, 1967 – 1972," Ph. D. Dissertation, State University of New York, 1980, p. 235.

[3] Anthony Reid, "A Saucer Model of Southeast Asian Identity," *Southeast Asian Journal of Social Science*, Vol. 27, No. 1, 1999, p. 18.

[4] Monsak Jangariyawong, "Thailand in Southeast Asia: A Study of Foreign Policy 1945 – 1991," Ph. D Dissertation, Monash University, 2003, pp. 38 – 39.

亚洲将不会对此容忍。"① 这一声明显示了反对殖民主义的"亚洲团结",鼓舞了印度尼西亚人民争取独立的热情。随后,尼赫鲁要求从印度尼西亚撤回印度军队。由于印度军队是驻印度尼西亚英军的重要组成部分,这成为后来英军撤出的主要推动力。基勒恩推动的"三边会谈"启动后,尼赫鲁宣布100%支持印度尼西亚独立,并反对使用印度人力和财力反击民族主义运动。荷兰实施"第一次警务行动"后,印度和澳大利亚一起将此议题提交联合国安理会,促成联合国安理会成立斡旋委员会,正式介入印度尼西亚独立问题的和平解决。荷兰实施"第二次警务行动"后,尼赫鲁对印度尼西亚独立表现出非常积极的态度,并在印度尼西亚共和国的紧急请求下,决定于1949年1月在新德里举办第二届亚洲关系会议。② 与会代表统一了对印度尼西亚独立的共同立场。最终,此次会议以除了印度尼西亚之外15国会议代表的名义通过了关于印度尼西亚问题的决议,即第一号决议。③

该决议首先阐明了对印度尼西亚问题的立场,主要包括:申明它们支持联合国的宗旨和原则以及所有会员国有义务根据《联合国宪章》接受和执行安全理事会的决定;认为荷兰于1948年12月18日发动的军事行动是对《联合国宪章》的公然违反,是对安全理事会及其斡旋委员会为实现和平解决所做努力的蔑视;深知印度尼西亚境内之敌对行为长期延续,势必危及东南亚与世界和平;承认印度尼西亚人民根据《联合国宪章》的原则,拥有获得独立和行使充分主权的权利;坚信安理会有权依据《联合国宪章》有关条款,将印度尼西亚问题视作破坏和平构成侵略行为之问题予以处理。然后,该决议向安理会提出了解决印度尼西亚问题的决策,主要包括:应立即恢复印度尼西亚共和国政府人员及所有政治犯的全部自由;应准予印度尼西亚共和国政府自由行使职权,荷兰

---

① Dunning Idle IV, "Indonesia's Independent and Active Foreign Policy," Ph. D. Dissertation, Yale University, 1956, p. 8.
② 参见 Nicholas Tarling, *Britain, South-East Asia and the Onset of the Cold War*, 1945 – 50, Cambridge: Cambridge University Press, 1998, pp. 99, 169, 224, 322.
③ Albert W. Stargardt, "The Emergence of the Asian System of Powers," *Modern Asian Studies*, Vol. 23, No. 3, 1989, pp. 566 – 567; Evelyn Colbert, *Southeast Asia in International Politics*, 1941 – 1956, Ithaca: Cornell University Press, 1977, pp. 73 – 74.

政府不得采取任何行动妨碍之；荷兰政府向印度尼西亚共和国立即交还日惹特区，不迟于1949年3月15日交还1948年12月18日之前属于印度尼西亚共和国的爪哇、苏门答腊和马都拉等地区；荷兰政府立即从日惹特区撤军，并逐步从上述印度尼西亚共和国其余领土上撤军，撤军行动最迟应于1949年3月15日完成；印度尼西亚境内不受印度尼西亚共和国管辖各领土由获得印度尼西亚人民信任之代表组成临时政府，临时政府应不迟于1949年1月15日成立；该临时政府应享有政府的全部权力，包括统辖军队权；该临时政府在与荷兰政府协商后应享有决定外交事务的自由；印度尼西亚的全部主权应于1950年1月1日以前完全移交给印度尼西亚合众国，该合众国与荷兰政府的关系应由双方谈判解决；如遇争端当事国任何一方不遵守安理会建议时，安理会应依照《联合国宪章》所赋予的权力，采取有效行动强制执行上述建议，参加本会议的联合国成员国将全力支持安理会适用此项措施，等等。在决议通过当天，尼赫鲁便以大会主席的名义将之发送给联合国安理会。[①] 第二届亚洲关系会议通过的这份决议案成为联合国安理会1949年1月28日通过的关于印度尼西亚独立问题决议案的重要基础。这一事件被称作"1945年之后亚洲人的首个重要行动"，显示出亚洲关系会议"对世界事务和联合国审议的重大影响"[②]。约翰·伯顿（J. W. Burton）认为，第二届亚洲关系会议显示了东南亚及其他亚洲国家和非洲国家在有关独立问题上共同的经历和共同的苦难，因而它们通过集体协商的程序更容易达成共同的政策。这使得它们在印度尼西亚的独立问题上拥有普遍的兴趣，并能很快达成提交给联合国安理会的共同决议，从而推动了这一问题的最终解决。因此，他将该"区域会议"称作联合国制度框架内"联合的区域主义"或"区域团体"（associative regionalism/regional body）直接助力遏制地方冲突形

---

① 《1949年1月23日印度总理、印度尼西亚问题会议主席为递送新德里会议所通过有关印度尼西亚问题之决议案事致安理会主席电》，联合国安理会正式记录，文件S/1222，1949年1月23日，新德里，联合国网站，https：//documents-dds-ny.un.org/doc/UNDOC/GEN/NG9/037/34/pdf/NG903734.pdf? OpenElement.

② Joseph A. Camilleri, *Regionalism in the New Asia-Pacific Order*, Northampton：Edward Elgar, 2003, p. 61.

势蔓延和争端解决的最初案例之一。①

除了通过共同决议声援之外,参加第二届亚洲关系会议的一些亚洲国家还采取实际措施支持印度尼西亚共和国。印度向萨赫里尔提供政治庇护,并向印度尼西亚共和国派驻红十字会医疗队。锡兰在这一会议召开前就已经对荷兰向印度尼西亚运送战争物资的船只和飞机关闭了本国的港口和机场。缅甸、印度、巴基斯坦和沙特阿拉伯等国紧随锡兰之后,采取了更有效的措施。第二届亚洲关系会议决议案及亚洲各国的后续行动,亦促使美国政府改变在荷兰与印度尼西亚共和国冲突中一直袒护荷兰的政策,开始倾向于印度尼西亚共和国一侧,从而引发其政策的"及时的和决定性转向"。就此,第二届亚洲关系会议作为亚洲各国政府处理亚洲特定国际议题所召集的"首次会议",对世界舆论及其关于印度尼西亚的决定"产生了无可争议的影响"。这些事件预示了"荷兰对印度尼西亚的占领走上终结"②。第二届亚洲关系会议也被认为是印度支持印度尼西亚独立事业的"最突出的实例"③。1950年1月,苏加诺在访问印度时在印度发表广播讲话,对印度的支持表示感谢。他说:"在推动我们独立的决定性因素中,有印度过去多年来深深的同情、理解和物质支持。"④在1955年举行的首次亚非会议(即万隆会议)上,印度尼西亚总统苏加诺在会议开幕致辞中特别回顾了这次亚洲关系会议对印度尼西亚民族解放事业的支持及重大意义。他说,这次会议在印度尼西亚"民族历史上既悲惨又辉煌的时刻""抗议对印度尼西亚所施加的非正义行为",并对印度尼西亚"争取民族生存的斗争给予巨大的支持",打破了对印度尼西亚的"精神封锁",亚非国家人民"为救助处于危难中的同道国家表现出

---

① J. W. Burton, "Regionalism, Functionalism, and the United Nations," *Australian Outlook*, Vol. 15, No. 1, 1961, pp. 74 – 78.

② Albert W. Stargardt, "The Emergence of the Asian System of Powers," *Modern Asian Studies*, Vol. 23, No. 3, 1989, pp. 566 – 570; A. Jeyaratnam Wilson, *Politics in Sri Lanka 1947 – 1973*, New York: St. Martin's Press, 1974, p. 297; Russell H. Fifield, *The Diplomacy of Southeast Asia, 1945 – 1958*, New York: Harper, 1958, pp. 36 – 37.

③ Dunning Idle IV, "Indonesia's Independent and Active Foreign Policy," Ph. D. Dissertation, Yale University, 1956, p. 8.

④ Dunning Idle IV, "Indonesia's Independent and Active Foreign Policy," Ph. D. Dissertation, Yale University, 1956, pp. 9 – 10.

人类历史上从未有过的团结",使印度尼西亚"有了新的勇气继续进行斗争直至取得最后胜利"。苏加诺在讲话中特别强调,这一亚洲关系会议所彰显的"亚非团结"是万隆会议得以召开的重要根源。[①]

两次亚洲关系会议的规范意义主要体现在三个方面。第一,协商一致决策程序的引入。在亚洲关系会议中,这种协商一致的决策既是事前的或预设的,又是事中的或进程的。"事前"主要表现在会议议题的设置上,根据各参与方的现实情况,避免可能有争议的议题,并经过协商和务实的方式选择最有可能达成共识的议题;"事中"主要体现在会议讨论和做出决定的时候,不采用正式的投票表决方式,而是选择非正式的共识性决策程序。根据首届亚洲关系会议秘书长、印度世界事务理事会秘书长阿帕多伊(A. Appadorai)的回忆,在首届亚洲关系会议召开前尼赫鲁授意该理事会为会议准备的文件要由反映务实政策的有用建议组成。在会议筹备过程中,因担心亚洲各国因长期隔绝而缺乏交流和了解,加之又要避免与大国相关的议题会使会议分成不同的阵营,会议组织者在经过精心考虑以后才遴选出具有代表性的亚洲共同问题,作为会议的八个议题供大会讨论。在会议开始后,会议秘书长经大会主席同意后解释说,按照会议的程序不需要提出建议或通过决议,只提交报告明示会议在各自议题上所达成的共识性意见,然后由各代表提交给各自的政府,由公共舆论和政府自行确定应在此议题上采取的必要应对措施。有会议代表对此提出异议,认为会议仅仅提出冗长的报告不会有实际的效果。还有代表建议会议应该就各种议题通过决议,敦促各国政府采取必要步骤履行会议提出的各项建议。会议秘书长进一步解释说,印度世界事务理事会召集这次会议只是以一种客观的精神讨论各项议题,不会以集体名义表达任何观点。会议最终决定将这一事宜交给会议常设委员会。该委员会确定一项规则,即除了尼赫鲁成立永久组织的建议以外,此次会议不通过任何决议。这就决定了会议协商一致、非正式和无约束力的特性。"事中"协商一致的一个重要事件是,来自埃及的会议代表在发言中

[①] "Speech by President Soekarno at the Opening of the Asian-African Conference, April 18, 1955," in George McTurnan Kahin, *The Asian-African Conference: Bandung, Indonesia, April* 1955, Ithaca: Cornell University Press, 1956, p. 47.

说，除了阿拉伯人之外，他们坚决反对任何人在巴勒斯坦建立任何定居点。这引起来自希伯来大学的会议代表的不满，以至于他们集体退出会议。然而，在著名科学家巴特纳格尔（S. S. Bhatnagar）的说服下，他们最终还是回到了会议现场。"事中"的协商一致还体现在，在会议期间，会议常设委员会依据会议公布的规则，未经投票就一致同意建立常设组织的决议。①

在第二届亚洲关系会议召开前夜，尼赫鲁召集与会代表团团长及观察员举行了一次非正式会议，讨论了这次会议的程序，确认在会议上不进行投票，但在代表们同意某个决议之前，必须征求各国政府的意见。这也是英联邦总理会议所适用的程序。面对存在争议和批评的印度尼西亚问题，他们需要的是积极的而非恶意的方法。尼赫鲁在会议开幕式致辞中表示，这次会议的功能是，由各国政府代表设计保障彼此间联系的机制和程序，以便能够通过协商和协调行动实现此次会议所设定的目标。菲律宾代表罗慕洛解释说，大会的行动话语是协商，并非考虑联合物质或军事资源的计划。这样，由印度、澳大利亚、巴基斯坦和锡兰等英联邦国家所组成的决议"起草委员会"向联合国安理会递交的一个解决印度尼西亚冲突的建议最终被会议通过。事实上，与会的所有代表都将他们对这一建议的支持视作"待审决议"提交给联合国安理会和本国政府批准。②

为保证与会代表及亚洲各国在印度尼西亚问题上的共同立场和后续协调行动，第二届亚洲关系会议还通过了两个附属决议，即会议第二号决议和第三号决议。第二号决议表示，为了确保它们之间就第一号决议所处理的事项进行密切合作，会议建议各国政府，不论是否为联合国会员国，都应通过外交渠道保持联系，并应指示其驻联合国总部的外交代表进行协商。第三号决议强调，各参加国政府应进行协商，以便探讨建

---

① 参见 A. Appadorai, "The Asian Relations Conference in Perspective," *International Studies*, Vol. 18, No. 3, 1979, pp. 276 – 279, 281 – 282.

② 参见 Julie Suares, "Engaging with Asia: The Chifley Government and the New Delhi Conferences of 1947 and 1949," *Australian Journal of Politics & History*, Vol. 57, No. 4, 2011, pp. 506 – 507; Evelyn Colbert, *Southeast Asia in International Politics*, 1941 – 1956, Ithaca: Cornell University Press, 1977, pp. 113 – 114.

立适当机制的方法和途径,在考虑有关领域时,应促进联合国框架内的协商与合作。① 会上,菲律宾代表罗慕洛由季里诺授意提出落实创建"亚洲集团"永久性机构的建议。季里诺希望,这样的"亚洲集团"能够为仍受殖民的亚洲国家提供一个论坛,在联合国框架内推进民族自决事业,促进亚洲国家的共同利益。据此,罗慕洛建议设立常设机构以落实此次会议所颁布的关于印度尼西亚独立的决议和更广泛的事务。他希望在新德里或马尼拉设立一个小型永久性秘书处,作为各国政府协调行动的官方信息交换场所。罗慕洛呼吁联合国就具有共同利益的事务进行持续的协商。不过,罗慕洛的"亚洲集团"建议未获通过。一个重要原因是,罗慕洛所希望达成的"亚洲团结""首要的是将民主的共同意识形态作为反对共产主义的一种支持力量";他所建议的常设性组织亦旨在谋求亚洲国家"保障远东反对共产主义或其他外来意识形态"的共同行动。罗慕洛还强调说,会议上的任何一般性行动都不能超出"亚洲集团"可以从自己的组织之外获得的有效支持。这意味着需从美国获得有效支持。最终,此次会议就"亚洲集团"建议的协商未能达成共识。尼赫鲁认为"亚洲集团"建议可能会被世界舆论解读为"潜在的反西方",从而加以拒绝。但罗慕洛关于在联合国框架内谋求"亚洲合作"的建议部分被写入这一亚洲关系会议通过的决议之中。②

在会议结束后,尼赫鲁特别强调,此次会议所商议的合作只能是独立国家彼此间"没有丝毫承诺的合作",这种合作"没有约束力的盟约,而是提供协商的组织和自然流露共同利益的合作"③。由此,亚洲关系会议在跨区域合作实践中率先确立了决策程序中的共识性原则,包括区域会议应该是没有承诺的非正式交谈;不涉及多数或少数否决的问题,而

---

① United Nations, "Further Resolutions Adopted by the Conference on Indonesia Held in New Delhi from 20 – 24 January 1949," United Nations Security Council, S/1222/Add.1, 11 February 1949, https://documents-dds-ny.un.org/doc/UNDOC/GEN/NL4/914/40/pdf/NL491440.pdf?OpenElement.

② Milton W. Meyer, *A Diplomatic History of the Philippine Republic*, Hawaii: University of Hawaii Press, 1965, pp. 142 – 143; United States Department of State, *Foreign Relations of the United States Diplomatic Papers*, 1949, Vol.7: *The Far East and Australasia (in two parts)*, Part 2, Washington, D.C.: United States Government Printing Office, 1976, pp. 1115 – 1116.

③ Evelyn Colbert, *Southeast Asia in International Politics, 1941 – 1956*, Ithaca: Cornell University Press, 1977, p. 114.

是将共识观点作为会议决定的基础；在观点达成共识的各个主题而不是个体的决定上起草会议宣言等。① 这种协商一致让长期以来在世界舞台上少有影响力的中小国家有了发言权和决策权。作为观察员参加第二届亚洲关系会议的澳大利亚外交部秘书伯顿坦言："对拥有共同善意和真诚目标的中小国家而言，这是迄今最受鼓舞的一次会议。"②

第二，种族和民族平等原则被广泛接受。首届亚洲关系会议达成了一个"核心的共识"，即"所有公民之间平等的原则——不分种族和信条，应该在所有国家成为规则"。从个体的人或集体的种族或族群角度而言，平等概念包括四个部分：所有公民法律上的完全平等；完全的宗教自由；任何种族集团均有公开的社会资格；所有定居在本国的外国人在法律面前一律平等。在首届亚洲关系会议上关于种族问题和国际移民议题的讨论中，缅甸、中国、印度、印度尼西亚、锡兰等国代表表示，他们各自国家现有的和制定中的宪法不应以任何理由包含种族或少数族群歧视的内容。他们一致同意，一个国家所有公民一律平等，不论种族和信仰，应该是所有国家的准则。③ 罗伯特·杰克逊（Robert H. Jackson）认为，正是基于平等和自决原则的独立要求最终瓦解了殖民主义的道德防线，并用替代性规范证明独立国家的正当性。因此，反殖民斗争及其所取得的胜利从根本上讲是规范性的。④

从集体的国家或民族角度来看，平等概念就是"没有外部主宰"。由于在区域主义时期东南亚国家和民族正值走向自主和独立的进程，对源自西方的主权国家概念尚没有充分的理解，加之中小国家和民族所具有

---

① Amitav Acharya, *Whose Ideas Matter? Agency and Power in Asian Regionalism*, Ithaca: Cornell University Press, 2009, p. 75; Godfrey H. Jansen, *Afro-Asia and Non-Alignment*, London: Faber, 1966, pp. 148 – 49, 193.

② Julie Suares, "Engaging with Asia: The Chifley Government and the New Delhi Conferences of 1947 and 1949," *Australian Journal of Politics & History*, Vol. 57, No. 4, 2011, p. 508.

③ "The Asian Relations Conference Rapporteurs' Reports, I," *Australian Outlook*, Vol. 1, No. 2, 1947, p. 59; A. Appadorai, "The Asian Relations Conference in Perspective," *International Studies*, Vol. 18, No. 3, 1979, pp. 279 – 280; Amitav Acharya, *Whose Ideas Matter? Agency and Power in Asian Regionalism*, Ithaca: Cornell University Press, 2009, pp. 34 – 35.

④ Robert H. Jackson, "The Weight of Ideas in Decolonization: Normative Change in International Relations," in Judith Goldstein and Robert O. Keohane, eds., *Ideas and Foreign Policy: Beliefs, Institutions, and Political Change*, Ithaca: Cornell University Press, 1993, pp. 119, 130.

的脆弱性和敏感性,消除和抵制"外部主宰"成为它们"主权平等"观念最朴素的表达。这种观念既体现在千方百计地抵制和摆脱西方殖民大国的主宰上,又体现在对亚洲新兴大国可能"主宰"的高度警惕和敏锐反应上。尼赫鲁在首届亚洲关系会议开幕致辞中宣称:"人的普遍的自由不能建立在任何特定国家的支配之上。它必须是所有地方共同的人的自由,并使每一个人都充满发展机会。"[1]他说:"长久以来,我们亚洲人一直是西方法庭和官邸的请愿者……我们建议自力更生,并与所有准备和我们合作的国家合作。我们不想成为别人的玩物。"他强调:"亚洲国家不能再被其他国家用作棋子;它们在国际事务中一定要有自己的政策。"会后,印度国会通过决议确定了印度对外政策所奉行的指导原则,即促进世界和平、各国的自由、种族平等以及终结帝国主义和殖民主义等。该决议强调,印度外交政策的一贯目标应该是与所有国家保持友好合作关系,避免卷入军事或类似的联盟,这些联盟往往将世界分裂为敌对集团,从而危及世界和平。1948年3月,尼赫鲁重申:"我们的外交政策是远离大国集团……与所有国家保持友好关系,而不卷入任何同盟。"[2]在第二届亚洲关系会议上,尼赫鲁和罗慕洛作为会议上"两个强有力的人物",他们共同"提醒西方",亚洲人民怀有自己明确的目标并决定通过"必要的协调努力"予以实现,如亚洲国家为求得经济独立,不再仅仅充当西方国家原材料的提供者。[3]

在首届亚洲关系会议召开前夕,昂山在阐述民族主义与区域主义的关系时,明确拒绝建立在权力政治之上的区域主义和国际合作的"霸权形态"。他认为,区域合作一定不能是被迫的。他强调,不论缅甸喜好选择一个更大的区域联盟或联邦,还是其他区域集团,都必须是自愿的事情,不能从上面强加而来;既不能是那种"欧洲合众国",亦不应像丘吉尔所宣称的对抗苏联影响力那样,用传统的权力平衡的手段去谋划。昂

---

[1] Albert W. Stargardt, "The Emergence of the Asian System of Powers," *International Studies*, Vol. 18, No. 3, 1979, p. 565.

[2] Nicholas Tarling, *Neutrality in Southeast Asia: Concepts and Contexts*, New York: Routledge, 2016, pp. 59–60.

[3] Lisandro E. Claudio, *Liberalism and the Postcolony: Thinking the State in the 20th-Century Philippines*, Singapore: NUS Press, 2017, p. 92.

山主张的亚洲新秩序"不应该是（大国）独自或一起强加给我们，不能由一个或另一个种族支配、命令或幕后操纵。"因此，亚洲要拒绝成为支持超级大国冷战地缘政治竞争工具的区域军事联盟。他更愿意将亚洲区域主义描述为不同于其他排他性区域主义的，"世界大家庭组织的亚洲分支"，其成立是为了亚洲的团结和合作，不仅为亚洲也为全世界赢得自由、安全、进步与和平。他强调，亚洲的区域主义不应该允许在种族隔离和地理界限领域内的任何排外主义。① 1947 年 2 月，昂山在发表广播讲话时表示："这是一个各国无法独自存在的时代，当我们寻找朋友时，我们必须记住一个太强大的国家是会想控制我们的。那是世界政治的自然规律。"昂山对国际政治的这一理解体现出他对外部世界的重要认识，即缅甸既需要朋友，又对大国有着不信任和恐惧。这种认识深刻地影响着此后缅甸的外交实践。缅甸独立后，面对两大阵营的对抗，试图与各方保持友好关系，避免卷入大国的争斗，维护自身的安全与利益。这一定位成为整个冷战时期缅甸外交政策的基调。② 1948 年 5 月，吴努提出了包含 15 点内容的"左翼团结纲领"（Programme of Leftist Unity）。其中，提出的第一点目标是"确保缅甸与苏联和东欧民主国家的政治和经济关系，就像我们现在与英国和美国的关系一样"；第五点目标是保证政府将拒绝任何会"危及缅甸政治、经济和战略独立"的外国援助。③

亚洲关系会议未就印度提出的建立永久区域组织和"泛亚洲集团"的倡议达成一致，一个重要原因就是东南亚国家或政治实体的代表们担心会因此受到印度或中国这样的区域大国的支配。他们担心这样的安排将意味着他们的自由在几乎没有真正赢得之前就终结了。在首届亚洲关系会议讨论亚洲文化的圆桌会议上，来自东南亚的代表们对印度代表宣扬的所谓以前"大印度社会"和学术遗产的观点颇为反感。有印度代表将印度描述为亚洲其他地区"文化的提供者"。这引发东南亚代表对印度

---

① Amitav Acharya, *The Making of Southeast Asia: International Relations of a Region*, Singapore: ISEAS Publishing, 2012, pp. 111 – 112.

② 范宏伟、邹一峥:《缅甸中立外交政策传统的形成与原因》，载《厦门大学学报》（哲学社会科学版）2018 年第 6 期，第 107 页。

③ Chi-shad Liang, *Burma's Foreign Relations: Neutralism in Theory and Practice*, New York: Prarger Westport, 1990, pp. 60 – 61.

可能的"文化殖民"的担忧。一位缅甸代表坦言:"被西方大国统治是可怕的,但被亚洲大国统治甚至更加可怕。"① 参加这次会议的锡兰和马来亚的代表表达了同样的忧虑:在西方帝国主义撤出之时,印度和中国会取而代之成为"剥削东南亚的帝国主义列强"②。在这次会议上,一名缅甸代表解释了为什么一些较小的东南亚国家坚持限制移民。他谈到缅甸害怕被来自两个强大而人口众多的邻国印度和中国的人民所淹没,并提到目前缅甸的外国人口,即非缅甸人口的增长速度比土著人口快得多。一名马来人代表支持这一观点,认为在马来亚,类似的进程导致马来人在自己的祖国成为约占40%的少数民族。锡兰的一位代表指出,目前锡兰的印度人约占总人口的1/6,锡兰人心中有一种被统治甚至最终被淹没的恐惧。③ 由此,这次会议在就"争取自由的民族运动"议题讨论后达成一些共识性观点,包括反对任何外部力量对亚洲任何地方继续保持"外部支配";亚洲国家不为这种支配的延续提供任何帮助;对民族主义运动尽可能提供援助;一同生活在其他国家的人民彼此间应相互承认等。④

第三,不干预原则的初步形成。不干预原则虽未被列为亚洲联系会议的正式议题,但相关诉求已经展现出这一原则的萌芽。在首届亚洲关系会议上,来自印度尼西亚、马来亚和越南的代表呼吁采取更直接的集体措施,促进非殖民化,使亚洲远离具体的集团政治。马来亚劳工党领导人西维(J. A. Thivy)曾提议创立一个"中立集团",作为亚洲摆脱兴起的冷战和制止西方大国压制"自由斗争"企图的一种办法。这不仅意味着不参与殖民战争,还意味着拒绝为交战国提供战争物资。越南代表

---

① William Henderson, "The Development of Regionalism in Southeast Asia," *International Organization*, Vol. 9, No. 4, 1955, p. 466; Carolien Stolte, "'The Asiatic Hour': New Perspective on the Asian Relations Conference, New Delhi, 1947," in Nataša Mišković, Harald Fischer-Tiné and Nada Boškovska, eds., *The Non-Aligned Movement and the Cold War: Delhi, Bandung, Belgrade*, New York: Routledge, 2014, p. 66.

② Julie Suares, "Engaging with Asia: The Chifley Government and the New Delhi Conferences of 1947 and 1949," *Australian Journal of Politics & History*, Vol. 57, No. 4, 2011, p. 501.

③ "The Asian Relations Conference Rapporteurs' Reports, I," *Australian Outlook*, Vol. 1, No. 2, 1947, p. 60.

④ A. Appadorai, "The Asian Relations Conference in Perspective," *International Studies*, Vol. 18, No. 3, 1979, p. 279.

呼吁成立一个"斗争联盟",请求与会者帮助驱逐介入越南事务的法国人。诚然,对军事干预他国事务的反感成为一种重要的规范关切,已深深植根于后殖民国家重复其以前殖民者做法的担忧之中。[1] 第二届亚洲关系会议的与会代表们非常关注民族自决和种族平等,与联合国组织一起反对荷兰在印度尼西亚的军事行动。第二届亚洲关系会议在关于印度尼西亚问题的决议中亦申明:"承认维持和平安全与发展以尊重人民平等权利及自决原则为依据之友好关系乃联合国之崇高恒久之宗旨。"[2] 阿查亚指出:"这种团结和共同的目标意识使他们在随后的区域多边会议和制度中为各国内部事务设立共同的规则变得不可想象,因为这被认为侵犯不干预原则"。这亦表明"亚洲的争论在不干预规范的发展中所扮演的重要角色"。伴随着这些争论而兴起的"中立主义"赋予不干预原则"新的重要性"[3]。1949年5月,罗慕洛在美国芝加哥大学发表演讲,使用"第三种力量"将亚洲称作"介于两个大国之间"的"世界上最具活力的区域"[4]。

此后,缅甸率先在东南亚独立国家中明确不结盟和"中立主义"对外政策立场。1949年9月,吴努在国会演讲中进一步阐释缅甸的外交立场。他表示,缅甸无意反左翼或反右翼,只对反侵略条约感兴趣;缅甸的外交不会受到英、美或苏联的左右,缅甸希望同英、美和苏联保持相同的友好关系。[5] 同年12月,吴努在一次民众集会上公开表示,"我们所

---

[1] Vineet Thakur, "An Asian Drama: The Asian Relations Conference, 1947," *The International History Review*, Vol. 41, No. 3, 2019, pp. 679–681; Richard Stubbs, "The ASEAN Alternative? Ideas, Institutions and the Challenge to 'Global' Governance," *The Pacific Review*, Vol. 21, No. 4, 2008, p. 457.

[2] 《1949年1月23日印度总理、印度尼西亚问题会议主席为递送新德里会议所通过有关印度尼西亚问题之决议案事致安理会主席电》,联合国安理会,文件S/1222,1949年1月23日,新德里,第29页,联合国网站,https://documents-dds-ny.un.org/doc/UNDOC/GEN/NG9/037/34/pdf/NG903734.pdf?OpenElement.

[3] Amitav Acharya, *Whose Ideas Matter? Agency and Power in Asian Regionalism*, Ithaca: Cornell University Press, 2009, pp. 35–36.

[4] Lisandro E. Claudio, *Liberalism and the Postcolony: Thinking the State in the 20th-Century Philippines*, Singapore: NUS Press, 2017, p. 94.

[5] 梁志:《缅甸中立外交的缘起(1948—1955)》,载《世界历史》2018年第2期,第47页。

面临的处境要求我们走独立的道路,不与任何大国集团结盟",并相信缅甸所追求的这一政治方案是"最合适的路线"①。这里所谓"面临的处境"实际上是指缅甸对其在世界政治中的自我定位和对自身实力、状况的认知,特别是对自己身处大国对抗的地缘政治夹缝中这一境遇的认识。② 1950 年 6 月,朝鲜战争爆发后,东西方之间的冷战进入关键时期。面对这一形势,吴努进一步解释了缅甸的中立政策。同年 7 月,他说:"我们必须找出哪个国家或哪些国家与我们有共同利益……但我们不希望与一个特定的权力集团结盟,而与另一个对立集团敌对。"9 月,吴努在缅甸国会的演讲中再次表明了这一立场。他说:"如果我们认为一个国家正在采取正确的行动路线,我们就会支持这个国家,不管是美国、英国还是苏联。"他强调:"虽然我们国家很小,但我们会支持世界上正确的事情。"③ 在随后的一次讲话中,吴努重申:"我们决不会成为某一阵营的追随者或任何强权的傀儡……我们所有决定的唯一标准就是对正确和合适事务的判断力。"④ 实际上,吴努将韩国的处境与缅甸联系在一起,因为二者均为缺乏自卫能力的小国。缅甸从中看到了与大国结盟给小国安全所带来的负面影响,因而更加频繁地强调"中立主义"外交。至此,"中立主义"最终成为缅甸对外关系的基石。⑤

印度尼西亚的对外政策也展示了类似的立场。1948 年 9 月,印度尼西亚共和国政府发表政策声明称:

---

① Chi-shad Liang, *Burma's Foreign Relations: Neutralism in Theory and Practice*, New York: Praeger, 1990, p. 60.

② 范宏伟、邹一峥:《缅甸中立外交政策传统的形成与原因》,载《厦门大学学报》(哲学社会科学版) 2018 年第 6 期,第 107 页。

③ Chi-shad Liang, *Burma's Foreign Relations: Neutralism in Theory and Practice*, New York: Praeger, 1990, pp. 61 – 62.

④ Russell H. Fifield, *The Diplomacy of Southeast Asia* 1945 – 1958, New York: Harper, 1958, p. 177.

⑤ 参见梁志《缅甸中立外交的缘起 (1948—1955)》,载《世界历史》2018 年第 2 期,第 51—55 页; Chi-shad Liang, *Burma's Foreign Relations: Neutralism in Theory and Practice*, New York: Praeger, 1990, p. 62.

难道为自由而战的印度尼西亚人民除了在亲俄和亲美之间做出选择之外,就没有别的选择了吗?在追求我们的民族理想的过程中,难道就没有其他立场可以采取吗?印度尼西亚政府认为,应采取的立场是,印度尼西亚不应是国际政治领域中的被动一方,而应是有权决定自己立场的积极行动者……印度尼西亚共和国的政策必须根据它自己的利益加以解决,并应根据它必须面对的局势和事实来执行……印度尼西亚的政策路线不能由其他国家的政策倾向来决定。①

朝鲜战争爆发后,印度尼西亚顶住美国的压力,拒绝在敌对双方采取支持或反对的立场,以避免其新的国家遭受新的外部支配。1950年9月,印度尼西亚共和国总理穆罕默德·纳席尔(Mohammad Natsir)在临时国会常设委员会上发表政策声明表示,印度尼西亚将在冷战竞争的阴霾中谋求独立的外交政策。为此,在越南问题上,印度尼西亚共和国既不承认被视作法国殖民利益代理人的保大政权,也不承认胡志明领导的"反叛的"越南民主共和国。② 这奠定了印度尼西亚长期奉行的独立政策的基础。1952年8月17日,苏加诺在印度尼西亚独立日发表讲话时指出,"1949年1月在新德里召开的泛亚洲会议之后,产生了支持我们的独立斗争的现实力量,同时,我们得到一个经验:为了把殖民主义驱逐出亚洲,年轻的亚洲国家必须进行最良好的合作",而印度尼西亚从中所获得的经验成为"我们从未改变的外交政策的指南"③。

两届亚洲关系会议还产生了一个重要的即期影响,那就是亚洲"区域大国领导"初次有效的展示。在首届亚洲关系会议召开前后,尼赫鲁一直强调印度在这一"亚洲国家代表的会议"中"扮演核心的角色"。印度在亚洲关系会议中的"领导角色"虽然令诸多东南亚国家生疑,但它首次展示了"区域大国"在跨区域主义进程中的特定

---

① Mohammad Hatta, "Indonesia's Foreign Policy," *Foreign Affairs*, Vol. 31, No. 3, 1953, p. 446.
② Michael Leifer, *Indonesia's Foreign Policy*, London: George Allen & Unwin, 1983, p. 28.
③ [印尼]苏加诺:《希望和现实》(1952年8月17日在印度尼西亚共和国独立七周年庆祝大会上的演讲),载世界知识社编《苏加诺演讲集》,世界知识社1956年版,第123页。

"领导作用"的至关重要性和可能路径。这种路径体现出区域大国作为"区域建设者"(region-builder),开始基于其国家利益和国家特性以其所在区域的名义表达自己认可的某一特定时空的区域认同和共同问题的应对之策。这涉及两种特定的形式。第一种是它试图通过展示该区域的观念基础,作为其所代表的国家特性的一种延伸,以影响该区域空间内包容和排他的区域化进程;第二种是它承接前一种形式,试图将自身的国家特性作为区域集团观念的核心,以通过监督和管理区域认同及空间表达中的变化来控制区域议程。这种"包容"和"中心化"的路径形成了理解印度在亚洲关系会议上所扮演的"特殊角色"的重要框架。在尼赫鲁看来,亚洲关系会议的"核心目标是确定'亚洲'和'亚洲性'当下所表明的意义"。他将自己设定为"区域建设者的角色",试图"将印度置于更大的亚洲区域之中",并"通过当前条件下的'亚洲性'而做到这一点",由此"把印度放在新的'亚洲性'的核心部分"。实际上,尼赫鲁将自己视作"亚洲的代表",并将"框定特定的'印度性'的计划与框定特定的'泛亚洲性'联系在一起",而"两种代表性的计划的重要基石就是反对欧洲种族主义"。所以,"至少从印度的视角来看,亚洲关系会议是相当成功的"[1]。朱莉·苏亚雷斯(Julie Suares)研究指出,在印度新德里召开的亚洲关系会议标志着"亚洲在二战终结欧洲在该地区的殖民统治后重新进入世界政治舞台",而兴起的独立的印度"越来越被视为对该地区的经济和政治—战略安全至关重要"。受邀参加了两次亚洲关系会议的澳大利亚甚至认为"亚洲的未来在很大程度上取决于印度发生的事情"[2]。

第二届亚洲关系会议结束后,尼赫鲁表示,就亚洲来说,这次会议是一个"历史转折点"。它意味着一种新的安排和新的力量平衡。他说:"我们不打算建立一个新的集团,但是亚洲国家将不可避免地走在一起,

---

[1] 参见 Sinderpal Singh, "From Delhi to Bandung: Nehru, 'Indianness' and 'Pan-Asianness'," *South Asia: Journal of South Asian Studies*, Vol. 34, No. 1, 2011, pp. 52 – 59.

[2] Julie Suares, "Engaging with Asia: The Chifley Government and the New Delhi Conferences of 1947 and 1949," *Australian Journal of Politics & History*, Vol. 57, No. 4, 2011, pp. 495 – 497.

印度将在其中起领导作用。"① 而后，印度开始在东南亚及整个亚洲的区域事务上发挥更加积极的作用。1949 年 2 月，印度在新德里组织召开了一次关于缅甸问题的国际会议，邀请英联邦国家代表团讨论缅甸局势。② 在朝鲜战争期间，印度于 1950 年 12 月和 1951 年 1 月先后两次进行停战调停，并分别推动达成和平解决问题的"十三国提案"和 12 国制定的"五项原则方案"，为防止战争升级和最后停战发挥了建设性作用。③ 1950 年 12 月，美国承认，印度凭借其相对的实力、稳定性和影响力，已成为"非共产主义亚洲的关键国家"④。更为重要的是，印度的这种持续的"区域领导"作用与亚洲关系会议所具有的实际的历史和规范的影响结合起来，保障了"泛亚洲主义"区域意识下国际会议机制的延续，直至万隆会议的召开。戴维·金奇（David Kimche）指出，亚洲关系会议标志着"亚洲破除对欧洲的附属"，加快了亚洲"迈向万隆和催生亚非主义的合作进程"⑤。另外，印度的"区域领导"及亚洲关系会议的召开对联合国框架内区域合作的包容性支持和对英国推动的区域动议的竞争性压力，分别对同一时期亚远经委会的区域合作实践的启动和英国的东南亚区域合作动议的历史性转向产生了重要作用，进而推动了"泛亚洲主义"框架内区域合作制度化的实质性起步和新的"太平洋主义"框架内区域合作实践的再次出发。

亚洲关系会议对印度尼西亚独立事业的坚定支持亦助推了印度尼西亚作为"潜在的区域大国"与东南亚及周边国家关系发展及其国际地位的提升。在亚洲关系会议的影响下，独立的印度尼西亚对外政策谋求在

---

① 李益波、欧阳红：《印度与第一次印度支那战争》，载《南洋问题研究》2007 年第 3 期，第 51 页。

② ［美］曼吉特·帕德斯：《印度外交政策中的东南亚：将印度视为亚洲大国》，载［美］苏米特·甘古利主编《印度外交政策分析：回顾与展望》，高尚涛等译，世界知识出版社 2015 年版，第 110 页。

③ 参见陶亮《理想主义与地区权力政治：冷战时期印度的对外政策》，云南大学出版社 2014 年版，第 122—139 页。

④ Nicholas Tarling, *Neutrality in Southeast Asia: Concepts and Contexts*, New York: Routledge, 2016, p. 61.

⑤ David Kimche, *The Afro-Asian Movement: Ideology and Foreign Policy of the Third World*, New York: Halsted Press, 1973, p. 33.

两个重要方面率先取得重大进展。用苏加诺的话说就是"渴望与所有亚洲邻国展开最紧密合作"和"决心支持所有国家争取自由的斗争"①。其具体举措是推行睦邻友好政策。第一步就是向邻国展示善意和友好。为此，1950年1月和2月，苏加诺先后访问了印度和巴基斯坦。当年5月，印度尼西亚外交部长苏巴约（Ahmad Subardjo）应邀参加菲律宾主办的碧瑶会议。当年6月和12月，印度总理尼赫鲁和巴基斯坦议会代表团先后对印度尼西亚进行了回访。从政治角度来看，这些双边和多边活动在东南亚国家间传播了善意和友好的氛围，从而将它们更紧密地聚拢起来。②更重要的是，通过这种高层互访，印度尼西亚与印度的关系进一步强化。在访问中，两国领导人均特别强调了两国间历史和文化的密切联系以及两国人民间的相互理解、同情和对自由事业的共同追求，并表达了两国在国际和区域事务中展开更紧密的合作、共谋"亚洲的和平和改进的均衡"的强烈愿望。苏加诺在讲话中表示："几个世纪以来，两国人民由文化缘亲的历史联系而持续地团结在一起。"尼赫鲁在回应中表示，印度和印度尼西亚人民被"数千年的历史纽带"联结在一起。印度人民对印度尼西亚的同情和支持便是一种"感情尊重"。他强调，印度和印度尼西亚两国当前"不处于对世界重大问题负责任的地位"，但两国"必须做国际主义者"并"在某种程度上参与其中"，否则"就会搅乱世界的均衡"。对印度和印度尼西亚而言，两国领导人的互访显示了"心理和地理上的更深刻的意义"。这种意义与印度尼西亚"自身的环境需求"结合起来影响了印度尼西亚独立初期的外交尤其是"积极而独立的"对外政策的形成，从而为"泛亚洲主义"框架内区域合作的进一步发展创造了有利的条件。③

亚洲关系会议的最终停顿也留下了一个重要启示：那种过分强调同质性和"东方"与"西方"人为分割的排他性的区域和跨区域主义在多

---

① Dunning Idle IV, "Indonesia's Independent and Active Foreign Policy," Ph. D. Dissertation, Yale University, 1956, p. 73.

② 参见 Dunning Idle IV, "Indonesia's Independent and Active Foreign Policy," Ph. D. Dissertation, Yale University, 1956, pp. 72 – 128.

③ 参见 Dunning Idle IV, "Indonesia's Independent and Active Foreign Policy," Ph. D. Dissertation, Yale University, 1956, pp. 9 – 16.

样性明显、对外依赖严重的亚洲是行不通的。这也是泛亚洲主义作为亚洲区域主义的一种早期探索后来逐步让位于更强调异质性、包容性、开放性及尊重个人关系、合作、和谐与不争论的共识建设的"新亚洲主义"或"太平洋主义"的重要原因。① 因此,亚洲关系会议成为更具包容性的"亚非主义"的"先声"②。可以说,两次亚洲关系会议的召开标志着跨区域形态的东南亚区域合作迈出历史性的步骤。瑞德认为,这种基于反殖民主义团结和反霸权主义联合共同主题的"泛亚洲"互动模式成为东南亚国家"走向'东南亚'认同的第一步"③。

二 亚远经委会的创立与区域合作的制度化

亚远经委会作为二战后东南亚国家参加的"最重要的经济组织"④和"最早的区域合作"⑤,其创立既有外部动力,又有内部动力。外部动力主要体现为国际体系层次上各国对联合国框架内区域组织在战后重建中特定作用的重视;内部动力主要体现为在亚洲区域层次上泛亚洲主义框架内各国对亚洲复兴和区域自主的追求。这也是亚远经委会创立的基本历史背景。

从国际体系层次上看,亚远经委会的创立可以溯及联合国经社理事会成立旨在推动战后经济重建的区域次委员会的动议。这一动议的主要法理依据是《联合国宪章》第 68 条款规定,允许经社理事会设立经济与社会各种委员会及行政职权所必需的其他委员会。⑥ 对这一条款措辞的解释十分广泛,以至于联合国大会和经社理事会认为它是设立区域委员会

---

① 参见 Baogang He, "East Asian Ideas of Regionalism: A Normative Critique," *Australian Journal of International Affairs*, Vol. 58, No. 1, 2004, pp. 110 – 122.

② David Kimche, *The Afro-Asian Movement: Ideology and Foreign Policy of the Third World*, New York: Halsted Press, 1973, p. 33.

③ Anthony Reid, "A Saucer Model of Southeast Asian Identity," *Southeast Asian Journal of Social Science*, Vol. 27, No. 1, 1999, p. 17.

④ Arnfinn Jorgensen-Dahl, *Regional Organization and Order in South-East Asia*, London: Macmillan University Press, 1982, p. 9.

⑤ Fu-Kuo Liu, "East Asian Regionalism: Theoretical Perspectives," in Fu-Kuo Liu and Philippe Régnier, eds., *Regionalism in East Asia: Paradigm Shifting?* London: Routledge Curzon, 2003, p. 10.

⑥ 《联合国宪章》第 10 章"经济及社会理事会"第 68 条款具体条文详见《联合国宪章》(1945 年 6 月 26 日订于旧金山),载世界知识出版社编《国际条约集(1945—1947)》,世界知识出版社 1959 年版,第 51 页。

和其他次委员会等区域机构的合适基础。由此，区域经济机构（即区域经济委员会）成为联合国制度框架的整体组成部分，并开启了国际政府间层次的"非中心化"（decentralization）进程。这里的"非中心化"意指联合国组织的操作性活动的管理权威从其总部向区域经济委员会转移的过程，即区域化。从成员资格来看，它赋予区域经济委员会在其所在区域的包容性特征。实际上，这种区域经济委员会作为联合国组织的附属机构，既按照联合国组织原则和相关决议行事，又能在联合国组织总部之外独立倡议并开展务实活动，是"真正意义上的区域组织"。它可以在某种程度上显示相应的区域意识和区域一致或"区域民族主义"（regional nationalism），进而在推动该区域内部的一体化方面扮演积极的角色。因此，这种以地理为基础、重点反映欠发达国家经济和社会诉求的"非中心化"进程被称为"发展的区域方法"（regional approach to development）。[1] 这反映出《联合国宪章》制定者们试图通过区域组织促进新型国际经济合作，实现经济和社会进步及稳定和福利目标，进而为国际和平和友好关系的建立创造条件。[2] 尤其是在冷战阴云笼罩并不断蔓延的国际和区域背景下，联合国集体安全机制无法正常运行，其框架内作为"联合的区域主义"的区域安全组织非但没有发展起来，反而不断出现置身于联合国集体安全体系之外的、大国主导的军事联盟等排他性的"分裂的区域主义"（disassociative regionalism）。与之形成鲜明对照的是，经社理事会等功能性和非排他性的联合国特别机构迅速成长起来，并在战后世界经济社会恢复和重建中发挥着不容忽视的建设性作用。在这种情

---

[1] 参见 W. R. Malinowski, "Centralization and Decentralization in the United Nations Economic and Social Activities," *International Organization*, Vol. 16, No. 3, 1962, pp. 522 – 525; Robert W. Gregg, "The UN Regional Economic Commissions and Integration in the Underdeveloped Regions," *International Organization*, Vol. 20, No. 3, 1966, pp. 209 – 215; Katsuhiko Takahashi, "Framework for Multinational Regional Development: A Case Study in the International Administrative and Financial Cooperation in the Program to Develop the Lower Mekong Basin," Ph. D. Dissertation, New York University, 1974, pp. 99 – 108, 129 – 130.

[2] David Wightman, "Efforts for Economic Co-operation in Asia and the Far East: The Experience of ECAFE," *The World Today*, Vol. 18, No. 1, 1962, p. 30; Lalita P. Singh, *The Politics of Economic Cooperation in Asia: A Study of Asian International Organizations*, Columbia: University of Missouri Press, 1966, pp. 17, 24.

况下，这些国际组织及其附属机构不但希望基于非歧视和协调更好地处理各种经济和技术援助问题，而且更希望依赖于发达的区域主义和拓展的功能主义使联合国成为国际政策协调的有效工具，进而为和平的国际关系构建提供更可靠的基础。[1]

1946年6月，经社理事会依据《联合国宪章》第68条款成立了战灾区经济复兴临时小组委员会（The Temporary Sub-Commission on the Economic Reconstruction of Devastated Areas），其主要任务是对战灾区经济建设重大任务及与各国政府或有效促进国际合作办法等事项拟订初步报告。为此，该临时小组委员会分成两个工作组，分别负责欧洲及非洲问题、亚洲及远东问题，由法国和中国分别担任主席和副主席。[2] 该委员会于1946年7月29日至8月17日在伦敦开会，启动调查研究工作。其间，亚洲及远东工作组也举行了专门会议。亚洲及远东工作组由澳大利亚、加拿大、中国、法国、印度、荷兰、新西兰、秘鲁、菲律宾、苏联、英国和美国等国代表组成，具体负责英属婆罗洲、马来亚联邦及新加坡、缅甸、印度、香港、所罗门群岛（英属领土）、新几内亚（澳大利亚委任统治地）、中国、法属安南、朝鲜、荷属东印度、菲律宾、葡属帝汶等的调查研究工作。9月18日，该委员会汇总两个工作组的研究报告，向经社理事会递交《战灾区经济复兴临时小组委员会初步报告》。该报告建议设立欧洲经济委员会和亚洲及远东经济委员会，负责进一步的研究、调查和建议工作。[3] 10月3日，经社理事会通过的《战灾区域经济复兴决议案》采纳了该委员会的建议，并提请各工作组展开实地调查。根据这一决议案，战灾区经济复兴临时小组委员会被改称

---

[1] 参见 J. W. Burton, "Regionalism, Functionalism, and the United Nations," *Australian Outlook*, Vol. 15, No. 1, 1961, pp. 73 – 86; Katsuhiko Takahashi, "Framework for Multinational Regional Development: A Case Study in the International Administrative and Financial Cooperation in the Program to Develop the Lower Mekong Basin," Ph. D. Dissertation, New York University, 1974, pp. 89 – 91.

[2] 《战灾区经济复兴临时分组委员会1946年6月21日通过之决议》，经社理事会，文件 E/66/Rev. 2, 1946年6月21日，第24页，联合国网站，https://documents-dds-ny.un.org/doc/RESOLUTION/GEN/NR0/043/18/IMG/NR004318.pdf?OpenElement.

[3] 《战灾区经济复兴临时小组委员会初步报告》，联合国大会，文件 A/147, 1946年7月29日至9月13日，伦敦，第2、32页，联合国网站，https://documents-dds-ny.un.org/doc/UNDOC/GEN/NG9/067/23/pdf/NG906723.pdf?OpenElement.

为战灾区经济建设临时委员会。该决议案还提请亚洲及远东工作组应在1947年第一届联合国经社理事会召开前向该理事会递交工作报告。① 12月11日,第一届联合国大会第55次会议通过决议,同意《战灾区经济复兴临时小组委员会初步报告》和经社理事会10月3日通过的决议案,建议经社理事会在其下届会议上应对欧洲经济委员会和亚洲及远东经济委员会的成立予以"迅速有利的考虑",以便对战灾区国家提供有效的援助。② 自此,亚远经委会进入创建准备阶段。

从亚洲区域层次上看,亚远经委会的创立主要是亚洲国家中的中国、印度、菲律宾、泰国等联合国成员国共同推动的结果,尤其是中国和印度作为新兴区域大国发挥了关键作用。二战后,泛亚洲主义作为一种新的区域意识蓬勃兴起,尤其是两次亚洲关系会议的召开有力地推动了亚洲区域政治意识的兴起和发展,从而为"区域组织提供了真正的动力"③。与此同时,亚洲国家将联合国及其附属机构作为反殖民主义和争取亚洲区域与国家自主及经济发展的重要国际舞台。1946年12月,在第一届联合国大会第64次全体会议上,菲律宾提出的召开非自治领土人民的区域代表会议的建议被采纳。该建议旨在敦促有关各国依照《联合国宪章》第11章"关于非自治领土的宣言"规定保障非自治领土人民的应有权利。该建议率先在加勒比和南太平洋区域得到落实,并对此后南太平洋委员会的成立起了推动作用。④ 在首届亚洲关系会议上,与会代表在讨论

---

① 《战灾区域之经济复兴1946年10月3日决议案》(文件E/211/Rev.1,1946年10月3日),载《经济及社会理事会1946年9月11日至12月10日第三届会议所通过之决议案》,经社理事会,文件E/245/Rev.1,1947年5月3日,纽约成功湖,第3页,联合国网站,https://documents-dds-ny.un.org/doc/UNDOC/GEN/NR0/752/40/img/NR075240.pdf?OpenElement.

② 《战灾区之经济建设》,联合国大会,文件A/RES/46(I),1946年12月21日,第69页,联合国网站,https://www.un.org/zh/documents/view_doc.asp?symbol=A/RES/46(I).

③ David Wightman, "Efforts for Economic Co-operation in Asia and the Far East: The Experience of ECAFE," *The World Today*, Vol. 18, No. 1, 1962, p. 30.

④ 《非自治领土代表之区域会议》,联合国大会,文件A/RES/67(I),1946年12月14日,联合国网站,https://www.un.org/zh/documents/view_doc.asp?symbol=A/RES/67(I); United States Department of State, *Foreign Relations of the United States Diplomatic Papers*, 1947, Vol. 1: *General, The United Nations*, Washington, D. C.: United States Government Printing Office, 1973, pp. 322 – 323; Milton W. Meyer, "Regional Cooperation in Southeast Asia," *Columbia Journal of International Affairs*, Vol. 3, No. 2, 1949, p. 77.

经济发展问题时认识到，虽然每个国家都可以按照自己的计划自由地发展经济，但亚洲各国的协调合作可以帮助克服大家所遇到的一些困难。因此，他们认为，亚洲各国应在特定区域内采取协调一致的步骤，以执行国际组织提出的构想或政策，并就在国际组织框架内制定协调一致的经济政策交换意见。[1] 这些性质非常不同的会议表明，人们日益认识到存在着需要解决的共同问题，并希望有更多的交流与合作，而采取具体措施促进区域合作将是有益的。联合国创建的经济和社会机构、专门机构和政府间机构构成了援助与合作的重要来源。它们既能够直接提供某些种类的援助，如技术咨询和服务，某些机构还可以为特定目的提供资金或物资，又可以协助组织其他来源的援助，包括政府、商业机构以及能够在特殊领域提供专业援助的个人或协会等。[2] 联合国经社理事会便是亚洲国家实现经济协调的重要的国际平台。

在战灾区经济重建临时委员会中，除中国担任委员会副主席外，还有印度和菲律宾代表亚洲国家成为其成员国。正是在中国、印度和菲律宾三国的坚持下，战灾区经济复兴临时小组委员会才在其初步报告中写入成立亚远经委会的建议，并先后得到经社理事会和联合国大会的同意。其实，一开始，英国、美国和波兰联合建议成立欧洲经济委员会的意图是将已有的欧洲经济紧急委员会、欧洲煤炭组织和欧洲核心内陆组织联合起来，以便集中力量处理欧洲战争毁坏所带来的挑战。[3] 因此，在欧美国家主导的战灾区经济复兴临时小组委员会最初的工作方案里只有创建欧洲经济委员会的动议，并没有提及创建亚洲及远东经济委员会。亚洲及远东工作组在其提交的工作报告中指出，亚洲及远东战灾区复兴问题重大，特建议如决定对欧洲复兴问题另立常设机构，则应将战灾区经济复兴临时小组委员会原有的任务规定加以修改，使该小组委员

---

[1] A. Appadorai, "The Asian Relations Conference in Perspective," *International Studies*, Vol. 18, No. 3, 1979, p. 280.

[2] United Nation, "Report of the Working Group for Asia and the Far East," ECOSOC, Document E/307/Rev. 1, 4 March 1947, p. 75, https：//documents-dds-y. un. org/doc/UNDOC/GEN/NL1/492/70/pdf/NL149270. pdf？OpenElement.

[3] Tilman Remme, *Britain and Regional Cooperation in South-East Asia* 1945 – 1949, New York：Routledge, 1995, p. 103.

会专力从事亚洲及远东战灾区的研究、调查和建议。这些意见经汇总被纳入该小组委员会提交给经社理事会的初步报告中。① 在联合国大会对此前经社理事会的决议进行审议时，联合国亚洲成员国尤其是中国和印度明确表示，只有在亚洲建立同样的组织，它们才会支持设立欧洲经济委员会的建议。它们的立场得到拉美国家和苏联、荷兰等欧洲国家的支持。这样，尽管绝大多数欧洲国家怀疑是否需要在亚洲成立经济委员会，但它们为了创建欧洲经济委员会的建议不被阻止，而被迫接受了亚洲国家的要求。这才有了联合国大会决议一致同意对设立亚远经委会建议的审议。②

随后，在主席国中国的主持下，亚洲及远东工作组为顺利创建亚远经委会展开了卓有成效的组织和准备工作。1947年2月14日，亚洲及远东工作组在纽约成功湖举行第二次会议，总体讨论秘书处收集到的初步资料。为便于工作的展开，该工作组分成两个小组，一个小组研究和重新起草关于战争破坏和各国重建进展的事实材料，另一个小组进行一般性分析，提出具体的建议，然后将这两个小组的报告合并为统一的工作组报告，提交给经社理事会。③ 这份报告用大量调查资料陈述了设立亚远经委会的必要性，其所调查的"亚洲及远东区域"地理范围包括中国、印度支那、菲律宾、马来亚及新加坡、泰国、香港、荷属东印度、缅甸、新几内亚、巴布亚、英属婆罗洲、印度、朝鲜、吉尔伯特群岛、埃利斯群岛、所罗门群岛、葡属帝汶和印度的部分领土，涵盖今日的全部东南亚区域。该报告首先指出了两个事实：一是"亚远区域"有超过10亿人口，约占全球人口的1/2，也就是说，大约占《联合国

---

① 《战灾区经济复兴临时小组委员会初步报告》，联合国大会，文件A/147，1946年7月29日至9月13日，伦敦，第32页，联合国网站，https://documents-dds-ny.un.org/doc/UNDOC/GEN/NG9/067/23/pdf/NG906723.pdf? Open Element.

② Tilman Remme, *Britain and Regional Cooperation in South-East Asia 1945-1949*, New York: Routledge, 1995, pp.103-104; David Wightman, "Efforts for Economic Co-operation in Asia and the Far East: The Experience of ECAFE," *The World Today*, Vol.18, No.1, 1962, pp.30-31.

③ Victor Purcell, "The Economic Commission for Asia and the Far East," *International Affairs*, Vol.24, No.2, 1948, pp.181-182; United Nation, "Report of the Working Group for Asia and the Far East," ECOSOC, Document E/307/Rev.1, 4 March 1947, pp.1-3, https://documents-dds-ny.un.org/doc/UNDOC/GEN/NL1/492/70/pdf/NL149270.pdf? Open Element.

宪章》所承诺的"提高生活水准"人口总数的50%。二是战争对"亚远区域"造成了巨大的物质破坏和间接伤害,致使大部分在战前就已经生活在温饱线边缘的人们失去了谋生手段;较富裕的人们所拥有的物质或经济储备亦很少,无法聚集力量应对严重而广泛的破坏所造成的压力。具体而言,战争的损害既深度涉及生活条件和人力资源,包括人口的迁移、性别比例和年龄分布的变化、健康的损害以及教育和培训的中断等,又广泛涉及农业与林业、工业与矿业、交通与通信、对外贸易与收支平衡及金融资产等多个领域。该报告列举了当前条件下"亚远区域"经济复兴所面临的严重障碍,主要包括政治与社会不安定,人力、培训和教育不足,资本和外汇资金短缺,设备和材料匮乏,通货膨胀和货币秩序混乱,基本生活用品和服务无法保障,技术应用和研究严重缺失等。基于这些现实问题,该报告建议采用组织化的国际援助综合方法,就经济复兴和发展的共同问题开展务实性的区域合作。该报告认为,该区域复兴的任务艰巨而复杂,以致急需一个能够对之整体看待的特别组织,将功能性组织的努力汇聚到一个共同焦点上,并能够协调有关各国紧急需要和联合国可承担的援助措施。该报告还特别指出,亚远经委会的总体功能在适用于该区域范围时,应与欧洲经济委员会相一致。该报告认为,与欧洲相比,亚洲或许更需要交流观点和协调政策,因为亚洲过去开展此类合作的机会很少,而其所涉及的区域更广、人口更多,该区域国家的经济相互依赖会趋向增强。[①] 这就是亚远经委会创建的现实必要性。当然,亚洲及远东工作组的报告亦从国家和区域角度为我们提供了亚远经委会创立的更微观历史背景。

1947年3月28日,经社理事会综合考虑联合国大会12月11日的决议和亚洲及远东工作组的报告,并依据《联合国宪章》第68条款正式做出设立亚远经委会的决议,并确定了其组织性质、主要任务、成员资格和地理范围等。这一决议规定,亚远经委会在联合国框架内行使职权,接受经社理事会的总体监督,且未经一国政府同意,就不能对该国相关

[①] 参见 United Nation, "Report of the Working Group for Asia and the Far East," ECOSOC, Document E/307/Rev.1, 4 March 1947, pp. 4 – 19, https://documents-dds-ny.un.org/doc/UNDOC/GEN/NL1/492/70/pdf/NL149270.pdf?OpenElement.

事宜采取任何行动。这就决定了其所具有的国际政府间组织的性质。亚远经委会的主要任务包括倡议和参与旨在推动本区域经济重建和提高经济水平、保持和增强域内国家及其与其他国家间的经济联系和协调行动；从事和支持亚远经委会认可的本区域内有关经济和技术问题及发展的调查和研究；从事和支持亚远经委会认可的诸如经济、技术和统计信息的收集、评估和传播等活动。按照该决议的规定，亚远经委会的成员必须是联合国正式成员国，故规定其成员国包括中国、印度、菲律宾和泰国四个亚洲国家，以及在该地区拥有属地或有重要联系或地理接近的美国、英国、苏联、荷兰、法国和澳大利亚六个非亚洲国家，但又规定本区域内任何国家在成为联合国成员国后，应可以加入该委员会成为成员国。关于亚远经委会的地理范围，该决议规定其首要的"亚洲及远东领土"应包括英属北婆罗洲、婆罗洲（今文莱）及沙捞越，缅甸，锡兰，中国，印度，印度支那，香港，马来亚联盟及新加坡，荷属东印度，菲律宾、泰国。该决议还规定，亚远经委会的临时驻地设在中国上海。[①] 根据经社理事会决议的安排，1947年6月16—25日，首届亚远经委会年度会议在上海举行。10个成员国均派出代表团参加。中国代表团团长蒋廷黻和菲律宾代表团团长米格尔·夸德尔诺（Miguel Cuaderno）分别被推选为大会主席和副主席。这是首次在亚洲举行的联合国区域委员会大会。[②] 自此，亚远经委会正式启动。

  不论从全球还是从亚洲整体及东南亚区域角度来看，亚远经委会的创立均具有历史性意义。从全球角度来看，经社理事会的决议表明，联合国在战后重建考量中已将亚洲置于重要位置，而亚远经委会作为《联合国宪章》框架内成立的首个区域性经济组织，此后既可以成为联合国推动亚洲区域经济合作的工具，又是西方国家与新兴发展中国家之间创

[①] 《亚洲及远东经济委员会1947年3月28日决议案》，经社理事会，文件E/405，1947年3月28日，第6—7页，联合国网站，https：//documents-dds-ny.un.org/doc/RESOLUTION/GEN/NR0/055/98/IMG/NR005598.pdf? OpenElement.

[②] United Nation, "Report of the Economic Commission for Asia and the Far East and Report of the Committee of the Whole," ECOSOC, Document E/452, 25 June 1947, pp. 1 – 4, https：//documents-dds-ny.un.org/doc/UNDOC/GEN/NL1/430/26/pdf/NL143026.pdf? OpenElement.

建的最早的南北型区域经济合作机制。① 从亚洲及东南亚区域角度上看，它代表着亚洲国家在联合国机构中所取得的重大成就，而亚远经委会作为亚洲首个正式的区域政府间组织，其成立和此后的成功运行被认为是后殖民时代发展中亚洲政治意识的重要表现和国际社会对二战后亚洲政治觉醒和亚洲复兴的承认，并成为亚洲区域主义兴起的重要标志。② 蒂尔曼·雷姆认为，对竭力游说的中国和印度而言，亚远经委会的创立"确实是一种外交胜利"③。亚远经委会研究权威专家戴维·怀特曼（David Wightman）和莱利塔·辛格（Lalita P. Singh）都认为，亚远经委会的创立标志着亚洲不再是欧洲的附属，亚洲事务也不再由几个殖民大国负责，而是由联合国首次承认必须有其自己的权利。④

然而，在亚远经委会启动之时亚洲国家并不在其中占据优势地位，该组织本身亦没有多大的自主性，因而它还称不上是亚洲的区域组织。正是在亚洲国家的共同努力推动下乃至在与西方大国的抗争中，亚远经委会经历了从启动到1950年初创阶段的不断发展，其在地理范围、成员资格、制度安排、议题领域诸方面逐步实现亚洲区域化（即"亚洲化"），从而演变为真正的亚洲区域组织。从地理范围上看，由于受文化多样性、政治分化、经济发展不平衡以及陆地上地理分割等因素的影响，作为区

---

① 参见 Ikuto Yamaguchi, "The Development and Activities of the Economic Commission for Asia and the Far East (ECAFE), 1947–65," in Shigeru Akita, Gerold Krozewski, et al., eds., *The Transformation of the International Order of Asia: Decolonization, the Cold War, and the Colombo Plan*, New York: Routledge, 2015, p. 91; C. Hart Schaaf, "The United Nations Economic Commission for Asia and the Far East," *International Organization*, Vol. 7, No. 4, 1953, p. 481.

② 参见 David Wightman, *Toward Economic Cooperation in Asia: The United Nations Economic Commission for Asia and the Far East*, New Haven: Yale University Press, 1963, pp. 18–20; Lalita P. Singh, *The Politics of Economic Cooperation in Asia: A Study of Asian International Organizations*, Columbia: University of Missouri Press, 1966, pp. 26–27; Oba Mie, "Japan's Entry into ECAFE," in Iokibe Makoto, ed., *Japanese Diplomacy in the 1950s: From Isolation to Integration*, London: Routledge, 2008, pp. 98–110.

③ Tilman Remme, *Britain and Regional Cooperation in South-East Asia 1945–1949*, New York: Routledge, 1995, p. 106.

④ 参见 Lalita P. Singh, *The Politics of Economic Cooperation in Asia: A Study of Asian International Organizations*, Columbia: University of Missouri Press, 1966, pp. 22–25; David Wightman, "Efforts for Economic Co-operation in Asia and the Far East: The Experience of ECAFE," *The World Today*, Vol. 18, No. 1, 1962, p. 31.

域基础的"亚洲"在亚远经委会启动时是模糊的,而所谓"亚洲国家分型"是"没有内容的纯粹名义上的概念"①。当时,"亚洲"与"远东""东亚""东南亚""南亚"及"西南太平洋"等相关区域概念在地理范围上仍难以界定。"远东"有时指中国、蒙古、朝鲜和日本组成的"东亚";有时指东亚、南亚和东南亚构成的整体。② 而当时的"南亚"与"东南亚"仍不可分、"东南亚"与"西南太平洋"亦有交集。实际上,印度、巴基斯坦和锡兰亦仍被认为是"东南亚"国家;③ 有时将"南亚"从巴基斯坦延伸至印度尼西亚,除这两国外还包括印度、尼泊尔、锡兰、缅甸、泰国、柬埔寨、老挝、越南、马来亚和菲律宾等。④ 而菲律宾当时亦被认为属于"西太平洋"区域,即使是"东南亚战区"地理范围最广时亦不包括菲律宾。仅就"东南亚"而言,之前虽曾为"东南亚战区"和英国的东南亚特委会两个制度性框架不同程度所涵盖,但这两者在本质上都属于支配性大国管理,带有殖民地管理色彩。一个重要的事实是,在亚远经委会创建过程中,亚欧各国关于使用"亚洲"还是"远东"名称出现了分歧。中国代表建议使用"亚洲经济委员会",而菲律宾代表则不愿使用"亚洲",主张用"远东"涵盖"亚洲",菲律宾并不认为自己是亚洲国家;多数欧洲国家代表认为中国、日本、朝鲜和菲律宾应属于"远东"而不是"亚洲",因为这些国家在文化上与"亚洲大陆"分开了。亚远经委会的最后定名虽是各方妥协的结果,但依然显示出"欧洲中心"色彩。⑤

---

① 参见 John White, *Regional Development Banks: The Asian, African and Inter-American Development Banks*, New York: Praeger, 1972, p. 15; Walt W. Rostow, *The United States and the Regional Organization of Asia and the Pacific*, 1965 – 1985, Austin: University of Texas Press, 1986, pp. 18 – 20.

② Tilman Remme, *Britain and Regional Cooperation in South-East Asia*, 1945 – 1949, New York: Routledge, 1995, pp. 4, 19.

③ Amitav Acharya, *Indonesia Matters: Asia's Emerging Democracy Power*, Singapore: World Scientific Publishing, 2014, p. 50.

④ Michael Brecher, "International Relations and Asian Studies: The Subordinate State System of Southern Asia," *World Politics*, Vol. 15, No. 2, 1963, p. 220.

⑤ 参见 Lalita P. Singh, *The Politics of Economic Cooperation in Asia: A Study of Asian International Organizations*, Columbia: University of Missouri Press, 1966, pp. 23 – 24; David Wightman, *Toward Economic Cooperation in Asia: The United Nations Economic Commission for Asia and the Far East*, New Haven: Yale University Press, 1963, p. 20.

经社理事会 1947 年 3 月的决议只是规定了亚远经委会创立的"第一阶段"的地理范围，其具体安排留待"第二阶段"亚远经委会在上海举行的首届大会上任命的全体委员会审议后，向经社理事会提交建议再行批准确定。1947 年 7 月 10—17 日，亚远经委会在纽约联合国临时总部举行首次全体委员会会议。会上，只有泰国提及将伊朗以东的中东地区纳入亚洲及远东地理范围的可能性，但没有代表团就此主题提出建议，所以，这次全体委员会会议未就地理范围的可能改变向经社理事会提出任何建议。[1] 经社理事会在成立亚远经委会的决议中关于亚洲及远东的地理范围就此暂时固定下来。这既意味着"亚洲"在历史上首次有了明确的国际法意义上的地理范围，又意味着作为其构成部分的"东南亚"首次作为整体被纳入现代意义上的国际区域制度框架之内。

与地理范围的确定相比，亚洲国家在亚远经委会成员资格上进行了激烈的斗争，并取得了卓越的成果。这反过来亦推动亚远经委会地理范围的进一步扩大。按照经社理事会关于成立亚远经委会的决议对成员资格的规定，亚洲及远东区域的非联合国成员国的独立国家或正值独立的国家及非自治领土并未在该组织中获得任何形式的合法权利。亚远经委会启动后，为保障亚洲国家在该组织中更多的代表性，其亚洲成员国开始了持续争取权益的努力，其突破口就是争取承认亚洲及远东地理范围内非自治领土或非联合国成员国能够参与该组织的活动。在纽约召开的亚远经委会首次全体委员会会议上，各国代表团就扩大成员资格问题进行了集体讨论。印度、菲律宾、苏联和英国四国代表团提出了不同的建议。印度代表团主张，亚洲及远东地理范围内各领土可申请成为正式成员，具体做法是其宗主国就合适的领土提出申请，经亚远经委会审议后提请经社理事会批准确定。菲律宾代表团提议，除了由经社理事会确定的亚远经委会创始成员外，该地理范围内任何有可能成为联合国成员的邦国或联合邦均应被增加为亚远经

---

[1] United Nation, "Report of the Economic Commission for Asia and the Far East and Report of the Committee of the Whole," ECOSOC, Document E/452 - E/491, 25 June 1947/23 July 1947, pp. 5, 22, https：//documents-dds-ny.un.org/doc/UNDOC/GEN/NL1/430/26/pdf/NL143026.pdf? OpenElement.

委会成员。其具体建议是:该地理范围内的任何领土经经社理事会根据亚远经委会的建议,经选举产生后均可被接纳为亚远经委会的成员;未当选为成员的任何此类领土均可由亚远经委会邀请,以协商方式参加该委员会的工作。苏联代表团提出两条建议。一条建议是,亚远经委会的成员应包括土耳其以外的亚洲及远东的所有联合国成员国,因为土耳其已经是欧洲经济委员会的成员;另一条建议是,亚洲及远东区域的非成员国经由亚远经委会的批准,可以成为该委员会与之特别相关问题的咨议顾问。英国代表团建议认为,不具有对外关系权限的各政府和领土,由负责处理其国际关系的宗主国以本国名义向该委员会提出申请,可被接纳为无投票权的联系成员(associate member)。①

在经社理事会和联合国法律部的指导下,亚远经委会全体委员会将各代表团的建议整合成两条基本观点:第一条是在亚远经委会地理范围内,非联合国成员的国家和领土可以被接纳为该委员会的正式成员;第二条是在亚远经委会地理范围内的非联合国成员的领土,可以被接纳为该委员会的联系成员。经过全体委员会的投票表决,第二条被多数票通过。最后,全体委员会就联系成员资格及其权利形成"四点"共同意见:(1)任何下列领土,即北婆罗洲、婆罗洲及沙捞越,缅甸,锡兰,印度支那,香港,马来亚及新加坡,荷属东印度,或这些领土的一部分或集团,经由对其国际关系承担责任的亚远经委会成员国向该委员会提出入会申请,该委员会应准予其为联系成员。以上各领土的一部分或集团如对其国际关系承担责任,在其直接向该委员会提出入会申请时,该委员会亦应准予其成为联系成员。(2)联系成员代表应具有参与该委员会一切会议的权利,无论是委员会会议还是全体委员会会议,但无投票权。(3)联系成员的代表应有资格被任命为由该委员会设立的任何次委员会或其他附属机构的成员,并有资格

---

① United Nation, "Report to the Economic and Social Council of the Session of the Committee of the Whole Held at Lake Success from 10 to 17 July 1947," ECOSOC, Document E/491, 23 July 1947, pp. 17 – 18, https: //documents-dds-ny. un. org/doc/UNDOC/GEN/NL1/430/26/pdf/NL143026. pdf? OpenElement.

在这些机构任职。(4)上述任何领土或其中一部分或集团,如非该委员会成员国或联系成员,由该委员会与负责其国际关系的成员国协商同意,可邀请它们以咨议顾问资格参与审议任何与其特别有关的问题。[①] 1947年8月4日,经社理事会决定采纳上述"四点"共同意见,并纳入其批准修改的《亚远经委会职权规定》中。经社理事会承认其对保障亚洲及远东区域有关各领土政府之间"完美合作"的必要性。[②]

亚远经委会修改后的职权规定虽未能完全反映亚洲成员国的意见,却使得那些非联合国成员的国家或领土非但有资格以协商方式参与亚远经委会的区域合作进展,而且有机会成为亚远经委会设立的次委员会或其他附属机构的成员,从而直接参与亚远经委会自主确定的区域合作议程。这样,亚洲国家尤其是东南亚区域国家或其他政治实体在亚远经委会中的地位有所强化。正是基于新的职权规定,1947年11月24日至12月6日,在菲律宾碧瑶举行第二届亚远经委会年度会议上,虽经过激烈的争论但仍然接纳了缅甸、锡兰、马来亚及英属婆罗洲、香港、柬埔寨和老挝为联系成员。在这届会议上,巴基斯坦因已加入联合国而成为正式成员,新西兰也被批准为正式成员。此次会议还一致同意向经社理事会建议准予新西兰为正式成员的申请。[③]这是亚远经委会成立半年来首次大规模扩员。此后,亚洲的正式成员和联系成员持续增加。1948年6月,缅甸在成为联合国成员后被接纳为正式成员。1948年12月,印度尼西亚共和国和尼泊尔被批准为联系成员。尼泊尔作为非殖民领土被首次包含在亚洲及远东地理范围内。1949年10

[①] United Nation, "Report to the Economic and Social Council of the Session of the Committee of the Whole Held at Lake Success from 10 to 17 July 1947," ECOSOC, Document E/491, 23 July 1947, pp. 19-22, https://documents-dds-ny.un.org/doc/UNDOC/GEN/NL1/430/26/pdf/NL143026.pdf?OpenElement.

[②] United Nation, "The Economic Commission for Asia and the Far East: Report of the Committee of the Whole," ECOSOC, Document E/524, 4 August 1947, pp. 17-18, 24-27, https://documents-dds-ny.un.org/doc/UNDOC/GEN/NL1/912/39/pdf/NL191239.pdf?OpenElement.

[③] United Nation, "ECAFE Annual Report to the Economic Social Council (16 June-6 December 1947)," ECOSOC, Document E/CN.11/53-E/606, 6 December 1947, pp. 3-4, 6-7, 20, https://documents-dds-ny.un.org/doc/UNDOC/GEN/B06/000/1x/pdf/B060001.pdf?OpenElement.

月，越南（南越）和韩国成为联系成员。① 1950 年 9 月，印度尼西亚共和国成为正式成员。这意味着最初界定的亚洲及远东地理范围内全部的独立国家和非自治领土已分别成为亚远经委会的正式成员或联系成员。亚远经委会的亚洲成员已开始改变在投票中的少数地位，其组织结构内部的权力平衡开始向亚洲倾斜。可以说，联系成员资格获取承认是亚远经委会制度的一次重大改进。② 值得注意的是，1948 年 11 月，考虑到中国国内形势的变化，并得到泰国政府的邀请，第四届亚远经委会年度会议决定将其秘书处工作地点从上海移至曼谷。泰国政府慷慨地提供办公场所及其他设施。从此，曼谷事实上成为亚远经委会的总部所在地。③ 因此，地理范围及联系成员资格的确认及接纳，亚洲尤其是东南亚区域正式成员的增加，既有助于亚远经委会的区域合作"亚洲化"进程，亦进一步突显了该委员会地缘政治经济的东南亚色彩。

制度安排既是亚远经委会区域合作"亚洲化"的核心侧面，又是该委员会其他侧面区域合作"亚洲化"的内在保障。这种"亚洲化"主要体现在两个方面：一是亚远经委会赋予其执行秘书长具有明显区域特性的重要权限；二是亚远经委会可以设立具有自主性的次委员会（sub-commissions）及其他附属机构（subsidiary bodies）、委员会（committees）及其次委员会（sub-committees）。这使得亚远经委会及其次委员会和附属机构拥有相当程度的自主性，使之能够更好地服务于亚洲国家的现实需要。

---

① United Nation, "ECAFE Annual Report to the Economic Social Council (1 July 1948 – 5 April 1949)," ECOSOC Document E/1329 – E/CN.11/190, 29 April 1949, pp.2, 11 – 13, 39 – 40, https://documents-dds-ny.un.org/doc/UNDOC/GEN/B06/000/3x/pdf/B060003.pdf? OpenElement; United Nation, "ECAFE Annual Report to the Economic Social Council (October 1949 – May 1950)," ECOSOC Document E/CN.11/241/REV.1 – E/1710, 23 May 1950, pp.66 – 69, 159, https://documents-dds-ny.un.org/doc/UNDOC/GEN/B09/128/9x/pdf/B091289.pdf? OpenElement.

② David Wightman, "Efforts for Economic Co-operation in Asia and the Far East: The Experience of ECAFE," *The World Today*, Vol.18, No.1, 1962, p.32; Victor Purcell, "The Economic Commission for Asia and the Far East," *International Affairs*, Vol.24, No.2, 1948, p.185.

③ United Nation, "ECAFE Annual Report to the Economic Social Council (1 July 1948 – 5 April 1949)," ECOSOC, Document E/1329 – E/CN.11/190, 29 April 1949, pp.6 – 7, https://documents-dds-ny.un.org/doc/UNDOC/GEN/B06/000/3x/pdf/B060003.pdf? OpenElement; United Nation, "ECAFE Annual Report to the Economic Social Council (28 February – 7 March 1951)," ECOSOC, Document E/1981 – E/CN.11/306, 16 April 1951, pp.5 – 6, 58, https://documents-dds-ny.un.org/doc/UNDOC/GEN/NL5/110/45/pdf/NL511045.pdf? OpenElement.

经社理事会成立亚远经委会的决议只是规定由联合国秘书长委派该委员会工作人员,并由这些人员组成作为联合国秘书处一部的秘书处,并未规定设立秘书长一职,亦未规定可设立次委员会及其他附属机构和委员会。但决议有一条非常重要的规定,即亚远经委会可自行制定其议事程序规则。① 正是这条规定为亚远经委会制度安排的"亚洲化"提供了法律依据。这样,根据经社理事会决议的规定,首届亚远经委会成立了由所有成员国代表组成的程序规则委员会,讨论制定了初步的《亚远经委会程序规则》,设计了亚远经委会的初步制度框架。该程序规则规定,其组织机构由委员会,各类次委员会、专门会议、工作组等附属机构和秘书处三大部分组成。委员会是整个组织的指导性机构,由来自各成员国的全权代表组成;委员会每年召开公开会议,即年度会议,设大会主席和副主席;委员会有义务按照自身的权限在经社理事会的授权下,邀请联合国成员国和非成员国、联合国专门机构及其他国际政府间组织和非政府间政治以观察员身份参与会议的协商;委员会在联合国框架内行动并受经社理事会的总体监督等。按照该程序规则,亚远经委会在其召开的年度会议上按照"一国一票"的简单多数投票做出决定。②

《亚远经委会程序规则》首次决定,亚远经委会秘书处设立执行秘书长一职,由联合国秘书长任命。其职责主要有:与年度大会主席协同审查会议代表资格和设定年度会议临时议程;参与该委员会次委员会及其他附属机构、委员会及其次委员会的活动;在该委员会举办的各类会议上就所审议的所有问题发表口头和书面声明;任命该委员会所举办的各类会议所需的工作人员;应该委员会及其次委员会及附属机构、委员会及其次委员会的要求,指导联合国秘书长委派的工作人员;在履行其职

---

① 《亚洲及远东经济委员会1947年3月28日决议案》,经社理事会,文件E/405,1947年3月28日,第6页,联合国网站,https://documents-dds-ny.un.org/doc/RESOLUTION/GEN/NR0/055/98/IMG/NR005598.pdf?OpenElement.

② "Rules of Procedure of the Economic Commission for Asia and the Far East," Adopted at the eighth meeting held at Shanghai on 20 June 1947, in United Nation, "Report of the Economic Commission for Asia and the Far East and Report of the Committee of the Whole," ECOSOC, Document E/452 – E/491, 25 June 1947/23 July 1947, pp. 11 – 14, https://documents-dds-ny.un.org/doc/UNDOC/GEN/NL1/430/26/pdf/NL143026.pdf?OpenElement.

责时可以联合国秘书长名义行事等。① 而后,亚远经委会执行秘书长的权限不断扩大。第二届亚远经委会年度会议通过决议,授权执行秘书与所有与该委员会保持工作关系的国际专门机构进行谈判,谋求如何就共同关心的问题与其进行"最佳的合作",以便更好地开展区域经济协调,推动特定的国际专门机构为此目的采取具体行动。② 到1950年6月在泰国曼谷召开的第六届亚远经委会年度会议上,与该委员会建立合作关系的国际专门机构已有近十个,包括联合国粮农组织、国际复兴开发银行、国际民航组织、国际贸易组织临时委员会、国际劳工组织、国际货币组织、联合国教科文组织、世界卫生组织和英国东南亚特委会等。③ 更为重要的是,执行秘书长的候选人从一开始就由联合国秘书长确定应来自亚洲国家,并被多数区域成员和美国、苏联所接受。按照这一"地理分配"原则,印度人罗卡内森担任亚远经委会首任执行秘书长。在实际工作中,出于政治考虑和完成工作目标的需要,执行秘书长经常在亚远经委会的指导原则框架内做出自己的决定。罗卡内森在任职期间,出于对殖民大国和域外成员国动机的怀疑,他一直推动亚远经委会的自主性并为亚洲国家创造更多的实质性收益。为此,他成功地确保了亚远经委会拥有在联合国组织中相当自主的地位,为其持续走亚洲区域合作之路奠定了组织基础。④

---

① "Rules of Procedure of the Economic Commission for Asia and the Far East," Adopted at the eighth meeting held at Shanghai on 20 June 1947, in United Nation, "Report of the Economic Commission for Asia and the Far East and Report of the Committee of the Whole," ECOSOC, Document E/452 – E/491, 25 June 1947/23 July 1947, pp. 9 – 11, https://documents-dds-ny.un.org/doc/UNDOC/GEN/NL1/430/26/pdf/NL143026.pdf?OpenElement.

② United Nation, "ECAFE Annual Report to the Economic Social Council (16 June – 6 December 1947)," ECOSOC, Document E/CN.11/53 – E/606, 6 December 1947, pp. 13, 43, https://documents-dds-ny.un.org/doc/UNDOC/GEN/B06/000/1x/pdf/B060001.pdf?OpenElement.

③ United Nation, "ECAFE Annual Report to the Economic Social Council (October 1949 – May 1950)," ECOSOC, Document E/CN.11/241/REV.1 – E/1710, 23 May 1950, pp. 50 – 58, https://documents-dds-ny.un.org/doc/UNDOC/GEN/B09/128/9x/pdf/B091289.pdf?OpenElement.

④ 参见 David Wightman, *Toward Economic Cooperation in Asia: The United Nations Economic Commission for Asia and the Far East*, New Haven: Yale University Press, 1963, p. 76; Lalita P. Singh, *The Politics of Economic Cooperation in Asia: A Study of Asian International Organizations*, Columbia: University of Missouri Press, 1966, pp. 97 – 98.

《亚远经委会程序规则》还首次决定，亚远经委会可以设立次委员会及其他附属机构、委员会，并对亚远经委会设立次委员会及其他附属机构和委员会做出了初步安排。具体内容包括：该委员会为履行其职责的需要，经与在相同领域行事的专门机构商讨，在征得经社理事会的同意后，可以设立次委员会及其他附属机构，并确定它们的权限和构成，可以授权其必要的自主性，以便它们有效地履行技术责任；该委员会可以设立它认为必要的委员会及次委员会，以协助它执行其任务；除非该委员会另有决定，次委员会或其他附属机构和委员会及其次委员会应通过其本身的议事规则。[1] 在亚远经委会全体委员会首次会议上，各代表团经过讨论，对有关该委员会、次委员会及其他附属机构、委员会及其次委员会的职权范围形成三点修改建议，作为对经社理事会成立亚远经委会决议中有关其职权范围规定的增补，包括该委员会有权就其职权范围内的任何事项直接向有关成员或联系成员政府，及获准具有协商能力的政府和有关专门机构提出建议；该委员会经与在同一领域起作用的专门机构商谈后，并经理事会同意，可以设立它认为适当的附属机构，以便利其履行职责；该委员会应每年向经社理事会提交一份全面报告，汇报其本身及其各类附属机构的活动及计划情况。[2] 而后，这些修改建议与首届亚远经委会年度会议制定的《亚远经委会程序规则》一起被经社理事会核准，并由第二届亚远经委会年度会议决定正式实施。[3]

亚远经委会执行秘书长职位的设置和次委员会及其他附属机构、委员会及其次委员会等机构的获准设立，使该委员会在议程设置与履行中

---

[1] "Rules of Procedure of the Economic Commission for Asia and the Far East," Adopted at the Eighth Meeting held at Shanghai on 20 June 1947, in United Nation, "Report of the Economic Commission for Asia and the Far East and Report of the Committee of the Whole," ECOSOC, Document E/452－E/491, 25 June 1947/23 July 1947, p. 14, https：//documents-dds-ny. un. org/doc/UNDOC/GEN/NL1/430/26/pdf/NL143026. pdf？OpenElement.

[2] United Nation, "Report of the Economic Commission for Asia and the Far East and Report of the Committee of the Whole," ECOSOC, Document E/452－E/491, 25 June 1947/23 July 1947, pp. 22－23, https：//documents-dds-ny. un. org/doc/UNDOC/GEN/NL1/430/26/pdf/NL143026. pdf？OpenElement.

[3] United Nation, "ECAFE Annual Report to the Economic Social Council (16 June－6 December 1947)," ECOSOC, Document E/CN. 11/53－E/606, 6 December 1947, pp. 49－62, https：//documents-dds-ny. un. org/doc/UNDOC/GEN/B06/000/1x/pdf/B060001. pdf？OpenElement.

拥有了相当程度的自主权，进而在实践上推动其区域合作的"亚洲化"进程。实际上，作为一个正式的区域政府间组织，亚远经委会既是各成员国政府酝酿和制订区域合作计划的"官方智库"，又是它们出台和实施区域合作行动计划的"组织平台"，从而在二战后亚洲区域合作实践中扮演着"建言者"和"行动者"的双重促进角色。

在区域合作实践中，亚远经委会的"建言者"角色主要通过两种途径发挥作用。一是组织专家组开展专业性经济研究、统计和规划等质性工作，形成定期或不定期发布的专题性经济调查、经济简报、统计指南、发展规划、经济评论及基于事实的、关于新任务和具体措施的专家建议等，为本区域国家推进区域和国别经济发展或区域经济合作提供信息服务和决策参考。二是将上述专家的集体成果融合起来，形成一份系统的、综合性的年度报告，经由亚远经委会年度会议通过后定期发布。有些旨在推动特定领域区域合作的重要建议亦会由此变为经委会的正式决议。因此，其年度报告除了可以为本区域国家推进国别经济发展或区域经济合作提供信息服务和决策参考外，还可以为亚洲区域经济合作实际行动的开展提供共同的决策工具。从这个意义上讲，亚远经委会在二战后初期亚洲国家经济发展和区域经济合作中承担着一种重要的"催化性代理人"的集体责任。[1]

实际上，为更好地服务于亚洲国家的现实需要，亚远经委会总是将与当前紧急和基本经济问题相关的议题纳入其工作计划和优先事项之中。其典型体现就是在东南亚食品危机中所扮演的积极角色。在1947年12月举行的第二届年度会议上，亚远经委会通过决议，就区域食品计划的实施向联合国粮农组织提出务实的"七点建议"，包括食品及其他必需品的确切情况以及国内产量；通过扩大生产和改善区域内的分配来弥补不同程度的食品短缺；有关肥料、杀虫剂、杀菌剂、毒药和兽医用品供应的现状以及有助于改善此种状况的农业工具、器具供应和质量情况；采取必要措施防止囤积和走私，确保以合理的价格实现更公平的消费；扩大粮食和农业出口的措施，以创造交

---

[1] 参见 David Wightman, *Toward Economic Cooperation in Asia: The United Nations Economic Commission for Asia and the Far East*, New Haven: Yale University Press, 1963, p. 97.

换购买基本必需品的机会;通过从其他区域进口,改善本区域役畜短缺的状况;货币和财政条件对上述状况影响的程度等。为有效履行这些建议,亚远经委会执行秘书长与联合国粮农组织总干事进行协商,确定促进这两个组织开展区域联合活动和持续合作的最佳方式,包括创建区域渔业理事会等。为此,亚远经委会与联合国粮农组织形成正式的工作关系。在这届会议上,亚远经委会还与专事东南亚食品问题区域协调的英国东南亚特委会建立了正式工作关系。[1] 这进一步深化了与联合国粮农组织和东南亚特委会在东南亚食品问题上的区域经济合作,为缓解东南亚区域食品危机做出了自己的贡献。

为更好地开展区域经济研究、统计和规划等"智库"性质的工作,亚远经委会在其秘书处设立了行政管理部、抗洪灾与水资源开发部、工业部、国际贸易部、研究与规划部、运输与通讯部、社会事务部和农业部等职能部门,并在其执行秘书长办公室设立信息部、编辑部、语言服务部和技术援助协作部等服务机构。这些职能部门和服务机构结合亚洲国家经济和社会发展的现实需求,通过调查、研究和资料整理发布实用信息,并提出建设性指导建议。[2] 在二战后初期的东南亚及整个亚洲,这些工作都是开创性的。其突出成果包括首次发布亚洲及远东区域年度《亚洲及远东经济概览》(*The Economic Survey of Asia and the Far East*) 和季度《亚洲及远东经济简报》(*The Economic Bulletin for Asia and the Far East*)。这一时期,由于亚洲国家普遍缺乏图书馆、研究人员和活动经费,它们之间很少有信息交流,甚至在基础性经济和统计数据上,东南亚很多地方都是缺乏的。在这种情况下,亚远经委会秘书处于1948年

---

[1] Victor Purcell, "The Economic Commission for Asia and the Far East," *International Affairs*, Vol. 24, No. 2, 1948, pp. 189 – 191; "Resolution on Food and Agriculture and Regional Working Relations with the Food and Agriculture Organization of the United Nations," in United Nation, "ECAFE Annual Report to the Economic Social Council (16 June – 6 December 1947)," ECOSOC, Document E/CN.11/53 – E/606, 6 December 1947, pp. 25 – 29, https://documents-dds-ny.un.org/doc/UNDOC/GEN/B06/000/1x/pdf/B060001.pdf?OpenElement.

[2] Lalita P. Singh, *The Politics of Economic Cooperation in Asia: A Study of Asian International Organizations*, Columbia: University of Missouri Press, 1966, p. 81; C. Hart Schaaf, "The United Nations Economic Commission for Asia and the Far East," *International Organization*, Vol. 7, No. 4, 1953, p. 483.

6月在上海出版了首份区域性经济调查,即《亚洲及远东经济概览(1947)》。① 此后,这一调查概览按年度连续出版。从1947—1950年的《亚洲及远东经济概览》来看,其内容既有对这个区域即期经济发展形势的概述,又有对区域性重大经济发展问题的专题审视。如1947—1949年三个年度经济概览的专题分析分别涉及战前与战后经济形势比较、战争结束以来经济的核心特性及显著变化、战后经济发展的影响因素及问题等。②

1949年10月第五届亚远经委会年度会议通过的由执行秘书长拟定的待出版的《亚洲及远东经济概览(1950)大纲》,包括该年度经济发展、影响经济发展的因素和问题与展望三大部分,涉及粮食与农业、工矿业、运输与通信、劳动与就业、货币、银行业、公共财政、通货膨胀与价格波动、国际贸易、收支平衡、经济规划、内部资本流动、外部援助与投资流动、技术援助与培训、贸易促进、人口变化与经济发展、矿业资源及其保护和利用、洪水控制与水资源开发、域内贸易、本区域在世界经济中的地位等21个重大议题。③ 这些适时出版的区域经济概览,既有助于为分析东南亚及所有亚洲区域经济问题建立起实质性数据,又有助于培育更大的亚洲区域经济意识,因而受到东南亚及整个亚洲国家的普遍重视。④《亚洲及远东经济简报》从1950年8月开始按季度发布。它主要是在《亚洲及远东经济概览》出版间歇对本区域经济形势所做的概述和评估,亦刊载涉及亚洲生产、运输、贸易、商品价格、货币与银行业的季度性经济统计以及贸易协定遵约信

---

① United Nation, "ECAFE Annual Report to the Economic Social Council (1 July 1948 – 5 April 1949)," ECOSOC, Document E/1329 – E/CN. 11/190, 29 April 1949, p. 5, https://documents-dds-ny.un.org/doc/UNDOC/GEN/B06/000/3x/pdf/B060003.pdf? OpenElement.

② United Nation, "ECAFE Annual Report to the Economic Social Council (28 February – 7 March 1951)," ECOSOC, Document E/1981 – E/CN. 11/306, 16 April 1951, p. 23, https://documents-dds-ny.un.org/doc/UNDOC/GEN/NL5/110/45/pdf/NL511045.pdf? OpenElement.

③ United Nation, "ECAFE Annual Report to the Economic Social Council (October 1949 – May 1950)," ECOSOC, Document E/CN. 11/241/REV. 1 – E/1710, 23 May 1950, pp. 127 – 131, https://documents-dds-ny.un.org/doc/UNDOC/GEN/B09/128/9x/pdf/B091289.pdf? OpenElement.

④ David Wightman, *Toward Economic Cooperation in Asia: The United Nations Economic Commission for Asia and the Far East*, New Haven: Yale University Press, 1963, pp. 85 – 87.

息编纂等。① 这些适时出版的区域经济简报，不但为东南亚及整个亚洲国家的经济发展提供了直接的咨询服务，而且被广泛认可为经济统计、学术研究和专家报告的主要数据资料来源。时至今日，《亚洲及远东经济概览》和《亚洲及远东经济简报》仍然是研究二战后初期东南亚及整个亚洲区域经济合作及其与美、英等域外大国经济关系的权威性文献和公开的基本信息来源。②

在区域合作实践中，亚远经委会的"行动者"角色主要是经由其次委员会及其他附属机构、委员会及其次委员会来实现的。亚远经委会在其制度框架内设立这些自主性机构的目的就是根据亚洲国家的需要设置合作议程并拓宽议题领域，从而使之在功能上更有效地服务于亚洲区域合作和经济社会发展，从而进一步推动其"亚洲化"进程。③ 最初，经社理事会只是规定了亚远经委会即期的主要任务，并未确定其具体的合作议程及议题。这样，亚远经委会在启动后才开始确定具体议题作为其核心活动领域。美、英等西方国家主张选择运输、燃料、人员培训及短期经济重建需求调查等少量合作领域作为优先议题，而东南亚及其他亚洲国家则更希望亚远经委会能够推动制订长期经济发展计划，经济重建只是其中一个组成部分。所以，它们特别希望解决区域生产、贸易、货币、经济及技术援助等问题，并通过推进工业化发展民族经济。菲律宾总统罗哈斯在第二届年度会议开幕致辞中指出，该区域的农业经济要获得快速发展就必须彻底抛弃西方国家支配的原材料生产的"殖民经济"，而实施合理的工业化发展计划。马来亚代表批评英国推行的普及多作物农业的政策。但他们也认识到在现阶段世界事务中，亚洲国家改变其工农业生产和经济生活势必要依赖高度工业化的域外大国提供工业设备、资本货物和技术技能等。他们甚至希望推动实施一个类似马歇尔计划的经济

---

① United Nation, "ECAFE Report to the Economic Social Council (29 January – 8 February 1952)," ECOSOC, Document E/CN. 11/342 – E/2171, 19 March 1952, p. 10, https://documents-dds-ny. un. org/doc/UNDOC/GEN/B09/128/7x/pdf/B091287. pdf? OpenElement.

② 孙建党：《美国与东南亚经济关系研究（1945—1973）》，经济管理出版社2011年版，第20页。

③ Robert W. Gregg, "The UN Regional Economic Commissions and Integration in the Underdeveloped Regions," *International Organization*, Vol. 20, No. 2, 1966, pp. 220 – 221.

援助计划,以便利用美国金融援助支持本区域的经济复兴和贸易发展。因此,他们希望亚远经委会在更好地获取和利用西方援助资金中扮演重要角色。在东南亚及其他亚洲成员国的强烈要求下,尽管美英等西方大国对这些诉求并不热情,然而,最终还是在引入这些议题上做出了让步。①

正是在第二届年度会议上,亚远经委会对通过特定领域的工作组和委员会有效落实其实质性工作做出必要的组织安排,同意设立两个特别委员会(Ad Hoc committees),由来自其成员的代表组成,具体负责商谈各个政府提供的技术培训和专家援助,菲律宾代表和缅甸代表分别当选为这两个委员会的主席。此次会议还通过决议,决定建立工业发展工作组(The Working Party for industrial development),负责与秘书处和各有关政府协调共同推动整个区域的工业发展计划。② 这次年度会议的一个重大动议是,亚远经委会在向经社理事会提交的年度报告中,提出设立防洪局(The Bureau of Flood Control)的建议。该报告提出,考虑到生活在亚远经委会成员范围内的居民近一半生活在大型河流四周的村落中,洪水不但会对他们的安全产生威胁,其所引起的饥荒问题每年还会在域内引发数百万居民的死伤。此外,由于洪水问题在亚洲的特殊性及重要性,美国或欧洲无法提供充分的相关经验予以借鉴。因此,亚远经委会建议经社理事会考虑建立一个防洪局,其主要任务包括对亚远经委会地理范围内所存在的洪水问题进行核验和记录,尤其应关注域内大型河流的洪水问题;同其他组织就防洪研究进行合作,尤其是堤坝与河床的淤泥问题;确认是否有必要在远东地区设立一个特殊机构(比如实验室),以培

---

① 参见 Ikuto Yamaguchi, "The Development and Activities of the Economic Commission for Asia and the Far East (ECAFE), 1947–65," in Shigeru Akita, Gerold Krozewski, et al., eds., *The Transformation of the International Order of Asia: Decolonization, the Cold War, and the Colombo Plan*, New York: Routledge, 2015, pp. 92–93; Victor Purcell, "The Economic Commission for Asia and the Far East," *International Affairs*, Vol. 24, No. 2, 1948, pp. 186–188; David Wightman, *Toward Economic Cooperation in Asia: The United Nations Economic Commission for Asia and the Far East*, New Haven: Yale University Press, 1963, pp. 37–50.

② United Nation, "ECAFE Annual Report to the Economic Social Council (16 June–6 December 1947)," ECOSOC, Document E/CN.11/53–E/606, 6 December 1947, pp. 11–12, 31–32, https://documents-dds-ny.un.org/doc/UNDOC/GEN/B06/000/1x/pdf/B060001.pdf? OpenElement.

训防洪领域的专家；将研究成果交给有关国家政府处理。① 亚远经委会这一建议由经社理事会讨论后于1948年3月形成决议案反馈给亚远经委会。经社理事会在其决议案中要求，亚远经委会秘书长与相关特设机构进行合作，就成立防洪局事宜进行前期研究，并将结果提交给亚远经委会第三届年度会议审议。②

为持续推进这些工作，1948年6月，在印度乌塔卡蒙德（Ootacamund）举行的第三届年度会议上，亚远经委会决定设立五个委员会，分别负责工业发展、技术培训、贸易促进、食品与农业和洪水控制领域的实质性协调行动。在这届会议上，经全体会议和以缅甸人圣吴那（Sao Wunna）为主席的第五委员会先后商谈后，在美国和苏联代表反对的情况下，亚远经委会最终获多数支持通过成立防洪局的决议。依照该决议的规定，防洪局对亚远经委会负责，由其执行秘书长协助和配合，负责与各成员政府、联合国粮农组织等专门机构协调，共同推动该区域内主要河流的洪灾控制及相关问题的区域合作。亚远经委会在该决议中指出，防洪局要承担的具体职能包括：与各成员政府共同参与亚远区域内外国家或区域组织负责的防洪及相关问题的合作；与联合国粮农组织和其他特设机构保持联系；比较不同组织的方法和经验以备综合运用，在可能的情况下确认总的宗旨，最终提出联合研究和实验计划；推动各成员政府之间、不同国家与区域组织之间的信息交流，可以通过报告与文件的互惠交换，或者专家的交流会进行；应相关政府的请求，就防洪与河流问题在建立或提升国家组织方面予以建议与协助；应成员政府请求，委派专家前往协助处理特定问题；利用现有国家的实验室或服务部，培训防洪及河流领域的专家；若有必要，可向相关成员提供国际援助；推动文件、信息更新，并对

---

① United Nation, "ECAFE Annual Report to the Economic Social Council (16 June – 6 December 1947)," ECOSOC, Document E/CN. 11/53 – E/606, 6 December 1947, p. 47, https://documents-dds-ny.un.org/doc/UNDOC/GEN/B06/000/1x/pdf/B060001.pdf? OpenElement.

② United Nation, "Report of the Third Session of the Economic Commission for Asia and the Far East," ECOSOC Official Records, E/839 – E/CN. 11/101, 1 – 12 June 1948, p. 13, https://documents-dds-ny.un.org/doc/UNDOC/GEN/B06/000/2x/pdf/B060002.pdf? OpenElement.

国家组织给予有效援助，等等。[①]

1948年11月，在澳大利亚格伦布鲁克（Glenbrook）举行的第四届年度会议上，亚远经委会根据工作需要将原有的五个委员会重组为四个，分别负责推进工业发展、贸易促进、食品与农业和洪水控制领域的区域合作。一个重要成果是工业发展工作组提出的下届年会成立工业与贸易委员会及钢铁次委员会和旅游次委员会的建议被采纳。这样，1949年4月，在新加坡举行的第五届年度会议决定成立工业与贸易委员会及钢铁次委员会和旅游次委员会。该委员会对所有成员和联系成员政府开放，主要负责工业与贸易领域与各成员政府的合作计划和协同行动。工业与贸易委员会的设立既是亚远经委会组织结构演进中的重大进步，亦是其在议题和功能上的首次重大延伸，标志着其任务从短期的战后经济恢复和重建转向促进长期的经济发展和国家经济建设。[②] 另一个重要成果是防洪局的正式启动并制订了1949年的工作计划。其间，中国政府扮演了实际的"领导"角色。最初，成立防洪局的建议就是由出席亚远经委会会议的中国代表团首席代表李卓敏提出的。1948年3月，联合国经社理事会在同意该提议后，请求中国政府派员协助拟定成立防洪局的报告。中国水利部派出两名水利专家提出相关报告，强调防洪局应立即成立，并对其编制及经费做出详细估算。在中国政府的力争下，亚远经委会第三届年度会议规定由中国代表担任防洪局负责人。随后，防洪局在亚远经委会上海总部正式成立，由中国水利专家须恺担任代理局长。在亚远经委会第五届年度会议上，南京市前市长沈怡正式就职首任防洪

[①] United Nation, "Report of the Third Session of the Economic Commission for Asia and the Far East," ECOSOC Official Records, E/839 – E/CN.11/101, 1 – 12 June 1948, pp. 9 – 13, 52 – 53, https://documents-dds-ny.un.org/doc/UNDOC/GEN/B06/000/2x/pdf/B060002.pdf? OpenElement.

[②] United Nation, "ECAFE Annual Report to the Economic Social Council (1 July 1948 – 5 April 1949)," ECOSOC, Document E/1329 – E/CN.11/190, 29 April 1949, pp. 2, 6, 10 – 21, 55 – 59, https://documents-dds-ny.un.org/doc/UNDOC/GEN/B06/000/3x/pdf/B060003.pdf? OpenElement; Lalita P. Singh, *The Politics of Economic Cooperation in Asia: A Study of Asian International Organizations*, Columbia: University of Missouri Press, 1966, pp. 78 – 79; Ikuto Yamaguchi, "The Development and Activities of the Economic Commission for Asia and the Far East (ECAFE), 1947 – 65," in Shigeru Akita, Gerold Krozewski, et al., eds., *The Transformation of the International Order of Asia: Decolonization, the Cold War, and the Colombo Plan*, New York: Routledge, 2015, p. 93.

局局长。① 这标志着在亚远经委员会的领导下，出现了一个专业处理控洪、水与河流问题的特设机构，亚洲地区尤其是东南亚区域的水问题合作迈出了重要一步。

在这届年会结束后，亚远经委会工业与贸易委员会和防洪局正式开始运行。在防洪局成立之初，在亚远经委会的领导下对其组织结构、人员构成进行了调整。在组织结构上，亚远经委会在全体会议上决定，防洪局应当在管理与资金方面成为亚远经委会秘书处的一部分，但该局局长在服从委员会决议的基础上拥有技术方面的必要自主权。亚远经委会确定，防洪局最优先的工作应是调查和评估亚远经委会地理范围内的洪水问题，因为亚洲尤其东南亚是受洪水肆虐的重灾区。在人员构成方面，亚远经委会着重讨论了专家的资格、责任与预算问题。亚远经委会决定让秘书长选派一位局长和两位专家负责防洪局的日常工作，并在大会的预算限度内给予他们适当的技术、秘书与管理服务。在专家的挑选上，亚远经委会认为，主席与两位专家应是高级技术人员，并且具有丰富的管理能力与经验。此外，防洪局雇用的工作人员，必须具备在亚远经委会成员国与区域工作的特殊经历。防洪方面的特殊经验与专业的技术能力是衡量专家水准的唯一标准。亚远经委会认为，招收一名具有高级技术资格的局长与专家队伍不仅对吸引高级技术人才进入该局有很大裨益，还能在防洪局的日常工作中对亚洲尤其是东南亚区域水问题合作做出重大贡献。②

亚远经委会防洪局启动后开展的首个重大行动是对东南亚南亚区域的主要河流进行实地勘察。1949 年 5 月至 1950 年 2 月，第一阶段的勘察涉及缅甸、泰国、印度支那、菲律宾、印度尼西亚、印度、锡兰和巴基斯坦等国境内的主要河流，涵盖该区域的绝大部分，内容包括河流机制、洪涝灾害和防洪工作等。这次为期近一年的实地考察，覆盖了大部分亚远经委会成员的地理范围，使得防洪局能够对这些成员主要河流的防洪

---

① 沈怡：《沈怡自述》，中华书局 2016 年版，第 329—336 页；李硕：《中国人倡办的几个国际水利组织》，载《档案建设》2018 年第 4 期，第 56—57 页。

② United Nation, "ECAFE Annual Report to the Economic Social Council (1 July 1948 – 5 April 1949)," ECOSOC, Document E/1329 – E/CN. 11/190, 29 April 1949, pp. 23 – 25, https://documents-dds-ny. un. org/doc/UNDOC/GEN/B06/000/3x/pdf/B060003. pdf？OpenElement.

方法进行细致研究，尤其是这一区域内的三角洲地区。这次考察不仅比较了区域内各成员现有的防洪方法，还使得防洪局能够根据各成中不同的情况提出改进的措施和建议。其间，该局向各成员和联系成员政府提交了《亚洲及远东洪灾和防洪活动》报告，其内容包括该区域水文概况、防洪工程的发展、主要河流的洪灾情况及防控活动等。防洪局还建议召开防洪区域技术会议，以推动控洪技术信息交流和合作。随后，防洪局于1949年10月和1950年7月出版了两期《防洪杂志》，并于1949年10月主持召开了防洪区域技术会议（The Regional Technical Conference on Flood Control），促进该区域技术信息的交流、国际技术援助和技术人员的招募，探讨防洪的方法等。此外，亚远经委会防洪局还持续推进区域内技术情报方面的交流，并为成员政府提供防洪方面的出版物，内容涵盖亚洲及远东地区的水力概况，区域内防洪工作发展及洪水灾害与区域内主要流域防洪工作的研究报告。①

1949年8月，亚远经委会钢铁次委员会在曼谷召开首次会议。随后，组织专家调查组赴缅甸、马来亚及新加坡、印度尼西亚、印度支那、泰国、印度、锡兰和巴基斯坦等地区调研，而后向工业与贸易委员会提交了长达238页的《煤炭和钛矿石研究报告》，其内容涉及该区域内煤炭和铁矿石资源概览、蕴藏情况、勘探方案及其难点等，内附18幅指示矿床分布的地形图和已探明矿藏的地质图。1949年10月，工业与贸易委员会也召开了首次会议，并组织专家组赴缅甸、印度支那、印度尼西亚、马来亚、菲律宾、印度、锡兰和巴基斯坦等地区进行实地调研，而后就该区域的工业发展规划及优先项目向亚远经委会及各成员政府提交了工作报告并被采纳。工业与贸易委员会成为亚远经委会最重要的附属机构。1950年5月，在泰国曼谷举行的第六届年度会议上，亚远经委会对其秘书处和附属机构的工作进行年度评估后认为，它们的务实工作取得了显著成绩，尤其是在防洪、贸易促进和工业发展等领域向该区域各成员提

---

① United Nation, "ECAFE Annual Report to the Economic Social Council (October 1949 – May 1950)," ECOSOC, Document E/CN. 11/241/REV. 1 – E/1710, 23 May 1950, pp. 12, 14 – 17, https://documents-dds-ny. un. org/doc/UNDOC/GEN/B09/128/9x/pdf/B091289. pdf? OpenElement.

供的直接服务受到这些成员的高度赞赏。①

亚远经委会虽然本质上是一个区域经济组织，但作为首个在联合国框架内运行的涵盖整个东南亚的权威区域政府间组织，其制度安排、议程设置、成员构成和地理范围都具有"亚洲化"特性，它不仅仅直接影响了二战后初期东南亚区域经济合作实践，在客观上还对东南亚区域政治发展产生了重大影响。两个典型的例子是其对英国东南亚特委会区域活动空间的挤压和对印度尼西亚共和国国际合法性的集体支持。如前所述，东南亚特委会的衰落与亚远经委会在区域合作议题和功能及国际合法性上的排他性竞争有直接关系。其实，双方虽然一度建立起正式的工作关系，但它们内部一开始就存在的矛盾一直没有得到解决。1946年12月，在经社理事会同意成立亚远经委会时，英国政府对之就持消极态度。英国政府认为，成立亚远经委会的动议主要是由印度、中国和菲律宾提出的，且因有苏联参加而意味着它要介入东南亚事务，这些都会在政治和战略上对英国形成不利影响，进而从总体上侵蚀英国在该地区的领导权。英国驻联合国代表斯滕特甚至认为，亚远经委会一旦建立起来就会接管东南亚特委会的食品协调职能，这将意味着该组织被抛弃。②但英国并未能阻止亚远经委会的成立。

随后，英国通过与之建立工作关系试图保障东南亚特委会免受其干预，以此避免亚远经委会影响英国总体上的区域计划，尤其是东南亚特委会的持续运行。英国的这一图谋又遭遇挫败。多数亚洲国家和苏联都对东南亚特委会持敌视态度。随着亚远经委会的迅速发展和东南亚特委会的国际地位不断下降，英国政府认识到将东南亚特委会转化为正式的区域委员会的前景更加渺茫，尤其是东南亚特委会的功能逐渐被亚远经委会所取代。实际上，1948年2月，基勒恩卸任前就已经停止出版东南亚特委会的月度经济简报并将统计工作留给亚远经委会。正如英国外交部的一位经济专家所言，因为英国及其他英联邦成员并不愿意在亚远经委会中承担相应的经济责任，它们在其中的角色只能对该区域经济发展

---

① United Nation, "ECAFE Annual Report to the Economic Social Council (October 1949 – May 1950)," ECOSOC, Document E/CN. 11/241/REV. 1 – E/1710, 23 May 1950, pp. 21 – 23, 165, https://documents-dds-ny.un.org/doc/UNDOC/GEN/B09/128/9x/pdf/B091289.pdf?OpenElement.

② 参见Tilman Remme, *Britain and Regional Cooperation in South-East Asia 1945 – 1949*, New York: Routledge, 1995, pp. 103 – 105.

施加十分有限的影响。这迫使英国转而使用亚远经委会作为其聚焦东南亚区域政策的一种替代办法，加速了英国"霸权的区域主义"最终退出东南亚及整个亚洲区域合作进程。鉴于此，雷姆认为，亚远经委会涵盖整个东南亚南亚区域的组织化区域合作，是对英国的区域计划尤其是东南亚特委会区域合作的"最严重的挑战"①。从此，英国不再否认促进东南亚南亚经济发展的重要性，开始积极谋划英联邦会议框架内区域合作的新方法，因而为此后"科伦坡计划"的酝酿和出台铺平了道路。②

亚远经委会对印度尼西亚共和国合法性的集体支持主要体现在其亚洲成员持续而坚定地主张接纳其为联系成员直至成为正式成员上。亚远经委会在第二届年度会议商谈接纳首批联系成员时，同时收到荷兰代表团代表荷属东印度领土和印度尼西亚共和国代表其联系成员的申请。印度代表团接受印度尼西亚共和国的申请并同意其为联系成员。但全体代表就印度的提案投票时，虽有印、苏、菲、巴四国赞成，但终因英、美、法、澳、荷五国多数票反对而未获通过。此次会议讨论决定将这两个申请推迟至下届年度会议再行审议。③ 第三届年度会议再次讨论了这两国的申请，但未投票表决，再行延期至下届年度会议审议。在第四届年度会议上，在印度代表的提议下，各国代表团第二次审议两国申请。荷兰代表团转而申请承认整个印度尼西亚为联系成员。新西兰代表团建议同时承认印度尼西亚共和国和"其余印度尼西亚"为联系成员。巴基斯坦代表团提议将新西兰的建议修改为同时承认印度尼西亚共和国和"其余印度尼西亚"（The Rest of Indonesia）为联系成员，得到印度、中国、缅甸、菲律宾和澳大利亚代表团的支持。苏联代表团表示仅仅赞同印度尼西亚共和国为联系成员。1948年12月8日，各代表团对修改后的新西兰建议

---

① 参见 Tilman Remme, *Britain and Regional Cooperation in South-East Asia* 1945 – 1949, New York: Routledge, 1995, pp. 105 – 115, 136.

② Ikuto Yamaguchi, "The Development and Activities of the Economic Commission for Asia and the Far East (ECAFE), 1947 – 65," in Shigeru Akita, Gerold Krozewski, et al., eds., *The Transformation of the International Order of Asia: Decolonization, the Cold War, and the Colombo Plan*, New York: Routledge, 2015, p. 93.

③ United Nation, "ECAFE Annual Report to the Economic Social Council (16 June – 6 December 1947)," ECOSOC, Document E/CN. 11/53 – E/606, 6 December 1947, pp. 9 – 10, 21, https://documents-dds-ny.un.org/doc/UNDOC/GEN/B06/000/1x/pdf/B060001.pdf? OpenElement.

进行投票表决，以 8∶2 多数票赞同通过决议，接受印度尼西亚共和国和"其余印度尼西亚"（The Rest of Indonesia）为联系成员，只有美国和荷兰投了反对票。荷兰代表声称这一决定超越了亚远经委会的职权范围，因而退出会议。最终，印度尼西亚共和国获得联系成员资格，"其余印度尼西亚"因无代表而空缺。亚远经委会决议称，印度尼西亚持续缺席联系成员对该委员会的工作产生了不利影响，并宣称这一方案并不影响印度尼西亚问题的政治解决。①

此时，印度正筹备第二届亚洲关系会议，已经将游说亚远经委会接纳印度尼西亚共和国为联系成员作为反殖民主义和支持亚洲国家独立的一个平台，从而使之服务于亚洲政治。可以说，亚远经委会接纳印度尼西亚共和国为联系成员的决议与第二届亚洲关系会议的决议一起，成为随后联合国安理会关于印度尼西亚问题决议的国际和区域力量的重要支撑。该决议也为随后成立的印度尼西亚联邦共和国接替印度尼西亚共和国为联系成员奠定了法理基础。1950 年 6 月，在第六届年度会议上，鉴于印度尼西亚联邦共和国已经成立，亚远经委会通过决议声明，承认印度尼西亚最近的宪政和领土变化，欢迎印度尼西亚联邦共和国创建为一个独立的主权国家，并决定修改原有安排而承认其为该委员会的联系成员。② 1950 年 9 月，恢复原国名的印度尼西亚共和国因已成为联合国成员国而自动被接纳为亚远经委会正式成员。印度尼西亚作为在亚远经委会关于成员资格讨论中"最有争议的案例"尘埃落定。③ 从此，印度尼西亚以国际公认的主权国家身份登上区域舞台，并很快成为"泛亚洲主义"

---

① United Nation, "Interim Report on the Fourth Session of the Economic Commission for Asia and the Far East (29 November – 11 December 1948)," ECOSOC, Document E/CN. 11/180/REV. 1 – E/1088, 12 December 1948, pp. 7 – 8, 22, https://documents-dds-ny.un.org/doc/UNDOC/GEN/B15/100/72/pdf/B1510072.pdf?OpenElement; United Nation, "ECAFE Annual Report to the Economic Social Council (1 July 1948 – 5 April 1949)," ECOSOC, Document E/1329 – E/CN. 11/190, 29 April 1949, pp. 12 – 13, 39 – 40, https://documents-dds-ny.un.org/doc/UNDOC/GEN/B06/000/3x/pdf/B060003.pdf?OpenElement.

② United Nation, "ECAFE Annual Report to the Economic Social Council (October 1949 – May 1950)," ECOSOC Document E/CN. 11/241/REV. 1 – E/1710, 23 May 1950, p. 159, https://documents-dds-ny.un.org/doc/UNDOC/GEN/B09/128/9x/pdf/B091289.pdf?OpenElement.

③ David Wightman, *Toward Economic Cooperation in Asia: The United Nations Economic Commission for Asia and the Far East*, New Haven: Yale University Press, 1963, p. 28.

框架内区域合作进程中真正的东南亚本地"区域大国"。

至此,亚远经委会经过三年多的发展,从西方大国占主导的联合国附属性区域组织逐步演变为"完全的亚洲人的组织",亦即它在亚洲成员的持续推动下开始更多地保障和代表亚洲的利益。[1] 英国外交部东南亚部官员肯尼斯·克里斯托法斯(Kenneth Christophas)提供的一份文件称,在第三届亚远经委会年度会议上,绝大多数代表表现出亲近印度尼西亚和反对荷兰的情绪,而这一进展警告英国在亚洲人民眼中反对民族主义者所遭遇的危险性。他与邓宁等外交部官员坚决反对与法国和荷兰在东南亚殖民地层面上进行任何合作。英国外交部的另一份文件称,英国的国家特殊利益已经得到亚远经委会的充分关注。[2] 可见,在这里,新独立和正走向独立的亚洲国家不仅可以平等地与西方大国和联合国组织及专门机构协作实现共同的经济利益,而且借此组织最大化地保障自身的经济独立、政治自主和国家身份。更为重要的是,它们通过自己建立的多边论坛商谈解决深刻的历史和现实分歧,开启彼此间有价值的经济观点和信息交流的窗口,拓宽合作努力中的经验和实践,进而增强共同的经济问题区域解决方法,培育区域团结的意识和情感、发展友好合作的精神和氛围、增进彼此间的理解和同情,乃至为国际合作与和平创造"最好的基础"。亚远经委会不但成为亚洲历史上第一个围绕自己的理事会议事的"亚洲的议会",而且在培育东南亚区域多边主义上发挥了重要作用。[3] 伯纳德·戈登(Bernard K. Gordon)认

---

[1] David Wightman, *Toward Economic Cooperation in Asia: The United Nations Economic Commission for Asia and the Far East*, New Haven: Yale University Press, 1963, p. 76; Lalita P. Singh, *The Politics of Economic Cooperation in Asia: A Study of Asian International Organizations*, Columbia: University of Missouri Press, 1966, p. 27.

[2] Tilman Remme, *Britain and Regional Cooperation in South-East Asia 1945 – 1949*, New York: Routledge, 1995, pp. 134, 136.

[3] 参见 Ikuto Yamaguchi, "The Development and Activities of the Economic Commission for Asia and the Far East (ECAFE), 1947 –65," in Shigeru Akita, Gerold Krozewski, et al., eds., *The Transformation of the International Order of Asia: Decolonization, the Cold War, and the Colombo Plan*, New York: Routledge, 2015, pp. 104 – 105; David Wightman, *Toward Economic Cooperation in Asia: The United Nations Economic Commission for Asia and the Far East*, New Haven: Yale University Press, 1963, p. 52; William Henderson, "The Development of Regionalism in Southeast Asia," *International Organization*, Vol. 9, No. 4, 1955, p. 471; "Appreciation of the Achievements of the Commission and the Secretariat during the Year under Report," in United Nation, "ECAFE Annual Report to the Economic Social Council (October 1949 – May 1950)," ECOSOC, Document E/CN. 11/241/REV. 1 – E/1710, 23 May 1950, pp. 164 – 167.

为，东南亚国家领导人通过参加亚远经委会的定期会议及其专门委员会和工作组的活动，分享了许多经济发展领域的相似问题，进而首次产生了共同的区域意识。① 简而言之，不管是对整个亚洲还是单个东南亚来说，亚远经委会均在区域合作实践道路上迈出了制度化和功能化的重要步骤，进而推动亚洲及东南亚区域的开放性建构。

第三节 "太平洋主义"生长与东南亚区域合作重新出发

与"泛亚洲主义"相比，"太平洋主义"是一种微弱的区域意识，旨在突显太平洋沿岸亚洲国家尤其是海上东南亚（西南太平洋）及南太平洋国家的政治、经济和安全诉求，在核心地缘和核心议题上，其"底色"不仅是亚洲的，而且比"泛亚洲主义"具有更鲜明的东南亚取向。其框架内的跨区域合作实践最初在英联邦会议框架内孕育和生长，在东南亚及周边区域呈现出"一弱一强"两个分支。较弱的一支以安全防务为核心议题，由澳大利亚和英国首倡，初成于英国、澳大利亚、新西兰缔结的协防马来亚及其周边海域的"联合战略防务计划"，通常被称为"澳新马区域"（ANZAM），而后脱离英联邦体系，经历了菲律宾首推的流行一时的"太平洋条约"动议，直至"碧瑶会议"的召开，并一度成为"泛亚洲主义"的一种变体，但最终未能得到大规模发展，仅留下松散的"澳新马区域"防务协商机制；较强的一支以经济合作尤其是发展援助为核心议题，依然由英国和澳大利亚首推，持续在英联邦会议框架内生长，最终形成具有明显跨区域特性的"科伦坡计划"，开启了以"东南亚"冠名的首个"南北型"区域经济合作机制。从此，东南亚成为跨区域合作最重要的地理指向。"太平洋主义"区域意识下的跨区域合作助推东南亚区域合作重新出发。

---

① Bernard K. Gordon, *The Dimension of Conflicts in Southeast Asia*, Englewood Cliffs: Prentice-Hall, 1966, p. 1.

一 "太平洋主义"的生长与"澳新马区域"防务计划

对东南亚区域而言,"太平洋主义"区域意识纯粹是由外到内生成的。从现代国际规范及其实践的角度来看,它可以溯源至1942年初出现的、将《大西洋宪章》原则引入亚洲及太平洋地区的"太平洋宪章"动议,再到1944年初澳大利亚和新西兰在《澳新协定》框架内创建"南部海洋区域委员会"和西南及南太平洋"防务区"动议。二战后初期,随着英国东南亚区域规划的转向和澳大利亚推行"近北/远北"(The Near North/ Further North)和"接触亚洲"(Engaging with Asia)的区域战略,"太平洋主义"区域意识及其跨区域合作动议在英联邦会议框架内获得新的生命力,并开始在东南亚及周边局部区域生长。

这一进程从英国在英联邦会议中启动新的区域动议开始。1946年4—5月,在战后召开的首次英联邦总理会议上,英国外交大臣贝文在提议讨论建立新的区域组织的可能性时,就试图说服澳大利亚和新西兰与英国一起建立中心化的"英联邦防务组织"(Organisation for Commonwealth Defence),共同承担对包括东南亚区域在内的整个英联邦的防务责任,同时扩大英国与这两国在东南亚的经济联系,推动共同的安全与福利。澳大利亚和新西兰两国承认未来应该对英联邦共同防务做出贡献,但不赞同地理广泛的中心化联合防务计划,认为英联邦共同防务首要的是针对西南及南太平洋区域。它们主张首先设计一个英、澳、新三国保障太平洋区域的"共同防务计划"(common defence scheme),而后应该包括美国,如果可能还应包括法国、荷兰和葡萄牙等所有区域的利益攸关者。澳大利亚希望这样的区域防务计划是非中心化的,即基于互惠原则和政治协商的政府间层次,其行动通过本国的防务组织来控制。但澳大利亚愿意与英国一起推进东南亚经济和社会领域的区域合作。会上,澳大利亚政府总理本·奇夫利(Ben Chifley)展示了一份题为"南部海洋及东南亚区域经济和福利合作"的备忘录,提出应尽快创建"南部海洋区域委员会",试图复兴此前澳大利亚与新西兰共同提出的类似倡议,以便与英国一起促进该区域的合作,尤其是关于福利和健康事务的合作。澳、新两国还提议建立目标类似的"东南亚委员会"。两国的态度迫使英国政府厘清其东南亚区域合作的界限。鉴于其以东南亚特委会为基础构建东南亚区域委员会的尝试已告失败,英国认为,澳大利亚的建议不但切实可行,而且有希望将美国吸引进来,故而建议英、澳、新三国政府详细讨论在南部海洋或西南太平洋上建立一个区域委员会的具体情况。这一建议得到澳大利亚政府的支持。①

在这次英联邦总理会议上,英国、澳大利亚和新西兰三国政府考虑到美国关于太平洋基地未来地位和使用的某些建议,经协商后同意:赞成建立一项或几项区域安排,以便当事各方维持南太平洋和西南太平洋区域的国际和平与安全;邀请美国参与这种安排;作为任何此类安排的一部分,考虑太平洋基地的未来管理和使用,包括全部或部分由英国、澳大利亚和新西兰政府管理的美国在战争期间在太平洋区域的领土上全部或部分建立的防御基地。会上,三国政府接受一项原则,即太平洋区域的所有此类区域安排都必须符合联合国的原则和宗旨,并符合《联合国

---

① 参见 "Minutes of Meeting of Prime Ministers," PMM (46) 1st Meeting, London, 23 April 1946, in Australian Department of Foreign Affairs and Trade, *Documents on Australian Foreign Policy*, Vol. 9, 1946, Document 206, https://www.dfat.gov.au/about-us/publications/historical-documents/Pages/volume-09/206-minutes-of-meeting-of-prime-ministers; "Minutes of Meeting of Prime Ministers," PMM (46) 3rd Meeting, London, 24 April 1946, in Australian Department of Foreign Affairs and Trade, *Documents on Australian Foreign Policy*, Vol. 9, 1946, Document 208, https://www.dfat.gov.au/about-us/publications/historical-documents/Pages/volume-09/208-minutes-of-meeting-of-prime-ministers; "Minutes of Meeting of Prime Ministers," PMM (46) 4th Meeting, London, 25 April 1946, in Australian Department of Foreign Affairs and Trade, *Documents on Australian Foreign Policy*, Vol. 9, 1946, Document 210, https://www.dfat.gov.au/about-us/publications/historical-documents/Pages/volume-09/210-minutes-of-meeting-of-prime-ministers; "Minutes of Meeting of Prime Ministers," PMM (46) 11th Meeting, London, 3 May 1946, in Australian Department of Foreign Affairs and Trade, *Documents on Australian Foreign Policy*, Vol. 9, 1946, Document 229, https://www.dfat.gov.au/about-us/publications/historical-documents/Pages/volume-09/229-minutes-of-meeting-of-prime-ministers; "Minutes of Meeting of Prime Ministers," PMM (46) 12th Meeting, London, 6 May 1946, in Australian Department of Foreign Affairs and Trade, *Documents on Australian Foreign Policy*, Vol. 9, 1946, Document 235, https://www.dfat.gov.au/about-us/publications/historical-documents/Pages/volume-09/235-minutes-of-meeting-of-prime-ministers.

宪章》第52条款的规定。① 这样，这次英联邦总理会议结束后不久，在澳大利亚的首推和新西兰的紧密配合下，英、澳、新、法、荷、美六国启动了创建一个区域委员会的初步协商。1946年9月，澳、新两国共同向英、美、法、荷四国发出在堪培拉开会讨论这一动议的邀请，并被四国所接受。1947年1月28日至2月6日，六国代表在澳大利亚堪培拉举行了南部海洋会议（旧译"南海会议"）（The South Seas Conference）。伊瓦特被推选为大会主席。这次会议是负责管理南太平洋区域非自治领土的各国政府第一次聚在一起讨论与促进该区域居民福利有关的广泛问题。会上，澳大利亚和新西兰提出成立南太平洋委员会的建议，并得到各国代表的支持。在会议结束时，六国共同签署了《关于建立南太平洋委员会的协定》（The Agreement establishing the South Pacific Commission），又称《堪培拉协定》（The Canberra Agreement）。该协定经上述各参与国政府批准后于1948年7月正式生效。② 南太平洋委员会的正式运行开启了最早的南太平洋区域机制。③ 这既标志着西方六国实现了对南太平洋区域

---

① "U. K. Delegation (Paris) to the Earl of Halifax (Washington) (Received in Foreign Office 1 May, 10. 5 p. m.)," No. 1 Telegraphic [AN 3936/101/45], 1 May 1946, in United Kingdom Foreign and Commonwealth Office, *Documents on British Policy Overseas*, Ser. 1 Vol. 4: *Britain and America: Atomic Energy, Bases and Food*, 12 December 1945 – 31 July 1946, Chapter 2, 1946, Document 84, https://www.proquest.com/government-official-publications/u-k-delegation-paris-earl-halifax-washington/docview/1923015534/se-2? accountid=41288.

② 参见 Peter Edwards, *Crises and Commitments: The Politics and Diplomacy of Australia's Involvement in Southeast Asian Conflicts 1948–1965*, North Sydney: NSW Allen & Unwin, 1992, pp. 9–11; Tilman Remme, *Britain and Regional Cooperation in South-East Asia 1945–1949*, New York: Routledge, 1995, pp. 56–60; "Cabinet Submission by Evatt and Ward," Agendum 1286, Canberra, 14 January 1947, in Australian Department of Foreign Affairs and Trade, *Documents on Australian Foreign Policy*, Vol. 12, 1947, Document 549, https://www.dfat.gov.au/about-us/publications/historical-documents/Pages/volume-12/549-cabinet-submission-by-evatt-and-ward; "Proceedings of the South Seas Commission Conference," Extract, Canberra, 28 January 1947, in Australian Department of Foreign Affairs and Trade, *Documents on Australian Foreign Policy*, Vol. 12, 1947, Document 550, https://www.dfat.gov.au/about-us/publications/historical-documents/Pages/volume-12/550-proceedings-of-the-south-seas-commission-conference; United States Department of State, *Foreign Relations of the United States Diplomatic Papers, 1947. General, The United Nations*, Vol. 1, Washington, D. C.: United States Government Printing Office, 1973, pp. 325–326.

③ 陈晓晨：《南太平洋地区主义：历史变迁的逻辑》，社会科学文献出版社2020年版，第90页。

事务管理的制度化,又标志着南太平洋区域作为一个整体在世界政治中第一次得到世界大国的承认。①

南太平洋委员会虽然只是上述六国对非自治领土的管理,其涵盖的区域范围亦仅与荷属新几内亚和东南亚区域相关,但其成立和运行对"太平洋主义"区域意识及其区域和跨区域合作具有重要的现实意义。这主要表现在以下方面:一是功能性共同利益的聚集。南太平洋委员会是太平洋乃至整个亚洲首个由在该区域利益攸关的西方六国组成的独立的区域政府间组织,其汇聚的共同利益是功能性的。依照《堪培拉协定》的规定,该组织旨在鼓励和加强六国政府的国际合作,以便促进其管理的南太平洋区域非自治领土上人民的经济、社会福利和进步。其职权主要包括:研究、确定和建议旨在促进上述目标的各项措施,并为此进行必要的协调工作,尤其是涉及农业、通信、交通、渔业、林业、产业、劳动力、市场化、生产、贸易与金融、公共工程、教育、卫生、住房和社会福利等;该委员会在职权范围内,为该区域在技术、科学、经济及社会领域的研究工作提供支援和协助,并确保各研究机构的工作得到最大限度的合作和协调;就前述具有区域重要性的任何领域的当地项目的协调以及就单个领土行政当局无法获得的更广泛领域的技术援助提出建议;向参与国政府提供技术援助、咨询和资料;促进与非参与国政府及与该地区有着共同利益的非政府组织的合作等。② 这些目标和职权实际上是落实《联合国宪章》第11章"关于非自治领土的宣言"第73条款的规定。③ 美国政府在批准《堪培拉协定》时直言,该委员会的成立对该区域美国的一个重要利益就是,与其他各国政府合作实现非自治领土上社会和经济进步的务实成就;美国在南太平洋区域的另一个重要利益是,

---

① 徐秀军:《地区主义与地区秩序:以南太平洋地区为例》,社会科学文献出版社2013年版,第96页。

② "Agreement Establishing the South Pacific Commission (with appended resolution concerning immediate projects)," Canberra, 6 February 1947, in United Nations, *Treaty Series—Treaties and International Agreements Registered or Filed and Recorded with the Secretariat of the United Nations*, Vol. 97, No. 1352, 1951, pp. 228 – 230, United Nations Treaty Series Online, https://treaties.un.org/doc/Publication/UNTS/Volume%2097/v97.pdf.

③ 详见《联合国宪章》(1945年6月26日订于旧金山),载世界知识出版社编《国际条约集(1945—1947)》,世界知识出版社1959年版,第51—52页。

该委员会试图推动太平洋的区域合作，而参与其影响该区域经济合作的计划将会间接促进该区域的政治稳定和安全。[①] 这些功能性合作及其所试图实现的目标与亚远经委会区域合作的主要任务和目标相一致，显示出二战后初期复杂的政治形势和在明显的政治分歧背景下各国就现实的和预期的共同利益所达成的最大共识。这为英联邦在会议框架内为此目标提出新的区域合作动议奠定了现实基础。

二是协商性共有规范的确定。南太平洋委员会虽是区域政府间组织，但它既不拥有行政管理权力，又不附属于任何国际权威，而只是拥有咨询和建议的权力。按照《堪培拉协定》的规定，该委员会是一个咨询机构，就其领土范围内的相关问题向各参与国提出建议。为履行此种职责，该委员会设立一研究理事会，作为其附属的常设咨询机构，由来自卫生、经济与社会发展等领域的专业人士组成。该委员会还设立南太平洋会议（The South Pacific Conference）作为其附属机构，由来自该区域各领土指派的、在本地人民中具有广泛代表性的代表组成，同样拥有咨询性质的权力，负责就具有共同利益的问题向该委员会提出建议。《堪培拉协定》还规定，各参与国政府应在有关共同问题上与联合国及对口的专门机构协商，以便就经济和社会问题与这些机构保持有效的合作。[②] 据时任新西兰岛屿领土事务秘书的麦凯（C. G. R. McKay）解释，南太平洋委员会是六国政府间纯粹具有咨询性质的"自愿联盟"，其工作是通过共同讨论和联合研究规划的，而不是由个人和多样化的太平洋领土当局各自做出的；而设立的南太平洋会议实际上是各领土地方代表及居民的区域聚会。在这里，他们相互交流、彼此了解，以他人的眼光审视自己的世界。从这个意义上讲，南太平洋会议本身就为各岛屿人民开辟了广泛的前景，使

---

① United States Department of State, *Foreign Relations of the United States Diplomatic Papers*, 1947, Vol. 1: *General, The United Nations*, Washington, D. C.: United States Government Printing Office, 1973, pp. 325–326.

② "Agreement Establishing the South Pacific Commission (with Appended Resolution Concerning Immediate Projects)," Canberra, 6 February 1947, in United Nations, *Treaty Series—Treaties and International Agreements Registered or Filed and Recorded with the Secretariat of the United Nations*, Vol. 97, No. 1352, 1951, pp. 228–241, United Nations Treaty Series Online, https://treaties.un.org/doc/Publication/UNTS/Volume%2097/v97.pdf.

整个组织变得具有价值。[1]

南太平洋委员会及南太平洋会议机制安排的此种特性，不但使六国政府代表可以广泛参与其中，而且使该区域的地方当局及地方人民代表通过参加南太平洋会议，要求在该委员会活动中发挥重要作用，从而不断获取对会议议题设置和程序规则的有效控制，进而在该委员会实施的工作方案中日益拥有自己的声音。[2] 基于此，南太平洋委员会所开启的太平洋区域主义实践成为二战后该区域合作协调的一个"显著进展"，开始孕育出基于多样性联合、协商一致、渐进主义和"泛太平洋精神"（Pan-Pacific spirit）共有规范的区域合作"太平洋方式"（The Pacific Way），并推动南太平洋委员会持续发展成为一个包容性的区域国际组织。[3] 而这种协商一致的非正式区域规范与东南亚区域相关的英国东南亚特委会、亚远经委会和亚洲关系会议等跨区域机制的程序规则保持基本一致，为二战后初期各国最大限度地通过区域协调和合作汇聚共同利益、实现共同目标奠定了规范基础。所有这些跨区域合作所实践的组织安排和指导原则成为此后跨越亚洲和太平洋区域合作"亚洲方式"或"亚太方式"规范框架的最初来源。[4]

三是澳大利亚"区域领导"的初现。南太平洋委员会创建过程中的推动力量主要来自澳大利亚对自身战后战略与安全以及管理托管地的利益考虑。可以说，这在很大程度上仍是"澳大利亚版门罗主义"的产

---

[1] C. G. R. McKay, "The Canberra Proposals for a South Pacific Commission," *The Journal of the Polynesian Society*, Vol. 56, No. 2, 1947, pp. 158 – 162.

[2] 参见 M. Margaret Ball, "Regionalism and the Pacific Commonwealth," *Pacific Affairs*, Vol. 46, No. 2, 1973, pp. 236 – 238; Norman J. Padelford, "Regional Cooperation in the South Pacific: Twelve Ears of the South Pacific Commission," *International Organization*, Vol. 13, No. 3, 1959, pp. 380 – 393.

[3] 参见 Beth A. Simmons, "The Pacific Way: Regional Cooperation in the South Pacific by Michael Haas," *The American Political Science Review*, Vol. 84, No. 4, 1990, pp. 1447 – 1448; Michael Haas, *The Pacific Way: Regional Cooperation in the South Pacific*, New York: Praeger, 1989; 徐秀军《地区主义与地区秩序：以南太平洋地区为例》，社会科学文献出版社 2013 年版，第 124—36 页。

[4] 参见 Michael Haas, *Asian and Pacific Regional Cooperation: Turning Zones of Conflict into Arenas of Peace*, New York: Palgrave Macmillan, 2013, pp. 25 – 40.

物。① 实际上，澳大利亚既是南太平洋委员会的首要倡导者，也是其运行的首要责任承担者。按照《堪培拉协定》的规定，该委员会的运行成本由各参与国分担，澳大利亚占 30%，荷兰、新西兰、英国各占 15%，法国、美国各占 12.5%；首期预算费用由澳大利亚和新西兰以分担份额方式提供。该协定还规定，关于该委员会的初步安排由澳大利亚和新西兰政府联合进行；在该委员会永久会址确定之前，临时会址设在澳大利亚悉尼或其附近。② 此间，澳大利亚正在实施"接触亚洲"的区域战略，重新定位其对亚洲及太平洋区域的外交政策，其核心是积极介入临近的南亚、东南亚和东亚区域，是为"近北/远北"区域战略。③ 而该委员会的成立和运行初步显示出澳大利亚在太平洋区域合作中的"区域领导"角色。这一点已得到美国政府的公开支持。美国国务院在一份政策声明中指出，澳大利亚已将其作为英联邦与太平洋所有区域事务上的代言人，通过倡导召开南部海洋会议和创建南太平洋委员会表达其在政府合作中所谋求的"领导权"，以便于改进南太平洋区域本地人民的生活条件。美国政府公开承认澳大利亚所拥有的重要地缘地位。④

对澳大利亚而言，这一重大进展作为其"近北/远北"区域战略的重大成果，不仅为其"接触亚洲"区域战略提供了一个稳固的地缘支点，而且为其经由西南太平洋介入东南亚、南亚及东亚提供了便利的联系纽带。可以说，澳大利亚的"区域领导"角色及其在南太平洋委员会创建中所聚集的共同利益及其制度安排中所确定的共有规范，加上该委员会

---

① 陈晓晨：《南太平洋地区主义：历史变迁的逻辑》，社会科学文献出版社 2020 年版，第 90 页。

② "Agreement Establishing the South Pacific Commission (with appended resolution concerning immediate projects) ," Canberra, 6 February 1947, in United Nations, *Treaty Series—Treaties and International Agreements Registered or Filed and Recorded with the Secretariat of the United Nations*, Vol. 97, No. 1352, 1951, pp. 243 – 248, United Nations Treaty Series Online, https：//treaties. un. org/doc/Publication/UNTS/Volume%2097/v97. pdf.

③ Julie Suares, "Engaging with Asia: The Chifley Government and the New Delhi Conferences of 1947 and 1949," *Australian Journal of Politics & History*, Vol. 57, No. 4, 2011, p. 508；Tilman Remme, *Britain and Regional Cooperation in South-East Asia 1945 – 1949*, New York: Routledge, 1995, p. 96.

④ United States Department of State, *Foreign Relations of the United States Diplomatic Papers*, 1948, Vol. 6: *The Far East and Australasia*, Washington, D. C. : United States Government Printing Office, 1974, pp. 1 – 3.

第二章　战后东南亚区域合作的初步兴起(1945—1950) / 309

所具有的英联邦的政治和文化纽带，为其在东南亚提出新的区域合作动议创造了必要的经验和规范便利。1947年2月，在《堪培拉协定》签字后不久，澳大利亚外长伊瓦特在澳大利亚国会的讲话中提出要在东南亚和西南太平洋地区创建合适的区域机构。他强调，随着东南亚人民不再依附于欧洲政府，澳大利亚在该区域的利益日益上升，在东南亚和西南太平洋创建一个合适的区域机构恰逢其时。他设想这样的区域机构将包括对东南亚区域问题有兴趣的所有人民和代表，并认为这将便利于管理、教育、卫生、农业、商业和文化关系等相关基本信息自由而快速地交流。伊瓦特还相信，在东南亚创建与南太平洋委员会类似的区域组织，可以为澳大利亚海外贸易发展和经济扩张创造机会，进而为该区域提供安全与稳定。3月初，伊瓦特进一步宣称，澳大利亚希望邀请印度、缅甸、泰国、马来亚、印度尼西亚、菲律宾、英国、美国、法国和荷兰等13国代表召开国际会议，讨论印度洋和西南太平洋的防务、贸易和文化关系。[1] 3月中旬，奇夫利总理在谈及西南太平洋（包括东南亚的部分战略区域）必需的区域安排时指出，澳大利亚作为该战略区域的核心支撑地区，可以在英联邦合作及与美国和该区域其他利益攸关方协同中发挥领导作用。[2]

随后，澳大利亚通过积极参与东南亚有关事务，持续谋求扩大在东南亚区域更大的影响力，包括以联络员身份参加英国东南亚特委会的区域食品会议、以创始成员身份参加亚远经委会关于区域合作、以观察员身份参加首届亚洲关系会议、以协调人身份参加关于印度尼西亚问题的国际斡旋。随着印度区域组织动议的出现，澳大利亚被后殖民时期的亚洲领导人认同为倾向于依赖会议实现目标的亚洲的一部分。如前所述，尼赫鲁在召集亚洲关系会议时已从政治和经济上将澳大利亚和新西兰看作亚洲的一部分。

---

[1] 参见 Tilman Remme, *Britain and Regional Cooperation in South-East Asia 1945 – 1949*, New York: Routledge, 1995, p. 96; Peter Edwards, *Crises and commitments: The Politics and Diplomacy of Australia's Involvement in Southeast Asian Conflicts 1948 – 1965*, North Sydney: NSW Allen & Unwin, 1992, p. 11.

[2] "Council of Defence Minute," Agendum 1/1947 (extracts), Canberra, 12 March 1947, in Australian Department of Foreign Affairs and Trade, *Documents on Australian Foreign Policy 1937 – 1949*, Vol. 12, 1947, Document 163, https://www.dfat.gov.au/about-us/publications/historical-documents/Pages/volume-12/163-council-of-defence-1-minute.

更重要的是，此时，无论澳大利亚的政策文件还是澳大利亚在涉及亚洲的公开话语中，都明确承认澳大利亚为东南亚的一部分。1947年4月，新加坡媒体报道，当地媒体已经认识到"澳大利亚正在兴起为一个对东南亚特别重大利益有影响的国家，并注定要扮演此前一代人做梦也想不到的角色"。[1] 到1947年中期，澳大利亚形成两个重要的战略判断，即承认马来亚和新加坡及更大的英联邦对其战略的至关重要性。这推动澳大利亚重新评估其在亚洲所谋求的更大的英联邦防务合作计划，而这种合作基于一种论断，即英国仍然在东南亚扮演着非常重要的政治和军事角色。[2]

1947年5月，奇夫利总理分别给英国艾德礼首相和新西兰总理彼得·弗雷泽（Peter Fraser）去电，全面阐述了澳大利亚对英联邦框架内英、澳、新三国区域防务计划的安排。他指出，从集体安全的角度来看，英联邦有共同的战略基础，而东南亚是与澳大利亚直接相关的战略要地；从合作原则来看，英联邦总理会议的协商方法及其灵活性可以适应变化的形势及其成员个体及集体需求。在这里，责任既可以由单个成员承担，也可以由多个成员集体共担。在具体的实践中，这种方法倾向于在大的英联邦内部调和个体成员的自主权，从而催生了"英联邦关系的新概念"，并可以通过一种"新程序"将之拓展为更高层次的联邦政策的一体化。这种"新程序"就是利用澳大利亚的防务机构开展英联邦防务合作。这将主要由两个机制安排来完成：一是由政府代表参与的防务理事会（The Council of Defence），即英国和新西兰驻澳大利亚高级专员可以应邀参加防务理事会影响英联邦各部分事务的会议，该理事会是附属于澳大利亚政府的法定的咨询机构，英联邦各成员保持对自我政策的控制，其就英联邦各项议题提出的政策建议都是各政府考虑的有关事项；二是由官方层次的代表参与的防务委员会（The Defence Committee）和参谋长委员会（The Chiefs of Staff Committee），即英国和新西兰各自的联合事务代

---

[1] Dan Halvorson, *Commonwealth Responsibility and Cold War Solidarity: Australia in Asia, 1944–74*, Acton: ANU Press, 2019, p. 37.

[2] 参见 Andrea Benvenuti, *Cold War and Decolonisation: Australia's Policy towards Britain's End of Empire in Southeast Asia*, Singapore: National University of Singapore Press, 2017, p. 14; Karl Hack, *Defence and Decolonisation in Southeast Asia: Britain, Malaya and Singapore 1941–1968*, Surrey: Curzon Press, 2001, p. 75.

表在事关本国所考虑事项时，可应邀参加澳大利亚的防务委员会和参谋长委员会，必要时亦可参加防务理事会。他强调，这两个机制安排是互惠的，澳大利亚政府有权利向英、新两国对应机构派驻同样的代表。三国亦可邀请英联邦其他成员政府代表参加上述机构与之事务相关的会议。① 就此，利用英联邦会议实现自己介入东南亚事务的区域抱负成为澳大利亚重要的战略选择。

1947年6月，艾德礼主持内阁会议就澳大利亚的建议达成一项妥协性意见，同意任命3名英国参谋部长官代表，并由其主席参加澳大利亚防务委员会会议。8月，艾德礼复电奇夫利，欢迎澳大利亚主持防务理事会会议并对该区域的战略规划承担主要责任。他表示支持新西兰作为一方参加这一新的防务安排。英国同意由英国和新西兰代表参加的澳大利亚高级防务机构承担监督责任及澳大利亚关于太平洋区域安全战略规划、保护东南亚英联邦利益的措施和履行保护主要支持区域之间的通信线路等。澳大利亚在征得英国同意后，于1947年9月与新西兰政府沟通，征询其是否接受这一联合计划。次月，新西兰政府回复表示对该计划"完全满意。该国政府同意澳大利亚关于英联邦防务合作的建议。当月，与奇夫利沟通后决定任命参谋长官作为澳大利亚—新西兰联合服务代表。② 就此，澳、英、新三国就马来亚及东南亚区域新的防务体系达成原则一

---

① "Chifley to Attlee," Letter 28 May 1947, in Australian Department of Foreign Affairs and Trade, *Documents on Australian Foreign Policy* 1937 – 1949, Vol. 12, 1947, Document 172, https://www.dfat.gov.au/about-us/publications/historical-documents/Pages/volume-12/172-chifley-to-attlee.

② 参见 W. David McIntyre, *Background to the ANZUS Pact: Policy-Making, Strategy and Diplomacy*, Christchurch: Canterbury University Press, 1995, pp. 213 – 214; Andrew Kelly, *ANZUS and the Early Cold War: Strategy and Diplomacy between Australia, New Zealand and the United States*, 1945 – 1956, Cambridge: Open Book Publishers, 2018, pp. 43 – 44; "Attlee to Chifley," Letter London, 17 August 1947, in Australian Department of Foreign Affairs and Trade, *Documents on Australian Foreign Policy* 1937 – 1949, Vol. 12, 1947, Document 180, https://www.dfat.gov.au/about-us/publications/historical-documents/Pages/volume-12/180-attlee-to-chifley; "Chifley to Fraser," Letter Canberra, 2 September 1947, in Australian Department of Foreign Affairs and Trade, *Documents on Australian Foreign Policy* 1937 – 1949, Vol. 12, 1947, Document 181, https://www.dfat.gov.au/about-us/publications/historical-documents/Pages/volume-12/181-chifley-to-fraser; "Fraser to Chifley," Letter Wellington, 20 October 1947, in Australian Department of Foreign Affairs and Trade, Documents on Australian Foreign Policy 1937 – 1949, Vol. 12, 1947, Document 187, https://www.dfat.gov.au/about-us/publications/historical-documents/Pages/volume-12/187-fraser-to-chifley.

致。但这一联合计划并未随即启动。马来亚联合邦成立所引发的马来亚局势的剧烈动荡阻碍了该计划的实施。

1948年2月，马来亚联合邦的成立遭到了以马来亚共产党为代表的激进势力的强烈反对。他们掀起了一场轰轰烈烈的反抗运动。随之，马来亚境内暴力事件频繁发生。同月19—26日，一个名为"世界民主青年联盟及国际学生联合会"的组织在加尔各答举行了一场"争取自由和独立东南亚青年学生会议"，称为"加尔各答会议"（The Calcutta Conference），有来自印度尼西亚、越南、缅甸、马来亚、泰国、菲律宾、印度、巴基斯坦、锡兰、中国的代表团和来自朝鲜、蒙古国和苏联等国的观察员及来自加拿大、英国和法国等国的客人共93人参加。此次会议通过决议，一致同意支持东南亚国家青年反帝国主义的民族解放斗争，谴责了英、美支持的荷兰和法国殖民主义者的政策，号召青年们阻止这一政策的实施，支持殖民地青年的斗争和需求。此次会议还强烈主张通过暴力革命支持马来亚和印度尼西亚民族主义解放斗争。据苏联青年代表团关于该会议给苏共中央的报告称，此次会议的决议均符合苏共中央在会前给苏联代表团的相应指示。苏联的目标是削弱美国、荷兰、英国和其他国家在印度尼西亚和其他东南亚国家的影响。英、美等西方国家普遍认为加尔各答会议表现出强烈的共产主义和反资本主义的情绪，其背后是苏联控制的世界民主青年联盟的支持。加之，此时越南战争正在铺开，越南民主共和国已取得阶段性胜利，其近邻柬埔寨、老挝、泰国及缅甸、菲律宾、印度尼西亚等东南亚各地均出现共产党领导的抵抗运动。①

在这一背景下，1948年6月18日，英国当局宣布在马来亚联合邦全境实施紧急管制，并进入紧急状态。这些紧急管制措施包括：对非法持有枪械者的适用死刑、对任何人未经审讯的拘留权、未经许可搜查人员

---

① 参见［俄］叶菲莫娃《斯大林和印度尼西亚——1945—1953年苏联对印度尼西亚的政策：不为人知的一页》，吕雪峰译，世界知识出版社2016年版，第69—76页；Ruth T. McVey, *The Calcutta Conference and the Southeast Asian Uprisings*, Ithaca: Cornell University, 1958, pp. 1 – 19; Ang Cheng Guan, "The Origins of the Cold War in Southeast Asia: The Case of Viet Nam," in Malcom H. Murfett, ed., *Cold War Southeast Asia*, Singapore: Marshall Cavendish Editions, 2012, pp. 11 – 23.

和场所权、财产占有权等。① 英国议会中的一些马来亚规划者指出，马来亚的骚乱与冷战的出现与对英国殖民地的颠覆存在联系。他们认定，马来亚的"暴力制造者"是"国际的革命性共产主义的代理人"，而"这场暴行是普遍而长期策动的推翻马来亚政府图谋的组成部分"②。英国当局甚至认为，这是一场受到苏联指使的"国际共产主义阴谋"。马来亚内部局势与美苏冷战和东南亚地方议程形成紧密而复杂的互动。由此，马来亚紧急事件与发生在越南的战争一起被认为是东南亚冷战的起源，标志着二战后东南亚乃至整个亚洲"历史的转折点"③。

面对马来亚政局变动，尽管澳大利亚在其是否受苏联指使问题上与英国存在分歧，但考虑到马来亚的地缘重要性和本国区域战略的需要，还是愿意发展紧密的英联邦防务合作和与英国的密切互动。1948年4月，澳大利亚防务理事会做出决定，重申了奇夫利1947年5月提出的计划，建议英、澳、新三国率先就太平洋共同防务计划达成协议，确定澳大利亚的战略责任区应包括马来半岛、新加坡、北婆罗洲和马努斯等地，并强调应与英国、新西兰两国通过在英联邦防务内建立的官方层次的合作机构相互协调。④ 此时，英国急需澳大利亚和新西兰对马来亚局势承担更多的责任，最终接受了澳大利亚的建议。1948年5月，英、澳、新三国同意启动一个海空联合防务计划，涵盖从马来亚到新西兰周围海域的广大区域，包括澳大利亚和新西兰本土、英国东南亚属地及其周围海域，

---

① "［Declaraton of Emergency］: Inward Telegram No 641 from Sir E Gent to Mr Creech Jones," CO 717/167/52849/2/1948, f 302, 17 June 1948, in A. J. Stockwell, ed., *British Documents on the End of Empire*, Series B, Vol. 3: *Malaya*, Part II, *The Communist Insurrection* 1948 – 1953, London: HMSO, 1995, pp. 19 – 20.

② A. J. Stockwell, ed., *British Documents on the End of Empire*, Series B, Vol. 3: *Malaya*, Part I, *The Malayan Union Experiment* 1942 – 1948, London: HMSO, 1995, lxv.

③ 参见 Cheah Boon Kheng, "The Communist Insurgency in Malaysia, 1949 – 1989: Was It Due to the Cold War?" in Malcom H. Murfett, ed., *Cold War Southeast Asia*, Singapore: Marshall Cavendish Editions, 2012, pp. 31 – 33; Malcom H. Murfett, "Introduction," in Malcom H. Murfett, ed., *Cold War Southeast Asia*, Singapore: Marshall Cavendish Editions, 2012, pp. 2 – 3; Tilman Remme, *Britain and Regional Cooperation in South-East Asia* 1945 – 1949, New York: Routledge, 1995, pp. 129 – 130.

④ "Conclusions of the Council of Defence," Canberra, 29 April 1948, in Australian Department of Foreign Affairs and Trade, *Documents on Australian Foreign Policy* 1937 – 1949, Vol. 14, 1948 – 49, *The Commonwealth, Asia and the Pacific*, Document 97, https://www.dfat.gov.au/about-us/publications/historical-documents/Pages/volume-14/97-conclusions-of-the-council-of-defence.

简称"澳新马区域"。三国签订非正式的"澳新马区域"防务计划，共同承担对这一区域的防务责任。根据奇夫利及澳大利亚防务部门原有建议的精神，该计划的机制安排主要有：该计划由名为"澳新马区域"防务委员会和参谋长委员会两个机构履行，分别由澳大利亚国防部长官及英国和新西兰的国防部长官代表、澳大利亚参谋部长官及英国和新西兰的参谋部长官代表组成，三国在该机构中保留各自决定在该区域使用武力的自主权，而英国单独对马来亚本土承担防务责任；该机构在堪培拉、伦敦和新加坡轮流举行会议。[1] 三国还就英联邦防务计划的协商机构和方法的"指导原则"达成一致，主要内容有：英国在澳大利亚设立联络官及联络服务使团，与其他联络服务使团一起，与澳大利亚国防部、联络服务使团负责人或英国参谋部就防务事务进行沟通；按照单一授权代表的原则设立隶属于澳大利亚国防部和联络服务机构的沟通渠道，由其指导英联邦防务事务合作相关战略规划的发展，接受作为政策咨询机构的防务委员会的总体指导和监督。当月，奇夫利给艾德礼去电就此计划交换意见予以确认。[2]

从机制安排来看，"澳新马区域"防务计划仅仅是一个松散的区域安全安排。最初，它既没有书面的协定，又没有三国政府明确的安全承诺，而只是英联邦防务计划的一种协商工具。1948 年 7 月，澳大利亚进一步做出决定，如果英国发出请求，它将向马来亚运送武器，但未提及派遣军队。奇夫利强调，该计划要求聚焦于协商而非强制。但该计划作为该区域首个限于海空防务沟通的服务层面的官方联合计划，既表明英联邦"首要角色"在该区域得到承认，又强化了澳大利亚的"区域领导力"。

---

[1] 参见 Karl Hack, *Defence and Decolonisation in Southeast Asia: Britain, Malaya and Singapore 1941 – 1968*, Surrey: Curzon Press, 2001, p. 76; Andrea Benvenuti, *Cold War and Decolonisation: Australia's Policy towards Britain's End of Empire in Southeast Asia*, Singapore: National University of Singapore Press, 2017, p. 16; Peter Edwards, *Crises and Commitments: The Politics and Diplomacy of Australia's Involvement in Southeast Asian Conflicts 1948 – 1965*, North Sydney: NSW Allen & Unwin, 1992, p. 53.

[2] "Chifley to Attlee," Letter, Canberra, 24 May 1948, in Australian Department of Foreign Affairs and Trade, *Documents on Australian Foreign Policy 1937 – 1949*, Vol. 14, 1948 – 49, *The Commonwealth, Asia and the Pacific*, Document 98, https://www.dfat.gov.au/about-us/publications/historical-documents/Pages/volume-14/98-chifley-to-attlee.

防务理事会作为履行该计划的核心机构又被称为"堪培拉集团"（The Canberra Group）。在实践中，该计划还形成一个重要的惯例，即基于共同利益和详尽协商的"有限的安排"根植于"无限的责任"，以至于其公开的承诺可以顺应形势变化而适时做出调整，被称为"澳新马区域理解"（ANZAM understanding）。虽然该计划在当时东南亚及太平洋区域的复杂外交中"只是一个微小的部分"，其最初的表现亦不温不火，却可以在不断演化中持续发展，成为不久后出现的"太平洋条约"动议和《美澳新安全条约》及后来启动的《英马防务协定》直至东南亚最持久的区域多边安全机制《五国防务安排》的缘起。[①] 由此，"澳新马区域"联合防务计划成为澳大利亚在西南太平洋或海上东南亚区域"交易型领导"角色的一个重要的政策表达。从此，海上东南亚成为澳大利亚安全的目标区域，而不仅是澳大利亚成为亚洲的一部分，而且澳大利亚代表英联邦对海上东南亚安全承担起"特别的责任"[②]。

然而，在区域防务安排上，有一个核心的问题一直没有解决，那就是说服美国加入进来并承担更多的安全责任。1947年10月，澳大利亚参谋长委员会制定的一份战略报告指出，澳大利亚应该在印度洋、东南亚及太平洋区域的英联邦防务中承担更多的责任，澳大利亚是一个人力和资源有限的"孤立的小国"，无法靠自卫抵御一个大国，而英国对来自欧洲大陆的威胁有更大的脆弱性，它至少在危险出现的最初阶段不可能对澳大利亚和新西兰等英联邦国家提供有效的帮助。因此，澳大利亚既要依赖于英联邦的防务协同，又要依赖与已经成为太平洋主导力量的美国

---

① 参见 W. David McIntyre, *Background to the ANZUS Pact: Policy-Making, Strategy and Diplomacy*, Christchurch: Canterbury University Press, 1995, p. 222; Kin Wah Chin, *The Defence of Malaysia and Singapore: The Transformation of a Security System 1957 – 1971*, Cambridge: Cambridge University Press, 1983, pp. 9 – 12; Andrea Benvenuti, *Cold War and Decolonisation: Australia's Policy towards Britain's End of Empire in Southeast Asia*, Singapore: National University of Singapore Press, 2017, pp. 16 – 17; Karl Hack, *Defence and Decolonisation in Southeast Asia: Britain, Malaya and Singapore 1941-1968*, Surrey: Curzon Press, 2001, pp. 76 – 78; Peter Edwards, *Crises and Commitments: The Politics and Diplomacy of Australia's Involvement in Southeast Asian Conflicts 1948 – 1965*, North Sydney: NSW Allen & Unwin, 1992, p. 61; Andrew T. H. Tan, "The Five Power Defence Arrangements: The Continuing Relevance," *Contemporary Security Policy*, Vol. 29, No. 2, 2008, pp. 285 – 288.

② Dan Halvorson, *Commonwealth Responsibility and Cold War Solidarity: Australia in Asia, 1944 – 74*, Acton: ANU Press, 2019, pp. 9 – 10, 55.

的紧密合作，以构建更大的集体安全体系。[1] 马来亚紧急事件及英国所表现出的新的脆弱性加剧了与美国合作构建东南亚及太平洋区域防务体系的紧迫性。这也是英国政府的看法。1948年12月，贝文在一份备忘录中谈及东南亚区域形势及其应对措施时指出，当下，唯一能为对抗共产主义威胁提供资金、物资或军事资源的就是美国，但美国明显不准备接受对东南亚的任何责任，亦不愿意采取任何即时的行动去维持友好大国在东南亚的地位。在这种形势下，最佳的办法是该区域所有利益攸关大国协商应对威胁，并应当向美国传递这一信息，寻求其支持。[2] 这就是"太平洋条约"动议出现的历史背景。

二 "太平洋条约"动议与碧瑶会议的召开

"太平洋条约"是1948年末和1949年初由亚洲及太平洋区域多个国家领导人就军事合作议题提出的区域动议。从最早的倡议来看，这一动议既与澳、英、新三国联合防务计划密切相关，又明显受到西欧联盟启动及创建北大西洋公约组织（The North Atlantic Treaty Organization, NATO，简称"北约"）等西方集体防务安排的影响。其基本诉求就是仿照北约集体防务安排，在亚洲及太平洋区域构建一个美欧西方大国和澳大利亚、新西兰、菲律宾及其他亚洲国家参加的类似的区域防务安排，作为对"西方"集体防务体系的一种补充，以有效应对它们认为日益严峻的共产主义等跨国威胁。从关键的行为体来看，澳大利亚和新西兰是最初的倡导者和主要的推动者；菲律宾是最积极和最重要的倡导者、推动者及其转向亚洲非军事议题区域联合的核心"区域领导"；美国是决定这一动议实质性走向的最重要的大国；中国和韩国是除菲律宾之外亚洲

---

[1] "Chiefs of Staff Committee Minute 3/1947," Melbourne, 28 October 1947, in Australian Department of Foreign Affairs and Trade, *Documents on Australian Foreign Policy*, Vol. 12, 1947, Document 161, https://www.dfat.gov.au/about-us/publications/historical-documents/Pages/volume-12/161-chiefs-of-staff-committee-minute-31947.

[2] "Memorandum by Mr. Bevin on Recent Developments in the Civil War in China," CP (48) 299 [CAB 129/31], Foreign Office, 9 December 1948, in United Kingdom Foreign and Commonwealth Office, *Documents on British Policy Overseas*, Ser. 1, Vol. 8: *Britain and China*, 1945–1950, Chapter 4, 1948, Document 51, https://search.proquest.com/docview/1923011445/abstract/4737FAFACA6B4AC8PQ/1? accountid = 41288.

国家中最重要的共谋者、鼓动者及不同侧面特定议程的共同推动者。从这一角度上讲,"太平洋条约"作为一项集体的区域动议,既以包括东南亚在内的"亚洲及太平洋区域"为核心地理指向,又与冷战背景下整个东南亚和西方关系紧密相连,其本身就是一场竞争和协同并存的复杂的"集体外交"过程。① 从区域角度来看,这一过程见证了东南亚及西南太平洋区域所面临的政治和安全形势的剧烈变化及大国权力格局的演变,尤其是英美"权力中心"的转移和东南亚及西南太平洋国家新兴力量的成长与新的区域意识的兴起。

1948年10月,伊瓦特在伦敦召开的英联邦总理会议上提出依照商议中的"北约路线"创建"太平洋条约"动议,并得到于1949年2月访问澳大利亚和新西兰的艾登的公开支持。1949年3月,丘吉尔在纽约发表演讲时亦表示对此动议的公开支持。② 在此前的1949年1月,新西兰总理弗雷泽亦提出同样的倡议。弗雷泽在参加完这次英联邦总理会议后,在回国途经加拿大温哥华时谈及了签订"太平洋条约"的可能前景。他说,如果"太平洋民主国家"需要联合起来的话,那一定是依照"大西洋条约"路线发展"太平洋条约"而成。该条约明显应包括新西兰、澳大利亚、英国、加拿大、美国、墨西哥和其他拉美国家。他透露,在英联邦内部已就太平洋防务进行了一般性讨论,但并没有就此展开官方讨论和协商。③ 从弗雷泽的讲话背景来看,其"太平洋条约"倡议是持续进行的英联邦防务合作计划的一种新的话语表达。此前结束的英联邦总理会议还专门讨论了英联邦防务问题。会上,弗雷泽希望所有英联邦政府承认防务领域相互合作和协商的必要性,同意伊瓦特提出的英联邦政府密切关注整个太平洋区域安全的主张,并表达了英联邦与美国一起抗击

---

① 参见 David W. Mabon, "Elusive Agreements: The Pacific Pact Proposals of 1949 – 1951," *Pacific Historical Review*, Vol. 57, No. 2, 1988, pp. 147 – 148; W. David McIntyre, *Background to the ANZUS Pact: Policy-Making, Strategy and Diplomacy*, Christchurch: Canterbury University Press, 1995, p. 244.

② 参见 Leicester C. Webb, "Australia and SEATO," in George Modelsk, ed., *SEATO: Six Studies*, Sydney: Halstead Press, 1962, pp. 50 – 51.

③ W. David McIntyre, *Background to the ANZUS Pact: Policy-Making, Strategy and Diplomacy*, Christchurch: Canterbury University Press, 1995, p. 246; David W. Mabon, "Elusive Agreements: The Pacific Pact Proposals of 1949 – 1951," *Pacific Historical Review*, Vol. 57, No. 2, 1988, p. 148.

侵略、捍卫世界和平的愿望。①

澳大利亚对弗雷泽的倡议迅速做出回应。1949年2月，伊瓦特在澳大利亚议会传递了缔结"太平洋条约"的意愿。3月中旬，澳大利亚国防部长戴德曼（J. J. Dedman）发表新闻声明，谈及达成与"北大西洋条约"类似的"太平洋防务条约"的可能性。他说，澳大利亚防务除了依赖于联合国的安全安排和与英国及英联邦成员合作制定的防务计划外，下一个最好的办法是由太平洋国家签署一项区域条约。这一声明通过广播传达给美国。显然，该提议想设法让美国加入该区域防务倡议。但《悉尼先驱晨报》驻美记者获悉，据美国国务院官员称，他们并未与澳大利亚和其他任何国家谈论"太平洋条约"，亦不打算这样做。理由是，美国正忙于签订《北大西洋公约》及欧洲事务；再者，在中国局势未明朗之前，美国不会对太平洋区域做出广泛承诺。他们认为，排除中国的"太平洋条约"只会将之推进苏联阵营。② 英国外交部对澳大利亚"太平洋防务条约"倡议的前景持不乐观态度。在它看来，"北大西洋公约"以带有共同利益和理念为前提，而除了美国、英国自治领和菲律宾之外，在太平洋区域并不存在这样的国家集团；"北大西洋公约"阐明缔约国据此有能力实施持续而有效的自助和互助，而在美国、英国自治领和可能的菲律宾之外的太平洋区域没有哪个国家具备这种资格；况且，在太平洋区域仍有印度支那的法国、马来亚和北婆罗洲的英国、印度尼西亚的荷兰等西方殖民大国，而它们加入"太平洋防务条约"会使美国的政策像英国、法国和荷兰的殖民政策那样备受谴责，这不是美国人想要的结果。英国外交大臣贝文甚至将澳大利亚所谈论的"太平洋防务条约"称作"痴

---

① "Minutes of Meeting of Prime Ministers," PMM（48）11th Meeting, London, 20 October 1948, in Australian Department of Foreign Affairs and Trade, *Documents on Australian Foreign Policy*, Vol. 14, 1948 – 49：*The Commonwealth, Asia and the Pacific*, Document 102, https://www.dfat.gov.au/about-us/publications/historical-documents/Pages/volume-14/102-minutes-of-meeting-of-prime-ministers.

② "Cablegram from Makin to Chifley and Burton," Cablegram, Washington, 16 March 1949, in Australian Department of Foreign Affairs and Trade, *Documents on Australian Foreign Policy*, Vol. 21：*The 1951 ANZUS Treaty*, Document 1, https://www.dfat.gov.au/about-us/publications/historical-documents/Pages/volume-21/1-cablegram-from-makin-to-chifley-and-burton.

人说梦"①。

与此同时,"太平洋条约"动议在菲律宾开始广泛传播。1949年2月底和3月初,菲律宾媒体《马尼拉公报》(The Manila Bulletin)分别以"太平洋安全条约"和"我也行"为题,先后公开报道了创建"太平洋条约"的建议。3月下旬,菲律宾总统季里诺在接受记者采访时回应这一倡议时称,"太平洋条约"是可取的。季里诺希望依照商议中的"北大西洋公约"缔结一个"太平洋条约"。在他看来,如果没有强大的道德和经济领导,远东当下发生的政治和经济混乱局面就不可能得到改善,而美国是有能力提供充分的领导以挽救现有状态的"唯一的国家"。这显示出菲律宾对获取更有力的支持和帮助的强烈渴望。季里诺的"太平洋条约"倡议给予亚洲国家尤其是东南亚国家不容忽视的地位,强调美国领导创建"太平洋条约"对远东国家和美国自身均将大有裨益。他一边指出,对亚洲而言,他不反对给非军事集团增加军事特性,一边又强调,东南亚国家作为"远东的友好邻邦",虽不拥有军事实力,却能成为联合国框架内强有力的政治经济和社会集团。他提醒美国不要忽视亚洲的需要,并请求美国在远东发挥领导作用,而不是完全聚焦于欧洲。季里诺在谈到欧洲时说,"欧洲已经被耗尽——这是一种经济负担",而亚洲"是一个处女地,拥有无可估量的资源,人们渴望利用民主带来的好处"。季里诺还希望日本成为该条约的成员。在他看来,某种类型的太平洋协议可能被证明是更快地使日本承担其在国家间的责任和减轻美国在该国负担的最佳途径。② 这样,"太平洋条约"动议发展为太平洋和东南亚两个不同的"倡议中心"③。季里诺由此被称作"太平洋条约计划""最忠实和

---

① United States Department of State, *Foreign Relations of the United States Diplomatic Papers*, 1949, Vol. 7: *The Far East and Australasia* (in two parts), Part 2, Washington, D. C.: United States Government Printing Office, 1976, pp. 1133 – 1134.

② United States Department of State, *Foreign Relations of the United States Diplomatic Papers*, 1949, Vol. 7: *The Far East and Australasia* (in two parts), Part 2, Washington, D. C.: United States Government Printing Office, 1976, pp. 1123 – 1127; Milton W. Meyer, *A Diplomatic History of the Philippine Republic*, Hawaii: University of Hawaii Press, 1965, p. 143.

③ Leicester C. Webb, "Australia and SEATO," in George Modelsk, ed., *SEATO: Six Studies*, Sydney: Halstead Press, 1962, p. 51.

最有力的支持者"①。

与澳大利亚和新西兰倡议相比,菲律宾的"太平洋条约"倡议对安全的诉求和美国的依赖有明显的共性。但由于菲律宾自身条件和所处地理位置的特殊性,其倡议的愿望更加强烈、诉求更加多面。从自身条件来看,菲律宾是新近获得独立的国家,其经济发展落后、国内政局不稳、对外部依赖严重,尤其是经济和安全上对美国有高度的依赖乃至依附,以至于菲律宾在政治、经济和安全上面对外部威胁时表现出更强烈的敏感性和脆弱性。在对外政策上,菲律宾总体上支持美国的全球和区域政策。从地理位置来看,菲律宾与东南亚处于冷战中的越南一海相隔、与马来亚近海相连,有更大的现实威胁感。从区域意识来看,菲律宾的自身条件和地理位置赋予其亚洲和太平洋双重的区域认同感。当时,菲律宾最初认同自己是"太平洋国家",而随着"泛亚洲主义"的兴起,又逐步认同自身为"亚洲国家",乃至"东南亚国家"。季里诺推行"不受限制的菲律宾朋友"政策,以此扩大与美国以外其他国家尤其是亚洲邻国的关系。他希望通过推动亚洲更紧密的区域合作发展为国际事务中除美苏两大阵营之外"潜在的第三种力量",乃至谋求菲律宾获取在亚洲事务中的"领导"和声望,并提升菲律宾在与美国关系和国际议题中的外交话语权。为此,菲律宾不但参加了"泛亚洲主义"意识下亚洲关系会议和亚远经委会的创建,而且在这些区域会议和区域组织中在多数情况下支持亚洲国家的政治立场和利益诉求,并酝酿和筹划相关区域合作愿景和行动。如前所述,在首届亚洲关系会议上,菲律宾与其他来自东南亚的代表积极讨论和筹划"东南亚联邦"。在第二届亚洲关系会议期间,菲律宾不但坚决支持印度尼西亚共和国的独立事业,并持续批评荷兰不履行联合国决议的行为,而且支持通过建立区域集团促进亚洲区域合作事业。在第三届和第四届亚远经委会年度会议上,菲律宾代表连续投票赞同接纳印度尼西亚共和国为联系成员,并致力于推进该组织的"亚

---

① James Eayrs, "Pacific Pact: Step in the Right Direction," *International Journal*, Vol. 7, No. 4, 1952, p. 296.

洲化"进程。①

从国家身份和区域意识上,菲律宾有自己特定的认同。作为新兴独立国家,它有着与其他亚洲国家一样的民族主义诉求,追求国家独立、自主、不受外部大国的支配。所以,季里诺在发展与美国的关系时,既强调双方"平等伙伴关系",又强调美国对菲律宾在经济、军事援助上承担更多的责任;在履行军事协定时亦追求共同防务。② 实际上,菲律宾希望通过创建区域集团使之能够在国际事务中充当"潜在的第三种力量",并使菲律宾改变过度倚重与美国关系的状况,寻求与亚洲国家建立更紧密的关系,以便于菲律宾谋取在亚洲事务中的领导权和威望。③ 1949年1月,季里诺在菲律宾国会发表国情咨文时称:"考虑到东南亚的政治发展和我们周边的动荡局势,菲律宾应该进一步加强自己的地位。它的领导权必须是建设性的自由与和平,必须确保促进和保护它与这些国家以及自己的共同利益。"在他看来,碧瑶作为国际会议的举办地正受到越来越多的青睐,这表明世界各国对菲律宾事务的关注,以及对我们人民的友好。他强调,菲律宾应"扩大其在世界事务特别是影响东方世界事务中的作用",并相信"这无疑将我们引向具有创造性影响的战略地位"④。这使得菲律宾的"太平洋条约"动议比澳大利亚和新西兰的同类倡议多了一些"地方化"元素,那就是在"外部依赖"中强化国家自主,谋求发展"亚洲议程",推动跨区域合作更加有利于本区域的发展,进而与其他亚洲国家一起推动原有外生的"由外到内"的"太平洋主义",逐步实现"由内到外"和"由外到内"两种路径的"并轨"。在这里,"太平洋

---

① Milton W. Meyer, *A Diplomatic History of the Philippine Republic*, Hawaii: University of Hawaii Press, 1965, pp. 115, 141 – 142; Ricardo T. Jose, "The Philippines during the Cold War: Searching for Security Guarantees and Appropriate Foreign Policies, 1946 – 1986," in Malcom H. Murfett, ed., *Cold War Southeast Asia*, Singapore: Marshall Cavendish Editions, 2012, p. 60.

② 参见 Milton W. Meyer, *A Diplomatic History of the Philippine Republic*, Hawaii: University of Hawaii Press, 1965, p. 85.

③ Estrella D. Solidum, "Regional Co-operation and ASEAN: The Philippine Experience," *Asian Journal of Political Science*, Vol. 5, No. 1, 1997, p. 54.

④ "Message of His Excellency Elpidio Quirino President of the Philippines to the Joint Session of the Congress of the Philippines," State of the Nation Address, 24 January 1949, Official Gazette of the Republic of the Philippines, https://www.officialgazette.gov.ph/1949/01/24/state-of-the-nation-message-of-president-quirino-to-the-joint-session-of-the-congress-of-the-philippines/.

主义"实质上成为"泛亚洲主义"的一种变形。而菲律宾"太平洋条约"动议既是其认同区域主义的"首次显著尝试",又是其谋求"区域领导""构建区域秩序的第一步"[①]。该动议所遭受的来自内外部的压力使这种变形的亚洲区域意识的演进获取了新的动力。

在现实中,菲律宾"太平洋条约"动议同时受到亚洲外部新的支配性大国美国和内部新的"区域领导"印度的冷遇。美国国务卿艾奇逊在季里诺首次提出"太平洋条约"倡议后发布声明称,美国国务院仍未考虑"太平洋条约",并表示太平洋区域形势与欧洲有所不同。与此同时,尼赫鲁发表声明说,当前缔结任何"太平洋条约"的时机都不成熟。他宣称,在亚洲国家内部冲突解决之前类似的"北大西洋公约"不可能成形。他进一步强调,此种"太平洋联盟"的领导权应该来自亚洲国家。[②]但季里诺的"太平洋条约"倡议在美国和菲律宾官方与社会各界引发积极的反响,尤其是菲律宾国内支持的呼声很高。而美国国务院政策规划办于1949年3月29日制定的《美国对东南亚政策文件》(The Policy Planning Staff Paper on United States Policy toward Southeast Asia, PPS 51)对"太平洋条约"倡议的态度有所缓和,这进一步激发了这种支持立场。在该文件中,美国明确将"东南亚区域"定位于包括印度、印度尼西亚、印度支那、缅甸、马来亚、泰国和菲律宾,并作为区域经济和区域政治整体予以考虑,指出鼓励东南亚区域与大西洋共同体及其他自由世界协调发展是美国持续的目标,强调与特定英联邦国家及菲律宾广泛的多边协同实现这一目标。该文件还强调,美国应该将东南亚区域视作包括印度半岛、澳大利亚和日本在内的"大新月形"区域的整体组成部分,鼓励将东南亚区域作为一个整体的总体建设性方法。比如联合国框架内的多边协同方法等。为此,美国应鼓励印度、菲律宾和其他亚洲国家在政治事务中承担公开的领导角色,美国可以为此提供谨慎的支持和指导。

---

① 苏太华:《20世纪60年代菲律宾外交政策的调整:内容、限度与动因:基于地区主义视域》,载《南海学刊》2019年第1期,第76页。

② Milton W. Meyer, *A Diplomatic History of the Philippine Republic*, Hawaii: University of Hawaii Press, 1965, pp. 143 - 144; United States Department of State, *Foreign Relations of the United States Diplomatic Papers*, 1949, Vol. 7: *The Far East and Australasia* (in two parts), Part 2, Washington, D. C.: United States Government Printing Office, 1976, pp. 1127 - 1128.

但该文件强调，美国在最初阶段不应鼓励成立区域组织，主要是促进区域联合平行行动的协同，作为催生紧密联合的务实和合意的基础，并以此推动该区域逐步走上建立正式的区域组织之路。该文件还指出，美国应努力鼓励菲律宾作为亚洲国家在反击共产主义的力量中扮演积极的和建设性角色，并建议美国应该积极寻求发展作为原材料供应国的东南亚和作为制成品供应国的日本、西欧及印度之间的经济相互依赖，以进一步推动美国在亚洲主要目标的实现。①

在这份文件制定后，艾奇逊与贝文于4月初在华盛顿就东南亚局势进行会谈。贝文在谈及印度尼西亚、缅甸和马来亚总体情况时表示，他希望看到某种类型的东南亚会议安排，以实现美国、英国、澳大利亚和新西兰政治经济合作的目标，而不同于该区域目前不应考虑的军事谅解或军事条约安排。艾奇逊回应说，美国更希望在东南亚设立类似于加勒比委员会那样的区域机构。贝文坚持东南亚应该通过某种聚焦于经济发展议题的会议安排来管理。从贝文的谈话和此前英国外交部对澳大利亚的"太平洋防务条约"的回应来看，英国并不支持带有军事性质的"太平洋条约"②。艾奇逊明确表示，美国目前不考虑参加除《北大西洋公约》以外的任何进一步的特别集体防务安排。他说："最近有很多关于以北约为蓝本的太平洋条约的公开建议……可能没有研究过《北大西洋公约》的演变，因为它在很大程度上是欧洲诸多特定环境的产物。"艾奇逊解释说，北约是一个长期、审慎过程的结果；西欧列强在请求美国帮助之前已经仔细制订了它们的集体防御计划；美国认为北约是一条双向的道路，但"太平洋条约"倡议相当于单方面的安全承诺，将只会让美国陷入困境。③

---

① "Policy Planning Staff Paper on United States Policy toward Southeast Asia," Washington, 29 March 1949, Document PPS 51, in United States Department of State, *Foreign Relations of the United States Diplomatic Papers*, 1949, Vol. 7: *The Far East and Australasia (in two parts)*, Part 2, Washington, D. C.: United States Government Printing Office, 1976, pp. 1128 – 1133.

② United States Department of State, *Foreign Relations of the United States Diplomatic Papers*, 1949, Vol. 7: *The Far East and Australasia (in two parts)*, Part 2, Washington, D. C.: United States Government Printing Office, 1976, pp. 1138 – 1139; W. David McIntyre, *Background to the Anzus Pact: Policy-Making, Strategy and Diplomacy*, Christchurch: Canterbury University Press, 1995, p. 248.

③ Victor D. Cha, *Powerplay: The Origins of the American Alliance System in Asia*, Princeton: Princeton University Press, 2016, pp. 163 – 164.

在这种情况下，菲律宾推出了"改进版""太平洋条约"倡议。从1949年4月初开始，季里诺改为倡议缔结具有非军事特性的"太平洋条约"。他提出在太平洋区域自由国家或居民间达成一个总体的"不侵犯条约"。在新的动议中，季里诺略去了先前主张的军事含义，而注重文化和经济领域；其成员不但扩大到包括日本等前敌国，而且可以有限吸纳印度尼西亚和越南等非殖民成员。菲律宾此举首要的外交目标就是争取将美国的援助拓展到由共同目标联合起来的"亚洲集团"。菲律宾修改后的"太平洋条约"倡议的另一个重要变化是，开始强调非共产主义的更广泛的特性。4月下旬，罗慕洛在阐述菲律宾对外政策时多次解释该国新的"太平洋条约"的内涵，强调"太平洋条约"是由相互援助和由协调联合起来的国家间集团外交态度，它既不具有排他主义特性，又不鼓励仇恨；它是非共产主义的，而不是反共产主义的。罗慕洛高举民族主义武器，但将之与共产主义分开。他指出，西方世界将亚洲民族主义运动等同于共产主义是图谋误导公众。5月28日，罗慕洛在美国芝加哥大学发表的演讲中重申，"亚洲集团"的本质是基于平等、尊重和理解，而非实力和任何人格魅力的统一。他满意于澳大利亚和新西兰加入亚洲事务，因为它们亦代表着政治经济导向的"第三种力量"，它们的参与会纠正以种族为基础的错误政策。但他依然呼吁西方大国尤其是美国的支持。[①]

而此时，澳大利亚仍然坚持其"太平洋防务条约"原有的倡议。1949年5月15日，奇夫利发表有关防务安全的广播讲话，重申了澳大利亚对区域防务的立场。鉴于此时《北大西洋公约》已经签署，他在强调北大西洋区域安全安排与澳大利亚保障区域安全的立场一致的同时，希望这些区域安排最终能够联成一体，从而对整体性战略计划做出重要贡献。[②] 3天以后，美国国务院发表声明称，美国当前不考虑参加除北约外的任何其他特别的集体防务安排。针对模仿北约的"太平洋条约"的倡

---

① Milton W. Meyer, *A Diplomatic History of the Philippine Republic*, Hawaii: University of Hawaii Press, 1965, pp. 144 – 146.

② "Cablegram from Department of External Affairs to Posts," Cablegram, Washington, 18 May 1949, in Australian Department of Foreign Affairs and Trade, *Documents on Australian Foreign Policy*, Vol. 21: *The 1951 ANZUS Treaty*, Document 2, https://www.dfat.gov.au/about-us/publications/historical-documents/Pages/volume-21/2-cablegram-from-department-of-external – affairs-to-posts1.

议,美国国务院声明,说这些建议是对北约演进缺乏研究,该组织是欧洲和大西洋特定环境的产物,而亚洲当前内部的冲突形势并不具有缔结类似条约的稳定基础。① 1950 年 3 月,澳大利亚新任外长珀西·斯彭德(Percy Spender)向澳大利亚议会再次强调在太平洋区域建立军事联盟以抵抗共产主义进攻的必要性。他说:"我所设想的是,在那些对亚洲及太平洋区域的稳定有重大利益,同时又有能力做出军事承诺的国家之间达成一项防御性的军事安排。我认为澳大利亚和英国及我热切希望的其他英联邦国家可能会形成一个内核。而其他可能希望这样做的国家,应该给它们机会,使它们能够提供军事装备……我特别想到的是美国,因为它的参与将使这样一项条约具有其本来所缺乏的实质内容。的确,如果没有它,一切就毫无意义了。"② 这一建议依然没有收到积极的回应。

此时,美国在亚洲的政策与欧洲不同,既不想促进建立像北约那样的军事联盟,也不愿促进像"马歇尔计划"那样的多边援助计划。即使对亚远经委会这样的现有多边组织,美国的态度也并不积极。尽管美国是该组织的创始成员之一,华盛顿的政策制定者并不信任它。1949 年 9 月,美国国务院远东事务办公室负责人沃尔顿·巴特沃斯(W. Walton Butterworth)声称,尽管"我们关于亚远经委会的经验是有意义和有用的",但"我们必须阻止亚远经委会的成员使之为亚洲的"马歇尔计划"奠定基础的努力,不仅因为"马歇尔计划"对亚洲本身是不切实际的,而是因为我们觉得亚洲国家应更加努力解决自己的经济问题"。英国政府虽然也认真考虑了发展"东南亚联盟"的可取性和形成这种联盟所必需的区域意识,但认为这种安排的关键是印度,而印度目前倾向于不加入任何集团,认为它能够成功地为亚洲世界的"第三种力量"提供基础。贝宁认为,在这种情况下,英国政府认为不可能发展政治或军事的区域主义。即使对于亚远经委会这样的正式组织,在贝宁看来,"非但不能证

---

① "Cablegram from Embassy in Washington to Department of External Affairs," Cablegram, Washington, 18 May 1949, in Australian Department of Foreign Affairs and Trade, *Documents on Australian Foreign Policy*, Vol. 21: *The 1951 ANZUS Treaty*, Document 3, https://www.dfat.gov.au/about-us/publications/historical-documents/Pages/volume-21/3-cablegram-from-embassy-in-washington-to-department-of-external-affairs.

② D. C. S. Sissons, "The Pacific Pact," *Australian Outlook*, Vol. 6, No. 1, 1952, p. 20.

明是创建东南亚区域主义的有用工具,而且由于苏联的存在,它几乎毫无用处"。邓宁指出,亚洲国家在亚远经委会会议上并没有表现出就区域经济政策达成一致意见的很大能力。一个主要原因是,亚洲国家的经济是相互独立的,而西方的经济是相互依存的。他坚信,除非西方大国提供支持,否则东南亚不可能实现团结。①

但菲律宾修改后的"太平洋条约"得到韩国和中国的积极回应。1949年5月20日,韩国总统李承晚(Syngman Rhee)在新闻发布会上指出,"太平洋条约"对亚洲和美国都将有益。他强调,如果美国对该建议不能做出友好回应,亚洲国家作为整体可以采取行动。随后,韩国外交部表示,韩国将就"太平洋条约"有关事宜与菲律宾政府展开讨论。②1949年7月11—12日,季里诺与中国国民党政府代表在碧瑶举行了会谈,并发表联合声明宣称,双方就有关中菲两国合作及所有远东国家间关系交换了意见。该声明说,双方对远东国家协同发展的必要性进行了充分讨论后认为,这些国家有必要组织为一个联盟,以实现团结一致和相互援助遏制和反击共同的威胁目标。双方建议,有意参加该联盟创建的远东国家授权其代表尽早召开预备会议,制定该联盟组织的具体措施。当日,中国国民党政府全权代表王世杰与菲律宾外交部代表就所建议的联盟达成原则性协议,作为被命名为"太平洋联盟条约"的基础。其主要内容包括:双方达成的协议是初步的;原则性协议事关新的"太平洋联盟"(The Pacific Union);双方不做出军事承诺;讨论经济合作,包括实质性相互援助;建议按照西欧国家实施援助的"马歇尔计划"组织相互援助的"太平洋联盟",并希望说服美国给予参加该联盟的亚洲国家相似的物质援助等。次日,季里诺确定下次会议在碧瑶召开,讨论组建"太平洋联盟"的具体计划,拟邀请的成员包括中国、韩国、泰国、南越、荷兰、印度尼西亚等。季里诺一再强调,拟议中的"太平洋联盟主

---

① United States Department of State, *Foreign Relations of the United States Diplomatic Papers*, 1949, Vol. 7: *The Far East and Australasia* (*in two parts*), Part 2, Washington, D. C. : United States Government Printing Office, 1976, pp. 1198 – 1201.

② United States Department of State, *Foreign Relations of the United States Diplomatic Papers*, 1949, Vol. 7: *The Far East and Australasia* (*in two parts*), Part 2, Washington, D. C. : United States Government Printing Office, 1976, pp. 1144 – 1145.

要不是军事的,而是社会和经济的。他依然希望美国给予支持并担当领导角色。① 韩国的态度亦比较积极。1949 年 8 月初,韩国与中国在汉城(今首尔)就倡议中的"太平洋条约"进行会谈。8 月 8 日,双方发表联合声明称,由于太平洋尤其是远东国家正面临来自国际共产主义的更大威胁,因此,这些国家比其他地方的国家更需要团结和协调行动。基于这一考虑,双方就中菲联合声明所设想的联盟观念达成协议,同意季里诺进一步采取必要措施以推动"太平洋联盟"的建立,并请求季里诺在不久的将来在碧瑶召开预备会议,订立该联盟组织的具体措施。② 新加坡《海峡时报》报道说,这一进展表明"新的太平洋条约的启动"③。

与此同时,中菲两国政府及其驻外使馆官员与美国、英国、印度、澳大利亚、新西兰、泰国等国政府及使馆官员就"太平洋条约"或"太平洋联盟"及召开碧瑶会议进行了广泛交流和协商。新西兰最先表态。早在 7 月 20 日,新西兰外交部回复中国驻新西兰总领事王锋说,新西兰在对这一建议做出反应前,希望弄清楚澳大利亚、英国和美国的看法。在新西兰看来,尽管这些建议是具有文化和经济性质的联盟,但在太平洋区域,任何有真正价值的互助性质的联盟势必包括应对侵略的军事条款。新西兰在决定本国态度时必须考虑这种可能性。新西兰为此专门征询澳大利亚政府的意见。④ 但澳大利亚对"太平洋联盟"的反应消极,未明确表态。英国外交部的邓宁表示,英国政府对"太平洋联盟"建议亦没有明确的立场。但他表示,他个人相信中国和菲律宾政治家不具有良好的声誉,韩国亦如此。这显示出该联盟倡议的可信度不足。印度外交

---

① United States Department of State, *Foreign Relations of the United States Diplomatic Papers*, 1949, Vol. 7: *The Far East and Australasia* (in two parts), Part 2, Washington, D. C.: United States Government Printing Office, 1976, pp. 1153 – 1159.

② United States Department of State, *Foreign Relations of the United States Diplomatic Papers*, 1949, Vol. 7: *The Far East and Australasia* (in two parts), Part 2, Washington, D. C.: United States Government Printing Office, 1976, p. 1184.

③ Victor D. Cha, *Powerplay: The Origins of the American Alliance System in Asia*, Princeton: Princeton University Press, 2016, p. 160.

④ "Memorandum from Kuskie to Burton," Memorandum, Wellington, 25 July 1949, in Australian Department of Foreign Affairs and Trade, *Documents on Australian Foreign Policy*, Vol. 21: *The 1951 ANZUS Treaty*, Document 4, https://www.dfat.gov.au/about-us/publications/historical-documents/Pages/volume-21/4-memorandum-from-kuskie-to-burton.

部表示，过早讨论中菲的建议不太明智。①

在中韩联合声明发布后，印度、印度尼西亚、澳大利亚、新西兰、锡兰、缅甸、巴基斯坦、泰国对中菲建议均没有表达明确的立场。尼赫鲁认为，该地区的内部冲突从一开始就注定了该协议的失败，他声称"时机还不成熟"。印度尼西亚正深陷与荷兰独立战争的泥潭，其领导人也不想参与一个会影响其中立立场的组织。② 缅甸外长伊蒙（E Maung）的观点或许可以反映许多观察者的想法。他说："太平洋联盟阐述的观点是好的。我对此无法反驳。但我不很确信这是个恰当的时刻，或者说这一运动是由正当的人所支持的。"③ 实际上，他们是在等待美国等该区域主要大国对该建议的立场。8月中旬，季里诺亲自到美国游说，并在美国国会发表讲话称，"东南亚及太平洋的自由国家必须启动紧密合作的运动"，理由是，"相关这些国家没有军事承诺"和"依据军事联盟条款可以聚集的陆军、海军或空中力量"。他强调，"太平洋联盟"的基本目标包括经济合作、自治领独立和国内发展等。他邀请美国和其他"民主国家"提供切实的帮助。次日，季里诺与杜鲁门在会谈后发表联合宣言称，美国出于同情，将持续关注亚洲国家培育更强烈的经济合作和协同关系，加快自治政府的进步和保持其自由的努力。但美国仍未对创建"太平洋条约"做出直接承诺。④

面对这种情况，菲律宾政府对"太平洋联盟"建议做出调整，即在坚持主要是经济和文化而非军事承诺的同时，决定将联盟倡议与第二届亚洲关系会议的区域合作动议"挂钩"。这主要出于对大势已去的中国国民党政权的失望和西方大国冷淡的反应。随后，菲律宾甚至开始缩小可

---

① United States Department of State, *Foreign Relations of the United States Diplomatic Papers*, 1949, Vol. 7: *The Far East and Australasia (in two parts)*, Part 2, Washington, D. C.: United States Government Printing Office, 1976, pp. 1173 – 1176.

② Victor D. Cha, *Powerplay: The Origins of the American Alliance System in Asia*, Princeton: Princeton University Press, 2016, p. 166.

③ James Eayrs, "Pacific Pact: Step in the Right Direction," *International Journal*, Vol. 7, No. 4, 1952, p. 297.

④ Milton W. Meyer, *A Diplomatic History of the Philippine Republic*, Hawaii: University of Hawaii Press, 1965, p. 149; James Eayrs, "Pacific Pact: Step in the Right Direction," *International Journal*, Vol. 7, No. 4, 1952, p. 296.

能参加国的地理范围,将"太平洋联盟"改称为既反殖民主义又反共产主义的"东南亚联盟"(The Southeast Asia Union)。罗慕洛提出创建"太平洋条约"或"太平洋联盟"的"两步走"计划。第一步是短期计划,就是在碧瑶召开谋划区域组织的具体议程。第二步是长期计划,就是缔结一个非军事的联盟,即"太平洋联盟"或"东南亚联盟"。1949 年 8 月底和 9 月初,菲律宾政府提出召开东南亚国家会议,以继续讨论推进其所建议的联盟计划。① 由此,在合作的核心议程上,菲律宾持续推动的"太平洋条约"或"太平洋联盟"动议与"泛亚洲主义"日益接近,其"太平洋主义"区域意识演变为"泛亚洲主义"的一种变形。"太平洋主义"框架内的跨区域合作呈现出历史性分化和重组,而所有这些区域合作动议的现实发展和未来走向均越来越取决于姗姗来迟的超级大国美国的东南亚政策。

中国革命的迅速胜利是美国东南亚政策发生根本性改变的重要动力。在美国看来,此时,远东尤其是中国的共产主义已成为"苏联帝国主义的工具",而东南亚国家在本质上的弱小和脆弱使之更加需要道德的和物质的援助,以应对远东革命所引发的问题,并遏制其内部由共产主义所激发的革命运动。为此,美国的亚洲及远东政策规划开始推行"区域方法",即将该区域作为一个整体,同情性地支持亚洲启动旨在促进政治、经济和文化合作的区域联合,强调开拓反击共产主义的区域安全组织的可能性,并协调各方努力,促进印度、澳大利亚和新西兰为作为整体的该区域福利和稳定承担更多的直接责任,形成更加稳固的联合战线,以有效处理共同的政治和经济问题。② 基于此,1949 年 12 月 23 日和 12 月 30 日,美国国家安全委员会以 3 月美国政策规划署制定的《美国对东南亚政策文件》(即 PPS

---

① W. David McIntyre, *Background to the ANZUS Pact*: *Policy-Making*, *Strategy and Diplomacy*, Christchurch: Canterbury University Press, 1995, pp. 250 – 251; Milton W. Meyer, *A Diplomatic History of the Philippine Republic*, Hawaii: University of Hawaii Press, 1965, pp. 149 – 150; United States Department of State, *Foreign Relations of the United States Diplomatic Papers*, 1949, Vol. 7: *The Far East and Australasia* (*in two parts*), Part 2, Washington, D. C.: United States Government Printing Office, 1976, p. 1196.

② United States Department of State, *Foreign Relations of the United States Diplomatic Papers*, 1949, Vol. 7: *The Far East and Australasia* (*in two parts*), Part 2, Washington, D. C.: United States Government Printing Office, 1976, pp. 1209 – 1214.

51）为蓝本，相继公布了《美国对亚洲的立场》文件草案（简称"NSC48/1"）及其正式文本（简称"NSC48/2"），全面阐述了美国的亚洲政策。该文件确定对亚洲区域各非共产主义国家形成区域联合的行动指导原则，包括任何联合的形成必须是各参加国的真诚期望与互惠合作，以解决该区域的政治、经济、社会和文化问题；美国不积极参加这些区域联合的早期阶段，以免被指控为利用亚洲国家助长美国的野心；区域联合作为一种建设性力量，必须以各个领域的互助和自助为基础运行，以便可以维持基于平等权利和平等义务的伙伴关系；美国参加此种联合发展的任何阶段均应与其实现亚洲基本目标相一致，并保证任何区域联合的形成都将遵循《联合国宪章》第八章"区域安排"的条款规定等。该文件明确指出，美国应该运用自己的影响力建立政治稳定和抵御共产主义的基础，并尽可能从亚洲人的观点出发解决问题，鼓励印度、巴基斯坦、菲律宾和其他亚洲国家在解决区域共同问题上发挥符合美国利益的领导作用，而避免美国在其中承担领导角色。该文件还强调，应鼓励英联邦所有成员积极考虑应对措施，与美国在亚洲协同发挥积极作用，类似的协同应尽可能拓展到其他在亚洲拥有利益的非共产主义国家上。[①]

《美国对亚洲的立场》在一定程度上改变了美国对"太平洋条约"倡议原有的过于消极的立场，显示出其对菲律宾及英联邦国家所领导的区域联合计划支持的可能性。从此，美国对东南亚区域联合的立场和承诺更加接近于英国。因此，这份文件被认为是美国战后初期稳定的东南亚政策在"东南亚重新发现"中悄然蜕变。[②] 安德鲁·罗特（Andrew

---

[①] "A Report to President by the National Security Council: The Position of the United States with Report to Asia," NSC 48/2, Washington, 30 December 1949, in United States Department of State, *Foreign Relations of the United States Diplomatic Papers*, 1949, Vol. 7: *The Far East and Australasia* (in two parts), Part 2, Washington, D. C.: United States Government Printing Office, 1976, pp. 1215 – 1220; 《国家安全委员会第48/1号文件：美国对亚洲的立场》（1949年12月23日），载周建明、王成至主编《美国国家安全战略解密文献选编（1945—1972）》（第2册），社会科学文献出版社2010年版，第742—748页。

[②] 参见 Ritchie Ovendale, "Britain, the United States, and the Cold War in South-East Asia, 1949 – 1950," *International Affairs*, Vol. 58, No. 3, 1982, p. 459; Malcom H. Murfett, "İntroduction," in Malcom H. Murfett, ed., *Cold War Southeast Asia*, Singapore: Marshall Cavendish Editions, 2012, p. 6.

J. Rotter）就此评论说，在认识到发达国家的稳定与欠发达国家的稳定是相互联系的同时，美国认识到东南亚是联系世界占 1/2 欠发达国家的"最重要的区域"。美国政府在对中国、日本、英国、法国政策的交叉点上"发现"了东南亚。他说，此时，中国已经是一个共产主义国家，非共产主义世界因此失去了一个重要的"监听站"———一个对抗苏联的战略堡垒。在许多人看来，这是一个潜在的向欧洲和日本出口的巨大市场。现在，这些责任落到了东南亚。① 崔丕认为，从美国政府已经公开的美国国家安全委员会的文件来看，美国政府确定对亚洲太平洋地区安全保障的基本政策，并且将东南亚纳入遏制战略的范畴，当属美国国家安全委员会的 NSC48/2 文件。在这以前，美国政府对亚洲的政策，是以国别政策体现出来的。从此以后，美国政府才将亚洲作为一个整体来对待。②

美国对亚洲及东南亚政策的微调给英国和澳大利亚等英联邦国家和菲律宾的区域合作动议注入一针"强心剂"。随后，美国不断向菲律宾及其他亚洲国家倡导的区域联盟计划释放"善意"。1950 年 1 月 21 日，菲律宾外交次长菲利诺·倪里（Felino Neri）与美国巡回大使菲利普·杰赛普（Philp Jessup）在马尼拉就美国新的远东政策举行了会谈。双方对重大国际议题达成心照不宣的谅解，而菲律宾应依照其国家利益独立行动或做出决定、实施政策。这为菲律宾与其他亚洲国家组织一个"保持民主生活方式"的联盟提供了一种"保证"③。2 月 13—16 日，杰赛普在泰国主持了一次美国驻远东大使区域会议。有来自美国驻澳大利亚、印度、泰国、菲律宾、韩国、印度尼西亚、缅甸、新西兰等国家的大使，驻西贡、新加坡等地的总领事，以及负责巴基斯坦、日本、中国台湾等地事务的官员参加。此次会议主要讨论了远东的共产主义问题和美国的国际援助计划以及该区域与美国政治目标相关的总体经济问题。此次会议还讨论了亚洲国家特定形式的区域联合建议及英联邦的态度。此次会议虽

---

① Andrew J. Rotter, *The Path to Vietnam: Origins of The American Commitment to Southeast Asia*, Ithaca: Cornell University Press, 1987, p. 5.
② 崔丕：《美国亚洲太平洋集体安全保障体系的形成与英国（1950—1954 年）》，载《冷战国际史研究》（第 1 辑），世界知识出版社 2004 年版，第 4 页。
③ Milton W. Meyer, *A Diplomatic History of the Philippine Republic*, Hawaii: University of Hawaii Press, 1965, pp. 126, 151.

未表明美国是否提供经济和军事援助，但认为亚洲区域联合符合美国利益，美国应该鼓励亚洲国家组建区域联盟动议的努力，并就此与有此兴趣的国家交流看法。此次会议透露，泰国政府对此类区域联合动议的态度较为积极。①

早在1949年3月季里诺提出"太平洋条约"倡议时，泰国政府发言人便发表声明称，泰国"如果被邀请，渴望加入任何可能的类似于大西洋公约组织的太平洋和亚洲非共产主义防务集团"②。随后，泰国政府宣布，如果菲律宾政府不主持东南亚会议讨论区域联合，泰国将会这样做。1949年8月，菲律宾政府建议通过政府参加创建"太平洋联盟"会议时，泰国就欣然接受了邀请。当年9月，泰国政府宣布有意在曼谷召开由东南亚国家代表参加的区域特别会议，主要讨论日益增加的共产主义威胁，并谋求美国、英国等国的支持。美国驻泰国大使埃德温·斯坦顿（Edwin F. Stanton）向美国国务院建议，如果菲律宾对召开此类会议失去兴趣，美国就将与其他西方大国联合起来在幕后支持泰国主办。但美国驻菲律宾大使迈伦·考恩（Myron M. Cowen）还是希望菲律宾政府继续推进东南亚国家集会，讨论联盟动议。③

在美国新政策的"鼓舞"和泰国竞争的压力下，菲律宾政府于1950年2月开始正式启动在碧瑶召开区域会议计划，并向澳大利亚、巴基斯坦、印度、锡兰、泰国、印度尼西亚、新西兰和缅甸8个国家发出了会议邀请。菲律宾政府希望美国能够参加会议的愿望虽没有实现，但美国政府依旧强调支持区域联合发展，并鼓励本地的尤其是来自"有色人国家"的区域动议。4月17日，季里诺宣布会议将于6月26日开幕。除了事先将军事和反共产主义议题排除在外，菲律宾并未为会议确定具体的讨论议题。会议的召开并不顺畅。新西兰以这次会议与1月召开的科伦

---

① United States Department of State, *Foreign Relations of the United States Diplomatic Papers*, 1950, Vol. 6: *East Asia and the Pacific*, Washington, D. C.: United States Government Printing Office, 1976, pp. 18 – 20.

② Victor D. Cha, *Powerplay: The Origins of the American Alliance System in Asia*, Princeton: Princeton University Press, 2016, p. 162.

③ United States Department of State, *Foreign Relations of the United States Diplomatic Papers*, 1949, Vol. 7: *The Far East and Australasia* (in two parts), Part 2, Washington, D. C.: United States Government Printing Office, 1976, pp. 1188 – 1189, 1195 – 1196.

坡会议主题重叠为由，未接受会议邀请；澳大利亚起初并未接受会议邀请，后在美国的说服下又决定参会。缅甸因国内政权变动而放弃与会；印度直到5月9日才正式接受邀请；印度尼西亚直到5月14日罗慕洛以第四届联合国大会主席身份访问雅加达时才接受会议邀请；锡兰在会议开幕前两天才决定参加会议。只有泰国和巴基斯坦欣然接受邀请并顺利参会。为避免会议出现潜在的军事特性，台湾当局和韩国政府急欲参会却没有得到菲律宾政府的邀请。菲律宾政府原想邀请南越保大政权和柬埔寨、老挝政权以观察员身份参会，但因遭到国内反对而放弃。① 出席碧瑶会议的泰国代表奉命避免做出任何军事承诺，并强调会议只限于讨论社会和经济议题。②

5月25日，在会议召开前夕，罗慕洛发表声明确认，澳大利亚、锡兰、印度、印度尼西亚、巴基斯坦、泰国和菲律宾将参加这次会议。在声明中罗慕洛重申，这次会议是非军事性质的，不会就军事问题发表任何评论；这次会议没有激进的目标，不针对任何国家或国家集团，更不会有针对任何人的敌对行动或声明；此次会议将专门讨论寻求有效的和平合作模式，以维护参加国的自由，促进其合法的经济、政治和文化利益。在他看来，1947年在新德里举行的亚洲关系会议探讨和审议了亚洲各国人民共同关心的各种各样的问题，但参加亚洲关系会议的代表团并不代表各国政府；1949年在新德里举行的关于印度尼西亚的会议

---

① 参见 Milton W. Meyer, *A Diplomatic History of the Philippine Republic*, Hawaii: University of Hawaii Press, 1965, p. 152; Ricardo T. Jose, "The Philippines during the Cold War: Searching for Security Guarantees and Appropriate Foreign Policies, 1946 – 1986," in Malcom H. Murfett, ed., *Cold War Southeast Asia*, Singapore: Marshall Cavendish Editions, 2012, p. 61; "Cablegram from Embassy in Washington to Department of External Affairs," Washington, 18 March 1950, in Australian Department of Foreign Affairs and Trade, *Documents on Australian Foreign Policy*, Vol. 24: *Australia and the Colombo Plan*, 1949 – 1957, Document 41, https://www.dfat.gov.au/about-us/publications/historical-documents/Pages/volume-24/41-Cablegram-from-Embassy-in-Washington-to-Department-of-External-Affairs; United States Department of State, *Foreign Relations of the United States Diplomatic Papers*, 1950, Vol. 6: *East Asia and the Pacific*, Washington, D. C.: United States Government Printing Office, 1976, pp. 20 – 21, 82 – 83.

② United States Department of State, *Foreign Relations of the United States Diplomatic Papers*, 1950, Vol. 6: *East Asia and the Pacific*, Washington, D. C.: United States Government Printing Office, 1976, p. 1538.

是在政府一级举行的,但它只处理印度尼西亚的问题。他不无自豪地说:"在1950年的碧瑶会议上,东南亚和西太平洋的自由国家将首次在政府层面上就共同的经济、政治和文化问题进行磋商……现在,对东南亚和西太平洋各国人民具有共同和永久利益的其他问题将首次得以讨论并采取行动,所做出的决定将对参加会议的各国政府具有约束力。"他强调:"碧瑶会议是亚洲国家朝着在联合国内建立区域联盟和采取区域行动的方向迈出的一步。这项活动完全符合《联合国宪章》宗旨和原则,其目标与联合国的主要目标是一致的,即以更大的自由促进和平、社会进步和更高的生活水平。"因此,"碧瑶会议是我们推动和平均衡的集体努力的一部分。我们聚集在这里,是为了宣示亚洲对和平的渴望,并将这种渴望转化为互利互惠的务实合作模式。我们不仅打算宣称和平,而且打算实践和平。"[1]

5月26—30日,碧瑶会议如期举行。在会议开幕式的讲话中,季里诺就会议的主要任务和合作应遵循的主要原则提出了自己的建议。他说,这次会议的主要任务是"为解决我们共同问题的方案相互协商"。他强调,这次会议既是"友好主权国家和邻国代表的第一次会议",也是"东南亚和西太平洋地区人民最放心的事情",因为"现在我们掌握了自己的命运,在努力追求符合我们民族天赋的系统性增长和发展的同时,我们相信,我们可以依靠共同的历史渊源和传统的相互同情以及地理上的相近,相互补充,通过坦诚协商,更好地促进我们的共同利益"。因此,"这对我们所有人来说都是一个历史性的时刻"。他进一步解释说:"我们的愿望是,我们以开放的思想聚在一起,并在审议过程中享有完全的行动自由。"相应地,"这次会议的议程将由我们自己决定,并应经共同同意,同意讨论或不讨论与召开本次会议的广泛目标有关的任何议题"。他就此表示:"接受召开这次会议所依据的某些原则,当然不违反这种行动自由的观念。我相信,我们一致同意,我们聚集在

---

[1] "Statement of Secretary Carlos P. Romulo: On the Eve of the Baguio Conference of 1950," Delivered over Station DZFM, 25 May 1950, Official Gazette of the Republic of the Philippines, https://www.officialgazette.gov.ph/1950/05/25/statement-secretary-carlos-p-romulo-on-the-eve-of-the-baguio-conference-of-1950/.

这里是为了我们的共同利益,而不是反对任何人。我可以补充说,是满足积极而不是消极的行为,更不用说侵略行为了。"在讲话中季里诺表示,这次会议的另一个任务是"同意建立一个区域合作的具体基础,确定为促进我们的政治、经济和文化福利提供运行机制,我们可以共同支持和改进这一机制"。他希望"完善这样一个机制,使其积极地维持区域理解的加深并加强世界安全"。最后,他特别强调,此次会议谋求解决共同问题的合作必须处理好国家和国际的关系。他认为,区域问题具有国家和国际两个侧面。这就要求"这里所代表的每个国家都保留不受损害的权利,根据其领土内的特殊情况,通过国家行动解决这些问题。因此,任何关于共同行动的建议都不应被视为国家行动的替代,而应被视为对国家行动的补充"。也就是说,"一项国际行动计划不是使这些问题中的任何一个,无论是政治、经济还是文化问题,变得更加困难。相反,国家力量将通过国际和直接合作得到加强"。在具体的合作领域,他建议,利用亚远经委会等国际机构及最近英联邦会议的决定或计划,谋求共同问题的解决,如与欠发展国家技术援助计划有关的问题。但他强调:"我们在这里不应重复联合国或任何联合国机构或任何致力于一项相互或自助的具体方案的自由国家集团的工作。相反,我们的愿望是补充他们的工作,并执行他们提出的对我们的幸福和繁荣似乎必不可少的建议。"比如,"《联合国宪章》明确承认在某些领域采取区域行动的价值,我们将不断努力严格按照联合国的宗旨和原则进行我们的工作。我们有机会作为一个更大的集体为世界进步与世界和平做出贡献"。可见,季里诺所谈及的此次会议的原则与两次亚洲关系会议的原则是基本一致的,其谋求实现的基本目标也更多地反映了本区域独立或正在独立的新兴国家的利益。[①]

在会上,季里诺与各国代表商定了所有决议均需全体一致通过的原则。罗慕洛担任大会主席和菲律宾代表团团长。他以联合国大会主席身

---

① "Address of His Excellency Elpidio Quirino President of the Philippines at the Opening Session of the Baguio Conference of 1950," Delivered at the Mansion House, Baguio, 26 May 1950, Official Gazette of the Republic of the Philippines, https://www.officialgazette.gov.ph/1950/05/26/address-of-president-quirino-at-the-opening-session-of-the-baguio-conference-of-1950/.

份为此次会议倡议建立的组织增加了安全维度,但更多的是从内部反叛活动上定义安全,而淡化其外部侵略色彩。他重申季里诺的倡议,希望大会探讨建立永久性区域组织的可行性,以便更有效地协调联合的努力。罗慕洛为此次会议分发了几条建议供讨论,包括支持殖民地人民进行民族主义运动;每半年举行一次会议;起草建立永久性组织公约;分设了经济、社会和文化部;关于东南亚国家新材料生产和市场营销等经济发展的理性化建议等。在会上,季里诺提出的邀请韩国等参加会议或者给予其观察员资格,均遭到印度、巴基斯坦和印度尼西亚三国代表的反对。有代表建议由三名会议成员组成一个委员会对越南局势进行实地调查,罗慕洛未予同意。印度尼西亚代表明确拒绝参加菲律宾倡议的反共产主义的"太平洋条约"。这样,此次大会明确排除了军事合作和反共产主义的态度。5月30日,此次大会全体委员会最终以建议的方式通过唯一的决议,其内容包括:建议各参加国政府采取共同措施促进彼此的商业和金融利益,并联合努力推动文化进步和社会福利;努力稳定市场价格、扩大彼此贸易和鼓励技术人员交流;重视他国的发展计划,培育文化和社会领域的合作;各国政府通过正常的外交渠道支持在联合国和其他国际机构中的协商和联合行动,保证这些国际平台在考虑南亚东南亚问题时能充分反映亚洲人的观点等。[1]

碧瑶会议既未提出政治措施,又未建立持续的机构。澳大利亚、印度和印度尼西亚均对菲律宾创建永久组织的建议反应十分冷淡。印度尼西亚接受会议邀请的一个重要动力是,将这次会议当作召开第二次类似会议讨论更具体议题的准备。会前,罗慕洛建议印度尼西亚在碧瑶会议后承办第二次会议,并承诺如果印度尼西亚承办第二次会议,菲律宾将第一个接受邀请参加会议。但在碧瑶会议上,印度尼西亚拟邀请各国召开第二次会议,印度反对将来召开类似的会议。最

---

[1] Milton W. Meyer, *A Diplomatic History of the Philippine Republic*, Hawaii: University of Hawaii Press, 1965, pp. 152 – 153; W. David McIntyre, *Background to the ANZUS Pact: Policy-Making, Strategy and Diplomacy*, Christchurch: Canterbury University Press, 1995, pp. 267 – 268; Michael Leifer, *Indonesia's Foreign Policy*, London: George Allen & Unwin, 1983, p. 27; United States Department of State, *Foreign Relations of the United States Diplomatic Papers*, 1950, *East Asia and the Pacific*, Vol. 6, Washington, D. C.: United States Government Printing Office, 1976, p. 101.

终，没有一个国家对任何事情做出承诺。① 这意味着菲律宾经过一年多的持续努力创建区域组织或缔结区域条约的愿望全部落空。碧瑶会议的这一结局既标志着"太平洋主义"框架内亚洲国家"太平洋条约"动议的终结，又标志着菲律宾谋求区域领导角色的失败。从区域和国家层次的结合来看，这一结局既反映了在没有大国参加的情况下，东南亚新独立国家尤其是菲律宾这样对外依赖严重的小国的影响力、能力和可信度明显不足，又反映了作为亚洲"舶来品"的"太平洋主义"，与形成中的"泛亚洲"和酝酿中的"东南亚"区域意识融合成新的亚洲或东南亚身份认同的极其脆弱性。从区域和全球层次的结合来看，这一结局反映出在冷战阴云密布的险恶环境中，东南亚及亚洲国家试图通过非军事手段和"中立主义"，在美苏两大阵营之外聚集起"第三种力量"是异常困难的。

印度尼西亚、新西兰和澳大利亚等国对碧瑶会议的担心或看法可以在很大程度上对这一结局做出解释。印度尼西亚对碧瑶会议一直持谨慎态度。印度尼西亚希望通过国际合作维持和加强其"中立主义"政策。相对于印度尼西亚和菲律宾之间的文化、种族和地理联系以及来自菲律宾近期的政治支持，是其首要的考量。印度尼西亚不但不想参加任何反对共产主义的集团，而且拒绝承认来自共产主义的威胁。虽然菲律宾政府后来宣布放弃反对共产主义的立场，只是谋求创建"东南亚国家关于世界事务的稳固战线"，但印度尼西亚还是担心如果碧瑶会议达成某种有约束力的成果，就可能会中和其"中立主义"政策。因此，在碧瑶会议上，印度尼西亚代表团接受其外交部的指令而采取"观望"政策。② 时任新西兰驻美国大使馆一等秘书弗兰克·科恩（Frank H. Corner）在谈及新西兰未接受会议邀请时说，其真正原因是新西兰政府认为碧瑶会议只有"稳定性可疑和重要性不高的"政府参加。他认为，在美国和英国未参加的情况下，沿着

---

① Milton W. Meyer, *A Diplomatic History of the Philippine Republic*, Hawaii: University of Hawaii Press, 1965, pp. 152 – 153; Dunning Idle IV, "Indonesia's Independent and Active Foreign Policy," Ph. D. Dissertation, Yale University, 1956, pp. 124 – 125.

② 参见 Dunning Idle IV, "Indonesia's Independent and Active Foreign Policy," Ph. D. Dissertation, Yale University, 1956, pp. 125 – 127.

菲律宾制定的"路线图"召开区域会议或创建区域组织是徒劳的。新西兰政府与英国和美国政府的看法一样，认为由于该区域缺乏任何利益共同体和文化共同体，因而菲律宾依照"大西洋路线"缔结"太平洋条约"的动议过于早熟。另外，新西兰政府并不将自己看作亚洲国家，而是"西欧南太平洋"的一个延伸，因而它并不认为由东南亚国家和印度组成的"太平洋条约"是对"大西洋公约"的一种合适的替代。为此，科恩甚至担心如果新西兰参加亚洲国家的区域组织，就会无可避免地被认为新西兰内部推行亚洲排斥政策。他进一步解释说，新西兰政府认识到美国此时既不可能同意在太平洋区域创建正式的安全条约，也不会认为此种条约是必要的。但新西兰政府确实认为新西兰、澳大利亚、英国和美国就太平洋区域安全达成总体谅解是"最值得的事情"[①]。

1950年6月7日，英军参谋部制定的《防务政策和全球战略报告》指出，无论是在热战还是冷战时期，东南亚都是次要的但仍然是极其重要的前线；在目前阶段，试图采取《北大西洋公约》的路线无疑为时过早，但在适当的时候很可能会发现某种形式的区域联盟是有价值的，而这样一个区域联盟将会给澳大利亚和新西兰提供宝贵的保证。当下最重要的是，要确保同盟国在这方面的政策、目标以及方法的统一，并为此目的建立某种机制。该报告强调，最可怕的威胁将是"我们境内的第五纵队"，因此，在东南亚的联合努力必须指向建立地方安全部队和扩大有效的民事管理，以便在最少的外部援助下重新控制印度支那和马来亚的内部局势。该报告称，澳大利亚和新西兰已经接受了"澳新马区域"某些防务方面的责任，重要的是，"澳新马区域"防务应与美国在太平洋的

---

① United States Department of State, *Foreign Relations of the United States Diplomatic Papers*, 1950. *East Asia and the Pacific*, Vol. 6, Washington, D. C.: United States Government Printing Office, 1976, pp. 20 – 21; United States Department of State, *Foreign Relations of the United States Diplomatic Papers*, 1949. *The Far East and Australasia* (in two parts), Vol. 7, Part 2, Washington, D. C.: United States Government Printing Office, 1976, pp. 1187 – 1188; W. David Mclntyre, *Background to the ANZUS Pact: Policy-Making, Strategy and Diplomacy*, Christchurch: Canterbury University Press, 1995, pp. 250 – 251, 255.

防务系统密切联系。① 这表明在东南亚区域联合方面，英国、澳大利亚和新西兰依然倚重英联邦及其与美国的关系。

尽管如此，碧瑶会议作为主要由东南亚国家倡导和推动的、横跨二战后初期整个亚洲区域最为重要的"泛亚洲主义"和"太平洋主义"两种区域意识的首个跨区域合作动议，不管是对菲律宾的外交及区域合作政策，还是对"泛亚洲主义"和"太平洋主义"跨区域合作进程的现实发展和未来走向均产生了不可忽视的重大影响。对"泛亚洲主义"的跨区域合作而言，碧瑶会议的实际后果如参加这次会议的印度尼西亚代表所总结的：通过这次会议，"我们找到了进一步行动的依据，为以道德价值为基础的真正联盟打下了基础"。一个显而易见的事实是，碧瑶会议是印度尼西亚被承认为独立国家后参加的"首次会议"，标志着其正式登上国际政治舞台。罗慕洛将碧瑶会议称作一次"平等会议"。随后，菲律宾利用主持碧瑶会议的经验，加强向世界传递亚洲的统一性和独特性的信息。在碧瑶会议结束不到一个月，即1950年6月22日，季里诺提请美国承认世界政治中"中立主义"的正当性，并提醒美国既要理解民主未必在亚洲运行，又不要给所有民族主义贴上共产主义的标签。他强调，"从亚洲人的视角看亚洲"应成为西方政策的"首要前提"，而不是欧洲政策对应物在亚洲的适用。可以说，菲律宾倡导的"太平洋条约"及主办的碧瑶会议确实激发了"亚洲人为亚洲人的持续的共同梦想"。这使得碧瑶会议成为继亚洲关系会议和亚远经委会之后，支持"中立主义"及"第三种力量"政策和孕育亚洲及东南亚意识的又一个区域会议场所。② 时任印度尼西亚外交部长兼副总统哈达承认，碧瑶会议虽未达成任何有约束力的成果，但它成功地创建了一个推动会议参与国合作的"道德联盟"③。科尔伯特认为，"太平洋条约"动议、碧瑶会议与东南亚特委会、两届亚

---

① "Report on Defence Policy and Global Strategy," D. O. (50) 45 [CAB 131/9], Foreign Office, 7 June 1950, in United Kingdom Foreign and Commonwealth Office, *Documents on British Policy Overseas*, Ser. 2, Vol. 4: *Korea June 1950 – April 1951*, Chapter 0, 1950, Appendix I, https://www.proquest.com/government-official-publications/appendix-i/docview/1923012592/se-2? accountid=41288.

② 参见 Milton W. Meyer, *A Diplomatic History of the Philippine Republic*, Hawaii: University of Hawaii Press, 1965, pp. 152 – 154.

③ Dunning Idle IV, "Indonesia's Independent and Active Foreign Policy," Ph. D. Dissertation, Yale University, 1956, p. 126.

洲关系会议等区域会议虽未产生永久性机制,但可以被视作"东南亚共同体的细微迹象"①。

对菲律宾而言,在碧瑶会议外交受挫后,其外交及区域合作政策开始顺应冷战大环境及亚洲及太平洋区域合作的实际,从而将非军事和军事议题分开。1950年6月25日,朝鲜战争的爆发及其引发的美国亚洲政策的急剧转变加速了这一政策调整。美国代表日本和英国重新制定其对东南亚的政策。美国的决策者不再把东南亚看成由互不相关的国家组成的"一团乱麻",而是把它看成一个必须与远东和西欧重要的工业化国家联系在一起的区域。此后,菲律宾政府继续采用经济和社会福利措施而非军事途径,谋求应对亚洲所面临的独特挑战。9月25日,罗慕洛在联合国大会的辩论中呼吁关注非军事问题上亚洲更大的优先性,以及由于亚洲的贫穷所加剧的挑战和"仍存在的束缚亚洲的锁链"②。此后,菲律宾仍积极参与"泛亚洲主义"框架内的区域经济及发展合作,并谋求从美国主导的和"太平洋主义"框架内新的双边和区域经济及援助项目中获取收益。在军事议题上,菲律宾开始对内强化对胡克反叛势力的武力镇压,对外持续谋求美国更多的支持。在朝鲜战争中,菲律宾坚定地站在美国一边,应邀为美国提供军事支持,并派军队加入美国领导的"联合国军",成为美国阵营中"最亲密的反共产主义国家"③。季里诺在菲律宾国会发表的国情咨文表明了菲律宾对外政策这一调整的必要性和现实性。他说,此前,"我国大多数人民认为,解决我国的和平与秩序问题主要可以通过采取军事以外的措施来实现。即使在今天,仍有一些人自欺欺人地认为我们的和平与秩序问题主要是一个社会问题。社会和经济措施无疑将对解决这一重大问题做出不可估量的贡献。为此,我动员了各种非军事机构,在各地照顾群众的福利。然而,目前

---

① Evelyn Colbert, *Southeast Asia in International Politics*, 1941-1956, Ithaca: Cornell University Press, 1977, pp. 111-116.

② Milton W. Meyer, *A Diplomatic History of the Philippine Republic*, Hawaii: University of Hawaii Press, 1965, p. 154; Andrew J. Rotter, *The Path to Vietnam: Origins of the American Commitment to Southeast Asia*, Ithaca: Cornell University Press, 1987, p. 165.

③ Ricardo T. Jose, "The Philippines during the Cold War: Searching for Security Guarantees and Appropriate Foreign Policies, 1946-1986," in Malcom H. Murfett, ed., *Cold War Southeast Asia*, Singapore: Marshall Cavendish Editions, 2012, p. 62.

的条件迫使我们用军事力量来对付这个问题"。他解释说:"当然,仅凭我们有限的资源来提供一个完整的国防计划几乎是不可能的。我们需要来自朋友和盟友尤其是美国的大量外部援助。"他强调:"由于不断加剧的紧张局势和不确定性,我们因此敦促彻底和迅速地执行我们与美国的军事援助协定。"① 自此,菲律宾与美国的军事合作迅速升温,并很快发展为军事同盟关系。

从东南亚及亚洲和太平洋区域来看,碧瑶会议加速了马来亚"紧急事件",尤其是美国公布的国家安全文件《美国对亚洲的立场》所不断强化的英联邦跨区域合作的"分化"趋势。而朝鲜战争的爆发使这一趋势急速演进。一方面,随着美国开始倡议并主导新的太平洋集体防务体系的构建,澳大利亚和新西兰积极参与其中,与美国启动英联邦体系之外的新的跨区域防务合作。另一方面,一度与菲律宾的"太平洋条约"及区域联盟或区域会议动议产生"交集"的英联邦跨区域合作迅速发展,并开启旨在推动南亚东南亚经济发展和经济援助的区域动议——"科伦坡计划"。无论从核心地理范围还是从核心合作议题上看,"科伦坡计划"区域动议均与主要由菲律宾倡导的改进后的"太平洋条约"动议和碧瑶会议成果最为接近。纳齐尔·艾哈迈德(Nazir Ahmad)解释说,当时在东南亚南亚各国人民中有一种非常强烈和普遍的愿望,需要摆脱过去的经济束缚并在合理的基础上大力发展各自国家的经济,而不再满足于维持仅仅是原材料生产者的现状。因此,他们急于发展自己的工业,以便能够拥有平衡的经济。为实现这一目标,他们需要友好的发达国家提供援助和帮助,而这些国家正好计划提供这种帮助,特别是在技术领域。他认为,英联邦国家的科伦坡会议及悉尼会议和碧瑶会议酝酿的经济动议在东南亚南亚开启的"这种合作将为亚洲欠发达国家经济发展和所有人的和平与繁荣开创一个新时代"②。从这个意义上讲,菲律宾首推的

---

① "Message of His Excellency Elpidio Quirino President of the Philippines to the Congress on the State of the Nation," State of the Nation Address, 22 January 1951, Official Gazette of the Republic of the Philippines, https://www.officialgazette.gov.ph/1951/01/22/elpidio-quirino-third-state-of-the-nation-address-january-22-1951/.

② Nazir Ahmad, "The Sydney and Baguio Conferences," *Pakistan Horizon*, Vol. 3, No. 3, 1950, p. 138.

"太平洋条约"和碧瑶会议所倡导的区域集团和非军事合作"领先于其所处的时代",的确"值得称道"①。

三 科伦坡会议的召开和"科伦坡计划"的出台

作为一种可观察的演变进程,"科伦坡计划"动议的缘起可追溯至 1948 年 10 月在伦敦举行的英联邦总理会议。与此前的英联邦总理会议相比,这一会议有两个重大变化:一是印度、巴基斯坦和锡兰三个新的区域内独立国家首次参加会议,不再只有英国、澳大利亚和新西兰等区域外国家参加,从而首次在成员上使英联邦纽带将亚洲和太平洋真正地联系在一起;二是会议讨论的核心议题不再仅仅是英国、澳大利亚和新西兰等域外成员及英国在东南亚属地的问题,而是首次讨论英联邦亚洲成员及包括缅甸、印度尼西亚和印度支那在内的东南亚国家及政治实体所面临的经济发展和内部稳定以及受此影响的整体区域不稳定等现实问题,从而既推动亚洲成员的发展,又符合新老成员的共同利益。② 这两个"首次"的汇聚使一直由英国、澳大利亚和新西兰等国家建构的"太平洋主义"区域意识"首次"具有了真正的亚洲及东南亚元素。

在这次英联邦总理会议上,英国、澳大利亚和巴基斯坦均提出了与亚洲有关的建议。英国外交大臣贝文提出建立关于亚洲问题的英联邦协商机制;澳大利亚外长伊瓦特提议促进亚洲经济发展,认为这可以助推西欧国家财政赤字的改善;巴基斯坦政府提出制定更具体的亚洲经济发展计划,并创建促进英联邦内部工农业发展和相互贸易的委员会。在会上,英国、澳大利亚、新西兰、印度、巴基斯坦和锡兰对东南亚的经济发展都非常感兴趣。艾德礼指出,英联邦国家间在特定问题上聚集共同利益的程度比与其他国家之间更直接,这需要英联邦国家的快速行动。他强调,英联邦总理会议在提供观念的自由交流、促进更大的共同目标

---

① Richard T. Jose, "The Philippines' Search for Security in the First Years of the Cold War, 1946-51," in Albert Lau, ed., *Southeast Asia and the Cold War*, New York: Routledge, 2012, p.35.

② Ademola Adeleke, "Ties without Strings? The Colombo Plan and the Geopolitics of International Aid, 1950-1980," Ph. D. Dissertation, University of Toronto, 1996, pp.37-38.

的理解上非常有价值。为此他建议，除了英联邦总理会议应比以前更频繁地召开外，还应在会议间隔期举行英联邦各类部长会议，专门讨论外交、经济和防务等具体事务；会议不必总是在伦敦举行，还可以在伦敦之外的首都召开。他解释说，英联邦部长们参加这样的会议不要求本国政府承诺做出决定，只是就各国最直接相关的问题进行协商。他相信这种区域会议是处理各国具体问题的"正确方式"。伊瓦特非常支持艾德礼召开英联邦部长会议的建议，并明确提出每年举办两次英联邦部长会议，依照便利性在不同国家的首都举行，就重要的国际议题进行充分协商，以促进和确认各国政府达成最终决定乃至协议。[1]

在这次会议上，各方普遍希望维持和扩大英联邦各成员政府之间的协商方法，建议改善英联邦在外交、经济和防务事务上拟提交各成员政府审议和决定的事宜。会上，所有英联邦政府决定联合起来，与其他各国政府一道在民主基础上建立世界和平。为此，他们申明，以增强本国经济实力为目标，并采取一切适当措施威慑和抵制侵略；强调将尽最大努力促进财富的增长，以提高生活水准，特别是对世界欠发展国家的人民来说，这是为促进和维护世界和平做出的建设性贡献。[2] 最后，这次会议发表声明称，已采纳澳大利亚和英国的部分建议，对英联邦成员间部分现行惯例的协商做出安排。主要内容包括：英联邦总理会议将根据可行性时常举行；在总理会议间隔期至少每年举行一次关于外交事务的部长级会议，会议将在某个英联邦成员中举行，首次会议将在锡兰举行；根据需要和可行性召开各国关心的经济和金融问题的英联邦成员部长级会议，会议将根据形势发展的需要在

---

[1] "Minutes of Meeting of Prime Ministers," PMM (48) 7th Meeting (extracts), London, 18 October 1948, in Australian Department of Foreign Affairs and Trade, *Documents on Australian Foreign Policy*, Vol. 14: 1948 – 49, *The Commonwealth, Asia and the Pacific*, Document 84, https://www.dfat.gov.au/about-us/publications/historical-documents/Pages/volume-14/84-minutes-of-meeting-of-prime-ministers; Ademola Adeleke, "Ties without Strings? The Colombo Plan and the Geopolitics of International Aid, 1950 – 1980," Ph. D. Dissertation, University of Toronto, 1996, pp. 37 – 40.

[2] "Beasley to Evatt," Cablegram, London, 22 October 1948, in Australian Department of Foreign Affairs and Trade, *Documents on Australian Foreign Policy*, Vol. 14: 1948 – 49, *The Commonwealth, Asia and the Pacific*, Document 87, https://www.dfat.gov.au/about-us/publications/historical-documents/Pages/volume-14/87-beasley-to-evatt.

某个英联邦国家举行。①

　　这次英联邦总理会议虽未就区域合作的具体问题达成协议，但就英联邦框架内后续的区域合作发展凝聚了共识、指明了方向。这次会议所达成的最大共识就是进一步肯定并强化了英联邦框架内的协商程序和机制安排。这种机制安排是正式的平等成员间的自愿联合，既没有共同的最高的或单一的中心，也没有正式的组织机构；其行动的首要模式是政府间协商，主要通过政府间直接的函电往来和定期的英联邦总理会议来实现。这保证了该框架内的区域合作能够在主权平等的基础上趋向有利于亚洲成员的发展。其实，这次会议的两个重要成果均涉及其亚洲成员：一个是初步解决了印度留在英联邦的地位问题；另一个是决定支持锡兰加入联合国。尤其是印度的加入对该组织及其区域合作的未来发展至关重要。而这一结果既有英国、澳大利亚、新西兰等英联邦成员说服的努力，又有尼赫鲁对英联邦协同伙伴关系的渴望，这种渴望使之采取妥协的解决办法。会前，伊瓦特与新西兰总理弗雷泽进行了密切的协调，他们努力向尼赫鲁证实，印度留在英联邦内的决定既符合其自身利益，又符合英联邦整体乃至更大的世界利益。②

　　从印度一方来看，英联邦协商程序既可以使之与英联邦保持友好的联合，以发挥其对国内外革命性力量挑战的稳定影响力，又避免陷入与欧洲集团正式联盟的桎梏，使其可以与亚洲邻国建立新的较为松散的关系。③尼赫鲁在这次英联邦总理会议上明确表示，印度对东南亚极为感兴趣，而印度与英国、澳大利亚和新西兰的区域理解是可取的，但其前提

---

① "Evatt to Chifley," Cablegram E22, London, 22 October 1948, in Australian Department of Foreign Affairs and Trade, *Documents on Australian Foreign Policy*, Vol. 14: 1948 – 49, *The Commonwealth, Asia and the Pacific*, Document 90, https://www.dfat.gov.au/about-us/publications/historical-documents/Pages/volume-14/90-evatt-to-chifley.

② 参见 Gordon Greenwood, "The Commonwealth," in Gordon Greenwood and Norman Harper, eds., *Australia in World Affairs* 1950 – 55, Melbourne: F. W. Cheshire, 1957, p. 30; Peter Lyon, "Britain and the Commonwealth," in Michael Leifer, ed., *A Constraints and Adjustments in British Foreign Policy*, New York: Routledge, 1972, pp. 123, 129.

③ Nicholas Mansergh, "The Commonwealth in Asia," *Pacific Affairs*, Vol. 23, No. 1, 1950, pp. 3 – 5.

是区域安排不能与联合国原则相冲突。① 他强调:"友好的气氛比合乎逻辑的辩论更加重要。"尼赫鲁的积极态度既鼓励了对解决问题的期待,又是会议本身意义的一种表达。会后不久,印度国大党在关于印度独立的国际地位的声明中称,印度将保持其与英国和英联邦的关系,并将为英联邦独立国家的共同利益而自由联合,以促进世界和平。尼赫鲁的态度和印度国大党的立场坚定了印度留在英联邦的最后立场。② 印度亦寄希望于通过与西方国家的合作谋取其经济发展所急需的外部援助。印度在独立后大力发展经济,以建立一个强大的印度。但印度工业基础薄弱和经济水平落后成为重要的制约因素。这使得印度的外交政策必须服务于其经济发展政策。这样,印度一方面实施和平友好和不结盟的外交政策,以压缩国防开支;另一方面,印度的经济发展需求经常使其不结盟政策带有某种倾向性,亦即谋求英、美等西方国家的经济援助。③ 1948 年 4 月,在尼赫鲁的授意下,印度外交部秘书长巴杰帕伊(Girja Shanker Bajpai)在访问美国时称:"美国是唯一有能力援助印度的国家。"④

在澳大利亚看来,英联邦协商管理倾向的持续增强是其组织上的"最重要发展"。这意味着比较陈旧的、正式的定期召开的英帝国会议已经被灵活的、根据需要而适时举行的英联邦总理会议所取代。这充分证明了面对国际紧张局势和经济混乱频繁举行最高层次会议进行协商的重要性。这样,英联邦会议为其成员交换可信任的重大信息和考虑及评估重大国际问题提供了机会。⑤ 印度、巴基斯坦和锡兰的加入又赋予英联邦协商以新的内涵。伊瓦特在这次会议上表示,这三国总理首次参加英联

---

① Tilman Remme, *Britain and Regional Cooperation in South-East Asia* 1945 – 1949, New York: Routledge, 1995, p. 140.

② Gordon Greenwood, "The Commonwealth," in Gordon Greenwood and Norman Harper, eds., *Australia in World Affairs* 1950 – 55, Melbourne: F. W. Cheshire, 1957, pp. 30 – 31.

③ 王琛:《美国外交政策与南亚均势(1947—1963)》,香港:香港社会科学出版社有限公司 2005 年版,第 54—55 页。

④ United States Department of State, *Foreign Relations of the United States Diplomatic Papers*, 1948, Vol. 5: *The Near East, South Asia, and Africa*, Part 1, Washington, D. C.: United States Government Printing Office, 1975, p. 507.

⑤ Gordon Greenwood, "The Commonwealth," in Gordon Greenwood and Norman Harper, eds., *Australia in World Affairs* 1950 – 55, Melbourne: F. W. Cheshire, 1957, pp. 41 – 42.

邦总理会议"象征着反映英联邦精神和持续目标的民主自由在英联邦界限内的扩大"。他认为,这些新的主权国家的代表参与英联邦国家审议会议,它们的古代文明智慧以现代的活力生动地体现出来。他相信:"西方和东方在自由、正义和经济繁荣基础上建立持久和平这一最高使命,能够为受困扰的人类提供新的希望。"① 可以说,新的亚洲独立国家与英联邦的协商性联合既推动了英联邦结构的转型,又从根本上改变了其运行特性和理由。从此,英联邦既不得不关注其亚洲成员的特殊问题,包括贫困和欠发展等问题,又不得不关注西方发达国家与亚洲欠发展成员之间世界观的调和问题,至少要对其亚洲成员的民族主义和非殖民化等特定议题给予同情乃至支持。可以说,这次英联邦总理会议开启了"英联邦协商的欧亚阶段"②。

第二届亚洲关系会议的召开为英联邦框架内新的区域动议注入新的动力。鉴于印度的地缘位置及其在"泛亚洲主义"区域合作尤其是在两次亚洲关系会议上所扮演的关键"区域领导"角色,英国和澳大利亚都认为没有印度参加的南亚东南亚区域计划是不可能成功的。英国更希望借英联邦框架内成功的南亚东南亚区域计划对印度施加最大程度的影响,并使之沿着亲英国的路线前行。英国政府还认为,从长远来看,没有美国参加的任何最终的区域协同都不可能存在,因此,英国应积极推动美国与之一起参与东南亚的区域合作。③ 1949 年 2 月,英国、美国、澳大利亚和印度四国驻中国大使在南京进行了非正式会谈。会后,他们向各自

---

① "Beasley to Evatt," Cablegram, London, 22 October 1948, in Australian Department of Foreign Affairs and Trade, *Documents on Australian Foreign Policy*, Vol. 14: 1948 – 49, *The Commonwealth*, *Asia and the Pacific*, Document 87, https://www.dfat.gov.au/about-us/publications/historical-documents/Pages/volume-14/87-beasley-to-evatt.

② 参见 Ademola Adeleke, "Ties without Strings? The Colombo Plan and the Geopolitics of International Aid, 1950 – 1980, Ph. D. Dissertation, University of Toronto, 1996, p. 10; Nicholas Mansergh, "The Commonwealth in Asia," *Pacific Affairs*, Vol. 23, No. 1, 1950, pp. 3 – 20.

③ 参见 "'United Kingdom in South-East Asia and the Far East': Memorandum Prepared for Cabinet by the Permanent Under-Secretary of State's Committee in the Foreign Office," CO 967/84, No. 69, October 1949, in A. J. Stockwell, ed., *British Documents on the End of Empire*, Series B, Vol. 3: *Malaya*, Part II, *The Communist Insurrection 1948 – 1953*, London: HMSO, 1995, pp. 163 – 164; Tilman Remme, *Britain and Regional Cooperation in South-East Asia 1945 – 1949*, New York: Routledge, 1995, p. 204.

的政府递交了一份联合备忘录,建议实施对东南亚的国际联合援助计划,称为"南京建议"(The Nanking Proposals)。四国大使在该建议中指出,面对共产主义运动所创造的东南亚及次大陆"革命性形势",仅仅用武力是不可能取得实效的,唯一的希望是为革命试图解决的那些重大问题(主要是将基于饥饿经济的东方社会转变为基于社会正义和经济自由原则组织起来的现代社会)提供一份"非共产主义解决方案",其终极目标是建立一个"东南亚邦联"(confederation of South-East Asia),实现共同的目标和一体化经济,并拥有先进的经济和社会制度;即期措施是创建一个由该区域国家组成的永久的"东南亚协商理事会"(Consultative Council for South-East Asia),负责制定和实施该区域的共同政策,其创设必须满足一个先决条件,即实现印度尼西亚和印度支那政权的政治自由,并确保马来亚至少在参与制定共同经济政策时有行使宪法的能力。该理事会还有必要制定一套经济和社会方案,以处理落后国家所面临的现实问题。该建议还进一步强调,该计划的成功取决于西方的援助。为此,应创建一个"东南亚咨询委员会",负责确定西方援助的数额和程序,由来自英国、美国、澳大利亚、印度的代表组成,与协商理事会平行运行、紧密协作,以确保援助计划的实施。[1]

四国大使"南京建议"表现出与在欧洲实施的"马歇尔计划"的明显相似性,被称为"南亚东南亚的马歇尔计划"。该建议影响了后来英国、澳大利亚和印度提出的英联邦援助计划尤其是"斯彭德建议",并成为通向"科伦坡计划"的讨论基础。[2] 1949年4月,在伦敦召开的英联邦总理会议上,各方将东南亚的共产主义作为首要的内部威胁。尼赫鲁

---

[1] "Sir R. Stevenson (Nanking) to Mr. Bevin," No. 141 [F 3790/1015/10], Nanking, 4 March 1949, in United Kingdom Foreign and Commonwealth Office, *Documents on British Policy Overseas*, Ser. 1 Vol. 8: *Britain and China*, 1945 – 1950, Chapter 5, 1949, Document 60, https://search.proquest.com/docview/1923015011? accountid =41288.

[2] 参见 "The Colombo Plan," in Michael Haas, ed., *Basic Documents of Asian Regional Organizations*, Vol. I, New York: Oceana Publications, 1974, p. 1; Nicholas Tarling, "The United Kingdom and the Origins of the Colombo Plan," *Journal of Commonwealth & Comparative Politics*, Vol. 24, No. 1, 1986, pp. 2 – 13; Tilman Remme, *Britain and Regional Cooperation in South-East Asia 1945 – 1949*, New York: Routledge, 1995, pp. 162 – 166; Lalita P. Singh, *The Politics of Economic Cooperation in Asia: A Study of Asian International Organizations*, Columbia: University of Missouri Press, 1966, p. 177.

在将共产主义直接袭击作为头号威胁的同时，还将东南亚国家主要由恶劣的经济条件造成的内部衰弱作为二号威胁。在他看来，英联邦政策应该针对第二种危险，因为正是此种危险形成了共产主义孕育的条件。艾德礼赞成尼赫鲁的观点，支持将创造抵制共产主义滋生的社会条件作为英联邦政策的首要目标。他认为，在亚洲，军事力量并非反击共产主义侵略的有效武器，应通过经济社会手段遏制共产主义的发展。[1]

进入1949年下半年，随着中国革命的胜利和美国东南亚政策渐趋积极，英联邦框架内的区域合作动议更加活跃。这年9月，贝文在与艾奇逊的会谈中表示，希望借助筹划中的英联邦外交会议作为劝说英联邦国家与美国利益趋于一致的合适论坛。两国都同意此时不适合讨论"太平洋条约"，菲律宾也不是最合适的倡导者。英国意图尽快推出对亚洲的经济和技术援助计划，以改善非共产主义国家的生活水准。[2] 11月，英国外交部为英国内阁准备的《英国在东南亚和远东》的备忘录详细阐述了在英联邦框架内启动新的区域合作动议的可能性和必要性。该备忘录指出，英国虽不能支配该区域，但仍然可以运用其政治和经济影响力将该区域整合为某种程度的区域合作。在政治上，英国的重要优势是其在西方大国中与亚洲新的民族主义精神的联系最为成功，因为该区域的印度、巴基斯坦和锡兰等独立国家都是英联邦成员，它们与英国的关系都是友好的，即使未进入英联邦的缅甸亦是如此；这些国家的政治体系都是建立在英国基础之上的。英国政府将印度看作"整个东南亚区域合作问题的关键"，是"除了共产党中国以外唯一能够在物质上在东南亚扮演领导者的国家"，但亚洲国家像讨厌欧洲国家的支配一样，担心和怀疑受到其他亚洲国家的支配，印度试图在区域体系中充当"单独协调者"的任何直接努力业已被证明不为其他相关国家所欢迎，尤其是巴基斯坦担心印度

---

[1] "Minutes of Meeting of Prime Ministers," P. M. M. (49) 6th Meeting, London, 27 April 1949, in Australian Department of Foreign Affairs and Trade, *Documents on Australian Foreign Policy*, Vol. 14: 1948 – 49, *The Commonwealth, Asia and the Pacific*, Document 73, https://www.dfat.gov.au/about-us/publications/historical-documents/Pages/volume-14/73-minutes-of-meeting-of-prime-ministers.

[2] W. David McIntyre, *Background to the ANZUS Pact: Policy-Making, Strategy and Diplomacy*, Christchurch: Canterbury University Press, 1995, p. 252.

通过武力或武力相威胁实现其次大陆再联合的目标。在经济上,英国与东南亚国家的贸易仅次于美国;英国是该区域工业产品的主要供应国;英国与马来亚、印度、锡兰和缅甸等东南亚的"英镑区"保持着十分紧密的经济联系。由此,英国可以在组织东南亚区域政治、经济和军事合作中扮演主要角色。但亚洲国家还有澳大利亚和新西兰,它们都希望使用英联邦而非单纯的"英国方法"实现区域合作目标。这份备忘录还指出,鉴于东南亚国家间政治差异性和意愿不足,它们也没有能力开展军事合作,经济合作就成为该区域国家可以接受的更大联合的唯一形式;而促进更大的区域经济合作既可以消除该区域国家对帝国主义或自私的掠夺的疑虑、实现亚洲国家间及东西方国家间更好的理解,亦可以促进政治或军事联合,乃至催生出政治和军事内聚性。[1] 实际上,英国已经在积极谋划召开英联邦外交会议。

1949 年 11 月 2—4 日,英国在新加坡举行一次区域会议,与会的有英国殖民部代表,外交部代表,东南亚总特别专员,驻南京、曼谷、仰光和马尼拉等地的代表,驻西贡、雅加达的执行总领事,驻新德里的副高级专员,新加坡和香港的总督,驻马来亚联合邦的高级专员,婆罗洲和沙捞越的首席秘书等。这次会议发表的英国关于东南亚政策声明,一致同意其长期目标应当是达成一项区域公约,该区域各政府据此与《北大西洋公约》国家和澳大利亚、新西兰以伙伴关系共同行动;考虑到东南亚时局不利于很快达成这样的公约,应通过推动该区域经济合作以形成初步的解决办法。这次会议得出的结论是,东南亚应被视作一个存在突发情况的区域,因而对该区域的政策应具有适当的紧急性基调。在这次会议上,英国外交部展示了一份关于英国东南亚和远东总体政策的备忘录。这是二战结束以来英国对东南亚政策的首份评估报告。该报告建议英国应专注于东南亚区域,谋求在该区域建立某种形式的区域联合,并与大西洋强国联盟保持伙伴关系。该报告指出,远东主要问题不在于

---

[1] "'United Kingdom in South-East Asia and the Far East': Memorandum Prepared for Cabinet by the Permanent Under-Secretary of State's Committee in the Foreign Office," CO 967/84, No. 69, October 1949, in A. J. Stockwell, ed., *British Documents on the End of Empire*, Series B, Vol. 3: *Malaya*, Part II, *The Communist Insurrection* 1948 – 1953, London: HMSO, 1995, pp. 158 – 170.

当地住民,而在于美国的政策,英国必须努力影响美国政策沿着其可接受的路线前行。该报告强调东南亚更高程度的区域合作只有在经济领域才是现实可行的,而英国应在其中扮演主要角色,但鉴于自身资源不足,英国应尽可能鼓励亚洲国家在有保障的领域推出区域动议,并推动印度、巴基斯坦和锡兰英联邦亚洲成员与英国、澳大利亚和新西兰政治、经济和军事等各个领域联合起来,以提供东南亚区域联合得以构建的核心资源。该报告特别指出,没有美国的参与,任何区域计划都不可能取得成功,因而争取美国的参与是英国政策的主要目标,但只要英国显示出有意愿和能力实现亚洲更大的团结,美国人才会打算对亚洲给予援助或加入某种安排。11月26日,英国外交部将这一报告与新加坡会议结论汇编成一份关于英国东南亚和远东政策备忘录。①

在新加坡会议上,原定在锡兰举行的首次英联邦外长会议迅速提上日程。11月8日,锡兰政府总理森纳那亚克(D. S. Senanayake)给澳大利亚政府总理奇夫利去电,希望这次会议于1950年初在科伦坡举行,并表示合适的会期可定为1月11—21日。在同一时间里,森纳那亚克与艾德礼就这次会议的主题交换了意见。森纳那亚克建议这次外长会议的议程除了总体评估包括经济领域和欧洲形势在内的国际时局外,还应讨论在东南亚可能出现的特别问题。② 两天以后,即11月10日,澳大利亚外长伊瓦特邀请英国外交部负责远东事务的邓宁和新西兰外交部秘书麦金托什(A. D. McIntosh)到堪培拉会谈,讨论了东南亚及亚洲国际局势及可能出现的问题,并就第二届亚洲关系会议和菲律宾总统季里诺的区域组织动议交换了看法。他们认为,第二届亚洲关系会议展示了与会各国代表相当程度的团结,但该区域各国

---

① "Memorandum by Mr. Bevin on South-East Asia and the Far East: Conference of HM Representatives and Colonial Governors," CP (49) 244 [CAB 129/37], Foreign Office, 26 November 1949, in United Kingdom Foreign and Commonwealth Office, *Documents on British Policy Overseas*, Ser. 1 Vol. 8: *Britain and China*, 1945 – 1950, Chapter 5, 1949, Document 168, https://search.proquest.com/docview/1923014847? accountid = 41288.

② "Cablegram from Senanayake to Chifley," Colombo, 8 November 1949, in Australian Department of Foreign Affairs and Trade, *Documents on Australian Foreign Policy*, Vol. 24: *Australia and the Colombo Plan*, 1949 – 1957, Document 1, https://www.dfat.gov.au/about-us/publications/historical-documents/Pages/volume-24/1-Cablegram-from-Senanayake-to-Chifley.

在实现所期望的真正的政治合作之前必须消除相互猜忌。因此，首要的现实目标应该是启动经济合作。[①] 就此，通过推动欠发达区域的经济发展以实现政治稳定与安全目标已成为英联邦框架内区域合作动议的重要共识。

在三方会谈后，澳大利亚政府率先行动，于 11 月 13 日推出对东南亚的综合政策，以拓宽和加强其在该区域的代表性，主要包括推动对该区域实施国际援助，尤其是与美国和英国协商；规划澳大利亚的金融、商业和工业政策，以有助于满足该区域重建和发展的需要；制定东南亚国家各个领域的技术、管理和教育专家扩大计划，包括提供技术顾问及援助、增加政府奖学金和研究资助，提供教育和培训设施等。[②] 1949 年 11 月底，经过一系列外交斡旋和筹备，锡兰政府以总理名义向英国、澳大利亚、加拿大、印度、新西兰、南非、巴基斯坦等英联邦国家发出会议邀请。除了澳大利亚因国内选举未及时回复外，其他各国均很快正式接受邀请，并提供了会议代表团名单。锡兰政府没有为会议设置正式的议程，只是确定了一个成员国建议的主要话题，包括东南亚总体问题尤其是与越南和缅甸相关的问题、欧洲形势和经济问题等。按照锡兰政府的安排，会议讨论将主要以不做承诺的日常意见交流形式展开。[③] 12 月 20 日，澳大利亚新政府上台的第二天便由其外交部发表声明，正式宣布参加科伦坡会议，并公布了代表团名单，由外长斯彭德担任代表团

[①] "Discussions on Asia with Representatives of the United Kingdom and New Zealand," Canberra, 11 November 1949, in Australian Department of Foreign Affairs and Trade, *Documents on Australian Foreign Policy*, Vol. 24: *Australia and the Colombo Plan*, 1949–1957, Document 3, https://www.dfat.gov.au/about-us/publications/historical-documents/Pages/volume-24/3-Discussions-on-Asia-with-Representatives-of-the-United.

[②] "Paper by Department of External Affairs," Canberra, 13 November 1949, in Australian Department of Foreign Affairs and Trade, *Documents on Australian Foreign Policy*, Vol. 24: *Australia and the Colombo Plan*, 1949–1957, Document 4, https://www.dfat.gov.au/about-us/publications/historical-documents/Pages/volume-24/4-Paper-by-Department-of-External-Affairs.

[③] "Minute from Burton to Spender," Canberra, 19 December 1949, in Australian Department of Foreign Affairs and Trade, *Documents on Australian Foreign Policy*, Vol. 24: *Australia and the Colombo Plan*, 1949–1957, Document 10, https://www.dfat.gov.au/about-us/publications/historical-documents/Pages/volume-24/10-Minute-from-Burton-to-Spender.

团长。① 1950 年 1 月 3 日，在科伦坡会议召开前夕，斯彭德表示，在过去十年里所持续深化的重大事件已导致"世界事务的引力中心至少在当下从大西洋移至太平洋"，而"这一转移随着（科伦坡）会议的里程碑而持续进行"。此时，斯彭德希望通过加强与东南亚国家尤其是英联邦成员的友好关系，在该区域发展中获取领导地位。②

1950 年 1 月 9 日，酝酿已久的科伦坡会议（The Colombo Conference）如期举行。这既是英联邦首次外长会议，又是首次在亚洲成员中举行的英联邦会议。有来自英国、澳大利亚、印度、加拿大、新西兰、巴基斯坦、南非和锡兰 8 个英联邦国家的代表参加，其中包括英国外交大臣贝文、印度政府总理兼外长尼赫鲁、澳大利亚外长斯彭德、加拿大外长莱斯特·皮尔逊（Lester Pearson）、巴基斯坦金融部长胡拉姆·穆罕默德（Ghulam Mohammed）、新西兰外长弗雷德里克·多伊奇（Frederick Doidge）和南非运输部长保罗·萨奥尔（Paul Sauer）、锡兰政府总理森纳那亚克和金融部长贾亚瓦德纳（J. R. Jayewardene）等。③ 森纳那亚克被推选为大会主席。会议的主要议程包括对世界政治形势和经济领域的总体评估、东南亚的总体形势尤其是印度支那和缅甸问题、欧洲形势等。锡兰对会议做了精心而周到的安排。会议所有进展及成果均通过新闻公报每日发布；每日总体讨论情况还会通过美国驻锡兰使馆通报

---

① "Press Release by Department of External Affairs," Canberra, 20 December 1949, in Australian Department of Foreign Affairs and Trade, *Documents on Australian Foreign Policy*, Vol. 24: *Australia and the Colombo Plan*, 1949 – 1957, Document 12, https://www.dfat.gov.au/about-us/publications/historical-documents/Pages/volume-24/12-Press-Release-by-Department-of-External-Affairs.

② "Cablegram from Department of External Affairs to Posts," Canberra, 3 January 1950, in Australian Department of Foreign Affairs and Trade, *Documents on Australian Foreign Policy*, Vol. 24: *Australia and the Colombo Plan*, 1949 – 1957, Document 14, https://www.dfat.gov.au/about-us/publications/historical-documents/Pages/volume-24/14-Cablegram-from-Department-of-External-Affairs-to-Posts; Sir Percy Spender, *Exercises in Diplomacy: The ANZUS Treaty and the Colombo Plan*, Sydney: Sydney University Press, 1969, p. 195.

③ Sir Percy Spender, *Exercises in Diplomacy: The ANZUS Treaty and the Colombo Plan*, Sydney: Sydney University Press, 1969, pp. 201 – 208.

给美国政府。① 在科伦坡会议上，南亚东南亚的经济发展与政治稳定的辩证关系成为讨论的焦点。森纳那亚克在开幕致辞中就将会议讨论亚洲经济问题放在重要位置。他强调，亚洲的基本问题不是政治的，而是经济的，亚洲需要的是用资本设备和技术援助遏制贫困和不发展。斯彭德亦强调，该区域迫切需要的是经济援助。他敦促各国就英联邦与美国合作提供经济援助提出具体建议。穆罕默德更是强调用经济行动取代空谈和情感。这样，在会议首日便达成一种共识：各方应采取的行动应是经济的，而非政治和战略的。②

基于这些共识，贾亚瓦德纳和斯彭德分别代表锡兰政府和澳大利亚政府先后提出对南亚东南亚的经济发展建议。贾亚瓦德纳在其提出的"东南亚落后国家经济发展计划"草案中呼吁，任命一个高管委员会准备一项为期十年的农业和工业经济发展的英联邦经济计划，由英联邦和其他非英联邦国家参加；该计划由一个类似于美国经济合作局的组织负责实施，适用基于美国1948年经济合作法案的法律；英联邦国家通过该计划提供资本援助、商品保价、技术及设备援助。按照贾亚瓦德纳的设想，该计划在结构上类似于"马歇尔计划"③。斯彭德在其提出的"东南亚经济援助计划"备忘录中指出，该区域国家需要金融、资本装备、技术援助和消费品，以抑制其恶化的政治和经济形势、提升消费水平和工农业生产。该备忘录认为，鉴于英联邦成员满足这一计划的能力有限，因而需要谋求美国的支持。斯彭德在备忘录中呼吁建立一个协调该援助计划

---

① "Cablegram from Spender to Menzies," Colombo, 10 January 1950, in Australian Department of Foreign Affairs and Trade, *Documents on Australian Foreign Policy*, Vol. 24: *Australia and the Colombo Plan*, 1949 – 1957, Document 15, https://www.dfat.gov.au/about-us/publications/historical-documents/Pages/volume-24/15-Cablegram-from-Spender-to-Menzies.

② Sir Percy Spender, *Exercises in Diplomacy: The ANZUS Treaty and the Colombo Plan*, Sydney: Sydney University Press, 1969, pp. 208 – 209; Ademola Adeleke, "Ties without Strings? The Colombo Plan and the Geopolitics of International Aid, 1950 – 1980," Ph. D. Dissertation, University of Toronto, 1996, pp. 37 – 40; "Cablegram from Spender to Menzies," Colombo, 10 January 1950, in Australian Department of Foreign Affairs and Trade, *Documents on Australian Foreign Policy*, Vol. 24: *Australia and the Colombo Plan*, 1949 – 1957, Document 15, https://www.dfat.gov.au/about-us/publications/historical-documents/Pages/volume-24/15-Cablegram-from-Spender-to-Menzies.

③ Sir Percy Spender, *Exercises in Diplomacy: The ANZUS Treaty and the Colombo Plan*, Sydney: Sydney University Press, 1969, pp. 210 – 212.

的"南亚东南亚协商委员会"(Consultative Committee for South and South-East As),作为英联邦协商机构(Commonwealth consultative machinery),并表示如果英联邦各成员认为该建议可接受,澳大利亚乐意召集该协商委员会首次会议。按照斯彭德的设计,该协商委员会的职权范围大致包括:接受各国政府为响应本次会议的建议而采取的广泛的行动方针;与其他感兴趣的国家以及与提高该区域生产力水平和生活标准有关的区域和国际组织合作,研究协调南亚和东南亚发展活动的措施;就这些问题向各国政府提出建议等。该建议强调该委员会的参加者对所有认为在这一领域有直接利益的英联邦国家开放。斯彭德还特别指出,经济发展的动议应来自亚洲,其形式由亚洲国家自行决定,该区域外国家的援助必须以此为基础谋求具体的方法,并通过国际经济措施争取国际协调行动,以促进经济恢复和发展。①

斯彭德的建议在推动东南亚经济发展的目标上与贾亚瓦德纳的建议一致,但在核心议题、实现路径和履行机构上有明显不同,更具可操作性和可获得感。其建议有七个鲜明特性,即需要的紧急性、议题的务实性、组织的协商性、关系的相互性、方式的灵活性、成员的开放性和目标的政治性。"需要的紧急性"和"议题的务实性"主要是建议快速启动组织化的较短期援助项目,满足长期援助项目经常忽略的特定民众群体的基本需要;"组织的协商性"就是建议成立一个简单的协调机构,作为东南亚国家与该区域外部国家或其他行为体讨论相互问题并采取行动的中心,而成立协商委员会就是该计划的核心;"关系的相互性"主要体现为这是一种基于自助的互助体系,即首先根据受援国自身基本需要确定其主要义务,而后谋求有能力和意愿支持该国实现此种需要的援助国,因而没有固定的援助国—受援国关系,有能力的受援国亦可以成为援助国,由此强化成员国的国家自尊和它们之间的相互信任和良好关系;"方式的灵活性"主要体现在该计划由一系列双边项目构成,由援助国和受援国双方"点对点"对接和实现

---

① "Memorandum by Australian Delegation to Conference of Commonwealth Foreign Ministers," Colombo, 11 January 1950, in Australian Department of Foreign Affairs and Trade, *Documents on Australian Foreign Policy*, Vol. 24: *Australia and the Colombo Plan*, 1949 – 1957, Document 16, https://www.dfat.gov.au/about-us/publications/historical-documents/Pages/volume-24/16-Memorandum-by-Australian-Delegation-to-Conference-of-Commonwealth-Foreign-Ministers.

援助项目;"成员的开放性"既体现在该建议强调与其他非英联邦国家全面合作的必要性,尤其应获得美国政府的参与,又体现在避免创设不必要的机构和与现存国际组织的竞争和重叠;"目标的政治性"即希望用经济手段促进政治或安全目标的实现。[1] 用斯彭德的话说就是:"对我来说,太平洋的安全、经济发展援助与东南亚的政治稳定恰似一个硬币的两个侧面。"实际上,澳大利亚的建议承认提高东南亚的生活标准是在该区域建立政治稳定的"最具建设性的路径",并可以避免其他议题可能造成的分裂。按照斯彭德的解释,澳大利亚的建议强调的是相互帮助、双边安排、一个简单但有效而必需的协商机构,能够在将援助项目快速转化为实际行动上无拖延地运行。他还强调,该建议的主要目标是展示应对东南亚政治经济形势重大变化的真诚意愿,以此作为吸引美国积极参与其中的即期方法的基础。[2] 这使得斯彭德的建议得到与会各方更多的支持。相反,对锡兰的建议与会各方很少做出积极的回应。

斯彭德就澳大利亚的建议最先与英国代表团进行了讨论。英国代表团率先对其成立协商委员会的建议表示支持。斯彭德还将这一建议的总体思路通知给美国驻锡兰使馆。为使计划可以被会议顺利通过,斯彭德劝说锡

---

[1] 参见 Sir Percy Spender, *Exercises in Diplomacy: The ANZUS Treaty and the Colombo Plan*, Sydney: Sydney University Press, 1969, pp. 215 – 219; "Cablegram from Spender to Menzies," Colombo, 11 January 1950, in Australian Department of Foreign Affairs and Trade, *Documents on Australian Foreign Policy*, Vol. 24: *Australia and the Colombo Plan*, 1949 – 1957, Document 17, https://www.dfat.gov.au/about-us/publications/historical-documents/Pages/volume-24/17-Cablegram-from-Spender-to-Menzies; "Dispatch from Heydon to Burton," London, 23 January 1950, in Australian Department of Foreign Affairs and Trade, *Documents on Australian Foreign Policy*, Vol. 24: *Australia and the Colombo Plan*, 1949 – 1957, Document 24, https://www.dfat.gov.au/about-us/publications/historical-documents/Pages/volume-24/24-Dispatch-from-Heydon-to-Burton; "Paper by Tange," Canberra, 31 January 1950, in Australian Department of Foreign Affairs and Trade, *Documents on Australian Foreign Policy*, Vol. 24: *Australia and the Colombo Plan*, 1949 – 1957, Document 26, https://www.dfat.gov.au/about-us/publications/historical-documents/Pages/volume-24/26-Paper-by-Tange.

[2] Sir Percy Spender, *Exercises in Diplomacy: The ANZUS Treaty and the Colombo Plan*, Sydney: Sydney University Press, 1969, pp. 196, 221, 228; "Cablegram from Department of External Affairs to Embassy in Washington," Canberra, 14 January 1950, in Australian Department of Foreign Affairs and Trade, *Documents on Australian Foreign Policy*, Vol. 24: *Australia and the Colombo Plan*, 1949 – 1957, Document 20, https://www.dfat.gov.au/about-us/publications/historical-documents/Pages/volume-24/20-Cablegram-from-Department-of-External-Affairs-to-Embassy-in-Washington.

兰接受其建议,由澳大利亚、新西兰和锡兰三国提出一个将两国计划合并的《澳大利亚、新西兰和锡兰代表团的联合备忘录》,得到了锡兰的支持。这一"联合备忘录"得到加拿大、南非等国的普遍支持。即便对斯彭德的建议持谨慎态度的尼赫鲁也做出类似的回应。尼赫鲁认为,每个国家都应该规划自己的发展、评估自身的需要;每个国家都必须动员自己熟练的人力资源,并做好以科学方法培训更多的人员的计划,而英联邦"协商委员会"的运行应考虑如何在各国政府制订各自的计划之后协调每个国家的需要。他强调:"首要的需求是,每个国家都有自己的发展计划。"穆罕默德坦言,斯彭德的建议是"解决问题的现实性路径"。最终,以澳大利亚建议为主体的三国"联合备忘录"在稍作修改后被大会决议所接受。其核心内容于1月14日以大会官方宣言形式发布,作为参加科伦坡会议的部长们给各自政府的关于东南亚经济合作的建议。[①] 该宣言被称为《东南亚经济援助决议》(The Resolution for Economic Assistance for South-East Asia),简称《科伦坡决议》(The Colombo Resolution)。因其核心内容来自斯彭德的建议,又被称作"斯彭德计划"(The Spender Plan)。美国媒体甚至称之为"澳大利亚的科伦坡计划"(The Australia's Colombo Plan)。[②]

依照科伦坡会议官方宣言,部长们提出的建议主要包括:重视对南亚

[①] "Cablegram from Spender to Menzies," Colombo, 11 January 1950, in Australian Department of Foreign Affairs and Trade, *Documents on Australian Foreign Policy*, Vol. 24: *Australia and the Colombo Plan*, 1949 – 1957, Document 17, https://www.dfat.gov.au/about-us/publications/historical-documents/Pages/volume-24/17-Cablegram-from-Spender-to-Menzies; "Cablegram from High Commission in Colombo to Department of External Affairs," Colombo, 14 January 1950, in Australian Department of Foreign Affairs and Trade, *Documents on Australian Foreign Policy*, Vol. 24: *Australia and the Colombo Plan*, 1949 – 1957, Document 18, https://www.dfat.gov.au/about-us/publications/historical-documents/Pages/volume-24/18-Cablegram-from-High-Commission-in-Colombo-to-Department-of-External-Affairs; Sir Percy Spender, *Exercises in Diplomacy: The ANZUS Treaty and the Colombo Plan*, Sydney: Sydney University Press, 1969, pp. 209, 221 – 230.

[②] "Dispatch from Makin to Department of External Affairs," Washington, 14 January 1950, in Australian Department of Foreign Affairs and Trade, *Documents on Australian Foreign Policy*, Vol. 24: *Australia and the Colombo Plan*, 1949 – 1957, Document 23, https://www.dfat.gov.au/about-us/publications/historical-documents/Pages/volume-24/23-Dispatch-from-Makin-to-Department-of-External-Affairs; Sir Percy Spender, *Exercises in Diplomacy: The ANZUS Treaty and the Colombo Plan*, Sydney: Sydney University Press, 1969, pp. 228 – 235; Ademola Adeleke, "Ties without Strings? The Colombo Plan and the Geopolitics of International Aid, 1950 – 1980," Ph. D. Dissertation, University of Toronto, 1996, pp. 54 – 56.

东南亚现有的承诺,审查为基本生产目的提供财政援助的可能性;尽可能高度优先支持提交给国际复兴开发银行的项目,这些项目对该区域经济福祉十分重要,并符合世界银行的目标;为联合国及其专门机构的技术援助工作做出贡献,并在这些组织中尽可能高度优先地满足南亚东南亚的需要;审查单独做出补充双边安排的可能性,以在适当情况下提供直接技术援助和其他援助;总体考虑有关该区域经济发展的建议,继续探讨相互援助的可能性。为履行上述建议,科伦坡会议进一步建议设立一个协商委员会,其成员将包括所有希望参加的英联邦政府人员,其职权范围除了斯彭德建议的内容外,又增加了两点,包括审查促成基本国际商品协定的可取性,以便惠及该区域,并建议根据1947年联合国贸易及就业会议通过的"国际贸易组织哈瓦那宪章"予以审议;审议通过拟订一项协调的发展计划和建立特别机制的援助是否有助于该区域欠发展国家的经济发展等。该官方宣言最后指出,如果这些建议得到接受,澳大利亚政府将乐于承担在澳大利亚召开协商委员会首次会议的责任。[①] 此次会议官方宣言还声明,东南亚区域的政治稳定主要取决于经济条件的改善,而该区域的进步性政策能够对世界和平与繁荣做出巨大贡献。[②] 部长们的建议中还有一个由贝文发起的实施对缅甸短期联合贷款计划,由英国、印度、澳大利亚、巴基斯坦和锡兰五国参加,承担的份额分别为:英国375万英镑、印度100万英镑、澳大利亚和巴基斯坦各50万英镑、锡兰25万英镑。[③]

[①] "Cablegram from Spender to Menzies," Colombo, 14 January 1950, in Australian Department of Foreign Affairs and Trade, *Documents on Australian Foreign Policy*, Vol. 24: *Australia and the Colombo Plan*, 1949 – 1957, Document 19, https://www.dfat.gov.au/about-us/publications/historical-documents/Pages/volume-24/19-Cablegram-from-Spender-to-Menzies; Sir Percy Spender, *Exercises in Diplomacy: The ANZUS Treaty and the Colombo Plan*, Sydney: Sydney University Press, 1969, pp. 230 – 231.

[②] Sir Percy Spender, *Exercises in Diplomacy: The ANZUS Treaty and the Colombo Plan*, Sydney: Sydney University Press, 1969, p. 232.

[③] "Cablegram from High Commission in Colombo to Department of External Affairs," Colombo, 14 January 1950, in Australian Department of Foreign Affairs and Trade, *Documents on Australian Foreign Policy*, Vol. 24: *Australia and the Colombo Plan*, 1949 – 1957, Document 18, https://www.dfat.gov.au/about-us/publications/historical-documents/Pages/volume-24/18-Cablegram-from-High-Commission-in-Colombo-to-Department-of-External-Affairs; "Paper by Tange," Canberra, 31 January 1950, in Australian Department of Foreign Affairs and Trade, *Documents on Australian Foreign Policy*, Vol. 24: *Australia and the Colombo Plan*, 1949 – 1957, Document 26, https://www.dfat.gov.au/about-us/publications/historical-documents/Pages/volume-24/26-Paper-by-Tange.

这些成果使科伦坡会议在二战后英联邦框架内东南亚区域合作演变进程中占据着非常重要的历史地位。这种地位既有行动上的又有规范上的。从行动上看，部长们的建议作为推动南亚东南亚经济发展计划使科伦坡会议为启动务实区域援助项目奠定了基础性的出发点，并采取了走上广泛和综合的区域主义及美国逐步介入的有价值的步骤。澳大利亚的相互援助计划被广泛认为是科伦坡会议所取得的"最积极的成就"和"最具实质性的成果"，被称作"科伦坡计划的起源"[1]。从规范上看，此次会议的成果使英联邦的协商惯例得到进一步彰显。此次会议的最后官方声明表示，在此种类型的英联邦会议中"不做出行政决定"，而只是促成向英联邦各政府提交建议的"有价值的看法的交流"[2]。这不仅有助于展示各参与国的真实想法，而且可以通过给特定成员国提供表达观点的机会而影响个体国家的政策，进而催生出协调行动。基于平等伙伴关系的"联合职责"和相互援助原则亦被纳入对东南亚援助计划中。因此，作为"科伦坡决议"核心内容的创建协商委员会和各国根据自身能力制订相互援助计划、联合成员国资源的建议，分别被称作英联邦机构的"重要创新"和二战后英联邦"首个创造性成就"[3]。会后，英国《经济学家》报道称，科伦坡会议所倡导的这些原则展示了"英联邦的新式样"。《曼彻斯特卫报》评论说"科伦坡会议取得了伟大的成就"，堪称"英联邦历史上的一座里程碑"[4]。尼古拉斯·曼瑟（Nicholas Mansergh）认为，科伦坡会议为促进各成员国之间在重大现实问题上的相互理解和差异性及不同观点的调和提供了重要机会，"使英联邦成为首要，尽管不

---

[1] Nicholas Tarling, "The United Kingdom and the Origins of the Colombo Plan," *Journal of Commonwealth & Comparative Politics*, Vol. 24, No. 1, 1986, p. 32; Sir Percy Spender, *Exercises in Diplomacy: The ANZUS Treaty and the Colombo Plan*, Sydney: Sydney University Press, 1969, pp. 232, 234.

[2] Sir Percy Spender, *Exercises in Diplomacy: The ANZUS Treaty and the Colombo Plan*, Sydney: Sydney University Press, 1969, p. 232.

[3] John R. E. Carr-Gregg, "The Colombo Plan: A Commonwealth Program for Southeast Asia," *International Conciliation*, Vol. 29, No. 467, 1951, p. 20.

[4] Sir Percy Spender, *Exercises in Diplomacy: The ANZUS Treaty and the Colombo Plan*, Sydney: Sydney University Press, 1969, pp. 236–237.

是唯一"。这"标志着英联邦演进的一个新阶段"①。

随后,澳大利亚政府首先批准了科伦坡会议建议,并努力争取英联邦协商委员会的早日启动。1950年2月中旬,澳大利亚外交部通过其驻美国使馆向美国政府递交了提交科伦坡会议的建议及科伦坡会议建议,并邀请美国以观察员身份参加预定在澳大利亚举行的首次协商委员会会议。澳大利亚外交部定义了科伦坡会议未精确界定的"南亚东南亚区域",认为其总体上应包括巴基斯坦、印度、缅甸、泰国、英国东南亚属地、印度尼西亚和印度支那,不包括中国、日本和菲律宾。② 3月初,澳大利亚外交部拟定了"南亚东南亚协商委员会"准备工作的几个主要问题,包括会议召开的时间、代表层次、首次会议参加成员、设想的议程类型等。澳大利亚提出,该协商委员会首次召开会议的合适时间,即于1950年5月15日召开部长会议;首次会议的参加成员除了英联邦国家外,非英联邦国家应包括荷兰、法国和作为潜在援助国的美国及缅甸、印度尼西亚、泰国、越南、柬埔寨、老挝和作为潜在受援国的菲律宾;会议的议题限于坦率讨论可能的优先性,但不做限制性规定。③

4月下旬,澳大利亚政府建议首次协商委员会会议在悉尼举行,并拟定了会议议程,包括选举大会主席;评估该区域国家优先的经济需求及各国政府对科伦坡建议的总体态度;实施短期行动;进行技术援助;制订该区域经济发展计划;促进商品协议的签订;制定国际复兴开发银行、联合国和技术援助机构等国际组织的政策;协商委员会与亚太经委会的关系;采取与该区域内外非英联邦国家的协商及协商委员会工作规划等

---

① Nicholas Mansergh, "The Commonwealth in Asia," *Pacific Affairs*, Vol. 23, No. 1, 1950, pp. 19 – 20.

② "Savingram from Department of External Affairs to Embassy in Washington," Canberra, 19 February 1950, in Australian Department of Foreign Affairs and Trade, *Documents on Australian Foreign Policy*, Vol. 24: *Australia and the Colombo Plan*, 1949 – 1957, Document 30, https://www.dfat.gov.au/about-us/publications/historical-documents/Pages/volume-24/30-Savingram-from-Department-of-External-Affairs-to-Embassy-in-Washington.

③ "Draft Submission from Department of External Affairs to Spender," Canberra, 8 March 1950, in Australian Department of Foreign Affairs and Trade, *Documents on Australian Foreign Policy*, Vol. 24: *Australia and the Colombo Plan*, 1949 – 1957, Document 33, https://www.dfat.gov.au/about-us/publications/historical-documents/Pages/volume-24/33-Draft-Submission-from-Department-of-External-Affairs-to-Spender.

未来活动。截至 5 月初，英国、印度、巴基斯坦、锡兰、新西兰、加拿大六国政府均决定参加首次协商委员会会议。① 最终，美国未接受澳大利亚的会议邀请，但建议澳大利亚不要将此解释为美国对科伦坡会议所建议的协商委员会工作不感兴趣或不予同情。艾奇逊表示，同意南亚东南亚具有重要的战略价值的看法。②

1950 年 5 月 15—20 日，首次援助南亚东南亚的英联邦协商委员会会议在悉尼召开。斯彭德被推选为大会主席。这是继 1947 年 2 月首次南部海洋会议及南太平洋成立以后澳大利亚举办的又一重大国际区域会议。澳大利亚、英国、印度、巴基斯坦、锡兰、新西兰、加拿大七国代表团出席了会议。马来亚和英属婆罗洲的代表亦参加了会议。③ 此次会议按照澳大利亚事先确定的议程，经过广泛讨论后形成了一份《英联邦协商委员会报告》(Report of British Commonwealth Consultative Committee)，确定了该协商委员会的八项主要工作，包括准备发展计划；实施技术援助；满足优先经济需要；制定商品协议；在制订发展计划时推进与该区域非英联邦国家政府的关系；美国与其他对该区域感兴趣的国家联合的方法；进行组织安排；规划会议未来计划。在发展计划方面，与会代表一致认为，南亚东南亚经济发展事关该区域的政治经济且关系重大，迫切需要

---

① "Cablegram from Australian Government to Governments of United Kingdom, Canada, Ceylon, India, New Zealand and Pakistan," Canberra, 26 April 1950, in Australian Department of Foreign Affairs and Trade, *Documents on Australian Foreign Policy*, Vol. 24: *Australia and the Colombo Plan*, 1949 – 1957, Document 55, https://www.dfat.gov.au/about-us/publications/historical-documents/Pages/volume-24/55-Cablegram-from-Australian-Government-to-Governments-of-United-Kingdom%2C-Canada%2C-Ceylon%2C-India%2C-New-Zealand-and-Pakistan; Sir Percy Spender, *Exercises in Diplomacy: The ANZUS Treaty and the Colombo Plan*, Sydney: Sydney University Press, 1969, pp. 241 – 243.

② United States Department of State, *Foreign Relations of the United States Diplomatic Papers*, 1950, Vol. 6: *East Asia and the Pacific*, Washington, D. C.: United States Government Printing Office, 1976, p. 63; United States Department of State, *Foreign Relations of the United States Diplomatic Papers*, 1950. *Western Europe*, Vol. 3, Washington, D. C.: United States Government Printing Office, 1977, p. 1640.

③ "Cablegram from Spender to Harrison," Canberra, 16 May 1950, in Australian Department of Foreign Affairs and Trade, *Documents on Australian Foreign Policy*, Vol. 24: *Australia and the Colombo Plan*, 1949 – 1957, Document 66, https://www.dfat.gov.au/about-us/publications/historical-documents/Pages/volume-24/66-Cablegram-from-Spender-to-Harrison; Sir Percy Spender, *Exercises in Diplomacy: The ANZUS Treaty and the Colombo Plan*, Sydney: Sydney University Press, 1969, p. 244.

尽快启动发展进程，而英联邦单个成员是无法依靠自身资源有效实现的；应制订一份该区域各国为期六年的发展计划，预计将在1957年6月30日完成，而执行这一计划必须得到外部援助；首要的必需步骤是，该区域每个参与国都按照协商委员会规定的格式就其经济状况和发展方案制定一份现实和全面的声明，在1950年9月1日之前由各个国家通过澳大利亚政府提交给协商委员会；在各国准备的声明中应包括启动各自的发展计划，确定计划优先项目和需要的援助数额等，包括农业、运输与通信、燃料与电力、采矿、工业和社会资本六个部分；这些计划随后将由协商委员会审查并汇总纳入协商委员会为下一阶段准备的单一报告中。在技术援助方面，与会各方同意，建议各国政府应立即制订一份"英联邦技术援助计划"（Commonwealth Technical Assistance Scheme），组织提供最高价值为8000万英镑的援助，期限为自1950年7月开始的三年内；根据该计划提供的援助应在双边基础上加以安排，由申请国和捐助国就每一项援助申请达成协议，无论在何种情况下提供这种援助的条款和条件都应完全由有关政府处理；其奉行的基本原则是，所有的援助项目都将是在该区域内运行的国家的、国际的或其他援助项目的有益补充。[1]

在优先经济需要的满足方面，该报告建议应满足技术设备和基本消费品领域的紧急需要，其具体议程将由1950年秋在伦敦举行的第二次协商委员会会议审议确定。在商品协议方面，与会各方同意，主要由各个国家进行双边商品安排，并按照《哈瓦那宪章》国际商品协定行事；这些商品协议应涉及事关该区域经济福利的主要产品的出口等。在与该区域非英联邦国家及美国和其他区域外国家关系方面，与会各方同意，应遵照科伦坡会议决议所称的"南亚东南亚区域"采取行动，不应仅仅针对该区域的英联邦国家；在该区域里的非英联邦国家受邀也可以加入该发展计划，这一邀请由澳大利亚代表协商委员会与其他英联邦政府协商决定；与美国政府保持非正式联系，以最合适的联合方法谋求美国支持

---

[1] "Report of the Consultative Committee," Sydney, 19 May 1950, in Australian Department of Foreign Affairs and Trade, *Documents on Australian Foreign Policy*, Vol. 24: *Australia and the Colombo Plan*, 1949 – 1957, Document 71, https://www.dfat.gov.au/about-us/publications/historical-documents/Pages/volume-24/71-Report-of-the-Consultative-Committee.

该区域经济发展计划。在组织安排方面，与会各方同意，必须由新的组织落实"英联邦技术援助计划"，故决定创建一个总部设在科伦坡的"技术援助局"（Bureau of Technical Assistance），具体负责技术援助计划的实施，并与联合国及其区域委员会和专门机构保持紧密联系；该局将在第二次协商委员会会议上成立并行使职权。为保障紧急需要行动的即期展开，与会各方同意，应创建一个协商委员会常务委员会（Standing Committee of the Consultative Committee，简称"协商常委会"），由各成员国政府派出的官方代表组成，其驻地设在科伦坡；该协商常委会将不迟于1950年7月15日召开首次会议。按照悉尼会议报告的未来工作安排，应在预定于1950年秋季召开的第二次协商委员会会议前举行一次由各成员国政府代表参加的官方会议，审查该区域英联邦国家和非英联邦国家提交的国别经济发展计划，并据之拟订总体的经济发展计划报告。[①] 悉尼会议报告是英联邦协商委员会制定的首份经济发展报告。该报告的技术援助计划接受了澳大利亚的建议，强调该计划的相互援助特性，在成员构成上尽可能淡化英联邦这一侧面，而突显其区域或地理特性。[②] 在议事程序上，悉尼会议遵行英联邦的外交逻辑，将部长级协商委员会会议限定在只是提出建议，各成员国政府仍保留最后决定权。[③]

在悉尼会议后，会议安排工作顺利展开。1950年7月24日，依照悉尼会议的建议，英联邦协商委员会任命的协商常委会开始运行，并在科伦坡举行了首次会议。所有参加悉尼会议的英联邦国家代表均参加了这次会议。这次会议提出了创建一个技术合作理事会的建议，由各成员国政府代表组成，总部设在科伦坡。以管理拟成立的技术援

---

① "Report of the Consultative Committee," Sydney, 19 May 1950, in Australian Department of Foreign Affairs and Trade, *Documents on Australian Foreign Policy*, Vol. 24: *Australia and the Colombo Plan*, 1949 – 1957, Document 71, https：//www.dfat.gov.au/about-us/publications/historical-documents/Pages/volume-24/71-Report-of-the-Consultative-Committee.

② "Notes on Conversation at the State Department," Washington, 14 September 1950, in Australian Department of Foreign Affairs and Trade, *Documents on Australian Foreign Policy*, Vol. 24: *Australia and the Colombo Plan*, 1949 – 1957, Document 98, https：//www.dfat.gov.au/about-us/publications/historical-documents/Pages/volume-24/98-Notes-on-Conversation-at-the-State-Department.

③ Ademola Adeleke, " 'Cocksparrow Diplomacy': Percy Spender, the Colombo Plan and Commonwealth Relations," *Australian Journal of Politics & History*, Vol. 54, No. 2, 2008, p. 184.

助局的活动。此次会议起草了该理事会和技术援助局的职权范围，主要包括培训来自该区域国家的人员；从该区域派出使团，研究其他国家最新的技术和惯例；提供专家、指导员和咨询团，协助规划、发展或重建工作，并展开公共行政、保健服务、科学研究以及农业、工业和其他生产活动；提供设备使用所需培训和供该区域使用的技术专家；在该区域各国创建、装备、扩大或提供培训机构等。在澳大利亚代表的坚持下，此次会议还建议不再保留英联邦协商委员会中的"英联邦"名号，新成立的技术合作理事会也不使用"英联邦"名号，以便印度尼西亚、缅甸、泰国等东南亚非英联邦国家参加这一经济援助计划。这些建议形成一份关于技术援助的报告被递交给下次协商委员会会议。[①] 截至7月底，英国、澳大利亚、新西兰、巴基斯坦、锡兰等国政府已经同意悉尼会议报告。到8月底，澳大利亚政府已收到7个成员国政府依据悉尼会议建议所制订的"南亚东南亚经济发展计划"初步报告。[②] 9月6—23日，英联邦各国举行了两次官方会议，对各国递交的初步报告进行了评估。协商常委会基于这些国别经济发展计划完成了总计划的所有章节，制订了一个1951—1957年为期六年的经济发展计划，该计划所需援助资金总额约为18.69亿英镑，其中外部援助资金所需金额总额为8.1亿英镑（见表2-2）。

1950年9月25日至10月5日，第二次英联邦协商委员会会议在伦敦举行。英国、澳大利亚、印度、加拿大、巴基斯坦、新西兰代表团参加了会议，马来亚及新加坡代表加入英国代表团。这次会议的主要任务是讨论亚洲成员国提出的经济发展计划。此次会议分两个阶段进行。第一个阶段是英联邦外长会议；第二个阶段是英联邦国家代表与非英联邦国家代表会议。越南、老挝、柬埔寨的全权代表和缅甸、印度尼西亚的

[①] Ademola Adeleke, "Ties without Strings? The Colombo Plan and the Geopolitics of International Aid, 1950 - 1980," Ph. D. Dissertation, University of Toronto, 1996, pp. 96, 99; John R. E. Carr-Gregg, "The Colombo Plan: A Commonwealth Program for Southeast Asia," *International Conciliation*, Vol. 29, No. 467, 1951, pp. 28 - 29.

[②] "Letter from Sykes to Nimmo," London, 31 August 1950, in Australian Department of Foreign Affairs and Trade, *Documents on Australian Foreign Policy*, Vol. 24: *Australia and the Colombo Plan*, 1949 - 1957, Document 89, https: //www. dfat. gov. au/about-us/publications/historical-documents/Pages/volume-24/89-Letter-from-Sykes-to-Nimmo.

观察员参加了会议。美国受英国邀请经协商后以联络官身份参加了会议。9月27日，麦克唐纳等人在英国外交部与缅甸、泰国和印度尼西亚驻英国大使举行了会谈，讨论了法国和荷兰的成员资格问题。他们在会谈后同意推迟对此做出最后决定。最终，这次协商委员会会议一致同意协商常委会提交的报告，并以此为基础经代表讨论后通过了《南亚东南亚经济发展合作科伦坡计划》（The Colombo Plan for Co-operative Economic Development in South and South-East Asia）最终报告（简称"科伦坡计划报告"）。这一报告成为后来正式实施的"科伦坡计划"的蓝本。根据该报告，南亚东南亚经济发展计划首先确定实施一个总金额为18.69亿英镑的"六年发展计划"，这一计划拟定于1957年7月生效。各个国家和地区所需资金总额与各自会前提交的初步报告相比基本没有发生变化。印度、巴基斯坦、锡兰、马来亚及婆罗洲占比分别为74%、15%、5%和6%。从资金来源上看，内部资金和外部资金分别占比42%和45%，其余13%为英镑收支平衡提款。从资金用途来看，农业、运输与通信、燃料与电力、工业与采矿、社会资本占比分别为32%、34%、6%、10%和18%。最终报告同意创建技术合作理事会和在报告名称上去掉"英联邦"的建议。这次会议建议，尽快且不迟于1950年12月1日召开首次技术合作理事会会议，并在会议上启动技术援助局、任命其负责人和金融官员。这次会议还建议邀请南亚东南亚区域非英联邦国家政府积极参加"科伦坡计划"提议的技术援助项目，并鼓励它们加入技术合作理事会，无论它们是否决定参加该计划。[①] 伦敦会议编制的《南亚东南亚经济发展合作科伦坡计划》最终报告成为后来正式实

[①] "Memorandum by Department of External Affairs," Canberra, 4 October 1950, in Australian Department of Foreign Affairs and Trade, *Documents on Australian Foreign Policy*, Vol. 24: *Australia and the Colombo Plan*, 1949 – 1957, Document 114, https://www.dfat.gov.au/about-us/publications/historical-documents/Pages/volume-24/114-Memorandum-by-Department-of-External-Affairs; "The Colombo Plan," in Michael Haas, ed., *Basic Documents of Asian Regional Organizations*, Vol. 1, New York: Oceana Publications, 1974, pp. 41 – 222; Peter Lowe, *Contending with Nationalism and Communism: British Policy towards Southeast Asia*, 1945 – 65, New York: Palgrave Macmillan, 2009, p. 74; Ademola Adeleke, "Ties without Strings? The Colombo Plan and the Geopolitics of International Aid, 1950 – 1980," Ph. D. Dissertation, University of Toronto, 1996, pp. 99 – 103.

施的"科伦坡计划"的"蓝本"①。这正如印度金融部长钦塔曼·德斯穆克（Chintaman Deshmukh）在伦敦会议闭幕演讲中所言："这颗种子在科伦坡播撒、在悉尼移植、在伦敦开花，有望结出果实——这是一种真正非凡的生态适应性的体现。"② 在伦敦会议结束后的新闻发布会上，英国经济事务国务大臣休·盖茨克尔（Hugh Gaitskell）称："在九个月的时间里，英联邦国家将一种合作发展的革命性的概念在世界广袤地区转变为一系列现实的建议。"③

表2-2　　　协商委员会六年发展计划（1951—1957）　　　（百万英镑）

	印度	巴基斯坦	锡兰	马来亚	新加坡	沙捞越	北婆罗洲	资金总额
所需援助资金	1380	258	102	56	63	4.5	5.2	1868.7
外部援助资金	608	108	41	33	15	2.5	3	810.5

资料来源："Cablegram from High Commission in London to Spender," London, 11 September 1950, in Australian Department of Foreign Affairs and Trade, *Documents on Australian Foreign Policy*, Vol. 24: *Australia and the Colombo Plan*, 1949 – 1957, Document 96, https：//www.dfat.gov.au/about-us/publications/historical-documents/Pages/volume-24/96-Cablegram-from-High-Commission-in-London-to-Spender.

这次伦敦会议还取得了一个重大成果，就是非英联邦国家首次参加了"科伦坡计划"会议的讨论。这些国家可以分为两类，即缅甸、印度尼西亚、泰国等东南亚国家和作为域外大国的美国。伦敦会议曾向缅甸、印度尼西亚、泰国和柬埔寨、老挝、越南（南越）发出参加

---

① Ademola Adeleke, "'Cocksparrow Diplomacy': Percy Spender, the Colombo Plan and Commonwealth Relations," *Australian Journal of Politics & History*, Vol. 54, No. 2, 2008, pp. 183 – 184.

② Ademola Adeleke, "Ties without Strings? The Colombo Plan and the Geopolitics of International Aid, 1950 – 1980," Ph. D. Dissertation, University of Toronto, 1996, p. 93.

③ John R. E. Carr-Gregg, "The Colombo Plan: A Commonwealth Program for Southeast Asia," *International Conciliation*, Vol. 29, No. 467, 1951, p. 36.

会议和"科伦坡计划"的邀请。但这些东南亚国家均有政治顾虑，不愿意因此而有可能被理解为加入排他性的西方大国集团。况且，它们已经得到美国的直接援助。但缅甸和印度尼西亚同意本国驻伦敦大使出席了会议，并参与对"科伦坡计划"的讨论。在二次邀请下，泰国派出代表团参加了会议讨论，并表示愿意参加"科伦坡计划"[①]。这些东南亚国家的参会乃至同意参加"科伦坡计划"进一步彰显了该计划的东南亚区域色彩。而美国政府的参会对"科伦坡计划"争取外部资金支持和扩大该计划的吸引力与影响力的意义更加重大。美国政府派出的代表是以联络官身份参加会议的。如前所述，美国是否加入一直被认为是南亚东南亚经济发展计划能够有效实施的决定性因素。英国、澳大利亚等国也一直在说服美国参加这一计划，但直到悉尼会议的召开，美国政府仍拒绝参加。正是朝鲜战争爆发后东南亚及整个亚洲形势的新变化和美国政策的重大调整促使其最终决定直接介入这一区域动议。美国也希望借此维护其与英国在亚洲及全球战略中"特殊关系"下的政治经济联合。[②]

此时，美国已将英国及英联邦视作"极重要的协同者"，而美国接受英国的邀请参加伦敦会议便是这种协同观念的一种表达。对美国而言，这可以显示出美国与英国及英联邦在南亚东南亚区域相互协调努力的需要。[③] 在这次伦敦会议上，美国虽不是正式成员却已对会议通过的最终报告的基调和形式产生了重要影响。美国国务院不赞同报告标题直接出现"英联邦"一词。这也是最终报告去掉该词的重要原因。美国官员还就受援国接受美国金融援助的途径提出具体建议，包括与受援国的双边安排、受援国的集体安排、排除美国的南亚东南亚协商委员会和美国参加的联合协商委员会等。美国强调，无论采纳何种安排，援助的主要管理措施

---

① John R. E. Carr-Gregg, "The Colombo Plan: A Commonwealth Program for Southeast Asia," *International Conciliation*, Vol. 29, No. 467, 1951, pp. 30 – 31.

② United States Department of State, *Foreign Relations of the United States Diplomatic Papers*, 1950. *Western Europe*, Vol. 3, Washington, D. C.: United States Government Printing Office, 1977, pp. 627 – 622.

③ Ademola Adeleke, "Playing Fairy Godfather to the Commonwealth: The United States and the Colombo Plan," *Commonwealth and Comparative Politics*, Vol. 42, No. 3, 2004, pp. 400 – 407.

都必须通过双边实施，而援助项目的组织安排不必涉及过多的管理工作，而是通过召开会议完成重大的协调。因此，英国和英联邦国家都庆贺伦敦会议最后报告保障了美国对"科伦坡计划"动议的支持。对它们而言，这将会保障这项计划援助项目的成功，是其外交政策的重大胜利。[①] 这标志着旨在推动南亚东南亚经济发展的"科伦坡计划"从酝酿、规划的区域动议进入实际执行的准备阶段。

在伦敦会议之后，美国政府开始明确表示支持并愿意参加拟议中的"科伦坡计划"。1950年11月22日，艾奇逊在与艾德礼和斯彭德就"科伦坡计划"交换意见后，通过美国驻英国大使馆向英国、澳大利亚及其他英联邦协商委员会成员国递交了一份关于"科伦坡计划"的备忘录，表示美国政府完全理解援助南亚东南亚经济发展的热情和需求，愿意在推动南亚东南亚经济发展的安排中发挥作用。该备忘录对有关组织安排明确提出了自己的方案，亦即这一安排应基于持续的协商，而不是正式的组织。美国政府表示，各参加国政府可以通过召开定期会议的办法评估经济发展计划的进展和交流有关的信息，并不需要成立永久性的中心组织或实质性的全职秘书处提供服务，认为协商委员会应持续发挥解释、咨询和协商功能，像当前一样保持非正式性。在技术援助方面，美国政府认为应直接向受援国提供援助，而不是通过一个中心化组织加以实施。在邀请其他亚洲国家参加协商委员会方面，美国政府表示，这应由协商委员会决定，并希望如果美国受到邀请参加该委员会，那么，在该区域里的非英联邦国家也应受邀参加，以避免该委员会被认为是"排他性英联邦—美国俱乐部"。美国政府还表示，如果协商委员会邀请菲律宾参加，美国将予以支持。但美国的态度显示出其并不愿意在"科伦坡计划"中承担领导角色，而

---

① "Memorandum by Department of External Affairs," Canberra, 4 October 1950, in Australian Department of Foreign Affairs and Trade, *Documents on Australian Foreign Policy*, Vol. 24: *Australia and the Colombo Plan*, 1949 – 1957, Document 114, https://www.dfat.gov.au/about-us/publications/historical-documents/Pages/volume-24/114-Memorandum-by-Department-of-External-Affairs; Ademola Adeleke, "Playing Fairy Godfather to the Commonwealth: The United States and the Colombo Plan," *Commonwealth and Comparative Politics*, Vol. 42, No. 3, 2004, p. 406.

是希望有关动议仍持续来自英联邦协商委员会。① 美国政府关于拟议中的"科伦坡计划"的组织安排与协商会议伦敦会议所形成的共识性观点基本一致。这就为美国加入"科伦坡计划"提供了规范上的便利性。

在这一有利形势下,1950年11月28日,澳大利亚政府与各成员国在协商后正式公布了伦敦会议编制的《南亚东南亚经济发展合作科伦坡计划》(简称"科伦坡计划")。英国和澳大利亚决定在1951—1957年的6年内分别提供不少于3亿英镑和0.25亿英镑的资金支持"科伦坡计划"的实施。② 随后,英国与澳大利亚政府率先积极谋划"科伦坡计划"的正式实施步骤。12月16日,英国英联邦关系部向澳大利亚政府建议,1951年1月底在科伦坡召开官方层次第一阶段会议,继续就"科伦坡计划"进行协商,以便为随后的部长级会议打下基础,并邀请美国参加协商委员会会议,以便该委员会建立在更广泛的基础之上,即包括美国和决定加入的非英联邦国家。英国还建议邀请菲律宾参加"科伦坡计划"。12月20日,澳大利亚做出回应,表示赞同英国政府的建议,并同意由英国政府代表协商委员会成员邀请美国政府参加将在科伦坡举行的第一阶段官

---

① United States Department of State, *Foreign Relations of the United States Diplomatic Papers*, 1950, Vol. 6: *East Asia and the Pacific*, Washington, D. C.: United States Government Printing Office, 1976, pp. 146, 159 – 161; "Cablegram from Gordon Walker to Australian Government," London, 24 November 1950, in Australian Department of Foreign Affairs and Trade, *Documents on Australian Foreign Policy*, Vol. 24: *Australia and the Colombo Plan*, 1949 – 1957, Document 123, https://www.dfat.gov.au/about-us/publications/historical-documents/Pages/volume-24/123-Cablegram-from-Gordon-Walker-to-Australian-Government; "Cablegram from Gordon Walker to Australian Government," London, 16 December 1950, in Australian Department of Foreign Affairs and Trade, *Documents on Australian Foreign Policy*, Vol. 24: *Australia and the Colombo Plan*, 1949 – 1957, Document 127, https://www.dfat.gov.au/about-us/publications/historical-documents/Pages/volume-24/127-Cablegram-from-Gordon-Walker-to-Australian-Government; "United States Memorandum on Colombo Plan," Canberra, December 1950, in Australian Department of Foreign Affairs and Trade, *Documents on Australian Foreign Policy*, Vol. 24: *Australia and the Colombo Plan*, 1949 – 1957, Document 128, https://www.dfat.gov.au/about-us/publications/historical-documents/Pages/volume-24/128-United-States-Memorandum-on-Colombo-Plan.

② "Submission from Spender to Cabinet," Canberra, December 1950, in Australian Department of Foreign Affairs and Trade, *Documents on Australian Foreign Policy*, Vol. 24: *Australia and the Colombo Plan*, 1949 – 1957, Document 125, https://www.dfat.gov.au/about-us/publications/historical-documents/Pages/volume-24/125-Submission-from-Spender-to-Cabinethttps://www.dfat.gov.au/about-us/publications/historical-documents/Pages/volume-24/114-Memorandum-by-Department-of-External-Affairs.

方层次的协商委员会会议。① 而同意邀请菲律宾政府参加不仅意味着"科伦坡计划"的"南亚东南亚区域"地理范围有所扩大，基本上涵盖了今日的东南亚区域，而且在英国看来可以为此赢得美国的支持。鉴于美国和菲律宾的特殊关系，英国一直将菲律宾纳入其所定义的"南亚东南亚区域"作为赢取美国支持英联邦区域计划的区域外交的组成部分。② 在同一时间里，斯彭德就澳大利亚政府对"科伦坡计划"的金融支持发表新闻声明宣称，澳大利亚政府已决定参加南亚东南亚相互援助的"科伦坡计划"，并公开承诺在1951年6月至1957年7月期间向该计划提供不少于2500万英镑（相当于3125万澳大利亚英镑）的经济援助，确定第一年安排的援助资金为700万英镑（相当于875万澳大利亚英镑）；同时向"科伦坡计划"的技术援助项目提供约350万澳大利亚英镑的资金支持。斯彭德在声明中强调，"科伦坡计划"是一个"大胆自信、富有想象力但完全切合实际和进步的方案""明确显示出区域合作的重要性和有用性"③。1950年12月底，"科伦坡计划"技术援助局正式成立。澳大利亚政府的声明和技术援助局的成立标志着"科伦坡计划"国家层面的政策立场和区域层次的组织建设从筹划走上实际行动。

"科伦坡计划"既是亚洲"第一个国际性政府间援助计划"④，也是

---

① "Cablegram from Gordon Walker to Australian Government," London, 16 December 1950, in Australian Department of Foreign Affairs and Trade, *Documents on Australian Foreign Policy*, Vol. 24: *Australia and the Colombo Plan*, 1949 – 1957, Document 127, https：//www. dfat. gov. au/about-us/publications/historical-documents/Pages/volume-24/127-Cablegram-from-Gordon-Walker-to-Australian-Government；"Telegram from Australian Government to United Kingdom Government," Canberra, 20 December 1950, in Australian Department of Foreign Affairs and Trade, *Documents on Australian Foreign Policy*, Vol. 24: *Australia and the Colombo Plan*, 1949 – 1957, Document 129, https：//www. dfat. gov. au/about-us/publications/historical-documents/Pages/volume-24/129-Telegram-from-Australian-Government-to-United-Kingdom-Government.

② Tilman Remme, *Britain and Regional Cooperation in South-East Asia* 1945 – 1949, New York: Routledge, 1995, p. 204.

③ "Press Release by Department of External Affairs," Canberra, 20 December 1950, in Australian Department of Foreign Affairs and Trade, *Documents on Australian Foreign Policy*, Vol. 24: *Australia and the Colombo Plan*, 1949 – 1957, Document 131, https：//www. dfat. gov. au/about-us/publications/historical-documents/Pages/volume-24/131-Press-Release-by-Department-of-External-Affairs.

④ 孙建党：《科伦坡计划及其对战后东南亚的经济发展援助》，载《东南亚研究》2006年第2期，第20页。

西方国家与亚洲国家之间"第一个多国发展援助计划"①。从机制平台和核心议题上看,"科伦坡计划"的出台是英联邦框架内经济社会议题区域动议长期孕育的一种持续性进程。从现实动力来看,"科伦坡计划"的出台又是英联邦国家对东南亚及其周边地缘政治的急剧变化和美国政府东南亚政策重大调整的一种集体反应。从实际影响来看,"科伦坡计划"的出台对东南亚区域合作的现实发展和未来演进均具有十分重要的意义。从现实来看,这种影响主要体现两个方面:一是在主要行为体和核心议题上,该计划首次容纳了东南亚及其周边区域利益攸关的主要行为体,并将东南亚国家及其他政治实体最基本的即期发展需求和政治稳定作为核心合作议程,为东南亚区域合作的持续发展注入鲜明的地方元素和非常实际的驱动力;二是在组织安排和共有规范上,该计划既延续了英联邦总理会议和南太平洋委员会的协商程序,又注入了基于主权平等的互惠性、基于自助的互助性和基于双边的多边框架等特性,发展和强化了不同行为体之间和不同国际区域及全球机构间的包容性和成员及机制的开放性,确立了没有超国家、没有强制和没有否决的集体决定的非正式制度安排。②

从组织安排上看,"科伦坡计划"的出台产生了两个直接后果,即"太平洋防务条约"从东南亚区域动议中淡出和亚远经委会在东南亚区域合作中强化。从1950年科伦坡会议召开,澳大利亚在积极推动南亚东南亚经济发展计划时就一直图谋将其倡导的"太平洋防务条约"纳入这一区域合作进程。在科伦坡会议上,斯彭德曾提出以北约为模式创建一个包括美国在内的"太平洋或南亚东南亚防务条约"。贝文、尼赫鲁和皮尔逊均认为,这样的条约不适合亚洲,因为欧洲和亚洲面临着不同的形势。尼赫鲁甚至认为,类似北约的"太平洋条约"只能促进中国和苏联之间的军事合作,非但不能增强非共产主义太平洋国家的安全,反而会助长恐惧的态度,因而恶化国际事态。他们认为,在南亚东南亚,最好的安全防务是采取合适措

---

① Ademola Adeleke, "Ties without Strings? The Colombo Plan and the Geopolitics of International Aid, 1950 – 1980," Ph. D. Dissertation, University of Toronto, 1996, ii.

② Daniel Oakman, *Facing Asia: A History of the Colombo Plan*, Canberra: Pandanus Book, 2004, pp. 65 – 67.

施推动经济发展。① 在悉尼会议上,澳大利亚和新西兰一起利用会议东道主的优势试图说服各国代表承认南亚东南亚需要"太平洋防务条约"。这一建议再次遭到加拿大和印度、巴基斯坦、锡兰等亚洲国家的反对。尤其是印度决定不参加任何大国集团,因而反对澳大利亚推动的类似"太平洋条约"的地缘政治组织或区域组织。在英国政府看来,解决南亚东南亚区域问题的任何经济之外的方法均会遭到印度的敌视。这已经是一条"公理"②。

从1950年8月底到9月中旬,英国、加拿大和澳大利亚三国外长就斯彭德提出的"太平洋防务条约"倡议的可能性进行了多次协商。贝文和皮尔逊都认为"太平洋防务条约"构想是不现实的,它只是"斯彭德的雏鸟"。贝文不相信美国会支持这一条约,因为"太平洋列强没有大西洋列强所拥有的物质或力量"。在他看来,悉尼会议已表明,英联邦国家与美国在经济事务上开展某种新型协作是可能的,也可能会缓慢地走上军事讨论。但他认为,鉴于美国介入欧洲事务首先起于欧洲经济合作组织,而后才是北约,当下任何有希望的亚洲间合作都仅仅在经济领域,政治和军事合作才会随之在后续的阶段中逐步出现。再者,印度非常担心美国的军事机器,认为它是"一种新型殖民主义的工具"③。的确,在

---

① Ademola Adeleke, "Ties without Strings? The Colombo Plan and the Geopolitics of International Aid, 1950 – 1980," Ph. D. Dissertation, University of Toronto, 1996, p. 29; Sir Percy Spender, *Exercises in Diplomacy: The ANZUS Treaty and the Colombo Plan*, Sydney: Sydney University Press, 1969, pp. 13 – 14; "Cablegram from Spender to Menzies," Colombo, 10 January 1950, in Australian Department of Foreign Affairs and Trade, *Documents on Australian Foreign Policy*, Vol. 24: *Australia and the Colombo Plan*, 1949 – 1957, Document 15, https://www.dfat.gov.au/about-us/publications/historical-documents/Pages/volume-24/15-Cablegram-from-Spender-to-Menzies.

② "Extract from Dispatch 7/50 From Cutler to Spender," Extract, Wellington, 15 May 1950, in Australian Department of Foreign Affairs and Trade, *Documents on Australian Foreign Policy*, Vol. 21: *The 1951 ANZUS Treaty*, Document 7, https://www.dfat.gov.au/about-us/publications/historical-documents/Pages/volume-21/7-extract-from-dispatch-750-from-cutler-to-spender; Ademola Adeleke, "Ties without Strings? The Colombo Plan and the Geopolitics of International Aid, 1950 – 1980," Ph. D. Dissertation, University of Toronto, 1996, pp. 77 – 78.

③ "Memorandum by Mr. Bevin," CP (50) 200 [CAB 129/41], Foreign Office, 30 August 1950, in United Kingdom Foreign and Commonwealth Office, *Documents on British Policy Overseas*, Ser. 2, Vol. 4: *Korea*, June 1950-April 1951, Chapter 2, 1950, Document 42, https://www.proquest.com/government-official-publications/memorandum-mr-bevin-c-p-50-200-cab-129-41/docview/1923009364/se-2?accountid=41288.

伦敦会议召开前夕，尼赫鲁就明确表示，在东南亚或太平洋，任何以西方大国为一方的相互防务安排都是印度所反对的。① 这样，在伦敦会议上，"太平洋条约"不再成为英联邦协商委员会讨论的议题。在伦敦会议结束后不久，澳大利亚、新西兰便与美国在英联邦框架之外启动关于"太平洋条约"的三边谈判。② 最终，澳大利亚积极倡导的区域防务合作未能进入有亚洲国家参加的东南亚区域合作议程。

对于亚远经委会而言，在亚洲冷战日趋激烈的大背景下，由于苏联的参加，英国和澳大利亚等英联邦国家在最初倡导区域经济发展动议时并不看重其在东南亚区域发展援助中的作用。直到科伦坡计划召开以后，两国依然认为亚远经委会无法服务于商议中的"科伦坡计划"关于东南亚经济援助的目标。③ 随着英联邦协商委员会的启动和对亚远经委会态度温和的美国有望加入，英国和澳大利亚对亚远经委会的态度渐趋积极。1950年3月，艾奇逊在谈论科伦坡会议时称，"科伦坡决议"的区域方法是对亚远经委会现有机构的一种改进，但又指出亚远经委会拟订了广泛的计划，并在从事"有价值的工作"④。这样，悉尼会议在讨论英联邦协商委员会及其区域经济发展计划与亚远经委会的关系时，认为亚远经委会的基本研究是"非常有价值的"，并认为英联邦应遵行联合国的原则和目标，因而与该委员会建立工作关系应

---

① Sir Percy Spender, *Exercises in Diplomacy: The ANZUS Treaty and the Colombo Plan*, Sydney: Sydney University Press, 1969, pp. 37 – 38.

② United States Department of State, *Foreign Relations of the United States Diplomatic Papers*, 1950, Vol. 6: *East Asia and the Pacific*, Washington, D. C.: United States Government Printing Office, 1976, p. 147.

③ United States Department of State, *Foreign Relations of the United States Diplomatic Papers*, 1949, Vol. 7: *The Far East and Australasia (in two parts)*, Part 2, Washington, D. C.: United States Government Printing Office, 1976, pp. 1199 – 1200; United States Department of State, *Foreign Relations of the United States Diplomatic Papers*, 1950. *East Asia and the Pacific*, Vol. 6, Washington, D. C.: United States Government Printing Office, 1976, pp. 30, 66.

④ "Cablegram from Embassy in Washington to Department of External Affairs," Washington, 18 March 1950, in Australian Department of Foreign Affairs and Trade, *Documents on Australian Foreign Policy*, Vol. 24: *Australia and the Colombo Plan*, 1949 – 1957, Document 41, https://www.dfat.gov.au/about-us/publications/historical-documents/Pages/volume-24/41-Cablegram-from-Embassy-in-Washington-to-Department-of-External-Affairs.

是英联邦国家的重要目标。① 最终，悉尼会议通过的报告明确规定，英联邦各政府希望利用亚远经委会在收集南亚东南亚经济形势信息方面的优势，并邀请该委员会执行秘书长经英联邦各政府或其代表请求，帮助提供非英联邦国家有关发展项目准备的该领域的可用信息。② 随后，英国在依照悉尼会议建议制定关于南亚东南亚经济发展报告时便使用了亚远经委会金融机构的研究成果，并认为亚远经委会在各类国际组织关于亚洲的区域会议中是"最重要的"，因为该委员会在政治上十分清楚它代表着其他亚洲成员国的主权地位和立场。③ 1950 年 12 月，澳大利亚在落实"科伦坡计划"对南亚东南亚经济政策目标时采纳了亚远经委会 1949 年 9 月发布的关于该区域 1948 年主要农业基础设施的评估资料，涉及渔业、排灌、电力和农业机械等多项基础设施。④ 这进一步突显了亚远经委会区域合作成果的可用性和机制的合法性，从机制安排和实践经验上为以后双方在东南亚区域发展议题上协同行动提供了基础性条件。

"科伦坡计划"出台的这两个现实性后果在核心议题上使英联邦的防务联合与经济发展合作彻底分道扬镳。此后，"科伦坡计划"这一非军事议题所导向的跨区域合作进程与东南亚区域最为相关、与"泛亚洲主义"跨区域合作核心议题最为接近，其成员数量最多、涵盖地理范围最广、

---

① "Cablegram from Australian Government to Gordon Walker," Canberra, 3 May 1950, in Australian Department of Foreign Affairs and Trade, *Documents on Australian Foreign Policy*, Vol. 24: *Australia and the Colombo Plan*, 1949–1957, Document 56, https://www.dfat.gov.au/about-us/publications/historical-documents/Pages/volume-24/56-Cablegram-from-Australian-Government-to-Gordon-Walker.

② "Report of the Consultative Committee," Sydney, 19 May 1950, in Australian Department of Foreign Affairs and Trade, *Documents on Australian Foreign Policy*, Vol. 24: *Australia and the Colombo Plan*, 1949–1957, Document 71, https://www.dfat.gov.au/about-us/publications/historical-documents/Pages/volume-24/71-Report-of-the-Consultative-Committee.

③ "Letter from Sykes to Nimmo," London, 31 August 1950, in Australian Department of Foreign Affairs and Trade, *Documents on Australian Foreign Policy*, Vol. 24: *Australia and the Colombo Plan*, 1949–1957, Document 89, https://www.dfat.gov.au/about-us/publications/historical-documents/Pages/volume-24/89-Letter-from-Sykes-to-Nimmo.

④ "Paper by Department of External Affairs," Canberra, December 1950, in Australian Department of Foreign Affairs and Trade, *Documents on Australian Foreign Policy*, Vol. 24: *Australia and the Colombo Plan*, 1949–1957, Document 130, https://www.dfat.gov.au/about-us/publications/historical-documents/Pages/volume-24/130-Paper-by-Department-of-External-Affairs.

发展最为迅速,成为最为重要的第一支力量。第二支力量的地理重心在海上东南亚,推动原有"澳新马区域"防务联合计划的强化和拓展。这支力量虽仍由英国、澳大利亚和新西兰主导,但开始游离于作为其核心机制的新的英联邦区域合作动议之外独自发展。第三支力量的地理重心移至东南亚东部区域侧翼,是澳大利亚和新西兰"太平洋防务条约"动议与随后出现的美国太平洋防务计划的"并轨",并逐步脱离东南亚区域而走上新的美澳新同盟体系。

"科伦坡计划"的出台亦从领导力量和共有规范上深刻地影响着未来东南亚区域合作实践。从领导力量来看,既有英国作为传统全球大国力量的明显削减,又有澳大利亚等作为新兴区域大国力量的急剧上升,更有美国作为新的全球大国力量的逐步介入。英国不但接受而且说服美国承认澳大利亚在"科伦坡计划"动议中的领导地位。[①] 对英国而言,科伦坡会议的召开直至"科伦坡计划"出台已被认为标志着其在东南亚"区域外交的顶点"和在东亚重大政治倡议方面的"最后努力"。其间,英国积极利用英联邦集体机制和支持澳大利亚发挥领导作用,并努力说服印度和美国承担更多的区域责任,均已显示出其对该区域经济发展有限的影响力和作为亚洲传统大国力量的明显下降。[②] 此时,面对美国在全球急剧扩张和在亚洲的强势介入,英国不但放弃了"世界第三超级大国"的梦想,而且开始转向试图分享与美国的"特殊关系",以保持其在国际及亚洲事务中的"领导性世界强国地位"[③]。实际上,"科伦坡计划"的出台及美国决定加入已开始见证南亚东南亚区域权力中心从英国快速转向美国。东南亚区域权力关系的重组成为英美全球权力转移的一个缩影。从此,美国开始成为东南亚区域动议发展最重要的外部力量。

从共有规范上看,"科伦坡计划"的制度设计和运行机制为促进南亚

[①] United States Department of State, *Foreign Relations of the United States Diplomatic Papers*, 1950, Vol. 6: *East Asia and the Pacific*, Washington, D. C.: United States Government Printing Office, 1976, p. 146.

[②] Tilman Remme, *Britain and Regional Cooperation in South-East Asia 1945 – 1949*, New York: Routledge, 1995, pp. 204 – 208.

[③] Nicholas Tarling, *Britain, South-East Asia and the Onset of the Cold War*, 1945 – 50, Cambridge: Cambridge University Press, 1998, pp. 7, 317.

东南亚区域合作和改进东方与西方在立场、偏见、恐惧、动机和习惯等方面的深刻理解提供了一种协商框架,进而保证了南亚东南亚区域及外部国家及其他行为体的参与,使该计划成为此后 20 年间澳大利亚和其他英联邦国家之间及其与非英联邦国家之间"稳固的外交政策平台之一"。[①]可以说,"科伦坡计划"的出台是英联邦国家基于平等、自由和独立的国家联合及精心准备工作的重要成果。[②] 正如德斯穆克在伦敦会议开幕演讲中所言,科伦坡计划产生于"锡兰的首倡、澳大利亚的热情、新西兰和加拿大的友好鼓励、英国明智的指导"[③]。更为重要的是,"科伦坡计划"所确立的共有规范与"泛亚洲主义"和"太平洋主义"框架内已有的区域机制和区域会议的协商一致等原则具有明显的一致性,从而为后续的区域和跨区域合作奠定了稳固的共同规范基础。总之,不管是从现实成果还是从规范影响上看,"科伦坡计划"的出台均意味着东南亚区域合作实践的重新出发。

---

① Daniel Oakman, "The Politics of Foreign Aid: Counter-Subversion and the Colombo Plan, 1950 – 1970," *Pacifica Review*, Vol. 13, No. 3, 2001, p. 257; Daniel Oakman, "The Seed of Freedom: Regional Security and the Colombo Plan," *Australian Journal of Politics & History*, Vol. 46, No. 1, 2000, p. 85.

② John R. E. Carr-Gregg, "The Colombo Plan: A Commonwealth Program for Southeast Asia," *International Conciliation*, Vol. 29, No. 467, 1951, p. 20.

③ Daniel Oakman, "The Seed of Freedom: Regional Security and the Colombo Plan," *Australian Journal of Politics & History*, Vol. 46, No. 1, 2000, p. 69.

第 三 章

战后东南亚区域合作的局部成长(1951—1960)

在1951—1960年这一时期,东南亚区域合作经过一段时间的酝酿、孕育和初步发展,开始在政治、安全/防务和经济发展等特定的合作领域取得一系列更具实质性的成果,并进入一个局部成长阶段。一方面,"泛亚洲主义"意识下的跨区域合作走向高潮,不但出现首个非正式的区域化"科伦坡国家"集团,积极参与日内瓦会议对东南亚区域危机的管理,而且召开了首次跨越亚洲和非洲两个大洲的大规模的政府间万隆会议,塑造了一套框定国家间关系的跨区域的"万隆规范"和团结合作的"万隆精神",形成一股发展中区域的强大的政治力量。另一方面,"太平洋主义"意识下的跨区域合作出现重要的机制化的跨区域安排,主要是经济发展领域的首个区域发展援助项目——"科伦坡计划"的正式实施、安全防务领域首个正式的区域安全安排——《东南亚集体防务条约》的签署及东南亚条约组织的启动和非正式的"澳新马区域"联合防务计划重建为正式的《英马防务协定》。更为重要的是,在两种区域意识下的跨区域合作进程中,"东南亚主义"或次区域合作得到进一步孕育,并取得两个重大进展:一个是作为东南亚区域最大的国家印度尼西亚成为"泛亚洲主义"跨区域合作的新的核心领导力量,其"区域领导"地位得到区域内外的广泛承认,为"东南亚主义"的后续发展提供了重要的内部力量;另一个是随着亚远经委会区域合作实践进程"亚洲化"向纵深发展,其框架内首个完全由东南亚本地国家和政治实体组成的区域组织——湄公委员会成立,而且以其为核心的制度平台启动了首个以东南亚次区域为核心地理指向、由多个国家和全球或区域组织参加的区域经济开发项目——"湄公河计划"。"湄公河计划"和"科伦坡计划"既各自独立，又相互联系，共同构成这一时期东南亚区域发展的、开放的区域主义局部成长的"双引擎"。"东南亚区域"的开放性建构由主要依赖外部力量进入一个内外力量紧密互动和内部力量快速生长的新阶段。

第一节 "科伦坡国家"集团创建与万隆会议召开

从历史的角度来看，万隆会议不仅仅是1955年4月18日至4月24日会议召开的那些"时刻"，而是经历了"会议前奏及动议""会议召开"和"会议后续"三个不同时期的演变进程，可分别称为"万隆前""万隆时"和"万隆后"时期。从历史渊源和大的背景来看，万隆会议是二战结束前后兴起的"泛亚洲主义"区域意识下两次亚洲关系会议的延续。从正式启动进程来看，万隆会议可以溯及"科伦坡国家"集团的创建。尼赫鲁曾指出："如果将万隆会议视作一个孤立的偶发事件而不是人类历史的伟大运动的一部分，那将是对历史的一种误读。"[1]

一 "科伦坡国家"集团创建与印支问题的协商

"科伦坡国家"集团是由印度、巴基斯坦、缅甸、印度尼西亚和锡兰五个南亚东南亚国家启动的松散的非正式国家团体，又称"科伦坡五国"。作为不干涉原则的区域内部支持者，该集团成为应对不断升级的印度支那危机和第二届亚洲关系会议所倡导的亚洲区域合作组织化努力的基础。[2]

从历史背景来看，"科伦坡国家"集团孕育于持续发展的"泛亚洲主义"、诞生于应对印度支那问题。锡兰政府总理约翰·科特拉瓦拉（John

---

[1] David Kimche, *The Afro-Asian Movement: Ideology and Foreign Policy of the Third World*, Jerusalem: Israel Universities Press, 1973, p. 81.

[2] Amitav Acharya, *Whose Ideas Matter? Agency and Power in Asian Regionalism*, Ithaca: Cornell University Press, 2009, p. 37.

Kotelawala）是最初的倡议者。1953 年 10 月，科特拉瓦拉就职后希望改善锡兰作为一个小国在该区域的地位，以引领锡兰实现更大的抱负。其主要举措是与该区域其他国家联合起来创建一个"自由而平等的亚洲联邦"。随后，科特拉瓦拉在访问印度时在印度世界事务理事会发表演讲时称，印度、巴基斯坦、缅甸、印度尼西亚和锡兰东南亚五国的明确目标是恢复它们之间长期以来紧密合作的传统以及文化、宗教、种族和贸易的联系。他阐明了"新亚洲"在国际事务中的立场，即基于古代殖民之前的纽带，而非两战期间的"泛亚洲主义"重构亚洲区域主义的愿景。为此，他提议印度、巴基斯坦、缅甸和锡兰四个与英国联系紧密的国家单独聚会。1953 年 12 月，在尼赫鲁的建议下，他又将会议的成员扩大到印度尼西亚。他解释说，其召集会议的目标是为制止印度支那可能的战争升级做些事情，并在国际事务中发出亚洲人的声音。[1] 科特拉瓦拉强烈呼吁："是时候在世界理事会发出亚洲联合的声音了。"[2]

　　锡兰的会议倡议与印度尼西亚创建亚非国家"中立主义"集团的动议不谋而合。1950 年 6 月碧瑶会议召开后，印度尼西亚明确了推行"独立的外交政策"的基本目标。1951 年 10 月 24 日，苏加诺在联合国日纪念会上的演讲中表示："我们的外交政策是独立的外交政策，目的是促进全世界的友谊与和平"，这样，印度尼西亚在处理国际事务中"不偏袒这一集团或者那一集团""不参加这一阵营或者那一阵营"，并希望"能够在对立的阵营之间起到桥梁作用"。他强调，因为地理的关系，"我们与我们的近邻有着相同的历史和相同的问题，有着血缘关系和文化关系，在反抗外国殖民统治的伟大斗争中又发展了友好关系"。因此，"在不削弱我们对世界其他地区关怀的情况下，我们所关怀的主要是我们的亚洲

---

[1] 参见 A. Jeyaratnam Wilson, *Politics in Sri Lanka* 1947 – 1973, New York: St. Martin's Press, 1974, p. 297; Cindy Ewing, "The Colombo Powers: Crafting Diplomacy in the Third World and Launching Afro-Asia at Bandung," *Cold War History*, Vol. 19, No. 1, 2019, pp. 1 – 6; David Kimche, *The Afro-Asian Movement: Ideology and Foreign Policy of the Third World*, Jerusalem: Israel Universities Press, 1973, pp. 43 – 44.

[2] Anthony Reid, "The Bandung Conference and Southeast Asian Regionalism," in See Seng Tan and Amitav Acharya, eds., *Bandung Revisited: The Legacy of the 1955 Asian-African Conference for International Order*, Singapore: NUS Press, 2008, p. 23.

邻国"①。实际上，印度尼西亚的睦邻友好政策也取得了一系列新的重大进展。

一是1951年1月和8月期间，苏加诺和苏巴约先后对菲律宾、缅甸和泰国进行了友好访问；1951年7月和1952年7月，菲律宾总统季里诺和缅甸友好代表团先后对印度尼西亚进行了回访。

二是1951年3月，印度尼西亚与印度、巴基斯坦、缅甸和菲律宾签订了内容类似的"友好条约"，并于1952年12月得到印度尼西亚国会的批准。到1953年5月，这些条约已相继生效。1954年3月，印度尼西亚与泰国亦签订了"友好条约"。这些双边"友好条约"进一步加深了印度尼西亚与邻国的友好关系，尤其是与印度的关系。根据《印度尼西亚—印度友好条约》（Indonesia-India Treaty of Friendship），印度尼西亚确认，两国的友好关系是双方"未来合作走向世界和平与幸福的强有力基础"；双方同意，两国政府代表在各种国际场合及时"就共享利益的问题交换看法"，并就这些问题"商讨相互合作的途径和方法"。印度尼西亚与印度开始结成"事实上的印度尼西亚—印度联盟"②。

印度尼西亚一直在谋划召开类似的会议。1952年5月，印度尼西亚政府总理韦洛波（Wilopo）在重申印度尼西亚的独立政策时表示，印度尼西亚已决定在东西方两大集团间采取一种独立的态度，这意味着它既不保证永远站在彼此有争议的两个集团中的任何一方，亦不保证对两个集团之间可能产生的任何事件永远保持冷漠或中立。他解释说，"独立"在某种意义上具有积极的性质，即当两个集团之间的争议引起问题或事件时，或者哪一个或多或少与这样的争论有关时，印度尼西亚共和国将继续把它的态度建立在采取独立行动的基础上。他强调，鉴于印度尼西亚作为联合国成员应奉行的宗旨和目标，我们将团结起来或支持在联合国框架内做出的一切努力，以消除这两个集团之间的尖锐争议，以便尽可能地避免可能引发第三次世界大战的大规模冲突。这一"独立"的外

---

① [印尼]苏加诺：《向正义与和平前进》（1951年10月24日在联合国日纪念会上的演讲），载世界知识社编《苏加诺演讲集》，世界知识社1956年版，第78—79页。

② 参见 Dunning Idle IV, "Indonesia's Independent and Active Foreign Policy," Ph. D. Dissertation, Yale University, 1956, pp. 9–16, 75, 109, 113, 119, 121–123.

交政策的本质是，在相互尊重独立的基础上努力同属于或不属于任何集团的人民建立友谊。①

三是印度尼西亚确立了"积极而独立的"对外政策和"中立主义"外交立场。1952年5月20日，苏加诺在印度尼西亚民族复兴节发表讲话时指出，印度尼西亚"实行一个有力量的积极的和平政策，跟其他国家一道努力避免世界灾祸"，并重申印度尼西亚"实行自主的外交政策""坚决地不参加这个集团，也不参加那个集团"②。8月17日，苏加诺在印度尼西亚独立日发表讲话时强调，印度尼西亚国内局势虽然不断变化，但其"不倾向任何集团和促进亚洲合作的外交政策却不会改变，这个政策就是走向和平的积极自主的政策"。因此，印度尼西亚"不能选择正在冲突中的两大集团的任何一方"③。当年10月，印度尼西亚外交部长苏巴约在访问伊朗和埃及等中东国家时提出建立一个"中立主义"集团的可能性，借此缓和世界紧张局势，并启动该集团成员国间的经济合作。其成员国包括缅甸、印度、泰国、埃塞俄比亚和其他与联合国有紧密联系的国家。他表示，印度尼西亚与印度两国都相信经济合作应优先于政治合作，因为强大的经济是从西方获得完全独立的实质性前提。他强调，经济独立是反对作为战争首要因素的帝国主义的有效武器。④

1953年4月，印度尼西亚副总统哈达在美国《外交事务》杂志撰文对印度尼西亚的外交政策做出了权威性的表达。哈达提出了印度尼西亚对外的"六大目标"，包括捍卫人民的自由和国家的安全；从海外获得提高人民生活水准的必需品，如食品及各类消费品、药品等；取得用于重建的设备和用于工业化、新建筑和农业部分机械化的资金；依照《联合国宪章》强化国际法原则并协助在国际范围内实现社会正义，尤其是在联合国框架内努力帮助仍然生活在殖民制度下的人们实现自由；特别强

---

① Mohammad Hatta, "Indonesia's Foreign Policy," *Foreign Affairs*, Vol. 31, No. 3, 1953, pp. 446 – 447.

② ［印尼］苏加诺：《忠于你的泉源》（1952年5月20日在印度尼西亚民族复兴节发表的演讲），载世界知识社编《苏加诺演讲集》，世界知识社1956年版，第106—107页。

③ ［印尼］苏加诺：《希望和现实》（1952年8月17日在印度尼西亚共和国独立七周年庆祝大会上的演讲），载世界知识社编《苏加诺演讲集》，世界知识社1956年版，第123页。

④ David Kimche, *The Afro-Asian Movement: Ideology and Foreign Policy of the Third World*, Jerusalem: Israel Universities Press, 1973, p. 42.

调与过去的立场和印度尼西亚类似的邻国建立良好关系；通过实现构成印度尼西亚基本哲学的"五项原则"的基本理念，寻求各国之间的友爱。总之，印度尼西亚将在相互尊重和互不干涉彼此政府结构的基础上，奉行与所有国家和平与友好的政策。基于此，哈达提出印度尼西亚应采取"独立而积极的"外交政策。这意味着印度尼西亚在这两个对立的集团之间没有偏袒，在各种国际问题上走自己的道路；而"积极"意味着印度尼西亚通过尽可能得到联合国大多数成员国支持的努力，为维护和平与缓和两个集团所产生的紧张局势而积极工作。他解释说："印度尼西亚共和国意识到，它是一个过于弱小的国家，无法对国际政治中两个对立集团的关系产生有效影响，但它相信其和解政策的道德力量。"[1]"独立而积极的"外交政策为随后几十年印度尼西亚对外政策及其国际角色确定了基本原则和方向。

基于上述外交进展，印度尼西亚开始倡导成立亚非国家间的"中立主义"集团。1953年8月，阿里·沙斯特罗阿米佐约（Ali Sastroamidjojo）出任印度尼西亚总理，开始对外交政策进行调整。他在"独立自主"的基础上，提出实行"不结盟"外交政策，强调不与任何集团结盟的立场，努力摆脱印度尼西亚以往的亲美姿态，追求亚非国家间的团结与合作。他认为，亚非国家间合作与联合国的相关区域合作章程是一致的，相信亚非国家间的紧密合作将实现永久世界和平。另外，这些国家对国际关系的某些方面具有相同的看法，因此有理由形成同一个声音。[2] 当月，沙斯特罗阿米佐约在印度尼西亚国会演讲中表示，为增强世界和平的努力必须开创和组织亚非国家尤其是那些新独立国家之间的合作，并强调亚洲国家应按照《联合国宪章》的区域安排谋求这样的区域合作。[3]他强调："我们谋划与亚洲—阿拉伯（非洲）集团合作确实重要；我们确

---

[1] Mohammad Hatta, "Indonesia's Foreign Policy," *Foreign Affairs*, Vol. 31, No. 3, 1953, pp. 441–444, 452.

[2] 参见高艳杰《"建而不交"：冷战前期的中国与印尼关系（1949—1954）》，载《世界历史》2018年第3期，第16页；张小欣《印尼首届阿里内阁对华政策调整与两国关系》，载《当代中国史研究》2015年第3期，第81页。

[3] Roeslan Abdulgani, *The Bandung Connection: The Asia-Africa Conference in Bandung in 1955*, translated by Molly Bondan, Singapore: Gunung Agung, 1981, p. 13.

信这些国家间紧密的合作无疑将加强实现世界持久和平的努力……因此，我们将持续和加强这种合作。"印度尼西亚常驻联合国代表艾布·哈尼法（Abu Hanifah）解释说，"亚非集团"主要由"在西方民主与共产主义之间冲突高潮中努力扮演和平创建者角色"的国家组成。他相信，这种"亚洲集团"作为联合国成员"代表着强有力的制衡，乃至为（殖民主义）问题解决提供指引"，而印度尼西亚可以为该集团"做出积极而重要的贡献"[1]。

印度尼西亚将保持并加强与印度的紧密合作作为实施这一政策的基本考量。随后，两国在联合国大会、联合国经社理事会和亚远经委会等国际场合保持一致立场，共同反对西方殖民主义，支持殖民地人民的独立事业。这既成为印度尼西亚实施"独立而积极的"对外政策的根本，也为可能形成的"阿拉伯—亚洲中立主义集团"提供了"硬核"。缅甸亦加入印度尼西亚和印度组成的"中立主义"集团的"硬核"中。三国在联合国投票中经常联合起来，并在各类国际会议上采取共同的政策。而创建"限于南部亚洲的中立集团"的"独立而积极的""中立的亚洲"成为印度尼西亚渐趋成形的区域愿景。[2] 1954年1月，面对越盟与法国之间的冲突日趋激烈和美国可能的干预所引发的不安，印度尼西亚政府建议埃及、巴基斯坦、印度、缅甸、锡兰和印度尼西亚政府首脑开会讨论印度支那局势。两个月后，印度尼西亚国会外交事务委员会主席呼吁召开大规模的亚非会议，以讨论日益紧张的印度支那局势。[3]

锡兰的会议倡议亦引发印度、缅甸和巴基斯坦的共鸣。而1954年1月25日至2月18日在柏林举行的苏联、美国、英国、法国四国外长会议决定给锡兰的会议倡议落实提供现实契机。这次四国外长会议发布公报确定，日内瓦会议（The Geneva Conference）将于1954年4月26

---

[1] Dunning Idle IV, "Indonesia's Independent and Active Foreign Policy," Ph. D. Dissertation, Yale University, 1956, pp. 75, 79 – 80.

[2] 参见 Dunning Idle IV, "Indonesia's Independent and Active Foreign Policy," Ph. D. Dissertation, Yale University, 1956, pp. 16 – 23, 108.

[3] David Kimche, *The Afro-Asian Movement: Ideology and Foreign Policy of the Third World*, Jerusalem: Israel Universities Press, 1973, p. 43.

日举行并同意在此次会议上讨论恢复印度支那和平问题，届时将邀请苏联、美国、英国、法国和中华人民共和国及其他有关国家的代表参加。① 四国外长会议结束不久，即2月22日，尼赫鲁发表讲话欢迎召开日内瓦会议的决定，并呼吁印度支那立即停火。② 4月24日，在日内瓦会议召开前夕，尼赫鲁在印度国会人民院率先发表关于印度支那问题的声明，提出解决印度支那问题的"六点计划"（Six Points Plan）：促进和平协商，停止进行威胁；停火，将之列为会议议程优先事项；独立，即印度支那完全独立；发起直接有关和主要有关各方之间的谈判；不干涉，即不以军队或战争物资对交战方或为战争目的而提供直接或间接的援助；联合国应获悉关于会议的进展情况，旨在根据《联合国宪章》适当条款进行和解。在声明中，尼赫鲁指责美国"邀请西方国家、美澳新公约国家和某些亚洲国家参加在东南亚联合的和集体的行动"若干言论，认为"这些言论接近于承担对东南亚各国的保护或片面地宣布一种对东南亚各国的门罗主义"，担心"在印度支那有发生直接干涉、发生战争的国际化及其扩大和加剧的危险"。尼赫鲁宣称："我们并不寻求在亚洲担任任何特别的角色，我们也不提倡任何狭隘的和区域性的亚洲地域主义。我们只希望我们自己以及其他国家，特别是我们的邻国成为和平区域，保持在世界紧张局势和战争中不结成同盟或承担约束的政策。"③

1954年4月26日，关于朝鲜问题和印度支那问题的日内瓦会议开幕。印度和其他未参加朝鲜战争和越南战争的所有亚洲主要国家均未被邀请参加这次"纯粹亚洲议题"的重大国际会议。在这种情况下，科特拉瓦拉倡导的谋求实现抑制战争和发出亚洲人声音的两大目标的区域会议获得广泛同情。这在很大程度上加速了科特拉瓦拉所倡导的会

---

① 《苏、美、英、法四国外长会议公报》（1954年2月18日），载中华人民共和国外交部档案馆《中华人民共和国外交档案选编（第1集），1954年日内瓦会议》，世界知识出版社2006年版，第24页。

② Cindy Ewing, "The Colombo Powers: Crafting Diplomacy in the Third World and Launching Afro-Asia at Bandung," *Cold War History*, Vol. 19, No. 1, 2019, pp. 7-8.

③ 《尼赫鲁总理在印度国会人民院发表的关于印度支那问题的声明》（1954年4月24日），载世界知识社编《日内瓦会议文件汇编》，世界知识社1954年版，第324—325页。

议的召开。① 印度尼西亚政府亦开始为锡兰倡导的会议做准备。苏巴约专门召集印度尼西亚驻亚洲国家的大使开会，讨论为锡兰举行的会议所准备的材料。沙斯特罗阿米佐约希望将区域合作的观念拓展到亚洲层次，并将之作为印度尼西亚向锡兰会议提出的建议基础。1954 年 4 月中旬，沙斯特罗阿米佐约和苏加诺总统就亚洲合作观念进行了交谈。苏加诺认为，这是印度尼西亚长期以来在反抗殖民主义的民族主义运动中所追求的亚非团结的共同理想。②

于是，4 月 28 日，在日内瓦会议开幕两天以后，锡兰、印度、缅甸、巴基斯坦和印度尼西亚五国总理在科伦坡举行会议，称为"科伦坡会议"。科伦坡会议由科特拉瓦拉主持。五国的总理，包括尼赫鲁、吴努、沙斯特罗阿米佐约和巴基斯坦的穆罕默德·阿里（Mohammed Ali）均出席了会议。科伦坡会议除了讨论印度支那问题外，还讨论了一系列广泛的议题，但会议讨论出现了巨大的分歧。尼赫鲁提出会议应该讨论印度支那这一"当前世界面临的最重要的议题"。阿里提出克什米尔问题，认为首先应解决"我们自身的分歧"，强调如果这一问题得不到解决，亚洲国家实现和平的前景就很渺茫。科特拉瓦拉提出会议应该宣布反击共产党侵略和渗透的建议。尼赫鲁对此不予支持。他不希望会议讨论克什米尔这样的涉及否定民族自决权的问题。他还认为，谴责共产党的决议是在冷战中支持西方，这与印度的不结盟政策相违背。他拒绝接受锡兰提出的宣布共产党是南亚东南亚最大潜在威胁的草案。科特拉瓦拉和阿里认为，关于共产主义和西方殖民主义两个问题的决议应是一体的，不能分开对待。沙斯特罗阿米佐约不希望会议讨论容易引发五国分裂的问题，急切希望亚洲能够形成面对世界的"联合战线"。他强调，召开此次会议旨在谋求一致而不是扩大分歧的领域，总理们应将关注焦点放在一致的领域。最终，五国总理决定，会议只讨论涉及与非亚洲国家尤其是西方集团分歧的问题，不讨论仅仅涉及与五国相关的冲突问题。对此，科伦

---

① David Kimche, *The Afro-Asian Movement: Ideology and Foreign Policy of the Third World*, Jerusalem: Israel Universities Press, 1973, pp. 44 – 45.

② Roeslan Abdulgani, *The Bandung Connection: The Asia-Africa Conference in Bandung in 1955*, translated by Molly Bondan, Singapore: Gunung Agung, 1981, pp. 13 – 14.

坡会议达成一个妥协方案：五国总理表示他们"决定坚定不移地抵制外部共产党、反对共产党或其他代理机构对他们国家的干涉"①。

印度支那问题仍然是会议讨论的焦点，占据会议的大部分时间。尼赫鲁提出的"六点计划"构成讨论的基础。最有争议的是第五点，即呼吁大国的不干涉。巴基斯坦等国反对这一点。关于这一点的讨论产生了一些妥协意见，主要包括：呼吁无限期停火；有关各方进行谈判；法国宣布承诺印度支那独立；中国、英国、美国、苏联达成协议，采取必要措施遏制敌对行为的恢复等。在讨论印度支那问题时，沙斯特罗阿米佐约指出，鉴于阿拉伯—亚洲国家已经组成拥有同样理念的集团，而它们之间除了联合国外还没有其他有关的协商机构，应该召集一个政府间层次的会议，以便它们交换意见和信息。这样，他提出召开亚非会议的建议，以扩大它们之间的联合。沙斯特罗阿米佐约解释说，这一会议在本质上与科伦坡会议类似，但涉及区域范围更广，既包括亚洲国家，又包括一些非洲国家，旨在借此机会将亚非会议观念变成现实。吴努和阿里对此表示怀疑，但并未拒绝，而是原则上表示赞同。科特拉瓦拉对此表示更加怀疑。尼赫鲁认为，这样的会议建议看来过于有挑战性，目前落实起来比较困难。会上，吴努还提出经济合作和联合规划的倡议。这两个建议没有引起其他各国总理的关注，他们关注更多的还是印度支那问题和共产党议题。但沙斯特罗阿米佐约并未收回自己的建议，而是进一步解释说，如果科伦坡会议同意举办亚非会议，印度尼西亚愿意承办这次会议。最终，各国政府总理表示同意，对印度尼西亚承办亚非会议给予道义上的支持。这成为推动日后万隆会议召开的最初动议。②

---

① 参见 David Kimche, *The Afro-Asian Movement: Ideology and Foreign Policy of the Third World*, Jerusalem: Israel Universities Press, 1973, p. 45; Dunning Idle IV, "Indonesia's Independent and Active Foreign Policy," Ph. D. Dissertation, Yale University, 1956, pp. 86 – 93, 108.

② 参见 David Kimche, *The Afro-Asian Movement: Ideology and Foreign Policy of the Third World*, Jerusalem: Israel Universities Press, 1973, pp. 45 – 46; Cindy Ewing, "The Colombo Powers: Crafting Diplomacy in the Third World and Launching Afro-Asia at Bandung," *Cold War History*, Vol. 19, No. 1, 2019, p. 12; Roeslan Abdulgani, *The Bandung Connection: The Asia-Africa Conference in Bandung in 1955*, translated by Molly Bondan, Singapore: Gunung Agung, 1981, pp. 15 – 16; Dunning Idle IV, "Indonesia's Independent and Active Foreign Policy," Ph. D. Dissertation, Yale University, 1956, p. 87.

经过一系列讨论，5月2日，在科伦坡会议结束时，五国总理发表了《关于欢迎日内瓦会议通过谈判恢复印度支那和平的公报》。该公报对日内瓦会议设法通过谈判解决印度支那问题所做的诚恳努力表示欢迎，希望日内瓦会议的讨论能使战争早日结束，并恢复印度支那的和平。该公报以尼赫鲁提出的"六点计划"为基础，就和平解决印度支那问题提出共同建议，主要包括：欲使印度支那问题得到解决，就需要毫不拖延地达成停火协议，这需要印度支那各方举行直接谈判；有关各国尤其是中国、英国、美国和苏联如能为防止敌对行为再起在所需步骤上达成协议，将大大有助于直接谈判的成功；法国应在日内瓦会议上宣布保证给予印度支那完全的独立。该公报还表示，五国总理讨论了殖民主义问题，认为殖民主义在世界许多地方的继续存在是违反人类基本权利的，这对世界和平是一种威胁。[①] 该公报最后部分载明，五国总理讨论了举行亚洲国家会议的愿望，并赞同印度尼西亚总理沙斯特罗阿米佐约探索召开这一会议可能性的建议。[②]

对与会五国及东南亚区域合作而言，科伦坡会议的召开具有"三重"重要意义。最重要的"一重"意义是凝聚了五国总理的共识，促成"科伦坡国家"集团的形成。这些共识主要体现在对印度支那问题的"共同立场"和对印度尼西亚举办"亚洲会议"的"集体同意"以及有意回避内部有争议的问题上。在这一会议上，沙斯特罗阿米佐约指出，如果不给予本区域内部冲突和分歧以首要的优先性，而是考量世界其他区域的冲突是有违现实的。阿里认为，因为会议是非正式的，没有理由不讨论参会国家间的冲突。但尼赫鲁建议会议应该遵循英联邦总理会议设置的先例，亦即英联邦成员不在会议上提及内部的冲突。最终，五国总理同意将双边议题排除在会议讨论之外。这明显是针对阿里提出的克什米尔

---

① 《南亚五国总理会议发布的关于欢迎日内瓦会议通过谈判恢复印度支那和平的公报》（摘要）（1954年5月2日），载世界知识社编《日内瓦会议文件汇编》，世界知识社1954年版，第324—325页。

② Roeslan Abdulgani, *The Bandung Connection: The Asia-Africa Conference in Bandung in 1955*, translated by Molly Bondan, Singapore: Gunung Agung, 1981, p. 16.

问题的。① 尼赫鲁认为，科伦坡会议作为联合国内部"亚非集团"延伸的"松散组织"，其"唯一可接受的结果"就是同意不讨论有争议的主题。沙斯特罗阿米佐约表示，这次会议推动"科伦坡国家"加强自身的合作，扩大了和平的努力，并向世界证实该区域不需要在实施和平政策中对其事务的任何干涉。② 缅甸领导人吴巴瑞（U Ba Swe）相信，缅甸、印度尼西亚和印度等国通过"反对世界大国集团"扩大"和平区"的努力是正确的。③ 另外，直到万隆会议召开前，五国总理从官方角度一直将他们之间的会议称作"东南亚总理会议"。这使得"科伦坡国家"集团的存在显示出至少在政治和外交场所并未排除印度、巴基斯坦和锡兰整体上的"东南亚概念"④。因此，这次科伦坡会议被认为是东南亚"事实上的区域主义观念的起始"⑤。科伦坡会议的这些"共识"和"科伦坡国家"集团的形成又赋予这次会议另外"两重"意义，亦即为"科伦坡国家"集团在日内瓦会议关于印度支那问题的谈判中发挥建设性作用提供了契机，并开启了首次亚非会议从酝酿走向筹备之门。鉴于此，尼赫鲁在总结科伦坡会议的成就时称，五国总理共聚一堂这一事实是"具有历史重大意义的独特事件"⑥。

具体而言，科伦坡会议后"科伦坡国家"主要通过两种途径对日内瓦会议关于印度支那问题的谈判进程产生了影响，即与中国紧密协调并支持中国的基本立场和与英国及其他与会方保持联络并进行协调。中国既是参加日内瓦会议唯一的亚洲国家，又对印度支那尤其是越盟和越南

---

① Cindy Ewing, "The Colombo Powers: Crafting Diplomacy in the Third World and Launching Afro-Asia at Bandung," *Cold War History*, Vol. 19, No. 1, 2019, p. 7.

② David Kimche, *The Afro-Asian Movement: Ideology and Foreign Policy of the Third World*, Jerusalem: Israel Universities Press, 1973, p. 51.

③ Russell H. Fifield, *The Diplomacy of Southeast Asia 1945 – 1958*, New York: Harper, 1958, p. 178.

④ Amitav Acharya, "Remaking Southeast Asian Studies: Doubt, Desire and the Promise of Comparisons," *Pacific Affairs*, Vol. 87, No. 3, 2014, p. 466.

⑤ Anthony Reid, "The Bandung Conference and Southeast Asian Regionalism," in See Seng Tan and Amitav Acharya, eds., *Bandung Revisited: The Legacy of the 1955 Asian-African Conference for International Order*, Singapore: NUS Press, 2008, p. 23.

⑥ Cindy Ewing, "The Colombo Powers: Crafting Diplomacy in the Third World and Launching Afro-Asia at Bandung," *Cold War History*, Vol. 19, No. 1, 2019, p. 10.

民主共和国（简称"北越"）有着重要的影响，因此，"科伦坡国家"将中国看作它们在印度支那问题的"代言人"。1954年4月19日，日内瓦会议开幕前夕，印度驻华大使赖嘉文（N. Raghavan）向中国政府总理周恩来递交了尼赫鲁关于印度支那问题的最新声明，坚持印度支那应该停火。周恩来表示，中国代表团将尽一切努力设法达成协议，特别是就恢复印度支那和平问题达成协议。① 4月25日，周恩来在日内瓦获悉尼赫鲁4月24日在印度国会的讲话后致电中国外交部，建议《人民日报》发表尼赫鲁关于印度支那停火的声明。② 4月27日，《人民日报》以"印度总理尼赫鲁在印度国会人民院发表关于印度支那问题的声明"为题全文发表了尼赫鲁的声明。③ 科伦坡五国总理在科伦坡召开会议后，《人民日报》于5月3日和5月4日对会议情况进行了连续报道。④

其实，在日内瓦会议召开前后，中国与"科伦坡国家"的关系迅速发展并在印度支那和平问题上形成很多"共同立场"。印度、缅甸、印度尼西亚是率先承认并与中华人民共和国建交的亚洲"新兴国家"。1950年4—6月，印度、缅甸、印度尼西亚相继与中华人民共和国建交。从1952年上半年开始，随着印度等亚洲"新兴国家"在重大国际事务中展示出越来越强的独立性和影响力，尤其是中国重建"中间地带"对外战略的需要，发展与印度、缅甸等周边国家的关系成为中国对亚洲"新兴国家"政策调整的主要方向和对外关系拓展的新领域，而中印关系的发展为之注入了重要的动力。⑤ 1952年4月30日，周恩来在中国外交部第一次驻外使节会议上发表讲话指出："东南亚国家在战争与和平问题上同帝国主

---

① 《周恩来会见印度驻华大使赖嘉文关于亚洲形势和日内瓦会议的谈话（节录）》（1954年4月19日），载中华人民共和国外交档案馆编《中华人民共和国外交部档案选编（第1集），1954年日内瓦会议》，世界知识出版社2006年版，第15—18页。

② 中共中央文献研究室编：《周恩来年谱（1949—1976）》（上卷），中央文献出版社1997年版，第362页。

③ 《印度总理尼赫鲁在印度国会人民院发表关于印度支那问题的声明》，载《人民日报》1954年4月27日第4版。

④ 《南亚五国总理会议讨论印度支那局势》，载《人民日报》1954年5月3日第4版；《南亚五国总理会议要求在印度支那停火》，载《人民日报》1954年5月4日第4版。

⑤ 参见牛军《冷战与新中国外交的缘起1949—1955》（修订版），社会科学文献出版社2013年版，第473—479页；牛军《重建"中间地带"：中国亚洲政策的缘起（1949—1955年）》，载《国际政治研究》2012年第2期，第72—73页。

义有矛盾,我们要在战争时争取他们中立,在和平时争取他们同帝国主义保持距离。"他强调:"我们要依靠进步,争取中间,分化顽固。这样可以使我们的外交工作更灵活一些,不是简单的两大阵营对立,没有什么工作可做。"[①] 次年 6 月 5 日,周恩来在一次外交工作会议上又指出:"今天国际上的主要矛盾是和平与战争问题。我们主张通过和平协商解决一切国际纠纷。"他强调:"我们政策的基本点是敢于在制度不同的国家间实行和平共处和和平竞赛。"[②]

在这一背景下,1953 年 12 月 31 日,中国和印度经过一段时间的双边协商就两国在中国西藏地方关系问题在北京启动了谈判。周恩来在同印度政府代表团谈判时首次提出处理两国关系的"五项原则",包括"互相尊重领土主权、互不侵犯、互不干涉内政、平等互惠和和平共处",即后来著名的"和平共处五项原则"(The Five Principles of Peaceful Coexistence)。[③] 1954 年 2 月 27 日,周恩来接见印度驻华大使赖嘉文,就柏林会议决定召开日内瓦会议和在越南实现停火等问题交换了意见。周恩来表示,柏林会议决定举行日内瓦会议来解决远东的和平问题是"一个成就","这将推进国际和平,首先是朝鲜和越南的和平。同时,用协议的方法来解决一些国际纠纷的原则也被推前了一步"。当日,周恩来主持召开了参加日内瓦会议筹备工作的干部会议。3 月 2 日,中国政府确定了周恩来提出的《关于日内瓦会议的估计及准备工作的初步意见》,并决定派出全权代表参加日内瓦会议。该意见提出,中国政府"应尽一切努力务期达成某些协议,甚至是临时的或个别的协议,以利于打开经过大国协商解决国际争端的道路"[④]。这是中国政府对印度支那停战政策形成的重要标志。随后,中国政府组建了日内瓦会议代表团,与苏联、越南等盟友进行了广泛的协商,形成了关于和平解决印度

[①] 周恩来:《我们的外交方针和任务》(1952 年 4 月 30 日),载中华人民共和国外交部、中共中央文献研究室编《周恩来外交文选》,中央文献出版社 1990 年版,第 54 页。

[②] 周恩来:《今天国际上的主要矛盾是和平与战争问题》(1953 年 6 月 5 日),载中华人民共和国外交部、中共中央文献研究室编《周恩来外交文选》,第 62 页。

[③] 周恩来:《和平共处五项原则》(1953 年 12 月 31 日),载中华人民共和国外交部、中共中央文献研究室编《周恩来外交文选》,第 63 页;中共中央文献研究室编:《周恩来年谱(1949—1976)》(上卷),中央文献出版社 1997 年版,第 342 页。

[④] 中共中央文献研究室编:《周恩来年谱(1949—1976)》(上卷),第 355—357 页。

支那问题的建议和方案。①

周恩来 4 月 19 日在与赖嘉文的谈话中已透露，此时中国政府在印度支那问题上的意见与尼赫鲁有"很多共同之处"，包括反对战争，愿望是看到和平；互不侵犯，互相尊重领土主权，互不干涉内政；反对武装干涉，反对对贸易加以限制；赞成亚洲各国人民应该选择他们自己的国家和社会制度；赞成加强各国间经济和文化联系；赞成互相尊重各国的宗教信仰，等等。周恩来还表示，亚洲各国和人民所要解决的是如何自救的问题，这就是要团结友好，反对侵略，不参加军事侵略性的集团。周恩来强调，美国政府追求的所谓东南亚和西太平洋的集体防务就是北大西洋公约的再版和"美澳新公约"的扩大，这些都是侵略性的军事集团。② 中印两国在印度支那问题上的这些"共同之处"为双方及其与其他"科伦坡国家"间互动关系的发展提供了便利。第一个重大进展是，4 月 29 日，在五国总理科伦坡会议期间，印度与中国签订了《关于中国西藏地方和印度之间的通商和交通协定》。在该协定序言中首次载明了"互相尊重领土主权、互不侵犯、互不干涉内政、平等互惠和和平共处"的"五项原则"③。根据这一协定，印度正式放弃了在西藏的特权，承认中国在西藏的主权诉求。这是印度首次在国际协议中这么做。而"五项原则"的载入旨在引导更公平、更公正的国际关系进程，推动了"中印伙伴关系"的建立。④ 周恩来在致尼赫鲁的贺电中表示，中印两国基于"互相尊重领土主权、互不侵犯、互不干涉内政、平等互惠、和平共处"的原则而缔结的这个协定使两国关于中国西藏地方的关系在新的基础上重新建立起来。这一协定的签订不仅将进一步加强中印两国人民间的友谊，并且充分证明只要各国共同遵守上述各项原则，采取协商方式，国际上存

---

① 参见牛军《论 1954 年中国对印度支那停战政策的缘起与演变》，载《冷战国际史研究》（第 21 辑），世界知识出版社 2016 年版，第 34—42 页。

② 《周恩来会见印度驻华大使赖嘉文关于亚洲形势和日内瓦会议的谈话（节录）》（1954 年 4 月 19 日），载中华人民共和国外交档案馆编《中华人民共和国外交部档案选编（第 1 集），1954 年日内瓦会议》，世界知识出版社 2006 年版，第 16—18 页。

③ 《中华人民共和国、印度共和国关于中国西藏地方和印度之间的通商和交通协定》（1954 年 4 月 29 日），载《人民日报》1954 年 4 月 30 日第 4 版。

④ ［美］约翰·加佛曼：《印度对华政策的转变》，载［美］苏米特·甘古利主编《印度外交政策分析：回顾与展望》，高尚涛等译，世界知识出版社 2015 年版，第 89—90 页。

在的任何问题均可获得合理解决。① 尼赫鲁则表示,希望该协定所创建的"和平区域"将在亚洲扩散。他认为"集体和平"是一种更好的办法。尼赫鲁在谈及"五项原则"时强调:"如果这些原则得到更普遍的适用,它们就会形成和平与安全的稳固基础。"②

中印关系的突破性进展在正召开的五国总理科伦坡会议上迅速引发回响。在这次会议上,沙斯特罗阿米佐约率先提出中华人民共和国的国际地位问题。在他看来,越盟更有可能在中华人民共和国的推动下接受停火,因而要求"科伦坡国家"提议联合国随后的任何介入都应以承认中华人民共和国的联合国会员地位为前提。尼赫鲁承认中华人民共和国获取这一地位有利于缓和现有的紧张关系,但认为设置这样的条件会使现有的国际三角关系复杂化。吴努赞同尼赫鲁的观点。最终,五国总理决定将中华人民共和国在联合国的地位议题与其停火建议分开。这样,五国总理会议公报载明,他们对于中华人民共和国政府在联合国中代表中国的问题表示关切,认为由中华人民共和国在联合国中代表中国将有助于促进亚洲的稳定、缓和世界紧张局势,促成以更现实的态度对待有关全世界特别是有关远东问题。③"五项原则"的确立和对中华人民共和国国际地位的"共同支持"为"科伦坡国家"与中国政府在日内瓦会议关于印度支那问题的讨论中协调并采取共同立场提供了有利条件。

在日内瓦会议期间,周恩来曾多次谈及"科伦坡国家"对印度支那问题的立场和中印两国达成的处理国家间关系的基本原则。4月28日,周恩来在关于朝鲜问题的第三次全体会议发言中,对印度、印度尼西亚、缅甸等对亚洲和平表示关心的一些亚洲国家未能参加这次会议感到可惜,并表示"这绝不能认为是好的"④。5月12日,周恩来在关于印度支那问

---

① 《周恩来总理致印度尼赫鲁总理的贺电》,载《人民日报》1954年4月30日第4版。
② Nicholas Tarling, *Neutrality in Southeast Asia: Concepts and Contexts*, New York: Routledge, 2016, pp. 65–66.
③ 《南亚五国总理会议发布的关于欢迎日内瓦会议通过谈判恢复印度支那和平的公报(摘要)》(1954年5月2日),载世界知识社编《日内瓦会议文件汇编》,世界知识社1954年版,第328页。
④ 《周恩来在第三次全体会议上的发言》(1954年4月28日),载中华人民共和国外交部档案馆《中华人民共和国外交档案选编(第1集),1954年日内瓦会议》,世界知识出版社2006年版,第38页。

题第三次全体会议发言中援引了尼赫鲁4月24日在印度国会的讲话，提及五国总理科伦坡会议对印度支那问题和平解决的支持。周恩来在发言中阐明了处理亚洲国家间关系的基本原则。他强调，亚洲国家应该互相尊重各国的独立主权，而不互相干涉内政；应该以平等协商的办法解决各国之间的争端，而不使用武力和以武力相威胁；应该在平等互利的基础上建立和发展各国正常的经济和文化关系，不容许歧视和限制。① 5月14日，周恩来在与艾登的会谈中明确表示，中国同它的亚洲邻邦都愿和平共处，并强调中国与印度关于西藏的协议及其序言中申明的"互相尊重领土主权、互不侵犯、互不干涉内政、平等互利、和平共处"足以表明这一点。② 6月22日，周恩来在接受《印度教徒报》记者采访时谈及中印两国基于"互相尊重领土主权、互不侵犯、互不干涉内政、平等互利、和平共处"的原则，并强调这不仅加强了中印两国的关系，而且给亚洲各国之间的合作提供了很好的范例。③

5月15日至6月23日，在日内瓦会议讨论印度支那问题的关键时刻，周恩来与印度驻联合国代表克里希纳·梅农（Krishna Menon）、印度尼西亚驻法国大使安那克·阿贡、柬埔寨外长狄普芬（Tep Phan）和法国外长皮埃尔·孟戴斯—弗朗斯（Pierre Mendes-France）多次交谈，就尼赫鲁提出的停火建议和科伦坡五国总理公报关于印度支那问题的看法交流意见，达成基本共识。在5月23日和25日与周恩来的两次会面中，梅农提及尼赫鲁的亚洲"集体和平"设想，表示印度愿意参加大国同意的任何"集体和平"的措施。梅农说，他想将"集体和平"与不干涉问题联系起来谈，而印度主张由中、美、英、苏"四大国"联合保证这种

---

① 《周恩来在第三次全体会议上的发言》（1954年5月12日），载中华人民共和国外交部档案馆编《中华人民共和国外交档案选编（第1集），1954年日内瓦会议》，世界知识出版社2006年版，第124—126页。

② 《周恩来与艾登谈话记录》（1954年5月14日），载中华人民共和国外交部档案馆编《中华人民共和国外交档案选编（第1集），1954年日内瓦会议》，第236—237页。

③ 《周恩来对〈印度教徒报〉记者雪尔凡伽所提问题的答复》（1954年6月22日），载中华人民共和国外交部档案馆编《中华人民共和国外交档案选编（第1集），1954年日内瓦会议》，第374页。

"集体和平"①。6月10日和13日,梅农在两天内三次与周恩来会面,介绍了印度政府提出的解决印度支那停火问题的全面建议。周恩来同意梅农所言"实际上四大国要负更大的责任",并同意"一致协议原则不是绝对原则,有时需要一致协议,有时用多数通过"。周恩来在回应尼赫鲁东南亚"集体和平"倡议时说:"科伦坡会议的基本精神我们是同意的。东南亚的和平必须建立起来,这主要是东南亚人民的事,应该由东南亚的人民来实现,而邻邦则应该促成而不应阻碍,应该协助而不应干涉。"周恩来强调:"在东南亚应该建立起安全的环境,使我们彼此和平相处,而不让美国有任何干涉的借口。"②

5月15日和6月13日,周恩来先后两次接见阿贡。阿贡表示,印度尼西亚不会参加西方已经着手组织的军事集团,也反对美国缔结"太平洋公约"。周恩来表示,中国政府一向支持印度尼西亚的和平立场,而中国和印度尼西亚可以保证彼此"互相尊重领土主权完整、互不侵略、互不干涉内政"③。6月20日,周恩来在与狄普芬的会谈中表示:"我们愿意看到柬埔寨成为东南亚新型的国家,像印度、印度尼西亚和缅甸一样的国家。不建立威胁别国的基地。"④ 6月23日,周恩来在与孟戴斯—弗朗斯的会谈中表示,中国愿意看到老挝和柬埔寨成为"东南亚型",如印

---

① 《周恩来关于与印度驻联合国代表梅农谈话情况致毛泽东、刘少奇并报中央的电报》(1954年5月24日)、《周恩来与梅农谈话记录》(1954年5月25日),载中华人民共和国外交部档案馆编《中华人民共和国外交档案选编(第1集),1954年日内瓦会议》,世界知识出版社2006年版,第336—346页。

② 《周恩来与梅农谈话记录》(1954年6月10日)、《周恩来与梅农谈话记录》(1954年6月13日),载中华人民共和国外交部档案馆编《中华人民共和国外交档案选编(第1集),1954年日内瓦会议》,世界知识出版社2006年版,第347—357页;中共中央文献研究室编:《周恩来年谱(1949—1976)》(上卷),中央文献出版社1997年版,第379—381页。

③ 《周恩来会见印度尼西亚驻法国大使安那克·阿贡的谈话记录》(1954年5月15日)、《周恩来会见印度尼西亚驻法国大使安那克·阿贡的谈话纪要》(1954年6月13日),载中华人民共和国外交部档案馆编《中华人民共和国外交档案选编(第1集),1954年日内瓦会议》,第363—369页;中共中央文献研究室编:《周恩来年谱(1949—1976)》(上卷),第381页。

④ 《周恩来与狄普芬谈话记录》(1954年6月20日),载中华人民共和国外交部档案馆编《中华人民共和国外交档案选编(第1集),1954年日内瓦会议》,第317页。

度、印度尼西亚型的国家。① 在日内瓦会议期间，周恩来一再使用"东南亚新型的国家"或"东南亚型国家"的概念，希望老挝和柬埔寨等东南亚及世界其他地区出现的民族主义国家，以印度、缅甸和印度尼西亚为范本，它们不但在国际事务中不参与任何由西方帝国主义和殖民主义大国所建立的军事同盟体系，而且在自身对外政策中应当保持对于民族独立和解放的追求。这实际上是一种"中立型国家"②。

此时，日内瓦会议正陷入僵局。美国试图加紧筹划与英法的"联合行动"，在东南亚建立集体防务组织。6月25—29日，为进一步扩大"集体和平"、促成亚洲内部团结，在日内瓦会议休会期间，周恩来接受尼赫鲁和吴努的邀请，先后访问了印度和缅甸。周恩来指出，此次访问的目的是"为缔结某种形式的亚洲和平公约做准备工作，以打击美国进行组织东南亚侵略集团的阴谋"，从而"推动印度支那和平的恢复"③。事实上，周恩来此行也是在贯彻中共中央关于签订"亚洲集体安全公约"的决策，以实现创建"区域集体安全"的构想，而"和平共处五项原则"可以被视为构建集体安全的原则与前提。④

在对印度和缅甸的访问中，周恩来与尼赫鲁和吴努进行了多次会谈。周恩来在与尼赫鲁的第一次和第二次会谈中，介绍了日内瓦会议的情况，并就东南亚及整个亚洲的和平问题交换意见。周恩来表示，中国对东南亚的政策是和平共处，对印度、印度尼西亚、缅甸、巴基斯坦、锡兰和老挝、柬埔寨的政策都是如此。周恩来还表示，为了亚洲建立"和平区域"，中国政府愿意看到中印两国在《关于中国西藏地方和印度之间的通

---

① 《周恩来与孟戴斯—弗朗斯谈话记录》（1954年6月23日），载中华人民共和国外交部档案馆编《中华人民共和国外交档案选编（第1集），1954年日内瓦会议》，世界知识出版社2006年版，第293页。

② 参见陈兼《将"革命"与"非殖民化"相连接：中国对外政策中"万隆话语"的兴起与全球冷战的主题变奏》，载《冷战国际史研究》（第9辑），世界知识出版社2010年版，第28—29页；牛军《论1954年中国对印度支那停战政策的缘起与演变》，载《冷战国际史研究》（第21辑），世界知识出版社2016年版，第52—53页。

③ 中共中央文献研究室编：《周恩来年谱（1949—1976）》（上卷），中央文献出版社1997年版，第387页。

④ 参见牛军《论1954年中国对印度支那停战政策的缘起与演变》，载《冷战国际史研究》（第21辑），第54页；高嘉懿《区域集体安全的尝试：中印关系与印度支那和平问题研究（1954—1962）》，载《中共党史研究》2019年第1期，第76页。

商和交通协定》中所确定的原则能够运用到亚洲的所有国家。这是很有利的。在与尼赫鲁的第三次和第四次会谈中，周恩来建议在尼赫鲁提出发表中印政府联合声明中提及"五项原则"，以表明这些原则不仅在亚洲而且在全世界都适用。尼赫鲁表示，这些原则如能在更广泛的范围内被承认，那么对战争的恐惧就可以消除，而合作的精神就可以发展。在与尼赫鲁的第三次和第四次会谈中，周恩来指出，为了推动亚洲首先是东南亚的"集体和平"，第一步是恢复印度支那和平。而后，周恩来在记者招待会上发表书面谈话表示，中印两国所确定的"五项原则"不仅对中印两国适用，而且对亚洲的其他国家以及对世界上的一切国家都能适用。周恩来强调："如果这些原则在亚洲更大的范围内适用了，那么，战争的危险便会减少，亚洲国家合作的可能性便会扩大。"6月28日，周恩来与尼赫鲁进行第六次会谈后，共同发表了《中印两国总理联合声明》，共同倡议将"五项原则"作为指导两国关系的原则，并强调它们也应成为指导中印两国同亚洲各国相互关系的原则。"五项原则"中除了将"平等互惠"改为"平等互利"外，其他各项均全文载入。该联合声明指出："如果这些原则不仅适用于各国之间，而且适用于一般国际关系之中，它们将形成和平和安全的坚固基础，而现时存在的恐惧和疑虑，则将为信任感所取代。"该联合声明还指出，两国总理特别希望在对印度支那问题的解决中适用这些原则，这将有助于创造一个"和平区域"乃至"和平区域的扩大"①。

周恩来在与吴努的两次会谈中，同样介绍了日内瓦会议的情况，并表示中国希望看到周围的国家强盛起来，并与它们和平相处，因为这是有利于亚洲和世界和平的。对此，吴努表示赞同，并提出接受中印联合声明中的"五项原则"、把它包括在中缅联合声明中等建议。6月29日，周恩来和吴努共同发表了《中缅两国总理联合声明》，该联合声明表示，两国总理同意关于中国和印度所协议的指导两国关系的各项原则也应该是指导中国和缅甸之间关系的原则，认为如果这些原则能为一切国家所

---

① 中共中央文献研究室编：《周恩来年谱（1949—1976）》（上卷），中央文献出版社1997年版，第390—393页；《中印两国总理联合声明》（1954年6月28日），载世界知识社编《日内瓦会议文件汇编》，世界知识社1954年版，第314—316页。

遵守，则社会制度不同的国家的和平共处就有了保证，而侵略和干涉内政的威胁和对于侵略和干涉内政的恐惧就将为安全感和互信所代替。两国总理表示，各国人民都应该有选择他们的国家制度和生活方式的权利，不应受到其他国家的干涉；同时，一个国家内人民所表现出的共同意志也不容许外来干涉。两国总理重申，他们将竭力促进全世界的特别是东南亚的和平，希望正在日内瓦讨论的恢复印度支那和平问题将得到满意的解决。《中印两国总理联合声明》中所确定的"五项原则"原封不动地被载入其中。①

《中缅两国总理联合声明》和《中印两国总理联合声明》是对中印两国达成的"五项原则"在国际舞台上的公开表达，为其在区域和全球的多边扩散奠定了基础。7月1日，印度尼西亚总理沙斯特罗阿米佐约在国会的讲话中对周恩来和尼赫鲁的会谈和会谈的结果表示欢迎。② 1954年7月3—5日，周恩来和胡志明在中越边境举行了会谈，就日内瓦会议关于恢复印度支那和平问题及其他有关问题，充分交换了意见。胡志明表示，这"五项原则"完全适用于巩固和发展越南、柬埔寨和老挝三国之间的友好关系。③ 7月6日，胡志明在对恢复印度支那和平等问题答记者问时表示，最近中印两国总理和中缅两国总理先后发表的联合声明是符合世界人民特别是亚洲人民的和平愿望的。他说："中印两国总理和中缅两国总理的联合声明中所提出的五项重要原则，即互相尊重领土主权，互不侵犯，互不干涉内政，平等互利，和平共处，也适用于印度支那问题的解决。越南人民热烈欢迎这两个联合声明。我相信，这两个联合声明一

---

① 中共中央文献研究室编：《周恩来年谱（1949—1976）》（上卷），中央文献出版社1997年版，第393—394页；《中缅两国总理联合声明》（1954年6月29日），载世界知识社编《日内瓦会议文件汇编》，世界知识社1954年版，第316—317页。
② 《印尼总理欢迎中印两国总理会谈的结果》，载《人民日报》1954年7月3日第1版。
③ 周恩来：《关于发表越中会谈公报给越南劳动党中央的电报》（1954年7月7日），载中共中央文献研究室、中央档案馆编《建国以来周恩来文稿》（第11册），中央文献出版社2018年版，第8页；《周恩来在中央人民政府委员会第三十三次会议上的外交报告》（1954年8月11日），载中华人民共和国外交部档案馆编《中华人民共和国外交档案选编（第1集），1954年日内瓦会议》，世界知识出版社2006年版，第494—495页。

定有助于亚洲的和平与世界的和平。"①

中国与"科伦坡国家"的相互协调和相互支持既促进了双边友好关系的发展，又推动了日内瓦会议关于印度支那问题取得和平解决的重大成果。7月12日，周恩来返回日内瓦后，与英国外交大臣艾登、苏联外长莫洛托夫（Molotov）、越南外长范文同（Phan Van Dong）、法国外长孟戴斯—弗朗斯、柬埔寨外长狄普芬、老挝外长萨纳尼空（Phaui Sananikone）和梅农等人进行了多次会谈，介绍了中印、中缅、中越会谈的具体情况。7月13日，周恩来在与艾登的会谈中强调，老挝和柬埔寨必须中立化，不能成为外国的军事基地，也不能参加军事同盟；同时指出，中国政府已经分别与印度、缅甸发表联合声明，并表示愿意与任何一个东南亚国家发表同样的声明，且受这种声明的约束。②7月14日，周恩来在与狄普芬的会谈中再次表示，中国希望柬埔寨和老挝两国成为"东南亚型国家"，并转告他，胡志明也同意中印联合声明中的"五项互不侵犯原则"（即"五项原则"）；胡志明愿意按照这些原则与统一后的柬埔寨和老挝两国建立友好关系。狄普芬表示，中印、中缅会谈声明也是他们的愿望。③7月18日，周恩来在与萨纳尼空的会谈中表示："我们希望老、柬成为和平的中立区，不参加任何国家的军事集团。"周恩来还表示，中国愿意与老挝建立友好关系，适用"互不侵犯的五项原则"，并发表坚持这些原则的联合声明。萨纳尼空表示，老挝没有考虑参加"东南亚防务同盟"，并且说如果各国签了字，甚至有"科伦坡会议国家"的保证，老挝就有了保证，不应该参加任何军事集团。④

---

① 《对恢复印度支那和平等问题胡志明主席答记者问》，载《人民日报》1954年7月9日第1版。
② 中共中央文献研究室编：《周恩来年谱（1949—1976）》（上卷），中央文献出版社1997年版，第395—401页。
③ 《关于回拜柬埔寨外长情况给毛泽东的电报》（1954年7月15日），载中共中央文献研究室、中央档案馆编《建国以来周恩来文稿》（第11册），中央文献出版社2018年版，第42页。
④ 参见《周恩来与萨纳尼空谈话记录》（1954年7月18日），载中华人民共和国外交部档案馆编《中华人民共和国外交档案选编（第1集），1954年日内瓦会议》，世界知识出版社2006年版，第334—335页；中共中央文献研究室编《周恩来年谱（1949—1976）》（上卷），中央文献出版社1997年版，第400页；周恩来《关于七月十八日老挝外长等会谈情况给毛泽东的电报》（1954年7月20日），载中共中央文献研究室、中央档案馆编《建国以来周恩来文稿》（第11册），第84页。

在这一系列会谈后，7月19日，周恩来在回答英国工党总书记菲利普斯提出的日内瓦会议与亚洲和平问题时指出，如果没有新的阻挠，日内瓦会议即可达成关于恢复印度支那全境和平的协议，而印度支那三国在和平恢复后应该成为自由、民主、统一和独立的国家，而不应该参加任何军事同盟，也不应该容许任何外国在各该国建立军事基地。周恩来还指出，日内瓦会议的与会各国应该共同承担义务，集体保证印度支那三国的和平，使它们不致遭受武力威胁或外来的干涉；同时，欢迎亚洲有关国家，例如科伦坡会议国家，对日内瓦会议可能达成的协议给予支持，并产生联系。他强调，如果这些步骤一一实现，将有助于创造一个"和平区域"。关于维护亚洲和平，周恩来指出，为了维护亚洲和平，亚洲各国不论其社会制度如何，都有必要在相互尊重领土主权、互不侵犯、互不干涉内政、平等互利、和平共处五项原则的基础上，通过和平协商的方式，来审查和解决彼此之间存在的问题，并建立相互之间的合作关系。这样，它们就能和平共处并相互友好。最近中印、中缅的联合声明在这方面提供了良好的范例。他强调，亚洲各国彼此之间应该进行协商，以互相承担相应义务的方法，来维护亚洲地区的集体和平，并深信亚洲某些区域的"集体和平"如能建立，那么，这些"和平区域"就有可能逐渐扩大，从而促致全世界的和平和安全的巩固。[①] 实际上，当日，日内瓦会议各国代表团的接触一直持续到深夜，关于协议草案的重要问题原则上达成协议。[②]

1954年7月20日和21日，关于印度支那问题的日内瓦会议最终达成《日内瓦会议最后宣言》（The Final Declaration of Geneva Conference）及有关在越南、柬埔寨、老挝停止敌对行动的协定，统称《日内瓦协议》（The Geneva Accords），而"五项原则"被写入《日内瓦会议最后宣言》。该最后宣言载明，日内瓦会议的与会国家在对柬埔寨、老挝和越南三国的关系上，保证尊重其主权、独立、统一和领土完整，并对其

[①] 周恩来：《答英国工党总书记菲利普斯问》（1954年7月19日），载中共中央文献研究室、中央档案馆编《建国以来周恩来文稿》（第11册），中央文献出版社2018年版，第73—74页。

[②] 《关于印度支那停战和恢复和平的主要问题各代表团原则上达成协议》，载《人民日报》1954年7月21日第1版。

内政不予任何干涉。① 在《日内瓦协议》达成后，印度、巴基斯坦、印度尼西亚和锡兰四国总理尼赫鲁、阿里、沙斯特罗阿米佐约和科特拉瓦拉分别致电周恩来表示祝贺。尼赫鲁的贺电还表示，周恩来在日内瓦会议达成有关印度支那的协议中起了"重大和突出的作用"②。会后，周恩来致四国总理的复电表示，"科伦坡国家"的总理们共同努力推动了日内瓦会议的进展。周恩来在致尼赫鲁的复电中还表示，尼赫鲁和梅农对中国代表团的工作提供了宝贵的帮助，并强调这些努力"毫无疑问是促进日内瓦会议成功的重要因素之一"③。周恩来还委托阿贡转告沙斯特罗阿米佐约："日内瓦会议关于恢复印支和平达成协议是和科伦坡五国的支持分不开的。深切感谢印度尼西亚总理与政府对于日内瓦会议的支持。"④ 1954年7月21日，尼赫鲁就日内瓦会议达成印度支那停止敌对行动协定后发表声明称，日内瓦会议"获得了巨大的成功"，而"在科伦坡举行的东南亚总理会议无疑对日内瓦会议产生了巨大影响"⑤。8月11日，周恩来在一份外交报告中指出："参加科伦坡会议的国家，特别是印度在推动印度支那停战方面所作的努力，对于日内瓦会议所获得的成就，都是有贡献的。"⑥

---

① 《日内瓦会议最后宣言》（1954年7月21日），载中华人民共和国外交部档案馆编《中华人民共和国外交档案选编（第1集），1954年日内瓦会议》，世界知识出版社2006年版，第506页。
② 《尼赫鲁致周恩来的贺电》（1954年7月23日），载中华人民共和国外交部档案馆编《中华人民共和国外交档案选编（第1集），1954年日内瓦会议》，第500页。
③ 《周恩来致印度总理尼赫鲁的复电》（1954年8月4日），载中华人民共和国外交部档案馆编《中华人民共和国外交档案选编（第1集），1954年日内瓦会议》，第487—488页。
④ 《周恩来会见印尼驻法大使阿贡谈话纪要》（1954年7月22日），载中华人民共和国外交部档案馆编《中华人民共和国外交档案选编（第1集），1954年日内瓦会议》，第472页。
⑤ 《尼赫鲁总理就日内瓦会议达成印度支那停止敌对行动协定所发表的声明》（1954年7月21日），载世界知识社编《日内瓦会议文件汇编》，世界知识社1954年版，第331—332页。
⑥ 《周恩来在中央人民政府委员会第三十三次会议上的外交报告》（1954年8月11日），载中华人民共和国外交部档案馆编《中华人民共和国外交档案选编（第1集），1954年日内瓦会议》，第493页。

在日内瓦会议期间,"科伦坡国家"还一直与参加会议的英国外交大臣艾登保持联络。此前,英国政府既对"科伦坡国家"举行的科伦坡总理会议予以支持,亦不准备对法国在印度支那的军事行动提供支持。但英国外交部一直讨论在东南亚签订一个"区域防务条约"的前景。由于英国政府无法做出新的承诺,且考虑到印度、缅甸和印度尼西亚"坚定的中立立场",它将被视为"白人的协议",从而助长法国的殖民主义,因此被驳回。英国保守党在竞选中亦曾重提"东南亚区域防务条约",并呼吁成立"远东的北约"。按照有关设想,该条约将是一个"纯粹的东南亚友好条约",不是公开的反共,甚至也不是纯粹的"防御性"条约,其中的重点将放在促进各方之间更密切的经济、政治和社会合作上;在这个联盟中,可能会有美国、法国和英国以及澳大利亚和新西兰在遭受攻击时实施的共同防御条款;印度可能会成为该区域联盟的领导者,并可能参与防务计划。英国的倡议没有得到美国政府的支持。[①] 在这一背景下,艾登曾邀请"科伦坡国家"和英国一道与美国、法国联合保证东南亚的"共同防务",亦遭到"科伦坡国家"的集体反对。因此,英国的区域防务倡议最终未能成形。尼赫鲁解释说,美国的态度太消极,以至于拒绝签署《日内瓦会议最后宣言》,这是"科伦坡国家"不能接受的。[②]

印度虽未被邀请参加日内瓦会议,但派梅农参加了会议。梅农的主要任务是向参会各方通报印度及其他"科伦坡国家"对印度支那问题的看法,努力促进各方代表团进行面对面的会谈,并向缅甸传达会议的进展情况。梅农利用印度的特殊身份在与会各方之间开展了积极而出色的斡旋活动。在会议期间,梅农与各代表团公开举行近 200 次会谈,每次会谈时间都在两个小时以上。据报道,梅农与艾登会谈 16 次、与周恩来会谈 8 次、与莫洛托夫会谈超过 20 次、与范文同会谈 5 次、与孟戴斯—弗朗斯会谈 2 次、与美国副国务卿贝德尔·史密斯(Bedell Smith)会谈 6

---

① 参见 Nicholas Tarling, "British Attitudes and Policies on Nationalism and Regionalism," in Marc Frey, Ronald Pruessen and Tan Tai Yong, eds., *The Transformation of Southeast Asia: International Perspectives on Decolonization*, Armonk: M. E. Sharpe, 2003, pp. 138 – 139.

② Cindy Ewing, "The Colombo Powers: Crafting Diplomacy in the Third World and Launching Afro-Asia at Bandung," *Cold War History*, Vol. 19, No. 1, 2019, pp. 11 – 12.

次，成为英法为一方和中苏为另一方的"调停者"，推动了《日内瓦会议最后宣言》及有关停止敌对行动协定的顺利签署，即为著名的"走廊外交"①。梅农作为"中间人"，努力促使敌对各方代表团面对面地进行会谈，这有利于缓解彼此间不信任、相互理解对方的困难，为打破会议的僵局创造了良好的气氛。②

正是在"科伦坡国家"的努力下，艾登与周恩来在设立国际监督监察委员会及其成员这一涉及《日内瓦会议最后宣言》及会议达成的有关停止敌对行动协定后续执行的重大问题上达成一致，最后确定，国际监督监察委员会由印度、波兰和加拿大三国组成，由印度担任主席国，负责监督监察越南、柬埔寨和老挝停止敌对行动协定的实施。③ 在《日内瓦会议最后宣言》达成后，艾登在英国议会公开表示，"科伦坡国家""对我们是极其宝贵的"④。实际上，英国在印度支那问题上的表现较为积极，就是想在东南亚问题上依靠"科伦坡国家"组成一个"中立集团"，以稳固和加强自身日益削弱的国际地位。⑤ 对印度的居中调停，孟戴斯—弗朗斯评价说，很少有国家能像印度那样，在没有正式参加会议的情况下对推动会议成功做了如此多的贡献。⑥ 艾登则认为，日内瓦会议的结果在很大程度上取决于印度与其他利益攸关的东方国家所持有的立场，而印度

---

① 参见 Harish Kapur, *India's Foreign Policy*, 1947 – 92: *Shadows and Substance*, New Delhi: Sage Publications, 1994, p.128；余琼芳《当代印度的东南亚政策研究》，中央民族大学出版社2018年版，第80—81页；尚劝余《尼赫鲁时代中国和印度的关系（1947—1964）》，中国社会科学出版社2009年版，第57页。

② 李益波、欧阳红：《印度与第一次印度支那战争》，载《南洋问题研究》2007年第3期，第56—57页。

③ 《日内瓦会议最后宣言》（1954年7月21日），载中华人民共和国外交部档案馆编《中华人民共和国外交档案选编（第1集），1954年日内瓦会议》，世界知识出版社2006年版，第506页；《关于在越南停止敌对行动的协定》（1954年7月20日），载中华人民共和国外交部档案馆编《中华人民共和国外交档案选编（第1集），1954年日内瓦会议》，第516—517页。

④ Cindy Ewing, "The Colombo Powers: Crafting Diplomacy in the Third World and Launching Afro-Asia at Bandung," *Cold War History*, Vol.19, No.1, 2019, p.12.

⑤ 《张闻天关于日内瓦会议的报告纪要》（1954年6月26日），载中华人民共和国外交部档案馆编《中华人民共和国外交档案选编（第1集），1954年日内瓦会议》，第463—464页。

⑥ 李益波、欧阳红：《印度与第一次印度支那战争》，载《南洋问题研究》2007年第3期，第57页。

可以在会议幕后发挥很大的作用。①

《日内瓦协议》的签署不但结束了持续8年多的印度支那战争,而且确认了越南、柬埔寨和老挝三国的独立、主权、统一和领土完整,是二战以来东南亚民族独立运动中"具有划时代意义的重大胜利"②。这一事件亦扩大了中国和"科伦坡国家"及其他东南亚国家在国际事务中的地位和影响。这正如尼赫鲁所言,这一结果表明"人们承认亚洲的意见是很重要的",因而"新的职责便落在亚洲国家身上"③。1954年8月17日,苏加诺在印度尼西亚独立九周年庆祝大会上的演讲中,将日内瓦会议与科伦坡会议及后来的亚非会议并称为亚洲和非洲"觉醒的力量再也不能忽视了"的"明证"④。这一结果对东南亚及整个亚洲区域合作的发展亦具有重要的规范意义。这主要表现在以下方面。

第一,从法律上否认越南、柬埔寨和老挝三国参加敌对性军事联盟的合法性,进而强化了国家关系中的不干预或不干涉原则。依照《日内瓦会议最后宣言》的规定,越南禁止外国军队和军事人员以及各种武器和弹药进入,务使划归它们的地区不参加任何军事联盟,并不被用来恢复敌对行为或服务于侵略政策;老挝和柬埔寨两国将不与其他国家缔结含有违背《联合国宪章》原则或停止敌对行为协定原则的军事联盟义务的任何协定。⑤这样,《日内瓦协议》承认老挝和柬埔寨的独立自主地位和中立性质,中国和英法等国承诺将维护这两国的中立立场,实际上限制了日后老挝和柬埔寨两国寻求与美国结盟的可能。这样,对处于冷战对峙中的两大阵营来说,老挝和柬埔寨成为印度支那地区重要的"缓冲

---

① 余琼芳:《当代印度的东南亚政策研究》,中央民族大学出版社2018年版,第80页。
② 王绳祖主编:《国际关系史(1949—1959)》(第8卷),世界知识出版社1995年版,第141—142页。
③ 《尼赫鲁总理就日内瓦会议达成印度支那停止敌对行动协定所发表的声明》(1954年7月21日),载世界知识社编《日内瓦会议文件汇编》,世界知识社1954年版,第332页。
④ [印尼]苏加诺:《按照自然的规律行动吧》(1954年8月17日在印度尼西亚共和国独立九周年庆祝大会上演讲),载世界知识社编《苏加诺演讲集》,世界知识社1956年版,第207—208页。
⑤ 《日内瓦会议最后宣言》(1954年7月21日),载中华人民共和国外交部档案馆编《中华人民共和国外交档案选编(第1集),1954年日内瓦会议》,世界知识出版社2006年版,第505—508页。

地带"①。另外，美国代表虽然拒绝参加日内瓦会议的最后宣言，但艾森豪威尔于7月21日发表声明表示："美国不是这场战争的交战国。解决印度支那问题的主要责任在于那些参加战斗的国家。"因此，"美国本身并不是该会议所作决定的缔约国或受其约束，但我们希望，它将导致建立符合有关国家的权利和需要的和平。"他说，美国"不准备参加会议的宣言"，但作为联合国的成员，美国"根据《联合国宪章》第二条所载的义务和原则，不会使用武力干扰该解决办法"②。这事实上否定了美国日后通过缔结军事联盟进行多边干预或单边干预的合法性。

第二，中印两国所倡导的"和平共处五项原则"被纳入国际区域多边机制并扩大和强化其在双边关系中的运用，成为可以适用于一切国家关系的基本原则。③ 1954年10月17日，尼赫鲁访问越南，与胡志明在河内举行会谈并发表联合公报。该公报称，胡志明充分相信中国总理和印度总理所同意的"五项原则"，并希望在越南同老挝和柬埔寨以及其他国家的关系中应用这五项原则；印度总理也认为，实施这些原则将能消除困难和疑惧，并有助于促成各国之间的友好关系与和平合作。④ 11月29日，胡志明和吴努在河内举行会谈并发表联合公报称，他们回顾了两国政府关于中印和中缅联合声明中所确定的"五项原则"的完全一致的看法，并且认为同样的原则应当应用于越南和缅甸之间的关系以及与其他国家之间的关系。⑤ 1954年12月12日，周恩来和吴努在北京举行会谈并发表《中缅两国总理会谈公报》，重申"和平共处五项原则"是指导两国关系的坚定不移的方针。两国总理希望，为了维护亚洲和世界的和平，

---

① 李丹慧：《日内瓦会议上中国解决印支问题方针再探讨》，载《中共党史研究》2013年第8期，第40页。

② United States Department of State, *Foreign Relations of the United States Diplomatic Papers*, 1952 – 1954, Vol. 16: *The Geneva Conference*, Washington, D. C.: United States Government Printing Office, 1981, p. 1503.

③ 《周恩来在中央人民政府委员会第三十三次会议上的外交报告》（1954年8月11日），载中华人民共和国外交部档案馆编《中华人民共和国外交档案选编（第1集），1954年日内瓦会议》，世界知识出版社2006年版，第495页。

④ 《胡志明主席和尼赫鲁总理会谈公报》，载《人民日报》1954年10月19日第1版。

⑤ 《胡志明主席和吴努总理会谈公报》，载《人民日报》1954年12月1日第1版。

"和平共处五项原则"能够为亚洲和世界各国所广泛采用。[1] 1955年3月，尼赫鲁与柬埔寨西哈努克亲王在新德里会谈并发表联合公报，赞成"和平共处五项原则"。4月，尼赫鲁和范文同举行了会谈，并发表公报重申支持《日内瓦协议》及"和平共处五项原则"[2]。就此，"和平共处五项原则"定型于1954年日内瓦会议，为印度支那三国主权独立和领土完整发挥了积极作用，后来成为当代国际关系的基本准则。[3]

第三，中国所倡导的"平等协商、一致同意"原则成为日内瓦会议讨论印度支那问题过程中重要的议事程序。尤其是在会议最后阶段的协商和谈判中，与会各方努力表现出相当程度的"和解精神"，并在促成问题解决中适用了"耐心和谅解"及"坦率的方式"，保证了关键协议的最后达成。[4] 在《日内瓦协议》达成后，与会各国外长们强调日内瓦会议各代表团所表现出的协商精神，并希望这种精神继续发扬下去。[5] 会后，周恩来发表讲话指出，日内瓦会议的成就"又一次有力地证明：国际争端是可以经过和平协商获得解决的"，强调"印度支那和平的恢复，缓和了国际紧张局势，并为进一步协商解决其他重大国际问题开辟了道路"[6]。日内瓦会议促成印度支那停战也是"中国外交历史性转变的一个开端"[7]。此后，"和平共处五项原则"日益显示出巨大的活力，中国对东南亚区域政治的建设性介入日益受到各国的赞赏。[8] 1954年10月24日，尼赫鲁在

---

[1] 《中缅两国总理会谈公报》（1954年12月12日），载《人民日报》1954年12月13日第1版。

[2] 余琼芳：《当代印度的东南亚政策研究》，中央民族大学出版社2018年版，第82页。

[3] 于向东、徐成志：《第一次印度支那战争期间印度的调停外交》，载《东南亚研究》2021年第3期，第65页；于向东：《亚欧关系的历史跨越：从日内瓦会议到亚欧会议》，载《东南亚研究》2004年第6期，第57—58页。

[4] 参见《日内瓦会议最后一次会议情况》，载世界知识社编《日内瓦会议文件汇编》，世界知识社1954年版，第348—354页。

[5] 《日内瓦会议通过最后宣言圆满结束》，载《人民日报》1954年7月22日第1版。

[6] 中共中央文献研究室编：《周恩来年谱（1949—1976）》（上卷），中央文献出版社1997年版，第403—404页。

[7] 牛军：《论1954年中国对印度支那停战政策的缘起与演变》，载《冷战国际史研究》（第21辑），世界知识出版社2016年版，第61页。

[8] 参见 Russell H. Fifield, "The Five Principles of Peaceful Co-Existence," *The American Journal of International Law*, Vol. 52, No. 3, 1958, pp. 504–506; Ronald C. Keith, *The Diplomacy of Zhou En-lai*, New York: St. Martin's Press, 1989, pp. 76–77, 80–81.

中国访问时发表讲话指出："最近的日内瓦协定——中国代表在这个协定中起了非常显著的作用，这个协定为印度支那带来和平——为我们指出了用协商的办法和平解决困难问题的道路。……中国和印度所宣布的五项原则为这个新的办法奠定了基础。"[1]协商的惯例为亚洲国家集团化动议的落实提供了合适的沟通方式。

所有这些均为万隆会议的筹备和召开奠定了现实和规范基础。《日内瓦协议》所达成的各项原则而后亦被纳入东南亚乃至整个亚洲区域合作的规范框架里。

二 万隆会议的召开及其区域动议的现实影响

在日内瓦会议后，沙斯特罗阿米佐约便展开筹备亚非会议的外交准备。鉴于印度在亚洲和非洲的重要影响，而尼赫鲁在科伦坡会议上对召开亚非会议的态度不太积极，沙斯特罗阿米佐约选择印度为其外交活动的第一站。1954年9月25日，沙斯特罗阿米佐约到访印度，在新德里与尼赫鲁进行了会谈，并发表了联合声明。这一声明说，在科伦坡会议以后，有了许多重要的发展，特别是在东南亚。两国总理讨论了这些发展。两国总理都热切期望促进世界和平事业，特别是东南亚和平事业，而且对处理这些问题的态度达成了一般性的协议。该声明最后说，两国总理还讨论了关于举行亚洲和非洲国家代表会议的建议，并共同表示希望召开这个会议。两国总理认为，在召开这个会议之前，最好先由参加科伦坡会议的各国总理举行会议，这个会议的地点最好在雅加达。[2] 9月28日，沙斯特罗阿米佐约访问了缅甸，在仰光与吴努就亚非会议动议进行了会谈，并发表了与印度联合声明的内容类似的联合声明。沙斯特罗阿米佐约的亚非会议动议也得到了锡兰总理科特拉瓦拉和巴基斯坦总理阿里的支持。1954年12月，科特拉瓦拉向沙斯特罗阿米佐约表示，希望与"科伦坡国家"其他几位总理再次聚会。在这种情况下，沙斯特罗阿米佐约在征得苏加诺总统的同意后，确定于12月28—29日在雅加达附近的茂

---

[1] 《尼赫鲁总理在欢迎会上的答词》，载《人民日报》1954年10月24日第1版。
[2] 《印度和印度尼西亚两国总理发表联合声明》，载《人民日报》1954年9月28日第4版。

物举行"科伦坡国家"第二次总理会议。① 茂物会议将正式开启万隆会议的筹备事宜。

1954年12月28日，茂物会议如期举行。尼赫鲁、吴努、阿里、科特拉瓦拉出席了会议。沙斯特罗阿米佐约主持会议。根据沙斯特罗阿米佐约的建议，此次会议围绕将要召开的亚非会议的目标、主办方、会期、程序规则、代表团级别和受邀国家等议题展开。五国总理首先讨论了亚非会议的主要目标。由于此议题彼此事先已有交流，尼赫鲁建议的四大目标涵盖了其他四位总理的看法，尤其是第四点目标已由沙斯特罗阿米佐约提出，因此为大家欣然接受。这四大目标包括促进亚非国家间的友好合作，探讨和促进相互的与共同的利益，建立和增进其友好与睦邻关系；讨论参加会议各国的社会、经济与文化问题和关系；讨论与亚非国家人民的特定利益相关的问题，如有关影响国家主权、种族主义及殖民主义的问题；审视和讨论亚洲及其人民在当今世界上的地位，以及他们对于促进世界和平与合作所做出的贡献等。五国总理亦很快就亚非会议主办方、会期、程序规则和代表团级别等议题达成一致。此次会议确定，印度尼西亚主要在"科伦坡国家"提请下负责会议的所有组织事务；在印度尼西亚设立一个会议联合秘书处，由印度尼西亚全权负责，其他四国代表列席。也就是说，五国是会议的共同主办方。这既体现了对会议东道主的尊重，也体现出国家间的主权平等原则。五国总理确定，亚非会议将于1955年4月最后一周举行，大约持续10天时间。在代表团的级别议题上，他们确定亚非会议是部长级会议，适合政府总理或外交部长出席。在会议程序规则上，他们确定对会议的议题不做出有约束力的决定，议事规则完全留给与会方本身，而茂物会议则仅仅提供会议应实现目标的基础和方向。②

---

① 参见 Roeslan Abdulgani, *The Bandung Connection: The Asia-Africa Conference in Bandung in 1955*, translated by Molly Bondan, Singapore: Gunung Agung, 1981, pp. 20 – 21.

② 参见 Roeslan Abdulgani, *The Bandung Connection: The Asia-Africa Conference in Bandung in 1955*, translated by Molly Bondan, Singapore: Gunung Agung, 1981, pp. 21 – 28;《茂物会议联合公报》(1954年12月29日)，载中华人民共和国外交部档案馆编《中华人民共和国外交档案选编》(第2集)，中国代表团出席1955年亚非会议》，世界知识出版社2007年版，第8—9页。

这次会议讨论最激烈的是受邀国的选择，而争论时间最长的是对中华人民共和国的邀请。对科伦坡五国总理来说，中国是缓和东南亚形势"决定性努力"的"核心因素"，而他们试图扩大的"亚洲和平区"只有在日益加剧的中美紧张关系降温的情况下才会取得成功。[1] 尤其是印度尼西亚官方在日内瓦会议期间已承认中华人民共和国在解决和平问题的谈判中是不能等闲视之的大国。在日内瓦会议结束后，印度尼西亚十分赞同订立以"和平共处五项原则"为基础的协议，并认为召开亚非会议可以扩大"和平区域"。在茂物会议召开前，印度尼西亚官方已将中国列入准备邀请的国家行列。[2] 在茂物会议上，正是沙斯特罗阿米佐约首先提出邀请中国参加亚非会议的建议。在这个问题上，科伦坡五国分成两个阵营：巴基斯坦和锡兰因担心国内和国际共产主义而更倾向于"西方阵营"，印度、缅甸和印度尼西亚将之看作更独立于"西方阵营"的问题。巴基斯坦总理阿里对邀请中国有所疑虑，认为邀请中国很有可能导致泰国、菲律宾和阿拉伯国家拒绝会议的邀请，因为这些国家都没有承认中华人民共和国。他甚至担心中国参加会议会危及亚非会议取得成功。对此，吴努回应说，如果说没有阿拉伯国家参加亚非会议就不能保证会议完全成功的话，那么如果没有中国参加亚非会议也不可能保证会议的成功！会上，阿里还提出邀请台湾当局参会，吴努坚决反对。他表示，如果通过邀请台湾当局的决定，缅甸将立刻退出会场，既不出席亚非会议，也不做亚非会议的发起国。尼赫鲁认为，亚非会议首要的目标是为观点和立场相似的国家提供一个交流看法的绝佳场所，而中国是个很大的国家，对他们了解其观点和立场非常重要。他说，中国已被邀请参加在日内瓦会议上讨论印度支那问题，"科伦坡国家"亦给予全力支持，如果亚非会议决定邀请印度支那国家，那就不可能绕过中国。尼赫鲁在会前和会中都坚决要求邀请中国与会。最终，沙斯特罗阿米佐约在讲话中做出了定论。他建议五国总理先确定原则上同意邀请中国。阿里亦收回了自

---

[1] Roeslan Abdulgani, *The Bandung Connection: The Asia-Africa Conference in Bandung in 1955*, translated by Molly Bondan, Singapore: Gunung Agung, 1981, pp. 32 – 34.

[2] 《黄镇关于茂物会议情况致外交部的电报》（1955年1月7日），载中华人民共和国外交部档案馆编《中华人民共和国外交档案选编（第2集），中国代表团出席1955年亚非会议》，世界知识出版社2007年版，第6—7页。

己的反对意见。① 印度尼西亚对这一结果感到非常满意。苏加诺在会后表示："希望中国不可不来参加这次在万隆召开的亚非会议，因为没有中国参加是解决不了任何事情的。"②

在讨论受邀国议题时，五国总理商议后确定了一些指导性原则，包括宽泛的和地理的基础、已取得独立的国家或拥有自己的政府等。根据这些原则，茂物会议确定了受邀请国家的最终名单，包括主办方科伦坡五国和25个来自亚洲和非洲的国家。这25个国家是：阿富汗、柬埔寨、黄金海岸（今加纳）、中非联邦、中国、埃及、埃塞俄比亚、伊朗、伊拉克、日本、约旦、老挝、黎巴嫩、利比里亚、利比亚、尼泊尔、菲律宾、沙特阿拉伯、苏丹、叙利亚、泰国、土耳其、北越（即越南民主共和国）、南越、也门。③

在茂物会议上，五国总理还讨论了西伊里安（又称"西新几内亚"）问题。缅甸、锡兰、印度和巴基斯坦的总理在该问题上支持印度尼西亚的立场，并希望荷兰政府重启谈判，以履行它和印度尼西亚单独缔结的协定所承担的义务。会上，五国总理对于日内瓦会议关于印支问题的成果和各方停止敌对行动表示满意，希望有关各方充分尊重和履行会议达成的《日内瓦会议最后宣言》及有关停止敌对行动协定，并强调有关各方避免外来干涉阻碍该协定的有效履行。12月29日茂物会议结束，并发表《茂物会议联合公报》（The Bogor Conference Final Communique）。该公报除了载明会议讨论所取得的重要成果外，还建议成立由专家组成的委员会，考虑他们的国家所关心的经济问题，特别是在矿产和地下资源等物质资源开发利用上的技术合作。五国总理在该公报中还特别声明，他们想要召开的亚非会议这一行动并不是在会议参加国方面抱着排他的愿

---

① Roeslan Abdulgani, *The Bandung Connection: The Asia-Africa Conference in Bandung in 1955*, translated by Molly Bondan, Singapore: Gunung Agung, 1981, pp. 34–38；王绳祖主编：《国际关系史（1949—1959）》（第8卷），世界知识出版社1995年版，第239—240页；李潜虞：《试论1954年中印总理、中缅总理的互访》，载《南洋问题研究》2013年第5期，第39页。

② 《黄镇关于茂物会议情况致外交部的电报（节选）》（1955年1月2日），载中华人民共和国外交部档案馆编《中华人民共和国外交档案选编（第2集），中国代表团出席1955年亚非会议》，世界知识出版社2007年版，第6页。

③ 《茂物会议联合公报》（1954年12月29日），载中华人民共和国外交部档案馆编《中华人民共和国外交档案选编（第2集），中国代表团出席1955年亚非会议》，第8—9页。

第三章　战后东南亚区域合作的局部成长(1951—1960)　/　409

望;他们也不希望参加会议的国家组成一个区域集团。① 这实际上显示了五国总理对东南亚区域合作开放的姿态。1955年1月,印度尼西亚正式向各国发出邀请,除中非联邦以不具备参会地位为由拒绝邀请外,其他亚非国家均接受了邀请。②

茂物会议决定邀请中国参与亚非会议(万隆会议)筹备的意义重大。这既表明了"科伦坡国家"尤其是印度、缅甸和印度尼西亚与中国之间的良性互动,又获得了中国的有力支持。其实,在日内瓦会议结束后,中印两国作为"和平共处五项原则"的倡议者,开始共同促进亚洲国家和平共处的逐步实现,以落实建立和扩大基于"集体和平"的亚洲"和平区域",并为此展开高层外交上的协调和协作。1954年8月11日,周恩来在外交报告中指出:"现在放在我们面前的任务就是:努力与有关国家共同保证彻底实现日内瓦会议关于恢复印度支那和平的各项协议",并"根据互相尊重领土主权、互不侵犯、互不干涉内政、平等互利、和平共处的五项原则,巩固和发展我国与各国的和平合作关系,并努力建立亚洲的集体和平"③。9月16日,尼赫鲁在印度国会的发言中亦表示:"印度的政策是要在亚洲建立一个和平区域,假若可能的话,也在其他地方建立一个和平区域。"④

中印两国的共同愿望促成了10月19—27日尼赫鲁对中国的回访。这被中国政府看作日内瓦会议达成协议以来国际局势发生了有利于和平力量的重大变化之后的一个发展。中国政府为与尼赫鲁会谈事

---

① 参见《茂物会议联合公报》(1954年12月29日),载中华人民共和国外交部档案馆编《中华人民共和国外交档案选编(第2集),中国代表团出席1955年亚非会议》,世界知识出版社2007年版,第8—10页;George McTurnan Kahin, *The Asian-African Conference: Bandung, Indonesia, April 1955*, Ithaca: Cornell University Press, 1956, pp. 2-3; Russell H. Fifield, *The Diplomacy of Southeast Asia*, 1945-1958, New York: Harper, 1958, pp. 112-114.

② 参见 Jamie Mackie, *Bandung 1955: Non-alignment and Afro-Asian Solidarity*, Singapore: Editions Didier Millet, 2005, pp. 65-66; Roeslan Abdulgani, *The Bandung Connection: The Asia-Africa Conference in Bandung in 1955*, translated by Molly Bondan, Singapore: Gunung Agung, 1981, p. 39.

③ 《周恩来在中央人民政府委员会第三十三次会议上的外交报告》(1954年8月11日),载中华人民共和国外交部档案馆编《中华人民共和国外交档案选编(第1集),1954年日内瓦会议》,世界知识出版社2006年版,第492页。

④ 周恩来:《在欢迎印度总理尼赫鲁举行的宴会上的讲话》,载中共中央文献研究室、中央档案馆编《建国以来周恩来文稿》(第11册),中央文献出版社2018年版,第400页。

先确定的中心问题是扩大"和平区域"。10月20日，尼赫鲁在与周恩来的会谈中谈到亚非会议问题。周恩来表示，中国政府支持印度尼西亚总理创议的亚非会议，支持尼赫鲁总理对亚非会议的赞助，中国愿意参加这个会议，因为这个会议是为亚非和平与世界和平而努力的。① 周恩来在当天举行的欢迎尼赫鲁的宴会上的讲话中指出："这个建立和扩大和平地区的政策是符合印度和亚洲各国人民的利益的。我们欢迎尼赫鲁总理的这个主张，并愿意同印度一道，共同努力，克服困难，建立和扩大亚洲的和平区域。"② 10月26日，尼赫鲁在与毛泽东主席的会谈中再次谈到亚非会议问题。毛泽东说："尼赫鲁总理主张建立和扩大和平区域，并且表示希望赞成和平的国家日益增多。建立和扩大和平区域是一个很好的口号，我们赞成。"③ 12月1—12日，在中国政府的邀请下，吴努也实现了对中国的回访。12月1日，毛泽东在与吴努会谈时，吴努谈到将于2月26日前往印度尼西亚参加"科伦坡会议"（即茂物会议）。毛泽东确认这次会议是讨论和平问题和亚非会议，并将于2月28日召开后随即表示："对于亚非会议，我们很感兴趣。尼赫鲁总理告诉我们，亚非会议的宗旨是扩大和平区域和反对殖民主义。我们认为这个宗旨很好，我们支持这个会议。如果各国同意，我们希望参加这个会议。"④

印、缅两国总理回访中国有助于消除以印度和缅甸为代表的亚洲国家对中国的疑虑。尤其是吴努在未访问中国之前经常流露出对中国共产党对缅甸意图的担忧，但他回国后公开赞扬中国政府，并将中国政府不干涉缅甸内部事务的承诺解释为"缅甸中立主义政策的胜利"。美国情报

---

① 中共中央文献研究室编：《周恩来年谱（1949—1976）》（上卷），中央文献出版社1997年版，第419—421页。

② 周恩来：《在欢迎印度总理尼赫鲁举行的宴会上的讲话》，载中共中央文献研究室、中央档案馆编《建国以来周恩来文稿》（第11册），中央文献出版社2018年版，第400—401页。

③ 毛泽东：《和平共处五项原则应推广到所有国家关系中去》（1954年12月26日），载中华人民共和国外交部、中共中央文献研究室编《毛泽东外交文选》，中央文献出版社1994年版，第175页。

④ 毛泽东：《和平共处五项原则是一个长期的方针》（1954年12月1日），载中华人民共和国外交部、中共中央文献研究室编《毛泽东外交文选》，第183页。

第三章　战后东南亚区域合作的局部成长(1951—1960)　／　411

部门也称，这显示出"中缅友好关系达到新高度"①。这增加了他们对中国共产党人的好感和信任，从而影响了这两个国家在是否邀请中国参加亚非会议问题上的态度，也为中国铺就了一条通向万隆之路。② 12月9日，中国外交部通知中国驻印度尼西亚大使黄镇，中国支持科伦坡五国发起亚非会议并愿意参加。③ 1955年1月22日，周恩来接见印度尼西亚驻华大使莫诺努图（Arnold Mononutu），接受他代表印度尼西亚政府发出的关于中国政府参加亚非会议的正式邀请。④ 1月27日，中国政府接到印度尼西亚的会议邀请。2月10日，周恩来致函沙斯特罗阿米佐约表示，中国政府同意亚非会议的目的，并决定应邀派遣代表团出席在万隆举行的亚非会议。⑤ 4月3日，周恩来在再次接见莫诺努图时表示，中国政府将根据科伦坡五国总理的意见，特别是印度尼西亚、缅甸和印度的意见，为建立集体和平与扩大和平范围而努力，并强调中国政府不愿受外来干涉，也不企图干涉别人。他说："以这种精神来友好合作，是会加强和平的。这是亚非国家第一次决定他们的命运，这就会对世界和平做出贡献。"⑥ 这表明，在召开亚非会议的基本目标和原则上，中国政府与"科伦坡国家"是基本一致的。在当时特定的历史背景下，这种政策和理念的一致性在很大程度上消除了有关国家对中国的疑虑、误解乃至恐惧感，

---

① "Sino-Burmese Relations at New Height of Cordiality," United States, Central Intelligence Agency, 4 January, 1955, Digital National Security Archive, https：//www.proquest.com/dnsa/docview/1679072532/abstract/1F614331D6D34B11PQ/1？accountid=41288.

② 参见李潜虞《试论1954年中印总理、中缅总理的互访》，载《南洋问题研究》2013年第4期，第36—39页。

③ 参见《外交部关于参加亚非会议态度致黄镇的电报》（1954年12月9日），载中华人民共和国外交部档案馆编《中华人民共和国外交档案选编（第2集），中国代表团出席1955年亚非会议》，世界知识出版社2007年版，第13页。

④ 中共中央文献研究室编：《周恩来年谱（1949—1976）》（上卷），中央文献出版社1997年版，第442—443页。

⑤ 《周恩来关于中国应邀出席亚非会议事致沙斯特罗阿米佐约函》（1955年2月10日），载中华人民共和国外交部档案馆编《中华人民共和国外交档案选编（第2集），中国代表团出席1955年亚非会议》，世界知识出版社2007年版，第35页。

⑥ 《周恩来与莫诺努图谈话纪要》（1955年4月3日），载中华人民共和国外交部档案馆编《中华人民共和国外交档案选编（第2集），中国代表团出席1955年亚非会议》，第37页。

从而保证了亚非会议的顺利筹备和召开。①

经过一系列筹备之后，1955年4月18—24日，首次亚非会议（即万隆会议）在印度尼西亚万隆举行。五个发起国和受邀的29个国家代表团参加了会议，其中包括缅甸、柬埔寨、印度尼西亚、老挝、菲律宾、泰国、北越、南越等东南亚全部已获取独立地位的国家。沙斯特罗阿米佐约被一致推举为会议主席，并被授权处理可能出现的任何遗留的程序性问题。此次会议确定，会前在印度尼西亚成立的联合秘书处继续作为大会新的秘书处；每个国家的代表团都可以向大会秘书处派出一名代表，协助秘书处起草大会宣言；秘书处起草的宣言必须提交大会同意通过。由来自印度尼西亚的罗斯兰·阿布杜尔贾尼（Roeslan Abdulgani）任大会秘书长。会上，各国代表分成经济、文化和政治三个委员会，围绕经济合作、文化合作、人权与自决、附属地人民问题、促进世界和平与合作五大议题进行讨论。② 苏加诺在大会开幕致辞中指出，万隆会议"是人类历史上第一次有色人种的洲际会议"，整个会场"不仅坐满亚洲和非洲的领导人，而且洋溢着先人们不朽的、不屈不挠和不可战胜的精神"。他强调："亚洲和非洲人民的领导人能够在他们自己的国家欢聚一堂，讨论和商议共同关心的事务，这是世界历史上的新起点。"③ 此次会议最终达成《亚非会议最后公报》（The Final Communique of the Asian-African Conference）。④

---

① 参见李潜虞《从万隆到阿尔及尔：中国与六次亚非国际会议》，世界知识出版社2016年版，第47—62页。

② 参见 Roeslan Abdulgani, *The Bandung Connection: The Asia-Africa Conference in Bandung in 1955*, translated by Molly Bondan, Singapore: Gunung Agung, 1981, pp. 74 – 81; George McTurnan Kahin, *The Asian-African Conference: Bandung, Indonesia, April 1955*, Ithaca: Cornell University Press, 1956, pp. 9 – 11.

③ "Speech by President Soekarno at the Opening of the Asian-African Conference, April 18, 1955," in George McTurnan Kahin, *The Asian-African Conference: Bandung, Indonesia, April 1955*, Ithaca: Cornell University Press, 1956, pp. 39 – 40.

④ 参见 Roeslan Abdulgani, *The Bandung Connection: The Asia-Africa Conference in Bandung in 1955*, translated by Molly Bondan, Singapore: Gunung Agung, 1981, pp. 96 – 163; George McTurnan Kahin, *The Asian-African Conference: Bandung, Indonesia, April 1955*, Ithaca: Cornell University Press, 1956, pp. 11 – 34.

第三章　战后东南亚区域合作的局部成长(1951—1960)　/　413

　　与两次亚洲关系会议和"科伦坡国家"总理会议不同的是,万隆会议不但为东南亚国家所首倡并在东南亚国家举行,而且印度尼西亚作为东南亚最大的国家在会议召开过程中扮演了真正的领导者角色。更为重要的是,万隆会议的核心议题不管是国内政治还是国际关系都显示了当时条件下东南亚的核心关注。东南亚又是万隆会议与会成员国最多的次区域,这使得东南亚国家的群体优势得以彰显,从而在会议议程设置和规范创建中发挥了关键作用。所有这些对东南亚国家而言都是前所未有的。莫诺努图在会前曾对周恩来说,万隆会议"是近代历史的第一次,它是第二次世界大战以后东南亚区域的革命变迁的结果"[1]。由此,万隆会议被赋予"无可争辩的东南亚特性"[2],并对东南亚区域合作乃至本地区域主义发展产生了重大的现实性和规范性影响,做出了自己特定的历史贡献。具体而言,其现实影响主要体现在三个方面。

　　第一,突显区域核心需求。沙斯特罗阿米佐约在科伦坡会议上就强烈地主张:"我们现在确实走到了人类历史的十字路口。我们五个亚洲国家的总理站在这里开会,应讨论我们代表的人民所面临的那些关键问题。"在茂物会议开幕致辞中,沙斯特罗阿米佐约提出了类似的主张。[3]其实,早在1954年7月,吴努在一次演讲中就阐明了东南亚国家的经济发展与和平的内在联系。他认为,只有东南亚国家变得强大起来才会拥有以自己的方式实施自我防卫的能力,这就将不再有更多的侵略行为。他指出,东南亚国家图强应做好的四件事情包括:所有东南亚国家获得自由;所有东南亚国家领导人获得人民的信任,而不应依赖于枪炮的强力执政;所有东南亚国家领导人以最适合各自国家的方式为其人民制订福利计划;各国为履行这些计划拥有彼此可以受益的必要的技术和物质条件。他相信,只要这四件事得以完成,侵略行为就会在东南亚成为过

---

[1]《周恩来与莫诺努图谈话记要》(1955年4月3日),载中华人民共和国外交部档案馆编《中华人民共和国外交档案选编(第2集),中国代表团出席1955年亚非会议》,世界知识出版社2007年版,第37页。

[2] Michael J. Montesano, "Bandung 1955 and Washington's Southeast Asia," in See Seng Tan and Amitav Acharya, eds., *Bandung Revisited: The Legacy of the 1955 Asian-African Conference for International Order*, Singapore: NUS Press, 2008, pp. 200 – 201.

[3] Roeslan Abdulgani, *The Bandung Connection: The Asia-Africa Conference in Bandung in 1955*, translated by Molly Bondan, Singapore: Gunung Agung, 1981, p. 25.

去,而没有侵略行为就可以排除战争爆发的可能性。① 在茂物会议上,五国总理为万隆会议确定的四个主要目标就是这一主张的集中反映。

在万隆会议召开前夕,五个发起国就会议的具体议题进行了广泛讨论。印度希望会议讨论的主要议题包括促进世界和平、合作或共处;印度支那的进步;种族歧视和种族问题;附属地人民问题;战争与和平中的核能;亚非区域经济发展和合作项目;文化合作等。印度的观点得到"中立"的缅甸和印度尼西亚的支持,但锡兰和巴基斯坦有不同的看法。锡兰希望会议讨论国际共产主义和区域防务等议题。巴基斯坦希望自己成为亲西方的国家,意欲引入反对印度的观点。为谋求共识性观点,尼赫鲁和吴努在新德里会谈,并一致同意在万隆会议上讨论政治问题比经济和文化问题更重要。他们非常希望此次会议能坚持共处的"五项原则",并引入讨论禁止核武器试验、反对区域防务协定尤其是《马尼拉条约》《日内瓦协议》的优势和台湾问题的解决办法等议题。② 但直至万隆会议召开,五国仍未就会议的具体议题达成一致。最终,在万隆会议开幕致辞中,苏加诺阐明了这次会议的核心议题,即反对殖民主义、种族主义、维护世界和平。他说:"我们所有人由那些将我们人为分开的更重要的事情联合起来",包括殖民主义和种族主义的"共同命运"和"维护世界和稳定世界和平的共同决定"③。显然,在当时的历史背景下,这反映了东南亚各国的共同需求。最重要的是,支持印度尼西亚反对荷兰殖民者以获取民族独立的斗争不仅一直是泛亚洲主义框架内"亚洲会议"的核心议题之一,而且成为万隆会议进程中最重要的跨区域联合行动方案。

在万隆会议上,这三大议题成为讨论的热点问题。尽管各国代表在核心议题上存在明显分歧,亦发生了激烈的争论,但万隆会议最终还是

---

① Russell H. Fifield, *The Diplomacy of Southeast Asia*, 1945-1958, New York: Harper, 1958, pp. 228-229.

② "The Asian-African Conference," United States, Central Intelligence Agency, 5 April 1955, Digital National Security Archive, https://www.proquest.com/government-official-publications/asian-african-conference/docview/1679086679/se-2?accountid=41288.

③ "Speech by President Soekarno at the Opening of the Asian-African Conference, April 18, 1955," in George McTurnan Kahin, *The Asian-African Conference: Bandung, Indonesia, April* 1955, Ithaca: Cornell University Press, 1956, p. 43.

在经济合作、文化合作、人权与自决、附属地问题及世界和平与合作等问题上达成一系列重要共识。其集中体现就是此次会议所通过的《亚非会议最后公报》及附属文件《关于促进世界和平和合作的宣言》,又称"万隆决议"[1]。该公报重申,亚非各国人民决心根除可能存在于他们国家的种族主义的一切痕迹,并保证运用其全部道义影响谨防在根除这一祸害的斗争中陷入同样祸害的危险。为此,该公报宣布支持所有附属地人民的自由和独立事业,并要求有关国家给予这些人民以自由和独立。会上,沙斯特罗阿米佐约总理主持了"最有意义"的政治委员会的讨论。印度尼西亚外交部长苏巴约利用此机会阐明了印度尼西亚在西伊里安问题上的立场。该委员会成立了一个由印度尼西亚、叙利亚、缅甸、中国、伊朗、土耳其、泰国、黎巴嫩、伊拉克九国组成的小型委员会专门讨论西伊里安问题,其决定最终由政治委员会一致通过并列入《亚非会议最后公报》。该公报明确表示,支持印度尼西亚在西伊里安问题上根据印度尼西亚和荷兰的有关协定而采取的立场,并要求荷兰政府尽快恢复谈判,以履行它依据上述协定而承担的义务;表示热切希望联合国协助有关方寻求这一争端的和平解决。《亚非会议最后公报》还呼吁,联合国的会员资格应当具有普遍性,要求安全理事会支持接纳所有按照《联合国宪章》具备会员国条件的国家,包括柬埔寨、老挝和一个统一的越南等东南亚国家。[2]

在万隆会议期间,周恩来与尼赫鲁一起安排老挝王国首相卡代(Katay D. Sasorit)和越南民主共和国总理范文同会谈,并达成《万象—河内协定》。该协定载明,老挝王国政府与巴特寮之间按照《日内瓦协议》解决国内政治问题纯属老挝的内部事务,由老挝王国政府与巴特寮完全自由地以最符合老挝国家与人民利益的方式解决。卡代和范文同还

---

[1] 周恩来:《关于访问亚洲和欧洲十一国的报告》(1957年3月5日),载中华人民共和国外交部、中共中央文献研究室编《周恩来外交文选》,中央文献出版社1990年版,第212页。

[2] 《亚非会议最后公报》(1955年4月24日),载中华人民共和国外交部档案馆编《中华人民共和国外交档案选编(第2集),中国代表团出席1955年亚非会议》,世界知识出版社2007年版,第102—103页;Roeslan Abdulgani, *The Bandung Connection: The Asia-Africa Conference in Bandung in* 1955, translated by Molly Bondan, Singapore: Gunung Agung, 1981, pp. 111 – 113.

同意在"和平共处五项原则"基础上发展两国友好关系。① 作为万隆会议的成果之一,该协定推动了《日内瓦协议》的贯彻和印度支那和平的巩固。② 由此,反对殖民主义、种族主义及支持民族独立和自主进而推动非殖民化进程,尤其是支持西伊里安的解放事业,被认为是万隆会议"最具实质性的影响"③。

实际上,《亚非会议最后公报》承认了印度尼西亚对西伊里安的领土主权要求,从而"扩大了印度尼西亚主办万隆会议的受益点"④。时任美国驻印度尼西亚大使卡明(Cumming)认为,万隆会议"代表着亚洲国家关于反殖民主义的一致性的再次确认",应将之视作"现代亚洲历史终结的产物"。在他看来,万隆会议在西伊里安问题上的一致立场是对印度尼西亚"解放西伊里安"这一"国家目标"的支持。为此,美国应在"紧密的盟国"澳大利亚和荷兰的观点与不断加强的亚洲反殖民主义舆论之间实现"谨慎平衡"⑤。苏加诺会后表示,亚非会议对西伊里安问题的讨论"给印度尼西亚向联合国继续提出要求开辟了道路"⑥。塞缪尔·克劳尔(Samuel E. Crowl)指出,欧美之外国际社会的支持是印度尼西亚反对荷兰殖民者取得成功的"最重要的组成部分"⑦。万隆会议秘书长阿布杜尔贾尼亦认为,这次会议对西伊里安的解放斗争"给予最有益的道德

---

① Nicholas Tarling, *Britain and the Neutralisation of Laos*, Singapore: NUS Press, 2011, p. 29;代兵:《挫败中立:1954—1964 年的老挝与冷战》,江苏人民出版社 2017 年版,第 91—92 页。
② 《周恩来在全国人民代表大会常务委员会会议上关于亚非会议的报告》(1955 年 5 月 13 日),载中华人民共和国外交部档案馆编《中华人民共和国外交档案选编(第 2 集),中国代表团出席 1955 年亚非会议》,世界知识出版社 2007 年版,第 117 页。
③ Antonia Finnane, "Introduction: Bandung as History," in Antonia Finnane and Derek McDougall, eds., *Bandung 1955: Little Histories*, Caulfield: Monash University Press, 2010, pp. 19–20.
④ 张洁:《"万隆精神":中印尼关系"常坐标"》,载《世界知识》2015 年第 8 期,第 28 页。
⑤ United States Department of State, *Foreign Relations of the United States Diplomatic Papers*, 1955-1957, Vol. 21: *Southeast Asia*, Washington, D. C.: United States Government Printing Office, 1989, pp. 162–163.
⑥ [印尼]苏加诺:《继续飞翔吧,神鹰!》(1955 年 8 月 17 日在印度尼西亚共和国独立十周年庆祝大会上演讲),载世界知识社编《苏加诺演讲集》,世界知识社 1956 年版,第 242 页。
⑦ Samuel E. Crowl, "Indonesia's Diplomatic Revolution: Lining Up for Non-Alignment, 1945–1955," in Christopher E. Goscha and Christian Ostermann, eds., *Connecting Histories: Decolonization and the Cold War in Southeast Asia*, 1945–1962, Stanford: Stanford University Press, 2009, p. 238.

支持"①。1955年4月27日,周恩来在印度尼西亚访问时发表广播演说表示:"这次会议体现了亚非国家反对殖民主义、维护世界和平、增进彼此间友好合作的共同愿望。这次会议无疑地将有助于促进我亚非人民的共同事业。"周恩来重申:"我们完全同情和充分支持印度尼西亚人民为维护自己主权和保卫世界和平的愿望和要求,因为这也正是我们自己的愿望和要求。"②这体现了亚非国家间的一些普遍观点,形成了大国以外国际社会的新声音,有利于东南亚"和平区域"构想的实现。③ 因此,石泽良昭认为,万隆会议的召开是"东南亚政治行动的前哨战",这也是"亚非人民寻求从当时世界的压制中解放出来的希望会议"④。

与两次亚洲关系会议和科伦坡五国总理会议相比,万隆会议将区域经济合作置于更重要的位置。这正如《亚非会议最后公报》所言,会议认识到促进亚非区域经济发展的迫切性,与会国表现出在互利和相互尊重国家主权基础上实施经济合作的普遍愿望。与会国就区域经济合作达成一系列共识,主要包括相互提供技术援助,如提供专家和受训人员、供示范用的试验工程和装备、交换技术知识等;采取集体行动,通过双边和多边安排稳定原料商品的国际价格和需求;促进区域内部贸易,如开展加工贸易、举办贸易博览会、互派贸易代表、鼓励交换信息和样品、促进边境贸易等;鼓励建立国家的和区域的银行和保险公司等。在区域经济的有关安排中,万隆会议比以前的"亚洲会议"表现出更加包容和开放的姿态。《亚非会议最后公报》载明,与会国的经济合作并不排除同该区域外部合作的适宜性和必要性,这种合作包括外国投资。此次会议还认识到某些与会国通过国际安排或双边安排从该区域以外获得的援助,对实行其发展计划做出了有价值的贡献。为此,《亚非会议最后公报》建议:早日设立联合国经济发展特别基金;由国际复兴开发银行资助亚非

---

① Roeslan Abdulgani, *The Bandung Connection: The Asia-Africa Conference in Bandung in 1955*, translated by Molly Bondan, Singapore: Gunung Agung, 1981, p. 113.
② 《周总理向印度尼西亚人民发表广播演说》,载《人民日报》1955年4月28日第1版。
③ 张小欣:《印尼首届阿里内阁对华政策调整与两国关系》,载《当代中国史研究》2015年第3期,第89页。
④ [日]石泽良昭:《东南亚:多文明世界的发现》,瞿亮等译,北京日报出版社2020年版,第307页。

国家；早日设立国际金融公司开展必要的股权投资等。万隆会议还建议与会国在国际会谈中事先进行磋商，以便尽可能促进它们的共同经济利益，但这并不是要成立一个区域集团。[①] 考虑到此时东南亚国家及其他政治实体绝大多数已加入亚远经委会这个区域经济合作和"科伦坡计划"的区域发展援助合作，这些规定既有利于东南亚国家及其他政治实体内部的区域经济合作，又有利于它们与区域外部国家的国际或跨区域经济合作，为东南亚区域经济合作中多个区域和跨区域经济合作机制之间的良性互动创造了适宜的国际和区域环境，从而推动东南亚开放的区域主义的进一步孕育和发展。就连对万隆会议持有敌意的美国政府也倾向于认为这一会议的总体结果潜在地有利于美国在这一地区的目标和美国与绝大部分相关国家的关系。这是因为万隆会议承认了与区域外国家合作的需要，尤其是承认了在不造就一个区域集团的情况下进行经济和文化合作的需要。[②] 可以说，万隆会议的成功召开并取得一定的成果在很大程度上归因于它对与会国尤其是东南亚国家当时共同的区域需求的满足。

第二，塑造新的"区域领导"。印度尼西亚是万隆会议的倡议者、核心发起人和会议的主办地。印度尼西亚的行为表明，它决定努力争取成为亚非集团的领导者。印度尼西亚政府领导人和新闻界都认为，印度尼西亚采取进一步措施成为亚非集团领导者的适当时机已经到来。[③] 实际上，万隆会议是印度尼西亚主办的"首个国际重大活动"，被认为是"一个年轻的独立国家组织成功的令人瞩目的成就"。会议的参与者和观察家（包括西方人）对东道主印度尼西亚所提供的后勤和住宿条件给予很高的评价。在此次会议结束后，尼赫鲁表示："尽管这次会议有缅甸、锡兰、印度尼西亚、巴基斯坦和印度五个支持国，而且我们分担支出，有联合秘书处，但重大负担还是落在印度尼西亚政府身上。他们出色地完成了

[①] 《亚非会议最后公报》（1955年4月24日），载中华人民共和国外交部档案馆编《中华人民共和国外交档案选编（第2集），中国代表团出席1955年亚非会议》，世界知识出版社2007年版，第99—100页。

[②] 李潜虞：《美国对亚非会议政策再探讨：基于东亚冷战的视角》，载《美国研究》2020年第2期，第84页。

[③] 李潜虞：《美国对亚非会议政策再探讨：基于东亚冷战的视角》，载《美国研究》2020年第2期，第72—73页。

第三章　战后东南亚区域合作的局部成长(1951—1960) / 419

这一使命。我怀疑在新德里我们能否提供同样的便利设施。所以，会议取得了巨大的成功。"① 会后，周恩来在访问印度尼西亚时表示：

> 亚非会议能取得这样的成就，在许多方面要归功于印度尼西亚政府和人民所作的巨大努力。我们在这里到处都可以看到印度尼西亚共和国政府和人民为保障和平、反对战争而努力，为维护民族权利、反对殖民主义而努力，为发展国际间的友好合作而努力。印度尼西亚共和国政府和人民的这种努力在推动亚非会议取得成就方面起了重大的作用。②

万隆会议的成功亦与印度尼西亚总理沙斯特罗阿米佐约的作用密不可分。作为万隆会议的发起人和大会主席，他在引导形形色色的会议代表走上妥协并最终达成共识的整个进程中"起了关键作用"③。可以说，万隆会议既是"首次东南亚人推动的、寻求更大的友善（相互理解）和合作观念"，又是印度尼西亚希望成为东南亚"天然领导"的"首次表达"④。

在万隆会议结束后，印度尼西亚利用其在会议上所获取的巨大声望及其主持纪念万隆会议的机会，持续地、更清楚地阐述万隆会议所催生出的"万隆精神"（Bandung Spirit）的具体内涵，并将之作为其对外政策的"核心准则"。印度尼西亚主持万隆会议的角色及其所代表的那些原则被普遍认为是其"自由和积极的对外政策信条最好的表达和展示"。这些

---

① Amitav Acharya and See Seng Tan, "Introduction: The Normative Relevance of the Bandung Conference for Contemporary Asian and International Order," in See Seng Tan and Amitav Acharya, eds., *Bandung Revisited: The Legacy of the 1955 Asian-African Conference for International Order*, Singapore: NUS Press, 2008, pp. 13 – 14.
② 《周总理向印度尼西亚人民发表广播演说》，载《人民日报》1955 年 4 月 28 日第 1 版。
③ Jamie Mackie, "The Bandung Conference and Afro-Asian Solidarity: Indonesian Aspects," in Antonia Finnane and Derek McDougall, eds., *Bandung 1955: Little Histories*, Singapore: Editions Didier Millet, 2005, pp. 12 – 17.
④ Christopher B. Roberts, *ASEAN Regionalism: Cooperation, Values and Institutionalization*, New York: Routledge, 2012, p. 39.

"信条"包括友好与睦邻关系、不同意识形态和平共处和反殖民主义等。[①]其最现实的表现是,亚非会议的成就尤其是"万隆精神"的形成给印度尼西亚总统苏加诺"提供了一个在更大的全球舞台上传播其民族主义和革命热情的平台和使命",以至于它们"持续地影响着印度尼西亚的对外政策观念和行为"。此后,作为不结盟运动的核心领导人之一,苏加诺开始成为亚非发展中国家"最杰出的代言人",并发展为"第三世界的领导者和联合国家的领导者"[②]。这样,在东南亚国家中,印度尼西亚一度成为国际谈判的"最积极参与者"。在万隆会议结束后,印度尼西亚持续推动第二次亚非会议的召开,还持续推动全球范围内的国际跨区域合作,主要有:1956年8月,印度尼西亚受邀参加了关于埃及苏伊士运河国有化问题的首届伦敦会议;在印度尼西亚的建议下,1956年11月,科伦坡国家举行了新德里峰会,对埃及民族事业予以支持。[③]

就此,印度尼西亚凭借"万隆会议十项原则"在解决国际问题尤其是那些威胁和平和违背正义与道义问题上所扮演的角色得以持续和加强。印度尼西亚在国际舞台上事关发展中国家事务中的这种"全球领导"角色又反馈到"东南亚主义"进程之中,使其逐步在其中担当起"区域领导"角色,直至推动东盟的创立。这标志着印度尼西亚获取区域领导权的开始。[④] 由此,印度尼西亚被称为"怀有全球兴趣和关切的区域大国"[⑤]。实际上,不但东盟的建立将"万隆会议十项原则"作为指南,而

[①] Roeslan Abdulgani, *Bandung Spirit: Moving on the Tide of History*, Jakarda: Badan Penerbit Prapantja, 1964, p. 65.

[②] 参见 Dewi Fortuna Anwar, "Indonesia and the Bandung Conference: Then and Now," in See Seng Tan and Amitav Acharya, eds., *Bandung Revisited: The Legacy of the 1955 Asian-African Conference for International Order*, Singapore: NUS Press, 2008, pp. 180 – 195; Naoko Shimazu, "Diplomacy as Theatre: Staging the Bandung Conference of 1955," *Modern Asian Studies*, Vol. 48, No. 1, 2014, pp. 1 – 28; Jamie Mackie, "The Bandung Conference and Afro-Asian Solidarity: Indonesian Aspects," in Antonia Finnane and Derek McDougall, eds., *Bandung 1955: Little Histories*, Singapore: Editions Didier Millet, 2005, pp. 18 – 21.

[③] Russell H. Fifield, *The Diplomacy of Southeast Asia*, 1945 – 1958, New York: Harper, 1958, pp. 116 – 118.

[④] 郑先武:《区域间主义治理模式》,社会科学文献出版社2014年版,第248页。

[⑤] Amitav Acharya, *Indonesia Matters: Asia's Emerging Democracy Power*, Singapore: World Scientific Publishing, 2014, p. 2.

且印度尼西亚作为东盟最重要的领导国"在东盟历史发展的紧要关头做出了许多贡献,使东盟成为非西方世界最成功的区域性组织"①。印度尼西亚作为"万隆精神"的"缔造者"和"践行者",这种精神"至今仍在为印度尼西亚维护东盟组织领导作用并与广大发展中国家友好关系提供精神依托和理论支撑"②。所以,对印度尼西亚而言,万隆会议持续"具有非凡的重要意义"③。

第三,建构东南亚区域认同。如前所述,作为一种追求自主和自我身份认同的区域意识,东南亚区域认同最初主要是在泛亚洲主义框架内的跨区域合作进程中孕育并发展起来的,而万隆会议进程就是一个最重要的多边舞台。万隆会议最终导致东南亚和南亚两个次区域的分开。万隆会议源自"科伦坡国家"的动议,显示出这是一种"基于联结南亚和东南亚的区域主义"④。直至万隆会议召开,如今被视为南亚国家的印度、巴基斯坦和斯里兰卡仍被认为是东南亚国家,亦即彼时的东南亚和南亚是一个不可分的整体区域。⑤ 但在万隆会议期间,作为"泛亚洲主义"核心领导的印度的地位明显下降,而印度尼西亚开始扮演新的区域领导角色。一个鲜明的对比是,在1955年年中,当印度尼西亚积极筹划第二次亚非会议的时候,尼赫鲁决定终止根据亚洲关系会议动议设立的非正式的"亚洲关系组织"。当该组织秘书长阿帕多伊给尼赫鲁打电话请求该组织工作建议时,他回答说,当下的政治氛围已非常不适合该组织开展任何工作。这意味着尼赫鲁彻底放弃了长期以来所追求的创建"亚洲集团"的计划。⑥ 从此,印度尼西亚和印度两个"泛亚洲主义"的区域领导开始

---

① [新加坡]许通美著,[美]阿米塔夫·阿查亚编:《探究世界秩序:一位务实的理想主义者的观点》,门洪华等译,中央编译出版社1999年版,第229—230页。
② 张洁:《"万隆精神":中印尼关系"常坐标"》,载《世界知识》2015年第8期,第28页。
③ Naoko Shimazu, "Diplomacy as Theatre: Staging the Bandung Conference of 1955," *Modern Asian Studies*, Vol. 48, No. 1, 2014, p. 226.
④ Derek McDongall, "Bandung as Politics," in Antonia Finnane and Derek McDougall, eds., *Bandung 1955: Little Histories*, Singapore: Editions Didier Millet, 2005, p. 139.
⑤ Amitav Acharya, *Indonesia Matters: Asia's Emerging Democracy Power*, Singapore: World Scientific Publishing, 2014, p. 50.
⑥ A. Appadorai, "The Asian Relations Conference in Perspective," *International Studies*, Vol. 18, No. 3, 1979, p. 283, note 8.

"平静地疏远"。瑞德称,在万隆会议上,"尼赫鲁作为亚洲领导者到来、作为旁观者离开"①。

随后,印度退出第二次亚非会议的筹办,而印度尼西亚日益突显的区域领导地位与万隆会议所创建的"规范框架"结合起来,为"东南亚主义"注入了新的活力,促使其正式启动并逐步发展起来。② 据唐纳德·埃默森(Donald K. Emmerson)考证,直到20世纪50年代末60年代初,"东南亚"概念才得到广泛的国际承认。③ 鉴于此,谢尔登·西蒙(Sheldon W. Simon)将万隆会议称作当代东南亚区域主义的"肇始"④。戈登将万隆会议与"科伦坡计划"和东南亚条约组织一起称作二战后初期将"区域主义"适用于东南亚区域的"最突出的努力"⑤。丸山静雄(Shizuo Maruyama)将万隆会议与后来的马非印尼联盟、东南亚联盟和东盟统统归类为东南亚内部自发产生的区域合作组织,他将印度、巴基斯坦、锡兰等国均纳入东南亚区域范畴。在他看来,这些区域合作行动通过确定统一的规范而推动的区域主义萌芽和探索,正是二战后东南亚国家创建基于独立自主的"新秩序"的"新东南亚"的一种"象征"⑥。

---

① Anthony Reid, "The Bandung Conference and Southeast Asian Regionalism," in See Seng Tan and Amitav Acharya, eds., *Bandung Revisited*: *The Legacy of the 1955 Asian-African Conference for International Order*, Singapore: NUS Press, 2008, p. 25.

② 参见 Marshall Clark, "Indonesia's Postcolonial Regional Imaginary: From a 'Neutralist' to an 'All-Directions' Foreign Policy," *Japanese Journal of Political Science*, Vol. 12, No. 2, 2011, pp. 292 – 297; Anthony Reid, "The Bandung Conference and Southeast Asian Regionalism," in See Seng Tan and Amitav Acharya, eds., *Bandung Revisited*: *The Legacy of the 1955 Asian-African Conference for International Order*, Singapore: NUS Press, 2008, pp. 23 – 25; Michael J. Montesano, "Bandung 1955 and Washington's Southeast Asia," in See Seng Tan and Amitav Acharya, eds., *Bandung Revisited*: *The Legacy of the 1955 Asian-African Conference for International Order*, Singapore: NUS Press, 2008, pp. 200 – 202.

③ 参见 Donald K. Emmerson, "'Southeast Asia': What's in a Name?" *Journal of Southeast Asian Studies*, Vol. 15, No. 1, 1984, pp. 1 – 21.

④ Sheldon W. Simon, "Southeast Asian International Relations: Is There Institutional Traction?" in N. Ganesan and Ramses Amer, eds., *International Relations in Southeast Asia*: *Between Bilateralism and Multilateralism*, Singapore: Institute of Southeast Asian Studies, 2010, p. 37.

⑤ Bernard K. Gordon, "Problems of Regional Cooperation in Southeast Asia," *World Politics*, Vol. 16, No. 2, 1964, p. 222.

⑥ [日] 丸山静雄:《东南亚与日本》,石宇译,上海人民出版社1974年版,第15—21页。

三 万隆会议对东南亚区域合作规范的贡献

与万隆会议的现实性影响相比，它对东南亚区域主义的规范价值显得更加重要。按照大会秘书长阿布杜尔贾尼的观点，虽然没有明确地表达，但这次会议的目的就是"为各国决定当前国际关系的标准和程序"，并推动"当前国际关系中特定行为规范以及这些规范现实适用工具的规划和创建"[①]。这主要基于三方面的考虑：一是已有普遍规范在新兴独立国家之间的扩散和固化；二是已有普遍规范在区域背景下以创新和包容的方式"地方化"，以便利于存在竞争的政治体制和意识形态的国家间合作；三是建立起培育大国与新的后殖民国家间和平共处的规范性基础。[②] 这样，万隆会议实际上成了"规范创建"和"规范扩散"[③] 的场所，而此次会议所取得的一系列重要成果及其所产生的重大现实性影响为之提供了重要的实践支撑。具体而言，万隆会议对东南亚区域合作的规范贡献主要体现在四个方面。

第一，共识性决策程序的确立。作为对亚洲关系会议的一种继承，万隆会议继续适用共识性决策程序。在万隆会议召开的前一天，在尼赫鲁的建议下，先期到会的22个国家的代表团团长及成员50多人在会议秘书处举行了一次非正式的预备会议，大家相互认识，并就会议的议程和程序规则交换看法。预备会议由沙斯特罗阿米佐约主持。尼赫鲁、吴努和科特拉瓦拉都在场。在会谈中，尼赫鲁建议这次会议的程序规则应尽可能灵活。他希望采用英联邦的议事风格，避免像联合国那样花大量时间进行"总体讨论"的惯例，亦即这次会议仍采取"非正式、非结构"的灵活性程序。这一观点为各国代表所接受。最后，经由沙斯特罗阿米佐约确认，这次会议被定为是非正式的，没有特定的程序规则。这显示

---

① Roeslan Abdulgani, *Bandung Spirit: Moving on the Tide of History*, *Bandung Spirit: Moving on the Tide of History*, Jakarda: Badan Penerbit Prapantja, 1964, pp. 72, 103.

② Amitav Acharya and See Seng Tan, "Introduction: The Normative Relevance of the Bandung Conference for Contemporary Asian and International Order," in See Seng Tan and Amitav Acharya, eds., *Bandung Revisited: The Legacy of the 1955 Asian-African Conference for International Order*, Singapore: NUS Press, 2008, pp. 3 – 4.

③ 参见 Amitav Acharya, "Who Are the Norm Makers? The Asian-African Conference in Bandung and the Evolution of Norms," *Global Governance*, Vol. 20, 2014, pp. 405 – 417.

出此次会议没有一次性的"否决",而是将审慎和共识的原则作为寻求和决定共同意见的基础和指南,亦即所有联合的决定都是共识性的。在会议开幕当天,所有与会代表再次讨论了会议程序,并认定"观念共识"的决策原则,即如果找不到共识就不能做出决定,在共识下做出的所有决定都必须基于全体一致。阿布杜尔贾尼指出,为各方所接受的审慎和共识等简明程序规则是亚非会议成功的关键。[1]

实际上,这种决策程序承认非介入性、非正式性和以共识为基础的软性外交,而不是可能限制国家主权的法律的、正式的组织。从核心来源上看,这种程序是"普遍的与地方的原则创造性合成的产物",因为它既采用了英联邦首脑会议的决策程序,又适用了"深植于印度尼西亚和亚洲文化和文明"的"非正式、相互尊重、协商和共识原则"。前者是尼赫鲁所表达的英联邦会议程序中"各国不将它们的意愿施加于彼此"的"友好精神",显示出"成员国相互平等和尊重"及"它们面对差异的产生接受容忍"的良好氛围;后者采用了印度尼西亚代表的建议,显示出印度尼西亚"爪哇乡村的协商和共识原则"。这也是这种决策程序为印度尼西亚和会议参与国所接受的根本原因。因此,万隆会议所适用的共识性决策程序被认为是其重要的规范性遗产之一。[2]

第二,"求同存异"原则的形成。作为对亚洲关系会议过分强调亚洲一致性的重大修正,该原则开始强调可以容纳多样性和差异性的"包容性风格"。这种风格一开始就从印度、印度尼西亚和中国等大国领导人的立场上表现出来。尼赫鲁在会前就坚持:"首要的事情是确定何种主题不应该讨论。这些国家内部争论的主题不该讨论。"他强调:"我们应该将

---

[1] 参见 George McTurnan Kahin, *The Asian-African Conference: Bandung, Indonesia, April 1955*, Ithaca: Cornell University Press, 1956, pp. 9 – 11; Roeslan Abdulgani, *The Bandung Connection: The Asia-Africa Conference in Bandung in 1955*, translated by Molly Bondan, Singapore: Gunung Agung, 1981, pp. 74 – 77, 81.

[2] 参见 Amitav Acharya and See Seng Tan, "Introduction: The Normative Relevance of the Bandung Conference for Contemporary Asian and International Order," in See Seng Tan and Amitav Acharya, eds., *Bandung Revisited: The Legacy of the 1955 Asian-African Conference for International Order*, Singapore: NUS Press, 2008, pp. 10 – 11; Amitav Acharya, *Whose Ideas Matter? Agency and Power in Asian Regionalism*, Ithaca: Cornell University Press, 2009, pp. 78 – 81.

自己限定在那些影响作为整体的亚洲或东南亚的广泛议题上。"① 中国政府在尼赫鲁回访前已确定"根据求同存异的方针"实现"不同制度的国家可以和平共处"的指导原则。在万隆会议召开前夕，周恩来在途经缅甸时于4月15日晚在仰光与尼赫鲁、吴努和埃及领导人纳赛尔（Jamal Abdel Nasser）等举行了非正式会谈，讨论即将举行的亚非会议的形势等问题，周恩来表示，有着共同遭遇与经历、如今又面临着建设各自国家的艰巨任务的亚非国家，只要从彼此的根本利益去求大同，只要用已经开始深入人心的和平共处五项原则和亚非国家团结的精神反击殖民主义的挑战，亚非会议就一定能够开好，一定会成功。周恩来建议，在会上不提共产主义问题，以免引起不必要的争论，致使会议无结果。这一建议获得与会者的一致赞同。② 苏加诺在会议开幕的致辞中定下了这一"基调"："我们来自许多不同的国家。我们有诸多不同的社会背景和文化形态。我们的生活方式不同，我们的国民性或颜色或主题思想——你们可以称呼它的——都有所不同。我们的种族出身不同，甚至我们的肤色也各异。但这有什么关系呢？人类因这些之外的考量而联合或分开。"他强调，万隆会议"不是一个排他性俱乐部，也不是一个设法反对任何其他集团的集团，相反，它是一个具有开明的和包容性观点的团体"。他呼吁将"'自己活也让别人活'的原则"和"印度尼西亚国家多样性联合的格言"作为一种"寻求友谊、和谐和和平"的"联合的力量"，由此"重燃理解之光""再筑合作之砥柱"，最终"带来集体行动"③。

会上，周恩来在面对一些国家代表对新中国的误解、质疑乃至攻击时仍表示："中国代表团是来求团结而不是来吵架的。……在这个会议上用不着来宣传个人的思想意识和各国的政治制度，虽然这种不同在我们中间显然是存在的。"他强调："中国代表团是来求同而不是来立异的。"

---

① Amitav Acharya, *Whose Ideas Matter? Agency and Power in Asian Regionalism*, Ithaca: Cornell University Press, 2009, p. 80.

② 中共中央文献研究室编：《周恩来年谱（1949—1976）》（上卷），中央文献出版社1997年版，第419、464页。

③ "Speech by President Soekarno at the Opening of the Asian-African Conference, April 18, 1955," in George McTurnan Kahin, *The Asian-African Conference: Bandung, Indonesia, April 1955*, Ithaca: Cornell University Press, 1956, pp. 43. 48 – 50.

他相信:"从解除殖民主义痛苦和灾难中找共同基础,我们就很容易互相了解和尊重、互相同情和支持,而不是互相疑虑和恐惧、互相排斥和对立。这就是为什么我们同意五国总理茂物会议所宣布关于亚非会议的四项目的,而不另提建议。"4月19日,周恩来在全体会议上的补充发言中进一步呼吁:"我们的会议应该是求同而存异……我们并不要求各人放弃自己的见解,因为这是实际存在的反映。但是不应该使它妨碍我们在主要问题上达成共同的协议。我们还应在共同发展基础上互相了解和重视彼此的不同见解。"他强调,"我们应该承认,在亚非国家中是存在有不同的思想意识和社会制度,但这并不妨碍我们的求同和团结",而"五项原则完全可以成为在我们中间建立友好合作和亲善睦邻关系的基础"①。

实际上,"求同存异"原则的贯彻还要求有一个重要的基础性原则,即相互承认。在茂物会议的讨论中,五国总理就确定将相互承认作为一条彼此间对待的"最重要的原则"。这就要求坚持任何国家的政府形式和生活方式都不应受其他国家任何形式的干涉。他们认为,所有类型的国家都可以参加亚非会议,包括不同的政府体制和不同的社会体系。这意味着所有的参加国都不应预先赞同或受任何不同或反对观点所限制。基于此,亚非会议所有的参加国都应该更好地了解和理解每个国家的观点,但了解和理解他国的观点并不意味着赞成这种观点,相应地,如果不了解和理解其他各方的观点,各方就不可能互相接近,更不用说"和平共处"了。由此,茂物会议促成了多边外交领域一个新的概念和新的主张的产生,而这正是"亚非会议成功的关键"②。正是这种"求同存异"原则和立场成为万隆会议达成一系列"共识"的重要基础。这正如尼赫鲁所言:"万隆会议不仅在亚洲而且在整个世界都产生了非常好的影响。这种影响在很大程度上归因于达成最后决定的全体一致。"③ 这种"求同存

---

① 《周恩来在亚非会议全体会议上的补充发言》(1955年4月19日),载中华人民共和国外交部档案馆编《中华人民共和国外交档案选编(第2集),中国代表团出席1955年亚非会议》,世界知识出版社2007年版,第57—58页。

② 参见 Roeslan Abdulgani, *The Bandung Connection: The Asia-Africa Conference in Bandung in 1955*, translated by Molly Bondan, Singapore: Gunung Agung, 1981, pp. 29 – 31, 38 – 39.

③ Itty Abraham, "From Bandung to NAM: Non-alignment and Indian Foreign Policy, 1947 – 65," *Commonwealth & Comparative Politics*, Vol. 46, No. 2, 2008, p. 208.

第三章　战后东南亚区域合作的局部成长（1951—1960）　/　427

异的精神"和"共识性一致"使亚非会议与会各国终于就议程上的各项问题达成了一致协议，并最终促成《亚非会议最后公报》的形成。① 这一"集体决定的奇迹般的成就"② 被称为"亚非会议最伟大的成功"③。会后，周恩来总结说，在万隆会议期间，"中国代表团求同存异，耐心说理，尽一切努力求得一致协议，又对所有与会国家表示尊重，因此博得了大多数与会国家的好感"。会上，"大多数与会国家的代表也同样抱有这种求同存异的精神"。"这就证明，亚非国家在求同存异的基础上，是有可能进行和平合作的。"④ 中国外交部在评论万隆会议的贡献时明确指出："这是求同存异的协商精神的重大胜利。"⑤

"求同存异"是"和平共处五项原则"适用的组织性基础。⑥ "求同存异"与"和平共处"互为表里、相得益彰。"和平共处"讨论的是国家之间相处的状态和相处的结果，而"求同存异"讨论的则是国家之间在进行双边、多边沟通时所持的基本态度和行为方式，即尊重对方在制度、文化、主张上的差异，努力寻求共同的期待和追求，并达成基本一致。只有在相关的事务上做到了"求同存异"，在相处的过程中"和平共处"才有可能；也只有"和平共处"的国家之间，才能够在实务的讨论进程中摒除彼此的傲慢与偏见，努力"求同存异"，达成一系列共识，推进合作环境的建设。"求同存异"和"和平共处"之间有一个共同的精神纽带，那就是"相互尊重"，尊重对方的存在、话语、观念和判断。"求同存异"和"和平共处"之间也有着共同的秩序目标，那就是在国际社

---

① 《周恩来在全国人民代表大会常务委员会会议上关于亚非会议的报告》（1955 年 5 月 13 日），载中华人民共和国外交部档案馆编《中华人民共和国外交档案选编（第 2 集），中国代表团出席 1955 年亚非会议》，世界知识出版社 2007 年版，第 111 页。

② Naoko Shimazu, "Diplomacy as Theatre: Staging the Bandung Conference of 1955," *Modern Asian Studies*, Vol. 48, No. 1, 2014, p. 227.

③ Itty Abraham, "From Bandung to NAM: Non-alignment and Indian Foreign Policy, 1947–65," *Commonwealth & Comparative Politics*, Vol. 46, No. 2, 2008, p. 208.

④ 中共中央文献研究室编：《周恩来年谱（1949—1976）》（上卷），中央文献出版社 1997 年版，第 476—477、480 页。

⑤ 《外交部关于评论亚非会议广播演讲稿事致驻印尼使馆的电报》（1955 年 7 月 7 日），载中华人民共和国外交部档案馆编《中华人民共和国外交档案选编（第 2 集），中国代表团出席 1955 年亚非会议》，第 121 页。

⑥ Ronald C. Keith, *The Diplomacy of Zhou Enlai*, New York: St. Martin's Press, 1989, p. 83.

会存在社会制度、未来理想的差异,无法就各项问题达成整体共识的情况下,小范围、小规模地寻求最低限度的共识,并逐步扩大和谐关系的范围。实际上,"求同存异"就是在双边与多边的交往中,认同基本准则从而试图达到预期目标的一种程序或者形式,是使得行为体之间达致平等、互利的桥梁。①

第三,区域合作"万隆规范"的创建。万隆会议最重要的规范性贡献是阐明和完善一系列国际关系的基本原则。在当时历史条件下,那些新独立国家的根本关注是通过建构普遍的主权规范来确保它们的生存。而万隆会议被认为是"设置规范尤其是国家主权和不干预原则的一个工具"②。这些"基本原则"的集中体现就是《亚非会议最后公报》附属文件《关于促进世界和平和合作的宣言》所阐明的"万隆会议十项原则",包括尊重基本人权、尊重《联合国宪章》的宗旨和原则;尊重所有国家的主权和领土完整;承认所有种族的平等和所有大小国家的平等;不干预或不干涉他国内政;尊重每一个国家按照《联合国宪章》单独或集体自卫的权利;不使用集体防务安排为任何一个大国的特殊利益服务,并弃绝任何国家对其他国家施加压力;不以侵略行为或侵略威胁或使用武力来侵犯任何国家的领土完整或政治独立;按照《联合国宪章》,通过谈判、调停、仲裁或司法解决等和平方法,以及有关方面自己选择的任何其他和平方法来解决一切国际争端;促进相互利益和合作;尊重正义和国际义务。③"万隆会议十项原则"又被称为"万隆十原则"(The Ten Principles of Bandung)④

---

① 参见何志鹏《大国之路的外交抉择:万隆会议与求同存异外交理念发展探究》,载《史学集刊》2015年第6期,第100—101页。

② Amitav Acharya and See Seng Tan, "Introduction: The Normative Relevance of the Bandung Conference for Contemporary Asian and International Order," in See Seng Tan and Amitav Acharya, eds., *Bandung Revisited: The Legacy of the 1955 Asian-African Conference for International Order*, Singapore: NUS Press, 2008, pp. 3 – 4.

③ 《亚非会议最后公报》(1955年4月24日),载中华人民共和国外交部档案馆编《中华人民共和国外交档案选编(第2集),中国代表团出席1955年亚非会议》,世界知识出版社2007年版,第104页。

④ "Afro-Asian Conference, The Second: A Status Report," Central Intelligence Agency, 10 May 1965, U. S. Declassified Documents Online, https://link.gale.com/apps/doc/CK2349364487/USDD?u=nju&sid=bookmark-USDD&xid=b86c2516&pg=1.

"万隆会议十项原则"作为国际社会的"普遍规范"虽被视作"体现在《联合国宪章》和欧洲国际法之中的普遍观念之母"①,但在二战后初期并没有完全被支持或者展示其与新兴独立国家的相关性。直到中印两国首次提出处理国家间关系的"五项原则",并经中国与"科伦坡国家"双边或多边关系中的互动和日内瓦会议关于印度支那问题达成的和平解决办法,这些原则以"和平共处五项原则"为基础在新独立国家间具体化。在万隆会议召开前夕,"和平共处五项原则"已成为中国、印度、缅甸、印度尼西亚、越南、柬埔寨、苏联等国处理双边和多边关系的指导性原则。② 在万隆会议上,沙斯特罗阿米佐约在大会演讲中率先提出适用"和平共处五项原则"处理促进世界和平与合作。他指出:"我们希望的是真正的和平",而"这方面的先决条件是,不管彼此的政治、社会或宗教思想体系怎样,根据互相尊重国家主权和领土完整、互不侵犯、互不干涉内政、平等互利的原则和睦相处的意愿和决心"。他强调,这种"亚洲和非洲的概念,必须被看作解答如何获致真正的和平问题的现实的逻辑答案"③。

西哈努克坦言,他亲率柬埔寨代表团与会就是想考验"五项原则的应用"。他解释说:"独立和中立的柬埔寨现在发现自己处于两种文明、两个种族、两个政治世界的分界线上,因此,它有经受住考验和应用五项原则的危险特权。"他强调:"我国选择了这些原则,并希望最大限度地实施这些原则。它这样做只是要求其独立、完整、传统和政治意识形

---

① Amitav Acharya and See Seng Tan, "Introduction: The Normative Relevance of the Bandung Conference for Contemporary Asian and International Order," in See Seng Tan and Amitav Acharya, eds., *Bandung Revisited: The Legacy of the 1955 Asian-African Conference for International Order*, Singapore: NUS Press, 2008, p. 4.

② 参见 "Letter from Jawaharlal Nehru," No. 1038-Pmh/57, New Delhi, 4 June 1957, in Russell H. Fifield, *The Diplomacy of Southeast Asia*, 1945 – 1958, New York: Harper, 1958, pp. 510 – 511; Roeslan Abdulgani, *The Bandung Connection: The Asia-Africa Conference in Bandung in 1955*, translated by Molly Bondan, Singapore: Gunung Agung, 1981, pp. 137 – 140; Russell H. Fifield, "The Five Principles of Peaceful Co-Existence," *The American Journal of International Law*, Vol. 52, No. 3, 1958, pp. 504 – 510.

③ 《印度尼西亚总理沙斯特罗阿米佐约在亚非会议上的演说》(1955 年 4 月 18 日),载中华人民共和国外交部档案馆编《中华人民共和国外交档案选编(第 2 集),中国代表团出席 1955 年亚非会议》,世界知识出版社 2007 年版,第 138 页。

态不受威胁。而比较强大的国家的任务将是树立榜样,向较小的国家提供证据和保证,从而采取唯一必要的行动来推翻我提到的那些怀疑和不信任的障碍。"为此,他在出席万隆会议在政治委员会会议上发言时表示,鉴于这次会议认为和平已经受到恐惧和不信任的威胁,恢复信任是和平共处的必要条件。因此他建议,每一个与会国都应严格尊重所有其他国家的独立,特别是像柬埔寨这样的国家,并保障它们的"中立"决定,包括在其安全不受威胁的情况下保持中立和不被用作侵略基地。[1]

随后,在政治委员会的讨论中,周恩来提出中国代表团的"亚非会议和平宣言"提案,将"五项原则"的前四项改写为七项,即互相尊重主权和领土完整,互不采取侵略行为和威胁,互不干涉或干预内政,承认种族平等,承认一切国家不分大小的平等,尊重一切国家的人民有自由选择他们的生活方式和政治、经济制度的权利,互不损害。中国代表团在提案中还建议,用和平方法解决国际争端,支持一切正在采取的或可能采取的、消除国际紧张局势和促进世界和平的措施。[2] 而巴基斯坦总理阿里建议将"和平共处五项原则"增加两项,进一步拓展为"七项原则",增加的两项是,单独或集体行使自卫的权利和通过谈判或仲裁等和平方法解决所有国际争端的义务。他称之为"和平的七根支柱"[3]。这些建议均被纳入"万隆会议十项原则"里,而"和平共处五项原则"被整体融入其中。在会议期间,周恩来邀请西哈努克与中国代表团共进午餐。据西哈努克回忆,周恩来表示"中国在与柬埔寨的关系中将始终忠实地遵守(共处)五项原则",这表现出"对我的国家怀有友好的感情"。出

---

[1] P. C. Pradhan, "Norodom Sihanouk and the Bandung Conference," *Proceedings of the Indian History Congress*, Vol. 40, 1979, pp. 1045-1046.

[2] 《周恩来在亚非会议政治委员会会议上的发言》(1955年4月23日),载中华人民共和国外交部档案馆编《中华人民共和国外交档案选编(第2集),中国代表团出席1955年亚非会议》,世界知识出版社2007年版,第72—73页;《中国代表团关于〈亚非会议和平宣言〉的建议》(1955年4月23日),载中华人民共和国外交部档案馆编《中华人民共和国外交档案选编(第2集),中国代表团出席1955年亚非会议》,第80页;《周恩来关于政治问题的讨论经过致中共中央并毛泽东的电报》(1955年4月30日),载中华人民共和国外交部档案馆编《中华人民共和国外交档案选编(第2集),中国代表团出席1955年亚非会议》,第89页。

[3] Roeslan Abdulgani, *The Bandung Connection: The Asia-Africa Conference in Bandung in 1955*, translated by Molly Bondan, Singapore: Gunung Agung, 1981, p. 102.

席会议的北越代表范文同也向西哈努克保证,他的国家将视柬埔寨为友好国家。北越代表团称,越南民主共和国政府"愿意在和平共处五项原则的基础上与柬埔寨王国政府建立关系"。因此,对西哈努克和柬埔寨来说,万隆会议都具有重大价值。正是在这里,西哈努克接触了亚洲和非洲的所有重要领导人,他第一次意识到柬埔寨与其共产主义邻国之间的关系正常化是可能的,并确信"中立政策是避免柬埔寨陷入冷战的最佳手段"①。会后,周恩来在访问印度尼西亚时与沙斯特罗阿米佐约发表联合声明,重申两国"将共同努力以实现亚非会议所肯定的共同愿望和所通过的促进世界和平和合作的宣言",并"在互相尊重主权和领土完整、互不侵犯、互不干涉内政、平等互利的原则的基础上作为良好的邻邦和平相处"②。由此,该联合声明确认了将"和平共处五项原则"等基本准则作为发展两国关系的原则性基础。③

"和平共处五项原则"作为一种"抵制西方帝国霸权"的"独特的亚洲人的对外政策"和"一种替代性外交模式",既被认为是对"处理国际关系的特定的亚洲方法的首次明确肯定"④,又被认为是"代表着亚非人民对种族平等的首次明确主张"⑤,从而进一步增强和完善了这些原则,并有助于支持并延伸已有的"普遍规范"⑥。比如,欧洲国家体系的不干预原则允许大国为保持权力平衡进行干预,而万隆会议支持的不干预观念确认没有这样的例外。这样,万隆会议区域规范设置与扩散的经验为

---

① P. C. Pradhan, "Norodom Sihanouk and the Bandung Conference," *Proceedings of the Indian History Congress*, Vol. 40, 1979, pp. 1046 – 1047.

② 《中华人民共和国和印度尼西亚共和国两国总理联合声明》,载《人民日报》1955 年 4 月 29 日第 1 版。

③ 张小欣:《印尼首届阿里内阁对华政策调整与两国关系》,载《当代中国史研究》2015 年第 3 期,第 89 页。

④ Sally Percival Wood, "Constructing an Alternative Regional Identity: *Panchsheel* and India-China Diplomacy at the Asian-African Conference 1955," in Leong Yew, ed., *Alterities in Asia: Reflections on Identity and Regionalism*, New York: Routledge, 2011, pp. 46 – 47, 54.

⑤ George Sokolsky, "Conference at Bandung Is Conference of Race," *The Washington Post and Times Herald* (1954 – 1959), United States, Washington, D. C., April 21, 1955; Digital National Security Archive, p. 17, https://www.proquest.com/historical-newspapers/conference-at-bandung-is-race/docview/148790512/se-2? accountid = 41288.

⑥ Roeslan Abdulgani, *The Bandung Connection: The Asia-Africa Conference in Bandung in* 1955, translated by Molly Bondan, Singapore: Gunung Agung, 1981, p. 87.

这些新独立国家提供了融入国家间体系的替代性框架。[1] 在这里，不干预原则作为一种"积极的普遍规范"，是抵御新殖民主义和定义新独立国家间关系的一种方式。正如印度尼西亚代表所言，不干预原则作为国家间共存框架的组成部分，它首先意味着不侵犯他国领土；其次是不干涉他国内部事务；最后是不侵犯政治平等和相互安全。这样，万隆会议就赋予不干预原则一种"特定的区域语境"[2]。正是这些亚洲新独立国家持续争取承认的斗争，导致源于欧洲的、含有大国出于权力制衡动机而干预的所谓"国际社会标准规范"的"不干预观"不再被接受。[3] 这表明"万隆会议十项原则"所阐述的并为亚洲精英们所接受的重要的"法律—程序规范"是殖民大国"施加的社会化"和亚洲国家"共同和连续地争取承认斗争"的双重结果。[4]

事实上，万隆会议提出了一套由西方以外的亚非国家首倡的、与传统国际法理念和表述存在着差异的十项原则。这些原则虽然与《联合国宪章》有相同的方面，但在当时具有浓厚的西方文明色彩的思想学说、观念体系、规则制度主导着国际法的整体结构背景下，它们更加强调新独立国家反对帝国主义、霸权主义、大国沙文主义的独特诉求，为后来第三世界国际法的发展打下了牢固的基础。何志鹏认为，从今天的视角来看，这是针对国际法的公平正义发展所提出的一种价值向度和原则指引。[5] 因此，尼赫鲁强调，万隆会议"最重要的决定是《关于促进世界和平和合作的宣言》。与会各国聚集起来制定了可以管理它们与作

---

[1] Amitav Acharya and See Seng Tan, "Introduction: The Normative Relevance of the Bandung Conference for Contemporary Asian and International Order," in See Seng Tan and Amitav Acharya, eds., *Bandung Revisited: The Legacy of the 1955 Asian-African Conference for International Order*, Singapore: NUS Press, 2008, p. 4.

[2] Amitav Acharya, "Who Are the Norm Makers? The Asian-African Conference in Bandung and the Evolution of Norms," *Global Governance*, Vol. 20, 2014, pp. 410-412.

[3] Christopher B. Roberts, *ASEAN Regionalism: Cooperation, Values and Institutionalization*, New York: Routledge, 2012, p. 38.

[4] Jurgen Haacke, *ASEAN's Diplomatic and Security Culture: Origins, Development and Prospects*, London: Routledge, 2003, p. 19.

[5] 何志鹏：《大国之路的外交抉择：万隆会议与求同存异外交理念发展探究》，载《史学集刊》2015 年第 6 期，第 97—98 页。

为整体的世界各国之间关系的原则"①。从此,"万隆会议十项原则"和"和平共处五项原则"一起成为指导各国国际往来的行为规范或行为准则。

"万隆会议十项原则"和万隆会议所奉行的协商一致的决策程序、"求同存异"的原则及会议所凝聚的"团结、友谊、合作"的氛围后来被人们称为"万隆精神"②,亦被统称为"万隆规范"(The Bandung norms)。③ 阿布杜尔贾尼解释说,"万隆精神就是世界事务中的克制精神;它是一种一起生活的决心;用亲切友好的方式和平解决我们的问题;它是对武力无法解决任何问题的一种承认。"他坚称:"万隆精神的适用是武力运用的替代方法"——一种可以用作"建设更美好和更安全的世界的工具"和"实现不同政治和社会体制共存的手段"的"万隆方式"(The Bandung method)④。戴维·金奇强调:"《联合国宪章》是由欧洲人、美国人和俄国人所书写,而万隆原则完全是由亚洲人和非洲人所拟定。"⑤ 由此,这种泛亚洲主义框架内的"亚洲外交"经由"科伦坡会议"至万隆会议发展到"最后的阶段",使得"亚洲国家体系成长起来"⑥,从而使万隆会议成为"亚洲国家体系发展及其内部深刻整合过程中具有重大意义的阶段"⑦。2005 年 4 月,印度尼西亚前外长阿里·阿里塔斯(Ali Alatas)在万隆会议 50 周年纪念会上指出:"亚非领导人精心

---

① David Kimche, *The Afro-Asian Movement: Ideology and Foreign Policy of the Third World*, Jerusalem: Israel Universities Press, 1973, p. 81.

② 参见 Volker Matthies, "The 'Spirit of Bandung' 1955 - 1985: Thirty Years since the Bandung Conference," *Intereconomics*, Vol. 20, No. 5, 1985, p. 207;李绍先等:《"万隆精神"及新时期的亚非合作》,载《现代国际关系》2005 年第 5 期,第 47—48 页。

③ Rabul Mukberji, "Appraising the Legacy of Bandung: A View from India," in See Seng Tan and Amitav Acharya, eds., *Bandung Revisited: The Legacy of the 1955 Asian-African Conference for International Order*, Singapore: NUS Press, 2008, p. 160.

④ Roeslan Abdulgani, *Bandung Spirit: Moving on the Tide of History*, *Bandung Spirit: Moving on the Tide of History*, Jakarda: Badan Penerbit Prapantja, 1964, p. 64.

⑤ David Kimche, *The Afro-Asian Movement: Ideology and Foreign Policy of the Third World*, Jerusalem: Israel Universities Press, 1973, p. 5.

⑥ Joseph A. Camilleri, *Regionalism in the New Asia-Pacific Order*, Northampton: Edward Elgar, 2003, p. 61.

⑦ Albert W. Stargardt, "The Emergence of the Asian System of Powers," *Modern Asian Studies*, Vol. 23, No. 3, 1989, p. 595.

拟定的管理国家间关系的一种新的道德观"以"万隆会议十项原则""代代相传";万隆会议因"阐明一种独立与和平、正义与合理分享繁荣的新的世界秩序"而成为"国家间关系的分水岭"①。印度尼西亚高级官员戴维·安瓦尔(Dewi F. Anwar)强调:"象征第三世界团结促进全球和平、正义和发展中国家集体权利的'万隆精神'的诞生是亚非会议最持久的遗产"②。

第四,框定与域外大国的关系。作为新独立的或弱小的国家,东南亚国家对东南亚域外国家尤其是大国一直持警惕和依赖并存的矛盾心态。前者主要体现在对域外大国在东南亚地区建立可能霸权的担忧方面;后者主要体现在安全和经济发展需要域外大国的支持上。万隆会议进程通过多边框架内的非军事合作和奉行"中立主义"来管理它们与域外大国之间的关系,从而获取一种阿查亚所说的"动态均衡"(dynamic equilibrium)③。在现实中,面对美苏两大集团间的冷战尤其是美国通过建立东南亚条约组织等构建对抗性军事联盟的行动,印度尼西亚和缅甸等东南亚国家一致持明确的反对立场。美、英等国曾试图说服印度尼西亚和缅甸等东南亚国家加入东南亚条约组织,并邀请它们参加为筹备这一组织而举行的马尼拉会议,但这些国家最终均予以拒绝。印度尼西亚和缅甸等东南亚国家的这一立场在万隆会议上再一次得以体现。万隆会议谋求通过创建不结盟、共存、对话、妥协等规范处理与大国及大国联盟的关系。这样,万隆会议一开始就沿袭了亚洲关系会议回避军事议题的惯例。在如何处理与大国关系的问题上,印度尼西亚、缅甸与印度、锡兰、埃及等与会国一起坚决主张弃绝大国的军事联盟。在中国、印度和埃及等国代表团的共同坚持下,政治委员会接受了不得利用集体防务安排为任何一个大国的特殊利益

---

① Ali Alatas, "Towards a New Strategic Partnership between Asia and Africa," IDSS Commentaries, 18/2005, S. Rajaratnam School of International Studies (RSIS), Singapore, 19 April 2005, p. 1.

② Dewi Fortuna Anwar, "Indonesia and the Bandung Conference: Then and Now," in See Seng Tan and Amitav Acharya, eds., *Bandung Revisited: The Legacy of the 1955 Asian-African Conference for International Order*, Singapore: NUS Press, 2008, pp. 188 – 189.

③ Amitav Acharya, *Indonesia Matters: Asia's Emerging Democracy Power*, Singapore: World Scientific Publishing, 2014, pp. 10 – 12.

服务和对其他国家施加压力。① 这样，尽管泰国、菲律宾、伊朗、伊拉克、土耳其和巴基斯坦等国支持此种军事联盟，但《亚非会议最后公报》仍然规定不"使用集体防务安排来为任何一个大国的特殊利益服务，并弃绝任何国家对其他国家施加压力"②。这实际上是"不容许利用集体自卫的名义组织侵略性的军事集团并以此作为大国控制小国的工具"③。对此，时任英国外交大臣塞尔文·劳埃（Selwyn Lloyn）评论说，自1954年以来，该区域整体的事态发展导致了所谓"科伦坡国家"第一次会议直至后来的万隆会议所依据的原则和思想的加强；在这里，亚洲国家既希望避免缔结军事联盟和外部干涉的纠缠，又集体不赞成对他国使用武力，从而达到促进该区域稳定和促成大国之间相互保证条约的目标。④ 从这个意义上讲，万隆会议作为一种"超级区域主义"（supraregionalism），代表着"亚非（主要是亚洲）不结盟国家"在"泛亚洲主义"框架内"创建区域实体的努力""达到高潮"⑤。

更重要的是，万隆会议为原有的泛亚主义框架内的"中立主义"提供了更大的国际平台，一个带有"更多种族和殖民维度"的跨国认同——"第三世界"或"全球性南方"亦随之诞生。⑥ 杰克逊认为，万

---

① 《周恩来关于政治问题的讨论经过致中共中央并毛泽东的电报》（1955年4月30日），载中华人民共和国外交部档案馆编《中华人民共和国外交档案选编（第2集），中国代表团出席1955年亚非会议》，世界知识出版社2007年版，第90页。

② 《亚非会议最后公报》（1955年4月24日），载中华人民共和国外交部档案馆编《中华人民共和国外交档案选编（第2集），中国代表团出席1955年亚非会议》，第104页。

③ 《周恩来在全国人民代表大会常务委员会会议上关于亚非会议的报告》（1955年5月13日），载中华人民共和国外交部档案馆编《中华人民共和国外交档案选编（第2集），中国代表团出席1955年亚非会议》，第113页。

④ Amitav Acharya, *Whose Ideas Matter? Agency and Power in Asian Regionalism*, Ithaca: Cornell University Press, 2009, p. 60.

⑤ Prasenjit Duara, "Asia Redux: Conceptualizing a Region for Our Times," *The Journal of Asian Studies*, Vol. 69, No. 4, 2010, pp. 973 – 974.

⑥ 参见 Armen Aghazarian, "'We Peoples of Asia and Africa': The Bandung Conference and the Southernisation of the United Nations, 1955 – 1970," The University of Sydney, May 2012, pp. 3 – 4; Kweku Ampiah, *The Political and Moral Imperatives of the Bandung Conference of 1955: The Reactions of the US, UK and Japan*, Folkestone: Global Oriental, 2007, pp. 22 – 27.

隆会议上初步形成的不结盟运动标志着新兴国家开始组建自己的国际组织，进而推动了反殖民主义的制度化。[1] 在万隆会议后，区域主义成为"第三世界"联合的"另一种表现"，并逐步产生了自己的区域组织。在非洲有了非洲统一组织；在亚洲，主要就是东盟。而突显区域内国家在本区域事务上行动的优先性成为这些区域组织表达其政治诉求的基石。[2] 在东南亚区域和国际关系中，"中立主义"亦被置于"区域优先"地位。[3] 1955年8月5日，吴努在访问美国时再次强调："我们的政策是，首先与所有国家友好，不管它们是否友好；其次，在必要时强化联合国遏制外部侵略；最后，为人民的福利而工作，以便我们不再有理由追随颠覆性领导人。"8月14日，吴努在参加巴基斯坦独立八周年庆典讲话中强调，两国将持续努力服务于和平事业。为此，两国完全承认所有国家采取它们认为最好的自我方式的权利。次月，缅甸众议院一致同意通过一项缅甸远离东南亚条约组织的决议。[4] 1956年6月，吴巴瑞在任缅甸总理后在国会的首次讲话中指出，缅甸"将继续贯彻独立的中立政策"。他解释说："我们的政策是一种积极的、动态的中立，首要关切是两大对立集团间的谅解与友好关系的产生及国家间善意和必然的共存的创建。"一个月后，他在就职后的首次新闻发布会上发表政府声明，称赞"独立的中立立场的价值和智慧"[5]。实际上，"中立主义"已经被亚洲区域的支持者视作保持新获取的独立、抑制大国的支配、吸引大国援助并在大国间扮演"调解角色"以削弱战争威胁的一种工具。[6]

---

[1] Robert H. Jackson, "The Weight of Ideas in Decolonization: Normative Change in International Relations," in Judith Goldstein and Robert O. Keohane, eds., *Ideas and Foreign Policy: Beliefs, Institutions, and Political Change*, Ithaca: Cornell University Press, 1993, pp. 137 – 138.

[2] Derek McDongall, "Bandung as Politics," in Antonia Finnane and Derek McDougall, eds., *Bandung 1955: Little Histories*, Singapore: Editions Didier Millet, 2005, pp. 137 – 138.

[3] Richard Stubbs, "THE ASEAN Alternative? Ideas, Institutions and the Challenge to 'Global' Governance," *The Pacific Review*, Vol. 21, No. 4, 2008, p. 457.

[4] Russell H. Fifield, *The Diplomacy of Southeast Asia, 1945 – 1958*, New York: Harper, 1958, p. 228.

[5] Russell H. Fifield, *The Diplomacy of Southeast Asia, 1945 – 1958*, New York: Harper, 1958, p. 178, 229.

[6] Amitav Acharya, *Whose Ideas Matter? Agency and Power in Asian Regionalism*, Ithaca: Cornell University Press, 2009, p. 37.

在东南亚,"不结盟集团"的形成不但有助于将印度尼西亚、缅甸等国奉行的"不结盟观念"与"亚非大家庭"联结起来,而且使独立后的柬埔寨、老挝、马来亚、新加坡等国能够远离东南亚条约组织,并抵制美国所施加的与西方公开结盟的压力。[1] 就此,区域大国领导的不结盟和"中立主义"运动不但使东南亚条约组织这样的由域外大国支配的集体防务体系失去广泛的合法性,而且使不干预原则在区域和国际事务中的地位得以加强,并将之所涉及的范围扩大到包含不介入超级大国竞争和拒绝大国支配的多边安全条约上,从而使不干预原则在区域背景下得以"地方化"。周恩来指出,这意味着不参加军事集团、坚持和平政策、坚持"和平共处五项原则"的国家所形成的"和平区域"已经扩大。周恩来解释说:"各国以和平共处五项原则或者以万隆会议的十项原则来相互约束。这就是一种国际保证,使得国家不分大小都可以和平共处,互相帮助发展而不附带任何条件。"[2] 乔治·卡欣(George M. Kahin)认为,万隆会议"所做出的可能更重要的贡献之一是厘清了参与国之间及其与亚洲外部大国的关系",从而"缓解了某些国际紧张关系"[3]。杰米·麦凯(Jamie Mackie)亦表示:"万隆会议成就的平衡表中一个无形的重要项目是,尽管参与者之间有分歧和争论,但它增进了共同的归属感和团结意识,从而在固守大国集团之外提供了一种选择。"[4] 阿布杜尔贾尼将万隆会议所开启的亚非国家这一"道路选择"称作在冷战两个敌对的"极端道路"之间的"中间道路"和"自由之路"[5]。在玛莎·芬尼莫尔(Martha Finnemore)等人看来,非殖民化进程就是由一

---

[1] Jamie Mackie, "The Bandung Conference and Afro-Asian Solidarity: Indonesian Aspects," in Antonia Finnane and Derek McDougall, eds., *Bandung* 1955: *Little Histories*, Singapore: Editions Didier Millet, 2005, p. 20.

[2] 周恩来:《支持和平中立政策,争取和缓国家局势》(1956年6月18日),载中华人民共和国外交部、中共中央文献研究室编《周恩来外交文选》,中央文献出版社1990年版,第163、179页。

[3] George McTurnan Kahin, *The Asian-African Conference*: *Bandung*, *Indonesia*, *April* 1955, Ithaca: Cornell University Press, 1956, pp. 1 – 2.

[4] Jamie Mackie, "The Bandung Conference and Afro-Asian Solidarity: Indonesian Aspects," in Antonia Finnane and Derek McDougall, eds., *Bandung* 1955: *Little Histories*, Singapore: Editions Didier Millet, 2005, p. 21.

[5] Roeslan Abdulgani, *The Bandung Connection*: *The Asia-Africa Conference in Bandung in* 1955, translated by Molly Bondan, Singapore: Gunung Agung, 1981, p. 164.

个深刻的规范议程驱动的,它明确寻求重建新兴国家及其前殖民者的身份认同以及它们之间的关系。① 从这个意义上讲,万隆会议既"建构了一个时刻",又"代表了一个时期"②。

综上所述,从亚洲关系会议经由"科伦坡国家"总理会议到万隆会议的召开,万隆会议作为"泛亚洲主义"区域意识下最大规模的跨区域合作实践进程始终显现着浓重的"东南亚元素"。东南亚国家代表团在两次亚洲关系会议和万隆会议进程中均"发挥了显著的作用"③;万隆会议的召开更被认为是"后殖民的 20 世纪 50 年代东南亚走向更大范围团结的重大动议"④,而印度尼西亚在万隆会议的动议、召开和后续行动中扮演了关键的"区域领导"角色。这意味着二战后东南亚国家在跨区域多边合作中的地位和作用开始出现特定机制中的"局部领导"。

第二节 "科伦坡计划"的实施和东南亚条约组织的运行

"科伦坡计划"和东南亚条约组织分别是 1951—1960 年"太平洋主义"框架内区域经济合作比较正式的区域机制和区域安全安排方面的常设区域组织,代表着这一时期东南亚区域合作的重要进展。两者交叠在一起总体上涵盖了东南亚区域绝大部分独立国家和正走向独立的国家。在实际运行中,两者与"泛亚洲主义"框架内的跨区域合作既有竞争又有合作。但与"科伦坡计划"相比,东南亚条约组织的竞争性更强。该组织是在经历了美国主导的《美澳新安全条约》及美澳新理事会、"五国东南亚军事会议"和印度支那问题"联合行动"等一系列东南亚"集体防务"动议之后

---

① Martha Finnemore and Kathryn Sikkink, "International Norm Dynamics and Political Change," *International Organization*, Vol. 52, No. 4, 1998, p. 887.

② Christopher J. Lee, "At the Rendezvous of Decolonization," *Interventions*: *International Journal of Postcolonial Studies*, Vol. 11, No. 1, 2009, p. 90.

③ William Henderson, "The Development of Regionalism in Southeast Asia," *International Organization*, Vol. 9, No. 4, 1955, p. 465.

④ Anthony Reid, "The Bandung Conference and Southeast Asian Regionalism," in See Seng Tan and Amitav Acharya, eds., *Bandung Revisited*: *The Legacy of the 1955 Asian-African Conference for International Order*, Singapore: NUS Press, 2008, p. 26.

创建的，既与"泛亚洲主义"框架内的跨区域合作相互排斥，又与英联邦框架内的"澳新马区域"联合防务及其替代《英马防务协定》等区域防务安排相互竞争，具有明显的外部大国支配性、成员上的排他性和议题上的对抗性，从而日益脱离东南亚本地核心的区域动力而走上独立运行的轨道。

一 "科伦坡计划"的启动与东南亚区域发展的促进

"科伦坡计划"的启动依然在英联邦框架内展开，并主要由英国、澳大利亚和锡兰等国共同推动。1951年1月4—12日，在伦敦召开的英联邦总理会议上，英联邦各国探讨了"科伦坡计划"行动层面的金融议题。英国、加拿大、澳大利亚和新西兰四国联合筹划了总额为4.5亿英镑的外部资金支持。[①] 此时，东南亚区域非英联邦国家及其他政治实体加入"科伦坡计划"的呼声日益强烈。在此种有利形势下，从1月中旬开始，锡兰政府相继向澳大利亚、英国、巴基斯坦、印度、加拿大、新西兰英联邦六国和美国、泰国、菲律宾、柬埔寨、南越、老挝、缅甸、印度尼西亚等非英联邦国家发出会议邀请，确定将于1951年2月12日在科伦坡举行第三届协商委员会会议。该协商委员会重新定名为南亚东南亚经济及社会发展协商委员会会议。此次会议主要是按照协商委员会伦敦会议的安排讨论"科伦坡计划"经济发展项目的早期行动。此次会议设置的议程主要包括：评估上次协商委员会召开以来各国的行动进展；该区域已同意但未加入该计划的非英联邦国家的立场和看法；与国际复兴开发银行的关系；该区域外部希望参加该计划的非英联邦国家的立场和看法；保持持续协商的未来组织等。[②] 截至1951年1月17日，印度尼西亚、缅甸、泰国、菲律宾、柬埔寨、老挝、越南（南越）及马来亚、新加坡、

[①] "Letter from Menzies to Gaitskell," London, 17 January 1951, in Australian Department of Foreign Affairs and Trade, *Documents on Australian Foreign Policy*, Vol. 24: *Australia and the Colombo Plan*, 1949–1957, Document 137, https://www.dfat.gov.au/about-us/publications/historical-documents/Pages/volume-24/137-Letter-from-Menzies-to-Gaitskell.

[②] "Cablegram from Government of Ceylon to Australian Government," Colombo, 16 January 1951, in Australian Department of Foreign Affairs and Trade, *Documents on Australian Foreign Policy*, Vol. 24: *Australia and the Colombo Plan*, 1949–1957, Document 136, https://www.dfat.gov.au/about-us/publications/historical-documents/Pages/volume-24/136-Cablegram-from-Government-of-Ceylon-to-Australian-Government.

北婆罗洲、沙捞越等英国东南亚属地均希望参加"科伦坡计划"①。

值得特别注意的是，这次会议新的邀请对象再次突显了"东南亚区域"的地理界定：除了协商委员会使用"南亚东南亚"的名号和以东南亚国家为重点邀请对象外，还拒绝了法国和荷兰的参加。此前，法国和荷兰已经表示支持"科伦坡计划"并愿意加入其中。英国政府也希望两国加入进来。但锡兰政府考虑到"科伦坡计划"的地理界定和保证该区域各政府作为整体"首先"接受该计划，尤其是要保证与荷兰和法国存在严重争执和冲突的印度尼西亚和印度支那国家参加，最终以"时机不合适"为由做出暂不邀请两国的决定。②在科伦坡会议召开前夕，澳大利亚代表团确定了会议的指导方略，主要包括：全体会议讨论的主题是南亚东南亚区域外部非英联邦国家的加入和金融或经济援助的提供及其监督问题；在全体会议的讨论中，各政府代表团应避免做出有可能引发各代表团纷争的任何声明，并"基于完全平等和独立""以深思熟虑的合作方式"开展工作。澳大利亚首要的关注是促进南亚东南亚经济发展的"合作性协调方法"和该区域内部国家"首要的"和"最重要的"的参与。后者是"科伦坡计划"启动的必要前提条件。③

1951年2月12—20日，"科伦坡计划"新的协商委员会在科伦坡如期举行。除了澳大利亚、英国、加拿大、印度、巴基斯坦、锡兰和新西兰七国代表团以外，作为新成员的美国、柬埔寨和南越三国代表团及作

---

① "Memorandum from Doig to Meere," London, 17 January 1951, in Australian Department of Foreign Affairs and Trade, *Documents on Australian Foreign Policy*, Vol. 24: *Australia and the Colombo Plan*, 1949 – 1957, Document 138, https://www.dfat.gov.au/about-us/publications/historical-documents/Pages/volume-24/138-Memorandum-from-Doig-to-Meere.

② "Letter from Quinn to Symon," London, 8 February 1951, in David Lowe and Daniel Oakman, eds., *Documents on Australian Foreign Policy: Australia and the Colombo Plan*, 1949 – 1957, Document 148, Canberra: Australian Department of Foreign Affairs and Trade, 2004, pp. 320 – 321; "Letter from Symon to Quinn," London, 9 February 1951, in David Lowe and Daniel Oakman, eds., *Documents on Australian Foreign Policy: Australia and the Colombo Plan*, 1949 – 1957, Document 149, Canberra: Australian Department of Foreign Affairs and Trade, 2004, pp. 321 – 323.

③ "Brief for Australian Delegation to the Consultative Committee," Canberra, February 1951, in David Lowe and Daniel Oakman, eds., *Documents on Australian Foreign Policy: Australia and the Colombo Plan*, 1949 – 1957, Document 151, Canberra: Australian Department of Foreign Affairs and Trade, 2004, pp. 326 – 330.

为观察员的缅甸、印度尼西亚、菲律宾和泰国四国代表团参加了会议。国际复兴开发银行受邀派代表与会。老挝被吸纳为新成员，但未派代表团参加。经各成员国政府代表协商，锡兰被一致推举为大会主席国，负责主持这次会议。这次会议取得了几个重要成果，包括美国成为协商委员会的完全成员；菲律宾和国际复兴开发银行与"科伦坡计划"建立联系；除了越南民主共和国以外，东南亚独立国家或成为完全成员或作为观察员均参与"科伦坡计划"发展项目。这是"科伦坡计划"协商委员会的首次大扩员，标志着该计划开始包括非英联邦国家，而不再仅仅是英联邦国家的区域经济发展合作。这次会议在发展援助的行动承诺和后续协商的组织建设上也取得了重要进展。前者主要体现在加拿大政府代表通过协商委员会决定，它将向首个年度"科伦坡计划"提供援助资金2500万美元。这是继澳大利亚和英国之后第三个宣布提供援助资金的成员国。在后续协商组织的建设上，这次协商委员会会议建议，在科伦坡成立一个小型秘书处，服务于协商委员会，为该委员会在举行会议之前就有关具体问题的观点、信息的交换和协调提供便利。在获得金融援助的程序上，这次协商委员会会议的所有与会代表经协商后确定，不排除在特定情况下多个政府联合行动的可能性，但谈判在本质上是双边的。另外，在这次会议上，"科伦坡计划"的重要性得到东南亚国家与会代表的广泛承认。柬埔寨、老挝和南越同意作为完全成员加入协商委员会；缅甸代表承认"科伦坡计划"是帮助该区域经济发展的重要努力，并提出加入的条件，即因为国内政局动荡，缅甸必须聚焦于紧迫的临时问题，并不应干涉其获取和管理来自其他资金援助的权利等；印度尼西亚代表亦表示，其政府相信"科伦坡计划"总体上明显有助于东南亚尤其是印度尼西亚的经济发展，并与缅甸一样，强调满足当下的需要；菲律宾和泰国代表均表示，积极支持"科伦坡计划"[1]。

---

[1] "Report of Consultative Committee," Colombo, 20 February 1951, in David Lowe and Daniel Oakman, eds., *Documents on Australian Foreign Policy: Australia and the Colombo Plan*, 1949 – 1957, Document 152, Canberra: Australian Department of Foreign Affairs and Trade, 2004, pp. 334 – 336; "Notes on Consultative Committee Meeting," Canberra, 2 March 1951, in David Lowe and Daniel Oakman, eds., *Documents on Australian Foreign Policy: Australia and the Colombo Plan*, 1949 – 1957, Document 156, Canberra: Australian Department of Foreign Affairs and Trade, 2004, pp. 341 – 355.

这次科伦坡会议所取得的这些成果和进展为"科伦坡计划"的正式启动提供了重要保障。在会议结束时，美国总统约翰·肯尼迪（John Kennedy）发表声明称，这次会议的结果是有益的，不但展示了各国政府代表之间的热情、兴趣和善意，而且验证了"科伦坡计划"各参与国之间现有的自助和合作的努力以及英国、澳大利亚和加拿大所做出的实质性援助承诺。肯尼迪表示，美国同意协商委员会继续运行，并强调其功能是"协商和咨询的"，不拥有"行动责任"。但美国政府表示，它将与其他援助国"尽最大的可能"通过协商委员会进行协调。[1] 1951年3月6日，美国政府通知澳大利亚政府，决定其在"科伦坡计划"的第一年度向包括菲律宾在内的南亚东南亚国家提供总额3亿美元的援助资金，其中2.5亿美元给予印度、巴基斯坦、锡兰、印度尼西亚、缅甸、泰国和印度支那"整体的南亚东南亚"，另外0.5亿美元单独给予菲律宾。从此，美国开始成为"科伦坡计划"的最大援助国。[2] 1951年7月1日，南亚东南亚各国政府经会商后如期推出原定的六年期经济发展项目和三年期技术合作项目，这标志着"科伦坡计划"正式启动。[3]

按照原有的安排，启动后的"科伦坡计划"由两部分构成：一个是规模较大的项目，即"六年期"的"经济发展项目"（The Economic Development Programme）；另一个是规模较小的项目，即"三年期"的"技术合作项目"（The Technical Cooperation Programme）。在实施过程中，这两部分既在很大程度上彼此独立，又在某种程度上相互补充。在最初的运行中，"经济发展项目"关注的是重大的经济发展计划，如河谷的灌溉

---

[1] "Cablegram from Critchley to Department of External Affairs," Colombo, 22 February 1951, in David Lowe and Daniel Oakman, eds., *Documents on Australian Foreign Policy: Australia and the Colombo Plan*, 1949–1957, Document 153, Canberra: Australian Department of Foreign Affairs and Trade, 2004, pp. 338–339.

[2] "Minute from Doig to Spender," Canberra, 9 March 1951, in David Lowe and Daniel Oakman, eds., *Documents on Australian Foreign Policy: Australia and the Colombo Plan*, 1949–1957, Document 158, Canberra: Australian Department of Foreign Affairs and Trade, 2004, p. 358.

[3] "Cablegram from Critchley to Department of External Affairs to High Commission in New Delhi," Canberra, 29 July 1951, in David Lowe and Daniel Oakman, eds., *Documents on Australian Foreign Policy: Australia and the Colombo Plan*, 1949–1957, Document 185, Canberra: Australian Department of Foreign Affairs and Trade, 2004, p. 399.

与开发、发展水力发电、港口的扩大与改善、运输与通信发展、养殖计划以及以相互商定的大型项目形式提供的类似物质援助的大型方案等。"技术合作项目"仅限于提供奖学金及其他海外学习和观察的机会、就培训和教育的各个方面提供咨询意见的专家、作为培训计划一部分的设备和材料以及根据需要经商定向教育机构或项目提供财政援助等。比如,澳大利亚政府1951年和1952年分别向印度尼西亚提供25项和20项奖学金和研究资助,均来自澳大利亚对技术合作项目的捐款。这些都是"科伦坡计划"奖学金和研究资助。为保证计划的顺利实施,由协商委员会统筹两个机构进行管理,即技术合作理事会和技术援助局,又分别称为"科伦坡计划"理事会和"科伦坡计划"办公室。前者由来自每个参与国的代表组成,主要负责认定各成员国所面临的主要发展议题,并保障协商委员会决定的顺利实施;后者协助技术合作理事会的工作,主要负责该计划具体方案的有效管理和履行。而"科伦坡计划"协商委员会是该计划的最高审议和政策决策机构,由来自成员国的高官组成。就此,"科伦坡计划"在运行中实现了机制化。[①]

"科伦坡计划"启动后,其成员国不断增多。截至1957年,"六年期"的"经济发展项目"到期,尼泊尔(1952)、缅甸(1952)、印度尼西亚(1953)、日本(1954)、菲律宾(1954)、泰国(1954)、马来亚(1957)相继加入,该计划的成员数量达到18个,包括除越南民主共和国以外的所有东南亚区域独立国家。这些国家被统称为"科伦坡计划国家"(Colombo Plan countries),由其构成的"南亚东南亚区域"被称为"科伦坡计划区域"(the Colombo Plan area),包括印度、巴基斯坦、锡兰和尼泊尔组成的"南亚"和缅甸、泰国、印度支那三国、菲律宾、印度尼西亚及马来亚、新加坡、北婆罗洲、沙捞越等英国在东南亚所有属地

---

① "Letter from Department of External Affairs to Indonesian Ministry of Foreign Affairs," Jakarta, 21 December 1951, in Australian Department of Foreign Affairs and Trade, *Documents on Australian Foreign Policy*, Vol. 24: *Australia and the Colombo Plan*, 1949–1957, Document 207, https://www.dfat.gov.au/about-us/publications/historical-documents/Pages/volume-24/207-Letter-from-Department-of-External-Affairs-to-Indonesian-Ministry-of-Foreign-Affairs; Antonin Basch, "The Colombo Plan: A Case of Regional Economic Cooperation," *International Organization*, Vol. 9, No. 1, 1955, pp. 7–8; The Colombo Plan Secretariat, *Colombo Plan for Cooperative Economic and Social Development in Asian and Pacific-Overview*, http://www.colombo-plan.org/index.php/about-cps/overview/.

构成的"东南亚"①。东南亚是"科伦坡计划"中成员最多的次区域。这从一个侧面显示了"科伦坡计划"对于东南亚国家的重要性和吸引力。实际上,"科伦坡计划"作为"迄今世界上历时最长的区域经济合作方案"②和"当今世界上历时最长的区域经济和社会发展合作组织"③,在东南亚区域发展进程中占据着重要的位置,其对东南亚区域合作的演进同样具有十分重要的意义。

"科伦坡计划"实施4年后,其对南亚东南亚区域发展的重要作用日益显现。1955年10月17—20日,第七次协商委员会会议在新加坡举行。这也是该委员会首次在东南亚区域举行全体会议。有来自澳大利亚、缅甸、柬埔寨、加拿大、锡兰、印度、印度尼西亚、日本、老挝、尼泊尔、新西兰、巴基斯坦、菲律宾、泰国、英国、美国、南越,及马来西亚、沙捞越、北婆罗洲和新加坡的160名代表参加。国际复兴开发银行、联合国技术援助委员会、亚远经委会和科伦坡计划局的观察员也出席了会议。这次会议主要是审议和评估协商委员会第四个年度(1955年)"科伦坡计划报告"。该报告显示:(1)在"科伦坡计划"实施第四年里,该区域的大多数国家保持并有少数国家超过了它们以前的经济发展速度。总的来说,国民收入和产出特别是在工业、采矿业生产和发电方面显著增加。该计划开始时通过的一些项目现在不仅已经完成,而且正在产出成果。有利的世界经济条件增加了对该地区产品的需求,并使发展中国家更容易获得它们所需要的资本设备。(2)1954—1955年度,该区域的成员国政府致力于公共部门的发展,投入资金7.52亿英镑,与1953—1954年度的5.42亿英镑相比有明显的增加,它们希望在1955—1956年

---

① "Paper by Department of External Affairs—The Colombo Plan's First Six Years: Australia's Part," Canberra, 23 August 1958, in Australian Department of Foreign Affairs and Trade, *Documents on Australian Foreign Policy*, Vol. 24: *Australia and the Colombo Plan*, 1949 – 1957, Document 299, https://www.dfat.gov.au/about-us/publications/historical-documents/Pages/volume-24/299-Paper-by-Department-of-External-Affairs; The Colombo Plan Secretariat, *Colombo Plan for Cooperative Economic and Social Development in Asian and Pacific-Overview*, http://www.colombo-plan.org/index.php/about-cps/overview/.

② Ademola Adeleke, "Playing Fairy Godfather to the Commonwealth: The United States and the Colombo Plan," *Commonwealth & Comparative Politics*, Vol. 42, No. 3, 2004, p. 396.

③ Ademola Adeleke, "Cocksparrow Diplomacy: Percy Spender, the Colombo Plan and Commonwealth Relations," *Australian Journal of Politics & History*, Vol. 54, No. 2, 2008, p. 184.

度能实现更高的投入。这笔资金支出的大部分由"区域"内各国自己提供。其中 2/5 以上被用于农业、1/4 被用于交通运输业、1/4 被用于社会福利事业。(3)援助国政府、国际复兴开发银行及其他机构提供的大量资金对促进"科伦坡计划"区域各国的发展项目提供了显著和日益有效的援助。这种资本有特殊的价值,因为它可以刺激更大数额的国内投资。①

与会者还认识到,外来私人资本是对各国政府活动的必要补充。这次协商委员会会议讨论表明,尽管各成员国的情况有很大差异,但某些问题对该区域大多数国家来说是共同的。其中最突出的是极其需要增加粮食生产,每年要为该区域增加的 1000 万人提供粮食,并改善现有的生活水平。许多国家的粮食产量已大幅度增加,但还不够多,进一步增加将需要做出相应的更大努力。同样突出的是需要更多的技术和技能,这至少和金融一样是经济进步和社会福利提高的关键。澳大利亚代表自始至终都强调了这一点。据统计,四年来,在各项技术援助计划下,澳大利亚政府已为国外提供了近 7200 个受训学员名额,其中约 2200 个名额是 1954 年提供的;在 1955 年内亦向南亚东南亚国家提供了约 1200 名专家,总数已达 3700 名。会上,亚洲成员国代表表示,他们继续需要外部援助并希望在今后增加援助;甚至那些传统上被视为对接受援助持谨慎态度的国家特别是缅甸、印度尼西亚和印度也明确表示,除非得到国外大量援助,否则它们的发展计划将面临失败的危险。②

从总体上看,"科伦坡计划"的"四年答卷"得到与会代表们的广泛认可。在此次会议所发布的一般性声明中,所有代表都强调"科伦坡计划"迄今为止所取得的成功,并保证本国政府支持该计划的继续执行。代表们多次提到"科伦坡计划"运作的"大家庭"性质、其非正式性及

---

① "Paper by Department of External Affairs," Canberra, 9 November 1955, in Australian Department of Foreign Affairs and Trade, *Documents on Australian Foreign Policy*, Vol. 24: *Australia and the Colombo Plan*, 1949–1957, Document 298, https://www.dfat.gov.au/about-us/publications/historical-documents/Pages/volume-24/298-Paper-by-Department-of-External-affairs.

② "Paper by Department of External Affairs," Canberra, 9 November 1955, in Australian Department of Foreign Affairs and Trade, *Documents on Australian Foreign Policy*, Vol. 24: *Australia and the Colombo Plan*, 1949–1957, Document 298, https://www.dfat.gov.au/about-us/publications/historical-documents/Pages/volume-24/298-Paper-by-Department-of-External-affairs.

其将各国团结在一起共同努力和加强东西方之间尊重与理解的政治工具价值。泰国代表称,"科伦坡计划"是"一个被证明有价值的制度。它需要所有成员国的合作和牺牲,以使该计划取得成功,并证明许多国家目标的一致……无论如何,科伦坡计划是一个为南亚东南亚人民服务的机构,他们仍然需要友好的帮助和建议,以便他们能够及时享受到足够高水平的物质和文化进步。"新西兰代表表示:"科伦坡计划促进了我们之间的兄弟情谊,在这些国家存在误解和不信任的日子里,这是实现国际和谐与繁荣的一种令人耳目一新的一股至关重要的力量。"澳大利亚外交部长理查德·凯西(Richard G. Casey)认为,尽管"科伦坡计划"提供的援助相对较少,却有助于经济和技术进步,受援方对此亦表示欢迎。这不仅是因为它本身的重要性,而且是因为它造成了这样一种感觉,即各国所面临的任务不应单独处理。基于这些成果和认识,这次协商委员会会议做出一个重要决定,即同意"科伦坡计划"的实施期限应延长4年,即持续到1961年6月30日,该委员会应在1959年会议上审议该计划的未来情况。协商委员会认识到,原定的1957年6月30日这一日期已不再具有任何特殊意义,南亚东南亚国家的发展项目将在今后许多年内继续实施。会上,澳大利亚等成员国保证以不少于现有的规模继续向该区域国家的发展项目提供金融援助。[①]

那么,"科伦坡计划"的实施对东南亚区域发展的实际贡献到底如何?我们先从1957年8月澳大利亚外交及贸易部发布的《科伦坡计划的第一个六年:澳大利亚部分》报告来看。这份报告还吸纳了协商委员会第五个年度(1956)"科伦坡计划"报告的部分内容。这份报告从整体的"科伦坡计划区域"和"科伦坡计划国家"国别两个层面评估了1951年7月1日至1957年6月30日期间"科伦坡计划"的进展情况。在整体的

---

① "Paper by Department of External Affairs," Canberra, 9 November 1955, in Australian Department of Foreign Affairs and Trade, *Documents on Australian Foreign Policy*, Vol. 24: *Australia and the Colombo Plan*, 1949 – 1957, Document 298, https://www.dfat.gov.au/about-us/publications/historical-documents/Pages/volume-24/298-Paper-by-Department-of-External-affairs; "Paper by Department of External Affairs—The Colombo Plan's First Six Years: Australia's Part," Canberra, 23 August 1958, in Australian Department of Foreign Affairs and Trade, *Documents on Australian Foreign Policy*, Vol. 24: *Australia and the Colombo Plan*, 1949 – 1957, Document 299, https://www.dfat.gov.au/about-us/publications/historical-documents/Pages/volume-24/299-Paper-by-Department-of-External-Affairs.

区域层次方面,该报告指出,经济发展是一个缓慢的过程,特别是在某些资金、设备和技术技能必须从其他国家引进的情况下,但"科伦坡计划国家"金融和技术援助的成果已开始显现,主要表现在增加重点产业的生产(包括长期建设的第一产业和被选定优先发展的第二产业);整个地区的基本粮食作物产量大幅度增加。比如,近年来,天然橡胶的产量达到了创纪录的水平。这可以从1951年7月以来各主要商品类别的进展情况中得到证实。据统计测算,1951—1957年,谷物、小麦、稻米、原糖、椰仁干、锡精矿和天然橡胶等主要商品的产量均有不同程度的增长(见表3-1)。该报告援引协商委员会第五年度(1956)"科伦坡计划"报告指

表3-1　"科伦坡计划"区域主要商品生产情况(1951—1957)　　(万吨)

	1951—1952	1952—1953	1953—1954	1954—1955	1955—1956	1956—1957
谷物	–	4643	5130	5603	5380	5172
玉米	–	5612	6145	4980	5876	–
小麦	11968	10510	11302	13275	13610	13313
稻米	83759	90581	97439	90627	96041	–
小米/高粱	–	14474	17809	17572	15222	–
原糖	3300	3170	3297	3724	4130	–
椰仁干	2238	2011	2206	328	2395	–
黄麻	1966	2040	1006	1007	1738	–
	1951	1952	1953	1954	1955	1956
锡精矿	100	104	103	108	116	106
天然橡胶	1779	1680	1612	1686	1785	1742

说明:此表格中各商品统计年度有差异。

资料来源:"Paper by Department of External Affairs—The Colombo Plan's First Six Years: Australia's Part," Canberra, 23 August 1958, in Australian Department of Foreign Affairs and Trade, *Documents on Australian Foreign Policy*, Vol. 24: *Australia and the Colombo Plan*, 1949 – 1957, Document 299, https: // www. dfat. gov. au/about-us/publications/historical-documents/Pages/volume-24/299-Paper-by-Department-of-External-Affairs.

出,并非"科伦坡计划区域"所有国家都处于同一发展阶段。有些已经从事了几年的战后改造,直到现在才能制订出全面的发展计划;其他一些国家在交通、电力、灌溉等基本服务方面取得了足够的进展,它们现在可以继续进行工业扩张,而这正是发展活动加强所依赖的。因此,在现阶段,关于该区域的进展应衡量公共投资的增长,而不是产出的增长。从这个角度上看,"科伦坡计划区域"所有国家的公共投资六年来均有明显增长。[①]

从年度公共投资上看,1951—1957年,缅甸、菲律宾、印度尼西亚、泰国、马来亚、北婆罗洲、沙捞越、新加坡、柬埔寨、老挝和南越等东南亚国家和地区各年度都有不同程度的增长,其中缅甸、菲律宾、马来亚、印度尼西亚和泰国分别增长约34.38%、360.37%、166.67%、77.72%和38.46%(见表3-2)。基于此,该报告指出,如果不是过去六年里人口的增长(约10%),公共部门支出增加的影响就会更大。用协商委员会第五个年度"科伦坡计划"报告的话来说就是:"虽然精确的衡量是不可行的,但对经济指标的审查表明,国民收入继续略高于人口增长率。"这显示了"科伦坡计划成员"在经济发展计划方面"所做出的很大努力已经取得适度的成就"[②]。

表3-2 "科伦坡计划"东南亚国家/地区公共投资情况(1951—1957) (百万英镑)

	1950—1951	1951—1952	1952—1953	1953—1954	1954—1955	1955—1956	1956—1957
缅甸	6.4	8.0	7.9	18.6	10.6	7.0	8.6
菲律宾	16.4	22.3	24.1	28.8	30.7	56.3	75.5

---

① "Paper by Department of External Affairs—The Colombo Plan's First Six Years: Australia's Part," Canberra, 23 August 1958, in Australian Department of Foreign Affairs and Trade, *Documents on Australian Foreign Policy*, Vol. 24: *Australia and the Colombo Plan*, 1949 - 1957, Document 299, https://www.dfat.gov.au/about-us/publications/historical-documents/Pages/volume-24/299-Paper-by-Department-of-External-Affairs.

② "Paper by Department of External Affairs—The Colombo Plan's First Six Years: Australia's Part," Canberra, 23 August 1958, in Australian Department of Foreign Affairs and Trade, *Documents on Australian Foreign Policy*, Vol. 24: *Australia and the Colombo Plan*, 1949 - 1957, Document 299, https://www.dfat.gov.au/about-us/publications/historical-documents/Pages/volume-24/299-Paper-by-Department-of-External-Affairs.

续表

	1951	1952	1953	1954	1955	1956	1957
北婆罗洲	1.7	2.6	1.7	1.9	2.5	2.5	-
沙捞越	1.1	1.4	2.3	2.9	2.1	2.9	4.3
马来亚	1.2	1.7	2.1	2.0	2.1	3.2	-
新加坡	0.15	0.19	0.26	0.33	0.65	0.71	0.85
柬埔寨	-	1.08	1.47	1.13	1.36	1.24	-
印度尼西亚	20.2	32,6	28.5	34.4	31.3	35.9	-
老挝		0.89	1.46	1.75	0.53	3.17	-
泰国	14.6	14.4	15.3	22.1	17.1	21.6	-
南越	-	19.7	3.38	3.46	3.85	-	-

说明：此表格中国家和地区对投资的统计年度有差别。

资料来源："Paper by Department of External Affairs—The Colombo Plan's First Six Years: Australia's Part," Canberra, 23 August 1958, in Australian Department of Foreign Affairs and Trade, *Documents on Australian Foreign Policy*, Vol. 24: *Australia and the Colombo Plan*, 1949 – 1957, Document 299, https://www.dfat.gov.au/about-us/publications/historical-documents/Pages/volume-24/299-Paper-by-Department-of-External-Affairs.

从外部援助来看，对"科伦坡计划成员"的援助有多种形式，包括资本援助、技术援助、联合国机构及非政府组织援助和该区域内部相互援助等。澳大利亚政府的《科伦坡计划的第一个六年》报告统计显示，截至1956年6月底，美国、澳大利亚、加拿大、英国和新西兰对"科伦坡计划成员"的援助金额分别约为20亿美元、1.68亿美元和1850万（澳大利亚）英镑、8000万英镑、280万英镑。在技术援助方面，澳大利亚政府的《科伦坡计划的第一个六年》报告统计显示，截至1957年6月底，"科伦坡计划"已向其成员提供10453项培训资助和2241项专家援助，其中，东南亚区域接受的技术培训和专家数分别为6197人次和1216人次，分别占总人数的59.28%和53.55%（见表3 - 3）。另外，截至1956年12月31日，"科伦坡计划"向其成员提供的研究设备、培训和健康服务总价值达127.7万英镑。自"科伦坡计划"实施以来，"科伦坡计划区域"内部相互援助也有了实质性的增长。截至1956年12月底，在培训资助方面，印度和其他成员提供了591项，占同期所有成员总数的约10%。东南亚国家成为该"科伦坡计划"援助项目的最大获益群体。①

表3-3　　　"科伦坡计划"技术援助情况（1951—1957）　　　（项）

	澳大利亚		美国		其他国家		联合国	
	培训	专家	培训	专家	培训	专家	培训	专家
文莱	7	-	-	-	-	-	1	6
缅甸	185	6	90	154	266	29	282	462
柬埔寨	8	5	19	37	7	6	38	82
锡兰	166	49	4	9	647	213	113	343
印度	241	14	666	277	770	125	635	714
印度尼西亚	492	19	1187	149	325	26	273	496
老挝	1	4	7	32	11	2	38	49
马来亚	248	57	-	-	143	17	45	70
尼泊尔	7	-	45	37	301	1	24	59
北婆罗洲	69	6	-	-	24	11	5	35
巴基斯坦	222	42	411	167	776	91	399	613
菲律宾	91	3	1245	237	108	-	190	230
沙捞越	53	4	-	-	30	6	9	22
新加坡	122	19	-	-	36	6	21	33
泰国	83	5	1021	173	74	17	332	392
南越	46	4	138	177	61	5	28	82
总计	2041	237	4833	1449	3579	585	2433	3688

资料来源："Paper by Department of External Affairs—The Colombo Plan's First Six Years: Australia's Part," Canberra, 23 August 1958, in Australian Department of Foreign Affairs and Trade, *Documents on Australian Foreign Policy*, Vol. 24: *Australia and the Colombo Plan*, 1949-1957, Document 299, https://www.dfat.gov.au/about-us/publications/historical-documents/Pages/volume-24/299-Paper-by-Department-of-External-Affairs.

① "Paper by Department of External Affairs—The Colombo Plan's First Six Years: Australia's Part," Canberra, 23 August 1958, in Australian Department of Foreign Affairs and Trade, *Documents on Australian Foreign Policy*, Vol. 24: *Australia and the Colombo Plan*, 1949-1957, Document 299, https://www.dfat.gov.au/about-us/publications/historical-documents/Pages/volume-24/299-Paper-by-Department-of-External-Affairs.

从"科伦坡计划区域"成员层次的发展计划来看,多数成员的首要问题是恢复被战争破坏的经济。在缅甸,一项新的"四年计划"正在考虑之中,其重点是运输和通信、燃料和电力等基本服务和农业。该计划草案中的外汇部分约占总支出的22%。缅甸从美国和印度以及国际复兴开发银行获取对港口和铁路的贷款。在首期"科伦坡计划"技术援助中,澳大利亚和其他"科伦坡计划成员"为缅甸提供541项培训资助和189项专家援助;联合国提供了462项专家援助和282项培训资助;美国福特基金会为缅甸公共服务、工业和教育服务提供了管理方面的专家。泰国正在各部门的控制下执行一系列发展方案,其中包括发展运输、灌溉、通信和电力等基础设施和实施农业多样化的计划。在外部援助方面,美国提供了价值约7400万美元的资本援助,其中4400万美元是以商品形式提供的,出售这些商品获得的收益被用作发展的内部成本。1950—1956年,国际复兴开发银行为泰国的灌溉、港口发展和铁路提供贷款,总额近2000万澳大利亚英镑。[①] 在首个十年中,"科伦坡计划"对缅甸援助项目的一个重大进展是伯鲁河(Balu Chaung)水电站。该项目于1960年4月建成后使缅甸发电装机能力提高80%。[②]

印度尼西亚在一项新的"五年计划"(1956—1961)中启动了一些发展项目,其中公共开支将分配到经济的所有主要部门。然而,持续的通货膨胀状况和不断下降的外汇储备阻碍了印度尼西亚的发展,其重点被放在节省外汇的项目和其他赚取外汇的项目上。在外部援助方面,美国帮助印度尼西亚从"科伦坡计划成员"中获得大部分援助,到1956年6月,用于技术援助的拨款共计4100万美元;美国进出口银行提供了1亿美元的贷款。在过去一年左右的时间里,农业商品的销售产生了近1亿美元的收益。澳大利亚提供了资本援助,并与美国、锡兰、印度、巴基

[①] "Paper by Department of External Affairs—The Colombo Plan's First Six Years: Australia's Part," Canberra, 23 August 1958, in Australian Department of Foreign Affairs and Trade, *Documents on Australian Foreign Policy*, Vol. 24: *Australia and the Colombo Plan*, 1949 – 1957, Document 299, https://www.dfat.gov.au/about-us/publications/historical-documents/Pages/volume-24/299-Paper-by-Department-of-External-Affairs.

[②] The Colombo Plan Secretarat, *The Story of the Colombo Plan: Resource of Book* 2012, Colombo, 2012, p. 26, https://colombo-plan.org/wp-content/uploads/2020/03/22-The-Story-of-the-Colombo-Plan.pdf.

斯坦、新西兰和印度尼西亚一起提供了技术援助。在首期"科伦坡计划"技术援助中，印度尼西亚接受了"科伦坡计划成员"和联合国提供的2312项培训资助和1130名专家援助。菲律宾在1948年开始了战后复兴计划。1950年，菲律宾通过了一项新的农业和工业发展计划。目前，正在考虑一项"五年计划"（1956—1957年度至1960—1961年度），其目的是提高生产、就业和实际收入水平，重点是均衡增长。在外部援助方面，其资本援助几乎完全由美国提供。1951—1956年，其价值估计约为2亿美元，其中一半是赠款。美国和其他"科伦坡计划成员"与联合国一起，为470名外国专家的海外培训和服务提供了1634项奖励，其中仅美国就提供了1245项培训资助和237项专家援助。①

柬埔寨制订了一项1956—1957年的"两年计划"，旨在提供经济和社会的基本设施，增加水稻产量，并完成对国家资源的调查，以此作为今后规划的先决条件。在该计划下约3500万英镑的支出中，有2/3将用于农业和灌溉以及运输和通信。在外部援助方面，美国、澳大利亚和法国提供了资本援助；加拿大、新西兰、美国、英国和澳大利亚提供了技术援助；柬埔寨获得了来自"科伦坡计划成员"和联合国的72项培训资助和130项专家援助。这些援助中有很大一部分是在运输和通信领域。法国正在建设新的康邦港（Kampong-Son），美国也在帮助其修建公路。老挝政府正在收集数据，以便制订第一个经济发展"五年计划"，其早期的发展重点将是运输、农业和教育。老挝在万象和萨凡纳赫特已建立了新的技术学院。在外部援助方面，美国为发展目的捐助了4800万美元，主要用于通信服务；法国和澳大利亚也提供了资本援助。在首期"科伦坡计划"技术援助中，老挝已获得"科伦坡计划成员"和联合国的57项培训资助和87项专家援助。在南越，自1954年以来，其主要问题是恢复生产能力和建立新的金融结构，以取代原来连接越南、柬埔寨、老挝和法国的"四方制度"。南越已开始实施"两年工业计划"和"三年农业计

---

① "Paper by Department of External Affairs—The Colombo Plan's First Six Years: Australia's Part," Canberra, 23 August 1958, in Australian Department of Foreign Affairs and Trade, *Documents on Australian Foreign Policy*, Vol. 24: *Australia and the Colombo Plan*, 1949 – 1957, Document 299, https://www.dfat.gov.au/about-us/publications/historical-documents/Pages/volume-24/299-Paper-by-Department-of-External-Affairs.

划"。在首期"科伦坡计划"技术援助中,美国和法国的大量援助使南越抵消了外汇收入及消费品不足的影响;澳大利亚等国和联合国提供了273项培训资助和268项专家援助。①

在马来亚,其经济发展规划将主要以国际复兴开发银行代表团的报告为基础。该报告强调,政府必须采取行动,刺激私人投资,提高公共投资率,以在人口增长率异常高的情况下维持和提高生活水平。在外部援助方面,英国主要以贷款的形式向马来亚提供了大部分援助;英国、澳大利亚和联合国一直都是马来亚技术援助的主要来源。在首期"科伦坡计划"技术援助中,马来亚获得了来自"科伦坡计划成员"和联合国的436项培训资助及144项专家援助。北婆罗洲的发展重点一直是农业,特别是排水和灌溉以及通信服务。1955年,北婆罗洲成立了一家初始资本为100万英镑的信贷公司,以鼓励私人投资。在外部援助方面,英国、美国、澳大利亚、新西兰、加拿大和联合国提供了技术援助,包括98项培训资助和52项专家援助。在沙捞越,根据其1955—1960年的发展计划,主要集中于改善交通和通信、农业多样化、消灭疟疾和扩大教育设施。在外部援助方面,截至1955年底,沙捞越根据"联合王国殖民地发展和福利法"获得了英国资本援助970万美元;澳大利亚、新西兰、加拿大和联合国提供了92项培训资助和32项专家援助。新加坡正在集中精力改善住房、公用事业、教育和保健服务,同时制定一项全面的发展项目。在首期"科伦坡计划"技术援助中,英国提供了贷款和赠款;澳大利亚等国和联合国提供了179项培训资助和58项专家援助。②

---

① "Paper by Department of External Affairs—The Colombo Plan's First Six Years: Australia's Part," Canberra, 23 August 1958, in Australian Department of Foreign Affairs and Trade, *Documents on Australian Foreign Policy*, Vol. 24: *Australia and the Colombo Plan*, 1949 – 1957, Document 299, https://www.dfat.gov.au/about-us/publications/historical-documents/Pages/volume-24/299-Paper-by-Department-of-External-Affairs.

② "Paper by Department of External Affairs—The Colombo Plan's First Six Years: Australia's Part," Canberra, 23 August 1958, in Australian Department of Foreign Affairs and Trade, *Documents on Australian Foreign Policy*, Vol. 24: *Australia and the Colombo Plan*, 1949 – 1957, Document 299, https://www.dfat.gov.au/about-us/publications/historical-documents/Pages/volume-24/299-Paper-by-Department-of-External-Affairs.

1959年8月，英国政府内部在讨论"科伦坡计划"的未来及期限时认为，该计划作为西方"帮助"南亚东南亚区域欠发达国家的"真实的和非政治的努力"是"成功的"，以至于它不仅在南亚东南亚"受到欢迎"，而且在许多西方国家同样获得"某种情感上的声望"。鉴于此，英国政府决定将"科伦坡计划"延长五年，并得到1959年11月在雅加达召开的"科伦坡计划"协商委员会第11次年度会议的确认。[①] 这次会议有来自澳大利亚、缅甸、柬埔寨、加拿大、印度、印度尼西亚、日本、老挝、马来亚、尼泊尔、新西兰、巴基斯坦、菲律宾、泰国、英国、美国和南越全体成员及沙捞越、北婆罗洲代表的参加。此次会议对"科伦坡计划"一年的进展情况进行了评估，肯定了"科伦坡计划成员""经济活动迅速发展的令人满意的事实"和"技术协作是有效的"，认为在该区域内外"科伦坡计划成员已经成为千百万人民发展经济愿望的象征"。据此，这次会议决定，该计划将从1961年起再延长五年，并商定1964年的协商委员会会议将再行考虑"科伦坡计划"进一步延长的期限。[②]

"科伦坡计划"的持续展开所引发的另一个重大变化是，其"领导国"亦很快从英国和澳大利亚转移到美国。据统计，截至1960年底，在该计划技术援助下，援助国提供的专业技术培训共计12313人次，提供专家1485人次。[③] 另据统计，在1950—1960年的十年间，经由"科伦坡计划"，有21000名来自亚洲的技术人员在母国之外受到免费培训，其中美国提供资金和设备进行免费培训的有10900人次[④]；从美国1951年加入"科伦坡计划"到1958年，它通过该计划向南亚东南亚区域提供的援助

[①] Shigeru Akita, "The Transformation of the Colombo Plan and the Sterling Area in the Late 1950s and Early 1960s," in Shigeru Akita, Gerold Krozewski, et al., eds., *The Transformation of the International Order of Asia: Decolonization, the Cold War, and the Colombo Plan*, New York: Routledge, 2015, pp. 120 – 121.

[②]《科伦坡计划组织咨询委员会第十一次年会会议公报》，载《南洋资料译丛》1960年第1期，第140—141页。

[③] G. M. Bryant, "The Colombo Plan: A Decade of Co-operation," *The Australian Quarterly*, Vol. 33, No. 2, 1961, p. 16.

[④] The Colombo Plan Secretarat, *The Story of the Colombo Plan: Resource of Book 2012*, Colombo, 2012, p. 26, https://colombo-plan.org/wp-content/uploads/2020/03/22-The-Story-of-the-Colombo-Plan.pdf.

金额超过30亿美元,占"科伦坡计划"同期对该区域援助资金总额的85%。① 而截至1959年6月,英国对"科伦坡计划成员"提供的实际援助资金为2.02亿英镑,其中对马来亚及婆罗洲的援助资金为6289万英镑,明显低于同期美国的援助资金。② 正是美国所拥有的这一优势地位使之试图推动"科伦坡计划"的"强制度"安排,以更好地服务于其总体的南亚东南亚乃至整个亚洲的区域战略。

二 "科伦坡计划"强制度化的失败和规范的连续性

在实际执行中,"科伦坡计划"遵循原来的制度安排,并形成了三个明显的自身特性。第一,实用性议题导向。"科伦坡计划"之所以能够长期续存,最重要的原因就是其合作议题迎合了东南亚各国的实际需要。战后,东南亚新独立的发展中国家普遍存在资金短缺、技术与教育落后、经济发展严重依赖外部资源等问题。因此,它们渴望通过获取外部资金、先进技术和管理方法,促进经济发展。通过"科伦坡计划",东南亚国家的这些需求在一定程度上得到了满足。据统计,在该计划实施的前10年间,所有援助国提供的援助资金总额约为22.5亿美元,占整个受援国经济发展新的实际资金投入的1/4。这些资金关注受援国最重要和最紧迫的需要,包括增加粮食生产、农业原料和电力生产;改善运输、通信和一些工业发展以及健康、教育和居住状况等。另外,南亚和东南亚各国亦不断采取措施提供相互援助,为各国计划的实施提供了急需的大部分资金,从而为"科伦坡计划"注入了"南南合作"的成分。从这个角度上讲,"科伦坡计划"取得了巨大的成功。③ 为此,"科伦坡计划"秘书处

---

① United States Department of State, *Foreign Relations of the United States Diplomatic Papers*, 1958 – 1960, Vol. 16: *East Asia-Pacific Region; Cambodia; Laos*, Washington, D. C.: United States Government Printing Office, 1992, p. 42.

② Shigeru Akita, "The Transformation of the Colombo Plan and the Sterling Area in the Late 1950s and Early 1960s," in Shigeru Akita, Gerold Krozewski, et al., eds., *The Transformation of the International Order of Asia: Decolonization, the Cold War, and the Colombo Plan*, New York: Routledge, 2015, pp. 116 – 117.

③ 孙建党:《科伦坡计划及其对战后东南亚的经济发展援助》,载《东南亚研究》2006年第2期,第22—25页。

将之称作"最早的南南合作"实践。① 布赖恩特（G. M. Bryant）指出，由于发达国家经济与社会发展的"此种类型的国际合作战前几乎不存在，科伦坡计划由此做了开创性工作"②。"科伦坡计划"的这种实用性议题导向抑制了英国将议题范围拓展到安全议题上的企图③，这是该计划得以持续运行的关键。

第二，"软制度"运行机制。从制度框架上看，"科伦坡计划"是一种"适宜的、非强制的管理安排"④，体现出一种"软制度"特征；从组织结构来看，协商委员会和技术合作理事会作为其主要机构缺乏任何组织内聚性；从功能上看，这些机构缺乏任何行政权威，其决策程序基于非正式、协商和全体一致之上。⑤ 协商委员会作为"科伦坡计划"的最高协商机构，并不做出积极的决定，它只是为吸引双边援助提供一个"聚焦点"，为出版涉及发展方案及其执行进度、评估外部资金需要等详细内容的年度报告提供一个"工具"，为"科伦坡计划区域"成员获取外部援助而系统化其经济发展方法提供一种"激励"，为关于经济发展问题的非正式讨论提供一种"论坛"。实际上，"科伦坡计划"在管理经济发展援助中只是一个"区域协调者"（regional coordinator）⑥。这样，在实际运行中，"科伦坡计划"既能维护所有参与者之间互助这一"基本精神"，又能保持南亚东南亚经

---

① The Colombo Plan Secretarat, *The Story of the Colombo Plan: Resource of Book* 2012, Colombo, 2012, p. 26, https://colombo-plan.org/wp-content/uploads/2020/03/22-The_Story_of_the_Colombo_Plan.pdf.

② G. M. Bryant, "The Colombo Plan: A Decade of Co-operation," *The Australian Quarterly*, Vol. 33, No. 2, 1961, p. 8.

③ Amitav Acharya, *The Making of Southeast Asia: International Relations of a Region*, Singapore: ISEAS Publishing, 2012, p. 132.

④ Daniel Oakman, *Facing Asia: A History of the Colombo Plan*, Canberra: Pandanus Book, 2004, p. 274.

⑤ Ademola Adeleke, "Ties without Strings? The Colombo Plan and the Geopolitics of International Aid," Ph. D. Dissertation, University of Toronto, 1996, p. 269.

⑥ United States Department of State, *Foreign Relations of the United States Diplomatic Papers*, 1952-1954, Vol. 12: *East Asia and the Pacific* (*in two parts*), Part 1, Washington, D. C.: United States Government Printing Office, 1984, p. 308.

济发展所需外部援助的"双边协议聚集体"① 作用。

"科伦坡计划"的"软制度"亦孕育了其包容性特征。这一方面表现在其多边与双边的共存和互动上。"科伦坡计划"是多边启动的，而协商委员会等组织机构为之实施提供了制度基础，但实际上它仍然保持着一种非正式的、灵活的双边安排形式，以至于双边援助在其中占据着核心位置。这样"科伦坡计划""本质上是一系列带有多边背景的双边援助协定"②。另一方面，这种包容性体现在其成员的地位上。"科伦坡计划"强调"自助"和"互助"，淡化参与国的"援助者"和"受援者"的区分，"至少在象征意义上拥有尊重亚洲国家的完整性和保护其主权意识的优点"，由此，"通过将亚洲国家视作潜在援助者，该计划事实上增强了它们在国际社会中的声誉"③。"科伦坡计划"的这些特性在协商委员会雅加达会议公报中再次予以确认。该公报称，"科伦坡计划区域"并不是一个情况一致的区域，该区域的许多国家在地理条件上和民族特性上各不相同，它们处于不同的经济发展阶段，每个国家都急于完成根据其自身的历史、文化遗产及传统和其认为符合自身民族利益所提出的任务。该公报强调，虽然这些国家的问题各不相同，但所有这些国家都在努力从事经济建设；从这个意义上讲，这些国家的总的愿望是一致的。该公报强调，"科伦坡计划区域"的成员必须自力更生，应把国外援助视作国内基本力量的补充；"科伦坡计划"的援助是双边的，其协商委员会提供了就整个区域的经济建设和援助问题交换意见的机会。也就是说，"科伦坡计划"协商委员会的讨论提供了一种原则，该区域以外的每个成员都可以根据这种原则决定提供援助的形式和办法，以使这种援助能够收到最大的效果；同时，该区域的国家有机会考虑如何通过技术训练和在克

---

① Shigeru Akita, "The Transformation of the Colombo Plan and the Sterling Area in the Late 1950s and Early 1960s," in Shigeru Akita, Gerold Krozewski, et al., eds., *The Transformation of the International Order of Asia: Decolonization, the Cold War, and the Colombo Plan*, New York: Routledge, 2015, pp. 122-123.

② David Lowe, "The Colombo Plan and 'Soft' Regionalism in the Asia-Pacific: Australian and New Zealand Cultural Diplomacy in the 1950s and 1960s," Working Paper No. 1, Alfred Deakin Research Institute, Deakin University, April 2010, p. 8.

③ Ademola Adeleke, "Ties without Strings? The Colombo Plan and the Geopolitics of International Aid," Ph. D. Dissertation, University of Toronto, 1996, pp. 78, 290.

服经济建设中各种特殊问题时所获得的经验进行相互帮助。①

在实际运行中,"科伦坡计划"在多边框架下倡导"相互合作",不仅加深了彼此间的经济联系,而且培育了一种新的公共关系,即公共外交或早期的"软区域主义"(soft regionalism)。② 这也是南亚东南亚非英联邦国家积极加入其中的主要原因。正是由于非英联邦国家的参加和亚洲成员的积极参与,"科伦坡计划"的"英联邦特性在很大程度上消失了"③。1961 年 10 月,英国财政部对"科伦坡计划"实施十年的成效做出总体评估后认为,其成就主要有三点:一是该计划中的成员在十年间从最初的英联邦国家的聚会快速增加到包括南亚东南亚的绝大部分国家;二是该计划的双边援助程序便利了援助国和受援国之间持续的联系;三是该计划下主要来自发达国家的资本援助为参与成员提供了"必需的最低限度的援助流量"。为此,"科伦坡计划"已成为当时国家和国际组织援助机构"虽小但意义重大的组成部分"④。"科伦坡计划"的这些"优点"不但可以超越权力的不对称性从而赋予澳大利亚等新兴的区域大国领导地位,而且可以让大量中小国家在其中扮演重要角色。为此,斯彭德认为,"科伦坡计划"的实施提供了"澳大利亚作为小国依然可以影响历史的戏剧般的范例"⑤。

第三,开放的"跨区域"建构。"科伦坡计划"既是由实用性议题导向的,又具有一定的区域认同色彩。"科伦坡计划"的"软制度"及其包

---

① 《科伦坡计划组织咨询委员会第十一次年会会议公报》,载《南洋资料译丛》1960 年第 1 期,第 144—145 页。

② David Lowe, "The Colombo Plan and 'Soft' Regionalism in the Asia-Pacific: Australian and New Zealand Cultural Diplomacy in the 1950s and 1960s," Working Paper No. 1, Alfred Deakin Research Institute, Deakin University, April 2010, p. 16.

③ United States Department of State, *Foreign Relations of the United States Diplomatic Papers*, 1952 - 1954, Vol. 12: *East Asia and the Pacific* (in two parts), Part 1, Washington, D. C.: United States Government Printing Office, 1984, p. 309.

④ Shigeru Akita, "The Transformation of the Colombo Plan and the Sterling Area in the Late 1950s and Early 1960s," in Shigeru Akita, Gerold Krozewski, et al., eds., *The Transformation of the International Order of Asia: Decolonization, the Cold War, and the Colombo Plan*, New York: Routledge, 2015, pp. 124 - 125.

⑤ Sir Percy Spender, *Exercises in Diplomacy: The ANZUS Treaty and the Colombo Plan*, Sydney: Sydney University Press, 1969, p. 200.

容性特征使之成为二战后东南亚区域开放性建构的主要制度框架和实践进程。这一方面体现在"科伦坡计划""帮助南亚和东南亚国家实现社会和经济进步"的核心目标,并通过召集"区域会议""协商"行动方案,从而赋予其某种特定的区域成分。[1] 另一方面体现在新兴区域大国始终在其中处于领导地位,成为该计划产生和发展的持续的推动力量。这些国家不但将南亚东南亚视作亚洲的"特定区域",而且以"介入亚洲"的跨区域政策为导向,通过与亚洲国家的持续互动支持其"构建区域身份",进而建构起一个更大的区域认同——"太平洋区域"。处于此种地位的澳大利亚表现得最为明显。就连姗姗来迟的美国政府官员在"科伦坡计划"实施不到两年后也承认,东南亚国家因担心获取外部援助时受到援助国支配而希望增强其需求的总体区域意识。因此,他们认为,美国政府与联合国机构讨论管理对东南亚国家的援助项目时,首先必须确定"扩大区域意识和增强包括美国援助在内的对外援助可接受度的最合适的技巧"[2]。

鉴于此,"科伦坡计划"作为"太平洋主义"框架内首个以东南亚为核心地理指向,并将太平洋和亚洲联结在同一个组织和机制安排的跨区域实践进程,从区域意识和地理范围上触发了基于"东南亚区域"的潜在的"亚洲及太平洋"跨区域形态的最初建构,并使"太平洋主义"拥有了"南亚东南亚"的现实区域属性,进一步推动了作为"科伦坡计划区域"次区域的"东南亚区域"持续的开放性建构。实际上,"科伦坡计划"最初虽由英联邦会议启动,但并不局限于英联邦成员国,而是对所有亚洲国家开放,以至于该计划启动不久其成员便很快从英联邦国家扩大到南亚东南亚及周边区域其他国家和地区,使之一开始就具有了现代意义上东南亚和整个亚洲及太平洋区域合作的"发展的区域主义"和

---

[1] Daniel Oakman, *Facing Asia: A History of the Colombo Plan*, Canberra: Pandanus Books, 2004, pp. 266 – 273.

[2] United States Department of State, *Foreign Relations of the United States Diplomatic Papers*, 1952 – 1954, Vol. 12: *East Asia and the Pacific (in two parts)*, Part 1, Washington, D. C.: United States Government Printing Office, 1984, p. 310.

"开放的区域主义"特质。① "科伦坡计划"秘书处在谈及该计划前十年的成就时认为,"科伦坡计划"为南亚东南亚国家的"发展努力提供了一个国家合作框架",是"国际发展合作"的"独特实验"②。这样,科伦坡会议所开启的"科伦坡计划"国际发展援助项目被视作为亚洲"新区域主义"奠基③,以至于在整个20世纪50年代"科伦坡计划"都是"南亚东南亚援助动议的代名词"④。

在"科伦坡计划"这些运行特性中,最显著的就是基于"双边主义"和"平等关系"的非正式的多边主义的"弱制度"安排。而这种制度安排也因经受住大国的挑战而得以"固化"。在首个"科伦坡计划"的实施期间,作为最大援助国的美国曾极力图谋对之进行"强制度"的"改进",即根据其援助管理的需要创建正式的区域组织。该区域动议既是日内瓦会议以后美国政府提升其在南亚东南亚的声望和强化其领导地位的重要举措,也是"科伦坡计划"实施后其成员试图改变双边性质而将之作为打造"强多边"区域组织合作工具的"首次冒险"⑤。这一冒险起始于1954年8月20日美国国家安全委员会制定的《美国远东政策评估》报告(简称"NSC5429/2号文件")。这是戴维·艾森豪威尔(David Eisenhower)担任总统以来对亚洲政策的首次正式而且完整的表述,是其后亚洲政策调整的基础。⑥该报告指出,美国远东声望的提升应与东南亚相关的发展"无可避免地联系在一起"。因此,美国必须通过东南亚的"新

---

① 孙建党:《科伦坡计划及其对战后东南亚的经济发展援助》,载《东南亚研究》2006年第2期,第22页。
② The Colombo Plan Secretarat, *The Story of the Colombo Plan: Resource of Book* 2012, Colombo, 2012, p. 13, https://colombo-plan.org/wp-content/uploads/2020/03/22-The_Story_of_the_Colombo_Plan.pdf.
③ Shoichi Watanabe, "The 1950 Commonwealth Foreign Ministers' Meeting and the International Aid Programme for Asia," in Shigeru Akita, Gerold Krozewski, et al., eds., *The Transformation of the International Order of Asia: Decolonization, the Cold War, and the Colombo Plan*, New York: Routledge, 2015, p. 29.
④ Daniel Oakman, *Facing Asia: A History of the Colombo Plan*, Canberra: Pandanus Book, 2004, p. 65.
⑤ Ademola Adeleke, "Ties without Strings? The Colombo Plan and the Geopolitics of International Aid," Ph. D. Dissertation, University of Toronto, 1996, p. 249.
⑥ 刘雄:《艾森豪威尔政府的亚洲政策研究》,岳麓书社2009年版,第28—29页。

动议"保护其自身地位并恢复其在远东的声望,总体的经济措施是推动"最多数量的亚洲自由国家"尽快创建一个"经济集团组织",包括尽可能多的"科伦坡国家"和日本,其基础是自助和互助及美国和其他合适的西方国家联合行动的参与和支持。这就需要整合美国、"科伦坡计划"、联合国援助资源,做出以"远东—南部亚洲集团"行动为基础的新的"区域组织安排",以便利于经济发展及相关事务上持续的协调和联合行动。这是补充美国自身努力"最有效的外部援助形式的共同考量"[1]。

1954年8月27日,美国国务院远东事务局提出《亚洲经济计划建议的特性和行动方式》备忘录,建议修改美国对东南亚的外交政策战略,将更加重视经济发展和合作作为美国遏制政策的"新方法"。该备忘录提出美国支持扩大亚洲经济计划的主要目标,包括强化亚洲自由国家的经济,并使其实现更快的经济增长前景,从而促进其政府为实现更大的政治和经济稳定做出努力;鼓励更大的区域凝聚力与合作,从而提高这些国家抵抗共产主义公开侵略和共产党企图以非军事手段颠覆和控制的能力;激发亚洲人继续与整体的西方尤其是美国联系的愿望等。这份备忘录称,如果美国增加对该地区的贡献,并以一种允许其在一年多时间内进行规划的方式提供资源,美国就能更好地实现这些目标。为此,该备忘录建议,美国政府应通过一个新的区域集团向该地区提供经济援助,这在很大程度上将补充而不是替代美国目前在双边和"科伦坡计划"下实施的方案;加入该计划的国家必须包括南亚和东南亚国家,而印度、巴基斯坦和印度尼西亚这些国家在政治上十分重要,也最需要经济援助;成员资格还应包括援助国,而美国、日本、英国等国家在决定该区域中立国家的态度方面可能特别重要。该备忘录指出,在可行的范围内使用"科伦坡计划"框架将有几个好处,如该计划所列的国家包括南亚东南亚所有国家,它凭借其没有政治压力和帝国主义污蔑的"气氛"而得到支持,并强调更长远的经济发展。该备忘录指出,"科伦坡计划"组织的特点表明,如果新的国际组织想在使用美国和其他资源方面拥有真正的权

---

[1] United States Department of State, *Foreign Relations of the United States Diplomatic Papers*, 1952 – 1954, Vol. 12: *East Asia and the Pacific* (*in two parts*), Part 1, Washington, D. C. : United States Government Printing Office, 1984, pp. 769 – 776.

威,如果不进行大范围的改变,它将无法为美国的目标提供一个合适的框架,而美国的双边贷款项目可以在"科伦坡框架"的总体支持下进行,不需任何实质性的组织变革。因此,使用"科伦坡集团"作为跳板至少对启动该计划所设想的更大联盟是有好处的。这份备忘录还就拟议中的区域组织框架提出了建议。①

在此前的8月24日,美国国务院金融与发展政策办公室拟订一份备忘录,将"科伦坡计划"视作"亚洲经济援助计划的一个工具",并认为它是新的"区域组织安排"的"良好跳板"。该办公室列出其拥有的主要优势:一是该计划包括除阿富汗以外所有的南亚东南亚国家和澳大利亚、新西兰、加拿大、英国和美国,可以解决成立新组织所常见的成员资格难题;二是该计划得到亚洲成员国尤其是印度、巴基斯坦、锡兰和缅甸等领导国政府高层的支持,其论坛可以为新的多边组织倡议提供可能的合适受众;三是该计划在不同程度上成功地引导该区域的政府关注制订长期发展计划,这是加速经济发展和获得及有效利用外部援助必要的第一步。但"科伦坡计划"组织设置的松散性使其不太适合作为履行区域发展计划的工具。比如,其协商委员会本身只是集团讨论的论坛,缺乏管理大型金融援助项目所必需的组织机构;该计划的程序本身过于宽容,参与国所受到的经济事务管理的压力太小;其参与国尽管包括许多非英联邦国家,但在一定程度上被视作英联邦国家之间的"大家庭联系"②。美国对外行动署(The Foreign Operations Administration, FOA)署长哈罗德·史塔生(Harold Stassen)与国务卿约翰·杜勒斯(John F. Dulles)在就东南亚经济问题及创建新的经济机构会谈后认为,"科伦坡计划"的有

---

① "Report of the Asian Economic Working Group Concerning the Inauguration of Large-Scale, Long-Range Program of Economic Assistance," Department of State, 1 January 1954, U. S. Declassified Documents Online, https://link.gale.com/apps/doc/CK2349186309/USDD? u = nju&sid = USDD&xid = 0a8b9e16&pg = 1; United States Department of State, *Foreign Relations of the United States, 1952–1954*, Vol. 12: *East Asia and the Pacific (in two parts)*, Part 1, Washington, D. C.: United States Government Printing Office, 1984, pp. 813–819.

② United States Department of State, *Foreign Relations of the United States Diplomatic Papers, 1952–1954*, Vol. 12: *East Asia and the Pacific (in two parts)*, Part 1, Washington, D. C.: United States Government Printing Office, 1984, pp. 781–782.

利之处足以抵消其不利影响，适合作为新的经济组织运行的基础。①

1954年8月30日，由美国对外行动署和国务院远东事务局多个部门的代表组成的亚洲经济工作组在上述报告和备忘录的基础上，就南亚东南亚政治经济关系前景提供一份研究报告，建议通过多边方法建立一个实施多边援助项目的"亚洲经济组织"。该组织由"部长理事会"及其附属"亚洲发展公司"两部分组成。前者依据"欧洲经济合作组织模式"（简称"OEEC模式"）进行运作，并按照该区域所面临的问题设立次级委员会及附属机构；后者在"部长理事会"的总体指导下运行，基于灵活性原则，对公共和私人发展项目提供资助；这一新组织的成员包括"科伦坡计划"协商委员会的所有国家成员和观察员。该报告建议，这一新组织的创建先由美国与包括英国在内的特定的利益攸关方进行协商，但未来成员国的组织会议应由一个或几个亚洲领导国家倡导启动。② 9月29日，史塔生会同美国对外行动署官员与英国代表团就此事进行了商谈。英国财政部官员雷金纳德·穆丁（Reginald Mauding）同意利用现有亚洲区域组织，并认为"科伦坡计划"是适用于新的区域组织经济发展目标的"唯一的亚洲组织"。在穆丁看来，"欧洲经济合作组织模式"虽然取得很大成功，但这归因于欧洲人可以自主展开工作，美国人只是保持观察员地位。他认为，欧洲支付联盟不适合东南亚区域，这不仅因为它们面临的问题不同，而且因为如果没有外汇管制，支付联盟就不可能运行。史塔生同意欧洲经济合作组织是建设性工具，但该模式不适合亚洲。他认为，亚远经委会亦不能为新组织所用。他希望新的组织是一个更大的国家集团，可以与东南亚条约组织平行运行。史塔生对英国代表团利用"科伦坡计划"的看法感兴趣，并表示美国不排除新的组织以该计划为基础演变而成但需要实质性地改变"科伦坡计划"的组织结构，以提供一个持久性的理事会和永久性的工

---

① United States Department of State, *Foreign Relations of the United States Diplomatic Papers*, 1952–1954, Vol. 12: *East Asia and the Pacific* (*in two parts*), Part 1, Washington, D. C.: United States Government Printing Office, 1984, pp. 789–790.

② United States Department of State, *Foreign Relations of the United States Diplomatic Papers*, 1952–1954, Vol. 12: *East Asia and the Pacific* (*in two parts*), Part 1, Washington, D. C.: United States Government Printing Office, 1984, pp. 808–819.

作人员。双方同意，两国应该联合起来，与"科伦坡计划国家"开展广泛的沟通，并确定有关各方在即将于加拿大渥太华召开的"科伦坡计划"协商委员会会议上进行进一步协商。①

1954年10月4—9日，"科伦坡计划"第六次协商委员会在渥太华举行。会上，史塔生提出将"科伦坡计划"重建为新的区域经济组织的建议，称为"史塔生计划"（The Stassen Plan）。该计划建议成立以多边框架为基础的"亚洲经济组织"，以管理美国和西方国家对该区域的援助，并将遵循美国援助欧洲所实施的"马歇尔计划"的"欧洲经济合作组织模式"。这一组织主要功能将是，负责实施外部金融和技术援助，以促进该区域一体化的投资和发展战略，并培育非共产党国家间更自由的贸易。新的区域经济组织将拥有永久秘书处和由技术顾问组成的中心化机构，并像欧洲经济合作组织那样采取永久性会议的形式，将其作为服务于美国对该区域所提供援助的首要机构。②史塔生就这一新的区域组织动议与参会国代表进行了初步协商。印度代表表达了对脱胎于"科伦坡计划"的区域经济组织的极大兴趣，希望就此事做出进一步研究，并期望就这个问题同美国代表团进行磋商；巴基斯坦代表亦表现出很大的兴趣，但担心这样的经济组织会受印度的支配，并十分关注已加入东南亚条约组织的国家应该优先接受美国的援助。美国代表提议，各国继续讨论进一步的建议并探索创建由亚洲国家所促进的亚洲多边区域经济组织。10月11日，即在渥太华会议刚结束，史塔生就向美国国务院提交《关于东南亚南亚及远东区域经济组织发展的报告和建议》，正式提出建立由亚洲及远东非共产党国家组成的区域经济组织的初步步骤，即与"科伦坡计划"成员国进行广泛的协商。该报告将"科伦坡计划"成员国界定为"区域国家"（area countries）和"非区域国家"（non-area countries）两类。

---

① "Summary of a Meeting between Foreign Operations Administration Director Harold Stassen, British Ambassador Sir Roger Makins, and Other U. S. and British Government Officials," Department of State, 30 September 1954, U. S. Declassified Documents Online, https：//link. gale. com/apps/doc/CK2349703140/USDD? u = nju&sid = USDD&xid = 588c2c53.

② Ademola Adeleke, "Ties without Strings? The Colombo Plan and the Geopolitics of International Aid," Ph. D. Dissertation, University of Toronto, 1996, pp. 249 - 250.

第三章　战后东南亚区域合作的局部成长(1951—1960)　/　465

前者包括印度、巴基斯坦、锡兰、缅甸、泰国、印度尼西亚、澳大利亚、新西兰、马来亚、越南、柬埔寨、老挝、菲律宾和日本 14 个国家；后者包括英国、美国和加拿大三国。该报告建议组织使团赴"科伦坡计划区域成员"进行调研，以重新评估美国对外行动署和"科伦坡计划"援助项目在这些国家的进展，并探索融合亚洲公开的区域组织观点和国家资源的区域经济组织。该报告进一步建议，不应以任何方式将亚远经委会作为新的区域集团所用，因为它包括苏联而不包括日本。[①]

1954 年 11 月 16 日，美国国家安全委员会组建"亚洲经济集团"临时委员会，并召开了首次会议，由美国财政部、国防部、商务部、对外行动署、国防动员办公室和预算署等多个部门的成员参加。该临时委员会制定的临时报告指出，美国经济援助项目应"最有效地促进"亚洲国家通过"亚洲经济组织"活动增进彼此间经济合作，而"科伦坡计划"协商委员会在成员和目标的特性上适合于改进为实现这一目标的某种类型的区域组织。该组织可以积极参加美国和其他非亚洲国家提供的经济援助资金的分配，包括美国双边军事援助和技术援助。[②] 但关于美国的区域经济组织动议的后续协商并不顺利。英国和加拿大对美国向亚洲移植"欧洲经济合作组织模式"深表疑虑。它们认为，在亚洲推行"太平洋版欧洲经济合作组织模式"并不可行。两国均不支持美国抛弃"科伦坡计划"现有双边运行原则的建议。英国政府建议，如要避免以"科伦坡计划"为基础的新的机构损害该计划已经构建的良好愿景，就应该由亚洲国家自身的观点来指导，并提醒美国不要采取让亚洲人不信任的做法，拟议中的安排必须坚持援助国与受援者进行直接双边谈判。英国政府强

[①] "Report and Recommendations on Developments in the Regional Economic Organization of Southeast Asia, Asia, and the Far East," White House, 11 October 1954, U. S. Declassified Documents Online, https://link.gale.com/apps/doc/CK2349327357/USDD? u = nju&sid = USDD&xid = e644cf12.

[②] United States Department of State, *Foreign Relations of the United States Diplomatic Papers*, 1952 - 1954, Vol. 12: *East Asia and the Pacific* (*in two parts*), Part 1, Washington, D. C.: United States Government Printing Office, 1984, pp. 1019 - 1021.

调,这是"避免美国或英国被指控为帝国主义的唯一路径"①。印度和澳大利亚也不希望"科伦坡计划"的双边原则被新的区域经济组织所取代。在它们看来,"科伦坡计划"原有双边结构的延续有助于保持民族国家的双边对话。澳大利亚政府认为,在多边框架下,亚洲国家将无法直接获取澳大利亚对它们的援助信息,而通过维持"科伦坡计划"的双边框架,澳大利亚作为亚洲援助主要论坛的推动者和创造者的角色将得到保留,它还能确保澳大利亚从新生的区域联系中获取最大红利的努力得以持续。②

面对此种情势,1955年1月18日,史塔生与美国国务院杜勒斯等人吸纳了"亚洲经济集团"临时委员会的建议,就"亚洲经济集团"动议交换了意见。杜勒斯表示,美国经济援助项目应在"科伦坡计划"框架内运行,但这并不意味着该援助项目应通过一个多边组织渠道开展。他认为,美国应该促进区域经济发展和区域相互依赖,亦可以通过美国经济援助项目发展和促进形成特定的"天然集团",如"科伦坡计划",但在当前各国的巨大差异下运用区域方法可能并不可靠。在会谈中多数人认为,由于东亚国家事实上面临的是各自独特的经济政治和社会问题,在观点上存在巨大差异,美国的经济政策将倾向于根据环境的具体情况,原则上基于双边或选择性"天然集团"行事,但应服从于既定的特定普遍原则;美国当前亦不应直接参与在该区域创建新的多边银行或信用机构。③ 1月24日,美国国家安全委员会出台《未来美国对亚洲经济援助》报告,即国家安全委员会5506号文件(简称"NSC5506"),主要针对日本、菲律宾、印度尼西亚、泰国、马来亚、缅甸、锡兰、印度、巴基斯

---

① United States Department of State, *Foreign Relations of the United States Diplomatic Papers*, 1952–1954, Vol. 12: *East Asia and the Pacific* (in two parts), Part 1, Washington, D. C.: United States Government Printing Office, 1984, pp. 1072–1074; Ademola Adeleke, "Ties without Strings? The Colombo Plan and the Geopolitics of International Aid," Ph. D. Dissertation, University of Toronto, 1996, pp. 256–257.

② Daniel Oakman, *Facing Asia: A History of the Colombo Plan*, Canberra: Pandanus Books, 2004, pp. 117–118.

③ United States Department of State, *Foreign Relations of the United States Diplomatic Papers*, 1955–1957, Vol. 21: *East Asian Security*; *Cambodia*; *Laos*, Washington, D. C.: United States Government Printing Office, 1990, pp. 9–11.

坦、阿富汗及韩国、中国台湾、印度支那等国家和地区。该报告的原则立场与杜勒斯的观点相似，只是在"行动路线"上进一步指出，"科伦坡计划"协商委员会应该加强，其办法可以是建立一个永久秘书处，其功能是帮助该委员会开发扩大区域内健康合作及贸易、投资和发展的措施，但美国任何直接利用"科伦坡计划"的动议均应得到构成该组织成员大多数的亚洲成员国的支持。[①]

史塔生仍然希望运用"科伦坡计划"作为筹划中的新区域经济组织的执行机构，并希望通过进一步协商征求亚洲国家的看法和支持。1955年2月21日至3月13日，史塔生率美国对外行动署使团游历泰国、印度、巴基斯坦、锡兰、菲律宾、韩国和日本七个亚洲国家。该使团出使的政策基础是，美国对亚洲增加发展援助及其"最重要指导原则"是区域的以及其他"自由世界的参与"，而不是"国家对国家"，但并不排除已建立的自助原则和私人部门的最大化参与。该使团在游历结束后所撰写的出访报告表明，这些亚洲国家普遍希望得到美国更多的援助，以满足自身的基本需求、实现合意的经济增长，但它们对创建新的区域经济组织不是很感兴趣。该报告从实地调研中得出结论：以区域为基础的协同和合作能够增强外部援助的最终效果，亦可能增加和扩大在自助方法和途径遭削弱情况下的外部援助，但它并非克服亚洲区域经济弱点的灵丹妙药。更重要的是，该区域尽管已有亚远经委会研究专家组和"科伦坡计划"协商委员会年度部长会议，但仍没有可以解决当前紧急经济发展和贸易问题的有效论坛。因此，在该区域创建一个域内国家不太感兴趣的"有效的组织"势必需要来自美国和其他机构资本和技术援助的"良好的支持"和"有效的推动力"。该报告建议，这一新的区域动议的"最初步骤"应由"科伦坡计划"的亚洲成员倡导。该报告认为，尽管印度仍担心西方大国过多地介入"科伦坡计划"，并受到巴基斯坦的敌对和与锡兰的摩擦等因素的影响，但依然是"成功的亚洲区域组织""可能的领导国"，因此，建议印度于当年5月召集一次专家会

[①] United States Department of State, *Foreign Relations of the United States Diplomatic Papers*, 1955–1957, Vol. 21: *East Asian Security*; *Cambodia*; *Laos*, Washington, D.C.: United States Government Printing Office, 1990, pp. 19–21.

议，就区域集团和组织问题进行讨论，并向下届"科伦坡计划"协商委员会提交具体建议。① 1955 年 5 月 3 日，在西姆拉会议召开前夕，美国国务院和对外行动署联合向美国驻印度、泰国、巴基斯坦、缅甸、日本、锡兰、菲律宾、南越、印度尼西亚、柬埔寨和老挝使馆发出通函，阐述了美国政府对西姆拉会议及亚洲经济发展问题的政策。该通函表示，美国欢迎西姆拉会议的动议，尤其希望看到"自由亚洲国家"之间的经济合作取得进展，并支持为"科伦坡计划"协商委员会设立一个小型的永久性秘书处，为其年度部长会议做准备、提供合适的技术咨询，以维持"科伦坡计划"的连续性；美国乐意看到在"科伦坡计划"与欧洲经济合作组织之间建立某种形式的"科伦坡计划协商小组"②。

1955 年 5 月 9—13 日，在美国的支持和印度的邀请下，"科伦坡计划"的亚洲成员在印度西姆拉举行官方会议，讨论"史塔生计划"，称为"西姆拉会议"（The Simla Conference）。柬埔寨、印度、印度尼西亚、老挝、尼泊尔、巴基斯坦、菲律宾、泰国、日本、南越、新加坡、马来亚、北婆罗洲和沙捞越的代表出席了会议。"科伦坡计划"成员中只有缅甸和锡兰没有派代表参会。会议代表们对包括利用外部援助在内的有关亚洲区域经济合作的核心问题表达了直接的"亚洲的看法"③。日本代表建议设立一个"区域发展基金"或"亚洲支付同盟"，以便通过多边援助计划对促进该区域内部贸易和区域金融制度安排提供必需的资金支持。这是日本代表在区域合作中首次提出并坚持日本与其他亚洲国家建立亚洲区域合作机构的必要性。日本欲借此使用美国援助资金从东南亚进口大米、原棉、锡、铁砂及其他原料，并扩大本国出口产品在

---

① "Report on Governor's Stassen's Trip to 7 Free Asian Countries 2/21 – 3/13/55," White House, 21 March 1955, U. S. Declassified Documents Online, https://link.gale.com/apps/doc/CK2349246424/USDD? u = nju&sid = USDD&xid = 761ab626.

② United States Department of State, *Foreign Relations of the United States Diplomatic Papers*, 1955 – 1957, Vol. 21: *Southeast Asia*, Washington, D. C.: United States Government Printing Office, 1989, pp. 92 – 93.

③ "Summary of Meeting of Asian Members of the Colombo Plan, With the Exception of Burma and Ceylon, at Simla, India 5/55 on Regional Economic Cooperation," White House, 14 June 1957, U. S. Declassified Documents Online, https://link.gale.com/apps/doc/CK2349268424/USDD? u = nju&sid = USDD&xid = 5a3ff405.

东南亚市场上的竞争力。① 但这次会议只提出一些建议,并没有做出任何决定。会议代表们在讨论后做出一些结论,主要包括:会议认为设立一个像欧洲经济合作组织那样的区域机构难以促进区域经济发展的共同目标,因为1955年亚洲的经济条件不同于1948年的欧洲,尤其是亚洲的首要问题是快速发展问题,而欧洲主要是经济恢复问题;会议表达的一个明确的偏好是国家援助计划应该建立在双边基础上,认为如果外部援助用于亚洲国家的数额大幅增长,就应更多地惠及国际组织所审查的国家发展项目;会议认为外部资金是有用的,但不足以提供资助贸易的季节性信用,而国家发展项目等其他方案应有更大的优先性;会议欢迎将国家双边方案内的援助资金用于具有区域意义的项目,但反对过分强调区域项目,认为这样的项目的完成注定比国家项目要缓慢得多;认为现有的协商机构是实现"科伦坡计划"组织目标所必需的,不需要再为该计划组织成立一个常设的秘书处;会议认为既没有必要让其他欧洲国家加入"科伦坡计划",也没有必要让欧洲经济合作组织拥有观察员地位。②

这一会议的"结论"清楚地表明,亚洲国家不接受创建任何区域组织,以免影响到对单个国家的双边援助规模;它们关注的是国际组织在讨论使用外部援助时是否会侵害其国家发展项目;它们更希望保留现有获取外部援助的双边机制,并有助于资助其国家发展项目。亚洲国家拒绝设立"科伦坡计划"秘书处是认为这样的秘书处会插手援助国与受援国之间的发展援助合作。另外,印度和日本以外的其他亚洲小国还担心

---

① Sumio Hatano, "The Colombo Plan and Japan: Focusing on the 1960 Tokyo Meeting," in Shigeru Akita, Gerold Krozewski, et al., eds., *The Transformation of the International Order of Asia: Decolonization, the Cold War, and the Colombo Plan*, New York: Routledge, 2015, pp. 133 – 134;马简文:《从西姆拉会议看美英在东南亚的矛盾》,载《世界知识》1955年第11期,第11页。

② "Summary of Meeting of Asian Members of the Colombo Plan, with the Exception of Burma and Ceylon, at Simla, India 5/55 on Regional Economic Cooperation," White House, 14 June 1957, U. S. Declassified Documents Online, https://link.gale.com/apps/doc/CK2349268424/USDD? u = nju&sid = USDD&xid = 5a3ff405.

该区域受到印度和日本的支配。① 可以说，这是南亚东南亚区域新的独立国家拒绝外部大国借助提供援助资金而对他国内部事务进行干预的一种明确表达，也是"不干预原则"在区域经济合作中的一种坚守。显然，西姆拉会议并未给美国一个满意的回应。史塔生想要西欧国家参加"科伦坡计划"的动议也没有引起各方的积极回应。美联社报道称，西姆拉会议的结果对"史塔生计划"是一个"猛烈的打击"②。

这次会议的"结论"实际上"埋葬"了"史塔生计划"。1958 年 1 月，美国对外经济政策委员会主席克拉伦斯·兰德尔（Clarence B. Randall）向美国国家安全委员会提交《亚洲区域经济发展与合作》的报告。这份报告在对近年来美国对亚洲区域经济发展合作政策进行专门研究后提出了"十分重要的总结性建议"，主要包括：美国应扩大其培育亚洲区域经济合作的努力，在现有区域组织框架内，与小集团中的个体国家联合启动一些选择性项目，而不应谋求在亚洲建立任何新的区域实体和新的基金组织；美国的双边援助项目和计划应更加重视其区域意义和对自由亚洲国家间经济合作目标的鼓励；美国应该考虑寻求亚洲对基础资源调查的支持，特别是美国专家小组应该研究亚洲钢铁的发展情况；美国应支持亚洲扩大区域技术合作，并给予英语世界扩大现有努力的优先地位。该报告明确表示，美国应加强现有的"科伦坡计划"组织并适度增加援助，但拒绝建立一个新的区域经济组织以及大幅扩大美国的援助项目。这些建议为美国国家安全委员会所接纳。该委员会决定成立一个行动协调委员会，作为执行这一报告总结性建议的协调机构，并就其执行情况定期编写报告，提供给国家安全委员会和对外经济政策委员会参考。此后，美国不再就建立亚洲区域组织安排采取行动，而是继续与亚远经委会、"科伦坡计划""湄公河计划"和东南亚条约组织等现有区

---

① "Summary of Meeting of Asian Members of the Colombo Plan, with the Exception of Burma and Ceylon, at Simla, India 5/55 on Regional Economic Cooperation," White House, 14 June 1957, U. S. Declassified Documents Online, https: //link. gale. com/apps/doc/CK2349268424/USDD? u = nju&sid = USDD&xid = 5a3ff405; United States Department of State, *Foreign Relations of the United States Diplomatic Papers*, 1955 - 1957, Vol. 21, *Southeast Asia*, Washington, D. C. : United States Government Printing Office, 1989, pp. 105 - 106.

② 马简文：《从西姆拉会议看美英在东南亚的矛盾》，载《世界知识》1955 年第 11 期，第 11 页。

域框架保持合作,并与部分东南亚国家开展了一些选择性援助项目,主要有:对老挝、南越和泰国的"东南亚电讯项目",援助资金为2190万美元;对老挝、柬埔寨、南越和泰国的"湄公河发展项目",援助资金为220万美元;对泰国和南越的"海岸研究项目",援助资金为50万美元;对老挝、南越和泰国的"区域公路项目",援助资金为3000万—4000万美元。1958年9月12日,美国副国务卿克拉伦斯·狄龙(Clarence D. Dillon)公开表示,美国原则上偏爱双边优于多边的经济发展方法,只有当该区域的国家需要和支持并能展示区域方法比双边方法有优势时,美国才会同意区域方法。①

"史塔生计划"的终结意味着美国通过创建新的区域经济组织升级"科伦坡计划"的"强制度"动议遭受挫败。这表明大国控制的正式组织化的多边主义对南亚东南亚国家没有吸引力,"科伦坡计划"亦不会成为美国新区域动议的工具。协商委员会雅加达会议发布的公报声明指出:"科伦坡计划组织的技术援助证明是有价值的,作为一个国际性合作机构,科伦坡计划组织在协助满足成员国的经济需要和其人民的愿望上是一个很恰当的组织。"② 由此,"科伦坡计划"基于"双边主义"和"平等关系"而运行的"松散组织"得以延续。③ "科伦坡计划"在实施过程中所形成的自我特性与"泛亚洲主义"框架内的区域合作有着明显的近似性乃至一致性,进而日益融入渐次形成的区域合作"亚洲方式"规范框架里,并对东南亚区域合作的历史演变产生了重要的规范性影响。彼得·洛(Peter Lowe)认为,正是从"科伦坡计划"开始,东南亚逐步走向更紧密的以区域为基础的合作,乃至东盟成立的渊源应溯及"科伦坡

---

① "Asian Regional Economic Development and Cooperation Outlined," White House, 11 December 1958, U. S. Declassified Documents Online, https://link.gale.com/apps/doc/CK2349051959/USDD? u = nju&sid = USDD&xid = 24fe644b; United States Department of State, *Foreign Relations of the United States Diplomatic Papers*, 1958 – 1960, *Vol.* 16: *East Asia-Pacific Region*; *Cambodia*; *Laos*, Washington, D. C.: United StatesGovernment Printing Office, 1992, pp. 1 – 6.

② 《科伦坡计划组织咨询委员会第十一次年会会议公报》,载《南洋资料译丛》1960年第1期,第144页。

③ 参见 Ademola Adeleke, "Ties without Strings? The Colombo Plan and the Geopolitics of International Aid," Ph. D. Dissertation, University of Toronto, 1996, pp. 258 – 259.

计划"动议。①

三 东南亚集体防务动议与东南亚条约组织成立

东南亚条约组织作为"太平洋主义"框架内美国主导创建的东南亚首个跨区域安全机制,它既是朝鲜战争爆发后美国对亚洲及东南亚政策特征和新战略需求的自然结果,也是东南亚及其周边区域与美国关系密切的澳大利亚、新西兰、菲律宾、泰国等国持续的安全需求及其双边和区域动议的现实呼应。这种持续的安全需求和区域动议又因越南与法国的战争危机所加剧的印度支那问题而变得更加紧迫,从而促使美国在深度介入"科伦坡计划"区域经济援助项目的同时,致力于打造新的以"美国为中心"的"太平洋区域安全体系",作为其亚洲及太平洋乃至全球冷战体系的重要组成部分。其核心支柱就是根据其战略需要构建以西南太平洋及东南亚为核心地理范围、以国际条约或协定为基本法律工具、以自助和互助为核心指导原则、以多边与双边互动为联系纽带的区域军事联盟体系,这在不同场合可有不同的表述:共同防务/集体防务(common defence/collective defence)或相互安全/集体安全(mutual security / collective security)体系。

美国构建"太平洋区域安全体系"的第一步便是承接菲律宾和澳大利亚、新西兰等国一直倡导的"太平洋条约"动议,缔结"美国版太平洋条约"。1951年1月3日,美国国务院与美军参谋长联席会议举行协商性会谈,就筹建"太平洋条约"组织问题达成一致,并制定了《可能的太平洋条约草案》(Draft of a Possible Pacific Ocean Pact)。该条约草案规定,澳大利亚、日本、新西兰、菲律宾、美国和可能的印度尼西亚等承认它们在太平洋岛屿地位的各国政府创建一个"特定的利益共同体"(a distinctive community of interest),以便于它们协调起来确保它们在太平洋区域的个体和集体自卫;各方承认,如果在太平洋地区以武装攻击的形式对任何一方进行直接侵略,这种攻击将对其自身的和平与安全构成危险,并宣布它将按照其宪法程序采取行动,以应付共同的

---

① Peter Lowe, *Contending with Nationalism and Communism: British Policy towards Southeast Asia*, 1945-1965, New York: Palgrave Macmillan, 2009, p. 10.

危险；各方将建立一个"太平洋理事会"（Pacific Ocean Council），定期举行会议，以便就各成员国履行《联合国宪章》所承认的集体自卫权利进行协商；该理事会可以同联合国根据1950年11月联合国大会通过的《联合求和平决议案》（Uniting for Peace）所设立的联合国集体措施委员会（The United Nations Collective Measures Committee）进行合作，以便根据《联合国宪章》的宗旨和原则维持和加强国际和平与安全。参谋长联席会议明确表示，该条约应严格限于太平洋岛屿国家（包括澳大利亚、日本、新西兰、菲律宾、美国和可能的印度尼西亚），美国在任何情况下都不应陷入承诺为保卫香港而提供军事力量的境地；英国亦不应成为该条约的成员。杜勒斯建议，该"条约"以"宣言"形式发布，使用语言应不同于《北大西洋公约》里的"协定"，而应是"门罗宣言"的话语；"太平洋理事会"仅仅是一个拥有建议权的"权威"机构。随后，美国国务院否定了印度尼西亚加入"太平洋条约"。美国政府获知，印度尼西亚正倡导举行"亚洲会议"，支持印度支那的独立，因而担心印度尼西亚将促使"亚洲—阿拉伯集团"的强化。这样，英国和印度尼西亚都被排除在参加美国筹划中的"太平洋集体安全防务体系"之外。1月10日，杜鲁门派杜勒斯以总统特使身份出访日本、菲律宾、澳大利亚和新西兰四国，以了解亚洲国家对"太平洋条约"的立场和看法。[1]

在杜勒斯的访问中，澳大利亚、新西兰和菲律宾表达了对日本的疑虑。三国明确表示不打算与日本有防务安排，也不赞成将日本作为对等的成员国伙伴。英国强烈反对排除英国而缔结"太平洋条约"的想法，认为美国只限定亚洲太平洋沿海岛屿国家参加的计划将在东南亚那些不参加的国家中产生深刻影响，印度支那、泰国和马来亚的抵抗意志将会明显减退。这使得美国政府放弃了"太平洋条约"构想，转向分别与亚洲太平洋沿海岛屿国家缔结双边、三边防务条约。2月17日，澳大利亚外长斯彭德建议由美国、澳大利亚和新西兰组成"三边安全安排"。这一

---

[1] United States Department of State, *Foreign Relations of the United States Diplomatic Papers*, 1951, Vol. 6: *East Asia and the Pacific* (*in two parts*), part 1, Washington, D. C.: United States Government Printing Office, 1976, pp. 132 – 137.

建议得到新西兰的支持，并为杜勒斯所接受。三国遂以澳大利亚的建议为基础拟订了一份"安全条约草案"①。这一"安全条约草案"既排除了日本，也拒绝了英国的参加，并不再包括菲律宾在内。其实，英国和菲律宾均希望加入，而澳大利亚和新西兰对此均表示支持。除了英国和菲律宾外，澳大利亚还希望该安全条约扩大到东南亚区域的马来亚、印度支那、泰国、缅甸及法国。最初，美国亦希望菲律宾加入。但因顾及英国的态度及菲律宾国内政局的影响，决定将菲律宾排除在外。此时，美国并不打算为大陆东南亚及英国在东南亚的领土承担过多的安全责任，而英国担心菲律宾的加入会影响其在东南亚的声望，尤其是在其马来亚、北婆罗洲、香港等属地，因而反对菲律宾加入该条约。这也是美国既反对英国参加，又不予接纳菲律宾的一个重要原因。美国担心会在东南亚引起连锁反应。②

最终，杜鲁门接受了美国、澳大利亚和新西兰缔结"三方安全条约"的建议，并于4月18日发表声明称，美国将与菲律宾、澳大利亚、新西兰等国通过协商，基于连续的和有效的自助和互助原则缔结双边和多边安全条约，形成一系列安全安排和部署，以此加强整个太平洋区域的和

---

① United States Department of State, *Foreign Relations of the United States Diplomatic Papers*, 1951, Vol. 6: *East Asia and the Pacific* (in two parts), part 1, Washington, D. C.: United States Government Printing Office, 1976, pp. 164 – 176; 崔丕:《美国亚洲太平洋集体安全保障体系的形成与英国（1950—1954年）》，载《冷战国际史研究》（第1辑），世界知识出版社2004年版，第6—9页。

② 参见 "Letter From Spender to Menzies," Letter, Canberra, 15 March 1951, in Australian Department of Foreign Affairs and Trade, *Documents on Australian Foreign Policy*, Vol. 21: *The 1951 ANZUS Treaty*, Document 62, https://www.dfat.gov.au/about-us/publications/historical-documents/Pages/volume-21/62-letter-from-spender-to-menzies; "Cablegram from Menzies to Harrison," Cablegram, Canberra, 16 March 1951, in Australian Department of Foreign Affairs and Trade, *Documents on Australian Foreign Policy*, Vol. 21: *The 1951 ANZUS Treaty*, Document 64, https://www.dfat.gov.au/about-us/publications/historical-documents/Pages/volume-21/64-cablegram-from-menzies-to-harrison; W. David McIntyre, *Background to the Anzus Pact: Policy-Making, Strategy and Diplomacy*, Christchurch: Canterbury University Press, 1995, pp. 360 – 362; Andrew Kelly, *ANZUS and the Early Cold War: Strategy and Diplomacy between Australia, New Zealand and the United States*, 1945 – 1956, Cambridge: Open Book Publishers, 2018, pp. 83 – 86; 汪诗明:《1951年〈澳新美同盟条约〉研究》，世界知识出版社2008年版，第191—197、224—226页。

平结构，并推动建立联合国所谋求的"普遍和平"①。这表明，美国的"太平洋条约"计划将为美国、澳大利亚和新西兰"三边安全条约"和其他双边安全条约所取代。杜鲁门的这一声明被斯彭德称作"通往太平洋安全道路上的一盏绿灯"，亦反映了二战后澳大利亚对外关系中"最重要的政策进展"②。随后，美国率先启动与澳大利亚、新西兰的"三边安全条约"谈判，并于1951年7月12日达成"美澳新安全条约草案"（The Draft Security Treaty between Australia, New Zealand and the United States）③。但菲律宾对将之排除在"美澳新安全条约"之外表示了强烈不满。在菲律宾总统季里诺和菲律宾舆论看来，美国与澳大利亚、新西兰签订正式的条约对菲律宾采取了"明显的差别对待"，并表明美国并未将菲律宾看作主权国家。菲律宾政府对此深表遗憾。7月19日，季里诺发表新闻讲话称："1949年我们在菲律宾首创的太平洋条约观念。我们希望这个观念现在变成现实。"他认为，他是"太平洋条约的首要设计者"，强调"菲律宾必须成为这样的太平洋安全条约之锚"。美国政府对此解释说，太平洋共同防务计划将会令美菲两国均感到满意，而美菲关系亦将日益变得稳固，并将为"季里诺总统首倡的太平洋联合抗击侵略的梦想的最终实现提供基石"。在这种情况下，美国政府重新讨论是将菲律宾吸纳进已拟订的"美澳新安全条约"，还是签订一个与之分开的"美菲共同防务条约"。双方经过谈判，于8月2日在马尼拉达成"美菲共同条约草案"。杜勒斯表示，美国与菲律宾的这份双边安全条约原则上按照美澳新"三

---

① United States Department of State, *Foreign Relations of the United States Diplomatic Papers*, 1951, Vol. 6: *East Asia and the Pacific* (*in two parts*), part 1, Washington, D. C.: United States Government Printing Office, 1976, pp. 202 – 204.

② "Cablegram from Department of External Affairs to High Commission in London and Embassy in Washington," Cablegram, Canberra, 18 April 1951, in Australian Department of Foreign Affairs and Trade, *Documents on Australian Foreign Policy*, Vol. 21: *The 1951 ANZUS Treaty*, Document 85, https://www.dfat.gov.au/about-us/publications/historical-documents/Pages/volume-21/85-cablegram-from-department-of-external-affairs-to-high-commission-in-london-and-embassy-in-washington.

③ 参见 "Draft Security Treaty between Australia, New Zealand and the United States," Draft, Washington, 12 July 1951, in Australian Department of Foreign Affairs and Trade, *Documents on Australian Foreign Policy*, Vol. 21: *The 1951 ANZUS Treaty*, Document 105, https://www.dfat.gov.au/about-us/publications/historical-documents/Pages/volume-21/105-draft-security-treaty-between-australia-new-zealand-and-the-united-states1.

边安全条约路线"来考量，旨在更好地保持菲律宾与东南亚联系的能力。这也是促进太平洋区域安全进步发展的"最初步骤"①。

1951年8月30日，在杜鲁门和季里诺的见证下，美菲两国代表在美国华盛顿正式签订《美菲共同防务条约》（The U.S. – Philippine Mutual Defense Treaty），并于1952年8月27日在两国相继批准后生效。1951年9月1日，美、澳、新三国代表在美国旧金山正式签署《太平洋三边安全条约》（The Tripartite Pacific Security Treaty），通常称之为《美澳新安全条约》，并于1952年4月29日获三国批准后生效。② 这两个条约在内容上有高度的近似性，主要包括：决定成立由成员国外长或其代表组成的理事会，作为履行条约的新的机构，《美澳新安全条约》称之为"太平洋理事会"；按照《联合国宪章》规定的以和平手段解决任何国际争端，并承诺在其国际关系中不以违背联合国宗旨的任何方式威胁或使用武力；通过持续而有效的自助和互助方式，单独或联合保持和发展其个体和集体抵抗武装攻击的能力；在太平洋区域任何一方认为其领土完整、政治独立或安全受到威胁时，应一起协商彼此观点；在太平洋区域对任何一方发动武装攻击都将危及其自身的和平与安全时，将根据其宪法程序采取行动，以应对共同的威胁。《美澳新安全条约》还特别规定，在确立更全面的太平洋区域安全制度和联合国发展更有效的手段维持国际和平与安全之前，授权根据条约设立的理事会与能够促进本条约宗旨和促进该地区安全的国家、区域组织、国家协会或其他当局保持协商关系；《美菲共同防务条约》则规定，它们将依据联合国的宗旨与原则理念与各国人

---

① United States Department of State, *Foreign Relations of the United States Diplomatic Papers*, 1951: Vol. 6. *East Asia and the Pacific* (*in two parts*), part 1, Washington, D. C.: United States Government Printing Office, 1976, pp. 223 – 226, 230 – 236.

② 参见 United States Department of State, *Foreign Relations of the United States Diplomatic Papers*, 1951, Vol. 6: *East Asia and the Pacific* (*in two parts*), part 1, Washington, D. C.: United States Government Printing Office, 1976, pp. 250 – 251; "Cablegram from Department of External Affairs to Embassy in Washington, High Commission in London and High Commission in Wellington," Cablegram, Canberra, 29 April 1952, in Australian Department of Foreign Affairs and Trade, *Documents on Australian Foreign Policy*, Vol. 21: *The 1951 ANZUS Treaty*, Document 133, https://www.dfat.gov.au/about-us/publications/historical-documents/Pages/volume-21/133-cablegram-from-department-of-external-affairs-to-embassy-in-washington-high-commission-in-london-and-high-commission-in.

民及各国政府和平相处，并希望加强太平洋区域的和平建设。① 由此，这两个条约既相互独立又互为一体，共同构成以一个双边和一个三边军事联盟为纽带的太平洋区域联盟体系。

从条约的机制安排来看，这两个条约构成的太平洋区域联盟体系与北大西洋军事联盟体系明显不同。它们既没有北约那样的军事反应机制和防务结构，在组织安排上亦缺乏细密的设计；拟设立的理事会只是轮流开会的协商机构，既不谋求设立固定的驻地和秘书处，又不组建统一的部队和军事规划指挥系统。② 对此，在1952年4月《美澳新安全条约》生效时，已调任澳大利亚驻华盛顿大使的斯彭德有具体的解释。他说，美澳新联盟不是旧式的军事同盟，而是纯粹的防务性协定，旨在使三个太平洋邻国之间已长期存在的相互支持的那些谅解具有正式的性质；该条约没有具体说明任何一方在发生武装攻击时应采取的确切行动，如澳大利亚和新西兰没有义务做出即期的正式宣战；美国亦不能在宪法上接受这种具有约束力的义务。也就是说，该条约在共同应对武力进攻时没有强制性条款，只是各方决心通过自助和互助来准备抵抗侵略；这种义务只是在发生威胁和武装攻击时为采取行动应对共同危险而进行协商。该条约下的联盟体系也不是严格封闭的，而是具有适度的开放性。也就是说，它是"完全在联合国框架内的"，绝不会取代或削弱将澳大利亚与英联邦其他成员国联系在一起的亲密关系和合作关系。斯彭德强调："我们希望除了我们与英联邦的密切联系之外，还可以与我们的太平洋盟友美国建立同样密切的联系。"③ 1952年2月，澳大利亚外长凯西发表的

---

① 《美菲共同防务条约》亦被翻译为《美菲共同防御条约》。《美澳新安全条约》和《美菲共同防务条约》的具体条款详见《美菲共同防御条约》（1951年8月30日订于华盛顿，1952年8月27日生效），载世界知识出版社编《国际条约集（1950—1952）》，世界知识出版社1959年版，第324—326页；《美澳新安全条约》（1951年9月1日订于旧金山，1952年4月29日生效），载世界知识出版社编《国际条约集（1950—1952）》，第326—328页。

② 张和蕴：《从美纽争执看美澳纽联盟的危机》，载《问题与研究》1985年第8期，第71—72页。

③ "Cablegram from Department of External Affairs to Embassy in Washington," Cablegram, Canberra, 28 April 1952, in Australian Department of Foreign Affairs and Trade, *Documents on Australian Foreign Policy*, Vol. 21: *The 1951 ANZUS Treaty*, Document 132, https://www.dfat.gov.au/about-us/publications/historical-documents/Pages/volume-21/132-cablegram-from-department-of-external-affairs-to-embassy-in-washington.

声明亦称,《美澳新安全条约》的目的不是取代联合国旨在建立的一般世界安全体系,也不会取代在英联邦内做出的防务安排。① 所有这些都表明,该联盟体系具有不同于西方已有大国联盟的独特性,为之注入了英联邦协商机制及"科伦坡计划"组织的规范特性,从而使西方的军事联盟体系在进入太平洋区域时便失去了"牙齿"而被赋予明显的"地方色彩"。这也为随后创建的东南亚条约组织区域集体安全体系提供了"适应性规范"框架。这就是规范扩散研究所表明的区域组织的规范建构或重构在对已有特定实践模式进行"选择性模仿"(selective emulation)或"选择性适用"(selective adoption)时依然会保留其"重要的差异性"②。

显然,美国、菲律宾、澳大利亚、新西兰四国对这些妥协的结果都比较满意。杜鲁门在《美澳新安全条约》和《美菲共同防务条约》签署后声称,这两个条约下的区域安全安排"成为走上太平洋集体安全的第一步"。艾奇逊称,《美菲共同防务条约》是美国对菲律宾"以法律为基础的安全承诺"的"首个案例"③。他赞扬该条约是"美菲紧密关系的标志"。季里诺在《美菲共同防务条约》签署后在华盛顿发表声明称,该条约既是一个结束,又是一个开始,预示着未来更全面条约的签订。季里诺将这一条约称作走上太平洋安全联合军事承诺的"第一步",标志着"半个世纪以来美菲关系政策的顶点",是联合国体系中创建太平洋区域

---

① "Cablegram from Casey to Menzieson," Cablegram, Washington, 12 December 1951, in Australian Department of Foreign Affairs and Trade, *Documents on Australian Foreign Policy*, Vol. 21: *The 1951 ANZUS Treaty*, Document 125, https: //www. dfat. gov. au/about-us/publications/historical-documents/Pages/volume-21/125-cablegram-from-casey-to-menzies.

② 参见 Jürgen Rüland, *The Indonesian Way: ASEAN, Europeanization, and Foreign Policy Debates in a New Democracy*, Stanford: Stanford University Press, 2018, pp. 4 – 7; Tanja A. Börzel, "Comparative Regionalism: European Integration and Beyond," in Walter Carlsnaes and Beth Ann Simmons, eds. , *Handbook of International Relations*, Los Angeles: SAGE Publications, p. 510; Anja Jetschke and Philomena Murray, "Diffusing Regional Integration: The EU and East Asia," *West European Politics*, Vol. 35, No. 1, 2012, pp. 175 – 176.

③ United States Department of State, *Foreign Relations of the United States Diplomatic Papers*, 1951, Vol. 6: *East Asia and the Pacific (in two parts)*, part 1, Washington, D. C. : United States Government Printing Office, 1976, pp. 255 – 256.

安全体系的"大胆自信的起步"①。季里诺为他自己成为"太平洋区域安全组织的发明者"并为此于1950年举行澳大利亚、锡兰、印度尼西亚、巴基斯坦和泰国等国代表参加的碧瑶会议而感到骄傲。② 斯彭德在该条约签署后发表声明称,《美澳新安全条约》"以太平洋区域安全为目标,在《联合国宪章》框架内制定,致力于其伟大和崇高的宗旨,朝着我们希望在这一重要领域不断扩大的和平安全体系迈出了第一步。在这个意义上,澳大利亚特别欢迎美国和菲律宾共和国缔结了一项类似的安全条约。"③ 凯西的声明进一步强调:"根据这项相互安全条约,澳大利亚拥有了与我们强大的朋友美国建立密切的防务联系的优势。"他相信,由此形成的"安全网络""虽然没有为维持太平洋和平与安全提供完整和最终的答案,但它将在这方面迈出重大的步骤",而三国的相互义务和建立的理事会"为在自助和互助的基础上进行最密切的协商和规划提供一种途径"④。2019年2月,美国国防部发布的首份《印太战略报告》将《美菲共同防务条约》和《美澳新安全条约》并称为20世纪50年代初美国扩大在该区域作用的具有标志性的"里程碑",为二战后70多年来美国在印度—太平洋区域构筑联盟体系和部署前沿军队奠定了基础。⑤

---

① Milton W. Meyer, *A Diplomatic History of the Philippine Republic*, Hawaii: University of Hawaii Press, 1965, p. 107.

② "Visit of His Excellency Elpidio Quirino, President of the Philippines," Department of State, n. d., U. S. Declassified Documents Online, https://link.gale.com/apps/doc/CK2349408344/USDD?u = nju&sid = bookmark-USDD&xid = cdfb04f5&pg = 1.

③ "Statement to be Made by Spender," Statement, Canberra, 30 August 1951, in Australian Department of Foreign Affairs and Trade, *Documents on Australian Foreign Policy*, Vol. 21: *The 1951 ANZUS Treaty*, Document 113, https://www.dfat.gov.au/about-us/publications/historical-documents/Pages/volume-21/113-statement-to-be-made-by-spender.

④ "Cablegram from Casey to Menzieson," Cablegram, Washington, 12 December 1951, in Australian Department of Foreign Affairs and Trade, *Documents on Australian Foreign Policy*, Vol. 21: *The 1951 ANZUS Treaty*, Document 125, https://www.dfat.gov.au/about-us/publications/historical-documents/Pages/volume-21/125-cablegram-from-casey-to-menzies.

⑤ United States Deparment of Defense, "Indo-Pacific Strategy Report: Preparedness, Partnerships, and Promoting a Networked Region," 1 June 2019, https://media.defense.gov/2019/Jul/01/2002152311/-1/-1/1/DEPARTMENT-OF-DEFENSE-INDO-PACIFIC-STRATEGY-REPORT-2019.PDF.

总之，无论从整个太平洋区域还是从美国及其他三国角度乃至从机制安排的规范和预期来看，《美澳新安全条约》和《美菲共同防务条约》的签署、实施为"太平洋主义"框架内东南亚"集体防务"动议的后续演进提供了有利的条件。从美国的角度来看，这意味着英国实力的大大削弱，而澳大利亚和新西兰被正式纳入美国的势力范围，一个"强大的美国"在该区域的支配性地位和领导角色通过这两个条约予以合法化；这两个条约也不仅仅局限于澳大利亚、新西兰和菲律宾，而是可以为美国在该区域外部尤其是东南亚区域推行遏制政策提供帮助，尤其是《美澳新安全条约》作为美国推动设立的亚洲首个区域防务机制及其军事介入该区域的首个多边条约承诺，被称作"新设计的东南亚合作形式"，已成为"日益复杂的美国支配的防务车轮的一个齿轮"。对于澳大利亚和新西兰而言，该条约可以保障它们抵御可能再度出现的日本军事威胁。[①] 对澳大利亚而言，《美澳新安全条约》的签订被认为是澳大利亚谋划了半个多世纪的"引美入亚"战略的初步成功，实现了美国军事安全体系延伸至南太平洋区域的战略构想。澳美同盟以条约的形式确定下来，也使其与美国的安全合作有了法律保障。该条约被认为是澳大利亚"抵御世界任何国家侵略的盾牌"。从此，澳大利亚成为美国在南太平洋区域的"安全堡垒"和"前进基地"及其所构建的东南亚及太平洋集体防务体系的"南锚"[②]。这表明，澳大利亚和新西兰在国际政治领域的角色"正在从主要为英国的帝国防务战略服务转向为美国的遏制战略效力"[③]。而《美菲共同防务条约》对菲律宾履行的新承诺被美国视作亚洲国家是否接受

[①] 参见王绳祖主编《国际关系史（1949—1959）》（第8卷），世界知识出版社1995年版，第158页；Hiroyuki Umetsu, "From ANZUS to SEATO: A Study of Australian Foreign Policy, 1950-54," A Thesis Presented for the Degree of the Doctor of the University of Sydney, Sydney, Australia, June 1996, pp. 400–401; W. David McIntyre, Background to the ANZUS Pact: Policy-Making, Strategy and Diplomacy, Christchurch: Canterbury University Press, 1995, p. 359; Kai Dreisbach, "Between SEATO and ASEAN: The United States and the Regional Organization of Southeast Asia," in Marc Frey, Ronald Pruessen and Tan Tai Yong, eds., The Transformation of Southeast Asia: International Perspectives on Decolonization, Armonk: M. E. Sharpe, 2003, pp. 244–245.

[②] 于镭、隋心：《澳美新同盟的缘起、建构和稳固》，中国社会科学出版社2020年版，第123页。

[③] 崔丕：《美国亚洲太平洋集体安全保障体系的形成与英国（1950—1954年）》，载《冷战国际史研究》（第1辑），世界知识出版社2004年版，第27页。

"美国领导权的一个测试理由"①。从整个区域来看，这两个条约为未来太平洋区域更全面的安全体系建构提供了双边和多边及与其他区域安全安排互动的"开放性框架"，被称作"指引美国介入亚洲区域主义的前奏"，成为形成东南亚"集体防务"体系的重要步骤，乃至构建东南亚条约组织的"前身"。②

其实，此时美国并未急于对整个东南亚区域提供过多的安全承诺，而是鼓励澳大利亚和新西兰更多地介入东南亚的共同防务。这使得美国在紧急事件发生时"可以做出有弹性的选择"，亦使"澳新似乎已扮演美国代理者的角色"③。这也是美国将英国、法国、菲律宾和泰国排除在《美澳新安全条约》之外的重要原因。美国政府曾表示，英国和美国参与美澳新联盟会强化这种印象，即该联盟是"白人为了白人国家的共同安全而做出的安排"。但美国拒绝英国和法国加入美澳新联盟的真正原因是，美国不愿意对这两个国家在马来亚和印度支那的殖民地做出安全承诺。④ 1951 年 12 月 29 日，美国国务院制定的一份立场文件指出，美国既承认东南亚的重要性，也关注该区域的国家不能"滑进共产主义阵营"，但美国此时不接受对该区域防务提供投入地面部队的承诺，试图在太平洋区域建立类似北约的区域安全体系更是为时太早。该文件强调，在全球战争中，相对于中东而言，东南亚区域防务的重要性是第二位的。该文件还指出，澳大利亚和新西兰可以在东南亚区域布置可用的军事力量，并希望澳大利亚、新西兰与法国、英国、美国一起参与东南亚防务。与此同时，美国参谋长联席会议制定的立场文件指出，

---

① "Visit of His Excellency Elpidio Quirino, President of the Philippines," Department of State, n. d., U. S. Declassified Documents Online, https：//link. gale. com/apps/doc/CK2349408344/USDD? u＝nju&sid＝bookmark-USDD&xid＝cdfb04f5&pg＝1.

② Chintamani Mahapatra, *American Role in the Origin and Growth of ASEAN*, New Delhi：ABC Publishing House, 1990, pp. 55 – 56.

③ 参见王绳祖主编《国际关系史（1949—1959）》（第 8 卷），世界知识出版社 1995 年版，第 159 页；张和蕴《从美纽争执看美澳纽联盟的危机》，载《问题与研究》1985 年第 8 期，第 74 页。

④ Kai Dreisbach, "Between SEATO and ASEAN：The United States and the Regional Organization of Southeast Asia," in Marc Frey, Ronald Pruessen and Tan Tai Yong, eds., *The Transformation of Southeast Asia：International Perspectives on Decolonization*, Armonk：M. E. Sharpe, 2003, p. 245.

美国当前不设想通过参谋长联席会议组织在东南亚设立指挥部,但不反对任何将美国作为一方的联合指挥部的计划。该文件再次申明,在当前环境下,美国在任何情况下都不会做出对东南亚区域提供任何地面部队的军事承诺。①

在现实中,美国主要是通过与西方大国间的军事协调及《美澳新安全条约》对东南亚区域安全事务做出反应。1952年2月5日,美国、英国、法国、澳大利亚、新西兰组成"五国东南亚临时委员会"(The Five-Power Ad Hoc Committee on Southeast Asia),就东南亚问题的行动路线提出初步的应对措施。该委员会制定的关于东南亚的报告确定通过集体努力在受共产党威胁区域采取"有效的措施",包括空中管制、孤立和封堵战事区域、对地面部队的直接空中支持和形势评估等。英国和法国还建议设立履行已达成军事措施的机构,以满足情报共享、行动研究和后勤支援等紧急需要。② 2月13日,美国国家安全委员会制定了应对东南亚"共产党侵略"的政策建议,其目标是"遏制东南亚国家滑进共产主义轨道""帮助它们改进抵制内部和外部共产主义的意愿和能力",以"促进自由世界的加强"。该文件建议的应采取的针对性"行动路线"是:加强与该区域相关的心理战,以培育与提升"自由世界人民联盟";延续经济和技术援助项目,以加强该区域本地非共产党政府;鼓励东南亚国家保持和扩大彼此间及其与其他"自由世界"的商业联系,刺激该区域原材料资源向"自由世界"的流动;谋求与至少包括英国、法国、澳大利亚、新西兰在内的国家达成协议,对共产党侵略和侵蚀在东南亚引起的严重后果发出联合警告;继续鼓励和支持东南亚国家之间及其与美国、英国、法国、菲律宾、澳大利亚、新西兰、南亚国家和日本等国保持更紧密的合作;采取务实的措施促进该区域的防务协调,并鼓励和支持东南亚人民之间抵制来自外部和本地共产党侵蚀的联合精神。此时,美国国家安

---

① United States Department of State, *Foreign Relations of the United States Diplomatic Papers*, 1952–1954, Vol. 12: *East Asia and the Pacific (in two parts)*, Part 1, Washington, D. C.: United States Government Printing Office, 1984, pp. 1–7, 46.

② United States Department of State, *Foreign Relations of the United States Diplomatic Papers*, 1952–1954, Vol. 12: *East Asia and the Pacific (in two parts)*, Part 1, Washington, D. C.: United States Government Printing Office, 1984, pp. 36–44.

全委员会将"东南亚"的范围界定为包括缅甸、泰国、印度支那、马来亚和印度尼西亚的区域，不包括菲律宾。6月25日，这一政策建议正式成为《美国关于东南亚共产主义侵略的目标和行动路线的政策声明》，即美国国家安全第124号文件（简称"NSC124"），并成为指导美国与西方大国协调及在《美澳新安全条约》框架下对东南亚区域安全事务做出反应的基础性文件。①

1952年8月4—6日，美国、澳大利亚和新西兰在夏威夷檀香山举行《美澳新安全条约》首届理事会会议。三国因顾及"太平洋"一词可能会引起未参加的菲律宾和日本的误解，所以该理事会略去"太平洋"而称之为"美澳新理事会"（The ANZUS Council）。此次会议确定该理事会组织由政治和军事两个机构组成。前者是由三国外交部长参加的年度会议；后者是由新设立的三国军事代表组成的定期会议。按照理事会的决定，其军事代表的主要职责是就与《美澳新安全条约》适用而产生的有关军事合作问题向理事会提出建议，并就三国领土防务与总体的太平洋区域防务战略相关的自助和互助及改进等应采取的具体措施向三国各自的部队参谋部提出建议等。② 9月22—25日，美澳新理事会在夏威夷珍珠港举行首次军事代表会议，从战略上将"东南亚"界定为包括缅甸，泰国，香港，澳门，台湾，印度支那（含越南、老挝和柬埔寨），马来亚、新加坡皇冠殖民地、英属北婆罗洲及沙捞越、文莱苏丹国，菲律宾，印度尼西亚共和国、葡属帝汶和荷属新几内亚及其他"适当的区域"。"东南亚"这一新的地理范围界定不但首次包括今日东南亚所有区域，还包括中国东南部部分地区，其地理范围比原来明显扩大。此次会议还承认了"澳新马区域"联合防务计划作为"可能的战区"的地位，接受其所界定的区域包括澳大利亚，新西兰，东印度（含印度尼西亚、婆罗洲、新几内亚）和马来亚等，并承认其在军事服务层次上的海军目标，包括护卫、

---

① United States Department of State, *Foreign Relations of the United States Diplomatic Papers*, 1952–1954, Vol. 12: *East Asia and the Pacific* (in two parts), Part 1, Washington, D. C.: United States Government Printing Office, 1984, pp. 36–44, 125–134.

② United States Department of State, *Foreign Relations of the United States Diplomatic Papers*, 1952–1954, Vol. 12: *East Asia and the Pacific* (in two parts), Part 1, Washington, D. C.: United States Government Printing Office, 1984, pp. 172–201.

运输路线和交通分流、侦察地方防务反潜艇战和救援等。① 东南亚尤其是马来亚的防务仍是澳大利亚关注的核心安全问题。截至 1951 年 11 月，澳大利亚在马来亚驻扎两个空军中队，拥有 14 架飞机。② 自此，美澳新理事会加入东南亚区域安全事务的大国协调。

在英国的建议下，美国、英国、法国、澳大利亚和新西兰决定启动"五国东南亚军事会议"（The Five-Power Military Conference on Southeast Asia），专门讨论东南亚的军事形势及受共产主义威胁的区域防务合作问题。1952 年 10 月 6—17 日，首次五国东南亚军事会议在华盛顿举行。这次会议决定成立"五国联络官机构"，作为执行该会议所确定的必要的协调行动计划的参谋机构。③ 11 月 6—25 日，美澳新理事会在珍珠港再次举行军事代表会议，此次会议将"东南亚"确定为"特定的区域"，并确定了《美澳新安全条约》框架下应对东南亚共产主义威胁的"可能军事行动路线"，主要包括：保持和尽可能增加当前的军事援助和顾问项目；加强该区域的军事力量和心理战；确定与英国在受威胁区域采取协调一致的军事政策；创建协调一致的联合军事政策工具，其第一步就是由美国太平洋参谋部指挥官、英国远东防务协调委员会代表、法军远东参谋部指挥官、新加坡参谋部代表和澳大利亚防务委员会代表组成的"五国军事会议"。④ 这意味着美澳新理事会军事代表会议开始通过新的五国东南亚军事会议与英国和法国建立关于东南亚"集体防务"的协调关系。

---

① United States Department of State, *Foreign Relations of the United States Diplomatic Papers*, 1952 – 1954, Vol. 12: *East Asia and the Pacific* (*in two parts*), Part 1, Washington, D. C.: United States Government Printing Office, 1984, pp. 222 – 225.

② "'The Situation in Malya: Cabinet Memorandum by Mr Lyttelton. Annexes I – III," CAB 129/48, C (51) 26, 20 November 1951, in A. J. Stockwell, ed., *British Documents on the End of Empire*, Series B, Vol. 3: *Malaya*, Part II, *The Communist Insurrection 1948 – 1953*, London: HMSO, 1995, p. 314.

③ United States Department of State, *Foreign Relations of the United States Diplomatic Papers*, 1952 – 1954, Vol. 12: *East Asia and the Pacific* (*in two parts*), Part 1, Washington, D. C.: United States Government Printing Office, 1984, pp. 230 – 232.

④ United States Department of State, *Foreign Relations of the United States Diplomatic Papers*, 1952 – 1954, Vol. 12: *East Asia and the Pacific* (*in two parts*), Part 1, Washington, D. C.: United States Government Printing Office, 1984, pp. 242 – 256.

然而，随着东南亚安全局势的急剧变化尤其是印度支那战局越来越不利于法国，美国开始更加倚重五国东南亚军事会议框架下的政策协调。1953年4月6—10日，五国东南亚军事会议在珍珠港举行。经讨论后，此次会议对利用现有机构对东南亚区域的总体战略防务和国别计划的有效协调及行动路线提出了具体建议，主要是对印度支那、马来亚、泰国、缅甸、香港等地的"友好部队"提供海空支援及为此目标提供必要的地面部队等。① 6月15日至7月1日，五国东南亚军事会议再次在珍珠港举行。此次会议除了重申上述建议外，还提出在印度支那、香港、泰国等地出现紧急事件时应采取的行动路线，包括对有选择的目标实施军事封锁、心理战和游击战等。② 此时，美国已经更愿意使用五国东南亚军事会议，而不是美澳新理事会军事代表会议商谈关于东南亚区域防务的战略规划，但美国既不认为五国东南亚军事代表会议可以取代美澳新理事会军事代表会议，亦不支持美澳新理事会的战略规划与"澳新马区域"联合防务计划建立正式的联系。③ 1953年9月3—4日，美澳新理事会第二次军事代表会议亦在珍珠港举行。三国代表通过《美澳新理事会军事代表规划报告》，并将之作为五国东南亚军事会议规划的指导性文件。会上，三国军事代表经协商后确定，鉴于英国和法国在东南亚拥有一定的利益并已介入该区域抵制共产主义侵蚀的军事行动，由五国东南亚军事会议所做的军事规划行动就成为各国军事计划协调和交换信息的合适工具，因此，美澳新理事会军事规划和行动路线最好由五国东南亚军事会议研

---

① United States Department of State, *Foreign Relations of the United States Diplomatic Papers*, 1952 – 1954, Vol. 12: *East Asia and the Pacific* (*in two parts*), Part 1, Washington, D. C. : United States Government Printing Office, 1984, pp. 303 – 306.

② United States Department of State, *Foreign Relations of the United States Diplomatic Papers*, 1952 – 1954, Vol. 12: *East Asia and the Pacific* (*in two parts*), Part 1, Washington, D. C. : United States Government Printing Office, 1984, pp. 319 – 327.

③ United States Department of State, *Foreign Relations of the United States Diplomatic Papers*, 1952 – 1954, Vol. 12: *East Asia and the Pacific* (*in two parts*), Part 1, Washington, D. C. : United States Government Printing Office, 1984, pp. 316 – 317; Peter Edwards, *Crises and commitments: The Politics and Diplomacy of Australia's Involvement in Southeast Asian Conflicts 1948 – 1965*, North Sydney: NSW Allen & Unwin, 1992, pp. 114 – 115.

究和确定。① 9月10日，在华盛顿召开的第二届美澳新理事会上，美国参谋长联席会议主席阿瑟·雷德福（Arthur W. Radford）指出，美澳新理事会的规划为五国东南亚军事会议的规划研究的持续进展提供了"最有价值的基础"，展示了"美澳新理事会军事组织作为联合规划机构的效率和价值"②。就此，西方大国关于东南亚防务的多边协调形成了以基于定期会议的非正式的五国东南亚军事会议为核心工具、以基于条约的正式的美澳新理事会军事会议为外在保障的"双层协商机制"。

但美国一手打造的东南亚"集体防务"双层协商机制有两个明显的"缺陷"。第一个是这两个协调机制仍是停留在口头上和纸面上的战略或政策规划及"行动路线"，鲜有具体的"联合行动"，尤其是五国军事会议是纯粹的协商会议，并没有组织上的行动权威和能力。1953年11月，美国驻伦敦大使奥德里奇（Aldrich）给美国国务院致函表示，英国希望能够尽快按照北约的路线将五国东南亚军事机制改组为东南亚的政治和军事指挥机构。这位大使认为，现有的机构虽有价值，但缺乏政治方向；而将之改组为类似北约的机构既面临一些压力，在政治上也不够成熟，但可以给予泰国、菲律宾等可能有意愿加入该组织的东南亚国家成员国资格，以便在紧急事件发生时有能力提供足以胜任的军事力量。③ 第二个是两个协调机制的成员均为东南亚区域外部国家，没有任何东南亚国家或政治实体加入其中。这已经给五国东南亚军事会议带来不便。雷德福在第二届美澳新理事会上透露，五国指挥官非常希望能在新加坡或西贡举行会谈，但担心这会招致菲律宾的猜疑。为此，五国军方一直在避免被指责为在太平洋区域创建"白人的

---

① United States Department of State, *Foreign Relations of the United States Diplomatic Papers*, 1952–1954, Vol. 12: *East Asia and the Pacific (in two parts)*, Part 1, Washington, D. C.: United States Government Printing Office, 1984, pp. 337–339.

② United States Department of State, *Foreign Relations of the United States Diplomatic Papers*, 1952–1954, Vol. 12: *East Asia and the Pacific (in two parts)*, Part 1, Washington, D. C.: United States Government Printing Office, 1984, p. 346.

③ United States Department of State, *Foreign Relations of the United States Diplomatic Papers*, 1952–1954, Vol. 12: *East Asia and the Pacific (in two parts)*, Part 1, Washington, D. C.: United States Government Printing Office, 1984, p. 357.

北约"①。1953年11月16日,美国参议院多数派领袖威廉·诺兰德(William F. Knowland)给杜勒斯致函称:"无论全世界各国是否承认,我相信亚洲殖民主义时期已经过去,因而没有成功的政策能够与世界哪个地方的殖民主义捆绑在一起。"因此,该区域国家间政治、经济和军事协调具有重大机会的动议应该由"亚洲自由国家"提出,而菲律宾就非常适合担当这样的角色。在他看来,菲律宾政府是通过"自由选举"产生的,已得到"世界所有人民"的承认;菲律宾亦不是"中立主义国家",它与世界其他"自由国家"一起派兵参加朝鲜战争;新当选的麦格塞塞总统有很好的机会召集准备参加该区域集体安全体系的"自由国家"到马尼拉开会,这些国家有泰国、菲律宾、越南、老挝和柬埔寨及其他愿意参加集体安全体系的国家。他强调:"亚洲任何有效的集体安全体系都需要比美澳新理事会更广泛",因为亚洲国家将之看作解决亚洲问题的"西方化方法"。由此,"为避免被指控为殖民主义或西方帝国主义,由亚洲自由国家人民自身领导这一发展是重要的"。杜勒斯回函称,这些看法"非常接近我的思路"。他表示已就此与艾森豪威尔总统讨论,艾森豪威尔对此持同情态度。他也就此事与罗慕洛进行了交谈,希望"一些具体事情会发生"②。

其实,此时印度支那战局已经发生逆转。1953年11月,法国军队进入接近老挝边界越南西北部的奠边府,与北越部队展开了第一次印度支那战争中"决定性的军事冲突"。与此同时,法国政府宣布可以接受结束这场战争的"体面的"谈判方法,从而开启了结束战争的外交途径。继而是1954年2月"五大国"柏林外长会议同意召开日内瓦会议。美国政府虽不满意这一结果,但也不愿意采取单边的军事干预行动,便开始谋求摆脱困境的更合适的途径。③ 3月25日,在奠边府战役方酣之时,艾森

---

① United States Department of State, *Foreign Relations of the United States Diplomatic Papers*, 1952–1954, Vol. 12: *East Asia and the Pacific (in two parts)*, Part 1, Washington, D.C.: United States Government Printing Office, 1984, p.349.

② United States Department of State, *Foreign Relations of the United States Diplomatic Papers*, 1952–1954, Vol. 12: *East Asia and the Pacific (in two parts)*, Part 1, Washington, D.C.: United States Government Printing Office, 1984, pp.354–355.

③ 参见 Peter Edwards, *Crises and Commitments: The Politics and Diplomacy of Australia's Involvement in Southeast Asian Conflicts 1948–1965*, North Sydney: NSW Allen & Unwin, 1992, pp.118–119;蔡佳禾:《双重的遏制:艾森豪威尔政府的东亚政策》,南京大学出版社1999年版,第89—90页。

豪威尔主持召开美国国家安全委员会会议讨论印度支那形势及美国对特定紧急事件的对策。艾森豪威尔建议，美国与东南亚国家及其邻近国家组建一个"国家集团"。他认为该"国家集团"可以《美澳新安全条约》成员国的扩大为基础，其更适合的成员国包括澳大利亚、新西兰、菲律宾、东南亚"自由国家"、英国和法国等。[①] 杜勒斯随即受命开始筹划西方国家与东南亚国家共同参加的印度支那问题的"集体行动"。

3月29日，杜勒斯在纽约海外新闻俱乐部发表演讲，提出著名的"联合行动"（United Action）倡议。他声称："东南亚是横跨太平洋和南部亚洲的最直接和最发达的海空通道""具有重要的战略价值"，而"共产党控制的东南亚对与我们有相互援助条约的菲律宾、澳大利亚和新西兰产生了严重的威胁"，并"在战略上危及包括所言的'近海岛链'的整个西太平洋区域"[②]。他重申美国对法国在印度支那战争中的支持立场，认为越盟是全球共产主义的组成部分，如果听任其"无争议地对印度支那和其他实质部分的控制"，他们就会对该区域其他"自由的人民"施加"同样形式的侵略"。这对"整个自由共同体是巨大威胁"。对此，美国"不应消极地接受，而应该采取联合行动"。按照杜勒斯的设想，"联合行动"中的"联合"意指东南亚区域的国家应该联合起来，并准备运用各种可用的手段遏制共产主义被强加于东南亚；这些国家是指印度支那"联系国"越南、老挝、柬埔寨和泰国、法国、英国、菲律宾、澳大利亚和新西兰；美国尽管不在该区域但对此非常感兴趣，将以合适的方式做出贡献。他说，"行动"意指最初的政治行动，即通过在区域创建"国家共同体"使各国能够以各种方式在联合反击共产主义的行动中做出政治决定；这种方式亦包括军事手段或任何其他手段。他设想了最初达成行动的政治协议，以此引领创建一个代表所有国家的军事委员会；在其中，各国能够依照其反对共产党侵略的能力讨论彼此可用的军事手段。他希

---

① United States Department of State, *Foreign Relations of the United States Diplomatic Papers*, 1952 – 1954, Vol. 13: *Indochina (in two parts)*, Part 1, Washington, D. C. : United States Government Printing Office, 1982, pp. 1163 – 1167.

② "Eisenhower Administration Statements on the Nature of Commitments to Vietnam and Laos under the Manila Treaty and SEATO," White House, n. d. U. S. Declassified Documents Online, https://link.gale.com/apps/doc/CK2349462431/USDD? u = nju&sid = bookmark – USDD&xid = d67943f5&pg = 2.

望在日内瓦会议召开之前各国能够做出政治决定,并达成有关协议。他建议法国政府尽可能在日内瓦会议召开之前公开宣布印度支那三个"联系国"完全独立,以便它们能够为反击共产党做出自己的军事贡献。他进一步解释说,这些关于"联合行动"问题的许多实际内容的想法是临时的,他希望在达成保障东南亚"自由的人民"之间"联合行动"观念的原则协议后,他们再行聚会并制定实际行动的细节内容。[1] 可见,杜勒斯并不想建立一个基于《美澳新安全条约》扩大的"亲密联合",而是一个由美国与东南亚区域国家间协议达成的、兼具政治功能和"防务安排"的新的"联盟"[2]。

杜勒斯基于这些设想为"联合行动"四处游说。1954年3月31日至4月16日,他与澳大利亚、新西兰、泰国、菲律宾、印度尼西亚、锡兰、巴基斯坦、缅甸及印度支那"联系国"驻美国大使就"联合行动"计划进行了多次会谈,并亲赴伦敦和巴黎分别与英国和法国政府就"联合行动"计划举行外长会议。4月22—25日,他又利用日内外会议召开前夕举行的北约理事会,与英国、法国和澳大利亚外长讨论了"联合行动"的具体措施。直到日内瓦会议召开,杜勒斯的"联合行动"倡议并未取得实际进展。其间,只有菲律宾政府对此表示明确的支持。4月25日,英国内阁特别会议明确拒绝了杜勒斯"联合行动"的建议;澳大利亚外长凯西亦告诉杜勒斯反对他建议中的军事干预。但英国、澳大利亚和新西兰同意与美国和其他国家探讨建立东南亚集体防务体系的可能性。[3] 这样,4月29日,美国国家安全委员会会议同意,既然英国不愿意参加,就无须等待日内瓦会议的进展,美国应继续努力组织最初由美国、英国、

---

[1] United States Department of State, *Foreign Relations of the United States Diplomatic Papers*, 1952 – 1954, Vol. 12: *East Asia and the Pacific (in two parts)*, Part 1, Washington, D. C.: United States Government Printing Office, 1984, pp. 399 – 400, 402 – 403.

[2] Peter Edwards, *Crises and Commitments: The Politics and Diplomacy of Australia's Involvement in Southeast Asian Conflicts* 1948 – 1965, North Sydney: NSW Allen & Unwin, 1992, pp. 122 – 123.

[3] United States Department of State, *Foreign Relations of the United States Diplomatic Papers*, 1952 – 1954, Vol. 12: *East Asia and the Pacific (in two parts)*, Part 1, Washington, D. C.: United States Government Printing Office, 1984, pp. 402 – 411, 421 – 431 Peter Edwards, *Crises and Commitments: The Politics and Diplomacy of Australia's Involvement in Southeast Asian Conflicts* 1948 – 1965, North Sydney: NSW Allen & Unwin, 1992, pp. 123 – 134.

法国、印度支那"联系国"及在该区域拥有利益的其他国家参加的"区域集团",以"防卫东南亚反击共产党的努力"①。30 日,杜勒斯与艾登再次会谈后决定谋求建立反击东南亚共产党的"持久的防务组织"。他重申,该"组织"至少应包括泰国、菲律宾、澳大利亚、新西兰以及美国、英国、法国、印度支那"联系国"等。②

与此同时,艾森豪威尔任命了一个特别委员会,研究美国在东南亚可能采取的行动。1954 年 4 月,该委员会提交一份报告,建议美国的政策应该是在《联合国宪章》的框架下制定一个由在太平洋有利益的欧洲大国签署和支持的远东区域安排。该报告称,充分完成这一安排只能从长期来看,起初,应在几个东南亚国家之间以及与日本之间订立区域和文化协定,这些协议可以采取类似于欧洲经济合作组织的形式;随后,在这些协议的基础上,美国应积极而低调地寻求将这些协议扩展为共同防务协议,并为此准备在军事和经济援助方面支持这些协议,并应在受邀请下成为这些协议的签署国。该报告的重要意义在于:一是该报告呼吁在文化事务方面进行区域合作,作为未来可能的军事合作的基础。这已经涉及后来以东盟的形式实现的区域主义概念。二是该报告首次明确建议签署一个区域安全条约。③

在日内瓦会议期间,杜勒斯继续展开外交活动。1954 年 5 月 2 日,杜勒斯在其主持召开的美澳新理事会特别会议上,试图说服澳大利亚和新西兰向英国施加压力,乃至谋求与澳大利亚、新西兰和菲律宾、泰国等国构筑没有英国参加的"联合战线",尽可能给予美国及西方国家日内

---

① United States Department of State, *Foreign Relations of the United States Diplomatic Papers*, 1952 – 1954, Vol. 13: *Indochina* (in two parts), Part 1, Washington, D. C.: United States Government Printing Office, 1982, pp. 1445 – 1446.

② United States Department of State, *Foreign Relations of the United States Diplomatic Papers*, 1952 – 1954, Vol. 12: *East Asia and the Pacific* (in two parts), Part 1, Washington, D. C.: United States Government Printing Office, 1984, pp. 437 – 438; Peter Edwards, *Crises and Commitments: The Politics and Diplomacy of Australia's Involvement in Southeast Asian Conflicts 1948 – 1965*, North Sydney: NSW Allen & Unwin, 1992, pp. 134 – 135.

③ Kai Dreisbach, "Between SEATO and ASEAN: The United States and the Regional Organization of Southeast Asia," in Marc Frey, Ronald Pruessen and Tan Tai Yong, eds., *The Transformation of Southeast Asia: International Perspectives on Decolonization*, Armonk: M. E. Sharpe, 2003, pp. 245 – 246.

第三章　战后东南亚区域合作的局部成长(1951—1960) / 491

瓦会议谈判立场更多的支持。澳大利亚和新西兰两国外长重申，不参加任何没有联合国授权的军事行动。两国希望避免更大范围的战争，都认为有英国参加的"五国东南亚军事会议"是更适合的协商机制。这样，直至 5 月 7 日法军在奠边府战役中惨败，杜勒斯的"联合行动"仍未取得实际进展。6 月 24 日，凯西建议，最有效的行动路线是启动关于东南亚和西太平洋的"集体安全组织"讨论。① 这一建议亦与英国政府提出的"集体安全"倡议相一致。在此前的 6 月 23 日，艾登就日内瓦会议及东南亚形势发表声明称，他希望达成一个反击侵略的"东南亚防务体系"；该"区域防务安排"可以类似于欧洲《洛加诺公约》的双方均参加的"互惠性安排"，亦可以是类似于北约的"防务联盟"，甚至可以是类似于为远东相关共产党国家提供的"中苏条约"②。但美国政府拒绝了这些概念，理由是"洛加诺式"的安排被认为提供的东西太少，而"北约式"的承诺又提供得太多。在美国看来，导致北约发展的西欧局势与当代远东局势存在着根本性差异。阻碍北约发展的困难是足够严重的，但远没有达到远东局势中所出现障碍的那种复杂性，诸如亚洲民族主义、反殖民主义和中立，远东自由国家之间存在的紧张因素以及中国的影响等。③

此时，随着日内瓦会议关于印度支那问题的谈判接近尾声和越南"南北分治"已成定局，美国和英国开始着手筹划印度支那及东南亚"后日内瓦"的"集体防务体系"，并在一些核心问题上日渐达成共识。1954 年 6 月 21 日，丘吉尔向美国政府提出，当前形势下更需要讨论在太平洋区域建立"反击共产主义稳固前线"的路径和方法，并建议成立与大西

---

① United States Department of State, *Foreign Relations of the United States Diplomatic Papers*, 1952 – 1954, Vol. 12: *East Asia and the Pacific* (in two parts), Part 1, Washington, D. C.: United States Government Printing Office, 1984, pp. 439 – 442; Peter Edwards, *Crises and commitments: The Politics and Diplomacy of Australia's Involvement in Southeast Asian Conflicts* 1948 – 1965, North Sydney: NSW Allen & Unwin, 1992, pp. 139 – 141.

② United States Department of State, *Foreign Relations of the United States Diplomatic Papers*, 1952 – 1954, Vol. 12: *East Asia and the Pacific* (in two parts), Part 1, Washington, D. C.: United States Government Printing Office, 1984, p. 570.

③ Kai Dreisbach, "Between SEATO and ASEAN: The United States and the Regional Organization of Southeast Asia," in Marc Frey, Ronald Pruessen and Tan Tai Yong, eds., *The Transformation of Southeast Asia: International Perspectives on Decolonization*, Armonk: M. E. Sharpe, 2003, p. 246.

洋和欧洲区域的北约相一致的"作为整体的东南亚条约组织"。他强调，重要的是这样的组织应得到亚洲国家的支持。① 6月25—26日，丘吉尔和艾登一行访问美国，与艾森豪威尔和杜勒斯举行"高峰会谈"。双方再次讨论了"联合行动"的可能性，并就"后日内瓦"东南亚问题解决办法达成一致，其中最重要的一条就是决定创建"东南亚条约组织"，并授权在华盛顿成立一个美英联合研究小组，根据两个高峰会谈讨论的主要问题准备关于新条约的"共同建议"。其涉及的主要问题包括：阻止并在必要时反击共产党侵略，以及在出现严重后果时应实施的即时联合行动的具体措施；提供防卫该区域免于侵略和帮助"合法政府"抵制共产党渗透和颠覆活动的有效的合作机构；承诺各成员国在该条约所涵盖区域发生共产主义事件时依照各自的程序应采取的必要行动，包括使用武力；保护老挝、柬埔寨和任何协议所维护的"自由越南"的部分，无论它们是否加入该协议条款；确定各感兴趣的国家即刻加入这些谈判的程序等。② 这意味着杜勒斯的临时性"联合行动"倡议开始转化为新的常设性的"东南亚集体防务"体系的动议，从而开启了"东南亚条约组织"的筹建进程。③ 这也标志着美国放弃原先一直坚持的东南亚区域组织必须源自本地动议的立场，转而成为东南亚条约组织创建的"首要推动者"④。

6月30日，杜勒斯在华盛顿主持召开了美澳新理事会非正式会议。凯西、斯彭德和新西兰驻美大使莱斯利·芒罗（Leslie Munro）参加了会议。三方就创建"东南亚条约组织"交换了意见。凯西和芒罗赞同及时

---

① "Churchill Proposes Utilizing SEATO in Southeast Asia Corresponding to NATO in the Atlantic and European Sphere," Department of State, 21 June 1954, U. S. Declassified Documents Online, https://link.gale.com/apps/doc/CK2349176113/USDD? u = nju&sid = bookmark - USDD&xid = fec5fc0f&pg = 1.

② United States Department of State, *Foreign Relations of the United States Diplomatic Papers*, 1952 - 1954, Vol. 12: *East Asia and the Pacific (in two parts)*, Part 1, Washington, D. C. : United States Government Printing Office, 1984, pp. 573 - 581.

③ Peter Edwards, *Crises and Commitments: The Politics and Diplomacy of Australia's Involvement in Southeast Asian Conflicts 1948 - 1965*, North Sydney: NSW Allen & Unwin, 1992, p. 142.

④ Evelyn Colbert, *Southeast Asia in International Politics, 1941 - 1956*, Ithaca: Cornell University Press, 1977, p. 201.

着手创建"东南亚条约组织"。① 7月7日，美英联合研究小组举行了首次会议。美英两国分别递交了"东南亚集体安全条约"和"集体安全安排"工作文件，作为该小组起草新条约的非正式和非官方的准备文件。美国的"工作文件"涉及与联合国的关系、涵盖区域、缔约方、缔约方以外应防卫的国家、缔约方的义务、组织和延续期限七个要点；英国的"工作文件"涉及行动条款、成员资格、组织结构、与印度支那问题解决办法的关系、与影响该区域其他防务条约的关系、谈判与时限和联合行动七个主题。从地理描述和成员资格来看，这两个文件均将条约涵盖区域界定为东南亚南亚；英国明确其成员国包括美国、英国、澳大利亚、新西兰、法国、菲律宾、泰国、印度、巴基斯坦、锡兰、印度尼西亚、缅甸等，其他条约所涵盖的特定领土可能的联合体再行讨论确定，如香港、澳门、葡属帝汶、荷属新几内亚及美国太平洋属地等，可以考虑的可能成员还包括老挝、柬埔寨和"自由越南"。从组织结构来看，这两个文件建议设立一个理事会，由各缔约国代表组成，负责条约的履行及其框架内的协调行动，其下可设立必要的附属机构；英国的文件指出，可以考虑设立条约下的常设机构或者由缔约国政治或军事代表组成的永久委员会，或者两者均设立。在缔约国的义务或行动条款上，这两个文件均建议缔约国承诺抵制共产党渗透和颠覆活动，并承诺反击对缔约国的武装攻击或侵略行为；英国的文件原则上承诺采取多种形式的协调行动应对共同威胁，强调既要避免干涉缔约国内部事务，又要避免对缔约国在非共产党叛乱事件中的行动承诺；美国的文件强调经由缔约国依照各自宪政程序行动；这两个文件均建议对老挝、柬埔寨和南越提供防务承诺，即使它们不是条约缔约方。在与联合国或其他防务条约的关系上，这两个文件均强调遵循《联合国宪章》的基本宗旨和原则及该宪章第八章关于区域安排的条款；英国的文件明确指出该条约集体安全安排的承诺应与现有防务条约及其设立的机制之间在审查、协商和规划上保持联

---

① United States Department of State, *Foreign Relations of the United States Diplomatic Papers*, 1952 – 1954, Vol. 12: *East Asia and the Pacific (in two parts)*, Part 1, Washington, D.C.: United States Government Printing Office, 1984, pp. 588 – 599.

系等。①

1954年7月8—17日，美英联合研究小组连续举行了五次会议，在两个工作文件基础上拟定《美英东南亚联合研究小组报告》。在该报告中，该联合小组就"东南亚集体安全条约"的起草形成一些"共同建议"，主要包括：该条约的起草应通过所有创始成员国之间的谈判完成，而该"集体安全条约"的目的是阻止共产主义影响在整个东南亚南亚及西南太平洋区域的扩张，其创始成员国应包括美国、英国、澳大利亚、新西兰、法国、泰国、菲律宾及缅甸、印度等有意愿的其他东南亚国家；所有缔约国都应同意通过军事、警务、情报、信息及经济、技术和其他相关领域的援助，支持"合法政府"保持和改进其抵制武装攻击和共产党渗透与颠覆活动的能力；无论缔约国任何一方的领土完整、政治独立或安全，或整个区域的和平受到威胁，各缔约国都应一起协商，以便就应采取的措施达成一致；各缔约国在抑制该条约区域的共产党威胁的事件中，应依据本国的宪政程序确定可采取的必要行动，包括使用武力；该条约承诺的地理范围应涵盖所有缔约方在东南亚和西南太平洋整个区域的本地领土，以及老挝、柬埔寨和南越，无论它们是不是该条约的缔约方；该条约应准许其地理范围后续的扩大，并允许未参加该条约的国家接受该条约的条款和承诺；同意该条约必须设立永久性机构，可以先行设立一个简单的总体性理事会，具体的组织机构应留给其他缔约国讨论确定；该条约应是无明确期限的，并应尽快讨论拟订。这份报告还附有美国拟订的"东南亚集体安全条约草案"和"东南亚及西南太平洋宣言草案"及英国对"东南亚集体安全条约草案"的评论。②

在日内瓦会议结束前夕，美英两国政府讨论通过了联合研究小组的报告，并确定了参加"东南亚集体安全条约"起草讨论的其他受邀国家名单，包括澳大利亚、新西兰、法国、印度、巴基斯坦、锡兰、缅

---

① United States Department of State, *Foreign Relations of the United States Diplomatic Papers*, 1952 – 1954, Vol. 12: *East Asia and the Pacific* (in two parts), Part 1, Washington, D. C.: United States Government Printing Office, 1984, pp. 605 – 610.

② United States Department of State, *Foreign Relations of the United States Diplomatic Papers*, 1952 – 1954, Vol. 12: *East Asia and the Pacific* (in two parts), Part 1, Washington, D. C.: United States Government Printing Office, 1984, pp. 631 – 642.

甸、印度尼西亚、菲律宾和泰国。双方商定，受邀国家中的五个英联邦国家和缅甸、印度尼西亚由英国邀请，菲律宾和泰国由美国邀请，法国由两国共同邀请；所有邀请函不迟于8月7日发出。按照两国的安排，在7月20日前，除五个"科伦坡国家"由英国再行沟通意见外，所有邀请同两国联合研究小组报告均已一并发送。7月20日，泰国驻美国大使波特·沙拉辛（Pote Sarasin）率先回复，表示不对美国的"条约草案"做出评论，但希望与老挝、柬埔寨建立更好的经济谅解，可以设立实现三国经济利益目标的"湄公河机构"。同一天，澳大利亚和新西兰表示，赞同"东南亚集体安全条约"包括经济条款，并试图在该框架下形成经济组织。7月21日，印度尼西亚政府总理沙斯特罗阿米佐约告诉英国驻印度尼西亚大使查里斯·莫兰德（O. Charles Morland），印度尼西亚政府不参加这一条约，因为这与印度尼西亚政府奉行的"积极中立"政策相违背。[①] 7月26日，缅甸政府通过英国、美国驻缅甸大使馆表示，当前的环境不允许缅甸政府参加"东南亚联合防务"。7月27日，巴基斯坦驻美国大使阿穆贾德·阿里（Amjad Ali）表示，如果其他"科伦坡国家"同意，巴基斯坦愿意参加。同一天，美国驻印度大使艾伦·杜勒斯（Allen W. Dulles）反馈印度的态度称，印度不仅反对"东南亚集体安全安排"，而且从印度担任的印度支那停火监督监察委员会主席的角度来看，认为巴基斯坦参加"东南亚集体安全组织"的安排将会增加印度对这样的安排的敌视。7月28日，美国驻印度尼西亚大使卡明就此事征求苏加诺总统的意见。苏加诺直言，邀请印度尼西亚参加这样的防务体系是一种错误，是施加压力让印度尼西亚放弃独立政策。7月29日，锡兰政府总理科特拉瓦拉告诉美国驻锡兰大使需与"科伦坡国家"协商后再行做出决定。[②]

其实，随着《日内瓦协议》的达成，不情愿接受这一结果的美国政

[①] United States Department of State, *Foreign Relations of the United States Diplomatic Papers*, 1952 – 1954, Vol. 12: *East Asia and the Pacific (in two parts)*, Part 1, Washington, D. C. : United States Government Printing Office, 1984, pp. 645 – 647, 652 – 653.

[②] United States Department of State, *Foreign Relations of the United States Diplomatic Papers*, 1952 – 1954, Vol. 12: *East Asia and the Pacific (in two parts)*, Part 1, Washington, D. C. : United States Government Printing Office, 1984, pp. 675 – 679.

府明显加快了"东南亚条约组织"的筹建进程。1954年7月23日,美国国务院专门讨论了应对《日内瓦协议》的具体策略,提出了美国必须努力实现的两大目标,即创建东南亚集体安全安排和推动泛亚洲非共产党国家经济合作与发展。在美国国务院看来,这两大目标在某种程度上是竞争的,尽早创建军事安全条约应该是美国政策的基本成分;从现实情况来看,在区域合作的早期阶段,安全安排比经济合作安排有更好的发展前景。因此,美国国务院决定加速推进"东南亚条约组织安排"。[①] 7月28日,杜勒斯授权美国驻英国、澳大利亚、新西兰、法国、泰国和菲律宾等国大使通知各国政府美国对组织"东南亚集体防务"的程序和时间安排的看法,主要包括:8月7日前完成与可能参加的各国政府的初步协调;大约在8月7日,有意向参加的各国政府应同时在各自首都宣布创建有关集体防务安排和协议及为此目标召开会议的时间和地点;这一会议应不迟于9月6日在菲律宾碧瑶举行;会议代表是外交部长级别等。[②]

8月5日,美国国务院与英国、澳大利亚、新西兰、法国、菲律宾和泰国进行了三轮双边谈判后公布了"东南亚集体安全条约草案"修正条款,并于次日将之发送给六国政府审议。其间,在英国的说服下,巴基斯坦政府同意参加拟议中的"东南亚条约组织";泰国、菲律宾率先接受美国政府提议召开外长会议的时间和地点;英国、法国、澳大利亚和新西兰亦均同意美国召开外长会议的提议。法国就老挝、柬埔寨和南越与"东南亚集体安全安排"的关系表达了自己的看法,认为根据《日内外协议》的规定,从严格的法律地位上看,三方如果加入该安全安排将会违背停战协定的精神,这在政治上是非常不明智的。但法国强烈支持该安全安排对三国这种地位所提供的保护。随后,各国政府宣布由"东南亚集体安全条约"参加国组成一个非正式工作组,在华盛顿开会启动"东

---

① "Report on U. S. Objectives now That Southeast Asian Armistice Agreements Have Been Signed at the 4/26 – 7/20/1965 Geneva Conference," Department of State, 23 July 1954, U. S. Declassified Documents Online, https：//link. gale. com/apps/doc/CK2349703178/USDD? u = nju&sid = bookmark – USDD&xid = a7bdda21&pg = 1.

② United States Department of State, *Foreign Relations of the United States Diplomatic Papers*, 1952 – 1954, Vol. 12: *East Asia and the Pacific* (in two parts), Part 1, Washington, D. C.: United States Government Printing Office, 1984, pp. 681 – 682.

南亚集体安全条约"文本的起草工作,并在9月6日外长会议召开前基本完成,未竟的重要事宜留待外长会议讨论决定。① 8月24日,美国国务院公布了经讨论后再次修正的"东南亚集体安全条约草案",并确定"东南亚集体安全条约"工作组会议将于9月1日起在马尼拉举行,由菲律宾政府主持会议。②

1954年9月1—4日,"东南亚集体安全条约"工作组会议在马尼拉如期举行。这次会议接受了美国国务院8月24日的"东南亚集体安全条约草案"修正文本,作为工作组讨论条约细节的基础。会上,菲律宾代表递交了本国起草的"太平洋宪章草案"。美国代表提醒各国代表注意这一会议的主要任务是为即将召开的部长会议制定"条约文本",希望各个代表讨论"东南亚集体安全条约草案"的条款。最终,工作组会议对该"条约草案"进行逐条讨论,并根据各代表的意见对之稍作修改后形成"东南亚集体安全条约草案"讨论文本,提交部长会议审议。对菲律宾代表提交的"太平洋宪章草案",只有巴基斯坦代表表示可以接受,其他各国代表均未表明立场。该草案未经讨论就直接提交外长会议审议。会后,考虑到法国代表对"条约草案"关于老挝、柬埔寨和南越规定的修改意见的重要性,杜勒斯指示美国代表团法律专家专门起草一份关于这三国的议定书,作为"条约草案"讨论文本附件提交给外长会议审议。③

9月6—8日,美国、英国、法国、澳大利亚、新西兰、巴基斯坦、泰国和菲律宾八国外长会议在马尼拉举行,称为"马尼拉会议"(The Manila Conference)。外长会议讨论并通过了《东南亚集体防务条约》(The South-East Asia Collective Defense Treaty),又称《马尼拉条约》(The Manila Pact)及《东南亚集体防务条约议定书》(The Protocol to the South-

---

① United States Department of State, *Foreign Relations of the United States Diplomatic Papers*, 1952 – 1954, Vol. 12: *East Asia and the Pacific* (in two parts), Part 1, Washington, D. C.: United States Government Printing Office, 1984, pp. 695, 704 – 705.

② United States Department of State, *Foreign Relations of the United States Diplomatic Papers*, 1952 – 1954, Vol. 12: *East Asia and the Pacific* (in two parts), Part 1, Washington, D. C.: United States Government Printing Office, 1984, pp. 787 – 788.

③ United States Department of State, *Foreign Relations of the United States Diplomatic Papers*, 1952 – 1954, Vol. 12: *East Asia and the Pacific* (in two parts), Part 1, Washington, D. C.: United States Government Printing Office, 1984, pp. 827 – 848.

east Asia Collective Defense Treaty)和菲律宾政府建议的《太平洋宪章》(The Pacific Charter)。9 月 15 日,美国国务院通过广播电视将文件予以公布。①同一天,美国国务院与马尼拉会议其他七国代表经非正式讨论后建议 11 月中旬在泰国曼谷举行理事会首次会议,并确定会议代表为外长级别。②后这次会议因种种原因而多次被推迟。12 月 10 日,负责后续事宜的《东南亚集体防务条约》工作组(又称《马尼拉条约》工作组)会议在华盛顿举行。该工作组由美国国务院和各成员国驻美国大使组成。此次会议确定《东南亚集体防务条约》理事会首次会议将于次年 2 月 23 日在曼谷举行。③

1955 年 2 月 19 日,《东南亚集体防务条约》在缔约国完成签字后正式生效。④ 2 月 23—25 日,首届《东南亚集体防务条约》理事会会议在曼谷如期举行。这次会议决定将曼谷作为理事会代表及其秘书处的永久驻地。⑤自此,东南亚条约组织正式成立和东南亚条约组织理事会正式运行。东南亚条约组织的成立,既标志着美国开始正式介入大陆东南亚的防务事务,又标志着二战后东南亚区域首个正式的区域组织的诞生,从而使缘起于"太平洋条约"动议、始现于《美澳新安全条约》和《美菲共同防务条约》及五国东南亚军事会议的"东南亚集体防务"最终成形。因此,《东南亚集体防务条约》及东南亚条约组织被称作东南亚区域与外

---

① United States Department of State, *Foreign Relations of the United States Diplomatic Papers*, 1952 – 1954, Vol. 12: *East Asia and the Pacific* (in two parts), Part 1, Washington, D. C.: United States Government Printing Office, 1984, pp. 852 – 899.

② United States Department of State, *Foreign Relations of the United States Diplomatic Papers*, 1952 – 1954, Vol. 12: *East Asia and the Pacific* (in two parts), Part 1, Washington, D. C.: United States Government Printing Office, 1984, pp. 909 – 910.

③ United States Department of State, *Foreign Relations of the United States Diplomatic Papers*, 1952 – 1954, Vol. 12: *East Asia and the Pacific* (in two parts), Part 1, Washington, D. C.: United States Government Printing Office, 1984, p. 1039.

④ "Southeast Asia Collective Defense Treaty," Manila, 8 September 1954, in United Nations, *Treaty Series—Treaties and International Agreements Registered or Filed and Recorded with the Secretariat of the United Nations*, Vol. 209, No. 2819, 1955, p. 28, note 1.

⑤ United States Department of State, *Foreign Relations of the United States Diplomatic Papers*, 1955 – 1957, Vol. 21: *East Asian Security; Cambodia; Laos*, Washington, D. C.: United States Government Printing Office, 1990, pp. 37, 57.

部世界尤其是美国、澳大利亚等西方国家关系的一个"分水岭"①。

四 东南亚条约组织的机制安排及其核心特征

作为美国主导建立的东南亚集体防务体系的重要组成部分和最大的多边机制，东南亚条约组织在机制安排上与《美澳新安全条约》和《美菲共同防务条约》的组织结构和规范框架既有明显的连续性，又有明显的自身特性，尤其是其地理范围界定和合作议程设置。总体来说，东南亚条约组织的机制安排具有地理范围的适度开放性、组织结构的"美澳新模式"、规范框架的地方色彩和合作议程的军事与经济并存等核心特征。

在地理范围的界定上，1954 年 7 月 17 日拟定的《美英东南亚联合研究小组报告》将讨论中的"东南亚集体安全条约"所涵盖的地理范围界定为"总体的东南亚及西南太平洋区域"②。但在条约的成员资格上，它又包括在该区域拥有领土或重大利益的特定域外国家，亦即从成员构成来看，这一区域界定是开放的，实际上仍然是一种"跨区域"建构。在随后的"东南亚集体安全条约"的拟定和讨论中，其涵盖的实际地理范围有所缩小。1954 年 8 月 5 日，"东南亚集体安全条约草案"修正条款公布后，美国国务院将基于这一条约拟议中的集体安全组织正式定名为"东南亚条约组织"，没有出现"西南太平洋"字样，以避免出现将之设想为类似北大西洋条约组织（北约）的"东南亚及太平洋组织"的观点。为更严格地界定该条约的地理范围，美国国务院提出仅限于该条约所涵盖的区域，即"条约区域"（The Treaty Area）概念，进而建议将"北纬 20 度以南太平洋区域"排除在"总体的东南亚及西南太平洋区域"之外，亦即"条约区域"所指"总体的东南亚及西南太平洋区域"包括"中国南部边界以南和印度洋以东区域"。从此，中国南部的香港、澳门

---

① Hiroyuki Umetsu, "From ANZUS to SEATO: A Study of Australian Foreign Policy, 1950 – 54," A Thesis Presented for the Degree of the Doctor of the University of Sydney, Sydney, Australia, June 1996, p. 399.

② United States Department of State, *Foreign Relations of the United States Diplomatic Papers*, 1952 – 1954, Vol. 12: *East Asia and the Pacific* (*in two parts*), Part 1, Washington, D. C.: United States Government Printing Office, 1984, p. 634.

和台湾及澎湖列岛等地区已不再包括在"东南亚集体安全条约"框架下的"东南亚及西南太平洋区域"①。在1954年8月24日公布的"东南亚集体安全条约草案"再次修正条款中,"条约区域"被微调为"不包括21度30分以北太平洋区域"的"总体的东南亚及西南太平洋区域"②。

在随后的讨论中,"东南亚集体安全条约"涵盖的"条约区域"被界定得更加精细。9月1日,在"东南亚集体安全条约"工作组首次会议上,各国代表拟订了一个关于"条约区域"更具体的"替代方案",即该"条约区域"包括位于太平洋北纬21度30分以南的总体的东南亚及西南太平洋区域,自此至西沙群岛以北的点位,然后南向至西沙群岛,再西向至"自由越南"(南越)政府管辖领土东北部点位,在总体上向西沿着"自由越南"政府、老挝、缅甸、印度、不丹、尼泊尔和巴基斯坦管辖的领土北部边界,止于巴基斯坦边界和阿曼湾接合处。③ 在讨论中,菲律宾代表建议将关于"条约区域"的界定修改为指"缔约国管辖领土范围内的东南亚及西南太平洋区域";巴基斯坦代表建议将这句话增补为"总体上的东南亚及西南太平洋区域,不包括北纬21度30分以北的太平洋区域,而包括亚洲缔约国管辖领土范围内的全部区域,不管该缔约国是否位于东南亚"④。9月3日,在"东南亚集体安全条约"工作组第三次会议上,菲律宾在其提交的"太平洋宪章草案"中直接删去"西南太平洋",只保留"东南亚区域"⑤。这显示出此时菲律宾已经不再简单地将

---

① United States Department of State, *Foreign Relations of the United States Diplomatic Papers*, 1952 – 1954, Vol. 12: *East Asia and the Pacific* (*in two parts*), Part 1, Washington, D. C.: United States Government Printing Office, 1984, pp. 740 – 742.

② United States Department of State, *Foreign Relations of the United States Diplomatic Papers*, 1952 – 1954, Vol. 12: *East Asia and the Pacific* (*in two parts*), Part 1, Washington, D. C.: United States Government Printing Office, 1984, p. 786.

③ United States Department of State, *Foreign Relations of the United States Diplomatic Papers*, 1952 – 1954, Vol. 12: *East Asia and the Pacific* (*in two parts*), Part 1, Washington, D. C.: United States Government Printing Office, 1984, pp. 837 – 838.

④ United States Department of State, *Foreign Relations of the United States Diplomatic Papers*, 1952 – 1954, Vol. 12: *East Asia and the Pacific* (*in two parts*), Part 1, Washington, D. C.: United States Government Printing Office, 1984, p. 845.

⑤ United States Department of State, *Foreign Relations of the United States Diplomatic Papers*, 1952 – 1954, Vol. 12: *East Asia and the Pacific* (*in two parts*), Part 1, Washington, D. C.: United States Government Printing Office, 1984, p. 832.

第三章　战后东南亚区域合作的局部成长(1951—1960) / 501

自己认同为"西南太平洋国家",而是具有了更强烈的"东南亚区域"概念。其实,这里的"西南太平洋区域"主要是指通常所说的"海洋东南亚区域"。

在马尼拉会议上,各国代表对"条约区域"的界定再次进行讨论。起初,菲律宾和巴基斯坦代表仍然坚持各自原来的意见。巴基斯坦代表认为菲律宾代表的界定过于宽泛,比如"缔约国管辖的领土范围内的区域"是否包括美国。菲律宾代表对此做出了肯定的回答。显然,这不是会议讨论所要达成的目标。英国代表提出一个建议供讨论,就是将"条约区域"界定为是指"总体的东南亚区域,包括亚洲缔约国的全部领土,以及总体的西南太平洋区域,不包括北纬21度30分以北(菲律宾以北和香港以南)的太平洋区域"。澳大利亚代表同意这一建议,支持所有亚洲缔约国全部领土包含在"条约区域"里,不管它们是否拥有东南亚区域以外的领土。巴基斯坦代表转而部分接受这一建议,并提出将"条约区域"界定为"总体的东南亚区域,包括亚洲缔约国的全部领土,不管它们是否位于东南亚区域,以及总体的西南太平洋区域,不包括北纬21度30分以北的太平洋区域"。美国代表认为英国代表的建议很合适,建议在"包括"前加上"也"字。最终,关于"条约区域"的条款被确定为:该条约使用的"条约区域"是指"总体的东南亚区域,也包括亚洲缔约国的全部领土,以及总体的西南太平洋区域,不包括北纬21度30分以北的太平洋区域"[1]。这一地理范围界定被写入1954年9月8日正式签署的《东南亚集体防务条约》。[2] 这表明,"条约区域"的地理范围并不限于"东南亚及西南太平洋区域"作为该条约缔约国的泰国、菲律宾和巴基斯坦及英国所属领土。《东南亚集体安全条约议定书》明确将老挝、柬埔寨和"越南国(即南越)管辖的自由领土"列入"条约区域",称

---

[1] United States Department of State, *Foreign Relations of the United States Diplomatic Papers*, 1952-1954, Vol.12: *East Asia and the Pacific (in two parts)*, Part 1, Washington, D.C.: United States Government Printing Office, 1984, pp. 891-896.

[2] "Southeast Asia Collective Defense Treaty," Manila, 8 September 1954, in United Nations, *Treaty Series—Treaties and International Agreements Registered or Filed and Recorded with the Secretariat of the United Nations*, Vol. 209, No. 2819, 1955, p. 32.

之为"议定书国家"（The protocol states）。① 而同日通过的《太平洋宪章》最终承认这一"条约区域"地理范围界定，并载明八个缔约国希望通过该宪章"建立维护东南亚及西南太平洋和平与安全的稳固基础"②。"条约区域"的这一地理范围界定既有"东南亚区域及西南太平洋区域"的"区域内核"，又有与缔约国相关的更大范围的"亚洲区域"及"太平洋区域"的"区域张力"，再次显示出"东南亚区域"开放性建构的鲜明特性。

另外，在讨论"东南亚条约组织"的临时或永久性机构和相关会议的举办地点选址上亦突显了该组织的"东南亚区域"特性。最初，澳大利亚和新西兰都强烈反对将可能的临时或永久性机构驻地选择在泰国和菲律宾。斯彭德曾提出堪培拉是"最佳选址"。但美国国务院认为，如果将该组织的临时或永久性机构驻地选在亚洲以外的国家是个"严重的错误"，认为应在泰国和菲律宾之间做出选择。③ 这样，1954年7月28日，在旨在讨论通过"东南亚集体安全条约草案"的首次外长会议举办地点选择上，美国一开始就认为菲律宾的碧瑶是合适的地点，而华盛顿或新加坡都不合适。④ 8月7日，艾登表示，首次外长会议的地点选在曼谷和新加坡都不合适。他认为，如果锡兰决定参加这次会议，该国是最合适的会议地点；如果会议不在锡兰举行，菲律宾和澳大利亚是合适的。⑤ 而后，美国国务院将这次会议地址确定在马尼拉。而《东南亚集体防务条

---

① "Protocol to the Southeast Asia Collective Defense Treaty," Manila, 8 September 1954, in United Nations, *Treaty Series—Treaties and International Agreements Registered or Filed and Recorded with the Secretariat of the United Nations*, Vol. 209, No. 2819, 1955, p. 36.

② "Pacific Charter," Manila, 8 September 1954, in United Nations, *Treaty Series—Treaties and International Agreements Registered or Filed and Recorded with the Secretariat of the United Nations*, Vol. 209, No. 2819, 1955, p. 24.

③ United States Department of State, *Foreign Relations of the United States Diplomatic Papers*, 1952 – 1954, Vol. 12: *East Asia and the Pacific* (in two parts), Part 1, Washington, D. C.: United States Government Printing Office, 1984, p. 743.

④ United States Department of State, *Foreign Relations of the United States Diplomatic Papers*, 1952 – 1954, Vol. 12: *East Asia and the Pacific* (in two parts), Part 1, Washington, D. C.: United States Government Printing Office, 1984, p. 681.

⑤ United States Department of State, *Foreign Relations of the United States Diplomatic Papers*, 1952 – 1954, Vol. 12: *East Asia and the Pacific* (in two parts), Part 1, Washington, D. C.: United States Government Printing Office, 1984, pp. 712 – 713.

约》首次理事会会议在曼谷举行，是经 9 月 15 日美国国务院与马尼拉会议其他七国代表讨论后确定的。其理由是，从心理上看，这次会议在"条约区域"举行"非常重要"，而曼谷是"合乎逻辑的地点"。在他们看来，在泰国举行这样的会议既会"强化泰国政府"，亦会"使泰国人民受益"，因为"泰国受到颠覆活动的直接威胁"，这会"加强他们对抵制共产党渗透和颠覆活动的信任感"；况且，"泰国是亚洲伙伴"[1]。所有这些都在一定程度上体现了美国及其他各国在政治和战略上对东南亚区域及东南亚国家的重点关注。

鉴于此，东南亚条约组织作为一种以法律为基础、以军事为手段的跨区域安全组织，其虽主要为美国等域外大国发起并领导创建，亦即其主要推动力并不是来自东南亚区域内部，但它是首个从法律意义上界定并以"东南亚"命名的区域政府间组织，其"条约区域"和核心的安全关注均涵盖绝大部分东南亚区域，其条约签署地（马尼拉）和首次理事会举办地（曼谷）以及后来设立的总部（曼谷）也均在东南亚区域；它也是首个有两个以上东南亚独立国家（当时巴基斯坦亦被视作属于"东南亚区域"）作为创始成员国参加的正式的区域政府间组织。这样，东南亚条约组织作为一个"军事行动的舞台"，有助于"给一个广阔的区域空间提供一种认同"，从而"增强东南亚在国际舞台上的区域意识"[2]。在这里，"东南亚组织"既非"政治事实"，亦非"世界政治中的有效实体"，但已成为相关国家政治经济和安全话语中"流行看法"和"修饰格"（rhetorical device）中"看得见的区域名字"，从而"有助于推广东南亚名字和形象"[3]。

---

[1] United States Department of State, *Foreign Relations of the United States Diplomatic Papers*, 1952 – 1954, Vol. 12: *East Asia and the Pacific* (in two parts), Part 1, Washington, D. C.: United States Government Printing Office, 1984, p. 910.

[2] Hari Singh, "Hegemons and Construction of Region," in Sarah Owen Vandersluis, ed., *The Sate and Identity Construction in International Relations*, New York: ST. Martin's Press, 2000, p. 134.

[3] 参见 Nathaniel Peffer, "Regional Security in Southeast Asia," *International Organization*, Vol. 8, No. 3, 1954, pp. 311 – 315; Donald K. Emmerson, "'Southeast Asia': What's in a Name?" *Journal of Southeast Asian Studies*, Vol. 15, No. 1, 1984, p. 9; Amitav Acharya, "Imagined Proximities: The Making and Unmaking of Southeast Asia as a Region," *Southeast Asian Journal of Social Science*, Vol. 27, No. 1, 1999, p. 63.

在组织结构设计上,东南亚条约组织在筹划过程中一直遵循《美澳新安全条约》模式,并不追求类似北约的"强机制"安排。如前所述,在杜勒斯"联合行动"动议中,包括运用武力在内的军事干涉是其选项之一。最初,美国人欲组建的区域集团就包括北约那样的对武装攻击行动的"自动反应"(automatic response)条款,甚至允许建立联合指挥部。但随着《日内瓦协议》的签署和"联合行动"的受挫,杜勒斯认为该区域已不允许有包含北约式自动反应机制那样的联盟。尤其是英国人认为一个仅仅强调对抗的纯粹的军事联盟是不能解决共产党渗透和颠覆问题的。英国想尽可能地用"日内瓦解决办法"联合亚洲国家,试图为该区域创建稳定的政治条件。[1] 1954年7月17日,美英联合研究小组拟订的《美英东南亚联合研究小组报告》载明,各方在"东南亚集体安全条约"中承诺的性质基于各自宪政程序和全体一致的联合协商和行动,并为此建立理事会这样的永久性机构;该理事会由各成员国政府的外交部长或其代理人组成,可设立为之提供服务的军事代表。[2] 美国拟订的"东南亚集体安全条约草案"初稿规定,应设立由各缔约国代表组成的理事会,以讨论该条约履行的相关事务;该理事会将能够组织召开定期会议。[3] 而美国国务院8月24日公布的经讨论后的"东南亚集体安全条约草案"再次修改稿明确规定,依照《美澳新安全条约》的路线,不确定永久性会议地点和永久性组织。[4]

1954年9月2—3日,在"东南亚集体安全条约"工作组会议上,澳大利亚和新西兰代表均提及"北大西洋条约"行动条款中的"自动反应"

---

[1] 参见 Leszek Buszynski, *SEATO: The Failure of an Alliance Strategy*, Singapore: Singapore University Press, 1984, pp. 227–230.

[2] United States Department of State, *Foreign Relations of the United States Diplomatic Papers*, 1952–1954, Vol. 12: *East Asia and the Pacific (in two parts)*, Part 1, Washington, D.C.: United States Government Printing Office, 1984, pp. 633–634, 642.

[3] United States Department of State, *Foreign Relations of the United States Diplomatic Papers*, 1952–1954, Vol. 12: *East Asia and the Pacific (in two parts)*, Part 1, Washington, D.C.: United States Government Printing Office, 1984, p. 692.

[4] United States Department of State, *Foreign Relations of the United States Diplomatic Papers*, 1952–1954, Vol. 12: *East Asia and the Pacific (in two parts)*, Part 1, Washington, D.C.: United States Government Printing Office, 1984, p. 788.

适用于"东南亚集体安全条约"的问题;但美国代表强调《美澳新安全条约》和《美菲共同防务条约》是对新条约适用"最为合适的"。菲律宾代表表示同意美国的观点,将这两个条约中的类似承诺服务于新条约同样的目标,但希望用"北大西洋条约"的语言以便在菲律宾发生重大紧急事件时传导出更大的"即期反应感"[1]。其实,在该工作组会议讨论中,菲律宾一直企图领导推动建立"北约式组织"尤其是军事机构,并得到泰国和巴基斯坦的支持。澳大利亚和新西兰虽没有促进建立"北约式组织",但强烈希望在"东南亚集体安全条约"下设立一些组织。澳大利亚代表希望在美国拟订的"东南亚集体安全条约草案"中增加一条规定,即该条约理事会应设立必要的附属性机构,以便实现该条约的军事和其他目标。澳大利亚代表担心漏掉这一条款是想避开对该条约军事维度的过多强调。但法国、英国和美国对此均持保留意见。美国代表的解释是,《美澳新安全条约》和《美菲共同防务条约》的语言对比北约的语言更适合,而菲律宾认为北约的承诺更强、《美澳新安全条约》承诺弱是给其自身设置的陷阱。美国代表强调,美国的立场是设想建立没有任何永久性机构的"美澳新式理事会会议安排"[2]。

在马尼拉会议上,菲律宾代表再次表示,其立场是坚持"北约类型"的"东南亚集体安全条约",并建议遵循"一个对所有、所有对一个"的集体安全理念,在"东南亚集体安全条约"中使用"攻击一个就是攻击所有"的"自动反应"语言,所以应增补下列表述:各缔约国同意,针对东南亚及西南太平洋区域内缔约国一方或多方的武装攻击应被认为是对所有缔约国的攻击;相应地,各缔约国同意,一旦发生这样的武装攻击,它们中的任何一方都应行使《联合国宪章》第 51 条所承认的个体或集体自卫权,以便立即单独的或集体的与其他缔约国一道,采取认为必要的措施帮助受到攻击的一方或多方,包括使用武力恢复和保持东南亚

---

[1] United States Department of State, *Foreign Relations of the United States Diplomatic Papers*, 1952 – 1954, Vol. 12: *East Asia and the Pacific* (*in two parts*), Part 1, Washington, D. C.: United States Government Printing Office, 1984, p. 829.

[2] United States Department of State, *Foreign Relations of the United States Diplomatic Papers*, 1952 – 1954, Vol. 12: *East Asia and the Pacific* (*in two parts*), Part 1, Washington, D. C.: United States Government Printing Office, 1984, pp. 833, 836 – 837, 841 – 845.

及西南太平洋区域安全。泰国代表继续支持菲律宾的立场,强调泰国政府和人民坚持尽可能拥有一个"强条约",而北约就被认为是"强条约的典范"。因此,泰国代表建议"最好采用北约的条约类型"。但美国代表认为,这种扩大是对所谓"北约格式"与"美澳新格式"的误解。美国代表坚持认为,《美澳新安全条约》和《美菲共同防务条约》的承诺是"强有力的",因为其使用的语言援引自美国总统门罗的声明,即所谓"门罗主义",而且经过迄今138年的验证,美国对外政策的这一宣言是"有效的"。在他们看来,在"门罗主义"的语言格式中,对美洲的攻击或入侵就是对美国的和平与安全的威胁,亦即美国的行动就是必需的,但这种行动需与其宪政程序相适应。否则,在此种攻击事件发生时,没有国会授权的总统采取"保护美国安全"的行动就是"帝国式的"[1]。事实上,不像北约格式中"攻击一个即为攻击所有",美国主张在"东南亚集体安全条约"中适用"门罗主义格式",而各缔约国仅仅承认在该"条约区域"内的武装攻击将危及其自身的和平与安全。显然,这是一种受制于自身宪政程序和仅有联合协商的"非自动的美国承诺"[2]。这意味着美国同意在应对武装攻击或侵略而非共产主义时适用"协商格式"(consultation formula)[3]。

基于此,在东南亚条约组织机构安排上,《东南亚集体防务条约》正式文本规定设立一个理事会,各缔约国均应派代表参加,审议有关执行本条约的事项,并规定该理事会应根据"条约区域"内形势的不时之需,就军事和任何其他规划进行协商,而理事会的组织应使其能够在任何时候召开会议。在条约所涉及的缔约国对武装攻击等侵略行为应该做出的反应这一最重要的条款上,《东南亚集体防务条约》正式文本规定,所有缔约国都承认在"条约区域"通过武装攻击的手段对任何缔约国或经过

---

[1] United States Department of State, *Foreign Relations of the United States Diplomatic Papers*, 1952 - 1954, Vol. 12: *East Asia and the Pacific* (in two parts), Part 1, Washington, D. C.: United States Government Printing Office, 1984, pp. 876 - 880.

[2] Amitav Acharya, *Whose Ideas Matter? Agency and Power in Asian Regionalism*, Ithaca: Cornell University Press, 2009, p. 65.

[3] C. Hart Schaaf and Russell H. Fifield, *The Lower Mekong: Challenge to Cooperation in Southeast Asia*, Princeton: Van Nostrand, 1963, p. 49.

缔约国今后可能经全体一致协议指定的国家或领土进行侵略，都会危及自身的和平与安全，并同意在此情况下依照各自的宪法程序采取行动应对这种共同威胁；如果缔约国任何一方认为，在该"条约区域"内的任何缔约国或随时适用于上述条款规定的任何其他国家或领地的领土或主权或政治独立的不可侵犯性或完整性受到武装攻击以外任何方式的威胁，或受到可能危及该区域和平的任何事实或情势的影响或威胁时，各缔约国应当立即协商，以便就共同防务所应采取的措施达成协议。①

随后，在1954年12月10日于曼谷召开的《东南亚集体防务条约》工作组会议上，各成员国代表根据美国国务院的建议，经讨论后同意理事会的构成、程序规则及组织安排。主要包括：理事会由各成员国政府外长组成，每年至少举行一次会议，没有固定的会议地点，轮流在各成员国首都举行，由东道国担任会议主席；除了公开的庆祝会议外，通常以闭门会议的形式举行；为保证理事会休会期间紧密和持续的合作，各成员国在条约下设立由联络代表组成的外交使团，作为各成员国政府信息交流的主渠道；设立一个没有国际预算和国际雇员的小型秘书处，作为向联络代表提供帮助的服务组织，其实际活动取决于联络代表的需要。此次会议确定，该理事会既非一个超国家机构，亦无须受到其建议的任何决定所约束；《东南亚集体防务条约》所有有关决策只能通过所有成员国全体一致做出决定。12月16日至次年2月7日，《东南亚集体防务条约》工作组又举行了四次会议，重点讨论了美国国务院提出的设立理事会军事顾问的建议，并在最后一次会议上达成一致。这次工作组会议确定，每个成员国设立一名总参谋长或战区司令层次的军事顾问，协助各成员国理事会代表的工作。② 这些建议提供了《东南亚集体防务条约》理事会后续运行的指导性程序规则。

1955年2月23日，在曼谷召开的首届《东南亚集体防务条约》理

---

① "Southeast Asia Collective Defense Treaty," Manila, 8 September 1954, in United Nations, *Treaty Series—Treaties and International Agreements Registered or Filed and Recorded with the Secretariat of the United Nations*, Vol. 209, No. 2819, 1955, p. 30.

② United States Department of State, *Foreign Relations of the United States Diplomatic Papers*, 1952 – 1954, Vol. 12: *East Asia and the Pacific (in two parts)*, Part 1, Washington, D. C.: United States Government Printing Office, 1984, pp. 1000 – 1001, 1031 – 1032, 1038 – 1039.

事会会议接受《东南亚集体防务条约》工作组的建议,确定了理事会的程序规则及组织安排,并决定设立理事会军事顾问。理事会军事顾问的活动主要包括:就与该条约履行中所产生的相关军事合作问题向理事会提出建议;评估该区域军事形势;开发关于东南亚区域战略资源;决定应对东南亚及"条约区域"共产党威胁及其事件的可能行动路线;交换军事规划信息;探讨各成员国在"条约区域"通过自助和互助所做出的防务努力的有效性提升的路径和手段等。该军事顾问应参加理事会会议,并经各成员国协商后定期举行会议;该军事顾问适用自己的程序规则和必要的组织安排。此次会议经过讨论还决定,各成员国在曼谷设立军事顾问联络官,由泰国代表提供沟通服务。1955年2月和4月,首次东南亚条约组织军事顾问会议和首次东南亚条约组织军事规划会议先后在曼谷和马尼拉举行。[①] 东南亚条约组织的机制安排就此初步形成。

其实,1954年12月28日,在曼谷召开的《东南亚集体防务条约》工作组会议上,菲律宾代表曾表示,菲律宾政府非常希望强化《东南亚集体防务条约》下的军事组织,并建议创建一个军事委员会,以实现类似于美国在设立军事顾问的建议中所阐述的任务。菲律宾代表强调,反颠覆活动不可能与军事规划分开,并相信军事顾问应能够考量这样的问题。但这一建议遭到美国代表的反对,没有被该工作组会议所采纳。[②] 事实上,首次《东南亚集体防务条约》理事会会议决定设立的理事会军事顾问是美澳新理事会军事代表及五国东南亚军事会议军事代表功能的一个"翻版"。这一职位与理事会的组织安排及程序规则一样,恰恰是东南亚条约组织"没有联合指挥部""没有自动反应"和"没有行动保证"的"弱制度主义"的集中体现。[③] 鉴于此,1954年12月,尼赫鲁在"科

---

① United States Department of State, *Foreign Relations of the United States Diplomatic Papers*, 1955 – 1957, Vol. 21: *East Asian Security*; *Cambodia*; *Laos*, Washington, D. C.: United States Government Printing Office, 1990, pp. 37 – 57.

② United States Department of State, *Foreign Relations of the United States Diplomatic Papers*, 1952 – 1954, Vol. 12: *East Asia and the Pacific* (*in two parts*), Part 1, Washington, D. C.: United States Government Printing Office, 1984, pp. 1076 – 1077.

③ Amitav Acharya, *Whose Ideas Matter? Agency and Power in Asian Regionalism*, Ithaca: Cornell University Press, 2009, p. 65.

伦坡国家"茂物会议上称,东南亚条约组织确实引进了国际关系中"非常新的概念",因为该组织与北约不同,其成员"既要对它们自身的防务负责,又要对它们在同意的情况下指定的外部区域防务负责。这将意味着创建一种新型的势力范围"。[1]

东南亚条约组织的组织结构安排在很大程度上决定了其机制设计中的规范框架。在这些规范框架中除了组织结构运行基于各国宪政的协商一致程序原则外,还增加了新独立国家特别关注的一些处理国家间关系的规范原则,包括主权平等、独立与自决、不干涉内政、经济稳定与发展等。所有这些都是美国最初拟定的"东南亚集体安全条约草案"中所没有载明的。在对该条约草案初稿的讨论中,澳大利亚代表提出在该条约中增加"承认所有缔约国主权平等"的内容,并为美国所接受,而后增补进"东南亚集体安全条约草案"修改稿。在该修改稿中,美国根据各国的反馈意见增加了"反对缔约国任何一方的领土完整和政治稳定构成对所有缔约国安全的威胁"。英国、澳大利亚和新西兰代表倡议增加"促进经济稳定和社会福利"的内容,以便使各缔约国自由参加更规范领域的亚洲经济组织,这一条亦被美国接受并增补进"东南亚集体安全条约草案"的修改稿。但三国提出的这一新增内容最初并非明确适用于东南亚及西太平洋区域内部。[2] 在"东南亚集体安全条约草案"初稿的讨论中,澳大利亚建议将关于"不干涉"的条款表述为:"该条约中以理事会或其附属机构名义所采取的任何授权行动均不能构成对任何缔约国主权的侵犯或对其内部事务的干涉"[3]。

在东南亚条约组织机制安排的讨论中,最具有东南亚及亚洲"地方特色"的规范原则就是菲律宾政府拟订并提交的"太平洋宪章草案"。该宪章草案的核心内容源自1954年8月22日菲律宾政府发送给美国国务院

---

[1] Amitav Acharya, *Whose Ideas Matter? Agency and Power in Asian Regionalism*, Ithaca: Cornell University Press, 2009, p. 47.

[2] United States Department of State, *Foreign Relations of the United States Diplomatic Papers*, 1952 – 1954, Vol. 12: *East Asia and the Pacific* (*in two parts*), Part 1, Washington, D. C.: United States Government Printing Office, 1984, pp. 652 – 653, 686, 689.

[3] United States Department of State, *Foreign Relations of the United States Diplomatic Papers*, 1952 – 1954, Vol. 12: *East Asia and the Pacific* (*in two parts*), Part 1, Washington, D. C.: United States Government Printing Office, 1984, p. 771.

的"菲律宾原则宣言"。这一宣言由美国国务院分发给东南亚国家驻美国代表们传阅。该宣言希望各缔约国政府依照《联合国宪章》所宣布的宗旨和原则,建立保证和维护东南亚及西南太平洋和平与安全的共同行动的稳固基础,深信为了共同行动有价值和有效,就必须以正义和自由的崇高原则为激励,并据此宣布各缔约国政府和人民应坚持的原则,包括:支持自决的原则和人民走向自治和独立的权利;承诺持续采取有效措施,保证人民向自治和独立前进;在经济、社会和文化领域,在彼此之间及其与该区域其他国家充分协同,以实现更高的生活水准、经济进步和社会安定;决心联合行动并尽力采取各种措施,以击退破坏自由或摧毁东南亚及太平洋区域自由独立国家的主权和领土完整的任何企图。[①] 而后,菲律宾与巴基斯坦一起坚持"东南亚集体安全条约"应成为培育该区域经济合作的工具。"东南亚集体安全条约草案"再次修改稿前言中增加了一条"促进该条约区域所有人民的经济福利和发展"的新内容。[②] 在"东南亚集体安全条约"工作组会议上,菲律宾代表建议在"东南亚集体安全条约草案"的再次修改稿中添加新的条款,即各缔约国承认并将支持自决原则和东南亚及西南太平洋区域人民走向自治或独立的权利;泰国代表亦建议增加"人民的自决原则"[③]。

对菲律宾而言,这些原则性诉求是该国政府谋求"独立主权国家外交政策"及其所声言的"亚洲人的亚洲"的现实体现。菲律宾希望在维持与美国同盟"特殊的政治、经济关系"的同时,发展与亚洲国家的关系,尤其是与东南亚国家的"睦邻关系"[④]。麦格赛赛就任菲律宾总统后

[①] United States Department of State, *Foreign Relations of the United States Diplomatic Papers*, 1952–1954, Vol. 12: *East Asia and the Pacific* (*in two parts*), Part 1, Washington, D. C.: United States Government Printing Office, 1984, pp. 777–778.

[②] United States Department of State, *Foreign Relations of the United States Diplomatic Papers*, 1952–1954, Vol. 12: *East Asia and the Pacific* (*in two parts*), Part 1, Washington, D. C.: United States Government Printing Office, 1984, p. 784.

[③] United States Department of State, *Foreign Relations of the United States Diplomatic Papers*, 1952–1954, Vol. 12: *East Asia and the Pacific* (*in two parts*), Part 1, Washington, D. C.: United States Government Printing Office, 1984, pp. 840–843.

[④] 杨静林:《冲突与和解:冷战时期中国与菲律宾关系研究》,纽约:易文出版社2020年版,第50页。

推出新的亚洲政策,一方面声言"菲律宾政府支持所有亚洲国家的自决和独立权利",并"在联合国宪章的框架内,与热爱自由的亚洲国家建立更密切的文化、经济关系和相互合作",也"不应以任何形式容忍重返殖民主义,因为殖民主义的最后残余现在正在从亚洲消失";另一方面承认"为了实现我们的目标,本区域的欠发达国家需要更发达经济体的援助",但"亚洲国家应该自由决定它是否需要这种援助以及它认为与其主权和经济目标相符合的条件"。对菲律宾而言,就需要维持"与美利坚合众国已签订的共同防务和特殊贸易关系的协议"。他解释说:"半个多世纪以来把我们两国联系在一起的政治经济联系和和平与战争的团结愿望,与我们在地理上相近、种族上相近、为实现本地区的普遍繁荣而共同努力、成为亚洲好邻居的热情愿望并没有矛盾。相反,这两个相辅相成的目标应该给我们带来我们过去所缺乏的平衡的外交政策。"在他看来,"菲律宾人民可以通过与其他亚洲人民在实现和维护政治独立、经济稳定和社会正义方面的积极合作来最好地服务于自由和民主的事业。如果我们把自己孤立于其他热爱自由的亚洲国家之外,并被他们怀疑我们在与他们的关系中别有用心或不真诚,我们就无法对这一事业做出贡献。因此,我们的亚洲政策必须设法消除造成不信任的所有原因。"他特别强调,对抗"世界共产主义"威胁的"一个很好的防务办法是一种健康的亚洲民族主义,一种捍卫所有亚洲人民自决权利的民族主义。我们支持这种民族主义,把它作为所有自由的亚洲人对抗侵略和颠覆势力的集结点"[1]。实际上,麦格赛赛的亚洲政策既是由菲美传统关系调整的惯性使然,也是以顺从美国"反共"话语体系的方式来塑造冷战形势下的菲美"特殊关系",谋求依靠美国实现菲律宾亚洲身份的认定。[2]

最终,菲律宾、泰国、巴基斯坦及澳大利亚等国所建议的规范原则不同程度地为《东南亚集体防务条约》正式文本所吸纳;菲律宾以其提出的"原则宣言"为基础拟定的"太平洋宪章草案"被马尼拉会议通过,

---

[1] "Statement of the President Ramon Magsaysay on Our Asian Foreign Policy," 10 March 1954, Official Gazette of the Republic of the Philippines, https://www.officialgazette.gov.ph/1954/03/10/statement-president-magsaysay-on-our-asian-foreign-policy/.

[2] 尹蒙蒙:《"回归亚洲":冷战时期菲律宾外交政策的演变》,载《东南亚研究》2022年第2期,第36页。

形成正式的《太平洋宪章》。《东南亚集体防务条约》重申,承认所有缔约国的主权平等,依照《联合国宪章》的规定维护各国人民平等权利和自决原则,采用一切和平方法促进和保证所有国家的自治和独立;并以和平方式解决它们可能卷入的任何国际争端,保证不以与《联合国宪章》相违背的任何方式进行威胁或使用武力。该条约还强调,维护所有国家的领土、主权或政治独立的不可侵犯性或完整性,并彼此合作促进经济进步和社会发展。[1] 而《太平洋宪章》确立了各国为维护东南亚及西南太平洋区域和平与安全采取以共同体行动奠定稳固基础的"四项原则",包括按照《联合国宪章》的规定,支持人民平等权利和自决的原则,并努力以一切和平手段促进自治,以保证所有国家的人民所渴望的独立及所能够承担的自身责任;采取有效的务实措施,以保证有利于按照各自的宪政程序有序地实现上述目标的条件;在经济、社会和文化领域进行合作,以促进该区域更高的生活水准、经济进步和社会福利;以适当的手段防止或反击"条约区域"内颠覆它们自由或破坏他们主权或领土完整的任何企图。[2] 这样,《太平洋宪章》在一定程度上体现了《东南亚集体防务条约》中的相关概念,显示了对人民自决和平等原则及通过一切和平手段促进各国自我管理和独立的努力的支持。[3]《太平洋宪章》的通过被菲律宾人和西方评论家认为"这是对马尼拉的让步";甚至被认为是所有八个东南亚条约组织成员对麦格赛赛建议的"无条件默许",以至于被看作"菲律宾的胜利"。1955年4月,在万隆会议召开前夕,菲律宾参议院一致通过一项决议,表达对《太平洋宪章》的理解。该决议表示,附属地人民的自决权包括完全由他们自己决定他们是否有能力承担独立政

---

[1] "Southeast Asia Collective Defense Treaty," Manila, 8 September 1954, in United Nations, *Treaty Series—Treaties and International Agreements Registered or Filed and Recorded with the Secretariat of the United Nations*, Vol. 209, No. 2819, 1955, pp. 28–31.

[2] "Pacific Charter," Manila, 8 September 1954, in United Nations, *Treaty Series—Treaties and International Agreements Registered or Filed and Recorded with the Secretariat of the United Nations*, Vol. 209, No. 2819, 1955, p. 24.

[3] C. Hart Schaaf and Russell H. Fifield, *The Lower Mekong: Challenge to Cooperation in Southeast Asia*, Princeton: Van Nostrand, 1963, p. 50.

第三章　战后东南亚区域合作的局部成长(1951—1960)　/　513

治地位所固有的责任的权利。①

就此,在"太平洋主义"框架内,亚洲及太平洋区域新的独立国家及民族主义力量所追求的主权平等、民族自决和独立、不干涉、和平解决争端、经济发展等规范原则,不但首次被纳入以"东南亚"命名的正式法律文本之中,而且在《大西洋宪章》发布后他们持续追求的、表达其核心诉求的《太平洋宪章》终于变成现实。东南亚条约组织尤其是《太平洋宪章》规范框架下的这些"地方特色"与"泛亚洲主义"框架下逐步形成的规范特性有诸多明显的近似性。② 就连杜勒斯都承认《太平洋宪章》是"亚洲对西方方法真实改进的案例"。他甚至认为,《太平洋宪章》关于国家独立的表述比《联合国宪章》"更强有力",它是"当下西方对亚洲问题态度的一种有用的符号"③。1955 年 2 月 23 日,在曼谷召开的首届东南亚条约组织理事会会议上,法国代表亨利·博内(Henri Bonnet)称,这次曼谷会议所支持的"自由和独立"观念已隐含在即将召开的万隆会议所支持的"五项原则"之中。④ 在当时特定的历史背景下,杜勒斯和博内的说法虽有夸大其词之嫌,但从东南亚及其他亚洲国家与西方大国的互动关系上看,东南亚条约组织规范框架的"地方特色"与"太平洋主义"和"泛亚洲主义"框架下其他跨区域机制一样,反映了当时西方主导的"通行国际规范"的"地方性适用"——一种在东南亚及其他亚洲国家"跟随性参与"所表达的强烈诉求压力下的"消极性地方化"进程。

正是这种规范的"地方性适用"使东南亚条约组织的机制安排在合作议程上出现独特的军事和经济"双轨"结构。从性质上讲,东南

---

① Jean-Luc Vellut, "Asian Policy of the Philippines, 1935 – 1963," Ph. D Dissertation, The Australian National University, 1964, pp. 185, 188.

② 参见 Ralph Braibanti, "The Southeast Asia Collective Defense Treaty," *Pacific Affairs*, Vol. 30, No. 4, 1957, pp. 322 – 323.

③ United States Department of State, *Foreign Relations of the United States Diplomatic Papers*, 1955 – 1957, Vol. 21: *East Asian Security*; *Cambodia*; *Laos*, Washington, D. C.: United States Government Printing Office, 1990, p. 83.

④ United States Department of State, *Foreign Relations of the United States Diplomatic Papers*, 1955 – 1957, Vol. 21: *East Asian Security*; *Cambodia*; *Laos*, Washington, D. C.: United States Government Printing Office, 1990, p. 42.

亚条约组织无疑是旨在应对武装攻击或颠覆活动的军事联盟,但它又与北约那样的军事联盟有明显的不同。这种不同既体现在军事合作议程本身上,又更多地体现在其引入经济及其相关社会文化议题上。而东南亚条约组织军事合作议程的独特性既体现在其组织结构及其程序规则等方面,还体现在其对"共同威胁"的界定上,在最初的《美英联合研究小组报告》中,这种"共同威胁"被界定为"总体的东南亚及西南太平洋区域"的"共产党扩张的影响",包括公开的武装侵略、渗透、颠覆以及共产党对武装叛乱的援助或对国内战争的干涉或不诉诸暴力的共产党渗透和颠覆等多种形式。① 这一对"共同威胁"的界定已被纳入美国拟定的"东南亚集体安全条约草案"初稿。该草案第二条载明,该条约的目的是通过持续而有效的自助和互助的方式,单独或联合保持和发展其个体和集体抵抗武装攻击和共产党颠覆和渗透的能力。② 其中含有的"共产党颠覆和渗透"语句也是《美澳新安全条约》和《美菲共同防务条约》所没有的。显然,美国试图将集体安全意识形态化。该条约草案第三条将作为"共同威胁"的"武装攻击"的来源和指向规定为:在东南亚及西南太平洋区域内,针对任何缔约国或经各缔约国全体一致协议指定的任何国家或领地的武装攻击。③ 但它们均未清楚地指出这种"武装攻击"的具体来源和指向。

　　这涉及"集体安全条约"的基本特性,尤其是制造这种"共同威胁"的行为主体的性质及其与缔约国的关系。一个首先要解决的问题是,这种"共同威胁"的制造者是国家行为体还是如政党这样的非国家政治团体?如果以国家为行为体单元,那么,对缔约国而言,其行为主体来自该区域外部国家还是内部国家?如果包括来自该区域的内部国家,是否

---

① United States Department of State, *Foreign Relations of the United States Diplomatic Papers*, 1952 – 1954, Vol. 12: *East Asia and the Pacific (in two parts)*, Part 1, Washington, D. C.: United States Government Printing Office, 1984, p. 633.

② United States Department of State, *Foreign Relations of the United States Diplomatic Papers*, 1952 – 1954, Vol. 12: *East Asia and the Pacific (in two parts)*, Part 1, Washington, D. C.: United States Government Printing Office, 1984, p. 689.

③ United States Department of State, *Foreign Relations of the United States Diplomatic Papers*, 1952 – 1954, Vol. 12: *East Asia and the Pacific (in two parts)*, Part 1, Washington, D. C.: United States Government Printing Office, 1984, p. 690.

包括缔约国及其内部？按照严格的概念界定，"集体安全"作为一种国际安全机制或体系，它是通过该机制或体系内部各成员国履行建立在有法律约束力的、正式的集体承诺，以帮助它们的集体应对所面临的共同威胁或武力攻击，并通过合作创造稳定的国际环境。这一"集体安全"概念只适用于一个集体安全组织内部。[1] 而军事联盟通常被界定为两个或多个主权国家之间通过签署军事协定所做出的相互进行军事援助的承诺，以对付外来威胁或共同的敌人，又被称为"集体防务"[2]。也就是说，按照严格的定义，"集体安全"和"集体防务"分别针对的是来自缔约国内部和外部的共同威胁，其行为主体都是主权国家。以此来看，美国拟定的"东南亚集体安全条约草案"不但对"共同威胁"的行为主体与缔约国的关系界定不清，而且对行为主体及其行为性质的界定违背了现行具有集体安全和集体防务性质的国际条约的规定。

其实，英国代表在对美国拟定的"东南亚集体安全条约草案"进行评论时就已提出这个问题。英国代表认为，在该条约中使用"共产党颠覆和渗透"会显示出其是"指向反对共产党国家"，但这样的表述"没有先例"。比如，"北大西洋条约"中就没有载明是指向任何国家或国家集团。针对颠覆和渗透活动亦会涉及是否干涉国家内部事务这一棘手问题。再者，这样明确的指向会遭受有可能加入其中的印度和缅甸等亚洲国家的强烈反对。因此，英国代表建议用"指向来自外部的颠覆"取代原有表述。[3] 在对美国拟定的"东南亚集体安全条约草案"初稿的讨论中，新西兰代表提出去掉"共产党"一词，增加"指向颠覆（缔约国）领土内

---

[1] 参见 Charles A. Kupchan and Clifford A. Kupchan, "Concerts, Collective Security and the Future of Europe," *International Security*, Vol. 16, No. 1, 1991, pp. 116 – 124; John J. Mearsheimer, "The False Promise of International Institutions," *International Security*, Vol. 19, No. 3, 1994/95, pp. 26 – 37.

[2] 参见 Arnold Wolfers, "Alliances," in David L. Sills, ed., *International Encyclopedia of Social Sciences*, Vol. 1, New York: Macmillan, 1968, pp. 268 – 271; Glenn H. Snyder, *Alliance Politics*, Ithaca: Cornell University Press, 1987, p. 4; Brian L. Job, "Matters of Multilateralism: Implications for Regional Conflict Management," in David A. Lake and Patrick M. Morgan, eds., *Regional Orders: Building Security in a New World*, University Park, PA: The Pennsylvania State University Press, 1997, pp. 171 – 172.

[3] United States Department of State, *Foreign Relations of the United States Diplomatic Papers*, 1952 – 1954, Vol. 12: *East Asia and the Pacific (in two parts)*, Part 1, Washington, D. C.: United States Government Printing Office, 1984, p. 638.

的社会自由秩序"的陈述;澳大利亚代表主张删去"共产党颠覆和渗透"。在讨论中,英国还建议该条约的防务承诺不应包括缔约国之外的国家或领地,除非它们提出请求;新西兰也主张该条约的防务承诺不包括非缔约国;澳大利亚代表提出在该条约中增加不经过当事国同意不得授权外国军队派驻该国的内容;泰国代表质疑经各缔约国全体一致协议指定的任何国家或领地是否来自东南亚及西南太平洋区域内部,因而建议第三条中的"武装攻击"的地理来源和地理指向均是东南亚及西南太平洋区域。这些建议多为美国所接受。这样,美国在公布的"东南亚集体安全条约草案"修改稿第二条中去掉了"共产党"一词,将相关表述修改为抵抗武装攻击、防止和摧毁来自外部指向它们(缔约国)领土完整和政治稳定的颠覆活动;将第三条改为第四条,并重新表述为:各缔约国承认,东南亚及西南太平洋区域内,针对任何缔约国或经各缔约国全体一致协议指定的该区域内任何国家或领地的武装攻击。[1] 该修改稿最大的变化是,"武装攻击"的地理来源和指向均被限定在东南亚及西南太平洋区域,其行为主体虽未指明,但可以理解为包括该区域内所有缔约国及经协商一致指定的任何国家或领地;"共同威胁"的形式既不再有"共产党"这样的明确指向,又去掉了"渗透"这样难以界定的行为,从而在法律文本上最大限度地去意识形态化。

但随着《日内外协议》签署后印度支那形势的剧变,美国对共产主义在东南亚及西南太平洋区域的深度扩张愈发恐惧。8月24日,在美国国务院会议上,杜勒斯指示美国工作组代表在即将公布的"东南亚集体安全条约草案"再次修改稿增加的前言中载明"潜在的共产党侵略者",并在第四条中增加了"共产党侵略"语句,以希望在美国盟国遭遇该区域"任何共产党侵略"时快速采取行动。在他看来,如果没有这一具体界定,美国就不具有介入该区域涉及个体国家或其属地的冲突的合法地位。[2] 美国政府

---

[1] United States Department of State, *Foreign Relations of the United States Diplomatic Papers*, 1952-1954, Vol. 12: *East Asia and the Pacific (in two parts)*, Part 1, Washington, D. C.: United States Government Printing Office, 1984, pp. 689-690.

[2] United States Department of State, *Foreign Relations of the United States Diplomatic Papers*, 1952-1954, Vol. 12: *East Asia and the Pacific (in two parts)*, Part 1, Washington, D. C.: United States Government Printing Office, 1984, pp. 788-789.

认为,英国等国要求去掉"共产党"语句等建议倾向于弱化该条约,因为该区域"真正的威胁是共产党颠覆和渗透",而该条约的这种规定是应对这一威胁的"首要工具";该规定的另一个很大的优点是可以排除对发生在该区域的涉及非共产党国家的任何武装攻击所承担的责任。比如,一旦印度和巴基斯坦发生武装冲突,"美国格式"的涉及武装攻击的条款就不再适用。① 法国代表建议该条约草案第四条关于适用的区域应更精确地涉及越南、老挝和柬埔寨领土的形势。在法国看来,它进入该条约最关心的是印度支那成为安全遭受威胁最严重的地域。该建议被美国所接受。② 这样,美国公布的"东南亚集体安全条约草案"再次修改稿前言中不但增加了"潜在的共产党侵略者"的语句,而且将第四条的相关内容重新调整为:各缔约国承认,在"条约区域"内采取武装攻击的手段,针对任何缔约国或柬埔寨、老挝或"自由越南"(南越)管辖领土或经各缔约国全体一致协议指定的任何国家或领地的"共产党侵略"③。这意味着"条约区域"内首要的"共同威胁"可以是针对所有缔约国、柬埔寨、老挝和南越及经缔约国协商一致指定的任何国家或领地,柬埔寨、老挝和南越领土由原来的经缔约国协商一致协议的"可能的事后指定"变成无须协商的"事前确定"。这样,"武装攻击"的行为主体就成了没有明确地理来源和国家属性的"共产党",而"武装攻击"的客体既有更确切的"南越"、柬埔寨和老挝的领土,又可以包括该"条约区域"以外的缔约国,如美国。也就是说,其主体范围大为缩小,客体范围则明显扩大。

英国、法国、澳大利亚、新西兰、菲律宾、巴基斯坦均不赞成在该条约中使用"共产党"一词。在"东南亚集体安全条约"工作组会议上,六国代表均支持在条约中删除"共产党"一词。英国代表进一步声称,

---

① United States Department of State, *Foreign Relations of the United States Diplomatic Papers*, 1952–1954, Vol. 12: *East Asia and the Pacific (in two parts)*, Part 1, Washington, D. C.: United States Government Printing Office, 1984, pp. 797–798.

② United States Department of State, *Foreign Relations of the United States Diplomatic Papers*, 1952–1954, Vol. 12: *East Asia and the Pacific (in two parts)*, Part 1, Washington, D. C.: United States Government Printing Office, 1984, pp. 778–779.

③ United States Department of State, *Foreign Relations of the United States Diplomatic Papers*, 1952–1954, Vol. 12: *East Asia and the Pacific (in two parts)*, Part 1, Washington, D. C.: United States Government Printing Office, 1984, pp. 784–785.

该"条约区域"发生的任何武装攻击都被英国认定为威胁，并应为应对此共同威胁而采取行动。法国代表建议删除第二条中"防止和摧毁来自外部针对它们（缔约国）领土完整和政治稳定的颠覆活动"语句。① 在马尼拉会议上，泰国代表亦同意删除条约中"共产党"一词。各国代表还建议将第四条第一句改为"各缔约国承认在该区域内以武装攻击手段针对任何缔约国的侵略"。在各国的共同压力下，美国代表只得接受这些意见。② 在八国最后签署的《东南亚集体防务条约》中不但不再保留"共产党"一词，还删除了有明确指向的"柬埔寨、老挝或自由越南管辖领土"语句。③

这样，根据《东南亚集体防务条约》正式文本，东南亚条约组织所应对的"共同威胁"实际上分成两类：一类是"条约区域"内部针对任何缔约国或经缔约国全体一致协议所指定的任何国家或领地采取武装攻击手段的侵略行为，"侵略者"可能是该"条约区域"内外部的任何国家，包括缔约国本身；另一类是来自该条约任何缔约国外部的针对任何缔约国的领土完整和政治稳定的颠覆活动，"颠覆者"依然可能是该"条约区域"内外部的任何国家，包括缔约国，但不包括来自缔约国内部的"颠覆者"的颠覆活动。后一类"共同威胁"的表述使缔约国不再对防止和反击缔约国内部"颠覆活动"承担共同责任。这实际上避开了富有争议的对一国内部事务可能的干涉。另外，后一个"共同威胁"的界定从法律上将"颠覆活动"与"武装攻击"分开，从而赋予其一定的经济、政治、情报等非武力乃至非军事的成分。④ 这就使该条约组织在应对"颠

---

① United States Department of State, *Foreign Relations of the United States Diplomatic Papers*, 1952 – 1954, Vol. 12: *East Asia and the Pacific* (in two parts), Part 1, Washington, D. C.: United States Government Printing Office, 1984, pp. 805 – 806, 833, 840 – 841.

② United States Department of State, *Foreign Relations of the United States Diplomatic Papers*, 1952 – 1954, Vol. 12: *East Asia and the Pacific* (in two parts), Part 1, Washington, D. C.: United States Government Printing Office, 1984, pp. 885 – 886.

③ "Southeast Asia Collective Defense Treaty," Manila, 8 September 1954, in United Nations, *Treaty Series—Treaties and International Agreements Registered or Filed and Recorded with the Secretariat of the United Nations*, Vol. 209, No. 2819, 1955, pp. 28 – 30.

④ Leszek Buszynski, *SEATO: The Failure of an Alliance Strategy*, Singapore: Singapore University Press, 1984, p. 26.

覆活动"的共同政策和共同行动上具有了采取军事手段应对非军事的"颠覆活动"所引发的现实性政治安全和通过预防性外交应对"颠覆活动"所引发的潜在的军事威胁的功能，即联盟政治的军事外交或防务外交。① 这两类"共同威胁"应对的军事或防务合作结合起来，使东南亚条约组织既有对外的"集体防务"，又有对内的"集体安全"，形成事实上的"集体防务"与"集体安全"两个安全机制的混合体②，但旨在共同应对外部威胁的"集体防务"是其内核。这也是马尼拉会议最终用《东南亚集体防务条约》取代原命名《东南亚集体安全条约》的题中应有之义。

这种带有预防性质的防务外交为东南亚条约组织引入经济及相关社会文化议题提供了法律基础。如前所述，在其他国家的推动下，虽然美国不太情愿但还是同意将促进稳定和社会福利作为新增的第三条列入修改后的"东南亚集体安全条约草案"中。1954年8月11日，美国建议将此条约草案第三条修改为：各缔约国承认，如果没有旨在促进经济繁荣、社会发展和文化进步的措施，它们的共同目标就不可能实现；各缔约国进一步同意，经济和技术援助措施的发展能够在增进各国政府实现这些目标的努力中发挥重要作用。③ 英国政府又提出将这一条款延伸至包括缔约国之间的技术和文化合作上。④ 在关于这一条约草案的讨论中，菲律宾、巴基斯坦等国将与该条约相联系的经济活动作为考虑的重点。它们

---

① 参见郑先武《东盟安全共同体建设与东南亚多边防务外交转型》，载《南洋问题研究》2018年第3期，第31—37页。

② 参见 Celeste A. Wallander and Robert O. Keohane, "Risk, Threat, and Security Institutions," in Helga Haftendorn, Robert O. Keohane and Celeste A. Wallander, eds., *Imperfect Unions: Security Institutions over Time and Space*, Oxford: Oxford University Press, 1999, pp. 21 – 47; Christopher Gelpi, "Alliances as Instruments of Intra-Allied Control," in Helga Haftendorn, Robert O. Keohane and Celeste A. Wallander, eds., *Imperfect Unions: Security Institutions over Time and Space*, Oxford: Oxford University Press, 1999, pp. 107 – 139.

③ United States Department of State, *Foreign Relations of the United States Diplomatic Papers*, 1952 – 1954, Vol. 12: *East Asia and the Pacific* (in two parts), Part 1, Washington, D. C.: United States Government Printing Office, 1984, p. 702.

④ United States Department of State, *Foreign Relations of the United States Diplomatic Papers*, 1952 – 1954, Vol. 12: *East Asia and the Pacific* (in two parts), Part 1, Washington, D. C.: United States Government Printing Office, 1984, p. 718.

明显将之看作获得美国额外经济援助并顺势培育该区域经济合作的一种手段。其他国家,尤其是澳大利亚同意,强调经济领域是保证该条约得到亚洲国家广泛支持的"唯一基础"①。英国政府认为,从菲律宾、巴基斯坦等亚洲国家的观点来看,该条约承认采取与军事平行措施的重要性,但不希望以此影响到该区域现有双边和多边经济安排,因而建议在经济组织上形成一种"双轨结构",即在保持和加强"科伦坡计划"、联合国及美国等现有技术援助活动的同时,创建支持该条约成员国新的防务措施的经济援助机构。②

美国政府不同意上述建议,认为最好不使用该条约理事会作为推行经济措施的工具。8月24日,杜勒斯在美国国务院讨论"东南亚安全条约草案"的会议上指示美国工作组代表,美国应坚持条约草案第三条的语言表述。他说,他希望的进一步的想法是使用"科伦坡计划"作为对该区域经济援助的手段。杜勒斯在与史塔生商谈后达成一种共识:在美国实施经济援助的三种选择中,即在"东南亚集体安全条约"框架下建立一个经济组织、缔结关于经济援助的新的条约和签署基于"科伦坡计划"等现有安排运行的条约,"科伦坡计划"的经济组织是"最好的事情"③。随即,美国国务院出台《美国关于马尼拉会议经济合作的立场》的文件,一方面承认该条约草案第三条下经济合作的重要性,另一方面指出美国既不相信对处理该区域经济问题的国际组织的过度扩散,又不相信在该条约框架下发展正式经济组织的有用性。该文件表示,美国将继续利用可能的机会积极谋求经济问题的讨论和开展经济合作的可能性,而"科伦坡计划"协商委员会会议将会"明显地提

---

① United States Department of State, *Foreign Relations of the United States Diplomatic Papers*, 1952 – 1954, Vol. 12: *East Asia and the Pacific* (in two parts), Part 1, Washington, D. C.: United States Government Printing Office, 1984, p. 741.

② Leszek Buszynski, *SEATO: The Failure of an Alliance Strategy*, Singapore: Singapore University Press, 1984, p. 51; United States Department of State, *Foreign Relations of the United States Diplomatic Papers*, 1952 – 1954, Vol. 12: *East Asia and the Pacific* (in two parts), Part 1, Washington, D. C.: United States Government Printing Office, 1984, pp. 765 – 767.

③ United States Department of State, *Foreign Relations of the United States Diplomatic Papers*, 1952 – 1954, Vol. 12: *East Asia and the Pacific* (in two parts), Part 1, Washington, D. C.: United States Government Printing Office, 1984, pp. 765, 789 – 790.

供这样的机会"①。最终，正式签署的《东南亚集体防务条约》并没有规定缔约国之间开展经济合作的具体措施和机制安排。

然而，基于"反颠覆活动"的经济和政治需要，美国在商谈《东南亚集体防务条约》的后续履行中还是开始谨慎考虑如何在该条约框架下开展经济合作。1954年11月中旬，美国国务院远东事务部就有关履行《东南亚集体防务条约》第二条和第四条的合作行动计划提出建议，其中就有提供有限的经济援助计划。远东事务部承认经济援助和发展"确实是反击共产党颠覆活动的一个重要手段"，但不认为将美国经济援助限定于该条约的成员国的有用性，而是建议美国应该避免在该条约框架下广泛讨论经济议题。② 12月初，美国国务院与国防部、中央情报局联合工作组就"东南亚防务条约国家"能够实施的打击共产党颠覆活动的措施起草了一份文件，并递交该条约工作组讨论。该文件建议，在当前东南亚主要的共产党威胁中，内部颠覆活动比公开的军事侵略事件更多，而此类活动既不易预先识别和认定，又比军事行动更难进行有效反击。对此，该条约框架下反击颠覆活动的相互援助应主要由成员国政府直接规划和实施，而不是依赖于广泛的多边框架；相互援助形式可以是提供设备、技术培训及文化、教育领域的人员交流等。③

12月28日，《东南亚集体防务条约》工作组在制定曼谷会议的议程时专门讨论了该条约框架下的经济合作问题。美国代表表示，美国政府非常愿意在该工作组内讨论经济问题，并希望杜勒斯能够在曼谷会议期间阐述美国解决亚洲经济问题方法的具体细节。但美国代表重申，美国政府不想在现有"科伦坡计划"这样的经济组织之外，在《东南亚集体防务条约》框架下创建一个单独的经济组织。在这次工作组会议上，巴

---

① United States Department of State, *Foreign Relations of the United States Diplomatic Papers*, 1952 – 1954, Vol. 12: *East Asia and the Pacific (in two parts)*, Part 1, Washington, D. C.: United States Government Printing Office, 1984, pp. 793 – 794.

② United States Department of State, *Foreign Relations of the United States Diplomatic Papers*, 1952 – 1954, Vol. 12: *East Asia and the Pacific (in two parts)*, Part 1, Washington, D. C.: United States Government Printing Office, 1984, p. 985.

③ United States Department of State, *Foreign Relations of the United States Diplomatic Papers*, 1952 – 1954, Vol. 12: *East Asia and the Pacific (in two parts)*, Part 1, Washington, D. C.: United States Government Printing Office, 1984, pp. 1022 – 1025.

基斯坦代表表示，该工作组讨论经济问题是必不可少的，这也是曼谷会议的议程之一。菲律宾和澳大利亚代表亦对讨论经济问题表现出极大的兴趣。[1] 1955年1月27日，杜勒斯主持召开美国国务院会议，汇总了各成员国对在《东南亚集体防务条约》框架下讨论经济议题的看法，并确定了美国政府在即将召开的曼谷会议上的基本立场。有关信息显示，巴基斯坦政府建议加速该条约框架下的经济发展和可能的经济组织；泰国政府建议成立"东南亚条约组织共同发展基金"；澳大利亚政府建议举行"后曼谷专家会议"，讨论"条约区域"的经济问题等。亚洲成员国都希望这次会议发布的"曼谷宣言"宣布对条约缔约国的经济优惠待遇。但美国依然希望该条约能够专注于军事和反颠覆活动，将经济问题留给"科伦坡计划"。杜勒斯同意不应创建新的经济组织，并建议在"曼谷宣言"中声明美国政府愿意在"科伦坡计划论坛"上给予该条约缔约国特别的考虑。此次会议确定了美国希望曼谷会议通过的"合适的决议"，包括各国部长在曼谷已讨论的经济问题；该条约缔约国代表在"科伦坡计划"这样的区域会议上保持紧密的联系；就实施的双边防务支持活动开展对话；特别紧急的经济问题可提交该条约理事会等。[2]

在曼谷会议上，菲律宾代表在讨论军事议题时指出，"颠覆活动"是比公开的武装侵略更现实的威胁，而经济合作可以为该领域的发展奠定基础；泰国代表建议将促进人民尤其是欠发展地区的经济、社会和文化进步作为"反颠覆活动"的措施之一，并强调泰国政府对老挝、柬埔寨和南越经济发展非常感兴趣，建议将该条约框架下的经济合作作为防止颠覆活动的手段。[3] 这次会议将经济合作作为议程进行了专门讨论。在讨

---

[1] United States Department of State, *Foreign Relations of the United States Diplomatic Papers*, 1952 – 1954, Vol. 12: *East Asia and the Pacific (in two parts)*, Part 1, Washington, D. C.: United States Government Printing Office, 1984, pp. 1077 – 1078.

[2] United States Department of State, *Foreign Relations of the United States Diplomatic Papers*, 1955 – 1957, Vol. 21: *East Asian Security*; *Cambodia*; *Laos*, Washington, D. C.: United States Government Printing Office, 1990, pp. 24 – 25.

[3] United States Department of State, *Foreign Relations of the United States Diplomatic Papers*, 1955 – 1957, Vol. 21: *East Asian Security*; *Cambodia*; *Laos*, Washington, D. C.: United States Government Printing Office, 1990, pp. 40, 43 – 44.

论中，巴基斯坦代表建议设立高层常设经济机构，在各国轮流开会，并希望尽早在卡拉奇举行首次会议；法国代表强调需要亚远经委会、"科伦坡计划"及美国援助计划的协调行动，并建议在曼谷设立一个思想库，与理事会的代表一起负责该区域后续的事务，尤其是研究巴基斯坦、菲律宾和泰国在"科伦坡计划"和亚远经委会中的总体问题；澳大利亚代表建议设立一个关于经济事务的常设委员会，作为巴基斯坦建议的"微缩版"；菲律宾代表建议设立一个经济研究小组；法国代表支持巴基斯坦代表的建议，提议设立经济专家顾问，向理事会代表提供咨询。美国代表史塔生表示，美国政府承认该区域的总体需求，并应重视源自该防务条约的特别的经济需求，如通过发展援助和技术援助对该条约的成员国提供防务支持，他重申，该区域国家经济发展的更广泛的经济合作应在"科伦坡计划"或其他已有计划框架下考虑。最终，设立与理事会一起开展工作的常设专家委员会或研究小组的建议被列入"曼谷会议声明"；法国代表关于促进成员国间文化合作的建议也被会议所接受。[1] 至此，虽然设立东南亚条约组织经济机构的动议没有成为现实，但讨论中达成的共识为此后在东南亚条约组织框架下展开经济合作提供了规范基础和活动空间。

在东南亚条约组织启动后，其组织结构得到进一步强化。1956年3月在卡拉奇召开的第二届理事会上，各方同意创建一个永久性组织。此次会议授权成立一个国际秘书处，设执行秘书一人，下设六个办公室，即核心服务、文化关系、经济服务、公共信息、研究服务和安全办公室；每个办公室设主任一职；另设一个常务永久性工作组，作为监督秘书处日常管理的协商机构，由各成员国驻曼谷使馆一等或二等秘书和地位相当的泰国外交部官员组成，直接对理事会代表负责。这届理事会还接受军事顾问的建议，决定任命一位安全协调员，在该组织的军事与民事之间进行协调。执行秘书和各办公室主任均由亚洲成员国官员担任，其中来自泰国的瓦塔纳·伊萨拉巴迪（Vahana Isarabhakdi）为首任执行秘书、

---

[1] United States Department of State, *Foreign Relations of the United States Diplomatic Papers*, 1955-1957, Vol. 21: *East Asian Security*; *Cambodia*; *Laos*, Washington, D. C.: United States Government Printing Office, 1990, pp. 49-50, 60-61.

菲律宾人纳西索·雷耶斯（Narciso Reyes）为首任公共信息办公室主任；首任经济服务办公室和研究服务办公室主任均为巴基斯坦人。这显示出理事会对区域利益的重视。1956年6月，该组织在新加坡举行第三次军事规划会议，决定成立一个军事规划办公室。1957年3月，军事规划办公室在曼谷启用，由来自菲律宾的阿尔弗雷多·桑托斯（Alfredo M. Santos）将军担任首位负责人。这进一步强化了东南亚条约组织。杜勒斯称，这些进展是"对东南亚条约组织的拓宽和强化"。英国外交大臣劳埃表示，东南亚条约组织的常设机构在各个方面都"得到扩大和强化"[1]。

1957年3月，第三届东南亚条约组织理事会会议在堪培拉举行。在美国的建议下，这次理事会授权设立东南亚条约组织秘书长和副秘书长，泰国驻美国前大使沙拉辛被任命为首任秘书长。同月，东南亚条约组织永久性军事规划办公室在曼谷运行。该办公室是一个低层次的协商机构，由高级规划委员会和国际管理及初级规划人员国际机构组成。该机构虽并非一个联合司令部，但构成东南亚条约组织的军事核心，代表着该组织行动资源的增加，被认为是东南亚条约组织演变为一个联合的军事组织的重要步骤，为该组织军事规划的连续性提供了"最佳工具"。1957年9月1日，首任秘书长沙拉辛履职。这标志着东南亚条约组织常设机构正式运行。在实际运行中，东南亚条约组织会根据需要启动特定议题的临时委员会。如1956年3月至1957年1月，为履行第二届理事会的工作计划，该组织先后启动领导威胁评估临时委员会（1956年3月/珍珠港）、军事金融临时委员会（1956年10月/曼谷）、首次情报临时委员会（1956年12月/新加坡）和通信临时委员会（1957年1月/珍珠港）等。[2] 1958

---

[1] Leszek Buszynski, *SEATO: The Failure of an Alliance Strategy*, Singapore: Singapore University Press, 1984, pp. 49, 52-53; United States Department of State, *Foreign Relations of the United States Diplomatic Papers*, 1955-1957, Vol. 21: *East Asian Security; Cambodia; Laos*, Washington, D. C. : United States Government Printing Office, 1990, pp. 203-205, 296-297; "Chronological Table of Events," in George Modelsk, ed. , *SEATO: Six Studies*, Sydney: Halstead Press, 1962, xxvii.

[2] United States Department of State, *Foreign Relations of the United States Diplomatic Papers*, 1955-1957, Vol. 21: *East Asian Security; Cambodia; Laos*, Washington, D. C. : United States Government Printing Office, 1990, p. 296; George Modelsk, "SEATO: Its Functions and Organization," in George Modelsk, ed. , *SEATO: Six Studies*, Sydney: Halstead Press, 1962, pp. 18, 24-25.

年9月至1959年4月,在第四届理事会和第五届理事会间歇,该组织先后召开了首次测绘临时委员会(1958年4月/曼谷)、第四次情报临时委员会(1958年12月/曼谷)和后勤工作组会议(1959年2月/曼谷)等。① 这些会议对东南亚条约组织军事领域的进展做出了重要贡献,会议的建议成为该组织理事会军事顾问规划和建议的基础。由此,东南亚条约组织已形成由秘书长、外交机构和军事机构三部分组成的永久性组织。东南亚条约组织正式成为一个固定的军事组织。②

五 东南亚条约组织的现实困境及其功能化趋向

东南亚条约组织作为一个军事联盟,其在行动层面有两种类型的活动。一类是作为常设性组织的国际行为体活动,主要是其外长理事会或理事会代表会议或设在曼谷的组织机构,为支持该组织目标实施的多边行动;另一类是其成员国为支持该组织目标实施的多边或双边联合行动。在东南亚条约组织框架下,第一类主要有三大领域:作为"多边协商中心"的服务;实现旨在强化该联盟的军事和民事功能;完成各成员国受惠的多边项目等。首先,作为"多边协商中心"的服务,主要是举行理事会定期会议,按照该组织的机制安排,就面临的区域重大问题及各国政策有关议题进行协商,谋求达成国家的立场、看法。从东南亚条约组织启动到1960年底,该组织共举行了六届理事会会议,即1955年2月23—28日在曼谷举行的首届理事会、1956年3月6—8日在卡拉奇举行的第二届理事会、1957年3月11—13日在堪培拉举行的第三届理事会、1958年3月11—13日在马尼拉举行的第四届理事会、1959年4月8—11日在惠灵顿举行的第五届理事会和1960年5月31日至6月3日在华盛顿举行的第六届理事会等。典型的理事会会议主要议程有:公共公开会议、会议主席选举、议程同意、就影响"条约区域"问题交换意见、商议理

---

① United States Department of State, *Foreign Relations of the United States Diplomatic Papers*, 1955 – 1957, Vol. 21: *East Asian Security*; *Cambodia*; *Laos*, Washington, D. C.: United States Government Printing Office, 1990, p. 81.

② 参见 George Modelsk, "SEATO: Its Functions and Organization," in George Modelsk, ed., *SEATO: Six Studies*, Sydney: Halstead Press, 1962, pp. 18 – 27.

事会代表报告及其建议和各成员国政府的建议、审议军事顾问的报告和建议、其他事务、同意发布宣言、公共闭门会议等。东南亚条约组织的日常事务主要由该组织常设机构组织实施，如秘书处及秘书长、各类专家委员会、军事顾问会议等。①

东南亚条约组织框架下的第二类活动主要是由多个成员国参加的"小多边"和两个成员国参加的"双边"两个层次组织实施。其主要形式有军事演习、合作项目和特定议题的专家研讨会等。在合作项目方面，比较有影响的主要是在经济技术社会发展领域，如1959年9月在曼谷成立的东南亚条约组织工程研究院（The SEATO Graduate School of Engineering）。依照该项目计划，该研究院由法国、巴基斯坦和其他成员国政府提供专业性援助，对该机构予以支持。该项目主要是为东南亚区域经济发展培训工程管理领域的精英。② 在专家研讨会方面，比较有影响的是东南亚条约组织"反共产党颠覆"研讨会（The SEATO Seminar on Countering Communist Subversion）和促进东南亚文化交流的东南亚圆桌会议（The Southeast Asia Round Table）。东南亚条约组织"反颠覆"研讨会于1957年11月26—29日和1960年2月8—16日分别在碧瑶和拉合尔举行了两次专题讨论；首次东南亚圆桌会议于1958年1月27日至2月2日在曼谷举行。③

在东南亚条约组织名义下实施的国家层次的活动最有影响的是具有威慑意图的军事演习。1955—1960年，该组织成员国组织实施的规模较大的军事演习有17次（见表3-4）。

---

① 参见 George Modelsk, "SEATO: Its Functions and Organization," in George Modelsk, ed., *SEATO: Six Studies*, Sydney: Halstead Press, 1962, pp. 17-39; "Chronological Table of Events," in George Modelsk, ed., *SEATO: Six Studies*, Sydney: Halstead Press, 1962, xxvi-xxxi.

② George Modelsk, "SEATO: Its Functions and Organization," in George Modelsk, ed., *SEATO: Six Studies*, Sydney: Halstead Press, 1962, p. 42; United States Department of State, *Foreign Relations of the United States Diplomatic Papers*, 1958-1960, Vol. 16: *East Asia-Pacific Region; Cambodia; Laos*, Washington, D. C.: United States Government Printing Office, 1992, p. 9, note 4; "Chronological Table of Events," in George Modelsk, ed., *SEATO: Six Studies*, Sydney: Halstead Press, 1962, xxvii, xxxi.

③ United States Department of State, *Foreign Relations of the United States Diplomatic Papers*, 1958-1960, Vol. 16: *East Asia-Pacific Region; Cambodia; Laos*, Washington, D. C.: United States Government Printing Office, 1992, p. 156.

表 3-4　　　东南亚条约组织国家军事演习情况（1955—1960）

时间	地点	名称	承办国
1956 年 2 月	泰国	"影之链"（Firmlink）陆空军事演习	泰国、美国
1956 年 9—10 月	南中国海	"信天翁"（Albatross）海空军事演习	澳大利亚
1956 年 10 月	泰国	"团队合作"（Teamwork）两栖军事演习	美国、泰国
1957 年 1 月	泰国	"瑞奇"（Ridhee）海陆联合军事演习	泰国
1957 年 4—5 月	新加坡、泰国	"阿斯特拉"（Astra）海陆军事演习	泰国
1957 年 5 月	南中国海	"海之链"（Sealink）海陆军事演习	-
1957 年 5—6 月	泰国	"空之链"（Airlink）陆空军事演习	泰国、美国
1957 年 10—12 月	菲律宾	"菲之链"（Philink）两栖军事演习	菲律宾、美国
1958 年 4 月	泰国	"瓦亚布特"（Vayabut）海陆军事演习	泰国、美国
1958 年 4—5 月	南中国海	"大洋之链"（Oceanlink）海军演习	美国
1959 年 2 月	泰国	"基蒂塞纳"（Kitisena）地面部队指挥所演习	泰国、美国
1959 年 3 月	泰国	"航空进步"（Air Progress）空投空卫军事演习	泰国、美国
1959 年 4 月	南中国海	"海魔"（Seademon）海军演习	澳大利亚
1959 年 6 月	北婆罗洲	"备马"（Saddle-Up）两栖军事演习	英国、美国
1959 年 6 月	菲律宾	"哈狼"（Halang Dagat）港口防卫军事演习	菲律宾
1960 年 1—2 月	泰国南部	"团队合作 II"（Teamwork II）两栖军事演习	美国、泰国
1960 年 4—5 月	南中国海	"海狮"（Sealion）海上军事演习	-

资料来源：United States Department of State, *Foreign Relations of the United States Diplomatic Papers*, 1955 – 1957, Vol. 21: *East Asian Security*; *Cambodia*; *Laos*, Washington, D. C.: United States Government Printing Office, 1990, p. 300; United States Department of State, *Foreign Relations of the United States Diplomatic Papers*, 1958 – 1960, Vol. 16: *East Asia-Pacific Region*; *Cambodia*; *Laos*, Washington, D. C.: United States Government Printing Office, 1992, pp. 81 – 82; "Chronological Table of Events," in George Modelsk, ed., *SEATO: Six Studies*, Sydney: Halstead Press, 1962, xxvi, xxxi.

这些军事演习的地点集中于泰国南部及菲律宾、马来亚、新加坡和南越附近的南中国海海域，被认为是保证东南亚条约组织成员国小规模军事合作和支撑这些东南亚区域"前线国家""反颠覆活动"的"心理盾牌"[1]。比如，1956年9月23日至10月26日，东南亚条约组织成员国在爪哇海和南中国海一带举行的"信天翁"军事演习，参加演习的有航空母舰、驱逐舰、运输舰、警备舰以及战术空军。其间，在南中国海所进行的演习着重海军和空军的协同动作。"作战力量"的主要核心是美国的航空母舰、潜水艇和舰载机。美联社称，这次演习是对东南亚条约组织各军事单位的"作战能力"和"合作能力"一系列考验的第一次[2]。南中国海海域已成为东南亚条约组织展示武力的基地，继而激发其成员国菲律宾占领南海岛屿的野心。在此前的1956年5月19日，菲律宾外长加西亚曾宣布南海的太平岛和南威岛临近菲律宾，是菲律宾领土的一部分。菲律宾联合盟国在南中国海海域展示武力成为其公开抗衡中国南海主权的开端[3]。与此同时，南越当局亦流露出觊觎中国南海岛屿的野心。1956年6月初，南越外交部曾经接连发表声明称，它对中国领土南沙群岛和西沙群岛有"传统的主权"。8月底，南越海军登陆部队在中国的南沙群岛登陆，插上南越旗子并立下"界标"[4]。由此，外交关系上的南海问题产生了。

然而，东南亚条约组织在国际行动层面的实际运行并不顺畅，在机制安排和解决具体问题上均遭遇明显的现实困境，主要有区域代表性不足、机制间竞争性明显、威胁认知差异较大和议题非军事化趋向等。其实，东南亚条约组织的区域代表性一开始就遭遇巨大的挑战。其中最大的挑战来自"科伦坡国家"的集体拒绝。实际上，美国和英国在最初筹划东南亚集体安全条约时就将征得"科伦坡国家"的支持作为该条约获得成功的关键。《美英联合研究小组报告》指出，该小组承认保证"科伦

---

[1] Karl Hack, *Defence and Decolonisation in Southeast Asia: Britain, Malaya and Singapore 1941-1968*, Surrey: Curzon Press, 2001, pp. 206-207.

[2] 《马尼拉集团军事演习结束》，载《人民日报》1956年10月24日第6版。

[3] 杨静林：《冲突与和解：冷战时期中国与菲律宾关系研究》，纽约：易文出版社2020年版，第99—101页。

[4] 《南越海军竟侵占我国的南沙群岛》，载《人民日报》1956年8月30日第1版。

坡国家"支持的重要性，认为它们的态度对该集体安全安排至关重要，希望这些国家应至少默认该安排的建议。英国更是相信应该在该条约启动协商之前努力保证"科伦坡国家"参加该集体安全安排或者至少默认该条约的创建。英国政府认为，从长远来看，封堵共产党在东南亚区域的扩张必须获取该区域人民和政府的支持，没有与"科伦坡国家"预先协商的集体安全安排谈判会危及该条约最终目标的实现，美国政府尽管认为与其他国家加速筹建东南亚集体安全安排会临时增大"科伦坡国家"的反对，但不能因此拖延这一谈判进程，而是相信从长远来看及时创建针对东南亚共产党扩张的强有力的集体防务会催生该区域国家最终的合作。①

在"科伦坡国家"反对或态度不明朗的情况下，美国政府决定与愿意参加的英国、法国、澳大利亚、新西兰、菲律宾和泰国启动"东南亚集体安全条约草案"的讨论。②但英国政府没有放弃争取"科伦坡国家"参加的努力。美国政府亦希望英国政府能够成功说服"科伦坡国家"转而支持集体防务安排。杜勒斯曾表示，如果英国成功将印度和巴基斯坦带入东南亚集体安全条约，不但对英国是一种外交胜利，对美国也是一种胜利。③ 1954年7月30日，艾登同时致函"科伦坡国家"领导人，告知他们9月初将举行对"东南亚及西南太平洋集体防务"有兴趣的国家政府间会议，问询他们是否应邀参加，并表示他们的参加会为决定该计划组织的特性和政策有所助益，更希望亚洲国家将在东南亚事务中发挥领导作用。8月8日，麦克唐纳就英国与美国、中国和"科伦坡国家"的关系发布照会指出，在亚洲事务上，英国与三方的关系是影响亚洲战争与和平议题的三大因素，而英国在东南亚政策的成功部分依赖于该区域

---

① United States Department of State, *Foreign Relations of the United States Diplomatic Papers*, 1952 – 1954, Vol. 12: *East Asia and the Pacific (in two parts)*, Part 1, Washington, D. C.: United States Government Printing Office, 1984, pp. 634 – 636.

② United States Department of State, *Foreign Relations of the United States Diplomatic Papers*, 1952 – 1954, Vol. 12: *East Asia and the Pacific (in two parts)*, Part 1, Washington, D. C.: United States Government Printing Office, 1984, p. 642.

③ United States Department of State, *Foreign Relations of the United States Diplomatic Papers*, 1952 – 1954, Vol. 12: *East Asia and the Pacific (in two parts)*, Part 1, Washington, D. C.: United States Government Printing Office, 1984, p. 497.

国家尤其是印度、巴基斯坦和锡兰等"科伦坡国家"政府和某种总体的同情和积极的支持。该照会称,如果这些国家反对英国的政策,英国就很少有成功的机会;如果它们赞同和支持,英国的政策就会有很好的前景。但"科伦坡国家"领导人的回信并未如英国政府所愿。尼赫鲁回信说,建议中的集体防务不是《联合国宪章》下的集体和平体系,而是会引发反联盟的军事联盟,而绝大多数亚洲国家和人民不会参加这样的组织,有些国家和人们甚至会强烈反对这样的做法。[①] 8月9日,尼赫鲁对美国官员艾伦表示,他强烈反对涉及该区域的任何集体安全条约,即使它只限于"科伦坡国家"或者它们中的部分国家。他解释说,他不支持涉及军事承诺的任何做法,这样的军事方法也没有必要,因为没有国家会威胁该区域,相反,涉及军事承诺的条约则会加剧紧张关系,从而引发不安全。他认为,削弱战争可能性的最好方法是在太平洋区域缔造某种形式的可以维持现状的集体和平体系。[②]

吴努在给艾登的回信中表示,这一集体防务建议与缅甸所推行的不结盟政策不相符合,缅甸不能参加或公开支持反对一方的任何协定,并认为解决问题的最大优势是"科伦坡国家"开会探讨所有各方都可接受的方法。吴努后来解释说,与大国结盟即意味着受其支配。这意味着失去独立。沙斯特罗阿米佐约在回信中重申,印度尼西亚不可能参加在东南亚和西太平洋区域的任何集体防务安排,认为东南亚集体防务组织将损害其独立的对外政策。他强调,任何一方的防务安排都应该避免,因为它会给该区域可能引发战争的紧张因素增添新的成分,而印度尼西亚将弃绝"选边站"。按照印度尼西亚官方的解释,这种集体防务安排所提供的保护违反禁止外部国家武力干涉的国际法原则,甚至会将冷战引向东南亚区域。科特拉瓦拉的答复是,在当前总体舆论反对集体防务建议

[①] "'Note on Relation with the United States, China and the Colombo Powers': Note by Mr M J MacDonald for Sir I Kirkpatrick," FO 371/111852, No. 5, 8 August 1954, in A. J. Stockwell, ed., *British Documents on the End of Empire*, Series B, Vol. 3: *Malaya*, Part III, *The Alliance Route to Independence* 1953 – 1957, London: HMSO, 1995, pp. 70 – 72; Amitav Acharya, *Whose Ideas Matter? Agency and Power in Asian Regionalism*, Ithaca: Cornell University Press, 2009, pp. 51 – 52.

[②] United States Department of State, *Foreign Relations of the United States Diplomatic Papers*, 1952 – 1954, Vol. 12: *East Asia and the Pacific* (*in two parts*), Part 1, Washington, D. C.: United States Government Printing Office, 1984, pp. 713 – 714.

的氛围中,"科伦坡国家"不可能参加这样的会议。他表示,集体防务组织的目标不可能有助于该区域和平的实现,应该谋求实现集体和平体系的建设性替代方法,而"科伦坡国家"愿意开会讨论该区域有关和平的事务。①

8月9日,印度尼西亚政府正式声明,印度尼西亚将不参加西方国家计划在东南亚建立的军事集团。次日,沙斯特罗阿米佐约发表谈话表示,印度尼西亚将不参加东南亚条约组织,也不会派观察员出席讨论成立东南亚集团问题的会议。与此同时,尼泊尔外交大臣雷格米也公开表示反对成立东南亚条约组织。他说,当人们在继续谈论和平以及正在印度支那实行停战的时候,却来谈论在东南亚建立集团防务公约,这对于世界和平事业是不利的。② 印度尼西亚反对东南亚防务条约还有一个重要考量,即它非常担心这种有西方国家参加的条约经被赋予殖民主义特性,进而会加强与伊里安密切相关的殖民主义在东南亚的力量,尤其是担心荷兰参加这一条约必将加强印度尼西亚不承认的荷兰在伊里安的权威地位。③

最终,"科伦坡国家"中只有巴基斯坦参加"东南亚集体安全条约草案"的讨论和签署《东南亚集体防务条约》的马尼拉会议,但巴基斯坦对东南亚集体防务组织有所保留,故迟迟没有批准《东南亚集体防务条约》,直到1955年1月在美国督促其参加首届理事会的压力下方才承诺批准该条约。④ 而缅甸、印度尼西亚和印度等"科伦坡国家"领导人在《东南亚集体防务条约》签署后均对之进行了公开批评。1954年9月13日,吴努在缅甸国内的一次演讲中公开表示,东南亚条约组织的形成"增加了第三次世界大战的机会"⑤。9月23日,沙斯特罗阿米佐约在访

---

① George Modelsk, "SEATO: Its Functions and Organization," in George Modelsk, ed., *SEATO: Six Studies*, Sydney: Halstead Press, 1962, p. 33.

② 《印尼政府正式声明不参加东南亚军事集团》,载《人民日报》1954年8月11日第4版;《印尼总理声明不参加关于东南亚集团的会议》,载《人民日报》1954年8月12日第4版。

③ Dunning Idle IV, "Indonesia's Independent and Active Foreign Policy," Ph. D. Dissertation, Yale University, 1956, p. 85.

④ Amitav Acharya, *Whose Ideas Matter? Agency and Power in Asian Regionalism*, Ithaca: Cornell University Press, 2009, pp. 51–54.

⑤ 《在欢迎缅甸总理吴努宴会上的讲话》(1954年12月12日),载中共中央文献研究室、中央档案馆编《建国以来周恩来文稿》(第11册),中央文献出版社2018年版,第453页。

问印度时发表讲话公开表示:"最近在马尼拉缔结的军事条约是不能够保证我们所处的世界这一部分的和平的。"他强调:"维持和平有更好的办法""就是合作与共处"[1]。9月29日,尼赫鲁在印度国会的演说中在谈到《东南亚集体防务条约》时明确指出:"马尼拉条约整个做法不但是一个错误的做法,而且是一个危险的做法。"[2] 10月26日,尼赫鲁在访问中国时举行记者招待会。他在谈及《东南亚集体防务条约》对日内瓦会议所促成的局势的影响时说,日内瓦会议"是持有不同看法的人们共聚一堂,求出一个解决办法的极好的例子",而《东南亚集体防务条约》妨碍共聚一堂解决分歧的气氛,"在这个意义上说来是一种障碍",而且"加剧了紧张局势"[3]。1956年8月17日,苏加诺在印度尼西亚独立11周年庆祝大会上发表演讲时明确表示:"我们拥有和平共处、互不侵犯、互不干涉内政、尊重他国领土完整、承认所有大小国一律平等以及为了共同利益而进行合作的原则。"他强调:"和平共处的原则将不仅有利于大国,也同样有利于小国——它将对地球上所有国家、所有民族、所有人类都有好处",而"军事联盟是不会使我们向和平靠近的,它会使我们向战争靠近。它至少也会引起冲突的气氛、军事准备的气氛和仇恨的气氛"。因此,"印度尼西亚不要参加任何军事联盟"[4]。总之,"科伦坡国家"普遍认为美国组建的军事联盟"忘记或忽视了亚洲特别是亚洲面临的问题",他们将东南亚条约组织视作"另一种形式的西方帝国主义"[5]。

从总体上看,"科伦坡国家"对东南亚集体防务计划的拒绝或犹豫主要有三个理由,即该计划与它们奉行的不干预和不结盟政策不一致;担

---

[1] 《印度和印度尼西亚两国总理发表联合声明》,载《人民日报》1954年9月28日第4版。
[2] 《在欢迎印度总理尼赫鲁举行的宴会上的讲话》(1954年10月20日),载中共中央文献研究室、中央档案馆编《建国以来周恩来文稿》(第11册),中央文献出版社2018年版,第400页。
[3] 《尼赫鲁总理举行记者招待会并发表声明》,载《人民日报》1954年10月27日第1版。
[4] [印尼]苏加诺:《给予你们的生命以内容》(1956年8月17日在印度尼西亚共和国独立十一年庆祝大会上的演讲),载世界知识社编《苏加诺演讲集》,世界知识社1956年版,第324—325页。
[5] Ji-Young Lee, "Contested American Hegemony and Regional Order in Postwar Asia: The Case of Southeast Asia Treaty Organization," *International Relations of the Asia-Pacific*, Vol. 19, 2019, pp. 241, 251–252.

第三章　战后东南亚区域合作的局部成长(1951—1960)　/　533

心增加大国支配和干预的风险；该计划不代表当时亚洲谋求在国际事务中发出独立声音的普遍舆论等。这集中体现了东南亚集体防务原则与"泛亚洲主义"框架内拒绝多边军事防务的规范相抵触。阿查亚强调，正是美国等西方大国集体防务观念与亚洲国家尤其是印度、印度尼西亚等区域大国之间规范理念的差异使亚洲多边集体防务组织缺乏广泛的区域代表性，进而失去合法性。这也是东南亚条约组织最终走向失败的根本原因。[1]

东南亚条约组织的区域代表性所面临的另一个重大挑战是作为"条约区域"内受保护的非缔约方老挝、柬埔寨和南越以及独立后的马来亚最终未能成为其正式成员或观察员。按照美国最初的设想，老挝、柬埔寨和南越还是被列为"东南亚集体安全条约"的可能成员，只是由于英国和法国的反对意见而放弃了这一想法，以换来两国承认将三个成员以议定书的形式纳入"条约区域"的保护成员。但美国一直希望这三个成员同意"东南亚集体安全条约草案"第四条的有关规定，成为该条约的观察员乃至成员。[2] 1954年8月19日，柬埔寨政府也表达了参加"东南亚集体安全条约"的愿望，希望与其他国家一样自由行动，而不是经由法国或任何其他国家的"中间人"与该条约联系在一起。8月24日，美国政府确定在召开马尼拉会议时同意老挝和柬埔寨派观察员参加会议。[3] 但在英国和法国的影响下，柬埔寨政府于9月3日决定不派观察员参会，理由是这与《日内瓦协议》所达成的谅解不一致。在此前的8月底，老挝政府以不能提供会议所需费用为名表示不派观察员参加马尼拉会议。1954年9月，在英国、新西兰和澳大利亚的反对下，南越和荷兰申请马尼拉会议观察员地位亦被拒绝。英国政府认为，在《日内瓦协议》规定的停战时期三个"联系国"参加建议中的"东

---

[1] 参见 Amitav Acharya, *Whose Ideas Matter? Agency and Power in Asian Regionalism*, Ithaca: Cornell University Press, 2009, pp. 54, 60–64.

[2] 参见 Damien Fenton Marc, *To Cage the Red Dragon: SEATO and the Defence of Southeast Asia, 1955–1965*, Singapore: NUS Press, 2012, pp. 27–28; Nicholas Tarling, *Britain and the Neutralisation of Laos*, Singapore: NUS Press, 2011, pp. 23–25.

[3] United States Department of State, *Foreign Relations of the United States Diplomatic Papers, 1952–1954*, Vol. 12: *East Asia and the Pacific (in two parts)*, Part 1, Washington, D.C.: United States Government Printing Office, 1984, pp. 769, 788.

南亚集体安全条约"在军事和政治上都不合适。① 最终，老挝、柬埔寨和南越三个成员未能成为东南亚条约组织的成员或观察员。这实际上承认了法国在印度支那地区的领导权。其实，这反映了在印度支那问题上美国与英国和法国的分歧，预示着东南亚集体防务条约在印度支那问题上将难以有所作为。②

在东南亚条约组织启动后，随着印度支那形势及老挝和柬埔寨国内政局的变化，两国与该组织渐行渐远。在1955年亚非会议期间，由西哈努克亲王亲自率领的柬埔寨王国代表团明确表示，柬埔寨将始终保持"中立"并且不被利用为发动侵略的基地。1955年9月，柬埔寨在举行全国选举以后，西哈努克亲王又一次声明，不许任何一国在柬埔寨建立军事基地，不签订任何军事条约。西哈努克在访问日本期间还表示，柬埔寨将恪守"和平共处五项原则"，不参加任何军事集团，不接受马尼拉条约组织所提供的任何保护。③ 1956年2月6日，西哈努克在访问菲律宾后回到金边时说，他在马尼拉时被邀请参加东南亚条约组织，但他对此予以拒绝。西哈努克强调："我们一定要遵守中立，不参加任何集团。"④ 2月14日，西哈努克在首次访问中国时发表讲话表示，柬埔寨遵守日内瓦会议所签订的协议，并没有参加任何一个集团，而是采取一种"中立"的态度。⑤ 2月18日，西哈努克与周恩来发表联合宣言，双方确认"和平共处五项原则"应被作为今后指导中柬两国关系的坚定不移的方针，表示"决心根据亚非会议决议和宣言的精神，继续为促进和扩大国际合作，为祛除国际间的疑惧而作一切努力，并且主张以和平方式谋求国际争端的解决，从而对国际局势的改善做出进一步的贡献"⑥。当日，西哈

---

① United States Department of State, *Foreign Relations of the United States Diplomatic Papers*, 1952–1954, Vol. 12: *East Asia and the Pacific (in two parts)*, Part 1, Washington, D.C.: United States Government Printing Office, 1984, pp. 826, 830, 834, 778.

② 参见代兵《挫败中立：1954—1964年的老挝与冷战》，江苏人民出版社2017年版，第65、69—70页。

③ 《周恩来总理的讲话》，载《人民日报》1956年2月16日第1版。

④ 《西哈努克说柬埔寨要遵守中立》，载《人民日报》1956年2月8日第4版。

⑤ 《西哈努克亲王在广州机场上的讲话》，载《人民日报》1956年2月14日第1版。

⑥ 《周恩来总理和西哈努克首相发表联合声明》，载《人民日报》1956年2月18日第1版。

努克在北京举行记者招待会谈到柬埔寨对待东南亚条约组织的态度时说："柬埔寨是中立的，人民要求我维持中立。我们对任何人都保持着中立。"他接着说："它们（东南亚条约组织）对我们说它们将自动地保护我们，我们拒绝了这种保护，因为这种保护是不光荣的。"[1]1956年3月，西哈努克在金边会见澳大利亚外交部官员后发表声明称，柬埔寨政府并不反对东南亚条约组织。双方同意，如果东南亚条约组织不发表关于其向柬埔寨提供保护的声明，柬埔寨就不会攻击它。但9月柬埔寨国家广播电台就发表评论称，外部帝国主义者通过组建东南亚条约组织在亚洲推行其战争政策。[2] 1957年9月，柬埔寨国民大会通过《中立法》，该法第一条就规定柬埔寨王国弃绝与外国的任何军事的或意识形态的联盟。[3] 1960年12月，柬埔寨与中国签署《中柬友好与互不侵犯条约》，决定遵行"和平共处五项原则、1955年万隆亚非会议的精神"，保证"互不侵犯，不参加针对另一方的军事联盟"[4]。

老挝王国政府（又称"皇家老挝政府"）新任首相梭发那·富马（Suvanna Phuma）于1956年3月21日提出施政方针时表示，老挝"将实行五项原则，反对外国对老挝的干涉，并且同各国特别是同各邻国建立外交关系"[5]。同月，巴特寮进行重组，仿照越南劳动党创建老挝人民党（The Lao People's Party, LPP）及其前线组织老挝爱国阵线（The Lao Patriotic Front/Neo Lao Hak Sat, NLHS），取代"新自由老挝"，并希望与老挝王国政府组建联合阵线。[6] 1956年8月，老挝政府与巴特寮领导人苏发努·冯进行协商，并在万象发表联合宣言，双方承诺保持中立的外交政

---

[1] 《西哈努克在北京举行记者招待会》，载《人民日报》1956年2月19日第4版。

[2] United States Department of State, *Foreign Relations of the United States Diplomatic Papers*, 1959 – 1960, Vol. 16: *East Asia-Pacific Region*; *Cambodia*; *Laos*, Washington, D. C.: United States Government Printing Office, 1992, p. 44.

[3] George Modelsk, "The Asian States' Participation in SEATO," in George Modelsk, ed., *SEATO: Six Studies*, Sydney: Halstead Press, 1962, p. 152.

[4] 《中华人民共和国和柬埔寨王国友好与互不侵犯条约》（1960年12月19日订于北京），载世界知识出版社编《印度支那问题文件汇编》（第3集），世界知识出版社1961年版，第241页。

[5] 《老挝王国组成新内阁》，载《人民日报》1956年3月26日第4版；江洪：《万象会谈与老挝局势》，载《世界知识》1956年第16期，第12页。

[6] Nicholas Tarling, *Britain and the Neutralisation of Laos*, Singapore: NUS Press, 2011, p. 28.

策，并遵照《日内瓦协议》不参加军事条约、不在该协议所允许之外在老挝境内建立外国军事基地。① 8月19—29日，富马在率领的老挝王国政府代表团先后访问了中国和越南民主共和国。8月25日，富马访问中国期间，与周恩来发表联合声明。老挝王国政府声明："坚决执行和平中立政策，不缔结任何军事同盟，只要它的安全不受到威胁，并且除日内瓦协议规定的以外，不允许在它的领土上建立任何外国军事基地。"两国政府同意遵守"和平共处五项原则"，并发展两国之间的睦邻关系。② 8月28日，富马在访问越南民主共和国期间，双方发表联合公报表示，以"和平共处五项原则"为基础发展两国关系。老挝代表团宣布："老挝王国坚决遵循和平中立政策；在自己的安全没有遭到威胁的时候，不参加任何军事联盟，并且除日内瓦协定中规定的以外，不允许任何国家在老挝的土地上建立军事基地。"③富马访问中国期间在新闻发布会上宣布，老挝不接受东南亚条约组织给予的所谓"保护"，他说："我们不接受它，因为它是在我们没有参加的情况下决定的与我们有关的条款。而且我们根据日内瓦协议，没有参加这个条约。"富马解释说，老挝王国政府愿意同所有邻邦建立友好关系，并且在周恩来总理和尼赫鲁总理共同倡议的"五项原则"的基础上彼此尊重。④至此，东南亚区域局势出现了总体上有利于中立和解的局面。

与此同时，南越加入东南亚条约组织的图谋再次受挫。1955年10月，南越政府组织公民投票，决定废黜保大的国家元首地位，成立越南共和国（The Republic of Vietnam），由吴庭艳（Ngo Dinh Diem）任总统、总理兼国防部长。1955年底，在美国的支持下，南越宣布退出法兰西联盟。1956年3月，南越违背《日内瓦协议》在国际监督下举行越南全国大选的规定，单独举行选举，成立国民议会。⑤ 此时，因为美国的重要作

---

① United States Department of State, *Foreign Relations of the United States Diplomatic Papers*, 1955 – 1957, Vol. 21: *East Asian Security; Cambodia Laos*, Washington, D. C.: United States Government Printing Office, 1990, p. 784, note 3.

② 《越南和老挝两国政府发表联合公报》，载《人民日报》1956年8月30日第5版。

③ 《我国总理和老挝首相发表联合声明》，载《人民日报》1956年8月26日第1版。

④ 《老挝首相举行记者招待会并发表访华公报》，载《人民日报》1956年8月26日第5版。

⑤ 参见梁英明《东南亚史》，人民出版社2010年版，第265—266页。

用，南越已将东南亚条约组织看作其反击共产党攻击威胁的主要堡垒，相信其成员国资格不仅会增加该组织在越盟攻击时提供保证行动，而且可以扩大本国政府的国内声望。在此前的1955年11月，南越曾提出通过英国和新西兰代表与东南亚条约组织建立联系的问题，但遭到两国的拒绝。① 1956年3月，东南亚条约组织理事会在卡拉奇召开时，南越政府发来消息称，它将废除《日内瓦协议》，并希望加入东南亚条约组织，成为该组织正式成员。英国和法国表示反对，理由是既不愿意为此惹怒印度和国际监督检察委员会，又不愿意让南越加入而将老挝和柬埔寨排除在外；美国以时机不成熟为由不同意南越加入。② 南越被拒绝加入东南亚条约组织，尤其是老挝和柬埔寨所宣示的"中立"政策及对《日内瓦协议》的支持，既削弱了东南亚条约组织的区域代表性，又使美国等国利用东南亚条约组织介入其国内事务失去合法性。到1956年5月，法国军队已全部撤离越南，并关闭了本国"联系国"这个政府部门，将其全部职能移交给外交部；法国驻越南高级专员亦撤离越南。从此，法国彻底断绝了与旧的殖民制度的关系，使美国减少了法国这个"尚有能力在越南南部采取行动的强国"③。这一结果进一步压缩了此后美国利用东南亚条约组织在越南南北冲突中谋求实施"集体防务行动"的合法性空间。1956年和1957年，南越两次表示希望派观察员参加东南亚条约组织理事会会议；美国亦以南越与《日内瓦协议》有紧密联系为由，建议给予南越在该组织理事会会议中更强的观察员地位，均遭到英国和法国的反对。④

在区域代表性问题上，东南亚条约组织启动后所遭遇的最大挑战

---

① "Attitudes of Certain Asian and Australasian Countries towards SEATO," Office of Intelligence Research, Intelligence Report No. 7151, 1 March 1956, U. S. Declassified Documents Online, https://link. gale. com/apps/doc/CK2349432060/USDD? u = nju&sid = bookmark − USDD&xid = 965887cc&pg = 1.

② George Modelsk, "The Asian States' Participation in SEATO," in George Modelsk, ed. , *SEATO*: *Six Studies*, Sydney: Halstead Press, 1962, pp. 145 − 146.

③ 参见［美］弗雷德里克·罗格瓦尔《战争的余烬：法兰西帝国的灭亡及美国对越南的干预》，詹涓译，社会科学文献出版社2017年版，第861—868页。

④ Leszek Buszynski, *SEATO*: *The Failure of an Alliance Strategy*, Singapore: Singapore University Press, 1984, pp. 70 − 71.

来自马来亚的拒绝加入。按照预期,马来亚作为英国的属地,其独立后加入东南亚条约组织应是顺理成章之事。本来,美国一直不愿为英国在东南亚的属地承担军事责任。但东南亚条约组织启动后,马来亚的独立运动也进入最后阶段,其内部的共产党游击战和其他军事活动成为稳定的重要威胁。而马来亚及新加坡既是连接印度洋和南中国海的海上交通枢纽,又处于大陆东南亚和海洋东南亚交汇的核心地带;马来亚还是天然橡胶、锡、石油等战略资源的主要产地,对美国而言,具有重要的战略意义。此时,东南亚条约组织成员国都意识到马来亚及新加坡与区域军事和政治考量的直接相关性,尤其是泰国非常关心在其两侧日益扩大的共产党的影响;菲律宾对发生在马来亚的事件也日益显示出关注;美国更是担心如果新加坡被共产党控制,泰国就很难继续发挥其作为美国在大陆东南亚首要盟国的作用,这一结果将会对东南亚条约组织有效威慑共产党扩张造成极其负面的影响,整个西方在缅甸、泰国、印度尼西亚、老挝、柬埔寨和越南的影响亦会大为削弱。鉴于此,美国担心共产党国家利用马来亚及新加坡作为进攻的跳板,因而必须保证独立后的马来亚处于"自由世界"的防卫之中,并成为对美国和"自由世界"友好的政府。[①] 1956年1月,美国与英国两国在华盛顿举行了高峰会谈,艾森豪威尔、杜勒斯和艾登、劳埃等人参加会谈。双方非常关注东南亚条约组织与马来亚及新加坡的"最终联系"。美国政府希望英国政府"想尽一切办法努力将马来亚一步一步地带进东南亚条约组织框架"[②]。

马来亚的最后独立虽然是通过与英国政府的谈判完成的,但并没有被英国"带入"东南亚条约组织。其实,在1956年1月18日至2月6日英国代表与马来亚代表在伦敦就有关马来亚独立事宜的谈判中,英国代表已表示希望在同意马来亚可在1957年8月31日前完成独立时,与马来

[①] United States Department of State, *Foreign Relations of the United States Diplomatic Papers*, 1955 – 1957, Vol. 22: *Southeast Asia*, Washington, D. C.: United States Government Printing Office, 1989, pp. 747 – 752.

[②] United States Department of State, *Foreign Relations of the United States Diplomatic Papers*, 1955 – 1957, Vol. 21: *East Asian Security*; *Cambodia*; *Laos*, Washington, D. C.: United States Government Printing Office, 1990, pp. 169 – 170.

亚签订一份防务协议，保留英国在马来亚的政策可适用于其地方、"帝国"和全球战略目标，包括英联邦和东南亚条约组织。此前，在1955年1—2月于伦敦召开的英联邦会议上，英国、澳大利亚和新西兰决定在"澳新马区域"联合防务计划内，在马来亚启动"英联邦战略储备"（Commonwealth Strategic Reserve），通过驻扎在马来亚的地面部队在东南亚构筑一道抵御共产党攻击的联合战线。当年2月，英国殖民事务大臣艾伦·伦诺克斯—博伊德（Alan Lennox-Boyd）提出，英国与其他英联邦国家及外部大国必须在"澳新马区域"联合防务计划和东南亚条约组织框架下建立一个"将马来亚作为核心和焦点的强有力的防务体系"，以"保证东南亚反击共产党的颠覆或侵略"①。3月，英国远东陆军总司令查里斯·罗文（Charles Loewen）致函艾登强调，在与马来亚领导人谈判独立事宜时，"他们首先要被'教育'接受马来亚（军事）基地关键的战略储备和东南亚条约组织的角色"。亲西方的马来亚政府并没有像印度尼西亚那样公开反对东南亚条约组织，对该组织的安全功能亦持积极的态度。马来亚领导人东姑还就此事与西方大国进行了私下讨论，并表示马来亚对该组织承担非正式责任。但鉴于万隆会议即将召开的背景，东姑没有公开承认接受马来亚与东南亚条约组织的关系。在万隆会议上，苏加诺谈到亚洲国家组织"道义的国家暴力"，保证民族主义战胜帝国主义及"中立主义"战胜武装集团。②

1955年11月，英国国防部在就马来亚和新加坡的防务举行的部门间会议上建议，马来亚和新加坡成为独立的主权国家以后应仍然留在英联

---

① "［Trend of Events in SE Asia］: Letter from Mr Lennox-Boyd to Mr Head. *Enclosure*: CO Memorandum 'United Kingdom Aims in Malaya, and Means by Which They Might Be Achieved, with Special Reference to Defence", CO 1030/67, No. 14, 9 Febuary 1955, in A. J. Stockwell, ed., *British Documents on the End of Empire*, Series B, Vol. 3: *Malaya*, Part III, *The Alliance Route to Independence 1953 - 1957*, London: HMSO, 1995, pp. 98 - 99; Evelyn Colbert, *Southeast Asia in International Politics*, 1941 - 1956, Ithaca: Cornell University Press, 1977, pp. 303 - 304.

② 参见 Karl Hack, *Defence and Decolonisation in Southeast Asia: Britain, Malaya and Singapore 1941 - 1968*, Surrey: Curzon Press, 2001, pp. 223 - 231; Joseph Chinyong Liow, "Tunku Abdul Rahman and Malaya's Relations with Indonesia, 1957 - 1960," *Journal of Southeast Asian Studies*, Vol. 36, No. 1, 2005, pp. 93 - 94.

邦之内并参加东南亚条约组织。① 1956年1月，英国殖民部亦表示，希望独立后的马来亚联邦政府最终将参加东南亚条约组织。② 但受万隆会议的影响，1956年6月，东姑宣布马来亚遵从"万隆精神"。当月，东姑公开表示，英国驻扎在马来亚的军队不能被用于实现东南亚条约组织的目标，马来亚也不参加任何特定的集团。③ 但美国于1956年9月制定的对马来亚及新加坡的现行政策仍确定，在马来亚获得完全自治和独立后，美国应采取与承认英联邦责任一致的政策，帮助马来亚维持稳定和独立，并鼓励马来亚参加东南亚条约组织。④ 11月，英国政府依然表示，希望独立后的马来亚联邦参加东南亚条约组织，以确保马来亚成为英国"友好的、合作的和可靠的盟友"⑤。澳大利亚与美国在马来亚是否参加东南亚条约组织问题上持有类似的看法。1957年8月29日，在马来亚宣布独立前夕，澳大利亚外交部长凯西前来参加马来亚独立庆典在吉隆坡发表谈话时表示，澳大利亚十分希望独立的马来亚参加马尼拉条约组织。⑥

此时，马来亚已与英国启动防务谈判，努力谋求英国扩大经济和军

---

① "'Negotiations on Defence with the Malaya and Singapore': Minutes (NDMS/M (55) 2 by the Ministry of Defence of an Inter-departmental Meeting [Extract]," DEFE 7/493, No. 3, 9 November 1955, in A. J. Stockwell, ed., *British Documents on the End of Empire*, Series B, Vol. 3: *Malaya*, Part III, *The Alliance Route to Independence* 1953 – 1957, London: HMSO, 1995, pp. 195 – 196.

② "'Conference on Constitutional Advance in the Federation of Malaya': Memorandum by Mr Lennox-Boyd for Cabinet Colonial Policy Committee," CAB 134/1202, CA (56) 3, 7 January 1956, in A. J. Stockwell, ed., *British Documents on the End of Empire*, Series B, Vol. 3: *Malaya*, Part III, *The Alliance Route to Independence* 1953 – 1957, London: HMSO, 1995, p. 237.

③ Karl Hack, *Defence and Decolonisation in Southeast Asia: Britain, Malaya and Singapore 1941 – 1968*, Surrey: Curzon Press, 2001, p. 227.

④ United States Department of State, *Foreign Relations of the United States Diplomatic Papers, 1955 – 1957, Vol. 21: East Asian Security; Cambodia; Laos*, Washington, D. C.: United States Government Printing Office, 1990, p. 263.

⑤ "'Malayan Defence Agreement': CO Record of a Meeting Chaired by Mr Lennox-Boyd and Attended by Commonwealth Representatives [Extract]," DEFE 7/501, No. 33/1, 2 November 1956, in A. J. Stockwell, ed., *British Documents on the End of Empire*, Series B, Vol. 3: *Malaya*, Part III, *The Alliance Route to Independence* 1953 – 1957, London: HMSO, 1995, p. 334; "[Malayan Defence Agreement]: Note by Mr Lennox-Boyd for Mr Casey on UK Rights under the Proposed Agreement," DEFE 7/501, No. 33/2, 2 November 1956, in A. J. Stockwell, ed., *British Documents on the End of Empire*, Series B, Vol. 3: *Malaya*, Part III, *The Alliance Route to Independence* 1953 – 1957, London: HMSO, 1995, p. 336.

⑥ 《澳外长想把马来亚拖进马尼拉侵略集团》，载《人民日报》1957年8月31日第7版。

第三章　战后东南亚区域合作的局部成长(1951—1960)　/　541

事援助的承诺。1957年8月31日，马来亚正式获得独立地位，称为马来亚联合邦（The Federation of Malaya）。1957年10月12日双方签署《英马外部防务与互助协定》（简称"英马防务协定"）。该协定规定，马来亚联邦在英联邦内获得完全自治和独立，双方承认维护和平与提供共同防务符合它们的共同利益；鉴于马来亚联合邦政府已承担其领土的外部防务责任，双方同意英国保证向马来亚提供可能为其领土的外部防务所需要的援助，包括为马来亚提供培训和发展武装力量，并按规定经双方同意，在维持和平与共同防务目标和履行英联邦及国际义务所必需时，马来亚将向英国提供在马来亚境内维持海陆空武装部队的权利。在该协定的附件中更加详细地说明了英国对马来亚武装部队的援助项目，主要包括：提供马来亚武装部队在招聘人才、行政管理和训练方面所需要的人员；提供训练马来亚武装部队成员所需要的技术、土地和设施，包括选派人员出国学习等；在作战和技术事项上给予专门性咨询意见和协助等。[①]

该协定规定中有一个"模糊条款"（又称"逃逸条款"），即英国在马来亚联邦需要外部防务帮助时，可以使用其在马来亚的军事力量（包括英联邦战略储备），以便"履行英联邦的国际义务"，如采取行动支持"澳新马区域"联合防务计划和东南亚条约组织；其前提是发生对马来亚及英国在远东其他属地实际的攻击行为，并需要保证事先与马来亚达成协议。这意味着马来亚接受英国在其远东属地（包括香港）或马来亚受到攻击时的"自由行动"，并在马来亚事先同意的情况下运用其境内的军事基地直接支持东南亚条约组织的军事任务，主要是通过新加坡作为"谨慎的后门"完成东南亚条约组织的军事任务。这样，马来亚就可以避免与东南亚条约组织的联系，并保留了最终控制权，但实际上默认了经

[①] "Agreement between the Government of the United Kingdom of Great Britain and Northern Ireland and the Government of the Federation of Malaya on External Defence and Mutual Assistance," Kuala Lumpur, 12 October 1957, in United Nations, *Treaty Series—Treaties and International Agreements Registered or Filed and Recorded with the Secretariat of the United Nations*, Vol. 285, No. 4149, 1958, pp. 6 – 95, United Nations Treaty Series Online, https：//treaties. un. org/doc/Publication/UNTS/Volume%20285/v285. pdf.

由新加坡与东南亚条约组织的"间接联系"①。1958年,东姑承认了有关与东南亚条约组织的这种"间接联系",但关注马来亚的焦点"承诺地区",即如果英国介入东南亚条约组织的相关战争,其远东属地(新加坡和北婆罗洲)就会受到攻击。也就是说,其"承诺地区"在战略上并不包括马来亚自身。这意味着如果"更广泛的东南亚条约组织区域"发生威胁事件可以不直接涉及马来亚安全。东姑希望借此避免马来亚卷入不威胁其自身的任何内部冲突,从而使马来亚可以保持一定程度的外交自主权。② 当年12月,东姑在马来亚议会声明中解释说:

> 正如你们所了解的,马来亚没有参加东南亚条约组织。我们与英国在英马防务协定下保持密切联系,但是否与东南亚条约组织有间接联系是我难以回答的问题……一方面,如果东南亚条约组织国家被卷入战争,我们不对这样的战争承担责任;另一方面,如果英国介入这样的战争,而像新加坡、英国属地或婆罗洲这些我们有责任防卫的地区之一受到攻击,我们就一定会根据条约参加战斗。③

从马来亚自身来看,其拒绝参加东南亚条约组织出于多种考虑,主要有:一是马来亚政府满足于《英马防务协定》,认为该协定已经可以保护马来亚的国家安全;二是马来亚政府愿意为英国其他属地及整个东南亚条约组织区域承担防务责任;三是受其国内政治影响,因为反对派和部分国民反对加入东南亚条约组织;四是马来亚受其内外部"中立主义"的影响,不愿因东南亚

---

① 参见 "[Malayan Defence Agreement]: Note by Mr Lennox-Boyd for Mr Casey on UK Rights under the Proposed Agreement," DEFE 7/501, No. 33/2, 2 November 1956, in A. J. Stockwell, ed., *British Documents on the End of Empire*, Series B, Vol. 3: *Malaya*, Part III, *The Alliance Route to Independence 1953–1957*, London: HMSO, 1995, p. 335; Karl Hack, *Defence and Decolonisation in Southeast Asia: Britain, Malaya and Singapore 1941–1968*, Surrey: Curzon Press, 2001, pp. 227–228.

② 参见 Kin Wah Chin, *The Defence of Malaysia and Singapore: The Transformation of a Security System 1957–1971*, Cambridge: Cambridge University Press, 1983, pp. 29–33.

③ Danny Wong Tze Ken, "Malaysia during the Early Cold War Era: The War in Indochina and Malaya, 1946–1963," in in Christopher E. Goscha and Christian Ostermann, eds., *Connecting Histories: Decolonization and the Cold War in Southeast Asia, 1945–1962*, Stanford: Stanford University Press, 2009, p. 266.

条约组织而可能使马来亚成为大国竞争的舞台乃至战场。在英国政府看来，大部分马来亚人受印度尼西亚人及其同情者和印度尼西亚媒体的影响，他们总体上倾向于"万隆模式"下的社会主义和"中立主义"。这些倾向在巫统本身特别是在其青年部门中清晰可见。东姑在解释马来亚不参加东南亚条约组织时曾指出，他作为人民的代表不做人们不希望做的事情，而马来亚人民就"极不喜欢东南亚条约组织"。马来亚政府认为，决定不参加东南亚条约组织而继续保留《英马防务协定》是一个明智的选择，因为这一政策选择减少了马来亚这个新兴国家的政治风险而没有新增安全问题。马来亚领导人虽然知道不加入东南亚条约组织会切断马来亚与美国建立直接防务联系的可能，但是它却有利于避免国内的强烈反对。① 关于第四点原因，英国方面承认，马来亚在是否参加东南亚条约组织问题上明显与印度的不结盟政策有关，该政策影响到马来亚的"中立"政策。② 作为"科伦坡国家"集团重要成员的锡兰也不赞成马来亚加入东南亚条约组织。1957年8月，锡兰总理班达拉奈克在参加马来亚独立庆典时指出，他非常反对像东南亚条约组织和北大西洋公约组织这样的国家集团，认为马来亚不适宜参加这样的集团。③

另外，马来亚政府从内部来看不愿因参加东南亚条约组织而疏远本地的许多中国人和印度人以及一些对印度尼西亚持同情态度的马来亚人；从外部来看不希望因参加东南亚条约组织而削弱整个东南亚区域合作，这是马来亚对外政策的主要目标。④ 马来亚后来一直置身于东南亚条约组

---

① 参见 Kuik Cheng-Chwee, "Malaysia's U. S. Policy under Najib: Ambivalence No More?" The RSIS Working Paper No. 250, S. Rajaratnam School of International Studies, Singapore, 5 November 2012, pp. 7 – 9; Joseph Chinyong Liow, "Tunku Abdul Rahman and Malaya's Relations with Indonesia, 1957 – 1960," *Journal of Southeast Asian Studies*, Vol. 36, No. 1, 2005, p. 95; Danny Wong Tze Ken, "Malaysia during the Early Cold War Era: The War in Indochina and Malaya, 1946 – 1963," in Christopher E. Goscha and Christian Ostermann, eds., *Connecting Histories: Decolonization and the Cold War in Southeast Asia*, 1945 – 1962, Stanford: Stanford University Press, 2009, p. 266.

② United States Department of State, *Foreign Relations of the United States Diplomatic Papers*, 1955 – 1957, Vol. 21: *East Asian Security; Cambodia; Laos*, Washington, D. C.: United States Government Printing Office, 1990, p. 170.

③ 《锡兰总理在吉隆坡发表谈话欢迎马来亚参加亚非会议》，载《人民日报》1957年8月31日第7版。

④ T. H. Silcock, "Development of a Malayan Foreign Policy," *Australian Outlook*, Vol. 17, No. 1, 1963, p. 47.

织之外还有一个重要的内部因素，那就是该组织的首要目标是抵御共产党颠覆活动，但马来亚领导人认为，马来亚独立后共产党颠覆活动并不是其面临的首要问题，维持政权稳定、防止国内暴乱才是政府迫切需要解决的问题。总之，在马来亚看来，东南亚条约组织的成员资格在战略上没有必要、在政治不受欢迎、在总体上没有效果。①

从1959年开始，马来亚国内越来越多的人反对东南亚条约组织国家在声明中所显示的将马来亚卷入该条约防务计划的企图。1959年3月，东姑在新加坡举行的关于《英马防务协定》工作组会议上表示，他既有一种对英国"强烈的亲密感"并欢迎这一协定，又渴望"在东南亚自身的区域内部创造另一个平衡或强大的区域"。他强调，所有东南亚国家都是小国，"只有找到联合起来的途径，它们才会被看到并产生成效"②。显然，马来亚既看重与英国的传统联系，又希望通过与东南亚国家的区域联合保持自身的自主性。1960年，东姑对东南亚条约组织作为一个集体防务组织的有效性提出强烈质疑。③ 而这年7月美国国家安全委员会发布的《美国关于大陆东南亚的政策声明》中依然载明，美国政府"谨慎地鼓励马来亚参加并成为东南亚条约组织的成员，避免可能增强中立主义者情感的任何行为"④。但随着1960年7月马来亚联合邦政府宣布解除国家"紧急状态"，马来亚国内政治中的"冷战"维度渐渐消退，马来亚日益远离东南亚条约组织。⑤ 这反映出马来亚与美国等东南亚条约组织国家

---

① 参见 Kin Wah Chin, *The Defence of Malaysia and Singapore: The Transformation of a Security System 1957 – 1971*, Cambridge: Cambridge University Press, 1983, pp. 30 – 31.

② Nicholas Tarling, *Status and Security in Southeast Asian States Systems*, New York: Routledge, 2013, pp. 134 – 135.

③ 参见 Kin Wah Chin, *The Defence of Malaysia and Singapore: The Transformation of a Security System 1957 – 1971*, Cambridge: Cambridge University Press, 1983, pp. 32 – 34.

④ United States Department of State, *Foreign Relations of the United States Diplomatic Papers, 1955 – 1957, Vol. 21: East Asian Security; Cambodia; Laos*, Washington, D. C.: United States Government Printing Office, 1990, p. 221.

⑤ 参见 Cheah Boon Kheng, "The Communist Insurgency in Malaysia, 1949 – 1989: Was It Due to the Cold War?" in Malcom H. Murfett, ed., *Cold War Southeast Asia*, Singapore: Marshall Cavendish Editions, 2012, pp. 43 – 49; Peter Edwards, *Crises and commitments: The Politics and Diplomacy of Australia's Involvement in Southeast Asian Conflicts 1948 – 1965*, North Sydney: NSW Allen & Unwin, 1992, pp. 188 – 191.

威胁认知的差异以及《英马防务协定》与东南亚条约组织及其他机制安排之间的竞争性。这也是东南亚条约组织自身所面临的另外两个现实困境。

其实，东南亚区域共同威胁认知差异在"东南亚条约组织草案"讨论时就已经明显地表现出来，最终的《东南亚集体防务条约》虽然在其关键条款中去掉了"共产党"一词，但在美国、澳大利亚、新西兰等国看来，启动后的东南亚条约组织应该共同应对的还是来自东南亚区域内外部可能的"共产党侵略、渗透和颠覆"[①]。实际上，这些域外国家既不对发生在亚洲成员国内部的"共产党颠覆活动"负责，也不对来自该区域内外部的非共产党可能的武装攻击负责。而这两种恰恰是亚洲成员国最为关注的安全威胁。这已明显体现在菲律宾和泰国这两个东南亚成员国的现实安全诉求之中。对菲律宾而言，它关注的最重要的内部安全威胁是来自胡克反政府武装的持续挑战，而不是国际常规战争，但美国却认为国内事务不便干预而对之置之不理；其关注的最重要的外部安全威胁来自中国台湾及其周边地区，尤其是"台湾海峡危机"所带来的战争风险，但该地区并不在东南亚条约组织的"条约区域"里，因而该组织对此种"安全威胁"既无应对的共同军事规划又无协商的联合行动；菲律宾亦不愿在任何情况下为防卫法国在越南的殖民统治而付出生命代价，反而支持将《太平洋宪章》作为《东南亚集体防务条约》的补充和该条约所申明的民族自决权利的特定条款的替代。[②] 1955 年 4 月底，菲律宾参议员何塞·罗兰（Jose Laure）警告，反对菲律宾对防卫外国领土的"任何草率的承诺"。5 月初，当他被问及菲律宾是否会在事关侵略事件时支持向东南亚条约组织"条约区域"的任何部分派遣远征军时，他的回答

---

① United States Department of State, *Foreign Relations of the United States Diplomatic Papers*, 1955 – 1957, Vol. 21: *East Asian Security*; *Cambodia*; *Laos*, Washington, D. C.: United States Government Printing Office, 1990, pp. 67 – 69.

② 参见 Leszek Buszynski, *SEATO: The Failure of an Alliance Strategy*, Singapore: Singapore University Press, 1984, p. 58; Milton W. Meyer, *A Diplomatic History of the Philippine Republic*, Hawaii: University of Hawaii Press, 1965, pp. 200 – 201; George Modelsk, "The Asian States' Participation in SEATO," in George Modelsk, ed., *SEATO: Six Studies*, Sydney: Halstead Press, 1962, pp. 129 – 130, 132 – 133; Damien Fenton Marc, *To Cage the Red Dragon: SEATO and the Defence of Southeast Asia, 1955 – 1965*, Singapore: NUS Press, 2012, pp. 111 – 112.

是消极的。他宣称:"我们首要的义务是保护我们自己的家园。如果我们的邻居家失火,据说我们自己也处于危险之中,我们会等等看。"① 这反映出菲律宾在防务政策上本土安全的首要性。

对泰国而言,受国内政权更迭的影响,其政府对东南亚条约组织的态度及其威胁认知亦发生了变化。1954—1956 年,在比里执政时期,泰国政府对东南亚条约组织持完全支持态度,国内没有反对派,其对外政策可以与美国保持一致。到 1956—1958 年,在披汶执政时期,国内新建立的政治集团倾向于"中立"和反美主义,并对东南亚条约组织持敌视态度,这削弱了泰国政府对该组织的官方支持,导致与该组织出现裂痕甚至出现退出的呼声。但这一时期泰国政府仍然将"共产党中国"视作一种重要的外部威胁,甚至认为如果泰国与中国保持更紧密的关系,泰国成为拥有众多海外中国人的"第二个马来亚"的危险就会上升,而共产党力量将会推翻国王和宪政。1958—1960 年,在沙立·他那叻(Sarit Thanrat)执政时期,国内反对派力量大为削弱,泰国政府转向积极参与东南亚条约组织。这一时期,泰国政府将东南亚条约组织看作谋求美国等国家支持其应对共产党力量持续上升的重要工具,而其最为关注的区域性安全威胁是,有越盟支持的老挝巴特寮对泰国东北部讲老语民众日增的影响力及其所引发的政治不稳定。1958 年 10 月,泰国政府称,有外来武装人员进入泰国境内,国家处于"共产党叛乱"的危险之中。此时,泰国政府非常关注老挝境内的共产党力量及其对泰国境内的渗透,并期待东南亚条约组织的帮助。②

东南亚条约组织成员国的威胁认知差异使其成员国之间共同感兴趣的领域极其有限,因而无法确定该组织试图解决的任何广泛的利益领域,使其成为一种"虚假的国家共同体"。这也是该组织最显著的弱点。③ 这一弱点所引发的现实困境的首次集中体现就是对老挝问题的反应。1955

---

① Milton W. Meyer, *A Diplomatic History of the Philippine Republic*, Hawaii: University of Hawaii Press, 1965, p. 240, note 72.

② 参见 George Modelsk, "The Asian States' Participation in SEATO," in George Modelsk, ed., *SEATO: Six Studies*, Sydney: Halstead Press, 1962, pp. 116 – 129.

③ Donald G. McCloud, "United States Policies toward Regional Organizations in Southeast Asia," *World Affairs*, Vol. 133, No. 2, 1970, p. 137.

年7月，出于对老挝王国政府与巴特寮谈判结果的担忧，美国代表向东南亚条约组织代表们提议以该组织名义发表一份联合公报，得到泰国、菲律宾、澳大利亚和新西兰四国的同意，但遭到英国、法国和巴基斯坦三国的反对。英国代表认为，以公报形式表达观点既不会增加东南亚条约组织的声望，也不会给该组织带来安全。法国代表表示，该理事会代表缺乏发表联合公报的权威地位。法国虽然承认老挝形势的严重性和《日内瓦协议》条款未得到履行，但认为发表公报并不妥当，其理由包括：一是该组织不应对巴特寮承担总体的责任，这会导致干涉老挝的内部事务；二是认为越盟支持巴特寮缺乏实际的证据；三是东南亚条约组织此时采取的任何行动都会趋向将老挝问题"国际化"，由此给共产党力量提供"国际化"机会。法国代表的意图很明显，即不愿将老挝问题"国际化"。泰国代表声称，从泰国政府所提供的报告来看，老挝境内发生的武装攻击行为是越盟干预的结果，因而东南亚条约组织发表公开声明是"非常有用的"。泰国代表强调，如果该组织不能就此事发表公报，泰国政府就依据"已拟定公报的指导原则"单方面发表声明。而这些"指导原则"即来自美国代表所提议的立场。美国代表指出，老挝的形势非常危险，尽管双方已谈判数月，但总体形势并没有改善；而这种严重的情势应具有充分的公开性，必须让共产党世界理解东南亚条约组织所认为的问题的严重性；如果该组织不能就"行动路线"达成一致，共产党就很可能会受到鼓舞；封闭的地点和困境表明，老挝可能仍然是共产党活动的沃土；而东南亚条约组织公开展示的不作为的软弱性定会加剧老挝政府对该组织的不信任。最终，在英国代表的坚持下，美国提议的"已拟定的公报"未获通过。[①] 东南亚条约组织的"无能"导致其"实绩的极度缺乏"。这被美国军方视为东南亚条约组织亚洲成员国"效益快速降低"及其对该组织的"兴趣迅速丧失"的成因。[②]

---

① United States Department of State, *Foreign Relations of the United States Diplomatic Papers*, 1955 – 1957, Vol. 21: *East Asian Security*; *Cambodia*; *Laos*, Washington, D. C. : United States Government Printing Office, 1990, pp. 119 – 121.

② "USAF Lt. General C. P. Cabell Discusses Lack of Accomplishments of SEATO," Central Intelligence Agency, 12 September 1955, U. S. Declassified Documents Online, https：//link. gale. com/apps/doc/CK2349323049/USDD? u = nju&sid = bookmark – USDD&xid = 36c18166&pg = 1.

东南亚条约组织成员国对待老挝问题态度的这一分野在很大程度上反映出其共同威胁认知的地缘差异性,亦即以美国为首的"大陆东南亚中心"和以英国为首的"海洋东南亚中心"的分野。美国主张此时东南亚作为一个整体应将老挝、柬埔寨和南越的防务置于优先位置。英国及澳大利亚、新西兰更加关注"大陆东南亚"南部马来亚的防务,而马来亚最大的威胁源自其内部的颠覆活动,而非公开的侵略;英国甚至非常反对公开强调东南亚条约组织的军事侧面。[1] 美国与英国的此种分歧削弱了亚洲国家尤其是泰国对东南亚条约组织有效性的信任;它们甚至认为,该组织的西方成员国永远不会使之成为一个有效的组织。这也是美国国务院所认定的东南亚条约组织的"组织缺陷"[2]。在这种情况下,美国于1956年9月发布《美国关于大陆东南亚政策的声明》,确定美国对老挝问题的总体政策,其主要内容包括:谋求加强皇家老挝政府抵抗颠覆活动的决心,并维持其独立地位;鼓励老挝内部反对共产主义集团的个人和团体,以防止老挝从中立转向亲共产主义;改善老挝领导人对《联合国宪章》、东南亚条约组织和美国支持的信任态度,为老挝抵抗共产主义压力和诱导提供了一个有利的基础;鼓励和支持老挝与泰国之间的紧密联系,包括政治联合、经济合作和可行的联合军事计划等;支持警务、宣传、军事情报服务等的扩大和重组,以提供保持对这些服务有效控制的反共产党的要素;继续支持皇家老挝军队保证国内安全及对其所遭受的越盟攻击提供有限的初步抵抗;一旦老挝政府不再表明其抵抗内部共产党颠覆活动和实现保持其独立政策的意愿,将中止对老挝的经济和军事援助等。[3]

随后,在富马政府的努力下,老挝国内政治出现难得的和解局面。1957年11月,老挝王国政府与巴特寮签署《万象协议》,组成联合政府,

---

[1] United States Department of State, *Foreign Relations of the United States Diplomatic Papers*, 1955 - 1957, Vol. 21: *East Asian Security*; *Cambodia*; *Laos*, Washington, D. C.: United States Government Printing Office, 1990, pp. 121 - 122, 165.

[2] United States Department of State, *Foreign Relations of the United States Diplomatic Papers*, 1955 - 1957, Vol. 21: *East Asian Security*; *Cambodia*; *Laos*, Washington, D. C.: United States Government Printing Office, 1990, pp. 161 - 162.

[3] United States Department of State, *Foreign Relations of the United States Diplomatic Papers*, 1955 - 1957, Vol. 21: *East Asian Security*; *Cambodia*; *Laos*, Washington, D. C.: United States Government Printing Office, 1990, p. 261.

苏发努·冯加入其中。巴特寮将其依照《日内瓦协议》合法占有的丰沙立（Phong Saly）和桑怒（Sam Neua）两个省及其所有军队和战争物资移交给老挝王国政府。① 但从 1958 年下半年开始，老挝政局急转而下，国内陷入严重的政治纷争，到 1959 年初演变成一场区域性危机，称为"老挝危机"。这场危机的直接起因是，1958 年 5 月以后，新当选的老挝总理培·萨纳尼空（Phuy Sananikon）推行右翼政策，并在美国的支持下将苏发努·冯等巴特寮领导人排挤出政府，引起了老挝左翼政治势力的强烈不满，从而造成严重的国内政治危机。这一危机因由北越、泰国、美国等国的介入而迅速国际化。1958 年 10 月，泰国实行"戒严法"，支持老挝亲美政权。1958 年 12 月，北越在老挝东部建立直达南越的"胡志明小道"，并派遣军队占领靠近"胡志明小道"出口的老挝河湾拿吉车邦地区。这导致 1959 年 1 月万象发生骚乱。1959 年 2 月，萨纳尼空宣布老挝政府已经在行动上履行了《日内瓦协议》。此后，该政权开始获取美国政府日益增多的军事援助，并借此掀起新一波反击共产党的行动，包括宣布共产党非法等。1959 年 5 月以后，巴特寮领导的老挝爱国阵线游击队在北越支持下重新控制老挝北部的桑怒省，并与老挝王国政府军队发生武装冲突，老挝实际上陷入内战。1959 年 12 月，富米·诺萨万（Phumi Nosavan）发动政变，迫使萨纳尼空辞职。随后，富米担任老挝国防部长。老挝危机进一步蔓延。1960 年 8 月，贡勒（Kong Le）上尉在万象发动军事政变，并支持富马重新组建新的老挝政府，仍然推行"中立"政策。但富米在泰国的支持下成立反政变委员会进行反击。在老挝南方占据优势的文翁亲王加入反政变委员会。1960 年 12 月，富米率领军队攻入万象，富马流亡柬埔寨。文翁组建新政府，受老挝国王委托临时管控国家事务，富米掌握军事大权，推行新西方的对外政策。此时，苏联开始介入，在外交上继续承认富马政府，在军事上支持巴特寮和"中立主义者"武装部队，并向他们空运武器和物资，联合反对文翁—富米政权。自此，老挝危机日趋严重。这导致老挝反共产主义力量分裂，巴特寮的影响力

---

① Nicholas Tarling, *Britain and the Neutralisation of Laos*, Singapore: NUS Press, 2011, p. 28; Arthur J. Dommen, *The Indochinese Experience of the French and the Americans: Nationalism and Communism in Cambodia, Laos, and Vietnam*, Bloomington: Indiana University Press, 2001, pp. 337–339.

急剧扩大。①

在这种情况下，泰国请求东南亚条约组织支持富米从万象驱逐贡拉和富马的计划，但东南亚条约组织成员国在老挝危机上再次出现重大分歧，无法及时采取集体行动。英国和法国代表反对在老挝进行干预。他们认为，那里不但没有针对老挝国家层面的公开武装攻击，而且相信亲西方政府的回归会招惹苏联强烈的反应，进而可能引发大规模的远东战争；泰国、菲律宾和巴基斯坦三个亚洲成员国支持东南亚条约组织在老挝采取某种形式的行动，以防止泰国被共产党接管，进而被用作颠覆泰国和南越的跳板。美国作为该组织的关键成员国，在此前是老挝原来的亲美国政府的强有力支持者，而在此紧要关头却难以对老挝推出坚定的政策。此时，美国政府内部对老挝的支持出现尖锐的分歧：一派相信由富马领导的非共产党和中立的政府是解决老挝不稳定的持续而长期的方法；另一派相信只有富米这样的坚定的泛共产主义者所领导的亲西方政权，才能阻止巴特寮在越盟支持下通过政治手段管控整个国家。② 老挝政府对东南亚条约组织可能的政治介入的反应也不积极。这一方面是来自巴特寮的压力。巴特寮对此种形势非常担忧，谴责美国企图将老挝转变为"东南亚条约组织的侵略基地"。1959年7—11月，巴特寮以担心东南亚条约组织的干涉为由，向老挝政府发起武装攻击，以此警示政权不要谋求东南亚条约组织的支持，并服务于反共产党行动。这样，在危机期间，老挝政府主要关注的是避免所有"挑衅"的理由，认为在当时形势下，其请求东南亚条约组织支持是一种"极端的挑衅"。另一方面，老挝政府不想在缺乏越盟军事介入老挝的内战"确凿证据"的情况下启动东南亚条约组织的反应，以免引发对老挝内部冲突的外部干

---

① 参见 Arthur J. Dommen, *The Indochinese Experience of the French and the Americans: Nationalism and Communism in Cambodia, Laos, and Vietnam*, Bloomington: Indiana University Press, 2001, pp. 370 – 405; Nicholas Tarling, *Britain and the Neutralisation of Laos*, Singapore: NUS Press, 2011, pp. 32 – 37; Donald E. Nuechterlein, "Thailand and SEATO: A Ten-Year Appraisal," *Asian Survey*, Vol. 4, No. 12, 1964, pp. 1175 – 1176; Leszek Buszynski, *SEATO: The Failure of an Alliance Strategy*, Singapore: Singapore University Press, 1984, pp. 72 – 74; Grant Evans, *A Short History of Laos: The Land in Between*, Crows Nest: Allen & Unwin, 2008, pp. 111 – 122.

② 参见 Donald E. Nuechterlein, "Thailand and SEATO: A Ten-Year Appraisal," *Asian Survey*, Vol. 4, No. 12, 1964, p. 1177.

涉。越盟对巴特寮的支持确实也非常隐蔽，其派到巴特寮军队中的人员充当的是技术顾问、熟练炮兵和干部；越盟偶尔派军队进入老挝境内帮助巴特寮开展武装斗争亦是快进快出。老挝北部两个省份与越南的地理接近性和巴特寮与越盟关系的特性，使老挝政府认为在没有东南亚条约组织干预的明确理由的情况下，请求该组织介入可能会招惹共产党力量的报复性反应，故选择谨慎行事。最终，老挝政府决定，请求联合国向老挝派驻调查委员会。在此种形势下，东南亚条约组织无从发挥作用，而是仅仅将此事"委托"给联合国。①

1959年9月2—28日，东南亚条约组织分别在曼谷和华盛顿召开两次军事代表会议和一次特别会议，讨论针对老挝形势可能采取的应对措施。泰国代表态度最为积极，希望在老挝政府请求东南亚条约组织帮助的情况下，该组织应尽力予以支持，以防卫"条约区域"国家。泰国代表声称，为东南亚条约组织的声望计，泰国政府应在老挝问题的解决中扮演"委任国家"的角色。但其他各国代表均表示支持联合国的行动。法国代表声明，不赞成将联合行动与东南亚条约组织的介入混淆起来；英国代表强调，当前的关键行动依赖于联合国，而东南亚条约组织理事会应与联合国保持一致。代表们还表示，如果联合国行动无效，东南亚条约组织难以就具体行动最终达成协议。② 9月28日，在华盛顿召开的东南亚条约组织理事会特别会议上，外长们"一致同意"发表声明，称东南亚条约组织的存在并不意味着影响联合国为保证国际和平与安全做出反应，他们将给予联合国"完全的支持"。部长们还决定，在老挝政府的邀请下，同意东南亚条约组织秘书长到万象访问。③

随后，联合国附属委员会赴万象进行实地调查，发现没有证据表明

---

① Leszek Buszynski, *SEATO: The Failure of an Alliance Strategy*, Singapore: Singapore University Press, 1984, pp. 73 - 74.

② United States Department of State, *Foreign Relations of the United States Diplomatic Papers*, 1958 - 1960, Vol. 16: *East Asia-Pacific Region; Cambodia; Laos*, Washington, D. C.: United States Government Printing Office, 1992, pp. 104 - 113.

③ United States Department of State, *Foreign Relations of the United States Diplomatic Papers*, 1958 - 1960, Vol. 16: *East Asia-Pacific Region; Cambodia; Laos*, Washington, D. C.: United States Government Printing Office, 1992, pp. 145 - 156; Leszek Buszynski, *SEATO: The Failure of an Alliance Strategy*, Singapore: Singapore University Press, 1984, p. 74.

老挝境内存在外部干涉，但认为发生在老挝境内的武装攻击可能是"由中心力量组织的"。在贡勒政变发生后，富马领导的老挝政治"第三种力量"以老挝政府的名义宣称，坚持"中立"政策，并谋求与巴特寮的和解，而不是冲突。① 1960 年 8 月 30 日，富马发表施政纲领称，新政府对内政策路线包括：谋求实现民族和睦、恢复老挝的安全；捍卫老挝的独立和统一；防止任何国家的干涉和侵略等。其对外政策路线包括：慎重地执行"真正的中立政策"；遵守已经签署的协议，包括《日内瓦协议》；接受所有不附带任何政治和军事条件的援助；同各邻国建立良好的睦邻关系，并积极同爱好和平的各国建立友好关系等。② 9 月 2 日，富马表示愿意与巴特寮谈判解决问题。次日，老挝爱国阵线发表声明称，通过协商方法来解决有关问题是其"一贯的立场"，并将奉行"真正的和平中立政策"作为谈判的"起码条件"。此后，双方开始进行高层会谈。③ 富马政权和巴特寮的这些立场在很大程度上消除了老挝政府请求东南亚条约组织介入的政策选择的可能性。泰国政府对此非常失望。1960 年 9 月 21 日，沙立发表声明称，泰国可能不得不在老挝战斗，并希望得到"自由世界友好国家的帮助和合作"。此时，泰国领导人已经认识到东南亚条约组织在发生国内颠覆活动时保护作用的不充分性。这一声明实际上是泰国政府在东南亚条约组织框架之外谋求外部支持的"第一步"④。

文翁—富米政权建立后，美国总统艾森豪威尔于 1960 年 12 月 31 日召开国务会议专门讨论老挝局势。艾森豪威尔在听取军方汇报后表示："我们需要更多的信息才能采取公开行动，我们也不能袖手旁观，任由老挝落入共产党手中。"他强调，必须采取协调和果断的行动，并提出此时应采取的"行动路线"，主要包括：促使富马辞去总理职务和文翁政府通过议会合法化；加强美国与英国和法国的立场协调；提醒东南亚条约组

---

① Leszek Buszynski, *SEATO: The Failure of an Alliance Strategy*, Singapore: Singapore University Press, 1984, p. 74.

② 《梭发那·富马政府施政纲领》（1960 年 8 月 30 日），载世界知识出版社编《印度支那问题文件汇编》（第 3 集），世界知识出版社 1961 年版，第 74—76 页。

③ 《老挝爱国战线党中央委员会就同梭发那·富马谈判问题发表的声明（摘要）》（1960 年 9 月 3 日），载世界知识出版社编《印度支那问题文件汇编》（第 3 集），第 76—77 页。

④ Leszek Buszynski, *SEATO: The Failure of an Alliance Strategy*, Singapore: Singapore University Press, 1984, p. 74.

织理事会注意目前存在的危险,同时不要求采取具体的公开行动;美国部队针对这种改变进行重新部署,以便在对北越进行干预时最大限度地发挥作用。① 会后,美国政府公开发表的声明宣称,美国政府对老挝发生的武装支持巴特寮的任何对外干预表示"最严重的关切",并表示美国政府采取任何行动之前应确定越盟对老挝干预的"无可争议的证据"。艾森豪威尔决定,首先谋求东南亚条约组织盟国尤其是英国和法国的支持;其次是派遣空中力量执行军事任务。后者被认为是东南亚条约组织决定做出反应的常规预防措施,可能的选择是东南亚条约组织武装力量实施"没有干涉的任何帮助与援助",以及由东南亚条约组织秘书长或东南亚条约组织代表团访问万象。② 这预示着美国及东南亚条约组织应对老挝危机的"去军事化"的"政治解决"转向。

其实,艾森豪威尔政府就老挝危机做出这样的决定与在这一会议上获取的有关重要国家的立场有直接关系。在这次会议上美国获悉,印度、苏联和共产主义集团所有成员均提出和支持重新启用国际监督监察委员会;亦建议参加1954年日内瓦会议的国家举行会议;对美国提议的东南亚条约组织理事会采取公开行动,泰国、菲律宾和巴基斯坦可能会在该组织理事会中予以支持,而英国和法国则不会支持美国。③ 之前,英国已经建议恢复国际监督监察委员会,并得到澳大利亚和新西兰的支持。1960年12月17日,新西兰政府总理基斯·霍利约克(Keith Holyoake)称,在现有环境中无法确定东南亚条约组织的干预是否可行或合适。④

在和平解决老挝危机的呼声中,柬埔寨的倡议受到更广泛的关注。

---

① "Memorandum of a Conference with the President," White House, Washington, December 31, 1960, in United States Department of State, *Foreign Relations of the United States Diplomatic Papers*, 1958–1960: *East Asia-Pacific Region*; *Cambodia*; *Laos*, Vol. 16, Document 498, https://history.state.gov/historicaldocuments/frus1958–60v16/d498.

② Leszek Buszynski, *SEATO: The Failure of an Alliance Strategy*, Singapore: Singapore University Press, 1984, p. 75.

③ "Memorandum of a Conference with the President," White House, Washington, December 31, 1960, in United States Department of State, *Foreign Relations of the United States Diplomatic Papers*, 1958–1960: *East Asia-Pacific Region*; *Cambodia*; *Laos*, Vol. 16, Document 498, https://history.state.gov/historicaldocuments/frus1958–60v16/d498.

④ Leszek Buszynski, *SEATO: The Failure of an Alliance Strategy*, Singapore: Singapore University Press, 1984, p. 77.

1960年9月29日，西哈努克在第十五届联合国大会发言中指出，避免两大集团利用老挝危险的形势进行武装干涉从而形成对亚洲和平造成"新的、混乱策源地"，"唯一合理和有效的解放方法是把老挝中立化并且使其统一和领土完整有国际保证"。他认为，实现包括柬埔寨和老挝在内的"中立地带"是符合普遍利益的。他建议，这个地带严格的"中立"一方面将得到西方大国美国、英国、法国和他们的亚洲同盟和南越的保证，另一方面应得到社会主义大国苏联、中国和它们的同盟北越的保证。这意味着两大集团一致同意将柬埔寨和老挝当作避免经常造成冲突的直接接触的"缓冲国"。他强调，柬埔寨实行"中立"并能得到大国行动上的确认是"柬埔寨作为独立和自由国家得以持续存在的唯一保证"①。西哈努克的柬埔寨和老挝"中立化"建议得到苏联、中国和北越的一致同意。12月15日，北越总理范文同给日内瓦会议两主席和日内瓦会议参加国总理写信，呼吁这些国家的领导人采取积极措施和有效的行动保证老挝实施的"和平中立"政策和该地区所有国家的安全。② 12月17日，北越发表关于老挝问题的声明，建议再次召开1954年日内瓦会议参加国会议，认为这是"解决老挝问题的良好方法"③。12月17—18日，西哈努克访问中国，与中国领导人商定，同意北越领导人再次召开日内瓦会议的建议，并主张日内瓦会议应尽可能扩大，不仅包括泰国、南越，还可以包括印度、缅甸、加拿大、波兰。④ 12月19日，中国政府发布关于老挝问题的声明，公开表示支持北越关于再次召开日内瓦会议参加国会议的主张。⑤

---

① 《西哈努克在第十五届联合国大会上的发言（节录）》（1960年9月29日），载世界知识出版社编：《印度支那问题文件汇编》（第3集），世界知识出版社1961年版，第88—90页。
② 《越南民主共和国总理范文同就老挝当前局势给中华人民共和国总理周恩来的信》（1960年12月15日），载世界知识出版社编《印度支那问题文件汇编》（第3集），第104—106页。
③ 《越南民主共和国政府关于老挝局势的再次声明》（1960年12月17日），载世界知识出版社编《印度支那问题文件汇编》（第3集），第107—108页。
④ 《中华人民共和国政府关于老挝局势的再次声明》（1960年12月19日），载世界知识出版社编《印度支那问题文件汇编》（第3集），第109—110页。
⑤ 冯一鸣：《"革命"与"中立"之间：中国对老挝初期政策探析——以第二次日内瓦会议筹备阶段为核心的考察》，载《冷战国际史研究》（第21辑），世界知识出版社2016年版，第129—130页。

在这种情况下，美国等西方大国不得不强化问题解决的"日内瓦方法"①。但对东南亚条约组织亚洲成员国尤其是泰国来说，这些结果让它们开始怀疑东南亚条约组织是否只不过是"一个纸老虎"或者说是"一个图纸组织"②。澳大利亚时任国会议员布鲁斯·怀特（Bruce M. Wight）认为，老挝危机给东南亚条约组织带来的困境使之"在亚洲声名狼藉"，从而疏远了其亚洲成员国。③ 东南亚条约组织成员国安全威胁认知差异所引发的此种现实困境扩大了该组织原本存在的机制竞争性所造成的难题。

如前所述，从安全角度来看，东南亚条约组织八个成员国在"太平洋主义"框架下主要有三个层次的防务安全机制，整体区域层次的《东南亚集体防务条约》及东南亚条约组织、次区域层次的《美澳新安全条约》及美澳新理事会（或美澳新同盟）和"澳新马区域"联合防务计划及其继承者《英马防务协定》、双边层次的《美菲共同防务条约》（或美菲军事同盟）等。这些不同层次的防务安全机制之间既相互补充，又相互竞争乃至相互排斥。但当涵盖次区域和双边层次的东南亚条约组织的核心成员国出现无法协调的重大分歧时，它们之间的竞争性和互斥性就会占据支配地位，进而加剧该组织运行的现实困境。这主要体现在次区域和双边层次的防务安全机制对东南亚条约组织框架内联合计划的"挤兑"反应上。

从美澳新同盟来看，澳大利亚和新西兰虽然希望《东南亚集体防务条约》拥有良好的机构运作机制，并能规划新的军事训练项目等，但对东南亚条约组织与现存安全安排的关系持谨慎态度。两国依旧给予美澳新同盟"最大的重视"，希望该框架内军事规划和协商能够继续，更不希望美澳新同盟被东南亚条约组织所取代。在两国看来，美澳新同盟年度

---

① George Modelsk, "Introduction," in George Modelsk, ed., *SEATO: Six Studies*, Sydney: Halstead Press, 1962, xvi.

② United States Department of State, *Foreign Relations of the United States Diplomatic Papers*, 1958 – 1960, Vol. 16: *East Asia-Pacific Region*; *Cambodia*; *Laos*, Washington, D. C.: United States Government Printing Office, 1992, pp. 161 – 163.

③ Leicester C. Webb, "Australia and SEATO," in George Modelsk, ed., *SEATO: Six Studies*, Sydney: Halstead Press, 1962, p. 75.

理事会所维系的两国与美国之间的特殊联系和密切协商是有价值的。而澳大利亚则希望看到美国更加重视该条约框架内的联合规划和协商。两国认为,该同盟条约可以为三国政府的外长们就东南亚条约组织成员国以外的太平洋区域战略问题进行军事协商提供一种工具,为他们就世界范围内的问题展开讨论提供一个论坛,因而具有"独特的价值"。两国还希望美国作为"协调者",促使美澳新同盟成员国与英国实施"有效的规划",形成服务于美国与澳大利亚、新西兰和英国之外四个成员国之间实施东南亚条约组织实际战略规划的"掩护",从而为该组织框架内的规划和协商提供一个"内环"(inner ring)。但美国在《东南亚集体防务条约》签署后明显冷落了美澳新同盟,不希望恢复其框架内的军事协商,认为该同盟成员国与东南亚条约组织理事会的联络官足够满足该同盟成员国的安全需求。[①]

此时,美国依然不愿英国介入美澳新同盟。最终,因美澳新同盟对英国的排挤而造成特定情况下东南亚条约组织联合计划的流产。例如,1955年2月,在东南亚条约组织首届理事会会议上,艾登和英国总参谋长约翰·哈丁(John Harding)提及东南亚条约组织框架内的军事计划问题,并询问杜勒斯我们是否还设想在更有限的基础上进行更多的秘密会谈。他们解释说,东南亚条约组织很难在必要时就安全问题充分交换意见,建议在华盛顿举行由美国、英国、澳大利亚和新西兰四国参加的谨慎和非正式的军事协商。同年3月,斯彭德呼吁在美澳新理事会框架内召开美澳新同盟与英国之间的秘密会谈,即四国军事会谈。美国认为,这样的会议是想让美国在马来亚等地承担更多的实质性军事义务,而《美澳新安全条约》已规定了三边军事和政治会谈的条款,如果再召开包括英国在内的四国军事会谈将会引发与东南亚条约组织亚洲成员国之间关系的危机。1955年7月,美国参谋长联席会议主席雷德福致

---

① United States Department of State, *Foreign Relations of the United States Diplomatic Papers*, 1952–1954, Vol.12: *East Asia and the Pacific (in two parts)*, Part 1, Washington, D.C.: United States Government Printing Office, 1984, pp. 92–923, 936–939, 951; "Long-Range U.S. Policy Interests in Australia and New Zealand," National Security Council, 16 January 1961, U.S. Declassified Documents Online, https://link.gale.com/apps/doc/CK2349431285/ USDD? u = nju&sid = bookmark – USDD&xid =2a1f1b35&pg =1.

函斯彭德称，澳大利亚提出的在东南亚条约组织框架外开展关于东南亚区域防务的"四国协商"是"极为不合适的"。他强调，在没有东南亚条约组织全部代表参加的情况下，美国将不会介入对该区域的防务计划。[1]

美澳新同盟排挤英国又促使英国非常倚重"澳新马区域"联合防务计划。英国试图说服美国与之联合对马来亚防务承担更多的责任。其典型例子是，1955年1月和2月，在伦敦召开的英联邦总理会议上，哈丁提出联合防卫马来亚计划，称之为"哈丁计划"（Harding Plan）。这一计划得到澳大利亚和新西兰两国的支持，在这次会议上被一致通过。"哈丁计划"假定的基础是，如果"共产党中国"对东南亚发动重大的"侵略行动"，美国将使用核武器攻击中国的港口和通信中心，促使中国只能利用其部分潜力向东南亚扩张。据此，该计划谋划组建一支由海军和空军支持的大规模"灭火队"，以便能够有效地应对危机局势。这支"灭火队"将主要由澳大利亚两个营和新西兰一个营的军队组成，其余部分由英国军队补齐，将永久驻扎在马来亚。美国虽然乐见"哈丁计划"由英国、澳大利亚和新西兰等国主动分担东南亚的地面防务，但认为该计划对其在亚洲的战略部署具有某些不利影响。因此，美国对该计划只是表示赞同，并未做出实际的军事承诺。[2]

随后，英国、澳大利亚和新西兰开始在"澳新马区域"联合防务计划框架内强化军事合作。早在1953年10月，三国在墨尔本举行的防务会议上就设立"英联邦战略储备"（Commonwealth Strategic Reserve）达成原则性协议，拟向马来亚派驻一支由澳大利亚和新西兰陆军和少部分海军组成的"联邦步兵旅"予以支持，以此构建应对来自东南亚共产党压力的"战区储备"。1955年4月，澳大利亚政府率先宣布向马来亚派驻战斗

---

[1] United States Department of State, *Foreign Relations of the United States Diplomatic Papers*, 1955 – 1957, Vol. 21: *East Asian Security*; *Cambodia*; *Laos*, Washington, D. C.: United States Government Printing Office, 1990, pp. 58, 87 – 88, 121 – 122.

[2] United States Department of State, *Foreign Relations of the United States Diplomatic Papers*, 1955 – 1957, Vol. 21: *East Asian Security*; *Cambodia*; *Laos*, Washington, D. C.: United States Government Printing Office, 1990, pp. 33 – 36.

部队,包括一个步兵营、四个空军部队和两艘护卫舰。① 1955 年 6 月,三国决定在马来亚正式启动英联邦战略储备(又称"远东战略储备"),以履行"英联邦义务和国际义务",并推动马来亚防务成为东南亚条约组织"条约区域"防务的重要组成部分。当年 7 月,一个澳大利亚营登陆槟榔屿;11 月,一个新西兰连登陆新加坡。这些部队隶属于英国指挥下的英联邦战略储备,其师总部已于去年 12 月在槟榔屿成立。而后该储备力量被纳入东南亚条约组织框架中。1957 年 6 月,新西兰政府宣布向马来亚派驻步兵战斗部队。1959 年 4 月,澳大利亚和新西兰成为《英马防务协定》的联系伙伴国,两国与英国一起对马来亚提供军事支持。这表明,"澳新马区域"联合防务计划可以为澳大利亚和新西兰在马来亚驻军提供有用的框架,尤其是在 1960 年结束的马来亚"紧急时期"。但马来亚独立后,其作为新的《英马防务协定》的一部分,"英联邦战略储备"却成为马来亚坚守该协定并拒绝参加东南亚条约组织的主要安全依据。最终,东南亚条约组织使用马来亚的"英联邦战略储备"支持该组织集体防务的设想只能停留在纸面上。② 实际上,美国既不愿意与英国、澳大利亚和新西兰在东南亚及其他地方实施美澳新同盟"内环"计划,也不喜欢与"澳新马区域"联合防务计划建立实质性联系。英国对美国的"明显不友好和不信任态度"非常不满。结果,双方在东南亚条约组织内的合作没有取得任何进展,反而产生了某种程度的相互猜疑和困扰。这也使在海

---

① 参见 Karl Hack, *Defence and Decolonisation in Southeast Asia: Britain, Malaya and Singapore 1941–1968*, Surrey: Curzon Press, 2001, pp. 81–82; W. David McIntyre, *Background to the Anzus Pact: Policy-Making, Strategy and Diplomacy*, Christchurch: Canterbury University Press, 1995, pp. 388–391.

② 参见 Peter Edwards, *Crises and Commitments: The Politics and Diplomacy of Australia's Involvement in Southeast Asian Conflicts 1948–1965*, North Sydney: NSW Allen & Unwin, 1992, pp. 188–189; Karl Hack, *Defence and Decolonisation in Southeast Asia: Britain, Malaya and Singapore 1941–1968*, Surrey: Curzon Press, 2001, pp. 245–250; Andrew T. H. Tan, "The Five Power Defence Arrangements: The Continuing Relevance," *Contemporary Security Policy*, Vol. 29, No. 2, 2008, pp. 286–287; Chin Kin Wah, *The Defence of Malaysia and Singapore: The Transformation of a Security System 1957–1971*, Cambridge: Cambridge University Press, 1983, pp. 8–22; United States Department of State, *Foreign Relations of the United States Diplomatic Papers*, 1955–1957, Vol. 21: *East Asian Security; Cambodia; Laos*, Washington, D. C.: United States Government Printing Office, 1990, pp. 110–111.

洋东南亚防务战略中仍倾向于"英国方法"的澳大利亚和新西兰陷入"澳新马区域"两难处境。①

在东南亚条约组织成员国威胁认知存在明显差异的情况下,对于特定成员国而言,双边安全机制常常显得更加重要,尤其是在特定的安全议题上。这在菲律宾与美国的关系中表现得更加明显。如前所述,无论是对外还是对内,东南亚条约组织都不能解决菲律宾最重要的安全关切。在菲律宾看来,《东南亚集体防务条约》并非必需的,因为它实际上没有提供美菲双边联盟所能够提供的那种安全保护。因此,在东南亚条约组织启动后,在其与美国联盟这一基本政策中,菲律宾仍然认为其东南亚条约组织成员国地位次于《美菲共同防务条约》。菲律宾将与美国的双边军事联盟看作其获取美国安全保护的核心军事工具,而主要将参与东南亚条约组织并以此强化自身的军事贡献看作获取美国持续的援助和维系与美国友好关系的多边安排;同时谋求增加多边安排的非军事侧面,如经济技术合作。在老挝危机发生后,菲律宾与美国加强了更紧密的军事关系。1958年5月,两国政府在《美菲共同防务条约》框架内建立了"共同防务委员会",以之为在涉及美国驻菲律宾军事基地的议题上两国权威部门之间的直接联络和协商提供常设的政府间机构。1959年10月,菲律宾与美国在马尼拉就美国在其驻菲律宾军事基地设立远程导弹发射场协商达成协议,以提升两国联合反击外部侵略的军事能力。从1960年开始,菲律宾与美国联合军事顾问团分享为军事援助而提出的建议。②

东南亚条约组织集体防务的"无能"及防务安全机制竞争性的现实困境反过来推动该组织框架内合作议题的功能化趋势。亚洲国家在是否

---

① 参见 W. David McIntyre, *Background to the ANZUS Pact: Policy-Making, Strategy and Diplomacy*, Christchurch: Canterbury University Press, 1995, pp. 392 – 394; Michael Leifer, *Dictionary of the Modern Politics of South-East Asia*, London: Routledge, 1995, p. 31.

② 参见 "Attitudes of Certain Asian and Australasian Countries towards SEATO," Office of Intelligence Research, Intelligence Report No. 7151, 1 March 1956, U. S. Declassified Documents Online, https://link.gale.com/apps/doc/CK2349432060/USDD? u = nju&sid = bookmark – USDD&xid = 965887cc&pg = 1; Leszek Buszynski, *SEATO: The Failure of an Alliance Strategy*, Singapore: Singapore University Press, 1984, pp. 57 – 58; George Modelsk, "The Asian States' Participation in SEATO," in George Modelsk, ed., *SEATO: Six Studies*, Sydney: Halstead Press, 1962, p. 130; Milton W. Meyer, *A Diplomatic History of the Philippine Republic*, Hawaii: University of Hawaii Press, 1965, pp. 240, 257 – 258.

选择参加《东南亚集体防务条约》时就将经济收益放在战略考量的突出位置。比如，锡兰直到1954年12月仍受邀参加将在马尼拉举行的东南亚条约组织启动会议，因为它当时仍对该条约"保持开放的态度"，但最终还是决定不参加该条约。影响锡兰对《东南亚集体防务条约》态度的主要因素是它不愿放弃与"共产党中国在战略橡胶贸易中巨大的获利"；锡兰关注的是加入该条约可能要求它中断这种贸易；再者，锡兰作为新独立的小国并不拥有对反击"共产党侵略"做出贡献的显著军事能力。而巴基斯坦在美国的压力下"迟疑"地参加了《东南亚集体防务条约》，它担心美国取消军事援助，又希望借此获取经济援助和帮助。1955年1月，巴基斯坦总理阿里访问美国，双方签署援助协议，美国承诺向巴基斯坦提供11亿美元的经济技术和农业援助资金。泰国参加该条约也有获取更多的美国援助的想法。菲律宾甚至将扩大共产党对该国的威胁或者鼓励"中立主义"情绪的表达作为谋求美国进一步扩大援助供应的一种工具。[①] 1956年3月，美国国务院情报研究室的报告指出，东南亚条约组织中的三个亚洲成员国很少关心它们对该组织能够做出的贡献；相反，每个亚洲成员国都认为，它们自身能够通过该组织维系与美国的关系并且获得日益增多的军事或经济援助，这才是东南亚条约组织的重要性。尤其是菲律宾将东南亚条约组织看作与亚洲邻国建立更紧密关系的主要工具，并以其成为《太平洋宪章》发起者角色而感到骄傲。菲律宾寄希望于东南亚条约组织的经济和文化成就将吸引非成员国进入该组织。[②] 因此，尽管美国等大国起初不太情愿，但东南亚条约组织启动后，经济援助和社会发展在该组织合作议题中日益突显。

为实现《东南亚集体防务条约》第三条关于经济发展的目标，东南亚条约组织首届理事会会议成立了由各成员国经济专家组成的经济专家委员会，就该组织成员国及友好国家间合作中所涉及贸易、国际支付、发展、投资和经济进步等特定经济问题定期开会讨论，就解决这些问题的具体措

[①] Leszek Buszynski, *SEATO: The Failure of an Alliance Strategy*, Singapore: Singapore University Press, 1984, pp. 29, 33 - 34, 58.

[②] "Attitudes of Certain Asian and Australasian Countries towards SEATO," Office of Intelligence Research, Intelligence Report No. 7151, 1 March 1956, U.S. Declassified Documents Online, https://link.gale.com/apps/doc/CK2349432060/USDD?u=nju&sid=bookmark-USDD&xid=965887cc&pg=1.

施向理事会代表提出建议。在卡拉奇举行的第二届理事会会议进一步强调，东南亚条约组织应努力培育区域经济合作。据此，该专家委员会开始推进相关经济合作，包括就防务开支对经济发展项目的影响进行研究和分析；就解决各成员国领土上的经济萧条问题交换了意见；对"条约区域"内共产党经济活动的影响进行了评估；就特定领域缓解熟练技术工人的短缺问题提出合作方案。[1] 1958年3月11—13日，在马尼拉举行的东南亚条约组织理事会会议发表声明称，该组织将继续扩大成员国间的经济合作，并将之作为实现该组织民事领域目标的重要工具。[2]

美国为扩大自己在东南亚尤其是印度支那地区的影响力亦开始扩大对东南亚区域的经济援助计划，并鼓励促进东南亚国家的区域经济合作。1956年9月，《美国关于大陆东南亚政策的声明》称，美国政府鼓励东南亚国家集体参加东南亚条约组织，谋求发展东南亚条约组织的军事和非军事两个侧面，包括提供灵活的经济和技术援助，以加强该区域非共产党政府的力量，以充分展现该组织作为一个区域联盟超越威慑共产党扩张的价值和有用性，并鼓励非共产党国家和非东南亚条约组织国家有限参加该组织的特定活动。美国政府还鼓励东南亚国家基于相互援助和支持彼此间紧密合作，并支持该区域国家在不削弱东南亚条约组织或抵制共产主义精神的前提下努力发展区域联合。[3] 1957年3月，美国国务院报告强调，对外援助以创造军事力量和促进经济发展两种同样重要的方式对集体安全做出了贡献。该报告援引美国"共同安全法"指出："从长远来看，经济发展对自由世界的安全与我们采取的军事措施同样重要"[4]。

---

[1] "Summary and Evaluation of Asian Member Countries' Experience in SEATO in Efforts to Increase Asian Regional Economic Cooperation," White House, 13 June 1957. U. S. Declassified Documents Online, https://link.gale.com/apps/doc/CK2349268409/USDD?u=nju&sid=USDD&xid=c3a21bb1.

[2] Leszek Buszynski, *SEATO: The Failure of an Alliance Strategy*, Singapore: Singapore University Press, 1984, p. 54.

[3] United States Department of State, *Foreign Relations of the United States Diplomatic Papers*, 1955 – 1957, Vol. 21: *East Asian Security*; *Cambodia*; *Laos*, Washington, D. C.: United States Government Printing Office, 1990, pp. 257 – 260.

[4] United States Department of State, *Foreign Relations of the United States Diplomatic Papers*, 1955 – 1957, Vol. 10: *Foreign Aid and Economic Defense Policy*, Washington, D. C.: United States Government Printing Office, 1989, p. 140.

1960年7月,再次发布的《美国关于大陆东南亚政策的声明》重申,在不削弱东南亚条约组织的情况下,鼓励东南亚国家在相互援助和支持的基础上密切合作,并努力发展区域联合。[1]

在这些政策的支持下,东南亚条约组织框架内经济发展及相关经济技术和社会文化等合作取得一系列明显的进展。一方面,美国对泰国、菲律宾两个成员国及南越、柬埔寨和老挝三个"议定书国家"的军事和经济援助明显扩大。据统计,1950—1959年,在美国对东南亚的军事援助中,泰国为2.803亿美元、菲律宾为2.007亿美元;而在1959年美国共同安全计划中,对东南亚国家的军事援助净支出就达9170万美元,其中,南越最多,为4380万美元;菲律宾次之,为2140万美元;泰国、老挝、柬埔寨分别为1620万美元、650万美元和380万美元。1955—1959年,泰国、柬埔寨和老挝三国所得到的美国的援助资金分别为44570万美元、6180万美元和5980万美元。[2] 东南亚条约组织秘书长制定的年度报告显示,仅1957年,美国、法国、澳大利亚和新西兰四国在东南亚条约组织名义下对泰国、菲律宾、巴基斯坦、南越、柬埔寨和老挝六国的经济援助资金总额达7亿美元,其中美国提供6亿美元,占总资金的6/7。[3] 这些援助是"东南亚意识形态极化的一个重要因素",但对东南亚亲西方国家而言,它也"有助于它们的经济增长和政权安全,进而成为东盟国家区域秩序的根本性基础"[4]。

另一方面,东南亚条约组织成员国积极实施经济技术、教育文化和医疗卫生等领域的合作项目。在经济技术和教育文化方面,该组织通过创建东南亚条约组织区域共同体发展及技术援助中心(The SEATO Regional Community Development Technical Assistance Center)、东南亚条约组

---

[1] United States Department of State, *Foreign Relations of the United States Diplomatic Papers*, 1958 – 1960, Vol. 16: *East Asia-Pacific Region*; *Cambodia*; *Laos*, Washington, D. C. : United States Government Printing Office, 1992, p. 214.

[2] Russel H. Fifield, *Southeast Asia in United States Policy*, New York: Frederick Praeger Publisher, 1963, pp. 103 – 104.

[3] "Southeast Asian Defense Treaty Organization," *International Organization*, Vol. 12, No. 2, 1958, p. 251.

[4] Amitav Acharya, *The Quest for Identity: International Relations of Southeast Asia*, Oxford: Oxford University Press, 2001, p. 88.

织工程研究院、东南亚条约组织熟练工人项目（The SEATO Skilled Labor Project）、东南亚条约组织奖学金项目（The SEATO Fellowship Programme）及农业发展项目、气象航空电信项目（The Meteorological Aviation Telecommunication Project）等，向其成员国提供技术发展援助，培养该区域国家所需要的专门人才，鼓励学者承担特定经济领域内的研究项目等。东南亚条约组织秘书长提供的年度报告显示，在教育领域，1957 年，美国向该组织亚洲成员国派出近 200 名教育工作者，这些国家出访美国的教育工作者超过 200 名；英国和法国为该组织亚洲成员国和南越、柬埔寨、老挝分别提供 180 名和 1000 名学生奖学金；在医疗卫生领域，该组织积极开展合作项目，通过创建东南亚条约组织全科医学研究实验室（The SEATO General Medical Research Laboratory）、东南亚条约组织临床研究中心（The SEATO Clinical Research Center）、东南亚条约组织霍乱研究实验室（The SEATO Cholera Research Laboratory）等项目，改善东南亚区域的医疗卫生状况。[1] 在文化领域，1958 年，该组织成员国在泰国举行"东南亚圆桌会议"，专门讨论西方技术对亚洲传统文化的影响；1960 年 12 月，该组织亚洲成员国在菲律宾举行了"共同体发展会议"。这些国家希望借此推动"真正的共同价值观意识的兴起"，并"获取变化中的文化的完整知识"[2]。

这些合作项目中三个重要的医疗卫生项目均设在泰国曼谷。其中的东南亚条约组织全科医学研究实验室是在美国建议下由该组织设立的首个联合医疗项目霍乱研究所改建而成。该研究实验室由美国与泰国做出双边安排，邀请条约成员国参加，作为主要由美国援助的东南亚条约组织全科医疗研究中心。按照有关安排，该实验室下设军队医疗服务支持机构，由不少于 17 名医疗研究专家、实验技术人员和必需的管理人员组

---

[1] 参见 "Southeast Asian Defense Treaty Organization," *International Organization*, Vol. 12, No. 2, 1958, pp. 250 – 251; "Southeast Asian Defense Treaty Organization," *International Organization*, Vol. 15, No. 2, 1961, pp. 331 – 332; "Southeast Asia Treaty Organization," *International Organization*, Vol. 18, No. 3, 1964, pp. 657 – 659; George Modelsk, "SEATO: Its Functions and Organization," in George Modelsk, ed., *SEATO: Six Studies*, Sydney: Halstead Press, 1962, pp. 41 – 42.

[2] C. Hart Schaaf and Russell H. Fifield, *The Lower Mekong: Challenge to Cooperation in Southeast Asia*, Princeton: Van Nostrand, 1963, pp. 53 – 54.

成；泰国政府提供必要的实验室和办公设施，并任命总负责人；其他研究人员和工作人员来自愿意参加这一项目的成员国；该研究项目接受由东南亚条约组织秘书长的代表、泰国的总负责人和美国军队医疗服务部人员构成的顾问委员会指导；该项目对东南亚条约组织所有成员国开放，非成员国受邀也可以参加。这一项目得到于 1960 年 12 月 12 日在华盛顿召开的第六届东南亚条约组织理事会会议的批准，于当年 12 月 23 日生效，受到泰国政府的高度赞许。① 事实上，泰国成为东南亚条约组织经济和社会活动的最大受益者。②

东南亚条约组织合作议题的功能化趋势既能够实质性地满足东南亚条约组织成员国及"议定书国家"的现实需求，又推动了该组织的去军事化或安全弱化进程，进一步加大了该组织集体防务能力和可信度不足的现实困境，并牵引其在区域规范上与"亚洲方式"出现明显的"交集"。最重要的是，在东南亚条约组织防务合作明显不如预期的情况下，美国再次运用经济工具或经济区域主义拓展其在东南亚的利益，进而推动东南亚区域合作努力再次强调发展援助，亚远经委会框架内的区域经济合作由此获得了新的动力。此时，绝大部分提供经济技术援助的国家相信"欠发展国家问题解决的最好途径是尽可能着眼于广泛的地理基础"。对它们来说，东南亚条约组织无法成为当前条件下经济技术援助的"充分的载体"③。因此，东南亚条约组织经济合作议题对其集体防务合作主旨的这种"偏离"使之被认为"在东南亚区域主义中是反常的"。④ 这

---

① "Exchange of Notes Constituting an Agreement between the United States of America and Thailand Relating to the Conversion of the Southeast Asia Treaty Organization (SEATO) Cholera Research Project in Thailand to a SEATO Medical Research Laboratory," Bangkok, 23 December 1960, in United Nations, *Treaty Series—Treaties and International Agreements Registered orFiled and Recorded with the Secretariat of the United Nations*, Vol. 405, No. 5830, 1961, pp. 135 – 143, United Nations Treaty Series Online, https://treaties.un.org/doc/Publication/UNTS/Volume%20405/v405.pdf.

② Lalita P. Singh, "Thai Foreign Policy: The Current Phase," *Asian Survey*, Vol. 3, No. 11, 1963, p. 535.

③ C. Hart Schaaf and Russell H. Fifield, *The Lower Mekong: Challenge to Cooperation in Southeast Asia*, Princeton: Van Nostrand, 1963, p. 54.

④ Cheryl Han Siying, "Developing Multilateralism: The United States and Regional Cooperation in Southeast Asia, 1945 – 67," A Thesis Submitted for the Degree of Master of Arts, Department of History, National University of Singapore, 2012, p. 31.

也预示着东南亚区域合作将面临新的分化和重组。

第三节 亚远经委会务实合作与"湄公河计划"启动

从1951年开始,不管是从内部还是从外部来看,亚远经委会的区域合作均获得了新的发展动力。从内部来看,"拉合尔协定"的出台大大强化了其亚洲成员国的主体地位和该组织在区域合作进程中的自主性,推动该组织"亚洲化"进程向纵深发展。从外部来看,随着"科伦坡计划"的实施,美国对东南亚国家的经济和技术援助明显增加,而老挝危机的蔓延和东南亚条约组织经济社会合作议题的急剧升温,促使美国将经济和技术援助的重点转向湄公河次区域。这推动亚远经委会的区域合作务实化和作为其最重要成果的"湄公河计划"的启动。

一 亚远经委会深度"亚洲化"与务实合作的强化

进入20世纪50年代以后,随着亚远经委会地理范围的不断扩大和区域成员的日益增多,加之其亚洲成员的积极推动,该组织的"亚洲色彩"日趋浓厚。一个标志性事件是"拉合尔协定"(The Lahore Convention)的出台。1951年2月28日至3月7日,在印度、巴基斯坦、锡兰、菲律宾等国的推动下,在巴基斯坦拉合尔召开的第七届亚远经委会年度会议通过一项报告,强调各成员应明确承认这样的原则,即区域成员应该就它们自身的经济问题"做出属于它们自己的决定",各成员应充分重视本地区协商成员的观点,并强调在履行这一原则的过程中非区域成员愿意接受一个总的规则,即放弃使用表决权反对主要关涉该区域并获得其多数成员支持的经济建议。这实际上使得非区域成员只有在区域成员同意的情况下才能介入本区域内部事务。该报告后被称为"拉合尔协定"[①]。

[①] United Nation, "ECAFE Annual Report to the Economic Social Council (28 March 1972 – 21 April 1973)," (Annex V. The "Lahore Convention"), ECOSOC, Document E/5277 – E /CN. 11/1101, 23 April 1973, p. 275, https://documents-dds-ny.un.org/doc/UNDOC/GEN/B09/129/9x/pdf/B091299.pdf? OpenElement.

由此,该协定确立了一种"精神",即亚远经委会的存在首先是服务于亚洲成员的利益。这意味着作为一个区域委员会,亚远经委会享有相当程度的自主权,从而获得了新的区域动力。① 此后,亚远经委会的亚洲成员持续增加。1954 年 2 月至 1960 年 3 月,阿富汗、柬埔寨、锡兰、日本、韩国、南越、尼泊尔、老挝、马来亚、伊朗先后被接受为正式成员,新加坡、北婆罗洲、文莱、沙捞越先后被接受为"联系成员"②。这大大增强了亚洲国家尤其是东南亚国家及政治实体在该组织中的发言权。在这里,区域成员可以强调自己的主张,加强横向的相互依赖,它们可以相互启发、共同合作,以促进区域发展。③ 这使得亚远经委会能够根据亚洲成员的需要不断拓宽议题领域,从而使之在功能上更加服务于亚洲区域合作和经济社会发展,从而进一步推动其"亚洲化"进程。④

"拉合尔协定"出台后,亚远经委会的合作议题扩大到与经济发展相关的技术援助和社会领域。1951 年 9 月,经社理事会举行会议讨论亚远经委会年度报告。代表们认为,该理事会各区域经济委员会已经证明了它们的价值,随着其工作实际成果的增加,它们将变得更加有用和必要。会上,菲律宾代表提出将马尼拉作为亚远经委会的永久驻地。基于亚远经委会的成功运行和代表们良好的预期,经社理事会决定将其作为一个永久性机构继续运行,并接受亚远经委会的建议,决定该组织的工作重心从经济重建拓展到经济重建和经济发展并存。⑤ 1951 年、1952 年和 1956

---

① Lalita P. Singh, *The Politics of Economic Cooperation in Asia: A Study of Asian International Organizations*, Columbia: University of Missouri Press, 1966, pp. 115 – 117.

② Ikuto Yamaguchi, "The Development and Activities of the Economic Commission for Asia and the Far East (ECAFE), 1947 – 65," in Shigeru Akita, Gerold Krozewski, et al., eds., *The Transformation of the International Order of Asia: Decolonization, the Cold War, and the Colombo Plan*, New York: Routledge, 2015, p. 94.

③ [日] 丸山静雄:《东南亚与日本》,石宇译,上海人民出版社 1974 年版,第 101—102 页。

④ 参见 Robert W. Gregg, "The UN Regional Economic Commissions and Integration in the Underdeveloped Regions," *International Organization*, Vol. 20, No. 2, 1966, pp. 220 – 221.

⑤ United Nation, *Economic and Social Council Official Records*, 13th Session: 542nd Meeting, Geneva, ECOSOC, Document E/Sr. 542, 8 September 1951, pp. 574 – 581, https://documents-dds-ny.un.org/doc/UNDOC/GEN/NL3/340/98/pdf/NL334098.pdf? OpenElement; Ikuto Yamaguchi, "The Development and Activities of the Economic Commission for Asia and the Far East (ECAFE), 1947 – 65," in Shigeru Akita, Gerold Krozewski, et al., eds., *The Transformation of the International Order of Asia: Decolonization, the Cold War, and the Colombo Plan*, New York: Routledge, 2015, p. 93.

年，亚远经委会秘书处先后成立贸易促进部、农业部和社会事务部。具体而言，亚远经委会推动的务实区域合作的主要进展表现在首倡启动诸多亚洲区域合作动议，并形成一批持续的区域多边合作机制方面。这包括总体的和特定领域的区域合作两个方面。在总体领域的区域经济合作方面，亚远经委会首倡并启动的合作动议主要有：一是1959年3月，第十五届年度会议通过召开"亚洲经济规划会议"建议。1961年9月，首届亚洲经济规划会议在印度新德里举行。在这次会议上，亚远经委会秘书处递交《亚洲及远东区域经济合作领域》文件，阐述亚洲国家在经济发展计划上实施区域协作的现实性和可行性。这一文件被载入1961年12月出版的《亚洲及远东经济简报》。[①] 二是1960年3月，第十六届年度会议提出创建"亚远经委会区域共同市场"建议，该建议被载入当年出版的《亚洲及远东经济调查（1959）》。这一建议提出的区域联合精神成为这次会议通过的《贸易与工业发展区域经济合作决议》的重要基础。[②]

在特定领域的区域经济合作方面，亚远经委会首倡和推动创设和启动了一大批专门的研究机构、合作计划和合作机制，主要有亚洲经济计划研究所、国际水稻研究所、经济发展与规划研究所、亚洲高速公路计划、下湄公河盆地开发计划、亚洲及远东旅游委员会、亚洲近海区矿产资源协作委员会、亚洲椰子共同体、亚洲经济规划会议、亚洲统计会议、亚洲人口会议、亚洲贸易促进会议、亚洲经济合作部长会议、亚洲抗洪区域技术会议、亚洲自然资源开发会议、东南亚运输及通信高官协作委员会、东南亚教育部长合作理事会及区域英语语言中心等。这些区域性研究机构、行动计划和合作机制在促进二战后亚洲尤其是东南亚区域贸易发展、金融制度安排、信息交流、研究与培训设施的联合使用、发展

---

① United Nation, "ECAFE Annual Report to the Economic Social Council (22 March 1960 – 20 March 1961)," ECOSOC, Document E/3466, 20 March 1961, pp. 44 – 45, https://documents-dds-ny.un.org/doc/UNDOC/GEN/B09/129/0x/pdf/B091290.pdf? OpenElement; United Nation, "ECAFE Annual Report to the Economic Social Council (21 March 1961 – 19 March 1962)," ECOSOC, Document E/3599, 19 March 1962, pp. 17 – 18, https://documents-dds-ny.un.org/doc/UNDOC/GEN/B09/129/4x/pdf/B091294.pdf? OpenElement.

② United Nation, "ECAFE Annual Report to the Economic Social Council (20 March 1959 – 21 March 1960)," ECOSOC, Document E/3340 – E/CN.11/530, 21 March 1960, pp. 43 – 44, 58, https://documents-dds-ny.un.org/doc/UNDOC/GEN/B09/129/2x/pdf/B091292.pdf? OpenElement.

需求评估以及标准化措施适用、推动工业领域发展和拓展区内贸易渠道诸方面发挥了重要作用，从而成为特定领域亚洲区域经济合作"值得特别关注的先导性工作"①。1951—1960 年，在亚远经委会首倡和推动的亚洲区域经济合作计划和合作机制中，十分有名的是亚洲高速公路计划和下湄公河盆地开发计划（简称"湄公河计划"）。这里主要对亚洲高速公路计划的出台情况做一简单介绍。

亚远经委会基于经济复兴和经济发展的急需，一直将内陆交通作为区域合作的重点。该委员会为此在秘书处设立运输部，专门推进这一工作。1949 年 10 月，亚远经委会在新加坡召集了首次亚洲运输专家特别会议。这是该区域各国代表第一次聚在一起讨论他们共同的交通运输问题，为各国交流关于交通运输需要以及影响交通恢复和发展的因素等情况提供了一个论坛。这使人们能够特别关注大多数国家所共有的问题，可以在国际一级对这些问题进行有益的调查，以便交流经验，避免工作的重复。此次会议特别强调了交通运输对该区域经济复兴和发展的至关重要性。这次会议建议成立一个内陆交通委员会，以满足该区域交通领域持续协调行动的需要。这一建议得到同期在新加坡召开的亚远经委会第五届年度会议的支持。这一会议决定，创建一个内陆运输临时委员会。1950 年 10 月 24 日至 11 月 4 日，该委员会举行了首次会议。该区域国家和交通领域的专家代表参加了会议。这次会议建议设立一些机构来执行工作方案，包括设立内陆运输常设委员会，处理一般政策事项和共同问题；成立处理内河航道问题的次委员会；设立特定的临时工作组，处理高速公路和公路运输领域的问题。这些建议被亚远经委会第七届年度会议所接受。②

这届年度会议决定成立亚远经委会内陆交通委员会（The Inland

---

① 参见 David Wightman, *Toward Economic Cooperation in Asia: The United Nations Economic Commission for Asia and the Far East*, New Haven: Yale University Press, 1963, pp. 94 – 97, 171 – 176, 227 – 228; W. W. Rostow, *The United States and the Regional Organization of Asia and the Pacific, 1965 - 1985*, Austin: University of Texas Press, 1986, pp. 19 – 21; Eugene R. Black, *Alternative in Southeast Asia*, London: Pall Mall Press, 1969, pp. 90 – 120; 孙建党《美国与东南亚经济关系研究（1945—1973）》, 经济管理出版社 2011 年版，第 284—286 页。

② United Nation, "ECAFE Annual Report to the Economic Social Council (28 January – 7 February 1951)," ECOSOC, Document E/1981 - E/CN. 11/306, 16 April 1951, pp. 14 – 16, https: //documents-dds-ny. un. org/doc/UNDOC/GEN/B16/100/15/PDF/B1610015. pdf? OpenElement.

Transport Committee)作为其附属机构。内陆交通委员会的主要职责包括:为亚洲及远东内陆交通运输领域提供咨询和服务,未经该区域国家政府的同意,不就该特定国家所涉问题采取任何行动;提供一个论坛,供各国政府讨论内陆交通运输领域共同关心的问题;促进亚洲及远东内陆交通运输的发展;促进各国政府就亚洲及远东长期内陆交通运输政策达成协议。其具体职能主要包括:对亚洲及远东交通运输领域的问题进行研究,并将这些研究的结果拟订为具体建议;鼓励该区域国家或其他有关当局对区域内陆交通运输发展进行研究;收集内陆交通运输领域的统计资料,并促进其标准化,同联合国统计处协商,在各国政府之间讨论这方面的资料及其他资料;向亚远经委会提供其在内陆交通运输方面可能需要的意见,并执行委员会指派的任务;应各国政府的请求,就区域内运输事项提供咨询意见;就在亚洲及远东设立区域内陆交通运输机构提出建议;研究不同内陆交通运输方式的协调问题,并在适当情况下就推动采取行动提出建议;就国际内陆交通运输领域现有公约的修订和该领域新公约的缔结提供咨询意见;接收和收集有关运输需求的资料,并在有关国家政府提出要求时协助其实现这种要求;在必要时提出在联合国技术援助项目下、在内陆交通运输领域应采取的协调行动的方法,以便使本区域获得最大的利益。[1]

1951年12月,亚远经委会内陆交通委员会举行了首次会议,决定按照第七届年度会议的授权设立铁路次委员会、高速公路次委员会和内陆航道次委员会。[2] 1952年8月18—22日,高速公路次委员会在曼谷举行了首次会议。1953年1月14—17日,内陆航道次委员会在万隆举行了首次会议,建议设立内陆航运人员区域培训中心,这一建议为内陆交通委员会所接受。1953年1月19—21日,内陆交通委员会在万隆举行了第二次会议,讨论议题涵盖交通运输协调、图书馆服务、铁路及高速公路和

---

[1] United Nation, "ECAFE Annual Report to the Economic Social Council (28 January – 7 February 1951)," ECOSOC, Document E/1981 – E/CN. 11/306, 16 April 1951, pp. 45–47, https://documents-dds-ny.un.org/doc/UNDOC/GEN/B16/100/15/PDF/B1610015.pdf? OpenElement.

[2] United Nation, "ECAFE Annual Report to the Economic Social Council (29 January – 8 February 1952)," ECOSOC, Document E/2171 – E/CN. 11/342, 16 March 1952, p. 7, https://documents-dds-ny.un.org/doc/UNDOC/GEN/B09/128/7x/pdf/B091287.pdf? OpenElement.

内陆航道等多个领域。① 1953年9月,在曼谷召开的高速公路次委员会第二次会议审议了亚远经委会秘书处提出的"高速公路计划项目"。1954年2月,亚远经委会第十届年度会议将国际高速公路发展作为促进亚洲经济发展的优先项目。该计划的总体内容主要包括:提出持续的目标和开展高度优先的活动,主要是收集、分析和传播有关信息,如出版季度"运输简报"和"铁路简报"等;开展临时性的高度优先的活动,主要是交通运输的国际协调和交通运输体系实绩的统计分析等。该计划还确定了高速公路和内陆航道及铁路方面高度优先的活动。在高速公路方面,主要是道路建设与维护、国际高速公路、一般高速公路保障和道路桥梁的统一设计标准及细则等。在内陆航道方面,主要是航道的改善、试验项目设计、航道分级与标准化、内陆港口及船员培训等。在铁路方面,主要是轨道建设与维护的改进方法、铁路操作与信号官员培训等。② 随后,亚远经委会高速公路次委员会与亚远经委会秘书处一道提出了建设以现有道路为基础的"亚洲高速公路网"建议,并建立了三个专家工作组与各成员国协商制订详细计划。③

正是在首倡和推动这些区域合作从动议到实施的过程中,亚远经委会得以继续发挥不可或缺的"行动者"的关键作用。其主要贡献是搭建合作平台、制定规范框架、拟定行动措施、培训专业人员和筹措必需的资金等。这种贡献遍布于其所涉足的各个重大活动领域。在贸易领域,一个重要成就是举办亚洲贸易促进会议。1951年10月,在新加坡举办了首次亚洲贸易促进会议。这是亚远经委会组织的首次大规模国际会议,来自除尼泊尔和巴基斯坦外的所有成员国及比利时、加拿大、丹麦、瑞典等国和世界卫生组织、世界粮农组织及许多非政府组织、商业公司的代表参加了会议。1953年3月,在马尼拉举办了第二届亚洲贸易促进会

---

① United Nation, "ECAFE Annual Report to the Economic Social Council (9 February 1952 – 14 February 1953)," ECOSOC, Document E/2374, 14 February 1953, pp. 7 – 8, https://documents-dds-y.un.org/doc/UNDOC/GEN/B09/128/6x/pdf/B091286.pdf? OpenElement.

② United Nation, "ECAFE Annual Report to the Economic Social Council (15 February 1953 – 18 February 1954)," ECOSOC, Document E/2553, 18 February 1954, pp. 10, 30 – 31, https://documents-dds-y.un.org/doc/UNDOC/GEN/B09/128/5x/pdf/B091285.pdf? OpenElement.

③ Lalita P. Singh, *The Politics of Economic Cooperation in Asia: A Study of Asian International Organizations*, Columbia: University of Missouri Press, 1966, pp. 124 – 126.

议。这两次会议集中讨论了贸易促进的技术问题。新加坡会议还建议启动技术援助项目的培训课程，包括贸易促进技术与程序等。在亚远经委会的努力下，这一建议被纳入联合国国际学术交流资助项目，而马尼拉会议要求尽可能组织实施这一培训项目。[①] 因此，1957年和1958年，分别在印度和日本开办了为期8周的课程培训，由亚远经委会和联合国技术援助部提供资助；1959年和1961年，又先后在日本东京和印度新德里启动了两个贸易促进区域培训中心。在这两次会议的推动下，亚远经委会开始重点关注削减域内及域外贸易壁垒的途径，并在简化贸易控制及管理程序方面取得重大进展。1952年，亚远经委会与联合国统计办公室等国际机构合作制定了在"亚远"区域适用《国际贸易商品分类标准》的指导原则，作为在比较基础上报告各国贸易统计的基础，并为各成员国所接受；1955—1960年，亚远经委会专家组多次讨论本区域预算再分类问题，并最终推动马来亚、菲律宾、缅甸、锡兰、印度、日本、新加坡、泰国、韩国、南越和中国台湾等成员按照该委员会的建议按新格式公布了贸易统计和预算再分类标准。这些工作有力地推动了亚洲区域内外统计标准国际化和规范化。[②] 在关税管理方面，1956年10月，亚远经委会贸易次委员会组建了一个关税管理专家组。1960年11月，该专家组与亚远经委会秘书处一道制定了《亚远经委会关税程序推荐准则》，包含出口许可证、关税程序与管理等方面的41条基于国际实践的贸易准则或惯例。这一准则亦被各成员所接受。[③]

亚远经委会务实区域合作在贸易领域的另一个重要成就是，1958年3

[①] United Nation, "ECAFE Report to the Economic Social Council (29 January – 8 February 1952)," ECOSOC, Document E/2171, 8 February 1952, pp. 5 – 6, https：//documents-dds-ny. un. org/doc/UNDOC/GEN/B09/128/7x/pdf/B091287. pdf? OpenElement; United Nation, "ECAFE Annual Report to the Economic Social Council (9 February 1952 – 14 February 1953)," ECOSOC, Document E/2374, 14 February 1953, pp. 6 – 7, https：//documents-dds-y. un. org/doc/UNDOC/GEN/B09/128/6x/pdf/B091286. pdf? OpenElement.

[②] 参见 David Wightman, *Toward Economic Cooperation in Asia：The United Nations Economic Commission for Asia and the Far East*, New Haven：Yale University Press, 1963, pp. 240 – 249, 93 – 96.

[③] United Nation, "ECAFE Annual Report to the Economic Social Council (22 March 1960 – 20 March 1961)," ECOSOC, Document E/3466, pp. 10 – 11, https：//documents-dds-ny. un. org/doc/UNDOC/GEN/B09/129/0x/pdf/B091290. pdf? OpenElement.

月召开的第十四届年度会议决定启动该组织正式成员和联系成员之间的亚洲域内贸易促进会谈（Intraregional Trade Promotion Talks）。1959 年 1 月 8—16 日，首次亚洲域内贸易促进会谈在曼谷举行。有来自 15 个正式成员和联系成员政府高层官员参加，其中包括来自缅甸、马来亚、印度尼西亚、老挝、菲律宾、泰国、南越和新加坡及英属婆罗洲等东南亚国家和地区的代表。亚远经委会秘书处负责为会议准备议程和日程安排及所需背景材料等；由执行秘书长任大会主席。在会谈期间，各政府代表举行了 88 次首轮双边会谈和五次第二轮会谈，会谈涉及航运服务、贸易限制、质量控制、商业争端和价格标准等多项议题。此次会议决定，亚洲域内贸易促进会谈以后每年召开一次。① 1960 年 1 月 5—14 日，第二次亚洲域内贸易促进会谈再度在曼谷举行，有来自 14 个正式成员和联系成员政府代表参加，其中包括来自柬埔寨、马来亚、印度尼西亚、老挝、菲律宾、泰国和南越等东南亚国家和地区的代表。在这次会谈期间，各成员政府代表举行了 76 次首轮会谈和三次第二轮会谈；一些代表团之间还安排了非正式的集团会谈。这些会谈就货物运输、贸易限制及关税削减、国际贸易争端解决和商品价格稳定等交流了看法。②

这些域内贸易促进会谈虽不是正式的贸易谈判，但为许多相互间连贸易代表都未派驻的国家和地区提供了便利的贸易协商和商业交流平台，以及参照和适用贸易知识与惯例机会乃至稳定初级商品市场、洽谈贸易协定的机会。比如，菲律宾、印度、印度尼西亚、柬埔寨、南越和泰国等成员都有涉及贸易和旅游障碍消除或削减及贸易合同洽谈和贸易协定达成的报道。③ 首次域内贸易促进会谈通过决议称，与会各成员政府承认

---

① United Nation, "ECAFE Annual Report to the Economic Social Council (16 March 1958 – 19 March 1959)," UNECSO, Document E/3214, 19 March 1959, pp. 7 – 8, https://documents-dds-ny.un.org/doc/UNDOC/GEN/B09/129/1x/pdf/B091291.pdf?OpenElement.

② United Nation, "ECAFE Annual Report to the Economic Social Council (20 March 1959 – 21 March 1960)," ECOSOC, Document E/3340 – E/CN.11/530, 21 March 1960, p. 6, https://documents-dds-ny.un.org/doc/UNDOC/GEN/B09/129/2x/pdf/B091292.pdf?OpenElement.

③ David Wightman, "Efforts for Economic Co-operation in Asia and the Far East: The Experience of ECAFE," *The World Today*, Vol. 18, No. 1, 1962, p. 37; David Wightman, *Toward Economic Cooperation in Asia: The United Nations Economic Commission for Asia and the Far East*, New Haven: Yale University Press, 1963, pp. 256 – 257.

这些会谈为探索作为拓展中的世界贸易一部分的域内贸易的新可能性和审视彼此间贸易中所产生的问题提供了"有价值的机会"[1]。在第二次域内贸易促进会谈后，与会代表们表示，这些贸易促进会谈为验证区域合作的新观点提供了"合适的、有用的和非正式的途径"，并希望各成员政府通过联合经营、长期联系和其他技术及经济措施等实现更大的区域合作的可能目标。[2]

在此背景下，1960年3月，在印度的建议和缅甸、印度尼西亚、巴基斯坦、菲律宾、日本、尼泊尔、伊朗等绝大多数亚洲成员的支持下，在曼谷举行的第十三届亚远经委会年度会议通过《贸易与工业发展区域经济合作决议》（又称《曼谷决议》），对该区域各成员推动区域贸易合作和经济发展提出建议，主要包括：在扩大世界贸易的范围内，寻求适当措施以增加区域内贸易，以便有可能因市场扩大而持续增加生产；探讨促进经济健全的区域合作的可能性，作为刺激该区域经济发展的手段；彼此间相互协商，调查有利于作为联合计划发展的具体项目，如机床工业可能性调查、工业研究与培训机构、示范与推广中心、小型工业的机械化与发展等；采取适当措施，在按商品种类分类的基础上，将初级商品的价格稳定在公平和适当的水平；彼此间相互协商，研究在符合关贸总协定原则的情况下，建立一种适当的区域合作模式的可能性。《曼谷决议》希望发达工业国家在现有国际组织框架内谋求与该区域国家的合作，以经济上合理的方式，根据商品的不同分类，在考虑到长期供需趋势的前提下，在一定限度内将初级产品价格稳定在公平合理的水平上，并在多边和双边援助项目下，继续向该区域各成员提供经济、财政和技术援助，以期作为全球经济扩张的一部分，加速该区域各成员的经济发展和生产多样化。这一决议建议该委员会执行秘书与各成员一道，继续探讨促进区域内合作的范围和实际措施，以促进整个区域的经济和社会发展，

---

[1] United Nation, "ECAFE Annual Report to the Economic Social Council (16 March 1958 – 19 March 1959)," UNECSO, Document E/3214, 19 March 1959, p. 8, https://documents-dds-ny.un.org/doc/UNDOC/GEN/B09/129/1x/pdf/B091291.pdf? OpenElement.

[2] United Nation, "ECAFE Annual Report to the Economic Social Council (20 March 1959 – 21 March 1960)," ECOSOC, Document E/3340 – E/CN.11/530, 21 March 1960, p., https://documents-dds-ny.un.org/doc/UNDOC/GEN/B09/129/2x/pdf/B091292.pdf? OpenElement.

并在必要时促进区域内个别成员之间的合作,第一步是在农业、工业、运输和贸易方面。①

在这次会议关于亚洲经济形势和区域经济合作的讨论中,多数代表认为需要做出某种形式的区域安排,以应对1958年6月启动的欧洲共同市场对外关税壁垒所造成的负面影响。日本代表强烈呼吁协调各国经济发展计划,亦即就各国的发展计划展开区域合作,以推动更大的区域内部贸易。印度代表督促各国开展区域经济合作,以满足各国在区域内外更大的紧急需要。缅甸代表认为,该区域内部的政治和经济难题无法克服,因而需要日本、印度等该区域大国"勇敢无畏地迈出走上区域经济协调的最初步骤"。马来亚、菲律宾和泰国代表对区域经济合作的总体讨论不感兴趣。他们在拟订组建"东南亚经济集团"的计划。该计划将"排除共产党国家和亚洲的大国"。但亚远经委会的亚洲成员更多地认为,在当前条件下,亚洲经济区域主义议题仍在很大程度上依赖于该区域外部大国的态度,最终,"东南亚经济集团"支持者决定将该次区域合作动议留给他们之间的常规外交渠道,而选择继续参加亚远经委会框架内区域经济合作的探索。这表明亚远经委会尤其是其亚洲成员希望通过推进成员间更大范围的合作实现区域经济增长和社会发展。由此,《曼谷决议》被认为是"亚洲经济合作历史上的一座里程碑"②。

作为亚洲区域合作实践的"行动者",亚远经委会务实合作最重要的成果还是出现在经济发展领域。为推动内陆交通运输的发展,1954年4月,亚远经委会与联合国技术援助部共同在巴基斯坦拉合尔建立了铁路运营和信号官员区域训练中心。这是亚远经委会介入的首个区域经济发展机构,主要探究铁路单轨运行和信号方法。截至

---

① United Nation, "ECAFE Annual Report to the Economic Social Council (20 March 1959 – 21 March 1960)," ECOSOC, Document E/3340 – E/CN. 11/530, 21 March 1960, pp. 43 – 44, https://documents-dds-ny.un.org/doc/UNDOC/GEN/B09/129/2x/pdf/B091292.pdf? OpenElement; Lalita P. Singh, *The Politics of Economic Cooperation in Asia: A Study of Asian International Organizations*, Columbia: University of Missouri Press, 1966, pp. 149 – 154.

② Lalita P. Singh, *The Politics of Economic Cooperation in Asia: A Study of Asian International Organizations*, Columbia: University of Missouri Press, 1966, pp. 149 – 154.

1961 年，该中心有来自巴基斯坦、缅甸、印度尼西亚、马来亚、泰国、印度和中国台湾的 200 多名铁路系统高级官员接受培训。1956 年，亚远经委会内陆运输次委员会还促成柬埔寨、印度尼西亚、老挝、越南、泰国和中国台湾在曼谷签署了《内河航运受雇船舶测量与登记公约》。① 在铁路运输方面，有专家建议，为了增加该区域铁路部门报告的实际价值，最好列入一些实际的个案研究。例如，马来亚和印度尼西亚在铁路方面都在进行雄心勃勃的柴油化进程，它们选择了不同类型的柴油装置，如马来亚铁路采用柴油电力装置、印度尼西亚铁路采用柴油液压装置。对这两类铁路在该地区的普遍运作情况进行比较研究，将为其他有类似发展计划的铁路运输提供有用的指导。当年 4 月，亚远经委会与国际劳工组织在缅甸仰光成立柴油机轮机技师培训中心（The ILO/ECAFE Training Centre for Diesel Marine Mechanics），并成功组织开展了首期培训课程。在内河航道方面，1956 年 6 月，该区域有六个国家在曼谷签署了《关于内河航行船舶的测量和登记的公约》，其他国家正在积极考虑早日加入其中。亚远经委会还满意地注意到，亚洲和远东的统一浮标和岸标系统正逐渐在成员中采用。在农业开发方面，1956 年，亚远经委会与联合国粮农组织合作在拉合尔创建了农业融资和信用中心（The FAO/ECAFE Centre on Agricultural Financing and Credit），为该区域信用机构提供融资信息服务。当年 8 月，联合国教科文组织在曼谷举行了一次关于亚远区域城市化问题的联合研讨会（The UN/UNESCO Seminar on Urbanization），讨论了该区域城市快速增长所带来的问题以及可能的解决办法。1958 年 3—4 月，与联合国粮农组织合作在新德里创建了"支持与稳定农产品价格及收入政策中心"，为该区域食品和农产品价格稳定提供联

---

① United Nation, "ECAFE Annual Report to the Economic Social Council (15 February 1953 – 18 February 1954)," ECOSOC, Document E/2553, 18 February 1954, pp. 9, 50, https://documents-dds-y.un.org/doc/UNDOC/GEN/B09/128/5x/pdf/B091285.pdf? OpenElement; United Nation, "ECAFE Annual Report to the Economic Social Council (8 April 1955 – 14 February 1956)," ECOSOC, Document E/2821, 14 February 1956, pp. 13, 24, https://documents-dds-ny.un.org/doc/UNDOC/GEN/B09/128/2x/pdf/B091282.pdf? OpenElement; David Wightman, *Toward Economic Cooperation in Asia: The United Nations Economic Commission for Asia and the Far East*, New Haven: Yale University Press, 1963, pp. 205 – 210, 225.

合政策支持。①

另外，在这一阶段，亚远经委会的连续出版物更加突显经济发展相关主题。从 1951—1960 年的《亚洲及远东经济概览》来看，其重点内容涉及战后亚洲经济发展中的生产、国际贸易与国际收支、金融与财税进展、贸易衰退及其影响、私人经济与混合经济的发展、工业化与工业结构、商品价格走势、食品与农业发展等。1956 年，亚远经委会秘书处还出版了一期综合性的《亚洲经济统计指南》，按照工业和贸易的国际分类标准对来自亚洲国家的经济统计资料进行全面的收集和评估，为区域经济问题研究提供了一套完整的经济数据。② 从 1957 年开始，亚远经委会开始发布周期性"钢铁业简报"，其内容包括钢铁业发展动态和现代技术的统计与信息。③ 1959 年 6 月和 1961 年 3 月，亚远经委会秘书处先后发布了关于"亚远区域人口趋势与经济发展相关问题"和关于"亚远区域人口增长和就业问题"的研究报告。人口和就业问题首次被载入 1961 年 6 月发布的《亚洲及远东经济简报（1960）》。④ 另外，由沈怡主持的防洪局在谭葆泰和保紫宸两位中国专家的协助下展开了卓有成效的工作。他们与亚远经委会区域的水利机构及主管人员密切联系，并对各国水利问题进行实地考察，广泛收集有关资料及发现的有共同性的问题。这些资料经过整理和研究后以"防洪丛

---

① United Nation, "ECAFE Annual Report to the Economic Social Council (15 February 1956 – 28 March 1957)," ECOSOC, Document E/CN. 11/454 – E/2959, 8 May 1957, pp. 35 – 39, https://documents-dds-ny. un. org/doc/UNDOC/GEN/B09/128/3x/pdf/B091283. pdf? OpenElement; United Nation, "ECAFE Annual Report to the Economic Social Council (16 March 1958 – 19 March 1959)," UNECSO, Document E/3214, 19 March 1959, pp. 16 – 17, 21, https://documents-dds-ny. un. org/doc/UNDOC/GEN/B09/129/1x/pdf/B091291. pdf? OpenElement; David Wightman, *Toward Economic Cooperation in Asia: The United Nations Economic Commission for Asia and the Far East*, New Haven: Yale University Press, 1963, pp. 144 – 145.

② United Nation, "ECAFE Annual Report to the Economic Social Council (15 February 1956 – 28 March 1957)," ECOSOC, Document E/2959, 28 March 1957, p. 19, https://documents-dds-ny. un. org/doc/UNDOC/GEN/B09/128/3x/pdf/B091283. pdf? OpenElement.

③ United Nation, "ECAFE Annual Report to the Economic Social Council (29 March 1957 – 15 March 1958)," ECOSOC, Document E/3102, 15 March 1958, p. 2, https://documents-dds-y. un. org/doc/UNDOC/GEN/B09/128/4x/pdf/B091284. pdf? OpenElement.

④ United Nation, "ECAFE Annual Report to the Economic Social Council (22 March 1960 – 20 March 1961)," ECOSOC, Document E/3466, 20 March 1961, pp. 24 – 24, https://documents-dds-ny. un. org/doc/UNDOC/GEN/B09/129/0x/pdf/B091290. pdf? OpenElement.

书"形式予以连续出版。截至 1958 年,已出版 12 种。该丛书提供了丰富的档案资料,其技术水准相当高。这使得防洪局深受各方重视,其声誉日益增大。"防洪丛书"为湄公河流域规划治理积累了第一手资料。①

与亚远经委会议题领域渐次"亚洲化"进程相适应,其组织的自主性得到进一步加强。这种自主性主要体现在其组织机构的实际运行并不受经社理事会及联合国大会等的制约上,以致它们虽为"法律上的"经社理事会附属机构,却被赋予一种区域层次的"事实上的权威"②。首先,亚远经委会年度会议具体地点和会议主席的选择权自主化。按照亚远经委会的制度安排,其年度会议地点应由委员会建议并征得联合国经社理事会的同意;1954 年联合国大会管理和预算委员会建议亚远经委会的年度会议在曼谷总部召开;其年度会议主席还是由亚远经委会主席担当,拥有与秘书处执行秘书长协商审查会议代表资格和设定年度会议临时议程等的权利,其任职期限直到下届会议选举产生接任者为止。另外,按照规定,亚远经委会要向联合国经社理事会递交关于其活动和规划的年度报告,由联合国经社理事会秘书处负责准备、拟订和递交。③ 在实际运行中,亚远经委会年度会议地点选择并未依此行事,而是由成员代表共同决定并由某一成员政府发出邀请;年度会议主席除最初几年由亚远经委会选举产生外,从 1957 年开始,自动择定由会议东道成员代表团负责人担任事实上成为一种惯例;亚远经委会年度报告从 1951 年开始由委员会秘书处负责准备和递交。事实上,亚远经委会的权力依赖于其"事实上而非法律上的地位"④。

---

① 沈怡:《沈怡自述》,中华书局 2016 年版,第 336 页;李硕:《中国人倡办的几个国际水利组织》,载《档案建设》2018 年第 4 期,第 57 页。

② David Wightman, *Toward Economic Cooperation in Asia: The United Nations Economic Commission for Asia and the Far East*, New Haven: Yale University Press, 1963, p. 72.

③ United Nation, "ECAFE Annual Report to the Economic Social Council (18 March 1964 – 29 March 1965)," ECOSOC, Document E/4005, 29 March 1965, pp. 180 – 192, https://documents-dds-ny.un.org/doc/UNDOC/GEN/B09/129/7x/pdf/B091297.pdf?OpenElement.

④ 参见 Lalita P. Singh, *The Politics of Economic Cooperation in Asia: A Study of Asian International Organizations*, Columbia: University of Missouri Press, 1966, pp. 67 – 69; David Wightman, *Toward Economic Cooperation in Asia: The United Nations Economic Commission for Asia and the Far East*, New Haven: Yale University Press, 1963, pp. 56 – 58.

其次，亚远经委会秘书处及执行秘书长职权的自主化。按照亚远经委会的制度安排，其工作人员应由联合国大会委任并组成一个从属于联合国秘书处的委员会秘书处，其负责人为由联合国秘书长任命的执行秘书长；执行秘书长负责委员会所有会议的安排并参与其附属机构的活动；执行秘书长可以任命各类会议所需的工作人员，还可以协助委员会主席制定年度会议的临时议程。[1] 而在实际运行中，亚远经委会秘书处及其执行秘书长拥有相当大的行动自由。这既受其工作人员地理上区域化的影响，又是执行秘书长努力争取的结果。[2] 执行秘书长的候选人从一开始就由联合国秘书长确定应来自亚洲国家，并被多数区域成员和美国、苏联所接受。按照这一"地理分配"原则，印度人罗卡内森（P. S. Lokanathan）担任亚远经委会首任执行秘书长。第二任和第三任执行秘书长分别由印度人纳拉希姆汉（C. V. Narasimhan）和缅甸人吴纽担任。在实际工作中，出于政治考虑和达成工作目标的需要，执行秘书长经常在亚远经委会的指导原则框架内做出自己的决定。比如，在罗卡内森任职期间，出于对殖民大国和非本区域成员动机的怀疑，他一直推动亚远经委会的自主性并为亚洲国家创造更多的实质性收益。为此，他成功地争取了确保亚远经委会在联合国组织中拥有相当自主的地位，从而为其持续走亚洲区域合作之路奠定了组织基础。第二任执行秘书长纳拉希姆汉以其卓越的外交才能，推动了湄公河盆地开发计划和亚洲高速公路计划等著名的亚洲区域经济合作项目的成功启动；他还是1959年启动的亚洲域内贸易促进会议的重要倡议者和推动者。从这一角度来讲，亚远经委会成为"完全的亚洲人组织"[3]。

最后，亚远经委会的附属机构拥有更大的自主性。亚远经委会的附

---

[1] United Nation, "ECAFE Annual Report to the Economic Social Council (18 March 1964 – 29 March 1965)," ECOSOC, Document E/4005, 29 March 1965, pp. 180 – 192, https://documents-dds-ny.un.org/doc/UNDOC/GEN/B09/129/7x/pdf/B091297.pdf?OpenElement.

[2] Lalita P. Singh, The Politics of Economic Cooperation in Asia: A Study of Asian International Organizations, Columbia: University of Missouri Press, 1966, pp. 88.2.

[3] 参见 David Wightman, Toward Economic Cooperation in Asia: The United Nations Economic Commission for Asia and the Far East, New Haven: Yale University Press, 1963, p. 76; Lalita P. Singh, The Politics of Economic Cooperation in Asia: A Study of Asian International Organizations, Columbia: University of Missouri Press, 1966, pp. 95 – 99.

属机构是在其亚洲成员的推动下为更好地开展特定议题上的务实合作而设立的。按照亚远经委会的程序规则,这些附属机构由该委员会在征得联合国经社理事会同意后根据需要设立,其在运行中除非有委员会决定可以适用自己的程序规则;它们由各成员的官方代表组成,可以向参与其所主持活动的各成员政府提交建议。① 从1949年4月成立首个永久性的附属机构工业与贸易委员会到60年代初,亚远经委会重组和新建了贸易委员会、工业委员会、自然资源委员会、运输与电讯委员会、下湄公河调查协作委员会及亚洲统计会议、亚洲规划会议、水资源开发区域会议、亚洲经济研究所等重要的附属机构。这些附属机构主要由各类专家参加,是一种专家集团。在实际运行中,这些附属机构可以确定自己的研究和活动议题,很少受到亚远经委会的直接操控。这些附属机构的活动方便了各成员政府之间的谈判,促进了区域合作行动的开展,有助于提升各成员政府就亚远经委会及其附属机构所达成的建议采取实际行动承担更大的责任,从而将亚远经委会的活动中心从总体研究和讨论移向务实行动。② 因此,亚远经委会辅助机构的设立和自主性运行成为其组织结构演进中的重大进展。这种区域经济委员会自主性的强化被称为联合国经济社会活动的"非中心化",即区域化。③

亚远经委会秘书处还与"科伦坡计划"协商委员会建立持续的合作关系。亚远经委会秘书处和科伦坡计划局就该区域现有的培训设施交换了资料。根据该计划的技术合作项目,援助国为一些培训机构提供了奖学金和其他设施,亚远经委会推动这些培训机构被用作区域中心。1959年10月和1960年11月,亚远经委会执行秘书长以观察员身份先后出席了在印度尼西亚雅加达和日本东京举行的"科伦坡计划"协商委员会部

---

① United Nation, "ECAFE Annual Report to the Economic Social Council (18 March 1964 – 29 March 1965)," ECOSOC, Document E/4005, 29 March 1965, pp. 180 – 192, https://documents-dds-ny.un.org/doc/UNDOC/GEN/B09/129/7x/pdf/B091297.pdf?OpenElement..

② 参见 David Wightman, *Toward Economic Cooperation in Asia: The United Nations Economic Commission for Asia and the Far East*, New Haven: Yale University Press, 1963, pp. 70 – 71; Lalita P. Singh, *The Politics of Economic Cooperation in Asia: A Study of Asian International Organizations*, Columbia: University of Missouri Press, 1966, pp. 78 – 80.

③ W. R. Malinowski, "Centralization and Decentralization in the United Nations Economic and Social Activities," *International Organization*, Vol. 16, No. 3, 1962, pp. 521 – 523.

长级会议。秘书处的一名成员参加了部长级会议前举行的官员筹备会议，提供了数据和资料，并协助编写了协商委员会的报告。科伦坡计划局局长则参加了亚远经委会第十六届和第十七届年度会议。① 随着亚远经委会与"科伦坡计划"组织机构联系的持续深化，"科伦坡计划成员"逐渐积极参与亚远经委会框架内的区域活动。② "湄公河计划"就是最重要的案例。亚远经委会的深度"亚洲化"及其区域合作的务实化为湄公委员会（湄委会）的创建和"湄公河计划"的启动提供了稳定而持续的组织框架和经验基础。

二 湄委会的创建与"湄公河计划"的启动

"湄公河计划"是亚远经委会区域合作实践进程中孕育并成长起来的东南亚及整个亚洲区域开发的首个国际合作机制③和联合国组织主持启动

---

① United Nation, "ECAFE Annual Report to the Economic Social Council (20 March 1959 – 21 March 1960)," ECOSOC, Document E/3340 – E/CN.11/530, 21 March 1960, p. 27, https://documents-dds-ny.un.org/doc/UNDOC/GEN/B09/129/2x/pdf/B091292.pdf? OpenElement; United Nation, "ECAFE Annual Report to the Economic Social Council (22 March 1960 – 20 March 1961)," ECOSOC, Document E/3466 – E/CN.11/564, 20 March 1961, p. 34, https://documents-ddsy.un.org/doc/UNDOC/GEN/B09/129/0x/pdf/B091290.pdf? OpenElement.

② Ikuto Yamaguchi, "The Development and Activities of the Economic Commission for Asia and the Far East (ECAFE), 1947 – 65," in Shigeru Akita, Gerold Krozewski, et al., eds., *The Transformation of the International Order of Asia: Decolonization, the Cold War, and the Colombo Plan*, New York: Routledge, 2015, p. 95.

③ 本书所言"湄公河计划"特指 1957 年至 1975 年由亚远经委会和下湄公河流域协调调查委员会（The Committee for Coordination of Investigations of the Lower Mekong Basin，简称"湄委会"）共同负责实施的，涉及泰国、南越、老挝和柬埔寨四个湄公河流域国家的"下湄公河流域开发计划"。这一阶段亦是"湄公河计划"区域合作性质最显著、区域机制自主性和独立性最强有力的时期，是湄公河开发机制起源与发展的"黄金时期"。参见 Tuyet L. Cosslett and Patrick D. Cosslett, *Water Resources and Food Security in the Vietnam Mekong Delta*, New York: Springer, 2014, pp. 99 – 167; Greg Browder and Leonard Ortolano, "The Evolution of an International Water Resources Management Regime in the Mekong River Basin," *Natural Resources Journal*, Vol. 40, No. 3, 2000, pp. 499 – 531; Jeffrey W. Jacobs, "Mekong Committee History and Lessons for River Basin Development," *The Geographical Journal*, Vol. 161, No. 2, 1995, pp. 135 – 148; Satoru Akiba, "Evolution and Demise of the Tennessee Valley Authority Style Regional Development Scheme in the Lower Mekong River Basin, 1951 to the 1990s: The First Asian Initiative to Pursue an Opportunity for Economic Integration," *Waseda Business & Economic Studies*, Vol. 46, 2010, pp. 77 – 98；郑先武：《亚远经委会区域合作实践与"亚洲方式"初创》，《世界经济与政治》2016 年第 12 期，第 39 页。

的"首个大型的多国的和多目标开发计划"①,以及亚洲区域特定领域务实合作的"最重要的实例"和亚洲河流盆地规划与开发"大规模的努力之一"②。作为一种以水资源综合治理为核心议题的区域合作实践,它缘起于亚远经委会防洪局所推动的区域防洪合作。亚远经委会成立不久,当时困扰着众多亚洲国家尤其是东南亚国家的洪水问题便进入其所推动的区域合作视野。按照亚远经委会的决定,防洪局启动后将亚洲区域主要是东南亚南亚区域的防洪问题作为工作的第一要务。这亦是亚远经委会推动的亚洲区域合作务实行动的开始,而湄公河流域防洪和水资源的联合开发便是这一务实行动的"最重要努力"③。

1951年1月,防洪局按照亚远经委会原有的安排,在新德里举行第二次防洪区域技术会议。在会议上,与会专家们评估了该区域内各成员所推行的各种防洪措施,讨论和分析了它们的优缺点,并进一步根据区域各成员的经济发展状况提出相应的建议与意见,包括进一步研究联合防洪的特定问题。此次会议认为,防洪与水资源开发对于区域内国家的经济发展同样重要,虽然防洪合作是统一河流开发的基础,但绝不能与后者相剥离。此次会议就防洪问题达成一些基本原则,包括防洪及其具体问题是整体的河流盆地联合开发不可分割的组成部分,以及防洪和水资源利用对各国经济发展至关重要等。同时,防洪局启动调查和促进防洪及河流盆地多目标开发的工作计划。防洪局汇总这些专家建议,以"亚洲及远东防洪方法及其问题"为题出版"防洪专辑"。这是亚远经委会防洪局成立以来首次提出将防洪问题纳入河流开发的整体框架之中,并将整个亚洲区域的水问题与国家的经济发展建设联系到一起。1951年3月,在巴基斯坦拉合尔召开的亚远经委会第七届年度会议确定了区域内国际河流开发国际合作的基本原则,即仅选择将流经两个或

---

① United Nation, "United Nation Development Decade: Proposals for Action, Annexes II, The Mekong River Project," Report of the Secretary-General, United Nation, Document E3613, New York, 1 January 1962, p. 123, https://documents-dds-ny.un.org/doc/UNDOC/GEN/N62/115/49/pdf/N6211549.pdf?OpenElement.

② Jeffrey W. Jacobs, "Mekong Committee History and Lessons for River Basin Development," *The Geographical Journal*, Vol. 161, No. 2, 1995, p. 139.

③ Lalita P. Singh, *The Politics of Economic Cooperation in Asia: A Study of Asian International Organizations*, Columbia: University of Missouri Press, 1966, p. 127.

更多成员国的国际河流纳入防洪局的区域治理范围之中;同时尽量避开成员国间的领土争端和政治纷争。在国际河流选择过程中,专家们将布拉马普特拉河、恒河、印度河、湄公河、红河、萨尔温江等纳入备选名单,湄公河因其相对大的规模和沿岸发生洪灾的严重性及避开政治纠纷的需要等,最终被确定作为防洪及促进河流盆地开发的首要目标。专家们建议启动下湄公河流域技术研究和初步的实地调查作为促进防洪及河流盆地开发的国际行动的第一步。该动议得到柬埔寨、老挝、泰国、南越四个沿岸成员国(简称"四流域成员国")的同意。[①] 自此,在亚远经委会的领导下,下湄公河流域开发的区域合作正式走上了历史舞台。这也是现代意义上的湄公河或澜沧江—湄公河区域合作(简称"澜湄区域合作")的肇始。

亚远经委会实施下湄公河实地调查的决定事实上开启了"湄公河计划"区域合作实践进程。沈怡称之为"湄公河水利发展计划"。沈怡及其领导的防洪局在该计划的推出和实施过程中发挥了关键作用。据沈怡自述,该计划是他与各方交换意见并协商一致后做出的决定,并最终得到流域四成员国的共同合作,这"不能不算是一大成功"。此前,法国工程师们对湄公河曾做了一些有关雨量、地形和空中摄影的实测;泰国方面也对流经老挝边界的部分河段做过相同的研究和测量,但在1951年防洪局开始推动"湄公河计划"之前,湄公河事实上从未为人所重视。[②] 随后不久,亚远经委会防洪局便开展了对湄公河的调查工作。亚远经委会防洪局在四流域成员国的共同支持下,派遣来自中国的2名工程师和泰国、柬埔寨的3名专家一起对湄公河流域进行首次系统的实地调查。这项调查在与老挝、泰国、柬埔寨与越南接壤的部分湄公河流域进行,研究内

[①] 参见 United Nation, "ECAFE Annual Report to the Economic Social Council (29 January – 8 February 1952)," ECOSOC, Document E/2171 – E/CN. 11/342, 19 March 1952, pp. 8 – 9, https://documents-dds-y. un. org/doc/UNDOC/GEN/B09/128/7x/pdf/B091287. pdf? OpenElement; Nguyen Thi Dieu, The Mekong River and The Struggle for Indochina: Water, War and Peace, Westport, Connecticut: Praeger Publishers, 1999, p. 52; Kenneth. M. Friesen, "Damming the Mekong: Plans and Paradigms for Developingthe River Basin from 1951 – 1995," Ph. D. Dissertation, American University, 1999, pp. 74 – 75; Jeffrey Jacobs, "International River Basin Development and Climatic Change: The Lower Mekong of Southeast Asia," Ph. D. Dissertation, Colorado University, 1992, pp. 111 – 113.

[②] 沈怡:《沈怡自述》,中华书局2016年版,第338—340页。

容包括洪水、洪水预警、防洪及其他与水资源开发相关的事宜。①

在调查结束后,防洪局于1952年5月向亚远经委会及各成员国递交了一份长达18页的下湄公河流域调查报告,即《湄公河国际河流防洪及水资源开发技术问题的初步报告》(The Preliminary Report on Technical Problems Relating to Flood Control and Water Resources Development of The Mekong—An International River,简称"1952年防洪局报告")。该报告提出了湄公河流域防洪的具体方法,指出其具有丰富的电力、灌溉和航行等资源,建议就这些资源进行更详细的调查。该报告指出提升万象和巴色之间长达800公里的老挝—泰国湄公河共有边界地带的开发灌溉、水能利用和航行能力的可能性。这份报告特别指出,泰国东北部开发的关键是建造巴蒙(Pa Mong)大坝,以用于灌溉和电力生产。该报告还指出,如果在柬埔寨—老挝边界靠北的孔恩瀑布(Khone Falls)和柬埔寨的松博(Sambor)建造两座或更多的大坝将有助于电力生产和灌溉的改善,并建议针对此需求进行大规模研究。这些建议得到四流域成员国的热烈赞同。从此,对湄公河流域防洪问题的专业研究拓展到河流盆地多目标开发(multiple-purpose river basin development)潜力的综合性调查上。② 1952年防洪局报告的基调是乐观的,因而在亚远经委会及各成员国政府间获得了极大反响,成为日后湄公河流域开发所使用的重要的基础性报告。因此,这次实地调查既是亚远经委会防洪局成立以来对湄公河水资源进行的首次系统性调查,又是亚远经委会推动的国际河流整体开发的真正启幕。③

---

① 参见 Hiroshi Hori, *The Mekong: Environment and Development*, Tokyo: United Nations University Press, 2000, pp. 93 – 94; David Ekbladh, *The Great American Mission: Modernization and the Construction of an American World Order*, Princeton, New Jersey: Princeton University Press, 2010, p. 204.

② David Wightman, *Toward Economic Cooperation in Asia: The United Nations Economic Commission for Asia and the Far East*, New Haven: Yale University Press, 1963, pp. 185 – 186; Hiroshi Hori, *The Mekong: Environment and Development*, Tokyo: United Nations University Press, 2000, p. 94; United Nation, "ECAFE Annual Report to the Economic Social Council (9 February 1952 – 14 February 1953)," ECOSOC, Document E/2374, 2 March 1953, pp. 8 – 9, https: //documents-dds-ny. un. org/doc/UNDOC/GEN/B09/128/6x/pdf/B091286. pdf? OpenElement.

③ Victor J. Croizat, "The Mekong River Development Project: Some Geographical, Historical and Political Considerations," Paper P – 3616, Santa Monica, California: Rand Corporation, June 1967, pp. 2, 33.

1953年初，亚远经委会防洪局改名为防洪与水资源开发局（The Bureau of Flood Control and Water Resources Development，简称"防洪开发局"）。这预示着防洪开发局在亚远经委会的领导下将承担更多的关于水资源开发的任务，而湄公河流域进一步实地调查便是其中的首要任务。1953年2月至1954年2月，防洪开发局一边按国别对水资源进行调查，一边就国际河流进行防洪与水资源开发工作。其间，防洪开发局与联合国粮食与农业组织、世界卫生组织等合作，对缅甸、锡兰、中国台湾、印度、日本、老挝、菲律宾、泰国、柬埔寨、越南、印度尼西亚与巴基斯坦的水资源情况进行了实地调查，并形成了长达1000多页的详细报告。防洪开发局的最终目标是就区域内的流域情况形成一份翔实、准确、全面研究的报告。与此同时，防洪开发局继续沿泰老边界对湄公河进行调查，考察是否有可能将河流的潜在资源用于灌溉、水能开发与航行；地形地图与水文数据已经从各渠道收集并分析完毕；一份关于是否可能将湄公河分流水资源用于灌溉泰国北部土地的前期研究报告业已出炉。但是，进一步的实地考察不能在旱季进行。因此，亚远经委会在提交给经社理事会的年度报告中表示，只能期望与各成员国政府共同合作，以便在1954—1955年完成对湄公河的进一步实地调查。[①] 实际上，1953—1954年，亚远经委会领导下的防洪开发局对湄公河实地调查步伐的放缓并非单纯因为天气原因。受印度支那战事的影响，越南、老挝和柬埔寨三国无暇顾及湄公河开发，而战争对湄公河沿岸所带来的安全影响也不利于防洪开发局专家进行实地调查。只有局势相对稳定的泰国于1953—1954年协助防洪开发局就湄公河分流水资源用于灌溉泰国北部地区的情况予以调查。[②] 这样，直到日内瓦会议开幕及签署《日内瓦协议》，这场战争终结后，湄公河开发的务实合作方才比较顺利地展开。

1954年2月，在锡兰康提召开的亚远经委会第十届年度会议将防洪开发局推动国际河流盆地多目标开发的具体措施列入年度工作优先计划，

[①] United Nations, "ECAFE Annual Report to the Economic Social Council (15 February 1953 - 18 February 1954)," ECOSOC, Document E/2553, March 1954, p. 11, https://documents-dds-ny.un.org/doc/UNDOC/GEN/B09/128/5x/pdf/B091285.pdf?OpenElement.

[②] Nguyen Thi Dieu, *The Mekong River and The Struggle for Indochina: Water, War and Peace*, Westport, Connecticut: Praeger Publishers, 1999, p. 52.

包括成员国水资源调查、开发规划原则与方法及各类具体计划的详细报告等。1954年5月，依据亚远经委会第十届年度会议通过的年度工作优先计划，防洪开发局在日本东京主持召开了水资源开发区域技术会议（The Regional Technical Meeting on Water Resources Development），专门商讨水资源开发的各种问题，主要包括：开发计划的合法化标准；河流盆地"多目标"开发规划措施；河流盆地开发有效实施的组织化；水文测量方法、记录和术语标准，等等。这次区域水资源开发技术会议还敦促各成员政府提供足够的资金和其他资源用于水文观测，并着手开展一项水文测量综合计划，包括对水文学者的培训，并请秘书处开展研究，以确定该区域缺失的主要水文数据。当年，应印度尼西亚政府的要求，对位于该国东爪哇的布兰塔斯河流域（The Brantas river basin）防洪计划进行了审查。该局的意见和建议均被政府所采纳。1955年3月，在东京召开的亚远经委会第十一届年度会议接受防洪开发局和水资源开发区域技术会议关于"河流盆地目标开发"和"水文测量方法与记录标准"的建议文件，支持防洪开发局实施湄公河流域深度勘测计划。[①]

此时，随着东南亚条约组织的启动，美国开始积极介入东南亚区域事务，在经济和技术援助上也变得日益积极。美国决策层热切希望加入东南亚的发展进程，而湄公河区域被看作现代化的最后"边疆"。实际上，形成于美国"新政"时期的田纳西流域管理局模式（简称"田纳西模式"，）在二战后美国关于"第三世界"发展问题的勾画中扮演着重要角色。"田纳西模式"实行大规模多目标开发、配合以地方分权和基层民主为原则的地方负责制，注重私营实业和非政府集团参与、推行区域主义和反对政治干涉等，被视作采用新方式利用流域内资源发展实业，并在联邦政府与地方政府间以协商程序开展全面整体计划的成功例证。基于此，作为"田纳西模式"下的一项普遍的开发内容，建造大坝和控制河流等宏大的工程，被视为"第三世界"通过发展、民主、持久和平与现代化走上繁荣的途径和象征。这正如主政田纳西流域管理局事务多年

[①] United Nations, "ECAFE Annual Report to the Economic and Social Council (19 February 1954 – 7 April 1955)," ECOSOC, Document E/2712 – E/CN. ll/407, 19 April 1955, pp. 11 – 12, 25, https：// documents-dds-ny. un. org/doc/UNDOC/GEN/N55/004/19/pdf/N5500419. pdf？OpenElement.

的大卫·利连索尔（David E. Lilienthal）所言："田纳西模式已被认为是人类才能的象征。它所创造建树的，不是为战争和死亡，而是为和平与生命。"在冷战背景下，"田纳西模式"被视为代表着一种广泛的经济和社会发展的自由主义解决路径，成为替代世界性大战而保障和拓展美国主导的自由秩序的一种工具。[1] 而此时的下湄公河区域已经处于冷战的前沿地带，在该流域的老挝、泰国、柬埔寨和越南等国家修改大坝等基础设施建设不仅被视为经济增长的驱动力，亦被看作确保这些国家沿着"自由主义"方向发展的重要手段。美国希望通过倡导一个类似于"田纳西模式"的开发计划，在湄公河区域复制"田纳西模式"的成功经验，既能够帮助平息湄公河区域发生的冲突，又可以确保国际社会相信美国参与该事务的积极作用。这样，"田纳西模式"被美国作为抑制东南亚动荡形势的政策措施的一部分应用到了湄公河流域，试图通过修建大坝和开发水电等河流项目控制湄公河开发计划，以重塑东南亚地缘政治图景。[2]

在区域层次，下湄公河流域水资源开发利用需求十分强烈。据统计，当时该流域约1500万人口年均收入增长不到3%；流域四成员国总人口为4500万人，其年均纯现金收入不到100美元；流域四成员国80%的人口是农民，在下湄公河流域这个比例更高；而这些农民绝大部分依赖于雨季农业收成。另据统计，当时下湄公河流域可耕地总面积约为570万公顷，只有0.6%的水资源正被利用，而可灌溉土地总面积仅为15.3万公顷。因此，流域四成员国政府尽可能通过灌溉和施肥获取一年两熟的农业收成。从能源方面来看，由于丰富的水资源很难被利用，这些国家需要花费大量外汇购买用于火力发电的柴油和原油。据估算，人们希望整

---

[1] 参见［美］大卫·利连索尔《民主与大坝：美国田纳西流域管理局实录》，徐仲航译，上海社会科学院出版社2016年版，第131—174、187—189、215—217 页；孙建党《美国20世纪非殖民化政策研究：以东南亚为个案》，中国社会科学出版社2020年版，第486—489 页；Ekbladh, David, *The Great American Mission: Modernization and the Construction of an American World Order*, Princeton, New Jersey: Princeton University Press, 2010, pp. 8–9.

[2] 参见孙建党《美国20世纪非殖民化政策研究：以东南亚为个案》，中国社会科学出版社2020年版，第486—491 页；Ekbladh, David, *The Great American Mission: Modernization and the Construction of an American World Order*, Princeton, New Jersey: Princeton University Press, 2010, pp. 9–10.

个下湄公河流域开发可增加 430 万公顷可灌溉土地和 2400 万 kW 水力发电。在国家层次，新独立的越南、老挝与柬埔寨开始寻求外部经济援助，且因为不同的发展方式与利益取向而形成了各异的开发需求。柬埔寨与泰国东北部需要通过水资源供给以保证灌溉及粮食的自给自足；老挝需要通过水力发电赚取更多外汇；越南的主要需求是降低湄公河三角洲的洪水灾害，并通过水资源供给提升旱季粮食产量与海外出口。柬埔寨、越南、老挝与泰国一致希望美国对它们的经济发展提供援助。1952 年防洪局报告出台后，四国积极谋求美国组织实施对湄公河流域的进一步研究。[①] 东南亚整体的区域形势有利于湄公河流域的区域合作。这样，湄公河"物质和地理的"与美国"政治和经济的""两架飞机"开始"缠绕在一起"，汇聚成湄公河开发的新的需求和期望，从而为湄公河区域合作注入强大的动力。[②]

在这一背景下，美国为谋求掌握湄公河流域区域开发主导权而避开亚远经委会率先行动。1955 年 8 月，经由派驻在流域四成员国的美国援外使团督促四成员国政府同意并提出申请后，美国国际合作局（U. S. International Cooperation Administration）与四成员国达成展开湄公河流域勘测的协议，并安排隶属于内政部的美国垦务局（The Bureau of Reclamation）组织实施。12 月，美国专家组到达湄公河流域，对沿岸各国的在建项目和坝址进行了实地勘测，并展开基本的水文数据收集研究。1956 年 3 月，该专家组完成一份《美国垦务局下湄公河流域勘测报告》（The Reconnaissance Report-Lower Mekong River Basin，简称"1956 年垦务局报告"）。该报告强调建造诸如巴蒙大坝等干流大坝的重要性和为此目标收集更多有用数据的需要；建议应尽快推动实施有前景的开发计划，并草拟了湄公河支流开发项目，详细列出了湄公河干流和支流所有适宜建造大坝的地址，并对各个坝址包括泰国东北部的兰帕北岭（Lam Phra Plering）项目、柬埔寨第二大城市

---

① Hiroshi Hori, *The Mekong: Environment and Development*, Tokyo: United Nations University Press, 2000, pp. 94 – 96.

② Nguyen Thi Dieu, *The Mekong River and The Struggle for Indochina: Water, War and Peace*, Westport, Connecticut: Praeger Publishers, 1999, xv.

马德望（Battam Bang）附近的波威（Bovel）灌溉项目在内的发电潜力进行了综合评估；该报告还强调需要建设一些小规模项目，包括越南湄公河三角洲的浃日江（Tiep Nhut）和安长（An Truong）项目、柬埔寨的钟布雷（Choeung-Prey）项目和泰国东北部的小型水库灌溉项目等。该报告重申需要收集和整理有关湄公河水文、气象条件和地貌、地质特性等基本信息。该报告还就湄公河开发提出了逐国双边合作方式。但当美国试图召集流域四成员国开会讨论和履行该报告建议时，不愿受美国支配的柬埔寨拒绝与会。[①]

与此相比，亚远经委会领导的湄公河流域实地勘测虽启动稍晚，但进展更为顺利。1956年2月，在印度班加罗尔举行的亚远经委会第十二届年度会议上，该委员会秘书处汇报了湄公河调查工作的进展情况。据悉，该秘书处已就流域综合开发中有关流域项目的规划、执行和运营的组织形式问题进行了研究；在编写逐国水资源发展调查时，已收集了关于几个成员国的组织模式的资料，并已开始对各种组织形式进行比较研究，以尽快落实湄公河相关计划。这次会议根据经济及社会理事会对水资源开发国际合作的决议，决定组建由世界著名专家组成的专家小组，在联合国秘书处的协助下，对下湄公河流域总体开发的行政、经济和社会的影响进行评估，并由设在联合国总部的经济及社会事务部进行协商，以确保适当的协调。[②] 随后，亚远经委会秘书处组织了一支由该秘书处三位专家和来自印度、日本和法国的四名特别顾问组成的七人专家团队，并于当年4—5月与流域四成员国保持密切合作，对湄公河流域进行实地调查。他们主要勘察了湄公河的各条干流，并对河流存在的水力发电和

[①] David Wightman, *Toward Economic Cooperation in Asia: The United Nations Economic Commission for Asia and the Far East*, New Haven: Yale University Press, 1963, pp. 186-187; Nguyen Thi Dieu, *The Mekong River and the Struggle for Indochina: Water, War and Peace*, Westport, Connecticut: Praeger Publishers, 1999, pp. 52-53; Hiroshi Hori, *The Mekong: Environment and Development*, Tokyo: United Nations University Press, 2000, pp. 94-95; 孙建党:《冷战前期美国对东南亚的援助政策变化：以湄公河大坝建设为视角》, 载《南洋问题研究》2016年第1期，第35页。

[②] United Nation, "ECAFE Annual Report to the Economic Social Council (15 February 1956-28 March 1957)," ECOSOC, Document E/2959-E/CN.11/454, 8 May 1957, p. 18, https://documents-dds-ny.un.org/doc/UNDOC/GEN/B09/128/3x/pdf/B091283.pdf?OpenElement.

灌溉潜力进行了一系列研究。1956 年末,亚远经委会秘书处正式完成一份《下湄公河流域水资源开发》(The Development of Water Resources in the Lower Mekong Basin)报告。①

这份报告部分吸纳了1956年垦务局报告的资料和建议,提供了湄公河基本的水文数据,评估了水电的潜力,详细描述了五个可能的湄公河干流大坝计划,并建议了特别适合联合开发的五个大坝地点,包括泰老国际河界万象上游的巴蒙、万象与金边国际河界中段的肯马拉(Khemarat)、柬老边界靠北的孔恩瀑布、柬埔寨的松博和金边靠北的洞里萨湖(Tonle Sap)等。据这份报告估算,巴蒙大坝发电装机容量将有25万 kW、最低输出功率为1.9万kW,灌溉水量达100立方米/秒;肯马拉大坝发电最低输出功率预计为58.5万kW(或36万kW)、水库有效储水量达50亿立方米;孔恩瀑布大坝发电装机容量预计达32万kW、最低输出功率为26.5万kW;松博大坝预计最低输出功率为23.5万kW、灌溉能力将达10万公顷(ha)土地;洞里萨湖大坝预计灌溉能力至少达600万公顷土地。该报告指出,湄公河及其沿岸可种植土地面积的利用率尚不到3%,在已种植土地中,超过86%的农作物是水稻。对此,该报告建议可尝试种植其他农作物,以避免生态系统的退化。此外,该报告还建议通过湄公河开发产生足够的水资源以满足必要的种植所需,并借助控洪设施使超过200万公顷的庄稼避免遭受洪水灾害。该报告提出开发需要采用国际管理和国际方法,亦即各成员国应联合规划、协议开发,甚至数据收集亦必须按共同的标准通过国际组织化展开。该报告认为,湄公河是一个动态且有机的系统,未来应该对干流与支流进行协同开发,并在统一的湄公河开发框架内进行。此外,繁杂的数据收集工作与庞大的开发资金需求都使得多边合作应成为湄公河开发的首选。最后,鉴于湄公河开发涵盖内容广泛,牵涉成员国多,该报告建议需要创建一个国际组织,以便交流信息、协调计划和项目。该组织可以由专家工作组、常设

---

① C. Hart Schaaf and Russell H. Fifield, *The Lower Mekong: Challenge to Cooperation in Southeast Asia*, Princeton: Van Nostrand, 1963, p. 86; Kenneth. M. Friesen, "Damming the Mekong: Plans and Paradigms for Developingthe River Basin from 1951 – 1995," Ph. D. Dissertation, American University, 1999, p. 80.

委员会或相关成员组成，最终推动达成流域开发条约，并建立下湄公河流域开发的永久性机构。①

此后，关于下湄公河流域开发的区域合作明显加速。1957年3月，亚远经委会第十三届年度会议在曼谷举行。亚远经委会防洪开发局提交了两份分别关于防洪及水资源开发领域活动和关于湄公河下游流域水资源开发的报告。此次会议对此给予高度评价，赞扬防洪开发局所做的建设性和有益的工作，并表示赞成该局努力把其资源集中在主要项目上的做法。该委员会接受了防洪开发局多目标开发和设立新机构的建议，认为关于建造土方工程所采用的方法和关于水文数据不足之处的研究是十分有用的，并表示希望这些研究能早日完成。会上，南越代表在强调湄公河开发机制的独立性时，还概括了几点开发的基本宗旨：第一，任何合作机构不得降低流入下湄公盆地的水流量，因为那样会导致盐水流入湄公河三角洲地区并威胁到南越的农作物种植；第二，上游的任何水设施不得减少下游的水流量；第三，应该建立一个统一机构对湄公河进行联合开发调查。对此，柬埔寨与泰国代表也就联合开发调查表达了同样的意见。会后，流域四国家发表联合声明表示，湄公河开发此类研究需要由四个成员国继续联合展开，以便决定关于水力发电、航行、灌溉、排水及防洪等多成员国有益的具体措施。流域四成员国支持建立一个负责湄公河开发的独立的统一机构。流域四成员国的这一声明得到亚远经委会的支持。美国、法国、印度和日本代表表示，他们各自的政府愿意提供与进一步研究相关的技术援助。美国代表表示，美国政府正在审议通过亚洲经济发展基金支持流域这些成员国关于下湄公河流域合理项目的协调建议。②

---

① Hiroshi Hori, *The Mekong: Environment and Development*, Tokyo: United Nations University Press, 2000, pp. 96 – 102; C. Hart Schaaf and Russell H. Fifield, *The Lower Mekong: Challenge to Cooperation in Southeast Asia*, Princeton: Van Nostrand, 1963, pp. 86 – 88; Nguyen Thi Dieu, *The Mekong River and The Struggle for Indochina: Water, War and Peace*, Westport, Connecticut: Praeger Publishers, 1999, pp. 53 – 54.

② United Nation, "ECAFE Annual Report to the Economic Social Council (15 February 1956 – 28 March 1957)," ECOSOC, Document E/CN. 11/454 – E/2959, 8 May 1957, p. 37, https://documents-dds-ny. un. org/doc/UNDOC/GEN/B09/128/3x/pdf/B091283. pdf? OpenElement; Tuyet L. Cosslett and Patrick D. Cosslett, *Water Resources and Food Security in the Vietnam Mekong Delta*, New York: Springer, 2014, pp. 103 – 104.

随即，亚远经委会决定组织召开一个专家会议，就是否组建一个协调及统一行动机构进行磋商。1957年5月，来自四成员国的专家在曼谷举行会议，建议流域四成员国政府创建一个由四成员国代表组成、在亚远经委会领导及其秘书处服务下运行的协调委员会。这次会议还认为，对1956年秘书处报告中提到的湄公河上几个最有可能实现坝站建设选址的实地调查应尽快开始，并建议流域四成员国一起向联合国提出技术援助请求，并请求秘书长将湄公河开发计划列入亚远经委会区域计划向联合国技术援助管理部（The United Nations Technical Assistance Administration，TAA）请求援助的名单之中，还要求秘书长调查向其他机构与感兴趣国家政府寻求技术援助的可能性。这次会议建议先行成立一个由流域四成员国代表组成的筹备委员会，负责推动协调委员会的创建工作，并请求亚远经委会秘书处准备一个关于该委员会组织机构和权限的草案。当年9月，流域四成员国代表在曼谷举行协调委员会筹备会议。亚远经委会秘书处递交了在联合国法律事务局帮助下拟定的协商委员会"条例草案"。该"条例草案"在与会各方对之加以修改之后获得一致通过，并被定名为"下湄公河流域协调调查委员会条例"。1957年10月31日至11月1日，下湄公河流域协调调查委员会（即湄委会）在柬埔寨金边举行了首次会议，并通过《下湄公河流域协调调查委员会程序规则》，与修改后的《下湄公河流域协调调查委员会条例》并称为《下湄公河流域协调调查委员会条例与程序规则》（The Statute and Rules of Procedure of the Committee for Coordination of Investigations of the Lower Mekong Basin）。湄委会开始正式运行。[1] 这年10月，亚远经委会正式发布其秘书处提交的《下湄公河流域水资源开发》报告（简称"1957年亚远经委会报告"），为湄公河开发规划提供了"概念性框架"，从而成为其区域合作实践"重要的里程碑"[2]。而湄委会的启动代表着该

---

[1] United Nation, "ECAFE Annual Report to the Economic Social Council (29 March 1957 – 15 March 1958)," ECOSOC, Document E/3102 – E/CN. 11/482, 1 May 1958, pp. 16 – 17, 35 – 36, 63 – 64, https://documents-dds-y. un. org/doc/UNDOC/GEN/B09/128/4x/pdf/B091284. pdf? OpenElement; C. Hart Schaaf and Russell H. Fifield, *The Lower Mekong: Challenge to Cooperation in Southeast Asia*, Princeton: Van Nostrand, 1963, pp. 89 – 92.

[2] W. R. Derrick Sewell and Gilbert F. White, "The Lower Mekong: An Experiment in International River Development," *International Conciliation*, No. 558, 1966, pp. 18 – 19.

区域促进国际合作机制演进的"另一个里程碑"①。

随着湄委会的启动和1957年亚远经委会报告的发布,湄公河流域开发正式从防洪开发局下属的子项目演变为一个拥有独立行动主体的东南亚区域多边合作机制。它对外代表成员国政府与各方开展项目,对内凝聚了成员国的共同意志,并接受来自亚远经委会的政策指导与相关机构的专业建议。湄委会的启动被认为是东南亚及东亚区域"本质上体现多边合作概念的首次多边运用"②。自此,在亚远经委会的组织领导和区域内外技术力量的推动下,围绕湄公河形成了技术开发和经济合作的国际意志。这亦标志着"湄公河计划"从谈论走向实质性行动。③ 亚远经委会和湄委会共同领导的"湄公河计划"作为联合国直接介入的国际河流盆地规划与开发"首个持续性工程",代表着国际河流盆地开发的"零的开始"④。

"湄公河计划"启动后,其框架内的区域合作实践的行动范围和程度经历了一个不断拓展和强化的过程,即从制度建设、调查规划拓展到支流和干流开发建设等更强的区域合作以及航道改善、经济与社会等更广泛领域的辅助性措施。⑤ 按照《下湄公河流域协调调查委员会条例与程序规则》的规定,湄委会的主要目标是联合四个成员国,并通过联合国项目与机构、施援国与国际组织的合作来整合下湄公河流盆地的开发工作,开展大型多目的坝站建设工作;其功能是推进、协调、监督和控制下湄公河盆地水资源开发项目的规划与调查。为了达成上述目标,湄委会条

---

① Victor J. Croizat, "The Mekong River Development Project: Some Geographical, Historical and Political Considerations," Paper P – 3616, Santa Monica, California: Rand Corporation, June 1967, p. 35.

② Oliver Hensengerth, *Regionalism in China-Vietnam Relations: Institution-building in the Greater Mekong Subregion*, New York: Routledge, 2010, p. 140.

③ C. Hart Schaaf and Russell H. Fifield, *The Lower Mekong: Challenge to Cooperation in Southeast Asia*, Princeton: Van Nostrand, 1963, p. 92.

④ Jeffrey W. Jacobs, "Mekong Committee History and Lessons for River Basin Development," *The Geographical Journal*, Vol. 161, No. 2, 1995, p. 139.

⑤ 参见 Tuyet L. Cosslett and Patrick D. Cosslett, *Water Resources and Food Security in the Vietnam Mekong Delta*, New York: Springer, 2014, pp. 130 – 131; W. R. Derrick Sewell and Gilbert F. White, "The Lower Mekong: An Experiment in International River Development," *International Conciliation*, No. 558, 1966, pp. 18 – 51.

例规则主要对湄公河开发机制的主体,即湄公委员会的功能定位、机构设置与职权关系做了规定。湄委会条例与程序规则规定,湄公委员会的任务包括:向参与成员国政府准备并提交实施的协作、研究与调查的计划;代表参与成员国政府为特殊的经济与技术援助提出请求,并且接收和管理可能由联合国技术援助计划、特设机构与友好政府提供的类似经济与技术援助;起草并向各国政府建议干流水资源利用计划,以达到水资源开发的目的;代表参与成员国政府雇用人员协助委员会履行上述功能。"湄公河计划"的制度建设是逐步完善和加强的。该条例与程序规则规定,湄委会是拥有自己决策权、行动权和财务预算的政府间组织,由流域四成员国政府各任命一位全权代表组成,具体负责下湄公河流域水资源开发计划的调查规划的促进、协调、监督和控制工作;该委员会主席由四成员国代表轮流担任,任期一年。湄委会虽不是亚远经委会的附属机构,但依照有关制度安排,亚远经委会拥有法律保障的对该委员会的指导地位,包括与之合作履行后者的功能;亚远经委会执行秘书长及其代表可以参加湄委会的所有会议,并有权就有关问题发表口头或书面声明;湄委会应同时向流域四成员国政府和亚远经委会递交年度报告,并由亚远经委会秘书处提供服务,包括会议邀请、准备会议文件、主持会议和会议记录等。[①]

1958年12月,为加强"湄公河计划"的管理和协作,湄委会决定任命一个代表该委员会在日常工作的细节方面做出决定的执行代理人(The Executive Agent),在曼谷亚远经委会驻地设立由技术专家和管理人员组成的小办公室,即湄公河秘书处,为其配备必要的辅助性管理人员;执行代理人负责日常决策、信息收集与管理及与援助机构和国际机构的沟通事宜,但其政策事务仍受亚远经委会执行秘书长的指导,并由亚远经委会秘书处提供技术和行政服务。同一年,在湄委会建议下,联合国技术援助管理局任命了由国际知名技术专家组成的

[①] United Nation, "ECAFE Annual Report to the Economic Social Council (29 March 1957 – 15 March 1958)," ECOSOC, Document E/3102 – E/CN.11/482, 1 May 1958, pp. 63 – 64, https://documents-dds-y.un.org/doc/UNDOC/GEN/B09/128/4x/pdf/B091284.pdf? OpenElement; C. Hart Schaaf and Russell H. Fifield, *The Lower Mekong: Challenge to Cooperation in Southeast Asia*, Princeton: Van Nostrand, 1963, pp. 89 – 92.

顾问委员会（The Advisory Board），以帮助湄委会行政负责人及其办公室对调查规划进展情况进行评估。最初，顾问委员会由三名国际技术专家组成，1960年和1961年又增加两名经济专家。联合国技术援助局与该计划保持紧密联系。该局在曼谷的区域代表与在柬埔寨、南越和老挝的代表协助同流域成员国政府就技术援助和特别基金事项进行政策谈判。他们还向亚远经委会成员和执行代理人提供行政援助。此外，每个成员国政府都建立了各自的国家级湄委会，负责湄委会与各成员国之间的沟通联系，主要是在各成员国区域政策框架内参与湄委会的工作计划，并就湄公河秘书处后续工作的进展提供咨询和评估，以便对接湄委会的工作任务和目标。这样，"湄公河计划"形成了以湄委会为行动主体，以亚远经委会及其机构为政策指导，以顾问委员会为技术支撑，以执行代理人为"总管理人"的制度架构，显示出其既对流域成员国又对亚远经委会及联合国负责的组织双重性。[①] 这表明，作为一个常设性国际组织，湄委会不仅仅是一个咨询机构或议事集团，它还是一个由四个成员国全权代表组成的拥有做出并履行决定权力的正式的区域组织，具有一定的自主性。更重要的是，湄委会职能的不断扩大并超越原有目标的动态特性使之实现了从会议类型的结构向具有构建机构和获取国际法人资格的国际组织初期类型的转变，从而为最初阶段湄公河区域国际机制的创建提供便利条件。湄委会由此被看作继联合国和亚远经委会分别代表的第一代和第二代国际组织之后出现的一种新型的"第三代国际组织"[②]。

---

① 参见 W. R. Derrick Sewell and Gilbert F. White, "The Lower Mekong: An Experiment in International River Development," *International Conciliation*, No. 558, 1966, pp. 31 - 32; David Wightman, *Toward Economic Cooperation in Asia: The United Nations Economic Commission for Asia and the Far East*, New Haven: Yale University Press, 1963, pp. 194 - 195; Ti Le-Huu and Lien Nguyen-Duc, "Mekong Case Study," UNESCO, IHP-VI, Technical Documents in Hydrology, PCCP Series, No. 10, 2001 - 2003, pp. 29 - 30; Nguyen Thi Dieu, *The Mekong River and the Struggle for Indochina: Water, War and Peace*, Westport, Connecticut: Praeger Publishers, 1999, pp. 55 - 56; United Nation, "ECAFE Annual Report to the Economic Social Council (22 March 1960 - 20 March 1961)," ECOSOC, Document E/3466 - E/CN.11/564, 20 March 1961, p. 23, https://documents-dds-ny.un.org/doc/UNDOC/GEN/B09/129/0x/pdf/B091290.pdf?OpenElement.

② 参见 Somporn Sangchai, *The Mekong Committee: A New Genus of International Organization*, Ph.D Dissertation, Indiana University, 1967, pp. 28 - 31, 139 - 176.

第三章　战后东南亚区域合作的局部成长(1951—1960)　/　595

"湄公河计划"的调查规划工作是与其制度建设同步进行的。截至1960年底，其核心成果主要有两个，即1957年亚远经委会报告和1958年联合国技术援助管理部的《下湄公河流域综合开发研究与调查项目》（简称"1958年联合国报告"）。湄委会成立后即选择1957年亚远经委会报告所建议的巴蒙、肯马拉、孔恩瀑布、松博和洞里萨湖五地大坝点作为进一步详细调查研究的干流大坝建设计划。① 而1958年联合国报告就是这一进一步调查研究的重要成果。

1958年联合国报告是经实地调查所得出的结论性成果。这一实地调查是由湄委会首次会议做出的决定。会上，湄委会接受了法国政府提供的总价值达6000万法郎的资助，同意由联合国技术援助部负责、美国退休将军雷蒙德·惠勒（Raymond A. Wheeler）任主席的联合国调查团（Tthe United Nations Survey Mission）于1957年11月起对下湄公河进行实地调查。联合国调查团于1957年11月中旬在曼谷集合展开实地调查，并于1958年1月底在完成全部调查工作后出台了《下湄公盆地综合开发研究与勘察计划》（The Programme of Studies and Investigations for Comprehensive Development-Lower Mekong Basin）报告，又称"惠勒报告"（The Wheeler Report）。该报告指出湄公河多目标开发的巨大潜力，建议启动一个五年的研究与调查方案，目的是在大约三年之内开始对主要河流的具体项目进行初步规划，并在五年期结束之前对主要支流进行初步规划；然后拟订一份全面的计划，以充分开发湄公河下游流域的水资源；五年期方案的费用总额，估计第一个优先行动为570万美元、第二个优先行动为350万美元，费用总额为920万美元。该报告建议由工程师组成的高级顾问团协助湄委会工作，并提出一系列数据收集的特别建议，主要包括：在干流和主要支流新建水文站、增建气象站；实施航空摄影和地图测绘计划；实施干流水道的测量，以确定需要的航道改进；对重要的支流进行详细调查，以便确定具体的大坝地点；开展渔业、农业、控洪、排水、林业、矿产资源、航行、运输和电力市场等相关的特别研究以及10—20

---

① C. Hart Schaaf and Russell H. Fifield, *The Lower Mekong: Challenge to Cooperation in Southeast Asia*, Princeton: Van Nostrand, 1963, pp. 86 - 88.

年开发对该地区影响的经济评估,等等。[1]

　　1958年2月在曼谷举行的湄委会第二次会议接受了这一报告的结论和建议,决定启动调查规划首个"五年计划"作为湄公河流域开发的务实方法。鉴于在执行该方案方面需要外来援助,湄委会请求联合国在拟议的联合国特别项目基金开始运作时,将该"湄公河计划"列为最高优先事项。湄委会授权亚远经委会执行秘书长代表该委员会与有关政府讨论它们可以提供的援助的范围、形式和方式。与此同时,湄委会集中精力建立水文站点、进行调查和测绘,并由来自联合国及其特设机构的专家利用1958年预期将从联合国技术援助委员会(The United Nations Technical Assistance Board,TAB)获取的总额为20万美元的资金提供服务。当年3月,在吉隆坡召开的亚远经委会第十四届年度会议上,美国代表宣布,美国政府提供一笔200万美元(后来增加到220万美元)的援助,用于基本数据的收集和提供必要的设备和工程服务,使湄委会及时启动研究和调查计划;新西兰代表宣布,该国政府将提供10万美元资助必要的研究和调查。这些资金加上联合国援助机构提供的援助费用已经可以满足"惠勒报告"第一年开发计划的需要。这次会议通过决议,赞同流域四成员国为开发湄公河下游流域已经达成的国际合作及其采取的协调行动,认为下湄公河流域的开发将对促进该区域的经济发展和人类福利做出重大贡献。1958年7月,联合国经社理事会通过决议支持"湄公河计划"的实施。为执行本方案,亚远经委会执行秘书长应湄委会的请求,与有关国家政府、联合国技术援助管理部及联合国特设机构讨论了协助开展湄公河开发研究的路径和方法。加拿大政府派出一名专家来评估航空勘察所涉及的问题,并提交了一份宝贵的报告。联合国及其各特设机构也利用联合国扩大技术援助方案所提供的援助,支持"湄公河计划"。联合国粮农组织派出了一个特派团,沿河流对灌溉、土壤、森林、渔业、

---

[1] United Nation, "ECAFE Annual Report to the Economic Social Council (29 March 1957 – 15 March 1958)," ECOSOC, Document E/3102 – E/CN. 11/482, 1 May 1958, pp. 16 – 17, https://documents-dds-y. un. org/doc/UNDOC/GEN/B09/128/4x/pdf/B091284. pdf? OpenElement; United Nation, "ECAFE Annual Report to the Economic Social Council (16 March 1958 – 19 March 1959)," UNECSO, Document E/3214 – E/CN. 11/506, 1 May 1959, pp. 61 – 62, https://documents-dds-ny. un. org/doc/UNDOC/GEN/B09/129/1x/pdf/B091291. pdf? OpenElement.

作物、牲畜和农业经济进行初步研究。联合国技术援助管理部还派出了一个小组，专注于矿产资源、内陆航运、防洪、电力市场和下游盆地开发的基本经济方面。世界气象组织（The World Meteorological Organization，WMO）派遣了一名专家进行关于水文和气象问题的研究。在湄委会的请求下，联合国技术援助管理部委任了一个由三名成员组成的国际咨询委员会协助展开评估调查，从而使调查计划取得了进一步进展。①

1958年12月，湄委会在曼谷举行特别会议，详细审议湄公河调查计划，对利用法国、新西兰和美国等国提供的援助所涉及的各种行动的协调以及联合国各机构专家的服务给予了特别的重视。一家美国工程公司在美国援助框架内，拟订一项于1959年实施的与水文观测、水准测量和水文测量有关的业务方案。作为联合国调查团建议的一部分，日本政府提出对湄公河的主要支流进行普查；这一普查工作将由一个日本专家小组进行，为期两年，估计费用总额为24万美元，由日本政府承担。湄委会还请求联合国技术援助管理部提供适当的执行代理人和必要的辅助人员的服务，以开展该计划的日常管理工作。1959年初，湄委会举行会议，通过了"五年计划"第一年的业务方案，计划利用法国、新西兰和美国提供的援助，即时启动收集基本数据的工作。与此同时，日本专家小组开始了对支流的普查工作。1959年2—3月，湄委会在万象举行第四届会议，对"湄公河计划"在国际合作精神下迅速取得的进展表示满意，认为这种合作精神既体现在流域成员国之间，又体现在委员会成员国政府和联合国有关机构之间。湄委会赞扬秘书处的斡旋工作，认为这种斡旋使有关各方在这项联合行动中聚在一起。在会议期间，英国政府通知，它将从"科伦坡计划"资金中拨款两万英镑，用于购买发射和气象设备。会后，加拿大政府回复亚远经委会执行秘书长和湄委会的联合请求，同意为第一阶段为期两年的湄公河干

---

① United Nation, "ECAFE Annual Report to the Economic Social Council (29 March 1957 – 15 March 1958)," ECOSOC, Document E/3102 – E/CN. 11/482, 1 May 1958, p. 17, https：//documents-dds-y. un. org/doc/UNDOC/GEN/B09/128/4x/pdf/B091284. pdf？OpenElement；United Nation, "ECAFE Annual Report to the Economic Social Council (16 March 1958 – 19 March 1959)," UNECSO, Document E/3214 – E/CN. 11/506, 1 May 1959, pp. 13, 62 – 63, https：//documents-dds-ny. un. org/doc/UNDOC/GEN/B09/129/1x/pdf/B091291. pdf？OpenElement；"Asian Regional Economic Development and Cooperation Outlined," White House, 11 December 1958, U. S. Declassified Documents Online, https：//link. gale. com/apps/doc/CK2349051959/USDD？u = nju&sid = USDD&xid = 24fe644b.

流调查和测绘提供预期成本 130 万美元。澳大利亚政府同意在未来几年里通过提供价值达 10 万澳元的必要设备、培训或专业技术人员等建设性援助，进一步推进湄公河五年调查计划。这样，最初由亚远经委会秘书处研究推动的湄公河下游流域的调查工作，开始通过一些国家政府、联合国技术援助管理部和联合国技术援助委员会及各特设机构提供的援助得以开展。[1] 自此，"湄公河计划"下的东南亚区域合作进入实质性发展阶段。

1959—1960 年，在亚远经委会的指导和湄委会的持续推动、协调、监督和监控下，下湄公河流域的水资源开发计划的规划和调查工作不断取得新的进展。在援助资金方面，截至 1960 年 3 月，各方承诺的援助资金总额已达 798.96 万美元，已有澳大利亚、加拿大、法国、印度、以色列、日本、新西兰、英国、美国、中国台湾和流域四成员国及五个联合国机构加入其中。在具体行动方面，1959 年 10 月，澳大利亚根据"科伦坡计划"提供的援助，决定启动初步的地质调查，包括在干流上两个有望成为潜在大坝选址的河段进行钻孔作业，其中一条河段位于万象上游的老挝和泰国边界的巴蒙附近，另一条河段位于柬埔寨的松博附近和老挝南端的孔恩瀑布（Khone falls）处。在 1960 年第四季度，由来自澳大利亚雪山水电管理局的九名工程师、地质学家和技术人员组成的团队到达湄公河流域开始这项工作。在鼎盛时期，澳大利亚团队共有 92 名海外技术人员和 172 名来自流域四成员国的技术人员和工人。该团队在 1959 年 6 月完成了所有地面工作，在 1961 年初完成了航空摄影工作，并计划在 1961 年底完成最终测绘工作。1959 年 10 月，加拿大利用"科伦坡计划"的援助资金与湄委会达成正式协议，进行包括航测、地面测量、主要河流及坝址摄影制图及主要支流制图的工作。这项工作与在联合国特别基金援助下对支流进行的调查活动联系起来。从本年度旱季开始，大约 60 名技术人员和行政与技术人员以及来自流域四成员国的劳工参与了这项工作。老挝政府为加拿大团队提供了在万象建立总部的设施。法国提供了水文设备、完成了老挝和泰国巴蒙地区的土壤调查、在洞里萨湖展开为期两年的渔业研究并启动了沉积岩研究，并

---

[1] United Nation, "ECAFE Annual Report to the Economic Social Council (16 March 1958 – 19 March 1959)," UNECSO, Document E/3214 – E/CN. 11/506, 1 May 1959, pp. 13, 33, 63 – 64, 69, https://documents-dds-ny.un.org/doc/UNDOC/GEN/B09/129/1x/pdf/B091291.pdf? OpenElement.

在三角洲地区协助实施了美福（My Phuoc）试点灌溉、排水和土地复垦项目。老挝和泰国启动了一项土壤和土地利用调查，以便于评估其可能受到拟议中的巴蒙项目以及南俄河（Nam Ngum）项目和上南溪河项目（Upper Nam Chee）的影响。印度提供了联合国调查团建议方案中所指定的366只雨量计和一批测量眼镜。伊朗表示愿意为该计划第一年提供25.5万加仑石油产品及飞机、船只和汽车运输等所需物质和设备。新西兰利用"科伦坡计划"援助资金采购四艘24英尺的浅水船和一艘50英尺的测量艇，用于急流地区的作业。英国利用"科伦坡计划"援助资金购买气象设备和两艘50英尺测量艇。①

美国的援助被用于建立一个水文气象站及服务网和从缅甸边境到大海的主要河流的平整和水平控制以及主要水道的水文测量。这些项目还包括提供水文设备、测量站和16艘船。美国在曼谷设立的一个中央办事处和在西贡、金边、巴色、穆达汉（Moukdahan）、万象和琅勃拉邦设立的各控制一组测量站的区域办事处已开始运行。1959年12月，联合国特别基金批准了湄委会关于援助柬埔寨的马德望、老挝的南俄河、泰国的上南溪和南越的上西山河（Upper Se San）四条支流开发的申请。1960年底，日本已完成了两个阶段为期两年的对支流的调查及相关大坝坝址的勘察。日本将参与联合国机构领导的"湄公河计划"下援助发展中国家的国际发展合作作为其战后"实质性推动海外发展的第一步"②。1960年7月，作为最大援助国的美国，在其国家安全委员会的《美国关于大陆东

---

① United Nation, "ECAFE Annual Report to the Economic Social Council (20 March 1959 – 21 March 1960)," ECOSOC, Document E/3340 – E/CN.11/530, 21 March 1960, pp. 16 – 18, https：//documents-dds-ny.un.org/doc/UNDOC/GEN/B09/129/2x/pdf/B091292.pdf? OpenElement; United Nation, "ECAFE Annual Report to the Economic Socia Council (22 March 1960 – 20 March 1961)," ECOSOC, Document E/3466 – E/CN.11/564, 20 March 1961, pp. 21 – 23, https：//documents-dds-ny.un.org/doc/UNDOC/GEN/B09/129/0x/pdf/B091290.pdf? OpenElement.

② United Nation, "ECAFE Annual Report to the Economic Social Council (20 March 1959 – 21 March 1960)," ECOSOC, Document E/3340 – E/CN.11/530, 21 March 1960, pp. 17 – 18, https：//documents-dds-ny.un.org/doc/UNDOC/GEN/B09/129/2x/pdf/B091292.pdf? OpenElement; United Nation, "ECAFE Annual Report to the Economic Socia Council (22 March 1960 – 20 March 1961)," ECOSOC, Document E/3466 – E/CN.11/564, 20 March 1961, pp. 21 – 23, https：//documents-dds-ny.un.org/doc/UNDOC/GEN/B09/129/0x/pdf/B091290.pdf? OpenElement; Hiroshi Hori, *The Mekong: Environment and Development*, Tokyo: United Nations University Press, 2000, pp. 105 – 106.

南亚政策的声明》所确定的"区域行动路线"中，将援助湄公河流域的开发作为"区域合作和相互援助的核心"，以便于促进该区域合作的提升并避免"总体的湄公河区域免受共产党影响或支配"①。"湄公河计划"成为美国东南亚政策中通过推动湄公河区域开发实现其政治目标的重要领域。"湄公河计划"增进下湄公河流域民众福祉和促进"没有其他合作"的流域四成员国政治稳定的潜力业已被广泛接受。② 至此，在东南亚区域内外力量的共同推动下，"湄公河计划"区域合作进程渐入佳境。

---

① United States Department of State, *Foreign Relations of the United States Diplomatic Papers*, 1958 – 1960, Vol. 16: *East Asia-Pacific Region*; *Cambodia*; *Laos*, Washington, D. C. : United States Government Printing Office, 1992, p. 217.

② Victor J. Croizat, "The Mekong River Development Project: Some Geographical, Historical and Political Considerations," Paper P – 3616, Santa Monica, California: Rand Corporation, June 1967, p. 2.

第 四 章

战后东南亚区域合作的分化重组（1961—1967）

  1961—1967年的东南亚区域合作进入一个分化重组的新阶段。一方面，"泛亚洲主义"框架内的跨区域合作出现分化：一支以经济发展等功能性议题为导向的亚远经委会框架内的跨区域合作相对独立地运行，并日益与"太平洋主义"框架内的跨区域合作在核心议题上趋同、在地理范围上交汇，进而推动"湄公河计划"区域合作进入"黄金时期"，并进一步推动区域合作"亚洲方式"的创建和"湄公精神"的孕育；另一支以反霸权主义等政治议题为导向的"亚非主义"转向全球性的不结盟运动，其亚洲底色尤其是对南亚东南亚的核心关注逐渐消退，进而导致东南亚与南亚在地理上分开，其本地区域合作实践走上独立发展道路。这一阶段，在东南亚及亚洲内外力量的共同影响下，东南亚本地区域合作出现分化重组，亦即在亚远经委会指导、湄委会领导的"湄公河计划"的"开放的区域主义"之外，具有排他性的东南亚本地区域合作迅速兴起——从东南亚联盟到马菲印尼联盟创建，直至东盟的诞生，东南亚独立国家终于有能力创建自己的常设性区域政府间组织。另一方面，"太平洋主义"框架内的跨区域合作出现更大程度的分化重组：东南亚条约组织因无力应对老挝危机和越南战争危机而趋向衰落，其框架内的功能性合作与持续发展的"科伦坡计划"和"湄公河计划"在核心议题上趋向重叠，进而推动了亚太理事会和亚洲开发银行等新的跨区域合作机构的创建，新的"亚太主义"区域意识随之兴起，并推动东南亚相关跨区域合作出现"亚太转向"。最终，东南亚区域合作的重心出现"上移"和

"下沉"。前者主要表现为地理范围更大的新的亚太跨区域合作的发展；后者主要表现为地理范围缩小的湄委会和东盟等东南亚次区域合作及新的《英马防务协定》"小多边"跨区域合作的发展。这一演变结果使东南亚国家在东南亚区域合作进程中的角色从依赖性追随者向建设性参与者乃至进取性领导者转变。

第一节 区域合作"亚洲方式"创建和"湄公精神"孕育

19世纪60年代以来，随着亚远经委会亚洲成员的持续增加和美国政府对东南亚尤其是印度支那地区的深度介入，亚远经委会的区域、跨区域合作进一步发展，并推动了区域共有规范"亚洲方式"的初步形成。在亚远经委会的指导和湄委会的推动及美国等大国和其他国际组织的支持下，"湄公河计划"从规划、调查和勘测等前期准备阶段向干支流项目建设的行动阶段转变；其合作议题亦进一步向经济、社会领域拓展；一些鲜明的自身特性逐渐形成，并孕育了以团结、合作为核心内涵的次区域合作"湄公精神"。

一 亚远经委会的区域动议与"亚洲方式"的初创

这一时期，亚远经委会的亚洲区域成员数量继续增多。1962年3月和1963年3月，蒙古国和西萨摩亚相继成为正式成员；1963年9月，马来西亚继承马来亚的正式成员资格、澳大利亚和新西兰被承认为区域成员；1966年3月，新加坡成为正式成员。"亚远"地理范围随之不断拓展。截至1966年，不但原定"亚远"地理范围内的柬埔寨、锡兰、越南、老挝、马来西亚和新加坡及原定地理范围之外的尼泊尔、阿富汗、日本、韩国、伊朗、蒙古国等国相继成为区域成员，而且澳大利亚、新西兰和西萨摩亚等地理临近的非亚洲国家亦被纳入区域成员。亚远经委会的成员总数已达27个，其中区域成员和非区域成员分别为22个和5个；另有文莱和香港两个联系成员。至此，"亚远区域"拓展为西起伊朗东至菲律宾的广大"亚洲区域"，并延伸到"西太平洋区域"，已涵盖除北越之外全部东南亚区域。与此同时，亚远经委会秘书处及其执行秘书长的自主权进一步扩大。这既受其工作人员地理上区域化的影响,又是执行秘书长努力争取的结果。从地理分布上看,在秘书处的工作人员中亚洲人开始就占据多数。随着亚远经委会成员和规模的扩大,这一比例明显扩大。到1962年,秘书处有专业人员71人、普通职员153人,来自21个成员,包括9个非亚洲成员,而来自12个亚洲成员的专业人员和普通职员分别为50人和146人,分别占总数的70.42%和95.42%。这些工作人员虽是国际雇员,但有明显的区域认同感,对该区域的利益有更强烈的关注。亚远经委会已成为殖民大国退出后"亚洲政治新地图"的一种真实反映。[1]

这为亚远经委会提出更为务实的区域合作动议提供了更为有利的制度环境。1961年9月,亚远经委会在曼谷举行了首次亚洲共同体发展会议(The Asian Conference on Community Development)。此次会议建议设立亚远经委会秘书处票据交换所,以收集、评价和传播相关信息和教学材料,包括关于共同体发展和有关主题的视听资料,例如地方政府、工业发展、社会经济管理和共同体发展在传播生育计划资料方面的作用。此次会议建议亚远经委会秘书处任命顾问小组,就方案规划、执行、评价和研究向各成员政府提供技术咨询服务,尤其需要在地方政府治理领域向该区域各成员提供技术援助。此次会议还建议采取有效措施,在区域和成员一级协调国际组织在共同体发展和相关领域的工作。[2] 1962年1月,联合国大会通过决议,鼓励尽快加强区域经济委员会在包括技术援助在内的经济和社会领域对联合国的支持作用。1963年3月,作为执行这一决议的重要步骤,亚远经委会第十九届年会通过决议在曼谷成立"技术援助协作单元",以承担联合国框架内的亚洲技术援助项目。从此,技术援助成为亚远经委会的

---

[1] 参见 Lalita P. Singh, *The Politics of Economic Cooperation in Asia: A Study of Asian International al Organizations*, Columbia: University of Missouri Press, 1966, pp. 27 – 51, 88; David Wightman, *Toward Economic Cooperation in Asia: The United Nations Economic Commission for Asia and the Far East*, New Haven: Yale University Press, 1963, pp. 24 – 36.

[2] United Nation, "ECAFE Annual Report to the Economic Social Council (21 March 1961 – 19 March 1962)," ECOSOC, Document E/3599 – E/CN.11/593, 19 March 1962, p. 24, https://documents-dds-ny.un.org/doc/UNDOC/GEN/B09/129/4x/pdf/B091294.pdf? OpenElement.

一个重要行动议程。① 1962年3月，亚远经委会第十八届年度会议曾接受其执行秘书长的建议，决定在曼谷建立亚洲经济发展与规划研究所（The Asian Institute of Economic Development and Planning），邀请该委员会的正式成员和联系成员支持该研究所，合作提供财政资源、师资、奖学金、教材及设施，以供个案研究之用。② 1963年9月和1964年1月，该研究所举行两次理事会会议，由亚洲7个成员组成，亚远经委会执行秘书长担任理事会主席。1964年1月，亚洲经济发展与规划研究所在泰国外交部挂牌，由泰国政府提供永久办公场所。③

截至1965年3月，经过持续的艰苦争取，亚远经委会启动了经济和社会领域的一系列重要活动，包括收集、整理、分析和评估基本事实和问题；讨论适用国家、区域和联合国行动的建议；对有需求的成员提供咨询服务；促进区域合作尤其是经济发展和贸易领域的合作；组织实施与成员及国际机构相关的特定的区域行动任务等。至此，亚远经委会的合作议题已涵盖亚洲经济形势、经济发展与规划、工业与自然资源、国际贸易、内陆运输与通信、水资源开发、经济发展的社会领域、农业和技术援助等多个领域，并最终在合作议程上成为亚洲自己的区域经济组织。④

这一时期，亚远经委会的区域合作动议进展十分突出的是区域经济协调、区域贸易促进、"亚洲高速公路计划"和"湄公河计划"等。这里

---

① United Nation, "ECAFE Annual Report to the Economic Social Council (20 March 1962 – 18 March 1963)," ECOSOC, Document E/3735 – E/CN. 11/627, 18 March 1963, p. 53, https：//documents-dds-ny. un. org/doc/UNDOC/GEN/B09/129/5x/pdf/B091295. pdf？OpenElement.

② United Nation, "ECAFE Annual Report to the Economic Social Council (21 March 1961 – 19 March 1962)," ECOSOC, Document E/3599 – E/CN. 11/593, 19 March 1962, p. 56, https：//documents-dds-ny. un. org/doc/UNDOC/GEN/B09/129/4x/pdf/B091294. pdf？OpenElement.

③ United Nation, "ECAFE Annual Report to the Economic Social Council (19 March 1963 – 17 March 1964)," ECOSOC, Document E/3876/Rev. 1 – E/CN. 11/662/Rev. 1, 17 March 1964, p. 33, https：//documents-dds-ny. un. org/doc/UNDOC/GEN/B09/129/6x/pdf/B091296. pdf？OpenElement.

④ United Nation, "ECAFE Annual Report to the Economic Social Council (18 March 1964 – 29 March 1965)," ECOSOC, Document E/4005 – E/CN. 11/705, 29 March 1965, pp. 97 – 156, https：//documents-dds-ny. un. org/doc/UNDOC/GEN/B09/129/7x/pdf/B091297. pdf？OpenElement；Lalita P. Singh, *The Politics of Economic Cooperation in Asia: A Study of Asian International Organizations*, Columbia：University of Missouri Press, 1966, pp. 58 – 64.

主要分析前三项区域合作动议的进展情况。首先来看区域经济协调。这一区域合作动议是履行1960年《曼谷协议》的一项重大后续行动。1961年1月，在曼谷召开的亚远经委会贸易委员会会议上，各成员代表认识到在亚洲很难实现"欧洲经验"所显示的诸如经济同盟、关税同盟和自由贸易区等区域经济一体化形态，因而应在亚洲现有政治经济条件下探索和实现更务实和温和的区域经济合作形式的可能性。为此，他们建议成立一个专事相关深度研究的专家工作组，以审视和建议更大的区域经济尤其是贸易领域合作的促进措施。据此，亚远经委会决定成立区域经济合作专家协商小组（The Consultative Group of Experts on Regional Economic Cooperation）。1961年9月，该专家小组在曼谷举行了首次会议，而后走访该区域的一些成员，与有关成员的高层官员进行协商。当年12月，该专家小组再次开会，制定了一份专家报告，建议创建一个"亚洲经济合作组织"（Organization for Asian Economic Cooperation），以便拥有充分的权力履行各成员所确定的各项区域合作举措。1962年3月，亚远经委会第十八届年度会议通过这一建议，并载入会议发布的年度报告。[1]这一建议虽因成员之间的重大分歧而未果，但催生了首届亚洲经济合作部长级会议（The Ministerial Conference on Asian Economic Cooperation）的召开。正是亚远经委会提出的这些重大倡议及其框架内关于亚洲区域经济合作的讨论和争论，最终促使亚洲成员原则上同意"以稳重而务实的方式"商讨和探索亚洲经济一体化的可能性。在二战后初期亚远经委会成员对亚洲区域经济一体化仍普遍持怀疑态度的氛围中，这些动议无疑是一种"重大的进步"[2]。

1963年8—9月，亚远经委会执行秘书长与联合国技术援助局（The Bureau of Technical Assistance Operations，BTAO）合作，开始筹备首届亚

---

[1] United Nation, "ECAFE Annual Report to the Economic Social Council (22 March 1960 – 20 March 1961)," ECOSOC, Document E/3466, p. 13, https://documents-dds-ny.un.org/doc/UNDOC/GEN/B09/129/0x/pdf/B091290.pdf? OpenElement; United Nation, "ECAFE Annual Report to the Economic Social Council (21 March 1961 – 19 March 1962)," ECOSOC, Document E/3599 – E/CN.11/593, 19 March 1962, p. 10, https://documents-dds-ny.un.org/doc/UNDOC/GEN/B09/129/4x/pdf/B091294.pdf? OpenElement.

[2] Lalita P. Singh, *The Politics of Economic Cooperation in Asia: A Study of Asian International Organizations*, Columbia: University of Missouri Press, 1966, pp. 158 – 165.

洲经济合作部长级会议。他们在曼谷召集区域经济合作专家协调小组会议，进行技术调查，并就促进亚远区域经济合作的实际措施提出建议。该专家组由七位对西欧、拉丁美洲和亚远区域经济合作问题具有专业知识的专家组成。该专家组讨论了亚远区域经济合作的理由以及在区域内贸易和发展政策方面合作可以采取的各种形式，并提出一些具体建议，主要包括：通过在全区域基础上减少数量限制和在次区域基础上实行关税和数量优惠来实现贸易自由化；通过政府采购为该区域生产的货物实施特惠待遇；协调工业、采矿和农业投资计划；设立一个区域开发银行，协助为区域项目、合资企业和促进区域内贸易调控资源；鼓励和便利商人更多地参与区域内贸易；在该区域发展商业仲裁设施；鼓励初级商品领域的区域合作；改进和集中利用航运设施，包括建立一条区域航线和亚远经委会各成员在空运方面更密切合作；考虑为执行议定的区域经济合作方案做出行政安排，等等。该专家组建议设立一个亚远经委会成员部长理事会，由一个亚远经委会成员政府官员特别委员会协助，并由秘书处提供服务，以执行区域经济合作各项措施。当年10月，亚远经委会执行秘书长在曼谷召开了一次区域各成员官员参加的筹备会议，要求加快推进区域经济合作。此次会议充分支持区域经济合作专家协调小组提出的建议，并提出具体切实可行的实施措施。这些措施包括：组织一个委员会，在全区域范围内拟订可接受的详细的贸易自由化方案；在次区域开展关于贸易自由化和关税削减的研究；组织特别专家组，研究诸如区域或次区域工业的可行性、拟议的区域开发银行的组织和职能以及建立区域航运公司等问题；通过鼓励实施对区域内生产的货物给予特惠待遇的措施，促进区域间和区域内的贸易；采用合作的科学和技术研究，降低生产成本和开发该地区产品的新用途，等等。[①]

1963年12月，首届亚洲经济合作部长级会议（又称"亚洲经济合作特别会议"）在马尼拉举行，阿富汗、澳大利亚、缅甸、锡兰、印度、印

---

① United Nation, "ECAFE Annual Report to the Economic Social Council (19 March 1963 – 17 March 1964)," ECOSOC, Document E/3876/Rev. 1 – E/CN. 11/662/Rev. 1, 17 March 1964, pp. 20 – 21, https://documents-dds-ny. un. org/doc/UNDOC/GEN/B09/129/6x/pdf/B091296. pdf? OpenElement.

度尼西亚、伊朗、日本、韩国、老挝、蒙古国、尼泊尔、新西兰、巴基斯坦、菲律宾、南越、泰国、西萨摩亚、中国台湾及文莱和香港等19个成员和2个联系成员的内阁部长和政府高级官员参加了会议，目的是制定和采取促进贸易和工业发展的积极措施。这次经济合作部长级会议根据预备会议的报告和专家组报告，审视了各种特定措施的可行性，包括贸易自由化、减少和消除关税及其他贸易壁垒、主要出口商品价格稳定在合理水平、建立区域或次区域产业和亚洲开发银行、航线和航运运费合理化，利用政府采购促进和扩大区域内贸易等。此次会议通过了一项决议，该决议概述了区域经济合作的具体目标，并决定就特定案例进行技术调查和咨询。这次部长级会议敦促各成员政府采取适当措施促进国际贸易，并为实现这一目标提供适当的机制。部长级会议还通过了一项决议，该决议确定各成员在联合国贸易与发展会议（The United Nations Conference on Trade and Development）上就共同关心的问题在该区域各成员之间进行协商，谋求采取协调一致行动。[1]

而后，作为履行首届亚洲经济合作部长级会议后续行动的一个重要成果就是亚洲首个区域开发银行——亚洲开发银行的筹建。亚洲开发银行作为继亚远经委会之后着眼于整个亚洲的另一个永久性区域政府间组织，成为推动东南亚及整个亚洲区域经济合作与发展的又一个重大步骤。因此，首届亚洲经济合作会议主席菲律宾工商部长科尔内略·巴尔马塞达（Cornelio Balmaceda）在会议开幕致辞中表示，这次会议是亚洲成员在经济发展方面采取合作行动的"一座重要里程碑"。就此，吴纽发表声明称，尽管亚远区域各国所面临的政治分歧和困难严重阻碍了区域经济合作努力的进展，但亚远经委会为该区域各成员拟订和执行互利的区域经济合作方案提供了"一种区域框架或机制"[2]。另一个重要成果是，1966年11—12月，亚远经委会主持召开

---

[1] United Nation, "ECAFE Annual Report to the Economic Social Council (19 March 1963 – 17 March 1964)," ECOSOC, Document E/3876/Rev. 1 – E/CN. 11/662/Rev. 1, 17 March 1964, pp. 21 – 22, https://documents-dds-ny. un. org/doc/UNDOC/GEN/B09/129/6x/pdf/B091296. pdf? OpenElement.

[2] United Nation, "Report of the Ministerial Conference on Asian Economic Cooperation," ECOSOC, Document E/CN. 11/641, 6 January 1964, pp. 24, 35, https://documents-dds-ny. un. org/doc/UNDOC/GEN/B14/100/82/pdf/B1410082. pdf? OpenElement.

了由各成员规划专家参加的首次关于该区域成员发展计划的区域协商会议，并将之作为走上区域经济合作的重要步骤。与会专家认为，鉴于该区域地理范围和社会文化多样性及政治经济的复杂性，应在次区域层次启动该区域的规划协调。他们评估了东南亚联盟的组织结构及其在区域发展合作方面制订的经济合作计划的进展情况，赞扬它们的工作方案有助于更广泛的区域合作。[1] 据此，1967年11月，亚远经委会在曼谷主持召开首次"项目对项目"的次区域层次的政府间规划协调的协商会议，作为该委员会关于区域和次区域规划协调和经济合作的政府间协商的第二阶段的工作重点。此次会议通过小规模的协商和全体会议的一般性讨论，成功地确定了大约20个领域和项目，为区域和次区域合作与规划协调界定了范围。与会者请执行秘书编写关于这些主题的研究报告，并建议有关成员之间推进项目的具体可行的合作形式。[2]

亚洲域内贸易促进依然是亚远经委会区域合作实践的重中之重。其主要渠道是召开域内贸易促进会谈，推动成员之间的多边或双边贸易谈判。由于亚洲经济合作部长级会议已提出了更大范围和更高层次的区域经济合作动议，这一时期，域内贸易促进会谈开始成为履行该部长级会议区域动议的重要协商机制。1961年1月至1966年11月，亚远经委会共主持召开了六次域内贸易促进系列会谈，会谈多数在上半年和下半年举办两轮。第三次域内贸易促进会谈分别于1961年1月和5月在曼谷举行了两轮。第一轮会谈有缅甸、柬埔寨、印度、印度尼西亚、伊朗、日本、巴基斯坦、菲律宾、泰国、韩国、南越、中国台湾及沙捞越13个成员和联系成员的代表参加，共举行了71次双边会谈、5次小组会谈、一次代表团团长会谈。小组会谈的一个重要成果是，提请执行秘书尽早召开一次亚远区域胡椒生产成员的专家会议，以审议稳定

---

[1] United Nation, "ECAFE Annual Report to the Economic Social Council (5 April 1966 – 17 April 1967)," ECOSOC, Document E/4358 – E/CN.11/791, 17 April 1967, p. 41, https://documents-dds-ny.un.org/doc/UNDOC/GEN/B17/100/06/pdf/B1710006.pdf?OpenElement.

[2] United Nation, "ECAFE Annual Report to the Economic Social Council (18 April 1967 – 30 April 1968)," ECOSOC, Document E/4498 – E/CN.11/824, 30 April 1968, p. 29, https://documents-dds-ny.un.org/doc/UNDOC/GEN/B09/127/8x/pdf/B091278.pdf?OpenElement.

胡椒价格的措施。① 第二轮会谈应胡椒出口和贸易成员要求,来自柬埔寨、印度、印度尼西亚、沙捞越和新加坡的代表专门就域内贸易促进框架内的胡椒价格的稳定进行了磋商。与会者回顾了胡椒市场的现状、生产、库存、贸易、价格以及促进价格稳定的成员可能采取的措施,同意就胡椒的生产、贸易和库存交换信息,并在亚远经委会贸易促进会谈的名义下定期会晤,审查稳定价格的措施。与会代表们认识到胡椒消费成员和贸易成员以及胡椒生产成员应在适当阶段参与磋商。②

第四次域内贸易促进会谈于1962年1月和8月在曼谷举行了两轮。第一轮会谈有来自缅甸、马来亚、印度、印度尼西亚、日本、老挝、巴基斯坦、菲律宾、泰国、韩国、南越、中国台湾、香港13个成员和联系成员的代表参加,举行了94次双边会谈、两次小组会谈和一次代表团团长会谈。小组会谈讨论了关于海运费率问题,集中审查大多数成员航运设施不足对区域内贸易的影响。与会者建议,该区域的所有成员都应利用贸易谈判的机制和秘书处提供的便利进行特别协商,并积极开展会谈的后续行动。③ 在第二轮会谈中,来自锡兰、马来亚、印度尼西亚、菲律宾和泰国的专家在区域内促进贸易会谈框架下审查了椰子和干椰子肉价格波动的原因,并审议了稳定市场的措施。专家们同意就椰子和椰子产品交换市场信息、合作防止走私和非法贸易,并提请欧洲经济共同体成员国政府采取适当的措施,对受关税自由化政策影响的椰子油出口地区建立国别研究机构,继续检查海运运费问题,并考虑建立一个区域性的椰子研究所。专家们认为这种协商是有益的,希望在区域内促进贸易会谈框架内定期举行这种协商。

第五次域内贸易促进会谈于1963年1月和8月在曼谷举行。第一轮

---

① United Nation, "ECAFE Annual Report to the Economic Social Council (22 March 1960 – 20 March 1961)," ECOSOC, Document E/3466 – E/CN. 11/564, 20 March 1961, pp. 11 – 12, https://documents-dds-ny.un.org/doc/UNDOC/GEN/B09/129/0x/pdf/B091290.pdf? OpenElement.

② United Nation, "ECAFE Annual Report to the Economic Social Council (21 March 1961 – 19 March 1962)," ECOSOC, Document E/3599 – E/CN. 11/593, 19 March 1962, p. 9, https://documents-dds-ny.un.org/doc/UNDOC/GEN/B09/129/4x/pdf/B091294.pdf? OpenElement.

③ United Nation, "ECAFE Annual Report to the Economic Social Council (21 March 1961 – 19 March 1962)," ECOSOC, Document E/3599 – E/CN. 11/593, 19 March 1962, p. 10, https://documents-dds-ny.un.org/doc/UNDOC/GEN/B09/129/4x/pdf/B091294.pdf? OpenElement.

会谈有来自缅甸、马来亚、印度、印度尼西亚、伊朗、日本、老挝、巴基斯坦、菲律宾、泰国、韩国、南越、中国台湾和香港的 14 个成员和联系成员的代表参加，共举行了 89 次双边会谈、一次小组会谈。① 第二轮会谈有来自该区域的马来西亚、印度、印度尼西亚、菲律宾和泰国等椰子生产国的代表参加。代表们建议联合国粮农组织椰子及椰子产品研究小组进一步采取措施稳定椰干和椰子油的价格、扩大椰子油的贸易，并制定干椰肉的国际贸易规则。代表们同意提请各自的政府指派专家组成一个工作组，审查设立一个区域椰子研究所的可行性。②

1964 年 1 月、1965 年 1 月和 1966 年 11 月，亚远经委会在曼谷先后举行了第六次、第七次和第八次域内贸易促进会谈。第六次会谈有澳大利亚、缅甸、印度、印度尼西亚、伊朗、日本、韩国、新西兰、巴基斯坦、菲律宾、泰国、南越、中国台湾、香港 14 个成员和联系成员代表参加。亚远经委会秘书处提供了关于区域内贸易协定的贸易统计资料。这次会谈共举行了 89 次双边会谈和两次小组会谈。小组会谈的首要议题是政府采购。代表们根据首届亚洲经济合作部长级会议关于亚洲经济合作的决议，确认政府采购可用于促进区域内贸易。与会各方交换了关于政府采购做法、各成员政府采购部门和国有贸易机构名单以及所购货物种类的资料。③ 1964 年 9—10 月，在联合国技术援助管理局的帮助下，亚远经委会在马尼拉为来自各成员的贸易官员举办了区域贸易促进讲习班暨培训活动。来自 13 个成员的 23 人参加了会议。讲习班的目的是协助亚远区域成员发展和改进其贸易促进机制和技术。该讲习班就促进对外贸易的各个方面和方法举行了 34 次讲座，内容包括：对外贸易在经济发展中的作用；经济集团对对外贸易的影响；发展中国家的国际贸易和国际收支问题；对外贸易规划技术；促进手

---

① United Nation, "ECAFE Annual Report to the Economic Social Council (20 March 1962 – 18 March 1963)," ECOSOC, Document E/3735 – E/CN. 11/627, 18 March 1963, pp. 6 – 8, https：//documents-dds-ny. un. org/doc/UNDOC/GEN/B09/129/5x/pdf/B091295. pdf? OpenElement.

② United Nation, "ECAFE Annual Report to the Economic Social Council (19 March 1963 – 17 March 1964)," ECOSOC, Document E/3876/Rev. 1 – E/CN. 11/662/Rev. 1, 17 March 1964, pp. 19 – 20, https：//documents-dds-ny. un. org/doc/UNDOC/GEN/B09/129/6x/pdf/B091296. pdf? OpenElement.

③ United Nation, "ECAFE Annual Report to the Economic Social Council (19 March 1963 – 17 March 1964)," ECOSOC, Document E/3876/Rev. 1 – E/CN. 11/662/Rev. 1, 17 March 1964, p. 22, https：//documents-dds-ny. un. org/doc/UNDOC/GEN/B09/129/6x/pdf/B091296. pdf? OpenElement.

第四章　战后东南亚区域合作的分化重组(1961—1967)　/　611

工艺品出口；政府和贸易组织在促进对外贸易方面的作用；通过交易会、展览、展示中心推广对外贸易；市场调查和分析的原理和技巧；出口产品的广告技术和对外宣传；贸易专员的角色和活动；出口信贷的融资和保险；促进旅游贸易的技巧，等等。①

第七次域内贸易促进会谈有来自阿富汗、澳大利亚、缅甸、印度、日本、韩国、老挝、新西兰、巴基斯坦、菲律宾、泰国、南越、中国台湾和香港14个成员和联系成员的代表参加。在会谈中，一些代表认为，可以在成员之间做出技术或其他形式的援助安排，以促进贸易。在双边会谈期间，代表们为开展具体研究以提高某些可出口产品的质量、等级和用途，提供了一些技术援助和专家意见。此次会谈还揭示了贸易伙伴之间在加工初级产品或以这些产品为基础发展工业方面进行相互合作的可能性。②

第八次域内贸易促进会谈有来自澳大利亚、文莱、缅甸、锡兰、印度、印度尼西亚、伊朗、日本、韩国、老挝、尼泊尔、新西兰、巴基斯坦、菲律宾、新加坡、泰国、中国台湾、南越的代表参加。这次会谈举行了147次双边会谈；一些代表团还就第二届联合国贸易与发展会议的筹备工作进行了非正式小组讨论。会谈为与会代表自由交换意见以及就共同关心的有关该区域贸易的事项进行非正式谈判提供了机会。代表们还讨论了建立联合工业企业的可能性，并为将于1967年召开的域内贸易促进金融方面的专家会议奠定了基础。③ 1967年8月，亚远经委会在曼谷召开贸易扩大金融研讨会（The Seminar on Financial Aspects of Trade Expansion），有来自该区域13个成员的专家及国际货币基金组织和亚洲开发银行的代表出席。此次研讨会讨论了结算和支付安排的备选办法，以作

---

① United Nation, "ECAFE Annual Report to the Economic Social Council (18 March 1964 – 29 March 1965)," ECOSOC, Document E/4005 – E/CN. 11/705, 29 March 1965, pp. 16 – 17, https://documents-dds-ny. un. org/doc/UNDOC/GEN/B09/129/7x/pdf/B091297. pdf? OpenElement.

② United Nation, "ECAFE Annual Report to the Economic Social Council (18 March 1964 – 29 March 1965)," ECOSOC, Document E/4005 – E/CN. 11/705, 29 March 1965, p. 22, https://documents-dds-ny. un. org/doc/UNDOC/GEN/B09/129/7x/pdf/B091297. pdf? OpenElement.

③ United Nation, "ECAFE Annual Report to the Economic Social Council (5 April 1966 – 17 April 1967)," ECOSOC, Document E/4358 – E/CN. 11/791, 17 April 1967, pp. 24 – 25, https://documents-dds-ny. un. org/doc/UNDOC/GEN/B17/100/06/pdf/B1710006. pdf? OpenElement.

为促进区域内贸易扩大的一种手段。代表们同意长期信贷安排的主要目标应是支持区域内贸易自由化,并应与各成员的总体国际收支和储备状况相适应,认为这种信贷的提供应将目前投资于亚洲以外地区的货币储备中的一部分转移到亚洲区域。该计划应包括对利息收入的监管保证以及防范汇率风险、违约、流动性不足和不可兑换的保障措施。①

这一时期,在亚洲经济合作部长级会议和域内贸易促进会谈框架内,亚远区域合作的一个重大成果是椰子及椰子生产和贸易的区域协调。1968年10月,亚远经委会在曼谷主持召开关于影响椰子及椰子产品和棕榈油的区域规划协调的次区域政府间协商会议,有来自该区域的锡兰、印度、印度尼西亚、马来西亚、菲律宾、新加坡和泰国七个椰子及椰子产品和棕榈油主要生产国的 22 位代表以及联合国粮农组织和亚洲开发银行的代表参加。此次会议认识到亚洲椰子及椰子产品生产国之间开展区域合作的紧迫需要,建议成立亚洲椰子共同体。1969 年 6 月,上述七国在曼谷达成协议,正式决定成立亚洲椰子共同体(The Asian Coconut Community)。②

"亚洲高速公路计划"于 1961 年 3 月正式出台,并在新德里召开的亚远经委会第十七届年度会议上得到一致通过。按照该计划,这条高速公路从土耳其的西部边界延伸至越南北部边界,将从伊朗到马来西亚、新加坡和越南的所有亚洲成员联结起来。亚远经委会高速公路次委员会和亚远经委会执行秘书长承担了探索这一计划获得外部国际资金援助路径的任务。该次委员会原则上核准了印度尼西亚关于将其公路列入国际公路网的请求。③ 1962 年 2 月,亚远经委会国际高速公路专家工作组在曼

---

① United Nation, "ECAFE Annual Report to the Economic Social Council (18 April 1967 – 30 April 1968)," ECOSOC, Document E/4498 – E/CN. 11/824, 17 April 1967, pp. 14 – 15, https: //documents-dds-ny. un. org/doc/UNDOC/GEN/B09/127/8x/pdf/B091278. pdf? OpenElement.

② United Nation, "ECAFE Annual Report to the Economic Social Council (1 May 1967 – 28 April 1969)," ECOSOC, Document E/4640 – E/CN. 11/868, 28 April 1969, pp. 15 – 16, https: //documents-dds-ny. un. org/doc/UNDOC/GEN/B09/127/9x/pdf/B091279. pdf? OpenElement.

③ United Nation, "ECAFE Annual Report to the Economic Social Council (22 March 1960 – 20 March 1961)," ECOSOC, Document E/3466 – E/CN. ll/564, 20 March 1961, pp. 15 – 18, https: //documents-dds-ny. un. org/doc/UNDOC/GEN/B09/129/0x/pdf/B091290. pdf? OpenElement; Lalita P. Singh, *The Politics of Economic Cooperation in Asia: A Study of Asian International Organizations*, Columbia: University of Missouri Press, 1966, pp. 125 – 126.

谷召开首次联席会议，回顾了亚洲国家高速公路计划的进展情况，建议将曼谷和加尔各答之间"断头路"的连接作为建设的优先路线。此次会议建议，所有有关国家应确保将其各自领土内的优先路线列入其国家公路发展计划，并应向国际援助机构和有关国家寻求财政和技术援助。这次会议择定将3989公里的印度尼西亚公路纳入亚洲公路网，并达成《亚远区域道路标志及信号、路面标记及道路工程标志统一系统守则》（The Code on a Uniform System of Road Signs and Signals, Pavement Markings and Signs for Road Works in the ECAFE Region），为亚洲高速公路网建设制定规范标准。①

1962年11月，亚远经委会国际高速公路专家工作组在曼谷召开第二次联席会议，审查了各成员在执行亚洲高速公路计划方面所取得的进展。此次会议建议亚远经委会秘书处继续进行勘测调查，特别是在柬埔寨、老挝和越南共和国，以查明不符合标准的路段并指出调整措施，以使亚洲高速公路网的这些部分达到最低标准。此次会议同意印度尼西亚境内亚洲国际公路的数目，并决定编制一份亚洲高速公路图，请各国向秘书处提供最新的资料。② 为推动亚洲高速公路计划规划和履行上的协作，1965年3月召开的亚远经委会第二十一次年度会议接受其执行秘书长的建议，决定成立亚洲高速公路协调委员会（The Asian Highway Coordinating Committee）。该协调委员会由来自参加亚洲高速公路网的各成员和联系成员的高级代表组成，其执行秘书长担任主席，其主要职能是推动和协调亚洲高速公路计划的规划和实施。③ 1966年9月，该协调委员会在曼谷举行第二次会议，来自阿富汗、印度、印度尼西亚、伊朗、老挝、马来西亚、尼泊尔、泰国及南越的代表参加了会议。此次会议接受高速公

---

① United Nation, "ECAFE Annual Report to the Economic Social Council (21 March 1961 – 19 March 1962)," ECOSOC, Document E/3599 – E/CN. 11/593, 19 March 1962, p. 15, https：//documents-dds-ny. un. org/doc/UNDOC/GEN/B09/129/4x/pdf/B091294. pdf? OpenElement.

② United Nation, "ECAFE Annual Report to the Economic Social Council (20 March 1962 – 18 March 1963)," ECOSOC, Document E/3735 – E/CN. 11/627, 18 March 1963, p. 12, https：//documents-dds-ny. un. org/doc/UNDOC/GEN/B09/129/5x/pdf/B091295. pdf? OpenElement.

③ United Nation, "ECAFE Annual Report to the Economic Social Council (18 March 1964 – 29 March 1965)," ECOSOC, Document E/4005 – E/CN. 11/705, 29 March 1965, pp. 271, 294 – 296, https：//documents-dds-ny. un. org/doc/UNDOC/GEN/B09/129/7x/pdf/B091297. pdf? OpenElement.

路专家组建议,决定实施"亚洲高速公路五年计划",确定在1970年之前至少完成一条贯穿东西的大通道。[1]

1967年8月,高速公路专家工作组举行会议,敦请亚远经委会秘书处和高速公路运输技术局探讨获得援助的可能性,以建造横跨南俄河和南卡丁河(Nam Cading)的两座桥梁,并在老挝的巴色—孟高(Pakse-Muong Kao)建造通行匝道和轮渡。专家们还建议采取措施减少马来西亚和新加坡之间的柔佛铜锣(The Johore Causeway)的交通拥堵。专家们接受了在马来西亚和泰国建立更多线路作为亚洲高速公路系统一部分的建议,并支持联合国开发计划署提供紧急援助,以便对印度尼西亚的苏门答腊公路进行可行性调查。[2] 1968年9月,亚洲高速公路协调委员会举行首次临时咨询委员会会议,决定在曼谷设立"亚洲高速公路计划"文件中心。10月,区域港口研讨会在新加坡举行。与会专家建议亚远经委会设立港务信息与咨询中心,与亚远经委会船务信息与咨询服务中心合作运行。当月,亚洲高速公路协调委员会在曼谷举行第四次会议,有12个成员的外长或高官层次的代表参加,此次会议同意文莱受邀加入"亚洲高速公路计划"[3]。在当时并无其他国际组织有效涉及该议题的情况下,亚远经委会所推动的"亚洲高速公路计划"为其成员完善内陆交通运输体系提供了重要的技术和信息来源。[4]

随着亚远经委会推动的区域合作实践进程中地理范围、成员及议题领域的持续"亚洲化"及其组织自主性的不断强化和务实合作向纵深推进,区域共有规范的"亚洲方式"逐步生成并不断彰显。由于亚远经委

---

[1] United Nation, "ECAFE Annual Report to the Economic Social Council (5 April 1966 – 17 April 1967)," ECOSOC, Document E/4358 – E/CN. 11/791, 17 April 1967, pp. 30 – 32, https：// documents-dds-ny. un. org/doc/UNDOC/GEN/B17/100/06/pdf/B1710006. pdf? OpenElement.

[2] United Nation, "ECAFE Annual Report to the Economic Social Council (18 April 1967 – 30 April 1968)," ECOSOC, Document E/4498 – E/CN. 11/824, 17 April 1967, pp. 19 – 20, https：// documents-dds-ny. un. org/doc/UNDOC/GEN/B09/127/8x/pdf/B091278. pdf? OpenElement.

[3] United Nation, "ECAFE Annual Report to the Economic Social Council (18 May 1968 – 28 April 1969)," ECOSOC, Document E/4640 – E/CN. 11/868, 28 April 1969, p. 11, https：//documents-dds-ny. un. org/doc/UNDOC/GEN/B09/127/9x/pdf/B091279. pdf? OpenElement.

[4] Leelananda de Silva, "From ECAFE to ESCAP: Pioneering A Regional Perspective," in Yves Berthelot, ed., *Unity and Diversity in Development Ideas: Perspectives from the UN Regional Commissions*, Bloomington and Indianapolis: Indiana University Press, 2004, p. 163.

会在制度安排上是在联合国组织框架内运行的,其所依据的法律规范就是《联合国宪章》所确立的国际法准则。按照亚远经委会的制度安排,其组织机构由委员会、各类次委员会、专门会议、工作组等附属机构和秘书处三大部分组成。委员会是整个组织的指导性机构,由来自各成员的代表组成;每年召开公开会议,即年度会议,并有义务按照自身的权限在经社理事会的授权下,邀请联合国成员国和非成员国、联合国专门机构及其他国际政府间组织和非政府间组织以观察员身份参与会议的协商;委员会在联合国框架内行动并受经社理事会的总体监督;委员会在经社理事会的同意下可以设立必要的、负责某一特定议题的附属机构。按照亚远经委会的程序规则,在其召开的年度会议上,委员会按照"一国一票"的简单多数投票做出决定。[1] 所有这些都与联合国机构及其主持的各类国际会议所遵循的程序规则没有本质性的区别。但在当时的历史条件下,这些"普遍规范"更多的是西方国家而非亚洲国家的政治传统,并没有完全被亚洲国家所支持或者展示出与亚洲新独立国家的紧密相关性。

此时的亚洲国家普遍缺乏议会政治实践,对国际会议亦没有太多的参与经验。在国际组织或国际会议上,这些欠发达国家的代表们更关心增进经济发展,并不愿囿于西方代表们热衷的所谓"宪政"程序和形式上的事务。比如,在亚远经委会的程序规则创建过程中,苏联代表曾提出所有重要问题的表决需要2/3多数票方能通过,但在亚洲成员的反对下没有得到支持。[2] 其实,这些亚洲成员更希望通过政府高层非正式的协商来决定那些有潜在争论的议题和程序性事务。在实际运行中,在亚洲成员的影响下,亚远经委会组织机构拥有越来越大的自主性,亚远经委会在区域合作实践中会适用联合国组织框架内那些普遍的法律规范,并结合本地特定的社会文化及具体实际将之进一步务实化和地方化,逐步形成适合自身区域合作实际的特定的社会规范。前者主要是不干预、主

---

[1] United Nation, "ECAFE Annual Report to the Economic Social Council (18 March 1964 - 29 March 1965)," ECOSOC, Document E/4005 - E/CN.11/705, 29 March 1965, pp. 180 - 192, https://documents-dds-ny.un.org/doc/UNDOC/GEN/B09/129/7x/pdf/B091297.pdf? OpenElement.

[2] David Wightman, *Toward Economic Cooperation in Asia: The United Nations Economic Commission for Asia and the Far East*, New Haven: Yale University Press, 1963, p. 68.

权平等法律原则的引入；后者主要是协商、共识决策程序及基于包容性的泛亚洲精神和非政治导向等社会惯例的形成。1959 年出任亚远经委会执行秘书长的吴纽在该组织召开的一系列会议上首先使用"亚洲方式"这一专门术语来概括其所实践的具有自身特色的"工作方法"。实际上，亚远经委会是实践区域合作"亚洲方式"最早的、持久的区域政府间组织平台。[1]

不干预和主权平等的法律原则在亚远经委会的制度安排和具体的区域合作实践中都有明显的体现。亚远经委会的"代表地位"明确规定，未经当事成员政府同意，它不能对关涉该成员的任何事务采取行动。[2] 亚远经委会在区域合作实践中持续强调其自身及其附属机构的自主性及"拉合尔协定"的出台均反映了对这一原则的适用和坚守。实际上，在"泛亚洲主义"区域意识的指导下，当时的亚洲国家已将在区域合作框架内履行不干预原则视作抵御霸权主义、殖民主义和定义新独立国家间关系的一种方式和积极的普遍规范，旨在避免大国尤其是域外殖民大国干涉本国内部事务、侵犯其领土主权及政治平等和相关的安全。正是亚洲国家的坚持，不干预原则在引入亚洲区域合作制度框架中时剔除了欧洲国家体系中不干预原则允许大国为保持权力平衡而进行干预的"例外"，体现了在亚洲区域合作进程中不干预原则的绝对性。[3] 对不干预原则的这种坚持亦体现出亚洲国家超越表决程序上"一国一票"的"法律上的平等"，谋求在具体的合作事务中的行动自主而不受支配的"事实上的平等"。亚远经委会引入协商、共识决策程序并将之作为推动亚洲区域合作的一种国际惯例和"工作方法"，恰恰是对不干预和平等等法律规范适用的一种保证。

亚远经委会虽是一个联合国组织的附属机构，但它为更好地实现自身

---

[1] 参见 Michael Haas, *The Asian Way to Peace: A Story of Regional Cooperation*, New York: Praeger, 1989, pp. 1 – 21; Michael Haas, *Asian and Pacific Regional Cooperation: Turning Zones of Conflict into Arenas of Peace*, New York: Palgrave Macmillan, 2013, pp. 25 – 67.

[2] 《联合国经济及社会理事会正式记录：第六年第 13 届会议，补编第 1 号，1951 年 7 月 30 日至 9 月 21 日决议案》，经社理事会，文件 E/2152，1951 年 10 月 10 日，第 41 页，联合国网站，https://documents-dds-ny.un.org/doc/UNDOC/GEN/NR0/759/18/IMG/NR075918.pdf?OpenElement.

[3] 参见郑先武《万隆会议与东南亚区域主义发展》，载《世界经济与政治》2015 年第 9 期，第 51—52 页。

目标发展出一系列行为惯例，补充甚至取代了联合国机构所实践的正式的制度和法律条款。亚远经委会及其附属机构的代表地位和程序规则均明确强调磋商和同意（即协商一致）在形成决定过程中的重要性。[1] 这种协商一致不但成为亚远经委会主席、执行秘书长等重要职位选择及会议议程设置、报告提交和决议形成等重大事项做出决定的基本程序，而且使没有表决权的协商成员、非协商成员及各类非政府组织的代表有机会参与区域合作的讨论和磋商进程，从而赋予该委员会更大的代表性、参与性和包容性。由此，这种没有投票的协商一致形成了一种独特的区域合作共识性决策程序，包括区域会议应该是没有承诺的非正式交谈；不涉及多数或少数否决问题，而是将共识观点作为会议决定的基础；在观点达成共识的各个主题而不是个体的决定方面起草会议宣言等。[2] 它承认非介入性、非正式性和以共识为基础的软性外交，而不是可能限制国家主权的法律的、正式的表决程序。这种共识性决策程序在1947年3月召开的首届亚洲关系会议上率先被应用于亚洲区域合作实践，而亚远经委会首次将之引入亚洲区域组织的规范框架中，从而将这一决策程序机制化和组织化。这正如亚远经委会在给经社理事会的报告中所言，亚远经委会的内部结构的独特性赋予其组织和程序的灵活性，从而成功地使各成员政府在该委员会的每一项重要活动中都给予密切合作；每次年度会议，几乎所有成员和联系成员都可出席，这就是这种合作的证据。事实上，由于政府的财力和人力资源比较稀缺，政府代表的出席，就是对合作的一个度量。各国政府既积极参与亚远经委会的工作，也积极执行该委员会的建议。[3]

在实际运行中，亚远经委会及其附属机构"工作方法"的一个重要传统就是尽可能避免法律意义上的投票表决。从一开始，亚远经委会年度会议的选择就由各成员代表经过协商非正式决定；大会主席及委员会

---

[1] United Nation, "ECAFE Annual Report to the Economic Social Council (18 March 1964 – 29 March 1965)," ECOSOC, Document E/4005 – E/CN. 11/705, 29 March 1965, pp. 180 – 192, https：//documents-dds-ny. un. org/doc/UNDOC/GEN/B09/129/7x/pdf/B091297. pdf？OpenElement.

[2] Amitav Acharya, *Whose Ideas Matter？Agency and Power in Asian Regionalism*, Ithaca：Cornell University Press, 2009, p. 75.

[3] United Nation, *Economic and Social Council Official Records*, 13th Session：542nd Meeting, Geneva, ECOSOC, Document E/Sr. 542, 8 September 1951, p. 575, https：//documents-dds-ny. un. org/doc/UNDOC/GEN/NL3/340/98/pdf/NL334098. pdf？OpenElement.

主席亦是由各成员代表通过非正式商谈一致同意后选定的；亚远经委会向经社理事会提交的年度报告由一个草拟委员会在秘书长的协助下拟订，该报告会尽可能吸收各成员代表在讨论期间所表达的重要观点，并用让所有代表都接受的措辞来陈述，致使年度报告草稿在起草委员会那里就已得到充分讨论，待提交后即获一致同意通过。在推动亚洲区域合作进程中，亚远经委会绝大部分决议由该委员会正式会议之外的非正式谈判做出；秘书处草拟的决议通常经由相关友好成员的代表审议，并尽可能劝说这些代表支持决议，而每个代表都会在决议正式提交之前进行必要的咨询和商洽；委员会主席或执行秘书长会时常提醒各成员代表在起草决议前应由代表团团长进行充分讨论，以便决议形成后无须再进一步加以讨论，最终使几乎所有的决议在提交后未经投票表决就能够得到通过。截至1960年，该委员会通过的绝大部分重要决议都是在没有否决的情况下适用的。[①] 这一点早在"拉合尔协定"出台时就得到亚远经委会的充分肯定。亚远经委会的这份文件称，该委员会工作中"十分令人满意的特点之一，是所有决定和建议背后都有大量的一致意见。有关所有重大经济问题的决定不是一致通过就是以压倒多数通过"[②]。

在这方面，亚远经委会秘书处发挥了至关重要的作用。为保障在研究、信息交流和国际行动中的政府间合作，亚远经委会秘书处会事先做好必要的准备工作。比如，在为委员会选择特定的会议议题时，秘书处会根据需要与各国政府及其他相关的国际组织专门机构协商后再行确定；同样，除非事先已得到大多数成员政府尤其是区域成员政府的同意，秘书处绝不会将那些有潜在争议的议题纳入公开会议的议程。以1960年3月亚远经委会第十六届年度会议通过的《曼谷决议》为例。该决议在被提交前，秘书处事先准备了一份决议草案并私下与所有与会

[①] 参见 Lalita P. Singh, *The Politics of Economic Cooperation in Asia: A Study of Asian International Organizations*, Columbia: University of Missouri Press, 1966, pp. 67 – 69, 102 – 107.

[②] United Nation, "ECAFE Annual Report to the Economic Social Council (28 March 1972 – 21 April 1973)," (Annex V. The "Lahore Convention"), ECOSOC, Document E/5277 – E /CN. 11/1101, 23 April 1973, p. 275, https: //documents-dds-ny. un. org/doc/UNDOC/GEN/B09/129/9x/pdf/B091299. pdf? OpenElement.

代表商洽，以保证得到一致支持。起初，美国代表并不赞成该决议草案，建议推迟商谈；菲律宾、越南、韩国和英国等国代表表达了类似的观点。但印度、阿富汗、缅甸、柬埔寨、印度尼西亚、伊朗和澳大利亚等国代表希望立即予以商谈。面对这种压力，美国代表表明了放弃投票的意图。这样，在绝大多数代表同意对草案进行必要修改的情况下，该决议草案在"毫无异议"中被会议采纳。而后，泰国代表与秘书处协商后准备了一个合并原有内容的新的决议草案，并再次通过私下协商征得代表们的支持。这次，只有菲律宾代表表示反对，但最终还是在巴基斯坦代表的劝说下放弃了自己的立场。这样，《曼谷决议》被"全体一致"通过。实际上，秘书处作为观念和实践的"储备中心"，它不仅仅提供会议所需文件资料，有时亦通过明确的"领导权"影响会议。[①]

不干预原则的运用和共识性决策程序又使亚远经委会的区域合作行动表现出非强制性特征。亚远经委会的核心决策工具是联合决议案，但这类决议在履行的过程中对成员并不具有强制约束力。1949年10月，在亚远经委会第五次会议上，印度代表曾提出议案建议，要求授予秘书处在特定情况下要求成员和协商成员政府履行委员会决议的权力，以便使亚远经委会更有效地运行。但这一议案遭到苏联、泰国等国代表的强烈反对，他们担心这会成为赋予秘书处在有关事务上向成员政府施压的工具，以致侵犯它们的主权。最后，经由经社理事会会议决定，无须授予亚远经委会秘书处控制性权力。1963年12月，在亚远经委会在马尼拉主持召开的首届亚洲经济合作部长会议上，大会主席、菲律宾商务部长巴尔马塞达呼吁各国代表超越亚远经委会的"协商阶段"，以实施具体和务实的区域一体化行动方案。最终，绝大部分成员反对大会主席的这一建议。他们明确表示，亚洲区域经济合作应建立在相互尊重成员主权、优势互补和承认各成员发展阶段的差异及与域外国家合作的重要性等原则之上。[②] 这次会议虽然通过决议发布《亚远经委会亚洲经济合作

---

① 参见 Lalita P. Singh, *The Politics of Economic Cooperation in Asia: A Study of Asian International Organizations*, Columbia: University of Missouri Press, 1966, pp. 149–154.

② 参见 Lalita P. Singh, *The Politics of Economic Cooperation in Asia: A Study of Asian International Organizations*, Columbia: University of Missouri Press, 1966, pp. 106–107, 111–112, 163–164.

部长会议报告》，同意探索合适的贸易自由化途径，包括削减数量限制、消除关税壁垒，以推动成员建立次区域层次的自由贸易区或关税联盟，但这一决议并未涉及与会成员的任何特殊承诺，亦没有履行区域经济合作上述目标的任何制度安排。[1] 因此，尽管经过多年持续的争取，亚远经委会能够保证拥有比联合国法律规定尽可能多的自主地位，但它并没有被成员授权相应的行动自由，而是仅仅被授予向成员或协商成员政府提出建议的权力，这种权力并不与它们投票支持或反对相挂钩。这样，亚远经委会决议的履行必须依赖于成员政府实现其目标的良好意愿和理解及对亚远经委会工作计划的实质性支持，即它只是一种"纯粹的协商机制"、一种成员间"意愿的联合"。这亦是亚远经委会运行机制非正式性的重要体现。

亚远经委会及其附属机构和区域会议"工作方法"的另一个重要特征是强调严格的经济和商务讨论，尽量避免公开谈论有重大分歧的政治话题。亚远经委会秘书处坚持劝说成员相互同意避免公开的政治争论。在实际运行中，尽管政治争论并不总是能够有效避开，但与会成员的政府代表逐渐认识到这种方法的好处。这在很大程度上可以保持亚远经委会始终将经济及社会领域的功能性合作作为核心议题，而最大限度地避免因过分的政治争论而陷入停顿。不过，在区域合作进程中，亚洲成员避免政治争论，并不意味着放弃政治目标。其实，它们希望通过功能性合作实现安全目标进而维护国内政治稳定。基于此，亚洲成员在亚远经委会框架内一开始就将经济发展与安全稳定结合起来，即通过经济发展实现国家政治和社会稳定及政权安全。只是作为新生的弱小成员，它们担心政治上受到域外大国的支配，因而尽量避免将敏感问题尤其是政治和军事议题纳入区域多边合作进程。在这方面，亚远经委会与亚洲关系会议、"科伦坡计划"和万隆会议等亚洲早期区域合作实践一起，开创了一种先例。由此，关注经济发展、拒绝多边军事合作成为当代

---

[1] 参见 United Nations, "EACFE Report of the Ministerial Conference on Asian Economic Co-Operation," ECOSOC, Document E/CN.11/641, 6 January 1964, pp. 3 - 9, https://documents-dds-ny.un.org/doc/UNDOC/GEN/B14/100/82/pdf/B1410082.pdf?OpenElement.

亚洲区域合作实践的一个重要特性。①

亚远经委会推动的区域合作实践还有一个重要特性，即区域性和开放性相结合，具有明显的跨区域色彩。这主要体现在这一方面：在其制度框架和区域合作实践中，亚洲成员既努力追求基于亚洲区域自主性和独特性的区域身份建构，又在成员上吸纳有意愿和行动能力的域外国家尤其是在亚洲拥有主要利益的联合国附属机构等国际组织参加，以致形成一种外向型和跨区域及全球、区域、次区域联结的多层次的"开放的区域主义模式"。在实际运行中，亚远经委会通过联席会议、参加共同关心的会议、秘书处磋商和交换资料、项目规划和执行、联合参与技术援助、开发计划署特别基金和其他活动，与联合国各专门机构和其他组织进行密切合作。截至1967年4月，国际劳工组织、世界粮农组织、联合国教科文组织、联合国儿童基金会、国际民航组织、国际原子能机构等在曼谷设立了区域办公室；国际通讯联盟有两名隶属于亚远经委会的官员；国际复兴开发银行在曼谷有一名驻地代表；世界卫生组织在曼谷设有办事处；亚远经委会秘书处通过交换信息与欧洲经济共同体委员会、欧洲自由贸易联盟秘书处和拉丁美洲自由贸易协会秘书处保持联系；经济合作组织和亚洲开发银行派观察员出席亚远经委会主持召开的专题研讨会；亚远经委会派代表参加亚太理事会、"科伦坡计划"协商委员会等次区域组织举行的会议。亚远经委会还与越来越多的国际非政府组织保持密切合作，其中一些组织在该区域保留了代表，并参加该委员会在贸易、工业与自然资源、运输与通信、人口与经济和社会发展等领域的项目。②

这种开放的区域主义还有助于形成"多边框架内双边会谈"的惯例。比如前述域内贸易促进会谈。这一会谈一开始就分为全会、

---

① 参见 Amitav Acharya, *The Quest for Identity: International Relations of Southeast Asia*, Oxford: Oxford University Press, 2001, p. 88; Amitav Acharya, *Whose Ideas Matter? Agency and Power in Asian Regionalism*, Ithaca: Cornell University Press, 2009, pp. 51 – 54, 61 – 68; Lalita P. Singh, *The Politics of Economic Cooperation in Asia: A Study of Asian International Organizations*, Columbia: University of Missouri Press, 1966, p. 182.

② United Nation, "ECAFE Annual Report to the Economic Social Council (5 April 1966 – 17 April 1967)," ECOSOC, Document E/4358 – E/CN.11/791, 17 April 1967, pp. 55 – 58, https://documents-dds-ny.un.org/doc/UNDOC/GEN/B17/100/06/pdf/B1710006.pdf?OpenElement.

小组会谈和双边会谈三个侧面。全会主要是公开和开幕式或闭幕式及少数闭门会议；小组会谈由各与会成员分组进行；双边会谈在相关成员之间进行。具体的会谈以双边为主、多边的小组会谈为辅。这正如1964年亚远经委会在曼谷主持召开的贸易自由化专家组会议上建议所言，现有双边贸易协定的工作和目标应在亚远经委会区域贸易促进会谈框架内加以审查，该区域各成员代表在会谈中相互举行双边和多边会谈，以期在某一特定时期增加进口目标；这些目标应追求多边平衡，可以通过双边的配额、易货交易或任何其他可用的手段来实现。该专家组的专家们强调，虽然他们强烈赞成多边方法，但认为双边方法是朝着更密集的贸易自由化计划迈出的有益的一步。① 这种特定领域区域合作中所形成的惯例补充了"亚洲方式"的实践内涵。

这种跨区域的开放性就是二战后初期代表性的亚洲区域合作实践所共有的跨区域的"泛亚洲精神"。这种"泛亚洲"色彩、功能性议题导向与强调区域自主和相互尊重的平等原则、奉行不干预主义及协商、共识的决策程序等"共有规范"，共同构成二战后初创的区域合作"亚洲方式"的核心内涵。② 罗伯特·格雷格（Robert W. Gregg）指出，作为一个区域协商或研究机构，亚远经委会既为保障亚洲"共同的或一体化的发展的联合努力"奠定了基础，又为那些"将亚洲视作一个整体或单一市场一部分的合作的形成"奠定了基础，亦即它既"首次输入"协商的惯例，又绘制了"亚远区域"的经济版图。③ 这使得亚远经委会成为区域国家谋求保障经济独立与确认政治独立和认同的会议场所，从而赋予其活动和进展许多同时期的联合国其他区域委员会所不具有的独特性。对东南亚区域而言，整个20世纪60年代亚远经委会活动范围及其实效的稳步

---

① United Nation, "ECAFE Annual Report to the Economic Social Council (18 March 1964 – 29 March 1965)," ECOSOC, Document E/4005 – E/CN. 11/705, 29 March 1965, pp. 19 – 20, https://documents-dds-ny.un.org/doc/UNDOC/GEN/B09/129/7x/pdf/B091297.pdf?OpenElement.

② 参见 Michael Haas, *The Asian Way to Peace: A Story of Regional Cooperation*, New York: Praeger, 1989, pp. 2 – 10; Michael Haas, *Asian and Pacific Regional Cooperation: Turning Zones of Conflict into Arenas of Peace*, New York: Palgrave Macmillan, 2013, pp. 26 – 35.

③ Robert W. Gregg, "The UN Regional Economic Commissions and Integration in the Underdeveloped Regions," *International Organization*, Vol. 20, No. 2, 1966, p. 221.

增长，不仅刺激了该区域各国 60 年代末期开始的出口导向的工业化进程，而且在培育该区域的区域主义或多边主义进程中发挥了积极作用。[①]因此，无论从经验上还是从规范上看，亚远经委会所推动的区域合作实践均有十分重要的意义。

二 "湄公河计划"区域行动与"湄公精神"的孕育

1961—1967 年，"湄公河计划"圆满完成了以规划调查为重点的第一个"五年计划"，并启动了行动导向的第二个"五年计划"，在规划调查和干支流建设等方面均取得了突破性进展。在规划调查方面，先期取得的一个重大成果是 1962 年福特基金会（The Ford Foundation）资助完成的《下湄公河开发经济与社会侧面报告》（The Economic and Social Aspects of Lower Mekong Development，简称"1962 年福特基金会报告"）。

1962 年福特基金会报告旨在从技术层面对"湄公河计划"所涵盖的领域进行拓展。该报告是应湄委会邀请，在福特基金会资助下，由著名经济地理学家吉尔伯特·怀特（Gilbert F. White）教授领衔的专家团队于 1961 年赴湄公河流域进行实地调查后于 1962 年 1 月发布的，又称"怀特报告"（The White Report）。该报告在对自 20 世纪 50 年代以来湄公河开发的历史进行回顾后，认为各成员需要根据自身经济情况和管理能力选择适当项目，而非一味追求需要巨额资金投入的大规模干流项目。该报告认为，大型水利能源开发项目应该建立在产出高于成本的基础之上。因此，开发的前期不应该只注重干流上的大型项目，而应该注重支流上的小项目，并借此提升成员的积极性。此外，怀特报告强烈呼吁，将社会与经济因素纳入湄公河开发的考量体系之中，并进一步收集各种开发所需的不同种类的社会与经济数据，并形成包括教育、农业、运输、信用、市场开发在内的综合开发计划，以保证灌溉、排水和控洪开发项目

---

① Ikuto Yamaguchi, "The Development and Activities of the Economic Commission for Asia and the Far East (ECAFE), 1947 – 65," in Shigeru Akita, Gerold Krozewski, et al., eds., *The Transformation of the International Order of Asia: Decolonization, the Cold War, and the Colombo Plan*, New York: Routledge, 2015, pp. 104 – 105.

成功开展。①随后，根据该报告的建议，湄委会将推动社会和经济领域的发展作为一项职能。②"湄公河计划"的区域合作进程明显提速。

在干流和支流项目开发方面，1962年1月，联合国调查团经过进一步的详细调查建议了26个优先开发的项目，其中有10个湄公河干流项目可发展为湄公河盆地水资源联合利用的一体化体系，其他16个支流项目分布在三个流域成员中。这份报告和建议为湄公河委员会所接受，并纳入向亚远经委会第十八届年度会议递交的正式报告中。据此，流域四成员国达成将巴蒙、松博和洞里萨湖三个干流项目及老挝的南俄河和色墩河（Se Done）、泰国的南蓬（Nam Pong）和南甘（Nam Gam）、越南的上西山河（Upper Se San）和上斯雷博河（Upper Sre Pok）、柬埔寨的特诺河（Prek Thnot）和马德望八个主要支流项目列为首批优先开发项目。③截至1963年3月，三个干流优先项目完成了初步可行性研究、进一步数据收集、大坝地址勘测及初步的综合规划等工作；有七个支流优先项目已完成初步的综合可行性报告；湄公河流域首幅地图已绘制完毕。1958年联合国报告建议的主要支流的勘察、水文和气象观察，干流水道测量等工作已经完成；航空摄影和地图测绘、土壤测量，干流的初步规划相关特别研究等工作已经展开。湄公河委员会已经提前完成了1959—1964年的五年调查计划。而开发流域水资源努力的范围和性质要求为今后五年制定和执行一项全面、综合和平衡的工作方案。④

基于此，1963年11月，湄委会启动第二个五年工作计划（1964—

---

① Hiroshi Hori, *The Mekong: Environment and Development*, New York: United Nations University Press, 2000, pp. 124 – 129; Kenneth. M. Friesen, "Damming the Mekong: Plans and Paradigms for Developing the River Basin from 1951 – 1995," Ph. D. Dissertation, American University, 1999, pp. 94 – 96.

② United Nation, "ECAFE Annual Report to the Economic Social Council (19 March 1963 – 17 March 1964)," ECOSOC, Document E/3876/Rev. 1 – E/CN. 11/662/Rev. 1, 17 March 1964, pp. 40 – 41, https://documents-dds-ny. un. org/doc/UNDOC/GEN/B09/129/6x/pdf/B091296. pdf? OpenElement.

③ Lalita P. Singh, *The Politics of Economic Cooperation in Asia: A Study of Asian International Organizations*, Columbia: University of Missouri Press, 1966, pp. 130 – 132.

④ United Nation, "ECAFE Annual Report to the Economic Social Council (20 March 1962 – 18 March 1963)," ECOSOC, Document E/3735 – E/CN. 11/627, 18 March 1963, pp. 17 – 18, 44, 53, https://documents-dds-ny. un. org/ doc/ UNDOC/GEN/B09/129/5x/pdf/B091295. pdf? OpenElement.

1968年)。其主要内容包括：全流域数据收集；盆地规划；干流项目规划的综合可行性报告；支流项目规划的综合可行性报告；规划航运改善；矿产调查、电力市场调查、开发洪水警报系统、灌溉试验和示范农场、公共卫生研究、经济和社会调查等辅助项目；行政管理、协调、培训、筹资和促进资本投资，等等。优先项目包括松博干流项目、洞里萨湖项目以及航道改善、洪水预警系统、石油产品和年度文件影印等有关工作。顾问委员会业已成立，并于1963年11月在曼谷和金边举行了两次会谈。在投资方面，湄委会预估，1964—1968年将需要安排大约1.62亿美元的资金，用于建造至少八个支流项目，加上土地复垦项目和三角洲航运改善项目等。湄委会希望在五年期限结束时，接近于完成干流项目的规划工作，这些项目可能需要大约7.72亿美元的投资。湄委会认为，该工作计划的第一阶段的投资目标预估费用约为9900万美元，包括特诺河、马德望、南俄河、南蓬和喷县（Nam Pung）等支流项目和三角洲运河的航运改善等。[①] 1964年3月，据亚远经委会第十九届年度会议确认，一年内，湄委会认捐总额为5249.27万美元，比1963年3月的3692.54万美元增加了1556.74万美元，其中用于投资前调查与规划的资金有2444.07万美元，用于投资或建设的资金有2805.2万美元；在项目建设方面，仅特诺河、下色墩河（Lower Se Done）、南东河（Nam Dong）、南蓬、喷县五个支流项目认捐资金就达2773.2万美元。[②] "湄公河计划"进入实质性大坝开发建设阶段。"湄公河计划"区域合作进程亦随之进入发展的黄金时期。

在这种形势下，支流项目率先取得了突破性进展。1965年11月至1968年2月，位于泰国的喷县、南蓬、兰帕帕莱岭（Lam Phra Plering）和兰保（Lam Pao）四个项目相继建成并投入运行。其中南蓬项目建成一

[①] United Nation, "ECAFE Annual Report to the Economic Social Council (19 March 1963 – 17 March 1964)," ECOSOC, Document E/3876/Rev. 1 – E/CN. 11/662/Rev. 1, 17 March 1964, pp. 43 – 44, https://documents-dds-ny.un.org/doc/UNDOC/GEN/B09/129/6x/pdf/B091296.pdf? OpenElement.

[②] United Nation, "ECAFE Annual Report to the Economic Social Council (19 March 1963 – 17 March 1964)," ECOSOC, Document E/3876/Rev. 1 – E/CN. 11/662/Rev. 1, 17 March 1964, pp. 105 – 109, https://documents-dds-ny.un.org/doc/UNDOC/GEN/B09/129/6x/pdf/B091296.pdf? OpenElement.

座大坝、一座水电站和 8 座排灌站，1967 年总发电量达 600 万 kWh，可供应泰国两个省和五个区的用电，并可灌溉早稻面积 4000 公顷、二季稻面积 8000 公顷和一座面积为 500 公顷的试验农场；喷县项目建成一座大坝和水电站，设计装机容量为 3×8.3MW，可灌溉面积达 5300 公顷，1967 年发电总量达 5300 万 kWh，1968 年中期第三个发电机组安装完毕，并建设一条连接喷县和南蓬两个电站的 69kV 大型输电线路；兰帕帕莱岭和兰保各建成一座水坝，可灌溉面积分别达 9120 公顷和 54080 公顷。另外，截至 1967 年底，在支流项目中，老挝的南俄河、下色墩河和泰国的兰都内（Lam Dom Noi）三个项目正在建设，老挝的南东河正启动建设；柬埔寨的马德望、越南的上西山河和上斯雷博克河完成了可行性研究，并启动了融资计划；泰国的上南澎河（Upper Nam Phrom）、南城（Nam Chern）完成了可行性研究，南三（Nam San）启动了可行性研究；老挝的上色墩河、南吞河（Nam Theun）、色邦香河（Se Bang Hieng）和色邦非河（Se Bang Fai），柬埔寨的菩萨河（Stung Pursat）、芝尼河（Stung Chinit）和桑河（Stung Sen），泰国的怀邦塞（Huai Bang Sai）和夜英河（Nam Mae Ing）九个项目启动前期调查工作。[1]

　　这一时期，在建项目中最重要的是南俄河项目。该项目是湄公河下游流域整体多边开发计划的一部分，将灌溉万象平原的重要区域，并为老挝和邻国泰国提供所需的电力。美国政府认为，该项目是国际社会支持东南亚区域发展和国际社会对皇家老挝政府及其未来充满信心的典型范例。[2] 南俄河项目于 1967 年 2 月开始建设，包括一座大坝和一座最终装机容量达 135MW 的水电站，可灌溉南俄河谷和万象平原 10 万公顷农田；还有一座跨越南俄河并将南俄河和喷县两个支流项目连接起来的班

---

[1] Mekong River Commission, "Committee for the Coordination of Investigations of the Lower Mekong Basin, Annual Report 1967," Bangkok, 15 January 1968, pp. 40 – 44, http://www.mrcmekong.org/assets/Publications/governance/Annual-Report-1967.pdf; Mekong River Commission, "Committee for the Coordination of Investigations of the Lower Mekong Basin, Annual Report 1978," Bangkok, 31 January 1979, p. 50, http://osvw.mrcmekong.org/assets/Publications/governance/Annual-Report-1978.pdf.

[2] "Telegram from the Embassy in Laos to the Department of State," Vientiane, 11 July 1966, in United States Department of State, *Foreign Relations of the United States*, 1964 – 1968, Vol. 28: *Laos*, Document 240, https://history.state.gov/historicaldocuments/frus1964 – 68v28/d240.

塔拉（Ban Thalat）大桥和一条连接老挝的南俄、万象和泰国的廊开（Nong Khai）和乌隆（Udon）的115kV大型输电线路。该项目创造了两个"第一"：老挝历史上利用河水服务于民众的第一座大型水坝；老挝和泰国签署了国际电力交换协议，成为湄公河流域第一条两个流域国家互联互通的共享电力传输系统。① 南俄河项目首期于1971年12月建成，水电站实际装机容量为150MW，大坝实际蓄水库容为4783MCM，成为1997年之前湄公河流域首个也是唯一的国际项目。② 南俄河水电站生产的75％的电量被输送到泰国，作为回报，泰国向老挝提供价值125万美元的水泥用于南俄河大坝后续工程建设。南俄河项目还完成一项湄委会主持的渔业工程，投资8.8万美元，预计每日可捕捞1—1.5吨鱼。③ 南俄河项目不但通过首次跨越湄公河的电力输送成为区域水资源合作的里程碑，还使老挝首次从国际多边合作中获得实质性经济发展成果，以抵消老挝皇家政府多年来因腐败、浪费援助资金以及对民众漠不关心而形成的负面形象。④ 因此，该项目被视为偏僻、落后地区大规模开发计划保持而非滥用发展中社会和经济系统的"湄公河概念有效性的首次真实测试"⑤。

与支流项目的开发建设相比，干流项目进展虽缓慢但亦取得了成就。在三个优先开发的干流项目中，巴蒙项目于1963—1965年相继完成了第一阶段总体可行性调查以及大坝坝址调查和钻孔勘测，并于1966年初正式启动第二阶段调查，于1969年1月完成了摄影和绘图工作；松博项目

---

① Mekong River Commission, "Committee for the Coordination of Investigations of the Lower Mekong Basin, Annual Report 1967," Bangkok, 15 January 1968, pp. 46 – 50, http：//www.mrcmekong.org/assets/Publications/governance/Annual-Report-1967.pdf.

② Greg Browder, "Negotiating an International Regime for Water Allocation in the Mekong River Basin," Ph. D Dissetation, Stanford University, 1998, pp. 49 – 50.

③ "Text of a State Department Fiscal Year (FY) 1974 Field Budget Submission (FBS) List Relating to Economic Assistance and Related Programs for the Government of Laos," Department of State, 17 July 1972, U.S. Declassified Documents Online, https：//link.gale.com/apps/doc/CK2349603400/USDD?u=nju&sid=bookmarkUSDD&xid=814be8ce&pg=1.

④ 屠酥：《湄公河水资源60年合作与治理》，社会科学文献出版社2021年版，第95—96页。

⑤ Franklin P. Huddle, *The Mekong Project: Opportunities and Problems of Regionalism*, Washington：U. S. Government Printing Office, 1972, p. 38.

于 1963 年完成了大坝坝址初步地理调查和水库可灌溉绘图工作，并于 1968 年底完成总体的可行性研究；洞里萨湖项目于 1963 年 11 月在柬埔寨建成并启用了一座土壤力学和混凝土测试实验室，于 1964 年完成了第一阶段的可行性调查。另外，1965—1968 年，湄委会还对北宾（Pak Beng）、琅勃拉邦、沙耶武里（Sayabourg）、汶干（Bung Kan）、他曲、肯马拉、巴色、孔恩瀑布、上丁河（Stung Treng）九个可能的支流项目开展了详细的初步调查或可行性研究，或大坝初步设计及坝址测绘工作等。①

与此同时，在"湄公河计划"的黄金时期，关于航道改善及经济、社会等领域的辅助性措施的区域合作行动亦取得一定的进展。从 1961 年到 1964 年，湄委会的职权范围中增加了航道改善一项。② 1964 年，第一阶段洪水预警系统安装完毕。当年，为更好地收集比较未来灌溉项目的基本数据，湄委会在流域四成员国建造的九座试验与展示农场投入运行；另有四个启动建设进程。1965 年，湄委会启动了 10 个湄公河领航员培训项目。截至 1965 年 12 月，1962 年福特基金会报告建议的涉及航道改善及经济与社会等辅助措施的研究和项目已完成的有：大米及其他农产品市场研究、国内电力市场研究、电子加工产品世界需求研究；已启动并持续进行的有：经济与社会研究、河流资源开发产品的技术人员培训、人力资源需求研究、行政管理与法律问题研究、"湄公河计划"系统分析、控洪调节方法研究。③ 1967 年，在巴蒙项目建设坝址下游，老挝和泰国分别建成了会晒（Ban Houei Sai）、巴莱（Paklay）及班科素（Ban Khok Suak）等新的干流水文站；泰国的夜英河项目建成了新的支流水文站。至此，由湄委会建立和管理的水文站

---

① Mekong River Commission, "Committee for the Coordination of Investigations of the Lower Mekong Basin, Annual Report 1967," Bangkok, 15 January 1968, pp. 24 - 38, http: //www. mrcmekong. org/assets/Publications/governance/Annual-Report-1967. pdf.

② Mekong River Commission, "Committee for the Coordination of Investigations of the Lower Mekong Basin, Annual Report 1978," Bangkok, 31 January 1979, p. 1, http: //osvw. mrcmekong. org/assets/Publications/governance/Annual-Report-1978. pdf.

③ W. R. Derrick Sewell and Gilbert F. White, "The Lower Mekong: An Experiment in International River Development," *International Conciliation*, No. 558, 1966, pp. 43 - 44, 26.

和气象站已分别有63座和105座。① 1964—1970年，在老挝万象建成哈多乔（Hat Dok Keo）试验农场，包括占地17公顷的农业试验站和占地300公顷的试验农场；在泰国北部建成卡拉信（Kalashin）试验农场，包括占地10公顷的农业试验站和占地300公顷的试验农场。② 1967年10月，湄公河流域综合分析与水库调节项目和水利系统季节电能调节项目在曼谷投入运行；水稻生产研究与评估项目和回流研究项目等亦开始运行。同一年，湄公河流域资源草图绘制完成，并于1968年中期正式出版。③

正是在上述区域合作实践进程中，"湄公河计划"逐步形成一些行动的独特性，主要是规划建设的整体性、合作领域的综合性、参与主体的多元性和互动层次的跨域性等。"湄公河计划"规划建设的整体性是其各种行动独特性形成的关键基础。"湄公河计划"实施过程中始终坚持亚远经委会最初确定的整体规划和组织化联合行动等国际管理和国际方法，持续推进湄公河流域水资源综合开发。整体规划主要体现在"湄公河计划"协调实施干流和支流项目规划与建设，并统筹水电开发、灌溉、控洪、航道改善、集水区管理、水供应及相关开发方面。这种基于整体性的诉求贯穿于"湄公河计划"的各项重要报告和规划以及干流和支流建设与其他具体合作领域。1958年联合国报告得出结论："湄公河计划"实施综合性流域开发计划应遵循审慎的协作和各个项目计划的一体化。这样，湄公河流域开发规划的宗旨就是其水资源管理以实现总体开发计划为先决条件。具体而言，其水资源管理既承认电力生产、灌溉、控洪和其他规划目标的不可分性，又承认一个地点的开发务必与其他地点的现有的和预期的开发融为一体，以便获取最优收益；而且，单个开发计划务必有序展开，而项目实施的优先性由保障最小成本

---

① Mekong River Commission, "Committee for the Coordination of Investigations of the Lower Mekong Basin, Annual Report 1967," Bangkok, 15 January 1968, p. 11, http：//www.mrcmekong.org/assets/Publications/governance/Annual-Report-1967.pdf.

② Hiroshi Hori, *The Mekong: Environment and Development*, New York: United Nations University Press, 2000, pp. 159 – 160.

③ Mekong River Commission, "Committee for the Coordination of Investigations of the Lower Mekong Basin, Annual Report 1967," Bangkok, 15 January 1968, pp. 15 – 20, http：//www.mrcmekong.org/assets/Publications/governance/Annual-Report-1967.pdf.

和最大收益所决定。①

组织化联合行动主要体现在多边主义方法的推行上,即确立和强化湄委会在亚远经委会指导下作为区域组织和相对于各参与成员的权威地位和代表权,以便让该区域内外成员相信流域四成员国能够在共同的项目中联合起来,并展示它们对其给予湄委会授权的充分信任和对湄委会决定的尊重。在实际运行中,"湄公河计划"始终坚持多边援助的基本原则,尽量避免单方面成员的意愿和行动,以使该项目严格成为国际合作的努力。这个原则也适用于项目的融资。这一办法使利用亚远经委会秘书处和湄公河秘书处的丰富经验进行多边外援谈判的努力取得了成功。这种组织化的多边主义方法不但在很大程度上削弱了"湄公河计划"对任何特定国家的依赖和任何特定大国集团的影响,而且为小的国家和非国家行为体及小规模的援助项目提供了参与的机会,进而强化其合作开发的区域方法。② 这种多边方法亦明显不同于同期实施的对东南亚南亚国家发展援助的"科伦坡计划"。该计划不但未设立正式的区域组织,只是成立了一个协商委员会作为商谈机构,显示了其机制上的非正式性,而且在具体的援助行动中,坚持援助国与受援国间所签署协议"多边方法、双边实施"的传统,本质上是一系列带有多边背景的双边援助协定。③ 因此,吴纽强调,"湄公河计划"是联合国在"国际合作总体规划"下开展区域合作的最终成果。这也是该计划成功的奥秘,堪称"区域合作的杰

---

① Mekong River Commission, "Committee for the Coordination of Investigations of the Lower Mekong Basin, Annual Report 1967," Bangkok, 15 January 1968, pp. 1 – 9, http://www.mrcmekong.org/assets/Publications/governance/Annual-Report-1967.pdf.

② W. R. Derrick Sewell, "The Mekong Scheme: Guideline for a Solution to Strife in Southeast Asia," *Asian Survey*, Vol. 8, No. 6, 1968, p. 455; Katsuhiko Takahashi, "Framework for Multinational Regional Development: A Case Study in the International Administrative and Financial Cooperation in the Program to Develop the Lower Mekong Basin," Ph. D. Dissertation, New York University, 1974, p. 66.

③ 参见 "The Colombo Plan," in Michael Haas, ed., *Basic Documents of Asian Regional Organizations*, Vol. I, New York: Oceana Publications, 1974, pp. 3 – 6; David Lowe, "The Colombo Plan and 'Soft' Regionalism in the Asia-Pacific: Australian and New Zealand Cultural Diplomacy in the 1950s and 1960s," Alfred Deakin Research Institute, Working Paper No. 1, 2010, p. 8; Nguyen Thi Dieu, *The Mekong River and The Struggle for Indochina: Water, War and Peace*, Westport, Connecticut: Praeger Publishers, 1999, pp. 66 – 67.

出典范"①。

"湄公河计划"规划建设的整体性赋予其区域合作行动的综合性。这体现在"湄公河计划"区域合作的一系列活动中,包括调查、规划、建设、融资和管理等。如前所述,从1962年开始,"湄公河计划"总体开发规划中的各类计划均取得了实际进展,包括数据收集、流域计划、优先干流项目和支流项目、航运改善以及农牧业、工矿业、人力资源开发和疾病预防等。② 1970年初湄委会制定并于1972年发布的《指示性流域计划报告:下湄公河流域水及相关资源开发建议框架》(简称"1970年指示性流域计划"),成为1970—2000年下湄公河流域综合开发的长期框架。这是湄委会首次为下湄公河流域的未来开发制定明确的指导原则,亦是下湄公河流域基于整体性的综合开发的集中表达。该报告表明,"湄公河计划"涉及水、土地、矿产、电力及能源、渔业和人力等多种资源,其开发不管是干流项目、三角洲开发和支流项目,还是履行这些计划的融资及法律和制度框架,都立足于经济框架、工农业、电力、运输、控洪与控碱及水供应、教育与人力资源基础设施等发展需求。时至1978年组成的下湄公河流域协调调查临时委员会(The Interim Committee for Coordination of Investigations of the Lower Mekong Basin)(简称"临时湄委会")仍遵循1970年指示性流域计划,正式制定由30个计划和78项活动构成的"工作纲要",继续推进下湄公河领域的区域合作,涉及水文与气象、流域规划、干流与支流项目、航道改善、农业与渔业等多个合作领域。③ "湄公河计划"区域合作实践的综合性使

---

① Katsuhiko Takahashi, "Framework for Multinational Regional Development: A Case Study in the International Administrative and Financial Cooperation in the Program to Develop the Lower Mekong Basin," Ph. D. Dissertation, New York University, 1974, p. 30, note 9.

② United Nation, "United Nation Development Decade: Proposals for Action, Annexes II, The Mekong River Project," Report of the Secretary-General, United Nation, Document E3613, New York, 1 January 1962, pp. 122 – 123, https://documents-dds-ny.un.org/doc/UNDOC/GEN/N62/115/49/pdf/N6211549.pdf?OpenElement.

③ Mekong River Commission, "Committee for the Coordination of Investigations of the Lower Mekong Basin, Annual Report 1978," Bangkok, 31 January 1979, pp. 10, 17, http://osvw.mrcmekong.org/assets/Publications/governance/Annual-Report-1978.pdf; Hiroshi Hori, *The Mekong: Environment and Development*, New York: United Nations University Press, 2000, pp. 129 – 165.

之超越同期南亚的印度河、西亚的约旦河等亚洲国际河流纯粹的水使用管理和同期旨在恢复经济或救助贫困或维护安全稳定的救急式经济和技术援助，从而形成具有明显的开发和治理双重导向的新型"发展的区域主义"的较早实践。①

参与主体的多元性和互动层次的跨域性是规划建设整体性和合作领域综合性的自然延伸。参与主体的多元性表现在其区域合作实践进程中各类国际政府间组织、流域国家和非流域国家等国家行为体及作为非国家行为体的私人基金、公司或专家个人的共同参与和协作行动方面。如前所述，在调查与规划方面，作为"湄公河计划"规划建设基础的三个核心调查报告分别由美国垦务局、联合国亚远经委会联合联合国技术援助局和福特基金会与流域四成员国协作完成。在干流项目方面，巴蒙项目的初步调查和规划研究由美国垦务局于1961—1962年完成，坝址地理调查和钻孔勘测由澳大利亚"科伦坡计划"雪山管理局于1962—1969年完成，其第一阶段的调查由美国垦务局专家于1965年完成；松博项目的初期坝址的地理调查仍由澳大利亚"科伦坡计划"雪山管理局完成，坝址和水库地区的绘图由湄委会在加拿大和菲律宾支持下完成，可灌溉地区的绘图由柬埔寨完成，可行性调查由日本海外技术合作机构经由日本电力开发公司和三洋国际咨询集团完成；洞里萨湖项目第一阶段的可行性调查工作由印度负责并与柬埔寨专家协作于1962—1963年完成。在已建成的支流项目方面，喷县项目由日本完成了初步调查、工程设计和可行性研究，法国完成了土壤调查，泰国在日本电力开发公司支持下完成了大坝和发电站建设，泰国政府负责电缆建设等；南蓬项目由日本和法国完成了初步工程调查，由联合国特别基金支持完成了可行性研究，泰国负责工程设计和大坝监理及电站和电缆建设，巴基斯坦完成了灌溉计划的初步设计，中国台湾提供了4000吨水泥支持；南俄河项目首期由联合国特别基金、日本和老挝资助完成可行性研究，联合国特别基金资助了综合性可行性研究，以色列在老挝和湄委会支持下完成了5000亩灌溉区域规划，澳大利亚、加拿大、丹麦、日本、比利时、新西兰和英国共

---

① Franklin P. Huddle, *The Mekong Project: Opportunities and Problems of Regionalism*, Washington: U. S. Government Printing Office, 1972, pp. 8 – 14.

同出资2342.25万美元支持该项目建设，老挝与泰国签署国际能源交换协议，与世界银行签署发展基金协定，成立由世界银行负责的南俄开发基金，等等。①

从"湄公河计划"的具体融资和行动资源来看，截至1967年12月，"湄公河计划"的行动资金总额约为1.48亿美元，其中用于前期调查和规划的资金约为4800万美元，用于建设的投资约为1亿美元，分别占32.43%和67.57%；提供资金支持的有流域四成员国、澳大利亚、奥地利、比利时、加拿大、中国台湾、丹麦、联邦德国（西德）、印度、印度尼西亚、伊朗、以色列、芬兰、法国、意大利、日本、荷兰、新西兰、挪威、巴基斯坦、菲律宾、瑞典、英国、美国23个非流域国家和地区，有亚远经委会、联合国技术援助局、国际劳工组织、联合国经社理事会、联合国粮农组织、联合国教科文组织、世界卫生组织、世界气象组织、国际原子能机构、联合国开发项目、世界食品项目成员11个联合国机构，以及菲律宾麦格赛赛基金会等私人组织和私人公司，而流域四国家提供资金总额达4970.6万美元，占整个资金总额的33.62%，非流域国家和地区提供的资本总额达8859.3万美元，占整个资金总额的59.93%（见表4—1）。在"湄公河计划"的勘察和规划建设中，亚远经委会还承担了启动和建设资金的筹措任务，尤其是其执行秘书长在其中扮演了重要的领导者角色。比如，在亚远经委会第十四届年度会议上，经过其执行秘书长纳拉希姆汉的斡旋，美国和新西兰分别决定提供220万美元和10万美元的资金支持；联合国技术援助项目资助20万美元。1958年12月，日本承诺提供24万美元援助资金。② 这些资金有力地保证了"湄公河计划"的前期启动、调查规划及优先开发项目的顺利实施。

---

① Mekong River Commission, "Committee for the Coordination of Investigations of the Lower Mekong Basin, Annual Report 1967," Bangkok, 15 January 1968, pp. 24 - 25, 30 - 35, 43 - 49, http://www.mrcmekong.org/assets/Publications/governance/Annual-Report-1967.pdf.

② United Nation, "ECAFE Annual Report to the Economic Social Council (16 March 1958 - 19 March 1959)," UNECSO, Document E/3214, 19 March 1959, pp. 62 - 63, https://documents-dds-ny.un.org/doc/UNDOC/GEN/B09/129/1x/pdf/B091291.pdf? OpenElement.

表4-1　　　"湄公河计划"行动资金（1967年12月31日）　　　（美元）

	前期调查和规划投资	建设投资	投资总额
澳大利亚	1008000	2446807	3454807
奥地利	75000	-	75000
比利时	90000	-	90000
加拿大	1365000	2000000	3365000
中国台湾	168200	65000	233000
丹麦	10000	600000	610000
芬兰	10000	-	10000
法国	1609749	3576156	5185905
联邦德国	2500	16000000	16002500
印度	312805	200000	512805
印度尼西亚			
伊朗	158500	-	158500
以色列	397800	5000	402800
意大利	49700	1000000	1049700
日本	1489692	15315000	16804692
荷兰	569191	4300000	4869191
新西兰	210635	350000	560635
挪威	10000	-	10000
巴基斯坦	100000	150000	250000
菲律宾	285050	78000	363050
瑞典	20000	-	20000
英国	323853	1764347	2088200
美国	19331591	13145000	32476591
合计	27597266	60995310	88592576
柬埔寨	2427129	11074000	13501129
老挝	1942831	932500	2875331
泰国	4855540	27080,969	31936509
南越	1373114	20000	1393114
合计	10598614	39107469	49706083
亚远经委会	790582	-	790582
联合国技术援助局	362799	-	362799

第四章 战后东南亚区域合作的分化重组(1961—1967) / 635

续表

	前期调查和规划投资	建设投资	投资总额
国际劳工组织	13104	—	13104
联合国粮农组织	140050	—	140050
联合国经社理事会	17800	—	17800
联合国教科文组织	14820	—	14820
世界卫生组织	8277	—	8277
世界气象组织	45300	—	45300
国际原子能机构	55650	—	55650
联合国开发项目	7878488	—	7878488
世界食品项目	36508	136575	173083
合计	9363378	136575	9499953
麦格赛赛基金会	10000	—	10000
其他组织和私人公司	27140	—	27140
总计	47596398	100239354	147835752

资料来源：Mekong River Commission, "Committee for the Coordination of Investigations of the Lower Mekong Basin, Annual Report 1967," Bangkok, 15 January 1968, pp. 24 – 25, 30 – 35, 43 – 49, http://www.mrcmekong.org/assets/Publications/governance/Annual-Report-1967.pdf.

在航行改善行动方面，英国通过"科伦坡计划"向湄公河船只提供了第一批用于确保夜航安全的航标和视觉反光膜。在辅助项目和调查研究方面，湄委会为每个支流与干流项目都准备了一份可行性综合报告，以便能够为援助协议项目和施工项目提供必要基础。伊朗政府为湄公河开发所提供的石油与石油制品的总计金额，至1964年已达7.7万美元。在公共健康方面，1962年，世界卫生组织开始资助血吸虫病、疟疾、细螺旋体病及住房等公共健康服务。在经济发展方面，法国则承担了针对湄公河地区工业发展和电力市场的研究工作；丹麦、芬兰、挪威和瑞典也对建立服务于东南亚区域的纸浆和造纸产业的可能性进行了调查。[1] 另外，在"湄公河计划"的实施中，有亚洲基金会、福特基金会、麦格赛

---

[1] United Nation, "ECAFE Annual Report to the Economic Social Council (19 March 1963 – 17 March 1964)," ECOSOC, Document E/3876/Rev. 1 – E/CN. 11/662/Rev. 1, 17 March 1964, pp. 35 – 42, https://documents-dds-ny.un.org/doc/UNDOC/GEN/B09/129/6x/pdf/B091296.pdf?OpenElement.

赛基金会、洛克菲勒基金会及未来资源 5 家私人基金会对湄委会的工作提供了必要的资助,有 10 家商业公司和私人厂商参与其中,有至少 10 名工程师、经济学家和科学家为湄委会领导的专家咨询委员会提供服务。另外,美国、日本、英国、澳大利亚、新西兰等国还通过"科伦坡计划"向"湄公河计划"投入专项技术和资金援助,由湄委会统筹安排使用。"湄公河计划"在启动伊始就属于"科伦坡计划"所涵盖的地理区域。据统计,1958—1964 年,"湄公河计划"最重要的援助便来自"科伦坡计划",援助资金累计约 905.49 万美元,占整个资金总额 1139.82 万美元的 79.44%。[①]"湄公河计划"的这种参与主体的多元性使其区域合作实践不同于东南亚地区同期出现的马菲印尼的联盟、东南亚联盟、东盟等本地区域组织,以及东南亚条约组织、《英马防务协定》等跨区域安全机制及其具有明显排他性的区域合作实践,而是具有明显的包容性和开放性。实际上,"湄公河计划"区域合作实践是"开放的区域主义"的一种重要尝试。[②]

互动层次的跨区域性主要体现在上述参与主体来自全球、跨区域、区域、次区域和国家等既相对独立又交叉重叠的国际关系互动层次,而其合作行动的核心地域空间则是"下湄公河流域"这一跨境区域层次。从国际组织或国际制度框架下国际关系活动层次来看,"湄公河计划"的核心参与主体可以分为四大类,即作为全球性国际政府间组织的联合国、作为跨区域国际政府间组织的亚远经委会和作为区域或次区域国际组织的湄委会及作为核心参与国的流域四成员国和作为域外参与国的非流域国家等,正好对应全球、跨区域、区域—次区域和国家四大国际关系互动层次。这些国际组织和参与国家在"湄公河计划"区域合作实践进程中的协作行动赋予其明显的跨层次或跨地域特性。而这种协作行动又推动"下湄公河流域"跨境区域层次的逐步形成。

---

① Nguyen Thi Dieu, *The Mekong River and The Struggle for Indochina: Water, War and Peace*, Westport, Connecticut: Praeger Publishers, 1999, p. 66.

② Le Thi Tuyet, *Regional Cooperation in Southeast Asia: The Mekong Project*, Ph. D. Dissertation, The City University of New York, 1973, p. 2;郑先武:《亚远经委会区域合作实践与"亚洲方式"初创》,载《世界经济与政治》2016 年第 12 期,第 64 页。

按照亚远经委会制定的《下湄公河流域协调调查委员会条例》的规定,"下湄公河流域"是指位于湄委会各参与成员政府所辖领土内湄公河"流域排水区"(area of the drainage basin)。① 1975年1月,湄委会在万象召开的第68次会议上通过的《上湄公河流域水利用原则联合宣言》进一步将之界定为位于中国以南的湄公河"流域排水区"。"流域排水区"意指沿湄公河"流域国家"延伸的地理区域,由下湄公河流域集水区所决定,包括地表水和地下水的供应或者纯粹地表水供应;"流域国家"意指其领土构成"流域排水区"的组成部分,并事实上接受和维护该联合宣言的特定沿岸国家;"沿岸国家"意指其领土由湄公河干流和主要支流所分界或穿越的流域国家。② 具体而言,"下湄公河流域"是对始于泰国清盛(Chiang Saen)的面积为62万平方公里的湄公河流域排水区的统称,包括老挝的几近全部领土(20.74万平方公里)、泰国的北部和东部地区(19.05万平方公里)、柬埔寨领土的9/10(15.78万平方公里)和占越南领土1/5的中部平原及南部三角洲(64.3万平方公里)。③

可见,在"湄公河计划"区域合作进程中,"下湄公河流域"特指该流域各国家领土内排水地理区域,涉及该流域的沿岸国家,但并非涵盖这些国家的全部领土范围,亦非基于主权的政治疆界的地区,而是基于下湄公河干流和支流水系、由国际制度和多边框架内联合行动所建构的、跨越沿岸国家领土边界的"跨国区域"(multi-national region)。④ 这是一种有别于宏观国际区域—次区域的,以次国家或地方层次为基本单元、基于跨国和跨领土互动的新型区域形态,逐渐从以国家为基本单元、基

---

① United Nation, "ECAFE Annual Report to the Economic Social Council (29 March 1957 – 15 March 1958)," ECOSOC, Document E/3102, 15 March 1958, p. 63, https://documents-dds-y. un. org/doc/UNDOC/GEN/B09/128/4x/pdf/B091284. pdf? OpenElement.

② Committee for Coordination of Investigations of the Lower Mekong Basin, "Joint Declaration of Principles for Utilization of the Waters of the Lower Mekong Basin," Vientiane, 31 January 1975, http://gis. nacse. org/tfdd/tfdddocs/374ENG. pdf.

③ Nguyen Thi Dieu, *The Mekong River and the Struggle for Indochina: Water, War and Peace*, Westport, Connecticut: Praeger Publishers, 1999, pp. 3 – 4.

④ Franklin P. Huddle, *The Mekong Project: Opportunities and Problems of Regionalism*, Washington: U. S. Government Printing Office, 1972, pp. 12 – 13, 67.

于领土性地理（territorial geography）的区域或次区域形态中分离出来，形成一种具有跨国性（trans-nationality）和跨领土性（trans-territoriality）的"跨境区域"（trans-border region）。[①] 从这个意义上讲，湄公河计划区域合作实践实际上是一种跨境区域合作。它与来自全球、跨区域、区域—次区域和国家等不同层次的国际组织、参与国家和非国家行为体紧密互动，形成一种内外部力量共同推动的多层次跨境区域水资源开发与治理体系。

"湄公河计划"的区域合作实践不仅在下湄公河流域水资源开发、治理及其相关的经济、社会等领域的务实合作行动中取得了令人瞩目的开创性成就，并形成了一系列具有鲜明自身特色的行动特性，而且通过参与各方尤其是湄委会及流域四成员国长期的"求同存异"乃至"求同化异"和紧密协作，超越国家间政治分歧乃至军事冲突，建构出一套同样颇具自身特色的区域共有规范，并孕育了弥足珍贵的区域合作"湄公精神"，由此赋予其行动和规范上的双重实践特性。

由于"湄公河计划"是亚远经委会在二战后兴起的泛亚洲主义区域合作框架内开展的，它一脉相承了该框架内经由亚洲关系会议、亚远经委会、万隆会议等所开创的区域合作共有规范的"亚洲方式"，包括亚洲区域自主、不干预主义、主权与文化平等、共识性决策、非正式的渐进主义、泛亚洲精神及关注经济发展、拒绝多边军事防务等。[②] 这首先体现在湄公河计划区域合作的制度设计中。按照湄委会颁布的《下湄公河流域协调调查委员会条例与程序规则》的规定，湄委会适用自己的决策程序，主要包括：湄委会的会议由柬、老、泰和南越全体成员参加，并由

[①] 参见 Jan Aart Scholte, *Globalization: A Critical Introduction*, Houndmills: Palgrave Macmillan, 2005, pp. 13 – 84; Fredrik Söderbaum, "Exploring the Links between Micro-Regionalism and Macro-Regionalism," in Mary Farrell, Björn Hettne, et al., eds., *Global Politics of Regionalism: Theory and Practice*, London: Pluto Press, 2005, pp. 91 – 95; Shintaro Hamanaka, "What is Subregionalism? Analytical Framework and Two Case Studies from Asia," *Pacific Focus*, Vol. 30, No. 3, 2015, pp. 389 – 414；郑先武、李峰《东南亚微区域合作与跨境安全》，载《南洋问题研究》2016 年第 3 期，第 3—5 页。

[②] 参见 Michael Haas, *The Asian Way to Peace: A Story of Regional Cooperation*, New York: Praeger, 1989, pp. 1 – 21; Michael Haas, *Asian and Pacific Regional Cooperation: Turning Zones of Conflict into Arenas of Peace*, New York: Palgrave Macmillan, 2013, pp. 25 – 40; Amitav Acharya, "Multilateralism: Is There an Asia-Pacific Way?" *Analysis*, Vol. 8. No. 2, 1997, pp. 5 – 11.

各成员全体一致做出决定；湄委会会议由其轮值主席国主持、四个成员代表参加，亦可由湄委会邀请其他国家政府和特别机构以观察员身份与会；所有会议均是闭门会议，除非湄委会另有决定；湄委会能力范围内的所有技术问题均应由各成员通过湄委会采取行动，但该条例的规定不应以任何方式影响、取代或修改与湄公河利益有关成员政府间正在生效或而后可能达成的任何协定。① 从决策程序来看，湄委会不再把多数票表决程序纳入其制度框架，而是采取全体一致的原则，既尊重了各成员的主权与平等地位，而不论成员大小、人口和资源，又从制度设计上赋予各成员保护自身权益的事实上的否决权，杜绝了在任何成员缺席的情况下通过决议的可能性，也在一定程度上强化了"湄公河计划"的一体化和独立性；而闭门会议的形式使各成员可以尽量采用更加灵活的立场，从而尽量避免采取全体一致原则造成湄委会陷入瘫痪的可能性。这就要求湄委会在做出决定之前必须与各成员充分讨论所涉议题，以谋求事先达成一致。另外，由各成员代表所成立的湄公河委员会亦可方便它们之间及湄委会秘书处与各成员相关部门之间的协商与合作。湄委会的会议组织还显示出其共同参与的重要原则。在湄公河开发技术要求高、资金来源广泛、上下游成员利益不同和合作方式多样的复杂情况下，这一原则成为能够最大限度地保证各方无私配合以实现成员及区域利益最大化的规范要求。②

在实际运行中，"亚洲方式"规范框架赋予"湄公河计划"区域合作灵活的工作方法，主要是对全体一致原则的灵活解释和运用。第一个重要案例是1965年5月关于修改《下湄公河流域协调调查委员会条例》建议的决策。这一修改建议是应湄委会要求拟将其名称改为"下湄公河流域综合开发协作委员会"，旨在根据"湄公河计划"区域合作

---

① United Nation, "ECAFE Annual Report to the Economic Social Council (29 March 1957 – 15 March 1958)," ECOSOC, Document E/3102, 15 March 1958, pp. 63 – 64, https：//documents-dds-y. un. org/doc/UNDOC/GEN/B09/128/4x/pdf/B091284. pdf? OpenElement.

② 参见 Lalita P. Singh, *The Politics of Economic Cooperation in Asia：A Study of Asian International Organizations*, Columbia：University of Missouri Press, 1966, pp. 134 – 136；Tuyet L. Cosslett and Patrick D. Cosslett, *Water Resources and Food Security in the Vietnam Mekong Delta*, New York：Springer, 2014, pp. 120 – 122；Le Thi Tuyet, *Regional Cooperation in Southeast Asia：The Mekong Project*, Ph. D. Dissertation, The City University of New York, 1973, pp. 110 – 111.

的实际需要拓展该委员会的功能和活动，不仅仅包括干流和支流调查协作，而且包括实际建设及农业、工业发展、公路与铁路运输、公共健康和社会文化等辅助措施。1965年8月，该修改建议由亚远经委会执行秘书长以信函方式递交给四个成员的外交部长批准，而后再获湄委会四成员代表的同意。但柬埔寨政府既没有批准，又没有公开做出解释，此信函遂成为没有被否决的"死信"①。即便如此，湄委会建议拓展的活动和功能还是变成了现实：湄委会随后的活动大大超越了调查协作的范围，而是介入了支流建设、航道改善及融资等活动之中。这实际上是一种无反对的"默认的共识"。

第二个重要案例是1967年2月和4月柬埔寨因不满于特诺河项目融资问题而对湄委会两次会议的抵制。据时任湄委会秘书处法律官员伯纳德·沃尔温德（Bernard Wolwend）回忆，这种形势为湄委会提供了通过全体一致原则履行其决策权的首次解释，即在某一成员缺席的情况下湄委会会议做出的决定是否要经过缺席成员随后的批准。这样，这两次会议的报告经老挝、泰国和南越三个与会成员的临时同意，而后因柬埔寨并没有反对报告的条款而被相应认定为由四个成员"一致"采纳。② 这实际上是一种基于共识的"全体一致"。

第三个重要案例是1971年1月湄委会第15次会议讨论《指示性流域计划》草案及其得到会议同意公开出版问题。这份草案是由湄委会秘书处起草，事先得到其执行代理人范德·乌尔德（Vander Oord）在会议公开声明中的支持；南越代表亦在会议声明中表达了赞美之情，但其他三个成员代表在公开声明中均未提及此计划。鉴于此，湄委会决定关于这一计划的讨论采用闭门会议形式，仅有湄委会四个成员代表团、湄委会行政负责人和湄委会秘书处部分职员参加，联合国特别机构、援助国政府、私人基金会和公司代表均被排除在外。在这次闭门会议上，南越代表正式以其有关南越的事实、数据和统计有误

---

① Tuyet L. Cosslett and Patrick D. Cosslett, *Water Resources and Food Security in the Vietnam Mekong Delta*, New York: Springer, 2014, p. 123.

② Tuyet L. Cosslett and Patrick D. Cosslett, *Water Resources and Food Security in the Vietnam Mekong Delta*, New York: Springer, 2014, p. 122.

或不准确为由反对该计划的出版。① 这种闭门会议部分弥补了全体一致原则不让步的不足，同事和朋友间的闭门小型会议比由援助国、大银行和国际专家参加的大型会议更容易表示反对。这实际上是一种基于共识的反对。

这三个重要案例揭示了湄委会决策程序的一些实际情形：一是在公开会议或其他公开场合一般情况下没有正式的否决和直接的对抗，而是闭门会议中的反对和决策期间的私下协商，而后通过公开声明加以证实；二是有些条款设计旨在避免湄委会成员间的公然对抗，由此赋予它们之间协商的灵活性；三是虽然湄委会的规约有时没有得到批准，但流域四成员政府需要批准的修正案依然可以生效。这种"条款"可被视作一种"安全阀"，供湄委会成员在其同事的巨大压力下规避而不致造成其内部的尴尬和紧张。因此，在这里，否决权比其他任何事情都更具有心理和道德价值。这是典型的"亚洲谈判风格"，亦即由共识而非多数投票做出决定。这也显示了湄委会决策风格的非正式性。②

"湄公河计划"区域合作实践体现"亚洲方式"工作方法的另一个主要侧面是强调技术、经济和社会等严格的功能性议题，尽量避开有重大分歧的政治议题，具有专业性、针对性强的特点。基于此，各合作方能够抛开历史和现实政治上的恩怨与成见，单纯就技术问题进行讨论，并形成合作方案，以提升该区域民众的福祉。1951年3月，亚远经委会在确定将湄公河作为优先开发的国际河流时已经考虑到成员间的领土争端和国际国内政治纠纷等非经济因素。③ 湄委会的年度报告亦一再申明，"湄公河计划"的干流和支流项目建设及其他领域的各项开发旨在惠及该

---

① Le Thi Tuyet, *Regional Cooperation in Southeast Asia: The Mekong Project*, Ph. D. Dissertation, The City University of New York, 1973, pp. 115 – 117.

② 参见 Le Thi Tuyet, *Regional Cooperation in Southeast Asia: The Mekong Project*, Ph. D. Dissertation, The City University of New York, 1973, pp. 116 – 118; Tuyet L. Cosslett and Patrick D. Cosslett, *Water Resources and Food Security in the Vietnam Mekong Delta*, New York: Springer, 2014, pp. 123 – 125.

③ Nguyen Thi Dieu, *The Mekong River and the Struggle for Indochina: Water, War and Peace*, Westport, Connecticut: Praeger Publishers, 1999, p. 52.

流域所有居民，不分国籍、宗教或政治。① 1962 年发布的一份联合国秘书长报告在谈及"湄公河计划"时特别强调，该计划必须为所有相关民众谋福利，并努力避开基于政治差异性的考量。② 1965 年 5 月，湄委会在向其负责准备《下湄公河流域协调调查委员会条例》修改建议草案的秘书处下达指令时明确指出，规则修改需"保持湄委会当前惯例的本质特性，尤其是聚焦于技术而非政治事务，并对附加政治条件的援助不感兴趣"③。1969 年 3 月，湄委会在审视其具体成就时再次表示，相信"湄公河计划"行动中的经济合作能够超越政治敌对。④ 由此，1957—1975 年 18 年间的"湄公河计划"区域合作实践始终围绕湄公河水资源技术及相关问题，并未对该区域任何政治事务做出决定。此种合作惯例贯穿于"湄公河计划"区域合作实践的整个过程。湄委会秘书处首任行政负责人哈特·沙夫（C. Hart Schaaf）在他于 1963 年出版的著作中写道："出于多种因素考量，激励东南亚区域主义的最好机会存在于经济和文化领域。在许多侧面，下湄公河领域开发是未来的指路明灯。"⑤

在实际运行中，尽管"湄公河计划"的参与成员尽量避开敏感的政治和军事议题，但仍然希望通过功能性合作实现安全目标，即将经济发展与安全稳定联系起来，以便通过经济发展实现地区政治和社会稳定及政权安全。哈特·沙夫曾指出，当时所有与"湄公河计划"有联系的机构和人员均希望并相信该计划本身将有力地推动湄公河流域所有民众和

---

① United Nation, "United Nation Development Decade: Proposals for Action, Annexes II, The Mekong River Project," Report of the Secretary-General, United Nation, Document E3613, New York, 1 January 1962, p. 125, https://documents-dds-ny.un.org/doc/UNDOC/GEN/N62/115/49/pdf/N6211549.pdf?OpenElement.

② Mekong River Commission, "Committee for the Coordination of Investigations of the Lower Mekong Basin, Annual Report 1967," Bangkok, 15 January 1968, pp. 1 – 2, http://www.mrcmekong.org/assets/Publications/governance/Annual-Report-1967.pdf.

③ Le Thi Tuyet, *Regional Cooperation in Southeast Asia: The Mekong Project*, Ph. D. Dissertation, The City University of New York, 1973, p. 138.

④ Le Thi Tuyet, *Regional Cooperation in Southeast Asia: The Mekong Project*, Ph. D. Dissertation, The City University of New York, 1973, p. 133.

⑤ C. Hart Schaaf and Russell H. Fifield, *The Lower Mekong: Challenge to Cooperation in Southeast Asia*, Princeton: Van Nostrand, 1963, p. 67.

平和福祉的实现。① 1966 年，亚远经委会执行秘书长纳拉希姆汉公开表示，流域四成员虽有相当大的经济发展潜力，但这些成员在各个领域都缺乏经济进步，以至成为大量政治不稳定的来源，因此，通过经济进步促进政治稳定成为"湄公河计划"区域合作的另一个重要侧面。他认为，"湄公河计划"的进展会持续成为促进该区域成员政治稳定的重要元素。②这种政治和安全诉求亦体现在"湄公河计划"优先项目选址的考量上。南蓬和喷县两个支流项目就位于泰国东北部被认为因经济落后而播撒下政治不满的"战略区域"。这两个项目于 1965 年 11 月启动后直至 70 年代，这一区域取得了高速的经济发展。这被归因于"湄公河计划"区域合作所创造的重要机会。泰国学者帕乔姆·乔姆凯（Pachoom Chomchai）的专题研究表明，美国经由湄委会对下湄公河流域水资源开发的援助推动了泰国东北部农业的多样性和总体上的经济增长，尤其是工农业的发展。③ 1992 年 4 月，曾任湄委会泰国全权代表的班若·宾逊（Boonrod Binson）在一次公开演讲中评价湄委会在泰国经济发展中的作用时称，20 世纪 50 年代泰国东北部因地处偏僻和欠发达，其开发与泰国其他区域尤其是中部平原相比缺乏优先性，而湄委会启动后吸引了许多援助国到该区域。自此，泰国东北部获得来自泰国内外部良好的资金支持，直至发展到今天这种水平。④

而最著名的南俄河项目地处战争和冲突的严重地区，所以一开始就被视作老挝和湄公河次区域和平创建和稳定化的重要尝试。曾先后担任世界银行总裁和美国政府东南亚社会及经济发展特别顾问的尤金·布莱克（Eugene R. Black）于 1969 年著书指出，作为实现国际合作的一个标志，南俄河项目可以在促使交战各方休战并激励他们化解彼此分歧中发

---

① C. Hart Schaaf and Russell H. Fifield, *The Lower Mekong: Challenge to Cooperation in Southeast Asia*, Princeton: Van Nostrand, 1963, p. 129.

② Le Thi Tuyet, *Regional Cooperation in Southeast Asia: The Mekong Project*, Ph. D. Dissertation, The City University of New York, 1973, p. 17.

③ 参见 Pachoom Chomchai, "The United States, the Mekong Committee and Thailand: A Study of American Multilateral and Bilateral Assistance to North-East Thailand since the 1950s," Asian Studies Monographs No. 051, Institute of Asian Studies, Chulalongkorn University, 1994, pp. 2 - 4, 80 - 257.

④ Ti Le-Huu and Lien Nguyen-Duc, "Mekong Case Study," UNESCO, IHP-VI, Technical Documents in Hydrology, PCCP Series, No. 10, 2001 - 2003, p. 50.

挥至关重要的作用。① 湄委会顾问委员会认为，南俄河项目不但可以传递相关国家内部各派团结起来的心理优势，而且为湄公河流域邻国间合作提供了机会，进而为相关国家和本区域的经济发展和稳定做出贡献。实际上，该项目确实得到老挝各政治派别的支持和尊重。巴特寮领导人苏发努·冯对老挝多用途项目感兴趣，并同意处于其控制区域的南俄河项目的实施不受干扰。为保持工程的顺利进行，老挝各政治派别还专门达成保证和维护该项目区域法律和秩序的协议。这样，南俄河项目非但没有受到战争和冲突的影响，反而于 1971 年提前建成。南俄河项目能够在冲突和纷争区域顺利完工堪称"政治杰作"。更重要的是，老挝和泰国达成的双边电力交换协议，将南俄河水电站最终生产的近八成电力输往泰国，且几乎从未中断过。由此，南俄河项目被称为纷争区域的一座"和平岛"②。联合国赞誉之为下湄公河流域综合开发利益攸关各方超越政治或国籍而普惠民众的重大举措。③ 吉尔伯特·怀特相信："在湄公河下游项目的建设和管理中，如果政治条件有利、理性和愿景能发挥与研究阶段同样的作用，该项目就可能成为第一项盆地开发的真正的国际和平事业。"④ 富兰克林·赫德尔（Franklin P. Huddle）在美国国会服务工作组递交的一份报告中写道，"人们很可能认为，鼓动对该区域技术和经济发展的普遍兴趣会有助于稳定那里的政治体制"，最终成为"朝着建立一个更统一的区域国家联合体迈出的一步"。他认为，此种"世界区域主义"作为一种非常长远的外交战略，可以提供一种重新构建国家政治力量并使之成为共享利益和问题的经济平衡区域的途径，进而建立可行的区域经济和技术发展及区域间贸易和相互援助体系，以缓和区域间各个层次

---

① Eugene R. Black, *Alternative in Southeast Asia*, London: Pall Mall Press, 1969, p. 136.

② 参见 Abigail Makim, "Resources for Security and Stability? The Politics of Regional Cooperation on the Mekong, 1957 – 2001," *Journal of Environment and Development*, Vol. 11, No. 1, 2002, p. 18; Tuyet L. Cosslett and Patrick D. Cosslett, *Water Resources and Food Security in the Vietnam Mekong Delta*, New York: Springer, 2014, pp. 116 – 130; Somporn Sangchai, *The Mekong Committee: A New Genus of International Organization*, Ph. D Dissertation, Indiana University, 1967, p. 21.

③ Mekong River Commission, "Committee for the Coordination of Investigations of the Lower Mekong Basin, Annual Report 1967," Bangkok, 15 January 1968, p. 49, http://www.mrcmekong.org/assets/Publications/governance/Annual-Report-1967.pdf.

④ Gilbert F. White, "Mekong River Plan," *Scientific American*, Vol. 208, No. 4, 1963, p. 59.

的冲突和紧张局势。①

值得注意的是，在上述制度架构和行为规范框架内，"湄公河计划"区域合作在水资源开发和利用中制定了一系列重要的共同规范。在1957年5月召开的流域四成员联合会议上，各方就适航性保护达成两条重要原则，即湄公河现有枯水量不以任何方式在任何地点被削弱；基于灌溉目的而转用的水供应将通过河流高水位季节的水量储存来满足。② 1957年亚远经委会报告将这两条原则进一步明确为：干流现有自然枯水量不能因任何干流计划而被削减；干流项目中用于灌溉的水消耗将由雨季储存的水量提供。这一所谓"不妨碍原则"在1967年湄委会年报中得到再确认。③ 为避免干流桥梁建设影响湄公河航道，1964年9月召开的湄委会会议呼吁湄公河流域成员保证，任何干流桥梁都不应妨碍国际河流自由航行和远洋交通畅通。据此，流域各成员同意位于南越的美顺桥（My Thuan Bridge）应为一座固定跨度的高架桥梁。④ 与此同时，湄委会推动达成了一系列有约束力的法律文件：一是它以集体名义签署了19个关于技术援助服务及其用品的免税协定以及许多双边和多边技术援助协议；二是它推动流域成员之间达成"湄公河计划"区域合作框架内多边或双边法律协定，如1965年8月流域四成员代表签署的《老挝和泰国之间电力供应公约》；1966年3月柬埔寨和南越签署的支持泰国、老挝与其他援助国达成的有关"南俄河开发基金协定备忘录"；1969年1月泰国和老挝签署并获得柬埔寨和南越支持的、老挝为兰都内大坝项目建设向泰国供应岩石的法律协定等。其中最重要的就是《老挝和泰国之间电力供应公约》。该公约不但吸纳了湄委会长期奉行的"通过和谐合作最佳利用水力发电"原则，而且履行了湄公河开发项目区域管理的方法，即湄委会负责提供穿越湄公河的输电线路

---

① Franklin P. Huddle, *The Mekong Project: Opportunities and Problems of Regionalism*, Washington: U. S. Government Printing Office, 1972, pp. 22, 61.

② H. G. Halbertsma, "Legal Aspects of the Mekong River System," *Netherlands International Law Review*, Vol. 34, No. 1, 1987, p. 42.

③ Mekong River Commission, "Committee for the Coordination of Investigations of the Lower Mekong Basin, Annual Report 1967," Bangkok, 15 January 1968, p. 8, http://www.mrcmekong.org/assets/Publications/governance/Annual-Report-1967.pdf.

④ H. G. Halbertsma, "Legal Aspects of the Mekong River System," *Netherlands International Law Review*, Vol. 34, No. 1, 1987, p. 42.

并拥有该线路所有权；老挝政府和泰国政府分别负责确保其领土内到湄公河航道两国共同边界输电线路的维护和正常运行等。[1] 所有这些协定都是增强"湄公河计划"框架内流域四成员间区域合作约束力的决定。

正是"湄公河计划"区域合作行动和规范上的双重实践特性孕育了最具自身特色的区域合作"湄公精神"。作为一种专门用语，"湄公精神"是亚远经委会执行秘书长吴纽（U Nyun）于20世纪60年代初在多个场合首先使用的。按照哈特·沙夫的解释，在"湄公河计划"实施的早期阶段，"湄公精神"被描述为湄委会通过多边方式所表达的共同目标和希望的新氛围。其中十分重要的两种方式分别是湄委会通过流域四成员制定的《下湄公河流域协调调查委员会条例》所拥有的重要的权力资产和湄委会流域四成员全权代表所拥有的真正善意的信念和务实有效的工作方法。[2] 流域四成员代表一致认为，"湄公精神"首要的是基于人际和个体，不论政治、种族或宗教的合作精神，其共同主旨是朋友间个人和人际联系基础上的合作，而不顾更高的政治选择或地区政治分歧，亦即"湄公精神"就是它们为实现共同的目标而不顾政治分歧和丛生的冲突的合作意愿和承诺。它亦表明湄委会流域四成员全权代表所组成的集团内部相互信任、相互理解和团结意识。这种合作精神和团结意识为"湄公河计划"突破重重阻力尤其是各当事国间的政治分歧而得以持续实施奠定了重要的观念和规范基础，从而向世界展示了在有政治分歧的地区间依然可以培育基于区域需求的共同合作愿景、共同目标意识或共同利益意识。[3] 亚远经委会前副执行秘

---

[1] Northwest Alliance for Computational Science & Engineering (NACSE), "Convention between Laos and Thailand for the Supply of Power," Vientiane, 12 August 1965, http://gis.nacse.org/tfdd/tfdddocs/287ENG.pdf.

[2] C. Hart Schaaf and Russell H. Fifield, *The Lower Mekong: Challenge to Cooperation in Southeast Asia*, Princeton: Van Nostrand, 1963, p.125.

[3] 参见Lalita P. Singh, *The Politics of Economic Cooperation in Asia: A Study of Asian International Organizations*, Columbia: University of Missouri Press, 1966, pp.134-140; Tuyet L. Cosslett and Patrick D. Cosslett, *Water Resources and Food Security in the Vietnam Mekong Delta*, New York: Springer, 2014, pp.119-123; David Wightman, *Toward Economic Cooperation in Asia: The United Nations Economic Commission for Asia and the Far East*, New Haven: Yale University Press, 1963, p.362; Le Thi Tuyet, *Regional Cooperation in Southeast Asia: The Mekong Project*, Ph.D. Dissertation, The City University of New York, 1973, pp.157-158; Ti Le-Huu and Lien Nguyen-Duc, "Mekong Case Study," UNESCO, IHP-VI, Technical Documents in Hydrology, PCCP Series, No.10, 2001-2003, pp.50-53.

书长拉什德·伊布拉西姆（A. Rashid Ibrahim）将"湄公河计划"避免争吵的联合行动称作"湄公方式"（Mekong way）。[1]

在"湄公河计划"区域合作实践中，"湄公精神"可观察到的最明显的表现就是其共同的目标意识和超越政治的团结意识或合作精神。"共同目标意识"主要表现在共同的需求、共同的愿景、互惠的行动上。在"湄公河计划"启动之时，流域四成员面临着非常恶劣的地缘政治环境：越南南北分裂，南越和北越分属美国和苏联不同阵营；老挝陷入分别由北越支持的共产党力量和泰国支持的亲美力量之间的内战；在柬埔寨，国王西哈努克亲王努力在北越和南越及泰国之间保持中立；泰国一直紧跟亲西方的资本主义阵营。在冷战的大背景下，流域四成员分属的不同阵营被意识形态乃至国际、国内冲突和纷争所撕裂。它们之间正常的外交关系难以维继。比如，泰国与柬埔寨在1958年一度中断外交关系，1961年10月外交关系再次中断；泰国与南越于1963年8月亦中断外交关系；泰国与柬埔寨和南越的外交关系直至1970年3月方才恢复；其间，柬埔寨与南越的关系实际上亦被切断。在如此险恶的处境中，湄公河被流域四成员视作唯一共同联系的纽带和潜在的最重要联合因素。[2] 正如1958年联合国报告所言，湄公河"水资源的合理保护和利用比其他任何单一的事业都更有利于改善本地区的福祉"[3]。湄委会柬埔寨前全权代表弗莱克·查特（Phlek Chatt）曾解释说，一条河流不能像土地或稻田那样被分割成数块儿，上游必然会影响下游，反之亦然。他强调，"湄公河计划"区域合作的基础是我们无法改变的物理因素或物理需求，亦即既不

---

[1] A. Rashid Ibrahim, "ECAFE and Economic Cooperation in Asia," *The Pakistan Development Review*, Vol. 1, No. 3, 1961, p. 16.

[2] 参见 Greg Browder and Leonard Ortolano, "The Evolution of an International Water Resources Management Regime in the Mekong River Basin," *Natural Resources Journal*, Vol. 40, No. 3, 2000, pp. 504 – 505; W. R. Derrick Sewell and Gilbert F. White, "The Lower Mekong: An Experiment in International River Development," *International Conciliation*, No. 558, 1966, p. 7; Tuyet L. Cosslett and Patrick D. Cosslett, *Water Resources and Food Security in the Vietnam Mekong Delta*, New York: Springer, 2014, p. 130; David Wightman, *Toward Economic Cooperation in Asia: The United Nations Economic Commission for Asia and the Far East*, New Haven: Yale University Press, 1963, p. 202.

[3] Mekong River Commission, "Committee for the Coordination of Investigations of the Lower Mekong Basin, Annual Report 1967," Bangkok, 15 January 1968, p. 2, http://www.mrcmekong.org/assets/Publications/governance/Annual-Report-1967.pdf.

能忽略又不能废止的湄公河促使流域四成员聚在一起。这一点亦得到湄委会其他成员代表的认可。1965年7月在曼谷召开的湄公河首次经济与社会问题研讨会上，老挝和南越代表均同意："不管我们是否喜欢，湄公河成员由特定的物理因素联合起来。"南越代表进一步表示："就合作而论，我们因本区域特定的物理常数而一起搭上同一条船。"①

正是湄公河这一共同的物理常数形成了洪水防控、水资源利用、水电开发等内部需求，并由此滋生了资金、设备和技术援助等外部需求。这种共同需求构成"湄公精神"共同目标意识最初的和最朴素的内涵，进而成为培育更高级的共同目标意识。在哈特·沙夫看来，"湄公河计划"通过这种共同目标意识架起了一座桥梁，而这座新的共同目标的桥梁取代竞争和误解的篱笆，构成"湄公河计划"的一种"欢乐特性"。他认为，这种乐观主义的基础就是所有流域成员的政府领导人和民众日益增多的技术和经济实惠及渐次增加的意识——他们越来越相信只要按照普惠民众的最优共同目标进行资源联合开发，湄公河能够为他们提供巨大的经济和社会收益。② 在实际运行中，流域四成员共同需求意识所培育的共同愿景最初主要体现在1957年亚远经委会报告和1958年联合国报告所描述的"湄公河计划"干流和支流项目开发的充满希望的蓝图上。在当时背景下，这种蓝图所展示的共同愿景就是一种"集体承诺"，而这种承诺又在即刻展开的后续的务实行动及其实际共同收益中得到体现。如1958年联合国报告作为湄委会成立后"湄公河计划"的首次重大实践行动，其提出的详细建议及其后续落实工作证实了1957年亚远经委会报告所描述的愿景能够通过艰苦的劳动转变为活生生的成就。这进一步催生出更高的共同愿景，如1970年指示性流域计划。1961年3月，在新德里召开的亚远经委会第十七届年度会议在审议湄委会年度报告后表示，湄委会和流域四成员正超越数据收集和开发计划建设与行动规划，展望如何开展新的更高层次的共同行动，包

---

① Le Thi Tuyet, *Regional Cooperation in Southeast Asia: The Mekong Project*, Ph. D. Dissertation, The City University of New York, 1973, pp. 149, 161.

② C. Hart Schaaf and Russell H. Fifield, *The Lower Mekong: Challenge to Cooperation in Southeast Asia*, Princeton: Van Nostrand, 1963, p. 125.

括考虑使用水和电力的共同安排、谋求大规模国际工程建设融资的联合安排以及各参与方对这些项目的国际管理等。[①] 1962 年发布的一份联合国秘书长报告在总结"湄公河计划"的特色和成就时特别指出，该计划得益于其奉行"公正、希望和经济"三个管理原则。[②] 而 1970 年指示性流域计划为湄公河纵深开发提供了基于稳固现实的未来合作的可能愿景，从而被赋予湄公河区域合作里程碑意义。自此，湄公河被称为"守誓河"（river of promise）。[③]

在"湄公河计划"区域合作实践中，这种共同意识成为"湄公精神"中团结意识或合作精神孕育的温室。湄委会代表喜欢用一个隐喻对此做形象的表达。他们在谈及湄公河巨大的资源潜力时将之比作一个装满黄金的宝箱，但这个湄公河宝箱有四把锁和四把钥匙，分别为柬埔寨、老挝、泰国和南越所有，它们只有用自己的钥匙协调一致打开各自的锁，才能打开宝箱的盖子，由此给所有的国家都带来收益。这就是基于伙伴和互惠关系的团结精神。[④] 具体而言，这种团结意识既有超越乃至化解政治分歧的"求同存异"和"求同化异"，又有基于个人友谊的合作精神。"求同存异"的团结精神首先体现为湄委会决策程序中无否决的全体一致原则和共识性协商一致的行为惯例。这一决策程序创建了"湄公河计划"区域合作非常重要的自信和互信的氛围。这一点得到惠勒夫人 1969 年所做的一项研究的证实。她对此做出积极的评价，认为湄委会《下湄公河流域协调调查委员会条例》所确定的全体一致原则在培育成员间的信任和合作中发挥了实质性作用。这一观点亦得到参与这一合作的流域四成员代表及其他人士的广

[①] C. Hart Schaaf and Russell H. Fifield, *The Lower Mekong: Challenge to Cooperation in Southeast Asia*, Princeton: Van Nostrand, 1963, p. 129.

[②] United Nation, "United Nation Development Decade: Proposals for Action, Annexes II, The Mekong River Project," Report of the Secretary-General, United Nation, Document E3613, New York, 1 January 1962, p. 125, https://documents-dds-ny.un.org/doc/UNDOC/GEN/N62/115/49/pdf/N6211549.pdf?OpenElement.

[③] Ti Le-Huu and Lien Nguyen-Duc, "Mekong Case Study," UNESCO, IHP-VI, Technical Documents in Hydrology, PCCP Series, No. 10, 2001-2003, p. 51.

[④] Tuyet L. Cosslett and Patrick D. Cosslett, *Water Resources and Food Security in the Vietnam Mekong Delta*, New York: Springer, 2014, p. 125.

泛认同。① 这种团结精神还体现在湄委会在运行的18年间从未被政治分歧所打断的会议记录上。据统计，1957—1975年，湄委会流域四成员全权代表共举行了69次会议，平均一年三四次，而两个成员在1961—1970年的9年间一直没有外交关系，占湄委会运行时期的1/2。② 沈怡解释说，虽然湄公河流域四成员在种族上和政治上甚至在地理上有不同之处，但它们在这条大河流以及祈求经济和社会进步的共同目标下团结起来。他强调："由今而往，湄公河计划的发展无疑将更有助于此种团结的加强。它们不断的合作和共同运用资源，以开发这条巨大河流，成了它们为共同福利而合作的一个好榜样"。因此，"湄公河计划"的持续推进既是"联合国综合各方面技术和经济援助所促成的结果"，也是"柬埔寨、老挝、泰国和越南合作精神的表现"③。

湄委会成员间这种团结意识多次从"湄公河计划"项目建设融资上体现出来。两个著名的例子就是柬埔寨特诺河项目和南越的美顺桥项目。这两个项目在1966年3月召开的湄委会第30次会议上被遴选为优先建设项目。尽管事实上1966—1969年柬埔寨与泰国、南越的关系持续紧张，甚至在边界地区出现彼此暴力侵略指控，但湄委会流域四成员在这两个项目募集资金援助上持续展示出令人钦佩的团结。1968年4月，在堪培拉召开的亚远经委会第24届年度会议上，湄委会会议主席发表声明称，特诺河项目一直是湄委会各成员最关心的项目，并呼吁友好国家做出援助承诺。当年9月，在金边召开了该项目融资会议，澳大利亚、加拿大、联邦德国、印度、意大利、日本、荷兰、巴基斯坦、菲律宾、英国等多个国家及亚远经委会、湄委会、联合国开发项目等多个国际组织与会。11月，11个国家签署了项目融资协议，总金额达2700万美元。次年10月，特诺河项目建设正式启动。美顺桥项目是1962年决定建设的。如前所述，1964年9月湄委会讨论制定了两条规则。次

---

① Le Thi Tuyet, *Regional Cooperation in Southeast Asia: The Mekong Project*, Ph. D. Dissertation, The City University of New York, 1973, pp. 111-112.

② Mekong River Commission, "Committee for the Coordination of Investigations of the Lower Mekong Basin, Annual Report 1978," Bangkok, 31 January 1979, p. 1, http://osvw.mrcmekong.org/assets/Publications/governance/Annual-Report-1978.pdf.

③ 沈怡：《沈怡自述》，中华书局2016年版，第342—343页。

年2月，日本工营株式会社完成了可行性研究，预估建设所需资金为1600万美元。此后，湄委会与首要援助国美国进行了长时间商谈。起初，美国为降低成本主张建设一座活动浮桥。1966年4月召开的湄委会第30次会议及1967年2月召开的第31次会议给予履行美顺桥项目优先地位。1967年10月，美国向湄公河流域派出专家组，开展为期90天的美顺桥项目经济与技术可行性研究，完成后于1968年8月向湄委会递交了一份报告，预估建设资金为2060万美元，并主张提供改善轮渡服务，以便更好地满足南越的现实需要。但湄委会拒绝了美国的观点，并于1968年9月通过建设美顺桥的决议，重申建设跨越南越境内湄公河的美顺桥的重要性和现实需要。流域四成员代表一致决定提供资金支持，并建议联合国和亚远经委会成员大力资助。1969年4月，老挝承诺提供100万老挝币援助资金；泰国和柬埔寨代表重申其政府的支持立场，以显示湄委会的团结。1969年9月，面对此种情境，美国弱化其立场，并知会湄委会称，尽管其对湄委会决定不甚满意，但仍愿意在安全和经济条件得到保证的情况下考虑提供25%的建设资金。此时，南越已决定提供总建设资金的50%。[①]

"求同化异"是"求同存异"的升华，是以合作取代分歧、对抗乃至支配和强制的更积极的行为。"化异"的核心对象是在政治领域所遇到的棘手问题。在"湄公河计划"区域合作实践中，"化异"就是各方顺势而为、共同努力去化解对"湄公河计划"顺利实施所造成的现实的和潜在的难题。典型的例子分别发生在于1958年12月在曼谷和1961年11月在万象召开的湄委会会议期间。前一次会议是在柬泰关系非常紧张的环境中决定召开的。当时，两国因柏威夏寺纠纷而关闭了边境，并中止了金边和曼谷间的商业航空服务。为保障会议的正常召开，设在曼谷的亚远经委会秘书处在驻扎在金边的联合国技术援助部区域代表的帮助下，与

---

① 参见 Tuyet L. Cosslett and Patrick D. Cosslett, *Water Resources and Food Security in the Vietnam Mekong Delta*, New York: Springer, 2014, pp. 134–135; Le Thi Tuyet, *Regional Cooperation in Southeast Asia: The Mekong Project*, Ph. D. Dissertation, The City University of New York, 1973, pp. 151–156; Mekong River Commission, "Committee for the Coordination of Investigations of the Lower Mekong Basin, Annual Report 1967," Bangkok, 15 January 1968, p. 71, http://www.mrcmekong.org/assets/Publications/governance/Annual-Report-1967.pdf.

两国的湄委会代表及其他国家政府官员协商谋求妥善解决办法。最终，美国政府征得泰国政府允许后决定派出专机将柬埔寨代表团运抵曼谷，使得会议如期举行。在后一次会议召开时，老挝境内正发生武装冲突；老挝与泰国的关系亦存在诸多矛盾。但在这次会议上，不但湄委会全部代表如期参会，而且有亚远经委会秘书处和其他联合国机构官员参加。在会议期间，亚远经委会执行秘书长主持召开了一系列由湄委会老挝和泰国代表及联合国官员参加的小型会议，成员包括老挝的公用事业部部长、万象地区军备司令、泰国的外交事务国务秘书和驻老挝大使、联合国秘书长个人代表和湄委会行政负责人等。此次会议最终推动老挝和泰国两国政府达成一项协定，向在巴蒙国际大坝工作的"湄公河计划"项目组提供联合安保，包括成立由两国军事人员组成混合工作组使用两国和联合国旗帜等。该协定很快得到两国政府领导人的批准。老挝政府总理在这次会议讲话中强调，流域四成员以此种方式联合推进这项伟大事业，将进一步加强密切和相互理解的总体合作框架内的彼此间友好关系。这是湄委会及项目工作组克服政治混乱和争议而催生国际友好和团结感情的显著例证。① 1961年10月，亚远经委会在给联合国的一份报告中指出，当柬埔寨中断与泰国的关系时，泰国高层表示，在与柬埔寨恶化的关系中"湄公河项目是个例外"。这样，泰国和柬埔寨虽断绝外交关系，但规定了一个例外，即对方派往湄委会的代表可以进入其封锁的领土。湄委会成员认识到，"湄公河计划"可能意味着提高它们民众的生活水平，以实现它们由"快速增加期望的革命"所激发出来的梦想。老挝高层表示，在联合国主持和多国的帮助下，湄公河丰富的资源持续"以完全非政治的方式"得到开发，以至于"湄公河计划"成为贫困中的"老挝的希望"。这亦是湄委会成员对"湄公精神"显要性的公开的官方表达。②

---

① 参见 C. Hart Schaaf and Russell H. Fifield, *The Lower Mekong: Challenge to Cooperation in Southeast Asia*, Princeton: Van Nostrand, 1963, pp. 126 – 128.

② Somporn Sangchai, *The Mekong Committee: A New Genus of International Organization*, Ph. D Dissertation, Indiana University, 1967, pp. 19 – 20; Nguyen Thi Dieu, *The Mekong River and The Struggle for Indochina: Water, War and Peace*, Westport, Connecticut: Praeger Publishers, 1999, p. 87.

第四章　战后东南亚区域合作的分化重组(1961—1967) / 653

　　这种"求同化异"的另一个典型例子就是对美国可能的支配权的抵制。如前所述，最初，美国试图通过国与国双边开发方式主导湄公河开发进程，因遭到柬埔寨的强烈反对而未能成功。而后，亚远经委会启动调查团并提出整体开发方案时，美国一开始亦持反对立场。然而，1957年亚远经委会报告被该委员会第十三届年度会议各方代表一致同意后，美国的态度发生根本性改变。会上，美国代表宣布，愿意通过其亚洲开发基金向"湄公河计划"提供资金支持。[①] 在越南战争升级后，美国出于政治目的加大对"湄公河计划"的支持力度。1965年4月，美国总统林登·约翰逊（Lyndon B. Johnson）在霍布金斯大学发表讲话，即著名的"霍布金斯讲话"，表示将支持和推进亚洲区域合作作为实现"东南亚和平的形态"（Pattern for Peace in Southeast Asia），并决定实行扩大对湄公河援助的计划，希望通过进一步扩大的湄公河合作开发的努力将东南亚国家联合起来。[②] 此时，发展援助已经成为美国对南越日益扩大的军事责任的一部分。实际上，美国试图通过发展援助实现其安全战略目标乃至拓展其自由的现代化标准，并以此展示其在东南亚乃至整个亚太地区的"建设性介入"[③]。对"湄公河计划"的支持成为约翰逊"霍普金斯讲话"后美国采取的"第一个重要行动"，表明美国政府"对这一联合国支持的倡议的政治和经济潜力的极大兴趣"[④]。此后，美国对"湄公河计划"的援助资金大幅增加，亦带动该计划总体行动资金的急剧增多。据统计，截至1965年12月，"湄公河计划"行动资金总额为1.05亿美元，比

[①] 参见 Nguyen Thi Dieu, *The Mekong River and The Struggle for Indochina: Water, War and Peace*, Westport, Connecticut: Praeger Publishers, 1999, pp. 52–55.

[②] "'Pattern for Peace in Southeast Asia': Address by the President at Johns Hopkins University," Baltimore, 1 April 1965, in Richard P. Stebbins, ed., *Documents on American Foreign Relations*, 1965, New York: Harper & Row Publisher, 1966, pp. 144–145.

[③] 参见 David Ekbladh, *The Great American Mission: Modernization and the Construction of an American World Order*, Princeton: Princeton University Press, 2010, pp. 190–225.

[④] "Letter from Secretary of State Rusk to the Chairman of the Senate Foreign Relations Committee (Fulbright)," Washington, 21 April 1967, in United States Department of State, *Foreign Relations of the United States Diplomatic Papers*, 1964–1968, Vol. 27: *Mainland Southeast Asia; Regional Affairs*, Document 91, https://history.state.gov/historicaldocuments/frus1964–68v27/d91.

1965年1月的7240万美元增长45.12%;① 到1967年12月,这一数字达到1.48亿美元,较1965年12月又快速增长了40.95%,其中美国援助资金为3247.66万美元,占当年资本总额的21.97%。② 另据统计,在1957—1967年的10年间,美国对湄委会援助资金总额为3200美元,占"湄公河计划"援助资金总额8600万美元的36.6%。在美国的援助资金中有将近1/2用于最大的干流项目巴蒙大坝的可行性研究。③ 截至1967年4月,美国还带头为湄委会在老挝的优先项目提供了1/2的资金。④ 到1970年12月,美国对"湄公河计划"援助资金达到3650万美元,占当年资金总额的17%。⑤ 美国持续成为"湄公河计划"最大的援助国。

其间,虽然美国的短期政治考虑及其对流域四成员的双边政策与湄委会的区域合作计划时常发生冲突,但湄委会推动的区域合作进程非但未受此掣肘,反而进入发展的黄金时期。仍以特诺河项目为例。由于美国在越南及东南亚的干涉行为受到西哈努克亲王的强烈抨击,美柬关系日趋紧张。1965年5月,美国甚至与柬埔寨断绝了外交关系。柬埔寨政府一直不愿参与任何由美国直接提供援助的计划。在美柬断绝外交关系当月,湄委会在曼谷召开特别会议讨论进一步推进"湄公河计划"的措施,柬埔寨对外金融部总管首次参加此类会议。从此,"湄公河计划"启动了实质性支流项目建设。1966年3月,特诺河项目被湄委会第30次会

---

① Le Thi Tuyet, *Regional Cooperation in Southeast Asia: The Mekong Project*, Ph. D. Dissertation, The City University of New York, 1973, pp. 111 - 112.

② Mekong River Commission, "Committee for the Coordination of Investigations of the Lower Mekong Basin, Annual Report 1967," Bangkok, 15 January 1968, p. 113, http://www.mrcmekong.org/assets/Publications/governance/Annual-Report-1967.pdf.

③ Kenneth. M. Friesen, "Damming the Mekong: Plans and Paradigms for Developingthe River Basin from 1951 - 1995," Ph. D. Dissertation, American University, 1999, pp. 103 - 105.

④ "Letter from Secretary of State Rusk to the Chairman of the Senate Foreign Relations Committee (Fulbright)," Washington, 21 April 1967, in United States Department of State, *Foreign Relations of the United States Diplomatic Papers*, 1964 - 1968, Vol. 27: *Mainland Southeast Asia*; *Regional Affairs*, Document 91, https://history.state.gov/historicaldocuments/frus1964 - 68v27/d91.

⑤ Tuyet L. Cosslett and Patrick D. Cosslett, *Water Resources and Food Security in the Vietnam Mekong Delta*, New York: Springer, 2014, p. 110.

议遴选为优先建设项目。① 当年6月，在亚远经委会年度会议上，美国代表承诺向该项目提供资金援助。8月，美国驻联合国代表阿瑟·戈尔德施密特（Arthur Goldschmidt）向联合国秘书长吴丹（U Thant）承诺，在某些条件下美国将捐助约500万美元支持柬埔寨的特诺河项目。9月，柬埔寨代表团在湄委会会议上保证，西哈努克亲王已将特诺河项目列为最优先项目。但美国国会于1966年10月通过《对外援助拨款法》（The Foreign Assistance Appropriations Act）修正案，禁止对任何向北越提供经济援助的国家提供经济援助。当月，美国政府还是宣布中止了对特诺河项目的援助，并表示不会将支持湄公河流域开发项目视为服务于冷战或军事目的。美国政府承认特诺河项目作为"湄公河计划"的组成部分本身是一个很好的项目，同意可以利用世界银行或亚洲开发银行等国际金融机构作为援助方的金融代理继续参与其中，并说服日本、加拿大和澳大利亚在该项目融资中发挥领导作用。②

特诺河项目并未受到美国中止援助的影响，而是顺利推进。实际上，美国在这一时期"湄公河计划"区域合作实践进程中虽然扮演了持续的"唯一大国角色"，但自始至终并未支配这一合作进程。该合作进程亦未受到美国政治立场和正式或非正式偏好的明显影响。比如，在美顺桥建设问题上，美国的观点遭到湄委会的拒绝。③ 戈尔德施密特曾解释说，"湄公河计划"及湄委会持续运行对美国是重要的，主要原因在于：美国

---

① 参见 W. R. Derrick Sewell and Gilbert F. White, "The Lower Mekong: An Experiment in International River Development," *International Conciliation*, No. 558, 1966, p. 63; Le Thi Tuyet, *Regional Cooperation in Southeast Asia: The Mekong Project*, Ph. D. Dissertation, The City University of New York, 1973, pp. 151 – 152.

② "Telegram from the Department of State to the Mission to the United Nations," Washington, 23 November 1966, in United States Department of State, *Foreign Relations of the United States Diplomatic Papers*, 1964 – 1968, Vol. 27: *Mainland Southeast Asia; Regional Affairs*, Document 81, https://history.state.gov/historicaldocuments/frus1964 – 68v27/d81; "Letter from Secretary of State Rusk to the Chairman of the Senate Foreign Relations Committee (Fulbright)," Washington, 21 April 1967, in United States Department of State, *Foreign Relations of the United States Diplomatic Papers*, 1964 – 1968, Vol. 27: *Mainland Southeast Asia; Regional Affairs*, Document 91, https://history.state.gov/historicaldocuments/frus1964 – 68v27/d91.

③ 参见 Tuyet L. Cosslett and Patrick D. Cosslett, *Water Resources and Food Security in the Vietnam Mekong Delta*, New York: Springer, 2014, pp. 109 – 113.

在该计划中已有较大数额的投资；美国关注亚远经委会和联合国的整体声誉；该计划对约翰逊所强调的区域主义和多边主义是一种测试；该计划可以为湄公河流域的和平发展提供最佳框架。[1] 唐纳德·麦克劳德（Donald G. McCloud）认为，美国向"湄公河计划"提供技术援助、财政援助和鼓励，但这些贡献的主要影响被介入该计划的各种其他因素所抵消，美国很少甚至没有控制其决策过程，只是扮演了"有限的指导"角色。[2] 阿比盖尔·马金（Abigail Makim）强调，湄公河机制的运行是以谋求维护每个成员的主权为先的谈判而非霸权行为的结果。他认为，这种对美国领导地位的回避表明，湄公河成员更倾向于让亚远经委会在次区域发展中发挥领导作用。同样，尽管泰国作为一个上游和更发达的国家在影响湄公河机制运行方面处于有利地位，但很明显，湄公河流域其他三个成员在该机制内拥有同等的影响力。[3] 特诺河项目的折中亦表明了"湄公河计划"区域合作进程中美国的政治安全利益考量优先性所导致的其角色不确定性以及亚远经委会秘书处和湄委会成员的区域发展优先性所凝聚的集体团结力。[4]

这样，在冷战竞争和冲突的国际、区域环境中，尽管老挝和南越的内部动乱和武装冲突在一定程度上阻碍了"湄公河计划"的进展，但"湄公河计划"并未卷入其间的大国竞争和区域及国内冲突中。在南越，支流项目仍缓慢进展着。各地干流项目没有受到武装冲突的太大影响。在内战中的老挝，干流和支流项目均照常进行；重要的实地调查亦没有受到军事游击活动的妨碍。在1960年老挝武装冲突爆发最激烈的时候，

---

[1] "Arthur Goldschmidt Reports that President Lyndon B. Johnson's Initiatives for Regional Cooperation in Southeast Asia Are Jeopardized by the U. S. Position on the Cambodian Prek Thnot Dam Project," Department of State, n. d., U.S. Declassified Documents Online, https：//link.gale.com/apps/doc/CK2349153826/USDD？u＝nju&sid＝bookmarkUSDD&xid＝8e741b96&pg＝1.

[2] Donald G. McCloud, "United States Policies toward Regional Organizations in Southeast Asia," *World Affairs*, Vol. 133, No. 2, 1970, p. 143.

[3] Abigail Makim, "Resources for Security and Stability? The Politics of Regional Cooperation on the Mekong, 1957 – 2001," *Journal of Environment and Development*, Vol. 11, No. 1, 2002, p. 14.

[4] 参见屠酥《湄公河水资源60年合作与治理》，社会科学文献出版社2021年版，第101—102页；孙建党《美国20世纪非殖民化政策研究：以东南亚为个案》，中国社会科学出版社2020年版，第495—500页。

泰国和老挝军方向在巴蒙项目所在地工作的澳大利亚考察队提供了联合武装保护。更重要的是，湄委会流域四成员热切希望合作的"湄公精神"被这种合作的更大增值所激励，使得冲突中的成员能够搁置它们之间的分歧，从而在共同事业中建立友好联系和彼此间的合作。① 因此，"湄公河计划"被称为"一项前所未有的国际合作援助计划""代表了前所未有的合作努力"②。吉尔伯特·怀特称，"湄公河计划"在冲突的背景下各项工作仍持续推进，调动了流域四成员"献身于人民的能量"，并利用了其他十多个国家的人力和物力资源，在资源管理国际合作方面"开创了行政先例"③。

在"湄公河计划"区域合作实践中，基于个人友谊的合作精神成为其所培育的"湄公精神"的重要组成部分。这里的"个人"主要来自湄委会流域四成员代表、其他官员、技术专家及其他工作人员以及亚远经委会秘书处和其他联合国机构的官员和其他工作人员。他们以其卓越的工作为"湄公河计划"的各项合作事业做出突出的贡献，特别是，当这一区域合作实践进程受到国际、国内及区域冲突和政治纷争的严重影响时，他们之间持续而稳固的个人联系和友好情感及共同的经验成为湄公河共同事业及其所建构的"湄公区域身份"得以延续和强化的"最好的催化剂"④。在湄委会1958年12月曼谷会议召开前，在湄委会柬埔寨代表宋万赛（Sonn Voeunsai）走下飞机时，湄委会泰国代表班若·宾逊（Boonrod Binson）已在机场恭候。在他们紧紧握手时，宋万赛意味深长地说，柬埔寨政府允许他来曼谷是出于他对在湄委会和联合国工作的班若·宾逊博士个人的信任。⑤ 而坐落在柬埔寨的特诺河项目能够顺利实施

---

① Somporn Sangchai, *The Mekong Committee: A New Genus of International Organization*, Ph. D Dissertation, Indiana University, 1967, pp. 21, 27 – 28.

② Donald G. McCloud, "United States Policies toward Regional Organizations in Southeast Asia," *World Affairs*, Vol. 133, No. 2, 1970, p. 139.

③ Gilbert F. White, "Mekong River Plan," *Scientific American*, Vol. 208, No. 4, 1963, pp. 49 – 50.

④ Tuyet L. Cosslett and Patrick D. Cosslett, *Water Resources and Food Security in the Vietnam Mekong Delta*, New York: Springer, 2014, p. 136.

⑤ C. Hart Schaaf and Russell H. Fifield, *The Lower Mekong: Challenge to Cooperation in Southeast Asia*, Princeton: Van Nostrand, 1963, p. 126.

在很大程度上亦是个人友好关系推动的结果。湄委会第 30 次会议将该项目建设融资纳入其核心活动。1967 年 7 月，柬埔寨国家元首西哈努克亲王接受联合国秘书长吴丹的建议，通过联合国秘书处获取了实施该计划的外部资金。自此，柬埔寨政府在联合国官员纳拉希姆汉和亚远经委会执行秘书长吴纽的帮助下，开始为特诺河项目募集资金做出持续艰苦的努力。① 戴维·怀特曼（David Wightman）强调，这种人际的友谊、尊重和信任是"湄公河计划"制度安排和决策程序中"极其宝贵的资产"。② 正是基于这些成就，1967 年 1 月，美国驻泰国大使格雷厄姆·马丁（Graham Martin）在曼谷举行的美国商业联合会上讲话时称，"庞大的湄公河开发计划已经取得很好的进展"，尤其是"亚洲人领导下的合作计划已经启动并呈现出发展势头"③。

最后，需要特别强调的是，"湄公精神"既孕育于"湄公河计划"区域合作实践进程，又为这一进程的持续发展夯实了稳固的观念基础。鉴于此，《下湄公河流域水利用原则联合宣言》明确表示，湄委会各成员"自豪地看到合作和互助的独特精神持续激励着湄委会的工作，致使许多友好政府和组织取得诸多实质性成就成为可能"④。这意味着"湄公精神"被正式纳入"湄公河计划"区域合作的规范框架中。自此，区域合作"湄公精神"或"湄公方式"作为亚远经委会工作方法的灵活适用和适度拓展，成为二战后初生的区域合作"亚洲方式"规范框架的重要组成部分，融入 20 世纪 60 年代初兴起并不断发展的"东南亚主义"的规范框架里，直至成为独特的东南亚区域合作"东盟方式"的重要规范来源。

---

① Mekong River Commission, "Committee for the Coordination of Investigations of the Lower Mekong Basin, Annual Report 1967," Bangkok, 15 January 1968, p. 51, http：//www.mrcmekong.org/assets/Publications/governance/Annual-Report-1967.pdf.

② David Wightman, *Toward Economic Cooperation in Asia: The United Nations Economic Commission for Asia and the Far East*, New Haven: Yale University Press, 1963, p. 201.

③ Victor J. Croizat, "The Mekong River Development Project: Some Geographical, Historical and Political Considerations," Paper P – 3616, Santa Monica, California: Rand Corporation, June 1967, p. 1.

④ Northwest Alliance for Computational Science & Engineering (NACSE), "Joint Declaration of Principles for Utilization of the Waters of the Lower Mekong Basin," Vientiane, 31 January 1975, http：//gis.nacse.org/tfdd/tfdddocs/374ENG.pdf.

第二节　东南亚本地区域合作启动与东盟的诞生

进入20世纪60年代，东南亚区域内外部形势均发生了重大变化。从内部来看，东南亚国家的独立进程基本完成，其面临的主要任务转向国家建设和国家统一，但国家内部和国家间的矛盾和冲突日益突显。从外部来看，全球性冷战不断向亚洲及东南亚区域蔓延，外部大国加大介入东南亚国家内部的冲突，致使东南亚局部尤其是大陆东南亚地区日趋陷入冲突的泥潭，在意识形态和安全关切上出现大陆东南亚和海洋东南亚的明显分裂。与此同时，"泛亚洲主义"作为一种区域意识和政治运动开始明显削弱和退潮。第二次亚非会议筹备受挫直至会议最终流产就是这一现实的集中体现。这一背景既加深了东南亚区域国家对外部政治经济的依赖，进而推动了跨区域经济合作的发展，又促使它们努力谋求具有排他性的新的本地区域合作动议，以通过获取更大的区域自主性摆脱大国的外部支配，并借此化解区域内部的矛盾和冲突。由此，长期孕育于"泛亚洲主义"和"太平洋主义"及其框架内跨区域合作实践进程之中、具有明显集体认同导向的东南亚本地区域合作快速成长，并摆脱外部大国主导的跨区域合作而走上独立发展的轨道，开启了"创建没有域外国家参加的纯粹的东南亚组织"的"地方倡议"的新时期。[1]

一　第二次亚非会议夭折和"泛亚洲"联合停滞

万隆会议以后，作为"亚洲"区域意识的"泛亚洲主义"发展势头及其影响力已明显开始下降。1955年5月召开的西姆拉会议已是旨在推动其框架内跨区域合作的政府间"亚洲会议"的落幕。这次会议表明，在核心议题和核心地理范围上，亚洲及东南亚区域和跨区域合作已经开始与"科伦坡计划"等西方大国主导的区域和跨区域经济合作"合流"。但时至20世纪60年代初，亚远经委会、"科伦坡计划"及东南亚条约组

---

[1] Asadakorn Eksaengsri, "Foreign Policy-Making in Thailand: ASEAN Policy, 1967 – 1972," Ph. D. Dissertation, State University of New York, 1980, p. 240.

织框架内的区域、跨区域务实经济合作蔚然成风,在掀起"第二波亚洲区域主义"之时,"泛亚洲主义"陷入停滞。这意味着自 1947 年首届亚洲关系会议以来包括东南亚在内的亚洲国家和政治实体谋求亚洲团结和区域联合"最初的实验性努力"的失败。① 其具有转折意义的标志性事件就是第二次亚非会议筹备遭遇重大挫折直至会议流产。

其实,第二次亚非会议的筹备一开始就不顺畅。一个重要的不利因素是作为"泛亚洲主义"核心力量的"科伦坡国家"集团的分裂,尤其是作为其核心区域领导和万隆会议主要发起国的印度退出会议筹办。这意味着万隆会议期间开始出现的印度和印度尼西亚之间的裂痕继续扩大。在万隆会议期间,印度作为"泛亚洲主义"核心领导的地位明显下降,而印度尼西亚开始扮演新的区域领导角色。在万隆会议结束后,印度尼西亚凭借成功举办万隆会议而获取的巨大声望,持续谋求第二次亚非会议的召开,成为这一会议最重要的倡导者和会议筹备的组织者。从 1956 年开始,印度尼西亚领导人在各种国际场合呼吁从速召开第二次亚非会议,直到 60 年代初该倡议正式被一些亚非国家提上议事日程。

1956 年 5 月,沙斯特罗阿米佐约在雅加达举行的一次记者招待会上透露,五个"科伦坡国家"正在研究召开第二次亚非会议的必要性和可能性。他说,万隆会议曾决定在两年内考虑召开第二次亚非会议,但是这将取决于国际局势。② 6 月,苏加诺在日内瓦举行的一次新闻发布上宣布,"亚洲国家"正在就召开新一届"亚洲会议"举行会谈。此前的 1955 年 11 月,锡兰政府总理所罗门·班达拉奈克(Solomon Bandaranaike)在访问澳大利亚期间在悉尼接受记者采访时曾表示,新一届亚非会议应于 1956 年下半年在埃及开罗举行。1956年 1 月,印度孟买亦有媒体报道称,埃及政府已同意新一届亚非会议将于 1956 年在开罗举行。而此时,尼赫鲁对新一届亚非会议已失去

---

① Arndt Michael, *India's Foreign Policy and Regional Multilateralism*, New York: Palgrave Macmillan, 2013, pp. 54–56.

② 《沙斯特罗阿米佐约谈苏加诺访问美国等问题》,载《人民日报》1956 年 5 月 19 日第 4 版。

兴趣，并将注意力转向通过更大范围的不结盟外交谋求更广泛的"世界和平"，淡化了反殖民主义斗争色彩。[1] 1956年7月，尼赫鲁与南斯拉夫领导人铁托（Josip Broz Tito）和埃及领导人纳赛尔在南斯拉夫布里俄尼举行会谈并发表联合声明，拥护"和平共处"原则，反对加入对立的军事集团。[2] 1956年9月，苏伊士运河危机的发生亦耽搁了新一届亚非会议动议的落地。

1956年11月，"科伦坡国家"在新德里举行总理会议，印度、印度尼西亚、缅甸和锡兰四国总理到会，唯有巴基斯坦总理缺席。此时，巴基斯坦与印度的关系因克什米尔争端而日趋恶化。这次会议讨论的主题是苏伊士运河危机。此次会议表达了对埃及的同情和支持立场。在这次会议上，班达拉奈克提出是否应尽早依照万隆会议的决定和"万隆路线"再次召开亚非会议的问题，总理们认为，在当前环境下这一会议动议应予以搁置。他们赞成在1957年某个时候举行第二次亚非会议，因为"在目前召开这个会议是行不通的"。这次会议决定设立一个代表"科伦坡国家"的协商委员会，专门应对源自苏伊士运河危机的特定经济问题。1957年9月，该委员会在科伦坡举行了首次会议。[3] 这次总理会议既是"科伦坡国家"集团首次对东南亚区域外部事务"集体发声"，又是最后一次总理会谈。这预示着"泛亚洲主义"的"内核"已经分裂及其各国关注点从本区域外移。

四国总理的倡议率先得到柬埔寨和缅甸的积极响应。1957年2月，柬埔寨亲王西哈努克访问锡兰，在科伦坡举行的记者招待会上表示，班达拉奈克提出及早召开第二次万隆国家会议的建议是一个好主意。他说："我认为召开第二次（万隆国家）会议是好的，因为就第一届会议以来的局势发展交换意见必定是有意义的。"[4] 当月，缅甸反对党——民族团结

---

[1] David Kimche, *The Afro-Asian Movement: Ideology and Foreign Policy of the Third World*, Jerusalem: Israel Universities Press, 1973, pp. 83, 98, note 58.

[2] 余琼芳：《当代印度的东南亚政策研究》，中央民族大学出版社2018年版，第96页。

[3] 《印度外交部副部长说科伦坡四国总理主张明年开亚非会议》，载《人民日报》1956年12月14日第6版；David Kimche, *The Afro-Asian Movement: Ideology and Foreign Policy of the Third World*, Jerusalem: Israel Universities Press, 1973, pp. 88, 98.

[4] 《西哈努克赞成再开亚非会议》，载《人民日报》1957年2月19日第6版。

阵线提出一项议案，要求缅甸政府敦促早日举行第二次亚非会议。5月，吴努在访问莫斯科接受记者采访时，主张召开第二次亚非会议，强调新的会议能像第一次会议一样，具有同等的代表性。① 7月，沙斯特罗阿米佐约在访问莫斯科时指出，需要召开第二次亚非会议，并希望这次会议能够在1958年初举行。他说，29个亚非国家的代表在万隆会议上签署的宣言正在实施中。这次会议曾经就经济、政治和文化方面的合作通过了决议。他说，这些问题还可以继续讨论。但是，关于国际局势问题的讨论应当在第二次会议议程上占最重要的地位。他特别指出，印度尼西亚将在联合国最近举行的会议上重新提出西伊里安问题，希望爱好自由的各国人民支持印度尼西亚人民的正义要求。②

作为"科伦坡国家"重要成员的锡兰一直试图推动新一次亚非会议的召开。1958年3月，班达拉奈克提出，如果其他国家同意的话，他希望亚非国家能在年底以前在锡兰举行经济会议，以讨论有关共同的贸易和经济合作问题。他说，这个会议会促进亚非地区农产品生产国家一定程度的合作，这种合作是很有价值的。这个会议也有助于讨论粮食生产和分配以及粮食运输之类的重要问题。③ 4月，班达拉奈克致函"科伦坡国家"的总理们，希望早日举行会议来讨论区域性的贸易和经济合作问题。他说，这个会议可以作为1955年万隆亚非会议通过的经济合作决议的延伸，所有参加亚非会议的国家都可以参加，或者在最初仅限于亚洲国家参加。他建议，粮食供应、运输和地区计划等问题可以作为会议上有效讨论的紧迫而重要问题的一部分，但这个会议不讨论有关地区之间的冲突和国际政治性分歧的问题。④ 10月，班达拉奈克致函31国领导人，吁请在科伦坡举行关于经济问题的亚非会议，会议时间可确定在1959年，其成员总体上是参加万隆会议的国家。据锡兰新闻社报道，到1959年2

---

① 《缅甸议会第三届会议开幕》，载《人民日报》1957年2月28日第6版；《吴努主张重开亚非会议》，载《人民日报》1957年5月21日第6版。
② 《沙斯特罗阿米佐约在莫斯科发表谈话主张明年开第二次亚非会议》，载《人民日报》1957年7月28日第6版。
③ 《锡兰总理希望亚非经济会议年底举行》，载《人民日报》1958年3月28日第5版。
④ 《锡兰总理致函科伦坡会议国家总理主张早开亚非经济会议》，载《人民日报》1958年4月16日第5版。

月，已有 21 个国家做出了集体回应，包括日本、土耳其、马来亚、印度尼西亚、巴基斯坦、中国、加纳等，而印度并不在复函国家名单里。对此，尼赫鲁采取了"观望"政策。这样，锡兰新的亚非会议倡议落空了。[1]

印度尼西亚在"独立而积极的"(Independent and Active) 对外政策原则指导下，仍然积极筹划召开新一届亚非会议。1958 年 4 月，哈达在美国《对外事务》杂志再次撰文指出，印度尼西亚的对外政策"是独立的、积极的"。他解释说："独立是指印度尼西亚不愿与任何一个对立集团结盟，无论是西方集团还是共产主义集团；积极是指它作为联合国的忠实成员努力执行和平政策。鉴于它的出身和它作为联合国成员的目标，印度尼西亚共和国将在联合国框架内全力以赴，消除两个集团之间的争论，或至少磨掉它的锋芒，其使命是帮助防止可能引发第三次世界大战的大规模冲突。这一和平政策在 1955 年万隆亚非会议通过的著名决议中形成。"他强调：

> 印度尼西亚共和国无意与亚洲和非洲国家建立第三集团的伙伴关系。它希望亚非国家之间能时不时地举行一次会议，就像 1955 年那样，作为一个'道德联盟'，为了和平的利益，可以影响那些被联合成集团的国家。印度尼西亚奉行独立和积极的政策，努力在相互尊重的基础上与所有国家建立友好关系，不管它们的意识形态或政府形式如何。[2]

在这一背景下，1959 年，印度尼西亚政府曾再次提议召开新一届亚非会议，并探寻其他亚非国家对这一会议动议的看法。从 1960 年底到 1961 年上半年，印度尼西亚外交部高级官员苏蓓尼（Madame Supeni）走访了缅甸、柬埔寨、锡兰、埃及、苏丹等国。印度尼西亚

---

[1] David Kimche, *The Afro-Asian Movement: Ideology and Foreign Policy of the Third World*, Jerusalem: Israel Universities Press, 1973, pp. 98–99.

[2] Mohammad Hatta, "Indonesia between the Power Blocs," *Foreign Affairs*, Vol. 36, No. 3, 1958, p. 480.

的会议倡议得到中国政府的明确支持。1961年3月28日至4月2日，中国外交部长陈毅在访问印度尼西亚期间，与印度尼西亚外长苏班德里约（Subandrio）发表"联合公报"表示，在讨论一般世界问题，特别是亚非问题时，两国外交部长认为很有必要在最短时间内举行第二次亚非会议。5月，苏蓓尼与中国驻印度尼西亚临时代办李菊生举行了会谈。苏蓓尼表示，希望中国参加新一次亚非会议，并发表一个较为正式的支持这一会议召开的声明。① 此时，印度尼西亚正展开收复西伊里安领土的斗争，希望得到国际上的广泛支持。8月17日，陈毅在与印度尼西亚驻华大使苏卡尼举行的印度尼西亚国庆招待会上宣布，中国政府完全赞同印度尼西亚关于召开第二次亚非会议的倡议，并表示希望这个会议能够及时召开，进一步推动亚非人民友好合作、团结反帝的共同事业。陈毅在讲话中明确表示对印度尼西亚收复西伊里安的支持立场。他说："中国人民十分关怀印度尼西亚政府和人民为收复自己的领土西伊里安而进行的正义斗争。帝国主义者妄图长期霸占西伊里安，把它作为在亚洲推行侵略政策和战争政策的军事基地，这不仅是对印度尼西亚的粗暴侵略，也是对亚洲和平和安全的严重威胁。"陈毅强调："中国政府和人民一向把印度尼西亚政府和人民反对帝国主义，维护国家主权和领土完整的斗争，看成是自己的斗争，并且始终不渝地给予深切的同情和坚决的支持。"②

实际上，中国和印度尼西亚已成为第二次亚非会议的主要倡导者，两国为这一会议的召开一直保持着密切的合作。1961年10月，陈毅两次与苏卡尼谈话，阐述了中国政府对召开第二次亚非会议的政策立场，主要包括：会议由五个"科伦坡国家"发起；中国愿意参加会议筹备，筹备会最好是部长级的；会议地点最好是万隆，新德里和开罗都不合适；会议的时间可以是1961年底或1962年初；会议的议题在万隆会议基础上加以发展；会议参加国最好限于亚非国家等。在会谈中，苏卡尼询问印

---

① 参见李潜虞《从万隆到阿尔及尔：中国与六次亚非国际会议》，世界知识出版社2016年版，第167—168页；《中国印度尼西亚外交部长发表联合公报》，载《人民日报》1961年4月4日第1版。

② 《陈毅副总理在印度尼西亚国庆招待会上讲话 中国完全赞同召开第二次亚非会议》，载《人民日报》1961年8月18日第1版。

度是参加好还是不参加好。陈毅表示，印度最好能参加并强调要争取印度参加。这个时候，中印关系已经开始恶化，但中国政府不希望因中印关系的恶化而影响第二次亚非会议的筹备进程。① 与此同时，印度尼西亚与印度两国领导人的分歧仍在扩大。尽管苏加诺和尼赫鲁均支持并积极引领"亚非主义"和不结盟运动，但他们在对待殖民主义问题上出现重大分歧。1961年9月，南斯拉夫、印度、印度尼西亚和加纳等国共同发起的首届不结盟国家首脑会议在贝尔格莱德举行，包括缅甸、柬埔寨、印度尼西亚等东南亚国家在内的25个国家的领导人出席了会议。会上，苏加诺和尼赫鲁的分歧公开化。尼赫鲁认为，"不结盟"的基本含义是不参加大国集团，如果赋予其积极的意义，就是旨在反对基于战争目的的同盟。在他看来，战争与和平问题最为重要，反殖民主义和反帝国主义居于次要地位。苏加诺对此持反对意见。他认为，"不结盟"政策并不是在战时保持"中立"政策，也不是在两个大国集团之间充当"缓冲国"，而是要为独立、持久和平与自由做出积极贡献。苏加诺强调，独立和正义是不可能与帝国主义、殖民主义共存的。他号召连根拔除帝国主义和殖民主义。参加会议的多数国家领导人赞成苏加诺的看法。② 最后，此次会议一致通过《不结盟国家的国家或政府首脑宣言》，建议立即无条件地、彻底地和最后废除殖民主义，并且决意协同做出努力来制止各种新殖民主义和帝国主义统治的一切形式和表现。③ 沙斯特罗阿米佐约作为印度尼西亚代表团的代表，在会议结束时表示，反对帝国主义和反对殖民主义的问题在目前是头等重要的问题。他强调，宣言中所言"立即结束一切殖民占领并要求在亚非和拉丁美洲受到侵犯的那些国家里恢复人民应该享有的领土完整，同时要求从他们的国土上撤走外国部队"这一条适用于西伊里安问题。沙斯特罗阿米佐约呼吁，为了推动反对帝国主义和反对殖民主义的斗争，"我们现在必须集中力量来召开第二次亚非会议，越早召开越好"。他说，不结盟国家首脑会议不应当妨碍召开第二次

---

① 参见李潜虞《从万隆到阿尔及尔：中国与六次亚非国际会议》，世界知识出版社2016年版，第168—169页。

② 王绳祖主编：《国际关系史（1960—1969）》（第9卷），世界知识出版社1995年版，第71—72页。

③ 《不结盟国家的国家或政府首脑宣言》，载《人民日版》1961年9月8日第5版。

亚非会议的主张。①

苏加诺与尼赫鲁在贝尔格莱德会议上的公开分歧给印度尼西亚和印度的关系蒙上了阴影。印度尼西亚媒体批评尼赫鲁企图使这次会议避免通过反对殖民主义的决议，这种态度是代表西方利益的，甚至认为帝国主义企图通过尼赫鲁在不结盟国家首脑会议上散播"和平"的调子，以使人们忘记殖民主义和帝国主义的残暴。② 在此后一段时间内，印度尼西亚与印度的高层互访减少，两国关系更加疏远。这在一定程度上影响到东南亚其他奉行"中立"和"不结盟"外交政策的国家。而1962年10月发生的中印边界冲突进一步加大了印度与印度尼西亚等东南亚国家的关系"裂痕"。在中印边界冲突发生后，北越明确表示支持中国政府为保卫领土完整而采取的合法措施。新加坡和老挝的反应比较谨慎。新加坡表示希望中印两国争端能够和平解决；老挝表示不赞成用武力解决争端。印度尼西亚、柬埔寨和缅甸对双方冲突采取"中立"态度。柬埔寨表示，它不站在任何一边。缅甸对此选择"沉默"。印度尼西亚表示，希望以和平方式解决中印边界争端。三国均希望中印两国举行没有任何先决条件的谈判。锡兰政府发表声明称，希望找到恢复该区域和平的满意的解决办法。锡兰总理班达拉奈克表示愿意斡旋，以寻求武装冲突的结束。③ 1962年12月10—12日，在班达拉奈克的倡议下，印度尼西亚、柬埔寨、缅甸、锡兰、阿拉伯联合共和国（简称"阿联"，即今埃及）和加纳六国代表在科伦坡举行会议，旨在促进中印两国直接谈判，达成边界问题的和平解决。此次会议讨论了有助于两国达成和平解决边界争端的办法，提出调解双方争端的"两个基本原则"，即必须取得问题的和平解决办法和决不可由于军事行动而取得任何领土，并提出一些具体建议，如双方停火、脱离接触和双方进行直接谈判等，称为"科伦坡建议"。中国政府对科伦坡会议为调解中印边界争端所做的努力表

---

① 《不结盟国家会议对反帝斗争有积极意义》，载《人民日报》1961年9月8日第6版。

② 《印度尼西亚报纸评印度在不结盟国家会议上的立场》，载《人民日版》1961年9月7日第6版。

③ 参见《亚洲许多国家领导人发表声明或谈话希望中印通过谈判和平解决边界问题》，载《人民日版》1962年11月19日第1版；余琼芳《当代印度的东南亚政策研究》，中央民族大学出版社2018年版，第108—109页。

示欢迎和支持,并原则上接受"科伦坡建议"作为解决中印两国直接谈判的初步基础。中国政府还主动采取了停火和后撤措施。① 但印度对科伦坡会议的解决办法深为不满,甚至认为这是"亚非朋友"对印度的一种背叛。这些国家对印度的反应非常失望,进而放弃了促进中印两国谈判的外交努力。②

在这种国际和区域形势尤其是亚洲区域大国内部的矛盾之下,加之印度尼西亚忙于收复西伊里安的斗争,第二次亚非会议召开时间被迫推迟。直到1964年初,在印度尼西亚和中国等国的共同努力下,第二次亚非会议筹备会议的召开时间才确定下来。1964年3月21日,印度尼西亚在雅加达主办第二次亚非会议学术研讨会。会上,印度尼西亚外长苏班德里约宣布,第二次亚非会议预备会议将在4月10日举行。苏班德里约说:"在国际会议问题上,我们的政策是:必须支持旨在反对帝国主义和殖民主义的一切会议。"苏加诺在给研讨会的贺电中说,万隆会议对世界和平做出了积极贡献,产生了著名的"万隆会议十项原则"。他强调:"我们的职责是使万隆精神继续发扬光大。"③

1964年4月10—15日,第二次亚非会议首次筹备会议在雅加达如期举行。出席会议的有来自22个亚非国家的外交部长率领的代表团。苏班德里约被推选为第二次亚非会议筹备会议的主席。这次会议讨论确定了第二次亚非会议的目的、临时议程和邀请参加的国家;一致希望第二次亚非会议能像第一次亚非会议一样,对亚非国家的团结和彻底解放、对增进各国之间的友好合作、对促进普遍尊重人权和实现持久和平做出重大的贡献。筹备会议决定,在第二次亚非会议召开前夕举行一次外长会

---

① 《亚非六国会议发表第一天会议公报》,载《人民日报》1962年12月12日第1版;《亚非六国代表在科伦坡会议闭幕会上发言呼吁中印重开谈判解决边界问题》,载《人民日报》1962年12月14日第7版;周恩来:《在开罗答记者问》(1963年12月20日),载中华人民共和国外交部、中共中央文献研究室编《周恩来外交文选》,中央文献出版社1990年版,第376—378页,注释284;中共中央文献研究室编《周恩来年谱(1949—1976)》(中卷),中央文献出版社1997年版,第518—520、526页。

② David Kimche, *The Afro-Asian Movement: Ideology and Foreign Policy of the Third World*, Jerusalem: Israel Universities Press, 1973, pp. 99–100.

③ 《第二次亚非会议预备会议于四月十日举行》,载《人民日报》1964年3月22日第3版。

议，外长会议应特别注意经济发展和合作问题。最后，这次会议通过了《第二次亚非会议筹备会议最后公报》。该公报规定，鉴于第一次亚非会议是在亚洲举行的，第二次亚非会议应于1965年3月10日由国家和政府首脑一级官员在非洲举行；担任会议东道主的政府由非洲统一组织选定。该公报载明了第二次亚非会议的七大目标和十大临时议程。七大目标包括：促进和加强亚非国家和人民之间的相互了解和友谊；对亚非各国人民在反对帝国主义、殖民主义和新殖民主义、争取实现完全和彻底的民族独立的斗争中发生的革命变化所引起的根本问题，取得共同的了解；在平等、互相尊重国家主权和领土完整、互不干涉内政的基础上，为发展亚非团结寻求保证亚非国家间继续不断而充分的合作的适当方法；制定和平解决争端和放弃在国际关系中以武力进行威胁或使用武力的政策；在政治上自主、经济上自力更生和发扬自己的文化的基础上，恢复亚非各国人民的精神传统，充分开发他们的自然资源；制定指导原则和拟订实际措施，保证还受外国统治的国家获得彻底解放，以实现以尊重基本人权和国际法准则为基础的正义、繁荣和国际和平；加强亚非国家之间的经济、社会和文化合作。十大临时议程包括：参照第一次亚非会议，对国际形势作全面的回顾，并对"万隆会议十项原则"做出评价；非殖民主义化和反对帝国主义、殖民主义和新殖民主义的斗争；人权问题；世界和平与裁军问题；和平解决国际争端和在国际关系中放弃以武力进行威胁或使用武力等解决亚非国家之间争端的基本原则；加强联合国；经济发展和合作；文化合作；和平共处的基本原则；是否需要建立一个常设秘书处以便利于亚非国家间的有效合作。此次会议决定邀请下列国家参加第二次亚非会议：曾参加万隆会议的所有29个亚非国家；作为非洲统一组织成员国的非洲国家；从现在起到召开第二次亚非会议时将成为独立国的那些亚非国家；蒙古国、朝鲜、韩国、塞浦路斯、科威特、西萨摩亚、安哥拉等。[①] 此次会议决定设立由15个国家组成的常设委员会，以便于协助东道国做好会议的有关准备。其成员来自阿尔及利亚、柬埔寨、中国、埃塞俄比亚、加纳、几内亚、印度、印度尼西

---

① 《第二次亚非会议筹备会议最后公报》，载《人民日报》1964年4月17日第1版。

亚、伊朗、摩洛哥、巴基斯坦、坦桑尼亚、阿联、马拉维和赞比亚。[①]

但第二次亚非会议的筹办更不顺利。1964 年 7 月，按筹备会议确定的日程，非洲统一组织确定了阿尔及利亚为第二次亚非会议的主办国。1964 年 10 月，由 15 个亚非国家驻阿尔及利亚大使组成的常设委员会举行了第一次会议。中国和柬埔寨等亚洲国家仍积极支持第二次亚非会议的召开。是年 10 月 5 日，中国和柬埔寨发表联合公报表示，两国完全支持在雅加达举行的第二次亚非会议筹备会议的最后公报，并确信预定在阿尔及利亚召开的第二次亚非会议将继承和发扬"万隆精神"，为促进亚非团结和保卫世界和平做出新的贡献。[②]但阿尔及利亚面对中苏分歧和美国的压力于 1964 年 12 月决定会议延期举行。1965 年 2 月，第二次亚非会议常设委员会第四次会议决定，第二次亚非会议推迟到 1965 年 6 月 29 日举行。遗憾的是，受种种因素的限制，第二次亚非会议终究无法如期举行。1965 年 6 月 21 日，正在伦敦出席英联邦国家首脑会议的 13 个亚非国家致电阿尔及利亚当局，要求延期召开第二次亚非会议，而美国乐见英联邦亚非国家的这种行动。为了使第二次亚非会议能够如期召开，中国政府多次努力促使这些亚非国家按时前往阿尔及尔与会，但都没有成功。6 月 23 日，英联邦亚非国家重申了 6 月 21 日的决定，要求会议延期。到 1965 年 6 月 26 日，已有英联邦的亚非国家和多个其他亚非国家提出第二次亚非会议推迟举行。阿尔及利亚外长与中国、巴基斯坦、印度尼西亚、埃及、叙利亚、马里六国外长磋商后同意会议再次延期。[③]

---

① "Afro-Asian Conference, The Second: A Status Report," Central Intelligence Agency, 10 May 1965, U. S. Declassified Documents Online, https://link.gale.com/apps/doc/CK2349364487/USDD?u = nju&sid = bookmark – USDD&xid = b86c2516&pg = 1.

② 《中华人民共和国和柬埔寨王国联合公报》（1964 年 10 月 5 日），载世界知识出版社编《印度支那问题文件汇编》（第 5 集），世界知识出版社 1965 年版，第 591 页。

③ 参见李潜虞《试论美国对第二次亚非会议的政策》，载《美国研究》2014 年第 5 期，第 91 页；李潜虞《从万隆到阿尔及尔：中国与六次亚非国际会议》，世界知识出版社 2016 年版，第 179—231 页；张民军《美国的遏制政策与第二次亚非会议的失败》，载《历史教学问题》2007 年第 2 期，第 57—60 页；David Kimche, *The Afro-Asian Movement: Ideology and Foreign Policy of the Third World*, Jerusalem: Israel Universities Press, 1973, pp. 114 – 123; Jamie Mackie, *Bandung 1955: Non-alignment and Afro-Asian Solidarity*, Singapore: Editions Didier Millet, 2005, pp. 108 – 123; Ang Cheng Guan, "The Bandung Conference and the Cold War International History of Southeast Asia," in See Seng Tan and Amitav Acharya, eds., *Bandung Revisited: The Legacy of the 1955 Asian-African Conference for International Order*, Singapore: NUS Press, 2008, pp. 39 – 42.

实际上，在冷战的大背景下，拟议中的第二次亚非会议已经无法实现既定的目标，反而成了大国竞争的国际舞台。中国和印度尼西亚等国作为会议的积极支持者和推动者已无法掌控第二次亚非会议筹备的"行动路线"。10月8日，阿尔及利亚方面通知中国驻阿尔及利亚大使曾涛，阿方决定于10月14日召集常委会会议，第二次亚非会议的筹备工作即将再次启动。此时，印度尼西亚在"9·30事件"后局势混乱，中国有可能再次失去一个意见相近的同盟者。因此，阿尔及利亚的举动促使中国最终做出了力争无限期推迟第二次亚非会议的决定。10月10日，中国外交部向驻亚非各国使馆发出电报，提出中国应力争使会议延期召开，并且不要规定新的期限。[①] 10月23日，周恩来电嘱中国驻印度尼西亚大使姚仲明约苏班德里约谈话，阐明中国政府对亚非会议的立场，并询问印度尼西亚的态度。但筹备第二次亚非会议的常设委员会阿尔及利亚主席于1965年10月25日不顾中国、柬埔寨、北越、朝鲜、巴基斯坦、坦桑尼亚和几内亚等国的反对，强行裁决这次会议将于10月28日举行。在这种情况下，10月26日，中国政府声明决定不再参加"必然导致分裂的亚非会议"[②]。中国政府的立场得到部分亚非国家的支持。10月30日，在阿尔及利亚执意举行的第二次亚非会议外长会议上，在参加会议的45个国家代表中有17个要求延期举行第二次亚非首脑会议。印度尼西亚代表也明确提出了新的亚非首脑会议延期的问题。最终，这次外长会议于11月2日决定无限期推迟第二次亚非会议。[③] 第二次亚非会议动议就此搁置。

对东南亚区域合作的演变而言，第二次亚非会议的折戟及永久搁置确实是个重要的转折点。其最直接的后果是曾经轰动一时的"泛亚洲主义"及其拓展的"亚非主义"框架内以南亚东南亚区域为核心指向的区域和跨区域合作的终结。第二次亚非会议筹备过程及首届不结盟国家首脑会议的召开已经表明，由于印度和印度尼西亚之间的重大分歧和"科

---

① 李潜虞：《试论美国对第二次亚非会议的政策》，载《美国研究》2014年第5期，第93页。

② 中共中央文献研究室编：《周恩来年谱（1949—1976）》（中卷），中央文献出版社1997年版，第760页；《中国政府郑重宣布不参加导致分裂的亚非会议》，载《人民日报》1965年10月27日第1版。

③ 《第二次亚非会议不定期延期举行》，载《人民日报》1965年11月3日第1版。

伦坡国家"集团的分裂以及中国和印度之间关系的极度恶化,作为该进程中亚洲集体力量的"内核"已不复存在;相应地,埃及和加纳等非洲国家领导力量迅速成长起来,从而导致"亚非主义"和不结盟运动的领导力量和核心关注议题已经从南亚东南亚移向中东及非洲。此间,印度作为"泛亚洲主义"框架内亚洲及南亚东南亚区域和跨区域合作最重要的"区域领导",不但放弃了担当第二次亚非会议的发起国和组织者角色,而且在更大范围的不结盟运动中扮演"领导者"角色的图谋未能如愿。实际上,从首届不结盟国家首脑会议结束,其他奉行不结盟政策的国家已经不再将印度视作新一轮亚非运动的"领导者"。金奇认为,不结盟国家贝尔格莱德首脑会议已标志着印度开始退出亚非运动。而1962年中印边界冲突加速了这一进程。[①] 东南亚国家从这场战争的结果中看到,印度不可能保证它们这些新生国家维护传统军事安全,尽管印度一开始乐于发挥这种作用。二战后,印度一直将东南亚看作印度或"大印度"外延及其发挥"亚洲领导者"作用的舞台,现在不但印度所谋求的这一角色遭到东南亚国家的质疑,印度本身也开始成为东南亚区域相对边缘化的国家。[②] 从此,印度放弃对南亚东南亚国家实施区域和跨区域多边政策,而全面转向双边政策乃至单边政策。南亚和东南亚开始追求各自不同的区域主义。但南亚区域主义未有任何起色,反而随着印度与巴基斯坦交恶而事实上不复存在。最终,二战后长期在地缘政治经济上被视作一个区域整体的东南亚与南亚在区域建构进程中彻底分开。

再者,在"亚非主义"下跨区域合作的领导力量及其现实关切议题外移的情况下,印度尼西亚作为第二次亚非会议最重要的推动者和组织者对之心存芥蒂。首届不结盟国家首脑会议并没有提及印度尼西亚急需国际支持的西伊里安问题,而第二次亚非会议筹备会议确定的这次会议在非洲国家举行,而不是印度尼西亚一直谋求的继续在万隆举行。1965年4月,印度尼西亚举办万隆会议十周年庆祝活动,中国政府大力支持

---

① David Kimche, *The Afro-Asian Movement: Ideology and Foreign Policy of the Third World*, Jerusalem: Israel Universities Press, 1973, pp. 223–224.
② [美]曼吉特·帕德斯:《印度对外政策中的东南亚:将印度视为亚洲大国》,载[美]苏米特·甘古利主编《印度外交政策分析:回顾与展望》,高尚涛等译,世界知识出版社2015年版,第114—115页。

举办这次庆祝活动。中国一方面积极推动亚非国家首脑前来参加活动，共有 36 个亚非国家的代表出席，使得这次庆祝活动实际上成为一次非正式的亚非会议。中国政府将这次庆祝活动既看作对第二次亚非会议延期的一种补救措施，又看作因为第二次亚非会议未确定在印度尼西亚召开而对印度尼西亚的一种补偿。另一方面，周恩来、陈毅与亚非国家领导人广泛接触，阐述中国的相关政策。周恩来还特别赞扬苏加诺反帝调子很高的讲话是"为第二次亚非会议奠定了政治方向"。为与印度尼西亚协调政策，中国政府邀请苏班德里约来华商谈。苏班德里约于 5 月 28 日抵达中国。周恩来和陈毅与苏班德里约连续进行了三次会谈。在会谈中，周恩来对亚非国家出现分化再次表示担忧。[1]

其实，早在 1963 年 5 月，在通过与荷兰的谈判最终收复西伊里安以后，尤其是由 1963 年 9 月马来西亚联邦的成立而开启的印度尼西亚与马来西亚的"对抗"，使印度尼西亚关注的焦点移向本国内部及其与邻国的关系。1965 年，马来西亚当选为联合国安理会成员国，苏加诺宣布退出联合国，使得印度尼西亚在国际上陷入孤立。1965 年"9·30 事件"发生后，印度尼西亚结束了在亚非运动中所扮演的"领导"角色。[2] 与印度和印度尼西亚退出"泛亚洲主义"及"亚非主义"框架内的区域和跨区域动议同样重要的是，中国决定退出第二次亚非会议的筹办和组织工作。中国从关于印度支那问题的日内瓦会议开始一直是"科伦坡国家"集团及其推动的区域和跨区域合作动议的重要支持力量。但中国退出第二次亚非会议筹办和组织后在相当长时间内游离于亚洲及东南亚区域、跨区域多边合作进程。这与印度和印度尼西亚的退出所引发的亚洲新兴大国和区域大国"集体领导"的缺失所引发的负面效应叠加起来，最终使可以反哺东南亚区域合作的"内生的""泛亚洲"区域合作因失去了强大的内部动力而陷于停滞。

---

[1] 李潜虞：《从万隆到阿尔及尔：中国与六次亚非国际会议》，世界知识出版社 2016 年版，第 198 页；李潜虞：《试论中国对第二次亚非会议政策的演变》，载《国际政治研究》2010 年第 4 期，第 121 页。

[2] 参见 David Kimche, *The Afro-Asian Movement: Ideology and Foreign Policy of the Third World*, Jerusalem: Israel Universities Press, 1973, pp. 233 – 235；梁志明《东南亚史》，人民出版社 2010 年版，第 258—262 页。

第四章　战后东南亚区域合作的分化重组(1961—1967)　/　673

在这种情况下，东南亚中小国家既无力推动"高政治"领域的跨区域合作，又在亚洲大国竞争的夹缝中感受到更大的生存压力。1962年12月举行的试图调解中印边界冲突的科伦坡会议已经显示出这些中小国家的无奈。缅甸代表团团长奈温将军在发言中说，对这次会议应不应该专心一意地找出这个基本问题可能的解决办法，对这一问题的回答必须是否定的。这个基本问题的解决"仅仅在于中国和印度"。他说："应该共同寻求怎样最好地运用我们友好的和公正的斡旋，帮助这两个伟大的国家找到能够共同接受的基础，以停止边境武装冲突和为了最后解决它们之间在国际边界位置上存在的基本分歧而举行双边会谈。"然而，他又说："现阶段，我不愿意提出任何具体建议。"在会谈中，西哈努克亲王说，柬埔寨代表认为："它没有能力提出可能有助于消除印中两国各自采取的立场之间的分歧的任何折衷解决办法，因此，柬埔寨在现阶段对于发生争执的问题没有任何建议要提出。"他说："我们的作用似乎是限于打动我们两个伟大的朋友的崇高感情""请求他们恢复他们的会谈，或者至少不采取任何有意使目前局势恶化的行动。"他强调："我们的任务是说服他们恢复他们的谈判，即使会谈的范围是有限的。"[①] 在会谈中，西哈努克亲王谈到柬埔寨同泰国和南越的边界争端，他说："事实上，如果敌对双方没有善意，或者没有清楚地认识它们的利益所在，那是任何'技术性'安排或者外交上的安排都无法弥补的。在这方面，我回顾我的国家应该设法通过双边接触而不是使问题国际化的任何尝试来解决它同它的邻邦的争端。"[②]

东南亚国家的这种生存压力在冷战背景下大国全面竞争的加剧中日益增大。这从部分东南亚国家或主动或被动脱离筹备中的第二次亚非会议跨区域多边框架中可以略见一斑。在雅加达举行的第二次亚非会议筹备会议上，曾经参加万隆会议的东南亚成员——缅甸、老挝、泰国、北越和南越的代表缺席。马来西亚因与印度尼西亚的关系恶化而未被会议邀请。也就是说，在东南亚独立国家中，只有印度尼西亚、菲律宾和柬

[①] 《亚非六国会议发表第一天会议公报》，载《人民日报》1962年12月12日第1版。
[②] 《亚非六国代表在科伦坡会议闭幕会上发言 呼吁中印重开谈判解决边界问题》，载《人民日版》1962年12月14日第7版。

埔寨的代表出席了这次会议。① 马来亚的代表资格最具争议性。早在1957年8月，班达拉奈克提议召开第二次亚非会议时就表示，独立的马来亚应该参加亚非集团，而避免面临离开友好的亚非国家而孤立的局面。他认为，独立的马来亚将被邀请参加新一次亚非会议，并且将受到热烈欢迎。② 但在第二次亚非会议筹备会议上，印度尼西亚坚决反对马来西亚与会。代表们就是否邀请马来西亚展开了激烈的讨论。承认马来西亚的一些国家声明自己的立场说，马来西亚完全有资格被邀请，而且应该被邀请。在这个问题上，有代表希望能够消除使得邀请问题无法取得一致意见的障碍。在那种情况下，就应该尽早发出邀请。但代表们最终未能就此事达成一致。这次会议协商一致通过的《第二次亚非会议筹备会议最后公报》以载明这种争论而告一段落。③ 此时，随着美国等域外大国加大介入东南亚尤其是印度支那地区的力度，全球的、跨区域的和区域的冷战冲突日益加剧，新的越南战争迫在眉睫，大陆东南亚和海洋东南亚在地缘政治上既相互纠缠又更加分裂。而处于"两个东南亚"交汇处的马来亚（马来西亚）、菲律宾、泰国等海洋东南亚国家因这种紧张和冲突而面临更大的安全和生存压力。④ 查利斯·费舍尔（Charles W. Fishers）认为，这一时期的东南亚"巴尔干化"（Balkanization）是对东南亚新生国家的一种"非常真实的威胁"⑤。

东南亚部分国家"缺席"第二次亚非会议筹备进程既有政治原因，也有经济原因。从经济原因来看，鉴于此时东南亚国家的非殖民化进程已基本完成，多数国家希望通过国际合作推动经济发展。但"泛亚洲主义"及"亚非主义"最初受"尼赫鲁式宏大的世界观"所驱动，旨在"通过不结盟实现世界和平的更高的理想"，其促进区域多边主义的努力

---

① David Kimche, *The Afro-Asian Movement: Ideology and Foreign Policy of the Third World*, Jerusalem: Israel Universities Press, 1973, p. 102.

② 《锡兰总理在吉隆坡发表谈话欢迎马来亚参加亚非会议》，载《人民日报》1957年8月31日第7版。

③ 《第二次亚非会议筹备会议最后公报》，载《人民日报》1964年4月17日第1版。

④ Nicholas Tarling, *Regionalism in Southeast Asia: To Foster the Political Will*, New York: Routledge, 2006, pp. 95–96.

⑤ 参见 Charles W. Fishers, "Southeast Asia: The Balkans of the Orient? A Study in Continuity and Change," *Geography*, Vol. 47, No. 4, 1962, pp. 347–366.

缺乏实质性的经济合作内容。① 锡兰倡议召开关于经济问题的亚非会议就是为之注入更多的经济元素的一种多边努力。但在它们看来，无论是印度还是印度尼西亚都无力满足它们经济发展的需求，于是转向争取美国等西方大国的经济和军事援助，但获取西方资金和技术援助对它们形成了明显的竞争压力。对于印度，东南亚新生的国家不仅认为印度自给自足的国内经济政策对东南亚国际经济发展几乎没有帮助，而且将散布在这些国家的印度人看作听命于印度的潜伏的"第五纵队"，随时会损害它们的国家利益。② 在这种情况下，它们对《不结盟国家的国家或政府首脑宣言》和《第二次亚非会议筹备会议最后公报》所言"加强经济合作"的宣示不免缺乏足够的信心。相反，对它们而言，西方大国主导的亚远经委会、"科伦坡计划"及东南亚条约组织框架内的经济和技术援助更具吸引力。因此，第二次亚非会议动议的受挫和"泛亚洲主义"及"亚非主义"框架内东南亚相关跨区域合作的停滞，反过来给西方大国主导的亚洲及东南亚区域、跨区域合作的强化和拓展提供了有利条件，进而导致东南亚区域和跨区域重心的进一步东移。

第二次亚非会议虽未能召开，但万隆会议形成的"万隆精神"和在第二次亚非会议筹备阶段继续适用的"协商一致"原则得以延续。为此，中国政府付出了巨大的努力。1964年12月到1965年5月，在第二次亚非会议常设委员会举行的一系列准备会议上，各国代表在设立会议行为的程序上出现了重大分歧。该常设委员会颁发了一个备忘录，拟订了会议的组织规则和议事程序。在讨论中，印度、伊朗和土耳其等国代表与中国和几内亚等国代表意见明显相左。印度代表及其支持者强烈主张采用"一国一票"和"一票否决"的投票原则；而中国发表及其支持者赞同"协商和共识"（协商一致）的决策程序。③ 在第二次亚非会议筹备阶

---

① Arndt Michael, *India's Foreign Policy and Regional Multilateralism*, New York: Palgrave Macmillan, 2013, p. 56.

② [美] 曼吉特·帕德斯：《印度对外政策中的东南亚：将印度视为亚洲大国》，载 [美] 苏米特·甘古利主编《印度外交政策分析：回顾与展望》，高尚涛等译，世界知识出版社2015年版，第115页。

③ "Afro-Asian Conference, The Second: A Status Report," Central Intelligence Agency, 10 May 1965, U. S. Declassified Documents Online, https://link.gale.com/apps/doc/CK2349364487/USDD?u = nju&sid = bookmark − USDD&xid = b86c2516&pg = 1.

段后期，美国认为中国和印度尼西亚正在努力联合亚非世界的激进力量，支持它们通过第二次亚非会议巩固以新殖民主义为基本主题的亚非国家集团，反对美国决议尤其是美国在越南扮演的角色。① 美国更是担心在会议召开前举行的外长会议可能在与会国问题上做出不利于美国的决定，因为美国认为所有亚非国家都有权与会，包括韩国、南越和马来西亚等。为此，1965年6月16日，腊斯克通过各驻外使馆授意一些亚非国家应如何行事，包括：在会议上，所有在外长会议上不能达成一致意见的问题都应该采取"一国一票"的表决方式，以简单多数予以决定；谁能参会的问题是首要问题，应在讨论其他事项之前予以解决；所有在全体会议上提出的重要问题，都应该通过一致同意的方式来解决，等等。② 与之针锋相对，1965年6月18日，由八个非洲民族主义组织与印度尼西亚、日本、南越和中国驻亚非人民团结组织的代表在开罗开会，签署了一项关于第二次亚非会议的联合声明。这一声明说："我们认为有必要提请即将在阿尔及尔聚会为第二次亚非会议作最后准备的负责的政治领袖们注意：在作任何重要决定的时候，绝对必须坚持在雅加达举行的部长级会议重申的协商一致的原则。任何背离这一原则的作法，都会导致亚非国家之间的公开分歧。"这一声明的主要目的就是阻止美国支持的马来西亚、南越和韩国等进入会议。③

针对此种形势，中国政府依旧非常珍视"亚非团结"，担心会议折戟会造成亚非国家的分裂。1965年6月22日，周恩来在与纳赛尔举行会谈时表示："不管第二次亚非会议能否按时召开，万隆会议十项原则还在，我们就要为此奋斗。"④ 而后，中国政府坚持主张第二次亚非会议延期召

---

① "The Bandung II Conference," National Security Action Memorandum No. 331, Department of State, 9 April 1965, Digital National Security Archive, https://www.proquest.com/government-official-publications/bandung-ii-conference/docview/1679086883/se-2? accountid = 41288; "Afro-Asian Conference, The Second," Department of State, 24 April 1965, U. S. Declassified Documents Online, https://link.gale.comapps/doc/CK2349362842/USDD? u = nju&sid = bookmark-USDD&xid = f1d9edec&pg = 1.

② 李潜虞：《试论美国对第二次亚非会议的政策》，载《美国研究》2014年第5期，第90页。

③ 《第二次亚非会议必须坚持协商一致原则》，载《人民日报》1965年6月18日第3版。

④ 中共中央文献研究室编：《周恩来年谱（1949—1976）》（中卷），中央文献出版社1997年版，第738—739页。

开,以避免分裂。10月20日,周恩来在接见阿联驻华大使卡里亚·伊马姆(Kariya Adli Imam)时说:"关于第二次亚非会议,我们主张延期,以避免分裂。我们面临分裂的形势,中国肯定不能参加。"他强调:"会议达不成协议,而采取表决的方法违反了万隆精神。"10月22日,周恩来致函亚非国家和政府首脑表示,中国一贯支持召开第二次亚非会议,并且为此进行了不懈的努力,只是后来发现会议如果召开将面临分裂的危险,就同意了延期开会的主张。他说:"面对着当前的复杂情况,为了亚非团结的利益,我们认为,必须慎重地权衡现在举行亚非会议的利弊得失。"他强调:"中国政府经过反复慎重的考虑,认为与其不顾协商一致的原则,强行开会,造成亚非国家的分裂,不如暂时不开,还能有利于亚非人们拥护万隆精神、坚持团结反帝的事业。如果硬要如期召开第二次亚非会议,中国政府将被迫不能参加这种导致分裂的会议。"[1]

10月26日,中国政府发表声明重申了这一立场。该声明说:强行召开第二次亚非会议的决定,是在严重破坏协商一致的原则的情况下做出的,是非法的。在团结反帝的基础上协商一致,是万隆会议的传统精神。在万隆召开的第一次亚非会议的所有决议,是根据协商一致的原则做出的。在雅加达举行的第二次亚非会议筹备会议中的所有决议,是根据协商一致的原则做出的。常设委员会两次关于第二次亚非会议延期的决定,也都是根据协商一致的原则做出的。只是到了这一次,协商一致的原则遭到了粗暴的破坏。如果这种非法的做法,竟让它成为先例而不坚决反对,万隆精神就有被断送的危险。[2]当亚非会议外长筹备会议决定第二次亚非会议无限期推迟后,周恩来于11月2日表示,经过很多国家会内和会外的努力,现在大致有了一致的认识:目前形势不利于召开亚非会议,会议延期就维护了"万隆精神"。11月4日,周恩来在接见罗马尼亚驻华大使杜米特鲁·乔治乌(Dumitro Georgiou)时说:"亚非会议不定期延期,可能是一件好事,这样,可以避免一个形式上的分裂,万隆精神、

---

[1] 中共中央文献研究室编:《周恩来年谱(1949—1976)》(中卷),中央文献出版社1997年版,第759—760页。

[2] 《中华人民共和国政府声明》(1965年10月26日),载《人民日报》1965年10月27日第1版。

协商一致的原则还可以保持。"①中国政府的立场有力地维护了"万隆精神"和"协商一致"原则。

可以说,"万隆精神"及"万隆会议十项原则"尤其是"协商一致"原则的维护不仅为后续的东南亚跨区域和本地区域合作保留了"亚洲方式"共有规范的核心内核,而且为日后中国重启与东南亚国家的跨区域合作提供了规范基础。这也是第二次亚非会议筹备进程所留下的一份珍贵的历史遗产。对东南亚国家而言,第二次亚非会议筹备的折戟乃至最终搁置及"泛亚洲"区域联合的停滞,既加大了它们对西方大国主导的区域和跨区域经济合作的依赖,又推动了它们为谋求更大的区域自主和消除外部支配而"最终不得不去寻求一种自己的区域主义"②。这正如李光耀(Lee Kuan Yew)所言,此时"亚非局势变化迅速……白人控制亚洲的时代已经过去了。相反,一些亚洲人坚持用亚洲的办法来解决亚洲的问题,这样亚洲大国就可以和较小的国家一起解决问题。而较小的国家有权要求它们的西方朋友帮助平衡"③。正是在这一背景下,长期孕育于这些跨区域合作进程的东南亚本地区域合作随之兴起并呈现出独立发展的态势。

二 东南亚联盟创建与东南亚本地区域合作启动

泰国、马来亚和菲律宾三国成立的东南亚联盟既是"首个纯粹东南亚国家的政府层次的组织",从而"迈出创建东南亚组织完全本土化的第一步",又"首次阐明了亚洲问题亚洲解决的原则"④。该组织从创建开始即持续聚焦于东南亚区域内部事务,为东南亚本地区域联合开创了一

---

① 中共中央文献研究室编:《周恩来年谱(1949—1976)》(中卷),中央文献出版社1997年版,第762页。

② Anthony Reid, "The Bandung Conference and Southeast Asian Regionalism," in See Seng Tan and Amitav Acharya, eds., *Bandung Revisited: The Legacy of the 1955 Asian-African Conference for International Order*, Singapore: NUS Press, 2008, p. 25; Mathew Davies, *Ritual and Region: The Invention of ASEAN*, Cambridge: Cambridge University Press, 2018, p. 20.

③ Lee Kuan Yew, *From Third World to First: The Singapore Story, 1965-2000*, New York: Harper Collins Publishers, 2000, p. 37.

④ Estrella D. Solidum, *The Politics of ASEAN: An Introduction to Southeast Asian Regionalism*, Singapore: Eastern Universities Press, 2003, pp. 16, 93.

个"重要先例",从而推动了东南亚区域从"外部的、帝国的、东方主义的建构到内部的、本地的、区域的建构转向"①。戈登将东南亚联盟的创建称作东南亚区域合作"首次开启改进的方向"②。

东南亚联盟的首倡者是马来亚总理东姑。马来亚独立后就开始谋求创建不同于东南亚条约组织这样由外部大国主导的区域组织,并试图在其中扮演领导角色,以避免受海洋东南亚最大的国家印度尼西亚的支配。在马来亚看来,东南亚区域非殖民化进程已经显示出印度尼西亚并非依赖于反对它的外部大国,而万隆会议进程表明印度尼西亚也在谋求国际领导地位。马来亚置身于东南亚条约组织之外避免了挑战印度尼西亚,它也不想仅仅依靠与英国的防务协定。因此,新独立的马来亚不得不在对外和防务政策上同时发展与其邻国和外部大国的关系。③ 1958年2月,在科伦坡参加锡兰独立十周年庆典时,东姑首次表达了东南亚区域合作的愿望。在新闻发布会上,东姑指出:"东南亚国家过于倾向于跟随大国的步调,当它们自己面临更迫切的问题时,不应该使自己过于关注世界或亚非政治,而应该努力建立自己的团结和理解。如果它们不这样做,它们将不得不寻求外部保护,那么完全独立的意义就会丧失。"④他呼吁召开东南亚国家领导人会议,"在不久的将来"谋划东南亚区域的团结。他相信,区域合作会给东南亚国家带来很大的福利。⑤ 据雅加达媒体报道,东姑想要建立一个"东南亚文化和经济联盟"(Southeast Asia Cultural and Economic Alliance),作为该安排的一部分或者替代性安排,菲律宾、印度尼西亚和马来亚人民将围绕一个联邦(Federation)提供的核心

---

① Amitav Acharya, *The Quest for Identity: International Relations of Southeast Asia*, Oxford: Oxford University Press, 2000, pp. 2, 81.

② Bernard K. Gordon, "Problems of Regional Cooperation in Southeast Asia," *World Politics*, Vol. 16, No. 2, 1964, p. 253.

③ Nicholas Tarling, *Status and Security in Southeast Asian States Systems*, New York: Routledge, 2013, pp. 133 – 134.

④ Nicholas Tarling, *Regionalism in Southeast Asia: To Foster the Political Will*, New York: Routledge, 2006, p. 96.

⑤ Arnfinn Jorgensen-Dahl, *Regional Organization and Order in South-East Asia*, London: Macmillan University Press, 1982, p. 14; Bernard K. Gordon, *The Dimension of Conflicts in Southeast Asia*, Englewood Cliffs: Prentice-Hall, 1966, p. 166, note 11.

联合起来。①

东姑回国后与英国驻马来亚高级专员乔弗罗伊·托里（Geofroy Tory）再次谈及这一话题。他说，越南、老挝、柬埔寨和泰国都存在类似的问题，尤其是"需要应对共产党的威胁"并交换有关信息。托里认为，区域联合比介入像亚非集团这样存在诸多利益冲突的世界范围的联系更有价值。东姑对此表示同意，并希望马来亚与其东南亚邻国摆脱权力政治，且远离那些"宏大的亚非概念"。这表明了他不想介入全球政治的想法。3月，东姑在一次谈话中又建议成立一个马来亚、缅甸、泰国、老挝、柬埔寨和南越参加的"防务条约组织"。他担心，如果将来出现世界经济衰退，美国和英国就有可能从马来亚和世界其他地方撤出它们的武装力量，那么，马来亚依靠自己的资源将无法充分保护其免于共产党的侵略。在这方面，印度也无可依赖。东姑认为，在这种情况下，比较有利的情况是，所有东南亚国家联合它们的军事资源，并准备提供军事基地给西方军队使用，以应对可能再次出现的任何战争。东姑通过官方渠道试图说服印度尼西亚人相信这种安排是可取的，他们的参与是必不可少的，因为共产主义势力在印度尼西亚可能的增长以及由此对马来亚的威胁是整个构想背后主要考虑的因素之一。但东姑的这一建议没有得到积极回应，反而引发了很多批评。②

东姑的区域合作思想很快发生了转变。他认识到，过分强调区域合作的军事性和政治性，将会造成东南亚区域的分裂，从而限制东南亚区域合作的范围。因此，他开始淡化区域合作的政治属性，转而更加强调其经济和文化属性。此时，东姑意识到，如果想不求助于可能具有挑衅性的外部援助，马来亚就要与印度尼西亚这个最大的邻国发展友好关系。1958年12月，马来亚向印度尼西亚派出了由副总理阿卜杜勒·拉扎克（Abdul Razak）率领的友好代表团。在访问期间，马来亚与印度尼西亚签署了一个文化协议草案。其实，马来亚担心与印度尼西亚的双

---

① Nicholas Tarling, *Southeast Asian Regionalism: New Zealand Perspectives*, Singapore: Institute of Southeast Asian Studies, 2011, p. 4.

② Nicholas Tarling, *Regionalism in Southeast Asia: To Foster the Political Will*, New York: Routledge, 2006, pp. 96 - 97; Nicholas Tarling, *Southeast Asian Regionalism: New Zealand Perspectives*, Singapore: Institute of Southeast Asian Studies, 2011, p. 4.

边关系超越经济或文化协定会意味着另外一种依附。与此同时，菲律宾总统卡洛斯·加西亚（Carlos Garcia）谈到亚洲需要集体防务，以抵御共产主义的经济和政治侵略。加西亚在就任菲律宾总统后基本延续了麦格赛赛的亚洲政策，将通过与其他"自由国家"特别是美国的集体防御安排和发展与"自由世界"国家特别是亚洲邻国的政治及文化关系作为菲律宾的两大外交政策目标。在他看来，这两个目标意味着菲律宾寻求加强与亚洲"自由国家"关系有两个原因：一是"让我们的亚洲同胞能够享受真正独立的果实"；二是"我们可以被自由的亚洲共同体所包围，可以不受颠覆和攻击而更加安全"①。1958年12月，加西亚在海外记者俱乐部发表讲话，表示菲律宾应该与该区域大国集团以外的国家发展更紧密的关系。加西亚的动机虽然从总体上说是政治的而非经济和文化的，但他已经认识到菲律宾过于依赖美国，而东南亚条约组织在东南亚抵御共产主义已显示出其自身的局限性。这或许可以通过某种弱军事性质的区域联合予以弥补。② 为此，菲律宾持续推进与亚洲邻国走得更近的政策，不断加强与印度尼西亚、马来亚、泰国、老挝、柬埔寨、南越等的技术和文化交流，与这些国家和地区的友好关系比以往更加紧密。③

东姑对加西亚的亚洲政策尤其是扩大与邻国友好关系的举措做出回应。1959年1月，东姑访问菲律宾。他在碧瑶发表讲话时宣称"东南亚需要一种新的思维方式"，亦即用"一种会议的思想将东南亚作为一个整体看待其共同目标"。他强调："在我们每个人首先考虑自己国家的同时，还必须铭记我们整个区域的命运和我们各国人民命运的改善这一共同决心。"他谈及此前他曾经在亚远经委会会议上提出的签署"经济宪章"的

---

① "Speech of President Garcia on Philippine Foreign Policy towards Asia," 29 March 1957, Official Gazetteof the Republic of the Philippines, https: //www. officialgazette. gov. ph/1957/03/29/speech-of-president-garcia-on-philippine-foreign-policy-towards-asia-march-29-1957/.

② Nicholas Tarling, *Regionalism in Southeast Asia: To Foster the Political Will*, New York: Routledge, 2006, pp. 97 – 98; Nicholas Tarling, *Status and Security in Southeast Asian States Systems*, New York: Routledge, 2013, p. 134.

③ "Message of His Excellency Carlos P. Garcia, President of the Philippines to the Congress on the State of the Nation", 26 January 1959, https: //www. officialgazette. gov. ph/1959/01/26/carlos-p-garcia-second-state-of-the-nation-address-january-26-1959/.

建议。在访问结束时,他和加西亚发表了一份公报,申明"友谊、种族血缘关系以及迎接共产主义挑战的决心"。双方一致认为,马来亚和菲律宾需要一个新的区域集团;还需要在该区域各国之间建立文化联系和更密切的合作,外国投资者的利益也应该得到保证,以便解决共同的问题和提高彼此的生活水平。双方决定,两国代表将开会讨论合作的具体方法,并邀请其他国家为此达成一致。双方认为,东南亚区域领导人应该更频繁地会晤。但在这次会晤中,东姑与加西亚在对待东南亚新区组织问题上存在比较大的分歧。东姑希望通过达成"东南亚友好和经济条约"(Southeast Asian Friendship and Economic Treaty, SEAFET)创建一个新的区域组织,作为东南亚区域合作的核心,称之为"东南亚友好和经济条约组织"。按照马来亚的官方设计,该组织将是非政治的区域集团,其成员既包括亲西方的国家,又包括缅甸和印度尼西亚这样的"中立主义"集团;其功能应主要涉及经济和文化领域。很明显,马来亚并不想建立防务或共同安全或政治协商这样的组织。东姑相信,通过东南亚区域合作增加该区域的福利可以帮助抵制共产党的扩张。而加西亚更需要一个可以即时产生影响的区域合作计划。在菲律宾官方看来,"东南亚友好和经济条约组织"过于宽泛和宏大。它认为文化和技术合作比经济合作更容易实现,因为两国在经济上存在竞争关系。即便如此,东姑和加西亚会晤本身就具有重要的历史意义。对菲律宾来说,这是其为与东南亚邻国建立联系迈出的又一个步骤。对东南亚联盟的创建来说,这是东南亚国家政府高层官员为此展开的一系列重大活动的"首个特别时刻"[1]。在这次对菲律宾的访问中,东姑与菲律宾外长塞利安诺(Felixberto M. Serrano)就新的区域组织动议进行了交流。这次高层会谈被称为创建东南亚联盟的"首次倡议"[2]。

同时,东姑再次转向谋求印度尼西亚的支持。在访问菲律宾前夕,

---

[1] 参见 Nicholas Tarling, *Regionalism in Southeast Asia: To Foster the Political Will*, New York: Routledge, 2006, pp. 98 - 99, 101; Bernard K. Gordon, *The Dimension of Conflicts in Southeast Asia*, Englewood Cliffs: Prentice-Hall, 1966, pp. 165 - 166; Amitav Acharya, *The Making of Southeast Asia: International Relations of a Region*, Singapore: ISEAS Publishing, 2012, p. 150.

[2] Institute of Current World Affairs, "ASA - The Interantional," CDN - 14, Petaling Java, Selangor, Malaya, 1 May 1962, p. 2, http://www.icwa.org/wp-content/uploads/2015/09/GDN-14.pdf.

东姑邀请印度尼西亚政府总理朱安达·卡塔维查亚（Djuanda Kartawidjaja）访问马来亚。他希望与印度尼西亚先期签署正式的文化协定。他表示，只要印度尼西亚同意，任何协定建议可以仅仅限于文化和教育领域，而不必涉及经济条款。但印度尼西亚认为东姑的合作计划过于狭窄，该计划应该包括所有"亚非集团"的成员。实际上，此时的印度尼西亚正积极推动第二次亚非会议的召开，不愿为"泛马来亚或东南亚"的正式联盟而牺牲自己在更大的"万隆国家集团"中已经获取的影响力。在印度尼西亚人看来，他们不只是要在区域而是实际上要在全球舞台上发挥作用。当然，印度尼西亚也不可能接受来自马来亚的领导权。印度尼西亚认为，无论是在实践上还是在影响上，当时的马来亚都低于印度尼西亚。[1] 印度尼西亚对成立"东南亚联盟"表示严重的怀疑。它认为，成立这样的联盟既不现实，又无用处。印度尼西亚相信其与该区域其他国家间的单边协定更有用，也更实际。另外，印度尼西亚认为，"东南亚联盟"容易蜕变为反共产主义俱乐部，因而并不想参加一个可能扩大而不是缩小其与该区域其他国家间分歧的论坛。[2] 另外，印度尼西亚正在寻求同马来亚建立更密切的双边关系，试图达成一项比其不愿意接受的"联盟"更全面的条约。印度尼西亚外长苏班德里约明确表示，印度尼西亚政府更倾向于双边协议。[3]

1959年2月，东姑在一次新闻发布会上提出了他的"东南亚友好和经济条约组织"计划的具体目标和机制安排。主要包括：坚持《联合国宪章》；就共同关心的问题进行协商和汇集经验；共同探讨区域的需求和潜力；在促进贸易和经济发展方面开展合作；探讨在教育和文化领域开展更多合作；其成员将来自东南亚，但不限于马来人血统；成立一个部长理事会，在吉隆坡或马尼拉设立秘书处；最终的结果可能是，该区域

---

[1] 参见 Nicholas Tarling, *Status and Security in Southeast Asian States Systems*, New York: Routledge, 2013, pp. 134 – 135; Nicholas Tarling, *Regionalism in Southeast Asia: To Foster the Political Will*, New York: Routledge, 2006, pp. 99 – 100.

[2] Institute of Current World Affairs, "ASA-The Interantional," CDN – 14, Petaling Java, Selangor, Malaya, 1 May 1962, p. 2, http://www.icwa.org/wp-content/uploads/2015/09/GDN – 14.pdf.

[3] Nicholas Tarling, *Southeast Asian Regionalism: New Zealand Perspectives*, Singapore: Institute of Southeast Asian Studies, 2011, pp. 5, 8.

国家将在没有外国援助的情况下能够生存下去。马来亚依然认为,印度尼西亚的立场对该计划至关重要。4月中旬,东姑再次邀请卡塔维查亚访问马来亚。双方在进一步讨论后签订了正式的友好协定。该协定旨在"恢复血缘和种族关系",推动基于已存在的"兄弟情谊""重新发现共同遗产",并强调这是反殖民斗争的一个聚焦点。该协定的主要条款侧重于语言标准化及加强文化和教育交流,以此证明强调以密切关系的途径作为双边关系的基础。马来亚官方表示,鉴于印度尼西亚对"东南亚友好和经济条约组织"计划的反应比较谨慎,双方的这一文化协定是与该条约组织倡议分开的。马来亚希望借此为相关组织的进展提供"微小的计划"。但印度尼西亚的主流观点认为,该条约组织建议与"万隆精神"相抵触,因而会削弱"亚非团结"。实际上,东姑在讨论区域主义时没有表示支持作为印度尼西亚创建区域秩序基石的"万隆原则"。显然,他仍在担心马来亚被过多地卷入与印度尼西亚密切相关的"亚非群体"中。在印度尼西亚主流社会看来,东姑强调"东南亚友好和经济条约组织"比"万隆原则"更重要,这是对印度尼西亚的一种冒犯。[①] 马来亚的倡议在很大程度上反映了东南亚区域一些较小国家的一种模糊但可察觉的愿望——一种它们认为是属于它们自己的合作联盟形式的愿望。它们正在摸索一个纯粹由东南亚国家组成的区域集团,并认为这将加强该区域的团结感,并使它们远离大国的纠纷。[②]

东姑的计划虽未得到印度尼西亚的积极回应,但得到英国和菲律宾等国政府的支持。英国政府在召开部门间会议后认为,如果东姑的计划既能推动东南亚"中立主义"国家支持西方,又能避免西方大国支配的情况,马来亚就可以在开辟东南亚条约组织和东南亚"中立主义"国家之间的"中间道路"上扮演领导角色,从而在该区域形成一个国际组织的"地理中枢"。英国认为,菲律宾是东南亚条约组织的成员,对外政策比较亲美国,并不是东南亚区域合作动议合适的推动者。英国政府建议,

---

[①] Nicholas Tarling, *Regionalism in Southeast Asia: To Foster the Political Will*, New York: Routledge, 2006, pp. 101, 104; Joseph Chinyong Liow, "Tunku Abdul Rahman and Malaya's Relations with Indonesia, 1957 – 1960," *Journal of Southeast Asian Studies*, Vol. 36, No. 1, 2005, pp. 100 – 101.

[②] Nicholas Tarling, *Southeast Asian Regionalism: New Zealand Perspectives*, Singapore: Institute of Southeast Asian Studies, 2011, pp. 5 – 6.

马来亚应将这一计划的关注点移向东南亚北部,更理想的情况是将缅甸、泰国、老挝、柬埔寨和南越囊括进来。在英国看来,缅甸是"非常强大的候选者",它不是东南亚条约组织的成员,又是"中立主义"国家,但其内部反对共产党;泰国可以赋予该联合"地理内聚性",但因东南亚条约组织的成员身份,不应作为首选;老挝、柬埔寨和南越作为大陆东南亚国家加入,可以在海洋东南亚之间形成一种平衡。英国也不反对印度尼西亚加入,认为从长远来看,这种以马来亚为基础的联合可以对印度尼西亚施加缓和的影响。在英国看来,如果马来亚不能在区域联合中发挥积极作用,这将给印度尼西亚在推进东南亚区域合作的措施中承担领导角色的机会。英国还建议马来亚政府采取务实的措施,如访问、培训和交流等,以增进各国之间的理解和合作。[①]

但马来亚还是希望与菲律宾一起作为创始成员推动"东南亚友好和经济条约组织"计划的实施。在马来亚看来,从政治上讲,该计划可以为脱离于"亚非集团"的国家提供一个"集结点";从经济上看,马来亚与菲律宾的经济是互补的,两国各自有自己的初级产品生产,而在国内市场上第二产业产品数量有限,这不像与印度尼西亚之间在橡胶、锡和干椰子肉等转口贸易上是竞争对手。另外,马来亚与该区域其他国家在某些原材料生产上有共同利益。但在政策做法上经常出现分歧。亚远经委会贸易委员会虽为讨论经济协作提供了一个区域论坛,但该论坛实际上被印度和日本主导着。东姑认为,马来亚和菲律宾可以启动一些动议,作为"我们民族和地理群体内国家之间联系的开始",从而为东南亚所有国家带来经济和政治稳定。重要的是,菲律宾对推动东南亚区域合作亦比较积极。1959年4月初,菲律宾外长塞利安诺前往惠灵顿参加东南亚条约组织理事会会议,途中顺访马来亚,就此事与卜杜勒·拉扎克交换了意见。塞利安诺认为,"东南亚友好和经济条约组织"给人以希望,但不够清晰。他建议两国首先签订双边条约,然后共同推动泰国、印度尼西亚、越南和老挝等东南亚国家加入其中。塞利安诺表示,菲律宾不谋求消除美国的影响,但希望与他们忽略的亚洲国家发展关系。他认为,

---

① 参见 Nicholas Tarling, *Regionalism in Southeast Asia: To Foster the Political Will*, New York: Routledge, 2006, pp. 101–102.

东南亚正兴起"民族主义的区域浪潮",而菲律宾应在其中发挥领导作用,以便将这轮民族主义引向正确的方向。在东南亚区域与合作的制度安排上,菲律宾的观点与马来亚近似,认为应该有一个基于多边条约的组织,并设立中心秘书处这样的机构负责日常事务,为部长和国家层次的首脑提供决策的准备。关于这一区域计划的创始成员,菲律宾和马来亚均认为泰国是"最可能的候选成员"[①]。

菲律宾和马来亚均将泰国作为重点争取的合作伙伴。马来亚和菲律宾关于组建东南亚区域组织的动议也受到泰国的关注。泰国长期以来一直奉行实用灵活的外交政策,只要对国家有利,当然不排除区域合作。泰国积极参与区域合作,也有区域因素的影响。20世纪50年代末发生的老挝危机直接牵扯着泰国的神经,因为两国直接接壤,泰国对老挝左翼势力的发展极为敏感。泰国原本寄予很大期望的东南亚条约组织并未采取强有力的措施,从而引起泰国对这一组织的疑虑。在对西方势力深感失望的同时,泰国政府表达了参与区域合作的愿望,而东姑的倡议恰恰符合泰国的预期。在此前的3月,泰国已退休的驻马来亚大使奈孙东(Nai Sunthorn)在吉隆坡透露,泰国政府赞同东姑的建议。沙立总理曾表示,泰国政府考虑举行不包括印度尼西亚在内的大陆国家政府首脑参加的会议。泰国外长他纳·科曼(Thanat Khoman)在金边的一次讲话中也曾表示,东南亚国家需要一个不具有军事联盟或集团特性的新的务实性集团。与马来亚和菲律宾一样,泰国也希望至少在大陆东南亚获取某种形式的领导权。1959年4月初,塞利安诺曾访问泰国,向科曼通报了菲律宾和马来亚计划中的一系列双边经济和文化协定,并正推动创建一种东南亚区域合作体系。5月,印度尼西亚内务部长伊斯梅尔·阿姆比亚(Ismail bin Ambia)进一步透露了计划中的"东南亚友好和经济条约组织"倡议。他表示,该条约组织是官方层次的,对越盟之外的所有东南亚国家和地区开放,包括印度尼西亚、泰国、老挝、柬埔寨、缅甸和南

[①] 参见 Nicholas Tarling, *Status and Security in Southeast Asian States Systems*, New York: Routledge, 2013, pp. 134 – 135; Nicholas Tarling, *Regionalism in Southeast Asia: To Foster the Political Will*, New York: Routledge, 2006, pp. 100 – 102; Arnfinn Jorgensen-Dahl, *Regional Organization and Order in South-East Asia*, London: Macmillan University Press, 1982, p. 20.

第四章　战后东南亚区域合作的分化重组（1961—1967）　/　687

越，婆罗洲和新加坡可以作为观察员；该组织将设立总理理事会，并将在吉隆坡设立秘书处。他强调，该组织完全是协商性质的，主要讨论贸易、管理、通信、研究、文化等共同问题，但不包括反颠覆活动，也不会用于与亚远经委会和"科伦坡计划"等现有制度的竞争。他还表示，马来亚和菲律宾将举办会议，就多边协定展开谈判。①

在这一背景下，1959 年 7 月，拉扎克访问泰国，经与科曼会谈后同意，两国将在影响东南亚区域的内部事务上展开紧密合作。拉扎克建议科曼起草一份关于所有东南亚国家之间经济、文化和政治合作的文件。由于事先已有酝酿，当月，泰国外交部便制定了《关于东南亚合作预备工作文件》（The Preliminary Working Paper on Cooperation in Southeast Asia），送交东南亚各国政府传阅。这是泰国政府对东南亚区域合作动议做出的正式回应。这份文件在评估马来亚区域合作动议的同时，提出自己的东南亚区域合作计划。首先，它在合作议题上指出，从东南亚最近的发展来看，马来亚和菲律宾等国建议的区域合作组织仅限于经济和文化领域，其范围过于狭窄，因而建议区域合作应该被允许考虑影响东南亚区域或其部分成员的具体的现实问题，不管其是政治的、经济的还是其他的问题。基于此，泰国建议将这一区域合作集团命名为"东南亚共同体组织"（Southeast Asia Community Organization, SEACO）。泰国政府承认，这一新的区域集团可以将最大的注意力放在经济问题上，并谋求在市场安排、商品定价等方面提出具体建议。但不赞成马来亚强调文化领域的合作，而是认为东南亚区域每个国家均倾向于倚重佛教、基督教和伊斯兰教，文化更具有多样性而不是一致性。因此，泰国建议用教育、艺术和技术活动取代文化活动。泰国强调，教育和技术合作活动应成为推动该区域共同经济利益的工具。其次，在组织结构上，泰国不赞成设立永久性总部，而是认为该组织的管理机构应保持"最小化"，强调应是一个非正式的务实组织。泰国建议新的组织以私人会议形式行事，公开的会议仅仅是正式的开幕仪式，且不应保留总理和外交部长会议的记录。也就是说，泰国政府希望新的区域集团的内部工作是相当私人的，应避

---

① 参见 Nicholas Tarling, *Regionalism in Southeast Asia: To Foster the Political Will*, New York: Routledge, 2006, pp. 102 – 104.

免各类有可能引发强硬立场的公开宣告。与马来亚一样,泰国主张该组织应该具有广泛的包容性,其成员应该包括除北越之外的所有东南亚国家。泰国政府亦想以此吸引更多的"中立主义"国家加入。总之,与马来亚和菲律宾的建议相比,泰国的建议更加强调新组织的非正式性、务实性和私密性,显示了对东南亚区域合作相当保守的立场。①

与此同时,马来亚采取更积极的行动。1959年10月,东姑给泰国、缅甸、柬埔寨、老挝、印度尼西亚等国领导人发送了内容相似的信函,谋求他们对其区域合作计划的支持,并提议召开会议进行商议。在这些信函中,东姑指出,拟议中区域组织的目标是,鼓励东南亚各国通过讨论、会议或磋商建立更紧密的关系,并自由达成协议。他希望通过这种方法,各国能够更加深入地相互了解。他说,该组织的目标也包括研究相互帮助的方法和渠道,特别是在经济、社会、文化和科学领域。他强调:"由于历史环境的原因,东南亚大多数国家在本世纪的经济增长都受到了与该区域以外国家关系的影响。"因此,"'一个区域'的感情受到了阻碍","我们只能从外界寻求帮助和榜样,而很少关注自己"。在给苏加诺的信中东姑强调:"从国际关系的观点来看,我们通过创建这种联盟可以更令人信服地提出我们的看法,尤其是在国际经济领域,因为我们拥有许多共同的利益。"但东姑得到的答复并不令人乐观。印度尼西亚、缅甸、柬埔寨不支持他的建议。老挝未作答复。苏加诺回复说,东姑的建议很好也很必要,但在东南亚国家建立"新联盟"的紧密合作只能增加疑虑,并"成为我们渴望的合作的绊脚石"。苏加诺建议,东南亚区域的国家应集中于双边安排。他强调,如果希望开展更广泛的合作,在亚非框架内更有可能性。这些国家的冷淡态度使东姑认识到,在当前环境中在反共产党与"中立主义"国家之间搭桥的希望非常渺茫。②

截至1960年3月,只有菲律宾、泰国两国领导人给予比较积极的答复,尽管他们强调仍需要做更多的准备工作。在东南亚国家领导人这轮

---

① Bernard K. Gordon, *The Dimension of Conflicts in Southeast Asia*, Englewood Cliffs: Prentice-Hall, 1966, pp. 167 – 170.

② Bernard K. Gordon, *The Dimension of Conflicts in Southeast Asia*, Englewood Cliffs: Prentice-Hall, 1966, pp. 170 – 171; Nicholas Tarling, *Regionalism in Southeast Asia: To Foster the Political Will*, New York: Routledge, 2006, pp. 106 – 107.

高密度的沟通中，马来亚、菲律宾和泰国三国关于东南亚区域合作的模糊建议日益接近成熟。于是，东姑开始加大与菲律宾和泰国的沟通和协调。1960年4月，东姑派出负责这一计划的穆罕默德·索比（Mohamed Sopiee）为特别代表访问菲律宾和泰国，与两国外长商洽召开务实性专家会议，并为之确定指导原则。三国的沟通虽然不是那么顺利，但很快就创建新的区域组织的一些原则达成一致，主要有：该组织应邀请更多的国家加入；不应是一个集团或联盟；不应认同任何政治意识形态，不具有政治特性，也不与任何防务协定相联系；应该与万隆会议所框定的不干涉成员国内部事务的精神相一致，等等。三国在是否邀请南越参加的问题上存在分歧。索比主张南越和北越均不应被邀请参加将要设立的专家工作组，而后由专家工作组决定邀请成员问题。在此前的2月，南越领导人吴庭艳曾访问吉隆坡，表达了参加马来亚区域合作计划的强烈愿望。双方发表联合公报，同意开展经济合作、文化交流，并实施原材料价格稳定措施。但马来亚和菲律宾担心南越的参加会引起"中立主义"国家的消极反应。再者，印度尼西亚反对仅仅邀请南越参加。最终，三国决定各自成立专家工作组，以协调创建新的区域组织的准备工作。[①]

事实上，马来亚已经决定以马来亚、菲律宾和泰国三国为基础先行推进"东南亚友好和经济条约"计划。东姑强调，从创建一个区域组织起步比签署一个区域计划更具吸引力。1960年7月，他宣布，新的联盟将改称"东南亚国家联盟"（The Association of South East Asian States, ASAS），以避免引起看起来类似东南亚条约组织的嫌疑。他透露，马来亚、菲律宾和泰国将起草一份清单，探讨在航空、船运、初级产品的销售与定价、技术与管理培训、研究等领域开展区域合作的可能性。他希望这些工作文件将有助于消除该区域其他国家对加入该联盟的疑虑和误解。他对新组织的立场开始趋向缓和，认为就特定项目达成多边协议可能比签订条约更切实可行。他现在更倾向于循序渐进，从最低数量开始，希望能吸引其他国家加

[①] 参见 Nicholas Tarling, *Regionalism in Southeast Asia: To Foster the Political Will*, New York: Routledge, 2006, pp. 106 – 107; Bernard K. Gordon, *The Dimension of Conflicts in Southeast Asia*, Englewood Cliffs: Prentice-Hall, 1966, p. 171; Arnfinn Jorgensen-Dahl, *Regional Organization and Order in South-East Asia*, London: Macmillan University Press, 1982, p. 21.

入。这为他的区域合作计划设置了新的"路线图"。此后,马来亚、菲律宾和泰国三国创建新的区域组织的进程明显提速。[1]

1961年2月初,加西亚访问了吉隆坡。随后,东姑在吉隆坡与科曼和塞利安诺进行了会谈。2月13日,马来亚、菲律宾和泰国三国外长在吉隆坡发表一份公报,重申了他们密切合作的理念,强调这种合作在性质上是非政治性的,并独立于任何权力集团之外,本质上是在经济和政治领域为本区域的共同利益而共同努力。三国外长表示,他们不愿排除其他国家加入。此时,菲律宾和泰国意识到,在冷战形势下,只有减轻其政治色彩,才有利于吸引更多的国家加入,从而更好地推动区域合作。所以,关于即将建立的区域组织的属性,马来亚的意见占了上风,新的联盟将刻意突出其经济属性而掩饰其政治属性。不过,该组织在机构设置和运行方式上则主要吸收了泰国的建议,决定该组织的机构设置最小化、运行方式松散化和非正式化。1961年6月19—21日,三国工作组在曼谷举行了首次预备会议,并合并为一个联合工作组,负责筹备成立东南亚联盟。其间,该联合工作组讨论了该联盟的合作形式和组织安排,并准备了三国外长会议的议程草案。7月31日至8月1日,东姑、科曼和塞利安诺在曼谷举行会谈,并分别代表马来亚、泰国和菲律宾签署了《曼谷宣言》(The Bangkok Declaration),正式宣布成立东南亚联盟(The Association of Southeast Asia, ASA)。这次会议即为东南亚联盟首次外长会议。会后,三国外长发布《首次外长会议联合公报》,阐明了该联盟的组织目标和具体计划。[2] 就此,东南亚"首个区域合作组织"诞生。[3]

---

[1] Nicholas Tarling, *Regionalism in Southeast Asia: To Foster the Political Will*, New York: Routledge, 2006, pp. 108 – 110.

[2] 参见 Nicholas Tarling, *Regionalism in Southeast Asia: To Foster the Political Will*, New York: Routledge, 2006, pp. 111 – 112; Arnfinn Jorgensen-Dahl, *Regional Organization and Order in South-East Asia*, London: Macmillan University Press, 1982, p. 21; Vincent K. Pollard, "ASA and ASEAN, 1961 – 1967: Southeast Asian Regionalism," *Asian Survey*, Vol. 10, No. 3, 1970, pp. 246 – 247; "Joint Communique, 1st Ministerial Meeting, 1961," Adopted at the First Ministerial Meeting of the Association of Southeast Asia, Bangkok, 1 August 1961, in Michael Haas, ed., *Basic Documents of Asian Regional Organizations*, Vol. 5, New York: Oceana Publications, 1979, p. 302.

[3] Thanat Khoman, "ASEAN Conception and Evolution," in *The ASEAN Reader*, Institute of Southeast Asian Studies, Singapore, 1992, https://asean.org/?static_post=asean-conception-and-evolution-by-thanat-khoman.

第四章　战后东南亚区域合作的分化重组(1961—1967)　/　691

　　按照《曼谷宣言》的规定，东南亚联盟是东南亚国家间的经济和文化合作组织，旨在通过培育国家间的友好理解、友好邻居和积极合作，更好地维护和平、自由、社会正义和经济福利理念，并在东南亚建立推进经济和社会进步的文档基础；三国相信经济领域和文化关系中的相互合作可以极大地推动各国人民之间的更好理解和相互欣赏。该宣言强调东南亚联盟是一个非政治性的区域组织，它既不以任何方式与任何外部大国或大国集团相联系，也不针对任何东南亚国家，其本质是东南亚国家的自由联盟，旨在通过联合的努力促进本区域的福利及经济、社会和文化进步。为达此目的，《曼谷宣言》确定了该联盟推动合作的主要内容，包括：建立一个能够在经济、社会、文化、科学和管理领域进行友好协商、合作和相互援助的有效机制；为各成员国及联系国的民众和官员们提供教育、职业、技术、管理方面的培训和研究便利；在共同感兴趣或者关心的经济、文化、教育和科技领域的问题上交流信息；合作推动东南亚研究；为各成员国合理利用各自的自然资源，促进其工业和农业发展，扩大贸易以及交通运输能力，改善通信条件以及促进各国人民生活水平的提高等方面提供卓有成效的合作机制；合作研究国际商品贸易问题；彼此协商和合作实现联盟的目标和宗旨，并有效地推动现存的国际组织和机构运行，等等。[①]

　　从《曼谷宣言》中可以看出，东南亚联盟强调三国之间在经济、社会、文教和科技等领域的合作和交流，合理利用各自资源优势达到互补效果，在贸易、交通运输、通信和提高人民生活水平方面进行合作，同时在对外贸易方面联合一致对外。《曼谷宣言》并未提及政治和安全合作，从而造成东南亚联盟是一个经济文化合作组织的印象。在冷战背景下，三国淡化区域合作的政治属性，在一定程度上减轻了其他国家的怀疑，为其以后的扩大保留了余地。这显示了东南亚联盟温和的目标。在这次外长会议上，东姑再次申明："正如我们以前多次指出的那样，本组织绝不打算成为一个反西方集团或反东方集团，或者成为类似的任何一

[①] "Bangkok Declaration, 1961," Adopted at the First Ministerial Meeting of the Association of Southeast Asia, Bangkok, 31 July 1961, in Michael Haas, ed., *Basic Documents of Asian Regional Organizations*, Vol. 4, New York: Oceana Publications, 1974, pp. 1259-1260.

种政治集团。它与今天存在的组织都没有任何联系。它纯粹是一个东南亚经济和文化合作组织,没有任何外国的支持。事实上,这符合联合国的精神,并促进了联合国的宗旨和原则。"① 东姑将东南亚联盟称作"三个友好国家为在东南亚建立一个欢乐区域而组成的联盟"。他说:"在过去,东南亚国家一直非常个人主义,非常倾向于走不同的道路,非常不愿意彼此合作,这是我们历史上的错误之一。"而现在,"我们三个国家决心为了共同的利益紧密合作"。实际上,马来亚对东南亚联盟的态度清楚地说明了民族主义和区域主义之间相互加强的关系。在东姑的领导下,东南亚联盟反映了马来亚寻求利用区域主义作为推进其民族主义议程的手段。东南亚联盟的温和性也显示了菲律宾对区域合作务实目标的偏好。菲律宾副总统兼外长伊曼纽尔·佩洛斯(Emmanuel Pelaez)相信,东南亚联盟的成立"为更快和更大的经济进步打开了大门"。他认为,该联盟"将帮助其成员国获得更好的工作机会和更高的收入",同时"应对来自世界其他区域经济集团的日益增长的挑战"②。

《首次外长会议联合公报》确定了东南亚联盟的机构设置和运行原则。该公报规定,东南亚联盟设立外交部长年度会议,由三国轮流举办;设立联合工作组年度会议,在外长会议召开前约一个月举行;设立常务委员会,在外长会议休会期间,由东道国外长或其指定的代表担任主席,其他两国派驻东道国的大使担任委员,负责外交会议休会期间该联盟的工作;设立一定数量的常设委员会和特别委员会,由相关专家和官员组成,负责特定问题;各成员国均设立东南亚联盟国家秘书处,代表本国在该组织内开展工作。三国外长决定,在吉隆坡设立东南亚联盟常务委员会,并确定1961年12月1日在吉隆坡举行外长特别会议。三国外长还决定于1962年8月在马尼拉举行第二次外长会议。③ 东南亚联

---

① Vincent K. Pollard, "ASA and ASEAN, 1961 – 1967: Southeast Asian Regionalism," *Asian Survey*, Vol. 10, No. 3, 1970, p. 247.

② Amitav Acharya, *The Making of Southeast Asia: International Relations of a Region*, Singapore: ISEAS Publishing, 2012, pp. 151 – 152.

③ "Joint Communique, 1st Ministerial Meeting, 1961," Adopted at the First Ministerial Meeting of the Association of Southeast Asia, Bangkok, 1 August 1961, in Michael Haas, ed., *Basic Documents of Asian Regional Organizations*, Vol. 5, New York: Oceana Publications, 1979, pp. 302 – 303.

盟的机构设置体现了该组织坚持平等、松散、非正式性的运行原则。其外长会议、常务委员会、常设委员会均实行轮换制，从而防止这些机构常驻一国为驻地国所主导。东南亚联盟没有设置超越国家之上的区域组织，没有设置日常的行政中心，它虽然设有国家秘书处，但国家秘书处并非东南亚联盟的常设机构，而是成员国派驻东南亚联盟的机构，负责本国和东南亚联盟的沟通联络，代表成员国的利益。东南亚联盟也没有设置首脑会议，没有设置超国家组织和日常行政中心，体现了东南亚联盟对松散性、非正式性的追求。东南亚联盟的机构设置，开创了东南亚本地区域合作关于机构设置的先例，尤其对东盟产生了重要影响，东盟成立后的机构设置基本上类似于东南亚联盟。塔林认为，东南亚联盟在冲突的环境中启动是走向"东盟方式"的"一个标志"[1]。特恩布尔（C. M. Turnbull）指出，东南亚联盟成立的"重要意义在于，它来自当地的倡议，并特别考虑到东南亚的需要。新德里会议（亚洲关系会议）和万隆会议都没有导致设立任何常设组织，而'科伦坡计划'和东南亚条约组织都是由外部推动的"[2]。由此，马来亚、菲律宾和泰国三国通过创建基于非正式法律文件的本地区域组织东南亚联盟，并结合自身实践将"亚洲方式"的区域规范进一步机制化和地方化，为后来东盟组织结构的创建和核心原则的确立奠定了规范基础。[3] 塔林强调，东盟"采用了东南亚联盟的路径和方法"[4]。迈克尔·利夫（Michael Leifer）认为，东南亚联盟"旨在提供一种替代军事联盟特别是不受欢迎的东南亚条约组织的安全方法。其根本理由是，经济进步为政治稳定奠定了基础，并成为政治独立的最佳保障"，而"东盟采用了东南亚联盟开创的制度结

---

[1] Nicholas Tarling, *Status and Security in Southeast Asian States Systems*, New York: Routledge, 2013, p. 136.

[2] C. M. Turnbull, "Regionalism and Nationalism," in Nicholas Tarling, ed., *The Cambridge History of Southeast Asia: The Nineteenth and Twentieth Centuries*, Vol. 2, Cambridge: Cambridge University Press, 1992, pp. 615–616.

[3] "Association of South East Asian Nations and its Antecedents," in Michael Haas, ed., *Basic Documents of Asian Regional Organizations*, Vol. 4, New York: Oceana Publications, 1974, pp. 1229–1240.

[4] Nicholas Tarling, *Southeast Asian Regionalism: New Zealand Perspectives*, Singapore: Institute of Southeast Asian Studies, 2011, p. 18.

构和安全方法"①。

从总体上看,由于东南亚区域主义是在泛亚洲主义和太平洋主义框架内孕育并发展起来的,因此其在次区域合作实践中明显地带有亚洲区域合作的共有特性。在东南亚联盟的支持者们看来,虽然东南亚联盟是东南亚本地的区域联合,但他们都认为该联盟具有更大的亚洲文化、政治和经济背景。东姑强调,成立东南亚联盟意在"向世界展示亚洲人民能够自己思考和规划……我们将相互帮助和共同工作,并以我们自己的方式行事,以免于来自外部的控制和影响"。科曼表示:"我们心中涌起一股要当家做主的冲动,我们坚信亚洲文化和传统特别是我们有能力塑造和指导我们两国的未来命运。"他将东南亚联盟形容为"亚洲共同合作"的案例。他强调:"亚洲的团结必须也将由亚洲人携手创造,马来亚、菲律宾和泰国我们三个国家联手完成这一影响广泛的任务不只是一个巧合。"② 在泰国政府看来,由于东南亚条约组织不再准备在老挝危机中采取任何行动,新的区域组织很可能是一个值得关注的合适领域。泰国政府认为,如果它的西方盟友对泰国不再那么关心,泰国就必须有效地利用东南亚整合的趋势加倍努力照顾自己,同时在邻国中寻求朋友。科曼意味深长地说,老挝是一个扩张的跳板,但由于没有石油、铀或投资,它没有给西方提供保护它的动机。他强调,泰国必须重新审视自己的立场,并与邻国搞好关系。③ 梁志明指出:"东南亚联盟的成立是东南亚国家努力消除彼此争端、加强团结合作的成果,表明东南亚国家独立自主地进行区域性合作的区域意识逐步增强。"④

东南亚联盟启动伊始,三国表现出强烈的合作愿望。1961 年 9 月召

---

① Michael Leifer, *Dictionary of the Modern Politics of South-East Asia*, London: Routledge, 1995, p. 33.

② Institute of Current World Affairs, "ASA-The Interantional," CDN – 14, Petaling Java, Selangor, Malaya, 1 May 1962, p. 4, http: //www. icwa. org/wp-content/uploads/2015/09/GDN – 14. pdf; Amitav Acharya, *The Making of Southeast Asia: International Relations of a Region*, Singapore: ISEAS Publishing, 2012, p. 152.

③ Nicholas Tarling, *Southeast Asian Regionalism: New Zealand Perspectives*, Singapore: Institute of Southeast Asian Studies, 2011, pp. 15 – 16.

④ 梁志明:《论东南亚区域主义的兴起与东盟意识的增强》,载《当代亚太》2001 年第 3 期,第 14 页。

开的首次联合工作组会议决定将该工作组分成三个委员会，分别处理经济及相关事务、文化与社会问题、组织与程序问题，其中经济及相关事务委员会最为重要，显示了三国对经济合作的器重。三国考虑在对外经济交往中相互合作，在扩大出口方面采取共同政策。菲律宾还建议实施共同市场计划，包括降低联盟内部关税；培育工业互补性；原材料市场联合定价；扩大海产品贸易；生活必需品价格稳定和供应组织及设立价格稳定基金；基于移民自由化的技术交流；建立保证贸易互惠最大化的多边支付系统，等等。[1] 1962年4月3—6日，东南亚联盟在吉隆坡如期举行外长特别会议。此次会议讨论的主题包括技术合作、高等教育和联合研究；贸易政策与促进、关税管理与程序、域内贸易、旅游、初级商品；工业、船运、民航、铁路、电信、渔业领域的合作；履行上述计划的金融安排；联合经济调查；亚洲经济合作组织问题；社会和文化领域的各类合作计划，等等。三国外长就促进《曼谷宣言》各项目标的若干项目达成协议，主要包括签署贸易和航行协定；缔结关于三国间贸易和航海的多边协定；简化签证流程、官员免签和取消国民往来签证费，以促进各成员国国民的流动；促进该联盟区域旅游业的联合行动，主要是在各自国家设立促进旅游办公室，以共享住宿设施；降低新闻电报收费的早期项目；开通吉隆坡至曼谷的直通车服务；扩展吉隆坡和泰国南部城市合艾（Haadyai）之间的无线电通信业务，等等。这些合作项目由各国的秘书处具体负责实施。三国外长就改善技术合作和文化交流交换的步骤达成一致，主要有寻求本国政府批准设立一个东南亚联盟基金，为该联盟的项目提供资金；在马尼拉举行大学和教育部门代表会议以及在吉隆坡成立联合研究委员会，等等。此次会议还决定该联盟常设委员会驻地将于下次外长年度会议举行前迁至马尼拉。三国外长决定，东南亚联盟第二次外长会议于1962年12月在马尼拉举行。[2] 这些进展显示了东

---

[1] Bernard K. Gordon, *The Dimension of Conflicts in Southeast Asia*, Englewood Cliffs: Prentice-Hall, 1966, pp. 173 – 174.

[2] "Joint Communique, Special Session of Foreign Ministers, 1962," Adopted at the Special Session of Foreign Ministers of the Association of Southeast Asia, Kuala Lumpur, 4 April 1962, in Michael Haas, ed., *Basic Documents of Asian Regional Organizations*, Vol. 5, New York: Oceana Publications, 1979, pp. 304 – 306.

南亚联盟"更切合实际的和不那么雄心勃勃的区域合作方法"①。拉赫尔·欧文（Rager Irvine）认为，东南亚联盟"试图在政治上保持低调"，而"它所采取的务实和温和的态度"使其成为东南亚"区域合作努力的一个宝贵的开端"②。

1962年4月22日，吉隆坡至曼谷的直通车正式运行。菲律宾同意向泰国派出60名医生，帮助泰国推行保健项目；泰国启动100万马来亚元的东南亚联盟基金；马来亚注资100万马来亚元，推动东南亚联盟基金的发展。③ 学者和专家的交流即刻展开。由此，"东南亚联盟会议成为东南亚日历上的一个定期活动"。在东姑看来，尽管最初困难重重，但东南亚联盟开始实现自己的目标。④ 据佩洛斯透露，截至1962年4月，东南亚联盟三国间已经达成协议的合作项目包括技术合作、高等教育、联合研究、贸易政策与多边贸易促进、海关法规与程序、区域内贸易、旅游、大宗商品、工业领域的合作、运输、民航、铁路、通信、渔业和项目实施的财政安排，等等。他在演讲中强调，东南亚联盟的区域合作是"一种温和的务实方法"，他说："我们温和的开始，是因为我们宁愿谦卑地成功，也不愿惨败。"佩洛斯认为，东南亚联盟的主要目的是与西欧、东欧和拉丁美洲的经济集团相抗衡，并可以通过建立一个共同市场来实现。他解释说："我们不打算用欧洲共同市场和世界其他地区集团在其发展过程中所走过的里程碑来衡量我们的进展。无论东南亚联盟发展出什么样的共同市场，都将自然地按照该区域的特殊条件、要求和特质来塑造。它不会是欧洲共同市场的翻版，因为欧洲共同市场在亚洲，而不是欧洲。"⑤

基于这些进展，1962年10月，东南亚联盟举行了首次贸易政策与促进

---

① Arnfinn Jorgensen-Dahl, *Regional Organization and Order in South-East Asia*, London: Macmillan University Press, 1982, p. 23.

② Roger Irvine, "The Formative Years of ASEAN: 1967 – 1975," in Alison Broinowski, ed., *Understanding ASEAN*, London: The Macmillan Press, 1982, p. 9.

③ Institute of Current World Affairs, "ASA – The Interantional," CDN – 14, Petaling Java, Selangor, Malaya, 1 May 1962, p. 1, http://www.icwa.org/wp-content/uploads/2015/09/GDN – 14.pdf.

④ Nicholas Tarling, *Regionalism in Southeast Asia: To Foster the Political Will*, New York: Routledge, 2006, p. 114.

⑤ Robyn J. Abell, "Philippine Policy towards Regional Cooperation in Southeast Asia, 1961 – 1969," Ph.D. Dissertation, Australian National University, 1972, p. 237.

委员会会议，并制定了创建"东南亚联盟共同市场"的"指导原则"，主要包括：对该联盟国家之间或其内部流动的货物实行共同的关税政策，其最终目标是消除它们之间的限制性贸易壁垒；选择与本国产品竞争的第三国进口产品的共同政策；维持国际货币基金组织在汇率、资本转移和汇款方面的目标和宗旨的政策；实施共同的海运政策，使各国能够享有同样的费率优惠和建立一流海运公司的初始条件，等等。在这次会议上，菲律宾工贸部长陆费诺·赫查诺瓦（Rufino G. Hechanova）解释了东南亚区域经济合作必须采取务实性方法的理由。第一，东南亚国家各自的经济增长几乎都处于同一阶段。第二，这些国家的经济以农业为主，都依赖于少数初级商品的出口和制成品的进口。第三，这些国家的社会政治文化背景是多种多样的。第四，作为不发达国家，这些国家都缺乏资本。第五，各国间的区域内贸易几乎不能带来什么好处，因为它们的经济结构和进出口相似。他认为，在拥有6000万人口的大规模市场和巨大的互补性资源的刺激下，东南亚联盟国家建立共同市场是实现全面工业化的必要步骤。他和佩洛斯均认为，"东南亚联盟共同市场"可以构成更广泛的"亚洲共同市场的核心"[1]。

美国国务院负责政治事务的副国务卿亚历克西斯·约翰逊（U. Alexis Johnson）曾表示："东南亚更多的是一种地理表达，而非政治现实。"他解释说，该区域因文化、语言和宗教的广泛多样性而支离破碎，又因殖民时期各大国之间的分化而进一步加剧，经济上存在竞争而非互补；该区域的各个国家面向不同的欧洲大国和美国，而不是彼此"亲近"，以至于"东南亚条约组织为寻求共同基础，以应付它们所面临的共同威胁所做的长期努力，迄今为止收效甚微"。但1961年7月曼谷会议以来的事实表明，马来亚、泰国和菲律宾旨在推动小规模的文化和经济合作的倡议已成为"走向某种团结的初步行动"，特别是"这些努力正在产生一些小的成果"[2]。马卡帕加尔非常敏锐地指出了东南亚联盟的政治功能。他

---

[1] Robyn J. Abell, "Philippine Policy towards Regional Cooperation in Southeast Asia, 1961 - 1969," Ph. D. Dissertation, Australian National University, 1972, pp. 238 (note 1), 238 - 239.

[2] "Memorandum from the Deputy under Secretary of State for Political Affairs (Johnson) to the Under Secretary of State (Bowles)," Washington, 24 June 1961, in United States Department of State, *Foreign Relations of the United States Diplomatic Papers*, 1961 - 1963, Vol. 23: *Southeast Asia*, Document 5, https://history.state.gov/historicaldocuments/ frus1961 - 63v23/d5.

说，东南亚联盟是"东南亚人民实现真正的亚洲人格和独立愿望"的一种象征，即没有任何外国（如西方）的保护；东南亚联盟还是"在东南亚邻国之间建立更密切和更有成效的关系的实验室"，即一个旨在吸引新成员加入全东南亚国家团结的组织。① 科曼指出，这是一个小的开始，在考虑扩大之前，泰国希望看到它得到加强并变得更有效，然后推动扩大到其他国家。② 美国《纽约时报》评论说，随着新的东南亚联盟组织以一种永久和有效的形式具体化并发挥一种虽有限但有价值的作用，东南亚国家在政治和经济上都达到了一个各种相互关系需要加强的阶段，美国应该同情地接受这个新组织的目标。③ 从此，东南亚联盟从务虚到务实、从宏观计划到具体合作的转变，体现了东南亚联盟本身的发展，也标志着东南亚本地区域合作正式启动并获得初步成长。

三 东南亚联盟受挫和马菲印尼联盟协商外交形成

东南亚联盟所界定的温和的"低政治"合作目标在启动后不久，便遭遇其成员国国内政治及其与邻国的领土纠纷等"高政治"问题的钳制，以致其实际运行陷入重大的现实困境中。这一现实困境缘起于1961年5月东姑提出的"马来西亚计划"（The Malaysia Plans），又称"大设计""大马来西亚计划"（Grand Design/Greater Malaysia Plan）。按照这一计划，马来亚与新加坡、沙捞越、北婆罗洲（沙巴）和文莱合并为一个统一的政治实体，称之为马来西亚联邦（The Federation of Malaysia）。④ 1962年1月，北婆罗洲和沙捞越地方当局接受这一计划，并各自敦促其民众支持

---

① Jean-Luc Vellut, "Asian Policy of the Philippines, 1935 – 1963," Ph. D Dissertation, The Australian National University, 1964, p. 274.

② "Memorandum of Conversation," Washington, 2 October 1961, in United States Department of State, *Foreign Relations of the United States Diplomatic Papers*, 1961 – 1963, Vol. 23: *Southeast Asia*, Document 419, https://history.state.gov/historicaldocuments/frus1961 – 63v23/d419.

③ Kai Dreisbach, "Between SEATO and ASEAN: The United States and the Regional Organization of Southeast Asia," in Marc Frey, Ronald Pruessen and Tan Tai Yong, eds., *The Transformation of Southeast Asia: International Perspectives on Decolonization*, Armonk: M. E. Sharpe, 2003, p. 250.

④ "Submission No. 1304 from Menzies to Cabinet," Canberra, 11 August 1961, in Australian Department of Foreign Affairs and Trade, *Documents on Australian Foreign Policy*, Vol. 25: *Australia and the Formation of Malaysia*, 1961 – 1966, Document 1, https://www.dfat.gov.au/about-us/publications/historical-documents/volume-25/Pages/001-submission-no-1304-from-menzies-to-cabinet.

马来西亚。但这一计划引起一直声索北婆罗洲主权的菲律宾政府的不满。当月,菲律宾总统马卡帕加尔(Diosdado Macapagal)宣布反对成立马来西亚联邦,理由是合并北婆罗洲是不合法的。菲律宾声称,英国1878年1月根据相关协定从苏禄苏丹国(现在是菲律宾领土的一部分)获得北婆罗洲的形式是租赁,而不是割让,亦即此法律行为并不涉及主权转移。在"马来西亚计划"出台前,菲律宾一直保留向英国提出收回北婆罗洲主权的要求。现在,菲律宾意识到英国已经准备放弃对北婆罗洲的控制,并同意将之并入拟议中的马来西亚联邦,而这意味着菲律宾对北婆罗洲的声索将变得更加复杂化,乃至出现丧失声索权的最坏结局。1962年6月,菲律宾政府向英国政府递交照会,正式提出菲律宾作为苏禄苏丹国的利益继承者,对北婆罗洲拥有主权、管辖权和所有权。从此,菲律宾原来与英国间的北婆罗洲主权争议因"马来西亚计划"而转化为与马来亚(马来西亚)的主权争端,以下称沙巴争端(The Sabah Dispute)。这一争端成为东南亚区域国际关系中的一个核心议题。[①]

1962年8月初,英国与马来亚在伦敦签订了关于"马来西亚计划"的初步协议,宣布将于1963年8月31日正式成立新的马来西亚联邦。菲律宾政府不清楚该协议是否包括北婆罗洲,就向马来亚政府递交备忘录表示,担心马来亚对有争议的北婆罗洲领土的行动决定会对两国间由东南亚联盟所"强烈支持"的"兄弟关系"造成负面影响。此前,英国政府已回复菲律宾政府的照会,拒绝其对北婆罗洲主权的声索。菲律宾的这份备忘录实际上是警告马来亚,如果马来亚不采取积极措施,沙巴争端将破坏东南亚联盟。实际上,菲律宾的主权要求激发了国内的民族主义,使得菲律宾政府在寻求地区和解、发展和马来亚的关系时,不得不考虑国内的政治状况,这增加了区域合作的困难。10月,马来亚政府亦回复了菲律宾的备忘录。复函称,马来亚并不想将"马来西亚联邦的组

---

① 参见 Joseph Chinyong Liow, *The Politics of Indonesia-Malaysia Relations: One Kin, Two Nations*, London: Routledge Curzon, 2005, p. 97; Bernard K. Gordon, *The Dimension of Conflicts in Southeast Asia*, Englewood Cliffs: Prentice-Hall, 1966, pp. 9 – 23; Frances L. Starner, "Malaysia and the North Borneo Territories," *Asian Survey*, Vol. 3, No. 11, 1963, pp. 521 – 526;[英]芭芭拉·沃森·安达亚、伦纳德·安达娅《马来西亚史》,黄秋迪译,中国大百科全书出版社2010年版,第335—340页。

成部分"与菲律宾声索北婆罗洲的议题和东南亚联盟联系起来。马来亚称,鉴于菲律宾对沙巴主权的要求激起了菲律宾人的情绪,在这种情况下,马来亚首相东姑本人或其代表再参加东南亚联盟会议将是不明智的。直到菲律宾恢复理智,马来亚才可能参加东南亚联盟会议。实际上,马来亚政府以此提醒菲律宾政府,如果菲律宾坚持这一立场将可能对东南亚联盟造成伤害。1962年12月,东姑决定将原定于1962年12月召开的东南亚联盟第二次外长会议推迟至次年1月举行。①

1963年1月,马卡帕加尔在菲律宾国会发表的国情咨文中明确表示,马来亚没有正当的理由或权利接管北婆罗洲,并强调菲律宾对北婆罗洲的要求不能少于马来亚对该领土的要求,这不仅是基于正当的司法和历史权利,而且是出于菲律宾对国家安全的重大关切。再者,如果通过任意安排,婆罗洲的领土被置于马来亚之下,就不可能长期保证北婆罗洲对自由世界的安全。在他看来,恢复北婆罗洲作为菲律宾领土的一部分将是确保该地区领土平衡和安定的持久措施,并是维持和维护该区域安全的坚定和稳定因素。对整个区域目前和潜在安全态势深刻和有远见的思考将最终支持这样的判断。马卡帕加尔还表示,"马来西亚联邦"提议不符合作为摆脱殖民主义路径的自决原则,而"看起来只是基于虚假安全权宜之计的殖民主义的继续"。马卡帕加尔希望北婆罗洲人民依据自决权,在联合国的监督下通过全民公决自由表达其真实的意愿。② 东南亚联盟启动不久便遭遇严重挑战。

在此情势下,作为第三方的泰国进行积极调解,并同意暂时推迟东南亚联盟第二次外长会议,或者将原计划的开会地址由马尼拉改在曼谷。泰国认为与其让两国在会上直接争吵,还不如暂时推迟会议的召开,待双方情绪稳定后再召开外长会议。如果找不到解决问题的方法,就不如

---

① 参见 Robyn J. Abell, "Philippine Policy towards Regional Cooperation in Southeast Asia, 1961-1969," Ph. D. Dissertation, Australian National University, 1972, pp. 143-151; Arnfinn Jorgensen-Dahl, *Regional Organization and Order in South-East Asia*, London: Macmillan University Press, 1982, pp. 24-25.

② "Message of His Excellency Diosdado Macapagal President of the Philippines to the Congress on the State of the Nation," State of the Nation Address, 28 January 1963, Official Gazette of the Republic of the Philippines, https://www.officialgazette.gov.ph/1963/01/28/diosdado-macapagal-second-state-of-the-nation-address-january-28-1963/.

暂时回避问题，以免矛盾升级。最终，东南亚联盟第二次外长会议被推迟到1963年4月举行。① 此间，菲律宾为东南亚联盟的持续发展及其国际影响的扩大做出了积极的努力。1963年3月初，亚远经委会第十九届年度会议在马尼拉举行。在会议期间，菲律宾代表团为建立一个亚洲共同市场而积极协调。在菲律宾的推动下，东南亚联盟三国和其他六国共同提出并成功推动通过一项决议，倡导举行一次区域高级代表会议，以制定和采取协调一致的具体行动，推动各国经济多样化和扩大外汇收入。亚远经委会执行秘书长吴纽表示，该决议的通过是亚远经委会历史上的一个"伟大时刻"。这显示出菲律宾对东南亚联盟项目尤其是建立一个东南亚乃至亚洲共同市场的巨大热情。马尼拉媒体就此评论说："在任何国际会议上，菲律宾都没有像在第十九届亚远经委会年度会议上那样，真正兑现了它作为亚洲领导者的承诺，这是第一次将亚洲国家联系在一个经济集团的框架内。"②

正是在菲律宾外长佩洛斯的负责下，东南亚联盟第二次外长会议于1963年4月在马尼拉顺利举行。三国外长会晤后发布了《第二次外长会议联合公报》。该公报透露，三国在东南亚联盟框架内已经完成了许多重要的合作项目，主要有：三国间旅游的技术研究；征募60名菲律宾医生到马来亚服务的安排；高等教育学位同等认证；贸易自由化联合研究；成员国间官员免签证和取消国民往来签证费；启动泰国国际航空公司与马来亚航空公司之间的联合行动安排；完善吉隆坡、曼谷和马尼拉三城间通信线路；递交关于成员国经济和经济发展进展报告，等等。三国在文化合作领域业已完成了一些合作项目，包括青年及妇女领导者和社会工作者交流；信息资料、报纸杂志的出版和交流；舞蹈和文化团体访问；举行艺术展览会；促进体育活动和体育比赛，等等。基于这些进展，三国外长同意积极推动一些重要合作项目的实施，主要包括就联合工作组草签的关于商业和航行的协定积极协商，并达成最后协定；加强扩大三

---

① Nicholas Tarling, *Regionalism in Southeast Asia: To Foster the Political Will*, New York: Routledge, 2006, p. 116.

② Robyn J. Abell, "Philippine Policy towards Regional Cooperation in Southeast Asia, 1961 – 1969," Ph. D. Dissertation, Australian National University, 1972, pp. 235 – 236, note 1.

国之间及本区域与外部世界之间贸易的联合努力,尤其是初级商品领域;为促进私人部门在成员国更紧密的经济合作中扮演积极角色创造条件;开展促进工业发展联合行动的可行性研究;扩大成员国教师和学生之间的交流以及彼此间母语和本区域地理和历史的学习,等等。三国外长会议还决定采取行动加强该联盟的管理机构,主要有:设立经济委员会、社会文化委员会和技术合作与研究委员会三个常设委员会;指导联合工作组关于创建该联盟中心秘书处的可行性研究;建立初始资金为300万美元的东南亚联盟基金,由三国等额分担,用于资助联合项目,等等。最后,三国外长决定,第三次外长会议于1963年底或1964年初在泰国举行。① 考虑到当时三国关系及其所面临的严峻的国际和区域形势,这次外长会议能顺利召开并取得这些进展实属不易。谈及这些进展,罗宾·阿贝尔(Robyn J. Abell)指出:"1961—1963年,东南亚联盟的成就远谈不上辉煌,然而,其主要成就是区域主义听起来不再像是长期目标的说辞,而更多的是由成员国的官员和专家对具体项目进行的详细规划,他们认识到只有对特定问题采取逐步解决的办法才能取得重大进展。"②

在这次会议上,与会各方已经认识到他们之间的裂痕,所以,他们更加强调要保持东南亚联盟的团结。东姑在会议发言中重申东南亚联盟的必要性,以及向世界其他区域展示亚洲人可以让区域组织发挥作用的极其重要性。他强调,"东南亚国家分开是微小的,但它们联合起来就拥有强大的发展潜力",所以,"我们必须警惕那些伪装成朋友的敌人,他们的目的是破坏东南亚联盟"。科曼强调,东南亚联盟国家"必须把政治仇恨放在一边而共同努力工作",只有这样,"这个组织才能免于毁灭"③。佩洛斯强调,东南亚联盟对我们三个国家非常重要。他表示:"我

---

① "Joint Communique, 2nd Ministerial Meeting, 1963," Adopted at the Second Ministerial Meeting of the Association of Southeast Asia, Manila, 3 April 1961, in Michael Haas, ed., *Basic Documents of Asian Regional Organizations*, Vol. 5, New York: Oceana Publications, 1979, pp. 234 - 235.

② Robyn J. Abell, "Philippine Policy towards Regional Cooperation in Southeast Asia, 1961 - 1969," Ph. D. Dissertation, Australian National University, 1972, pp. 235 - 236, note 1.

③ Robyn J. Abell, "Philippine Policy towards Regional Cooperation in Southeast Asia, 1961 - 1969," Ph. D. Dissertation, Australian National University, 1972, p. 195; Nicholas Tarling, *Regionalism in Southeast Asia: To Foster the Political Will*, New York: Routledge, 2006, p. 116.

们在东南亚联盟内部的团结不会被外部的困难、误解和分歧撕裂，而是会变得更加强大，使我们能够克服我们之间的意见分歧，不管是在东南亚联盟内部还是外部。"他呼吁："我们应该避免采取任何会削弱其有效性或破坏其团结的外部行动，这是我们对彼此的责任。"他表示："我们希望东南亚联盟不仅涵盖我们三国的边界，也包括其他东南亚国家边界的那一天不会很遥远。这样，我们将拥有确保我们区域各国人民和平、自由和幸福的永固的基础。"[1] 这样，三国外长在《第二次外长会议联合公报》中重申他们"相信东南亚联盟是推动东南亚经济和社会进步的共同行动的有效工具"，并进一步强调这次会议"真诚地表达了他们共同决定赋予东南亚联盟极其重要的团结的力量，以加速东南亚经济、社会和文化的发展"[2]。科曼在讲话中甚至警告说，沙巴争端可能会毁掉东南亚联盟的团结，除非智慧和审慎占据上风，否则"这次会议可能会证明是我们一起参加的最后一次会议"[3]。此时，马来西亚问题已经成为各国关注的区域焦点。除了沙巴争端外，"马来西亚计划"遭到印度尼西亚和菲律宾的联合反对。实际上，在此后近三年里东南亚联盟未再召开处长会议。

最初，印度尼西亚并未对"马来西亚计划"提出异议。1961年11月，苏班德里约在联合国大会上发言时称："当马来亚告诉我们它的意图是与沙捞越、文莱和北婆罗洲（沙巴）三个英国属地合并为一个联邦时，我们告诉他们我们没有异议并祝他们成功合并，以便每个人都可以和平与自由地生活。"[4] 苏加诺曾表示，只要"马来西亚计划"是一种"非殖民化计划"就会受到印度尼西亚的欢迎。但1962年12月文莱政变发生后，印度尼西亚政府的态度发生了逆转。文莱政变本来是一场文莱地方

---

[1] Robyn J. Abell, "Philippine Policy towards Regional Cooperation in Southeast Asia, 1961 – 1969," Ph. D. Dissertation, Australian National University, 1972, p. 196, note 1.

[2] "Joint Communique, 2nd Ministerial Meeting, 1963," Adopted at the Second Ministerial Meeting of the Association of Southeast Asia, Manila, 3 April 1961, in Michael Haas, ed., *Basic Documents of Asian Regional Organizations*, Vol. 5, New York: Oceana Publications, 1979, pp. 307, 309.

[3] Arnfinn Jorgensen-Dahl, *Regional Organization and Order in South-East Asia*, London: Macmillan University Press, 1982, p. 26.

[4] Richard Butwell, "Malaysia and Its Impact on the International Relations of Southeast Asia," *Asian Survey*, Vol. 4, No. 7, 1964, p. 942, note 4.

对"马来西亚计划"的抵制行动,并很快被英国殖民当局所压制,但马来亚指责印度尼西亚为文莱"叛军"提供财政援助和军事训练,并下令马来亚联合邦警察协助恢复该地区的法律秩序。文莱政变确实引起印度尼西亚的强烈反应。印度尼西亚人担心"马来西亚计划"是"马来亚扩张主义"的实例,可能构成对印度尼西亚的一种威胁,因为它可能成为渴望将苏门答腊与马来亚统一起来的叛乱分子的避难所,进而对印度尼西亚形成一个"包围圈"。印度尼西亚舆论普遍认为,文莱政变是反对"马来西亚计划",被印度尼西亚领导人看作"马来西亚计划"走上违背当地人民意愿的证据。事件发生后,苏加诺在雅加达发表讲话,呼吁印度尼西亚人民支持文莱的抵抗行动。随后,印度尼西亚与北婆罗洲的边境冲突事件频繁发生。[①] 据报道,印度尼西亚为来自沙捞越和北婆罗洲的马来亚反叛游击队提供了补给和训练基地;印度尼西亚还派出了400名本国公民协助这些游击队。[②] 自此,两国关系迅速恶化。

1963年1月,苏班德里约发表讲话声称:"我们不得不采取对马来亚的对抗政策,因为目前他们自己成为谋求对印度尼西亚敌对政策的新殖民主义和新帝国主义的帮凶。"苏班德里约解释说:"这并不意味着我们正走上战争。这是不必要的。"他说:"我们一直推行的对抗政策是反对各种表现形式的殖民主义和帝国主义。遗憾的是,马来亚也是使自己成为殖民主义和帝国主义的工具。这就是我们为何被迫采取对抗政策的原因。"[③] "对抗"(Konfrontasi/Confrontation)是"有限的、未宣布的战争的委婉表达",曾用来描述在西伊里安问题上印度尼西亚对荷

[①] 参见 Joseph Chinyong Liow, *The Politics of Indonesia-Malaysia Relations: One Kin, Two Nations*, London: Routledge Curzon, 2005, pp. 97 – 98; "Cablegram to All Posts," Canberra, 6 March 1963, in Australian Department of Foreign Affairs and Trade, *Documents on Australian Foreign Policy*, Vol. 25: *Australia and the Formation of Malaysia*, 1961 – 1966, Document 45, https://www.dfat.gov.au/about-us/publications/historical-documents/volume-25/Pages/045-cablegram-to-all-posts; 庞卫东《新加坡与马来(西)亚的合并与分离研究(1945—1965)》,社会科学文献出版社2017年版,第161—164页;潘正秀《文莱史纲》,世界图书出版广东有限公司2019年版,第43—45页。

[②] Richard Butwell, "Malaysia and Its Impact on the International Relations of Southeast Asia," *Asian Survey*, Vol. 4, No. 7, 1964, p. 942.

[③] Nicholas Tarling, *Regionalism in Southeast Asia: To Foster the Political Will*, New York: Routledge, 2006, p. 116; Greg Poulgrain, *The Genesis of Konfrontasi: Malaysia Brunei Indonesia 1945 – 1965*, Bathurst: Crawford House, 1998, pp. 283 – 284.

兰采取的政策①，现在开始适用于对付马来亚。这意味着印度尼西亚启动反对"马来西亚计划"的"对抗"政策，称之为"印度尼西亚—马来（西）亚对抗"。

"印度尼西亚—马来（西）亚对抗"既严重影响了两国关系，又引发了一系列连锁反应。一方面，印度尼西亚和马来亚两国领导人大肆相互指责、相互攻击。1963年2月，苏加诺声言："我们不想与新殖民主义为邻。我们认为马来西亚是对印度尼西亚共和国的合围。马来西亚是新殖民主义的产物。"他指责马来亚的行为是"为帝国主义保存橡胶、锡和石油"。5月，苏加诺发表讲话称，成立马来西亚标志着殖民主义的延续，这是印度尼西亚所反对的原则问题，但东姑不理解这一原则。他明确表示："我们反对马来西亚""马来西亚就是新殖民主义者"。东姑予以回击，宣称苏加诺的"表现就像希特勒"②。在此前不久，在东南亚联盟第二次外长会议上，东姑声言要"对印度尼西亚发动一场不加掩饰的攻击"③。另一方面，菲律宾和印度尼西亚在反对"马来西亚计划"问题上取得了一致。苏班德里约宣布对马来亚的"对抗"政策后不久，菲律宾总统马卡帕加尔在国会发表讲话宣布，菲律宾政府声索北婆罗洲是其实施的"最重要的外交政策行动"。在讲话中，他首次直接攻击"马来西亚计划"，认为该计划"违背民族自决原则"，是"仅仅基于虚幻安全应急之策的殖民主义的延续"。他还将菲律宾的政策与印度尼西亚的利益联系起来，宣称马来亚是"新的殖民力量"，并警告不要期望印度尼西亚会接受马来西亚对婆罗洲的权威。④

---

① Marvin C. Ott, "The Sources and Content of Malaysian Foreign Policy toward Indonesia and the Philippines, 1957 – 1965," Ph. D. Dissertation, Johns Hopkins University, 1971, pp. 180 – 181; Ann Marie Murphy, "From Conflict to Cooperation in Southeast Asia, 1961 – 1967: The Disputes out of the Creation of Malaysia and the Establishment of the Association of Southeast Asia (ASEAN)," Ph. D. Dissertation, Columbia University, 2002, p. 76.

② Bernard K. Gordon, *The Dimension of Conflicts in Southeast Asia*, Englewood Cliffs: Prentice-Hall, 1966, pp. 69 – 70; Robyn J. Abell, "Philippine Policy towards Regional Cooperation in Southeast Asia, 1961 – 1969," Ph. D. Dissertation, Australian National University, 1972, p. 158.

③ Nicholas Tarling, *Regionalism in Southeast Asia: To Foster the Political Will*, New York: Routledge, 2006, p. 116.

④ Ann Marie Murphy, "From Conflict to Cooperation in Southeast Asia, 1961 – 1967: The Disputes out of the Creation of Malaysia and the Establishment of the Association of Southeast Asia (ASEAN)," Ph. D. Dissertation, Columbia University, 2002, p. 107.

菲律宾和印度尼西亚都认为，北婆罗洲只有被承认为一个独立的主权国家，其政治稳定才能得到实现。① 印度尼西亚声称它是代表北婆罗洲人民的自决权利发言的，并反对它似乎真正相信英国支持的新殖民主义。② 1963 年 5 月，菲律宾驻印度尼西亚前大使阿洛格拉多（Juan M. Arreglado）称，对菲律宾而言，在亚洲，没有比印度尼西亚更真实的朋友了。③ 这进一步鼓舞了菲律宾在沙巴争端中的原有立场，进而恶化了菲律宾与马来亚本来持续向好的关系。这反过来直接冲击了东南亚联盟，使其框架内的东南亚区域合作陷入停滞状态。

但在对待"马来西亚计划"及与之高度相关的沙巴争端上，马来亚、菲律宾和印度尼西亚均放弃采取过分强硬的政策，而是谋求外交途径解决问题。实际上，此时菲律宾对北婆罗洲主权的声索及其后转向与印度尼西亚建立更为紧密的关系，是它在美国霸权的阴影下努力展示民族主义，尤其是使其独立国家身份为亚洲国家所接受，而不再被认为是"美国的亚洲分支"，以消除菲律宾被当作"美国附庸的想象"，从而有助于菲律宾转向亚洲和东南亚身份认同。因此，北婆罗洲主权声索为菲律宾实现长期怀有的"泛马来主义"（Pan-Malayanism）提供了新的策略和机会。鉴于此，菲律宾则有意利用会议外交在马来亚和印度尼西亚之间扮演调解者的角色。1963 年 1 月，马卡帕加尔建议成立一个包括菲律宾、马来亚、北婆罗洲和印度尼西亚的"大马来西亚联邦"（Greater Malaysia Confederation，简称"马来联邦"）。④ 2 月中旬，佩洛斯建议马来西亚、菲律宾和印度尼西亚召开缓和紧张局势的圆桌会议。3 月初，在亚远经委会第十九届年度会议期间，参加会议的三国外长举行了单独的非正式"三方会谈"。马卡帕加尔会见了马来亚和印度尼西亚两国外长。菲律宾借此促进马来亚与印度尼西亚走上建立友好关系之途，并为三国未来的

---

① David Wurfel, "A Changing Philippines," *Asian Survey*, Vol. 4, No. 2, 1964, p. 704.

② Richard Butwell, "Malaysia and Its Impact on the International Relations of Southeast Asia," *Asian Survey*, Vol. 4, No. 7, 1964, p. 942.

③ Nicholas Tarling, *Regionalism in Southeast Asia: To Foster the Political Will*, New York: Routledge, 2006, p. 117.

④ Bernard K. Gordon, *The Dimension of Conflicts in Southeast Asia*, Englewood Cliffs: Prentice-Hall, 1966, pp. 19 -21; Guy J. Pauker, "Indonesia in 1963: The Year of Wasted Opportunities," *Asian Survey*, Vol. 4, No. 2, 1964, p. 689; David Wurfel, "A Changing Philippines," *Asian Survey*, Vol. 4, No. 2, 1964, p. 704.

合作奠定基础。这次会谈就推动首脑会晤的三方初步会谈达成了一致意见。在会谈结束后，拉扎克强调，最终的解决方案取决于印度尼西亚的态度。他说："我们认为应该由印度尼西亚人迈出第一步。"4月中旬，三国举行了首次正式的副部长级"三方会谈"，就三国外长正式会谈及其主要议题达成了一致，主要是就各国和作为一个整体的区域当前面临的稳定、安全、经济发展和社会进步等总体问题交换意见，并在相互尊重和保持国家、区域及国际责任或义务一致性的基础上，讨论三国在解决上述问题上加强合作和相互帮助的途径和方法。此次会议发表的联合公报强调三国间的"兄弟感情"，并确定将在马尼拉举行三方外长会议。这些会谈是消除三国之间误解和促进它们之间谅解的"有价值的开始"①。这次会议的最终召开，体现了三国尤其是马来亚和泰国的真正关切，即不允许有争议的问题破坏该组织的未来。它的成就是有限的，但它证明了三国在混乱的政治问题面前维持东南亚联盟的意愿是存在的，即使没有找到解决方法。②

在这次亚远经委会年度会议上，马来亚代表依然关注东南亚联盟的潜力。拉扎克认为，东南亚联盟一如既往地强大。印度尼西亚代表也表示，其政府坚信区域合作的观念，认为东南亚联盟的目标与亚远经委会的目标是一致的，并取得了诸多成功。会后，佩洛斯提出东南亚联盟应该包括所有东南亚"自由国家"，并强调"东南亚联盟成功的会议可以推动印度尼西亚参加该组织，从而将约两亿东南亚人民团结起来"。菲律宾积极推动马来亚和印度尼西亚两国领导人的会谈。1963年5月，苏加诺

---

① "Cablegram to All Posts," Canberra, 13 March 1963, in Australian Department of Foreign Affairs and Trade, *Documents on Australian Foreign Policy*, Vol. 25: *Australia and the Formation of Malaysia*, 1961–1966, Document 52, https://www.dfat.gov.au/about-us/publications/historical-documents/volume-25/Pages/052-cablegram-to-all-posts; Marvin C. Ott, "The Sources and Content of Malaysian Foreign Policy toward Indonesia and the Philippines, 1957–1965," Ph. D. Dissertation, Johns Hopkins University, 1971, pp. 187–196; Bernard K. Gordon, *The Dimension of Conflicts in Southeast Asia*, Englewood Cliffs: Prentice-Hall, 1966, pp. 69–70; Nicholas Tarling, *Regionalism in Southeast Asia: To Foster the Political Will*, New York: Routledge, 2006, pp. 116, 153–154; Robyn J. Abell, "Philippine Policy towards Regional Cooperation in Southeast Asia, 1961–1969," Ph. D. Dissertation, Australian National University, 1972, pp. 194–195.

② Nicholas Tarling, *Southeast Asian Regionalism: New Zealand Perspectives*, Singapore: Institute of Southeast Asian Studies, 2011, p. 21.

在前往日本东京访问时在马尼拉做短暂停留,与马卡帕加尔进行了会谈。双方同意为举行菲律宾、印度尼西亚和马来亚三国首脑会议做准备,并表示"完全同意马来人民之间的理解与和谐的目标,作为东南亚区域和平与稳定的可信赖的基础"。苏加诺表示愿意与马卡帕加尔和东姑举行会谈,以缓解三国之间现有的问题。[①] 苏加诺到东京后便邀请东姑前来会谈。东姑欣然接受,并在前往东京途中在马尼拉做短暂停留,与马卡帕加尔进行了会谈。在东京,东姑和苏加诺在会谈中回顾了1959年双方所签订的友好协定,并表达了彼此的谅解。双方未透露会谈的内容,但会后东姑在东京机场与苏加诺在一起时对记者表示,两人的会谈"非常友好"。据悉,两国领导人已经同意和平解决他们之间的分歧。东姑在接受媒体采访时称,这一会谈使马来亚人民的祈祷得到了答复,因为苏加诺同意"撤回他的对抗政策"[②]。

其间,泰国及新加坡政治家梁苏夫人亦被认为是推动两国联合的第三方角色。泰国一直试图在马来亚和菲律宾两个东南亚联盟伙伴之间充当"调解人"。1963年1月,在文莱政变发生后不久,科曼便到马尼拉访问,与马卡帕加尔讨论了沙巴争端。一个星期后,他率十人组成的高尔夫球队访问吉隆坡,与东姑带领的马来亚队进行了一场"友谊赛"。科曼的协调为两度拖延的东南亚联盟第二次外长会议的召开创造了条件。在当时情况下,科曼尽管无法化解菲律宾与马来亚之间的分歧,但他的调解降低了两国之间冲突的程度。这种"高尔夫外交"和运用区域组织会议的"盖子"讨论双边议题而后成为东盟外交的一个特性。而梁苏夫人作为新加坡自由社会党(The Liberal Socialist Party)领导人在吉隆坡和雅加达及东姑和苏加诺之间的友好联络中扮演了重要的角色。这推动马来亚和印度尼西亚的双边关系出现

---

① Robyn J. Abell, "Philippine Policy towards Regional Cooperation in Southeast Asia, 1961 – 1969," Ph. D. Dissertation, Australian National University, 1972, pp. 194 – 195, 200 – 201.

② Bernard K. Gordon, *The Dimension of Conflicts in Southeast Asia*, Englewood Cliffs: Prentice-Hall, 1966, p. 70, note 12; Nicholas Tarling, *Status and Security in Southeast Asian States Systems*, New York: Routledge, 2013, p. 136; Ann Marie Murphy, "From Conflict to Cooperation in Southeast Asia, 1961 – 1967: The Disputes out of the Creation of Malaysia and the Establishment of the Association of Southeast Asia (ASEAN)," Ph. D. Dissertation, Columbia University, 2002, p. 122.

缓和气氛。① 其直接成果是，在马卡帕加尔的倡议下，马来西亚、印度尼西亚和菲律宾三国外长会议在马尼拉顺利召开。

1963年6月7—11日，苏班德里约、拉扎克和佩洛斯在马尼拉举行三国外长会议。这是东南亚国家之间首次专门讨论区域安全问题的高层会议。会前，佩洛斯为会议定调说，与会者必须"正视我们区域的核心问题"，他将其定义为"安全"，包括内部和外部。② 会上，三国外长主要围绕两个紧密联系的议题展开讨论，即"马来西亚计划"所引发的区域纠纷和"马来联邦计划"。第一个议题是讨论的最大焦点。苏班德里约认为，"马来西亚计划"没有征询北婆罗洲和沙捞越人民的意见，违背了民族自决原则。他和佩洛斯都希望马来亚在北婆罗洲争议未决之前推迟成立马来西亚联邦，并主张由联合国监督在婆罗洲进行民意公投。这遭到拉扎克的反对。拉扎克辩称，两地民意已由科博尔德委员会（The Cobbold Commission）1962年8月的调查报告所证实。该报告显示，多数人的意见赞成"马来西亚计划"。这一结论亦得到联合国的确认。在1963年沙巴和沙捞越的选举中，各个政党都展开了公平竞争，赞成马来西亚计划的政党获胜，这些都使两地居民充分表达了他们的观点。苏班德里约和佩洛斯认为，虽然举行正式的民意公投存在困难，但在联合国领导下开展某种形式的"民意确认"，可以给印度尼西亚和菲律宾一个放弃反对"马来西亚计划"的理由。拉扎克同意婆罗洲在联合国领导下进行某种形式的"民意确认"。对此苏班德里约和佩洛斯表示欢迎，其具体细节安排将由随后召开的三国首脑会议确定。③

---

① Ann Marie Murphy, "From Conflict to Cooperation in Southeast Asia, 1961 – 1967: The Disputes out of the Creation of Malaysia and the Establishment of the Association of Southeast Asia (ASEAN)," Ph. D. Dissertation, Columbia University, 2002, p. 123, note 217; Marvin C. Ott, "The Sources and Content of Malaysian Foreign Policy toward Indonesia and the Philippines, 1957 – 1965," Ph. D. Dissertation, Johns Hopkins University, 1971, pp. 199 – 202.

② Robyn J. Abell, "Philippine Policy towards Regional Cooperation in Southeast Asia, 1961 – 1969," Ph. D. Dissertation, Australian National University, 1972, p. 202.

③ Ann Marie Murphy, "From Conflict to Cooperation in Southeast Asia, 1961 – 1967: The Disputes out of the Creation of Malaysia and the Establishment of the Association of Southeast Asia (ASEAN)," Ph. D. Dissertation, Columbia University, 2002, pp. 125 – 126; "Minute from Brennan to Eastman," Canberra, 23 March 1962, in Australian Department of Foreign Affairs and Trade, *Documents on Australian Foreign Policy*, Vol. 25: *Australia and the Formation of Malaysia*, 1961 – 1966, Document 4, https://www.dfat.gov.au/about-us/publications/historical-documents/volume-25/Pages/004-minute-from-brennan-to-eastman.

最终。三方经协商后达成《菲律宾、马来亚联合邦、印度尼西亚三国马尼拉协议》(简称《马尼拉协议》,The Manila Accord)。

关于"马来西亚计划",《马尼拉协议》重申三国恪守非自治领地人民的自决原则,并规定:如果由一个独立和公正的当局,即联合国秘书长或他的代表确定婆罗洲领地(包括沙捞越、文莱和北婆罗洲)的归属,这里的人民予以支持的话,印度尼西亚和菲律宾将欢迎建立马来西亚;马来亚联合邦对印度尼西亚和菲律宾的态度表示欣赏,并承允同英国政府和婆罗洲领地政府磋商,以便邀请联合国秘书长或他的代表采取必要的步骤来确定这些领地人民的愿望。关于北婆罗洲,该协议规定:菲律宾对北婆罗洲并入马来西亚联邦的立场由菲律宾对该地区要求的最终解决来决定;同意菲律宾根据国际法与和平解决争端的原则继续拥有提出该要求的权利,而北婆罗洲并入马来西亚联邦将不会损害这一要求和上述提到的任何权利;同意在北婆罗洲加入拟议中的马来西亚联邦的情况下,马来西亚和菲律宾两国政府应保持该区域已有的融洽和友好关系,以保证该区域的安全和稳定等。[①] 这些条款的规定是相当模糊的,可以让每一方都声称它已保证向对方做出重大让步,又不牺牲自身的利益。这给三国领导人随后召开的首脑会议确认行动方案留下了困难。

与"马来西亚计划"及北婆罗洲归属较大的争议相比,三国外长对"马来联邦计划"的讨论相对比较平稳。因该计划是菲律宾总统马卡帕加尔提出的,故又称为"马卡帕加尔计划"(Macapagal Plan)。其目的是通过成立由马来人组成的"大马来联邦"恢复和加强马来人的历史联系和共同遗产,以推进他们之间更密切的政治、经济和文化关系。该计划是针对"马来西亚计划"而提出的,实际上是希望将马来亚或马来西亚纳入"大马来联邦",以避免将北婆罗洲并入拟议中的马来西亚联邦的版图。按照马卡帕加尔最初的建议,这一计划的"行动路线"包括两个侧面,即防止英国单方面将北婆罗洲主权转移给排斥菲律宾的马来西亚联邦和保持对北婆罗洲地位协商解决的公开途径,以便监督或防止马来西亚的建立。文莱政变发生后,马卡帕加尔将"大马来联邦"扩大到包括

---

① 《菲律宾、马来亚联合邦、印度尼西亚三国马尼拉协定》(1963年7月31日于马尼拉),载世界知识出版社编《国际条约集(1963—1965)》,世界知识出版社1976年版,第167页。

印度尼西亚,希望利用北婆罗洲争端的"不寻常机会"直接促成由马来亚或马来西亚、菲律宾和印度尼西亚组成的"马菲印尼联盟"(Maphilindo)。① 从1963年1月开始,菲律宾政府一直谋求召开由三个马来人国家领导人参加的首脑会议,以便实现马卡帕加尔提议的"马来联邦计划"。1963年3月,马卡帕加尔就"大马来联邦"提出两个"重要的概念",即每个国家都将保持主权和所有成员国都将在具体问题上达成一致并采取协调行动。他希望借此缓和因"马来西亚计划"不断升级而造成的紧张局势,并促进"三个马来血统国家之间的持久和平"②。

在这次外长会议上,马卡帕加尔正式提出建立"马来联邦"的动议,以共同应对区域安全问题。他指出,该联邦将通过惠及所有人特别是需要援助的成员国的可行的经济和其他安排,及文化合作与交流,促进各国人民的普遍福利,从而为成员国之间的有效合作提供广泛的基础,称之为"大厦的基石"。此外,这一联邦将使成员国能够通过共同防务安排来加强它们的安全,以抵御任何形式的外来侵略以及外部煽动或支持的内部颠覆活动。因此,该联邦将作为和平解决成员间争端的媒介。具体而言,马卡帕加尔动议的基本论断是,印度尼西亚、马来西亚和菲律宾人共有"可确定的核心价值观",亦即"对个人尊严的共同认可、对人权和基本自由的尊重以及对经济和社会进步的渴望"。该动议强调,创建"马来联邦"是一个长期的计划,它没有设想任何成员国应该放弃其主权的任何部分,而是只在原则上达成一致,主要是规划常设协商机构组织。依照该动议,该联邦由五个机构组成,包括政府首脑会议,作为最高理事会,每年召开一次或两次会议;外交部长理事会,就外交和国防事务向最高理事会提供咨询意见;部长级经济合作理事会;社会与文化合作理事会;常设秘书处。马卡帕加尔特别强调处理安全事务的重要性。他指出:"历史表明,面对共同的侵略威胁,各国和人民倾向于联合起来共同防务。"他承认区域合作面临诸多困难,但认为这些困难并非不可克

---

① Bernard K. Gordon, *The Dimension of Conflicts in Southeast Asia*, Englewood Cliffs: Prentice-Hall, 1966, pp. 22 – 23, 189.

② Robyn J. Abell, "Philippine Policy towards Regional Cooperation in Southeast Asia, 1961 – 1969," Ph. D. Dissertation, Australian National University, 1972, p. 198.

服，并相信"为在该区域实现和平、稳定和进步，必须现实和大胆地正视这些问题的时刻已经到来"①。

马卡帕加尔的动议总体上被三国外长会议所接受，并被载入会议发布的"联合公报"。该公报宣布，三位部长审议了菲律宾的提案，其中体现了马卡帕加尔总统关于建立一个马来族国家联盟的构想，并同意接受这一构想，作为使三国联合成最密切联盟的一种手段。该公报申明，部长们商定了初步步骤，以便执行这项提案。为此目的，他们同意向即将举行的政府首脑会议建议建立一个机制，以便各国政府就安全、稳定、经济、社会和文化发展等共同关心的问题定期进行协商。马卡帕加尔关于"马来联邦"的建议也载入这次外长会议所达成的《马尼拉协议》中。② 该协议明确将三国"维护兄弟般的关系和加强由于种族和文化联系而结合在一起的他们各国人民之间的合作"视作"他们国家的共同利益"，并同意"加强他们各国的共同的和单独的努力"，以便"他们本国和他们的邻国获得永久的和平、进步和繁荣"。根据这一协议，三国决定建立一个经常和定期协商的机构，作为实现"马卡帕加尔计划"所需共同机构建设的最终目标的初步步骤；该机构将使三国政府在各个级别上进行定期协商，以讨论具有共同利益和相互关心的符合各国国家的、区域和国际的责任或义务而不损害其主权和独立的问题；三国同意为加速实现"马卡帕加尔计划"进程而设立各国自己的国家秘书处，在协商机构的中心秘书处建立之前就有关事宜彼此进行协商和合作。最终，这次外长会议决定建议他们的政府不迟于1963年7月底在马尼拉举行首脑会议。③

---

① Robyn J. Abell, "Philippine Policy towards Regional Cooperation in Southeast Asia, 1961 – 1969," Ph. D. Dissertation, Australian National University, 1972, pp. 203 – 204.

② Robyn J. Abell, "Philippine Policy towards Regional Cooperation in Southeast Asia, 1961 – 1969," Ph. D. Dissertation, Australian National University, 1972, pp. 204 – 205.

③ 《菲律宾、马来亚联合邦、印度尼西亚三国马尼拉协定》（1963年7月31日于马尼拉），载世界知识出版社编《国际条约集（1963—1965）》，世界知识出版社1976年版，第166—168页。该协定的英文全文详见 "Manila Accord between the Philippines, the Federation of Malaya and Indonesia," Manila, 31 July 1963, in United Nations, *Treaty Series—Treaties and International Agreements Registered or Filed and Recorded with the Secretariat of the United Nations*, Vol. 550, No. 8029, 1965, pp. 344 – 350, United Nations Treaty Series Online, https：//treaties. un. org/doc/Publication/UNTS/Volume%20550/v550. pdf.

第四章　战后东南亚区域合作的分化重组(1961—1967)　/　713

对东南亚本地区域合作而言，这次外长会议无疑具有开创性意义。这主要表现在如下方面。一是东南亚本地区域和平机制建设的启动。与东南亚联盟相比，这一外长会议开始直接引入涉及区域冲突的安全问题。这一举措试图超越纯粹的社会文化或经济合作而直接触及区域安全议题，其本身就是开创性的。当时的马尼拉新闻社评论称，迄今为止，该区域试图建立的"所有区域联盟都未能超越文化阶段。虽然经济合作也是它们的目标之一，但经济事务与政治，更不用说与军事事务密切相关的事实，使这一目标化为乌有。"①《马尼拉协议》的规定表明，三国已经合作谋求解决区域冲突的和平机制。一方面，根据该协议，三国不但强调共同接受处理国家和区域冲突的民族自决原则和对联合国作为"独立和公正"的国际组织的权威和信任，而且一致同意在密切合作的范围内，遵照《联合国宪章》和"万隆宣言"，尽最大努力采用谈判、调解、仲裁或司法解决等和平手段，以及各国自己选择的其他和平手段，解决三国间争端及其他重要的和共同关心的问题。另一方面，根据该协议，三国同意为有关三国和平与东南亚区域稳定、安全、经济发展和社会进步问题的"共同要求"而"共同承担首要责任"，使之不受任何形式或表现的颠覆活动的威胁，并维护它们各自的民族特性；其基础就是"共同的和建设性努力的同一精神""共同的谅解和兄弟般的密切合作"以及"以坦率的方式和在最诚挚的气氛中"进行讨论的"一致的友好精神"②。

会后不久，马卡帕加尔在菲律宾独立纪念日的讲话中谈及这次外长会议的重要性时表示，这次在"不可调和的冲突中酝酿"的会谈"确保了该区域三国的和平与稳定"③。虽然事实上这次会议并未真正遏制沙巴争端，但其确立的解决区域冲突的和平机制的基本原则开始在东南亚区

---

① Robyn J. Abell, "Philippine Policy towards Regional Cooperation in Southeast Asia, 1961 – 1969," Ph. D. Dissertation, Australian National University, 1972, p. 203.
② 《菲律宾、马来亚联合邦、印度尼西亚三国马尼拉协定》（1963年7月31日于马尼拉），载世界知识出版社编《国际条约集（1963—1965）》，世界知识出版社1976年版，第165—167页。
③ Robyn J. Abell, "Philippine Policy towards Regional Cooperation in Southeast Asia, 1961 – 1969," Ph. D. Dissertation, Australian National University, 1972, p. 206.

域生根发芽。会后接替佩洛斯担任菲律宾外长的洛佩斯（Salvador P. Lopez）重申,"马来国家"应该肩负起保卫该区域免受外部威胁的责任。他在接受媒体采访时说,"马来联邦"的理念是"重组东南亚安全体系",而"到目前为止,我们只有东南亚条约组织,但你们知道,它实际上已成为一匹死马"。他强调:"东南亚安全的责任必须转移到我们的肩上。我们不能再把它留给西方大国了……唯一的防御就是团结起来。"[1] 可以说,《马尼拉协议》的规定首次将"泛亚洲主义"和"太平洋主义"框架内区域和跨区域合作进程中所奉行的国际通行的正式的法律规范和所构建的诸如"万隆精神"的非正式区域社会规范纳入探索中的东南亚本地区域合作规范框架之中,形成"马菲印尼协商精神"的雏形。鉴于此,1966 年 4 月,印度尼西亚和菲律宾两国外长发布的一份联合公报认为,《马尼拉协议》不仅为它们各自国家之间的相互合作奠定了良好的基础,而且是维护地区和平与安全的有效手段。[2]

二是东南亚本地区域合作的"内核"初现。从地理范围和行为体本身来看,与东南亚联盟及以往东南亚国家参加的区域合作不同,这次外长会议启动的东南亚区域合作局限于海洋东南亚的三个独立国家,既具有明显的"次区域"特性,又具有"马来人"集体认同意识,而后者正是三国在《马尼拉协议》及其各种场合时常强调的"马来人血统"和"兄弟般关系"及其"核心价值观"。印度尼西亚作为海洋及整个东南亚最大的国家和"泛亚洲主义"区域和跨区域合作的"区域领导",首次加入东南亚本地区域合作,而这正是菲律宾和马来亚尤其是菲律宾孜孜以求的目标。佩洛斯曾对菲律宾自由媒体明确表示:"如果印度尼西亚和我们在一起,我们就能防止该区域被外人控制。"马卡帕加尔将促成《马尼拉协议》看作马来亚、印度尼西亚和菲律宾同意为建立马菲印尼联盟而采取的"初步步骤"。会后,在谈及这一外长会议前后印度尼西亚对外政策的明显变化时他不无自豪地说:"令人惊奇的是,在西方失败的地方,

---

[1] Marvin C. Ott, "The Sources and Content of Malaysian Foreign Policy toward Indonesia and the Philippines, 1957 – 1965," Ph. D. Dissertation, Johns Hopkins University, 1971, p. 129.

[2] Robyn J. Abell, "Philippine Policy towards Regional Cooperation in Southeast Asia, 1961 – 1969," Ph. D. Dissertation, Australian National University, 1972, p. 327.

菲律宾成功了。"① 实际上，早在1926年，印度尼西亚革命家陈马六甲（Tan Malaka）就曾提出在"印度尼西亚联邦共和国"（The Federated Republic of Indonesia）旗帜下建立一个统一的联盟，又称"马来人联邦"，起初包括荷属东印度的"南部印度尼西亚"、美属殖民地的"北部印度尼西亚"或菲律宾和英国控制的马来半岛；而后拓展为包括安南（越南）、暹罗（泰国）、缅甸、菲律宾、马六甲（马来西亚—新加坡）和澳大利亚北部的所有"马来民族"，组成一个从新加坡向外辐射1500公里的圆，最终与"印度尼西亚联邦共和国"合并为一个统一的联邦，称之为"亚澳利亚"（Aslia/Asia-Australia），由此联合而成"亚洲国家及其水域的战略和交通中心"②。用人类学家的术语来讲，菲律宾、马来亚和东印度（印度尼西亚）群岛三个区域共同构成了一个明显的"文化区"。实际上，菲律宾人、马来亚人和印度尼西亚人在宗教、语言和文化方面的差异，并不比印度尼西亚不同地区之间所存在的差异更大。③

在菲律宾，一些知识分子和民族主义者一直怀有一种"马来人"民族情结，首先坚决拒绝与西班牙和美国的联系，其次才是接受一种新的区域认同。菲律宾著名思想家和革命家何塞·黎萨尔（José Rizal）和他的追随者曾努力重新发现西班牙殖民统治前的菲律宾历史，致力于南岛系（马来—波利尼西亚）（Austronesian/Malayo-Polynesian）语言学和民族学比较研究，重新发现自身的马来血统，并构建菲律宾马来人的身份（Filipino Malay identity）。黎萨尔称他的人民为"马来人"或"马来亚菲律宾人"（Malayan Filipinos），称自己是"他禄马来人"（Tagalog Malay）。他坚称，菲律宾人与所有的马来人一样，不会屈服于外来者，并提出菲律宾人民与马来人民携手并进，共同形成一个联邦。黎萨尔死后被称赞

---

① Robyn J. Abell, "Philippine Policy towards Regional Cooperation in Southeast Asia, 1961 – 1969," Ph. D. Dissertation, Australian National University, 1972, p. 207, note 1; Anthony Reid, *Imperial Alchemy: Nationalism and Political Identity in Southeast Asia*, Cambridge: Cambridge University Press, 2010, p. 99.

② Yos Rizal Suriaji, et al., *Tan Malaka: Forgotten Founding Father*, Smashwords: Tempo Publishing, 2013, pp. 85, 89; Anthony Reid, "A Saucer Model of Southeast Asian Identity," *Southeast Asian Journal of Social Science*, Vol. 27, No. 1, 1999, p. 17.

③ Raymond Kennedy, "Notes and Comment: Dutch Charter for the Indies," *Pacific Affairs*, Vol. 16, No. 2, 1943, p. 219.

为"伟大的马来人"乃至"有史以来最伟大的马来人"①。当地媒体报道称,黎萨尔对本地人的独立做出了杰出贡献,他既是"菲律宾的英雄",也是"马来人的英雄","这是印度尼西亚民族和马来民族都需要赞美的事情"②。菲律宾人尊其为"菲律宾民族英雄和国父"③。1932年,一部分来自印度尼西亚、马来亚、波利尼西亚和菲律宾的青年学生在马尼拉成立了一个"马来协会"(Malay Association),作为寻求促进马来民族历史、文明和文化研究的"马来亚兄弟会联盟"。1934年,该组织发展成名为"青年菲律宾"(Young Philippines)的全国性组织,寻求在东南亚"建立自由的马来亚共和国联盟",作为"马来民族发展"的一个步骤。该组织吸引了罗哈斯、马卡帕加尔和罗慕洛等菲律宾著名的民族主义者参与其中。当时,菲律宾主流政治思想认为,菲律宾人是更大的马来人种族的一部分,并经常把改善与马来西亚和印度尼西亚关系的努力打造为"马来人的团结"。对马卡帕加尔来说,创建马菲印尼联盟旨在消除"分裂马来民族"的殖民壁垒,以实现"兄弟团聚"的梦想。他回忆说,他们在20世纪30年代就设想在我们集会的"马来亚统一"口号下建立一个马菲印尼联盟。④ 瑞德就菲律宾人重塑"马来人"集体认同解释说:"这是一次又一次地从不可能实现的跨太平洋认同的梦想中回归菲律宾人认同,这使得一代又一代的菲律宾民族主义者回到了区域取向。"⑤

在这次外长会议上,三位部长还一致认为,三国对维护该区域免于

---

① 参见 Gregorio F. Zaide and Sonia M. Zaide, *José Rizal Life, Works, and Writings of a Genius, Writer, Scientist, and National Hero*, Second Edition, Quezon City: Anvil Publishing, 2014, pp. 374 – 375, 387; John Nery, *Revolutionary Spirit: Jose Rizal in Southeast Asia*, Singapore: ISEAS Publishing, 2011, pp. 55 – 58; Anthony Reid, "A Saucer Model of Southeast Asian Identity," *Southeast Asian Journal of Social Science*, Vol. 27, No. 1, 1999, p. 16; Anthony Reid, *Imperial Alchemy: Nationalism and Political Identity in Southeast Asia*, Cambridge: Cambridge University Press, 2010, p. 99.

② John Nery, *Revolutionary Spirit: Jose Rizal in Southeast Asia*, Singapore: ISEAS Publishing, 2011, pp. 153 – 155.

③ [菲]何塞·黎萨尔:《社会毒瘤》,陈尧光、柏群译,人民文学出版社1988年版,"译本序"第4页。

④ Anthony Reid, *Imperial Alchemy: Nationalism and Political Identity in Southeast Asia*, Cambridge: Cambridge University Press, 2010, pp. 99 – 100.

⑤ Anthony Reid, "A Saucer Model of Southeast Asian Identity," *Southeast Asian Journal of Social Science*, Vol. 27, No. 1, 1999, p. 17.

第四章　战后东南亚区域合作的分化重组(1961—1967)　／　717

任何形式或表现的颠覆活动而获取稳定和安全拥有首要责任,以便依照各国人民的理想和愿望保护各自的民族身份,并确保各自的国家和本区域的和平发展。① 正是基于这些重要共识及其现实进展,马卡帕加尔提出的"马来联邦"倡议被这次外长会议所接受,并为此确定了必需的协商机构框架安排。"马来联邦"基于所声言的"马来人血统"的人们中间存在一种由种族和文化的纽带捆绑在一起的"共同体感"②。佩洛斯将"马来联邦"称作抵抗来自任何地区侵略的强大堡垒,并确保三国"保持一个和平与友好的区域"③。这为东南亚本地区域合作开启了区域政府间组织建设进程。因此,三国部长在《马尼拉协议》文末强调,这次外长会议是一次"历史性会议",不仅证实了"他们有着兄弟般的密切关系",还成为"他们的领导人将来举行磋商会取得成功的一个吉兆",而且"有助于在马来亚、印度尼西亚和菲律宾人民之间第一次出现统一的目标和共同的奉献精神"④。拉扎克称这次会议开创了"三国关系的新时代"。东姑对会议的结果表示"非常满意"。苏班德里约宣布,这次会议达成"恢复我们友好关系的基本协议"⑤。从这个意义上讲,作为这次外长会议的重大成果,"马来亚国家"及其集体认同意识构成东亚本地区域合作有效孕育、持续生长及地理扩散的"核心区",由此赋予东南亚本地区域合作后续发展所必需的基本"内核"。从此,东南亚本地区域开始从单一的"议题导向"驱动走上由"认同导向"和"议题导向"共同驱动的全面发展轨道。

但三国试图推动的东南亚本地区域合作还是受到"马来西亚计划"及其引发的区域纠纷所羁绊。苏班德里约在会后回到雅加达宣

---

① 《菲律宾、马来亚联合邦、印度尼西亚三国马尼拉协定》(1963年7月31日于马尼拉),载世界知识出版社编《国际条约集(1963—1965)》,世界知识出版社1976年版,第166页。

② Arnfinn Jorgensen-Dahl, *Regional Organization and Order in South-East Asia*, London: Macmillan University Press, 1982, p. 27.

③ Nicholas Tarling, *Regionalism in Southeast Asia: To Foster the Political Will*, New York: Routledge, 2006, p. 117.

④ 《菲律宾、马来亚联合邦、印度尼西亚三国马尼拉协定》(1963年7月31日于马尼拉),载世界知识出版社编《国际条约集(1963—1965)》,世界知识出版社1976年版,第168页。

⑤ Marvin C. Ott, "The Sources and Content of Malaysian Foreign Policy toward Indonesia and the Philippines, 1957–1965," Ph. D. Dissertation, Johns Hopkins University, 1971, p. 212.

布已就由一个"独立公正的权威"决定婆罗洲领土是否想要加入马来西亚达成协议,但这样的协议不会阻止印度尼西亚政府持续支持婆罗洲领土的"独立斗争"。拉扎克确认,这次外长会议已就由一个"独立权威"确定婆罗洲领地人民的看法达成协议并在马来西亚成立之前的任何时间里完成,但马来西亚于1963年8月31日成立的时间不变。① 1963年7月初,英国、马来亚、新加坡、文莱、沙捞越和北婆罗洲代表在伦敦召开会议,就合并事宜进行最后的谈判。各方都想以最有利的条件加入马来西亚,为此,各方产生了很大分歧。在英国协调下,新加坡、北婆罗洲、沙捞越与马来亚达成协议,但是文莱苏丹认为,联邦不能满足其要求,拒绝加入马来西亚联邦。另外,英国认为,成立马来西亚应该是英国和合并各方的事情,无须印度尼西亚和菲律宾干预。英国认为,任何为了在首脑会议上达成协议而向苏加诺做出的让步,都将是徒劳的绥靖政策。这样,英国向东姑施压,坚持如期成立马来西亚,反对在两地进行民意确认。英国认为,民意确认将会使人们对已经举行的选举的有效性产生疑问。新加坡、沙巴和沙捞越也反对推迟成立马来西亚联邦。它们还威胁称,如果马来西亚不能按期成立,它们会自行独立。在各方压力下,东姑同意马来西亚将于1963年8月31日成立。7月9日,马来西亚合并协议正式签署,称为《伦敦协议》(The London Agreement),又称《马来西亚协议》(The Malaysia Agreement)。② 该协议规定,北婆罗洲、沙捞越和新加坡与现有的马

---

① Robyn J. Abell, "Philippine Policy towards Regional Cooperation in Southeast Asia, 1961 – 1969," Ph. D. Dissertation, Australian National University, 1972, p. 208.

② 参见 "Memorandum from the Assistant Secretary of State for Far Eastern Affairs (Hilsman) to Secretary of State Rusk," Washington, 2 August 1963, in United States Department of State, *Foreign Relations of the United States Diplomatic Papers*, 1961 – 1963: Southeast Asia, Vol. 23, Document 332, https://history.state.gov/historicaldocuments/frus1961 – 63v23/d332; Ann Marie Murphy, "From Conflict to Cooperation in Southeast Asia, 1961 – 1967: The Disputes out of the Creation of Malaysia and the Establishment of the Association of Southeast Asia (ASEAN)," Ph. D. Dissertation, Columbia University, 2002, pp. 135 – 136;庞卫东《新加坡与马来(西)亚的合并与分离研究(1945—1965)》,社会科学文献出版社2017年版,第184—189页。

来亚联合邦合并，成为新的沙巴州、沙捞越州和新加坡州，马来亚联合邦此后被称为马来西亚联邦；英国政府将自马来西亚成立之日起，放弃其对北婆罗洲、沙捞越和新加坡的主权和管辖权。①

《马来西亚协议》签订后，苏加诺立即谴责该协议违反了诚信。他认为，《伦敦协议》破坏了6月的《马尼拉协议》，即马来西亚的成立将取决于婆罗洲居民确定的中立意愿。他说："印度尼西亚和印度尼西亚人民不仅不同意马来西亚的观点，而且我们会一直反对下去。由于东姑的行动，我们印度尼西亚人对这次首脑会议表示怀疑。"② 东姑抱怨苏加诺的"大爆发"违反了他们在东京达成的协议。他说："我们同意成为朋友，而且还同意，如果未来出现任何误解，我们将会出面澄清。"他表示，如果有必要，他愿意随时会见苏加诺，以"消除任何误解"。拉扎克表示："东姑在伦敦签署的马来西亚协议是为筹建马来西亚而采取的一系列法律和宪法程序的又一步骤，无论如何与外交部长们在马尼拉达成的谅解也不相冲突。"拉扎克强调，马来亚希望如期参加这次首脑会议。③而菲律宾政府更关心保护其婆罗洲主权声索，而不是婆罗洲领土的自决问题。在协议签署当日，佩洛斯向马来亚政府提议，与菲律宾政府共同努力争取英国政府同意，依照《联合国宪章》和"万隆宣言"，将沙巴争端提交国际法院管辖或者调解或仲裁或以其他和平方式解决。④ 所以，菲律宾政府坚持首脑会议如期举行，为挽救这次会议，马卡帕加尔向东姑和苏加诺发送了电报，请求他们在声明中保持"适度"。7月16日，菲律宾外交部宣布首脑会议将于7月30日开始。在菲律宾的协调下，苏加诺于7月

---

① 《马来西亚协议》全称为《大不列颠及北爱尔兰联合王国、马来亚联合邦、北婆罗洲、沙捞越和新加坡关于马来西亚的协议》，详见《大不列颠及北爱尔兰联合王国、马来亚联合邦、北婆罗洲、沙捞越和新加坡关于马来西亚的协议》（1963年7月9日于伦敦），载世界知识出版社编《国际条约集（1963—1965）》，世界知识出版社1976年版，第132—133页。

② Marvin C. Ott, "The Sources and Content of Malaysian Foreign Policy toward Indonesia and the Philippines, 1957 – 1965," Ph. D. Dissertation, Johns Hopkins University, 1971, pp. 213 – 214.

③ Marvin C. Ott, "The Sources and Content of Malaysian Foreign Policy toward Indonesia and the Philippines, 1957 – 1965," Ph. D. Dissertation, Johns Hopkins University, 1971, pp. 215 – 216.

④ Robyn J. Abell, "Philippine Policy towards Regional Cooperation in Southeast Asia, 1961 – 1969," Ph. D. Dissertation, Australian National University, 1972, pp. 209 – 210.

28 日决定参加这次首脑会议。①

1963 年 7 月 30 日至 8 月 5 日，在紧张的气氛中，马来亚、菲律宾和印度尼西亚在马尼拉举行了首脑会议。当时的情况非常微妙。为缓和气氛，会议决定由马卡帕加尔总统单独在开幕式上发言。马卡帕加尔在讲话中对苏加诺和东姑极尽赞美之词。他讲话的主题是"稳定"和"安全"，以应对一种未知的威胁。他说："在区域层面上，我们正处于对东南亚残余的'古典'殖民主义的最后阶段。这为这一区域的独立国家提供了机会，以便开始为世界这一区域的安全与稳定承担其应有的责任。"他呼吁三个国家一道如"兄弟般团结起来，努力实现我们的共同愿望，即在东南亚建立一个自由、安全和繁荣的主权国家共同体"②。这次首脑会议主要围绕三个议题进行，即确定婆罗洲领土被纳入马来西亚的态度、《英马防务协定》将扩大到马来西亚和菲律宾提出的"马来联邦计划"上。③ 关于第一个议题，苏加诺认为，《伦敦协议》是对马尼拉外长会议的背叛，苏加诺坚持两地的民意公投是成立马来西亚的前提条件，必须在马来西亚建立之前完成公投。④ 东姑认为，沙巴和沙捞越的选举已经证明了当地人的意愿，"马来西亚计划"并未违背被合并地方的意愿。但是，东姑还是决定对印度尼西亚和菲律宾做出妥协，以使独立后的马来西亚能有良好的周边关系。由于时间紧张，东姑建议在马来西亚成立后再开展民意调查，印度尼西亚和菲律宾可以等到两地民意赞成"马来西亚计划"后，再宣布"欢迎"马来

---

① Ann Marie Murphy, "From Conflict to Cooperation in Southeast Asia, 1961 – 1967: The Disputes out of the Creation of Malaysia and the Establishment of the Association of Southeast Asia (ASEAN)," Ph. D. Dissertation, Columbia University, 2002, pp. 138 – 139; Robyn J. Abell, "Philippine Policy towards Regional Cooperation in Southeast Asia, 1961 – 1969," Ph. D. Dissertation, Australian National University, 1972, pp. 210 – 212.

② Robyn J. Abell, "Philippine Policy towards Regional Cooperation in Southeast Asia, 1961 – 1969," Ph. D. Dissertation, Australian National University, 1972, pp. 212 – 213, note 1.

③ "Memorandum from the Assistant Secretary of State for Far Eastern Affairs (Hilsman) to Secretary of State Rusk," Washington, 2 August 1963, in United States Department of State, *Foreign Relations of the United States Diplomatic Papers*, 1961 – 1963: *Southeast Asia*, Vol. 23, Document 332, https://history.state.gov/historicaldocuments/frus1961 – 63v23/d332.

④ Ann Marie Murphy, "From Conflict to Cooperation in Southeast Asia, 1961 – 1967: The Disputes out of the Creation of Malaysia and the Establishment of the Association of Southeast Asia (ASEAN)," Ph. D. Dissertation, Columbia University, 2002, p. 139.

西亚。作为东道主,马卡帕加尔想在这次会议上发挥调解作用,以实现印度尼西亚和马来西亚两国的和解。会间,马卡帕加尔通过美国驻菲律宾大使致信英国政府,恳请英国同意推迟成立马来西亚。随即,英国驻菲律宾大使馆发言人声明,没有考虑更改马来西亚成立的日期。① 英国的拒绝不仅仅是对东姑的限制,它也担心推迟会让人对"马来西亚计划"生疑,由此威胁到婆罗洲和新加坡对该计划所建立起的脆弱的共识。另外,新加坡、沙巴和沙捞越领导人强烈反对推迟成立马来西亚。②

在会议几近无法进行的情况下,联合国秘书长吴丹(U Thant)通过其在马尼拉的代表建议采取灵活方式,派工作组对沙巴和沙捞越的选举展开调查,并由菲律宾和印度尼西亚派观察员参加,这样可以大大缩短时间。吴丹的建议是一个折中方案,一方面对沙巴和沙捞越展开民意确认,允许印度尼西亚和菲律宾派出观察员,这在一定程度上可以挽回苏加诺和马卡帕加尔的颜面;另一方面,这一方案对于马来亚也有利,因为在沙巴和沙捞越的选举中,支持马来西亚计划的政党获胜,而反对党遭到了镇压。这样,虽然民意调查会使马来西亚推迟几周成立,但能使马来西亚得到联合国认可,也能得到菲律宾和印度尼西亚的承认。一开始,东姑认为,婆罗洲尚在英国统治之下,故无法承诺同意菲律宾和印度尼西亚派观察员随联合国调查团展开调查。但经过协商后,东姑同意将马来西亚成立日推迟几周,以便联合国进行确认。最终,三方经过妥协,在会议两次延期后共同签署《菲律宾、马来亚联合邦和印度尼西亚联合声明》(简称《联合声明》)和《菲律宾、马来亚联合邦和印度尼西亚马尼拉宣言》(简称《马尼拉宣言》)。③

---

① Robyn J. Abell, "Philippine Policy towards Regional Cooperation in Southeast Asia, 1961 – 1969," Ph. D. Dissertation, Australian National University, 1972, pp. 214 – 215.

② Ann Marie Murphy, "From Conflict to Cooperation in Southeast Asia, 1961 – 1967: The Disputes out of the Creation of Malaysia and the Establishment of the Association of Southeast Asia (ASEAN)," Ph. D. Dissertation, Columbia University, 2002, p. 141.

③ Ann Marie Murphy, "From Conflict to Cooperation in Southeast Asia, 1961 – 1967: The Disputes out of the Creation of Malaysia and the Establishment of the Association of Southeast Asia (ASEAN)," Ph. D. Dissertation, Columbia University, 2002, pp. 142 – 143; Marvin C. Ott, "The Sources and Content of Malaysian Foreign Policy toward Indonesia and the Philippines, 1957 – 1965," Ph. D. Dissertation, Johns Hopkins University, 1971, pp. 219 – 221.

关于沙巴和沙捞越问题，《联合声明》规定，根据《马尼拉协议》关于联合国秘书长或他的代表在马来西亚联邦成立之前先确认沙巴和沙捞越人民愿望的条款，在由联合国秘书长确认为完全遵守民族自决原则而以全新的方式确认沙巴和沙捞越人民愿望时应考虑两个主要问题：一是最近在沙巴和沙捞越的选举，但仍应进一步调查、核实和确定马来西亚是否有违规问题、选民登记册是否妥善编制、选举是否自由而没有强迫、投票和点票工作是否没有谬误等；二是如果不是因为政治活动而被拘留、因政治罪行而被监禁或不在沙巴或沙捞越，那些有投票资格的人将在最近的选举中行使自决权利。《联合声明》还规定：将请秘书长派遣工作组执行所规定的任务；三国政府首脑认为派遣观察员目睹工作组执行这一任务是适宜的，并且马来亚联合邦将做出最大努力以获得英国政府以及沙巴和沙捞越政府的合作来促进这一目的的实现；马来亚同意，马来西亚成立并不妨碍菲律宾对沙巴的权利要求。《联合声明》载明，按照《马尼拉协议》条款规定，三国政府首脑决定请求英国政府同意寻求公正、迅速解决英国政府和菲律宾政府关于沙巴争端的途径，亦即通过谈判、调解、仲裁、司法解决或缔约方根据《联合国宪章》自行选择的其他和平方式；三国政府首脑承认《马尼拉协议》规定的在马来西亚联邦建立后，菲律宾对沙巴要求的立场，即沙巴并入马来西亚联邦并不损害这一要求，也不损害上述协议规定的任何权利。[①]

东南亚的外国军事基地问题一直是印度尼西亚关注的重大区域安全问题，因为它被西方的军事基地所包围：东边有菲律宾的美国军事基地，北面有马来亚的英国军事基地，南部有澳大利亚的军事基地。印度尼西亚认为，这些军事基地是一种重要威胁。在1958年外岛叛乱中，这些军事基地曾为叛军提供帮助。印度尼西亚对这一历史记忆深刻，担心这些

[①]《菲律宾、马来亚联合邦、印度尼西亚三国联合声明》(1963年8月5日于马尼拉)，载世界知识出版社编《国际条约集 (1963—1965)》，世界知识出版社1976年版，第204—205页。该联合声明的英文全文详见 "Joint Statement by the Philippines, the Federation of Malaya and Indonesia," Manila, 5 August 1963, in United Nations, *Treaty Series—Treaties and International Agreements Registered or Filed and Recorded with the Secretariat of the United Nations*, Vol. 550, No. 8029, 1965, pp. 356 – 358, United Nations Treaty Series Online, https: //treaties. un. org/doc/Publication/UNTS/Volume%20550/v550. pdf.

基地为美国和英国所使用。虽然东姑在提出"马来西亚计划"时已表示，马来西亚合并后，英国在新加坡的军事基地将不再由东南亚条约组织所支配，并禁止新加坡的军事基地被东南亚条约组织所使用，以缓解印度尼西亚对马来西亚计划意图的怀疑，但他 1961 年 11 月在伦敦签署的协议授权英国继续使用在新加坡的基地，"以维护东南亚的和平"。尤其是正式签署的《马来西亚协议》的相关规定更是令印度尼西亚不放心。[1]《马来西亚协议》规定，《英马防务协定》应适用于马来西亚一切领土，该协定提及马来亚联合邦的任何条款都应认为适用于马来西亚。该协议还规定，马来西亚政府将给予英国政府继续保持目前由其军事当局在新加坡境内所占用的基地和其他设施的权利，并允许英国政府在它认为对协助马来西亚、保卫英联邦企业、维护东南亚和平所必需时使用这些基地和设施。[2] 因此，在这次会议上，苏加诺非常关注《英马防务协定》将扩大到马来西亚事宜。显然，苏加诺敦促马来亚放弃该协定，并要求英国从该区域撤走军事基地。[3] 苏班德里约提议，根据《马来西亚协议》的规定，英国使用军事基地的权利必须得到"马菲印尼"国家的批准。他还敦促将婆罗洲领土排除在《英马防务协定》之外。东姑为向印度尼西亚传达善意，向苏加诺保证，新加坡的军事基地不会被东南亚条约组织所利用，英国也不会再建立新的军事基地。最后，印度尼西亚和马来亚达成妥协。作为对马来亚承诺的回报，印度尼西亚放弃了对《英马防务协

---

[1] "Submission No. 1304 from Menzies to Cabinet," Canberra, 11 August 1961, in Australian Department of Foreign Affairs and Trade, *Documents on Australian Foreign Policy*, Vol. 25: *Australia and the Formation of Malaysia*, 1961 – 1966, Document 1, https://www.dfat.gov.au/about-us/publications/historical-documents/volume-25/Pages/001-submission-no-1304-from-menzies-to-cabinet; Ann Marie Murphy, "From Conflict to Cooperation in Southeast Asia, 1961 – 1967: The Disputes out of the Creation of Malaysia and the Establishment of the Association of Southeast Asia (ASEAN)," Ph. D. Dissertation, Columbia University, 2002, p. 147; Frances L. Starner, "Malaysia and the North Borneo Territories," *Asian Survey*, Vol. 3, No. 11, 1963, p. 530, note 12.

[2] 《大不列颠及北爱尔兰联合王国、马来亚联合邦、北婆罗洲、沙捞越和新加坡关于马来西亚的协议》(1963 年 7 月 9 日于伦敦)，载世界知识出版社编《国际条约集 (1963—1965)》，世界知识出版社 1976 年版，第 133—134 页。

[3] "Memorandum from the Assistant Secretary of State for Far Eastern Affairs (Hilsman) to Secretary of State Rusk," Washington, 2 August 1963, in United States Department of State, *Foreign Relations of the United States Diplomatic Papers*, 1961 – 1963, Vol. 23: *Southeast Asia*, Document 332, https://history.state.gov/historicaldocuments/frus1961 – 63v23/d332.

定》的反对。① 此次会议签署的《联合声明》规定，三国政府首脑同意，外国基地是暂时性的，不应该将之直接或间接地用来颠覆三国中任何一国的国家独立；根据"万隆宣言"宣布的原则，三国将不使用集体防务的安排来为任何大国的特殊利益服务。② 关于军事基地临时性的规定，减轻了印度尼西亚的担忧，符合印度尼西亚的利益。这体现了菲律宾和马来亚对印度尼西亚的让步，因为三国之中只有印度尼西亚境内没有外国军事基地。菲律宾也满意于关于军事基地的条款，因为它认为这是印度尼西亚被迫承诺不允许苏联在其领土上设立军事基地。③

  这次首脑会议还讨论了"马来联邦"建议。三国首脑一致同意，依照《马尼拉协议》的机制安排，以马卡帕加尔的"马来联邦计划"为蓝本，建立一个新的松散的区域联盟，称为"马菲印尼"（Maphilindo）联盟，并启动在各个级别上进行的经常和定期协商的"马菲印尼协商"（Mushawarah Maphilindo）机制，包括政府首脑会议、外交部长理事会、部长级经济合作理事会和社会与文化合作理事会等，作为走向建立马菲印尼联盟的初步步骤。三国首脑还同意，各国应建立负责马菲印尼联盟事务的国家秘书处；作为第一步，各国的国家秘书处将一起协商，以便在为马菲印尼联盟建立必要的机构时互相协调和合作。三国首脑发布的《马尼拉宣言》还申明，三国首脑为1955年万隆会议所形成的"亚非团结"的精神所鼓舞，确信他们的国家因种族和文化等密切的历史联系而结合在一起，共同担负着维护本区域稳定的安全的"首要责任"，使不受任何形式或表现的颠覆威胁，以维护它们的民族特性，并保证他们各自的国家和区域按照他们各国的理想和愿望和平发展。该宣言重申，他们

---

① Marvin C. Ott, "The Sources and Content of Malaysian Foreign Policy Toward Indonesia and the Philippines, 1957–1965," Ph. D. Dissertation, Johns Hopkins University, 1971, pp. 218–219.

② 《菲律宾、马来亚联合邦、印度尼西亚三国马尼拉宣言》（1963年8月3日于马尼拉），载《国际条约集（1963—1965）》，世界知识出版社1976年版，第169页；《菲律宾、马来亚联合邦、印度尼西亚三国联合声明》（1963年8月5日于马尼拉），载世界知识出版社编《国际条约集（1963—1965）》，第205页。

③ Ann Marie Murphy, "From Conflict to Cooperation in Southeast Asia, 1961–1967: The Disputes out of the Creation of Malaysia and the Establishment of the Association of Southeast Asia (ASEAN)," Ph. D. Dissertation, Columbia University, 2002, pp. 148–149; Lalita P. Singh, *Power Politics and Southeast Asia*, Atlantic Highlands: Humanities Press, 1979, p. 72.

恪守《联合国宪章》和"万隆宣言"所阐明的各国人民平等权利和自决原则;为了他们国家的共同利益,他们决心"保持兄弟般的关系",加强他们各自国家的人民在经济、社会和文化方面的合作,以促进本区域的经济进步和社会安宁;三国将联合其力量,共同展开斗争以反对各种形式和表现的殖民主义和帝国主义,并消除它们在本区域和全世界所遗留的痕迹;作为该区域"新兴力量"(New Emerging Forces)的三国将共同合作,建设一个在民族自由、社会正义和永久和平基础上的更美好的世界。三国首脑发布的《联合声明》重申,维护三国的民族独立及有关国家政府和人民对本区域和平与安全应承担的"首要责任";三国政府承允在这些问题上进行"密切的协商"。[1] 这就是关于三国在各个政府级别就马菲印尼联盟国家事务进行频繁和定期协商的"马菲印尼协商"[2],又被称为"马菲印尼精神"(The Maphilindo Spirit)。[3]

三国首脑会议成为"经过长期斗争摆脱殖民地地位而取得独立的三个主权国家领导人""第一次共聚一堂"具有"重大历史意义"的会议。[4] 三国不仅自主成立了东南亚国家间首个区域安全组织——马菲印尼联盟,跨越了区域政治障碍,首次实现了亲西方国家和不结盟国家之间的区域合作,开创了东南亚国家之间政治合作的先河,而且通过强调外国军事基地的临时性和反殖民主义、反帝国主义的政治宣示以及对本区域稳定与安全承担首要责任的集体承诺,展示了东南亚国家合作谋求

---

[1] 《菲律宾、马来亚联合邦、印度尼西亚三国马尼拉宣言》(1963年8月3日于马尼拉),载世界知识出版社编《国际条约集(1963—1965)》,世界知识出版社1976年版,第169页;《菲律宾、马来亚联合邦、印度尼西亚三国联合声明》(1963年8月5日于马尼拉),载世界知识出版社编《国际条约集(1963—1965)》,世界知识出版社1976年版,第205页。

[2] Lalita P. Singh, *Power Politics and Southeast Asia*, Atlantic Highlands: Humanities Press, 1979, p. 72.

[3] "Memorandum from Clifford L. Alexander of the National Security Council Staff to the President's Special Assistant for National Security Affairs (Bundy)," Washington, 25 September 1963, in United States Department of State, *Foreign Relations of the United States Diplomatic Papers*, 1961 – 1963, Vol. 23: Southeast Asia, Document 335, https://history.state.gov/historicaldocuments/frus1961 – 63v23/d335; Robyn J. Abell, "Philippine Policy towards Regional Cooperation in Southeast Asia, 1961 – 1969," Ph. D. Dissertation, Australian National University, 1972, p. 247.

[4] 《菲律宾、马来亚联合邦、印度尼西亚三国马尼拉宣言》(1963年8月3日于马尼拉),载世界知识出版社编《国际条约集(1963—1965)》,第168页。

"区域问题区域解决办法的首次尝试"①。这也是东南亚区域首次为解决成员国与非成员国之间的问题而单独成立的区域组织。② 特别值得注意的是,这些政治合作的宣示最大限度地吸纳了"后万隆时期"印度尼西亚对"万隆原则"和"亚非团结"等规范理念以及"新兴力量"和反殖民主义、反帝国主义等政治议题跨区域和国际化的强烈诉求,乃至带有"苏加诺意识形态"及其所强调的外部愿望的印痕,显示了印度尼西亚长期以来在跨区域合作进程中所培育的领导权正与兴起中的东南亚其他"新兴力量"一起融入东南亚本地区域合作急需的区域集体力量之中,最终推动印度尼西亚、马来亚和菲律宾三国在最高的政治层次上形成东南亚本地区域合作的地缘政治和领导力量的"双重内核"。苏加诺在会议闭幕式发言中宣称,随着马菲印尼联盟的创建,"反对帝国主义、反对殖民主义和反对旧秩序的斗争"的"新兴力量"已经形成。③ 这些重要成果显示出"地方争端能够得到控制、大国的干预被保持在最低限度",从而使"大国的角色变得相当有限"。这一"健康发展的事实""标志着东南亚国际关系新时代的开始"④。美国负责远东事务的助理国务卿罗杰·希尔斯曼(Roger Hilsman)称,马菲印尼联盟的成立是"欠发达世界中无与伦比的"。他说:"对东南亚稳定而言,近十年来没有进展比马来人民之间日益增进的完全的本地区域合作具有更大的前景。"马菲印尼联盟的"最热情的美国支持者"霍华德·琼斯(Howard P. Jones)认为,该联盟的成立表明,"苏加诺的国家注定要在(东南亚)区域事务中扮演领导角色"⑤。会后,苏加诺不无自豪地说:"印度尼西亚不再像傀儡一样被对

---

① Amitav Acharya, *The Making of Southeast Asia: International Relations of a Region*, Singapore: ISEAS Publishing, 2012, p. 154.

② [老挝]素里耶·莫那拉:《中国与东盟:命运共同体的生动实践》,新星出版社 2021 年版,第 43 页。

③ Marvin C. Ott, "The Sources and Content of Malaysian Foreign Policy toward Indonesia and the Philippines, 1957 – 1965," Ph. D. Dissertation, Johns Hopkins University, 1971, p. 224; Lalita P. Singh, *Power Politics and Southeast Asia*, Atlantic Highlands: Humanities Press, 1979, p. 72.

④ Richard Butwell, "Malaysia and Its Impact on the International Relations of Southeast Asia," *Asian Survey*, Vol. 4, No. 7, 1964, p. 946.

⑤ John Subritzky, *Confronting Sukarno: British, American, Australian and New Zealand Diplomacy in the Malaysian-Indonesian Confrontation, 1961 – 1965*, New York: St. Martin's Press, 2000, pp. 59 – 60.

待……事实证明印度尼西亚已经不是一个人们很容易轻视它的无足轻重的国家。"①

同样重要的是，马菲印尼联盟首次正式将"协商"（mushawarah）和"共识"（mufacat/consensus）原则作为解决成员国之间分歧的基础，形成著名的"马菲印尼精神"，并以此展开所谓"协商外交"（mushawarah diplomacy）。这里的"共识"是没有投票、没有否决、没有反对意见之间的冲突、没有"选边站"的一种决定，而这种决定是所有参与者做出的贡献，没有所谓的失败者。这里的"协商"就是一种创造"共识"的过程。在这一过程中，参与者带着意向参加会议的谈判或讨论，旨在达成协议而不是冲突；他们避免强硬的或不灵活的立场，以便利于协商；他们就有关可能达成协议的问题展开讨论，同时将有分歧的问题留给未来。② 这种根植于马来文化缘亲关系的互助精神与"协商"和"共识"原则成为"马菲印尼精神"及其"协商外交"的基本内核。这种"协商外交"在东南亚联盟首次部长会议和马菲印尼联盟首次首脑会议上做出率先实践，其通常被定义为，基于为保存脸面和尊重国家和外交官之间缘亲关系价值观的包容性而进行的谈判，避免或放弃任何反对的理念而谋取共识性结果。彼得·博伊斯（Peter Boyce）将这种带有区域认同的"独特而新颖"的外交机制称作"东南亚风格"。其核心特征包括：偏爱首脑会议安排；在高层会议行为中诉诸协商原则和概念；偏爱特殊代理人掩饰的以及通常是"非官方"的初步交流先于正式的部长会议；偏爱特定的而非制度化惯例；避免为解决争端而设立司法和仲裁机构；愿意接受来自该区域友好的第三方的调解或斡旋；至少有三个成员国倾向于使用召回使节或降级大使作为一种外交制裁，等等。③

这种"协商外交"成为以高度协商和共识为特征的决策程序"东盟

---

① Lalita P. Singh, *Power Politics and Southeast Asia*, Atlantic Highlands: Humanities Press, 1979, p. 73.

② Estrella D. Solidum, *The Politics of ASEAN: An Introduction to Southeast Asian Regionalism*, Singapore: Eastern Universities Press, 2003, pp. 96 – 98.

③ Peter J. Boyce, "The Machinery of Southeast Regional Diplomacy," in Lay Teiksein, ed. *New Directions in the International Relations of Southeast Asia*, Singapore: Singapore University Press, 1973, pp. 175 – 176.

方式"的核心来源。① 而《马尼拉宣言》和《联合声明》所申明遵循的《联合国宪章》和"万隆宣言"的基本原则亦成为此后东盟所奉行的一些核心原则的"先驱"。这些原则与马菲印尼联盟宣示承诺的协商和共识原则一起成为以后东盟区域合作方法整体的组成部分,并赋予其脆弱的区域集体认同特性。三国所声称的彼此间由种族和文化纽带捆绑起来的马来亚血统人民之间的共同体意识成为马菲印尼联盟运行的基础。② 艾斯特拉·苏里杜姆（Estrella D. Solidum）认为,马菲印尼联盟的区域合作实践经验为以更大决心和更大努力创建东盟铺平了道路,这些国家开始相信:政治和军事问题不应扰乱它们之间的合作,团结来自善意和信任,应坚持"亚洲问题亚洲解决方法",以维护本区域的和平。③ 印度尼西亚、马来亚和菲律宾三国共享的这些核心原则、共同体意识及其形成的区域领导内核,从规范和权力两个维度为东南亚本地区域合作的后续发展构筑了坚实的根基。

四 马菲印尼协商、东南亚联盟重启与东盟成立

马菲印尼联盟启动后,东南亚本地区域合作的重心已经转移到海洋东南亚次区域的核心地带。在此后一段时间内影响这一进程的依然是"马来西亚计划"和沙巴争端。其间,"马菲印尼协商"进行了新的尝试。尽管这一尝试很快因现实困境而陷入停滞,但作为"马来兄弟纽带"的菲律宾和印度尼西亚的友好关系仍得以维护并不断发展。随着泰国等其他东南亚国家介入新的协商进程,一度停摆的东南亚联盟出现重启的希望⋯⋯

马菲印尼联盟启动后面临的首个紧急问题是联合国调查团对婆罗洲民意的"确认"。1963 年 8 月 5 日,印度尼西亚、马来亚和菲律宾向联合

---

① Amitav Acharya, *Constructing A Security Community in Southeast Asia: ASEAN and Problem of Regional Order*, Third Edition, London: Routledge, 2014, p. 63.

② Amitav Acharya, *The Making of Southeast Asia: International Relations of a Region*, Singapore: ISEAS Publishing, 2012, p. 155; Arnfinn Jorgensen-Dahl, *Regional Organization and Order in South-East Asia*, London: Macmillan University Press, 1982, p. 27.

③ Estrella D. Solidum, "Regional Co-operation and ASEAN: The Philippine Experience," *Asian Journal of Political Science*, Vol. 5, No. 1, 1997, p. 59.

国递交了进行"确认"的联合申请。8月9日，吴丹正式同意三国申请，但有两个条件，即联合国的调查结论是最终的，且不受制于任何利益当事国的许可。8月12日，他宣布由9个成员国组成联合国调查团，并于8月16日进驻沙捞越的古晋（Kuching）展开调查。但此时关于马来西亚成立的时局已发生逆转。本来，东姑参加马尼拉首脑会议在回到吉隆坡后已发表声明，如果联合国的"确认"不能在原定马来西亚成立的8月31日之前完成，马来亚就将"马来西亚日"推迟数日。英国政府反对这一声明，并敦促吴丹在8月31日之前完成"确认"。吴丹回复说，联合国的"确认"不可能在8月31日前完成，但承诺9月14日完成。与此同时，新加坡领导人李光耀坚决反对推迟马来西亚成立，并在与东姑协商后发表声明称，《伦敦协议》是新加坡、马来亚、婆罗洲、沙捞越和英国五方一致同意的，马来西亚必须在8月31日成立。李光耀还联合沙巴和沙捞越领导人向东姑施加压力，坚持马来西亚不应延期成立。8月29日，马来亚政府在英国政府及内部压力下，向印度尼西亚和菲律宾递交照会声明，马来西亚将于9月16日成立，而不管联合国调查团的"确认"是否完成。8月31日，李光耀宣布新加坡即日起取得外交和国防大权，不再等到马来西亚宣布的9月16日马来西亚成立。[1]

马来亚政府的声明引发印度尼西亚和菲律宾政府的强烈反应。9月3日，印度尼西亚政府谴责马来亚政府的决定是"鲁莽和不成熟的"；洛佩斯也表达了类似的看法。三天以后，苏班德里约宣布，联合国调查团按照《马尼拉协议》履行其职责已经失败。洛佩斯表示，如果以联合国的调查结果为基础，菲律宾就不会与马来西亚建立任何关系。9月13日，联合国调查团公布调查报告，结论是，沙巴和沙捞越领土上的大多数人民希望与马来亚联合邦和新加坡人民联合在一个扩大了的马来西亚联邦。印度尼西亚政府拒绝这一结论。吴丹也对英国政府和马来亚提前宣布马

---

[1] 参见 Ann Marie Murphy, "From Conflict to Cooperation in Southeast Asia, 1961 – 1967: The Disputes out of the Creation of Malaysia and the Establishment of the Association of Southeast Asia (ASEAN)," Ph. D. Dissertation, Columbia University, 2002, pp. 150 – 154; Robyn J. Abell, "Philippine Policy towards Regional Cooperation in Southeast Asia, 1961 – 1969," Ph. D. Dissertation, Australian National University, 1972, pp. 226 – 230; 庞卫东《新加坡与马来（西）亚的合并与分离研究（1945—1965）》，社会科学文献出版社2017年版，第188—189页。

来西亚的成立进行了批评。9月16日,马来西亚联邦正式成立。印度尼西亚和菲律宾政府宣布不承认马来西亚。9月17日,苏加诺宣布断绝与马来西亚的外交关系,并发动"粉碎马来西亚"运动。印度尼西亚从其婆罗洲(加里曼丹岛)频繁派军队攻击沙捞越和沙巴州的边界沿线地区,另派游击人员潜入沙巴和沙捞越地区展开游击行动。当日,马来西亚亦宣布断绝与印度尼西亚的外交关系,并请泰国代表两国马来西亚人的利益。自此,印度尼西亚与马来西亚的"对抗"成为公开的重大区域国际问题。①

印度尼西亚与马来西亚的"对抗"升级进一步拉近了印度尼西亚与菲律宾的关系。1963年9月24日,印度尼西亚贸易代表团访问菲律宾,两国签订了新的经济贸易协定。根据双方发布的联合声明,该协定主要内容包括:在菲律宾建立自由贸易区或保税仓库系统以及销售、金融、通信和其他设施,以加工、分级和储存印度尼西亚和菲律宾相互出口和再出口到第三国的货物;建立菲律宾—印度尼西亚椰子联合委员会;开设航运方面的合作或合资企业等。10月初,印度尼西亚向菲律宾发出照会,承诺支持其对北婆罗洲(沙巴)的主权声索。印度尼西亚政府希望以对菲律宾的这种"胡萝卜"政策换取对其与马来西亚"对抗"政策的支持。但菲律宾与马来西亚的分歧并不像印度尼西亚与马来西亚那么严重,它对新成立的马来西亚的反应亦没有印度尼西亚那么强烈。作为名义上尚存的东南亚联盟和马菲印尼联盟的核心成员,菲律宾在发展与印度尼西亚关系的同时,依然寄希望于延续"马菲印尼协商精神"乃至希望复苏陷入停滞的东南亚联盟。一方面,菲律宾通过泰国政府与马来西亚政府进行持续的谈判。1963年9月25日,泰国外长科曼宣布印度尼西亚和菲律宾已经同意马来

---

① 参见 John Subritzky, *Confronting Sukarno: British, American, Australian and New Zealand Diplomacy in the Malaysian-Indonesian Confrontation*, 1961 – 1965, New York: St. Martin's Press, 2000, pp. 66 – 69; Robyn J. Abell, "Philippine Policy towards Regional Cooperation in Southeast Asia, 1961 – 1969," Ph. D. Dissertation, Australian National University, 1972, pp. 229 – 232; Ann Marie Murphy, "From Conflict to Cooperation in Southeast Asia, 1961 – 1967: The Disputes out of the Creation of Malaysia and the Establishment of the Association of Southeast Asia (ASEAN)," Ph. D. Dissertation, Columbia University, 2002, pp. 154 – 162;[英]芭芭拉·沃森·安达亚、伦纳德·安达娅《马来西亚史》,黄秋迪译,中国大百科全书出版社2010年版,第340页。

西亚的请求,接受泰国代表马来西亚在两国的利益。泰国在这场争端中的中立立场以及科曼与东姑的密切联系使之成为这些争端的调解者。11月15—18日,科曼利用"科伦坡计划"协商委员会在曼谷召开会议的机会,推动拉扎克和洛佩斯达成一项恢复外交承认的临时协议,但未能有效执行。其主要障碍是菲律宾政府坚持在北婆罗洲(沙巴)举行公民投票,而东姑拒绝予以考虑。在会议期间,科曼主持了苏德班里约和洛佩斯的会谈,谋求解决"对抗"和沙巴争端,但收效甚微。科曼还试图利用这一会议促进拉扎克与苏班德里约之间的会谈,但遭到拉扎克的拒绝。在这次会议上,科曼与苏班德里约和洛佩斯举行了会谈并签署联合公报,承诺"尽一切可能努力不使该区域的紧张局势进一步恶化",并承认"在目前阶段,缓和紧张局势至关重要,磋商才能卓有成效地进行"[1]。这显示了菲律宾和印度尼西亚均不想让局势继续恶化的愿望。另外,菲律宾和印度尼西亚关系的"缓和"意味着英国和马来西亚保持"新西方"是菲律宾与其站在一起的政策的失败,以致导致区域力量平衡转向有利于印度尼西亚。[2]

另一方面,菲律宾政府借口对马来西亚发生的暴力事件可能引发该地区共产主义活动增多的担忧,而不支持印度尼西亚对马来西亚的"对抗"政策,尤其是1963年12月接替佩洛斯担任菲律宾外长的罗幕洛显示出菲律宾政府意欲避免"亲印度尼西亚"的政策倾向。1964年1月7—11日,苏加诺访问马尼拉,谋求菲律宾与印度尼西亚联合遏制马来西亚的"新殖民主义计划",并开展经济和贸易领域更紧密的合作。同时,苏加诺希望在该区域创建一个与瘫痪的"马菲印尼观念"相同的新的协同体系,以"逐步但积极地"将外国的政治和军事利益从东南亚排除出

---

[1] 参见 Marvin C. Ott, "The Sources and Content of Malaysian Foreign Policy toward Indonesia and the Philippines, 1957 – 1965," Ph. D. Dissertation, Johns Hopkins University, 1971, pp. 270 – 272; Ann Marie Murphy, "From Conflict to Cooperation in Southeast Asia, 1961 – 1967: The Disputes out of the Creation of Malaysia and the Establishment of the Association of Southeast Asia (ASEAN)," Ph. D. Dissertation, Columbia University, 2002, pp. 175 – 176; Robyn J. Abell, "Philippine Policy towards Regional Cooperation in Southeast Asia, 1961 – 1969," Ph. D. Dissertation, Australian National University, 1972, pp. 241 – 243, 242, note 2, 244 – 246.

[2] Lalita P. Singh, *Power Politics and Southeast Asia*, Atlantic Highlands: Humanities Press, 1979, p. 70.

去。为此,苏加诺愿意为马卡帕加尔提出的"马菲印尼战略"目标提供支持,主要包括:印度尼西亚公开否认它在东南亚有扩张主义或领土野心;印度尼西亚公开保证将不寻求外部帮助谋求其对马来西亚的对抗政策;印度尼西亚重申支持菲律宾对北婆罗洲(沙巴)的主权要求,等等。苏加诺十分强调"马菲印尼精神",并重申其提议的将印度尼西亚的转口贸易从新加坡转移到菲律宾的港口。尽管苏加诺强调马菲印尼联盟是一个"反帝国主义"的组织,但马卡帕加尔继续公开表示马菲印尼联盟应服务于东南亚"自由世界"的利益。马卡帕加尔认为,东南亚国家和区域安全取决于区域内国家间的共识和更密切的关系,而不仅仅是与外部大国的军事条约。他相信,马菲印尼联盟可以作为对东南亚条约组织的一种补充,只是东南亚的区域防务和国家安全不必依赖于任何大国,而是同时与它们保持紧密的友好关系。苏加诺与马卡帕加尔会谈后发布联合声明,谈及有必要让马菲印尼联盟成为一个"活生生的现实",并建议将该联盟扩展到包括泰国、缅甸、老挝和柬埔寨。这是印度尼西亚首次设想成立成员更为广泛的东南亚区域组织。该联合声明表达了对马来亚出席下一次马菲印尼联盟首脑会议的期望。该声明还同意两国正式成立菲律宾—印度尼西亚椰子委员会并于1965年1月起运行;同意成立促进和扩大两国商业和经济关系的管理机构,保证两国签署的经济贸易协定的持续执行。该声明还载明,马卡帕加尔希望《马尼拉协议》所有签署国在面对现实危机时,应根据马菲印尼联盟的基本宗旨采取适度和克制,以便通过和平手段早日解决它们之间的分歧。这表明菲律宾政府不仅不想介入印度尼西亚对马来西亚的"对抗"政策,而且希望通过恢复"马菲印尼协商"和平解决三国间的分歧和争端,以化解由此引发的区域危机。[①] 拉扎克回应两国的联合声明说,如果马来西亚被承认为主权国家,印度尼西亚停止"对抗"政策,印度尼西亚军队从婆罗洲及其边境地区

[①] 参见 Robyn J. Abell, "Philippine Policy towards Regional Cooperation in Southeast Asia, 1961 - 1969," Ph. D. Dissertation, Australian National University, 1972, pp. 244 - 250, 250, note 1; Ann Marie Murphy, "From Conflict to Cooperation in Southeast Asia, 1961 - 1967: The Disputes out of the Creation of Malaysia and the Establishment of the Association of Southeast Asia (ASEAN)," Ph. D. Dissertation, Columbia University, 2002, pp. 176 - 177.

撤出，马来西亚将参加三国首脑会议。①

菲律宾政府的这种政策得到美国、澳大利亚、新西兰等盟国的支持。美国既支持马来西亚的成立和联合国调查团的报告，又不愿看到英国、马来西亚与印度尼西亚和菲律宾关系的破裂，因而希望"回到"马菲印尼联盟及由三边谈判解决问题。美国最初的政策建议是，马尼拉首脑会议对菲律宾关于北婆罗洲（沙巴）所做的承诺仍然适用；敦促东姑向马卡帕加尔和苏加诺表示，愿意在新首脑会议上采取中立立场；希望"马菲印尼精神"能够朝着马尼拉首脑会议所设定的目标前进。② 英国曾提出与三个国家一起组成遏制印度尼西亚的"共同阵线"的提议，但美国、澳大利亚和新西兰等国予以拒绝。1963年11月，约翰逊接任美国总统后决定，通过推动马菲印尼联盟国家一起谈判谋求在马来西亚成立所引发的争端中扮演"调解者"角色。此时，美国正日益卷入越南战争，担心马来西亚和印度尼西亚之间的"对抗"升级导致英国、澳大利亚、新西兰及菲律宾等与美国有军事联盟关系的国家卷入其中，最终将美国拖进这场军事冲突中。1963年12月19日，美国国务卿迪安·腊斯克（Dean Rusk）和英国外交大臣拉博·巴特勒（Richard Austen Butler）会谈后表示，美国在马来西亚的角色是次要的，在这里更愿发挥辅助性作用，因为美国在越南、泰国、老挝和柬埔寨承担着主要责任。③

---

① "Cablegram to Critchley," Canberra, 9 January 1964, in Australian Department of Foreign Affairs and Trade, *Documents on Australian Foreign Policy*, Vol. 25: *Australia and the Formation of Malaysia*, 1961 – 1966, Document 145, note 2, https://www.dfat.gov.au/about-us/publications/historical-documents/volume-5/Pages/004-minute-from-brennan-to-eastman.

② "Memorandum of Conversation," Washington, 10 September 1963, in United States Department of State, *Foreign Relations of the United States Diplomatic Papers*, 1961 – 1963, Vol. 23: *Southeast Asia*, Document 334, https://history.state.gov/historicaldocuments/frus1961 – 63v23/d334; "Memorandum from Clifford L. Alexander of the National Security Council Staff to the President's Special Assistant for National Security Affairs (Bundy)," Washington, 25 September 1963, in United States Department of State, *Foreign Relations of the United States Diplomatic Papers*, 1961 – 1963, Vol. 23: *Southeast Asia*, Document 335, https://history.state.gov/historicaldocuments/frus1961 – 63v23/d335.

③ "Memorandum of Conversation," London, 19 December 1963, in United States Department of State, *Foreign Relations of the United States Diplomatic Papers*, 1961 – 1963, Vol. 23: *Southeast Asia*, Document 349, https://history.state.gov/historicaldocuments/frus1961 – 63v23/d349; John Subritzky, *Confronting Sukarno: British, American, Australian and New Zealand Diplomacy in the Malaysian-Indonesian Confrontation*, 1961 – 1965, New York: St. Martin's Press, 2000, pp. 78 – 79.

在腊斯克的坚持下，1964年1月初，约翰逊决定派首席检察官罗伯特·肯尼迪（Robert Kennedy）前去调解，并试图在婆罗洲安排停火。1月17—26日，肯尼迪先后访问了东京、吉隆坡、雅加达、曼谷和伦敦，与马卡帕加尔、苏加诺及泰国和英国的领导人举行了会谈。其间，肯尼迪与苏加诺在东京和雅加达举行了两次会谈。他转达了约翰逊总统的建议和承诺。约翰逊建议印度尼西亚通过与马来西亚和菲律宾的三方会议谋求和平解决办法，而美国将支持马菲印尼联盟，并承诺在和平得到维护时助力印度尼西亚的经济发展。1月23日，肯尼迪与苏加诺在雅加达发布联合声明。苏加诺同意在婆罗洲停火并召开第二届马菲印尼联盟首脑会议。肯尼迪还建议科曼于2月初在曼谷组织一次外长级会议，为以后的首脑会议做准备。苏加诺同意肯尼迪在曼谷召开部长会议的建议，但坚持首脑会议的地点应在部长会议上决定，而不是在会前。随后，东姑也同意召开外长会议，而不再坚持印度尼西亚和菲律宾首先承认马来西亚的立场。美国的调解结果得到菲律宾的全力支持。马卡帕加尔继续强调"亚洲问题亚洲人解决"的口号。[1]

1964年2月5—9日，马来西亚、菲律宾和印度尼西亚三国外长会议在曼谷举行。此次会议讨论的问题包括停火及其维持手段；在联合国秘书长主持下选择泰国为"监督者""观察员"或"裁判员"；恢复外交关系，或印度尼西亚人所说的"承认"马来西亚；在沙巴和沙捞越行使自决；英马防务安排；马菲印尼联盟；首脑会议等。讨论的主要问

---

[1] 参见 "Telegram from the Embassy in Indonesia to the Department of State," Djakarta, 23 January, 1964, in United States Department of State, *Foreign Relations of the United States Diplomatic Papers*, 1964 - 1968, Vol. 26: *Indonesia*; *Malaysia-Singapore*; *Philippines*, Document 23, https://history.state.gov/historicaldocuments/frus1964 - 68v26/d23; "Memorandum from Robert W. Komer of the National Security Council Staff to President Johnson," Washington, 25 January 1964, in United States Department of State, *Foreign Relations of the United States Diplomatic Papers*, 1964 - 1968, Vol. 26: *Indonesia*; *Malaysia-Singapore*; *Philippines*, Document 26, https://history.state.gov/historicaldocuments/frus1964 - 68v26/d26; "Cablegram to Critchley," Canberra, 9 January 1964, in Australian Department of Foreign Affairs and Trade, *Documents on Australian Foreign Policy*, Vol. 25: *Australia and the Formation of Malaysia*, 1961 - 1966, Document 145, note 2, https://www.dfat.gov.au/about-us/publications/historical-documents/volume-5/Pages/004-minute-from-brennan-to-eastman; Robyn J. Abell, "Philippine Policy towards Regional Cooperation in Southeast Asia, 1961 - 1969," Ph. D. Dissertation, Australian National University, 1972, pp. 256, 258 - 259, 259, note 2.

题是婆罗洲的停火建议和马来西亚坚持在首脑会议召开前撤出游击人员。马来西亚代表认为，确保和维持真正的停火是富有成效地讨论所有其他问题的必要条件，而真正的停火必须包括目前在马来西亚的印度尼西亚正规和半独立人员的撤离。东姑同意放弃为部长会谈设置的所有前期条件，包括承认马来西亚，换取美国支持其提出的停火建议。经三国政府同意，会后发表的联合公报确定了四点停火计划，包括与泰国合作尽一切努力遵守停火协议；一旦爆发冲突事件，立即命令各自部队停止战斗；在泰国曼谷任命军事联络官员，协助监督停火安排；接受泰国观察员进驻各自的领地，并为他们提供设施履行监督停火职责。这次会谈及其成果表明了秉承"马菲印尼精神"继续就有关建议进行谈判的必要性。①

在这次三边非正式部长会谈中，菲律宾继续谋求在马来西亚和印度尼西亚的冲突中发挥调解作用，并希望马来西亚就沙巴争端进行双边谈判。这样，2月11日，马卡帕加尔在柬埔寨金边与东姑举行了会谈，双方同意在吉隆坡和马尼拉设立领事办事处。会谈中，东姑称，东南亚联盟"依然活着"，但坚持在两国重新建立全面外交关系之前由国际法院解决沙巴争端。马卡帕加尔认为，这次会议标志着菲律宾和马来西亚的关系趋于正常化，菲律宾对沙巴州的主权主张也朝着和平解决的方向迈进。这次会谈也显示出举行马来西亚、印度尼西亚和菲律宾之间和解的三方首脑会议的曙光"已在望"。马尼拉的部分媒体称赞马卡帕加尔的这次访问是马菲印尼联盟外交的胜利。《马尼拉纪事报》（The Manila Chronicle）评论说，对菲律宾来说，当前争端的解决将提升它作为一个"和平制造者"的形象，并为"它全力扩大由菲律宾发起的区域组织马菲印尼联盟囊括所有东南亚国家扫清道路"。马卡帕加尔依然为复兴马菲印尼联盟做着努力。2月22—28日，马卡帕加尔访问印度尼西亚，

---

① "Savingram to Selected Posts," Canberra, 4 February 1964, in Australian Department of Foreign Affairs and Trade, *Documents on Australian Foreign Policy*, Vol. 25: *Australia and the Formation of Malaysia*, 1961 – 1966, Document 153, https://www.dfat.gov.au/about-us/publications/historical-documents/volume-25/Pages/153-savingram-to-selected-posts; Robyn J. Abell, "Philippine Policy towards Regional Cooperation in Southeast Asia, 1961 – 1969," Ph. D. Dissertation, Australian National University, 1972, pp. 260 – 261, 261, note 1.

与苏加诺举行了会谈,双方同意举行新一次马菲印尼联盟三方首脑会议,并应尽快在曼谷重新举行三方部长级会谈。双方发布的联合公报还指出,苏加诺已向马卡帕加尔承诺,印度尼西亚政府将遵守婆罗洲的停火协议,并希望其他各方也这样做。该联合公报称,印度尼西亚和菲律宾"根据《马尼拉协议》的精神和原则将马菲印尼联盟变成一个活生生的现实所采取的方法和目标相同",两国领导人希望"马菲印尼联盟继续发展并根据1955年万隆会议适用的原则对亚非国家的团结做出积极贡献"[①]。

马卡帕加尔与苏加诺会谈后,科曼访问马尼拉、雅加达和吉隆坡,进一步安排马菲印尼联盟第二次外长会议。1964年3月3—6日,马菲印尼联盟第二次外长会议在曼谷举行。洛佩斯试图充当拉扎克和苏班德里约之间的"中间人",提出了一个"妥协方案",并得到了美国的大力支持。该方案要点包括脱离接触,即逐步撤出;同时恢复政治讨论;原则上同意召开首脑会议。但是,由于苏加诺拒绝将印度尼西亚游击队撤出婆罗洲领土,谈判再次破裂。马来西亚发表了一份公报,指控印度尼西亚违反肯尼迪安排的停火协议。该公报称:"由于印度尼西亚一再违反停火协议,认为停火的安排是徒劳的。"但洛佩斯坚持认为东南亚联盟和马菲印尼联盟是有用的,而菲律宾与印度尼西亚的密切关系是菲律宾政策的重要组成部分。[②] 洛佩斯被马卡帕加尔任命为特使,负责跟进印度尼西亚和马来西亚之间的事务。随后,洛佩斯先后到雅加达

---

① Robyn J. Abell, "Philippine Policy towards Regional Cooperation in Southeast Asia, 1961 – 1969," Ph. D. Dissertation, Australian National University, 1972, pp. 261 – 262, 266 – 267.

② "Memorandum from Michael V. Forrestalof the National Security Council Staff to the President's Special Assistant for National Security Affairs (Bundy)," Washington, 5 March 1964, in United States Department of State, *Foreign Relations of the United States Diplomatic Papers*, 1964 – 1968, Vol. 26: *Indonesia; Malaysia-Singapore; Philippines*, Document 35, https://history.state.gov/historicaldocuments/frus1964 – 68v26/d35; "Memorandum from Robert W. Komer of the National Security Council Staff to the President's Special Assistant for National Security Affairs (Bundy)," Washington, 11 March 1964, in United States Department of State, *Foreign Relations of the United States Diplomatic Papers*, 1964 – 1968, Vol. 26: *Indonesia; Malaysia-Singapore; Philippines*, Document 36, https://history.state.gov/historicaldocuments/frus1964 – 68v26/d36; Robyn J. Abell, "Philippine Policy towards Regional Cooperation in Southeast Asia, 1961 – 1969," Ph. D. Dissertation, Australian National University, 1972, pp. 268 – 269, 269, note 1, 272.

和吉隆坡与苏加诺和东姑进行会谈,最终促成印度尼西亚、马来西亚和菲律宾三国召开新一轮首脑会议,即东京峰会(The Tokyo Summit)。[1]

东京峰会,又称"马菲印尼联盟东京峰会"。这次会议于1964年6月20日举行。苏加诺、东姑和马卡帕加尔参加了峰会。三国外长同时举行了会谈。在峰会上,印度尼西亚和马来西亚都打算坚守自己过去的立场。苏加诺激动地喊着关于英国和马来人叛变的口号。他说:"我说过无数次了,我不能接受马来西亚!"苏班德里约重申了之前关于重新实施《马尼拉协议》的主张。为了打破僵局,马卡帕加尔提出了一项计划,即由一个"亚非调解委员会"(Afro-Asian Conciliation Commission)来制定解决争端的措施。很明显,他依然希望马菲印尼联盟可以被用来在东南亚促进"自由世界"的利益。苏加诺接受了该计划,并同意遵守该委员会的调查结果。东姑认为这个计划"过于开放"。东姑与马来西亚代表团其他成员协商后原则上予以同意,但附有两个条件,即立即停止对抗和全部撤军。他提出,在满足这些条件之后,三国外长就可以举行会议并审议该委员会的职权范围、组成和程序。他还建议,为了给该委员会创造一种"有利的氛围",东京会议的与会者应宣布他们尊重彼此的主权和领土完整。在这次首脑会议上,菲律宾重申了东姑已承诺的马卡帕加尔总统就沙巴主权声索向国际法院提出上诉论点。三国领导人就公报内容达成一致,原则上同意指定一个"亚非调解委员会",协助双方解决分歧。他们还同意指示其外交部长继续研究设立调解委员会的建议,以期进一步举行政府首脑会议。不过,由于三方立场的巨大差异,"亚非调解委员会"甚至三方继续谈判的想法都被彻底扼杀了;各方在停止军事对抗或缩小印度尼西亚和马来西亚之间的分歧上均没有取得进展;东京峰会的气氛也使印度尼西亚和马来西亚两国领导人之间减少互不信任和反感的希望破灭。会后,马卡帕加尔宣布,菲律宾将不会试图重新召开三国首脑会议。东京峰会被证明是菲律宾政府"恢复"马菲印尼联盟的

---

[1] 参见 Marvin C. Ott, "The Sources and Content of Malaysian Foreign Policy toward Indonesia and the Philippines, 1957–1965," Ph. D. Dissertation, Johns Hopkins University, 1971, pp. 317–319.

"最后一次重大努力"①。但马卡帕加尔对于和平解决沙巴争端仍然抱有希望。1965年1月,马卡帕加尔在菲律宾国会发表的国情咨文中表示:"我们不会让沙巴问题使我们与马来西亚的关系处于紧张状态。菲律宾和马来西亚政府已经采取了相互步骤来改善关系,共同希望将本已动荡的区域可能发生冲突的程度降到最低。"他强调:"在外交事务方面,我们的行为特点是对整个亚非共同体特别是东南亚的各种计划有更强烈的主张和更多的参与。我们的道德和政治角色已在东南亚得到接受。我们在抱负和理想方面与亚非国家找到了认同。"②

随后,印度尼西亚、马来西亚和菲律宾三国政局的重大变化及其各自内政外交政策的调整改变了马来西亚成立所引发的区域争端的背景,使马菲印尼联盟和东南亚联盟及其东南亚区域合作重新启动成为可能。第一个重大变化是新加坡与马来西亚的分治。新的马来西亚联邦成立后,新加坡和马来西亚联邦政府的矛盾逐渐凸显。经过近两年的斗争,1965年8月7日,马来西亚政府和新加坡政府签署《关于新加坡脱离马来西亚成为独立主权国家的协定》(An Agreement Relating to the Separation of Singapore from Malaysia as an Independent and Sovereign State),并于8月9日经马来西亚国会一致通过生效。该协定又称《1965年新加坡独立协定》(The Independence of Singapore Agreement, 1965)。该协定宣布,新加坡自1965年8月9日(称"新加坡日")起成为一个脱离

---

① 参见 "Telegram from the Department of State to the Embassy in Indonesia," Washington, 24 June 1964, in United States Department of State, *Foreign Relations of the United States Diplomatic Papers*, 1964 – 1968, Vol. 26: *Indonesia*; *Malaysia-Singapore*; *Philippines*, Document 51, https://history.state.gov/historicaldocuments/frus1964 – 68v26/d51; "Memorandum from Secretary of State Rusk to President Johnson," Washington, 29 June 1964, in United States Department of State, *Foreign Relations of the United States Diplomatic Papers*, 1964 – 1968, Vol. 26: *Indonesia*; *Malaysia-Singapore*; *Philippines*, Document 52, https://history.state.gov/historicaldocuments/frus1964 – 68v26/d52; Robyn J. Abell, "Philippine Policy towards Regional Cooperation in Southeast Asia, 1961 – 1969," Ph. D. Dissertation, Australian National University, 1972, pp. 274 – 276.

② "Message of His Excellency Diosdado Macapagal President of the Philippines to the Congress on the State of theNation," State of the Nation Address, 25 January 1965, Official Gazette of the Republic of the Philippines, https://www.officialgazette.gov.ph/1965/01/25/diosdado-macapagal-fourth-state-of-the-nation-address-january-25-1965/.

和不依附于马来西亚的独立主权国家,并经马来西亚政府予以承认。① 随即,李光耀以新加坡总理的名义,代表新加坡人民和政府宣布:"新加坡将永远是一个自主、独立和民主的国家"②。8月10日,英国政府承认新加坡独立。澳大利亚、新西兰和美国也很快予以承认。新加坡成为英联邦成员国。9月20日,新加坡获准加入联合国。③ 由于新加坡与马来西亚的分治是背着英国秘密进行的,因而引起了英国的强烈不满。英国首相威尔逊对此表示十分遗憾。他在发给李光耀的电报中表示:"我必须说,在采取这个重要步骤之前没有跟我们商量,使我感到失望。这自然是因为这个决定对我们影响很大。现在我们正在紧急考虑这些影响。"④ 新加坡与马来西亚的秘密分治加深了英国对马来西亚和新加坡的不信任感。相对于新加坡,英国更怀疑马来西亚,因为英国认为,在两国分治中,马来西亚是主导者,新加坡是受害者,马来西亚背着英国踢开了新加坡,而新加坡则是无辜的。随着印度尼西亚政权的变更,英国与马来西亚的关系更加冷淡。1966年5月,英国拒绝对马来西亚提供资金援助。作为报复,马来西亚则将一些英国货物排除在英联邦共同体的优惠贸易之外,并断绝本国货币与英国货币之间的联系。⑤ 新加坡和马来西亚分治"再次证明马来亚人一直将马来西亚视作获取其政治优势地位的一种工具"⑥。

---

① 《新加坡和马来西亚关于新加坡脱离马来西亚成为独立主权国家的协定》(1965年8月7日订于吉隆坡),载世界知识出版社编《国际条约集(1963—1965)》,世界知识出版社1976年版,第441—442页。该协定英文全文详见"An Agreement Relating to the Separation of Singapore from Malaysia as an Independent and Sovereign State," Kuala Lumpur, 7 August 1965, in United Nations, *Treaty Series—Treaties and International Agreements Registered or Filed and Recorded with the Secretariat of the United Nations*, Vol. 563, No. 8206, 1966, pp. 90 – 96, United Nations Treaty Series Online, https://treaties.un.org/doc/Publication/UNTS/Volume%20563/v563.pdf.

② [新加坡]李光耀:《风雨独立路(1923—1965):李光耀回忆录》,新加坡:新加坡联合早报1998年版,第2页。

③ [英]康斯坦丝·玛丽·藤布尔:《新加坡史》,欧阳敏译,东方出版中心2013年版,第398—399页。

④ [新加坡]李光耀:《风雨独立路(1923—1965):李光耀回忆录》,新加坡:新加坡联合早报1998年版,第521页。

⑤ 王子昌:《东盟外交共同体:主体及表现》,时事出版社2011年版,第85页。

⑥ Lalita P. Singh, *Power Politics and Southeast Asia*, Atlantic Highlands: Humanities Press, 1979, p. 81.

英国与马来西亚关系的冷淡使马来西亚对于区域形势有了新的认知。马来西亚认识到，在失去英国这棵大树之后，必须调整区域政策，处理好与东南亚国家的关系。而此时恰逢印度尼西亚外交政策发生转向。于是，马来西亚开始积极回应印度尼西亚的缓和政策，并且有意加强区域合作。所以，新加坡与马来西亚的分治既是英国与马来西亚关系的转折点，又是马来西亚区域政策的转折点。在马来西亚看来，其经济可能会因新加坡分治导致的收入减少而受到不利影响，而新加坡面临着寻找新市场的问题。此后，马来西亚和新加坡走向"不结盟"，并在亚非国家中发挥更积极的作用。而独立后的新加坡作为小国，生存是其首要问题。为此，新加坡采取"中立主义"对外政策，尤其倚重对外合作。新加坡独立后，李光耀发表声明称，新加坡的外交战略"重点是合作"。他还提到了一些推动合作的物质因素，比如水、贸易和地理。此外，还有一些有利于合作的情感和政治因素。在新加坡看来，如果它与马来西亚的关系严重恶化，今后就很可能要借助与印度尼西亚的接触，将其作为与马来西亚谈判或寻求贸易往来的杠杆。[①] 英国学者藤布尔（C. M. Turnbull）认为，新生的新加坡的短期目标是形成独特的国家认同、推动经济发展和巩固国家安全，而其长远利益却有赖于国家的和平和区域的和谐。这就要求新加坡必须谋求睦邻友好关系与和平的区域环境，为自己在东南亚找准定位，扮演邻居们能接受的角色，并寻求在东南亚的不断繁荣中获得自己应得的份额。[②] 新加坡和马来西亚两国外交政策的合作导向和区域新认知为改善与印度尼西亚关系提供了重要条件，而印度尼西亚的政局变动和政策转向，又使两国对外合作政策的实施有了更多的现实可能性。

[①] "National Intelligence Estimate," Washington, 16 December 1965, in United States Department of State, *Foreign Relations of the United States Diplomatic Papers*, 1964 - 1968, Vol. 26: *Indonesia*; *Malaysia-Singapore*; *Philippines*, Document 270, https://history.state.gov/historicaldocuments/frus1964 - 68v26/d270; "Cablegram from Pritchett to Canberra," Singapore, 10 August 1965, in Australian Department of Foreign Affairs and Trade, *Documents on Australian Foreign Policy*, Vol. 25: *Australia and the Formation of Malaysia*, 1961 - 1966, Document 296, https://www.dfat.gov.au/about-us/publications/historical-documents/volume-25/Pages/296-cablegram-from-pritchett-to-canberra.

[②] [英]康斯坦丝·玛丽·藤布尔:《新加坡史》，欧阳敏译，东方出版中心2013年版，第446—447页。

第四章　战后东南亚区域合作的分化重组(1961—1967)　/　741

与新加坡和马来西亚分治相比，印度尼西亚政局变动及其外交政策调整的区域影响更加深刻。1965年9月30日，印度尼西亚发生军事政变，史称"9.30事件"（The September 30 Coup）。随后，苏哈托取得印度尼西亚政府的实际领导地位，建立"新秩序"政权（The New Order Regime）[①]，并对印度尼西亚的内政外交政策做出重大调整，对内致力于稳定和发展经济、对外推行务实外交政策。在经济上，新政权承诺按照市场指导原则发展经济，取代苏加诺的依照"社会主义"对经济的管理，将实现内部稳定视为克服国内和国际威胁的关键；在国际上，将回到传统的"不结盟"和"独立而积极的"外交政策上，用更务实的愿景取代苏加诺的"革命主义"外交。1966年3月21日，印度尼西亚新任外长阿达姆·马利克（Adam Malik）首次在大型新闻发布会上表示，新政权将重新评估上届政府的外交政策，使其符合外部现实。他说："无论我们是否喜欢它，印度尼西亚都必须面对外部世界的现实。"[②]这样，印度尼西亚开始努力修补与邻国的不愉快的对抗政策，希望将东南亚发展成能够独立自主的区域，可以抵御外部的任何负面影响。马利克强调，尽管东南亚国家之间存在观点分歧，但这些分歧并非不可调和，而是可以通过最大限度的善意、理解、信念和务实努力加以克服。[③]

与苏加诺相比，苏哈托的对外政策在全球层次更加亲西方，在区域层次更加支持东南亚区域主义。1966年4月9日，苏哈托发表声明谈及与马来西亚的"对抗"。他说，东姑坚持不同意谈判解决问题迫使印度尼西亚持续实施"对抗"政策。他强调，印度尼西亚弃绝任何扩张主义图谋，其主要目标是婆罗洲人民的自决权。同一天，马利克宣布，印度尼

[①] 参见梁敏和《印度尼西亚史纲》，世界图书出版广东有限公司2019年版，第236—245页。

[②] 参见 Ann Marie Murphy, "From Conflict to Cooperation in Southeast Asia, 1961 – 1967: The Disputes out of the Creation of Malaysia and the Establishment of the Association of Southeast Asia (ASEAN)," Ph. D. Dissertation, Columbia University, 2002, pp. 270 – 272; Bantan Nugroho, "Indonesia's Foreign Policy and ASEAN," Master Dissertation, Dalhousie University, 1996, p. 50.

[③] ASEAN Secretariat, *The Founding of ASEAN* (*part 2*), https://asean.org/about-asean/the-founding-of-asean/the-founding-of-asean-part-2/; Amitav Acharya, *Indonesia Matters: Asia's Emerging Democracy Power*, Singapore: World Scientific Publishing, 2014, p. 6.

西亚打算与新加坡建立外交关系。当天,印度尼西亚向新加坡正式发函表明了这一意图。李光耀随即发表声明对此表示欢迎。拉扎克称赞这一声明"非常令人鼓舞"。特别值得注意的是,苏哈托和马利克的声明虽然仍使用"对抗"的辞令,但明显是和解的姿态。马利克曾解释说:"对抗无须意指使用武力"。4月底,为打破外交僵局,马利克发表了清晰的和解声明,表示印度尼西亚"将尊重有关的独立国家的主权",并寻求解决悬而未决问题的"灵活的"方法。此时,印度尼西亚承认新加坡的谈判由双方代表在曼谷启动。印度尼西亚与马来西亚的联络也通过拉扎克展开。实际上,苏哈托和马利克将承认新加坡并与之建立外交关系看作他们支持印度尼西亚外交政策转向的一个机会。所有这些都展示了该区域在新事态下新的"和平触角"①。

而菲律宾国内政局及其外交政策所发生的重大变化为这种新"和平触角"的伸展提供了更加有利的氛围。在1965年菲律宾大选中,费迪南德·马科斯(Ferdinand Marcos)当选总统并于1965年12月30日就职。在对外关系上,马科斯在保持强有力的对美国政策的同时,强调"亚洲文化"与"西方文化"的融合,推行"多线性和全方位外交政策"(multi-linear and omni-directional foreign policy)。② 这一政策的一个重大变化就是菲律宾决定与马来西亚实现关系正常化。1966年1月1日,马科斯在第一次发表的国情咨文中说:"在不损害我们对北婆罗洲的主权主张和我们与其他国家友谊的情况下,我们打算启动与马来西亚关系正常化的安排。"马来西亚官方随即做出积极回应。在1966年2月7日的一份照会中,马来西亚外交部向菲律宾政府保证,它愿意遵守《马尼拉协议》,并指出有必要进行更密切的区域合作。马来西亚政府还通知菲律宾政府,将把它在菲律宾的领事使团提升到大使馆的地位。在同一天的回复中,

---

① 参见 Marvin C. Ott, "The Sources and Content of Malaysian Foreign Policy toward Indonesia and the Philippines, 1957 – 1965," Ph. D. Dissertation, Johns Hopkins University, 1971, pp. 354 – 355; Ann Marie Murphy, "From Conflict to Cooperation in Southeast Asia, 1961 – 1967: The Disputes out of the Creation of Malaysia and the Establishment of the Association of Southeast Asia (ASEAN)," Ph. D. Dissertation, Columbia University, 2002, pp. 273 – 275.

② Ricardo T. Jose, "The Philippines during the Cold War: Searching for Security Guarantees and Appropriate Foreign Politics, 1946 – 1986," in Malcom H. Murfett, ed. , *Cold War Southeast Asia*, Singapore: Marshall Cavendish Editions, 2012, p. 77.

菲律宾政府提议就双方都能接受的解决方式就沙巴争端达成协议。① 马科斯认为，与马来西亚和泰国建立更紧密的关系最符合菲律宾的区域利益，这两个国家是目前处于休眠状态的东南亚联盟中志同道合的伙伴。马科斯与马来西亚恢复友好关系的部分目的是在打击沙巴州与菲律宾南部之间的走私活动方面获得马来西亚的合作，即马科斯希望与马来西亚合作打击菲律宾南部和沙巴之间的走私行为。② 跨国问题仅仅通过一个国家的努力是很难解决的，而区域主义通过与邻国合作以减弱边界的作用，从而成为缓解这种紧张关系的一种可供选择的重要途径。③

在这种"和解"的氛围中，1966年4月30日，在科曼的安排下，菲律宾新任外长纳西索·拉莫斯（Narciso Ramos）与马利克在曼谷会面。两国外长就菲律宾正式承认马来西亚和印度尼西亚正式承认新加坡的时机达成一致，并讨论了结束印度尼西亚与马来西亚"对抗"问题。马利克以印度尼西亚外长的身份首次表达了结束区域冲突的愿望。他说："如果想知道我个人的意见，如可能，我希望明天就看到和平协议。"④ 这显示了印度尼西亚与马来西亚和解的意图。5月29日至6月1日，在菲律宾的调解下，马利克和拉扎克在曼谷会晤，商定了结束双方"对抗"的方法。在这次会议结束时，双方交换照会，达成旨在推动两国关系正常化的《曼谷协定》（The Bangkok agreement）。根据该协定，印度尼西亚同意立即"建立"正常关系并停止一切敌对行动；马来西亚同意要求沙巴和沙捞越人民重申他们与马来西亚的联系；这次照会交换须经两国政府

---

① Robyn J. Abell, "Philippine Policy towards Regional Cooperation in Southeast Asia, 1961 – 1969," Ph. D. Dissertation, Australian National University, 1972, pp. 292 – 293.

② "National Intelligence Estimate," Washington, 17 February 1966, in United States Department of State, *Foreign Relations of the United States Diplomatic Papers*, 1964 – 1968, Vol. 26: *Indonesia; Malaysia-Singapore; Philippines*, Document 323, https: //history. state. gov/historicaldocuments/frus1964 – 68v26/d323.

③ 郑先武：《安全、合作与共同体：东南亚安全区域主义理论与实践》，南京大学出版社2009年版，第116—117页。

④ Ann Marie Murphy, "From Conflict to Cooperation in Southeast Asia, 1961 - 1967: The Disputes out of the Creation of Malaysia and the Establishment of the Association of Southeast Asia (ASEAN)," Ph. D. Dissertation, Columbia University, 2002, p. 283.

确认或批准。① 双方发布的联合公报称，两国政府同意遵守《马尼拉协议》，并将举行会晤，目的是澄清主权主张，讨论解决问题的方法。双方同意向各自政府提交恢复友好关系的实际步骤所依据的原则，供其核准。当这些建议得到两国政府批准后，两国关系就可以实现正常化。双方还同意举行会谈，讨论在遏止走私方面的合作方法。②

在马来西亚和印度尼西亚两国外长曼谷会谈后，马来西亚、菲律宾和印度尼西亚三国关系迅速改善。会后，菲律宾即刻宣布将分别于6月2日或3日、7月4日或5日分别承认马来西亚和新加坡。6月3日，菲律宾和马来西亚的外交关系从领事级升至大使级。6月7日，马来西亚率先批准了《曼谷协定》。6月8日，东姑和李光耀宣布马来西亚和新加坡即时与印度尼西亚建立外交关系。7月30日，印度尼西亚批准《曼谷协定》。8月3日，苏哈托宣布印度尼西亚与马来西亚的"对抗"即时结束。8月11日，马利克与拉扎克在雅加达正式签署在曼谷会谈中所达成的《曼谷协定》。双方同意，两国建立外交关系，并尽快互派外交代表；两国间的敌对行动立即停止。拉扎克在签署这一和平协议的声明中称："发展和维持印度尼西亚和马来西亚之间的合作和友谊是我们外交政策的主要原则之一。"他敦促印度尼西亚扮演区域角色。他说："我们非常希望看到一个强大、进步和稳定的印度尼西亚，它可以利用其庞大的人力资源和丰富的自然资源，来防止国内叛变分子的威胁。"③ 8月16

---

① "Cablegram from Loomes to Canberra," Bangkok, 1 June 1966, in Australian Department of Foreign Affairs and Trade, *Documents on Australian Foreign Policy*, Vol. 25: *Australia and the Formation of Malaysia*, 1961 – 1966, Document 365, https://www.dfat.gov.au/about-us/publications/historical-documents/volume-25/Pages/365-cablegram-from-loomes-to-canberra.

② 参见 Ann Marie Murphy, "From Conflict to Cooperation in Southeast Asia, 1961 – 1967: The Disputes out of the Creation of Malaysia and the Establishment of the Association of Southeast Asia (ASEAN)," Ph. D. Dissertation, Columbia University, 2002, pp. 291 – 294; Robyn J. Abell, "Philippine Policy towards Regional Cooperation in Southeast Asia, 1961 – 1969," Ph. D. Dissertation, Australian National University, 1972, pp. 294 – 295; Marvin C. Ott, "The Sources and Content of Malaysian Foreign Policy toward Indonesia and the Philippines, 1957 – 1965," Ph. D. Dissertation, Johns Hopkins University, 1971, pp. 358 – 359.

③ 参见 Ann Marie Murphy, "From Conflict to Cooperation in Southeast Asia, 1961 – 1967: The Disputes out of the Creation of Malaysia and the Establishment of the Association of Southeast Asia (ASEAN)," Ph. D. Dissertation, Columbia University, 2002, pp. 295 – 302; Marvin C. Ott, "The Sources and Content of Malaysian Foreign Policy toward Indonesia and the Philippines, 1957 – 1965," Ph. D. Dissertation, Johns Hopkins University, 1971, pp. 361 – 362.

日，苏哈托在国会致辞中表达了对关乎区域秩序的区域主义的兴趣。他说："当'马来西亚'问题得到解决，我们就可以在外交领域展开活动，以构建基于东南亚国家间互惠的合作，进而我们将在官方领域复兴马菲印尼观念，以便实现东南亚不同领域的合作，尤其是经济、技术和文化领域。"他强调，如果一体化的东南亚得以建立起来，它就可以强有力地应对来自这个世界任何地方的外来影响和干预，无论这种影响和干预是经济性质的，还是物质或军事性质的。他坚信："一个合作的东南亚、一个一体化的东南亚将成为抵制任何形态和来自任何地方的帝国主义和殖民主义的最坚强堡垒和基地。"[①] 从此，马来西亚和印度尼西亚的关系开始走上正常轨道，东南亚本地区域合作也掀开了新的一页。

三国关系的正常化为东南亚区域合作的重启提供了新的契机。其实，印度尼西亚"9.30 事件"发生后不久，泰国便开始谋求"复兴"东南亚联盟。1965 年 11 月，科曼表达了这种希望。12 月，东姑在接受《海峡时报》记者采访时表示，相信东南亚联盟将"复兴"。拉莫斯表示，菲律宾政府赞成恢复东南亚联盟和"重新审查"马菲印尼联盟。1966 年 1 月，拉莫斯在他就职后的首次新闻发布会上宣布，东南亚联盟将恢复。他重申，该联盟的目标"不是政治的，而是经济、文化和技术的"。他强调："东南亚联盟可以成为我们执行政策的工具，进一步加强我们与自由亚洲国家的联系。"亚洲问题最好由亚洲人自己来解决已经成为马科斯追求的目标。他说："让亚洲人自己决定和解决自己的问题。我们想自己来做。"实际上，菲律宾和泰国承认其承担着东南亚联盟"复兴"的"调解"角色。1966 年 3 月，科曼表示，需要启动东南亚联盟，并尽快召开新一轮外长会议。1966 年 4 月，在泰国与菲律宾、马来西亚的共同努力下，东南亚联盟联合工作组在吉隆坡举行会议，决定在曼谷召开东南亚联盟第三次外长会议。[②]

---

① Bantan Nugroho, "Indonesia's Foreign Policy and ASEAN," Master Dissertation, Dalhousie University, 1996, pp. 93 - 94.

② "Telegram from the Embassy in the Philippines to the Department of State," Manila, 22 February, 1966, in United States Department of State, *Foreign Relations of the United States Diplomatic Papers*, 1964 - 1968, Vol. 26: *Indonesia*; *Malaysia-Singapore*; *Philippines*, Document 324, https://history.state.gov/historicaldocuments/frus1964 - 68v26/d324; Nicholas Tarling, *Regionalism in Southeast Asia: To Foster the Political Will*, New York: Routledge, 2006, pp. 118 - 119; Robyn J. Abell, "Philippine Policy towards Regional Cooperationin Southeast Asia, 1961 - 1969," Ph. D. Dissertation, Australian National University, 1972, pp. 292, 296.

1966年8月3—5日，在时隔三年以后，东南亚联盟第三次外长会议在曼谷举行。科曼、东姑和拉莫斯参加会议。此次会议就外部金融援助、经济合作和技术援助达成一系列联合计划，涉及电信互通、港口及机场便利化措施、近海渔业培训与开发、亚洲高速公路、创建东南亚联盟基金、贸易自由化、商业与航运协定、商品博览会、旅游业开发、农业研究、医疗保健及工业与技术研究等多个领域。这次外长会议还就启动上述领域的专门委员会或会议商谈做出具体的日程安排，包括东南亚联盟基金特别委员会、高等教育会议、商业与航运协定协商、外部金融援助特别委员会、东南亚联盟航线及民用航空合作特别委员会、东南亚联盟船运特别委员会、贸易自由化特别委员会、技术合作与研究委员会、媒体官员会议、东南亚联盟商业与工业代表会议、东南亚联盟国家海关会议等。[1] 这显示出东南亚联盟为减少政治不稳定给区域经济合作所带来的消极影响，试图用功能性合作来加强本区域的安全与稳定。第三次外长会议后，东南亚联盟发布《曼谷和平倡议》（Bangkok Peace Appeal），呼吁承认越南战争对东南亚地区的和平与稳定构成威胁，并因此赋予该联盟深刻的政治意义。[2] 由此，美国和泰国将东南亚联盟视作与"军事战线"并行的东南亚战争中的"两条战线"之一，即谋求改善人民的社会、经济和物质福利的"战线"，并认为诸如该联盟的组织能够在"培育新的合作机制和激发创造可能的戏剧性经济变革的理念中扮演有价值的角色"[3]。1966年10月，腊斯克在一次新闻发布会上表达了类似的观点。他说："我们将看到亚洲国家本身在发展就政治问题进行协商的系统机制方面的巨大优势。"美国总统约翰逊在1966年10月和11月的两次亚洲之行中亦提到区

---

[1] "Joint Communique, 3rd Ministerial Meeting, 1966," Adopted at the Third Ministerial Meeting of the Association of Southeast Asia, Bangkok, 5 August 1966, in Michael Haas, ed., *Basic Documents of Asian Regional Organizations*, vol. 6, New York: Oceana Publications, 1979, pp. 310 – 313.

[2] Vincent K. Pollard, "ASA and ASEAN, 1961 – 1967: Southeast Asian Regionalism," *Asian Survey*, Vol. 10, No. 3, 1970, pp. 244 – 255.

[3] Chintamani Mahapatra, *American Role in the Origin and Growth of ASEAN*, New Delhi: ABC Publishing House, 1990, p. 73.

域合作的这些好处。①

这次外长会议的筹办和顺利召开"鼓舞"了三国对东南亚区域合作的更大抱负。伴随着这一过程,东南亚国家开始谋划东南亚区域合作的"新方法",而"扩大的东南亚区域合作"开始成为各国讨论的焦点。那么,这种"扩大"是基于东南亚联盟还是马菲印尼联盟,抑或是创建新的区域组织?印度尼西亚"9.30事件"发生后,泰国和马来西亚对"复兴"东南亚联盟态度积极;菲律宾在积极推动"复兴"东南亚联盟的同时希望"重新审视"马菲印尼联盟。而印度尼西亚更希望"复兴"马菲印尼联盟。1965年11月,通常被视为印度尼西亚政府喉舌的《印度尼西亚先驱报》在祝贺马科斯当选时称,如果马菲印尼联盟概念没有受到外部势力的破坏,那么,"对于生活在东南亚区域的人们来说,这将是一个政治和经济领域的理想合作"②。这些东南亚国家在谈论"复兴"两个组织时均面临着成员国增加的问题。泰国和马来西亚均欢迎新加坡加入东南亚联盟。而印度尼西亚则希望将马菲印尼联盟扩大到包括新加坡、婆罗洲领土及其他可能的地区。但泰国、马来西亚和新加坡对马菲印尼联盟颇有微词。泰国和新加坡均不接受马菲印尼联盟的"马来人种族"特性。马来西亚希望避免一个基于"纯粹种族关系"的区域联盟。新加坡对东南亚联盟也不感兴趣,理由是其成员国是结盟国家。③

东姑坚决反对"复兴"马菲印尼联盟,认为它带有"种族主义"观念。虽然东南亚联盟率先重启,但其将新加坡和印度尼西亚增加为新成员的动议遭到两国政府的拒绝。1966年4月,李光耀明确表示,新加坡"当前"不考虑参加东南亚联盟。在东南亚联盟第三次外长会议上,拉莫

---

① Kai Dreisbach, "Between SEATO and ASEAN: The United States and the Regional Organization of Southeast Asia," in Marc Frey, Ronald Pruessen and Tan Tai Yong, eds., *The Transformation of Southeast Asia: International Perspectives on Decolonization*, Armonk: M. E. Sharpe, 2003, p. 254.

② Robyn J. Abell, "Philippine Policy towards Regional Cooperation in Southeast Asia, 1961 – 1969," Ph. D. Dissertation, Australian National University, 1972, p. 323, note 2.

③ Nicholas Tarling, *Regionalism in Southeast Asia: To Foster the Political Will*, New York: Routledge, 2006, pp. 118 – 119; Robyn J. Abell, "Philippine Policy towards Regional Cooperation in Southeast Asia, 1961 – 1969," Ph. D. Dissertation, Australian National University, 1972, pp. 118 – 119; Robyn J. Abell, "Philippine Policy towards Regional Cooperation in Southeast Asia, 1961 – 1969," Ph. D. Dissertation, Australian National University, 1972, p. 323.

斯和拉扎克均表示希望印度尼西亚加入东南亚联盟。拉莫斯不仅希望"不结盟"的印度尼西亚和"中立"的新加坡加入东南亚联盟,还希望缅甸、柬埔寨和老挝加入这一"东南亚国家组织"。但在这次会议结束后不久,马利克在宣布与马来西亚结束"对抗"时明确表示,印度尼西亚不参加东南亚联盟。印度尼西亚政府认为,东南亚联盟是"西方启发的产物",甚至认为东南亚联盟更多的是"殖民的工具和东南亚条约组织的扩大",参加这样的联盟明显违背其奉行的"独立而积极的"外交政策。印度尼西亚希望在国际事务中保持其"不结盟"的姿态,因而拒绝加入这一联盟。另外,印度尼西亚作为东南亚最大的和人口最多的国家,会因成为一个联盟的创始成员国而深感骄傲,而不太愿意加入一个由三个小的西方盟友建立的联盟。①

正是在关于"复兴"东南亚联盟或马菲印尼联盟的讨论和争论中,创建新的东南亚区域组织的"轮廓"逐渐浮出水面。这个"轮廓"最清晰的形态就是两个组织的"混合体"。1966年1月,拉莫斯在他就职后的首次新闻发布会上提出恢复东南亚联盟时就指出,这两个宗旨上相辅相成的组织可以促成志同道合的亚洲国家为相互安全、经济合作和文化交流而结成和谐的联盟。他呼吁成立一个新的区域集团,负责安全和经济事务。1966年4月,拉莫斯在曼谷访问期间曾与科曼和马利克讨论过"复兴"马菲印尼联盟问题。他们一致认为,马菲印尼联盟不仅应该"复兴",还应该与东南亚的其他组织合并,以加强东南亚国家之间的理解与合作。印度尼西亚和马来西亚对创建新的区域组织也颇感兴趣。1966年3月,马利克已着手筹划创建一个所有成员国拥有平等地位和权利的新的区域联盟。1966年6月,马利克在曼谷与拉扎克会谈后宣布,印度尼西亚、马来西亚、菲律宾和泰国政府已同意组建新的东南亚国家联盟。② 在这次会谈中,印度尼西亚同意与马来西亚、泰国和菲律宾一起加入一个区

---

① 参见 Robyn J. Abell, "Philippine Policy towards Regional Cooperation in Southeast Asia, 1961 - 1969," Ph. D. Dissertation, Australian National University, 1972, pp. 322 - 325, 326, note 3; Dewi Fortuna Anwar, *Indonesia in ASEAN. Foreign Policy and Regionalism*, Singapore: ISEAS, 1994, p. 50.

② 参见 Dewi Fortuna Anwar, *Indonesia in ASEAN. Foreign Policy and Regionalism*, Singapore: ISEAS, 1994, p. 50; Robyn J. Abell, "Philippine Policy towards Regional Cooperation in Southeast Asia, 1961 - 1969," Ph. D. Dissertation, Australian National University, 1972, pp. 322 - 324.

域集团,该集团实际上将是东南亚联盟的一个延伸,但为了方便印度尼西亚加入,将另取一个名称。① 这次会谈后不久,在吉隆坡,东姑与来访的李光耀就东南亚区域合作交换了意见。东姑认为,马菲印尼联盟过去没有也永远不会起作用。他对此毫无信心。而东南亚联盟不一样,其形成主要是为了经济合作,现在可以使它生效。他没有拒绝新加坡加入东南亚联盟的想法。李光耀表示有兴趣,他提到新加坡赞成区域和经济合作。② 此时,新加坡已经开始关注新的东南亚区域合作动议。新加坡将区域合作视为减少对印度尼西亚和马来西亚依赖的一种方式。此外,它需要一个区域组织,以确保与邻国的和平合作,并促进有利的商业氛围的形成。③

1966年8月底,马来西亚代理外交部长敦·伊斯梅尔(Tun Ismail)在一次讲话中称:"我们有充分的理由希望印度尼西亚早日加入更广泛的东南亚国家集团。我们期待一个包括泰国、缅甸、印度尼西亚、新加坡、马来西亚、菲律宾、柬埔寨、老挝和越南的区域联盟。"他表示,东南亚的国家和人民必须齐心协力,用双手和智慧创造一种新的视角和新的框架,而东南亚联盟的原则是一个很好的起点。他进一步解释说:"这样一个共同体将不是一个军事联盟",也"不会是一个反共联盟"和"反西方联盟",而是"一个始终支持东南亚、支持发展、支持区域合作与支持和平的组织"。他强调,该区域联盟的名称并不重要,但它"不必是东南亚联盟"④。当月,当马利克被问到东南亚联盟和马菲印尼联盟哪个更好时,

---

① "Cablegram from Eastman to Canberra," Kuala Lumpur, 3 June 1966, in Australian Department of Foreign Affairs and Trade, *Documents on Australian Foreign Policy*, Vol. 25: *Australia and the Formation of Malaysia*, 1961 – 1966, Document 366, https://www.dfat.gov.au/about-us/publications/historical-documents/volume-25/Pages/366-cablegram-from-eastman-to-canberra.

② "Cablegram to Canberra," Kuala Lumpur, 9 June 1966, in Australian Department of Foreign Affairs and Trade, *Documents on Australian Foreign Policy*, Vol. 25: *Australia and the Formation of Malaysia*, 1961 – 1966, Document 368, https://www.dfat.gov.au/about-us/publications/historical-documents/volume-25/Pages/368-cablegram-to-canberra.

③ Asadakorn Eksaengsri, "Foreign Policy-Making in Thailand: ASEAN Policy, 1967 – 1972," Ph. D. Dissertation, State University of New York, 1980, p. 218.

④ Robyn J. Abell, "Philippine Policy towards Regional Cooperation in Southeast Asia, 1961 – 1969," Ph. D. Dissertation, Australian National University, 1972, p. 324, note 5; Nicholas Tarling, *Regionalism in Southeast Asia: To Foster the Political Will*, New York: Routledge, 2006, pp. 120 – 121; Nicholas Tarling, *Southeast Asian Regionalism: New Zealand Perspectives*, Singapore: Institute of Southeast Asian Studies, 2011, pp. 23 – 24.

他回答说:"我们也许可以把两者结合起来,看看它们缺少什么。"显然,印度尼西亚政府期待扩大马菲印尼联盟,因为该联盟可以成为印度尼西亚倡议的产物。当月底,在拉莫斯访问雅加达时,区域合作也被提上了议程。拉莫斯与马利克就马菲印尼联盟的未来进行了"试探性的"会谈。他们认为,马菲印尼联盟是否会扩大或与东南亚联盟合并的问题仍是未来磋商的主题。拉莫斯暗示了组建一个新的区域组织的谈判所面临的困难,但他相信,在该区域目前普遍存在的友好气氛中,各国可以把有分歧的观点整合起来,找到一个共同的妥协解决方案。[1]

这次讨论达成两个重要"共识",即创建新的区域组织和承认印度尼西亚成员的不可或缺性。这两个"共识"汇聚起来赋予印度尼西亚在新的区域组织创建过程中的"领导力"。1966年8月,马利克表示,东南亚联盟和马菲印尼联盟都不符合现实情况,现在需要的是包含东南亚联盟和马菲印尼联盟部分内容的扩大的另一个机构;其职能将是邻国之间在经济、文化和技术事项上的密切合作;其创始成员国将包括印度尼西亚、马来西亚、菲律宾和泰国,还有柬埔寨、缅甸和新加坡。马立克拒绝区域军事同盟,因为这与印度尼西亚制定的"独立和积极的"国家政策原则相违背,这一政策反对一切形式的帝国主义和殖民主义,并以独立、持久和平与社会正义为基础,参与履行世界角色。马利克称之为区域合作的"印度尼西亚方法"(The Indonesian approach)。1966年12月,马利克公开宣布,印度尼西亚将"领导"创建旨在实现"一个统一的东南亚"的区域经济和文化合作。印度尼西亚的这种"区域领导"声言也得到马来西亚和菲律宾的认可。此前,在曼谷召开的东南亚联盟外长会议上,拉莫斯公开表示,合并东南亚联盟和马菲印尼联盟是将印度尼西亚和东南亚联盟国家联合起来的一种可能的方式,而印度尼西亚是东南亚联盟"天然的未来成员",但东南亚联盟名称可以更改。印度尼西亚拒绝参加东南亚联盟后,拉莫斯表示,可能会及时提议成立一个新的区域组织,印度尼西亚将是该组织的创始成员国,并渴望成为该组织的领导者。菲律宾原则上不反对印度尼西亚所声言的这种"领导角色"。但菲律宾希望

---

[1] Robyn J. Abell,"Philippine Policy towards Regional Cooperation in Southeast Asia, 1961 – 1969," Ph. D. Dissertation, Australian National University, 1972, pp. 324 – 328, 324, note 5.

印度尼西亚为这一立场付出代价,即默许菲律宾希望友好的非亚洲军事力量在东南亚继续存在一段过渡时期,以便给任何新的区域联盟留出时间,让其在军事上有立足之地。①

印度尼西亚关于创建新的东南亚区域组织的倡议率先得到泰国的支持。1966年8月底,科曼访问雅加达,与马利克就东南亚国家之间的区域合作问题交换了意见。双方一致认为应该在融合已有的区域组织的基础上,建立一个新组织,以保证所有的创始国以平等身份加入。两位部长发表联合公报,同意有必要采取实际步骤,提供一个有效的框架,以便在该框架内进一步促进这种合作。② 随后,作为新的区域组织的积极倡导者,印度尼西亚开始制定新的组织的建议草案,将原有模糊的想法转化为清晰的概念框架,供其他各国审议。1966年12月,马利克受权提出创建"东南亚区域合作联盟"(The Southeast Asian Association for Regional Cooperation, SEAARC)建议草案,希望通过这一新的组织不但将东南亚联盟和马菲印尼联盟所蕴含的观念融合其中,而且与该区域的非共产主义国家达成更紧密的合作,至少将缅甸和柬埔寨这两个"不结盟"国家吸纳为新的区域联盟的成员,以稀释已有区域联盟建议过于"亲西方的想象"③。而后,印度尼西亚派出强大的外交阵容前往各国游说。1966年末到1967年上半年,马利克和外交部政治事务秘书长安瓦尔·萨尼(Anwar Sani)等人先后出访泰国、缅甸、柬埔寨、菲律宾和新加坡等国,与之磋商。1966年12月,马利克和科曼在曼谷就"东南亚区域合作联盟"建议草案进行讨论后以联合宣言的形式予以确认。泰国人支持印度尼西亚的这一提议,主要是将其作为让印度尼西亚参与区域事务的一种手段,并降低其组建不那么受欢迎的新区域联盟的可能性。他们也希望抵消对他们与西方结盟的批评。科曼强调,东南亚小国必须更紧密地联

---

① Nicholas Tarling, *Regionalism in Southeast Asia: To Foster the Political Will*, New York: Routledge, 2006, pp. 121 – 122; Nicholas Tarling, *Southeast Asian Regionalism: New Zealand Perspectives*, Singapore: Institute of Southeast Asian Studies, 2011, p. 25.

② Robyn J. Abell, "Philippine Policy towards Regional Cooperation in Southeast Asia, 1961 – 1969," Ph. D. Dissertation, Australian National University, 1972, pp. 328 – 329, 329, note 5.

③ 参见 Dewi Fortuna Anwar, *Indonesia in ASEAN. Foreign Policy and Regionalism*, Singapore: ISEAS, 1994, p. 50; Bantan Nugroho, "Indonesia's Foreign Policy and ASEAN," Master Dissertation, Dalhousie University, 1996, pp. 95 – 96.

合起来，如果它们再像过去那样四分五裂，就势必会带来对其独立和自由的巨大损伤，并容许外部大国的干涉和压制。因此，东南亚国家未来的目标应该是更紧密和更成熟的合作，而这种合作在本质上既是区域性的，又不能是排他性的。泰国政府相信，菲律宾人虽然含糊其辞，但也会参与其中，因为这个集团会为菲律宾提供一种亚洲身份，并为菲律宾人思想中更敏感的民族主义思潮提供一个出口。由于泰国政府的支持及其与印度尼西亚类似的立场，"东南亚区域合作联盟"建议草案亦被称为"马利克—科曼建议"（The Malik-Khoman proposal），其构成了新的区域组织建议的基础，并被送交菲律宾、马来西亚、新加坡等国政府审议。[1]

"东南亚区域合作联盟"建议草案开头声明，东南亚国家对确保该区域稳定和维护安全、免于任何形式或表现的颠覆共负责任，以保护各自的民族身份，并依据各国人民的理想和愿望，确保整个区域的和平及各国的进步和发展。该建议草案申明，外国基地在本质上是暂时的、不应该被允许直接或间接地使用于颠覆他们国家的独立，而且集体防务安排不应被使用于服务任何大国的特定利益。该建议草案表示，他们的和平、自由、社会正义和经济福利的最佳实现方式是促进各国之间的友好谅解、睦邻关系和积极合作；他们深信，在经济和技术领域以及文化关系中的相互交流将有助于两国人民的福祉和相互理解。该建议草案还表示，外交部长们希望为进一步在东南亚进行区域合作的共同行动奠定坚实的基础，而宣布成立东南亚区域合作联盟，旨在促进该区域国家间相互理解的和谐关系和友好合作、加强区域和平与安全、促进东南亚合作研究以及彼此间的总体协商和合作，以实现该联盟的目标和宗旨，为更有效地推动现有国际援助机构的工作，并有助于解决彼此间可能出现的任何问题。该联盟的目标还包括：为经济、社会、文化、技术、科学和行政领域有效的协商、积极合作和相互援助建立有效的机制；各成员国为其他

---

[1] 参见 Dewi Fortuna Anwar, *Indonesia in ASEAN: Foreign Policy and Regionalism*, Singapore: ISEAS, 1994, p. 51; Victor J. Croizat, "The Mekong River Development Project: Some Geographical, Historical and Political Considerations," Paper P-3616, Santa Monica, California: Rand Corporation, June 1967, p. 1; Robyn J. Abell, "Philippine Policy towards Regional Cooperation in Southeast Asia, 1961–1969," Ph. D. Dissertation, Australian National University, 1972, p. 329; Nicholas Tarling, *Regionalism in Southeast Asia: To Foster the Political Will*, New York: Routledge, 2006, p. 132.

成员国的国民和官员提供培训和研究设施;为利用资源、发展贸易与工业、改善通信和提高生活水平等提供协作机制;就商品贸易问题的研究进行磋商和合作,等等。该建议草案还宣布,该联盟绝不与任何外部大国或大国集团建立联系,也不针对任何国家,而是代表着东南亚国家集体意愿,为了各自人民的共同利益而联合起来,不放弃其主权的任何部分,旨在通过共同努力促进本区域的福利和经济、社会、技术和文化进步。按照该建议草案的设想,该联盟将每年举行外交部长会议和联合工作组会议;设立一个常设委员会,由东道国外交部长或其代表担任主席,并包括其他国家的大使;设立特别问题特设委员会和常设委员会以及各个国家的秘书处;该联盟将向东南亚区域所有赞同其宗旨和原则的国家开放,供其参加。需要强调的是,该建议草案规定协议将通过联合声明而不是条约予以确认,这是一个更容易谈判的过程;在某些方面,该建议草案呼应了马菲印尼联盟的观念及其宗旨,特别是它对外国基地的规定。这为印度尼西亚领导意识的确立提供了条件。另外,与东南亚联盟一样,这项集体事业被认为是非政治性的,尽管该建议草案的规定所表明的情况并非如此。该建议草案的机制安排采用了东南亚联盟的组织机构。①

马利克和科曼联合确定的"东南亚区域合作联盟"建议草案在缅甸、柬埔寨、马来西亚和菲律宾等国的协商并不顺利。缅甸和柬埔寨领导人只是表示不反对两国建议组建的新组织,赞同新组织的经济合作功能,但不愿意介入其政治或军事议题。李光耀还表示,新的组织创建进程不宜推进过快。新加坡显然满足于等待事态的发展,急于参与经济合作,但"不愿在政治或军事上卷入一群保守的西方盟友之中"。新加坡认为,如果加入的好处主要是经济上的,而且这个集团没有可能与新加坡中立地位相冲突的政治目的,那么新加坡很可能会加入。新加坡赞成柬埔寨和缅甸加入,以确保"东南亚区域合作联盟"的中立特性,并抵消马菲

---

① Nicholas Tarling, *Regionalism in Southeast Asia: To Foster the Political Will*, New York: Routledge, 2006, pp. 125 – 126, 132; Robyn J. Abell, "Philippine Policy towards Regional Cooperation in Southeast Asia, 1961 – 1969," Ph. D. Dissertation, Australian National University, 1972, Appendix Ⅴ: The Indonesian Draft of the SEAARC Proposals Joint Declaration, pp. 429 – 431.

印尼联盟国家对该联盟可能的支配地位。印度尼西亚和马来西亚均支持新加坡加入。印度尼西亚将新加坡加入视为一种稀释该组织亲西方色彩的一种手段。马来西亚领导人还表示，不反对成立这样的新组织，但不赞成建议成立的该组织主要是政治性的。由于马来西亚仍然与英国和澳大利亚等域外国家保持着广泛的防务联系，东姑就将关于这一新组织的建议理解为对这种联系的间接批评。菲律宾同样不支持新的组织的政治特性，尤其反对建议草案中关于军事基地的条款。拉莫斯强调，菲律宾希望新的组织首先关注文化和经济事务，将政治和防务领域的合作留给后续的发展。[①] 马科斯重申他的政府在安全事务上继续依赖美国，这与印度尼西亚政府坚持认为大国的影响力尤其是外国军事基地应被排除在东南亚区域之外的主张不一致。马科斯政府还担心，东南亚本地的任何"安全联盟"都将由印度尼西亚军队主导。印度尼西亚军方曾声称，印度尼西亚、马来西亚和其他东南亚国家之间的军事联盟"可能很快会成为必要"。这样，印度尼西亚的武装部队就"能够在任何需要防务援助的邻国开展行动"。印度尼西亚军方还宣称，东南亚国家应该确保自己的防务和安全，这样就不需要任何外部大国在该区域部署军事力量。[②]

然而，这轮关于"东南亚区域合作联盟"建议草案的协商在坎坷中还是达成了一个重要共识，即印度尼西亚、泰国、菲律宾、马来西亚和新加坡五国愿意接受创建新的区域组织，并召开新的区域多边会议就有关新组织创建的细节进行协商。1967年5月底，马利克在访问马尼拉期间，菲律宾和印度尼西亚政府对"东南亚区域合作联盟"建议依然存在明显的分歧。但菲律宾舆论赞同马利克建议的观点明显增多。《马尼拉时报》发表社论称，西方尤其是美国在亚洲的存在不会是永久的，有远见的亚洲领导人正期待着西方势力消失的那一天，在这种情况下，亚洲人自

---

① 参见 Nicholas Tarling, *Regionalism in Southeast Asia: To Foster the Political Will*, New York: Routledge, 2006, pp. 129 – 130; Dewi Fortuna Anwar, *Indonesia in ASEAN. Foreign Policy and Regionalism*, Singapore: ISEAS, 1994, p. 52; Arnfinn Jorgensen-Dahl, *Regional Organization and Order in South-East Asia*, London: Macmillan University Press, 1982, p. 37.

② Robyn J. Abell, "Philippine Policy towards Regional Cooperation in Southeast Asia, 1961 – 1969," Ph. D. Dissertation, Australian National University, 1972, pp. 331 – 334; Arnfinn Jorgensen-Dahl, *Regional Organization and Order in South-East Asia*, London: Macmillan University Press, 1982, pp. 36 – 37.

己应该准备好填补它们撤军留下的真空。而马利克声明,他不是来摧毁现有的区域组织的,而是来创造"更好的事务",但他在新组织的安全议题上向菲律宾政府做了妥协。马利克和拉莫斯在会谈后发表的联合公报中没有提到安全问题,只是说两国部长就建立东南亚经济、社会、技术、科学和文化合作新组织进行了探索性会谈。更重要的是,拉莫斯表示原则上同意创建新组织的想法。该公报称,两位部长认为,应努力实现这一目标。基于这一重大进展,马利克在结束对马尼拉的访问时宣布,菲律宾、马来西亚、印度尼西亚政府将很快举行会议,讨论成立一个新的区域联盟的问题;新加坡的代表如果愿意也可能会参加这一会议。菲律宾同意马利克所建议的新组织的成员。马利克承认,新加坡已经表示"可能"参加这一会议。6月初,安瓦尔·萨尼访问吉隆坡,对马来西亚采取了和解路线。他告诉拉扎克,印度尼西亚尊重东南亚联盟,但不能加入它,因为在"对抗"期间,印度尼西亚曾有反对东南亚联盟的宣传。现在,如果把它拆散了,那就太可惜了,因为它仍然可以做有价值的工作,而且将来可能会与"东南亚区域合作联盟"合并。双方就成立新的区域组织达成一致。7月9日,马利克与科曼在曼谷再次举行会谈。科曼透露,所有其他有关各方都同意在曼谷就成立新的区域组织举行会谈。会后,科曼宣布"东南亚区域合作联盟"会议将于8月在曼谷举行。[①]

在曼谷会议前夕,马科斯召集了一次菲律宾跨党派顾问小组——外交政策委员会(Foreign Policy Council)会议。出席会议的有前总统加西亚和马卡帕加尔,以及前外交秘书塞拉诺和佩洛斯。外交政策委员会起草了一份"东南亚区域合作联盟"草案,与印度尼西亚"东南亚区域合作联盟"草案有所不同。菲律宾的草案没有提及外国基地的"临时性"或安全问题,主要处理增强"经济进步"和"社会福利"的问题。但菲律宾的草案有两项关于"安全"的条款实际上与印度尼西亚的草案完全

[①] 参见 Robyn J. Abell, "Philippine Policy towards Regional Cooperation in Southeast Asia, 1961 – 1969," Ph. D. Dissertation, Australian National University, 1972, pp. 334 – 336; Nicholas Tarling, *Regionalism in Southeast Asia: To Foster the Political Will*, New York: Routledge, 2006, pp. 135 – 136; Ann Marie Murphy, "From Conflict to Cooperation in Southeast Asia, 1961 – 1967: The Disputes out of the Creation of Malaysia and the Establishment of the Association of Southeast Asia (ASEAN)," Ph. D. Dissertation, Columbia University, 2002, pp. 331, 335.

相同。该草案指出,基于和平、自由和社会正义的理想以及各国对法治的持久尊重,为促进东南亚有意义合作的共同行动奠定了坚实基础;声明通过在该区域国家关系中尊重正义和法治,遵守《联合国宪章》的原则,促进区域和平与稳定。菲律宾草案建议制定"和平与进步宪章",本着平等伙伴关系的精神,通过集体努力加速区域经济增长和社会进步,以巩固东南亚国家繁荣与和平的基础。该草案指出,为履行"和平与进步宪章"和维护所需的持续定期磋商的过程,应建立一些多边机制,包括设立外长年度会议,参照东南亚联盟区域合作部长级会议,在成员国轮流举行;设立一个常设委员会,由东道国外交部长或其代表担任主席,并由其他成员国派驻的大使作为其成员,在部长级会议之间开展工作;每一个成员国都要设立国家秘书处,为外交部长年度会议或特别会议、常设委员会和今后可能设立的其他委员会提供服务。该草案强调,新创建的联盟不是一个排他性的机构,只要得到《联合国宪章》成员国的同意,任何东南亚国家都可以加入;该联盟并不针对任何国家或国家集团,而是鼓励区域协商,促进联合和团结的意识,并本着平等伙伴关系的精神,通过互惠的集体努力,实现本区域的经济、社会、技术和文化进步。[①]

1967年8月5日,泰国、印度尼西亚、菲律宾、马来西亚和新加坡五国外长在曼谷南部邦盛海滩(Bangsaen)举行了一次非正式会谈后,移至曼谷又举行了两次闭门会议和一次公开会议,在讨论印度尼西亚、泰国和菲律宾建议草案的基础上,重新拟定"东南亚区域合作联盟"草案文本。会谈中的争论主要在印度尼西亚和菲律宾之间展开。两国外长均希望自己的建议草案被接纳。拉莫斯坚持保留美国在菲律宾的军事基地,反对印度尼西亚提出的关于安全和外国军事基地临时性的条款。马利克坚持认为,印度尼西亚"新秩序"政权的政治生存依赖于这些条款被接受。拉扎克和科曼相信,印度尼西亚新的组织成员资格是该组织成功的前提条件,努力促进印度尼西亚和菲律宾之间的"妥协方案"。最终,具

[①] Robyn J. Abell, "Philippine Policy towards Regional Cooperation in Southeast Asia, 1961 – 1969," Ph. D. Dissertation, Australian National University, 1972, Appendix IV: The Philippine Draft of the SEAARC Proposals, pp. 427 – 428.

第四章　战后东南亚区域合作的分化重组(1961—1967)　/　757

有强烈偏好的国家均声称获得了"部分胜利":印度尼西亚确保了外国军事基地的相关条款,并使新的草案文本表现出严格的"不结盟"特性;菲律宾在新的草案文本中消除了有关条款中特定的大国指向;泰国实现了印度尼西亚加入新组织的目标。会上,马来西亚和新加坡没有明显的诉求。在马利克的建议下,新的区域组织放弃了"东南亚区域合作联盟"的名字,改称"东南亚国家联盟"(即东盟)。会议结束前,与会各方确定,新组织的草案文本形式既非"宪章",亦非"条约"或"协定",而是采用他们惯常采用的"宣言"。1967 年 8 月 8 日,五国外长正式签署《东南亚国家联盟宣言》(The Association of Southeast Asian Nations Declaration),简称《东盟宣言》(ASEAN Declaration),又称《曼谷宣言》(The Bangkok Declaration)。[①] 这标志着东盟的正式成立,从而实现了东南亚国家"启动区域合作的首次成功尝试"[②]。

东盟成立的意义重大,在东南亚区域合作实践进程中起着承前启后的作用。一方面,它延续了万隆会议上的许多主题和以前流产的区域项目,尤其是吸收、借鉴了东南亚联盟和马菲印尼联盟等区域合作的内容和方式,并对它们进行了整合。无论从合作内容还是机构设置上看,东盟都带有东南亚联盟的痕迹。东盟成立时发表的《东盟宣言》宣称,要在经济、社会、文化、教育、科技、交通等方面展开合作,回避了政治和安全合作,这一点和东南亚联盟成立时所宣示的合作内容一致。其合作内容体现了东盟对东南亚联盟的继承,其中东南亚联盟的《曼谷宣言》第一条、第三条有关经济、文化等方面的合作和交流,被整合为东盟成立时的《东盟宣言》合作内容的第三条;东南亚联盟《曼谷宣言》的第

[①] 参见 Nicholas Tarling, *Regionalism in Southeast Asia: To Foster the Political Will*, New York: Routledge, 2006, p. 134; Arnfinn Jorgensen-Dahl, *Regional Organization and Order in South-East Asia*, London: Macmillan University Press, 1982, pp. 37 – 38; Ann Marie Murphy, "From Conflict to Cooperation in Southeast Asia, 1961 – 1967: The Disputes out of the Creation of Malaysia and the Establishment of the Association of Southeast Asia (ASEAN)," Ph. D. Dissertation, Columbia University, 2002, pp. 339 – 341; Robyn J. Abell, "Philippine Policy towards Regional Cooperation in Southeast Asia, 1961 – 1969," Ph. D. Dissertation, Australian National University, 1972, pp. 337 – 338.

[②] Thanat Khoman, "ASEAN Conception and Evolution," in *The ASEAN Reader*, Institute of Southeast Asian Studies, Singapore, 1992, https://asean.org/? static_ post = asean-conception-and-evolution-by-thanat-khoman.

五、六条被合并为《东盟宣言》的第五条。除此之外，两个区域组织的合作条目极其相似，甚至用语也高度一致。东盟还借鉴了东南亚联盟的机构设置。东南亚联盟采用的是外长会议、常务委员会和常设委员会的三级架构；在各国外交部之下设立国家秘书处，作为本国和东南亚联盟的联络机构。东盟成立时设置的机构基本类似于东南亚联盟，主要有部长会议（外长年度会议）、常务委员会、特别委员会、常设委员会和东盟国家秘书处。此外，东盟的机构设置也坚持平等、松散的运行原则，外长会议和常务委员会实行轮流制，没有设置日常行政机构和超国家组织。在机构设置和运行原则方面，两个区域组织一脉相承。马菲印尼联盟也对东盟产生了一定的影响，它对东盟的影响主要表现在政治原则方面：一是军事基地的临时性。《东盟宣言》重申了外国军事基地的临时性原则，规定"肯定所有的外国基地都是暂时性的，只是在有关国家的明确同意下才能存在，并不是为了直接或间接地用来颠覆这一地区的国家的民族独立和自由或者危害各国发展的正常进程"；二是两个组织都强调"成员国对本地区的安全、稳定与和平负有主要责任"，都强调区域自主性。[1] 由此可见，东盟借鉴了东南亚联盟的组织机构和合作项目，又借鉴了马菲印尼联盟的一些重要合作原则，体现了东南亚区域主义的延续性。因此，虽然马菲印尼联盟和东南亚联盟的运行并不通畅，但这两个区域组织显示出东南亚各国已经逐渐意识到区域合作的重要性，并有意尝试开展这样的区域合作去解决具体问题，为以后东盟的成立和运行积累了经验。[2]

另一方面，在核心规范上，东盟仍然保持了与东南亚联盟、马非印尼联盟及亚洲关系会议、万隆会议、"科伦坡计划"等东南亚早期区域合作实践的连续性。[3] 不干预、非武力、和平解决争端、尊重成员国的主权

---

[1] ASEAN Secretariat, "The ASEAN Declaration (Bangkok Declaration)," Bangkok, 8 August 1967, http：//agreement. asean. org/media/download/20140117154159. pdf.

[2] ［老挝］素里耶·莫那拉：《中国与东盟：命运共同体的生动实践》，新星出版社2021年版，第43页。

[3] Amitav Acharya, *Constructing a Security Community in Southeast Asia： ASEAN and the Problem of Regional Orde*, Third edition, New York： Routledge, 2014, pp. 43 – 50, 56; Estrella D. Solidum, *The Politics of ASEAN： An Introduction to Southeast Asian Regionalism*, Singapore： Eastern Universities Press, 2003, pp. 79 – 80.

和领土完整、区域自主等行为准则和基于协商、共识的决策程序均被继承下来。① 由此，东盟在"亚洲方式"的基础上逐步形成了东南亚本地区域合作的"东盟方式"。首先，东盟一开始就拒绝成为一个军事集团，并将不干预原则纳入"东盟规范"范畴。科曼在谈及这一原则时说："我们坚定的信念原则是，我们的合作应该处理非军事问题。有些人企图把我们推向建立军事同盟的道路。我们予以抵制；我们明智而正确地坚持排除军事纠缠，在经济基础上维持安全。"新加坡时任外交部长拉惹勒南（S. Rajaratnam）说："人们似乎普遍赞同这样一种观点，即东盟的军事协议没有多大用处：东盟成员国太过弱小，无法形成一个可信的军事联盟；一项条约更有可能招致敌对行动，而不是遏制冲突。"②在东盟成立后，拉莫斯在一次讲话中拒绝东盟发挥任何集体安全或防御作用。他说，任何亚洲成员国都没有义务在受到外来干预的情况下向另一个成员国提供援助；亚洲国家也不打算或承诺分担抵制外国干涉的责任。每个国家都必须照顾自己的安全。具体来说，东盟所提倡的不干预原则主要有四种含义：一是不批评成员国政府对其人民采取的行动，不把国家的政治体制和政府的政治风格作为东盟成员国资格的基本条件；二是批评违反不干预原则的国家的行为；三是对邻国那些企图制造不稳定局势或企图推翻政府的叛乱集团不予承认；四是对成员国家政府提供政治和物质资助，以支持其开展打击颠覆活动和制造紧张局势的活动。③

其次，东盟成员国同意限制使用武力来解决国家间的争端。东盟成立后最迫切的任务是在区域内创造一种有利条件，使东南亚国家的政治分歧和安全问题得到和平解决。《曼谷宣言》概括了东盟的这一目标，即"在区域内国家关系中，通过遵守、尊重、公正和法律原则、坚持联合国

---

① Amitav Acharya, "Ideas, Identity, and Institution-Building: From the 'ASEAN Way' to the 'Asia-Pacific Way'?" *The Pacific Review*, Vol. 10, No. 3, 1997, pp. 328 – 333.

② Thanat Khoman, "ASEAN Conception and Evolution," in *The ASEAN Reader*, Institute of Southeast Asian Studies, Singapore, 1992, https://asean.org/?static_post=asean-conception-and-evolution-by-thanat-khoman.

③ Amitav Acharya, *Constructing a Security Community in Southeast Asia: ASEAN and the Problem of Regional Order*, Third edition, New York: Routledge, 2014, pp. 57 – 59.

宪章的原则，促进区域和平与稳定。"① 马利克指出，东盟的历史性意义在于，它"反映出该区域各国对它们自身的未来承担责任的日益增加的决心，即联合解决它们面临的发展、稳定和安全问题"②。

再次，东盟谋求区域自主或"区域问题区域解决"。东盟国家强调在处理该区域安全问题时需要更大的自主性，这已成为东盟的一项重要准则。马利克指出："区域问题，即对有关区域有直接影响的问题，应被视为该区域本身的主要关切。在面对这些问题时，该区域国家之间的相互协商与合作可能会导致该区域的观点在寻求解决办法时得到它们应有的首要地位。"寻求自治的一个关键措施，是东盟谨慎地坚持限制其成员国数量，将领导权牢牢掌握在自己手中，而不接受外部大国的领导，即使是一个亚洲大国。这里需要强调的是，对东盟的缔造者来说，区域自主并不意味着强制。在这里，自主意味着尽量减少对东南亚国家的外部干预，当时这种干预是冷战环境中一个持续的、全球性的侧面，而且外部安全保障的信誉正在下降（从而使它们变得不那么必要，甚至不那么危险）。东盟是由东南亚国家独自建立的，没有一个外部大国的干预或支持。虽然东盟的创建者寻求在管理区域秩序方面的专门角色，但这一角色反映了一种信念，即区域国家之间的密切合作将产生一定的政治效果，从而克服了将任何有损尊严的警务功能赋予外部力量的需要。这从本质上讲是东盟寻求的区域自主。③ 这也是东南亚区域意识的一种关键表达。新加坡前外长苏皮烈·达纳巴兰（Suppiah Dhanabalan）在谈及东盟成立的背景时指出："我们不应该忽略的事实是，东盟既是一个非排他性经济组织，又是一个包含政治、经济、文化和社会维度的更全面的集体。它是一个应对共同外部问题的集体工具……东盟也是一种兴起中的区域意识。"④

---

① ASEAN Secretariat, "The ASEAN Declaration (Bangkok Declaration)," Bangkok, 8 August 1967, http://agreement.asean.org/media/download/20140117154159.pdf.

② Arnfinn Jorgensen-Dahl, *Regional Organization and Order in South-East Asia*, London: Macmillan University Press, 1982, p. 78.

③ Amitav Acharya, *Constructing a Security Community in Southeast Asia: ASEAN and the Problem of Regional Order*, Third edition, New York: Routledge, 2014, pp. 49–50.

④ Michael Antolik, *ASEAN and the Diplomacy of Accommmodation*, New York: M. E. Sharpe, 1990, p. 1.

第四章 战后东南亚区域合作的分化重组(1961—1967) / 761

最后,东盟规定区域关系、行为的程序规范,即"协商"和"共识"的决策程序和方式。东盟五国的"协商"和"共识"并不是一个抽象的概念,而是被作为一种促进区域和政治合作的实用方法。这就是区域合作"东盟方式"的雏形。"东盟方式"通常被描述为一个以高度协商和协商一致为特点的决策过程。它是一种基于离散性、非正式性、共识建设和非对抗性谈判方式的区域互动与合作过程,这与西方多边谈判中的对抗性谈判、多数投票等法律决策程序形成鲜明对比。共识性办法强调需要一个不具威胁性的多边环境,并以对缓和与和解的共同承诺为指导。这可以在参与者之间创造足够的善意,以鼓励基于兄弟情谊和亲近感的克制的政治和军事行为。东盟国家不把敏感问题纳入多边议程的做法,并不意味着多边主义对解决冲突没有作用。这意味着奉行多边主义的成员并不将其视为一种法律或正式的相互作用框架,而是为解决内部问题创造一种有益的社会—心理环境。[1] 李光耀对此解释说,只要那些还未准备参加的成员国不会受到不参加的损害,(这些国家)也不会被排除以后参加的可能性,就不需要行使否决的权利。他强调,当四个成员国同意某一特定方案,而另外一个国家不同意时,这仍然可以被认为是共识,而且五减一方案仍能使参与的四个成员国受益而不损害剩下一个国家的利益。[2] 李光耀认为,东盟官员通过那些定期磋商和会议,合作和妥协的习惯也会逐渐形成。他们试图避免对抗,以寻求共识为理想。在共识无法形成时,他们会达成妥协或承诺合作。在他看来,定期和频繁的会晤使东盟部长和官员之间的个人和工作关系变得容易。这帮助他们在接受第三方照会的议题之前可以非正式地解决双边问题。由此,东盟官员和部长们形成了一种工作风格,这种风格使得争端即使得不到解决也可以被压制,并形成一种更加合作的态度。[3]

虽然《曼谷宣言》所确定的东南亚区域合作的领域是经济、社会和

---

[1] Amitav Acharya, *Constructing a Security Community in Southeast Asia: ASEAN and the Problem of Regional Order*, Third edition, New York: Routledge, 2014, pp. 49 - 50, 66 - 68.

[2] Roger Irving, "The Formative Years of ASEAN: 1967 - 1975," in Alison Broinouski ed., *Understanding ASEAN*, New York: St. Martin's Press, 1982, p. 62.

[3] Lee, Kuan Yew, *From Third World to First: The Singapore Story*, 1965 - 2000, New York: Harper Collins Publishers, 2000, p. 331.

文化的,但其成立就具有强烈的政治和安全动因。可以说,东盟的成立是其成员国共同的威胁认知进一步强化的结果。在越南战争的背景下,东盟被视为防止共产主义扩张的保障。泰国将这个新组织视为美国从东南亚撤军时的安全保障。相反,印度尼西亚认为,它参加东盟是实现其在东南亚建立新区域秩序理想的机会。马来西亚将《曼谷宣言》解释为印度尼西亚和菲律宾对其国家和国家边界的最终承认。马来西亚还认为,加入这个新的区域组织是减少菲律宾对美国依赖的一种方式。新加坡则认为,加入东盟是向获得更大邻国同等承认而迈出的一步。[1] 这正如罗慕洛所言:"尽管东盟不是亚洲政治集团,但它必须发挥它作为该区域和平与平衡的一个因素的作用。"苏哈托后来在回顾东盟的目标时认为,东盟奠基人期望东盟将在解决东南亚所有问题中发挥建设性作用,因为"和平的目标是东盟诞生的基本因素"[2]。他相信,东南亚国家应对所面临的主要威胁"不应该通过军事协议或军事力量,而应该通过经济发展、文化和意识形态领域的国际和区域合作,加强这些国家的国家意志和抵抗能力"[3]。李光耀在其回忆录中写道,东盟的成立"不言而喻的目标是,在英国即将撤军以及美国可能撤军带来的权力真空之前,通过团结来获得力量"。他解释说,此时"印度尼西亚想让马来西亚和新加坡放心,随着苏加诺时代的结束,其意图是和平的,它已经放弃了苏加诺的挑衅政策。泰国希望与不结盟运动的非共产主义邻国建立联系。菲律宾想要一个论坛来推进其北婆罗洲主权主张。新加坡寻求邻国在维护区域稳定与安全方面的理解和支持"[4]。

东盟的成立首先是为了应对来自内部的威胁,主要是共产主义运动和其他颠覆活动。东盟国家把经济发展作为主要对策。东盟国家领导人

---

[1] Kai Dreisbach, "Between SEATO and ASEAN: The United States and the Regional Organization of Southeast Asia," in Marc Frey, Ronald Pruessen and Tan Tai Yong, eds., *The Transformation of Southeast Asia: International Perspectives on Decolonization*, Armonk: M. E. Sharpe, 2003, p. 255.

[2] Michael Antolik, *ASEAN and the Diplomacy of Accommmodation*, New York: M. E. Sharpe, 1990, pp. 1 – 6.

[3] Donald G. McCloud, "United States Policies toward Regional Organizations in Southeast Asia," *World Affairs*, Vol. 133, No. 2, 1970, p. 141.

[4] Lee Kuan Yew, *From Third World to First: The Singapore Story*, 1965 – 2000, New York: Harper Collins Publishers, 2000, p. 329.

认为，共产主义运动的根源在于国内的经济和社会环境，其中，最为严重的是贫穷与社会不平等。这是所有东盟国家作为一个社会整体的区域特征。因此，针对共产主义威胁的一个根本解决办法不是军事镇压，而是取得经济的快速发展，从而从根源上消除人们对社会和政治的不满。罗慕洛指出："我们面对的主要敌人是颠覆行为，而战胜它的唯一办法就是改变大众的命运，给予他们社会公正，让社会的经济得到发展。这就是我们把东盟作为主要驱动力的原因。"[1] 拉惹勒南认为，东盟各成员国明确认识到，促进经济、社会和文化合作将有助于"消除东盟具有军事影响的早期误解"[2]。时任马来西亚外长沙菲（Ghazalie bin Shafie）称：

  适用于东盟区域自由事业的概念是东盟的哲学基础。这是理解东盟及其方向感的关键。东盟区域国家联合起来旨在保持自由事业的体系，以此作为反对共产主义为一侧、垄断的资本主义力量为另一侧的对应措施。当马来西亚、印度尼西亚、菲律宾、新加坡和泰国领导人于1967年齐聚曼谷商谈东盟成立事宜的时候，他们实际上是在对联合增强和促进自由联合的体系承担责任，以使他们的国家相信他们联合起来才能利用该体系的强大力量催生各种类型的国家和区域抗御力，以构筑其反对共产主义的堡垒。[3]

这有力地支持了爱特尔·索林根（Etel Solinge）所言的国内自由主义和国际联合主义与区域合作的积极关系。他认为："东盟的合作是设想和培养它们的国内政治力量的产物。该区域核心领导人创立了赞成内部和区域政治经济稳定和全球性准入的支持性国际主义联合。"[4]

---

[1] Amitav Acharya, *The Quest for Identity: International Relations of Southeast Asia*, Oxford: Oxford University Press, 2001, pp. 90–91.

[2] Thanat Khoman, "ASEAN Conception and Evolution," in *The ASEAN Reader*, Institute of Southeast Asian Studies, Singapore, 1992, https://asean.org/?static_post=asean-conception-and-evolution-by-thanat-khoman.

[3] Arntinn Jorgensen-Dahl, *Regional Organization and Order in Southeast Asia*, London: Macmillan Press, 1982, p. 92.

[4] 参见 Etel Solinge, "ASEAN, Quo Vadis? Domestic Coalitions and Regional Cooperation," *Contemporary Southeast Asia*, Vol. 21, No. 1, 1999, pp. 30–54.

东盟的成立也与对外部威胁的共同认知密切相关。这种外部威胁认知既有对印度支那国家共产主义运动区域扩散的恐惧，也有对外部大国竞争的担心。马利克明确指出：

> 东南亚是一个大多数大国在政治上和地理上存在和利益集中的地区。它们之间的政策相互作用的频率和强度以及它们对该区域各国的主要影响，不能不对政治现实产生直接影响。面对这个问题，该区域的小国永远没有做任何消除此模式的主导大国影响的希望，除非它们采取集体行动，直到它们发展形成自己的内部凝聚力、稳定和共同目的的能力。因此，东盟内部的区域合作也代表了其成员国的自觉努力，试图在稳定该区域新的权力均衡的持续进程中重新确立它们的立场并贡献它们自己的概念和目标。①

科曼也曾经指出："对东南亚国家来说，联合力量的必要性已成为当务之急，以便让它们听到自己的声音并发挥效力。这是我们必须悲痛地了解的事实。因此，我们联合起来的动机是加强我们的地位，保护我们自己不受大国竞争的影响。"② 阿查亚认为："东盟成立的直接动因首先与这样一种共同的愿望有关，即发挥集体外交的影响力以对付外部大国。东盟被寄望于提高其弱小的成员与大国交往中讨价还价的能力。东盟或许不能使其成员阻止大国干涉这一区域的内部事务，但可以帮助其成员使大国在做出妥协时考虑这些成员的利益。"他还认为："对越南、老挝和柬埔寨等国家共产主义者领导的民族解放运动的共同担心成为东盟十分重要的黏合剂。"③

另外，为保证东南亚区域自主原则的实现，东盟在成立时即承继万

---

① Amitav Acharya, *The Making of Southeast Asia: International Relations of a Region*, Singapore: ISEAS Publishing, 2012, p. 159.

② Thanat Khoman, "ASEAN Conception and Evolution," in *The ASEAN Reader*, Institute of Southeast Asian Studies, Singapore, 1992, https://asean.org/?static_post=asean-conception-and-evolution-by-thanat-khoman.

③ Amitav Acharya, *The Quest for Identity: International Relations of Southeast Asia*, Oxford: Oxford University Press, 2001, pp. 86–87.

隆会议所建构的东南亚区域概念,从地域上对该组织的成员国资格做出了明确的限定。《东盟宣言》确定东盟对赞成该组织目标、原则和宗旨的"东南亚区域所有国家开放"[1]。按照印度尼西亚的观点,除了东盟五个创始会员国外,"东南亚国家"还包括缅甸、柬埔寨、越南和老挝,但不包括印度、锡兰等国。这就是东南亚成员国资格的"地理标准"。这样,东盟在20世纪70年代初锡兰申请加入时以它不属于东南亚为由而加以拒绝。东盟在初创期只是一个松散的、没有法律约束力的非正式的区域组织,但随着东盟规范的产生和完善,东盟国家开始运用一系列双边和多边方法,来减弱由它们之间安全相互依存所扩大的困境。这些对话、协商和共识的结果是"一种集体认同感的兴起"[2]。这正如新加坡高级官员许通美(Tommy Koh)在1974年5月谈到东南亚安全时所言:"五个国家汇聚到一起,在它们当中已然出现共同体的观念,这种观念正在维系着它们,它们的相互信任增强了。这些都是可观的成就。"[3] 对于这些,阿查亚解释说,避免多边军事合作作为一项重要的"东盟规范","源自1955年万隆亚非会议达到顶点的亚洲区域主义话语",而不干预主义这一"1955年万隆亚非会议再次确认的核心原则"被合并到东盟重要的政治声明中,并使之同时适用于东南亚域外国家对东南亚的干预和东南亚国家对其邻国事务的干预,由此保持了《东盟宣言》"与马菲印尼(联盟)和万隆(会议)在某些规范上的连续性"[4]。

总之,东盟的成立不但标志着东南亚所从事的区域合作的最重要的努力,而且印度尼西亚的参加意味着这一占东南亚人口72%、领土约占68%的国家也被纳入东盟框架之内,从而在一定程度上"能够将东盟国家在言行上联合起来,并拥有一个在区域和世界事务中超越东南亚联盟

---

[1] ASEAN Secretariat, "The ASEAN Declaration (Bangkok Declaration)," Bangkok, 8 August 1967, http://agreement.asean.org/media/download/20140117154159.pdf.

[2] Yuen Foong Khong, "ASEAN and the Southeast Security Complex," in David A. Lake and Patrick M. Morgan, eds., *Regional Orders: Building Security in a New World*, University Park, PA: The Pennsylvania State University Press, 1997, pp. 318–339.

[3] [新加坡]许通美著,[美]阿米塔夫·阿查亚编:《探究世界秩序:一位务实的理想主义者的观点》,门洪华等译,中央编译出版社1999年版,第266页。

[4] 参见 Amitav Acharya, *Constructing a Security Community in Southeast Asia: ASEAN and the Problem of Regional Order*, Third edition, New York: Routledge, 2014, pp. 43–50, 56.

的权威"①。自此,马菲印尼联盟与东南亚联盟一起被并入统一的东盟组织。② 东南亚区域合作在东盟框架内进入一个新阶段。1968年10月,英、美两国官员在讨论东南亚区域合作时称:"东南亚那些没有战争困扰的地区的首要任务是,通过东盟这样的组织建立一个健康持久的区域合作。东盟已经有了一个良好的开端,它可以做很多有益的事情。"③老挝学者素里耶·莫那拉(Souliya Mounnarath)评论说:"东盟的成立表明,东南亚已由地理概念开始具备了国际政治经济意义,成为影响国际关系发展的重要行为体,从此掀开了东南亚历史发展新的一页。"④

第三节 东南亚条约组织衰落和跨区域合作重组

20世纪60年代以来,东南亚条约组织因无力应对老挝危机和越南战争而陷入衰退,《英马防务协定》因马来西亚的成立及新加坡与马来西亚的分治而出现新的进展。与此同时,与西方联系紧密的新兴经济大国日本、韩国与更积极地融入亚洲的澳大利亚等周边国家一起开始在"太平洋主义"或"亚太主义"更宽泛的跨区域框架内探索新的特定的亚太区域合作的新愿景。与冷战初期反对"西方"的"泛亚主义"和具有意识形态色彩的"太平洋条约"等排他性的动议不同,"太平洋主义"或"亚太主义"旨在推动太平洋一侧的西方国家与另一侧的亚洲国家之间更具包容性的合作。⑤ 而随着东南亚本地区域合作的兴起,东南亚国家及初

---

① Arnfinn Jorgensen-Dahl, *Regional Organization and Order in Southeast Asia*, London: Macmillan Press, 1982, p. 44.

② "Association of South East Asian Nations and its Antecedents," in Michael Haas, ed., *Basic Documents of Asian Regional Organizations*, Vol. 4, New York: Oceana Publications, 1979, pp. 1229 – 1240.

③ Sue Thompson, *The United States and Southeast Asian Regionalism: Collective Security and Economic Development*, 1945 – 75, New York: Routledge, 2019, p. 4.

④ [老挝]素里耶·莫那拉:《中国与东盟:命运共同体的生动实践》,新星出版社2021年版,第44页。

⑤ David Hundt and Jaechun Kim, "Competing Notions of Regionalism in South Korean Politics," *Japanese Journal of Political Science*, Vol. 12, No. 2, 2011, p. 253.

生的东盟开始积极参与乃至推动东南亚跨区域合作这一新发展。所有这些都引发了东南亚跨区域合作的重组。

一 老挝危机、越南战争与东南亚条约组织衰退

到20世纪60年代初，不断升级的老挝危机已构成东南亚条约组织成立以来所面临的最大挑战。如前所述，在老挝危机前期，东南亚条约组织试图发挥作用，其解决办法中的军事保证一直是这一危机政治解决的组成部分，但随着贡勒政变所引发的内战扭转了整个局势，解决问题的"日内瓦方法"得以强化。1961年初，老挝危机到达高峰。从老挝国内来看，巴特寮势力在北部和南部不断拓展，并与"中立主义"集团结盟支持富马政权，为越盟向南越渗透打开了新的通道；从国际上看，发生在日内瓦和其他地方的国际谈判开始决定老挝的未来。[1]

1961年1月1日，西哈努克在与中国领导人商洽后建议召开新的关于老挝的国际会议，并邀请1954年《日内瓦协议》参加国及泰国、南越和缅甸等国家和地区参加。[2] 1月14日和2月11日，周恩来两次给西哈努克回信提议，召开关于老挝问题的扩大的日内瓦会议，并认为这"必将有助于寻求维护《日内瓦协议》和恢复老挝和平的途径"[3]。2月3日，周恩来表示，中国政府认为，如果有关国家认真遵守不干涉老挝内政、尊重老挝统一和领土完整等原则，这无疑将有利于有关国家国际会议的召开和老挝问题的和平解决。[4] 富马同意了西哈努克和周恩来的建议，并保证老挝不参加任何军事同盟。胡志明和赫鲁晓夫嗣后也分别致电西哈努克，同意其召开日内瓦会议的建议。随后，英国政府表示，老挝应先停火，恢复国际监督监察委员会的活动，然后再行决定是否召开日内瓦

---

[1] George Modelsk, "Introduction," in George Modelsk, ed., *SEATO: Six Studies*, Sydney: Halstead Press, 1962, xvi.

[2] 《柬埔寨国家元首西哈努克关于建议召开扩大的日内瓦会议给中华人民共和国主席刘少奇和总理周恩来的信》（1961年1月1日），载世界知识出版社编《印度支那问题文件汇编》（第3集），世界知识出版社1961年版，第157—158页。

[3] 《中华人民共和国总理周恩来复柬埔寨国家元首西哈努克的信》（1961年1月14日），载世界知识出版社编《印度支那问题文件汇编》（第3集），第136—137页。

[4] 《中华人民共和国总理周恩来复柬埔寨国家元首西哈努克的信》（1961年2月11日），载世界知识出版社编《印度支那问题文件汇编》（第3集），第157—158页。

会议。苏联亦同意由日内瓦会议两主席呼吁停火,并主张尽快召开国际会议。① 对此,中国政府予以支持。1961 年 4 月 16 日,周恩来和吴努发表联合公报呼吁,为保证老挝的独立自主、民族和睦、和平与真正的中立及其内部事务永久不受外界干涉,必须立即召开西哈努克所建议的由 14 国参加的扩大的日内瓦会议,并希望通过这次会议,由奉行和平中立政策的东南亚国家所组成的和平中立地区能够扩大。② 4 月 25 日,周恩来和富马发表联合声明表示,双方一致认为召开西哈努克所建议的由 14 国参加的扩大的日内瓦会议是"解决老挝问题的唯一有效途径"③。

与之相应,由于英国和法国不愿求助于东南亚条约组织,而印度偏好再次采用"日内瓦方法",东南亚条约组织能否依据《东南亚集体防务条约》向老挝提供"保护"成为危机解决中的一个核心议题。④ 面对此种形势,1961 年 1 月初,东南亚条约组织理事会代表在曼谷两次开会讨论老挝危机的应对之策。代表们决定所有的努力均应通过和平途径谋求问题的解决。这意味着所有的调解努力都应"致力于维护该国的完整和真正的独立"⑤。但在美国政府看来,东南亚条约组织的目标不仅于此。1 月中旬,美国总统艾森豪威尔强调,老挝现在是整个东南亚区域的关键。"如果老挝输给共产党,它将给泰国、柬埔寨和南越带来难以置信的压力。"他说:"他认为老挝是如此重要,如果它达到了我们无法说服其他国家与我们合作的阶段,那么他会愿意,作为最后的绝望中的希望,单方面进行干预。"艾森豪威尔又表示,他个人更希望东南亚条约组织承担

---

① 参见冯一鸣《"革命"与"中立"之间:中国对老挝初期政策探析——以第二次日内瓦会议筹备阶段为核心的考察》,载《冷战国际史研究》(第 21 辑),世界知识出版社 2016 年版,第 131—132、139—141 页;代兵《挫败中立:1954—1964 年的老挝与冷战》,江苏人民出版社 2017 年版,第 140 页。

② 《中华人民共和国国务院总理周恩来和缅甸联邦总理吴努的联合公报(节录)》(1961 年 4 月 16 日),载世界知识出版社编《印度支那问题文件汇编》(第 3 集),世界知识出版社 1961 年版,第 217 页。

③ 《中华人民共和国国务院总理周恩来和老挝王国政府首相梭发那·富马的联合声明》(1961 年 4 月 25 日),载世界知识出版社编《印度支那问题文件汇编》(第 3 集),第 220 页。

④ George Modelsk, "Introduction," in George Modelsk, ed., *SEATO: Six Studies*, Sydney: Halstead Press, 1962, xvi.

⑤ Leszek Buszynski, *SEATO: The Failure of an Alliance Strategy*, Singapore: Singapore University Press, 1984, pp. 75 – 76.

这一责任。但美国试图通过东南亚条约组织介入的努力到目前为止还没有成功,尤其是英国和法国把这场冲突看作老挝的"内讧的难题而不是外部侵略的明显案例"①。1月23日,肯尼迪就任美国总统伊始,老挝问题部门间工作组(The Inter-Agency Task Force on Laos)递交的报告指出,东南亚条约组织成员国对该组织和美国对老挝的意图不确定,这是由于该组织在危机中未能采取行动所造成的;英国和澳大利亚不愿意、法国和新西兰更不愿意支持东南亚条约组织采取有效行动;没有哪个大国能与美国在老挝进行联合军事干预,也没有几个国家会公开支持我们的干预。基于此,这份报告指出,美国在老挝的任何有效战略的基础都是必须在政治和军事方面同时进行。该报告建议:"如果东南亚条约组织在未来不能发挥重要的作用,就应该逐步弱化它,由美国的单方面行动取代它,也就是说,通过与泰国的双边条约和根据情况需要的任何美国军事部署来取代它。"②

3月21日,肯尼迪政府综合老挝国内和国际反应后就老挝危机做出决定,主要内容包括:美国的目标仍然是达成政治解决;将采取政治和军事行动方针;在政治上,将寻求英国的合作,并同意召开国际监督监察委员会和14国参加的国际会议;在军事上,采取已经准备好的行动方针,以应付一切可能发生的情况;如果有必要,希望东南亚条约组织能向泰国派遣一支部队,并将其转移到老挝,等等。③ 3月23日,肯尼迪发表全国电视讲话声明,美国"坚决和毫无保留地"支持"建立一个不受任何外部大国或大国集团束缚、不威胁任何人和不受任何控制的中立和独立的老挝的目标"。他表示,美国赞成建设性的谈判,支持英国关于停火和召开老挝问题

---

① "Memorandum for the Record," Washington, 19 January 1961, in United States Department of State, *Foreign Relations of the United States Diplomatic Papers*, 1961 – 1963, Vol. 24: *Southeast Asia*, Document 9, https://history.state.gov/historicaldocuments/frus1961 – 63v24/d9.

② "Memorandum from the Assistant Secretary of Defense for International Security Affairs (Nitze) to Secretary of Defense McNamara," Washington, 23 January 1961, in United States Department of State, *Foreign Relations of the United States Diplomatic Papers*, 1961 – 1963, Vol. 24: *Laos Crisis*, Document 10, https://history.state.gov/historicaldocuments/frus1961 – 63v24/d10.

③ "Telegram from the Department of State to the Embassy in Laos," Washington, 21 March 1961, in United States Department of State, *Foreign Relations of the United States Diplomatic Papers*, 1961 – 1963, Vol. 24: *Laos Crisis*, Document 38, https://history.state.gov/historicaldocuments/frus1961 – 63v24/d38.

国际会议的建议。① 但美国仍积极寻求英国和法国在军事和政治上的支持。3月25日，肯尼迪致函戴高乐表示，美国一直在尽其所能地寻求和平解决方案，但如果这些努力无效，希望戴高乐会同意"西方不能允许老挝走向共产主义"，并请求法国于3月27—29日在曼谷举行的东南亚条约组织理事会会议上保持与美国的统一战线。戴高乐虽然同意老挝不应落入共产主义阵营，但他指出，关于"利用东南亚条约组织作为西方直接干预老挝的可能掩护"，法国方面目前还没有准备这样做。② 3月26日，肯尼迪与英国首相莫里斯·麦克米伦（Maurice H. Macmillan）举行了会谈，讨论东南亚条约组织的干涉计划。麦克米伦认为，干涉计划是不现实的，但表示愿意努力与美国新政府一起工作，并勉强同意如果对湄公河地区的有限干涉成为必要的话，英国将予以支持。3月29日，在曼谷举行的东南亚条约组织理事会会议通过决议称，希望有一个统一和独立自主的老挝，它可以按照自己选择的方式取得进展，而不从属于任何国家或国家集团，并表示理事会注意到目前为停止敌对行动而进行和平谈判的努力，认为这一建议为老挝走向中立和独立提供了良好的基础；但是，如果这些努力失败了，那么便存在着继续采取积极的军事行动来控制老挝的企图，东南亚条约组织成员国将准备在条约规定范围内采取在当前情况下可能是适当的任何行动。在这次会议上，美国的立场虽然得到泰国、巴基斯坦和菲律宾的支持，但由于英国和法国的反对，东南亚条约组织没有对老挝问题做出任何保证。③ 最终，该组织在老挝危机中

---

① "Editorial Note," in United States Department of State, *Foreign Relations of the United States*, 1961 – 1963, Vol. 24: *Laos Crisis*, Document 39, https://history.state.gov/historicaldocuments/frus1961 – 63v24/d39.

② "Memorandum of Conversation," Andrews Air Force Base, Maryland, 26 March 1961, in United States Department of State, *Foreign Relations of the United States Diplomatic Papers*, 1961 – 1963, Vol. 24: *Laos Crisis*, Document 40, https://history.state.gov/historicaldocuments/frus1961 – 63v24/d40.

③ "Telegram from President Kennedy to Secretary of State Rusk, at Bangkok," Washington, 27 March 1961, in United States Department of State, *Foreign Relations of the United States*, 1961 – 1963, Vol. 24: *Laos Crisis*, Document 43, https://history.state.gov/historicaldocuments/frus1961 – 63v24/d43; Leszek Buszynski, *SEATO*: *The Failure of an Alliance Strategy*, Singapore: Singapore University Press, 1984, pp. 80 – 81；《东南亚条约组织部长理事会公报》（1961年3月29日），载世界知识出版社编《印度支那问题文件汇编》（第3集），世界知识出版社1961年版，第205—206页；代兵：《挫败中立：1954—1964年的老挝与冷战》，江苏人民出版社2017年版，第140页。

并没有实施任何实质性行动。从此，东南亚条约组织变成"一个争论的论坛"①。

1961年5月至1962年7月，关于老挝问题的第二次日内瓦会议召开，由第一次日内瓦会议的9个参加国与波兰、加拿大、印度、缅甸、泰国等14个国家的外长参加。会议经过长达14个月的讨论达成了《关于老挝中立的宣言》(The Declaration on the Neutrality of Laos)，又称《关于老挝的日内瓦协议》(The Geneva Accords on Laos)。该宣言将老挝王国政府于1962年7月9日提出的"中立"声明载入其中。这一声明宣布，老挝在对外关系中坚决奉行"和平共处五项原则"，并且在平等和尊重老挝独立与主权的基础上，同所有国家首先是同各邻国发展友好关系和建立外交关系；老挝人民决心维护老挝的主权、独立、中立、统一和领土完整，并使之得到尊重；它不使用武力或武力威胁以损害其他国家的和平，也不干涉其他国家的内政；它不参加任何军事同盟或任何与老挝王国中立不相容的军事性质的协定；它不允许在老挝领土上建立任何外国军事基地，不允许任何国家为军事目的或为干涉其他国家内政而利用老挝领土，也不承认任何军事同盟或联盟，包括东南亚条约组织的保护；它不允许外国以任何形式对老挝王国的内政进行任何干涉等。《关于老挝中立的宣言》申明，签字国欢迎老挝王国政府1962年7月9日的中立声明，承认、尊重并从各方面遵守老挝王国的主权、独立、中立、统一和领土完整。针对这一声明，《关于老挝中立的宣言》规定，签字国承担以下义务：不以任何方式进行或参加任何可能直接或间接损害老挝王国的主权、独立、中立、统一或领土完整的行动；不使用武力或武力威胁或采取任何其他可能损害老挝王国和平的措施；不对老挝的内政进行任何直接或间接的干涉；不对老挝的任何援助附加政治条件；不以任何方式把老挝拉进任何军事同盟或任何其他与老挝中立不相容的军事性质或非军事性质的协定，也不邀请或鼓励它加入任何这种同盟或缔结任何这种协定；尊重老挝王国不承认任何军事同盟或联盟，包括东南亚条约组织"保护"的愿望；不以任何方式使外国军队或军事人员进入老挝，也不以

---

① Panagiotis Dimitrakis, *Failed Alliances of the Cold War: Britain's Strategy and Ambitions in Asia and the Middle East*, London: I. B. Tauris, 2012, p. 85.

任何方式便利或纵容任何外国军队或军事人员的进入;不在老挝建立,也不以任何方式纵容在老挝王国建立外国军事基地或军事设施。该宣言宣布,一旦老挝王国的主权、独立、中立、统一和领土完整遭到破坏或破坏威胁时,签字国将相互并共同与老挝王国政府协商,以考虑采取必需的措施。①

《关于老挝中立的宣言》的签署既标志着老挝危机暂告结束,也标志着美国等国利用东南亚条约组织解决老挝问题的最终失败。该宣言也宣布老挝不再被置于东南亚条约组织的"保护"之下。随后,西哈努克亲王于1964年4月中旬和1965年4月底两次给东南亚条约组织秘书长写信,重申柬埔寨拒绝受《东南亚集体防务条约》议定书的保护,强调柬埔寨作为主权国家不包括在该组织干涉的范围内,并要求撤回柬埔寨的"议定书国家"地位。②在第一封信中,西哈努克说:"东南亚条约组织的某些成员国继续把柬埔寨看作被置于东南亚条约组织的'保护伞'之下。"他宣布:"我国是一个高度独立的主权国家,断然拒绝这种'保护'。"他还说:"东南亚条约组织并没有像它假装的那样'保护'柬埔寨免受社会主义阵营之苦","与此相反,东南亚条约组织的某些成员国或受这个组织保护的国家过去几年来不断地对柬埔寨政府、柬埔寨的独立和它的边境施加威胁"③。在第二封信中,西哈努克除了重申上述立场外,还特别指出:"柬埔寨唯一必须对付的侵略和威胁来自东南亚条约组织成员国或同东南亚条约组织有紧密联系的国家。"④

东南亚条约组织在老挝危机中的"不作为"进一步加大了东南亚条约组织的亚洲成员国对其可信性的怀疑。在这方面,泰国反应最为强烈。泰国一直希望能与美国签订一个类似于《美菲共同防务条约》那样的双

---

① 《关于老挝中立的宣言》(1962年7月23日),载世界知识出版社编《解决老挝问题的扩大的日内瓦会议文件汇编》,世界知识出版社1962年版,第2—5页。

② Leszek Buszynski, *SEATO: The Failure of an Alliance Strategy*, Singapore: Singapore University Press, 1984, p. 71.

③ 《柬埔寨国家元首诺罗敦·西哈努克亲王给东南亚条约组织秘书长的信(摘要)》(1964年4月11日),载世界知识出版社编《印度支那问题文件汇编》(第5集),世界知识出版社1965年版,第557—558页。

④ 《西哈努克亲王重申拒绝东南亚条约组织的干涉》,载《人民日报》1965年5月1日第6版。

边条约，在未果的情况下，泰国选择加入东南亚条约组织，加入该联盟最重要的目的就是加强与美国的双边关系，而不是与东南亚条约组织的关系，泰国希望与美国进行军演而不是与东南亚条约组织进行军演。在泰国看来，东南亚条约组织在老挝危机应对中的失败显示出其无效性。老挝危机给泰国造成了极大的触动，泰国意识到如果它受到攻击亦将面临同样的结局，东南亚条约组织并不足以保护泰国的安全。泰国感觉到，泰国将该组织的无效主要归因于其全体一致的决策程序，因此建议适用3/4多数票表决的原则，以便避免出现"中立化"的英国和法国可能的消极投票所引发的不良后果。但美国不认为泰国的安全能够通过改变东南亚条约组织全体一致的规则而增强，而是认为该组织的受挫主要产生于其非军事侧面。因此，美国认为，强化该组织的途径是逐渐淡化其非军事和制度侧面，亦全力支持其作为一个军事联盟应具有的深度军事规划和持续的定期军演功能。[①]

1961年10月，科曼赴美国分别与肯尼迪和腊斯克进行了会谈。会谈中，科曼对东南亚条约组织产生了根深蒂固的怀疑。他指出，就老挝而言，未能履行其承诺已使泰国相信东南亚条约组织是无效的和不可靠的。他继续说，如果东南亚条约组织不能满足东南亚人民的希望和需要，它不仅是一个无效的组织，而且是危险的；它的章程必须修改或改革，否则我们就必须"废除"该组织。他强调，如果事实证明这是不可能的话，泰国政府可能会觉得它不能再对此抱有"虚假的希望"。在他看来，主要问题是美国在东南亚条约组织中对泰国的防务承诺不充分。泰国人对东南亚条约组织并不满意，不仅因为英国和法国不愿在老挝采取军事行动的经验，而且因为东南亚条约组织要求全体一致同意的决定。这一原则虽没有体现在条约中，但已由实践确立了。他认为，从现在到1962年4月召开的下一次东南亚条约组织理事会会议，东南亚条约组织的缺陷应通过改变其行动或该条约下的投票程序，或通过美国

[①] "Foreign Minister Thanat's Visit to U. S. – Thai Policy and the Future of SEATO," Department of State, 2 March 1962 – 5 March 1962, U. S. Declassified Documents Online, https：//link. gale. com/apps/doc/CK2349368793/USDD? u = nju&sid = USDD&xid = f844308c；"Am Emb Bangkok, Telegram No. 1177," Department of State, 12 February 1962, U. S. Declassified Documents Online, https：//link. gale. com/apps/doc/CK2349360780/USDD? u = nju&sid = USDD&xid = a9b24c98.

对泰国新的双边承诺来补救。他提出两种选择：一是可以增加一项条款，规定不管全体一致原则，东南亚条约组织成员在"条约区域"采取的任何防务行动仍然是该组织的行动；二是如果发现本组织不符合其原来的目的，就可以建立一种不同的组织形式。他认为，泰国必须有一种不同类型的保证，以便夯实明确的信心基础。这导致双方对美国行使东南亚条约组织内的行动或其外的行动的责任所依据的法律解释进行了长时间的讨论。双方没有达成任何结论性的协议，但认定双方的解释允许美国保证根据其东南亚条约组织义务向泰国提供援助，无论由此产生的行动是否可以称为东南亚条约组织的行动。在会谈中，科曼介绍了在美洲国家组织中执行的方案，根据该方案，条约行动是由大多数成员国投票采取的，但做出消极反应的国家没有义务参加这一行动。科曼希望美国给予泰国类似的保证。[1] 1962 年 1 月，泰国提出要么修改东南亚条约组织的投票程序，要么泰国在 3 月举行全民公投决定是否退出东南亚条约组织。泰国的真实意图是达成某种形式的泰国中立政策，使其远离东南亚条约组织。美国则强调需要通过东南亚条约组织合法地向泰国提供保护，并需要该组织提供关键的军事计划与人员影响力，以防止侵略行动。[2] 在泰国看来，美国并不是东南亚条约组织，东南亚条约组织也不是美国。泰方认为最好的解决方式是，就像南越一样，置身于东南亚条约组织之外，然后寻求美国的援助。泰国方面还认为，东南亚条约组织成为改善它与邻国关系的重大障碍，而与邻国保持更加亲密的关系是

---

[1] "Memorandum from the President's Deputy Special Assistant for National Security Affairs (Rostow) to President Kennedy," Washington, 2 October 1961, in United States Department of State, *Foreign Relations of the United States Diplomatic Papers*, 1961 – 1963, Vol. 23: *Southeast Asia*, Document 418, https://history.state.gov/historicaldocuments/frus1961 – 63v23/d418; "Memorandum of Conversation," Washington, 2 October 1961, in United States Department of State, *Foreign Relations of the United States*, 1961 – 1963, Vol. 23: *Southeast Asia*, Document 419, https://history.state.gov/historicaldocuments/frus1961 – 63v23/d419; "Memorandum of Conversation," Washington, 3 October 1961, in United States Department of State, *Foreign Relations of the United States*, 1961 – 1963, Vol. 23: *Southeast Asia*, Document 420, https://history.state.gov/historicaldocuments/frus1961 – 63v23/d420.

[2] "Am Emb Bangkok, Telegram No. 1098," Department of State, 31 January 1962, U. S. Declassified Documents Online, https://link.gale.com/apps/doc/CK2349368720/USDD?u=nju&sid=USDD&xid=780c5158.

泰国一直追求的目标。①

美国认为，尽管东南亚条约组织并不完美，它在威慑共产党活动进入"条约区域"方面是成功的，因而希望维持这种威慑行为。针对泰国提议修改东南亚条约组织投票程序的建议，美方认为可以在会议中提出，但对其有效性表示怀疑。② 在美国看来，没有泰国加入的东南亚条约组织是没有意义的；对泰国而言，该组织的价值也是持续的，泰国应该在其中发挥建设性作用。③ 1961年10月，在科曼访问美国时，肯尼迪曾表示，他不认为东南亚条约组织应对其条约进行重新谈判；这将是一项复杂的工作，可能并不是一项有益的工作。肯尼迪同意东南亚条约组织成员应该考虑和讨论行动，但不应获得一致同意；虽然一个给定的国家对象可以留在外面，但是其他对象的行动仍然是东南亚条约组织的行动。也就是说，一致同意解释并不限制美国的行动或免除美国根据条约所承担的义务。④ 腊斯克也表示，美国不急于与泰国再签订新的条约，他希望通过某种形式加强美国对泰国防务的承诺，并在泰国驻扎一些美军来解决这个问题。他建议，美军在泰国的部署可能采取以下一种或全部形式，包括派遣美国工兵营协助建设双方同意的项目；增加美国对武装部队和边防警察的培训援助；在泰国轮流训练美军和泰国军队等。⑤ 对于应对泰国退出东南亚条约组织的威胁，美国的选择有两个：一是采取强硬措施，

---

① "Discussions with Malayan Director of Information Sopie Concerning A. S. A. and SEATO," Department of State, 10 March 1962, U. S. Declassified Documents Online, https://link.gale.com/apps/doc/CK2349366932/USDD? u = nju&sid = USDD&xid = 89ce194b.

② "Outgoing Telegram No. 1230, to Am Emb Bangkok," Department of State, 19 February 1962, U. S. Declassified Documents Online, https://link.gale.com/apps/doc/CK2349360787/USDD? u = nju&sid = USDD&xid = 2ee582fa.

③ "Am Emb Bangkok, Telegram No. 1167," Department of State, 10 February 1962, U. S. Declassified Documents Online, https://link.gale.com/apps/doc/CK2349368731/USDD? u = nju&sid = USDD&xid = 516a1dbe.

④ "Memorandum of Conversation," Washington, 3 October 1961, in United States Department of State, *Foreign Relations of the United States Diplomatic Papers*, 1961 – 1963, Vol. 23: *Southeast Asia*, Document 420, https://history.state.gov/historicaldocuments/frus1961 – 63v23/d420.

⑤ "Memorandum from the President's Deputy Special Assistant for National Security Affairs (Rostow) to President Kennedy," Washington, 2 October 1961, in United States Department of State, Foreign Relations of the United States, 1961 – 1963, Vol. 23: Southeast Asia, Document 418, https://history.state.gov/historicaldocuments/frus1961 – 63v23/d418.

例如强行要求泰国留在东南亚条约组织中,东南亚条约组织进行一些程序上的变动;二是代替或威胁泰国与其他的亚洲国家分裂。美国向泰国保证,当泰国面临共产党的武装攻击时,《马尼拉条约》第四条款是完全有效的,美国在该条款下的承诺不会受制于东南亚条约组织全部成员国事先的一致同意。美国解释说,《马尼拉条约》已经足够保护泰国的安全,两国之间不需要签订额外的双边条约,泰国不要因为老挝危机和越南问题而担心。美国政府表示,美国会认真考虑泰国提出的改组东南亚条约组织投票程序的提议,并将在东南亚条约组织会议上正式提出。①

泰国非常重视与美国的关系,将美国称为"伟大的好朋友"。泰国政府担心,如果退出东南亚条约组织就会断绝与美国的军事联系,从而得不到美国的安全保证,因而同意继续留在东南亚条约组织内,而选择要求修改东南亚条约组织投票程序。② 1962年3月,科曼再次访问美国,与腊斯克举行了会谈。会谈中,腊斯克表示,东南亚条约组织"为我们在东南亚的安全关系奠定了重要基础","该条约下的承诺是独立的,由美国承担",而"不仅仅是东南亚条约组织集体的"。他强调,美国在该组织成员国履行义务的重要基础是《马尼拉条约》,它在这里"采取行动时无须寻求该组织其他成员的事先同意,而只要告诉它们美国的意图"。科曼表示,他不认为美国和泰国政府在东南亚条约组织问题上存在很大分歧。他说,泰国仍然相信集体安全的原则。他认为,美国应该同意,如果要使该条约成为维持该区域和平的工具,根据该条约采取的行动就不应依赖于所有其他成员的同意。③ 在这次会谈中,在泰国的强烈要求下,

---

① "Am Emb Bangkok, Telegram No. 1179," Department of State, 12 February 1962, U. S. Declassified Documents Online, https://link.gale.com/apps/doc/CK2349368738/USDD? u = nju&sid = USDD&xid = 391de22d; "Am Emb Bangkok, Telegram No. 1168," Department of State, 10 February, 1962, U. S. Declassified Documents Online, https://link.gale.com/apps/doc/CK2349368734/USDD? u = nju&sid = USDD&xid = 7e254824.

② "Am Emb Bangkok, Telegram No. 1227," Department of State, 18 February, 1962, U. S. Declassified Documents Online, https://link.gale.com/apps/doc/CK2349368740/USDD? u = nju&sid = USDD&xid = 37b799a0.

③ "Memorandum of Conversation," Washington, 2 March 1962, in United States Department of State, *Foreign Relations of the United States Diplomatic Papers*, 1961 – 1963, Vol. 23: *Southeast Asia*, Document 433, https://history.state.gov/historicaldocuments/frus1961 – 63v23/d433.

双方签署《腊斯克—塞纳特联合声明》(The Dean Rusk-Thanat Khoman Joint Statement),又称《腊斯克—科曼协定》(The Rusk-Khoman Agreement)。根据这一声明,双方同意,东南亚条约组织是对共产党对泰国直接侵略的有效威慑,为缔约国集体帮助泰国应对来自共产党武装侵略提供了基础;美国保证当这样的侵略发生时,美国将依照该条约义务和自身的宪政程序为应对共同威胁而采取行动;美国重申根据《马尼拉条约》所采取的行动不依赖于该条约所有其他各方事先的协议,因为该条约的义务是个体的也是集体的;宣布美国将支持泰国处理间接侵略的威胁,并在双边层次上提供经济和军事上的援助。[1]

沙立将《腊斯克—科曼协定》称作"两国关系历史中有价值的文件之一"。科曼称,该协定"赋予集体防务概念新的生命"。东南亚条约组织秘书长波特·萨拉辛(Pote Sarasin)说:"它是美国向泰国及其人民保证它将对抗击侵略给予充分的支持并履行其条约责任。"这一协定也被认为是美国与泰国两国之间长期亲密关系的象征,使泰国政府和人民重新获得对东南亚条约组织的信任,认为其足以抵抗侵略并积极履行条约义务。另外,在这次访问中,美国说服泰国参加军演,并把向泰国提供援助与参加军事演习联系在一起。《腊斯克—科曼协定》签署后在泰国举行的最大规模的军事演习是"达纳拉塔演习"(Exercise Dharnarajata)。该演习于1963年6月11—24日举行,有来自所有东南亚条约组织国家的大约25000名军事人员参加,其中包括17000名泰国人、7449名美国人(加上驻扎在那里的4218名美国军事人员),大约有1000名来自英联邦国家(英国、澳大利亚和新西兰)、菲律宾、法国和巴基斯坦。参加演习的美军包括来自夏威夷的一个步兵战斗群,来自冲绳的一个空降旅,一个战术战斗机中队(18架F-400),战术侦察战斗机(4架RF-101)和运输机(14架C-130)。此外,在部署、演习和重新部署期间,第315空军师进出泰国,为所有服务提供空运。在演习中,一个联邦旅(包括澳大利亚、新西兰和联合王国各一个步枪连,各代表一个营)连同战斗机、轰炸机和运输机参加;法国、巴基斯坦和菲律宾为总部提供参谋人

---

[1] "The Dean Rusk-Thanat Khoman Joint Statement," Washington, 6 March 1962, in in George Modelsk, ed., *SEATO: Six Studies*, Sydney: Halstead Press, 1962, pp. 293-294.

员；菲律宾还派出了军械和工兵部队；泰国军队动用了4个作战团、特种部队和飞机等。① 此后，美国和英国、澳大利亚、新西兰等西方国家向泰国增派或新派了军队，作为这种保证的一种展示。截至1968年底，仅美军就有5万名驻扎在泰国。② 科曼表示，东南亚条约组织在泰国的军事存在不仅有助于实现该区域的和平，而且展示了该组织的团结。③

然而，东南亚条约组织的这种"团结"很快就因越南战争的升级而再次陷入困境，1964年8月4日，东京湾（The Gulf of Tonkin）事件（又称"北部湾事件"）发生后，美国开始全面介入越南战争，并图谋利用东南亚条约组织服务于其对南越军事承诺的"合法化"。8月5日，约翰逊在美国国会发表讲话，请求其支持"采取一切必要行动保证我们的武装部队，并援助东南亚条约组织区域所涵盖的国家"④。当天，东南亚条约组织在曼谷举行理事会代表特别会议。绝大多数代表以私人名义对美国的行动"表示满意"⑤。8月7日，美国国会通过"联合决议"宣称："国会同意和支持作为总司令的总统决定，采取一切必要步骤击退任何针对美国军队的武装攻击，并遏制进一步的侵略。"该决议授权美国总统"与

---

① "Memorandum from the Director for Operations, Joint Chiefs of Staff (Unger) to the President's Military Aide (Clifton)," Washington, 4 June 1963, in United States Department of State, *Foreign Relations of the United States Diplomatic Papers*, 1961–1963, Vol. 23: *Southeast Asia*, Document 478, https://history.state.gov/historicaldocuments/frus1961-63v23/d478.

② 参见 Leszek Buszynski, *SEATO: The Failure of An Alliance Strategy*, Singapore: Singapore University Press, 1984, pp. 87–90; R. Sean Randolph, *The United States and Thailand: Alliance Dynamics, 1950–1985*, Berkeley: University of California Press, 1986, pp. 42–43; Bruce Vaughn, "U. S. Strategic and Defense Relationships in the Asia-Pacific Region," January 22, 2007, http://www.fas.org/sgp/crs/row/RL33821.pdf; "Thai Foreign Minister Thanat's Visit to the U. S.-Rescheduling of SEATO Council Meeting," Department of State, U. S. Declassified Documents Online, https://link.gale.com/apps/doc/CK2349360749/USDD?u=nju&sid=USDD&xid=97924862.

③ Paul E. Eckel, "SEATO: An Ailing Alliance," *World Affairs*, Vol. 134, No. 2, 1971, pp. 105–106; Leszek Buszynski, *SEATO: The Failure of An Alliance Strategy*, Singapore: Singapore University Press, 1984, p. 90, note 1.

④ Leszek Buszynski, *SEATO: The Failure of An Alliance Strategy*, Singapore: Singapore University Press, 1984, p. 95.

⑤ "Memorandum from the Director for Operations, Joint Chiefs of Staff (Unger) to the President's Military Aide (Clifton)," Washington, 5 August 1965, in United States Department of State, *Foreign Relations of the United States Diplomatic Papers*, 1964–1968, Vol. 1: *Vietnam*, 1964, Document 291, https://history.state.gov/historicaldocuments/frus1964-68v01/d291.

第四章 战后东南亚区域合作的分化重组(1961—1967) / 779

美国宪法和《联合国宪章》保持一致,并依据其东南亚集体防务条约下的义务,采取包括使用武力在内的一切必要步骤,援助请求捍卫其自由的东南亚集体防务条约的任何成员或议定书国家"[1]。这就是著名的"东京湾决议"(The Gulf of Tonkin Resolution),又称"北部湾决议"。美国的决定受到部分东南亚条约组织成员国的欢迎,包括澳大利亚、新西兰、泰国和菲律宾等。但只有澳大利亚和新西兰愿意以东南亚条约组织名义承诺向南越派出军队。泰国虽承诺向南越派出军队,但强调这一行动是对泰国的直接防御,与东南亚条约组织无关。泰国领导人并不想在该组织框架内对南越承担军事义务,以免美国介入泰国内部事务。菲律宾仅仅同意向南越派出民事行动小组。1964年7月和1965年3月,菲律宾派往越南战场一个经济技术小组和医疗小组,共100多人。1965年底,又派往越南战场3000名志愿兵和一支治安部队,帮助南越训练士兵,或承担民事工作、行政援助、心理战和反游击战等方面的工作。其实,这些国家支持美国在越南的干涉意在借此换取更多的美国援助。[2]

此后,在老挝危机中与美国有明显分歧的法国、英国和巴基斯坦开始"游离"于东南亚条约组织的军事活动和美国对越南的干涉之外。法国因在越南南部仍保留很多经济和文化利益,对美国不断加强对越南事务的介入非常关切。法国既不愿看到美国取代它而成为越南最有影响力的大国,又害怕美国扩大军事冲突会导致中国和苏联直接出兵而引发一场全面战争,进而拖累法国。1963年8月,戴高乐曾提出寻求越南冲突的"中立化"解决方案,主张以1954年《日内瓦协议》为基础,使越南问题在不受"外来干涉"的情况下得到和平解决。这一建议遭到美国国务卿腊斯克的明确反对。在越南战争升级后,戴高乐公开指责美国政府

---

[1] "Eisenhower Administration Statements on the Nature of Commitments to Vietnam and Laos under the Manila Treaty and SEATO," White House, n. d. U. S. Declassified Documents Online, https://link.gale.com/apps/doc/CK2349462431/USDD? u = nju&sid = bookmark – USDD&xid = d67943f5&pg = 2.

[2] 参见 Chintamani Mahapatra, *American Role in the Origin and Growth of ASEAN*, New Delhi: ABC Publishing House, 1990, p. 70; Leszek Buszynski, *SEATO: The Failure of An Alliance Strategy*, Singapore: Singapore University Press, 1984, pp. 95 – 96; 杨静林《冲突与和解:冷战时期中国与菲律宾关系研究》,纽约:易文出版社2020年版,第118页;翟强《冷战年代的危机和冲突》,九州出版社2014年版,第144—145、151页。

在越南的干涉是一场大国凌辱小国的不正义的和可恶的战争。① 法国将其对东南亚条约组织的参与削减到最低限度的民事活动上。1965年4月23日，法国宣布退出计划于当年5月1—24日举行的东南亚条约组织海军联合演习。1965年5月3—5日，东南亚条约组织举行伦敦理事会，法国仅派观察员参加。随后，法国宣布撤回在该组织中担任参谋职务的六名法国军官。1966年6月27—29日，在堪培拉举行的东南亚条约组织理事会，法国依旧派观察员参加。会上，法国观察员宣布，法国对该组织理事会发布的公报持保留立场：既不参加公报的准备，亦不考虑对之承担责任。② 此时，法国政府已将东南亚条约组织视为美国控制的组织，它能够将法国拖进其不想介入的战争中。法国政府还将东南亚条约组织看作其在东南亚与美国和苏联及中国之间维持独立地位的政治障碍。这样，从1965年5月开始，法国退出东南亚条约组织绝大部分军事活动。1967年3月，法国宣布抵制美国召开的华盛顿会议，不愿以任何方式与越南战争相联系。1967年4月，东南亚条约组织在华盛顿举行第25次军事规划会议，法国代表缺席。当月，东南亚条约组织理事会会议在华盛顿举行，法国第一次拒绝派观察员出席，虽然没有表示打算退出或停止缴纳会费。本来，法国参加东南亚条约组织是希望得到美国支持其自身在印度支那的利益。而在美国已经取代法国进入该地区之后，它就不再有任何保留该组织成员资格的动机。③

英国参加东南亚条约组织主要是将之作为英联邦与美国联系的工具，其在该组织中的军事承诺是有限的。随着马来西亚和新加坡的独

---

① 参见翟强《冷战年代的危机和冲突》，九州出版社2014年版，第98—99、148、151页。

② "Southeast Asia Treaty Organization," *International Organization*, Vol. 20, No. 4, 1966, pp. 859 – 863.

③ 参见 Leszek Buszynski, *SEATO：The Failure of An Alliance Strategy*, Singapore：Singapore University Press, 1984, pp. 97 – 106; "SEATO Ministerial Council Meeting, London, May 3 – 5, 1965; France and SEATO," Department of State, 22 April 1965, U. S. Declassified Documents Online, https：//link. gale. com/apps/doc/CK2349374545/USDD? u = nju&sid = bookmark-USDD&xid = 965e07d7&pg = 1; "Memorandum from the President's Special Assistant (Rostow) to President Johnson," Washington, 19 April 1967, in United States Department of State, *Foreign Relation of the United States Diplomatic Papers*, 1964 – 1968, Vol. 27; *Mainland Southeast Asia*; *Regional Affairs*, Document 89, https：//history. state. gov/historicaldocuments/frus1964 – 68v27/d89.

立，这种"联系"的重要性明显下降。新的《英马防务协定》将防务范围扩大到沙巴、沙捞越和新加坡。这显示出英国和英联邦联合战略防务计划伙伴国澳大利亚、新西兰"可以运用马来亚重要的军事资产实施区域行动"①。1963 年底，面对美国将该联盟纳入其领导下的军事联盟的企图，新成立的马来西亚联邦政府公开声明，它既不会成为任何军事联盟的成员，也不会卷入任何区域集体防务安排。② 更重要的是，马来西亚独立后，英国在亚洲区域开始战略收缩，并决定逐步从"苏伊士运河以东"撤军。加之，英国本来就对东南亚条约组织的"反共产党"议题持保留态度，越南战争升级后就更不愿追随美国的军事干预。英国拒绝向越南派遣任何军事力量，并对东南亚条约组织的活动采取越来越严格的态度。1967 年 4 月，英国政府最终决定于 1970 年中期之前完成从马来西亚和新加坡撤军后，连东南亚条约组织理事会会议也不愿再参加。当月，在华盛顿举行的东南亚条约组织理事会会议上，经澳大利亚和新西兰的请求，英国才答应继续参加该组织理事会会议，直至越南战争结束。③

巴基斯坦一直反对东南亚条约组织理事会支持不断升级的越南战争。1965 年 5 月，东南亚条约组织伦敦理事会会议后，巴基斯坦对该组织的参与意愿开始下降。1965 年 9 月，巴基斯坦与印度发生战争，东南亚条约组织没有做出反应。自此，巴基斯坦准备中断与该组织的所有联系。1965 年 10 月，与法国一样，巴基斯坦派观察员参加在曼谷举行的第 23 次东南亚条约组织军事规划会议。从 1966 年 6 月东南亚条约组织堪培拉

---

① Andrew T. H. Tan, "The Five Power Defence Arrangements: The Continuing Relevance," *Contemporary Security Policy*, Vol. 29, No. 2, 2008, pp. 286 – 287; Amitav Acharya, *The Quest for Identity: International Relations of Southeast Asia*, Oxford: Oxford University Press, 2001, pp. 60 – 61.

② Vincent K. Pollard, "ASA and ASEAN, 1961 – 1967: Southeast Asian Regionalism," *Asian Survey*, Vol. 10, No. 3, 1970, pp. 246 – 248.

③ 参见 Leszek Buszynski, *SEATO: The Failure of An Alliance Strategy*, Singapore: Singapore University Press, 1984, pp. 119 – 126; Sue Thompson, *British Military Withdrawal and the Rise of Regional Cooperation in South-East Asia*, 1964 – 73, Houndmills: Palgrave Macmillan, 2015, pp. 107 – 108; "Memorandum from the President's Special Assistant (Rostow) to President Johnson," Washington, 19 April 1967, in United States Department of State, *Foreign Relations of the United States Diplomatic Papers*, 1964 – 1968, Vol. 27: *Mainland Southeast Asia; Regional Affairs*, Document 89, https://history.state.gov/historicaldocuments/frus1964 – 68v27/d89.

理事会会议开始，巴基斯坦仅派出大使级代表参加该理事会会议。在华盛顿举行的东南亚条约组织第 25 次军事规划会议，巴基斯坦没有派观察员参加。到 1967 年 4 月，与法国一样，巴基斯坦已停止参与东南亚条约组织军事规划和情报工作。此时，除韩国部队外，对越南战争仅有的军事贡献来自澳大利亚、新西兰、泰国和菲律宾四个东南亚条约组织伙伴国。但这些国家对美国的军事介入也只是一种"配合"，美国在越南的军事行动明显出现"单边化"。泰国也越来越多地质疑那些未表示承担真正责任的成员参加东南亚条约组织是否有用，特别是法国、英国和巴基斯坦。① 面对此种形势，美国参议员格鲁宁说，尽管他们诚恳地请求其东南亚条约组织的盟友参加，但这些请求只是"导致一些微不足道的象征性姿态"。保罗·埃克尔（Paul E. Eckel）指出："显然，美国的东南亚条约组织盟友们在袖手旁观，并不认为迫切需要为他们在新闻稿和公报中如此虔诚地支持的事业做出任何切实的牺牲。"②

其实，1965 年尤其是理查德·尼克松（Richard Nixon）主政以后，美国政府已不再要求东南亚条约组织赋予其在越南战争中干预的"合法性"③。此时，东南亚条约组织两个致命的弱点已愈加明显：一是它作为一种冷战背景下意识形态对立与军事对抗的产物，必然依赖于这一历史条件而存在，这种生存的单一理由使之很难应对复杂多变的国际安全环境；二是它作为一种由外部力量驱动的霸权的区域秩序，必然具有合作的有限性和权力的不对称性，这使之必然要遭受来自以追求区域自主为主要目标的合作性更为广泛的、权力更为平等的、主要由本地国家驱动的区域主义的巨大挑战。就连美国也逐渐承认东南亚条约组织的局限性。实际上，与冷战时期其他军事联盟一样，军事条约组织也未能提供任何解决东南亚区域内部冲突的机构。这样，"一旦区域内部的冲突对东南亚

---

① 参见 Leszek Buszynski, *SEATO: The Failure of An Alliance Strategy*, Singapore: Singapore University Press, 1984, pp. 106 – 114; "Memorandum from the President's Special Assistant (Rostow) to President Johnson," Washington, 19 April 1967, in United States Department of State, *Foreign Relations of the United States Diplomatic Papers*, 1964 – 1968, Vol. 27: *Mainland Southeast Asia*; *Regional Affairs*, Document 89, https://history.state.gov/historicaldocuments/frus1964 – 68v27/d89.

② Paul E. Eckel, "SEATO: An Ailing Alliance," *World Affairs*, Vol. 134, No. 2, 1971, p. 106.

③ Leszek Buszynski, *SEATO: The Failure of An Alliance Strategy*, Singapore: Singapore University Press, 1984, pp. 114 – 115.

的安全构成严重的威胁,一个没有处理这种冲突的机构的区域安全体系的相关性的效用就会成问题。"① 1967年10月,美国时任副总统尼克松在《外交事务》杂志上撰文指出:"东南亚条约组织是有用的,适合它的时代,但它是西方起源,并从美国和欧洲汲取力量。它已经衰弱到仅仅是美国承诺的制度性体现,以及法国和英国作为积极成员时多少有些过时的遗迹的程度。今天的亚洲需要自己的安全事业,这反映了亚洲独立和亚洲需要的新现实。"他强调:"亚洲正在经历一场深刻、令人振奋、总的来说充满希望的变革",而"这种变革的关键是亚洲区域主义的兴起"。因此,"为了确保美国在必要时做出反应,必须建立能够满足两个条件的机制,即该区域各国共同努力,自己遏制这一威胁;如果这一努力失败,集体请求美国提供援助"②。

由于认识到东南亚条约组织作为一个防务组织的多重弱点,美国的政策已经开始转向其他目标。1969年8月,美国国务卿威廉·罗杰斯(William P. Rogers)谈到了该组织诞生以来东南亚发生的许多变化,如区域主义的增长、国民经济的改善等。他建议,鉴于这些变化,东南亚条约组织需要转向一些新的目标,如大幅增加该组织框架内的经济发展项目。③ 实际上,随着东南亚条约组织军事功能的急剧衰退,该组织的亚洲成员国进一步加强该组织非军事功能的呼声日趋高涨。在堪培拉理事会会议上,巴基斯坦代表表示支持东南亚条约组织的经济计划,并希望该组织的区域成员加大对该组织经济和技术活动的支持。1966年6月28日,该组织发言人发表声明称,各成员国将启动一项重大行动,在东南亚的贫困地区开展社区援助,以对抗共产主义的颠覆活动,所有成员国都对该计划给予支持。该计划将涉及医疗设施、道路建设项目、水供应的发展、学校建设项目、农业发展及农村的总体拓展等。在华盛顿举行的理事会会议上,巴基斯坦与泰国和菲律宾代表一起提出实施经济援助

---

① Amitav Acharya, *The Quest for Identity: International Relations of Southeast Asia*, Oxford: Oxford University Press, 2001, p. 68.

② Richard M. Nixon, "Asia after Viet Nam," *Foreign Affairs*, Vol. 46, No. 1, 1967, pp. 111, 114 – 116.

③ Donald G. McCloud, "United States Policies toward Regional Organizations in Southeast Asia," *World Affairs*, Vol. 133, No. 2, 1970, p. 137.

建议。① 在华盛顿会议上，美国明确表示，支持东南亚条约组织实施适当的经济和文化活动，包括为美国已批准的项目提供财政支持，并建议东南亚条约组织应优先考虑反颠覆和反叛乱项目，以避免与该区域其他多边努力的重复。② 此前的伦敦理事会会议已"注意到该组织成员国正谋求促进人民福利的政策"，并同意成员国之间开展"更大的互惠的经济合作"。据这次理事会会议透露，东南亚条约组织在经济发展和医疗卫生研究和文化交流等领域的合作项目已取得诸多新的进展，包括东南亚条约组织工程研究院、东南亚条约组织区域共同体发展及技术援助中心、东南亚条约组织熟练工人项目、东南亚条约组织奖学金项目、东南亚条约组织全科医学研究实验室、东南亚条约组织临床研究中心、东南亚条约组织霍乱研究实验室等。③

美国政府认为，这些目标可以通过非军事的区域合作来实现。1970年2月，美国负责政治事务的副国务卿亚历克西斯·约翰逊（U. Alexis Johnson）称："从我们的利益来看，理想的状态是由亚洲自由国家组成一个共同体，为了政治、经济和安全领域的共同利益进行合作，我们与这些国家的联系只取决于这些国家希望我们与之联系的程度。这是尼克松总统设定的目标。"他特别提到"湄公河计划"已经促进了该区域各国之间经济合作的发展。④ 在此情况下，不管是美国还是东南亚国家在维持已有"湄公河计划"和"科伦坡计划"等区域经济合作时，都在谋求新的跨区域或次区域合作计划，以取代"过时的"东南亚条约组织。此后，美国和英国等域外大国开始积极支持包括东南亚国家在内的

---

① "Southeast Asia Treaty Organization," *International Organization*, Vol. 20, No. 4, 1966, p. 863; Leszek Buszynski, *SEATO: The Failure of An Alliance Strategy*, Singapore: Singapore University Press, 1984, p. 114.

② "Scope Paper Prepared for the SEATO Council Meeting," Washington, 4 April 1967, in United States Department of State, *Foreign Relations of the United States Diplomatic Papers*, 1964 – 1968, Vol. 27: *Mainland Southeast Asia; Regional Affairs*, Document 88, https://history.state.gov/historical-documents/frus1964-68v27/d88.

③ "The Southeast Asia Treaty Organization: Communique of the Tenth Meeting of the SEATO Council," London, 3 – 5 May 1965, in Richard P. Stebbins, ed., *Documents on American Foreign Relations*, 1965, New York: Harper & Row Publisher, 1966, pp. 153, 156.

④ Donald G. McCloud, "United States Policies toward Regional Organizations in Southeast Asia," *World Affairs*, Vol. 133, No. 2, 1970, pp. 139 – 140.

亚洲新的区域合作,在东南亚本地区域合作迅速走上独立发展的轨道的同时,东南亚跨区域合作随之发生新的重组并出现新的"亚太区域"转向。

二 亚洲开发银行、亚太理事会与跨区域合作重组

对东南亚乃至整个亚洲区域合作而言,1964年越南战争升级都是一个重要的转折点,而美国在其中扮演了十分重要的角色。在东南亚条约组织"集体防务"无效的情况下,出于应对战争危机的战略需要,美国加大对东南亚及其周边国家经济和技术援助,并积极支持和参与东南亚及亚洲区域合作计划,寄希望于通过这种"务实合作"既能"服务于美国的国家安全利益"考量,又能避免受到"服务于冷战或军事目标"的指责,以实现约翰逊总统所谋求的"和平的区域发展",进而打造"所有亚太自由国家的联盟"[1]。这样,美国政府不但积极参与和推动"湄公河计划"、支持东南亚联盟区域合作和印度尼西亚领导的新的东南亚区域组织的创建,还鼓励英国和澳大利亚等西方国家支持东南亚及亚洲其他区域发展计划,并提出创建"东南亚发展联盟"(The Southeast Asia Development Association)倡议、支持亚远经委会加快创建亚洲开发银行进程和亚太理事会等新的跨区域机制,从而赋予东南亚区域和跨区域合作强大的外部推动力量。

其实,早在1961年5月约翰逊担任美国副总统时就曾在肯尼迪总统的要求下出访南越、泰国、菲律宾、印度、巴基斯坦和中国台湾,而后提交了一份考察报告,指出各方对老挝危机的政治反应已经严重削弱了美国盟友及友邦保持强有力新美国倾向的能力。如泰国的"中立主义"、南越的崩溃、菲律宾的反美势力抬头等。因此,美国必须恢复这些国家

---

[1] "Telegram from the Department of State to the Mission to the United Nations," Washington, 23 November 1966, in United States Department of State, *Foreign Relations of the United States Diplomatic Papers*, 1964–1968, Vol. 27: *Mainland Southeast Asia*; *Regional Affairs*, Document 81, https://history.state.gov/historicaldocuments/frus1964–68v27/d81; Chintamani Mahapatra, *American Role in the Origin and Growth of ASEAN*, New Delhi: ABC Publishing House, 1990, p. 70; Sue Thompson, *British Military Withdrawal and the Rise of Regional Cooperation in South-East Asia*, 1964–73, Houndmills: Palgrave Macmillan, 2015, pp. 99–100.

对美国的信任，而这是"亚洲国家捍卫东南亚国家自由的关键"。为此，他建议成立一个由所有有意愿汇聚力量"捍卫亚洲及太平洋自由"的"自由国家"组成的联盟，该联盟拥有明确的指挥权威，可以协助提供关于社会正义、住房和土地改革等措施和计划。约翰逊解释说，鉴于亚洲国家领导人不希望美国在东南亚派驻军队，而只希望美国以军事训练使团的方式介入，美国提供经济和军事援助势必成为东南亚国家共同努力的组成部分。约翰逊还特别指出，对美国而言，来自东南亚的最大危险不是共产主义的威胁，而是饥饿、无知、贫穷和疾病的威胁。这要求美国运用科学和技术能力"帮助"这些国家解决经济、军事和政治问题；东南亚国家亦应根据自身的能力和资源为这一以区域为整体的威胁应对计划做出明确的特定贡献。① 此后，美国国务院政策规划办公室开始讨论制定相关政策，但由于该办公室负责亚洲事务的官员对亚洲经济合作持怀疑态度而迟迟没有出台具体措施。直到越南战争危机发生后，这一工作才迅速提上日程。1965年3月，美国国务院政策规划办公室制定一份备忘录，谋求定义和表明美国新的对外政策。该备忘录的核心主题是，美国政策应超越发达—欠发达地区的分野，在"自由世界的各个区域协助发展地方安排"，并使这些区域"保持对美国的军事、经济和政治安排开放"。该备忘录指出，亚洲虽有"科伦坡计划"和亚远经委会等区域经济组织，但过于软弱；经济区域主义正以亚洲开发银行为中心出现"新冲动"；"湄公河开发计划"因老挝—越南危机而大部分陷入停滞。这要求美国通过扩大和增强区域安排"开发"亚洲区域主义的潜力。② 在此基础上，1965年4月初，该政策规划办公室正式制定美国安全政策文件，提出美国将在区域主义中扮演可能的角色，以解决"自由世界"所面临的民族主义、集体安全和福利问题解决的集体行动之间产生冲突的"三

---

① "Vice President Johnson's Report to President Kennedy on His Trip to Asia, May 1961," in W. W. Rostow, *The United States and the Regional Organization of Asia and the Pacific*, 1965 – 1985, Austin: University of Texas Press, 1986, Appendix C, pp. 195 – 202.

② "A Foreign Policy for the Johnson Administration (Memorandum by the Author) of March 29, 1965)," in W. W. Rostow, *The United States and the Regional Organization of Asia and the Pacific*, 1965 – 1985, Austin: University of Texas Press, 1986, Appendix E, pp. 217 – 224.

重困境"①。这就是"东南亚发展联盟"倡议提出的政策背景。

美国创建"东南亚发展联盟"倡议起始于约翰逊"霍布金斯讲话"。约翰逊在讲话中承诺,他将请求美国国会加入一项数十亿美元的美国投资计划,以促进东南亚的经济发展。约翰逊指示他的私人代表、世界银行前行长尤金·布莱克(Eugene R. Black)启动广泛的谈判,为东南亚长期发展计划奠定国际基础。4月9日,约翰逊指示他的国家安全事务特别助理麦乔治·邦迪(McGeorge Bundy)设立东南亚经济及社会发展专责小组,协助布莱克拟订支持这一发展政策的计划和建议。6月1日,约翰逊总统请求美国国会为国际开发署1966财政年度增拨8900万美元,这一追加资金将用于东南亚经济和社会发展扩大计划。该计划被纳入1965年9月生效的美国《对外援助法案》(The Foreign Assistance Act),被称为"东南亚经济发展计划"(The Plan for Economic Development of Southeast Asia)。②

按照1965年4月7日约翰逊与布莱克及美国国务院和国际开发局等部门会商提出的初步方案,该方案的主要目标包括:使东南亚各国人民和政府相互合作并与发达国家结成建设性的经济发展行动联盟,即"东南亚发展联盟";建立区域政治单位与缓和紧张局势;使发达国家和联合国对这一脆弱区域的发展和间接安全产生更深的兴趣;使苏联和朝鲜以及该地区的中立国进入这种积极共存的关系,为北越提供改变其政策的机会。该方案指出,为了适度地实现这些政治目标,这一联盟必须是包容各方的,仅受各国愿意接受的联盟原则的限制;苏联和北越的参与,

---

① "Extracts from 'Some Reflections on National Security Policy,' Policy Planning Council, Department of State, April 1965," in W. W. Rostow, *The United States and the Regional Organization of Asia and the Pacific*, 1965 – 1985, Austin: University of Texas Press, 1986, Appendix D, p. 203.

② "Editorial Note," in United States Department of State, *Foreign Relations of the United States Diplomatic Papers*, 1964 – 1968, Vol. 2: *Vietnam, January-June 1965*, Document 245, https://history.state.gov/historicaldocuments/frus1964 – 68v02/d245; "Editorial Note," in United States Department of State, *Foreign Relations of the United States Diplomatic Papers*, 1964 – 1968, Vol. 2: *Vietnam, January-June 1965*, Document 323, https://history.state.gov/historicaldocuments/frus1964 – 68v02/d323; "National Security Action Memorandum No. 329," Washington, 9 April 1965, in United States Department of State, *Foreign Relations of the United States Diplomatic Papers*, 1964 – 1968, Vol. 27: *Mainland Southeast Asia; Regional Affairs*, Document 62, https://history.state.gov/historicaldocuments/frus1964 – 68v27/d62.

至少在最初阶段对该计划的容忍,似乎是必不可少的。因此,亚洲的主动行动是至关重要的。美国应该尝试在形成阶段让联合国秘书长吴丹领导,与联合国建立联系,由亚远经委会提供"最好的支持"。按照该方案的设想,该联盟应有东南亚国家的广泛参与,其成员将包括菲律宾、马来西亚、泰国、柬埔寨和印度尼西亚等;该联盟不会将该区域的任何国家排除在外,并将在任何成员国开展项目或使其受益,而不论该国家是否得到美国的承认或直接援助。该方案还对建议中的联盟做了可能的组织安排:该联盟将分为区域(接受者)和非区域(捐助者)成员;它将在该区域设立一个常设总部,其工作人员主要由亚洲人组成,履行秘书处类型的职能,包括数据收集;它将有一个执行机构,最好由世界银行提供,组织和管理为不止一个国家服务的区域项目的筹资、建造和运作,例如湄公河项目、国际运输和通信项目、区域教育机构;该联盟将与亚远经委会保持松散的联系,并向亚远经委会提交报告等。该方案设计了将重点援助的大型多边项目,包括湄公河的开发、国际公路和铁路、区域航空公司、区域电信系统、区域教育机构等。[1]

美国的"东南亚发展联盟"倡议虽未实现,但其"东南亚经济发展计划"产生了三个明显的效果,即促进了以东南亚区域为基础的"湄公河计划"的有效实施和东南亚教育部长组织及亚洲开发银行创建进程。东南亚教育部长组织(The Southeast Asia Ministers of Education Organiazation, SEAMEO)的创建与"湄公河计划"一样,是美国"东南亚经济发展计划"的重要组成部分。创建该组织的动议是由布莱克于1965年11月在曼谷举行的首次东南亚教育部长会议上提出的。该会议是由联合国教科文组织于1957年在其承办的首次亚洲教育部长及负责经济规划的部长会议上确定召开的。在这次会议上,来自老挝、马来西亚、新加坡、菲律宾、泰国和南越六个东南亚国家的部长接受了布莱克的建议,同意建立区域教育制度及相关合作项目。该援助计划而后被美国国际发展局

---

[1] "Memorandum from the Administrator of the Agency for International Development (Bell) and the Under Secretary of State for Economic Affairs (Mann) to President Johnson," Washington, undated, in United States Department of State, *Foreign Relations of the United States Diplomatic Papers*, 1964 – 1968, Vol. 27: *Mainland Southeast Asia*; *Regional Affairs*, Document 62, https://history.state.gov/historicaldocuments/frus1964 – 68v27/d61.

所接受。1966年11月，东南亚教育部长会议在马尼拉再次举行。部长们同意成立教育部长理事会，并在曼谷设立永久秘书处，以进一步推动区域教育计划的实施。在会议期间，布莱克表示，美国政府计划筹资2800万美元，提供该计划不高于50%的所需资金。1968年2月，第三次东南亚教育部长会议在新加坡举行。此次会议决定将这一新机构命名为东南亚教育部长组织，并确定该组织的目标和主要功能。其目标是通过教育、科学与文化促进合作，以便强化尊重正义、法治、人权和基本自由。该组织的主要功能包括：在改进东南亚及世界其他地方人民之间的理解和共有知识等工作方面进行协调；在有关教育、科学与文化的联合计划和互惠项目方面进行协作，并对成员国教育活动的发展提供帮助；保持、增进和扩散知识等。当年，东南亚教育部长组织在曼谷的秘书处正式启用。[1]

东南亚教育部长组织设有自己的部长理事会，每年举行一次全会，偶尔召开特别会议，确定组织的总体政策等事务。该组织还在东南亚国家设立了五个区域中心和一个区域计划，包括印度尼西亚茂物的热带生物学区域中心、菲律宾奎松城的教育创新与技术区域中心、马来西亚槟城的科学教育与数学区域中心、新加坡的区域语言中心、菲律宾洛斯巴诺斯的农业研究生学习与研究区域中心、泰国曼谷的考古学与美术区域中心和区域热带医疗与卫生保健计划等。这些区域中心和计划均遵循"亚洲方式"的平等原则，主要从事培训、专家交流、访学等人力资源开发和信息传播及科学研究等活动，并在诸多方面取得了重要进展。如热带生物学区域中心处理了由自然资源的粗放利用所引发的生态系统保护等重大问题；教育创新与技术区域中心引领了教育管理的系统方法；教育与数学区域中心谋求提升科学与数学教育，便利了东南亚国家培养自己的科学家和工程师；区域

---

[1] "Johnson Administration History of the Department of State, Vol. I, Chapter 7, Part 1: Asia," White House, n. d., U. S. Declassified Documents Online, https://link.gale.com/apps/doc/CK2349196284/USDD? u = nju&sid = bookmark - USDD&xid = ce17cfbb&pg = 1; "Eugene Black's Report on a Five Week Visit to ElevenAsian Countries 10/26 - 11/30/67," White House, 9 December 1966, U. S. Declassified Documents Online, https://link.gale.com/apps/doc/CK2349025334/USDD? u = nju&sid = bookmark - USDD&xid = 8e514316&pg = 5; MichaelHaas, *The Asian Way to Peace: A Story of Regional Cooperation*, New York: Praeger, 1989, p. 150.

语言中心推动了语言指导措施向语言学习方法的转型；农业研究生学习与研究区域中心形成重要的农业研究基地；考古学与美术区域中心努力保护和修复本区域的文化遗产；区域热带医疗与卫生保健计划培训了一批深入东南亚腹地的专攻热带疾病防治的医师等。截至1971年，东南亚教育部长组织的成员包括印度尼西亚、老挝、马来西亚、菲律宾、新加坡、泰国、柬埔寨和南越等，涵盖除缅甸以外的所有东南亚独立国家。美国虽非该组织的成员，但参加该组织的重要会议，并提供必要的资金支持。该组织已发展为亚洲颇具专业能力的区域组织之一。[①]

亚洲开发银行作为一种区域组织，其创建被美国政府视为实现约翰逊"霍布金斯讲话"所筹划的东南亚发展多边合作努力的"实质性步骤"[②]。亚洲开发银行的历史渊源可以追溯到很远。早在1956年，日本大藏大臣一万田尚登（Hisato Ichimada）曾向美国国务卿杜勒斯建议，应设立一个新的东南亚金融机构发展项目，以便推动发展项目进程。杜勒斯仅仅答应研究这个问题。1957年2月，岸信介（Nobusuke Kishi）就任日本首相后推行"亚洲中心外交"（Asian-centered di plomacy），并于当年4月提出了一项"亚洲发展基金"（Asian development fund）计划草案，拟向亚洲发展中国家提供长期低息贷款。这些资源将主要来自日本以及澳大利亚、加拿大和美国等其他工业国家。该计划的基本要点是，从美国获得大量美元，然后将其用于东南亚。岸信介的计划还提到了设立一个"亚洲商业基金"（Asian Commercial Fund），按照商业银行的原则运作，为发展中国家提供重要融资。为推动这一倡议，1957年5月，岸信介对缅甸、泰国、印度、巴基斯坦和锡兰等国进行了国事访问。这是二战结束后日本首相首次访问东南亚。7月，岸信介再次到东南亚，访问了越南、柬埔寨、老挝、马来亚、新加坡、菲律宾及澳大利亚和新西兰等国。他强调，亚洲的和平与繁荣需要更加紧密的区域合作。1958年11月，日本政府动员学者和技术专家创建了亚洲经济研究所（The Asian Economic Research Institut），由100多个专家组

---

① 参见 Michael Haas, *The Asian Way to Peace: A Story of Regional Cooperation*, New York: Praeger, 1989, pp. 151–179.

② "Johnson Administration History of the Department of State, Vol. I, Chapter 7, Part 1: Asia," White House, n. d., U. S. Declassified Documents Online, https://link.gale.com/apps/doc/CK2349196284/USDD? u = nju&sid = bookmark – USDD&xid = ce17cfbb&pg = 1.

成，专门研究东南亚尤其是经济问题。与此同时，日本政府提出与美国等发达国家共同创建一个"东南亚发展基金"（Southeast Asia Development Fund），向东南亚国家提供投资和经济援助。但美国当时对亚洲的开发投资计划并不热心，这些建议最终未能付诸实施。[①]

随着亚远经委会推动的区域合作实践的顺利进行，创建亚洲开发银行的动议也开始热络起来。1954年初，这一动议就在亚远经委会秘书处与其成员国之间开始讨论，由其执行秘书长吴纽组织。1960年2月，在曼谷举办的亚远经委会第十六届年度会议上，泰国代表提议仿照美洲开发银行和非洲开发银行设立亚洲的开发银行。最初，美国和美国控制的世界银行都反对这一动议。1963年1月，泰国经济学家保罗·西斯—阿姆奈（Paul Sithi-Amnuai）在亚远经委会区域内贸易会议上提出了一项设立亚洲银行的建议。此次会议的最终决议建议高度优先考虑设立这样一个银行。1963年3月，在马尼拉召开的亚远经委会第十九届年度会议上正式将之纳入该委员会框架内讨论。8月，吴纽在曼谷召集根据亚远经委会决议成立的区域经济合作专家组会议，正式提议设立亚洲的区域开发银行。10月，在曼谷举行的首届亚洲经济合作部长会议预备会议接受了区域经济合作专家组的建议。这次会议建议，由一个专家组在世界银行的协助下对设立一个亚洲开发银行有关事宜进行审查。12月，由亚远经委会主持在马尼拉召开的首届亚洲经济合作部长会议讨论创建亚洲开发银行的可行性。这次会议通过决议，决定成立由吴纽领导的亚远经委会亚洲开发银行特别专家组，负责拟订创建亚洲开发银行的制度安排。该专家组的成员除包括日本、印度、伊朗、菲律宾、泰国、印度尼西亚、巴基斯坦、新西兰八个国家的学者专家外，还邀请了美洲开发银行（The Inter-American Development Bank）及国际金融公司（The International Finance Corporation）的代表参加。其后经1964年3月在德黑兰举行的亚远

---

① 参见 James W. Morley, "Japan's Position in Asia," *Journal of International Affairs*, Vol. 17, No. 2, 1963, pp. 146–149; Yung-Hwan Jo, "Regional Cooperation in Southeast Asia and Japan's Role," *The Journal of Politics*, Vol. 30, No. 3, 1968, p. 783; Peter McCawley, *Banking on the Future of Asia: 50 Years of the Asian Development Bank and the Pacific*, Second edition, Manila: Asian Development Bank, 2017, pp. 31–32; Hiroyuki Hoshiro, "Co-Prosperity Sphere Again? United States Foreign Policy and Japan's 'First' Regionalism in the 1950s," *Pacific Affairs*, Vol. 82, No. 3, 2009, p. 398.

经委会第二十届年度会议核准。① 亚远经委会的这一决议被称作"亚洲经济合作宪章"（Charter for Asian Economic Cooperation）。②

经过近一年的努力，1964年10月20—30日，在吴纽的主持下，亚远经委会亚洲开发银行专家特别工作组10名成员在曼谷举行了第一次正式会谈。此次会谈讨论了亚洲开发银行的宗旨、性质、融资和成员资格等重大问题，最终形成关于建立多边开发银行的半官方详细建议——《关于亚洲开发银行专家组报告》（The Report of the Working Group of Experts on the Asian Development Bank）。亚远经委会秘书处在该工作组一些成员的协助下，起草了一份"临时章程草案"（Tentative Draft Charter），力求体现工作组报告中提出的一般想法和建议，并递交给亚远经委会各成员政府审议。该专家组强调，亚洲开发银行的成员资格应该具有基本的亚洲特征，从而象征着亚远经委会成员实现区域经济合作的热切愿望，而成员的投票权应以平等和相称的原则为基础。该专家组还建议，亚洲开发银行应该像美洲开发银行和非洲开发银行那样成为一个自主的机构，它应与国际和国家公私机构建立和保持密切合作，寻求它们协助评价具体项目或方案，通过联合参与为国家和多国项目提供资金，为亚洲开发银行的工作人员提供培训、交换信息和开展联合研究项目。在成员资格方面，该临时章程草案认为，银行的创始成员是亚远经委会的区域和非区域成员；成员资格应向对该区域发展有兴趣的其他区域内外的主权国家开放。在组织结构和投票权方面，临时章程草案规定，亚洲开发银行应设理事会、董事会、一名行长、至少一名副行长以及其他认为必要的高级职员和普通职员；每个成员对其所持

---

① 参见 United Nation, "ECAFE Annual Report to the Economic Social Council (19 March 1963 – 17 March 1964)," ECOSOC, Document E/3876/Rev. 1 – E/CN. 11/662/Rev. 1, 17 March 1964, pp. 21 – 22, https：//documents-dds-ny. un. org/doc/UNDOC/GEN/B09/129/6x/pdf/B091296. pdf? OpenElement; Eugene R. Black, *Alternative in Southeast Asia*, London: Pall Mall Press, 1969, pp. 96 – 105; Peter McCawley, *Banking on the Future of Asia: 50 Years of the Asian Development Bank and the Pacific*, Second edition, Manila: Asian Development Bank, 2017, pp. 35 – 39; P. E. Stonham, "The Asian Development Bank and Economic Co-operation in South-East Asia," *The Australian Quarterly*, Vol. 39, No. 1, 1967, pp. 79 – 80.

② United Nation, "Report of the Second Ministerial Conference on Asian Economic Co-operation, Final Act of the Conference of Plenipotentiaries on the Asian Development Bank," ECAFE, Document E/CN. 11/716 Rev. 1, Bangkok, Thailand, 1966, p. 18, https：//documents-dds-ny. un. org/doc/UNDOC/GEN/B14/100/64/PDF/B1410064. pdf? OpenElement.

银行股本的每一股拥有一票表决权。①

1965年3月，在新西兰惠灵顿举行的亚远经委会第二十一届年度会议上，亚洲开发银行特别专家组的报告被正式提交给会议审议，得到了令人鼓舞的回应，亚洲国家对这一提议十分感兴趣。此次会议决议认为，亚洲开发银行的成立"将成为区域经济合作其他具体措施的重点和刺激因素"。此次会议决定设立一个高级别协商委员会，以便征求亚洲及太平洋区域的潜在成员政府以及该区域以外发达国家的意见，并起草亚洲开发银行章程草案，同时就设立亚洲开发银行的进一步措施提供意见和协助。此次会议还建议亚远经委会秘书处向第二届亚洲经济合作部长级会议提交报告和建议。② 日本和美国的态度推动了这一进程的进一步发展。1965年2月，日本首相佐藤荣作（Eisaku Sato）在东京的日本外国记者俱乐部的讲话中说："我热切地期待着这一项目的实现，它必将通过经济发展为加强亚洲的合作意识做出贡献。"他说："日本将不遗余力地支持建立亚洲开发银行。"美国的态度也有很大改变。在亚远经委会惠灵顿年度会议上，美国代表并不反对建立一家新银行，并赞同建立协商委员会。对其他代表来说，这是令人鼓舞的事件。1965年4月，约翰逊宣布实施"东南亚经济发展计划"后，布莱克开始与联合国官员讨论亚远经委会的提议。布莱克参加了亚远经委会的会议，并与约翰逊讨论了亚洲开发银行项目，认为拟议中的亚洲开发银行将会接受美国的更广泛的亚洲援助计划。4月20日，约翰逊表示，他在本届政府内部达成了协议，即"在适当的条件和健全的管理下，这样一家银行将对促进亚洲区域发展具有相当大的价值。我同意这一立场，并认为如果能够建立这样一个银行，美国将愿意参加"。随后，美国与日本一起宣布支持亚洲开发银行的成立。③ 5月，布莱克与联合国官员讨论了亚洲开发银行的问题，表示只要组织得当，美国有兴趣参与该银行，并决定参加6

---

① United Nation, "Regional Economic Co-operation in Asia and the Far East: The Asian Development Bank and Trade Liberalization," ECAFE, E/CN.11/707, Bangkok, Thailand, 1965, pp.1-82, https://documents-dds-y.un.org/doc/UNDOC/GEN/B14/100/67/PDF/B1410067.pdf? OpenElemen.

② United Nation, "ECAFE Annual Report to the Economic Social Council (18 March 1964 – 29 March 1965)," ECOSOC, Document E/4005 – E/CN.11/705, 29 March 1965, pp.17-18, 167-169, https://documents-dds-ny.un.org/doc/UNDOC/GEN/B09/129/7x/pdf/B091297.pdf? OpenElement.

③ Peter McCawley, *Banking on the Future of Asia: 50 Years of the Asian Development Bank and the Pacific*, Second edition, Manila: Asian Development Bank, 2017, pp.41-42.

月召开的亚洲银行咨询委员会会议。与此同时，美国一个跨部门小组开始准备与亚洲开发银行成立有关的详细立场。①

此后，在美国积极介入的大背景下，亚洲开发银行启动全面筹备工作。1965年6月，亚远经委会在曼谷主持召开亚洲开发银行协商委员会首次会议。该委员会的主席由来自菲律宾的马尔巴塞达（Cornelio Balmaceda）担任，他将在组建亚洲开发银行的筹备工作中发挥关键作用。这次会议确定年底之前成立亚洲开发银行，并就银行资本及其认购的关键议题达成一致。会上，渡边武（Takeshi Watanabe）以日本政府参赞身份宣布，日本政府准备认购2亿美元作为资本；布莱尔作为美国总统特使出席了这次会议并在会上承诺，美国准备出资2亿美元，即设想的初始资本的20%。据初步安排，亚洲开发银行的初始资金为10亿美元。布莱克经约翰逊总统授权承诺，在亚洲开发银行内部设立一个单独供资的"东南亚区域发展基金"，美国出资1亿美元，并希望其他发达国家以同样的条件提供实质性出资。按照美方的安排，所有加入亚洲开发银行的亚远经委会区域欠发达成员均有资格申请贷款；东南亚国家均有资格获取"东南亚区域发展基金"的额外援助，这些国家包括湄公河国家和缅甸、马来西亚、菲律宾及已退出亚远经委会的印度尼西亚。②

日本和美国的承诺为亚洲开发银行的详细筹备工作营造了一个有力的开端。随后，协商委员会考量了各种组织问题。他们与各个潜在成员国代表举行会议，充分考虑到他们的金融和经济利益。协商委员会的成员还访问了许

---

① "Memorandum from the President's Special Assistant for Southeast Asia (Black) to President Johnson," Washington, 11 May 1965, in United States Department of State, *Foreign Relations of the United States Diplomatic Papers*, 1964 – 1968, Vol. 27: *Mainland Southeast Asia*; *Regional Affairs*, Document 65, https://history.state.gov/historicaldocuments/frus1964 – 68v27/d65.

② "Background Summary of the Fourth Meeting of the Joint U. S. -Japan Committee on Trade and Economic Affairs: Cooperation in the Economic Development of Less Developed Areas of Southeast Asia," Department of State, 7 July 1965, U. S. Declassified Documents Online, https://link.gale.com/apps/doc/CK2349042922/USDD? u = nju&sid = bookmarkUSDD&xid = cee5d45e&pg; "Memorandum from Francis M. Bator of the National Security Council Staff to President Johnson," Washington, 21 June 1965, in United States Department of State, *Foreign Relations of the United States Diplomatic Papers*, 1964 – 1968, Vol. 27: *Mainland Southeast Asia*; *Regional Affairs*, Document 67, https://history.state.gov/historicaldocuments/frus1964 – 68v27/d67; Peter McCawley, *Banking on the Future of Asia*: *50 Years of the Asian Development Bank and the Pacific*, Second edition, Manila: Asian Development Bank, 2017, p. 43.

多亚洲国家,并积极邀请更多的亚洲区域外国家加入。协商委员会根据不同国家的意见,并借鉴世界银行等其他机构的经验,将这些想法整合在一起,重新起草亚洲开发银行章程草案,阐明了亚洲开发银行与其成员之间的组织关系,为该银行的治理和管理拟定了规则。亚远经委会秘书处邀请该委员会所有区域和非区域成员以及一些发达国家参加高级别筹备委员会,并事先分发了章程草案并收集了初步答复。基于这些准备工作,1965年10月,高级别筹备委员会在曼谷举行了为期10天的密集谈判。这是有关亚洲开发银行设立的会议中最重要的一次。来自31个国家的100多名代表参加了会议讨论。在这次会议上,高级别筹备委员会制定了关于亚洲开发银行的宗旨和组织架构,确定了章程的内容,最终一致通过《建立亚洲开发银行协定草案》。[①] 1965年11月26日,在第二届亚洲经济合作部长级会议召开前夕,美国总统约翰逊发表声明宣布,美国政府将至少认购2亿美元亚洲开发银行初期本金,4年内支付1亿美元。他透露,日本政府已同意认购与美国等额的2亿美元的初期本金;澳大利亚和新西兰认购1亿美元、亚洲欠发达国家总共认购3亿美元;另有比利时、加拿大、联邦德国、意大利、荷兰和英国有意愿认购。对亚洲开发银行的筹备而言,这是"令人鼓舞的支持"[②]。

1965年11月29日至12月1日,第二届亚洲经济合作部长级会议在马尼拉如期举行。亚洲开发银行的设立成为这次会议的最重要议程。协商委员会向其递交了《亚洲开发银行协定草案》。这次会议确定了各成员国的资格和认缴股份,并经过三轮投票选举马尼拉作为总部驻地。令许多代表惊讶的是,亚洲开发银行总部就这样决定设立在该区域的一个发展中国家。日本代表对此感到困惑和深深的失望。后来,渡边武说:"我觉得自己悉心抚养的孩子好像被带到一个遥远的国家。"12月2日,部长级会议扩大为关于亚洲开发银行成立的全权代表会议。这些代表需要被授权为全权代表,以具有代表其政府

[①] Asian Development Bank, "The Asian Development Bank Annual Report 1967," Manila, 26 February 1968, p. 4, https://www.adb.org/documents/adb-annual-report-1967; Peter McCawley, *Banking on the Future of Asia: 50 Years of the Asian Development Bank and the Pacific*, Second edition, Manila: Asian Development Bank, 2017, pp. 44-47.

[②] "Creation of the Asian Development Bank: Statement by the President," Washington, 26 November 1965, in Richard P. Stebbins, ed., *Documents on American Foreign Relations*, 1965, New York: Harper & Row Publisher, 1966, pp. 437-438.

签署文件的全部法律权力。4日，此次会议一致同意通过《建立亚洲开发银行协定》(The Agreement Establishing the Asian Development Bank) 和《全权代表会议关于亚洲开发银行最后文件》(The Final Act of the Conference of Plenipotentiaries on the Asian Development Bank)。有阿富汗、澳大利亚、柬埔寨、加拿大、锡兰、联邦德国、印度、伊朗、日本、韩国、老挝、马来西亚、尼泊尔、荷兰、新西兰、巴基斯坦、菲律宾、西萨摩亚、中国台湾、泰国、英国和美国22个经济体的代表当天签署了《建立亚洲开发银行协定》，又称《亚洲开发银行章程》(The Charter of the Asian Development Bank)。为便于开展建立亚洲开发银行所需的详细工作，全权代表会议任命了一个亚洲开发银行筹备安排委员会。随后，该协定继续开放，供其他国家进一步签署，直到1966年1月底，另有丹麦、芬兰、挪威、南越、新加坡、奥地利、比利时、意大利和瑞典九个国家的政府予以签署。1966年8月，该协定正式生效。11月，亚洲开发银行在东京举行成立大会。有31个国家和地区作为创始成员参加。伊朗退出，印度尼西亚加入。这些经济体成为亚洲开发银行的第一批成员，包括19个区域成员和12个非区域成员，而其区域成员均为亚远经委会成员。1966年12月，亚洲开发银行在马尼拉郊外的马卡蒂（Makati）金融中心开始营业。菲律宾政府专门成立菲律宾协调委员会，负责与亚洲开发银行相关事务的协调事宜。[1]

---

[1] 参见 United Nation, "Report of the Second Ministerial Conference on Asian Economic Co-operation, Final Act of the Conference of Plenipotentiaries on the Asian Development Bank," ECAFE, Document E/CN.11/716 Rev.1, Bangkok, Thailand, 1966, pp.1–2, https://documents-dds-ny.un.org/doc/UNDOC/GEN/B14/100/64/PDF/B1410064.pdf? OpenElement; Asian Development Bank, "The Asian Development Bank Annual Report 1967," Manila, 26 February 1968, pp.4–10, https://www.adb.org/documents/adb-annual-report-1967; Peter McCawley, *Banking on the Future of Asia: 50 Years of the Asian Development Bank and the Pacific*, Second edition, Manila: Asian Development Bank, 2017, pp.48–52; Nitish Dutt, "The US and the Asian Development Bank: Origins, Structure and Lending Operations," *Journal of Contemporary Asia*, Vol.31, No.2, 2001, pp.241–261; Michael Haas, "Asian Development Bank," *International Organization*, Vol.28, No.2, 1974, p.283. 《全权代表会议关于亚洲开发银行最后文件》和《建立亚洲开发银行协定》具体条文详见"Final Act of the Conference of Plenipotentiaries on the Asian Development Bank," Manila, 4 December 1965, in United Nations, *Treaty Series—Treaties and International Agreements Registered or Filed and Recorded with the Secretariat of the United Nations*, Vol.671, No.8303, 1969; "Agreement Establishing the Asian Development Bank," Manila, 4 December 1965, in United Nations, *Treaty Series—Treaties and International Agreements Registered or Filed and Recorded with the Secretariat of the United Nations*, Vol.671, No.8303, 1969, pp.132–215, United Nations Treaty Series Online, https://treaties.un.org/doc/Publication/UNTS/Volume%20671/v671.pdf.

亚洲开发银行作为亚洲最早的区域发展银行，其"最重要的特点是在多边基础上建立一个有效设计的机构，向东南亚提供援助"[1]。这里的"多边"就是亚洲开发银行首任行长渡边武在其运行初期时常谈及的"区域合作"和"多边主义"两个"重要的主题"[2]。"区域合作"就是突显其"亚洲特性"；"多边主义"就是强调其与其他国际机构的紧密联系，两者合起来就是通常所说的"开放的区域主义"。用吴纽的话说，亚洲开发银行的建立"是亚洲倡议和国际合作的结果"，这是该行"所有之中最重要的"[3]。具体而言，亚洲开发银行创建及制度设计的基本特性主要表现在三个方面。

一是亚洲国家在其创建过程中扮演着重要的领导角色，这使得"亚洲的声音"在其中更加强大。吴纽对亚洲开发银行项目一直持积极的立场。他认为，亚洲开发银行"开启了一个新的前景，即我们各国积极调动各自和集体发展其经济所需的资源"，"最重要的是，世界银行将不仅是调动国内资本的有效工具，而且是吸引额外资本和国际金融机构的有效工具"。他相信，亚洲开发银行还能够增进亚洲各国间的了解和关系，推动亚洲国家和世界更紧密地联系在一起。[4]

在其创建过程中，"亚洲的声音"还体现在几个决定其未来的专家组和会议中。从1963年确定亚洲开发银行项目的区域经济合作专家组开始，各个委员会和工作组都保障亚洲国家尤其是亚洲发展中国家在其成员中具有相当的名额，以保证会议和专家的建议能反映亚洲国家的需求，维护亚洲国家的利益。而在决定亚洲开发银行协定框架最重要的高级别协

---

[1] P. E. Stonham, "The Asian Development Bank and Economic Co-operation in South-East Asia," *The Australian Quarterly*, Vol. 39, No. 1, 1967, pp. 82 – 83.

[2] Peter McCawley, *Banking on the Future of Asia: 50 Years of the Asian Development Bank and the Pacific*, Second edition, Manila: Asian Development Bank, 2017, p. 71.

[3] United Nation, "Report of the Second Ministerial Conference on Asian Economic Co-operation, Final Act of the Conference of Plenipotentiaries on the Asian Development Bank," ECAFE, Document E/CN. 11/716 Rev. 1, Bangkok, Thailand, 1966, p. 15, https://documents-dds-ny.un.org/doc/UNDOC/GEN/B14/100/64/PDF/B1410064.pdf?OpenElement.

[4] United Nation, "Report of the Second Ministerial Conference on Asian Economic Co-operation, Final Act of the Conference of Plenipotentiaries on the Asian Development Bank," ECAFE, Document E/CN. 11/716 Rev. 1, Bangkok, Thailand, 1966, p. 15, https://documents-dds-ny.un.org/doc/UNDOC/GEN/B14/100/64/PDF/B1410064.pdf?OpenElement.

商委员会中，九个成员更是全部来自亚洲国家，包括日本、印度、伊朗、泰国、马来西亚、菲律宾、南越、巴基斯坦、锡兰；亚洲开发银行高级别筹备安排委员会有 14 个成员，其中有 12 个区域成员和两个非区域成员，亦即澳大利亚、锡兰、印度、伊朗、日本、韩国、马来西亚、尼泊尔、巴基斯坦、菲律宾、南越、泰国以及联邦德国和美国；决定亚洲开发银行总部所在地的投票全部由 18 个区域成员参加。而马尼拉被推选为亚洲开发银行总部所在地能够使该行的发展中成员获益。① 因此，亚洲开发银行的启动被认为是"亚洲首个联合资本主义事业，它将使亚洲不同民族的人民团结在一起，共同致力于和平发展"。根据菲律宾经济发展委员会执行秘书罗曼·克鲁兹（Roman Cruz）的说法："这向世界表明，亚洲共同体已经接近于思考国际政治……其次是思考团结的一种状态。"②

二是亚洲开发银行的创建过程、组织原则和初期工作风格体现着"亚洲方式"特性。这集中表现在其所奉行的"灵活务实"和"不干预"原则上。开放包容、灵活务实一直是亚洲区域主义实践的重要特性之一，也是在历史现实关系错综复杂的亚洲能够推行区域合作的重要保障，可以说，任何区域主义实践想要在亚洲取得成功都离不开灵活、务实的精神和实践方式，亚洲开发银行也不例外。早在亚洲开发银行筹划之初，专家组就建议其章程拟订应该尽量宽泛，以使其在成员、资本资源和业务方面有相当大的灵活性。鉴于国内外经济形势和经济关系不断变化，各成员的金融需求也随之变化，亚洲开发银行必须能够使其政策和程序适应不断变化的要求。③ 此外，亚洲开发银行的创建过程也是在协商求

---

① United Nation, "Report of the Second Ministerial Conference on Asian Economic Co-operation, Final Act of the Conference of Plenipotentiaries on the Asian Development Bank," ECAFE, Document E/CN. 11/716 Rev. 1, Bangkok, Thailand, 1966, p. 51, https: //documents-dds-ny. un. org/doc/UNDOC/GEN/B14/100/64/PDF/B1410064. pdf? OpenElement; Peter McCawley, *Banking on the Future of Asia: 50 Years of the Asian Development Bank and the Pacific*, Second edition, Manila: Asian Development Bank, 2017, p. 48.

② Yung-Hwan Jo, "Regional Cooperation in Southeast Asia and Japan's Role," *The Journal of Politics*, Vol. 30, No. 3, 1968, p. 788.

③ United Nation, "Regional Economic Co-operation in Asia and the Far East: The Asian Development Bank and Trade Liberalization," ECAFE, E/CN. 11/707, Bangkok, Thailand, 1965, p. 3, https: //documents-dds-y. un. org/doc/UNDOC/GEN/B14/100/67/PDF/B1410067. pdf? OpenElemen.

同、灵活务实的基础上实现的。例如，关于投票权和董事会的组成问题，一直是各成员关心的问题，也是最具争议的问题，这两个棘手的问题在筹备委员会会议上险些造成亚洲开发银行的"难产"。最终与会代表本着灵活务实的原则，决定搁置争议，只制定一个初步的安排，以保证银行的成立不被拖延，而这两个问题将在后面的会议中再做进一步讨论。这样，亚洲开发银行的创建得以按部就班地进行下去，而这些问题也在日后的讨论和协调下得到了解决。亚洲开发银行启动后，渡边武将亚洲开发银行描述为"共同理解的交流中心"。他指出了多边安排的好处。他说："毫无疑问，发展中国家更愿意接受多边机构的资金。这类组织不寻求公众对其服务的赞扬，也不可能附带双边援助所附带的繁苛条件。"他还指出，多边银行所能实现的目标是有限的。大部分资金需要来自发展中国家本身。他所概述的亚洲开发银行工作的首要指导原则是，其员工必须认真听取各利益攸关方的意见，并在指导之前必须认真学习，以配合本地的实际需要。渡边武使用"家庭医生"（family doctor）的比喻描述亚洲开发银行员工与成员之间的关系——这一形象后来成为亚洲开发银行自我描述的一部分。①

亚洲开发银行还始终奉行"不干预"的原则，努力排除政治因素，尽力成为中立性的开发银行。可以说，对传统亚洲发展合作双边援助中政治考量的厌恶，促成了亚洲开发银行的诞生。在全权代表会议上，柬埔寨代表阐述了亚洲开发银行应遵循的三条基本原则，即真正承认所有成员的利益和主权；成员之间真正的平等；经济发展的优先性基于经济增长。这位代表说："我们相信，任何国家都不会否认，我们时代的重大问题之一，也是最严重的问题是发达世界和不发达世界之间的差距。有必要加速不发达国家的发展，有必要缩小不沿意识形态或地理线而沿经济线存在的差距。战争与和平只是这个问题的一

---

① Asian Development Bank, *ADB through the Decades*: *ADB's First Decade* (1966 – 1976), Updated edition, Manila: Asian Development Bank, 2017, pp. 7 – 8, https://www.adb.org/sites/default/files/publication/216111/adb-first-decade-updated-edition.pdf; Peter McCawley, *Banking on the Future of Asia*: *50 Years of the Asian Development Bank and the Pacific*, Second edition, Manila: Asian Development Bank, 2017, pp. 47, 70 – 71.

个方面。"① 这样，为避免受政治的影响，《建立亚洲开发银行协定》第36条专门做了"禁止政治活动和银行的国际性"规定，其内容包括：该银行不得接受任何可能损害、限制、转移或改变银行宗旨或职能的贷款或援助；该银行及其行长、副行长、高级职员和普通职员不得干预任何成员的政治事务，理事会的决定不应受有关成员的政治性质的影响，他们的决定只应考虑经济因素；该银行各成员应尊重这项职责的国际性，并应避免试图对任何成员履行职责施加影响；银行行长、副行长、高级职员和普通职员在履行职务时，应完全对银行负责，而不向其他机构负责；银行各成员应尊重这项职责的国际性，并应避免试图对任何成员履行职责施加影响。该协定第14条"经营原则"还规定，该银行不得在任一成员反对的情况下，在该成员境内为任何企业融资。② 这些规定在一定程度上防止了发展援助被当作霸权主义和殖民主义政治和外交工具的可能，并最大化地保证了亚洲开发银行作为纯粹的商业开发银行超然于政治角力之外。可以说，"不干预"原则是保证亚洲开发银行长久、稳定、有效运作的重要基石。

三是亚洲开发银行的宗旨和初期活动体现了亚洲国家尤其是东南亚国家的发展需求。《建立亚洲开发银行协定》将亚洲开发银行的宗旨确定为"集体和单独地为加速亚洲及远东区域成员的经济发展进程做出贡献"，其基本功能包括：促进区域内用于发展目的的公共和私人资本投资；利用其所能支配的资源为本区域成员的发展提供资金，优先重视最有效地促进整个区域经济协调发展的区域、次区域和国家项目和方案；与区域内成员合作，协调各成员的发展政策和计划，以善用资源、使经济更具互补性，并促进其对外贸易特别是区域内贸易有秩序地发展；为发展项目和方案的研究、编制、筹资和执行包括拟订具体项目建议提供

---

① United Nation, "Report of the Second Ministerial Conference on Asian Economic Co-operation, Final Act of the Conference of Plenipotentiaries on the Asian Development Bank," ECAFE, Document E/CN. 11/716 Rev. 1, Bangkok, Thailand, 1966, p. 20, https：//documents-dds-ny. un. org/doc/UN-DOC/GEN/B14/100/64/PDF/B1410064. pdf? OpenElement.

② "Agreement Establishing the Asian Development Bank," Manila, 4 December 1965, in United Nations, *Treaty Series—Treaties and International Agreements Registered or Filed and Recorded with the Secretariat of the United Nations*, Vol. 671, No. 8303, 1969, pp. 181 – 182, United Nations Treaty Series Online, https：//treaties. un. org/doc/Publication/UNTS/Volume%20671/v671. pdf.

技术援助；与向本区域投资发展资金或提供财政和技术发展援助的国家、国际机构和私人机构合作，并向这些机构阐明援助和投资的新机会，等等。[①] 亚洲开发银行在确立制度和规范上，也坚持做到保障亚洲成员的权益，这首先体现在其在投票权和董事会选举的设计上。《建立亚洲开发银行协定》规定，亚洲开发银行的投票权（voting power）由基本票数和比例票数两部分组成，其中基础票数占总票数的20%，平均分配给每一个成员，剩余80%的比例票数则按照持股份数进行分配。此外，《建立亚洲开发银行协定》规定，在理事会方面，理事会由10人组成，由各董事（即成员）选举产生，同行长一起作为银行最高的决策机构，每个理事成员作为一个区域成员只能把其全部票数投给一个人。[②] 这些规定既在一定程度上保证了亚洲发展中成员在银行决策中的话语权，又变相地提高了亚洲发展中成员在董事会中的权重。虽然日、美等发达成员拥有更高的投票权，但只能推选一位理事，而发展中成员拥有较低的投票权，却可以在董事会中获得更多席次和优势。从这些机制安排中可以看出，亚洲开发银行既具有显著的亚洲特色，又注重对外开放和多边合作。因此，建立亚洲开发银行最大化地达到一种平衡，即其股权和治理安排既强化了其亚洲特色，又具有充分的包容性。这种包容性体现了全球经济开放的普遍方式，预示着在未来几十年里大部分亚洲及太平洋区域经济政策转变的"早期迹象"[③]。亚洲开发银行作为由域内、域外发达成员和不发达成员共同出资的银行，也弥补了之前成立的美洲开发银行单单依赖美国出资和非洲开发银行仅仅依靠域内各国出资致使在活动上动辄受掣肘

[①] "Agreement Establishing the Asian Development Bank," Manila, 4 December 1965, in United Nations, *Treaty Series—Treaties and International Agreements Registered or Filed and Recorded with the Secretariat of the United Nations*, Vol. 671, No. 8303, 1969, pp. 132 – 136, United Nations Treaty Series Online, https：//treaties. un. org/doc/Publication/UNTS/Volume%20671/v671. pdf.

[②] "Agreement Establishing the Asian Development Bank," Manila, 4 December 1965, in United Nations, *Treaty Series—Treaties and International Agreements Registered or Filed and Recorded with the Secretariat of the United Nations*, Vol. 671, No. 8303, 1969, pp. 176 – 178, United Nations Treaty Series Online, https：//treaties. un. org/doc/Publication/UNTS/Volume%20671/v671. pdf.

[③] Peter McCawley, *Banking on the Future of Asia：50 Years of the Asian Development Bank and the Pacific*, Second edition, Manila：Asian Development Bank, 2017, p. 40.

的弱点,从而开创了"南北协调"的局面。①

亚洲开发银行启动后,东南亚国家成为首批受益者。当时,该行面临的首要问题之一是信息缺乏。当基本的统计数据很难得到的时候,设计合理的项目是很困难的。例如,印度尼西亚成为主要借款国之一,该国的国家统计服务在20世纪60年代的艰难岁月中陷入了混乱。诸如农业产出之类的数据、灌溉系统的数据也很不可靠。面对这种情况,亚洲开发银行开始收集所需的基础数据。当前的重点是农业,因为农业是该区域许多经济体的支柱,也是当时最需要资金的产业。为解决这一迫切问题,1966年12月,日本和东南亚九个国家的代表在日本东京举行了东南亚农业会议(Southeast Asia Agriculture Conference)。此次会议主要审议有关设立一个"农业特别基金"的各种问题。这一倡议由日本政府提出,希望在亚洲开发银行设立一个为期10年、总额为3亿美元的"农业特别基金",由日本、美国和其他国家分别出资1/3的份额。会上,湄委会代表亦考虑动用"湄公河基金"(Mekong Fund)提供为期3年、总额为1亿美元的资助,每年2000万美元,并希望美国出资1/2的份额。日本政府还建议发达国家通过协商推进此类特别基金的设立和实施。这一倡议得到美国政府的积极回应和支持。而后,在亚洲开发银行会议上,设立"农业特别基金"动议得到与会各成员的支持。② 这次会议还决定成立一个业务部会议,由日本、泰国、新加坡、马来西亚和印度尼西亚五个国家的代表组成,并有菲律宾、老挝、南越和联合国粮农组织的代表作为观察员参加。1967年3月中旬开始,该业务部会议在泰国农林部召开,讨论了具体问题,并决定在泰国设立渔业训练中心、在新加坡设立渔业资源调查中心,并成立管理两个中心的理事会,由五国各选一名代表组成,作为经营两个中心的决策机构;这两个中心的资金由五国分摊,每年每国出资1000美元乃至1万美元。③

在"农业特别基金"的资助下,亚洲开发银行发起第一次亚洲农业

---

① [日] 丸山静雄:《东南亚与日本》,石宇译,上海人民出版社1974年版,第130—133页。
② "Eugene Black's Report on a Five Week Visit to Eleven Asian Countries 10/26 – 11/30/67," White House, 9 December 1966, U. S. Declassified Documents Online, https：// link. gale. com/apps/doc/CK2349025334/USDD？u = nju&sid = bookmark – USDD&xid = 8e514316&pg = 5.
③ [日] 丸山静雄:《东南亚与日本》,石宇译,上海人民出版社1974年版,第126—127页。

调查（The First Asian Agricultural Survey）。这项调查于 1967 年 7 月开始、1968 年 2 月结束。这是亚洲开发银行第一次技术援助活动，目的是对该区域不同的农业发展技术方案进行全面分析，确定加速农业发展的主要经济、行政、社会和政策制约因素，并就公共和私营部门的投资机会提出建议，以提高本区域的农业生产能力。为此，该行成立了一个由国际知名的农业咨询委员会和由不同学科的实地专家组成的调查小组，调查范围涵盖阿富汗、锡兰、印度尼西亚、老挝、韩国、马来西亚、尼泊尔、菲律宾、新加坡、泰国、南越等所有潜在的借款经济体，东南亚成员占据多数。调查结果由一个区域报告和 12 个详细技术报告组成，包括水稻生产农作物、种植作物、牲畜和家禽、渔业、林业、森林工业、灌溉、排水、农业相关产业、农村金融机构在农业发展中的作用、发展小农场经济、农业统计框架的规划和发展以农业为基础的一般经济等。它确定了使亚洲开发银行有机会促进农业进步的活动，包括资助基础设施发展（灌溉和排水、运输和农村电气化）；扩大市场，提高加工设备的先进性，完善销售和服务网点；农业发展的信贷资助；能力建设，以解决政府在实施农村发展计划方面的弱点；教育、研究和推广服务，等等。这次调查与研究被认为是开创性的努力，为亚洲开发银行未来运作提供了一个框架，并在亚洲开发银行内部和世界各地被广泛应用。[①]

另一项重要调查专门针对东南亚国家。1967 年 9 月，首次关于运输和通信的东南亚高官会议在吉隆坡举行，有马来西亚、印度尼西亚、老挝、菲律宾、新加坡、泰国、南越等八个经济体的代表参加。这次会议一致同意由马来西亚政府代表它们向亚洲开发银行申请对它们所在区域进行运输调查。为顺利推进这一优先合作项目，八国代表组建东南亚运输与通信高官协调委员会。1968 年 3 月，该协调委员会向亚洲开发银行

[①] 参见 Asian Development Bank, *ADB through the Decades: ADB's First Decade (1966–1976)*, Updated edition, Manila: Asian Development Bank, 2017, pp. 7–8, https://www.adb.org/sites/default/files/publication/216111/adb-first-decade-updated-edition.pdf; Asian Development Bank, "The Asian Development Bank Annual Report 1967," Manila, 26 February 1968, pp. 16–20, https://www.adb.org/documents/adb-annual-report-1967; Peter McCawley, *Banking on the Future of Asia: 50 Years of the Asian Development Bank and the Pacific*, Second edition, Manila: Asian Development Bank, 2017, pp. 74–77.

正式提出融资申请，并于当年12月被批准，称之为"东南亚区域运输调查"（The Southeast Asian Regional Transport Survey）。其总体目标是为东南亚区域运输协调发展提供物理的和政策的基础。这项调查完成于1971年3月。此次调查确认，在国家和区域两级发展一个健全和有效的运输系统对该区域的持续增长和发展至关重要。为此，亚洲开发银行组织了一个由运输和经济发展领域国际公认的专家组成的指导委员会。这项调查对了解该地区的交通问题做出了宝贵的贡献。其调查报告对当时的运输系统进行了全面评估，包括对其弱点和不足之处进行诊断；然后，它对该区域的预期增长提出了系统的分析，并预测了今后20年（1970—1990年）内的运输需求（包括内陆、海港、海运和空运）。亚洲开发银行随后的许多基础设施项目都是在这次调查的指导下进行的。而东南亚运输与通信高官协调委员会于1973年1月改组为新的区域组织东南亚区域运输与通信发展机构的分支部门。该机构成为东南亚经济发展部长会议的附属机构，依然遵循东南亚运输与通信高官协调委员会所实践的"亚洲方式""共识建设"原则。[1]

印度尼西亚、泰国、马来西亚和新加坡是亚洲开发银行首批技术援助和贷款项目的重要受益国。印度尼西亚于1967年获批首个关于粮食生产的技术援助项目和为筹备首个亚洲农业调查提供的首个区域技术援助赠款；1969年获得亚洲开发银行从特别基金资源中以优惠条件为其泰竣（Tajum）灌溉项目提供的第一笔数额为99万美元的贷款；1970年获批亚洲开发银行与日本、美国和世界银行国际开发协会局合作的第一项联合融资协议，为该国一家化肥厂提供贷款。泰国于1968年获批亚洲开发银行第一笔500万美元的普通资本贷款，发放给泰国工业金融公司，用于转贷给私营企业。马来西亚于1969年获批亚洲开发银行为该国一个电力供

---

[1] 参见 Asian Development Bank, *ADB through the Decades: ADB's First Decade (1966 – 1976)*, Updated edition, Manila: Asian Development Bank, 2017, pp. 23 – 24, ttps://www.adb.org/sites/default/files/publication/216111/adb-first-decade-updated-edition.pdf; Asian Development Bank, "The Asian Development Bank Annual Report 1967," Manila, 26 February 1968, p. 21, https://www.adb.org/documents/adb-annual-report-1967; Asian Development Bank, "The Asian Development Bank Annual Report 1970," Manila, 4 February 1971, pp. 46 – 47, https://www.adb.org/documents/adb-annual-report-1970; Michael Haas, *The Asian Way to Peace: A Story of Regional Cooperation*, New York: Praeger, 1989, pp. 102 – 103.

应项目提供的第一笔能源部门贷款。新加坡于1970年获批亚洲开发银行第一笔教育部门贷款，用于新加坡大学扩建项目。① 亚洲开发银行成立后亦开始实施推动湄公河开发的资金和技术援助计划。1971年，亚洲开发银行联合世界银行、联合国开发项目和湄委会签署谅解备忘录，共同资助"湄公河计划"的农业试验项目。这一项目成为20世纪70年代"湄公河计划"区域合作有力的"亮点工程"②。

这些项目中最有影响的是亚洲开发银行提供给泰国工业金融公司的第一笔贷款和印度尼西亚的泰竣项目。泰国工业金融公司于1968年1月批准了500万美元的信贷额度。当时的泰国制造业在国家经济发展中发挥着越来越重要的作用，政府采取了各种政策措施鼓励工业进一步发展。泰国工业金融公司虽然在法律上是一个私营实体，但一直是执行泰国政府工业政策的重要工具。与商业银行从事短期贷款不同，泰国工业金融公司通过提供中长期贷款，在协助工业的建立和发展方面发挥了关键作用。1967年10—11月，亚洲开发银行特派团对泰国工业金融公司进行了评估，发现国际金融信托的贷款组合质量一般较好，其贷款处理程序健全，其评价技术令人满意。该贷款旨在扩大该公司的外汇资源。当时，这是该公司转借外汇的唯一来源。亚洲开发银行贷款的收益被用于涵盖多个行业的24个项目。大多数都是非传统行业，泰国实业家在这些行业上几乎没有经验。从这个项目开始，与亚洲开发银行有关的发展金融机构网络在10年里稳步扩大。印度尼西亚的泰竣灌溉项目于1969年6月17日获批。该项目是亚洲开发银行首笔农业基础设施贷款，也是该行向印度尼西亚提供的首笔贷款，又是该行从专项资金中融资的首笔贷款。该项目位于爪哇中部一个相对欠发达的地区。它的目标是帮助政府完成其灌溉系统，覆盖总灌溉面积3200公顷。虽然这里气候和土壤条件适宜种植水稻，但由于缺乏灌溉设施，只能在雨季种一季水稻，平均产量只有1.2吨/公顷。在这个项目中，三种作物的种植顺序被认为是可行的，同时对现有的耕作方式进行了一些改变。

---

① Asian Development Bank, *ADB through the Decades: ADB's First Decade* (1966 – 1976), Updated edition, Manila: Asian Development Bank, 2017, p. 21, https://www.adb.org/sites/default/files/publication/216111/adb-first-decade-updated-edition.pdf.

② Tuyet L. Cosslett and Patrick D. Cosslett, *Water Resources and Food Security in the Vietnam Mekong Delta*, New York: Springer, 2014, pp. 107 – 109.

可灌溉地区的水稻产量预计将每年增加 16000 吨,从而使农业收入在 10 年里增加 3 倍。该项目的一个突出特点是列入了一项试验计划,以探索、发展和示范先进的耕作方法,并在整个项目地区推广有效的水管理系统。那时,灌溉系统粗糙或缺乏,稻田依靠雨水养农业的方法。这项计划取得了值得称道的成功,赢得了农民的信任。①

亚洲开发银行的创建和运行不但将"亚洲对经济发展的虚拟的普遍关注转化为有用的行动工具",而且广泛刺激了东亚和西太平洋国家联合起来谋求"带有一致的目标和严肃的工作议程"的强有力的制度热情。② 在实际运行中,亚洲开发银行的创建及其所取得的进展与亚太理事会和其他一些与东南亚有关的跨区域合作机制的启动紧密相关。亚太理事会最早是由韩国政府于 1963 年初提出的。1966 年 2 月,时任韩国总统朴正熙(Park Chung Hee)在访问马来西亚、泰国后提出在汉城(今首尔)举行亚洲外长会议,并创建亚太理事会,旨在谋求韩国作为美国的安全伙伴在亚太区域扮演领导角色。这一倡议得到马来西亚、泰国、日本和美国等国政府的支持。美国政府受亚洲国家广泛参加亚洲开发银行的鼓舞,积极鼓励亚洲发展中国家创建自己的区域组织,并承诺将对这一事业提供支持。③

1966 年 4 月,东南亚联盟三国及日本、韩国、老挝、南越、澳大利亚和新西兰等国家在曼谷聚会,决定在汉城举行外长会议。6 月 14—16 日,除老挝外,这些国家的外长们在汉城举行会议,宣布成立亚太理事会。老挝派观察员参加。此次会议被称为亚太理事会第一次部长会议。会上,拉莫斯称,菲律宾在亚太地区的成员身份是马科斯政府"亚洲新方向"的体现。他承认,双方讨论了安全和政治问题,但继续辩称亚太理事会的主要目的是"经济合作"。他说,在达成建立亚太理事会的协商

---

① Asian Development Bank, *ADB through the Decades: ADB's First Decade* (1966 – 1976), Updated edition, Manila: Asian Development Bank, 2017, pp. 18 – 20, https: //www.adb.org/sites/default/files/publication/216111/adb-first-decade-updated-edition.pdf.

② W. W. Rostow, *The United States and the Regional Organization of Asia and the Pacific*, 1965 – 1985, Austin: University of Texas Press, 1986, p. 24.

③ Kai Dreisbach, "Between SEATO and ASEAN: The United States and the Regional Organization of Southeast Asia," in Marc Frey, Ronald Pruessen and Tan Tai Yong, eds., *The Transformation of Southeast Asia: International Perspectives on Decolonization*, Armonk: M. E. Sharpe, 2003, p. 253.

一致意见的过程中，参与成员清楚地表明它们决心团结一致，开展大规模合作，以解决长期阻碍和破坏该区域进步与繁荣的经济、政治、技术和社会问题。此次会议发表联合公报宣称，支持越南人民固有的权利，即自卫、选择自身生活方式和不受外部侵略和颠覆的自身政府形式。这次会议将亚太理事会确定为一个"非军事、非意识形态和非反共产主义"的集团。此次会议同意，各参与方驻泰国大使将组成一个常设委员会，处理该组织的事务，它包括日本、韩国、泰国、马来西亚、菲律宾、澳大利亚、新西兰、中国台湾、南越九个正式成员和老挝一个观察员。由泰国外长科曼主持该委员会的工作，泰国政府将提供一个秘书处。该常设委员会被指示研究关于更密切的经济合作的建议，包括建立商品和肥料库存基地、国际技术人员联合体以及交流经济、技术文化服务的协调中心等。此次会议还决定，九个参与方应于次年在曼谷再次举行部长级会议，此后每年轮流在其他成员的首府举行会议。这样，1967年7月，亚太理事会在曼谷举行了第二次部长会议。这次会议使合作的议题从原来强调政治转向强调经济，并提出了创建亚洲共同市场、开展科技合作等合作方案。[1] 科曼表示，他希望亚太理事会能够保持作为一个松散组织，其主要设计是提供一个日益密切的坦诚交换意见的论坛。考虑到西方列强的缺席，这将使有关亚洲成员的观点更容易得到协调。这一进程也许在将来会更加重视亚洲人的意见表达。[2] 实际上，亚太理事会机制成为泰国在国际层面支持南越的重要路径。[3]

1968年8月，亚太理事会在堪培拉举行了第三次部长会议，日本在

---

[1] 参见 "Asian and Pacific Council," *International Organization*, Vol. 20, No. 4, 1966, p. 845; Peter Lyon, *War and Peace in South-East Asia*, London: Oxford University Press, 1969, pp. 158–159; Robyn J. Abell, "Philippine Policy towards Regional Cooperation in Southeast Asia, 1961–1969," Ph. D. Dissertation, Australian National University, 1972, pp. 301–304; David Hundt and Jaechun Kim, "Competing Notions of Regionalism in South Korean Politics," *Japanese Journal of Political Science*, Vol. 12, No. 2, 2011, p. 255.

[2] "Memorandum of Conversation," Canberra, 28 June 1966, in United States Department of State, *Foreign Relations of the United States Diplomatic Papers*, 1964–1968, Vol. 27: *Mainland Southeast Asia; Regional Affairs*, Document 75, https://history.state.gov/historicaldocuments/frus1964-68v27/d75.

[3] 王震：《泰国区域主义及其主导中南半岛次区域合作的尝试》，载《东南亚研究》2022年第3期，第57页。

其中占据优势地位。这次会议进一步明确和框定了该组织的目标和指导原则,包括相互尊重成员主权、政治独立和领土完整;为所有成员谋取平等、自由和正义;通过和平方式寻求争端的解决,尊重法治;实现确保和平、秩序和进步的区域共同体;强调亚太人民建立在共同命运感和区域团结之上的自我依赖;促进经济社会和文化领域的紧密合作,推动一个繁荣的亚太成员共同体的发展;加强与其他国家和现有国际、区域组织的协作;仅仅由成员的全体一致意愿所指导,不谋求成为一个军事联盟,等等。随后,该组织还相继建立了科学和技术服务登记中心(1968年,堪培拉)、文化与社会中心(1968年,汉城)、食品与肥料技术中心(1970年,台北)、经济合作中心(1971年,曼谷)、亚太海上合作计划(1971,马尼拉)、亚洲蔬菜研究与发展中心(1971年,台北)六个附属机构。[1]

然而,由于亚太理事会缺乏明确的合作焦点,加之成员间对能否与中华人民共和国建立友好关系有分歧,所以未能持续有效地运行。这与来自东盟成员国尤其是未加入的印度尼西亚的冷淡反应有直接联系。印度尼西亚外长马利克曾就是亲自前往汉城还是派遣印度尼西亚观察员参加亚太理事会外长会议进行了辩论,但他最终决定,这两种选择都为时过早,因此未参加亚太理事会。[2] 其实,印度尼西亚和一些东南亚国家将亚太理事会视作"西方适应其冷战议程的事业";它们对澳大利亚和日本在其中的合法性和实际能力亦持怀疑态度。有评论指出:"亚太理事会作为区域协作工具的有效发展遭遇一些东南亚成员国对日本垄断地位的敌视。"[3] 不过,

---

[1] 参见 Youngmin Kwon, *Regional Community-building in East Asia*, Seoul: Yonsei University Press, 2002, pp. 270 – 272; Shin Joe Kang, "ASPAC: An Asian Solution," *Intereconomics*, No. 7, 1968, p. 208; Joseph A. Camilleri, *Regionalism in the New Asia-Pacific Order*, Northampton: Edward Elgar, 2003, pp. 60, 66; Peter Lyon, *War and Peace in South-East Asia*, London: Oxford University Press, 1969, pp. 158 – 159.

[2] "Memorandum of Conversation," Canberra, 28 June 1966, in United States Department of State, *Foreign Relations of the United States Diplomatic Papers*, 1964 – 1968, Vol. 27: *Mainland Southeast Asia*; *Regional Affairs*, Document 75, https://history.state.gov/historicaldocuments/frus1964 – 68v27/d75.

[3] Amitav Acharya, "Foundations of Collective Action in Asia: Theory and Practice of Regional Cooperation," ADBI Working Paper No. 344, Asian Development Bank Institute, February 2012, p. 344.

亚太理事会作为"完全由亚洲人自己启动的亚洲首个区域组织",它"为亚洲提供了一个重要论坛,所有的亚洲国家不分大小,亦无论民主和共产主义,都可以在这里讨论它们的共同问题、消弭它们的差异",由此,"为亚洲的区域主义提供了一种亚洲的声音"[1]。诺曼·帕尔默(Norman D. Palmer)将亚太理事会称作"迄今旨在将西太平洋绝大部分重要的非共产主义成员联合起来应对外部威胁的多边组织的重要案例",并"为更宽范围的合作提供了一个框架"[2]。姜信祖(Shin Joe Kang)将亚太理事会所推动的区域合作称作"一种亚洲路径"(An Asian Solution)。[3]

与此同时,在日本的倡议和推动下,一些新的跨区域机制相继诞生。1966年4月,日本政府倡议并在东京主持召开了东南亚经济发展部长会议(The Ministerial Conference on Economic Development of Southeast Asia, MCEDSEA),邀请了除北越外的所有东南亚国家与会。最终,南越、老挝、泰国、马来西亚、新加坡和菲律宾等国家的代表及印度尼西亚、柬埔寨的观察员参加了会议。这是日本战后主持召开的首次政府间国际会议。日本将这次会议视作亚太理事会的"可能继承者",期待通过此会议机制帮助拨付日本的援助资金,以换取东南亚国家对其外交政策的政治支持。会上,代表们同意该会议每年召开一次。这次会议在最后公报中公开承认此类会议在促进亚洲经济发展和稳定方面的重要性,同意次年在马尼拉再次举行会议,并主办一次关于农业发展的特别会议。日本政府承诺大幅扩大对东南亚的援助,让日本人更深入地参与东南亚事务。后来,印度尼西亚、澳大利亚、新西兰、柬埔寨、文莱等国代表参加了会议。此次会议对旨在推动区域功能性合作的大量附属机构提供支持,如东南亚渔业发展中心,东南亚区域运输与通信发展机构,东南亚贸易、投资与旅游促进中心,区域家庭与人口计划政府间合作与协作组织,亚洲税收管理与调查研究小组等。这些机构成为对东南亚国家认同有用的

---

[1] Amitav Acharya, *Whose Ideas Matter? Agency and Power in Asian Regionalism*, Ithaca: Cornell University Press, 2009, p. 82.

[2] Norman D. Palmer, "SEATO, ASA, Maphilindo and ASPAC," in Kernial S. Sandhu, Sharon Siddique et al., eds., *The ASEAN Reader*, Singapore: Institute of SEA Studies, 1992, p. 28.

[3] 参见 Shin Joe Kang, "ASPAC—An Asian Solution," *Intereconomics*, No. 7, 1968, pp. 207 – 211.

计划及日本提供必要的设备、技术援助和资金援助的主要机制。1968年1月，在日本的倡议和支持下，太平洋贸易与发展会议（The Pacific Trade and Development Conference, PAFTAD）在东京召开。该会议是经济和非政府层面的，强调的是个人网络和信息交换，而不是政治谈判和有约束力的决定。1969年和1970年又分别在东京和悉尼召开了两次会议。与会的有日本、加拿大、澳大利亚、新西兰、美国、韩国和泰国、印度尼西亚、菲律宾、马来西亚、新加坡等东南亚国家代表。太平洋贸易与发展会议逐步发展为亚太区域重要的学术网络。[①]

东南亚经济发展部长会议及后续区域会议的互动显示了区域合作和日本角色的重要性。在这一过程中，日本通过经济援助和促进合作发挥了重要作用。据统计，1965年，日本的发展援助资金已达4.14亿美元，位居全世界援助国第五。其中，有67.7%的援助流向了亚洲，而东南亚国家得到了大部分援助，日本向该地区提供的援助约占其对外援助的50%。[②] 此后，日本在东南亚发展援助中的作用日益增加。由此，东南亚经济发展部长会议被认为是"日本在战后亚洲领导地位的起点"。在东南亚经济发展部长会议东京会议上，老挝总理富马亲王宣称："没有哪个国家比日本更能在亚洲发挥领导作用。"马来西亚领导人在媒体上也表达了类似的观点。东南亚经济发展部长会议开启的区域合作也得到东南亚国家的赞赏。对马来西亚和泰国报纸报道内容的粗略研究表明，1966年东京会议以及亚洲开发银行的建立被普遍认为是"走向区域团结的重要步

[①] 参见 "Letter from the President's Special Adviser on Southeast Asia (Black) to President Johnson," Washington, 8 April 1966, in United States Department of State, *Foreign Relations of the United States Diplomatic Papers*, 1964-1968, Vol. 27: *Mainland Southeast Asia*; *Regional Affairs*, Document 71, https://history.state.gov/historicaldocuments/frus1964-68v27/d71; Peter J. Katzenstein, "Introduction: Asian Regionalism in Contemporary Perspective," in Peter J. Karzenstein and Takashi Shiraishi, eds., *Network Power: Japan and Asia*, Ithaca: Cornell University Press, 1997, pp. 15-18; Takashi Terada, "The Japanese Origins of PAFTAD: The Beginning of an Asian Pacific Economic Community," Pacific Economic Paper No. 292, Australian National University, June 1999, pp. 1-17; Joseph A. Camilleri, *Regionalism in the New Asia-Pacific Order*, Northampton: Edward Elgar, 2003, pp. 65-77; 邓仕超《从敌对国到全面合作的伙伴：战后东盟—日本关系发展的轨迹》，世界知识出版社2008年版，第60页。

[②] Yung-Hwan Jo, "Regional Cooperation in Southeast Asia and Japan's Role," *The Journal of Politics*, Vol. 30, No. 3, 1968, p. 785.

骤"。在柬埔寨和老挝政界，有价值的区域开发甚至被认为是"走上一个亚洲共同市场的第一步"①。泰国倡议的东南亚经济发展部长会议附属机构——东南亚渔业发展中心（The Southeast Asian Fisheries Development Center, SEAFDEC）率先启动并取得重要进展。1967年12月，东南亚经济发展部长会议成员国达成《关于成立东南亚渔业发展中心的协定》，以推动东南亚的渔业发展。该协定确定了该中心的主要任务，包括为东南亚国家训练渔业技术人员；研究适宜于东南亚渔业发展的渔业技术；实施东南亚渔业资源调查和海洋渔业的研究；收集和分析有关东南亚渔业的信息；向成员国提供该中心调查与研究成果及其他信息等。该协定还规定了该中心的组织机构，即成立中心理事会，每年召开五天会议，并依照"亚洲方式"的平等原则行事；在曼谷设立秘书处。日本是提供秘书处运作资金的主要来源。1968年3月，该中心正式投入运行，并启动首个十年行动计划。就此，东南亚渔业发展中心开启了东南亚国家渔业领域实质性区域合作。②

另外，这一时期"科伦坡计划"的亚洲成员继续扩大，韩国（1962）、不丹（1962）、马尔代夫（1963）、阿富汗（1963）、伊朗（1966）、新加坡（1966）相继加入，涵盖了整个东南亚区域，而日本、韩国与美国一起成为推动该计划进展的重要力量。美国在加入时就曾公开表示，支持"东亚—太平洋区域"通过一个亚洲经济组织的活动增进各国之间日益增强的经济合作③，亦"鼓励亚洲国家在政治事务中担当公开的领导"，并愿意"提供审慎的指导"④。"科伦坡计划"的"东亚—太平洋区域"色彩更加浓厚。这一方面体现在其领导力量上，日本和韩国等新的亚洲力量快速上升，而英国的传统影响力明显下降；另一方面体现在其规范原则上，新的"多边组织化"建议再次受挫，"双边主义"基

---

① Yung-Hwan Jo, "Regional Cooperation in Southeast Asia and Japan's Role," *The Journal of Politics*, Vol. 30, No. 3, 1968, pp. 791–792.

② 参见 Michael Haas, *The Asian Way to Peace: A Story of Regional Cooperation*, New York: Praeger, 1989, pp. 91–117.

③ United States Department of State, *Foreign Relations of the United States Diplomatic Papers*, 1952–1954, Vol. 12: *East Asia and the Pacific (in two parts)*, Part 1, Washington, D.C.: United States Government Printing Office, 1984, p. 1021.

④ Amitav Acharya, *The Making of Southeast Asia: International Relations of a Region*, Singapore: ISEAS Publishing, 2012, pp. 132–133.

本原则得以坚持。1960年11月和1961年11月,分别在东京和吉隆坡举行的第十二次协商委员会会议(简称"东京会议")和第十三次协商委员会会议(简称"吉隆坡会议")是重要转折点。在东京会议上,日本开始谋求在"科伦坡计划"中扮演更积极的角色。日本首相池田勇人(Hayato Ikeda)在会议演讲中明确表示,日本的现代化是"成功的故事",可以为"科伦坡计划"成员提供"许多有价值的建议"。他强调,"科伦坡计划"成员应将"积极的互助"置于优先地位,并呼吁所有成员均应在其能力范围内促进"科伦坡计划"的"合作计划"。会上,日本经济规划部门官员还建议,"科伦坡计划"应该优先实施技术援助,以便扩大技术援助规模并使之多样化。正是从这次会议开始,日本政府在国内外积极宣称日本已成为"科伦坡计划"的"援助国"①。

在东京会议上,缅甸代表建议调整该区域内部的总体计划,以提升与该区域主要问题相关的资金支持和技术援助的效率。菲律宾代表建议,由"科伦坡计划"管理办公室或协商委员会在援助成员和受援成员之间设立一个特别谈判委员会,以便特定的援助成员和受援成员可以开会讨论援助的条件并最终达成协议。缅甸和菲律宾代表的建议虽然没有直接涉及"多边援助机构"和"多边主义",但从该计划成员间就资本援助和项目数量做出事先调整的惯例来看,这些建议被认为表明了两国代表希望转向"多边援助机构"。会上,作为受援成员的老挝、南越还有印度尼西亚同意菲律宾和缅甸代表的建议。但英国代表表示,"科伦坡计划"的本质是双边援助,因而对菲律宾和缅甸代表的建议应慎重考虑。澳大利亚、新西兰、美国和日本代表均支持英国代表的看法。在吉隆坡会议上,各成员代表就"多边援助机构"继续展开争论,最终决定仍然遵循"双边援助"的基本原则。这样,"科伦坡计划"继续维持其松散的组织安排。这一安排亦为日本政府自1955年9月首次参加协商委员会会议以来所提倡的"开放的区域主义"的引入提供了规范基础。这正好顺应了此时东南亚及整个东亚区域逐渐兴起的更加具有

---

① Sumio Hatano, "The Colombo Plan and Japan: Focusing on the 1960 Tokyo Meeting," in Shigeru Akita, Gerold Krozewski, et al., eds., *The Transformation of the International Order of Asia: Decolonization, the Cold War, and the Colombo Plan*, New York: Routledge, 2015, pp. 137–138.

包容性的"开放的区域主义"实践。①

这一时期,"科伦坡计划"在东南亚及整个亚洲区域经济发展中的重要性持续提升,其技术援助增长更加明显。据统计,1951—1970年,"科伦坡计划"下的技术援助总支出为15.24亿美元,其中发生在1961—1970年的技术援助支出占总额的90%,而数额最多的1968年一年就有2亿美元。另据统计,在"科伦坡计划"实施20年间,技术援助用于培训资助的资金为2.74亿美元,占技术援助总额约18%,共为受援国提供了72577人次的技术培训、提供了14102名技术专家和咨询师,涉及社会和经济活动的各个领域。② 这为南亚东南亚国家经济社会发展做出了重要贡献。这正如"科伦坡计划"办公室发布的《科伦坡计划进展1962》所言:"不管是对经济发展还是对拥有多样性和历史的人民之间的持续的对话而言,科伦坡计划都是一个独特的工具。"因此,"它可以为新形式的区域合作提供基础。这些新形式可以提高我们抗击饥饿、匮乏、冷漠和疾病等古老的敌人的能力"③。"科伦坡计划"资助学者、马来西亚森林研究所专家弗兰西斯(Francis S. P. Ng)在谈及"科伦坡计划"对马来西亚的影响时曾指出:"整个20世纪60年代,科伦坡计划的资助专家接管了英国官员离开后技术部门的专业职位,包括公共工程、农业、林业和公共事业……科伦坡计划伴随马来西亚度过了20世纪60年代和70年代独立后关键的20年。"④

---

① 参见 Sumio Hatano, "The Colombo Plan and Japan: Focusing on the 1960 Tokyo Meeting," in Shigeru Akita, Gerold Krozewski, et al., eds., *The Transformation of the International Order of Asia: Decolonization, the Cold War, and the Colombo Plan*, New York: Routledge, 2015, pp. 134, 138 – 141; Shigeru Akita, "The Transformation of the Colombo Plan and the Sterling Area in the Late 1950s and Early 1960s," in Shigeru Akita, Gerold Krozewski, et al., eds., *The Transformation of the International Order of Asia: Decolonization, the Cold War, and the Colombo Plan*, New York: Routledge, 2015, pp. 123 – 128.

② Colombo Plan Secretarat, *The Story of the Colombo Plan: Resource of Book* 2012, Colombo, 2012, pp. 22 – 24, https://colombo-plan.org/wp-content/uploads/2020/03/22-The_Story_of_the_Colombo_Plan.pdf.

③ Colombo Plan Bureau, *Progress of the Colombo plan*, 1962, Tokyo: Bunshodo, 1963, pp. 1, 160.

④ Colombo Plan Secretarat, *The Story of the Colombo Plan: Resource of Book* 2012, Colombo, 2012, p. 25, https://colombo-plan.org/wp-content/uploads/2020/03/22-The_Story_of_the_Colombo_Plan.pdf.

这一时期,"科伦坡计划"协商委员会还与亚远经委会、湄委会及"湄公河计划"、亚洲开发银行等跨区域机制建立了紧密联系。1962年5月,美国国务院制定的《美国的东南亚政策和行动指导原则》(The Guidelines for U. S. policy and operations in Southeast Asia) 已将"科伦坡计划"、东南亚联盟、亚远经委会、"湄公河计划"等一起视作具有"亚洲本地特性的地方倡议",并列为美国和西方鼓励和支持的区域合作安排。① 在这些区域合作安排中,东南亚区域是核心的地理指向,东南亚国家是其所依赖的"最强大的力量"②。至此,随着亚洲开发银行和亚太理事会等新的跨区域机制的建立和运行以及东南亚联盟复兴直至东盟成立和运行,东南亚区域合作的域外和域内关键领导力量均移至东亚及太平洋区域;加之美国和澳大利亚在该区域影响力的持续增强,东南亚跨区域合作名副其实地将"亚洲"和"太平洋"联结起来,进而催生出"发展导向"的新的"亚太多边主义"或"东亚—太平洋区域主义"(East Asia and Asia-Pacific regionalism)。③ 丸山静雄将1965—1966年以后出现的这些保持亚洲主体性和注重务实行动的区域合作称作"新区域合作",这也是一种"亚洲的再发现"。在东南亚,这种区域合作基于加强东南亚整体的相互依赖和协调关系,促进稳固的经济合作,且不走结成军事和意识形态集团的道路,在强调"亚洲主体性"的同时突显"东南亚一体性",以便促进其统一和合作的趋势。④ 自此,东南亚区域合作进入一个新的时期。

---

① "Guidelines for U. S. Policy and Operations in Southeast Asia," Department of State, 1 May 1962. U. S. Declassified Documents Online, https://link.gale.com/apps/doc/CK2349484769/USDD?u=nju&sid=USDD&xid=c0a57ee3.

② W. W. Rostow, *The United States and the Regional Organization of Asia and the Pacific*, 1965 - 1985, Austin: University of Texas Press, 1986, p. 30.

③ 参见 Amitav Acharya, "Multilateralism: Is There An Asia-Pacific Way?" *Analysis*, Vol. 8, No. 2, 1997, pp. 5 - 18; Christopher M. Dent, "The Asian Development Bank and Developmental Regionalism in East Asia," *Third World Quarterly*, Vol. 29, No. 4, 2008, pp. 767 - 786; Christopher M. Dent, "Paths ahead for East Asia and Asia-Pacific Regionalism," *International Affairs*, Vol. 89, No. 4, 2013, pp. 963 - 985.

④ [日] 丸山静雄:《东南亚与日本》,石宇译,上海人民出版社1974年版,第25—26、87—88页。

余 论

东南亚早期区域合作的历史遗产

由于当代东南亚国家体系的形成与二战后西方主导的世界秩序建构和非殖民化进程及整个亚洲的民族解放运动同步，致使孕育其中的东南亚区域合作实践一开始就是西方大国及周边"新兴大国"主导的外部力量和东南亚国家的内部力量交互作用的结果。这就决定了二战后东南亚区域合作实践呈现出全球、跨区域、区域、次区域和国家等多个层次的紧密互动，是一种持续的开放性区域建构进程。这一进程发轫于外部力量引领的跨区域合作动议和实践，主要在"泛亚洲主义"和"太平洋主义"两种区域意识的框架内酝酿、起步并不断发展壮大；而后逐渐孕育并生成"东南亚主义"（即本地区域主义）及其框架内的本地区域合作或次区域合作实践。可以说，无论从经验上还是规范上，二战结束到东盟成立即1945—1967年这一时期（特称"东南亚早期区域合作"）既是当代东南亚区域合作实践的重要起源，也是当代亚洲区域合作实践的真正开始，并为此后东南亚及整个亚太区域合作的发展留下了宝贵的历史遗产。因此，对这一时期东南亚区域合作实践进程进行系统而深入的研究，对于我们全面了解和认识东南亚乃至整个亚洲区域合作的起源与演变进程无疑具有重要的学术参考价值和现实借鉴意义。

从经验上看，二战后的东南亚区域合作在"泛亚洲主义""太平洋主义"和"东南亚主义"三种区域意识的框架内孕育和生长，呈现出既紧密联系又相对独立的三条不同的演进轨道，并在不同的阶段有强弱之分。从总体上看，"泛亚洲主义"框架内的区域合作先强后弱，直至第二次亚非会议夭折后退出历史舞台;"东南亚主义"框架内的区域合作先弱后强,直至东盟成立达到历史高峰,并成为东南亚区域合作进程中最重要的一条发展轨道;"太平洋主义"框架内的区域合作源流最长,与前两条轨道时有竞争乃至排斥,其内部亦时常分化重组,但以经济发展为导向的区域合作总是持续前行。二战后东南亚区域合作的这三条不同的演进轨道的兴衰变迁揭示了蕴含其中的一个内在逻辑,即特定历史条件下的东南亚国家的共同需求是决定这一演变进程的根本因素。这一内在逻辑依然影响着1967年东盟成立后东南亚区域合作的演变轨迹。此后,随着"太平洋主义"区域意识向新的"亚太主义"或"东亚—太平洋区域主义"的转型,"新区域主义"背景下的亚太区域合作逐渐兴起,直到1989年11月,其最重要的区域政府组织——亚太经济合作组织(The Asia-Pacific Economic Cooperation, APEC)的诞生,标志着亚太区域合作发生"官方介入层次的实质性变化"[1],以发展为导向的区域合作成为亚太区域主义的主流。

其间,带有浓厚冷战色彩的东南亚条约组织走向衰落,直至1977年中期正式解散;[2] 具有冷战底色的亚太理事会继澳大利亚(1974年6月)、马来西亚(1974年11月)、南越(1975年)、泰国(1976年4月)、新西兰(1976年7月)、菲律宾(1980年6月)相继退出后逐步解体;[3] 具有军事合作性质的《英马防务协定》于1971年11月改制为澳大利亚、新西兰、马来西亚、新加坡参加的松散的《五国防务安排》(The Five Power Defence Arrangements, FPDA),"澳新马区域"联合防务计划随之没落并于1974年悄然解体;[4] 以发展为导向的联合国亚远经委会于1974年3月改名为联合国亚洲及太平洋经济社会委员会(The United Nations Economic and Social Commission for Asia and the Pacific, ESCAP,简称

---

[1] Yasumasa Komori, "Asia's Institutional and Evolution Creation," *Asian Perspective*, Vol. 33, No. 3, 2009, p. 159.

[2] 参见 John Sterling, "ASEAN: The Anti-Domino Factors," *Asian Affairs*, Vol. 7, No. 5, 1980, p. 274.

[3] 参见 Youngmin Kwon, *Regional Community-building in East Asia*, Seoul: Yonsei University Press, 2002, p. 271.

[4] 参见 Andrew T. H. Tan, "The Five Power Defence Arrangements: The Continuing Relevance," *Contemporary Security Policy*, Vol. 29, No. 2, 2008, pp. 288 – 289.

"亚太经社会")、"科伦坡计划"于1977年改为《亚太经济合作和社会发展的科伦坡计划》(The Colombo Plan for Cooperative Economic and Social Development in Asian and Pacific),不再保留原有的"南亚东南亚"名号[1];"湄公河计划"于1975年1月开始纳入"联合国开发计划",湄委会经过一段停顿后于1978年1月以临时湄委会名义继续运行,而亚洲开发银行开始在其中扮演关键角色。[2] 东盟在新的亚太区域合作的背景下迅速发展,从1974年4月与澳大利亚启动首个外部对话伙伴关系开始,积极倡导和推动与东南亚域外国家与区域组织之间的"对话伙伴关系"建设。1977年8月,第二届东盟首脑会议正式启动东盟部长后续会议(PMC),即在东盟年度部长会议召开之后立刻召开东盟与外部伙伴国家部长级会议,从而建立起一套对话伙伴关系机制,统称"东盟外部对话伙伴关系",通常又被称为"东盟+1"对话机制。[3] 东盟与澳大利亚、新西兰、加拿大、日本、美国、欧共体等域外发达国家和区域组织相继启动的对话伙伴关系,率先被纳入这一机制之中。该机制为东盟与东南亚域外对话伙伴的区域间合作提供了一个"基本框架"[4],从而正式拉开了构建"东盟中心性"区域架构的序幕。

从规范上看,这一时期东南亚区域合作的意义更加重要且富有连续性和延展性。二战后东南亚区域合作主要通过规范"地方化"和规范"从属化"双向扩散进程,从正式的、普遍化的法律规则和非正式的、特殊性的社会文化惯例两种形态创建和共享特定的区域规范。与这一时期东南亚区域合作实践进程相一致,这种区域规范最早在"泛亚洲主义"和"太平洋主义"框架内的区域合作进程中培育和生长。两者分别成为

---

[1] 参见 The Colombo Plan Secretariat, *Colombo Plan for Cooperative Economic and Social Development in Asian and Pacific-Overview*, http://www.colombo-plan.org/index.php/about-cps/overview/.

[2] 参见 Satoru Akiba, "Evolution and Demise of the Tennessee Valley Authority Style Regional Development Scheme in the Lower Mekong River Basin, 1951 to the 1990s," *Waseda Business & Economic Studies*, Vol. 46, 2010, pp. 93 – 94; Tuyet L. Cosslett and Patrick D. Cosslett, *Water Resources and Food Security in the Vietnam Mekong Delta*, New York: Springer, 2014, pp. 99 – 167.

[3] 参见郑先武《区域间主义治理模式》,社会科学文献出版社2014年版,第262—174页。

[4] Susumu Yamakage, "Japan's National Security and Asia-Pacific's Regional Institutions in the Post-Cold War Era," in Peter J. Karzenstein and Takashi Shiraishi, eds., *Network Power: Japan and Asia*, Ithaca: Cornell University Press, 1997, pp. 288 – 289.

这一时期区域规范创建和扩散的核心和辅助性平台。前者带有强烈的主动性，经由亚洲关系会议、"科伦坡国家"会议、万隆会议和亚远经委会、湄委会及"湄公河计划"等区域合作实践，逐步形成宏观上的"亚洲方式"、中观上的"万隆规范"或"万隆精神"和微观上的"湄公精神"或"湄公方式"，后两种区域规范实际上成为特定的区域合作"亚洲方式"的重要组成部分。后者具有明显的被动性，从最初的南太平洋委员会和"英联邦协商"，经由碧瑶会议、"科伦坡计划""澳新马区域"联合防务和东南亚条约组织等区域合作实践的"亚洲规范适用"，最大限度地逐步与宏观上的区域合作"亚洲方式"趋向一致。随着东南亚本地区域合作的兴起和跨区域合作的"亚太转向"，"亚洲方式"开始融入两种区域合作实践进程，分别拓展为新的跨区域合作"亚太方式"和东南亚本地区域合作"马菲印尼协商精神"直至"东盟方式"的形成。

从东南亚本地区域合作上看，一方面，随着东盟的产生和发展，其所领导的"东南亚主义"渐成亚洲区域合作的"重心"。东盟通过自身的组织化建设，在区域合作"亚洲方式"的基础上形成东南亚区域合作特定的"东盟方式"，即一系列国家间关系的行为准则的实质性规范和基于协商、共识的决策程序的程序规范。前者主要包括不干涉、非武力、和平解决争端、尊重成员国的主权和领土完整及区域自主等，又称为"东盟规范"；后者涉及审慎性、合宜性、非正式、务实主义、共识建设和非对抗的谈判风格等，又称"东盟风格"（ASEAN style），由此形成东盟区域主义中"软区域主义"和"灵活性共识"两大核心特征。[1] 理查德·斯塔布斯（Richard Stubbs）强调，体现在"区域和国际关系的东盟方法"上的"一系列核心观点"，包括中立，涉及国家平等的主权与领土完整、不干涉主义、和平解决争端、非正式、不对抗及协商共识和国内稳定、社会和谐等，是20世纪40年代末到60年代初东南亚区域内外整个亚洲政治和舆论领袖人物的观点在区域会议中传播并逐步制度化的结果。正是"这些区域会议形成了东盟内部就该区域组织的本质和目标达成共识

---

[1] 参见 Amitav Acharya, "Ideas, Identity, and Institution-Building: From the 'ASEAN Way' to the 'Asia-Pacific Way'?" *The Pacific Review*, Vol. 10, No. 3, 1997, pp. 328 – 333.

性观点的基础"①。从这个角度上讲,万隆会议"标志着亚洲国家间共识性外交的诞生",从而为"亚洲区域制度建设的努力包括所谓的东盟方式留下了悠久的遗产",以至于"东盟方式的许多核心构成都有其万隆进程的渊源,包括偏好非正式、避免西方多边集团所采用的法律方法和机制、以妥协的精神避免多边议程中争论不休的双边冲突、保留面子的需要,最重要的是强调协商和共识"等。②

由于"东南亚主义"是在泛亚洲主义框架内孕育并发展起来的,因此它一开始就明显地带有亚洲区域主义的共有特质,而万隆会议进程所"创建"和"传播"的"万隆规范"为"东南亚主义"形成与发展直至东盟的创建和演变提供了至关重要的"规范来源",以至于出现"万隆规范"的"东盟化"。东盟一开始就拒绝成为一个军事集团,并将不干预原则纳入"东盟规范"范畴。对于这些,阿查亚解释说,避免多边军事合作作为一项重要的"东盟规范",它"源自1955年万隆亚非会议达到顶点的亚洲区域主义话语",而不干预主义这一"1955年万隆亚非会议再次确认的核心原则"被合并到东盟重要的政治声明中,并使之同时适用于东南亚域外国家对东南亚的干预和东南亚国家对其邻国事务的干预,由此保持了《东盟宣言》与马非印尼联盟和万隆会议某些规范上的连续性。③ 韦瑟比认为,"万隆原则"中避免使用集体防御安排来服务于任何大国的特殊利益的原则,已经嵌入东南亚国家的安全政策之中,而在应对大国竞争方面,东盟的两项政策方针可以追溯到万隆会议和贝尔格莱德不结盟国家首脑会议。这两项政策是,与大国打交道时不偏袒任何一

---

① 参见 Richard Stubbs, "The ASEAN Alternative? Ideas, Institutions and the Challenge to 'Global' Governance," *The Pacific Review*, Vol. 21, No. 4, 2008, pp. 455 – 460.

② 参见 Amitav Acharya and See Seng Tan, "Introduction: The Normative Relevance of the Bandung Conference for Contemporary Asian and International Order," in See Seng Tan and Amitav Acharya, eds., *Bandung Revisited: The Legacy of the 1955 Asian-African Conference for International Order*, Singapore: NUS Press, 2008, pp. 10 – 11; Amitav Acharya, *Whose Ideas Matter? Agency and Power in Asian Regionalism*, Ithaca: Cornell University Press, 2009, pp. 78 – 81.

③ 参见 Amitav Acharya, *Constructing a Security Community in Southeast Asia: ASEAN and the Problem of Regional Order*, Third edition, New York: Routledge, 2014, pp. 43 – 50, 56.

方，并保持统一战线。①

1971年11月，在印度尼西亚的强力推动下，东盟所发布的强化"东盟规范"的重要文件《和平、自由与中立区宣言》申明"1955年万隆会议《促进世界和平与合作宣言》的持续合法性"②。1976年2月，首届东盟首脑会议所发布的明确框定"东盟规范"的核心文件《东南亚友好合作条约》承认，东盟的目标将"与《联合国宪章》的精神和原则及1955年4月24日在万隆召开的亚非会议所适用的十项原则保持一致"。这一文件所阐明的"东盟规范"构成东盟国家行为准则。这些规范包括各国相互尊重彼此的独立、主权、领土完整和国家认同；各国有权保持其民族生存，不受外来干涉、颠覆或压力；互不干涉内政；以和平方式解决分歧或争端；放弃使用武力或以武力相威胁；在缔约国之间实行有效的合作等。③ 通过这些重要会议及其达成的重要文件，"万隆精神"被永久化。④ 韦瑟指出："尽管历史纪录表明万隆原则在东南亚时常被违背，但它们为该区域的国际关系建构所提供的概念基础仍然是东南亚双边和多边关系的规范参照点。"⑤ 戴维·琼斯（David M. Jones）指出，东盟的"这些规范不是独一无二的。1945年的《联合国宪章》和起源于1955年万隆会议的不结盟运动在东盟创立之前扩大了这些规范。由此，东盟宣言和《东南亚友好合作条约》均反映了战后时期国际主义和后殖民的价值观"。⑥ 因此，阿查亚等人强调，"万隆的遗产更多的不是战略或组织上的，而是教育和规范上的"，而东盟所体现的东南亚区域主义"明显得益

---

① Donald E. Weatherbee, *ASEAN's Half Century: A Political History of the Association of Southeast Asian Nations*, Lanham: Rowman & Littlefield, 2019, p. 217.

② ASEAN Secretariat, "Zone of Peace, Freedom and Neutrality Declaration," Kuala Lumpur, 27 November 1971, http://www.aseansec.org/1215.htm.

③ ASEAN Secretariat, "Treaty of Amity and Cooperation in Southeast Asia," Bali, 24 February 1976, http://www.asean.org/news/item/treaty-of-amity-and-cooperation-in-southeast-asia-indonesia-24-february-1976-3.

④ Richard Stubbs, "The ASEAN Alternative? Ideas, Institutions and the Challenge to 'Global' Governance," *The Pacific Review*, Vol. 21, No. 4, 2008, p. 457.

⑤ Donald E. Weatherbee, *International Relations in Southeast Asia: The Struggle for Autonomy*, Third edition, Lanham: Rowman & Littlefield Publishers, 2015, p. 68.

⑥ David Martin Jones and Michael L. R. Smith, "Making Process, Not Progress: ASEAN and the Evolving East Asian, Regional Order," *International Security*, Vol. 32, No. 1, 2007, p. 154.

于万隆会议的规范遗产"①。

东盟不但在区域合作机制初创过程中参照并吸纳了"万隆规范",而且在冷战结束后又将之融入东盟框架内东南亚区域主义的新议程中。其中最重要的是,2003年10月,印度尼西亚作为东盟最重要的领导国在倡议并启动"东盟共同体"计划时纳入源自"万隆会议十项原则"的促进和保护人权的议题。② 东盟还将包括"和平共处五项原则"在内的"万隆会议十项原则"融入其领导的新的东亚和亚太区域多边合作机制之中。1999年11月,第三届东盟—中日韩(又称"10+3")领导人会议发布的《东亚合作联合声明》强调,它们将"按照《联合国宪章》的宗旨和原则、和平共处五项原则、《东南亚友好合作条约》及公认的国际法原则处理它们的相互关系"③。2001年7月,第八届东盟地区论坛颁布实施的重要文件《东盟地区论坛预防性外交概念和原则》明确将"尊重主权平等、领土完整和不干涉他国内部事务"等"体现在《联合国宪章》、和平共处五项原则和《东南亚友好合作条约》中公认的国际法和国家间关系基本原则"作为东盟地区论坛预防性外交的"核心原则"④。这些共有原则成为冷战结束后逐步形成的东盟地区论坛、东亚"10+3"和东亚峰会等"东盟中心"的区域架构的核心指导原则。而"东盟方式"则成为

---

① Amitav Acharya and See Seng Tan, "Introduction: The Normative Relevance of the Bandung Conference for Contemporary Asian and International Order," in See Seng Tan and Amitav Acharya, eds., *Bandung Revisited: The Legacy of the 1955 Asian-African Conference for International Order*, Singapore: NUS Press, 2008, pp. 3, 14.

② 参见 Dewi Fortuna Anwar, "Indonesia and the Bandung Conference: Then and Now," in See Seng Tan and Amitav Acharya, eds., *Bandung Revisited: The Legacy of the 1955 Asian-African Conference for International Order*, Singapore: NUS Press, 2008, pp. 180 – 195; Naoko Shimazu, "Diplomacy as Theatre: Staging the Bandung Conference of 1955," *Modern Asian Studies*, Vol. 48, No. 1, 2014, pp. 225 – 252; Jamie Mackie, "The Bandung Conference and Afro-Asian Solidarity: Indonesian Aspects," in Antonia Finnane and Derek McDougall, eds., *Bandung 1955: Little Histories*, Caulfield: Monash University Press, 2010, pp. 18 – 21.

③ ASEAN Secretariat, "Joint Statement on East Asia Cooperation," Manila, 28 November 1999, http://www.asean.org/news/item/joint-statement-on-east-asia-cooperation-28-november-1999.

④ "ASEAN Regional Forum Concept and Principles of Preventive Diplomacy," Adopted at the 8th ARF, Ha Noi, Viet Nam, 25 July 2001, in ASEAN Secretariat, *ASEAN Regional Forum: Documents Series*, 1994 – 2000, Jakarta: ASEAN Secretariat, 2001, p. 283.

"亚洲区域主义中东盟中心的一种标志"[1],以至于出现亚洲区域主义的"东盟化"[2]。

"和平共处五项原则""万隆会议十项原则"和"万隆精神"亦成为冷战结束后重启的中国与东南亚区域合作的共识性规范基础。1991年7月,中国与东盟正式开启对话进程。"和平共处五项原则"很快便被纳入其中。1997年12月16日,首次中国与东盟领导人会议发布的《中国与东盟国家首脑会晤联合声明》确认:"《联合国宪章》《东南亚友好合作条约》、和平共处五项原则和公认的国际法应成为处理相互关系的基本准则。他们特别重申相互尊重独立、主权和领土完整和不干涉别国内政的原则。"[3] 目前,"万隆精神"和"万隆会议十项原则"已被纳入中国—东盟命运共同体建设的实践进程中。2013年10月3日,中国国家主席习近平在印度尼西亚国会发表的题为"携手建设中国—东盟命运共同体"的演讲中强调:"1955年,中国和印尼两国同其他亚非国家携手合作,在万隆会议上共同倡导了以和平共处、求同存异为核心的万隆精神。万隆精神至今仍是国与国相处的重要准则,为推动建设新型国际关系做出了不可磨灭的历史贡献。"[4] 当下,持续推进中的"一带一路"建设所秉持的"和平合作、开放包容、互学互鉴、互利共赢"理念,与迈向命运共同体的"四个坚持"理念一起,亦体现了团结、友谊、合作的"万隆精神"的弘扬与创新。[5]

与此同时,亚洲区域主义进程中新建的亚太经济合作组织、上海合

---

[1] Takeshi Yuzawa, "The Fallacy of Socialization? Rethinking the ASEAN Way of Institution-building," in Ralf Emmers, ed., *ASEAN and the Institutionalization of East Asia*, London: Routledge, 2011, p. 85.

[2] Fu-Kuo Liu, "East Asian Regionalism: Theoretical Perspectives," in Fu-Kuo Liu and Philippe Régnier, eds., *Regionalism in East Asia: Paradigm Shifting?* London: Routledge Curzon, 2003, pp. 20 – 23.

[3] 《中华人民共和国与东盟国家首脑会晤联合声明——面向二十一世纪的中国—东盟合作》(1997年12月16日于吉隆坡),中国外交部网站,1997年12月16日,https://www.fmprc.gov.cn/web/gjhdq-676201/gjhdqzz-681964/lhg-682518/zywj-682530/t25638.shtml.

[4] 习近平:《携手建设中国—东盟命运共同体——在印度尼西亚国会的演讲》(2013年10月3日,雅加达),载《人民日报》2013年10月4日第1版。

[5] 余建华:《万隆会议、中国亚非外交与万隆精神的当代弘扬》,载《国际关系研究》2015年第2期,第58页。

作组织和亚信会议等区域和跨区域多边机制亦采用了与"亚洲方式"基本一致的原则。由此,"东盟方式"和"亚太方式"与作为其母体的"亚洲方式"一起,形成当代亚洲区域合作实践进程所积累的独特的"亚洲经验"①。塔林在解释这种规范的连续性时指出,"万隆会议十项原则"扩大并强化了"和平共处五项原则",并成为"东盟方式"的基础;而"东盟方式"又拓展成为处理所有东亚国家之间关系的方法。由此,"东盟方式"作为东南亚乃至整个东亚内部的"另一种国家体系",成为"威斯特伐利亚的修正版本"②。胜间田弘(Hiro Katsumata)认为,"东盟方式"的基础是由《联合国宪章》规定的全球准则构成的,这些准则的要素包括不干涉和不使用武力等原则。然而,自20世纪60年代以来的几十年里,东南亚国家在亚洲背景下逐渐重构了这些理念元素,从而发展出"东盟方式"③。卡尔·格兰迪—瓦尔(Carl Grundy-Warr)等人亦指出,冷战结束后东南亚兴起的"增长三角"(growth triangles)等微观层次的新型跨境区域合作亦普遍适用偏好通过共识建设、非对抗性谈判过程、闭门讨论敏感政治问题和软外交的使用及"最低限度的正式的法律决策程序"等处理实质性的区域事务所谓的"亚洲方式"/"亚洲风格"或"东盟方式"④。这既体现出亚洲区域主义与"东南亚主义"在规范上的相互影响和相互建构,亦表明了"东盟方式"和"东盟规范"之所以在冷战结束后能够在东亚乃至亚太跨区域扩散,在很大

---

① 参见郑先武《万隆会议与东南亚区域主义发展》,载《世界经济与政治》2015年第9期,第47—53页;郑先武《"亚洲安全观"制度建构与"中国经验"》,载《当代亚太》2016年第2期,第4—13页;Amitav Acharya, "Ideas, Identity, and Institution-Building: From the 'ASEAN Way' to the 'Asia-Pacific Way'?" *The Pacific Review*, Vol. 10, No. 3, 1997, pp. 319-343.

② Nicholas Tarling, *Status and Security in Southeast Asian States Systems*, New York: Routledge, 2013, p. 133.

③ Hiro Katsumata, "Reconstruction of Diplomatic Norms in Southeast Asia: The Case for Strict Adherence to the 'ASEAN Way'," *Contemporary Southeast Asia*, Vol. 25, No. 1, 2003, p. 105.

④ 参见 Carl Grundy-Warr, "Cross-border Regionalism through a 'Southeast Asian' Looking-glass," *Space and Polity*, Vol. 6, No. 2, 2002, pp. 216-217; Carl Grundy-Warr, Karen Peachey and Martin Perry, "Fragmented Integration in the Singapore-Indonesian Border Zone: Southeast Asia's 'Growth Triangle' against the Global Economy," *International Journal of Urban and Regional Research*, Vol. 23, No. 2, 1999, p. 306; Elisabetta Nadalutti, "The Rise of Trans-border Regions in Southeast Asia: Behind the Dynamics of Informal and Formal Integration Processes in the 'Indonesia-Malaysia-Singapore' Growth Triangle," *The Pacific Review*, Vol. 28, Vol. 4, 2015, p. 613.

程度上是因为两者之间一开始就是一种共生关系。这也是当代亚洲区域主义实践所拥有的"共有规范"和"共同经验"的一种重要的现实体现。

作为区域合作"亚洲方式"的组成部分,"湄公河计划"区域合作实践进程中所形成的"湄公精神"以及水资源利用与开发的一系列共同规范和有约束力的法律文件,不仅融入20世纪60年代初兴起并不断发展的"东南亚主义"的规范框架,直至成为独特的东南亚区域合作"东盟方式"重要的规范来源,而且与1978年启动的临时湄委会和1995年启动的新的湄公河委员会(The Mekong River Commission,MRC)及其核心原则具有明显的规范连续性。1978年1月颁布的《下湄公河流域协调调查临时委员会宣言》规定临时湄委会应全体一致做出决定。① 新的湄公河委员会1995年4月颁布的《湄公河领域可持续发展合作协定》(The Agreement on the Cooperation for the Sustainable Development of the Mekong River Basin)同样引入全体一致原则,并明确规定通过"事先协商"做出决策和解决各种分歧与冲突。该协定还充分吸纳《下湄公河流域水利用原则联合宣言》关于水资源开发和利用的基本原则,并再次申明"合作和互助的独特精神"对激励湄委会工作取得诸多成就的重要性。② 《湄公河领域可持续发展合作协定》已成为湄公河流域水资源利用和治理的核心文件。自此,"湄公河计划"区域合作实践进程中所形成的规范框架及区域合作"湄公精神",在新的湄公河委员会及大湄公河区域合作进程中被重塑并焕发出新的生命力。因此,不管从经验上还是从制度和规范上看,"湄公河计划"区域合作实践均称得上是东南亚本地区域合作的真正起源。

目前,经过近30年的发展,除了新的湄公河委员会外,湄公河流域还出现亚洲开发银行倡导启动的"大湄公河次区域合作"、东盟倡导启动

---

① Northwest Alliance for Computational Science & Engineering (NACSE), "Declaration Concerning the Interim Committee for Coordination of Investigations of the Lower Mekong Basin," Vietnam, 5 January 1978, http://gis.nacse.org/tfdd/tfdddocs/396ENG.pdf.

② Mekong River Commission, "Agreement on the Cooperation for the Sustainable Development of the Mekong River Basin," Chiang Rai, Thailand, 5 April 1995, http://osvw.mrcmekong.org/assets/Publications/agreements/95-agreement.pdf.

的"东盟—湄公河流域开发合作"、印度倡导启动的"恒河—湄公河合作倡议"、美国倡导启动的"湄公河下游倡议"（2020年9月改名为美国—湄公河伙伴关系）、日本倡导启动的"日本—湄公河国家峰会"、韩国倡导启动的"韩国—湄公河国家峰会"等合作机制。这些不同层面、不同行为体参加的合作机制，虽然在特定的领域和特定的问题治理中发挥了各自特定的作用，但由于湄公河流域跨国水资源等问题的敏感性和复杂性，它们无法有效解决本地区水资源及其他综合的跨境安全问题。[1] 更重要的是，这些机制使得大国利益在该地区交汇重叠、相互竞争，以致出现"机制拥堵"、彼此牵制和保障不力的局面，反而妨碍了该地区更加深入的合作。[2] 直至澜沧江—湄公河合作机制启动后确定政治安全、经济和可持续发展、社会人文三大重点领域及互联互通、产能合作、跨境经济合作、水资源合作、农业和减贫合作五个优先发展方向[3]，并创建澜沧江—湄公河综合性执法安全合作中心开启专门的跨境安全治理机制，从而将2011年建立的湄公河流域执法合作机制实体化和组织化[4]，湄公河流域方才形成真正的综合治理机制。2015年11月，中国倡议启动的澜沧江—湄公河合作机制作为一种"高阶的"次区域主义正将湄公河流域区域合作引向"命运共同体"建设的新阶段[5]，并开始在中国与湄公河流域国家间构建起一种"共商、共建、共享的新型次区域合作机制"[6]。正是在这一机制框架内，中国、老挝、缅甸和泰国四国鼎力合作，共同培育了以"同舟共济、守望相助、包容并蓄、平等互利"为核心的"湄

---

[1] 参见郭延军《大湄公河水资源安全：多层治理及中国的政策选择》，载《外交评论》2011年第2期，第84—97页。

[2] 参见毕世鸿《机制拥堵还是大国协调：区域外大国与湄公河地区开发合作》，载《国际安全研究》2013年第2期，第58—73页。

[3] 《澜沧江—湄公河合作首次外长会议联合新闻公报》，中国外交部网站，2015年11月12日，http://www.fmprc.gov.cn/web/zyxw/t1314308.shtml。

[4] 《澜沧江—湄公河综合执法安全合作中心启动》，中国公安部网站，2017年12月29日，http://www.mps.gov.cn/n2253534/n2253535/c5956572/content.html。

[5] 参见卢光盛、别梦婕《澜湄合作机制：一个"高阶的"次区域主义》，载《亚太经济》2017年第2期，第43—49页；卢光盛、别梦婕《"命运共同体"视角下的周边外交理论探索和实践创新：以澜湄合作为例》，载《国际展望》2018年第1期，第14—30页。

[6] 《中方：愿把澜湄合作建设为"一带一路"重要平台》，中国新闻网，2017年3月10日，http://www.chinanews.com/gn/2017/03-10/8171008.shtml。

公河精神"①。这种"精神"亦是澜沧江—湄公河合作机制中"共商、共建、共享"的"澜湄合作价值观"的集中体现。② 由此,"湄公河精神"不仅被视为湄公河流域执法安全合作的"灵魂"③,而且成为中国—东盟务实合作的"重要标志"④。实际上,"湄公河精神"就是对"湄公精神"的继承和发扬,其成功应用为中国突破意识形态和政治制度差异的束缚,推动"命运共同体"构建积累了经验。⑤ 澜沧江—湄公河合作机制以"东盟方式"或"亚洲方式"等为重要的规范基础,将协商一致、平等相待、相互协商和协调、自愿参与、尊重《联合国宪章》和国际法等基本原则纳入其共同行动计划⑥,并以自己的区域合作实践打造新的"湄公河规范议程"⑦。但新生的澜沧江—湄公河合作机制亦面临着参与国间互信脆弱、新老机制协调乏力、非对称性相互依赖引发分歧、机制赋权和能力不强、共同规范和价值欠缺、公共产品供应不足等问题。⑧ 鉴于此,1957—1975 年"湄公河计划"区域务实合作经验及其行动和规范上的实践特性,尤其是其所适用的区域合作"亚洲方式"规范框架及蕴含其中的"湄公精神",对澜沧江—湄公河合作机制建设和区域合作实践及其与湄公河流域其他合作机制的对接有着重要的借鉴意义。湄委会及"湄公

---

① 《"安全促发展"中国东盟执法安全合作部长级对话在京举行》,中国公安部网站,2015年10月23日,http://www.mps.gov.cn/n2253534/n2253535/c5113208/content.html。

② 卢光盛、别梦婕:《"命运共同体"视角下的周边外交理论探索和实践创新:以澜湄合作为例》,载《国际展望》2018 年第 1 期,第 29 页。

③ 《湄公河流域执法安全合作部长级会议在京举行》,中国公安部网站,2015 年 10 月 24 日,http://www.mps.gov.cn/n2253534/n2253535/c5113156/content.html。

④ 《中国与东盟及相关国家执法安全合作掀开崭新一页》,中国公安部网站,2015 年 10 月 25 日,http://www.mps.gov.cn/n2255079/n4876594/n5104070/n5104072/c5108330/content.html。

⑤ 刘凯娟、郑先武:《外交话语与澜湄合作规范建设》,载《太平洋学报》2022 年第 7 期,第 48 页。

⑥ 《澜沧江—湄公河合作五年行动计划(2018—2022)》,载《人民日报》2018 年 1 月 11 日第 9 版。

⑦ Yao Song, Guangyu Qiao-Franco and Tianyang Liu, "Becoming a Normative Power? China's Mekong Agenda in the Era of Xi Jinping," *International Affairs*, Vol. 97, No. 6, 2021, pp. 1709–1726.

⑧ 参见卢光盛、张励《澜沧江—湄公河合作机制与跨境安全治理》,载《南洋问题研究》2016 年第 3 期,第 12—22 页;邢伟《澜湄合作机制视角下的水资源安全治理》,载《东南亚研究》2016 年第 6 期,第 72—82 页;戴永红、曾凯《澜湄合作机制的现状评析:成效、问题与对策》,载《国际论坛》2017 年第 7 期,第 1—16 页;刘卿《澜湄合作进展与未来发展方向》,载《国际问题研究》2018 年第 2 期,第 43—54 页。

河计划"区域合作所践行的发展区域主义实践经验亦可以为澜沧江—湄公河合作机制、大湄公河次区域合作和作为"发展导向""区域多边主义"的"一带一路"建设进程如何统筹发展与安全提供历史启示和学术思考。[1]

面对当前出现在美国和欧洲的全球化逆动浪潮,在一定时期内,"回到区域"成为未来国际局势最有可能的图景。而这与中国正在实施的以区域为依托的"一带一路"倡议不谋而合。从这个意义上说,东亚及整个亚太区域对中国的意义再次凸显。在东亚乃至整个亚太区域,东南亚区域合作堪称最成功的合作范本。目前国内的研究主要聚焦在东盟,对东盟之前的东南亚早期区域合作鲜有介绍,更缺乏具有理论深度的分析。本书即从早期源头上对东南亚区域合作进行聚焦,探索东亚区域合作的动力源泉和规范形成的机制。二战后东南亚区域合作的起源与演变进程揭示了一个基本规律:当代区域合作是域内国家与域外国家共同推动的结果。有效的区域合作至少要具备以下条件——

首先,必须有可以凝聚特定区域集体认同的"区域意识"。这种意识是孕育和强化区域自主、设置和履行区域议程、扩散和创建区域规范的根本性观念力量。其次,必须能够满足区域内国家的政治—安全、经济和发展等特定的共同需求。只有这样,域内国家和域外国家才能共同搭建基于平等和互惠的跨区域合作制度框架,域内国家才能启动稳固的区域、次区域合作机制,从而造福于特定区域的国家和人民,并最终推动特定区域合作的持续发展。再次,有效的区域合作必须赋予区域内国家扩散和创建区域规范的关键角色。这一区域角色可以使特定区域的域内国家和域外国家在互动中将本地规范与国际法融合,并催生出一体的"区域共有规范"。最后,有效的区域合作必须是包容和开放的。这要求区域合作既不能在成员上排斥任何有能力、有意愿的"合作伙伴",也不能在规范上进行强制性的"价值输出",更不能在事实上构筑一种具有排

---

[1] 参见崔庭赫、郑先武《大湄公河次区域合作与东亚发展区域主义》,载《国际政治研究》2021年第2期,第66—51页;崔庭赫、郑先武《发展—安全互动演进的区域逻辑:以湄公河下游区域为例》,载《国际安全研究》2021年第2期,第119—156页;李向阳《"一带一路":区域主义还是多边主义?》,载《世界经济与政治》2018年第3期,第34—46页。

他性乃至对抗性的"区域堡垒"。所有这些既是区域合作的"东南亚经验",亦是区域合作的"亚洲经验",是当前发展中的亚洲区域、次区域和跨区域合作的重要实践基础。这种以"亚洲方式"或"东盟方式"为核心的东南亚及亚洲区域合作实践经验,亦可以为超越以国家和法律化为核心特征的"欧洲中心"的区域一体化理论,为创建适应于广大发展中国家的非西方的区域合作理论提供经验和规范上的双重支撑。而这也是中国正在落实的"一带一路"倡议亟待探索的问题。

参考文献

一 英文论著

Abdulgani, Roeslan. *Bandung Spirit: Moving on the Tide of History*. Bandung: Badan Penerbit Prapantja, 1964.

Abdulgani, Roeslan. *The Bandung Connection: The Asia-Africa Conference in Bandung in* 1955, translated by Molly Bondan. Singapore: Gunung Agung, 1981.

Abell, Robyn J. "Philippine Policy towards Regional Cooperation in Southeast Asia, 1961 – 1969." Ph. D. Dissertation, Australian National University, 1972.

Abraham, Itty. "Bandung and State Formation in Post-colonial Asia." in See Seng Tan and Amitav Acharya, eds. *Bandung Revisited: The Legacy of the 1955 Asian-African Conference for International Order*, Singapore: NUS Press, 2008.

Abraham, Itty. "From Bandung to NAM: Non-alignment and Indian Foreign Policy, 1947 – 1965." *Commonwealth & Comparative Politics*, Vol. 46, No. 2, 2008.

Acharya, Amitav. "Regional Military-Security Cooperation in the Third World: A Conceptual Analysis of the Association of Southeast Asian Nations." *Journal of Peace Research*, Vol. 29, No. 1, 1991.

Acharya, Amitav. "Ideas, Identity, and Institution-Building: From the 'ASEAN Way' to the 'Asia-Pacific Way'?" *The Pacific Review*, Vol. 10, No. 3, 1997.

Acharya, Amitav. "Multilateralism: Is There an Asia-Pacific Way?" *Analysis*, Vol. 8, No. 2, 1997.

Acharya, Amitav. "Imagined Proximities: The Making and Unmaking of Southeast Asia as a Region." *Southeast Asian Journal of Social Science*, Vol. 27, No. 1, 1999.

Acharya, Amitav. "How Ideas Spread: Whose Norms Matter? Norms Localization and Institutional Change in Asian Regionalism." *International Organization*, Vol. 58, No. 2, 2004.

Acharya, Amitav. *Asia Rising: Who Is Leading?* Singapore: World Scientific Publishing, 2008.

Acharya, Amitav. *Whose Ideas Matter? Agency and Power in Asian Regionalism*. Ithaca: Cornell University Press, 2009.

Acharya, Amitav. *The Quest for Identity: International Relations of Southeast Asia*. Oxford: Oxford University Press, 2000.

Acharya, Amitav. "The Idea of Asia." *Asia Policy*, No. 9, 2010.

Acharya, Amitav. "Asia Is Not One." *The Journal of Asian Studies*, Vol. 69, No. 4, 2010.

Acharya, Amitav. "Norm Subsidiarity and Regional Orders: Sovereignty, Regionalism, and Rule-Making in the Third World." *International Studies Quarterly*, Vol. 55, No. 1, 2011.

Acharya, Amitav. *The Making of Southeast Asia: International Relations of a Region*. Singapore: ISEAS Publishing, 2012.

Acharya, Amitav. "Foundations of Collective Action in Asia: Theory and Practice of Regional Cooperation." ADBI Working Paper No. 344, Asian Development Bank Institute, February 2012.

Acharya, Amitav. *Indonesia Matters: Asia's Emerging Democracy Power*. Singapore: World Scientific Publishing, 2014.

Acharya, Amitav. "Who Are the Norm Makers? The Asian-African Conference in Bandung and the Evolution of Norms." *Global Governance*, Vol. 20, No. 3, 2014.

Acharya, Amitav. *Constructing a Security Community in Southeast Asia: ASEAN and the Problem of Regional Order*. Third Edition, New York: Routledge, 2014.

Acharya, Amitav. "Remaking Southeast Asian Studies: Doubt, Desire and the Promise of Comparisons." *Pacific Affairs*, Vol. 87, No. 3, 2014.

Acharya, Amitav. "Studying the Bandung Conference from a Global IR Perspective." *Australian Journal of International Affairs*, Vol. 70, No. 4, 2016.

Acharya, Amitav. *Constructing Global Order: Agency and Change in World Politics*. Cambridge: Cambridge University Press, 2018.

Acharya, Amitav, and Tan, See Seng. "Introduction: The Normative Relevance of the Bandung Conference for Contemporary Asian and International Order." in See Seng Tan and Amitav Acharya, eds., *Bandung Revisited: The Legacy of the 1955 Asian-African Conference for International Order*, Singapore: NUS Press, 2008.

Adeleke, Ademola. "Ties without Strings? The Colombo Plan and the Geopolitics of International Aid, 1950–1980." Ph. D. Dissertation, University of Toronto, 1996.

Adeleke, Ademola. "Playing Fairy Godfather to the Commonwealth: The United States and the Colombo Plan." *Commonwealth and Comparative Politics*, Vol. 42, No. 3, 2004.

Adeleke, Ademola. "'Cocksparrow Diplomacy': Percy Spender, The Colombo Plan and Commonwealth Relations." *Australian Journal of Politics and History*, Vol. 54, No. 2, 2008.

Aeusrivongse, Nidhi. "The Devarāja Cult and Khmer Kingship at Angkor." in Kenneth R. Hall and John K. Whitmore, eds. *Explorations in Early Southeast Asian History: The Origins of Southeast Asian Statecraft*. Ann Arbor: University of Michigan Press, 1976.

Aghazarian, Armen. "'We the Peoples of Asia and Africa': The Bandung Conference and the Southernisation of the United Nations, 1955–1970." *The University of Sydney*, May 2012.

Ahmad, Nazir. "The Sydney and Baguio Conferences." *Pakistan Horizon*, Vol. 3, No. 3, 1950.

Akiba, Satoru. "Evolution and Demise of the Tennessee Valley Authority Style Regional Development Scheme in the Lower Mekong River Basin, 1951 to the

1990s: The First Asian Initiative to Pursue an Opportunity for Economic Integration." *Waseda Business & Economic Studies*, Vol. 46, 2010.

Akita, Shigeru, Krozewski, Gerold, et al., eds. *The Transformation of the International Order of Asia: Decolonization, the Cold War, and the Colombo Plan*. New York: Routledge, 2015.

Akita, Shigeru. "The Transformation of the Colombo Plan and the Sterling Area in the Late 1950s and Early 1960s." in Shigeru Akita, Gerold Krozewski, et al., eds. *The Transformation of the International Order of Asia: Decolonization, the Cold War, and the Colombo Plan*, New York: Routledge, 2015.

Alatas, Ali. "Towards a New Strategic Partnership between Asia and Africa." IDSS Commentaries, 18/2005, S. Rajaratnam School of International Studies (RSIS), Singapore, 19 April 2005.

Ampiah, Kweku. *The Political and Moral Imperatives of the Bandung Conference of 1955: The Reactions of the US, UK and Japan*. Folkestone: Global Oriental, 2007.

Andaya, Barbara Watson, and Andaya, Leonard Y. *A History of Early Modern Southeast Asia, 1400 – 1830*. Cambridge: Cambridge University Press, 2015.

Anderson, Benedict. *Imagined Communities: Reflections on the Origin and Spread of Nationalism*. Revised Edition, London: Verso, 1991.

Anderson, Benedict. *Language and Power: Exploring Political Cultures in Indonesia*. Ithaca: Cornell University Press, 1990, pp. 72 – 77.

Angus, H. F. "Political Aims and Effects: Colombo Plan." *Political Studies*, Vol. 3, 1955.

Antolik, Michael. *ASEAN and the Diplomacy of Accommmodation*. New York: M. E. Sharpe, 1990.

Anwar, Dewi Fortuna. *Indonesia in ASEAN. Foreign Policy and Regionalism*. Singapore: ISEAS, 1994.

Anwar, Dewi Fortuna. "Indonesia and the Bandung Conference: Then and Now." in See Seng Tan and Amitav Acharya, eds. *Bandung Revisited: The Legacy of the 1955 Asian-African Conference for International Order*. Singapore: NUS Press, 2008.

Appadorai, A. "The Asian Relations Conference in Perspective." *International Studies*, Vol. 18, No. 3, 1979.

Arugay, Aries A. and Sinpeng, Aim. "Varieties of Authoritarianism and the Limits of Democracy in Southeast Asia." in Alice D. Ba and Mark Beeson, eds. *Contemporary Southeast Asia: The Politics of Change, Contestation and Adaptation*. Third edition, London: Palgrave, 2018.

Aung-Thwin, Maitrii. "Nationalism and Post-Colonial Identity in Southeast Asia." in Norman G. Owen, ed. *Routledge Handbook of Southeast Asian History*. New York: Routledge, 2014.

Ba, Alice D. *(Re) Negotiating East and Southeast Asia: Region, Regionalism, and the Association of Southeast Asian Nations*. Stanford: Stanford University Press, 2009.

Ba, Alice D. andBeeson, Mark. "Looking Ahead." in Alice D. Ba and Mark Beeson, eds. *Contemporary Southeast Asia: The Politics of Change, Contestation and Adaptation*. Third edition, London: Palgrave, 2018.

Ba, Alice D., and Beeson, Mark. "The Continuing Evolution of Southeast Asia." in Alice D. Ba and Mark Beeson, eds. *Contemporary Southeast Asia: The Politics of Change, Contestation and Adaptation*. Third edition, London: Palgrave, 2018.

Baker, Chris, and Phongpaichit, Pasuk. *A History of Thailand*. Third Edition, Cambridge: Cambridge University Press, 2014.

Bakker, Karen. "The Politics of Hydropower: Developing the Mekong." *Political Geography*, Vol. 18, No. 2, 1999.

Bal, W. Macmahon. "A Political Re-Examination of SEATO." *International Organization*, Vol. 12, No. 1 1958.

Ball, M. Margaret. "Regionalism and the Pacific Commonwealth." *Pacific Affairs*, Vol. 46, No. 2, 1973.

Banks, Michael. "Systems Analysis and the Study of Regions." *International Studies Quarterly*, Vol. 13, No. 4, 1969.

Basch, Antonin. "The Colombo Plan: A Case of Regional Economic Cooperation." *International Organization*, Vol. 9, No. 1, 1955.

Batabyal, Rakesh. "Imperial Embers and the Ivocation to Cold War: Colombo Conference 1950." *Proceedings of the Indian History Congress*, Vol. 74, 2013.

Bell, Catherine. "The Ritual Body and The Dynamics of Ritual Power." *Journal of Ritual Studies*, Vol. 4, No. 2, 1990.

Bell, Catherine. *Ritual Theory, Ritual Practice*. Oxford: Oxford University Press, 1992.

Bellamy, Alex J. *Security Communities and Their Neighbours: Regional Fortresses or Global Integrators?* New York: Palgrave Macmillan, 2004.

Bellwood, Peter. "Southeast Asia before History." in Nicholas Tarling, ed. *The Cambridge History of Southeast Asia: From Early Times to c. 1800*. Vol. 1, Cambridge: Cambridge University Press, 1992.

Bennett, Andrew, and Elman, Colin. "Historical Methods." in Christian Reus-Smit and Duncan Snidal, eds. *The Oxford Handbook of International Relations*. Oxford: Oxford University Press, 2010.

Benvenuti, Andrea. *Cold War and Decolonisation: Australia's Policy towards Britain's End of Empire in Southeast Asia*. Singapore: National University of Singapore Press, 2017.

Black, Eugene R. *Alternative in Southeast Asia*. London: Pall Mall Press, 1969.

Booth, Anne E. *Colonial Legacies: Economic and Social Development in East and Southeast Asia*. Honolulu: University of Hawaii Press, 2007.

Börzel, Tanja A. "Comparative Regionalism: European Integration and Beyond." in Walter Carlsnaes and Beth Ann Simmons, eds. *Handbook of International Relations*. Los Angeles: SAGE Publications.

Bourdieu, Pierre. *Outline of a Theory of Practice*. Translated by Richard Nice, Cambridge: Cambridge University Press, 1977.

Bourdieu, Pierre. "Social Space and Symbolic Power." *Sociological Theory*, Vol. 7, No. 1, 1989.

Bourdieu, Pierre. *Language and Symbolic Power*. Edited and Introduced by John B. Thompson, Cambridge: Polity Press, 1991.

Bourdieu, Pierre, and Wacquant, Loïc J. D. *An Invitation to Reflexive Sociolo-*

gy. Cambridge: Polity Press, 1992.

Boyce, Peter J. "The Machinery of Southeast Regional Diplomacy." in Lay Teiksein, ed. *New Directions in the International Relations of Southeast Asia*, Singapore: Singapore University Press, 1973.

Boyd, R. Gavin. "Communist China and SEATO." in George Modelsk, ed. *SEATO: Six Studies*. Sydney: Halstead Press, 1962.

Braibanti, Ralph. "The Southeast Asia Collective Defense Treaty." *Pacific Affairs*, Vol. 30, No. 4, 1957.

Brecher, Michael. "International Relations and Asian Studies: The Subordinate State System of Southern Asia." *World Politics*, Vol. 15, No. 2, 1963.

Broek, Jan O. M. "Indonesia and Netherlands." *Pacific Affairs*, Vol. 16, No. 3, 1943.

Broek, Jan O. M. "Diversity and Unity in Southeast Asia." *Geographical Review*, Vol. 34, No. 2, 1944.

Broinowski, Alison, ed. *Understanding ASEAN*. New York: St. Martin's Press, 1982.

Browder, Greg. "Negotiating an International Regime for Water Allocation in the Mekong River Basin." Ph. Dissetation, Stanford University, 1998.

Browder, Greg, and Ortolano, Leonard. "The Evolution of an International Water Resources Management Regime in the Mekong River Basin." *Natural Resources Journal*, Vol. 40, No. 3, 2000.

Brown, Chris. *International Relations Theory: New Normative Approaches*. New York: Columbia University Press, 1992.

Brown, Judith M., and Louis, Wm. Roger, eds. *The Oxford History of the British Empire*, Vol. IV: *The Twentieth Century*. Oxford: Oxford University Press, 1999.

Bryant, G. M.. "The Colombo Plan: A Decade of Co-operation." *The Australian Quarterly*, Vol. 33, No. 2, 1961.

Burling, Robbins. *Hill Farms and Padi Fields: Life in Mainland Southeast Asia*. Englewood Cliffs: Prentice-Hall, 1965.

Burton, J. W. "Regionalism, Functionalism, and the United Nations." *Aus-

tralian Outlook, Vol. 15, No. 1, 1961.

Buszynski, Leszek. "SEATO: Why It Survived until 1977 and Why It Was Abolished." *Journal of Southeast Asian Studies*, Vol. 12, No. 2, 1981.

Buszynski, Leszek. *SEATO: The Failure of An Alliance Strategy*. Singapore: Singapore University Press, 1984.

Butwell, Richard. "Malaysia and Its Impact on the International Relations of Southeast Asia." *Asian Survey*, Vol. 4, No. 7, 1964.

Cady, John F. *A History of Modern Burma*. Ithaca: Cornell University Press, 1958.

Camilleri, Joseph A. *Regionalism in the New Asia-Pacific Order*. Northampton: Edward Elgar, 2003.

Carr-Gregg, John R. E. "The Colombo Plan: A Commonwealth Program for Southeast Asia." *International Conciliation*, Vol. 29, No. 467, 1951.

Cha, Victor D. *Powerplay: The Origins of the American Alliance System in Asia*. Princeton: Princeton University Press, 2016.

Chandler, David. *A History of Cambodia*. Fourth edition, Boulder: Westview Press, 2008.

Charrier, Philip. "ASEAN's Inheritance: The Regionalism of Southeast Asia, 1941–61." *The Pacific Review*, Vol. 14, No. 3, 2001.

Cheng-Chwee, Kuik. "Malaysia's U. S. Policy under Najib: Ambivalence No More?" The RSIS Working Paper No. 250, S. Rajaratnam School of International Studies, Singapore, 5 November 2012.

Cheon, Yong Mun. "The Political Structures of the Independent States." in Nicholas Tarling, ed. *The Cambridge History of Southeast Asia: The Nineteenth and Twentieth Centuries*, Vol. 2. Cambridge: Cambridge University Press, 1992.

Chin, Kin Wah. *The Defence of Malaysia and Singapore: The Transformation of a Security System* 1957–1971, Cambridge: Cambridge University Press, 1983.

Chomchai, Pachoom. "The United States, the Mekong Committee and Thailand: A Study of American Multilateral and Bilateral Assistance to North-East

Thailand since the 1950s." Asian Studies Monographs No. 051, Institute of Asian Studies, Chulalongkorn University, 1994.

Chong, Alan. "Culture as a Perspective on Southeast Asian Politics and International Relations." in Alice D. Ba and Mark Beeson, eds. *Contemporary Southeast Asia: The Politics of Change, Contestation and Adaptation*, Third edition, London: Palgrave, 2018.

Churchill, Winston S. *The Second World War*, Vol. 4, *The Hinge of Fate*. New York: RosettaBooks, 2002.

Clark, Marshall. "Indonesia's Postcolonial Regional Imaginary: From a 'Neutralist' to an 'All-Directions' Foreign Policy." *Japanese Journal of Political Science*, Vol. 12, No. 2, 2011.

Claudio, Lisandro E. *Liberalism and the Postcolony: Thinking the State in the 20th-Century Philippines*. Singapore: NUS Press, 2017.

Cochran, Molly. *Normative Theory in International Relations: A Pragmatic Approach*. Cambridge: Cambridge University Press, 1999.

Cœdès, George. *The Indianized States of Southeast Asia*. Edited by Walter F. Vella, Translated by Susan Brown Cowing, Canberra: Australian National University Press, 1975.

Colbert, Evelyn. *Southeast Asia in International Politics, 1941 – 1956*. Ithaca: Cornell University Press, 1977.

Cosslett, Tuyet L., and Cosslett, Patrick D. *Water Resources and Food Security in the Vietnam Mekong Delta*. New York: Springer, 2014.

Cosslett, Tuyet L., and Cosslett, Patrick D. *Sustainable Development of Rice and Water Resources in Mainland Southeast Asia and Mekong River Basin*. New York: Springer, 2018.

Croizat, Victor J. "The Mekong River Development Project: Some Geographical, Historical and Political Considerations." Paper P – 3616, Santa Monica, California: Rand Corporation, June 1967.

Crowl, Samuel E. "Indonesia's Diplomatic Revolution: Lining Up for Non-Alignment, 1945 – 1955." in Christopher E. Goscha and Christian Ostermann, eds. *Connecting Histories: Decolonization and the Cold War in Southeast Asia*,

1945 – 1962. Stanford: Stanford University Press, 2009.

Cuaderno, M. "The Bell Trade Act and the Philippine Economy." *Pacific Affairs*, Vol. 25, No. 4, 1952.

Davies, Mathew. *Ritual and Region: The Invention of ASEAN*. Cambridge: Cambridge University Press, 2018.

Day, Tony. *Fluid Iron: State Formation in Southeast Asia*. Honolulu: University of Hawaii Press, 2002.

Dent, Christopher M. "The Asian Development Bank and Developmental Regionalism in East Asia." *Third World Quarterly*, Vol. 29, No. 4, 2008.

Dent, Christopher M. "Paths ahead for East Asia and Asia-Pacific Regionalism." *International Affairs*, Vol. 89, No. 4, 2013.

Dieu, Nguyen Thi. *The Mekong River and the Struggle for Indochina: Water, War and Peace*. London: Praeger, 1999.

Dimitrakis, Panagiotis. *Failed Alliances of the Cold War: Britain's Strategy and Ambitions in Asia and the Middle East*. London: I. B. Tauris, 2012.

Dommen, Arthur J. *The Indochinese Experience of the French and the Americans: Nationalism and Communism in Cambodia, Laos, and Vietnam*. Bloomington: Indiana University Press, 2001.

Dreisbach, Kai. "Between SEATO and ASEAN: The United States and the Regional Organization of Southeast Asia." in Marc Frey, Ronald Pruessen and Tan Tai Yong, eds. *The Transformation of Southeast Asia: International Perspectives on Decolonization*, Armonk: M. E. Sharpe, 2003.

Duara, Prasenjit. "The Discourse of Civilization and Pan-Asianism." *Journal of World History*, Vol. 12, No. 1, 2001.

Duara, Prasenjit. "Asia Redux: Conceptualizing a Region for Our Times." *The Journal of Asian Studies*, Vol. 69, No. 4, 2010.

Dutt, Nitish. "The US and the Asian Development Bank: Origins, Structure and Lending Operations." *Journal of Contemporary Asia*, Vol. 31, No. 2, 2001.

Eayrs, James. "Pacific Pact: Step in the Right Direction." *International Journal*, Vol. 7, No. 4, 1952.

Eckel, Paul E. "SEATO: An Ailing Alliance." *World Affairs*, Vol. 134, No. 2, 1971.

Edwards, Peter. *Crises and Commitments: The Politics and Diplomacy of Australia's Involvement in Southeast Asian Conflicts* 1948 – 1965. North Sydney: NSW Allen & Unwin, 1992.

Ekbladh, David. *The Great American Mission: Modernization and the Construction of an American World Order*. Princeton: Princeton University Press, 2010.

Eksaengsri, Asadakorn. "Foreign Policy Making in Thailand: ASEAN Policy, 1967 – 1972." Ph. D. Dissertation, State University of New York, 1980.

Elson, Robert E. "International Commerce, the State and Society: Economic and Social Change." in Nicholas Tarling, ed. *The Cambridge History of Southeast Asia: The Nineteenth and Twentieth Centuries*, Vol. 2. Cambridge: Cambridge University Press, 1992.

Emmerson, Donald K. " 'Southeast Asia': What's in a Name?" *Journal of Southeast Asian Studies*, Vol. 15, No. 1, 1984.

Evans, Grant. *A Short History of Laos: The Land in Between*. Crows Nest: Allen & Unwin, 2008.

Ewing, Cindy. "The Colombo Powers: Crafting Diplomacy in the Third World and Launching Afro-Asia at Bandung." *Cold War History*, Vol. 19, No. 1, 2019.

Fenton, Damien Marc. "SEATO and the Defence of Southeast Asia 1955 – 1965." Ph. D. Dissertation, UNSW@ADFA, 2006.

Fenton, Damien Marc. *To Cage the Red Dragon: SEATO and the Defence of Southeast Asia, 1955 – 1965*. Singapore: NUS Press, 2012.

Fernando, Joseph M. "Constitutionalism and the Politics of Constitution-making in Malaya, 1956 – 1957." in H. Kumarasingham, ed. *Constitution-making in Asia: Decolonisation and State-building in the Aftermath of the British Empire*. New York: Routledge, 2016.

Frey, Marc, Pruessen, Ronald, and Yong, Tan Tai, eds. *The Transformation of Southeast Asia: International Perspectives on Decolonization*. Armonk: M.

E. Sharpe, 2003.

Field, Frederick V. "The Mont Tremblant Conference." *Far Eastern Survey*, Vol. 12, No. 1, 1943.

Fifield, Russell H. "Philippine Foreign Policy." *Far Eastern Survey*, Vol. 20, No. 4, 1951.

Fifield, Russell H. *The Diplomacy of Southeast Asia* 1945–1958. New York: Harper, 1958.

Fifield, Russell H. "The Five Principles of Peaceful Co-Existence." *The American Journal of International Law*, Vol. 52, No. 3, 1958.

Fifield, Russel H. *Southeast Asia in United States Policy*. New York: Frederick Praeger Publisher, 1963.

Fifield, Russell H. *American in Southeast Asia: The Roots of Commitment*. New York: Crowell, 1973.

Fifield, Russell H. "Southeast Asian Studies: Origins, Development, Future." *Journal of Southeast Asian Studies*, Vol. 7, No. 2, 1976.

Fifield, Russell H. "Southeast Asia as a Regional Concept." *Southeast Asian Journal of Social Science*, Vol. 11, No. 1, 1983.

Finnane, Antonia, and McDougall, Derek, eds. *Bandung 1955: Little Histories*. Caulfield: Monash University Press, 2010.

Finnemore, Martha. "Norms, Culture and World Politics: Insights from Sociology's Institutionalism." *International Organization*, Vol. 50, No. 2, 1996.

Finnemore, Martha, and Sikkink, Kathryn. "International Norm Dynamics and Political Change." *International Organization*, Vol. 52, No. 4, 1998.

Fishers, Charles W. "Southeast Asia: The Balkans of the Orient? A Study in Continuity and Change." *Geography*, Vol. 47, No. 4, 1962.

Florini, Ann. "The Evolution of International Norms." *International Studies Quarterly*, Vol. 40, No. 3, 1996.

Foley, Matthew. *The Cold War and National Assertion in Southeast Asia Britain, the United States and Burma*, 1948–62. London: Routledge, 2010.

Frey, Marc, Ronald Pruessen and Tan Tai Yong, eds. *The Transformation of*

Southeast Asia: International Perspectives on Decolonization. Armonk: M. E. Sharpe, 2003.

Friesen, Kenneth M. "Damming the Mekong: Plans and Paradigms for Developingthe River Basin from 1951 – 1995." Ph. D. Dissertation, American University, 1999.

Funston, Neil John. "Thai Foreign Policy from Sarit to Seni: Adaptation during the Second Indochina War." Ph. D. Dissertation, The Australian National University, 1989.

Furnivall, J. S. "The Political Economy of the Tropical Far East." *Journal of the Royal Central Asian Society*, Vol. 29, Nos. 3 – 4, 1942.

Furnivall, J. S. "Political Education in the Tropical Far East." *The Political Quarterly*, Vol. 17, No. 2, 1946.

Furnivall, J. S. *Colonial Policy and Practice: A Comparative Study of Burma and Netherlands India*. Cambridge: The Cambridge University Press, 1948.

Gamas, John Harvey Divino. "The Tragedy of the Southeast Asian Commons: Ritualism in ASEAN's Response to the South China Sea Maritime Dispute." *European Journal of East Asian Studies*, Vol. 13, No. 1, 2014.

Geertz, Clifford. *The Interpretation of Cultures*. New York: Basic Books, 1973.

Geertz, Clifford. *Negara: The Theatre State in Nineteenth-Century Bali*. Princeton: Princeton University Press, 1980.

Geertz, Clifford. *Local Knowledge: Further Essays in Interpretive Anthropology*, The Third Edition. New York: Basic Books, 2000.

Gelpi, Christopher. "Alliances as Instruments of Intra-Allied Control." in Helga Haftendorn, Robert O. Keohane and Celeste A. Wallander, eds. *Imperfect Unions: Security Institutions over Time and Space*. Oxford: Oxford University Press, 1999.

Gilchrist, Huntington. "Colonial Questions at the San Francisco Conference." *The American Political Science Review*, Vol. 39, No. 5, 1945.

Glassman, Jim. "On the Borders of Southeast Asia: Cold War Geography and the Construction of the Other." *Political Geography*, Vol. 24, No. 7, 2005.

Golay, Frank. "Economic Consequences of the Philippine Trade Act." *Pacific

Affairs, Vol. 28, No. 1, 1955.

Gordon, Bernard K. "Economic Impediments to Regionalism in Southeast Asia." *Asian Survey*, Vol. 3, No. 5, 1963.

Gordon, Bernard K. "Problems of Regional Cooperation in Southeast Asia." *World Politics*, Vol. 16, No. 2, 1964.

Gordon, Bernard K. *The Dimension of Conflicts in Southeast Asia*. Englewood Cliffs: Prentice-Hall, 1966.

Goscha, Christopher E. *Thailand and the Southeast Asian Networks of the Vietnamese Revolution*, 1885 – 1954. London: Routledge, 1999.

Goscha, Christopher E. and Christian Ostermann, eds., *Connecting Histories: Decolonization and the Cold War in Southeast Asia*, 1945 – 1962. Stanford: Stanford University Press, 2009.

Gouldner, Alvin W. "The Norm of Reciprocity: A Preliminary Statement." *American Sociological Review*, Vol. 25, No. 2, 1960.

Greenwood, Gordon, and Harper, Norman, eds. *Australia in World Affairs* 1950 – 55. Melbourne: F. W. Cheshire, 1957.

Greenwood, Gordon. "The Commonwealth." in Gordon Greenwood and Norman Harper, eds. *Australia in World Affairs* 1950 – 55. Melbourne: F. W. Cheshire, 1957.

Gregg, Robert W. "The UN Regional Economic Commissions and Integration in the Underdeveloped Regions." *International Organization*, Vol. 20, No. 2, 1966.

Grenfell, Michael, ed. *Pierre Bourdieu: Key Concepts*. Stocksfield: Acumen, 2008.

Grundy-Warr, Carl. "Cross-border Regionalism through a 'Southeast Asian' Looking-glass." *Space and Polity*, Vol. 6, No. 2, 2002.

Guan, Ang Cheng. "The Bandung Conference and the Cold War International History of Southeast Asia." in See Seng Tan and Amitav Acharya, eds. *Bandung Revisited: The Legacy of the 1955 Asian-African Conference for International Order*. Singapore: NUS Press, 2008.

Guan, Ang Cheng. "The Origins of the Cold War in Southeast Asia: The Case of Viet Nam." in Malcom H. Murfett, ed. *Cold War Southeast Asia*, Singapore: Marshall Cavendish Editions, 2012.

Gunn, Geoffrey C. *Rice Wars in Colonial Vietnam: The Great Famine and the Viet Minh Road to Power*. Lanham: Rowman & Littlefield, 2014.

Gurtor, Mel, *Pacific Asia? Prospects for Security and Cooperation in East Asia*. Lanham: Rowman & Little Field Publishers, 2002.

Haacke, Jurgen. *ASEAN's Diplomatic and Security Culture: Origins, Development and Prospects*. London: Routledge, 2003.

Haas, Michael. "Asian Development Bank." *International Organization*, Vol. 28, No. 2, 1974.

Haas, Michael. *The Asian Way to Peace: A Story of Regional Cooperation*. New York: Praeger, 1989.

Haas, Michael. *The Pacific Way: Regional Cooperation in the South Pacific*. New York: Praeger, 1989.

Haas, Michael. *Asian and Pacific Regional Cooperation: Turning Zones of Conflict into Arenas of Peace*. New York: Palgrave Macmillan, 2013.

Hack, Karl. *Defence and Decolonisation in Southeast Asia: Britain, Malaya and Singapore* 1941–1968. Surrey: Curzon Press, 2001.

Halbertsma, H. G. "Legal Aspects of the Mekong River System." *Netherlands International Law Review*, Vol. 34, No. 1, 1987.

Hall, D. G. E. "The Integrity of Southeast Asian History." *Journal of Southeast Asian Studies*, Vol. 4, No. 2, 1973.

Hall, D. G. E. *A History of South-East Asia*, Fourth Edition. London: The Macmillan Press, 1981.

Hall, Kenneth R. "Economic History of Early Southeast Asia." in Nicholas Tarling, ed. *The Cambridge History of Southeast Asia: From Early Times to c. 1800*, Vol. 1. Cambridge: Cambridge University Press, 1992.

Hallett, Tim. "Symbolic Power and Organizational Culture." *Sociological Theory*, Vol. 21, No. 2, 2003.

Halvorson, Dan. *Commonwealth Responsibility and Cold War Solidarity: Australia in Asia*, 1944–74. Acton: ANU Press, 2019.

Hamanaka, Shintaro. "What is Subregionalism? Analytical Framework and Two Case Studies from Asia." *Pacific Focus*, Vol. 30, No. 3, 2015.

Hannigan, Tim. *A Brief History of Indonesia: Sultans, Spices, and Tsunamis—The Incredible Story of Southeast Asia's Largest Nation*. Tokyo: Tuttle Publishing, 2015.

Hart, George H. C. "The Netherlands Indies and Her Neighbors." *Pacific Affairs*, Vol. 16, No. 1, 1943.

Hassan, Mohammad. "Economic Commission for Asia and the Far East." *Pakistan Horizon*, Vol. 2, No. 3, 1949.

Hatano, Sumio. "The Colombo Plan and Japan: Focusing on the 1960 Tokyo Meeting." in Shigeru Akita, Gerold Krozewski, et al., eds. *The Transformation of the International Order of Asia: Decolonization, the Cold War, and the Colombo Plan*, New York: Routledge, 2015.

Hatta, Mohammad. "Indonesia's Foreign Policy." *Foreign Affairs*, Vol. 31, No. 3, 1953.

Hatta, Mohammad. "Indonesia between the Power Blocs." *Foreign Affairs*, Vol. 36, No. 3, 1958.

He, Baogang. "East Asian Ideas of Regionalism: A Normative Critique." *Australian Journal of International Affairs*, Vol. 58, No. 1, 2004.

He, Baogang. "Normative Regionalism in East Asia." in Martina Timmermann, ed. *Institutionalizing Northeast Asia: Regional Steps towards Global Governance*. Tokyo: United Nations University Press, 2008.

He, Baogang. *Contested Ideas of Regionalism in Asia*. New York: Routledge, 2017.

Hedman, Eva-Lotta E., and Sidel, John T. *Philippine Politics and Society in the Twentieth Century: Colonial Legacies, Post-colonial Trajectories*. London: Routledge, 2000.

Heine-Geldern, Robert. "Conceptions of State and Kingship in Southeast Asia." *The Far Eastern Quarterly*, Vol. 2, No. 1, 1942.

Helsdingen, W. H. van. "The Netherlands-Indonesian Agreement." *Pacific Affairs*, Vol. 20, No. 2, 1947.

Henderson, William. "The Development of Regionalism in Southeast Asia." *International Organization*, Vol. 9, No. 4, 1955.

Henderson, William. "Regionalism in Southeast Asia," *Journal of International Affairs*. Vol. 10, No. 1, 1956.

Hensengerth, Oliver. *Regionalism in China-Vietnam Relations: Institution-building in the Greater Mekong Subregion*. New York: Routledge, 2010.

Hess, Gary R. *The United States' Emergence as a Southeast Asian Power, 1940 – 1950*, New York: Columbia University, 1987.

Hori, Hiroshi. *The Mekong: Environment and Development*. New York: United Nations University Press, 2000.

Hoshiro, Hiroyuki. "Co-Prosperity Sphere Again? United States Foreign Policy and Japan's 'First' Regionalism in the 1950s." *Pacific Affairs*, Vol. 82, No. 3, 2009.

Huddle, Franklin P. *The Mekong Project: Opportunities and Problems of Regionalism*. Washington: U. S. Government Printing Office, 1972.

Hundt, David and Kim, Jaechun. "Competing Notions of Regionalism in South Korean Politics." *Japanese Journal of Political Science*, Vol. 12, No. 2, 2011.

Hurrell, Andrew, and Macdonald, Terry. "Ethics and Norms in International Relations." in Walter Carlsnaes, Thomas Risse and Beth A. Simmons, eds. *Handbook of International Relations*, London: SAGE Publications, 2013.

Huxley, Tim. "Southeast Asia in the Study of International Relations: The Rise and Decline of a Region." *The Pacific Review*, Vol. 9, No. 2, 1996.

Ibrahim, A. Rashid. "ECAFE and Economic Cooperation in Asia." *The Pakistan Development Review*, Vol. 1, No. 3, 1961.

Idle IV, Dunning. "Indonesia's Independent and Active Foreign Policy." Ph. D. Dissertation, Yale University, 1956.

Irvine, Roger. "The Formative Years of ASEAN: 1967 – 1975." in Alison Broinowski, ed. *Understanding ASEAN*. London: The Macmillan Press, 1982.

Jackson, Robert H. "The Weight of Ideas in Decolonization: Normative Change in International Relations." in Judith Goldstein and Robert O. Keohane, eds.

Ideas and Foreign Policy: *Beliefs*, *Institutions*, *and Political Change*. Ithaca: Cornell University Press, 1993.

Jacobs, Jeffrey W. "International River Basin Development and Climatic Change: The Lower Mekong of Southeast Asia." Ph. D. Dissertation, Colorado University, 1992.

Jacobs, Jeffrey W. "Toward Sustainability in Lower Mekong River Basin Development." *Water International*, Vol. 19, No. 1, 1994.

Jacobs, Jeffrey W. "Mekong Committee History and Lessons for River Basin Development." *The Geographical Journal*, Vol. 161, No. 2, 1995.

Jacobs, Jeffrey W. "The United States and the Mekong Project." *Water Policy*, Vol. 1, No. 6, 1998.

Jangariyawong, Monsak. "Thailand in Southeast Asia: A Study of Foreign Policy 1945 – 1991." Ph. D Dissertation, Monash University, 2003.

Jansen, Godfrey H. *Afro-Asia and Non-Alignment*. London: Faber, 1966.

Jeffery, Keith. "The Second World War." in Judith M. Brown and William R. Louis, eds. *The Oxford History of the British Empire*, Vol. 4, *The Twentieth Century*. Oxford: The Oxford University Press, 1999.

Jetschke, Anja, and Philomena Murray. "Diffusing Regional Integration: The EU and East Asia." *West European Politics*, Vol. 35, No. 1, 2012.

Jo, Yung-Hwan. "Regional Cooperation in Southeast Asia and Japan's Role." *The Journal of Politics*, Vol. 30, No. 3, 1968.

Jones, David Martin, and Smith, Michael L. R. "Making Process, Not Progress: ASEAN and the Evolving East Asian, Regional Order." *International Security*, Vol. 32, No. 1, 2007.

Jones, Matthew. *Conflict and Confrontation in South East Asia*, 1961 – 1965: *Britain, the United States and the Creation of Malaysia*. Cambridge University Press, 2002.

Jones, Matthew. "A 'Segregated' Asia? Race, the Bandung Conference, and Pan-Asianist Fears in American Thought and Policy, 1954 – 1955." *Diplomatic History*, Vol. 29, No. 5, 2005.

Jorgensen-Dahl, Arnfinn. *Regional Organization and Order in South-East Asia*,

London: Macmillan University Press, 1982.

Jose, Ricardo T. "The Philippines during the Cold War: Searching for Security Guarantees and Appropriate Foreign Policies, 1946–1986." in Malcom H. Murfett, ed. *Cold War Southeast Asia*. Singapore: Marshall Cavendish Editions, 2012.

Jose, Richard T. "The Philippines' Search for Security in the First Years of the Cold War, 1946–51." in Albert Lau, ed. *Southeast Asia and the Cold War*. New York: Routledge, 2012.

Julien, C. A. "From the French Empire to the French Union." *International Affairs*, Vol. 26, No. 4, 1950.

Kahin, George McTurnan. *The Asian-African Conference: Bandung, Indonesia, April 1955*. Ithaca: Cornell University Press, 1956.

Kaldor, Mary. "Global Civil Society." in David Held and Anthony McGrew, eds. *The Global Transformations Reader: An Introduction to the Globalization Debate*. Second Edition, Cambridge: Polity Press, 2003.

Kang, Shin Joe. "ASPAC: An Asian Solution." *Intereconomics*, Vol. 3, No. 7, 1968.

Kapur, Harish. *India's Foreign Policy, 1947–92: Shadows and Substance*. New Delhi: Sage Publications, 1994.

Katsumata, Hiro. "Reconstruction of Diplomatic Norms in Southeast Asia: The Case for Strict Adherence to the 'ASEAN Way'." *Contemporary Southeast Asia*, Vol. 25, No. 1, 2003.

Katzenstein, Peter J., ed. *The Culture of National Security: Norms and Identity in World Politics*. New York: Columbia University Press, 1996.

Katzenstein, Peter J. "Introduction: Asian Regionalism in Contemporary Perspective." in Peter J. Karzenstein and Takashi Shiraishi, eds. *Network Power: Japan and Asia*. Ithaca: Cornell University Press, 1997.

Kawai, Takashi. "Aspects of Mekong Basin Planning." *Journal of Irrigation Engineering and Rural Planning*, No. 5, 1984.

Keith, Ronald C. *The Diplomacy of Zhou Enlai*. New York: St. Martin's Press, 1989.

Kelly, Andrew. *ANZUS and the Early Cold War: Strategy and Diplomacy between Australia, New Zealand and the United States, 1945 – 1956. Cambridge: Open Book Publishers, 2018.

Ken, Danny Wong Tze. "Malaysia During the Early Cold War Era: The War in Indochina and Malaya, 1946 – 1963." in Christopher E. Goscha and Christian Ostermann, eds. *Connecting Histories: Decolonization and the Cold War in Southeast Asia*, 1945 – 1962. Stanford: Stanford University Press, 2009.

Kennedy, Raymond. "Notes and Comment: Dutch Charter for the Indies." *Pacific Affairs*, Vol. 16, No. 2, 1943.

Keynes, Mary Knatchbull. "The Bandung Conference." *International Relations*, Vol. 1, No. 8, 1957.

Kheng, Cheah Boon. "The Communist Insurgency in Malaysia, 1949 – 1989: Was It Due to the Cold War?" in Malcom H. Murfett, ed. *Cold War Southeast Asia*. Singapore: Marshall Cavendish Editions, 2012.

Khong, Yuen Foong. "ASEAN and the Southeast Security Complex." in David A. Lake and Patrick M. Morgan, eds. *Regional Orders: Building Security in a New World*. University Park, PA: The Pennsylvania State University Press, 1997.

Khoman, Thanat. "ASEAN Conception and Evolution." in *The ASEAN Reader*, Institute of Southeast Asian Studies, Singapore, 1992, https://asean.org/? static_post = asean-conception-and-evolution-by-thanat-khoman.

Kimche, David. *The Afro-Asian Movement: Ideology and Foreign Policy of the Third World*. New York: Halsted Press, 1973.

Kivimki, Timo. "East Asian Relative Peace and the ASEAN Way." *International Relations of the Asia Pacific*, Vol. 11, No. 1, 2011.

Klecha-Tylec, Karolina. *The Theoretical and Practical Dimensions of Regionalism in East Asia*. New York: Palgrave Macmillan, 2017.

Komori, Yasumasa. "Asia's Institutional and Evolution Creation." *Asian Perspective*, Vol. 33, No. 3, 2009.

Kratoska, Paul. "Nationalism and Modernist Reform." in Nicholas Tarling, ed., *The Cambridge History of Southeast Asia: The Nineteenth and Twentieth Centuries*, Vol. 2. Cambridge: Cambridge University Press, 1992.

Kratoska, Paul. "Dimensions of Decolonization." in Marc Frey, Ronald Pruessen and Tan Tai Yong, eds. *The Transformation of Southeast Asia: International Perspectives on Decolonization*. Armonk: M. E. Sharpe, 2003.

Kratoska, Paul. "Southeast Asia from the Japanese Occupation to Independence." in Norman G. Owen, ed. *Routledge Handbook of Southeast Asian History*. New York: Routledge, 2014.

Kuhonta, Erik Martinez. "Southeast Asia and Comparative—Historical Analysis: Region, Theory and Ontology on a Wide Canvas." *Pacific Affairs*, Vol. 87, No. 3, 2014.

Kumarasingham, H., ed. *Constitution-making in Asia: Decolonisation and State-building in the Aftermath of the British Empire*. New York: Routledge, 2016.

Kwon, Youngmin. *Regional Community-building in East Asia*. Seoul: Yonsei University Press, 2002.

Landon, Kenneth Perry. "Nationalism in Southeastern Asia." *The Far Eastern Quarterly*, Vol. 2, No. 2, 1943.

Lau, Albert, ed. *Southeast Asia and the Cold War*. London: Routledge, 2012.

Lau, Albert. "Introduction: Southeast Asia and the Cold War." in Albert Lau, ed. *Southeast Asia and the Cold War*, London: Routledge, 2012.

Le, Thi Tuyet. *Regional Cooperation in Southeast Asia: The Mekong Project*. Ph. D. Dissertation. The City University of New York, 1973.

Lee, Christopher J. "At the Rendezvous of Decolonization." *Interventions: International Journal of Postcolonial Studies*, Vol. 11, No. 1, 2009.

Lee, Christopher J. *Making a World after Empire: The Bandung Moment and Its Political After Lives*. Athens: Ohio University Press, 2010.

Lee, Eun-jeung. "Koo Jong-suh: 'Pan-Asianism. Primary of East Asia', 1995." in Sven Saaler and Christopher W. A. Szpilman, eds. *Pan-Asianism: A Documentary History, V. 2, 1920 – Present*. Lanham: Rowman & Littlefield, 2011.

Lee, Ji-Young. "Contested American Hegemony and Regional Order in Postwar Asia: The Case of Southeast Asia Treaty Organization." *International Rela-

tions of the Asia-Pacific, Vol. 19, No. 2, 2019.

Lee, Kuan Yew. *From Third World to First: The Singapore Story, 1965 – 2000*. New York: HarperCollins Publishers, 2000.

Legge, J. D. "The Writing of Southeast Asian History." in Nicholas Tarling, ed. *The Cambridge History of Southeast Asia: From Early Times to C. 1800*, Vol. 1. Cambridge: Cambridge University Press, 1992.

Leifer, Michael. *Indonesia's Foreign Policy*. London: George Allen & Unwin, 1983.

Leifer, Michael. *ASEAN and the Security of Southeast Asia*. London and New York: Routledge, 1989.

Leifer, Michael. *Dictionary of the Modern Politics of South-East Asia*. London: Routledge, 1995.

Leo, Suryadinata. *The Making of Southeast Asian Nations: State, Ethnicity, Indigenism and Citizenship*. Singapore: World Scientific, 2015.

Lerche, Charles O. "The United States, Great Britain, and SEATO: A Case Study in the Fait Accompli." *The Journal of Politics*, Vol. 18, No. 3, 1956.

Liang, Chi-shad. *Burma's Foreign Relations: Neutralism in Theory and Practice*. New York: Prarger Westport, 1990.

Liow, Joseph Chinyong. *The Politics of Indonesia-Malaysia Relations: One Kin, Two Nations*. London: Routledge Curzon, 2005.

Liow, Joseph Chinyong. "Tunku Abdul Rahman and Malaya's Relations with Indonesia, 1957 – 1960." *Journal of Southeast Asian Studies*, Vol. 36, No. 1, 2005.

Liu, Fu-Kuo. "East Asian Regionalism: Theoretical Perspectives." in Fu-Kuo Liu and Philippe Régnier, eds. *Regionalism in East Asia: Paradigm Shifting?* London: Routledge Curzon, 2003.

Lockhart, Bruce M. "Monarchy and Decolonization in Indochina." in Marc Frey, Ronald Pruessen and Tan Tai Yong, eds, *The Transformation of Southeast Asia: International Perspectives on Decolonization*. Armonk: M. E. Sharpe, 2003.

Lockard, Craig A. "Integrating Southeast Asia into the Framework of World

History: The Period before 1500. " *The History Teacher*, Vol. 29, No. 1, 1995.

Louis, Roger. *Imperialism at Bay* 1941 – 1945: *The United States and the Decolonization of the British Empire*. Oxford: The Clarendon Press, 1977.

Loveman, Mara. "The Modern State and the Primitive Accumulation of Symbolic Power." *American Journal of Sociology*, Vol. 110, No. 6, 2005.

Lowe, Peter. *Contending with Nationalism and Communism: British Policy Towards Southeast Asia* 1945 – 1965. New York: Palgrave Macmillan, 2009.

Lowe, David. "Percy Spender and the Colombo Plan, 1950." *Australian Journal of Politics and History*, Vol. 40, No. 2, 1994.

Lowe, David. "The Colombo Plan and 'Soft' Regionalism in the Asia-Pacific: Australian and New Zealand Cultural Diplomacy in the 1950s and 1960s." Alfred Deakin Research Institute, Working Paper No. 1, 2010.

Luard, Evan. *A History of the United Nations*, Volume 1: *The Years of Western Domination*, 1945 – 1955. London: The Macmillan Press, 1982.

Lyon, Peter. *War and Peace in South-East Asia*. London: Oxford University Press, 1969.

Lyon, Peter. "Britain and the Commonwealth." in Michael Leifer, ed. *A Constraints and Adjustments in British Foreign Policy*. New York: Routledge, 1972.

Mabbett, I. W. "Devarāja." *Journal of Southeast Asian History*, Vol. 10, No. 2, 1969.

Mabon, David W. "Elusive Agreements: The Pacific Pact Proposals of 1949 – 1951." *Pacific Historical Review*, Vol. 57, No. 2, 1988.

Mackie, Jamie. "The Bandung Conference and Afro-Asian Solidarity: Indonesian Aspects." in Antonia Finnane and Derek McDougall, eds. *Bandung 1955: Little Histories*. Singapore: Editions Didier Millet, 2005.

Mahapatra, Chintamani. *American Role in the Origin and Growth of ASEAN*. New Delhi: ABC Publishing, 1990.

Makim, Abigail. "Resources for Security and Stability? The Politics of Regional Cooperation on the Mekong, 1957 – 2001." *Journal of Environment and De-*

velopment, Vol. 11, No. 1, 2002.

Malinowski, W. R., "Centralization and Decentralization in the United Nations Economic and Social Activities." *International Organization*, Vol. 16, No. 3, 1962.

Mansergh, Nicholas. "The Commonwealth in Asia." *Pacific Affairs*, Vol. 23, No. 1, 1950.

Marr, David G. *Vietnam: State, War, and Revolution*, 1945 – 1946. Berkeley and Los Angeles: University of California Press, 2013.

Matthies, Volker. "The 'Spirit of Bandung' 1955 – 1985: Thirty Years since the Bandung Conference." *Intereconomics*, Vol. 20, No. 5, 1985.

McCallum, J. A. "The Asian Relations Conference." *The Australian Quarterly*, Vol. 19, No. 2, 1947.

McCawley, Peterm. *Banking on the Future of Asia: 50 Years of the Asian Development Bank and the Pacific*. Second edition, Manila: Asian Development Bank, 2017.

McCloud, Donald G. "United States Policies toward Regional Organizations in Southeast Asia." *World Affairs*, Vol. 133, No. 2, 1970.

McDongall, Derek. "Bandung as Politics." in Antonia Finnane and Derek McDougall, eds. *Bandung 1955: Little Histories*. Singapore: Editions Didier Millet, 2005.

McKay, C. G. R. "The Canberra Proposals for a South Pacific Commission." *The Journal of the Polynesian Society*, Vol. 56, No. 2, 1947.

Mclntyre, W. David. *Background to the Anzus Pact: Policy-Making, Strategy and Diplomacy*. Christchurch: Canterbury University Press, 1995.

McMahon, Robert J. *Colonialism and Cold War: The United States and the Struggle for Indonesian Independence*, 1945 – 49. Ithaca: Cornell University Press, 1981.

McVey, Ruth T. *The Calcutta Conference and the Southeast Asian Uprisings*. Ithaca: Cornell University, 1958.

Menon, P. K. "Some Legal Aspects of the Committee for Coordination of Investigations of the Lower Mekong Basin." *Netherlands International Law Review, Vol. 18, No. 2, 1971.

Menon, P. K. "Financing the Lower Mekong River Basin Development." *Pacific Affairs*, Vol. 44, No. 4, 1971–1972.

Menon, P. K. "The Lower Mekong River Basin—Some Proposals for the Establishment of a Development Authority." *International Lawyer*, Vol. 6, No. 4, 1972.

Meyer, Milton W. "Regional Cooperation in Southeast Asia." *Columbia Journal of International Affairs*, Vol. 3, No. 2, 1949.

Meyer, Milton W. *A Diplomatic History of the Philippine Republic*. Hawaii: University of Hawaii Press, 1965.

Michael, Arndt. *India's Foreign Policy and Regional Multilateralism*. New York: Palgrave Macmillan, 2013.

Mie, Oba. "Japan's Entry into ECAFE." in Iokibe Makoto, ed. *Japanese Diplomacy in the 1950s: From Isolation to Integration*. London: Routledge, 2008.

Milner, Anthony. *The Malays*. Chichester: Wiley Blackwell, 2008.

Miškovi, Nataša, Fischer-Tiné, Harald, and Boškovska, Nada, eds. *The Non-Aligned Movement and the Cold War: Delhi, Bandung, Belgrade*. New York: Routledge, 2014.

Modelski, George, ed. *SEATO: Six Studies*. Canberra: The Australian National University, 1962.

Modelsk, George. "Introduction." in George Modelsk, ed. *SEATO: Six Studies*. Sydney: Halstead Press, 1962.

Modelsk, George. "SEATO: Its Functions and Organization." in George Modelsk, ed. *SEATO: Six Studies*, Sydney: Halstead Press, 1962.

Modelsk, George. "The Asian States' Participation in SEATO." in George Modelsk, ed. *SEATO: Six Studies*, Sydney: Halstead Press, 1962.

Morley, James W. "Japan's Position in Asia." *Journal of International Affairs*, Vol. 17, No. 2, 1963.

Montesano, Michael J. "Bandung 1955 and Washington's Southeast Asia." in See Seng Tan and Amitav Acharya, eds. *Bandung Revisited: The Legacy of the* 1955 *Asian-African Conference for International Order.* Singapore: NUS Press, 2008.

Mukberji, Rabul. "Appraising the Legacy of Bandung: A View from India." in See Seng Tan and Amitav Acharya, eds. *Bandung Revisited: The Legacy of the 1955 Asian-African Conference for International Order.* Singapore: NUS Press, 2008.

Murfett, Malcom H., ed. *Cold War Southeast Asia.* Singapore: Marshall Cavendish Editions, 2012.

Murphy, Ann Marie. "From Conflict to Cooperation in Southeast Asia, 1961 – 1967: The Disputes out of the Creation of Malaysia and the Establishment of the Association of Southeast Asia (ASEAN)." Ph. D. Dissertation. Columbia University, 2002.

Musolf, Lloyd D., and Springer, J. Fred. "Legislatures and Divided Societies: The Malaysian Parliament and Multi-Ethnicity." *Legislative Studies Quarterly*, Vol. 2, No. 2, 1977.

Nadalutti, Elisabetta. "The Rise of Trans-border Regions in Southeast Asia: Behind the Dynamics of Informal and Formal Integration Processes in the 'Indonesia-Malaysia-Singapore' Growth Triangle." *The Pacific Review*, Vol. 28, Vol. 4, 2015.

Nadeau, Kathleen. *The History of the Philippines.* Westport: Greenwood Press, 2008.

Nairn, Ronald C. "SEATO: A Critique." *Pacific Affairs*, Vol. 41, No. 1, 1968.

Nakayama, Mikiyasu. "Aspects behind Differences in Two Agreements Adopted by Riparian Countries of the Lower Mekong River Basin." *Journal of Comparative Policy Analysis: Research and Practice*, Vol. 1, No. 3, 1999.

Nery, John. *Revolutionary Spirit: Jose Rizal in Southeast Asia.* Singapore: ISEAS Publishing, 2011.

Nixon, Richard M. "Asia after Viet Nam." *Foreign Affairs*, Vol. 46, No. 1, 1967.

Nuechterlein, Donald E. "Thailand and SEATO: A Ten-Year Appraisal." *Asi-*

an Survey, Vol. 4, No. 12, 1964.

Nugroho, Bantan. "Indonesia's Foreign Policy and ASEAN." Master Dissertation, Dalhousie University, 1996.

Nguyen, Thi Dieu. *The Mekong River and The Struggle for Indochina: Water, War and Peace*. Westport, Connecticut: Praeger Publishers, 1999.

Oakman, Daniel. "The Seed of Freedom: Regional Security and the Colombo Plan." *Australian Journal of Politics & History*, Vol. 46, No. 1, 2000.

Oakman, Daniel. "The Politics of Foreign Aid: Counter-Subversion and the Colombo Plan, 1950 – 1970." *Pacifica Review*, Vol. 13, No. 3, 2001.

Oakman, Daniel. *Facing Asia: A History of the Colombo Plan,*. Canberra: Pandanus Book, 2004.

Olver, A. S. B. "The Special Commission in South-East Asia." *Pacific Affairs*, Vol. 21, No. 3, 1948.

Osborne, Milton. *Southeast Asia: An Introductory History*, 12th edition. Sydney: Allen & Unwin, 2016.

Ott, Marvin C. "The Sources and Content of Malaysian Foreign Policy toward Indonesia and the Philippines, 1957 – 1965." Ph. D. Dissertation. Johns Hopkins University, 1971.

Ovendale, Ritchie. "Britain, the United States, and the Cold War in South-East Asia, 1949 – 1950." *International Affairs*, Vol. 58, No. 3, 1982.

Owen, Norman G. "Economic and Social Change." in Nicholas Tarling, ed., *The Cambridge History of Southeast Asia: The Nineteenth and Twentieth Centuries*, Vol. 2. Cambridge: Cambridge University Press, 1992.

Owen, Norman G., ed. *Routledge Handbook of Southeast Asian History*. New York: Routledge, 2014.

Owen, Norman G. "Introduction: In Search of Southeast Asian History." in Norman G. Owen, ed. *Routledge Handbook of Southeast Asian History*. New York: Routledge, 2014.

Packer, Gerald. "The Asian Relations Conference: The Group Discussion." *Australian Outlook*, Vol. 1, No. 2, 1947.

Padelford, Norman J. "Regional Organization and the United Nations." *Inter-*

national Organization, Vol. 8, No. 2, 1954.

Padelford, Norman J. "Regional Cooperation in the South Pacific: Twelve ears of the South Pacific Commission." *International Organization*, Vol. 13, No. 3, 1959.

Palmer, Norman D. "SEATO, ASA, Maphilindo and ASPAC." in Kernial S. Sandhu, Sharon Siddique et al., eds. *The ASEAN Reader*. Singapore: Institute of SEA Studies, 1992.

Palmujoki, Eero. *Regionalism and Globalism in Southeast Asia*. Houndmills: Palgrave, 2001.

Pauker, Guy J. "Indonesia in 1963: The Year of Wasted Opportunities." *Asian Survey*, Vol. 4, No. 2, 1964.

Peffer, Nathaniel. "Regional Security in Southeast Asia." *International Organization*, Vol. 8, No. 3, 1954.

Peterson, Alec. "Britain and Siam: The Latest Phase." *Pacific Affairs*, Vol. 19, No. 4, 1946.

Phillips, Andrew. "Beyond Bandung: The 1955 Asian-African Conference and Its Legacies for International Order." *Australian Journal of International Affairs*, Vol. 70, No. 4, 2016.

Pollard, Vincent K. "ASA and ASEAN 1961 – 1967: Southeast Asian Regionalism." *Asian Survey*, Vol. 10, No. 3, 1970.

Porter, A. N., and Stockwell, A. J. *British Imperial Policy and Decolonization*, 1938 – 64, Vol. 1, 1938 – 51. New York: St. Martin's Press, 1987, Document 20.

Poulgrain, Greg. *The Genesis of Konfrontasi: Malaysia Brunei Indonesia 1945 – 1965*. Bathurst: Crawford House, 1998.

Pradhan, P. C. "Norodom Sihanouk and the Bandung Conference." *Proceedings of the Indian History Congress*, Vol. 40, 1979.

Press-Barnathan, Galia. *Organizing the World: The United States and Regional Cooperation in Asia and Europe*. New York: Routledge, 2003.

Pruessen, Ronald, and Yong, Tan Tai, eds. *The Transformation of Southeast Asia: International Perspectives on Decolonization*. Armonk: M. E. Sharpe,

2003.

Purcell, Victor. "A Malayan Union: The Proposed New Constitution." *Pacific Affairs*, Vol. 19, No. 1, 1946.

Purcell, Victor. "The Economic Commission for Asia and the Far East." *International Affairs*, Vol. 24, No. 2, 1948.

Pye, Lucian W. *Asian Power and Politics: The Cultural Dimensions of Authority*. London: Belknap Press, 1985.

Quéma, Anne. *Power and Legitimacy: Law, Culture, and Literature*. Toronto: University of Toronto Press, 2015.

Rajah, Ananda. "Southeast Asia: Comparatist Errors and the Construction of a Region." *Southeast Asian Journal of Social Science*, Vol. 27, No. 1, 1999.

Rao, V. Venakata. "The Asian-African Conference." *The Indian Journal of Political Science*, Vol. 16, No. 4, 1955.

Redding, Saunders. "The Meaning of Bandung." *The American Scholar*, Vol. 25, No. 4, 1956.

Reid, Anthony. *Southeast Asia in the Age of Commerce, 1450 – 1680: The Lands below the Winds*, Vol. 1. New Haven: Yale University Press, 1988.

Reid, Anthony. *Southeast Asia in the Age of Commerce, 1450 – 1680: Expansion and Crisis*. Vol. 2, New Haven: Yale University Press, 1993.

Reid, Anthony. "A Saucer Model of Southeast Asian Identity." *Southeast Asian Journal of Social Science*, Vol. 27, No. 1, 1999.

Reid, Anthony. *Charting the Shape of Early Modern Southeast Asia*. Chiang Mai: Silkworm Books, 2000.

Reid, Anthony. "The Bandung Conference and Southeast Asian Regionalism." in See Seng Tan and Amitav Acharya, eds. *Bandung Revisited: The Legacy of the 1955 Asian-African Conference for International Order*. Singapore: NUS Press, 2008.

Reid, Anthony. *Imperial Alchemy: Nationalism and Political Identity in Southeast Asia*. Cambridge: Cambridge University Press, 2010.

Reid, Anthony. *A History of Southeast Asia: Critical Crossroads*. Chichester: Wiley Blackwell, 2015.

Reid, Anthony, and Rajah, Ananda. "Introduction: Reconceptualizing Southeast Asia." *Southeast Asian Journal of Social Science*, Vol. 27, No. 1, 1999.

Remme, Tilman. *Britain and Regional Cooperation in South-East Asia 1945 – 1949*, New York: Routledge, 1995.

Reus-Smit, Christian, and Snidal, Duncan. "Between Utopia and Reality: The Practical Discourses of International Relations." in Christian Reus-Smit and Duncan Snidal, eds. *The Oxford Handbook of International Relations*. Oxford: Oxford University Press, 2010.

Reynolds, Craig J. "A New Look at Old Southeast Asia." *Journal of Asian Studies*, Vol. 54, No. 2, 1995.

Reynolds, E. Bruce. "Phibun Songkhram and Thai Nationalism in the Fascist Era." *European Journal of East Asian Studies*, Vol. 3, No. 1, 2004.

Ricklefs, Merle C., Lockhart, Bruce, et al. *A New History of Southeast Asia*. Houndmills: Palgrave Macmillan, 2010.

Ricklefs, Merle C. "The Cold War in Hindsight: Local Realities and the Limits of Global Power." in Malcom H. Murfet, ed. *Cold War Southeast Asia*. Tarrytown: Marshall Cavendish, 2012.

Roberts, Christopher B. *ASEAN Regionalism: Cooperation, Values and Institutionalization*. New York: Routledge, 2012.

Rostow, W. W. *The United States and the Regional Organization of Asia and the Pacific 1965 – 1985*. Austin: University of Texas Press, 1986.

Rotter, Andrew J. *The Path to Vietnam: Origins of The American Commitment to Southeast Asia*. Ithaca: Cornell University Press, 1987.

Rowe, David Nelson. "Collective Security in the Pacific: An American View." *Pacific Affairs*, Vol. 18, No. 1, 1945.

Rueff, Gaston. "Postwar Problems of French Indo-China: Social and Political Aspects." *Pacific Affairs*, Vol. 18, No. 3, 1945.

Rüland, Jürgen. *The Indonesian Way: ASEAN, Europeanization, and Foreign Policy Debates in a New Democracy*. Stanford: Stanford University Press, 2018.

Ryūbei, Hatsuse. "Pan-Asianism in International Relations: Prewar, Postwar, and Present." in Sven Saaler and J. Victor Koschmann, eds. *Pan-Asianism in Modern Japanese History: Colonialism, Regionalism and Borders*. London: Routledge, 2007.

Saaler, Sven, and Szpilman, Christopher W. A. "The Emergence of Pan-Asianism as an Ideal of Asian Identity and Solidarity, 1850 – 2008." in Sven Saaler and Christopher W. A. Szpilman, eds. *Pan-Asianism: A Documentary History*, V. 2, 1920 – *Present*. Lanham: Rowman & Littlefield, 2011.

Safman, Rachel M. "Minorities and State-building in Mainland Southeast Asia." in N. Ganesan and Kyaw Yin Hlaing, eds. *Myanmar: State, Society and Ethnicity*, Singapore: ISEAS Publishing, 2007.

Sangchai, Somporn. *The Mekong Committee: A New Genus of International Organization*. Ph. D Dissertation. Indiana University, 1967.

Schaaf, C. Hart. "The United Nations Economic Commission for Asia and the Far East." *International Organization*, Vol. 7, No. 4, 1953.

Schaaf, C. Hart and Fifield, Russell H. *The Lower Mekong: Challenge to Cooperation in Southeast Asia*. Princeton: Van Nostrand, 1963.

Scholte, Jan Aart. *Globalization: A Critical Introduction*. Houndmills: Palgrave Macmillan, 2005.

Scott, James C. *The Moral Economy of the Peasant: Rebellion and Subsistence in Southeast Asia*. New Haven: Yale University Press, 1976.

Sokolsky, George. "Conference at Bandung Is Conference of Race." *The Washington Post and Times Herald* (1954 – 1959). United States, Washington, D. C., April 21, 1955, Digital National Security Archive, https://www.proquest.com/historical-newspapers/conference-at-bandung-is-race/docview/148790512/se – 2? accountid = 41288.

Sewell, W. R. Derrick. "The Mekong Scheme: Guideline for a Solution to Strife in Southeast Asia." *Asian Survey*, Vol. 8, No. 6, 1968.

Sewell, W. R. Derrick and White, Gilbert F. "The Lower Mekong: An Experiment in International River Development." *International Conciliation*, No. 558, 1966.

Sharan, Shankar. *Fifty Years after the Asian Relations Conference*. New Delhi: Tibetan Parliamentary and Policy Research Centre, 1997.

Shimazu, Naoko. "Diplomacy as Theatre: Staging the Bandung Conference of 1955." *Modern Asian Studies*, Vol. 48, No. 1, 2014.

Silcock, T. H. "Development of a Malayan Foreign Policy." *Australian Outlook*, Vol. 17, No. 1, 1963.

Silva, Leelananda de. "From ECAFE to ESCAP: Pioneering A Regional Perspective." in Yves Berthelot, ed. *Unity and Diversity in Development Ideas: Perspectives from the UN Regional Commissions*. Bloomington and Indianapolis: Indiana University Press, 2004.

Simmons, Beth A. "The Pacific Way: Regional Cooperation in the South Pacific" *The American Political Science Review*, Vol. 84, No. 4, 1990.

Simon, Sheldon W. "Southeast Asian International Relations: Is There Institutional Traction?" in N. Ganesan and Ramses Amer, eds. *International Relations in Southeast Asia: Between Bilateralism and Multilateralism*. Singapore: Institute of Southeast Asian Studies, 2010.

Singh, Hari. "Hegemons and Construction of Region." in Sarah Owen Vandersluis, ed. *The Sate and Identity Construction in International Relations*. New York: ST. Martin's Press, 2000.

Singh, Lalita P. "Thai Foreign Policy: The Current Phase." *Asian Survey*, Vol. 3, No. 11, 1963.

Singh, Lalita P. *The Politics of Economic Cooperation in Asia: A Study of Asian International Organizations*. Columbia: University of Missouri Press, 1966.

Singh, Lalita P. "International System and Economic Cooperation in Asia." *The Indian Journal of Political Science*, Vol. 35, No. 1, 1974.

Singh, Lalita P. *Power Politics and Southeast Asia*. Atlantic Highlands: Humanities Press, 1979.

Singh, Sinderpal. "From Delhi to Bandung: Nehru, 'Indianness' and 'Pan-Asian-ness'." *South Asia: Journal of South Asian Studies*, Vol. 34, No. 1, 2011.

Snitwongse, Kusuma. "Thailand and ASEAN: Thirty Years on." *Asian Journal of Political Science*, Vol. 5, No. 1, 1997.

Sissons, D. C. S. "The Pacific Pact." *Australian Outlook*, Vol. 6, No. 1,

1952.

Siying, Cheryl Han. "Developing Multilateralism: The United States and Regional Cooperation in Southeast Asia, 1945 – 67." A Thesis Submitted for the Degree of Master of Arts, Department of History, National University of Singapore, 2012.

Smith, T. O. *Britain and the Origins of the Vietnam War: UK Policy in Indo-China, 1943 – 50*. New York: Palgrave Macmillan, 2007.

Smith, T. O. "Lord Killearn and British Diplomacy Regarding French Indo-Chinese Rice Supplies, 1946 – 1948." *History*, Vol. 96, No. 324, 2011.

Smith, Anthony D. *National Identity*. London: Penguin Books, 1991.

Smith, Anthony D. *The Ethnic Origins of Nations*. Oxford: Blackwell Publishing, 1986.

Snyder, Jack. "'Is' and 'Ought': Evaluating Empirical Aspects of Normative Research." in Colin Elman and Miriam Fendius Elman, eds, *Progress in International Relations Theory: Appraising the Field*. Cambridge: The MIT Press, 2003.

Söderbaum, Fredrik. "Exploring the Links between Micro-Regionalism and Macro-Regionalism." in Mary Farrell, Björn Hettne, et al., eds. *Global Politics of Regionalism: Theory and Practice*. London: Pluto Press, 2005.

Solidum, Estrella D. "Regional Co – operation and ASEAN: The Philippine Experience." *Asian Journal of Political Science*, Vol. 5, No. 1, 1997.

Solidum, Estrella D. *The Politics of ASEAN: An Introductionto Southeast Asian Regionalism*. Singapore: Eastern Universities Press, 2003.

Solinge, Etel. "ASEAN, Quo Vadis? Domestic Coalitions and Regional Cooperation." *Contemporary Southeast Asia*, Vol. 21, No. 1, 1999.

Song, Yao, and Qiao-Franco, Guangyu, et al. "Becoming a Normative Power? China's Mekong Agenda in the Era of Xi Jinping." *International Affairs*, Vol. 97, No. 6, 2021.

Soon, Lau Teik, eds. *New Directions in the International Relations of Southeast Asia: The Great Powers and Southeast Asia*. Singapore: Singapore University Press, 1973.

Spender, Sir Percy. *Exercises in Diplomacy: The ANZUS Treaty and the Colombo Plan.* Sydney: Sydney University Press, 1969.

Stargardt, Albert W. "The Emergence of the Asian System of Powers." *Modern Asian Studies*, Vol. 23, No. 3, 1989.

Starner, Frances L. "Malaysia and the North Borneo Territories." *Asian Survey*, Vol. 3, No. 11, 1963.

Sterling, John. "ASEAN: The Anti-Domino Factors." *Asian Affairs*, Vol. 7, No. 5, 1980.

Stockwell, A. J. "Southeast Asia in War and Peace: The End of European Colonial Empires." in Nicholas Tarling, ed. *The Cambridge History of Southeast Asia: The Nineteenth and Twentieth Centuries*, Vol. 2. Cambridge: Cambridge University Press, 1992.

Stockwell, A. J, "Imperialism and Nationalism in South-East Asia." in Judith M. Brown and Wm. Roger Louis, eds. *The Oxford History of the British Empire*, Vol. IV: *The Twentieth Century*. Oxford: Oxford University Press, 1999.

Stolte, Carolien. "'The Asiatic Hour': New Perspective on the Asian Relations Conference, New Delhi, 1947." in Nataša Miškovi, Harald Fischer-Tiné and Nada Boškovska, eds. *The Non-Aligned Movement and the Cold War: Delhi, Bandung, Belgrade.* New York: Routledge, 2014.

Stonham, P. E. "The Asian Development Bank and Economic Co-operation in South-East Asia." *The Australian Quarterly*, Vol. 39, No. 1, 1967.

Stubbs, Richard. "The ASEAN Alternative? Ideas, Institutions and the Challenge to 'Global' Governance." *The Pacific Review*, Vol. 21, No. 4, 2008.

Suares, Julie. "Engaging with Asia: The Chifley Government and the New Delhi Conferences of 1947 and 1949." *Australian Journal of Politics & History*, Vol. 57, No. 4, 2011.

Subritzky, John. *Confronting Sukarno: British, American, Australian and New Zealand Diplomacy in the Malaysian-Indonesian Confrontation, 1961–1965.* New York: St. Martin's Press, 2000.

Suriaji, Yos Rizal, et al. *Tan Malaka: Forgotten Founding Father.* Smashwords: Tempo Publishing, 2013.

Takahashi, Katsuhiko. "Framework for Multinational Regional Development: A Case Study in the International Administrative and Financial Cooperation in the Program to Develop the Lower Mekong Basin." Ph. D. Dissertation, New York University, 1974.

Tambiah, Stanley J. *Culture, Thought, and Social Action: An Anthropological Perspective*. Cambridge, MA: Harvard University Press, 1985.

Tambiah, Stanley J. "The Galactic Polity in Southeast Asia." *HAU: Journal of Ethnographic Theory*, Vol. 3, No. 3, 2013.

Tan, Andrew T. H. "The Five Power Defence Arrangements: The Continuing Relevance." *Contemporary Security Policy*, Vol. 29, No. 2, 2008.

Tan, See Seng, and Acharya, Amitav, eds. *Bandung Revisited: The Legacy of the 1955 Asian-African Conference for International Order*. Singapore: NUS Press, 2008.

Tarling, Nicholas. "Lord Mountbatten and the Return of Civil Government to Burma." *The Journal of Imperial and Commonwealth History*, Vol. 11, No. 2, 1983.

Tarling, Nicholas. "The United Kingdom and the Origins of the Colombo Plan." *Journal of Commonwealth & Comparative Politics*, Vol. 24, No. 1, 1986.

Tarling, Nicholas. "'Some Rather Nebulous Capacity': Lord Killearn's Appointment in Southeast Asia." *Modern Asian Studies*, Vol. 20, No. 3, 1986.

Tarling, Nicholas, ed. *The Cambridge History of Southeast Asia: From Early Times to c. 1800*, Vol. 1. Cambridge: Cambridge University Press, 1992.

Tarling, Nicholas, ed. *The Cambridge History of Southeast Asia: The Nineteenth and Twentieth Centuries*, Vol. 2. Cambridge: Cambridge University Press, 1992.

Tarling, Nicholas. "The Establishment of the Colonial Regimes." in Nicholas Tarling, ed. *The Cambridge History of Southeast Asia: The Nineteenth and Twentieth Centuries*, Vol. 2. Cambridge: Cambridge University Press, 1992.

Tarling, Nicholas. "'Ah-Ah': Britain and the Bandung Conference of 1955." *Journal of Southeast Asian Studies*, Vol. 23, No. 1, 1992.

Tarling, Nicholas. *The Fall of Imperial Britain in South-East Asia*. New York: Oxford University Press, 1993.

Tarling, Nicholas. *Britain, South-East Asia and the Onset of the Cold War, 1945 – 50*. Cambridge: Cambridge University Press, 1998.

Tarling, Nicholas. "British Attitudes and Policies on Nationalism and Regionalism." in Marc Frey, Ronald Pruessen and Tan Tai Yong, eds. *The Transformation of Southeast Asia: International Perspectives on Decolonization*. Armonk: M. E. Sharpe, 2003.

Tarling, Nicholas. *Nationalism in Southeast Asia: If the People Are with Us*. New York: Routledge Curzon, 2004.

Tarling, Nicholas. *Regionalism in Southeast Asia: To Foster the Political Will*. New York: Routledge, 2006.

Tarling, Nicholas. *Southeast Asia and the Great Powers*. New York: Routledge, 2010.

Tarling, Nicholas. *Britain and the Neutralisation of Laos*. Singapore: NUS Press, 2011.

Tarling, Nicholas. *Southeast Asian Regionalism: New Zealand Perspectives*. Singapore: Institute of Southeast Asian Studies, 2011.

Tarling, Nicholas. *Status and Security in Southeast Asian States Systems*. New York: Routledge, 2013.

Tarling, Nicholas. *Neutrality in Southeast Asia: Concepts and Contexts,*. New York: Routledge, 2016.

Terada, Takashi. "The Japanese Origins of PAFTAD: The Beginning of an Asian Pacific Economic Community." Pacific Economic Paper No. 292. Australian National University, June 1999.

Tertrais, Hugues. "France and the Associated States of Indochina, 1945 – 1955." in Marc Frey, Ronald Pruessen and Tan Tai Yong, eds. *The Transformation of Southeast Asia: International Perspectives on Decolonization*. Armonk: M. E. Sharpe, 2003.

Thakur, Vineet. "An Asian Drama: The Asian Relations Conference, 1947." *The International History Review*, Vol. 41 No. 3, 2019.

Thomas, Daniel C. "Explaining EU Foreign Policy: Normative Institutionalism and Alternative Approaches." in Daniel C. Thomas, ed., *Making EU Foreign Policy: National Preferences, European Norms and Common Policies*. New York: Palgrave Macmillan, 2011.

Thompson, Sue. "The Western Powers and the Development of Regional Cooperation in Southeast Asia: The International Dimension, 1945 – 67." *Global Change, Peace and Security*, Vol. 23, No. 1, 2011.

Thompson, Sue. *British Military Withdrawal and the Rise of Regional Cooperation in South-East Asia* 1964 – 73. Houndmills: Palgrave Macmillan, 2015.

Thompson, Sue. "The Evolution of Southeast Asian Regionalism: Security, Economic Development, and Foreign Power Support for Regional Initiatives, 1947 – 77." *Journal of ASEAN Studies*, Vol. 5, No. 1, 2017.

Thompson, Sue. *The United States and Southeast Asian Regionalism: Collective Security and Economic Development*, 1945 – 75. New York: Routledge, 2019.

Ti, Le-Huu, and Lien, Nguyen-Duc. "Mekong Case Study." UNESCO, IHP-VI, Technical Documents in Hydrology, PCCP Series, No. 10, 2001 – 2003.

Toit, Pierre du. "Consociational Democracy and Bargaining Power." *Comparative Politics*, Vol. 19, No. 4, 1987.

Trock, Carl A. "Political Structures in the Nineteenth and Early Twentieth Centuries." in Nicholas Tarling, ed. *The Cambridge History of Southeast Asia: The Nineteenth and Twentieth Centuries*, Vol. 2. Cambridge: Cambridge University Press, 1992.

Turnbull, C. M. "Regionalism and Nationalism." in Nicholas Tarling, ed., *The Cambridge History of Southeast Asia: The Nineteenth and Twentieth Centuries*, Vol. 2. Cambridge: Cambridge University Press, 1992.

Umetsu, Hiroyuki. *From ANZUS to SEATO: A Study of Australian Foreign Policy* 1950 – 54. Sydney: The University of Sydney, June, 1996.

Vaughn, Bruce. "U. S. Strategic and Defense Relationships in the Asia-Pacific Region." January 22, 2007, http://www.fas.org/sgp/crs/row/RL33821.pdf.

Vellut, Jean-Luc. "Asian Policy of the Philippines, 1935 – 1963." Ph. D Dissertation. The Australian National University, 1964.

Vickers, Adrian. *A History of Modern Indonesia*, Second edition. Cambridge: Cambridge University Press, 2013.

Viotti, Paul R. and Kauppi, Mark V. *International Relations Theory*. Fifth Edition, New York: Longman, 2012.

Wah, Chin Kin. *The Defence of Malaysia and Singapore: The Transformation of a Security System* 1957 – 1971. Cambridge: Cambridge University Press, 1983.

Wallander, Celeste A. and Keohane, Robert O. "Risk, Threat, and Security Institutions." in Helga Haftendorn, Robert O. Keohane and Celeste A. Wallander, eds. *Imperfect Unions: Security Institutions over Time and Space*. Oxford: Oxford University Press, 1999.

Watanabe, Shoichi. "The 1950 Commonwealth Foreign Ministers' Meeting and the International Aid Programme for Asia." in Shigeru Akita, Gerold Krozewski, et al., eds. *The Transformation of the International Order of Asia: Decolonization, the Cold War, and the Colombo Plan*. New York: Routledge, 2015.

Watson, Adam. *The Evolution of International Society: A Comparative Historical Analysis*. London: Routledge, 1992.

Weatherbee, Donald E. *International Relations in Southeast Asia: The Struggle for Autonomy*. Lanham: Rowman & Littlefield Publishers, 2006/2009/2015.

Weatherbee, Donald E. *ASEAN's Half Century: A Political History of the Association of Southeast Asian Nations*. Lanham: Rowman & Littlefield, 2019.

Webb, Leicester C. "Australia and SEATO." in George Modelsk, ed. *SEATO: Six Studies*. Sydney: Halstead Press, 1962.

Weber, Heloise, and Winanti, Poppy. "The 'Bandung Spirit' and Solidarist Internationalism." *Australian Journal of International Affairs*, Vol. 70, No. 4, 2016.

Wheeler, Virginia Morsey. "Co-Operation for Development in the Lower Mekong Basin." *The American Journal of International Law*, Vol. 64, No. 3,

1970.

White, Gilbert F. "Mekong River Plan." *Scientific American*, Vol. 208, No. 4, 1963.

White, John. *Regional Development Banks: The Asian, African and Inter-American Development Banks*. New York: Praeger, 1972.

Wightman, David. "Efforts for Economic Co-operation in Asia and the Far East: The Experience of ECAFE." *The World Today*, Vol. 18, No. 1, 1962.

Wightman, David. *Toward Economic Cooperation in Asia: The United Nations Economic Commission for Asia and the Far East*. New Haven: Yale University Press, 1963.

Wilcox, Francis O. "Regionalism and the United Nations." *International Organization*, Vol. 19, No. 3, 1965.

Wilson, A. Jeyaratnam. *Politics in Sri Lanka 1947 – 1973*. New York: St. Martin's Press, 1974.

Wilson, David A. "China, Thailand and the Spirit of Bandung (Part II)." *The China Quarterly*, Vol. 31, No. 4, 1967.

Wittrock, Björn. "Modernity: One, None, or Many? European Origins and Modernity as a Global Condition." *Daedalus*, Vol. 129, No. 1, 2000.

Wood, R. J. "Economic Co-operation in Asia." *The Australian Quarterly*, Vol. 31, No. 2, 1959.

Wood, Sally Percival. "Constructing an Alternative regional Identity: *Panchsheel* and India-China Diplomacy at the Asian-African Conference 1955." in Leong Yew, ed., *Alterities in Asia: Reflections on Identity and Regionalism*. New York: Routledge, 2011.

Wurfel, David. "A Changing Philippines." *Asian Survey*, Vol. 4, No. 2, 1964.

Yamakage, Susumu. "Japan's National Security and Asia-Pacific's Regional Institutions in the Post-Cold War Era." in Peter J. Karzenstein and Takashi Shiraishi, eds. *Network Power: Japan and Asia*, Ithaca: Cornell University Press, 1997.

Yamaguchi, Ikuto. "The Development and Activities of the Economic Commission for Asia and the Far East (ECAFE), 1947 – 65." in Shigeru Akita,

Gerold Krozewski, et al., eds. *The Transformation of the International Order of Asia: Decolonization, the Cold War, and the Colombo Plan*. New York: Routledge, 2015.

Yew, Leong, ed. *Alterities in Asia: Reflections on Identity and Regionalism*. New York: Routledge, 2011.

Yong, Tan Tai. "The 'Grand Design': British Policy, Local Politics, and the Making of Malaysia, 1955 – 1961." in Marc Frey, Ronald Pruessen and Tan Tai Yong, eds. *The Transformation of Southeast Asia: International Perspectives on Decolonization*. Armonk: M. E. Sharpe, 2003.

Yukawa, Taku. "The ASEAN Way as a Symbol: An Analysis of Discourses on the ASEAN Norms." *The Pacific Review*, Vol. 31, No. 3, 2018.

Yuzawa, Takeshi. "The Fallacy of Socialization? Rethinking the ASEAN Way of Institution-building." in Ralf Emmers, ed. *ASEAN and the Institutionalization of East Asia*. London: Routledge, 2011.

Zaide, Gregorio F., and Zaide, Sonia M. *José Rizal Life, Works, and Writings of a Genius, Writer, Scientist, and National Hero*. Second Edition, Quezon City: Anvil Publishing, 2014.

Zhang, Shu Guang. "Constructing 'Peaceful Coexistence': China's Diplomacy toward the Geneva and Bandung Conferences, 1954 – 55." *Cold War History*, Vol. 7, No. 4, 2007.

二 中文论著（含译著）

［英］埃蒙德·R. 利奇：缅甸高地诸政治体系：对克钦社会结构的一项研究》，杨春宇、周歆红译，商务印书馆 2012 年版。

［英］安东尼·D. 史密斯：《族群——象征主义和民族主义：一种文化方法》，林林译，中央编译出版社 2021 年版。

［英］安东尼·瑞德：《东南亚的贸易时代（1450—1680）：季风吹拂下的土地》（第 1 卷），吴小安、孙来等臣译，商务印书馆 2010 年版。

芭芭拉·沃森·安达亚、伦纳德·安达娅：《马来西亚史》，黄秋迪译，中国大百科全书出版社 2010 年版。

白雪峰：《冷战后美国在东南亚的外交：霸权秩序的建构》，厦门大学出版社 2011 年版。

包茂红：《国际东南亚研究的演变：以东南亚史研究为中心》，载《陕西师范大学学报》（哲学社会科学版）2021 年第 2 期。

保罗·皮尔逊、瑟达·斯考克波尔：《当代政治科学中的历史制度主义》，载何俊志、任军锋等编译《新制度主义政治学译文精选》，天津人民出版社 2007 年版。

［美］本尼迪克森·安德森：《椰壳碗外的人生》，徐德林译，上海人民出版社 2018 年版。

［美］彼得·卡赞斯坦：《地区构成的世界：美国帝权中的亚洲和欧洲》，秦亚青、魏玲译，北京大学出版社 2007 年版。

［美］彼得·卡赞斯坦：《文化规范与国家安全：战后日本警察与自卫队》，李小华译，新华出版社 2002 年版。

［德］彼得·舍特勒尔：《总体史》，载［德］斯特凡·约尔丹主编《历史科学基本概念辞典》，孟钟捷译，北京大学出版社 2012 年版。

毕世鸿：《机制拥堵还是大国协调：区域外大国与湄公河地区开发合作》，载《国际安全研究》2013 年第 2 期。

［缅甸］波巴信：《缅甸史》，陈炎译，商务印书馆 1965 年版。

蔡佳禾：《双重的遏制：艾森豪威尔政府的东亚政策》，南京大学出版社 1999 年版。

曹云华：《东南亚的区域合作》，华南理工大学出版社 1995 年版。

曹云华主编：《东南亚国家联盟：结构、运作与对外关系》，中国经济出版社 2010 年版。

陈长伟、牛大勇：《中国开创亚非外交新局面的成功范例：万隆会议再探讨》，载《中国高校社会科学》2018 年第 4 期。

陈兼：《将"革命"与"非殖民化"相连接：中国对外政策中"万隆话语"的兴起与全球冷战的主题变奏》，载《冷战国际史研究》（第 9 辑），世界知识出版社 2010 年版。

陈晓晨：《南太平洋地区主义：历史变迁的逻辑》，社会科学文献出版社 2020 年版。

陈中和：《多元族群社会的族群政治：马来民族主义和马来西亚的建国》，中国社会科学出版社 2021 年版。

崔丕：《美国亚洲太平洋集体安全保障体系的形成与英国（1950—1954年）》，载《冷战国际史研究》（第1辑），世界知识出版社2004年版。

崔庭赫、郑先武：《大湄公河次区域合作与东亚发展区域主义》，载《国际政治研究》2021年第2期。

崔庭赫、郑先武：《发展—安全互动演进的区域逻辑：以湄公河下游区域为例》，载《国际安全研究》2021年第2期。

［美］大卫·科泽：《仪式、政治与权力》，王海洲译，江苏人民出版社2021年版。

［美］大卫·利连索尔：《民主与大坝：美国田纳西流域管理局实录》，徐仲航译，上海社会科学院出版社2016年版。

代兵：《挫败中立：1954—1964年的老挝与冷战》，江苏人民出版社2017年版。

［美］戴维·K.怀亚特：《泰国史》，郭继光译，东方出版中心2009年版。

戴永红、曾凯：《澜湄合作机制的现状评析：成效、问题与对策》，载《国际论坛》2017年第7期。

邓仕超：《从敌对国到全面合作的伙伴：战后东盟—日本关系发展的轨迹》，世界知识出版社2008年版。

段立生：《泰国通史》，上海社会科学院出版社2014年版。

范宏伟：《和平共处与中立主义：冷战时期中国与缅甸和平共处的成就与经验》，世界知识出版社2012年版。

范宏伟、邹一峥：《缅甸中立外交政策传统的形成与原因》，载《厦门大学学报》（哲学社会科学版）2018年第6期。

冯一鸣：《"革命"与"中立"之间：中国对老挝初期政策探析——以第二次日内瓦会议筹备阶段为核心的考察》，载《冷战国际史研究》（第21辑），世界知识出版社2016年版。

［美］弗雷德里克·罗格瓦尔：《战争的余烬：法兰西帝国的灭亡及美国对越南的干预》，詹涓译，社会科学文献出版社2017年版。

高华：《第三世界仍需万隆精神》，载《当代亚太》1995年第2期。

高嘉懿：《区域集体安全的尝试：中印关系与印度支那和平问题研究（1954—1962）》，载《中共党史研究》2019年第1期。

高尚涛:《规范的含义与作用分析》,载《国际政治研究》2006年第4期。

高艳杰:《"建而不交":冷战前期的中国与印尼关系(1949—1954)》,载《世界历史》2018年第3期。

高艳杰:《曲折的区域化进程:东盟成立的历史轨迹与缘起》,载《东南亚纵横》2010年第10期。

谷名飞:《1946—1949年法国印支政策中的"保大方案"》,载《世界历史》2020年第5期。

郭延军:《大湄公河水资源安全:多层治理及中国的政策选择》,载《外交评论》2011年第2期。

郭延军:《澜湄水资源合作:从多元参与到多层治理》,世界知识出版社2020年版。

郭又新、姚昱:《冷战与发展的矛盾:20世纪50年代美国对东南亚条约组织的经济政策》,载《东南亚研究》2013年第9期。

[德]哈特姆特·克尔布勒:《历史比较》,载[德]斯特凡·约尔丹主编《历史科学基本概念辞典》,孟钟捷译,北京大学出版社2012年版。

[德]郝时亚:《共生共存:泰国南部多元存在的变迁》,载[德]李峻石、郝时亚主编《再造异同:人类学视域下的整合模式》,吴秀杰译,社会科学文献出版社2020年版。

何俊志:《结构、历史与行为:历史制度主义对政治科学的重构》,复旦大学出版社2004年版。

何志鹏:《大国之路的外交抉择:万隆会议与求同存异外交理念发展探究》,载《史学集刊》2015年第6期。

贺圣达:《缅甸史》,云南人民出版社2015年版。

贺圣达、王文良等:《战后东南亚历史发展(1945—1994)》,云南大学出版社1995年版。

[印度]贾瓦哈拉尔·尼赫鲁:《印度的发现》,向哲濬、朱彬元等译,上海人民出版社2016年版。

江帆:《东盟安全共同体变迁的规律研究》,中国社会科学出版社2013年版。

江洪:《万象会谈与老挝局势》,载《世界知识》1956年第16期。

姜帆:《英帝国的崩溃与缅甸模式:二战后英国对缅甸的非殖民化决策考

察》，中国社会科学出版社 2020 年版。

［英］康斯坦丝·玛丽·藤布尔：《新加坡史》，欧阳敏译，东方出版中心 2013 年版。

［美］克利福德·格尔茨：《地方知识：阐释人类学论文集》，杨德睿译，商务印书馆 2019 年版。

［美］克利福德·格尔茨：《尼加拉：十九世纪巴厘剧场国家》，赵丙祥译，商务印书馆 2018 年版。

［美］克利福德·格尔茨：《文化的解释》，韩莉译，译林出版社 2014 年版。

［美］兰德尔·科林斯：《互动仪式链》，林聚任等译，商务印书馆 2021 年版。

李丹慧：《日内瓦会议上中国解决印支问题方针再探讨》，载《中共党史研究》2013 年第 8 期。

李东屹：《治理视角之下的东亚区域化：以东盟为案例的分析》，中国政法大学出版社 2014 年版。

李江：《族群政党合作与马来西亚的政治发展》，中国社会科学出版社 2020 年版。

［德］李峻石：《导论：论差异性与共同性作为社会整合的方式》，载李峻石、郝时亚主编《再造异同：人类学视域下的整合模式》，吴秀杰译，社会科学文献出版社 2020 年版。

［德］李峻石：《何故为敌：族群与宗教冲突论纲》，吴秀杰译，社会科学文献出版社 2017 年版。

［德］李峻石、郝时亚主编：《再造异同：人类学视域下的整合模式》，吴秀杰译，社会科学文献出版社 2020 年版。

李潜虞：《从万隆到阿尔及尔（1955—1965）：中国与六次亚非国际会议》，世界知识出版社 2016 年版。

李潜虞：《美国对亚非会议政策再探讨：基于东亚冷战的视角》，载《美国研究》2020 年第 2 期。

李潜虞：《试论 1954 年中印总理、中缅总理的互访》，载《南洋问题研究》2013 年第 5 期。

李潜虞：《试论美国对第二次亚非会议的政策》，载《美国研究》2014 年第 5 期。

李潜虞:《试论中国对第二次亚非会议政策的演变》,载《国际政治研究》2010 年第 4 期。

李少军:《万隆精神的历史启示》,载《世界经济与政治》1995 年第 5 期。

李绍先等:《"万隆精神"及新时期的亚非合作》,载《现代国际关系》2005 年第 5 期。

李向阳:《"一带一路":区域主义还是多边主义?》,载《世界经济与政治》2018 年第 3 期。

李小华:《中国国际关系研究规范化的期待:评阎学通等著〈国际关系研究实用方法〉》,载《世界经济与政治》2002 年第 1 期。

李益波、欧阳红:《印度与第一次印度支那战争》,载《南洋问题研究》2007 年第 3 期。

李优坤:《小国大外交:东盟外交策略及启示研究》,世界图书出版广东有限公司 2015 年版。

梁敏和:《印度尼西亚史纲》,世界图书出版广东有限公司 2019 年版。

梁英明:《东南亚史》,人民出版社 2010 年版。

梁英明、梁志明等:《东南亚近现代史》,昆仑出版社 2005 年版。

梁志:《缅甸中立外交的缘起(1948—1955)》,载《世界历史》2018 年第 2 期。

梁志明:《论东南亚区域主义的兴起与东盟意识的增强》,载《当代亚太》2001 年第 3 期。

梁志明、李谋、吴杰伟:《多元、交汇、共生:东南亚文明之路》,人民出版社 2011 年版。

梁志明、张锡镇等主编:《东盟发展进程研究:东盟四十年回顾与展望》,香港:社会科学出版社 2008 年版。

廖亚辉、张添:《当代缅甸族际关系与民族国家构建研究》,中国社会科学出版社 2021 年版。

刘凯娟、郑先武:《外交话语与澜湄合作规范建设》,载《太平洋学报》2022 年第 7 期。

刘莲芬:《1955 年亚非会议与中泰关系的有限缓和》,载《当代中国史研究》2008 年第 5 期。

刘卿：《澜湄合作进展与未来发展方向》，载《国际问题研究》2018 年第 2 期。

刘兴宏：《日本重返东南亚的多边途径探析：以亚洲开发银行为例》，载《东南亚研究》2010 年第 5 期。

刘兴宏：《亚洲开发银行成立的核心动力因素分析》，载《国际论坛》2010 年第 3 期。

刘雄：《艾森豪威尔政府的亚洲政策研究》，岳麓书社 2009 年版。

刘雄：《老挝危机与东南亚条约组织的衰落》，载《世界历史》2015 年第 5 期。

[德] 卢茨·拉斐尔：《长时段》，载 [德] 斯特凡·约尔丹主编《历史科学基本概念辞典》，孟钟捷译，北京大学出版社 2012 年版。

卢光盛、别梦婕：《澜湄合作机制：一个"高阶的"次区域主义》，载《亚太经济》2017 年第 2 期。

卢光盛、别梦婕：《"命运共同体"视角下的周边外交理论探索和实践创新：以澜湄合作为例》，载《国际展望》2018 年第 1 期。

卢光盛、张励：《澜沧江—湄公河合作机制与跨境安全治理》，载《南洋问题研究》2016 年第 3 期。

陆庭恩：《论万隆会议及其影响》，载《西亚非洲》2005 年第 3 期。

吕振纲：《曼陀罗体系：古代东南亚的地区秩序研究》，载《太平洋学报》2017 年第 8 期。

[美] 罗伯特·杰克逊、乔格·索伦森：《国际关系学理论与方法》，吴勇、宋德星译，天津人民出版社 2008 年版。

[德] 马尔库斯·弗尔克尔：《历史方法》，载 [德] 斯特凡·约尔丹主编《历史科学基本概念辞典》，孟钟捷译，北京大学出版社 2012 年版。

马简文：《从西姆拉会议看美英在东南亚的矛盾》，载《世界知识》1955 年第 11 期。

[美] 曼吉特·帕德斯：《印度外交政策中的东南亚：将印度视为亚洲大国》，载 [美] 苏米特·甘古利主编《印度外交政策分析：回顾与展望》，高尚涛等译，世界知识出版社 2015 年版。

[美] 梅尔文·P. 莱弗勒：《权力优势：国家安全、杜鲁门政府与冷战》，

孙建中译，商务印书馆 2019 年版。

［澳］梅·加·李克莱弗斯：《印度尼西亚史》，周南京译，商务印书馆 1993 年版。

牛军：《冷战与新中国外交的缘起 1949—1955》（修订版），社会科学文献出版社 2013 年版。

牛军：《论 1954 年中国对印度支那停战政策的缘起与演变》，载《冷战国际史研究》（第 21 辑），世界知识出版社 2016 年版。

牛军：《重建"中间地带"：中国亚洲政策的缘起（1949—1955 年）》，载《国际政治研究》2012 年第 2 期。

O. W. 沃尔特斯：《东南亚视野下的历史、文化与区域：区域内部关系中的历史范式》，王杨红译，载《南洋资料译丛》2011 年第 1 期。

潘一宁等：《国际因素与当代东南亚国家政治发展》，中国社会科学出版社 2004 年版。

潘正秀：《文莱史纲》，世界图书出版广东有限公司 2019 年版。

庞海红：《泰国民族国家的形成及其民族整合进程》，民族出版社 2012 年版。

庞卫东：《新加坡与马来（西）亚的合并与分离研究（1945—1965）》，社会科学文献出版社 2017 年版。

钱乘旦主编：《英帝国史》（第 8 卷），江苏人民出版社 2019 年版。

尚劝余：《尼赫鲁时代中国和印度的关系（1947—1964）》，中国社会科学出版社 2009 年版。

［日］石泽良昭：《东南亚：多文明世界的发现》，北京日报出版社 2020 年版。

［澳］史蒂文·德拉克雷：《印度尼西亚史》，郭子林译，商务印书馆 2009 年版。

［德］斯特凡·约尔丹：《历史主义》，载斯特凡·约尔丹主编《历史科学基本概念辞典》，孟钟捷译，北京大学出版社 2012 年版。

苏长和：《中国国际关系学：问题与研究方向》，载《世界经济与政治》2000 年第 1 期。

苏太华：《20 世纪 60 年代菲律宾外交政策的调整：内容、限度与动因——基于地区主义视域》，载《南海学刊》2019 年第 1 期。

[老挝] 素里耶·莫那拉:《中国与东盟:命运共同体的生动实践》,新星出版社 2021 年版。

孙建党:《美国 20 世纪非殖民化政策研究:以东南亚为个案》,中国社会科学出版社 2020 年版。

孙建党:《美国与东南亚经济关系研究(1945—1973)》,经济管理出版社 2011 年版。

孙建党:《科伦坡计划及其对战后东南亚的经济发展援助》,载《东南亚研究》2006 年第 2 期。

孙建党:《科伦坡计划与加拿大对南亚和东南亚的发展援助》,载《历史教学》2011 年第 12 期。

孙建党:《冷战前期美国对东南亚的援助政策变化:以湄公河大坝建设为视角》,载《南洋问题研究》2016 年第 1 期。

[泰] 姆·耳·马尼奇·琼赛:《泰国与柬埔寨史》,厦门大学外文系翻译小组译,福建人民出版社 1976 年版。

陶亮:《理想主义与地区权力政治:冷战时期印度的对外政策》,云南大学出版社 2014 年版。

陶文钊:《亚非会议的成功与美国遏制政策的失败》,载《社会科学研究》1999 年第 3 期。

屠酥:《美国与湄公河开发计划探研》,《武汉大学学报》(人文社科版) 2013 年第 2 期。

屠酥:《湄公河水资源 60 年合作与治理》,社会科学文献出版社 2021 年版。

[德] 托马斯·普吕弗:《延续性/变迁》,载 [德] 斯特凡·约尔丹主编《历史科学基本概念辞典》,孟钟捷译,北京大学出版社 2012 年版。

[日] 丸山静雄:《东南亚与日本》,石宇译,上海人民出版社 1974 年版。

汪诗明:《1951 年〈澳新美同盟条约〉研究》,世界知识出版社 2008 年版。

王琛:《美国外交政策与南亚均势(1947—1963)》,香港:香港社会科学出版社有限公司 2005 年版。

王绳祖主编:《国际关系史(1939—1945)》(第 6 卷),世界知识出版社 1995 年版。

王绳祖主编:《国际关系史(1949—1959)》(第8卷),世界知识出版社1995年版。

王绳祖主编:《国际关系史(1960—1969)》(第9卷),世界知识出版社1995年版。

王士录:《万隆精神与东盟的崛起:万隆会议召开50周年纪念》,载《东南亚》2005年第5期。

王士录、王国平:《从东盟到大东盟:东盟30年发展研究》,世界知识出版社1998年版。

王震:《泰国区域主义及其主导中南半岛次区域合作的尝试》,载《东南亚研究》2022年第3期。

王子昌:《东盟外交共同体:主体及表现》,时事出版社2011年版。

韦红:《20世纪60年代初东南亚地区主义发展受挫的原因再思考》,载《华中师范大学学报》(哲社版)2004年第1期。

韦红:《冷战时期东南亚地区主义的特征》,载《世界历史》2004年第5期。

伍庆祥:《缅甸宪法与现代民族国家建构》,载《东南亚研究》2022年第3期。

[美]西达·斯考切波:《国家与社会革命:对法国、俄国和中国的比较分析》,何俊志、王学东译,上海世纪出版集团2007年版。

夏仲成:《亚洲雄风:团结合作的亚非会议》,世界知识出版社1998年版。

谢迪斌:《万隆会议与新中国形象的国际塑造》,载《中共党史研究》2019年第9期。

[新加坡]李光耀:《风雨独立路(1923—1965):李光耀回忆录》,新加坡:新加坡联合早报1998年版。

[新加坡]许通美著,[美]阿米塔夫·阿查亚编:《探究世界秩序:一位务实的理想主义者的观点》,门洪华等译,中央编译出版社1999年版。

邢伟:《澜湄合作机制视角下的水资源安全治理》,载《东南亚研究》2016年第6期。

熊华源:《从万隆会议看周恩来和平外交思想的传播与影响》,载《当代中国外交史》2005 年第 6 期。

徐秀军：《地区主义与地区秩序：以南太平洋地区为例》，社会科学文献出版社 2013 年版。

阎学通：《国际领导与国际规范的演化》，载《国际政治科学》2011 年第 1 期。

阳阳：《战后南越社会运动研究》，世界图书出版集团 2015 年版。

杨静林：《冲突与和解：冷战时期中国与菲律宾关系研究》，易文出版社 2020 年版。

杨文娟：《英国东南亚特派员与粮食供应》，载《东南亚研究》2010 年第 2 期。

杨永锋：《英美大战略及两国关系研究（1940—1949）》，科学出版社 2018 年版。

姚椿龄：《美国与东南亚条约组织的建立》，载《美国研究》1995 年第 3 期。

姚昱：《20 世纪 50 年代美国东南亚区域经济合作政策的演变》，载《东南亚研究》2013 年第 4 期。

［俄］叶菲莫娃：《斯大林和印度尼西亚——1945—1953 年苏联对印度尼西亚的政策：不为人知的一页》，吕雪峰译，世界知识出版社 2016 年版。

尹蒙蒙：《"回归亚洲"：冷战时期菲律宾外交政策的演变》，载《东南亚研究》2022 年第 2 期。

游览：《冷战背景下越寮"特殊"关系的发展和演变（1959—1965）》，载《冷战国际史研究》（第 24 辑），世界知识出版社 2017 年版。

于镭、隋心：《澳美新同盟的缘起、建构和稳固》，中国社会科学出版社 2020 年版。

于向东：《亚欧关系的历史跨越：从日内瓦会议到亚欧会议》，载《东南亚研究》2004 年第 6 期。

于向东、徐成志：《第一次印度支那战争期间印度的调停外交》，载《东南亚研究》2021 年第 3 期。

余建华：《万隆会议、中国亚非外交与万隆精神的当代弘扬》，载《国际关系研究》2015 年第 2 期。

余琼芳:《当代印度的东南亚政策研究》,中央民族大学出版社 2018 年版。

喻常森:《冷战时期美国对东南亚区域合作的政策选择:从东约(SEATO)到东盟(ASEAN)》,载《东南亚研究》2014 年第 5 期。

[美]约翰·加佛曼:《印度对华政策的转变》,载[美]苏米特·甘古利主编《印度外交政策分析:回顾与展望》,高尚涛等译,世界知识出版社 2015 年版。

张和蕴:《从美纽争执看美澳纽联盟的危机》,载《问题与研究》1985 年第 8 期。

张红云:《东南亚神王文化研究》,中国社会科学出版社 2017 年版。

张洁:《"万隆精神":中印尼关系"常坐标"》,载《世界知识》2015 年第 8 期。

张民军:《美国的遏制政策与第二次亚非会议的失败》,载《历史教学问题》2007 年第 2 期。

张德明:《从科伦坡计划到东盟:美国战后亚洲经济组织之政策的历史考察》,载《史学集刊》2012 年第 5 期。

张秋生、蒋启良:《略论澳大利亚在〈科伦坡计划〉中对东南亚的援助》,载《东南亚纵横》2010 年第 12 期。

张旺:《世界主义的价值诉求:国际关系规范理论的视角》,载《教学与研究》2006 年第 12 期。

张锡镇:《当代东南亚政治》,广西人民出版社 1994 年版。

张小欣:《印尼首届阿里内阁对华政策调整与两国关系》,载《当代中国史研究》2015 年第 3 期。

张云:《国际政治中"弱者"的逻辑:东盟与亚太地区大国关系》:社会科学文献出版社 2010 年版。

张蕴岭:《东盟 50 年:在行进中探索和进步》,载《世界经济与政治》2017 年第 7 期。

张蕴岭:《如何认识和理解东盟:包容性原则与东盟成功的经验》,载《当代亚太》2015 年第 1 期。

张祖兴:《英国对马来亚政策的演变(1942—1957)》,中国社会科学出版社 2012 年版。

赵长峰:《印尼独立战争时期的"外交"手段(1945—1949 年)》,载

《云梦学刊》2020年第6期。

赵晨：《东南亚国家联盟：成立发展同主要大国的关系》，中国物资出版社1994年版。

赵银亮：《聚焦东南亚：制度变迁与对外政策》，江西人民出版社2008年版。

郑先武：《安全、合作与共同体：东南亚安全区域主义理论与实践》，南京大学出版社2009年版。

郑先武：《东盟安全共同体建设与东南亚多边防务外交转型》，载《南洋问题研究》2018年第3期。

郑先武：《东南亚早期区域合作：历史演进与规范建构》，载《中国社会科学》2017年第6期。

郑先武：《国际区域治理规范研究的"历史路径"》，载《史学集刊》2019年第3期。

郑先武：《区域间主义治理模式》，社会科学文献出版社2014年版。

郑先武：《万隆会议与东南亚区域主义发展》，载《世界经济与政治》2015年第9期。

郑先武：《亚远经委会区域合作实践与"亚洲方式"初创》，载《世界经济与政治》2016年第12期。

郑先武：《"亚洲安全观"制度建构与"中国经验"》，载《当代亚太》2016年第2期。

郑先武、封顺：《湄公河计划的区域合作实践与"湄公精神"》，载《东南亚研究》2018年第6期。

郑先武、李峰：《东南亚微区域合作与跨境安全》，载《南洋问题研究》2016年第3期。

周桂银：《国际关系史研究的深度和广度》，载《吉林大学社会科学学报》2019年第4期。

朱寿清：《冷战与联盟：1947—1962年的美泰关系》，中国社会科学出版社2019年版。

祝湘辉、张添：《缅甸政治转型研究》，中国社会科学出版社2019年版。

三 外交文件、国际条约、研究报告、媒体文献

A. J. Stockwell, ed. *British Documents on the End of Empire*, Series B, Vol. 3: *Malaya*, Part I, *The Malayan Union Experiment* 1942 – 1948. London: HMSO, 1995.

A. J. Stockwell, ed. *British Documents on the End of Empire*, Series B, Vol. 3: *Malaya*, Part II, *The Communist Insurrection* 1948 – 1953. London: HMSO, 1995.

A. J. Stockwell, ed. *British Documents on the End of Empire*, Series B, Vol. 3: *Malaya*, Part III, *The Alliance Route to Independence* 1953 – 1957. London: HMSO, 1995.

A. N. Porter and A. J. Stockwell. *British Imperial Policy and Decolonization*, 1938 – 64, Vol. 1, 1938 – 51. New York: St. Martin's Press, 1987.

Michael H. Hunt, ed. *A Vietnam War Reader: A Documentary History from American and Vietnamese Perspectives*. Chapel Hill: The University of North Carolina Press, 2010.

Michael Haas, ed. *Basic Documents of Asian Regional Organizations*, Vol. 1. New York: Oceana Publications, 1974.

Michael Haas, ed. *Basic Documents of Asian Regional Organizations*, Vol. 4. New York: Oceana Publications, 1974.

Michael Haas, ed. *Basic Documents of Asian Regional Organizations*, Vol. 5. New York: Oceana Publications, 1979.

Michael Haas, ed. *Basic Documents of Asian Regional Organizations*, Vol. 6. New York: Oceana Publications, 1979.

Paul Preston and Michael Partridge, eds. *British Documents on Foreign Affairs*, Part IV, *From 1946 through 50*, Series E, *Asia*, 1946, Vol. 2. University Publications of America, 2000.

Paul Preston and Michael Partridge, eds. *British Documents on Foreign Affairs*, Part IV, *From 1946 through 50*, Series E, *Asia*, 1948, Vol. 6. University Publications of America, 2000.

Richard P. Stebbins, ed. *Documents on American Foreign Relations*, 1965. New

York: Harper & Row Publisher, 1966.

ASEAN Secretariat. "Joint Statement on East Asia Cooperation." Manila, 28 November 1999, http://www.asean.org/news/item/joint-statement-on-east-asia-cooperation-28-november-1999.

ASEAN Secretariat. "The ASEAN Declaration (Bangkok Declaration)." Bangkok, 8 August 1967, http://agreement.asean.org/media/download/20140117154159.pdf.

ASEAN Secretariat. "Treaty of Amity and Cooperation in Southeast Asia." Bali, 24 February 1976, http://www.asean.org/news/item/treaty-of-amity-and-cooperation-in-southeast-asia-indonesia-24-february-1976-3.

ASEAN Secretariat. "Zone of Peace, Freedom and Neutrality Declaration." Kuala Lumpur, 27 November 1971, http://www.aseansec.org/1215.htm.

ASEAN Secretariat, *ASEAN Regional Forum: Documents Series*, 1994–2000, Jakarta: ASEAN Secretariat, 2001.

Asian Development Bank. "The Asian Development Bank Annual Report 1967." Manila, 26 February 1968, https://www.adb.org/documents/adb-annual-report-1967.

Asian Development Bank. "The Asian Development Bank Annual Report 1970." Manila, 4 February 1971, https://www.adb.org/documents/adb-annual-report-1970.

Asian Development Bank. *ADB through the Decades: ADB's First Decade* (1966–1976), Updated edition. Manila: Asian Development Bank, 2017, https://www.adb.org/sites/default/files/publication/216111/adb-first-decade-updated-edition.pdf.

Australian Department of Foreign Affairs and Trade. *Documents on Australian Foreign Policy* Vol.7: 1944. Historical Documents Online, https://www.dfat.gov.au/about-us/publications/historical-documents/Pages/volume-07/1944-volume-7.

Australian Department of Foreign Affairs and Trade. *Documents on Australian Foreign Policy*, Vol.9: 1946, *January-June*. Historical Documents Online, https://www.dfat.gov.au/about-us/publications/historical-documents/Pages/volume-09/1946-january-june-volume-9.

Australian Department of Foreign Affairs and Trade. *Documents on Australian Foreign Policy*, Vol. 12: 1947, *Other than Indonesia*. Historical Documents Online, https://www.dfat.gov.au/about-us/publications/historical-documents/Pages/volume-12/1947-other-than-indonesia-volume-12.

Australian Department of Foreign Affairs and Trade. *Documents on Australian Foreign Policy*, Vol. 14: 1948 – 49, *The Commonwealth, Asia and the Pacific*. Historical Documents Online, https://www.dfat.gov.au/about-us/publications/historical-documents/Pages/volume-14/1948-49-the-commonwealth-asia-and-the-pacific-volume-14.

Australian Department of Foreign Affairs and Trade. Documents on Australian Foreign Policy, Vol. 21: *The 1951 ANZUS Treaty*. Historical Documents Online, https://www.dfat.gov.au/about-us/publications/historical-documents/Pages/volume-21/the-1951-anzus-treaty-volume-21.

Australian Department of Foreign Affairs and Trade. *Documents on Australian Foreign Policy*, Vol. 24: *Australia and the Colombo Plan*, 1949 – 1957. Historical Documents Online, https://www.dfat.gov.au/about-us/publications/historical-documents/Pages/volume-24/default.

Australian Department of Foreign Affairs and Trade. *Documents on Australian Foreign Policy*, Vol. 25: *Australia and the Formation of Malaysia*, 1961 – 1966. Historical Documents Online, https://www.dfat.gov.au/about-us/publications/historical-documents/volume-25/Pages/default.

Colombo Plan Bureau. *Progress of the Colombo plan*, 1962. Tokyo: Bunshodo, 1963.

Colombo Plan Secretarat. *The Story of the Colombo Plan: Resource of Book 2012*, Colombo, 2012, https://colombo-plan.org/wp-content/uploads/2020/03/22-The_Story_of_the_Colombo_Plan.pdf.

Colombo Plan Secretariat. *Colombo Plan for Cooperative Economic and Social Development in Asian and Pacific-Overview*. http://www.colombo-plan.org/index.php/about-cps/overview/.

Committee for Coordination of Investigations of the Lower Mekong Basin. "Joint

Declaration of Principles for Utilization of the Waters of the Lower Mekong Basin." Vientiane, 31 January 1975. http：//gis. nacse. org/tfdd/tfdddocs/374ENG. pdf.

Institute of Current World Affairs. "ASA-The Interarntional." CDN – 14, Petaling Java, Selangor, Malaya, 1 May 1962. http：//www. icwa. org/wp-content/uploads/2015/09/GDN-14. pdf.

League of Nations. *Treaty Series—Treaties and International Engagements Registered with the Secretariat of the League of Nations*, Vol. 204, No. 4817, 1941 – 1943. United Nations Treaty Series Online, https：//treaties. un. org/doc/Publication/UNTS/LON/Volume%20204/v204. pdf.

Mekong River Commission. "Agreement on the Cooperation for the Sustainable Development of the Mekong River Basin." Chiang Rai, Thailand, 5 April 1995. http：//osvw. mrcmekong. org/assets/Publications/agreements/95-agreement. pdf.

Mekong River Commission. "Committee for the Coordination of Investigations of the Lower Mekong Basin, Annual Report 1967." Bangkok, 15 January 1968. http：//www. mrcmekong. org/assets/Publications/governance/Annual-Report-1967. pdf.

Mekong River Commission. "Committee for the Coordination of Investigations of the Lower Mekong Basin, Annual Report 1978." Bangkok, 31 January 1979. http：//osvw. mrcmekong. org/assets/Publications/governance/Annual-Report-1978. pdf.

Northwest Alliance for Computational Science & Engineering (NACSE). "Convention between Laos and Thailand for the Supply of Power." Vientiane, 12 August 1965. http：//gis. nacse. org/tfdd/tfdddocs/287ENG. pdf.

Northwest Alliance for Computational Science & Engineering (NACSE). "Joint Declaration of Principles for Utilization of the Waters of the Lower Mekong Basin." Vientiane, 31 January 1975. http：//gis. nacse. org/tfdd/tfdddocs/374ENG. pdf.

Northwest Alliance for Computational Science & Engineering (NACSE). "Declaration Concerning the Interim Committee for Coordination of Investigations of the Lower Mekong Basin." Vietnam, 5 January 1978, http://gis.nacse.org/tfdd/tfdddocs/396ENG.pdf.

United Kingdom Foreign and Commonwealth Office. *Documents on British Policy Overseas*, Series 1, Vol. 1: *The Conference at Potsdam July-August* 1945, Chapter 6, 1945. London: Foreign and Commonwealth Office, 1945.

United Kingdom Foreign and Commonwealth Office. *Documents on British Policy Overseas*, Series 1, Vol. 4: *Britain and America: Atomic Energy, Bases and Food*, 12 *December* 1945 – 31 *July* 1946, Chapter 2, 1946. London: Foreign and Commonwealth Office, 1946.

United Kingdom Foreign and Commonwealth Office. *Documents on British Policy Overseas*, Series 1, Vol. 8: *Britain and China*, 1945 – 1950, Chapter 4, 1948. London: Foreign and Commonwealth Office, 1948.

United Kingdom Foreign and Commonwealth Office. *Documents on British Policy Overseas*, Series 1, Vol. 8: *Britain and China*, 1945 – 1950, Chapter 5, 1949. London: Foreign and Commonwealth Office, 1949.

United Kingdom Foreign and Commonwealth Office. *Documents on British Policy Overseas*. Series 2, Vol. 4: *Korea*, June 1950-April 1951, Chapter 0, 1950, Appendix I. London: Foreign and Commonwealth Office, 1950.

United Kingdom Foreign and Commonwealth Office. *Documents on British Policy Overseas*, Series 2, Vol. 4: *Korea*, June 1950-April 1951, Chapter 2, 1950. London: Foreign and Commonwealth Office, 1950.

United Nations. *Treaty Series—Treaties and International Agreements Registered or Filed and Recorded with the Secretariat of the United Nations*, Vol. 7, No. 88, 1947. United Nations Treaty Series Online, https://treaties.un.org/doc/Publication/UNTS/Volume%207/v7.pdf.

United Nations. *Treaty Series—Treaties and International Agreements Registered or Filed and Recorded with the Secretariat of the United Nations*, Vol. 43, No. 673, 1949. United Nations Treaty Series Online. https://treaties.un.org/doc/Publication/UNTS/Volume%2043/v43.pdf.

United Nations. *Treaty Series—Treaties and International Agreements Registered or Filed and Recorded with the Secretariat of the United Nations*, Vol. 45,

No. 691, 1949 – 1950. United Nations Treaty Series Online, https://treaties.un.org/doc/Publication/UNTS/Volume%2045/v45.pdf.

United Nations, *Treaty Series—Treaties and International Agreements Registered or Filed and Recorded with the Secretariat of the United Nations*, Vol. 69, No. 894, 1950. United Nations Treaty Series Online, https://treaties.un.org/doc/Publication/UNTS/Volume%2069/v69.pdf.

United Nations, *Treaty Series—Treaties and International Agreements Registered or Filed and Recorded with the Secretariat of the United Nations*, Vol. 70, No. 904, 1950. United Nations Treaty Series Online, https://treaties.un.org/doc/Publication/UNTS/Volume%2070/v70.pdf.

United Nations. *Treaty Series—Treaties and International Agreements Registered or Filed and Recorded with the Secretariat of the United Nations*, Vol. 97, No. 1352, 1951. United Nations Treaty Series Online, https://treaties.un.org/doc/Publication/UNTS/Volume%2097/v97.pdf.

United Nations. *Treaty Series—Treaties and International Agreements Registered or Filed and Recorded with the Secretariat of the United Nations*, Vol. 99, No. 1375, 1951. United Nations Treaty Series Online, https://treaties.un.org/doc/Publication/UNTS/Volume%2099/v99.pdf.

United Nations, *Treaty Series—Treaties and International Agreements Registered or Filed and Recorded with the Secretariat of the United Nations*, Vol. 99, No. 1377, 1951. United Nations Treaty Series Online, https://treaties.un.org/doc/Publication/UNTS/Volume%2099/v99.pdf.

United Nations. *Treaty Series—Treaties and International Agreements Registered or Filed and Recorded with the Secretariat of the United Nations*, Vol. 99, No. 1379, 1951. United Nations Treaty Series Online, https://treaties.un.org/doc/Publication/UNTS/Volume%2099/v99.pdf.

United Nations. *Treaty Series—Treaties and International Agreements Registered or Filed and Recorded with the Secretariat of the United Nations*, Vol. 157, No. 2049, 1953. United Nations Treaty Series Online, https://treaties.un.org/doc/Publication/UNTS/Volume%20157/v157.pdf.

United Nations. *Treaty Series—Treaties and International Agreements Registered* or Filed and Recorded with the Secretariat of the United Nations, Vol. 285, No. 4149, 1958. United Nations Treaty Series Online, https://treaties. un. org/doc/Publication/UNTS/Volume%20285/v285. pdf.

United Nations. *Treaty Series—Treaties and International Agreements Registered or Filed and Recorded with the Secretariat of the United Nations*, Vol. 405, No. 5830, 1961. United Nations Treaty Series Online, https://treaties. un. org/doc/Publication/UNTS/Volume%20405/v405. pdf.

United Nations. *Treaty Series—Treaties and International Agreements Registered or Filed and Recorded with the Secretariat of the United Nations*, Vol. 550, No. 8029, 1965. United Nations Treaty Series Online, https://treaties. un. org/doc/Publication/UNTS/Volume%20550/v550. pdf.

United Nations. *Treaty Series—Treaties and International Agreements Registered or Filed and Recorded with the Secretariat of the United Nations*, Vol. 563, No. 8206, 1966. United Nations Treaty Series Online, https://treaties. un. org/doc/Publication/UNTS/Volume%20563/v563. pdf.

United Nations. *Treaty Series—Treaties and International Agreements Registered or Filed and Recorded with the Secretariat of the United Nations*, Vol. 671, No. 8303, 1969. United Nations Treaty Series Online, https://treaties. un. org/doc/Publication/UNTS/Volume%20671/v671. pdf.

United Nations. "Admission of Siam to Membership in the United Nations." General Assembly, Document A/RES/101（Ⅰ）, 15 December 1946, https://documents-dds-ny. un. org/doc/RESOLUTION/GEN/NR0/033/52/PDF/NR003352. pdf? OpenElement.

United Nation. "Report of the Working Group for Asia and the Far East." ECOSOC, DocumentE/307/Rev. 1, 4 March 1947, https://documents-dds-ny. un. org/doc/UNDOC/GEN/NL1/492/70/pdf/NL149270. pdf? OpenElement.

United Nation. "Report of the Economic Commission for Asia and the Far East and Report of the Committee of the Whole." ECOSOC, DocumentE/452, 25 June 1947, https://documents-dds-ny. un. org/doc/UNDOC/GEN/NL1/430/26/pdf/NL143026. pdf? OpenElement.

United Nation. "Report to the Economic and Social Council of the Session of the Committee of the Whole Held at Lake Success from 10 to 17 July 1947." ECOSOC, DocumentE/491, 23 July 1947, https：//documents-dds-ny. un. org/doc/UNDOC/GEN/NL1/430/26/pdf/NL143026. pdf? OpenElement.

United Nation. "The Economic Commission for Asia and the Far East： Report of theCommittee of the Whole." ECOSOC, Document E/524, 4 August 1947, https：//documents-dds-ny. un. org/doc/UNDOC/GEN/NL1/912/39/pdf/NL191239. pdf? OpenElement.

United Nation. "Report of the Third Session of the Economic Commission for Asia and the Far East." ECOSOC, Document E/839 – E/CN. 11/101, 1 – 12 June 1948, https：//documents-dds-ny. un. org/doc/UNDOC/GEN/B06/000/2x/pdf/B060002. pdf? OpenElement.

United Nation. "ECAFE Annual Report to the Economic Social Council (16 June – 6 December 1947)." ECOSOC, Document E/CN. 11/53 – E/606, 6 December 1947, https：//documents-dds-ny. un. org/doc/UNDOC/GEN/B06/000/1x/pdf/B060001. pdf? OpenElement.

United Nation. "Interim Report on the Fourth Session of the Economic Commission for Asia and the Far East (29 November – 11 December 1948)," ECOSOC, DocumentE/CN. 11/180/REV. 1 – E/1088, 12 December 1948, https：//documents-dds-ny. un. org/doc/UNDOC/GEN/B15/100/72/pdf/B1510072. pdf? OpenElement.

United Nations. "Further Resolutions Adopted by the Conference on Indonesia Held n New Delhi from 20 – 24 January 1949." United Nations Security Council, S/1222/Add. 1, 11 February 1949, https：//documents-dds-y. un. org/doc/UNDOC/GEN/NL4/914/40/pdf/NL491440. pdf? OpenElement.

United Nation. "ECAFE Annual Report to the Economic Social Council (1 July 1948 – 5 April 1949)." ECOSOC Document E/1329 – E/CN. 11/190, 29 April 1949, https：//documents-dds-ny. un. org/doc/UNDOC/GEN/B06/000/3x/pdf/B060003. pdf? OpenElement.

United Nation. "ECAFE Annual Report to the Economic Social Council (October 1949 – May 1950)." ECOSOC, DocumentE/CN. 11/241/REV. 1 – E/1710, 23 May 1950, https：//documents-dds-ny. un. org/doc/UNDOC/

GEN/B09/128/9x/pdf/B091289. pdf? OpenElement.

United Nations. "Admission of the Republic of Indonesia to Membership in the United Nations." General Assembly, Document A/RES/491 (V), 28 September 1950, https：//documents-dds-ny. un. org/doc/RESOLUTION/GEN/NR0/060/89/PDF/NR006089. pdf? OpenElement.

United Nation. "ECAFE Annual Report to the Economic Social Council (28 February – 7 March 1951)." ECOSOC, Document E/1981 – E/CN. 11/306, 16 April 1951, https：//documents-dds-ny. un. org/doc/UNDOC/GEN/NL5/110/45/pdf/NL511045. pdf? OpenElement.

United Nation. *Economic and Social Council Official Records*, 13th Session：542nd Meeting, Geneva, ECOSOC, DocumentE/Sr. 542, 8 September 1951, https：//documents-dds-ny. un. org/doc/UNDOC/GEN/NL3/340/98/pdf/NL334098. pdf? OpenElement.

United Nation. "ECAFE Annual Report to the Economic Social Council (29 January – 8 February 1952)." ECOSOC, Document E/2171 – E/CN. 11/342, 16 March 1952, https：//documents-dds-ny. un. org/doc/UNDOC/GEN/B09/128/7x/pdf/B091287. pdf? OpenElement.

United Nation. "ECAFE Annual Report to the Economic Social Council (9 February 1952 – 14 February 1953)." ECOSOC, Document E/2374, 14 February 1953, https：//documents-dds-y. un. org/doc/UNDOC/GEN/B09/ 128/6x/pdf/B091286. pdf? OpenElement.

United Nations. "ECAFE Annual Report to the Economic Social Council (15 February 1953 – 18 February 1954)." ECOSOC, Document E/2553, March 1954, https：//documents-dds-ny. un. org/doc/UNDOC/GEN/B09/128/5x/pdf/B091285. pdf? OpenElement.

United Nations. "ECAFE Annual Report to the Economic and Social Council (19 February 1954 – 7 April 1955)." ECOSOC, Document E/2712 – E/CN. ll/407, 19 April 1955, https：//documents-dds-y. un. org/doc/UNDOC/GEN/N55/004/19/pdf/N5500419. pdf? OpenElement.

United Nation. "ECAFE Annual Report to the Economic Social Council (8 April 1955 – 14 February 1956)." ECOSOC, Document E/2821, 14 February

1956, https://documents-dds-ny. un. org/doc/UNDOC/GEN/B09/128/2x/pdf/B091282. pdf? OpenElement.

United Nation. "ECAFE Annual Report to the Economic Social Council (15 February 1956 – 28 March 1957)." ECOSOC, DocumentE/CN. 11/454 – E/2959, 8 May 1957, https://documents-dds-ny. un. org/doc/UNDOC/GEN/B09/128/3x/pdf/B091283. pdf? OpenElement.

United Nation. "ECAFE Annual Report to the Economic Social Council (29 March 1957 – 15 March 1958)." ECOSOC, Document E/3102, 15 March 1958, https://documents-dds-y. un. org/doc/UNDOC/GEN/B09/128/4x/pdf/B091284. pdf? OpenElement.

United Nation. "ECAFE Annual Report to the Economic Social Council (16 March 1958 – 19 March 1959)." UNECSO, Document E/3214 – E/CN. 11/506, 1 May 1959, https://documents-dds-ny. un. org/doc/UNDOC/GEN/B09/129/1x/pdf/B091291. pdf? OpenElement.

United Nation. "ECAFE Annual Report to the Economic Social Council (20 March 1959 – 21 March 1960)." ECOSOC, DocumentE/3340 – E/CN. 11/530, 21 March 1960, https://documents-dds-ny. un. org/doc/UNDOC/GEN/B09/129/2x/pdf/B091292. pdf? OpenElement.

United Nation. "ECAFE Annual Report to the Economic Social Council (22 March 1960 – 20 March 1961)." ECOSOC, Document E/3466 – E/CN. 11/564, 20 March 1961, https://documents-dds-y. un. org/doc/UNDOC/GEN/B09/129/0x/pdf/B091290. pdf? OpenElement.

United Nation. "United Nation Development Decade: Proposals for Action, Annexes II, The Mekong River Project." Report of the Secretary-General, United Nation, Document E3613, New York, 1 January 1962, https://documents-dds-ny. un. org/doc/UNDOC/GEN/N62/115/49/pdf/N6211549. pdf? OpenElement.

United Nation. "ECAFE Annual Report to the Economic Social Council (21 March 1961 – 19 March 1962)." ECOSOC, Document E/3599, 19 March 1962, https://documents-dds-ny. un. org/doc/UNDOC/GEN/B09/129/4x/pdf/B091294. pdf? OpenElement.

United Nation. "ECAFE Annual Report to the Economic Social Council (20 March 1962 – 18 March 1963)." ECOSOC, Document E/3735 – E/CN. 11/627, 18 March 1963, https://documents-dds-ny. un. org/doc/UNDOC/GEN/B09/129/5x/pdf/B091295. pdf? OpenElement.

United Nations. "EACFE Report of the Ministerial Conference on Asian Economic Co-Operation." ECOSOC, Document E/CN. 11/641, 6 January 1964, https://documents-dds-ny. un. org/doc/UNDOC/GEN/B14/100/82/pdf/B1410082. pdf? OpenElement.

United Nation. "ECAFE Annual Report to the Economic Social Council (19 March 1963 – 17 March 1964)." ECOSOC, Document E/3876/Rev. 1 – E/CN. 11/662/Rev. 1, 17 March 1964, https://documents-dds-ny. un. org/doc/UNDOC/GEN/B09/129/6x/pdf/B091296. pdf? OpenElement.

United Nation. "ECAFE Annual Report to the Economic Social Council (18 March 1964 – 29 March 1965)." ECOSOC, Document E/4005 – E/CN. 11/705, 29 March 1965, https://documents-dds-ny. un. org/doc/UNDOC/GEN/B09/129/7x/pdf/B091297. pdf? OpenElement.

United Nation. "Regional Economic Co-operation in Asia and the Far East: The Asian Development Bank and Trade Liberalization." ECAFE, E/CN. 11/707, Bangkok, Thailand, 1965, https://documents-dds-y. un. org/doc/UNDOC/GEN/B14/100/67/PDF/B1410067. pdf? OpenElemen.

United Nation. "Report of the Second Ministerial Conference on Asian Economic Co-operation, Final Act of the Conference of Plenipotentiaries on the Asian Development Bank." ECAFE, Document E/CN. 11/716 Rev. 1, Bangkok, Thailand, 1966, https://documents-dds-ny. un. org/doc/UNDOC/GEN/B14/100/64/PDF/B1410064. pdf? OpenElement.

United Nation. "ECAFE Annual Report to the Economic Social Council (5 April 1966 – 17 April 1967)." ECOSOC, Document E/4358 – E/CN. 11/791, 17 April 1967, https://documents-dds-ny. un. org/doc/UNDOC/GEN/B17/100/06/pdf/B1710006. pdf? OpenElement.

United Nation. "ECAFE Annual Report to the Economic Social Council (18 April 1967 – 30 April 1968)." ECOSOC, Document E/4498 – E/CN. 11/

824, 30 April 1968, https：//documents-dds-ny. un. org/doc/UNDOC/ GEN/B09/127/8x/pdf/B091278. pdf? OpenElement.

United Nation. "ECAFE Annual Report to the Economic Social Council (18 May 1968 – 28 April 1969)." ECOSOC, Document E/4640 – E/CN. 11/ 868, 28 April 1969, https：//documents-dds-ny. un. org/doc/UNDOC/ GEN/B09/127/9x/pdf/B091279. pdf? OpenElement.

United Nation. "ECAFE Annual Report to the Economic Social Council (28 March 1972 – 21 April 1973)." (Annex V. The "Lahore Convention"), ECOSOC, Document E/5277 – E /CN. 11/1101, 23 April 1973, https：// documents-dds-ny. un. org/doc/UNDOC/GEN/B09/129/9x/pdf/B091299. pdf? OpenElement.

United States Deparment of Defense. "Indo-Pacific Strategy Report：Preparedness, Partnerships, and Promoting a Networked Region." 1 June 2019, https：//media. defense. gov/2019/Jul/01/2002152311/ – 1/ – 1/1/DEPARTMENT – OF – DEFENSE – NDO – PACIFIC – STRATEGY – REPORT – 2019. PDF.

United States Department of State. *Foreign Relations of the United States Diplomatic Papers*, 1941, Vol. 1：*General, The Soviet Union.* Washington, D. C. ：United States Government Printing Office, 1958.

United States Department of State. *Foreign Relations of the United States Diplomatic Papers*, 1941, Vol. 4：*The Far East.* Washington, D. C. ：United States Government Printing Office, 1956.

United States Department of State. *Foreign Relations of the United States Diplomatic Papers*, 1942, Vol. 1：*General, the British Commonweath, the Far East.* Washington, D. C. ：United States Government Printing Office, 1960.

United States Department of State. *Foreign Relations of the United States Diplomatic Papers*, 1942：*China.* Washington, D. C. ：United States Government Printing Office, 1956.

United States Department of State. *Foreign Relations of the United States Diplomatic Papers*, 1943, Vol. 1：*General.* Washington, D. C. ：United States Government Printing Office, 1963.

United States Department of State. *Foreign Relations of the United States Diplomatic Papers*, 1943, Vol. 3: *The British Commonwealth, Eastern Europe, the Far East*. Washington, D. C.: United States Government Printing Office, 1963.

United States Department of State. *Foreign Relations of the United States Diplomatic Papers*, 1943: *Conferences at Washington and Quebec*. Washington, D. C.: United States Government Printing Office, 1970.

United States Department of State. *Foreign Relations of the United States Diplomatic Papers*, 1943: *The Conferences at Cairo and Tehran*. Washington, D. C.: United States Government Printing Office, 1961.

United States Department of State. *Foreign Relations of the United States Diplomatic Papers*, 1944, Vol. 1: *General*. Washington, D. C.: United States Government Printing Office, 1966.

United States Department of State. *Foreign Relations of the United States Diplomatic Papers*, 1944, Vol. 3: *The British Commonwealth and Europe*. Washington, D. C.: United States Government Printing Office, 1965.

United States Department of State. *Foreign Relations of the United States Diplomatic Papers*, 1945: *Conferences at Malta and Yalta*. Washington, D. C.: United States Government Printing Office, 1955.

United States Department of State. *Foreign Relations of the United States Diplomatic Papers*, 1945, Vol. 1: *General: The United Nations*. Washington, D. C.: United States Government Printing Office, 1967.

United States Department of State. *Foreign Relations of the United States Diplomatic Papers*, 1945, Vol. 1: *The Conference of Berlin (The Potsdam Conference)*. Washington, D. C.: United States Government Printing Office, 1960.

United States Department of State. *Foreign Relations of the United States Diplomatic Papers*, 1945, Vol. 2: *The Conference of Berlin (The Potsdam Conference)*. Washington, D. C.: United States Government Printing Office, 1960.

United States Department of State. *Foreign Relations of the United States Diplomatic Papers*, 1945, Vol. 6: *The British Commonweath, the Far East*. Washington, D. C.: United States Government Printing Office, 1969.

United States Department of State. *Foreign Relations of the United States Diplomatic Papers*, 1946, Vol. 8: *The Far East*. Washington, D. C.: United States Government Printing Office, 1971.

United States Department of State. *Foreign Relations of the United States Diplomatic Papers*, 1947, Vol. 1: *General, The United Nations*. Washington, D. C.: United States Government Printing Office, 1973.

United States Department of State. *Foreign Relations of the United States Diplomatic Papers*, 1947, Vol. 6: *The Far East*. Washington, D. C.: United States Government Printing Office, 1972.

United States Department of State. *Foreign Relations of the United States Diplomatic Papers*, 1948, Vol. 5: *The Near East, South Asia, and Africa*, Part 1. Washington, D. C.: United States Government Printing Office, 1975.

United States Department of State. *Foreign Relations of the United States Diplomatic Papers*, 1948, Vol. 6: *The Far East and Australasia*. Washington, D. C.: United States Government Printing Office, 1974.

United States Department of State. *Foreign Relations of the United States Diplomatic Papers*, 1949, Vol. 7: *The Far East and Australasia (in two parts)*, Part 1. Washington, D. C.: United States Government Printing Office, 1975.

United States Department of State. *Foreign Relations of the United States Diplomatic Papers*, 1949, Vol. 7: *The Far East and Australasia (in two parts)*, Part 2. Washington, D. C.: United States Government Printing Office, 1976.

United States Department of State. *Foreign Relations of the United States Diplomatic Papers*, 1950, Vol. 3: *Western Europe*, Washington, D. C.: United States Government Printing Office, 1977.

United States Department of State. *Foreign Relations of the United States Diplomatic Papers*, 1950, Vol. 6: *East Asia and the Pacific*. Washington, D. C.: United States Government Printing Office, 1976.

United States Department of State. *Foreign Relations of the United States Diplomatic Papers*, 1951, Vol. 6: *East Asia and the Pacific (in two parts)*, Part 1. Washington, D. C.: United States Government Printing Office, 1976.

United States Department of State. *Foreign Relations of the United States Diplo-

matic Papers, 1952 – 1954, Vol. 12: *East Asia and the Pacific* (*in two parts*), Part 1. Washington, D. C. : United States Government Printing Office, 1984.

United States Department of State. *Foreign Relations of the United States Diplomatic Papers*, 1955 – 1957, Vol. 21: *Southeast Asia*. Washington, D. C. : United States Government Printing Office, 1989.

United States Department of State. *Foreign Relations of the United States Diplomatic Papers*, 1955 – 1957, Vol. 21: *East Asian Security*; *Cambodia*; *Laos*. Washington, D. C. : United States Government Printing Office, 1990.

United States Department of State. *Foreign Relations of the United States Diplomatic Papers*, 1958 – 1960, Vol. 16: *East Asia-Pacific Region*; *Cambodia*; *Laos*. Washington, D. C. : United States Government Printing Office, 1992.

United States Department of State. *Foreign Relations of the United States DiplomaticPapers*, 1961 – 1963, Vol. 23: *Southeast Asia*. Historical Documents Online, https: //history. state. gov/historicaldocuments/frus1961 – 63v23.

United States Department of State. *Foreign Relations of the United States DiplomaticPapers*, 1961 – 1963, Vol. 24: *Laos Crisis*. Historical Documents Online, https: //history. state. gov/historicaldocuments/frus1961 – 63v24.

United States Department of State. *Foreign Relations of the United States DiplomaticPapers*, 1964 – 1968, Vol. 1: *Vietnam*. Historical Documents Online, https: //history. state. gov/historicaldocuments/frus1964 – 68v01.

United States Department of State. *Foreign Relations of the United States DiplomaticPapers*, 1964 – 1968, Vol. 26: *Indonesia*; *Malaysia-Singapore*; *Philippines*. Historical Documents Online, https: //history. state. gov/historicaldocuments/frus1964 – 68v26.

United States Department of State. *Foreign Relations of the United States DiplomaticPapers*, 1964 – 1968, Vol. 27: *Mainland Southeast Asia*; *Regional Affairs*. Historical Documents Online, https: //history. state. gov/historicaldocuments/frus1964 – 68v27.

"Address of His Excellency Elpidio Quirino President of the Philippines at the

Opening Session of the Baguio Conference of 1950. " Delivered at the Mansion House, Baguio, 26 May 1950, Official Gazette of the Republic of the Philippines, https: //www. officialgazette. gov. ph/19 50/05/26/address-of-president-quirino-at-the-opening-session-of-the-baguio-conference-of-1950/.

" A Foreign Policy for the Johnson Administration (Memorandum by the Author) of March 29, 1965. " in W. W. Rostow, *The United States and the Regional Organization of Asia and the Pacific*, 1965 – 1985. Austin: University of Texas Press, 1986, Appendix E.

" Afro-Asian Conference, The Second. " Department of State, 24 April 1965, U. S. Declassified Documents Online, https: //link. gale. comapps/doc/CK2349362842/USDD? u = nju&sid = bookmark-USDD&xid = f1d9edec&pg = 1.

" Afro-Asian Conference, The Second: A Status Report. " Central Intelligence Agency, 10 May 1965, U. S. Declassified Documents Online, https: //link. gale. com/apps/doc/CK2349364487/USDD? u = nju&sid = bookmark-USDD&xid = b86c2516&pg = 1.

" AmEmb Bangkok, Telegram No. 1098. " Department of State, 31 January 1962, U. S. Declassified Documents Online, https: //link. gale. com/apps/doc/CK2349368720/USDD? u = nju&sid = USDD&xid = 780c5158.

" AmEmb Bangkok, Telegram No. 1167. " Department of State, 10 February 1962, U. S. Declassified Documents Online, https: //link. gale. com/apps/doc/CK2349368731/USDD? u = nju&sid = USDD&xid = 516a1dbe.

" AmEmb Bangkok, Telegram No. 1168. " Department of State, 10 February, 1962, U. S. Declassified Documents Online, https: //link. gale. com/apps/doc/CK2349368734/USDD? u = nju&sid = USDD&xid = 7e254824.

" AmEmb Bangkok, Telegram No. 1177. " Department of State, 12 February1962, U. S. Declassified Documents Online, https: //link. gale. com/apps/doc/CK2349360780/USDD? u = nju&sid = USDD&xid = a9b24c98.

" AmEmb Bangkok, Telegram No. 1179. " Department of State, 12 February 1962, U. S. Declassified Documents Online, https: //link. gale. com/apps/doc/CK2349368738/USDD? u = nju&sid = USDD&xid = 391de22d.

" AmEmb Bangkok, Telegram No. 1227. " Department of State, 18 February,

1962, U. S. Declassified Documents Online, https: //link. gale. com/apps/doc/CK2349368740/USDD? u = nju&sid = USDD&xid = 37b799a0.

"Arthur Goldschmidt Reports that President Lyndon B. Johnson's Initiatives for Regional Cooperation in Southeast Asia Are Jeopardized by the U. S. Position on the Cambodian Prek Thnot Dam Project. " Department of State, n. d. , U. S. Declassified Documents Online, https: //link. gale. com/apps/doc/CK2349153826/USDD? u = nju&sid = bookmarkUSDD&xid = 8e741b96&pg = 1.

"Asian Regional Economic Development and Cooperation Outlined. " White House, 11 December 1958, U. S. Declassified Documents Online, https: //link. gale. com/apps/doc/CK2349051959/USDD? u = nju&sid = USDD&xid = 24fe644b.

"Asian and Pacific Council. " *International Organization*, Vol. 20, No. 4, 1966.

"Attitudes of Certain Asian and Australasian Countries towards SEATO," Office of Intelligence Research, Intelligence Report No. 7151, 1 March 1956, U. S. Declassified Documents Online, https: //link. gale. com/apps/doc/CK2349432060/USDD? u = nju&sid = bookmark – USDD&xid = 965887cc&pg = 1.

"Churchill Proposes Utilizing SEATO in Southeast Asia Corresponding to NATO in the Atlantic and European Sphere. " Department of State, 21 June 1954, U. S. Declassified Documents Online, https: //link. gale. com/apps/doc/CK2349176113/USDD? u = nju&sid = bookmark – USDD&xid = fec5fc0f&pg = 1.

"Discussions with Malayan Director of InformationSopie Concerning A. S. A. and SEATO. " Department of State, 10 March 1962, U. S. Declassified Documents Online, https: //link. gale. com/apps/doc/CK2349366932/USDD? u = nju&sid = USDD&xid = 89ce194b.

"Eisenhower Administration Statements on the Nature of Commitments to Vietnam and Laos under the Manila Treaty and SEATO. " White House, n. d. U. S. Declassified Documents Online, https: //link. gale. com/apps/doc/CK2349462431/USDD? u = nju&sid = bookmark – USDD&xid = d67943f5&pg = 2.

"Eugene Black's Report on a Five Week Visit to Eleven Asian Countries 10/26 –

11/30/67. " White House, 9 December 1966, U. S. Declassified Documents Online, https://link.gale.com/apps/doc/CK2349025334/USDD? u = nju&sid = bookmark – USDD&xid = 8e514316&pg = 5.

"Extracts from 'Some Reflections on National Security Policy. ' Policy Planning Council, Department of State, April 1965. " in W. W. Rostow, *The United States and the Regional Organization of Asia and the Pacific*, 1965 – 1985, Austin: University of Texas Press, 1986, Appendix D.

"Foreign Minister Thanat's Visit to U. S. – Thai Policy and the Future of SEATO. " Department of State, 2 March 1962 – 5 March 1962, U. S. Declassified Documents Online, https://link.gale.com/apps/doc/CK2349368793/USDD? u = nju&sid = USDD&xid = f844308c.

"Guidelines for U. S. Policy and Operations in Southeast Asia. " Department of State, 1 May 1962. U. S. Declassified Documents Online, https://link.gale.com/apps/doc/CK2349484769/USDD? u = nju&sid = USDD&xid = c0a57ee3.

"Johnson Administration History of the Department of State, Vol. I, Chapter 7, Part 1: Asia. " White House, n. d. , U. S. Declassified Documents Online, https://link.gale.com/apps/doc/CK2349196284/USDD? u = nju&sid = bookmark – USDD&xid = ce17cfbb&pg = 1.

"Letter from Jawaharlal Nehru. " No. 1038 – Pmh/57, New Delhi, 4 June 1957, in Russell H. Fifield, *The Diplomacy of Southeast Asia*, 1945 – 1958, New York: Harper, 1958.

"Message of His Excellency Sergio Osmeña President of the Philippines to the Congress on the State of the Nation. " State of the Nation Address, 9 June 1945, Official Gazette of the Republic of the Philippines, https://www.officialgazette.gov.ph/1945/06/09/sergio-osmena-state-of-the-nation-address-june-9-1945/.

"Message of His Excellency Manuel A. Roxas President of the Philippines to the Congress on the Stateofthe Nation. " State of the Nation Address, 26 January 1948, Official Gazette of the Republic of the Philippines, https://www.officialgazette.gov.ph/1948/01/26/manuel-roxas-the-nation-on-the-road-to-prosperity-third-state-of-the-nation-address-january-26-1948/.

"Message of His Excellency Elpidio Quirino President of the Philippines to the Joint Session of the Congress of the Philippines." State of the Nation Address, 24 January 1949, Official Gazette of the Republic of the Philippines, https://www.officialgazette.gov.ph/1949/01/24/state-of-the-nation-message-of-president-quirino-to-the-joint-session-of-the-congress-of-the-philippines/.

"Message of His Excellency Elpidio Quirino President of the Philippines to the Congress on the State of the Nation." Third State of the Nation Address, 22 January 1951, Official Gazette of the Republic of the Philippines, https://www.officialgazette.gov.ph/1951/01/22/elpidio-quirino-third-state-of-the-nation-address-january-22-1951/.

"Message of His Excellency Carlos P. Garcia President of the Philippines to the Congress on the State of the Nation." 26 January 1959, Official Gazette of the Republic of the Philippines, https://www.officialgazette.gov.ph/1959/01/26/carlos-p-garcia-second-state-of-the-nation-address-january-26-1959/.

"Message of His Excellency Diosdado Macapagal President of the Philippines to the Congress on the State of the Nation." 28 January 1963, Official Gazette of the Republic of the Philippines, https://www.officialgazette.gov.ph/1963/01/28/diosdado-macapagal-second-state-of-the-nation-address-january-28-1963/.

"Message of His Excellency Diosdado Macapagal President of the Philippines to the Congress on the State of the Nation." State of the Nation Address, 25 January 1965, Official Gazetteof the Republicof the Philippines, https://www.officialgazette.gov.ph/1965/01/25/diosdado-macapagal-fourth-state-of-the-nation-address-january-25-1965/.

"Outgoing Telegram No. 1230, to Am Emb Bangkok." Department of State, 19 February 1962, U.S. Declassified Documents Online, https://link.gale.com/apps/doc/CK2349360787/USDD?u=nju&sid=USDD&xid=2ee582fa.

"Report and Recommendations on Developments in the Regional Economic Organization of Southeast Asia, Asia, and the Far East," White House, 11 October 1954, U.S. Declassified Documents Online, https://link.gale.com/

apps/doc/CK2349327357/USDD? u = nju&sid = USDD&xid = e644cf12.

"Report of the Asian Economic Working Group Concerning the Inauguration of Large-Scale, Long-Range Program of Economic Assistance." Department of State, 1 January 1954, U. S. Declassified Documents Online, https: // link. gale. com/apps/doc/CK2349186309/USDD? u = nju&sid = USDD&xid = 0a8b9e16&pg = 1.

"Report on Governor's Stassen's Trip to 7 Free Asian Countries 2/21 – 3/13/55." White House, 21 March 1955, U. S. Declassified Documents Online, https: //link. gale. com/apps/doc/CK2349246424/USDD? u = nju&sid = USDD&xid = 761ab626.

"Report on U. S. Objectives Now That Southeast Asian Armistice Agreements Have Been Signed at the 4/26 – 7/20/1965 Geneva Conference." Department of State, 23 July 1954, U. S. Declassified Documents Online, https: //link. gale. com/apps/doc/CK2349703178/USDD? u = nju&sid = bookmark – USDD&xid = a7bdda21&pg = 1.

"Review of Activities in the OSS Theater from the Fall of 1942 to 10/26/44." Central Intelligence Agency, n. d. U. S. Declassified Documents Online, https: //link. gale. com/apps/doc/CK2349202784/USDD? u = nju&sid = USDD&xid = 6a8b8732&pg = 1.

"SEATO Ministerial Council Meeting, London, May 3 – 5, 1965: France and SEATO." Department of State, 22 April 1965, U. S. Declassified Documents Online, https: //link. gale. com/apps/doc/CK2349374545/USDD? u = nju&sid = bookmark – USDD&xid = 965e07d7&pg = 1.

"Sino-Burmese Relations at New Height of Cordiality." Central Intelligence Agency, United States, 4 January, 1955, Digital National Security Archive, https: //www. proquest. com/dnsa/docview/1679072532/abstract/1F614331D6D34B11PQ/1? accountid = 41288.

"Southeast Asia Treaty Organization," *International Organization*, Vol. 18, No. 3, 1964.

"Southeast Asian Defense Treaty Organization." *International Organization*, Vol. 15, No. 2, 1961.

"Speech by President Soekarno at the Opening of the Asian-African Conference, April 18, 1955." in George McTurnan Kahin, *The Asian-African Conference: Bandung, Indonesia, April* 1955, Ithaca: Cornell University Press, 1956.

"Speech of President Garcia on Philippine Foreign Policy towards Asia." 29 March 1957, Official Gazetteof the Republic of the Philippines, https://www.officialgazette.gov.ph/1957/03/29/speech-of-president-garcia-on-philippine-foreign-policy-towards-asia-march-29-1957/.

"Statement of Secretary Carlos P. Romulo: On the Eve of the Baguio Conference of 1950." Delivered over Station DZFM, 25 May 1950, Official Gazette of the Republic of the Philippines, https://www.officialgazette.gov.ph/1950/05/25/statement-secretary-carlos-p-romulo-on-the-eve-of-the-baguio-conference-of-1950/.

"Statement of the President Ramon Magsaysay on Our Asian Foreign Policy." 10 March 1954, *Official Gazette of the Republic of the Philippines*, https://www.officialgazette.gov.ph/1954/03/10/statement-president-magsaysay-on-our-asian-foreign-policy/.

"Summary and Evaluation of Asian Member Countries' Experience in SEATO in Efforts to Increase Asian Regional Economic Cooperation." White House, 13 June 1957. U.S. Declassified Documents Online, https://link.gale.com/apps/doc/CK2349268409/USDD?u=nju&sid=USDD&xid=c3a21bb1.

"Summary of a Meeting between Foreign Operations Administration Director Harold Stassen, British Ambassador Sir RogerMakins, and other U.S. and British Government Officials." Department of State, 30 September 1954, U.S. Declassified Documents Online, https://link.gale.com/apps/doc/CK2349703140/USDD?u=nju&sid=USDD&xid=588c2c53.

"Summary of Meeting of Asian Members of the Colombo Plan, With the Exception of Burma and Ceylon, at Simla, India 5/55 on Regional Economic Cooperation." White House, 14 June 1957, U.S. Declassified Documents Online, https://link.gale.com/apps/doc/CK2349268424/USDD?u=nju&sid=USDD&xid=5a3ff405.

"Text of a State Department Fiscal Year (FY) 1974 Field Budget Submission (FBS) List Relating to Economic Assistance and Related Programs for the Government of Laos." Department of State, 17 July 1972, U. S. Declassified Documents Online, https://link. gale. com/apps/doc/CK2349603400/USDD? u = nju&sid = bookmarkUSDD&xid = 814be8ce&pg = 1.

"Thai Foreign MinisterThanat's Visit to the U. S. – Rescheduling of SEATO Council Meeting," Department of State, U. S. Declassified Documents Online, https://link. gale. com/apps/doc/CK2349360749/USDD? u = nju&sid = USDD&xid = 97924862.

"The Asian Relations Conference Rapporteurs' Reports, I." *Australian Outlook*, Vol. 1, No. 2, 1947.

"The Asian Relations Conference Rapporteurs' Reports, II." *Australian Outlook*, Vol. 1, No. 3, 1947.

"The Dean Rusk-Thanat Khoman Joint Statement." Washington, 6 March 1962, in George Modelsk, ed., *SEATO: Six Studies*. Sydney: Halstead Press, 1962.

"USAF Lt. General C. P. Cabell Discusses Lack of Accomplishments of SEATO." CentralIntelligence Agency, 12 September 1955, U. S. Declassified Documents Online, https://link. gale. com/apps/doc/CK2349323049/USDD? u = nju&sid = bookmark – USDD&xid = 36c18166&pg = 1.

"Vice President Johnson's Report to President Kennedy on His Trip to Asia, May 1961." in W. W. Rostow, *The United States and the Regional Organization of Asia and the Pacific*, 1965 – 1985, Austin: University of Texas Press, 1986, Appendix C.

"Visit of His Excellency Elpidio Quirino, President of the Philippines." Department of State, n. d., U. S. Declassified Documents Online, https://link. gale. com/apps/doc/CK2349408344/USDD? u = nju&sid = bookmark – USDD&xid = cdfb04f5&pg = 1.

《1949年1月23日印度总理、印度尼西亚问题会议主席为递送新德里会议所通过有关印度尼西亚问题之决议案事致安理会主席电》,联合国安理会正式纪录,第四年,文件S/1222,1949年1月23日,联合国网站https://documents-dds-ny. un. org/doc/UNDOC/GEN/NG9/037/34/pdf/

NG903734. pdf？OpenElement。

《安理会1949年1月28日第406次会议所通过关于印度尼西亚问题之决议案》，联合国安理会正式纪录，第四年，1949年2月补编，文件S/1234，1949年1月28日，联合国网站https：//documents-dds-ny. un. org/doc/UNDOC/GEN/NG9/037/40/pdf/NG903740. pdf？OpenElement。

《非自治领土代表之区域会议》，联合国大会，文件A/RES/67（I），1946年12月14日，联合国网站https：//www. un. org/zh/documents/view_doc. asp？symbol = A/RES/67（I）。

《经济及社会理事会1946年9月11日至12月10日第三届会所通过之决议案》，经社理事会，文件E/245/Rev. 1，1947年5月3日，联合国网站https：//documents-dds-y. un. org/doc/UNDOC/GEN/NR0/752/40/img/NR075240. pdf？OpenElement。

《世界谷粮缺乏案》，联合国大会，文件A/RES/6（I），1946年2月14日，联合国网站https：//www. un. org/zh/documents/view_ doc. asp？symbol = A/RES/27（I）。

《亚洲及远东经济委员会1947年3月28日决议案》，经社理事会，文件E/405，1947年3月28日，联合国网站https：//documents-dds-ny. un. org/doc/RESOLUTION/GEN/NR0/055/98/IMG /NR005598. pdf？OpenElement。

《联合国经济及社会理事会正式纪录：第六年第13届会，补编第1号，1951年7月30日至9月21日决议案》，经社理事会，文件E/2152，1951年10月10日，联合国网站https：//documents-dds-ny. un. org/doc/UNDOC/GEN/NR0/759/18/IMG/NR075918. pdf？OpenElement。

《战灾区经济复兴临时分组委员会1946年6月21日通过之决议》，经社理事会，文件E/66/Rev. 2，1946年6月21日，联合国网站https：//documents-dds-ny. un. org/doc/RESOLUTION/GEN/NR0/043/18/IMG/NR004318. pdf？OpenElement。

《战灾区经济复兴临时小组委员会初步报告》，联合国大国，文件A/147，1946年7月29日至9月13日，联合国网站https：//documents-dds-ny. un. org/doc/UNDOC/GEN/NG9/067/23/pdf/NG906723. pdf？OpenElement。

《战灾区之经济建设》，联合国大国，文件A/RES/46（I），1946年12月

21日，联合国网站 https：//www.un.org/zh/documents/view_doc.asp?symbol＝A/RES/46（Ⅰ）。

《准许缅甸联邦加入联合国事》，联合国大会，文件 A/RES/188（S-2），1948年4月19日，联合国网站 https：//www.un.org/chinese/ga/spec/2/ar188.pdf。

《不结盟国家的国家或政府首脑宣言》，载《人民日报》1961年9月8日第5版。

《陈毅副总理在印度尼西亚国庆招待会上讲话》，载《人民日报》1961年8月18日第1版。

《第二次亚非会议筹备会议最后公报》，载《人民日报》，1964年4月17日第1版。

《第二次亚非会议必须坚持协商一致原则》，载《人民日报》1965年6月18日第3版。

《对恢复印度支那和平等问题胡志明主席答记者问》，载《人民日报》1954年7月9日第1版。

《关于印度支那停战和恢复和平的主要问题各代表团原则上达成协议》，载《人民日报》1954年7月21日第1版。

《胡志明主席和吴努总理会谈公报》，载《人民日报》1954年12月1日第1版。

《胡志明主席尼赫鲁总理会谈公报》，载《人民日报》1954年10月19日第1版。

《科伦坡计划组织咨询委员会第十一次年会会议公报》，载《南洋资料译丛》1960年第1期。

《澜沧江—湄公河合作首次外长会联合新闻公报》，中国外交部网站，2015年11月12日，http：//www.fmprc.gov.cn/web/zyxw/t1314308.shtml。

《澜沧江—湄公河合作五年行动计划（2018—2022）》，载《人民日报》2018年1月11日第9版。

《老挝首相举行记者招待会并发表访华公报》，载《人民日报》1956年8月26日第5版。

《南亚五国总理会议讨论印度支那局势》，载《人民日报》1954年5月3日第4版。

《南亚五国总理会议要求在印度支那停火》，载《人民日报》1954年5月4日第4版。

《尼赫鲁总理举行记者招待会并发表声明》，载《人民日报》1954年10月27日第1版。

《尼赫鲁总理在欢迎会上的答词》，载《人民日报》1954年10月24日第1版。

《日内瓦会议通过最后宣言圆满结束》，载《人民日报》1954年7月22日第1版。

《沙斯特罗阿米佐约在莫斯科发表谈话》，载《人民日报》1957年7月28日第6版。

《我国总理和老挝首相发表联合声明》，载《人民日报》1956年8月26日第1版。

《西哈努克亲王重申拒绝东南亚条约组织的干涉》，载《人民日报》1965年5月1日第6版。

《西哈努克亲王在广州机场上的讲话》，载《人民日报》1956年2月14日第1版。

《亚非六国会议发表第一天会议公报》，载《人民日报》1962年12月12日第1版。

《印度和印度尼西亚两国总理发表联合声明》，载《人民日报》1954年9月28日第4版。

《印度总理尼赫鲁在印度国会人民院发表关于印度支那问题的声明》，载《人民日报》1954年4月27日第4版。

《印尼政府正式声明不参加东南亚军事集团》，载《人民日报》1954年8月11日第4版。

《越南和老挝两国政府发表联合公报》，载《人民日报》1956年8月30日第5版。

《中国印度尼西亚外交部长发表联合公报》，载《人民日报》1961年4月4日第1版。

《中华人民共和国、印度共和国关于中国西藏地方和印度之间的通商和交通协定》（1954年4月29日），载《人民日报》1954年4月30日第4版。

《中华人民共和国和印度尼西亚共和国两国总理联合声明》，载《人民日报》1955年4月29日第1版。

《中华人民共和国与东盟国家首脑会晤联合声明——面向二十一世纪的中国—东盟合作》(1997年12月16日于吉隆坡)，中国外交部网站，1997年12月16日，https://www.fmprc.gov.cn/web/gjhdq-676201/gjhdqzz-681964/lhg-682518/zywj-682530/t25638.shtml。

《中华人民共和国政府声明》(1965年10月26日)，载《人民日报》1965年10月27日第1版。

《中缅两国总理会谈公报》（1954年12月12日），载《人民日报》1954年12月13日第1版。

《周恩来总理和西哈努克首相发表联合声明》，载《人民日报》1956年2月18日第1版。

《周恩来总理致印度尼赫鲁总理的贺电》，载《人民日报》1954年4月30日第4版。

习近平：《携手建设中国—东盟命运共同体——在印度尼西亚国会的演讲》(2013年10月3日，雅加达)，载《人民日报》2013年10月4日第1版。

世界知识出版社编：《国际条约集（1934—1944）》，世界知识出版社1961年版。

世界知识出版社编：《国际条约集（1945—1947）》，世界知识出版社1959年版。

世界知识出版社编：《国际条约集（1948—1949）》，世界知识出版社1959年版。

世界知识出版社编：《国际条约集（1950—1952）》，世界知识出版社1959年版。

世界知识出版社编：《国际条约集（1953—1955）》，世界知识出版社1960年版。

世界知识出版社编：《国际条约集（1956—1957）》，世界知识出版社1962年版。

世界知识出版社编：《国际条约集（1963—1965）》，世界知识出版社1976年版。

世界知识出版社编:《解决老挝问题的扩大的日内瓦会议文件汇编》,世界知识出版社1962年版。

世界知识出版社编:《印度支那问题文件汇编》(第3集),世界知识出版社1961年版。

世界知识出版社编:《印度支那问题文件汇编》(第5集),世界知识出版社1965年版。

世界知识社编:《日内瓦会议文件汇编》,世界知识社1954年版。

世界知识社编:《苏加诺演讲集》,世界知识社1956年版。

中共中央文献研究室编:《周恩来年谱(1949—1976)》(上、中卷),中央文献出版社1997年版。

中共中央文献研究室、中央档案馆编:《建国以来周恩来文稿》(第11册),中央文献出版社2018年版。

中华人民共和国外交部档案馆编:《中华人民共和国外交档案选编(第1集),1954年日内瓦会议》,世界知识出版社2006年版。

中华人民共和国外交部档案馆编:《中华人民共和国外交档案选编(第2集),中国代表团出席1955年亚非会议》,世界知识出版社2007年版。

中华人民共和国外交部、中共中央文献研究室编:《毛泽东外交文选》,中央文献出版社1994年版。

中华人民共和国外交部、中共中央文献研究室编:《周恩来外交文选》,中央文献出版社1990年版。

周建明、王成至主编:《美国国家安全战略解密文献选编(1945—1972)》(第2册),社会科学文献出版社2010年版。